八閩文庫

八閩文庫

專題彙編　第二種

福建民間契約文書

廈門大學民間歷史文獻研究中心　編
鄭振滿　主編

10

海峽出版發行集團
THE STRAITS PUBLISHING & DISTRIBUTING GROUP
福建人民出版社

本册目録

第二卷　永泰縣蓋洋鄉南山、小洋村契約文書（一）

第二卷　永泰縣蓋洋鄉南山、小洋村契約文書（一）

本卷主編　卓競　林楊浚鋒

本卷簡介

一

南山村位於永泰縣蓋洋鄉西北部，地處永泰、德化、尤溪三縣交界的偏僻山區，現爲石塘村所屬自然村，與永泰珠峰、德化淳湖等村落相鄰。該村地勢險要，森林覆蓋率較高，山林經濟較爲發達。

明清時期，南山村隸屬於永福縣和平鄉英達里三十六都。民國時期，先是隸屬永泰縣南區，後又隸屬蓋洑聯保、蓋洑鄉。歷史上，南山柯氏是當地聲名顯赫的土著大户，族人長期擔任里長、保長。目前，該村共有柯、蘇、陳等二十八户居民，其中柯姓約二十户。

根據族譜記載，柯氏開基祖仲山於元代遷居該地，至明正德年間，柯姓衍爲天、地二房，現有族人皆爲天房後裔。嘉靖時期，南山柯氏有多人入泮進學，「諸邑稱極盛焉」。明清之際，由於里甲負擔過重，南山柯氏被迫將大量的田産、山林轉賣給外來移民，家族精英紛紛外遷。清康熙時期，第十五世彦正「呈本縣，免本族公務保長」。乾隆十二年，第十七世乃瑜考取貢生，出任漳平縣儒學教諭，對該族世系詳加考證，編成《南山柯氏族譜》。

二〇一八年十一月，我們在南山村柯世源先生家中的糧倉内，發現了七箱世代相傳的契約文書。這些契約文書大多層層包裹，保存完好，但有些已受到蟲蛀，破損嚴重。我們在現場整理、掃描這批契約文書之後，又將一百五十餘件破損嚴重的契約帶回學校，由廈門大學圖書館古籍修復室專業人員予以修復。

我們在南山村共收集到各類契約六百三十件、族規一册、賬簿一册，編爲「第一帙南山村柯世源户」。這些契約文書的來源較爲複雜，其中既有柯世源家族世代相傳的文書，也有其他柯氏族人遷移後留下的文書，此外還有女性長輩從長慶鎮帶來的「嫁妝」。這批契約文書都屬於柯氏家族天房支派的歷史文獻，其具體傳承過程還有待進一步的考證。

現存的南山柯氏家族契約文書，大多形成於清代中期，尤其是嘉慶、道光年間。其交易對象以山林爲主，涉及田地交易的契約較少。柯氏作爲當地的里長户，擁有衆多「税山」，因此柯氏文書中出現了較多的「安批税山字」，通過出租山場收取定額地租或分享收成。「安批税山字」通常是一式二份，主佃各執一紙，但有時候是佃户出具「承佃税山字」，其性質有所不同。此外還有不少關於銀會和股份轉讓的契約文書，反映了清代福建鄉村金融市場的發展狀況。

我們在整理和編輯過程中，主要依據契約文書的原有保存狀態，盡可能按原來的小包編排，對少數散件則按類型和年代編排。南山柯氏家族與毗鄰地區的珠峰謝氏、石塘曾氏、淳湖鄭氏、上洋蕭氏等家族有密切聯繫，留下了大量相關契約文書，可以相互參證，建立更爲完整的文獻系統。

二

小洋村位於大樟溪上游，地處蓋洋鄉與洑口鄉的交界地帶，毗鄰碓頭村、奮鬥村、湖裡村。明清時期，隸永福縣和平鄉英達里三十六都，民國時期屬永泰縣南區，現屬永泰縣蓋洋鄉。轄區面積二點三平方公里，耕地四百餘畝，林地六百餘畝，果園二百八十五畝。現有户籍人口五百三十餘人，以李姓爲主，另有少量蘇姓居民。

我們在小洋收集的各類契約文書，共有二百餘件，分别由該村的李觀留和李詩咸先生收藏。其中李觀留户共有各類契約二百零六件，另有若干鬮書、收據、儀式文書和訴訟文書等，編爲「第二帙小洋村李觀留户」。李詩咸户僅有明代契約一件、訴訟文書二件，編爲「第三帙小洋村李詩咸户」。這些契約文書具有良好的「歸户性」和「歸物性」，絶大多數有包契紙，但因其分類整理多系現有收藏者爲之，故契約文書的「原始狀態」遭到了一定程度的破壞。我們依據時代、「歸物性」和契約文書的性質等，將其重新整理爲三十九包。而原包契紙因多爲晚近之物，本書則未予收錄。

在小洋村的契約文書中，年代最早的立於明成化元年（一四六五），大多數則立於清後期至民國時期。其中絶大多數是土地、山林、厝樫的交易契，以及與之相關的找價、回贖契。從契約文書反映的社會關係看，絶大多數參與者或爲同族關係，或是姻親關係。晚清時期，出現了以神明會或宗族的名義從事交易的契約文書，反映出當地産權關係的共有化。

第一帙　南山村柯世源户

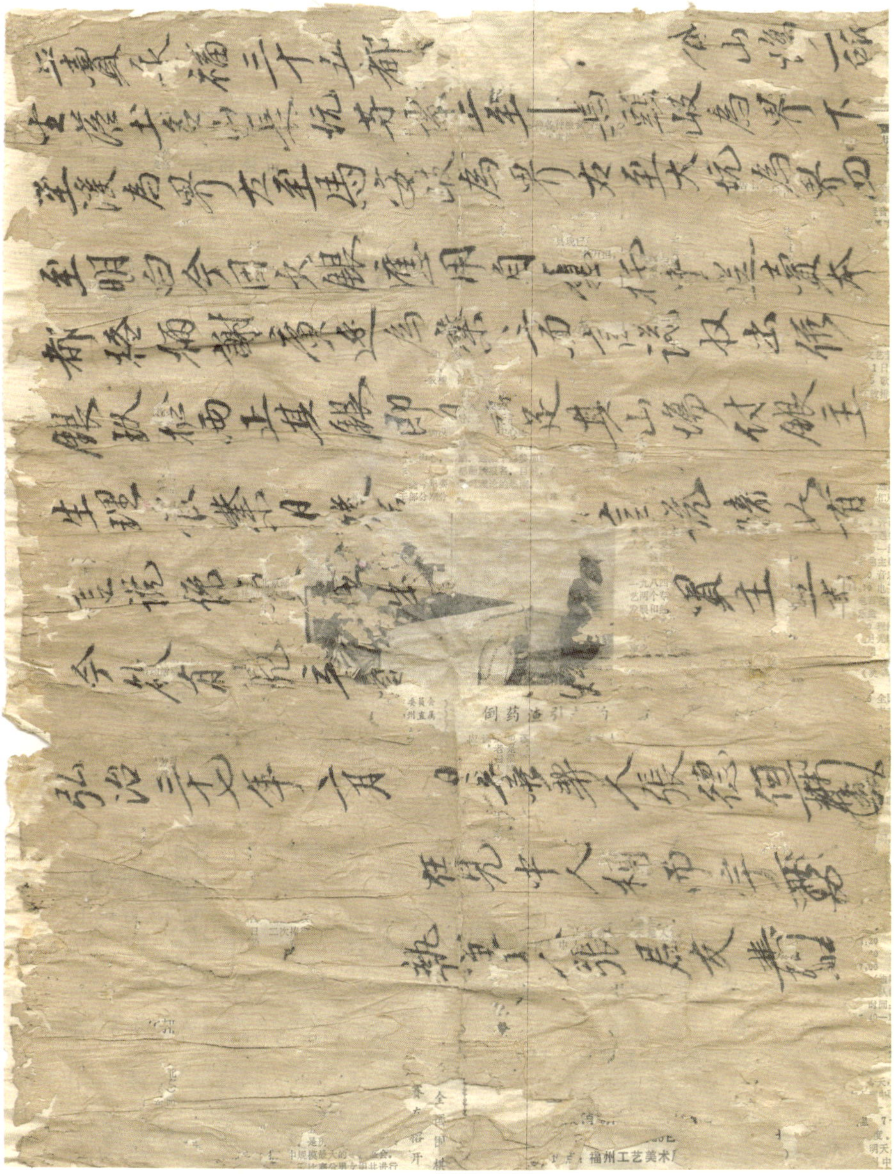

2-1-1-1　明弘治年間二月張德何立賣山場契

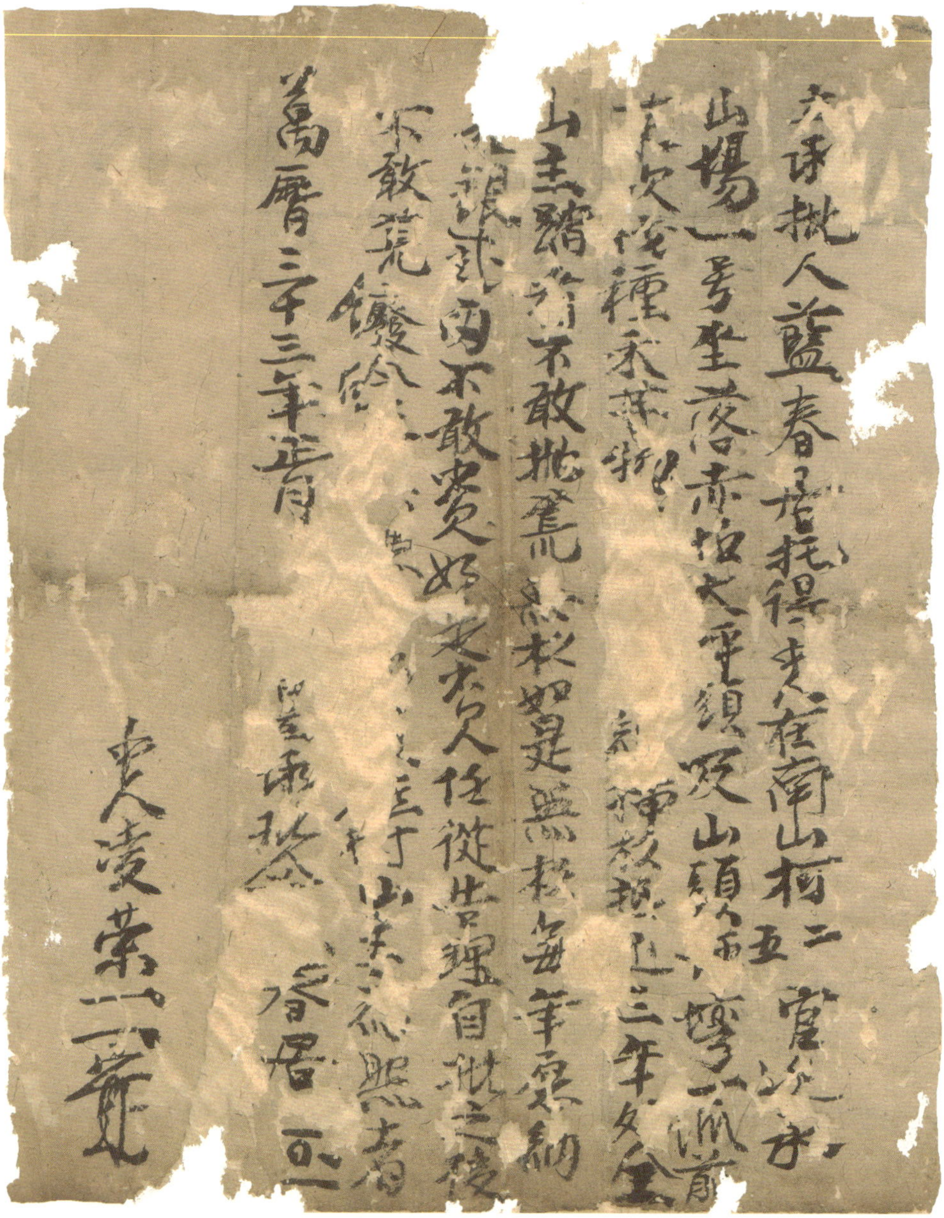

2-1-1-2　明萬曆三十三年正月藍春居立承批山場契

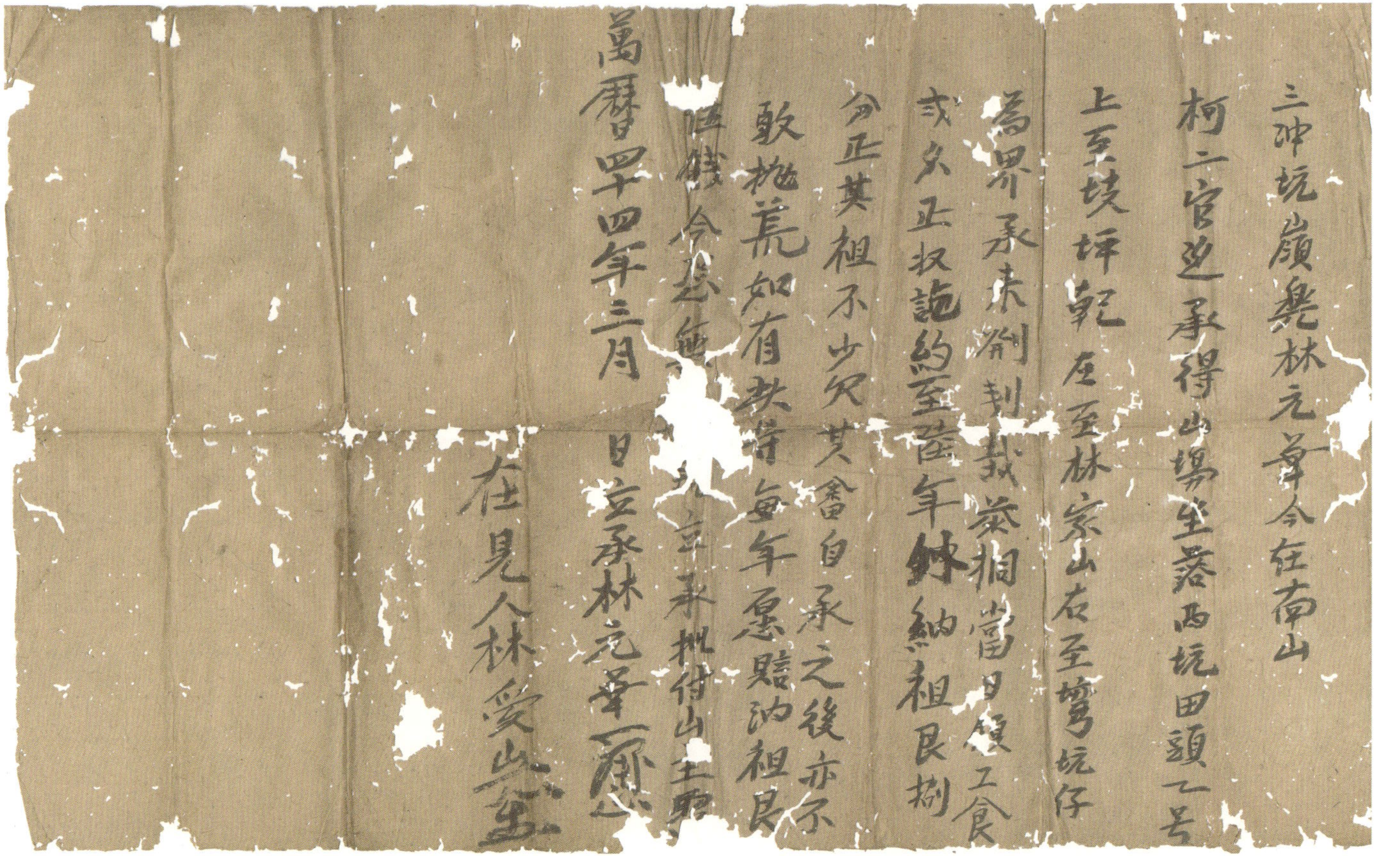
三沖坑嶺兜林元華今在南山
柯二官邊承得山場坐落西坑田頭乙号
上至墳坪乾　左至林家山　右至彎坑仔
爲界　承來劄劃栽揷桐　當日領工食
式文正收訖　約至陸年𠎀納祖艮捌
分正　其祖不少欠　其畬自承之後　亦不
敢拋荒　如有拋荒　每年愿賠納祖艮
恁錢　今恐無憑　立承批付山主爲照
萬曆四十四年三月　日立承林元華（押）
在見人林愛山（押）

2-1-1-3　明萬曆四十四年三月林元華立承山場字

2-1-2-1　包契紙

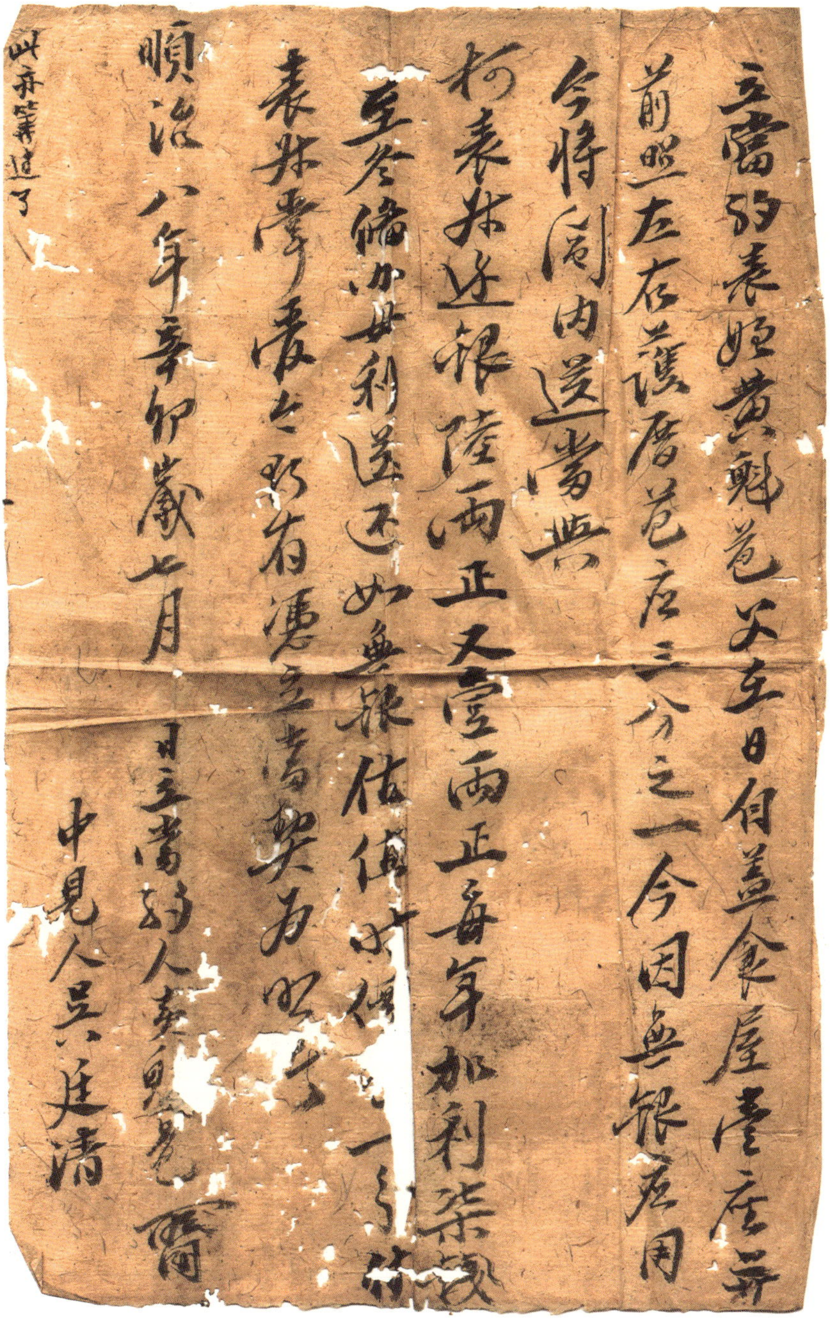

立當約表姪黃魁苞，父在日自蓋食屋壹座，并
前照左右護厝苞應三分之一，今因無銀應用，
今将周内送當與
柯表叔边銀陸兩正，又壹兩正，每年加利柒錢，
至冬備办母利送还，如無銀，依價□□一分付
表叔掌管，此有凭，立當契為照。
順治八年辛卯歲七月　日立當約人黃魁苞（押）
中見人吳廷清
此□筆退了

2-1-2-2　清順治八年七月黃魁苞立當食屋約

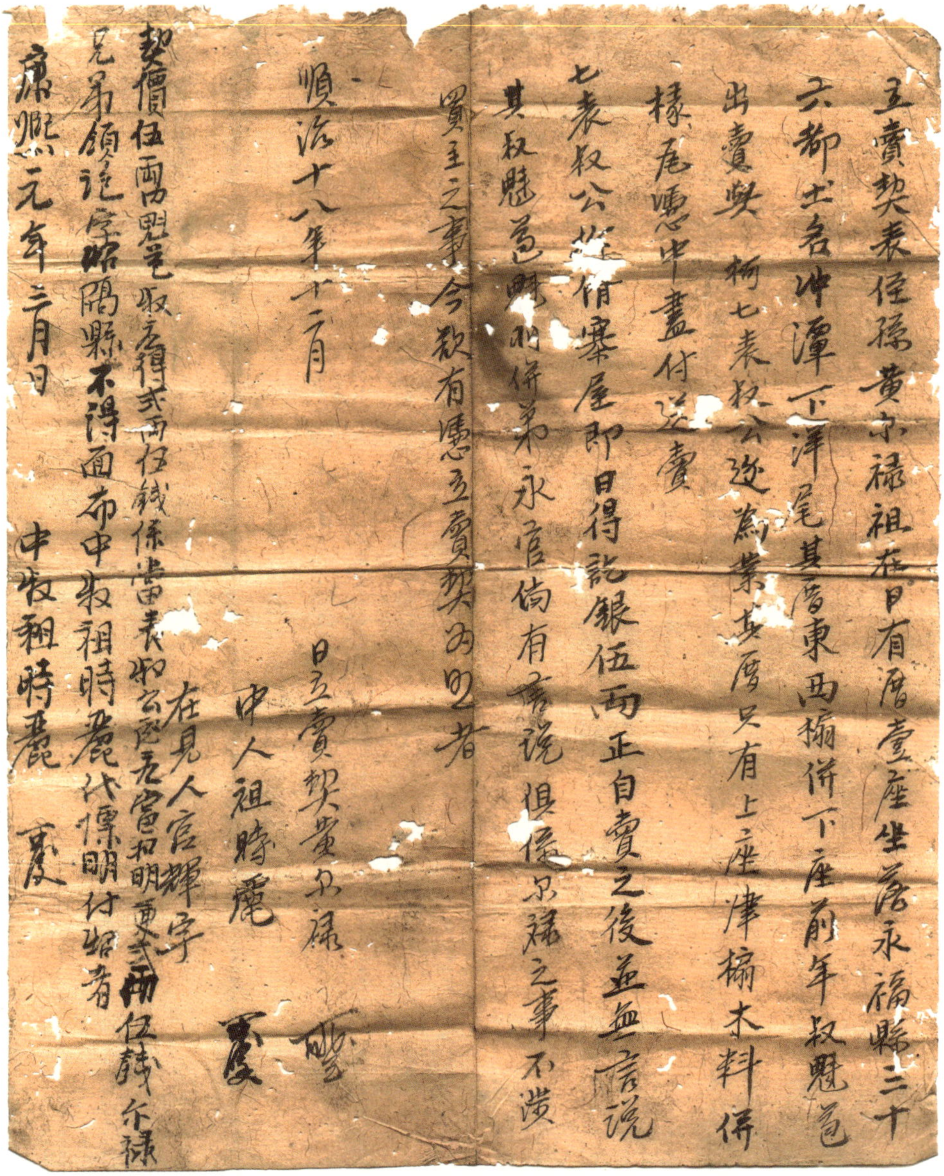
立賣契表侄孫黄尔禄祖在日有厝壹座坐落永福縣二十
六都土名冲潭下洋尾其厝東西摃併下座前年叔魁邕
出賣與 柄七表叔公造爲業其厝只有上座津摃木料併
椽瓦憑中盡付造賣
七表叔公出價塞厝即日得訖銀伍兩正自賣之後並無言說
其叔魁邕[illegible]兩併弟永官倘有言說俱係尔禄之事不涉
買主之事今欲有憑立賣契爲照者
順治十八年十二月
日立賣契黄尔禄
中人祖時麗
在見人官輝字
契價伍兩內照邑叔處得弍兩伍錢係當表叔公照元官知明更弍兩伍錢 尔禄
兄弟領訖字照兩縣不得面布中叔祖時麗代標明付照者
康熙元年二月日 中叔祖時麗

2-1-2-3 清順治十八年十二月黄尔禄立賣厝屋契

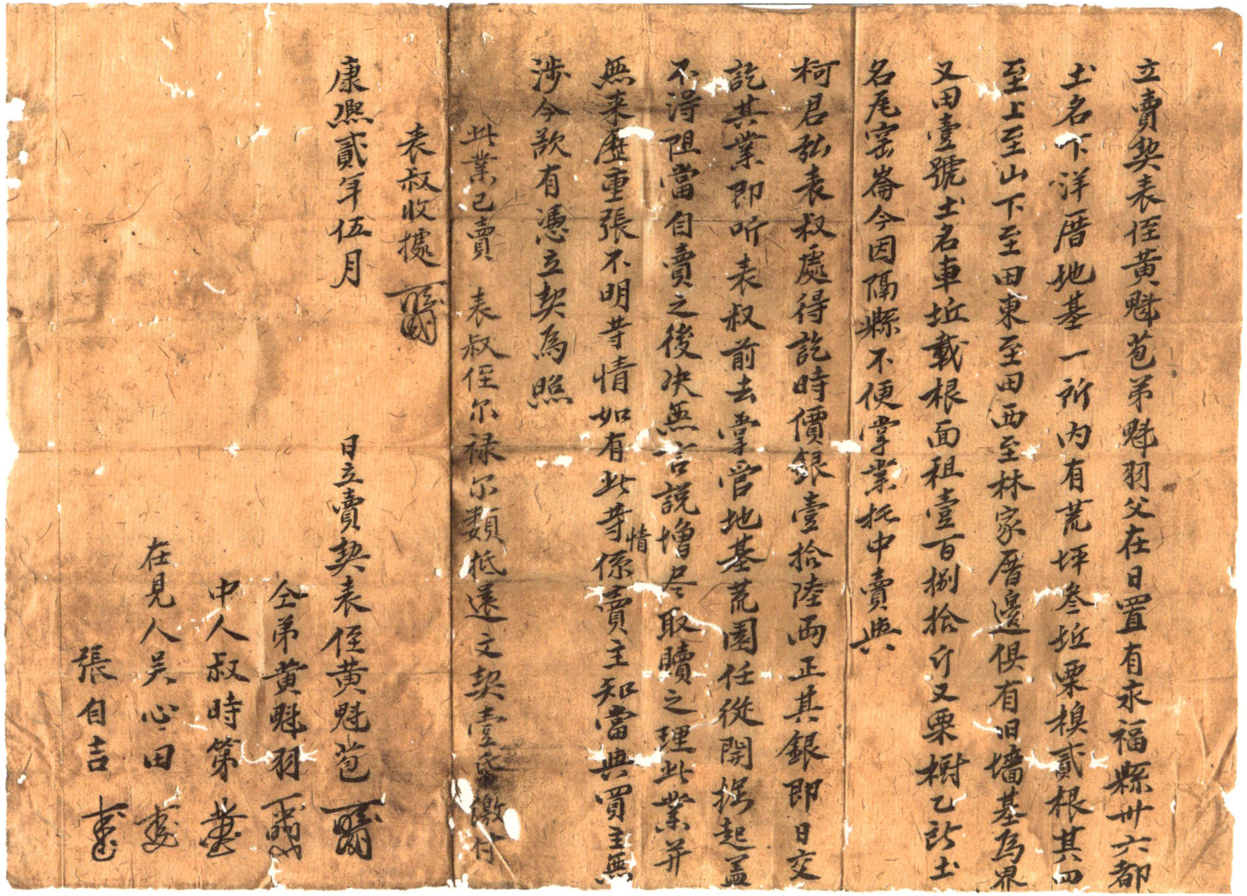
立賣契表侄黃魁苞弟魁羽父在日置有永福縣廿六都
土名下洋厝地基一所內有荒坪叁垃栗樹貳根其四
至上至山下至田東至田西至林家厝邊俱有舊墻基為界
又田壹號土名車垃載根面租壹百捌拾斤又栗樹乙片土
名尾窑崙今因隔縣不便掌業托中賣與
柯君弘表叔處得訖時價銀壹拾陸兩正其銀即日交
訖其業即听表叔前去掌管地基荒園任從開掘起蓋
不得阻當自賣之後決無言說增找取贖之理此業并
無來歷重張不明等情如有此等情係賣主知當與買主無
涉今欲有憑立契為照
此業已賣表叔任尔祿尔類依遠之契壹紙繳付
表叔收攬
康熙貳年伍月　日立賣契表侄黃魁苞
仝弟黃魁羽
中人叔時第
在見人吳心田
張自吉

2-1-2-4　清康熙二年五月黃魁苞立賣地基契

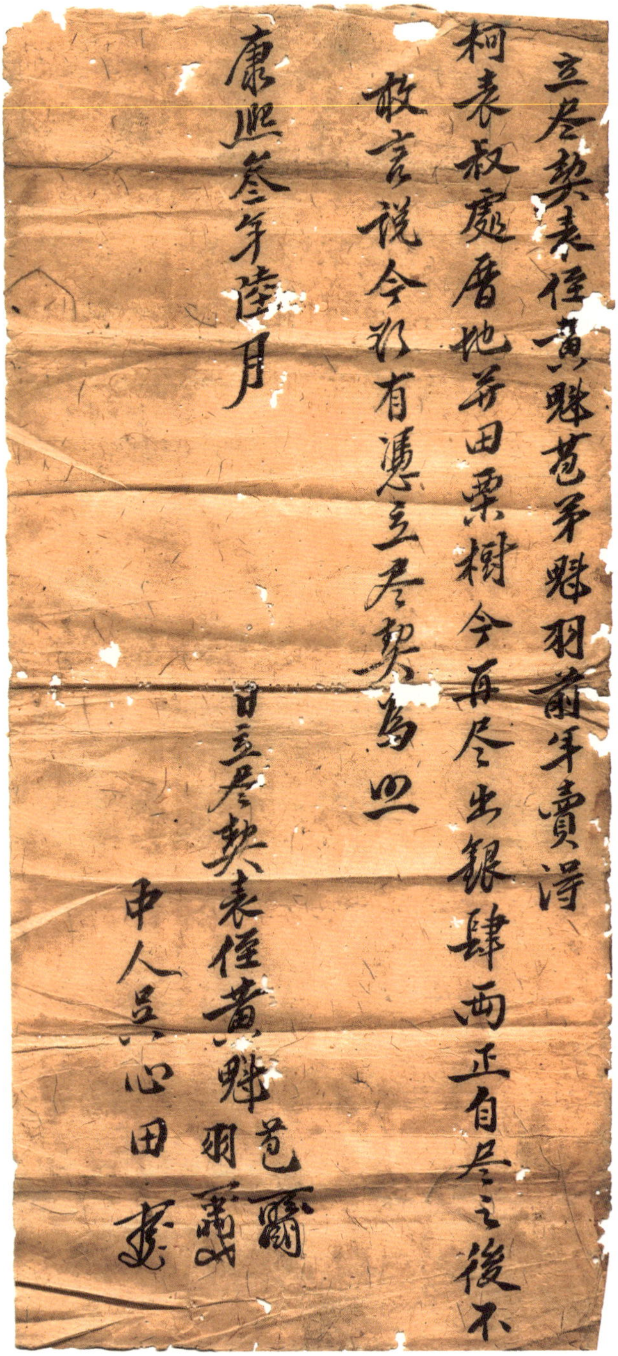

立盡契表侄黃魁苞弟魁羽前年賣得
柯表叔處厝地并田栗樹今再盡出銀肆兩正自盡之後不
敢言説今欲有憑立盡契為照
康熙叁年陸月　日立盡契表侄黃魁苞（押）
魁羽（押）
中人吕心田（押）

2-1-2-5　清康熙三年六月黃魁苞等立盡厝地等契

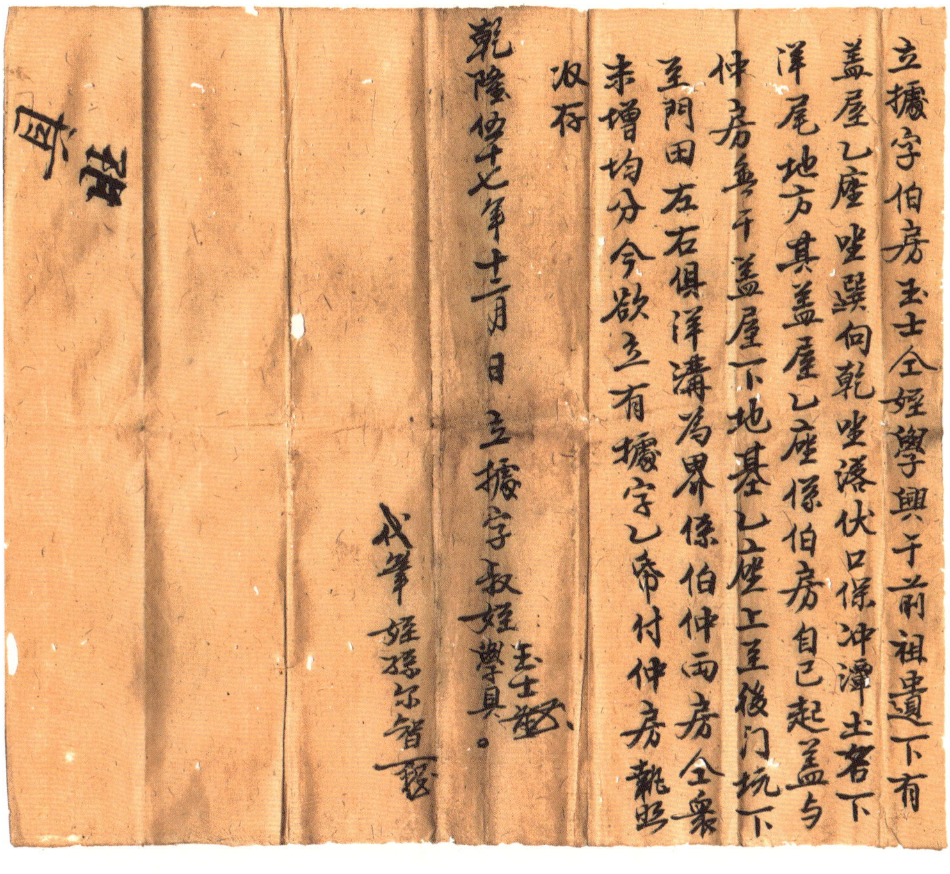
立據字伯房玉士仝姪學興于前祖遺下有
蓋屋乙座坐巽向乾坐落伏口保冲潭土名下
洋尾地方其蓋屋乙座係伯房自己起蓋与
仲房無干蓋屋下地基乙座上至後门坑下
至門田左右俱洋溝為界係伯仲兩房仝業
未增均分今欲立有據字乙帋付仲房執照
収存
乾隆伍十七年十二月日立據字叔姪玉士 學興
代筆姪孫尔智

2-1-2-6　清乾隆五十七年十二月柯玉士等立據字

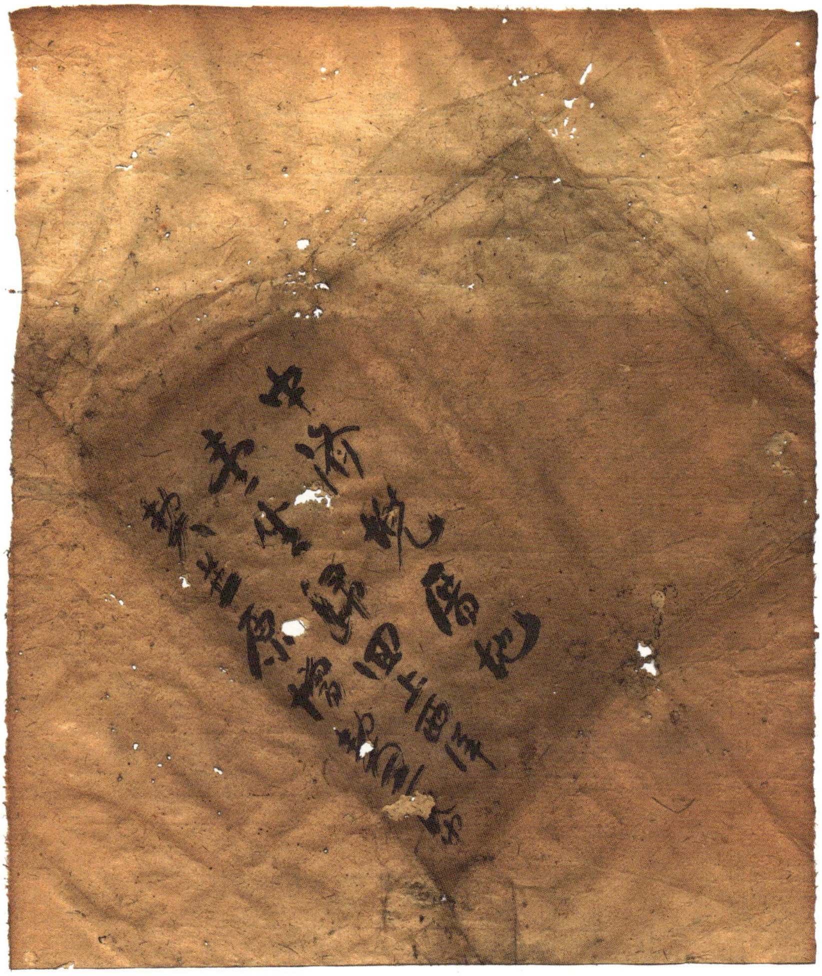

2-1-3-1　包契紙

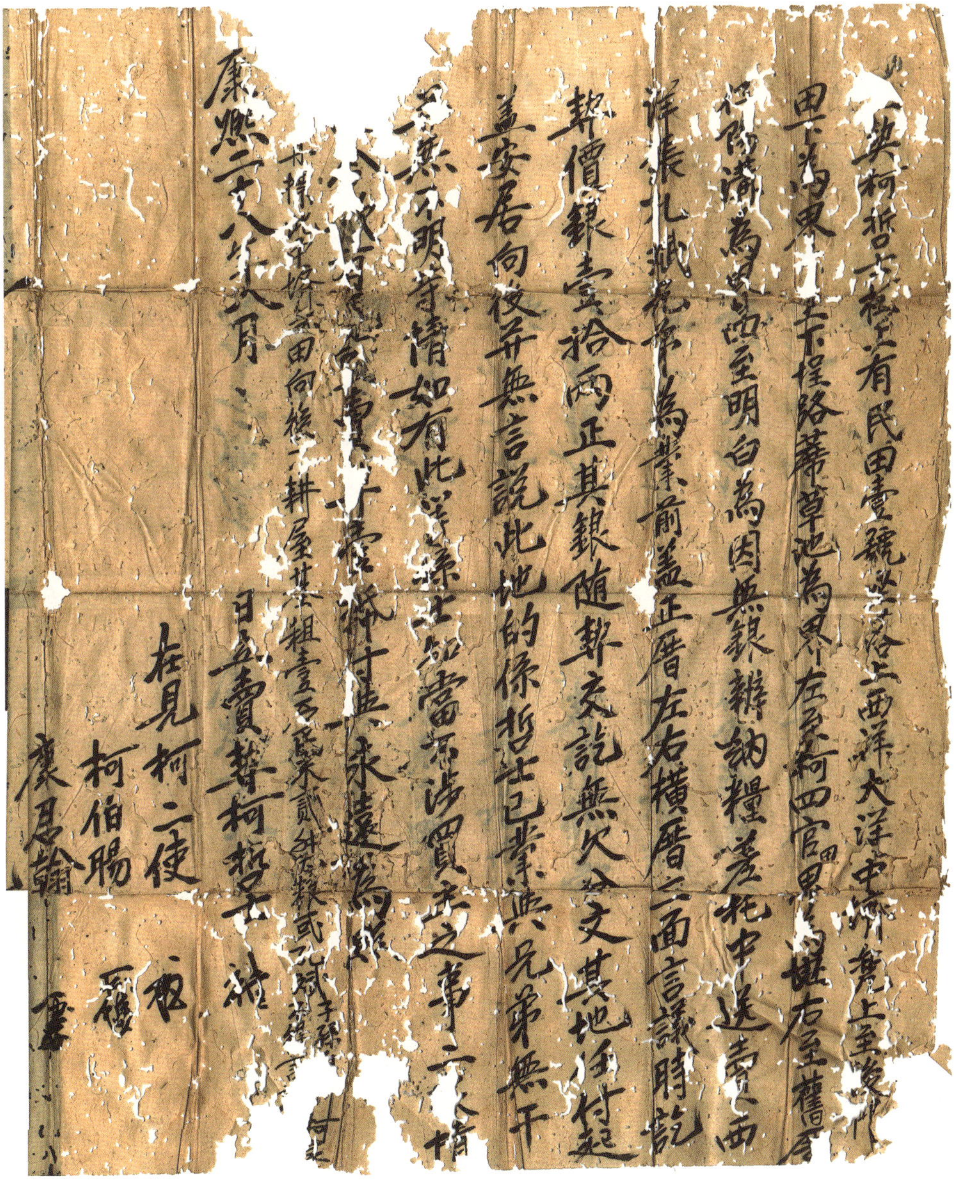

立賣契人柯哲士承祖有民田壹號坐落土名西洋大洋中坑[illegible]上至[illegible]
田一為界下至[illegible]路薦草池為界左至柯四官田為界右至舊[illegible]
四至分明自為因無銀辦納糧差託中送賣與西
洋張九誠兄弟為業前去正曆左右橫曆三面言議時說
契價銀壹拾兩正其銀隨契交訖無欠分文其地任從起
佃安居向後并無言說此地的係哲士已業與兄弟無干
亦無不明等情如有此等係士知當不涉買主之事二比情
[illegible]永遠為照
[illegible]
康熙二十八年八月　日立賣契柯哲士
在見柯二使
柯伯賜
康君翰

2-1-3-2　清康熙二十八年八月柯哲士立賣民田契

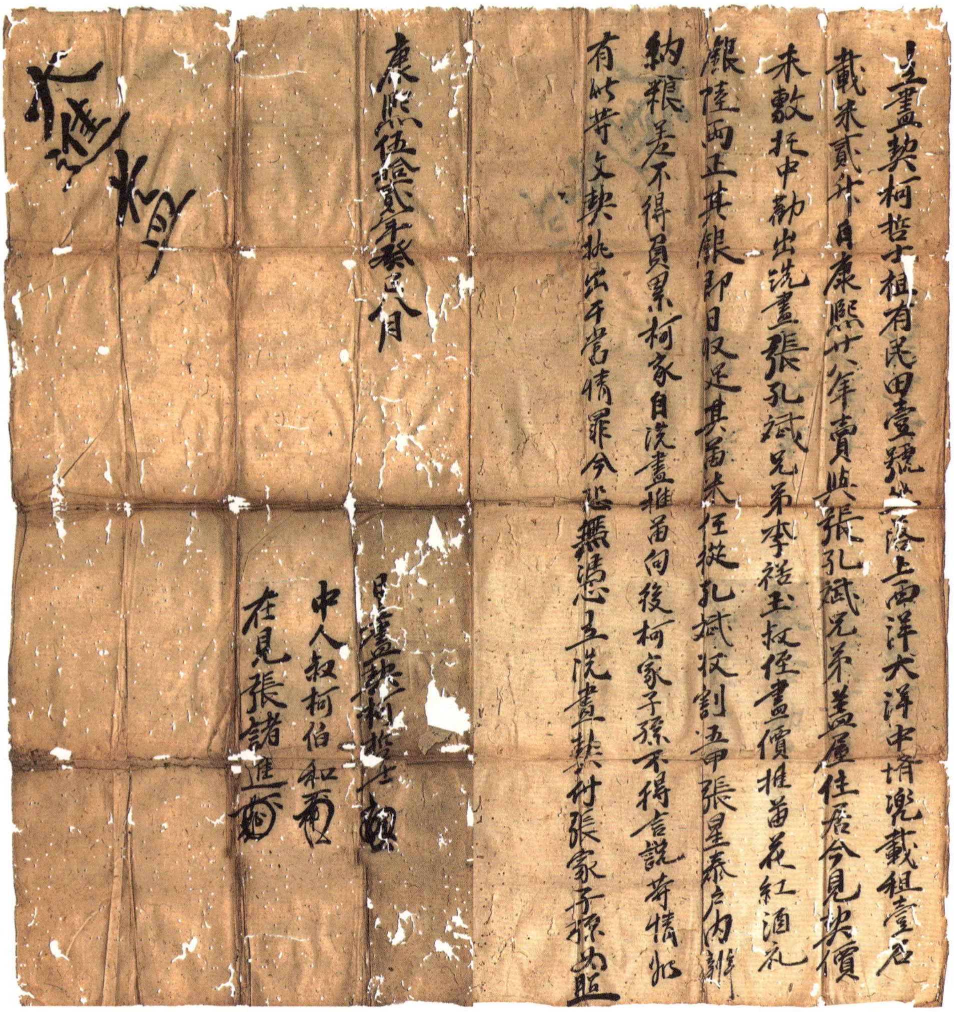
立盡契柯哲士祖有民田壹號坐落上西洋大洋中墘兜載租壹石
載米貳斗自康熙廿八年賣與張孔斌兄弟盖屋住居今見契價
未敷托中勸出洗盡張孔斌兄弟李諧玉叔侄盡價推苗花紅酒礼
銀陸兩正其銀即日收足其苗米任從孔斌收割五甲張星泰戶內辦
納糧差不得負累柯家自洗盡推苗向後柯家子孫不得言說蒋情如
有此等文契執出千當情罪今恐無憑立洗盡契付張家子孫為照

康熙伍拾貳年癸巳八月　日立盡契柯哲士

中人叔柯伯和

在見張諸進

2-1-3-3　清康熙五十二年八月柯哲士立盡民田契

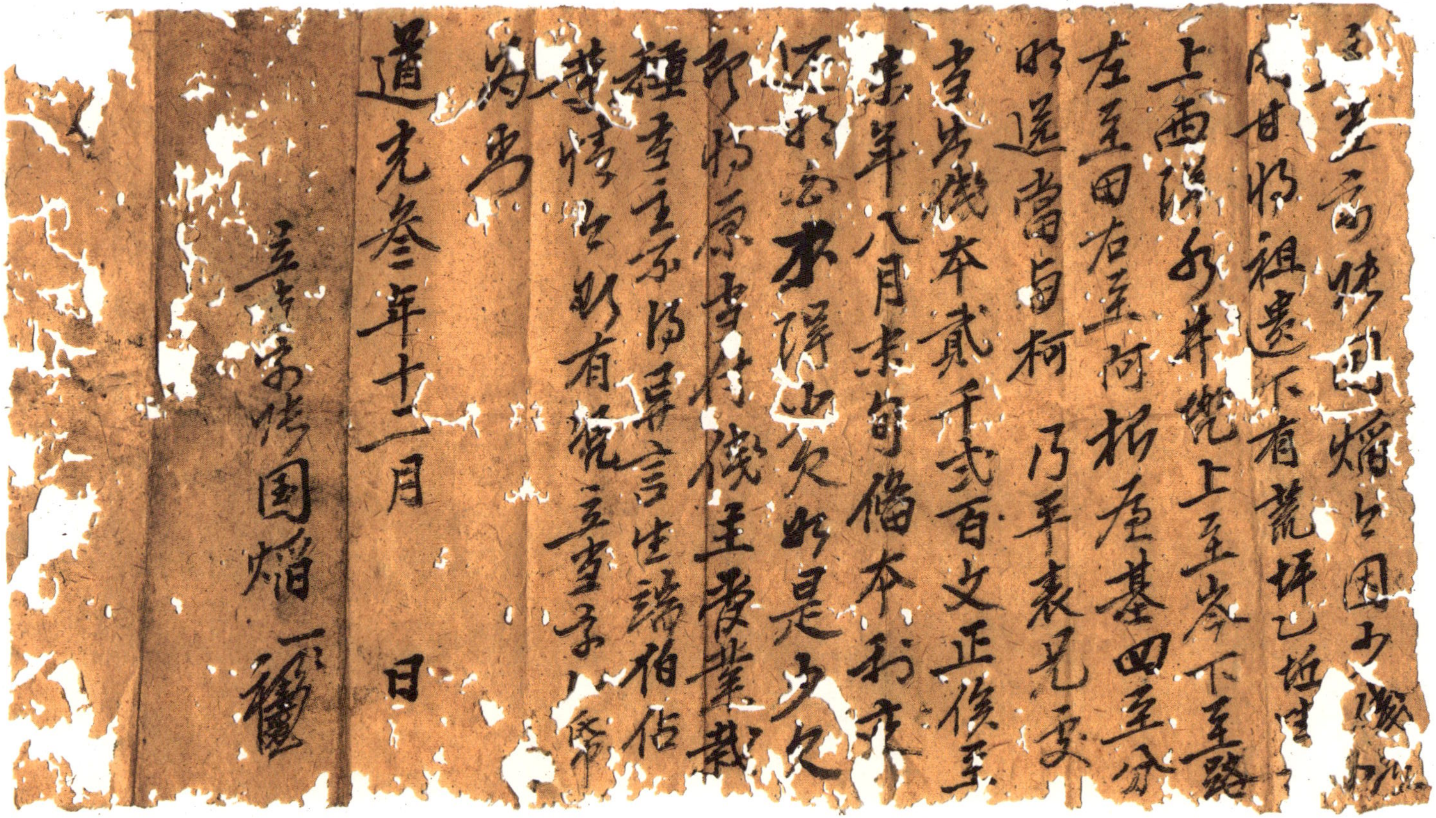

立當[illegible]字張国熠，今因[illegible]
[illegible]甘將祖遺下有荒坪乙[illegible]
上西洋井兜上至岑，下至路，
左至田，右至河，[illegible]厝基田至分
明，送當與柯乃平表兄處，
當出錢本貳千貳百文正，俟至
來年八月末旬備本利來
還，將此[illegible]不得少欠。此是欠
[illegible]將原當付錢主管業栽
種，立下不得異言生端阻佔，
[illegible]有憑，立當字人[illegible]
為照。
道光叁年十二月　日
立當字張国熠（押）

2-1-3-4　清道光三年十二月張国熠立當荒坪字

2-1-3-5　清道光十三年十一月張國耀立歸回民田契

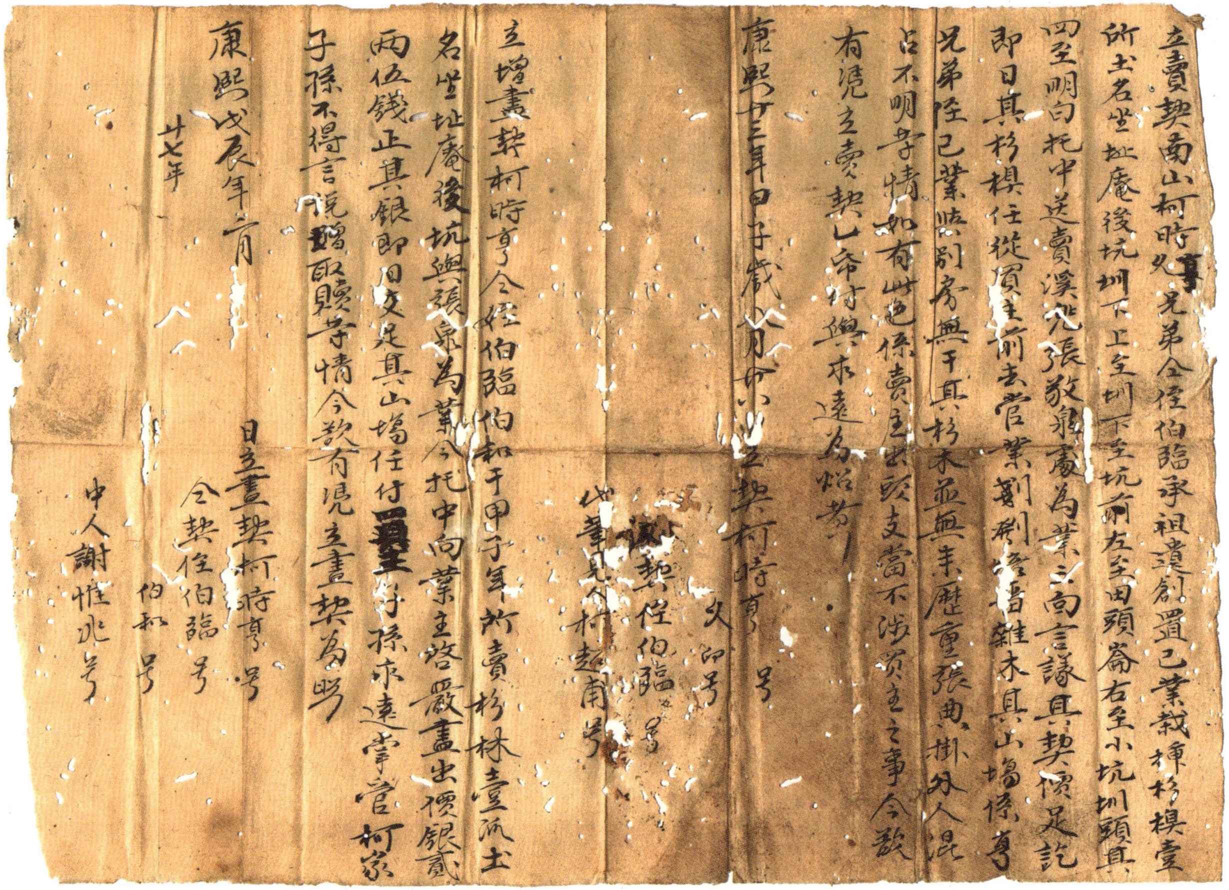

立賣契南山柯時亨兄弟仝侄伯臨承祖遺創置已業栽種杉模壹
所土名坐址庵後坑圳下 上至圳 下至坑 前左至田頭 右至小坑圳頭 其
四至明白 托中送賣溪尾張敬泉處為業 三面言議其契價足訖
即日其杉模任從買主前去管業 [illegible]雜木 其山塲係亨
兄弟侄已業 與别房無干 其杉木並無重張典掛外人混
占不明等情 如有此色 係賣主出頭支當 不涉買主之事 今欲
有憑 立賣契一紙 付與永遠為炤者
康熙廿三年甲子歲八月　日立賣契柯時亨　号
父　印号
仝契侄伯臨　号
代筆兄仝 柯趙甫　号

立增盡契柯時亨仝侄伯臨伯和于甲子年所賣杉林壹派土
名坐址庵後坑與張泉為業 今托中向業主啓嚴盡出價銀貳
兩伍錢正 其銀即日交足 其山塲任付[illegible]付孫永遠掌管 柯家
子孫不得言說增取贖等情 今欲有憑 立盡契為照
康熙戊辰年　月　日立盡契柯時亨　号
廿七年
仝契侄伯臨　号
伯和　号
中人謝惟兆　号

2-1-4-1　清康熙二十三年八月柯時亨等立賣杉林契

2-1-4-2　清雍正十二年二月柯彦全立賣猫竹林契

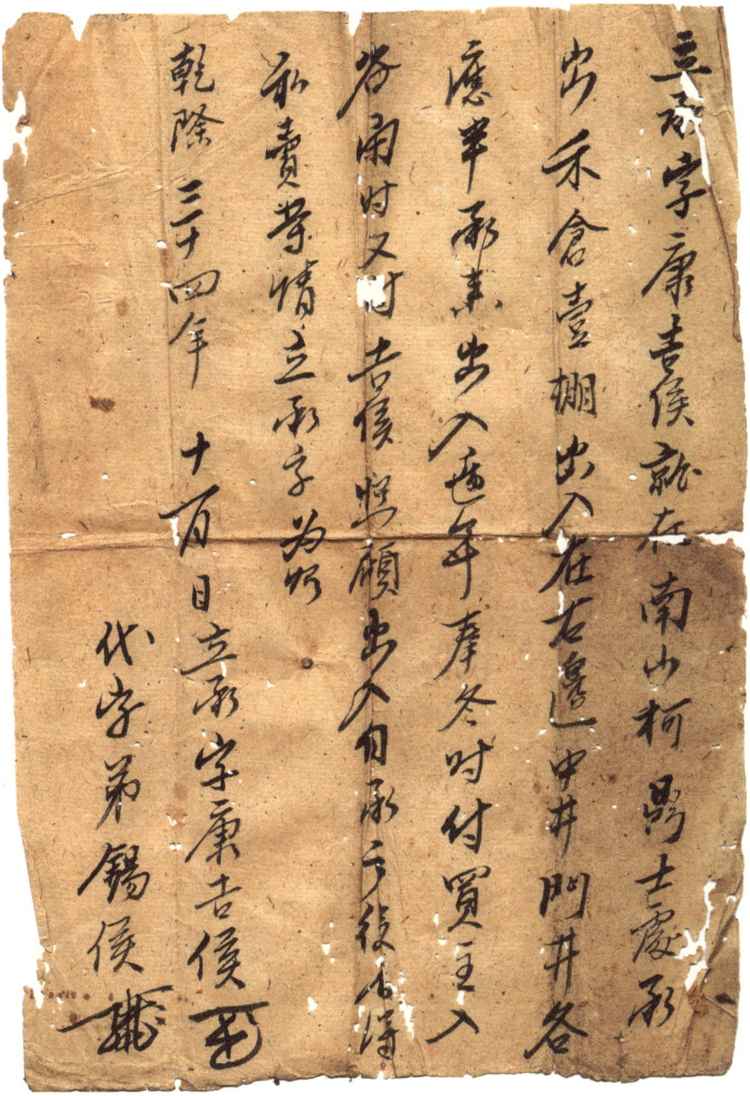

立承字康吉侯就在南山柯曷士處承
出禾倉壹棚出入在右邊中井門井各
應半承去出入每年春冬时付買主入
倉開时又时吉侯照顧出入自承之後不得
私賣等情立承字為炤
乾隆三十四年　十一月　日立承字康吉侯
代字弟錫侯

2-1-4-3　清乾隆三十四年十一月康吉侯立承禾倉字

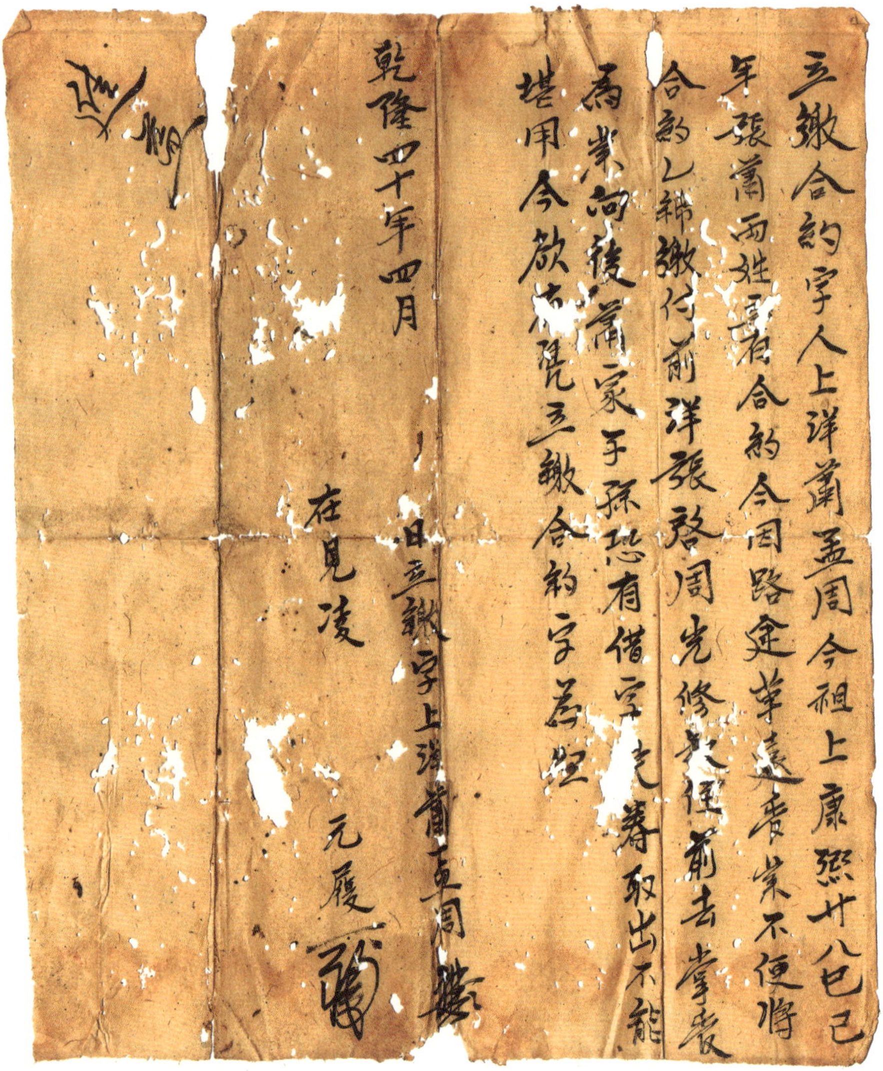
立繳合約字人上洋蕭孟周今祖上康熙廿八己巳
年張蕭兩姓原有合約合同路途遙遠貴業不便將
合約乙紙繳付前洋張啓周光修來侄前去掌管
為業向後蕭家子孫恐有借字先尋取出不能
堪用今欲有憑立繳合約字為照
乾隆四十年四月　日立繳字上洋蕭孟周
在見淩元履

2-1-4-4　清乾隆四十年四月尤溪蕭孟周立繳合約字

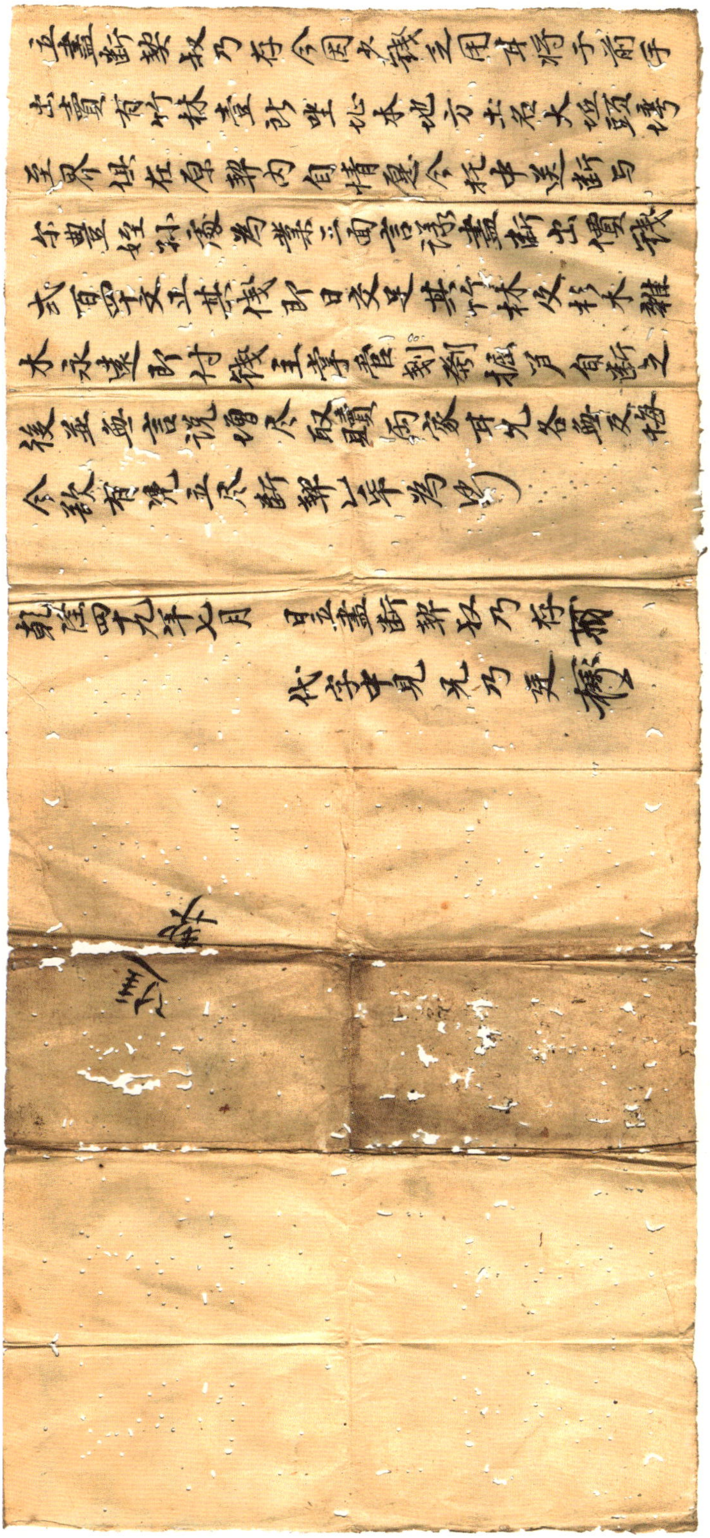
立盡斷契叔乃存，今因乏錢乏用，將手前手
置有竹林壹號，坐址本地方，土名大坑頭等
處，界址在原契內，自情愿今托中送斷與
本堂姪孫禹為業，三面言議盡斷出價錢
貳百四十文正，其錢即日交足，其竹林及杉木雜
木永遠聽姪孫掌管砍剔，無得阻占。自斷之
後，並無言說增盡取贖，內家叔兄各無異說。
今欲有憑，立盡斷契一紙為照。
乾隆四十九年七月　日立盡斷契叔乃存（押）
代字中見兄乃[illegible]（押）

2-1-4-5　清乾隆四十九年七月柯乃存立盡斷竹林契

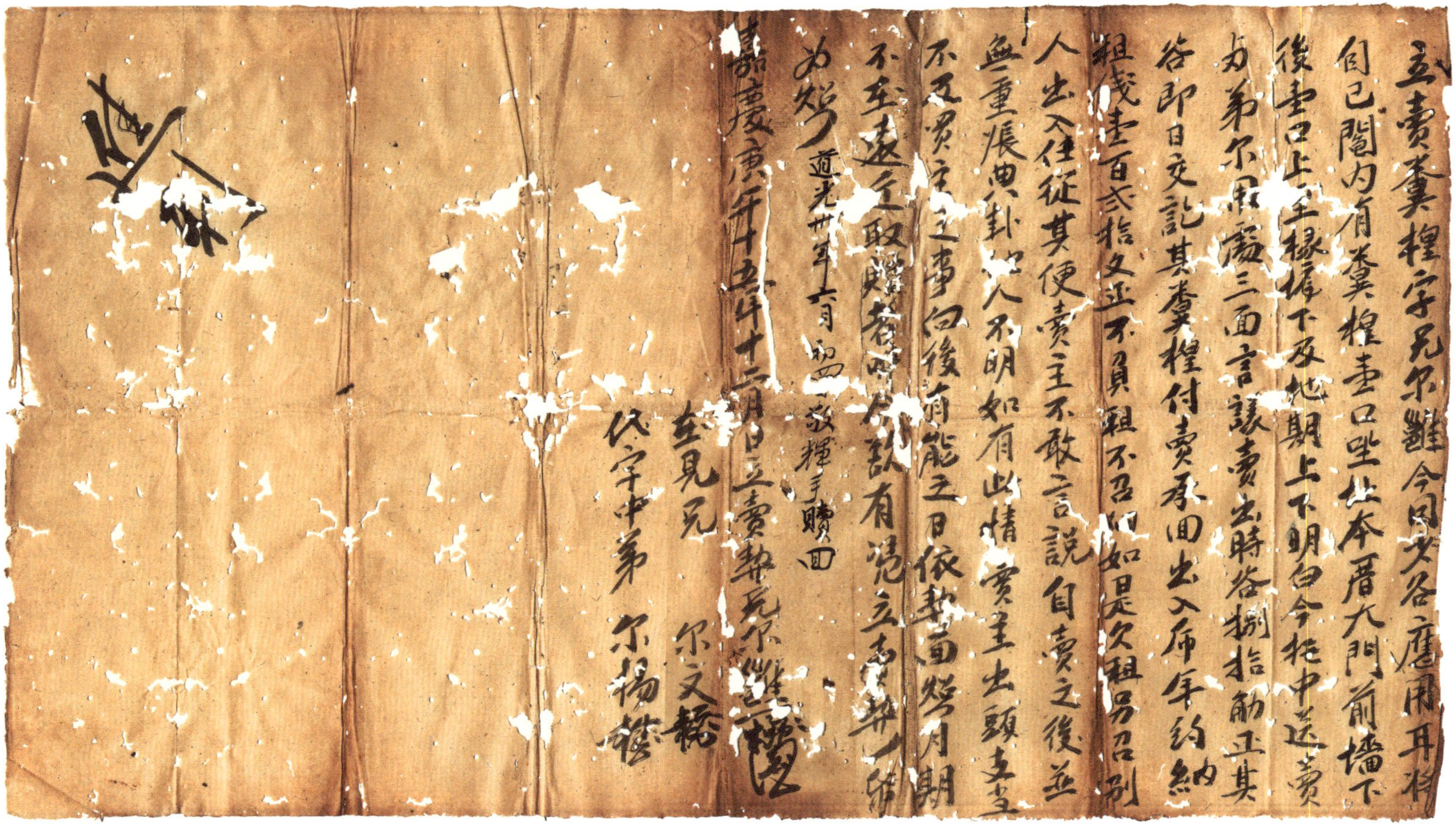

立賣糞桯字兄尔雖今因乏各應用將
自己閹內有糞桯壹口坐址本厝大門前墻下
後壹口上至椽下及地期上下明白今托中送賣
與弟尔用處三面言議賣出時谷捌指勛正其
谷即日交訖其糞桯付賣主耕田出入每年約納
租錢壹百弍指文正不負租不召如是欠租另召別
人出入任從其便賣主不敢言說自賣之後並
無重張典掛如人不明如有此情賣主出頭支當
不干買主之事向後有能之日依契面契內期
不至遠之取贖[illegible]若[illegible]款有憑立賣契一紙
為照　道光卅年十□月初四日發耀手贖回
嘉慶庚午年十二月　日立賣契兄尔雖
在見兄　尔文
代字中弟　尔楊

2-1-4-6　清嘉慶十五年十二月柯尔雖立賣糞桯契

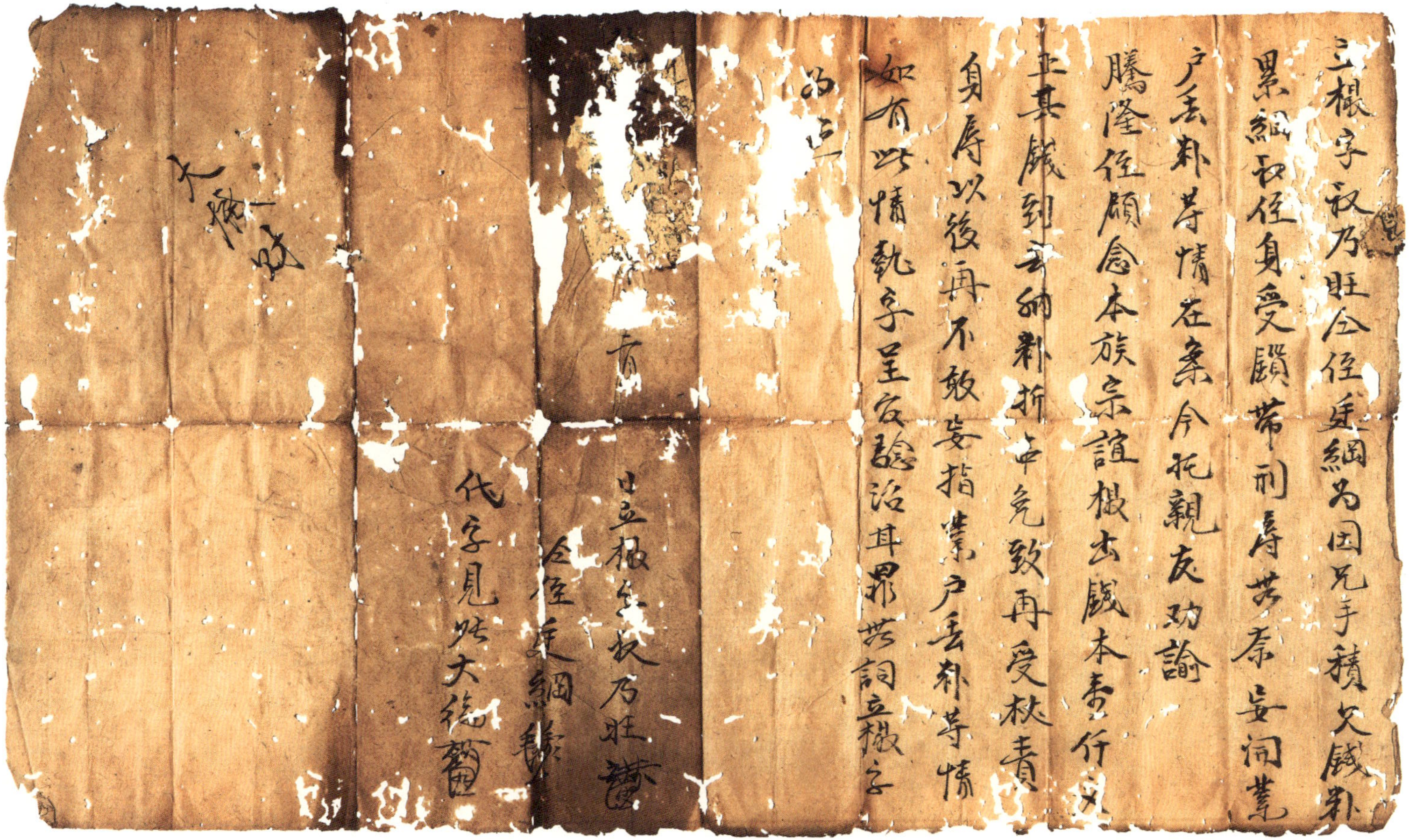
立撮字叔乃旺仝侄岳綱為因兄手積欠錢粮
累細和侄身受顛蒂刑辱苦奈妄洞業
户丢粮等情在案，今托親友劝諭
騰隆侄顧念本族宗誼撥出錢本壹仟文
並其錢到去納粮，折卒免致再受杖責
身辱以後再不敢妄指業户丢粮等情
如有此情執字呈官驗治其罪，恐詞立撮字
為照。
日立撮字叔乃旺
仝侄岳綱
代字見姪大德

2-1-4-7　清乾隆年間柯乃旺等立撮字

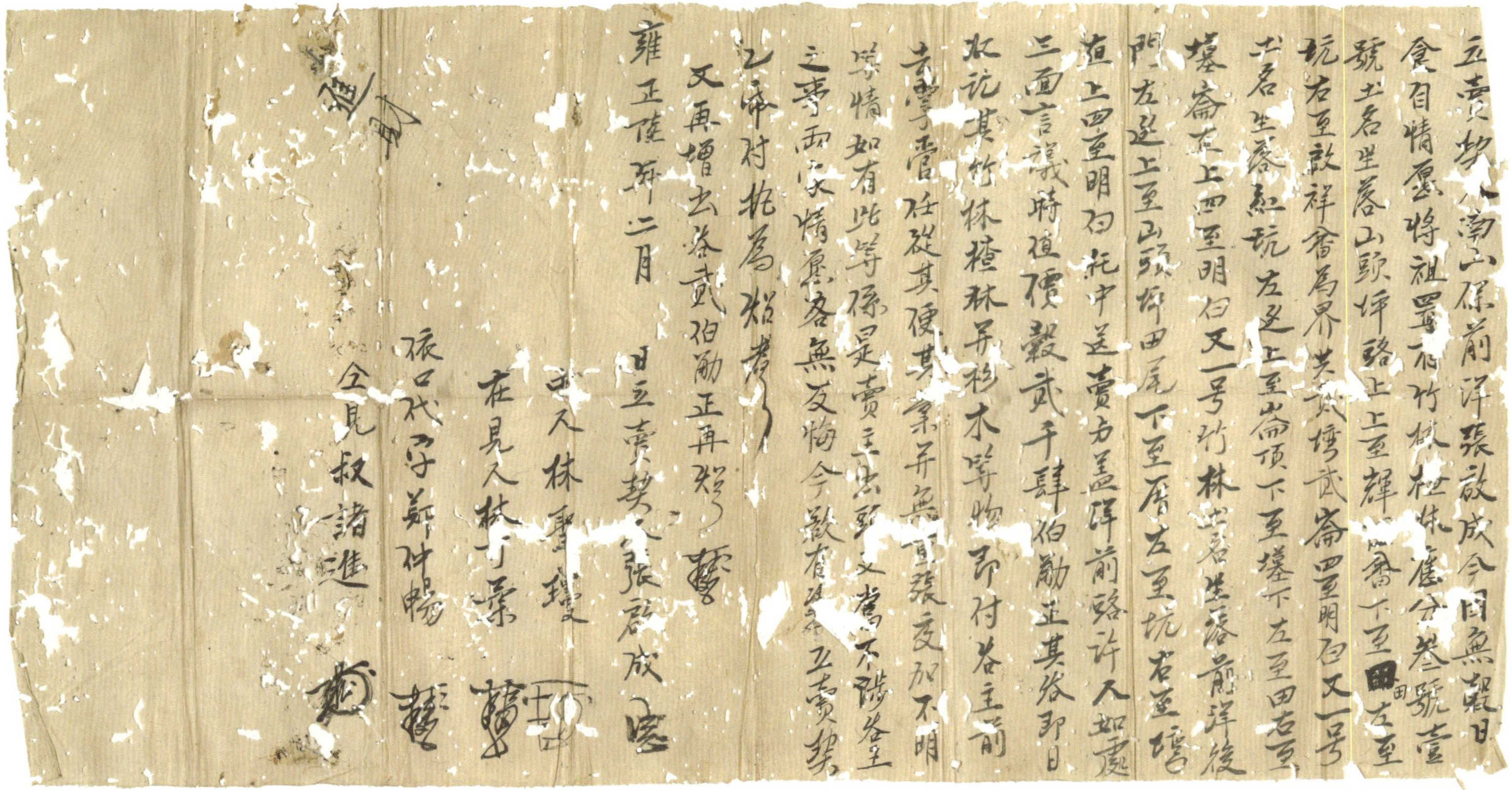
立賣契人□山保前洋張啟成，今因無穀日
食，自情愿將祖置有竹林杉林，[illegible]分叁號。壹
號土名坐落山頭坪路上，上至崗，下至田，左至
坑，右至啟祥齊為界；又貳號坐落[illegible]崗，四至明白；又一号
土名坐落紅坑，左边上至崗頂，下至墈下，左至田，右至
墓崗，右上四至明白；又一号竹林，土名坐落前洋後
門，左边上至山頭坪田尾，下至厝，左至坑，右至墘
直上，四至明白。托中送賣[illegible]洋前路許人如處
三面言議時值價穀貳千肆佰觔正，其谷即日
收訖，其竹林檀林并杉木等物即付谷主前
去管任從其便，其業并無重張交加，不明
等情，如有此等，係是賣主出頭支當，不涉谷主
之事。兩家情愿，各無反悔，今欲有憑，立賣契
一紙付执為照者。
文再增出谷貳佰觔正再照。
雍正陸年二月　日立賣契人張啟成
中人林聖瓒
在見人林丁某
依口代字鄭仲暢
仝見叔諸進

2-1-5-1　清雍正六年二月張啓成立賣竹林等契

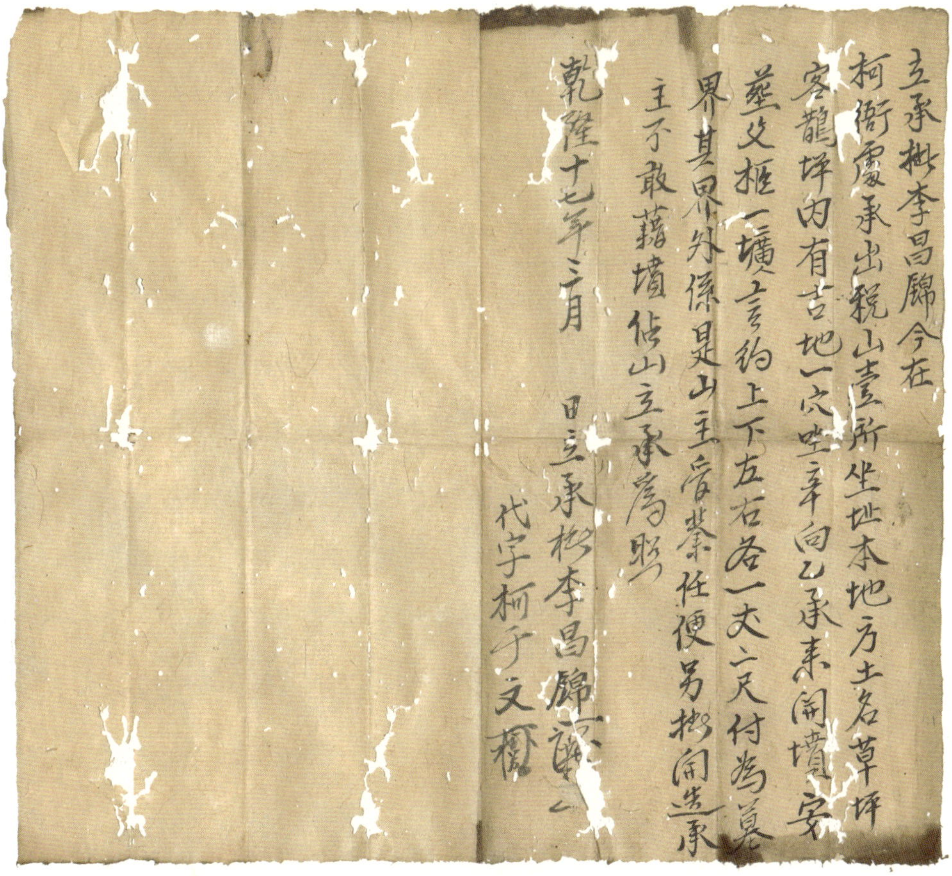
立承批李昌歸今在
柯衙處承出稅山壹所坐址本地方土名草坪
客龍坪内有吉地一穴坐辛向乙承來開壙安
塋丈框一壙言約上下左右各一丈二尺付爲墓
界其界外係是山主管業任便另批開造承
主不敢藉墳佔山立承爲照
乾隆十七年三月　日立承批李昌歸（押）
代字柯子文（押）

2-1-5-2　清乾隆十七年三月李昌锦立承批税山字

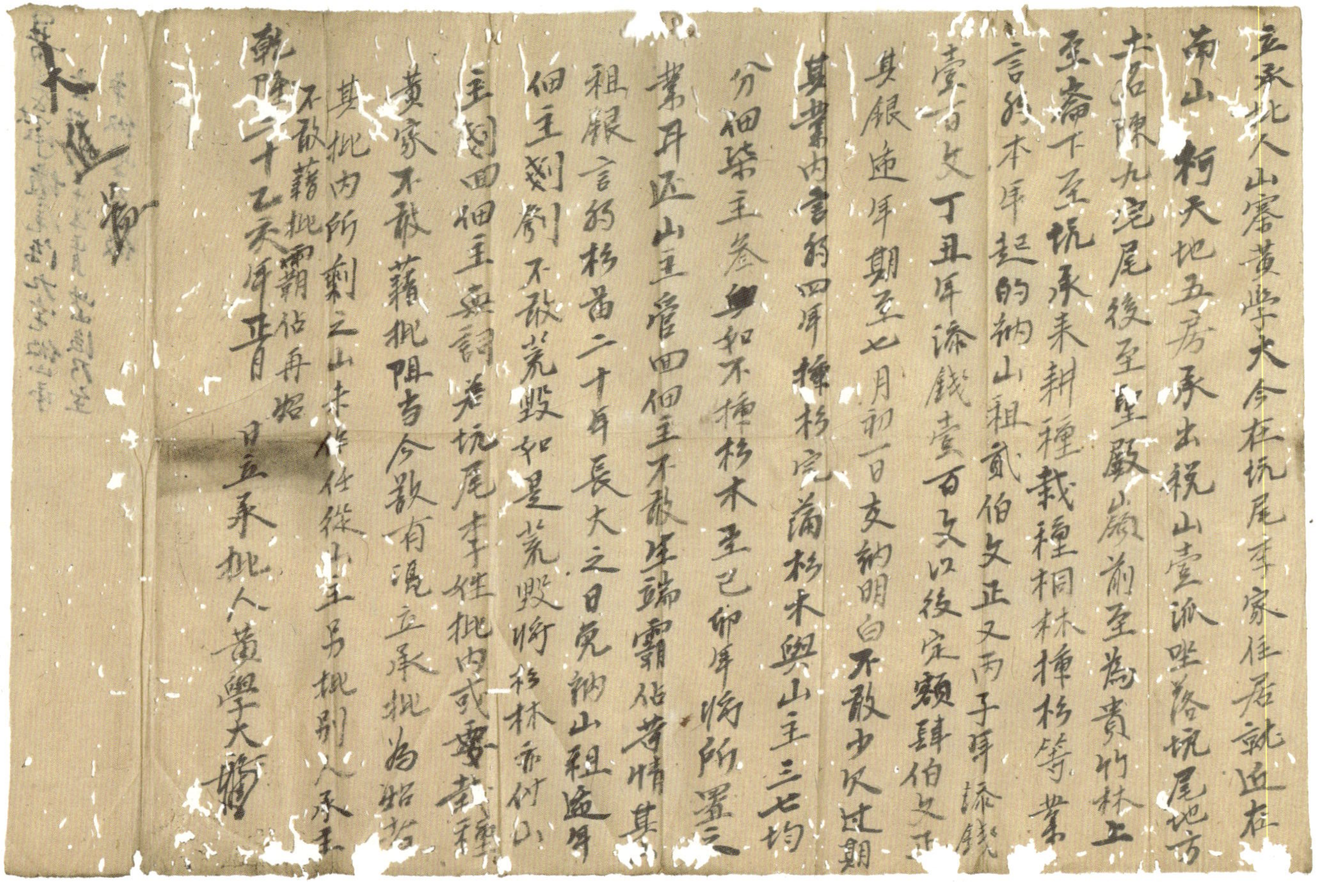

立承批人山寮黃學大今在坑尾李家住居就近在
南山杉天地五房承出稅山壹派坐落坑尾地方
土名陳九泡尾後至壟嶺山巔前至為貴竹林上
至崙下至坑承來耕種栽種桐林插杉等業
言約本年起的納山租貳伯文正又丙子年添錢
壹百文丁丑年添錢壹百文以後定額肆伯文正
其銀逐年期至七月初一日交納明白不敢少欠过期
其業內言約四年插杉完滿杉木與山主三七均
分佃栽主叁……如不插杉木至己卯年將所置之
業并还山主管佃佃主不敢生端霸佔等情其
租銀言約杉苗二十年長大之日免納山租逐年
佃主剗劚不敢荒毀如是荒毀將杉林亦付山
主剗佃佃主無詞若坑尾李姓批內或要去種
黃家不敢藉批阻當今欲有憑立承批為照訖
其批內所剩之山未作任從山主另批別人承耕
不敢藉批霸佔再照
乾隆二十乙亥年正月　日立承批人黃學大（押）
[illegible]

2-1-5-3　清乾隆二十年正月黃學大立承批稅山字

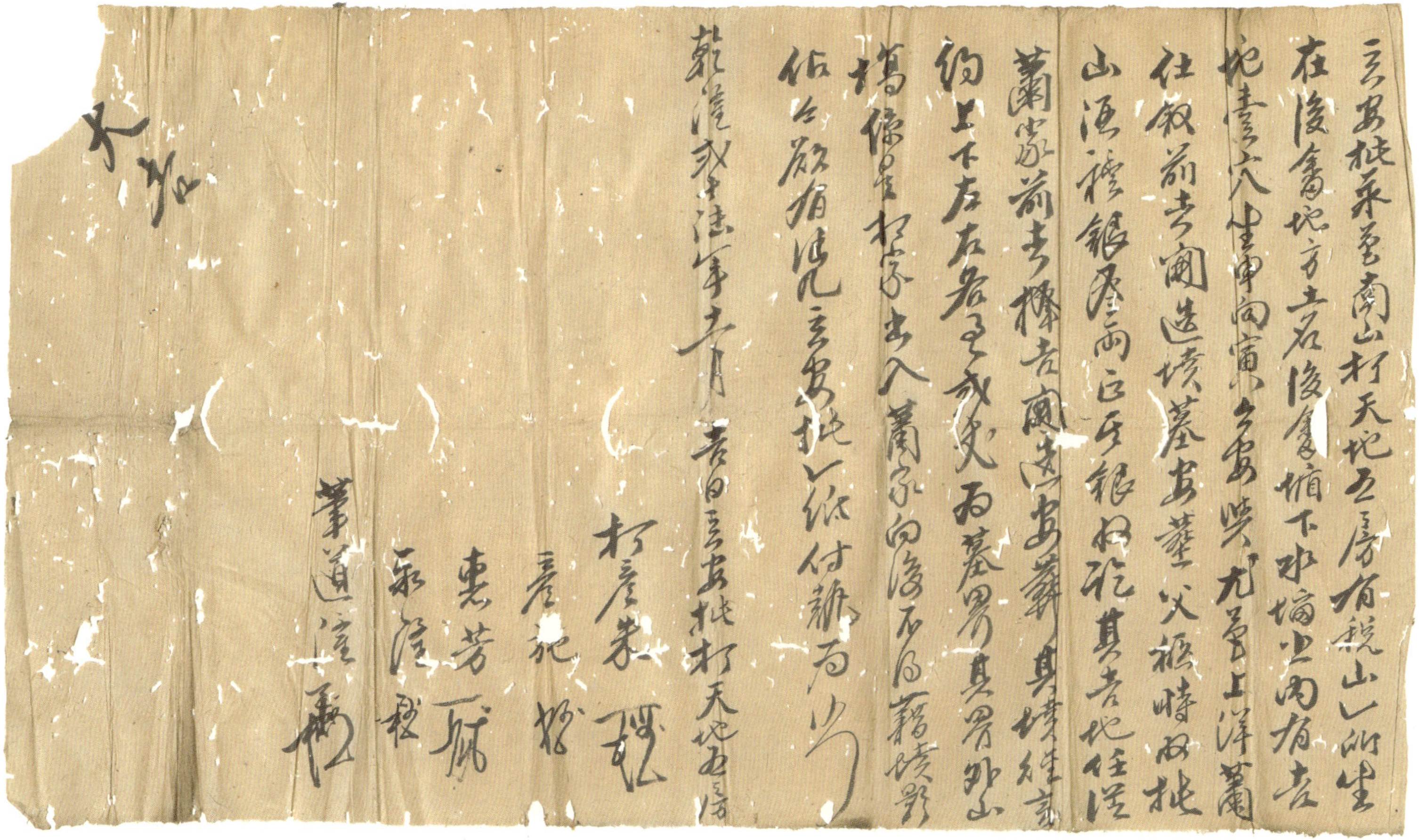

立安批永蓋南山村天地五房有税山一所坐
在後壟地方土名後壟墳下水墻坐向有吉
地壹穴坐申向寅今安與尤峯上洋蕭
仕叙前去開造墳墓安葬父柩時面批
山價禮銀叁兩正其銀收訖其吉地任從
蕭家前去擇吉開造安葬其墳往來
約上下左右各五尺爲墓界其界外山
場係是柯家出入蕭家向後不得籍墳影
佔今欲有憑立安批一紙付執爲照
乾隆貳拾陸年十一月　日立安批柯天地五房
柯彦朱　押
彦施　押
惠芳　押
秉注　押
筆道注　押
大吉

2-1-5-4　清乾隆二十六年十一月柯氏五房立安批税山字

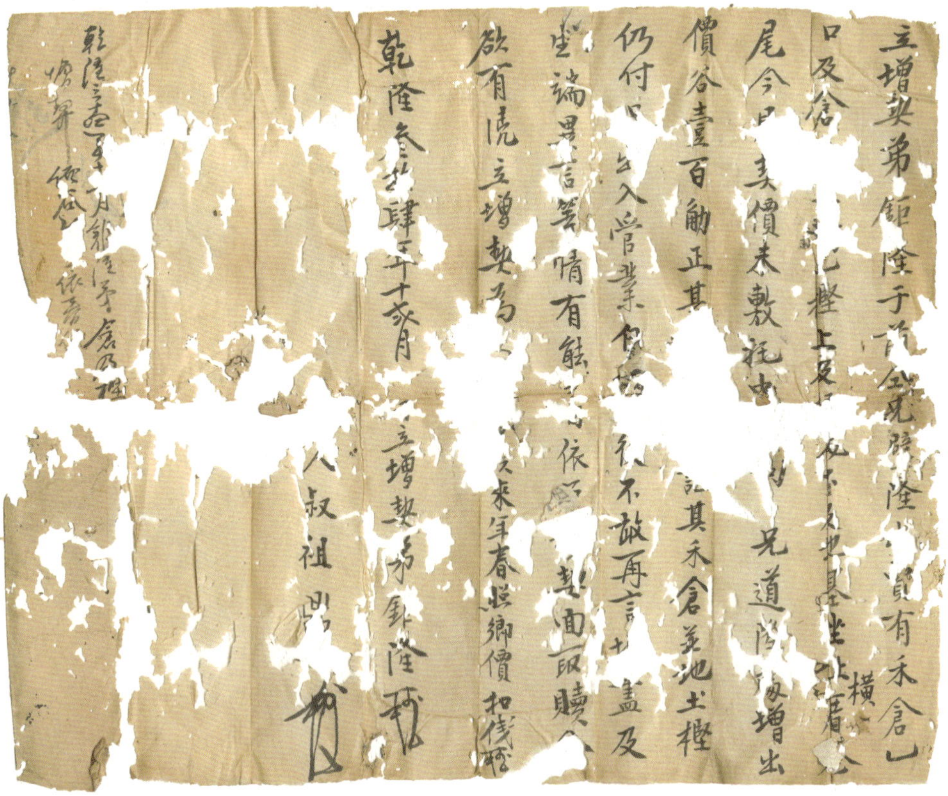

立增契弟鉅隆于[illegible]有禾倉山
口及倉[illegible]橫[illegible]
尾今[illegible]美價未敷託中[illegible]兄道隆[illegible]增出
價谷壹百觔正其[illegible]其禾倉并地土松
仍付[illegible]入管業[illegible]不敢再言[illegible]盡及
生端異言等情有鉅[illegible]依[illegible]其面取贖[illegible]
欲有憑立增契為[illegible]來年春照鄉價和[illegible]
乾隆叁拾肆年十弍月　立增契弟鉅隆
[illegible]叔祖[illegible]

2-1-5-5　清乾隆三十四年十二月柯鉅隆立增禾倉契

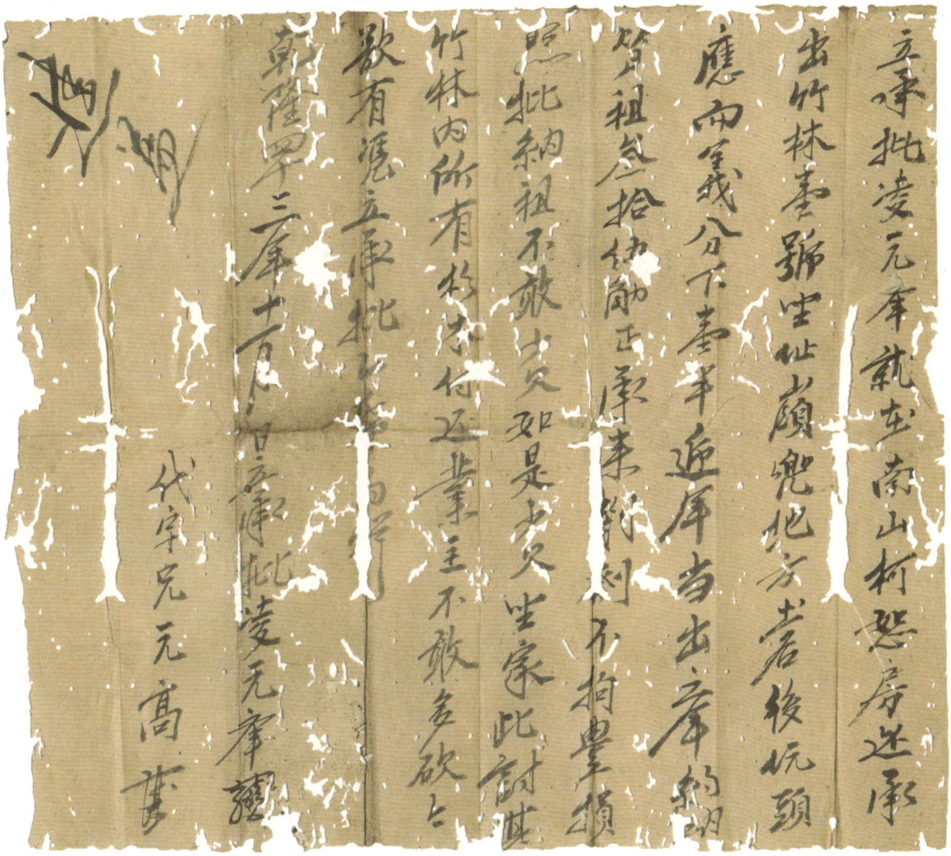

立承批凌元峯就在南山村柯恕房邊承
出竹林壹號，坐址嶺兜地方，土名後坑頭，
應而三面議，分下壹半與峯當出，峯約明
貸租谷拾伍觔正，承來[illegible]利，不拘豐損，
照批納租，不敢少欠，如是少欠，坐家此討，其
竹林內所有杉木付還業主，不敢多砍。今
欲有憑，立承批[illegible]為照。
乾隆四十三年十一月　日立承批凌元峯（押）
代字兄元高（押）

2-1-5-6　清乾隆四十三年十一月凌元峯立承批竹林字

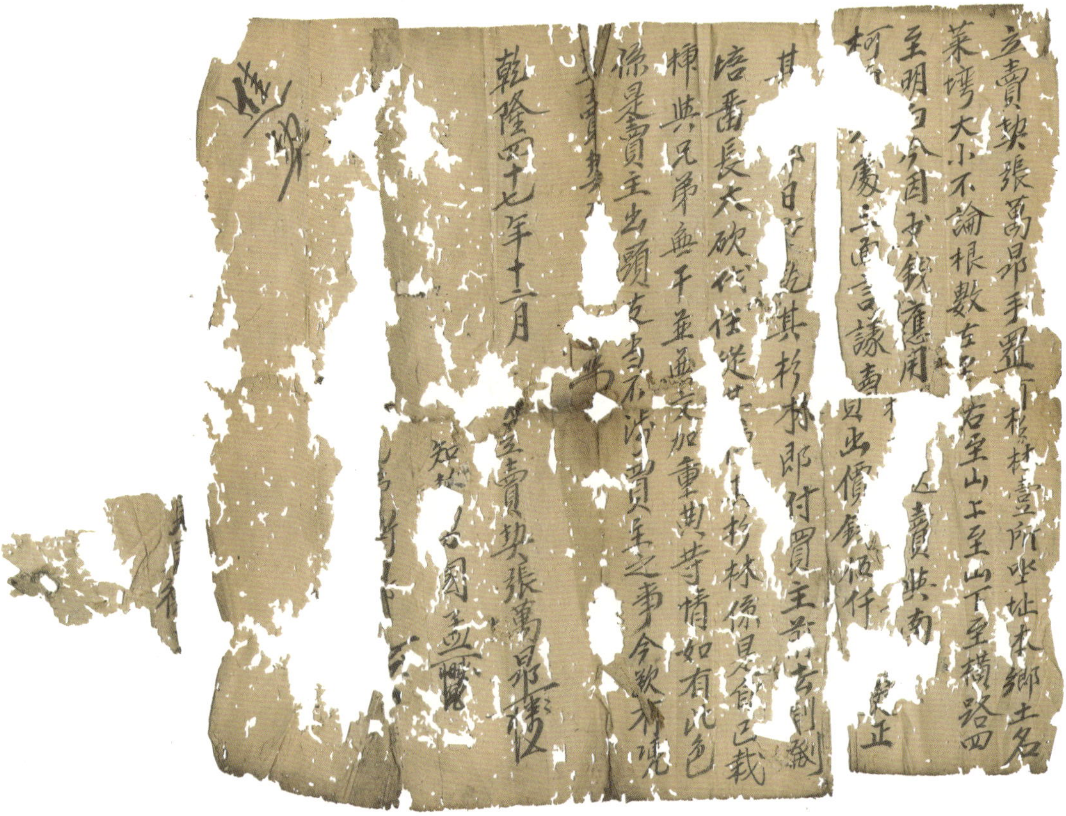

立賣契張萬昂手置[illegible]下杉林壹所坐址本鄉土名
茱塆大小不論根數左至[illegible]右至山上至山下至横路四
至明白今因乏錢應用[illegible]賣與南
柯[illegible]處三面言議壹[illegible]出價錢陸仟[illegible]正
其[illegible]日[illegible]其杉林即付買主[illegible]
培番長大砍伐任從其[illegible]其杉林係是自己栽
種與兄弟無干並無交加重典等情如有此色
係是賣主出頭支當不涉買主之事今欲有憑
[illegible]
乾隆四十七年十二月[illegible]立賣契張萬昂(押)
知見[illegible]

2-1-5-7　清乾隆四十七年十二月張萬昂立賣杉林契

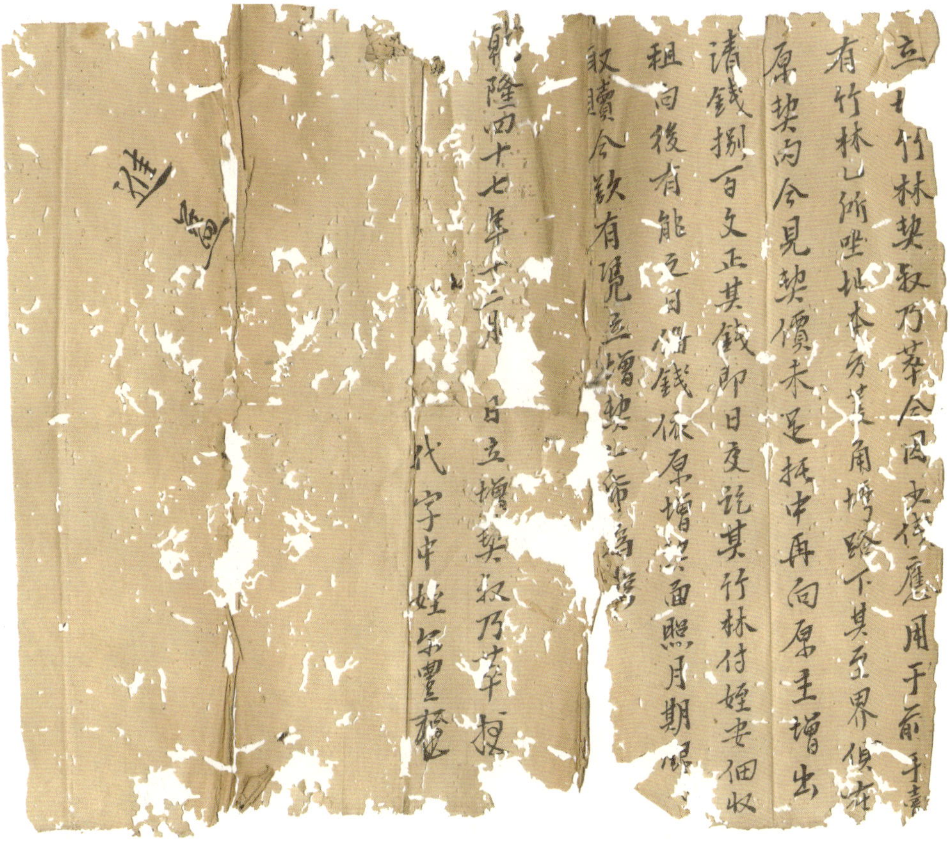

立增竹林契叔乃萃今因乏錢應用于前年手書
有竹林山所坐址本分[illegible]角塆路下其至界俱在
原契內今見契價未足托中再向原主增出
清錢捌百文正其錢即日交訖其竹林付姪安佃收
租向後有能立日備錢依原增契面照月期限
叔續今欲有憑立增契[illegible]為照
乾隆四十七年十二月　日立增契叔乃萃（押）
代字中姪宗豐（押）
在見

2-1-5-8　清乾隆四十七年十二月柯乃萃立增竹林契

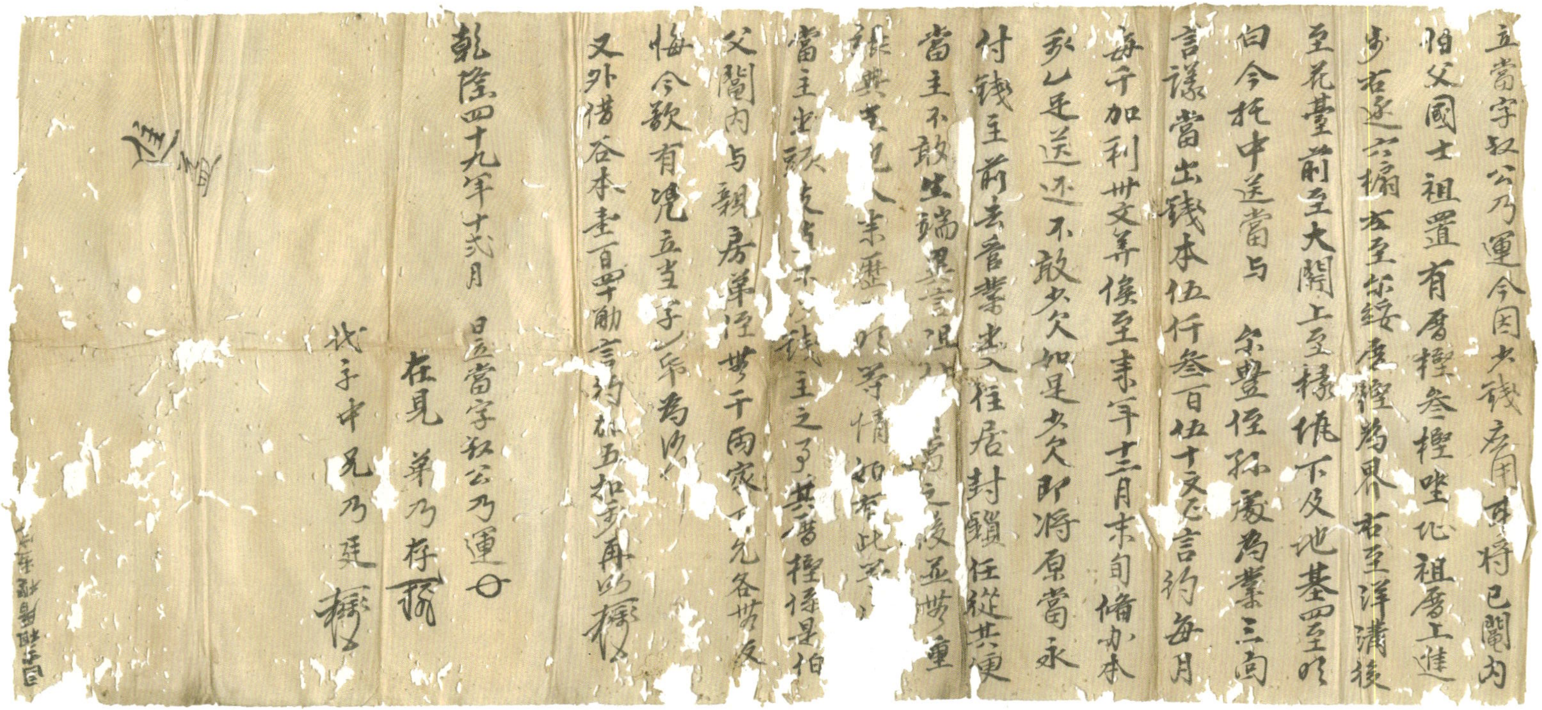

2-1-5-9　清乾隆四十九年十二月柯乃運立當厝樫字

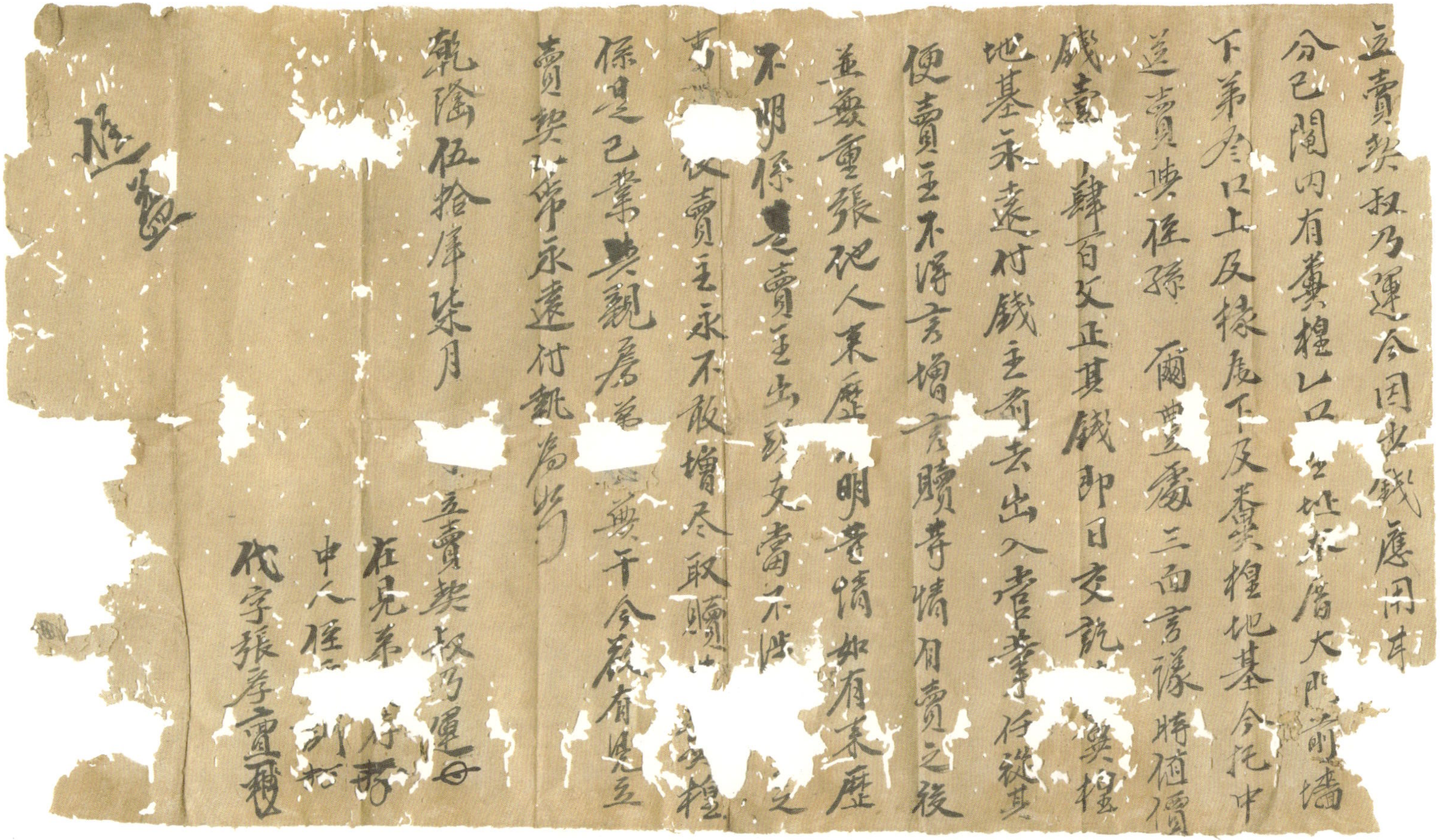

2-1-5-10　清乾隆五十年七月柯乃運立賣糞楻契

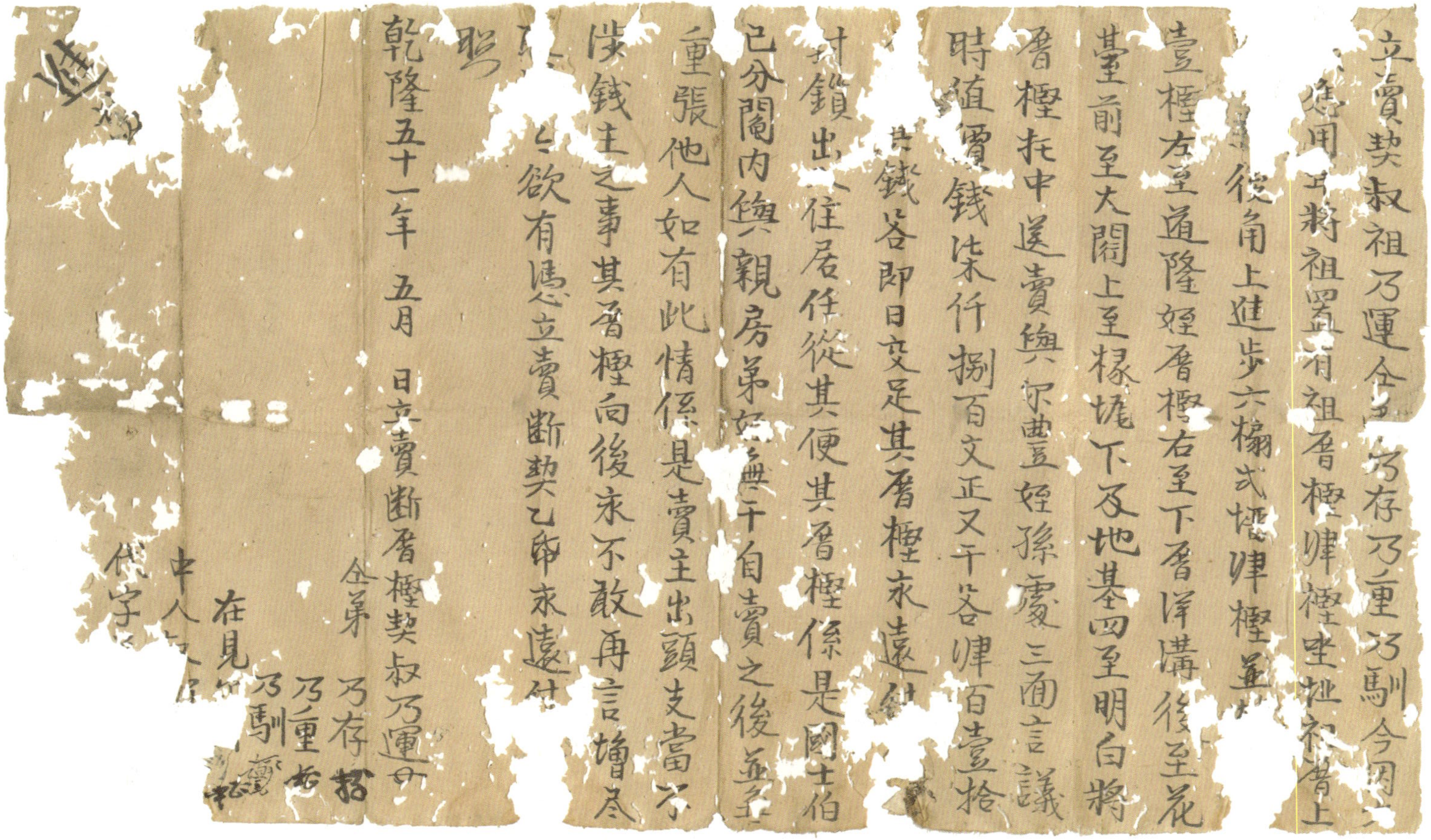

立賣契叔祖乃運仝侄乃存乃重乃馴今因乏
銀用將祖置有祖厝楹肆楹坐址祖厝上
從角上進步六櫞式楹肆楹並
壹楹左至道隆姪厝楹右至下厝洋溝後至花
臺前至大閘上至椽梔下及地基四至明白將
厝楹托中送賣與叔豊姪孫處三面言議
時值價錢柒仟捌百文正又干谷肆百壹拾
斤其錢谷即日交足其厝楹永遠付
銀主出鎖住居任從其便其厝楹係是自伯
己分閹內與親房弟姪無干自賣之後並無
重張他人如有此情係是賣主出頭支當不
涉錢主之事其厝楹向後永不敢再言增添
恐口欲有憑立賣斷契乙帋永遠付
照

乾隆五十一年 五月 日立賣斷厝楹契叔乃運（押）

仝弟 乃存（押）

乃重（押）

乃馴（押）

在見

中人

代字

2-1-5-11 清乾隆五十一年五月柯乃運等立賣斷祖厝楹契

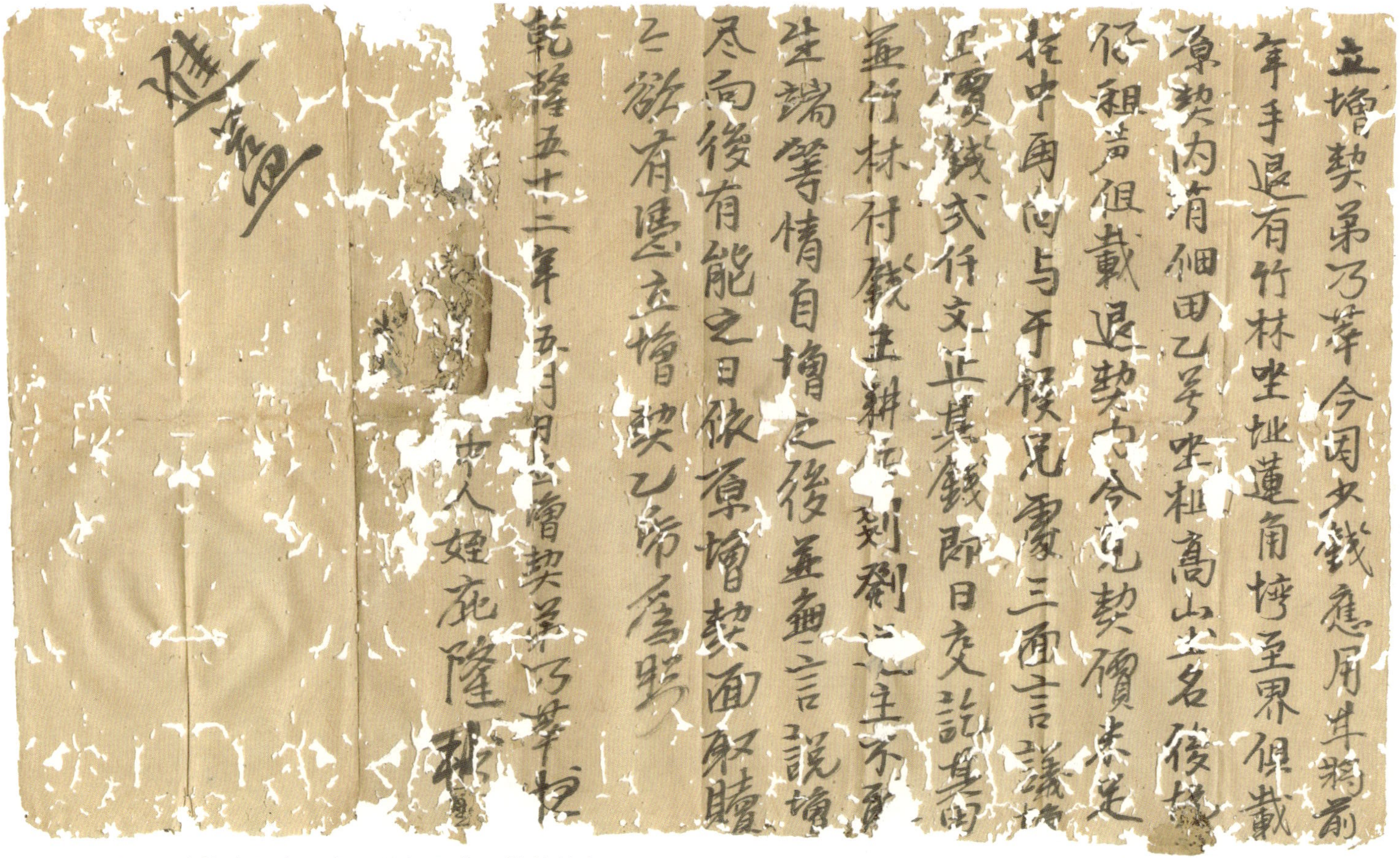
立增契弟乃萃，今因乏錢應用，甘將前
年手退有竹林，坐址蓮角墘，至界俱載
原契內。有佃田乙号，坐杣高山土名後垅，
係租户俱載退契。今見契價未足，
托中再向与于侯兄處三面言議，增
出價錢弍仟文，正其錢即日交訖。其
並竹林付錢主耕作剗劉，□主不□
生端等情。自增之後，並無言說增
盡向後有能之日，依原增契面取贖。
口欲有憑，立增契乙帋為照。
乾隆五十二年五月　日立增契弟乃萃（押）
中人姪庇隆（押）
健壹道

2-1-5-12　清乾隆五十二年五月柯乃萃立增竹林契

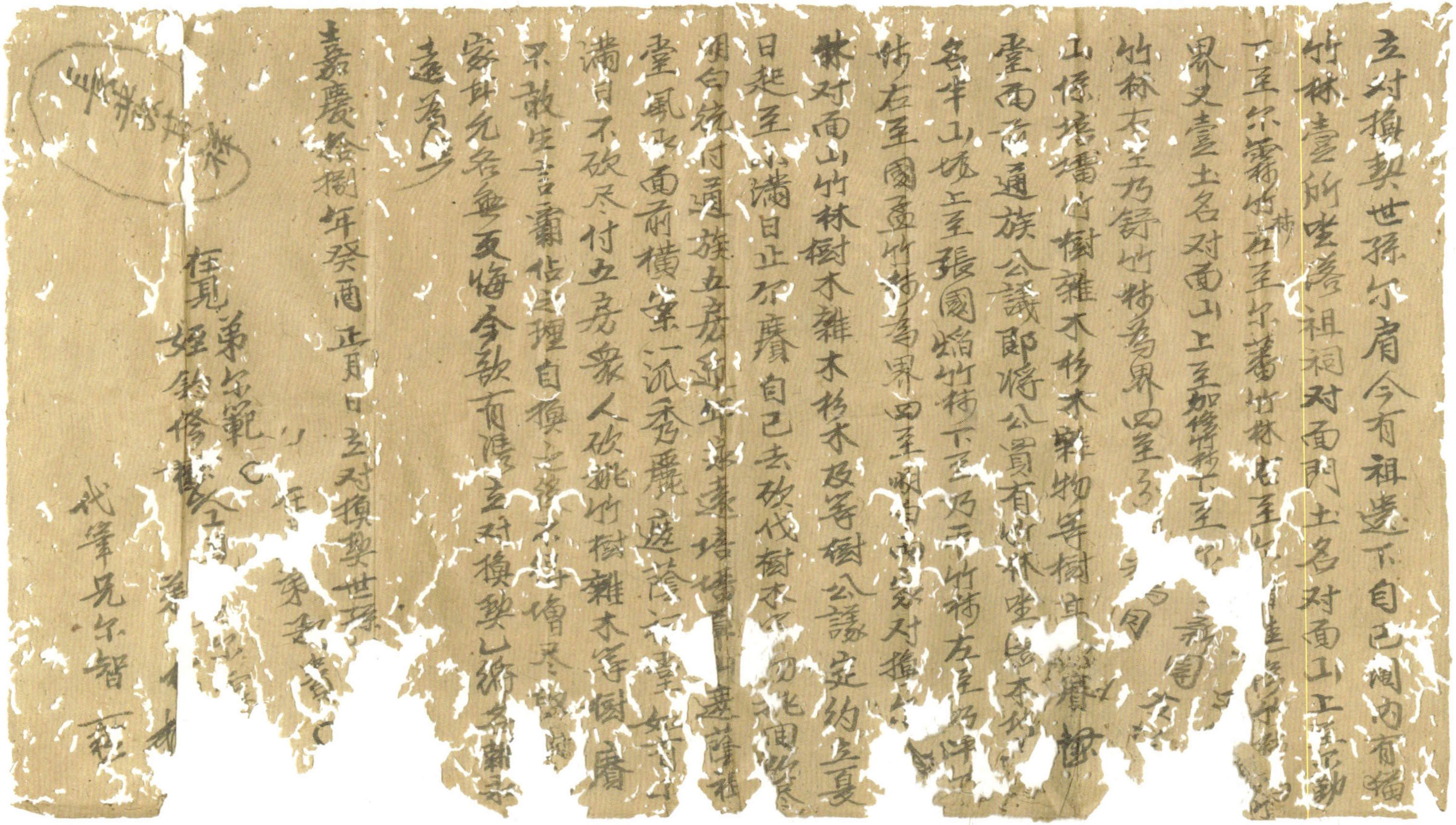
立对換契世孫尔肩今有祖遗下自己闽内有墙
竹林壹所坐落祖祠对面門土名对面山上[illegible]
下至尔寄竹林左至尔蕃竹林右至[illegible]
界又壹土名对面山上至加修竹林上至[illegible]
竹林右至乃舒竹林為界四至[illegible]
山係墙内樹雜木杉木雜物等樹[illegible]
壹而[illegible]通族公議即將公置有竹林坐落[illegible]
名半山坡上至張國始竹林下至乃[illegible]竹林左至[illegible]
竹右至國盈竹林為界四至明白[illegible]对换[illegible]
林对面山竹林樹木雜木杉木及等樹公議定約[illegible]
日起至[illegible]滿日止尔贍自己去砍伐樹木[illegible]
明白統付通族五房[illegible]
壹風[illegible]面前橫案一派秀麗[illegible]
滿日不砍尽付五房衆人砍挑竹樹雜木等樹[illegible]
不敢生言覇佔[illegible]自換之[illegible]
安卦允[illegible]無反悔今欲有憑立对換契[illegible]
遠為照
嘉慶拾捌年癸酉正月 日立对換契世孫[illegible]
在見弟尔範
姪鈴修
代筆兄尔智

2-1-5-13 清嘉慶十八年正月柯尔肩立對換竹林契

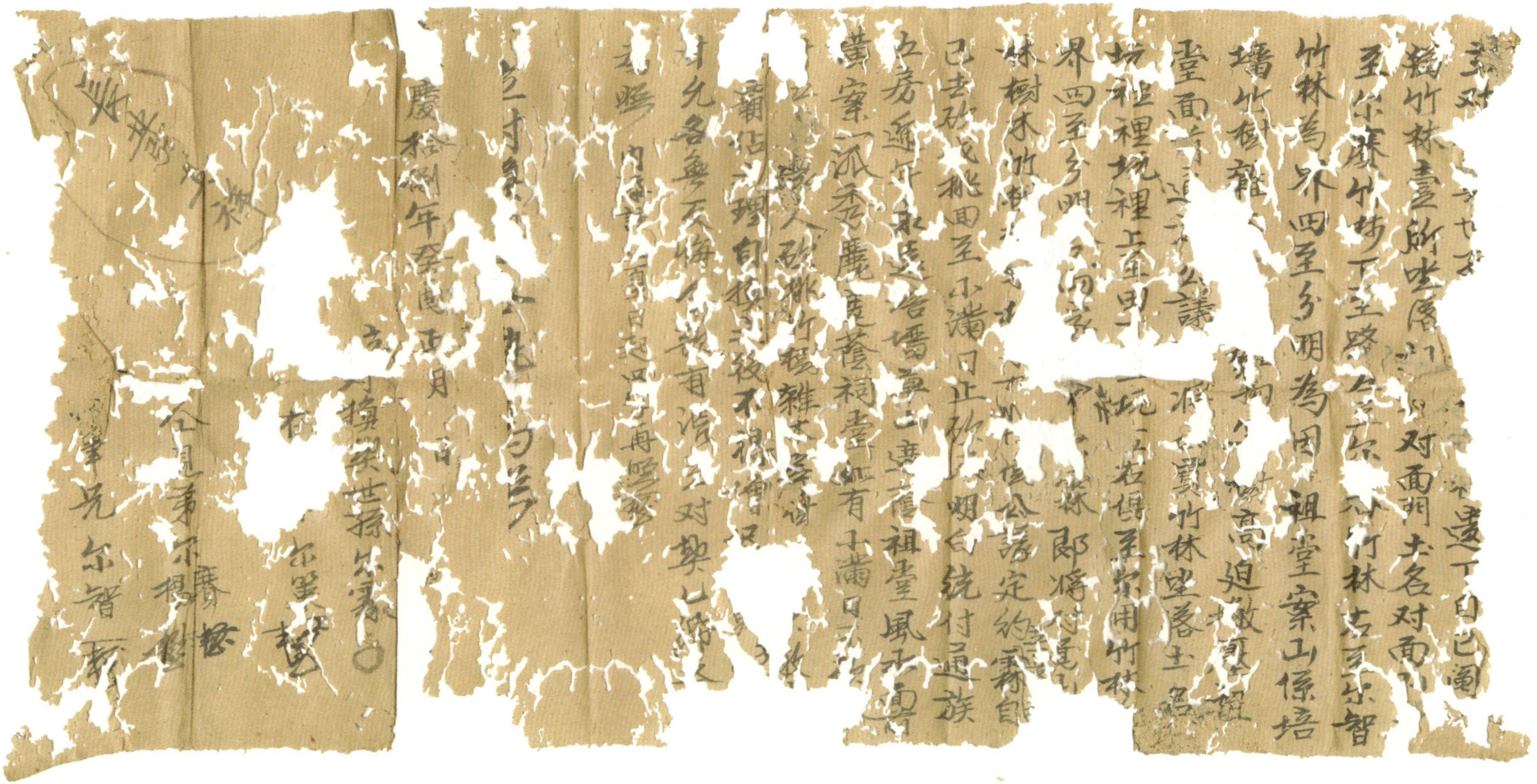

2-1-5-14 清嘉慶十八年正月柯尔霖立對換竹林契

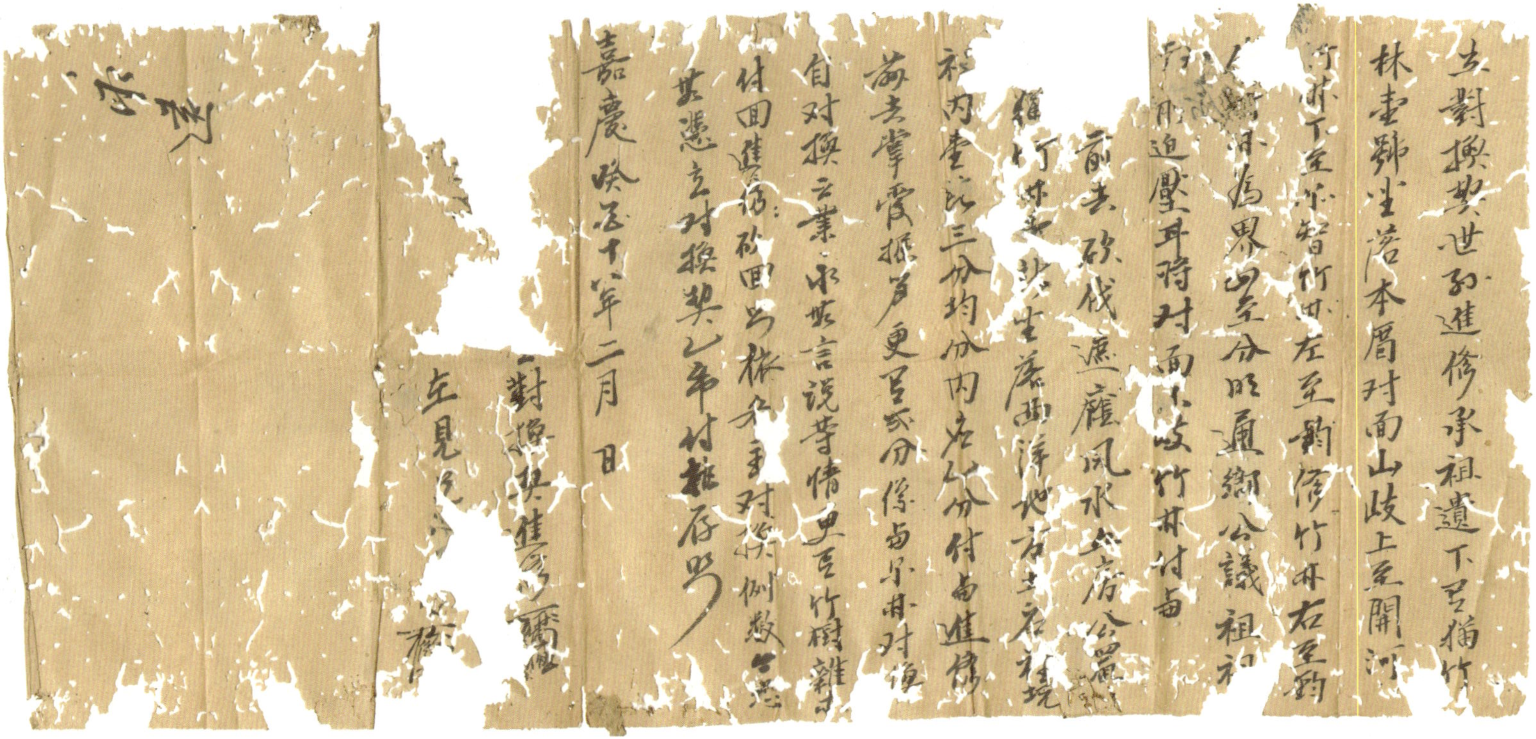
立對換契世孙進修承祖遺下呈猫竹
林壹號坐落本厝对面山岐上至開河
竹林下至永智竹林左至鹏修竹林右至鹏
人為界四至分明通鄉公議祖祠
前迫壓耳將对面山岐竹林付出
前去砍伐遮蔭風水各房公置
猫竹林壹號坐落西洋地方土名社境
社内壹所三分均分内在人分付出進修
前去掌管拪戶更其分係出身对換
自对換之業永無言説等情更其竹樹雜
林田進修砍伐無阻对換例數
其憑立对換契乙帋付執存照
嘉慶癸酉十八年二月　日
立對換契進修
在見
照

2-1-5-15　清嘉慶十八年二月柯進修立對換竹林契

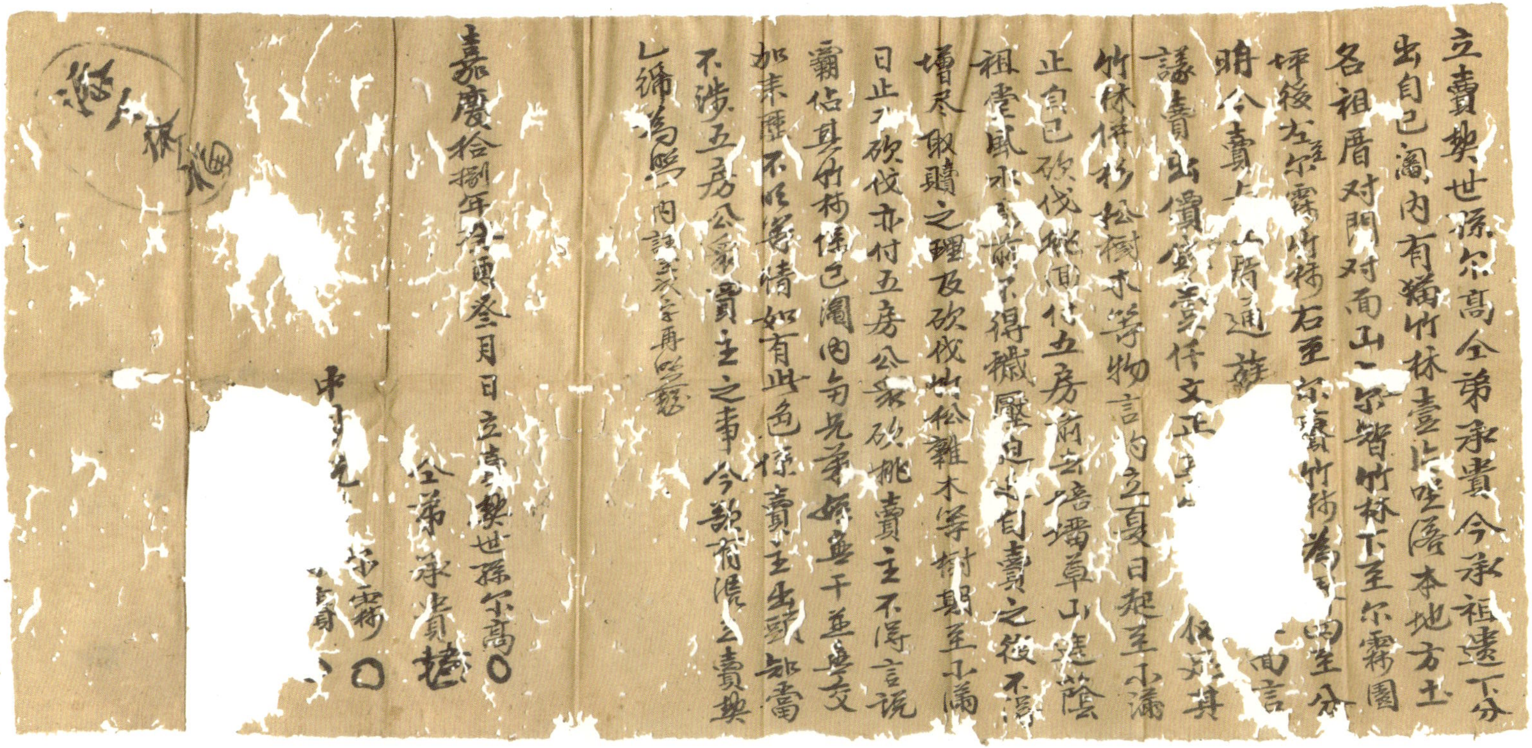
立賣契世孫尔高仝弟承貴今承祖遺下分
出自己鬮內有貓竹林壹片坐落本地方土
名祖厝对門对面山一所皆竹林下至尔霖園
坪後左至尔霖竹林右至尔[illegible]竹林爲界四至分
明今賣[illegible]人[illegible]通[illegible]由言
議賣出價[illegible]壹仟文正[illegible]收訖其
竹林併杉松樹木等物言約立夏日起至小滿
止自己砍伐[illegible]付五房前去培壙草山蓬蔭
祖壹風水[illegible]不得藏壓[illegible]自賣之後不得
增尽取贖之理及砍伐出松雜木等樹期至小滿
日止砍伐亦付五房公眾砍桃賣主不得言說
霸佔其竹林係己鬮內兄弟姪無干並無交
加來歷不明等情如有此色係賣主出頭抵當
不涉五房公眾買主之事今欲有憑立賣契
一紙爲照內註[illegible]字再照

嘉慶拾捌年叁月 日立賣契世孫尔高〇
仝弟承貴
中見[illegible]霖〇

2-1-5-16　清嘉慶十八年三月柯尔高等立賣竹林契

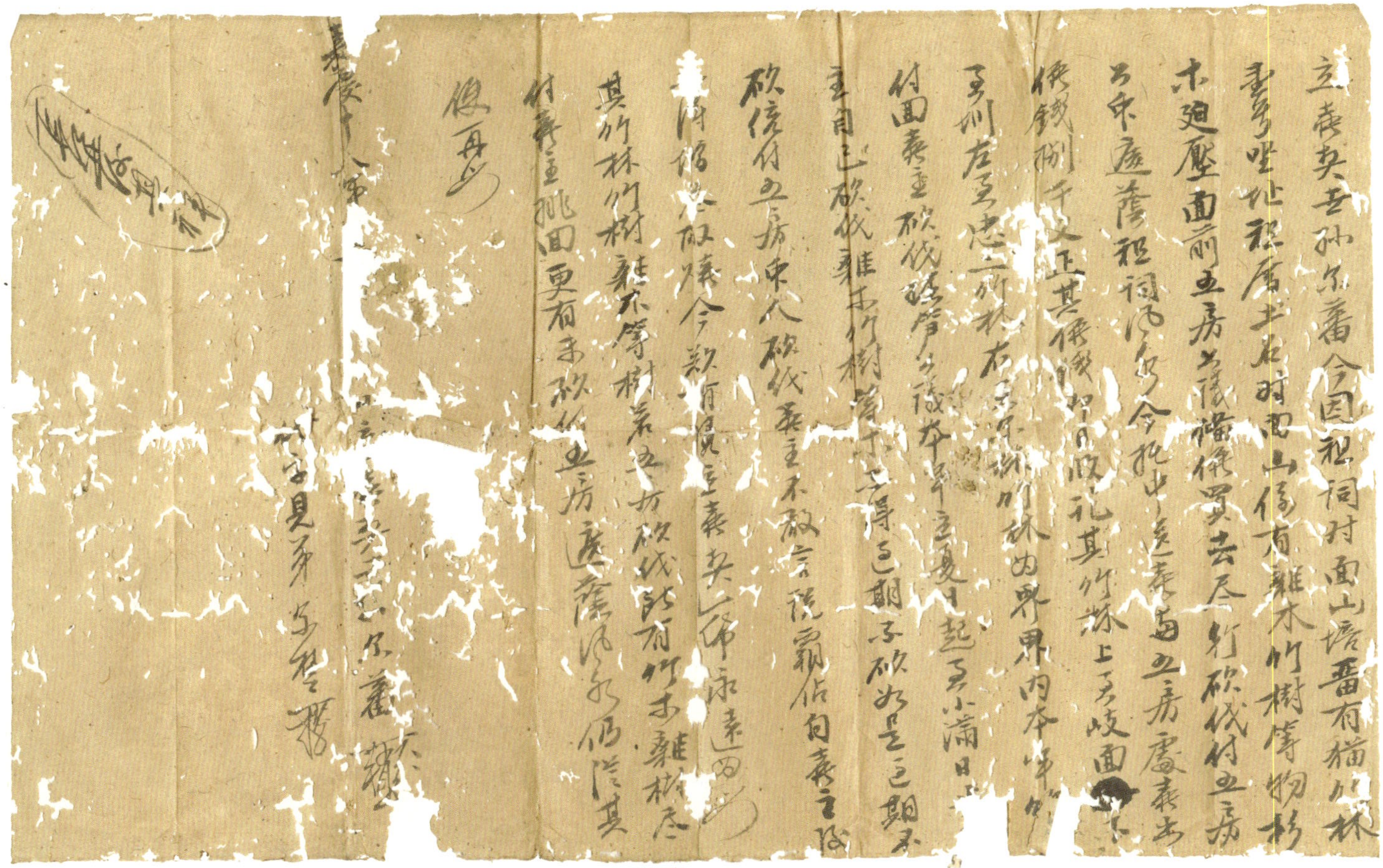

2-1-5-17　清嘉慶十八年柯尔蕃立賣竹林契

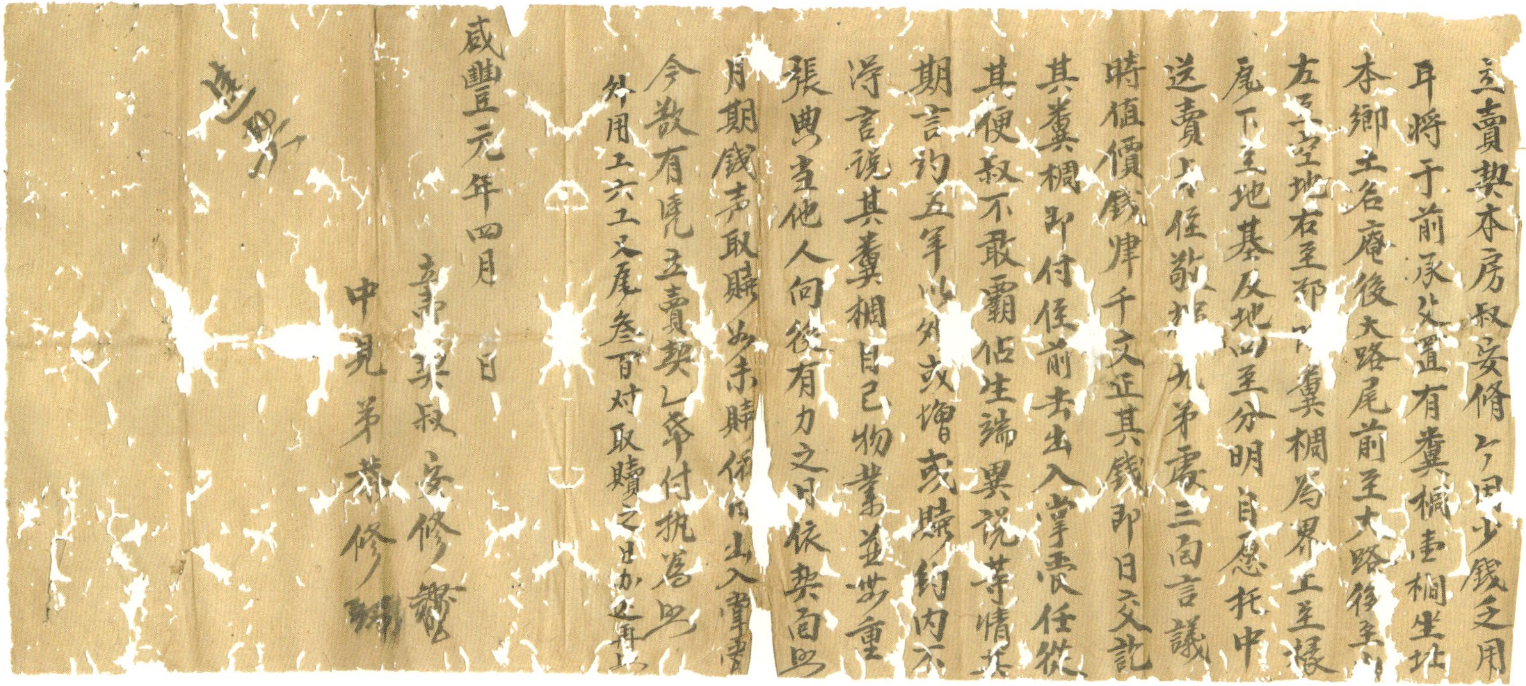
立賣契本房叔安修，今因少錢乏用，
丹將于前承父置有糞桐壹桐，坐址
本鄉土名庵後大路尾，前至大路，後至□，
左至空地，右至邦□，□糞桐為界，上至湲
尾，下至地基及地，四至分明，自愿托中
送賣□侄□□弟處，三面言議
時值價錢肆千文正，其錢即日交訖，
其糞桐即付侄前去出入掌管，任從
其便，叔不敢霸佔生端異說等情。其
期言約五年以外或增或贖，約內不
得言說。其糞桐自己物業，並無重
張典當他人，向後有力之日依契面照
月期錢声取贖，如未贖，係□出入掌管。
今欲有憑，立賣契乙帋付執為照。
外用工六工，又唐叁百对，取贖之日加還其工。

咸豐元年四月　日
立賣契叔安修
中見弟恭修

2-1-5-18　清咸豐元年四月柯安修立賣糞桐契

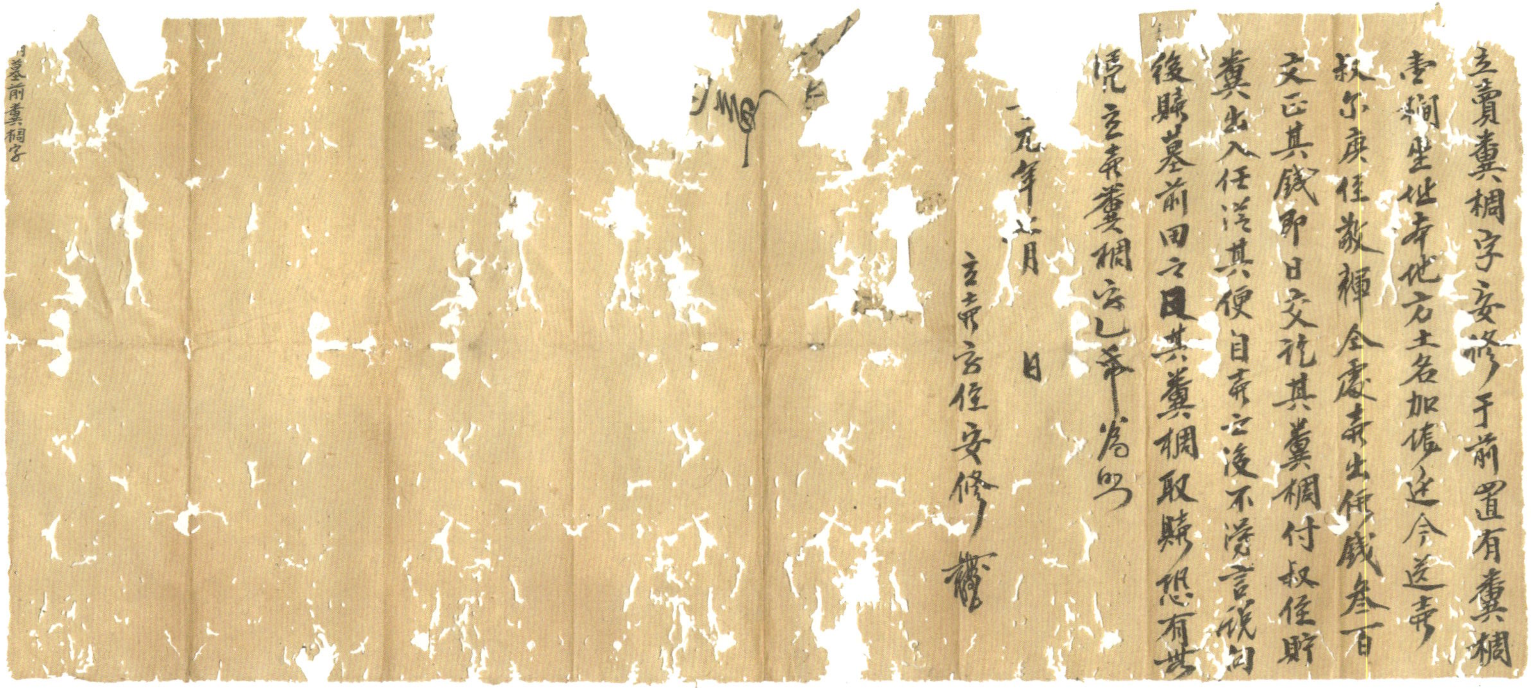

2-1-5-19　清咸豐元年七月柯安修立賣糞桐字

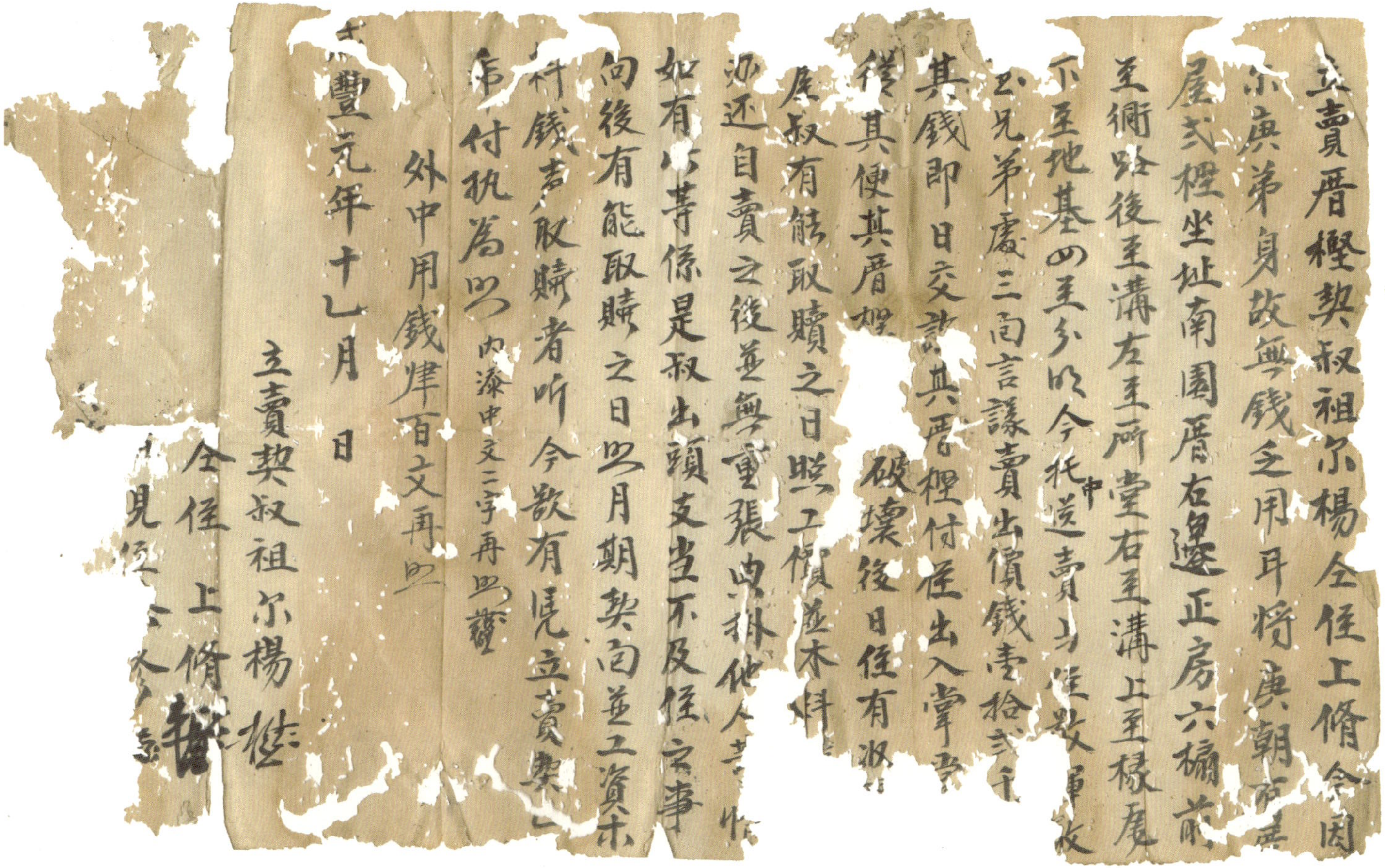

立賣厝樫契叔祖尔楊仝侄上脩仝[illegible]
尔庚弟身故無錢乏用，耳将庚朝[illegible]
屋弍樫，坐址南園厝右邊正房六[illegible]前
至衕路，後至溝，左至厝堂，右至溝，上至椽尾，
下至地基，四至分明，今托中送賣與侄[illegible]
兄弟處，三面言議賣出價錢壹拾弍千[illegible]
其錢即日交訖，其厝樫付侄出入掌管，
從其便，其厝樫破壞，後日任有收[illegible]
厝叔有能取贖之日照工價並木料
退还，自賣之後並無重張典掛他人[illegible]
如有不等，係是叔出頭支當，不及侄之事。
向後有能取贖之日照月期契面並工資木
料錢聲取贖者听。今欲有憑，立賣契一
帋付執為照。內添中文二字再照。
外中用錢肆百文再照。
咸豐元年十一月 日
立賣契叔祖尔楊（押）
仝侄上脩（押）
見[illegible]

2-1-5-20 清咸豐元年十一月柯尔楊立賣厝樫契

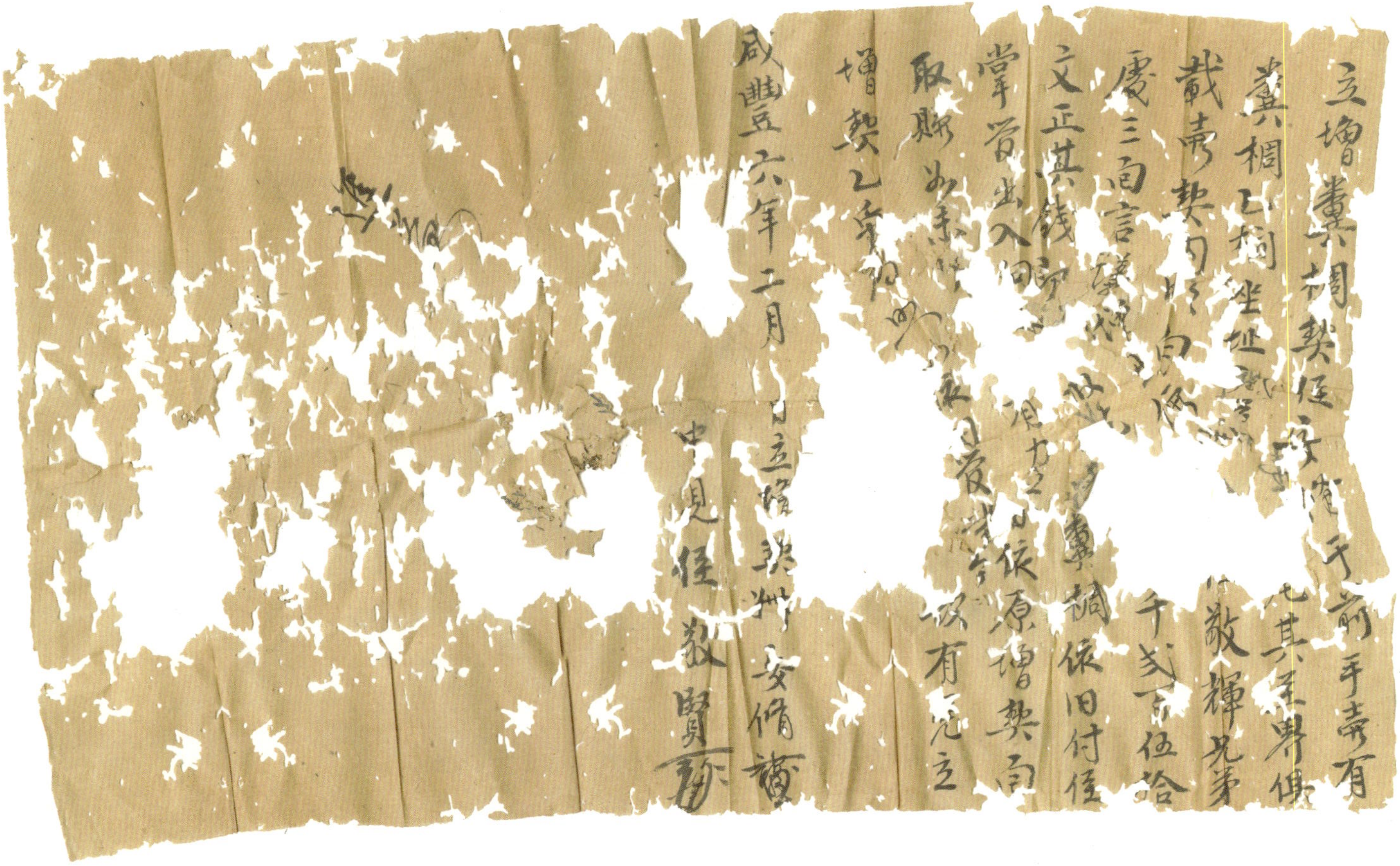

2-1-5-21　清咸豐六年二月柯安脩立增糞桐契

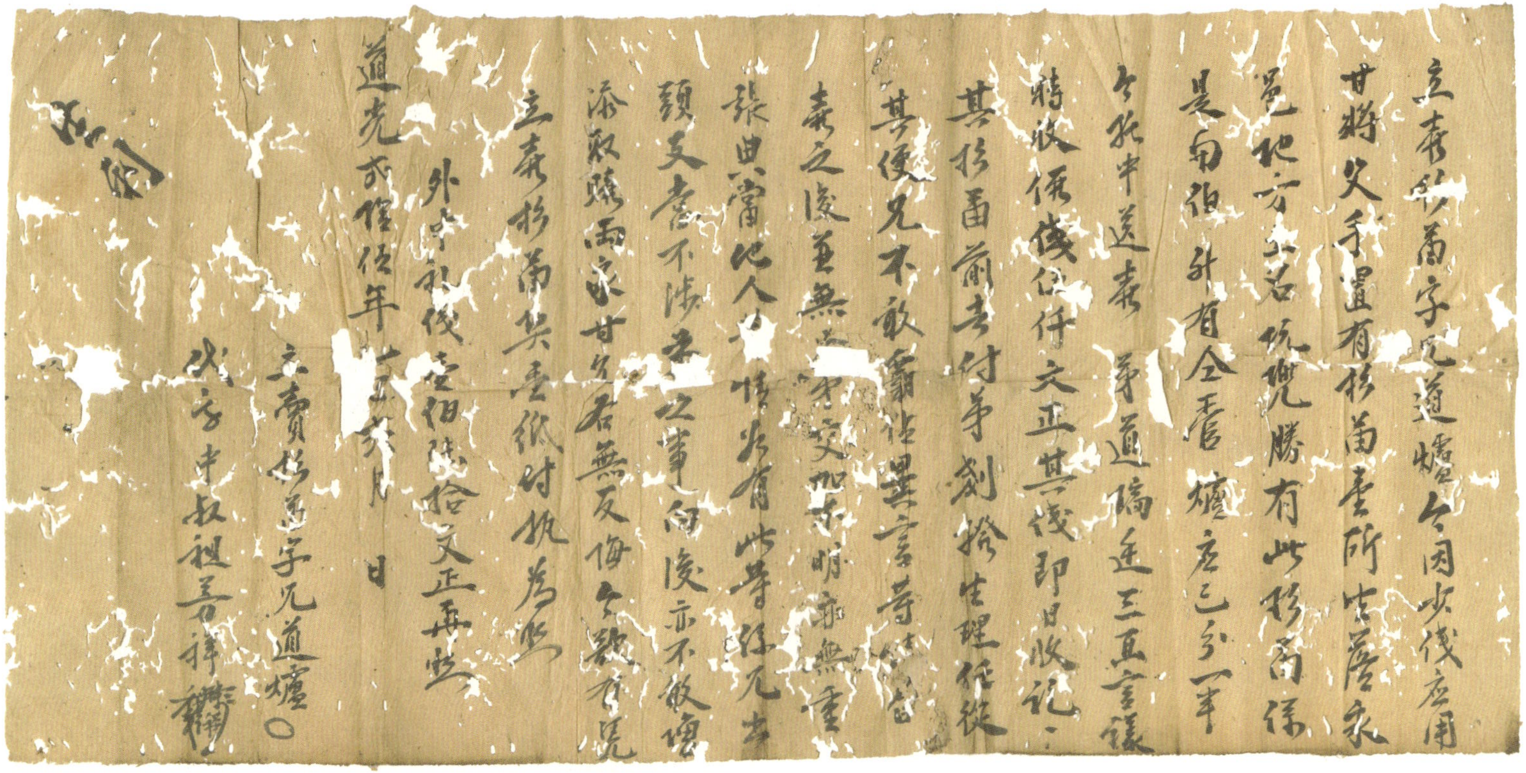

立賣杉苗字兄道爐，今因少錢應用，
甘將父手置有杉苗壹所，坐落本
處地方土名坑攬兄勝有此杉苗係
是南伯并有全舊　爐應已分一半，
今託中送賣　弟道瑞邊，三面言議
時收價錢伍仟文正，其錢即日收訖。
其杉苗前去付弟剷掄生理，任從
其便，兄不敢霸佔異言等情。
賣之後並無□字又加找，亦無重
張典當他人□情，如有此等情，兄出
頭支當，不涉弟之事。自今後亦不敢壞
添取贖。兩家甘允，各無反悔。今欲有憑，
立賣杉苗契壹紙，付執為照。
外中禮錢壹佰陸拾文正再照。
道光貳拾伍年二月　日
立賣杉苗字兄道爐（押）
代字中叔祖善祥（押）

2-1-5-22　清道光二十五年二月鄭道爐立賣杉苗字

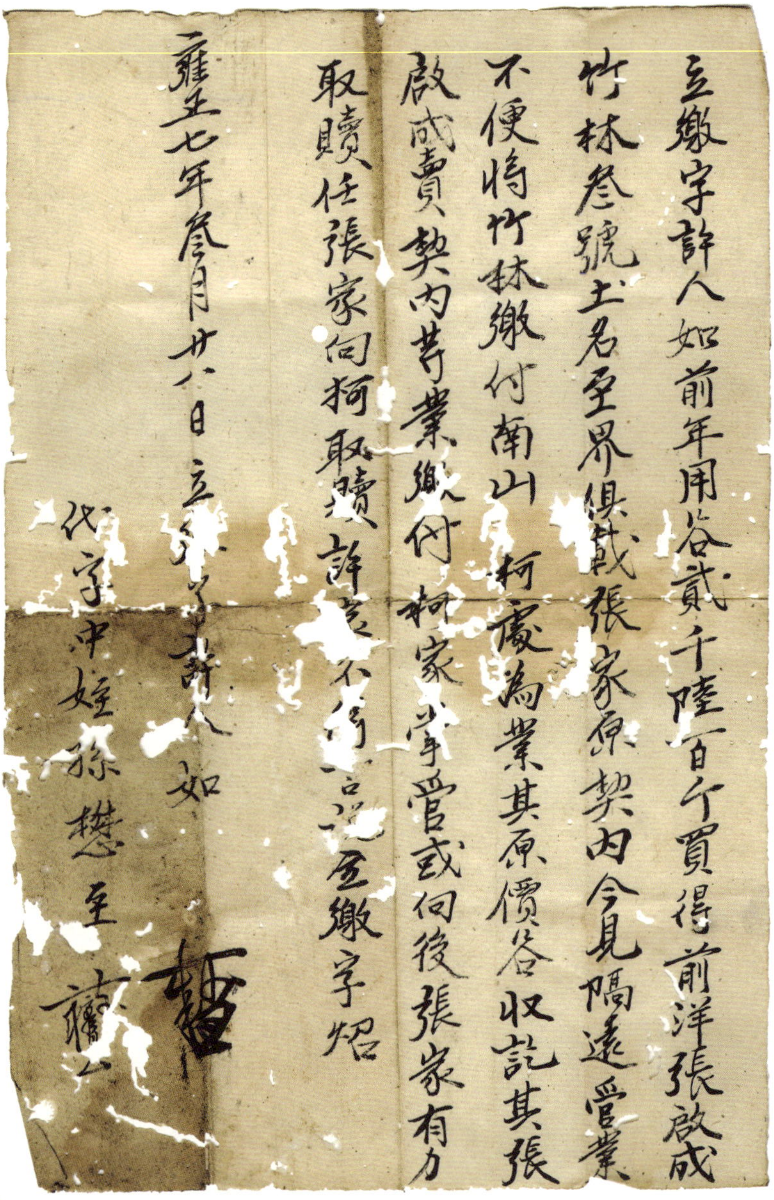

立繳字許人如前年用谷貳千陸百斤買得前洋張啟成
竹林叁號土名至界俱載張家原契內今見隔遠管業
不便將竹林繳付南山柯處為業其原價谷收訖其張
啟成賣契內并業繳付柯家掌管或何後張家有力
取贖任張家向柯取贖許[illegible]不得[illegible]立繳字炤
雍正七年叁月廿八日立繳字許人如
代字中姪孫懋至讚

2-1-6-1　清雍正七年三月許人如立繳竹林字

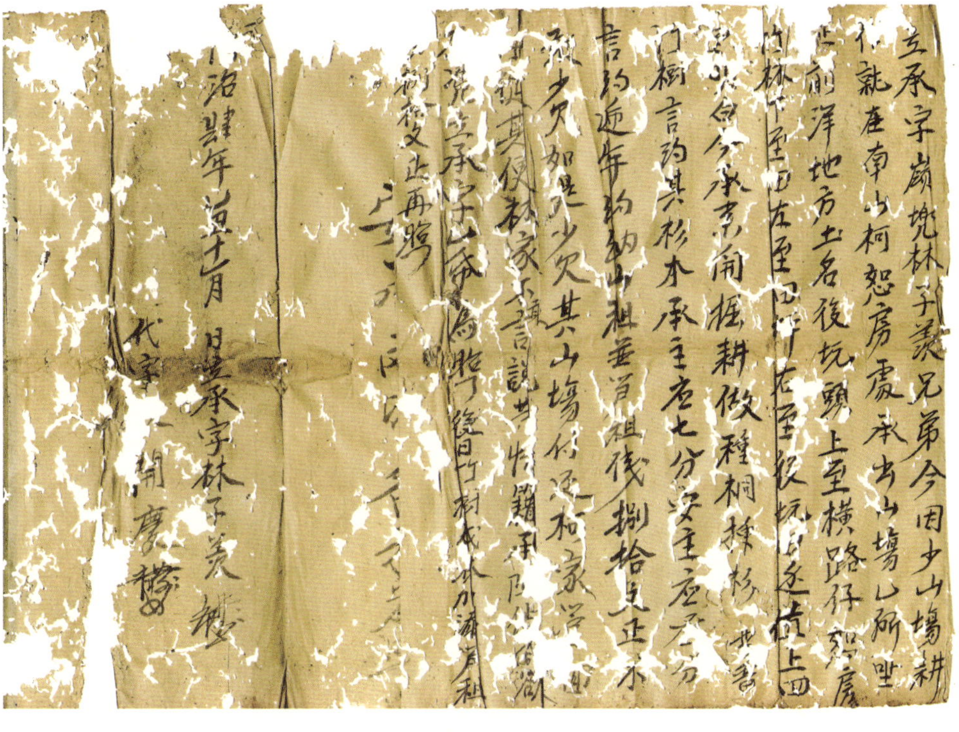

立承字嶺兜林子羡兄弟今因少山場耕
作就在南山柯恕房處承出山場乙所坐
址前洋地方土名後坑頭上至橫路仔恕房
竹林下至田左至田[illegible]右至後坑[illegible]上四
至[illegible]今承[illegible]開墾耕做種桐並杉[illegible]
[illegible]樹言約其杉木承主應七分安主應三分
言約逐年約納山租並[illegible]祖錢捌拾文正不
敢少欠如是少欠其山場付還柯家[illegible]
[illegible]其伐林家不敢言說[illegible]
[illegible]立承字山為照[illegible]
[illegible]文正再照
[illegible]
同治肆年十一月　日立承字林子羡
代字[illegible]廖[illegible]

2-1-6-2　清同治四年十一月林子羡立承山場字

乾隆玖年八月買得毛粉寧收都土名
峯湘稅山內土記庵穴

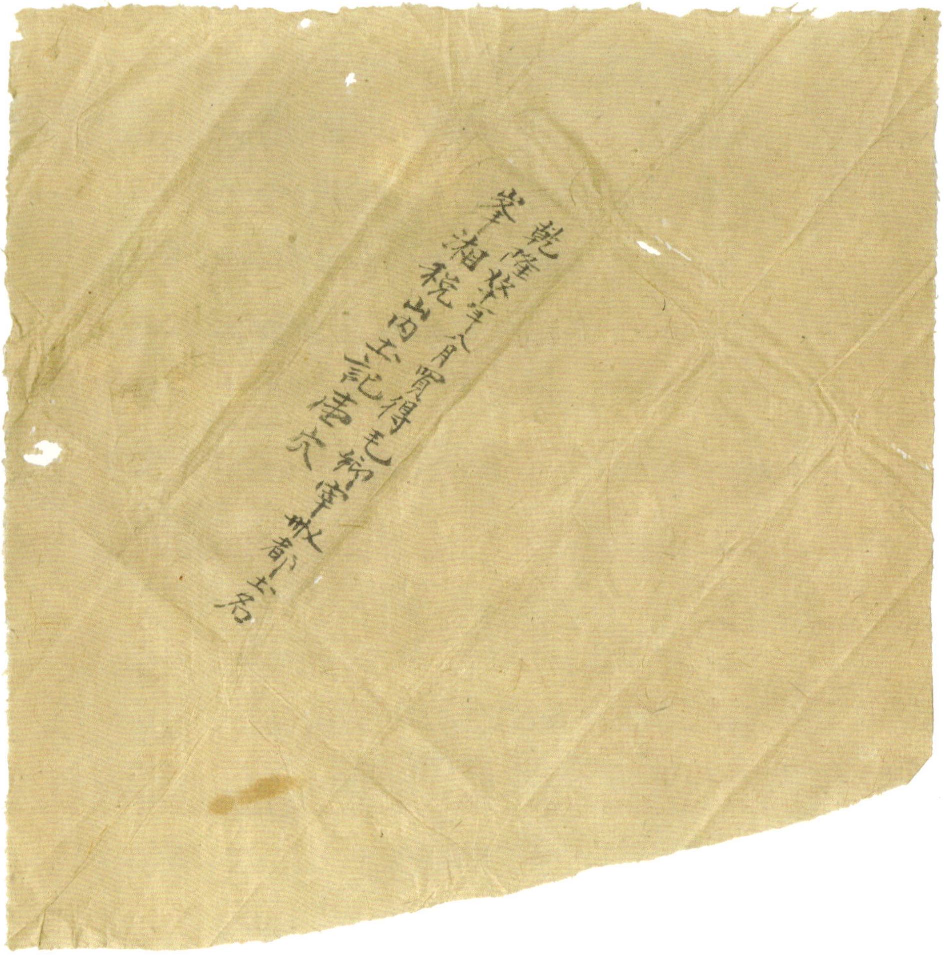

2-1-7-1　包契紙

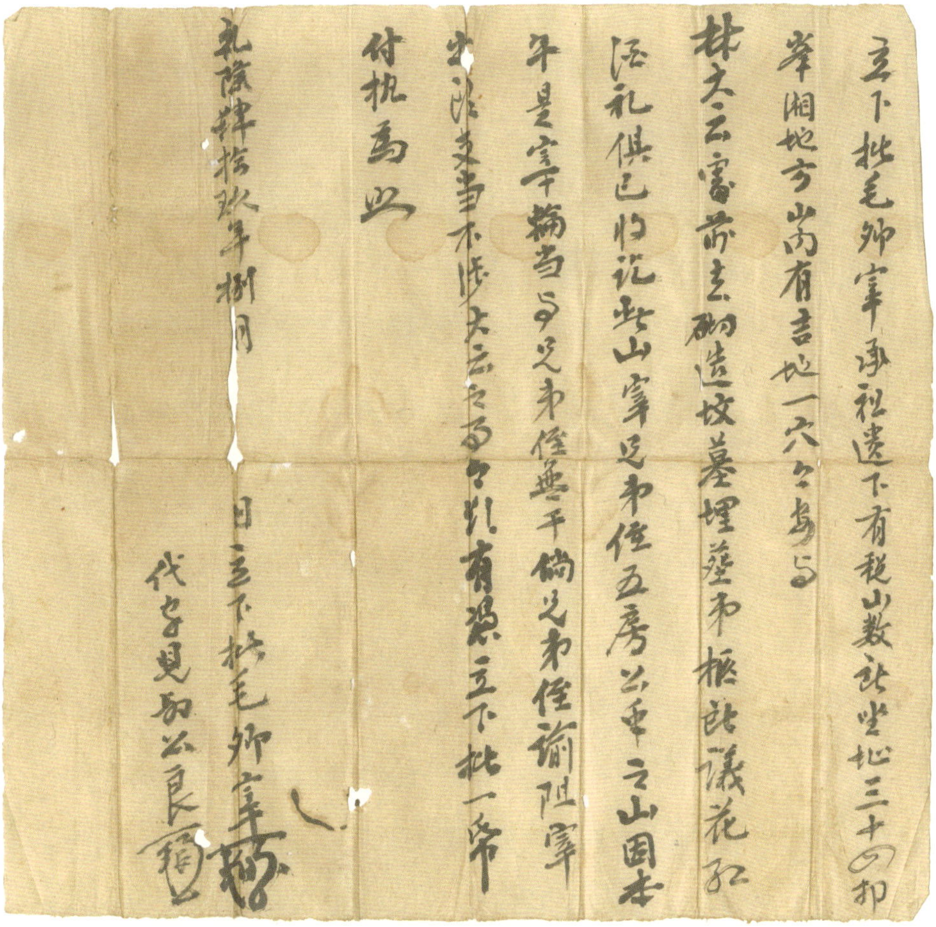
立下批毛卿宰承祖遺下有稅山數號坐地三十四都
峯湘地方山尚有吉地一穴今因男
林大云富前去砌造坟墓埋葬弟振鋭議花紅
酒礼俱已明訖此山宰兄弟侄五房公業今山因本
年是宰輪當今兄弟侄無干倘兄弟侄諭阻宰
出頭支當不涉大云之事今欲有憑立下批一帋
付執爲照
乾隆肆拾玖年捌月　日立下批毛卿宰（押）
代字見知公良（押）

2-1-7-2　清乾隆四十九年八月毛卿宰立下批稅山字

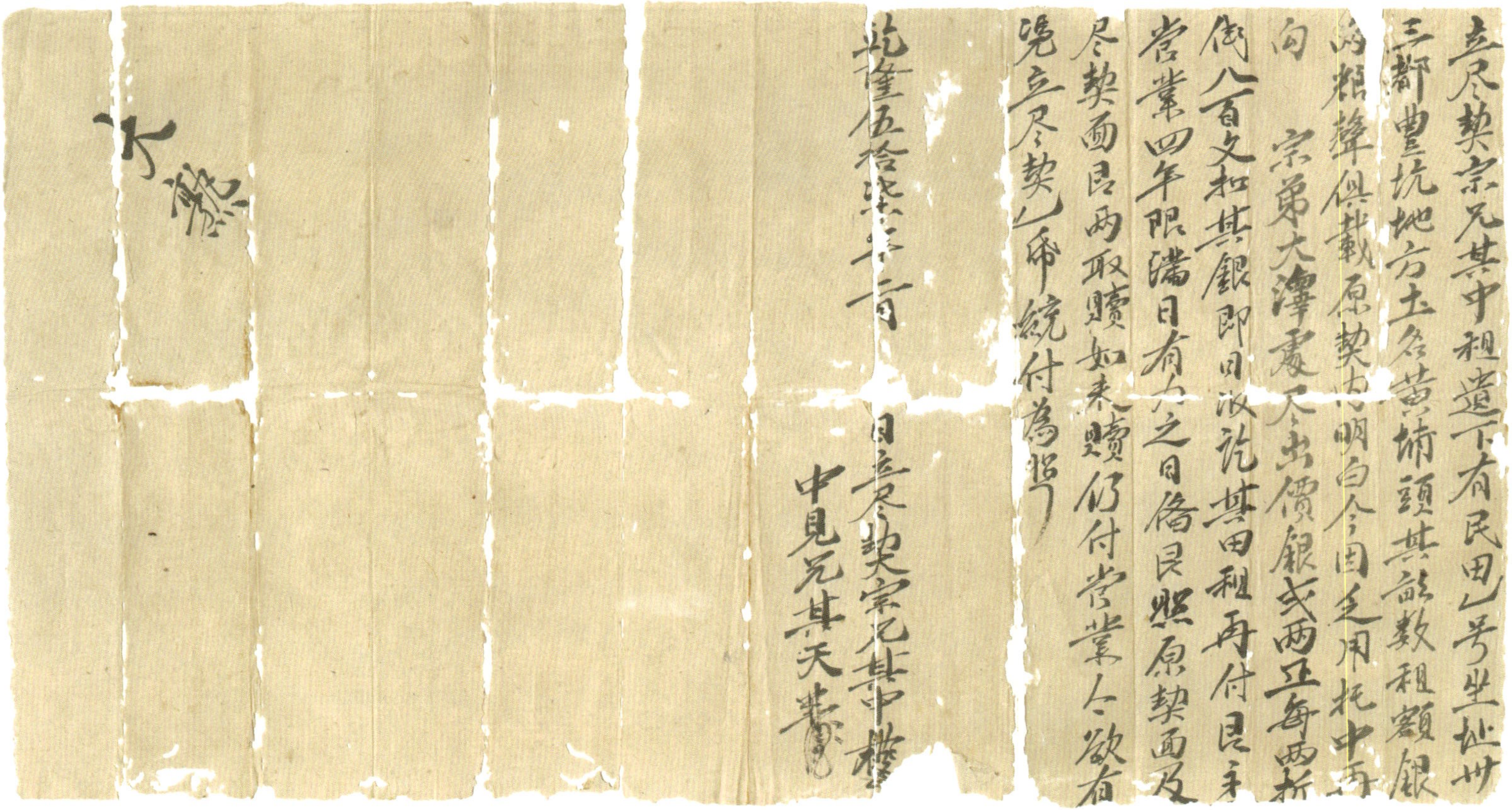

立尽契宗兄其中祖遺下有民田乙号坐址廿
三都豐坑地方土名黄竹埔頭其畝數租額銀
兩粮撥俱載原契內明白今因乏用托中再
向　宗弟大澤處尽出價銀弍兩五每兩折
錢八百文扣其銀即日收訖其田租再付弟承
管業四年限滿日有贖之日備弟照原契面及
尽契面弟兩取贖如未贖仍付管業人欲有
憑立尽契乙紙付為照
乾隆伍拾柒年二月　日立尽契宗兄其中（押）
中見兄其天（押）
大發

2-1-8-1　清乾隆五十七年二月陳其中立盡民田契

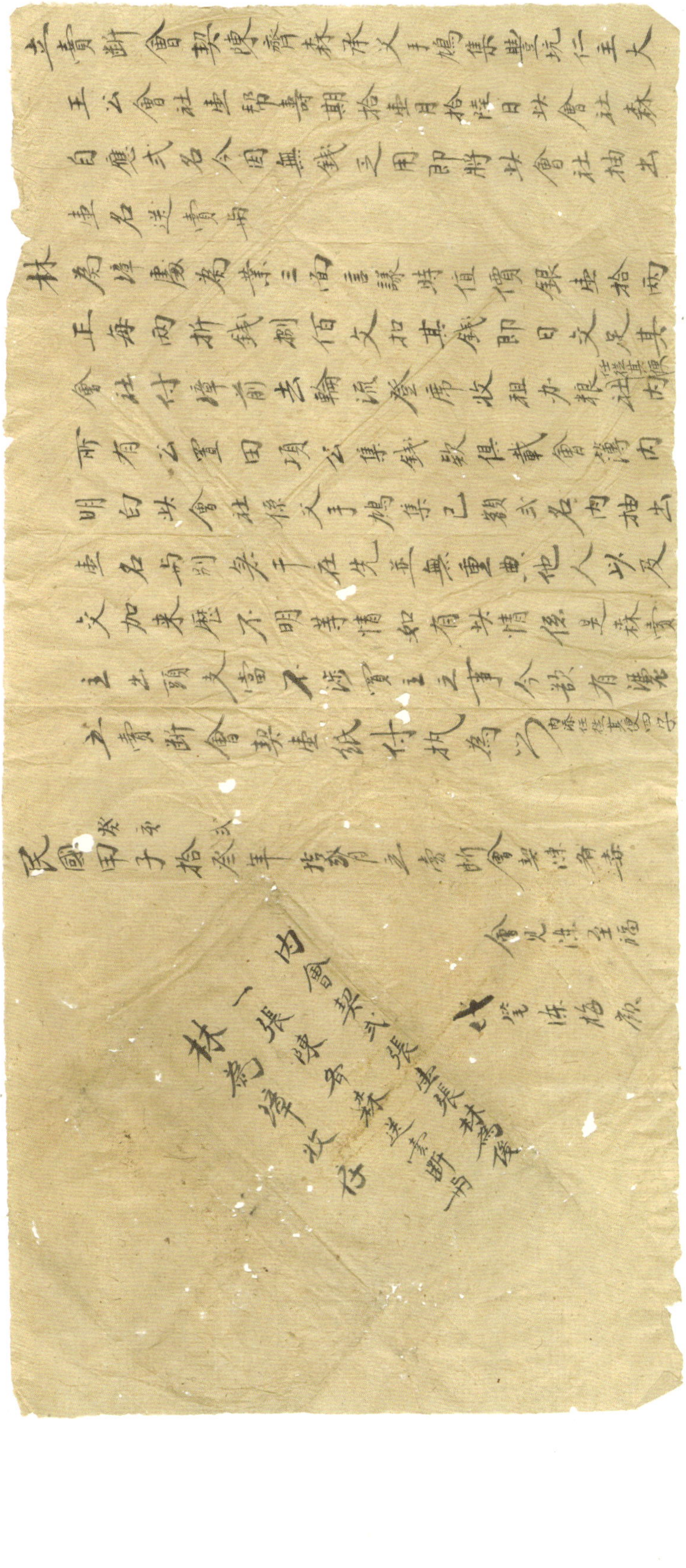

立賣斷會契陳齊森承父手鳩集豐坑仁主大
王公會社壹股，本年壽期拾壹月拾陸日此會社蘇
自應式名，今因無錢應用，即將此會社抽出
壹名送賣與
林為爐處為業，三面言議時值價銀壹拾兩
正，每兩折錢捌佰文加，其錢即日交足，其（任憑其內）
會社付爐前去輪流營處收租辦根
所有公置田項，亦集錢款，俱載會簿內
明白，此會社係父手鳩集之額，式名內抽出
壹名，與別房兄弟伯叔並無重典他人，以及
交加來歷不明等情，如有此情，係是森賣
主出頭支當，不涉買主之事。今欲有憑，
立賣斷會契壹紙付執為照。（內添任憑其內四字）

民國癸亥年十二月　立賣斷會契陳齊森

在見　陳之福

代筆　陳梅初

此會契式張，壹張林夢魯送賣斷場，一張陳齊森，林為爐收存

2-1-8-2　民國十二年十二月陳齊森立賣斷仁主大王公會社契（草契）

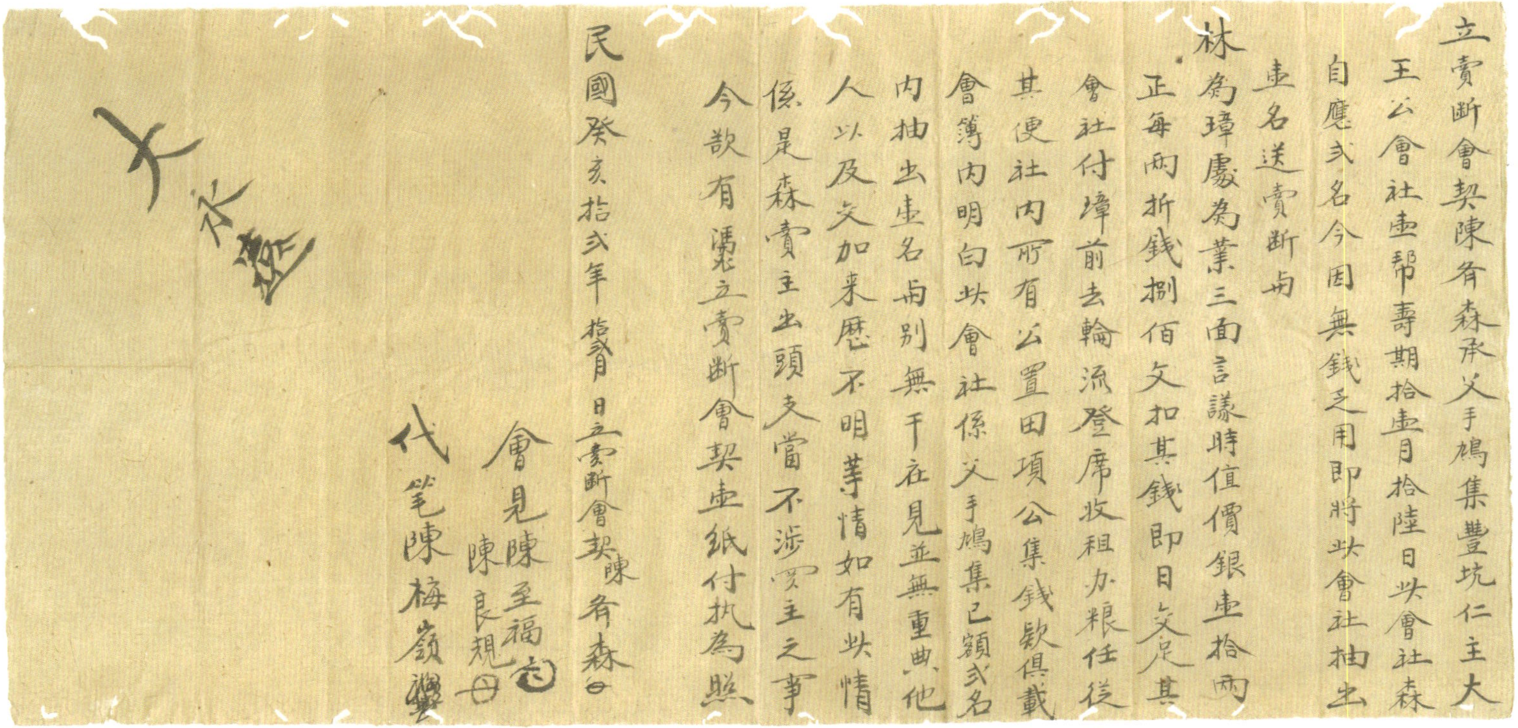

2-1-8-3　民國十二年十二月陳齊森立賣斷仁主大王公會社契

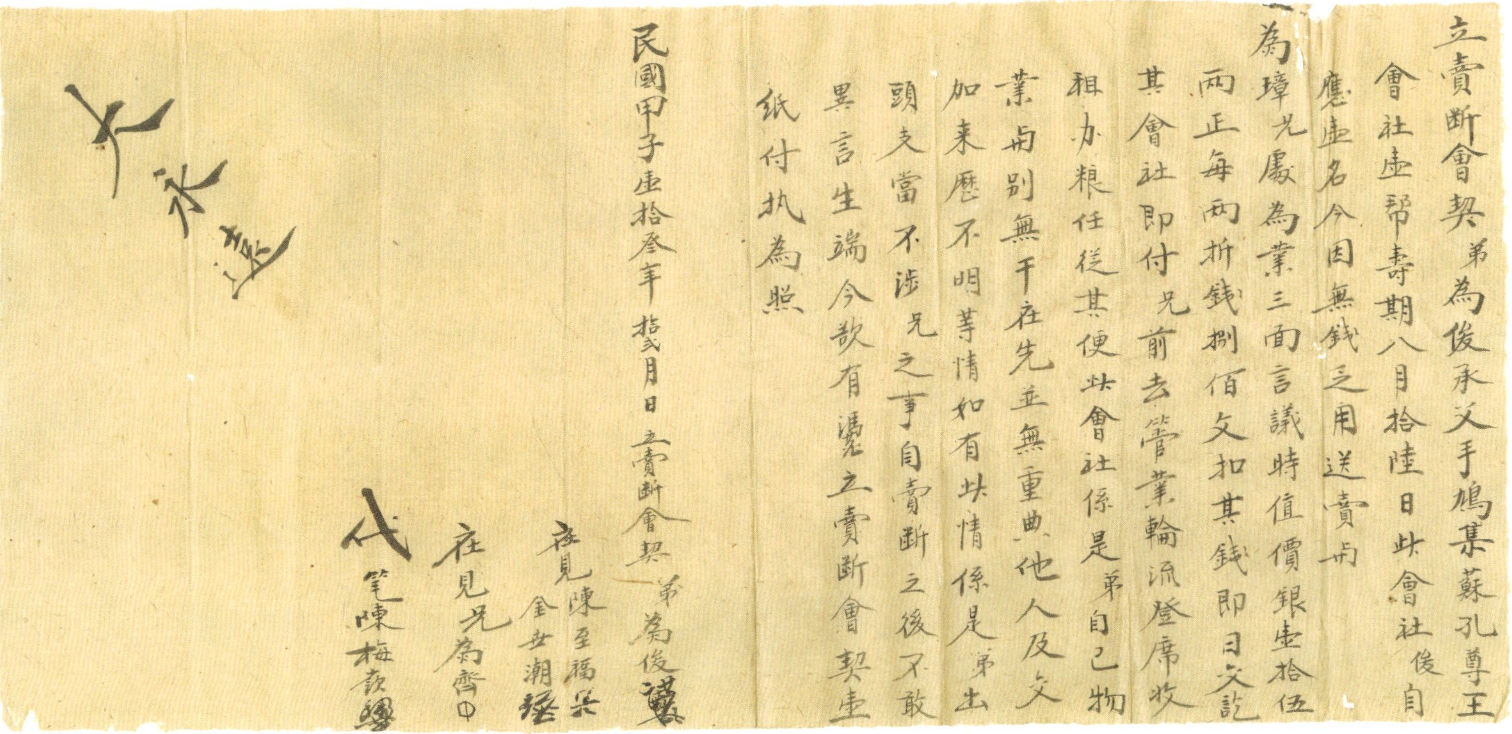
立賣断會契弟爲俊承父手鳩集蘇孔尊王
會社壹帑壽期八月拾陸日此會社後自
應壹名今因無錢乏用送賣与
爲璋兄處爲業三面言議時值價銀壹拾伍
兩正每兩折錢捌佰文扣其錢即日交訖
其會社即付兄前去管業輪流登席收
租办粮任從其便此會社係是弟自己物
業与别無干在先並無重典他人及文
加來歷不明等情如有此情係是弟出
頭支當不涉兄之事自賣断之後不敢
異言生端今欲有憑立賣断會契壹
紙付执爲照

民國甲子壹拾叁年拾弍月　日　立賣断會契　弟　爲俊
在見　陳至福　金女潮
在見　兄爲喬
代筆　陳梅欽

2-1-8-4　民國十三年十二月陳爲俊立賣斷蘇孔尊王會社契

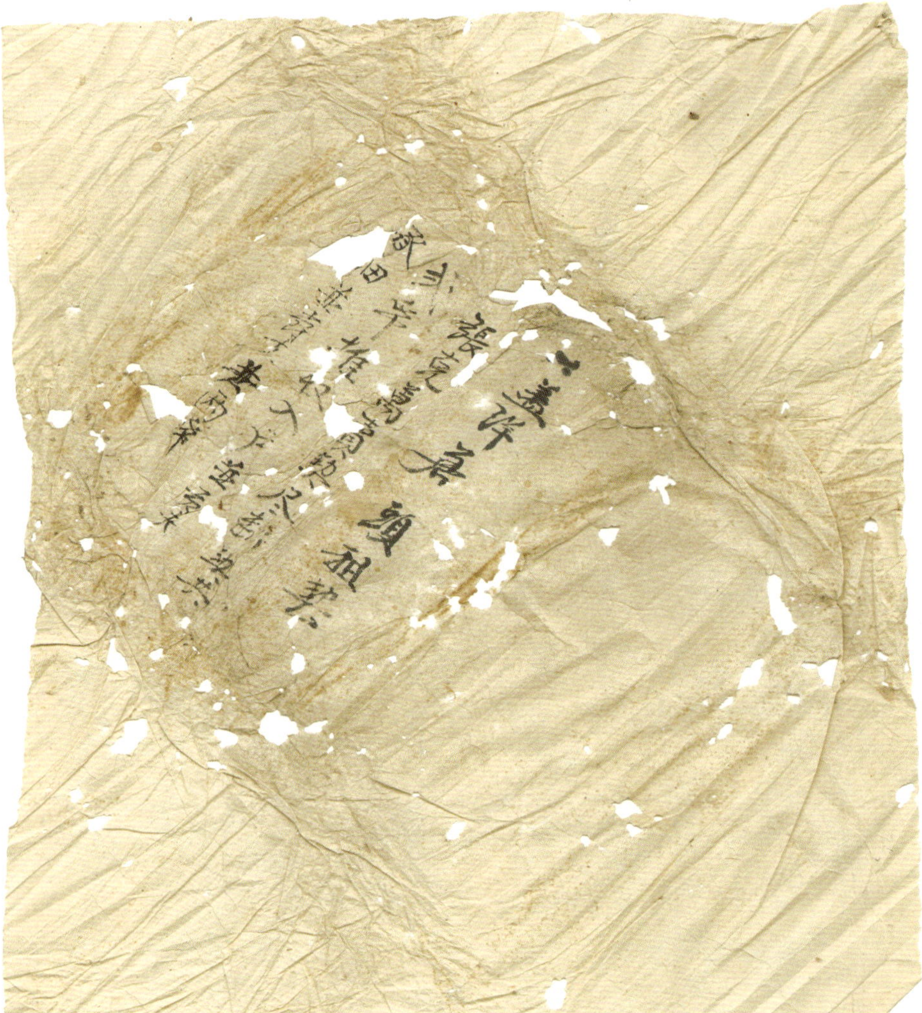

2-1-9-1　包契紙

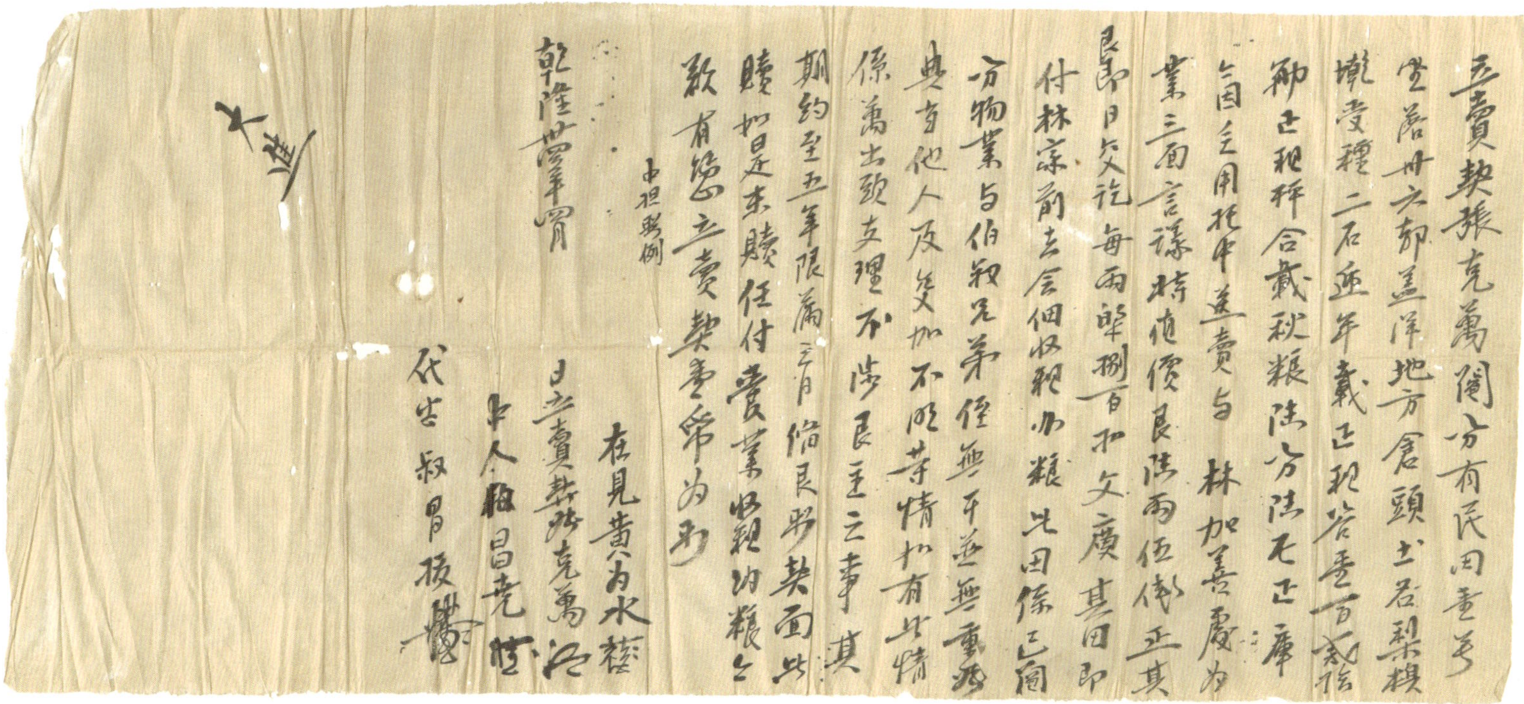

立賣契張克萬閬方有民田壹号
坐落廿六都蓋洋地方倉頭土名梨棋
墩受種二石逐年載正租谷壹百[illegible]
斤正租秤合載秋粮陸分陸毛正庫
今因乏用托中送賣与 林加善處為
業三面言議時值價艮陸兩伍錢正其
艮即日交訖每兩[illegible]捌百和文廣 其田即
付林家前去召佃收租办粮 此田係己閬
分物業与伯叔兄弟侄無干並無重張
典当他人及受加不明等情如有此情
係萬出頭支理不涉艮主之事 其
期約至五年限滿之日備艮取契面此
贖如日是未贖任付管業收租納粮今
欲有憑立賣契壹帋為照
中担契例
在見黃門水
乾隆卅四年四月 日立賣契張克萬
中人柯昌亮
代字叔胥楨

2-1-9-2　清乾隆三十四年四月張克萬立賣民田契

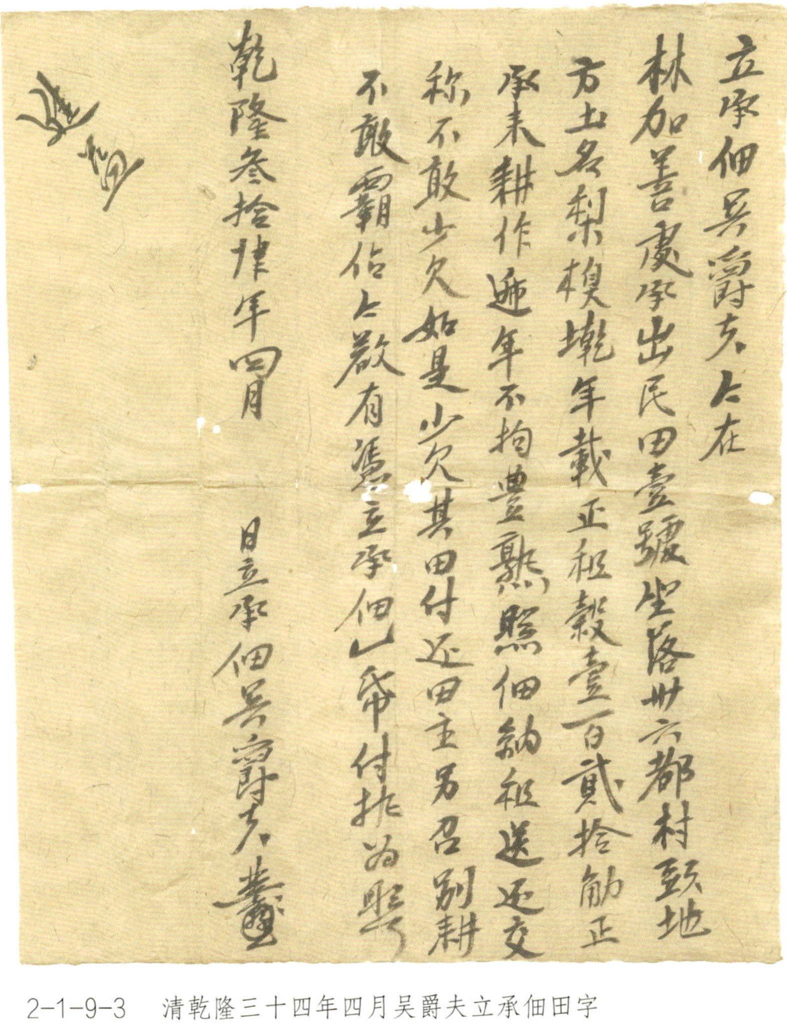

立承佃吴爵夫今在
林加善處承出民田壹號坐落卅六都村頭地
方土名梨樹墘年載正租穀壹百貳拾觔正
承來耕作逐年不拘豐熟照佃納租送還交
称不敢少欠如是少欠其田付還田主另召別耕
不敢霸佔今欲有憑立承佃一紙付執爲照
乾隆叁拾肆年四月　　日立承佃吴爵夫（押）

2-1-9-3　清乾隆三十四年四月吴爵夫立承佃田字

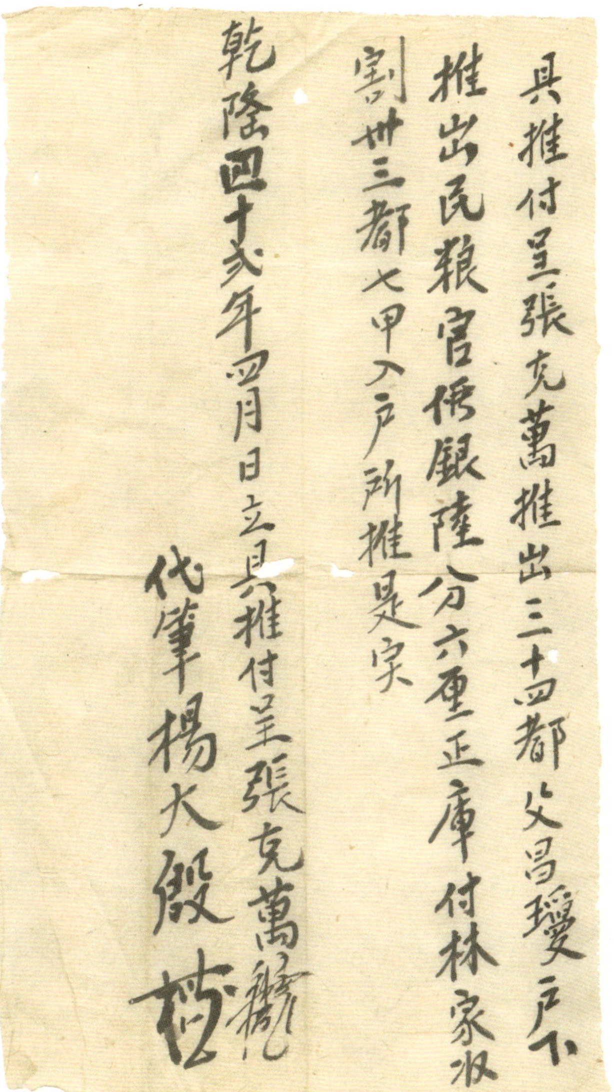
具推付呈張克萬推出三十四都文昌瓊户下
推出民粮官係銀陸分六厘正庫付林家收
割卅三都七甲入户所推是实
乾隆四十弍年四月日立具推付呈張克萬（押）
代筆楊大殿（押）

2-1-9-4　清乾隆四十二年四月張克萬立具推付呈

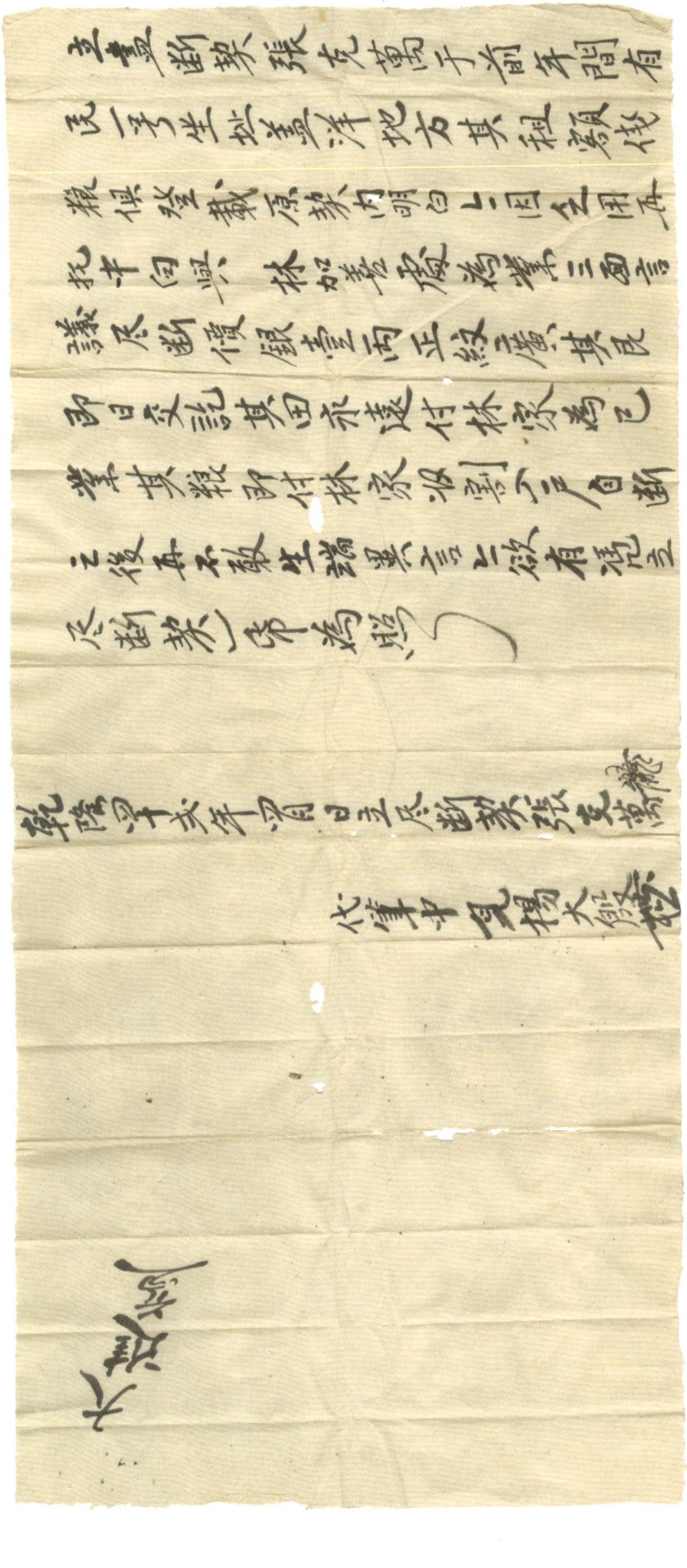

立盡斷契張克萬于前年間有
民一号坐址□洋地方其租額佐
粮俱登載原契內明白，今因乏用再
托中向與林加善處為盡斷，三面言
議盡斷價錢壹兩正紋廣。其民
即日交訖，其田亦送付林家為己
業，其粮即付林家收割入户。自斷
之後再不敢生端異言，今欲有憑，立
盡斷契一紙為照。

乾隆四十二年四月 日立盡斷契張克萬（押）
代筆中見楊大□（押）

2-1-9-5 清乾隆四十二年四月張克萬立盡斷民田契

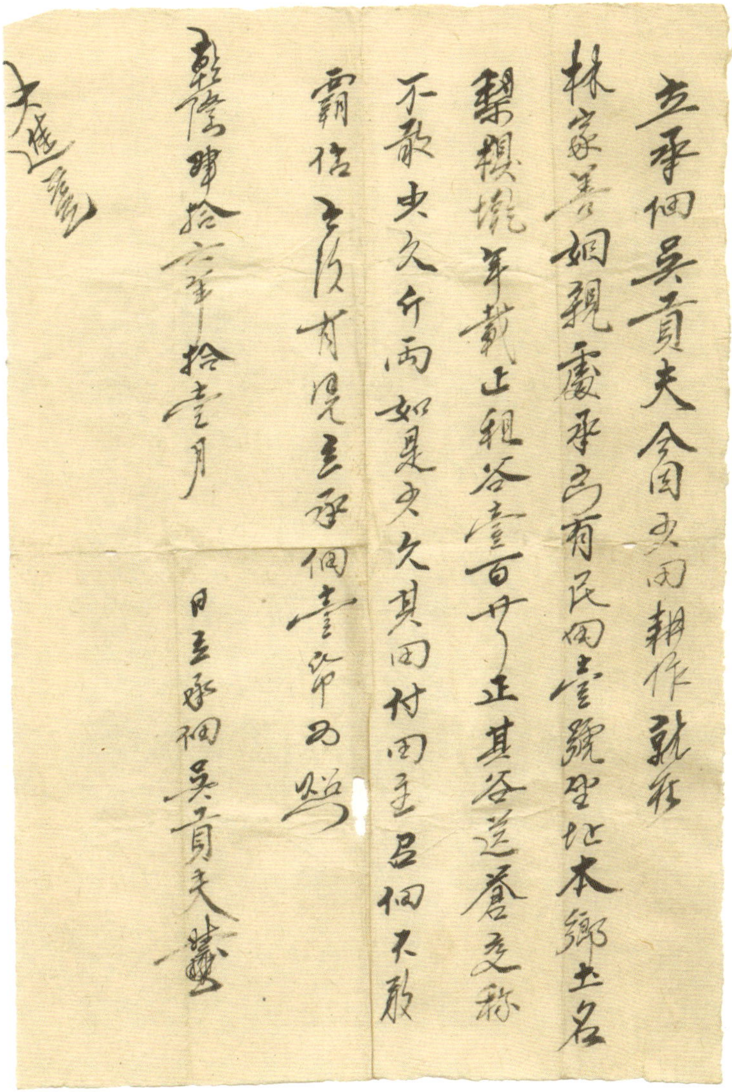

立承佃吳貢夫今因承田耕作就於
林家善姻親處承出有民田壹號坐址本鄉土名
梨頭墘年載上租谷壹百廿斤正其谷送倉交秤
不敢少欠斤兩如是少欠其田付田主召佃不敢
霸佔今欲有憑立承佃壹紙為照
乾隆肆拾六年拾壹月　日立承佃吳貢夫（押）
大進[illegible]

2-1-9-6　清乾隆四十六年十一月吳貢夫立承佃田字

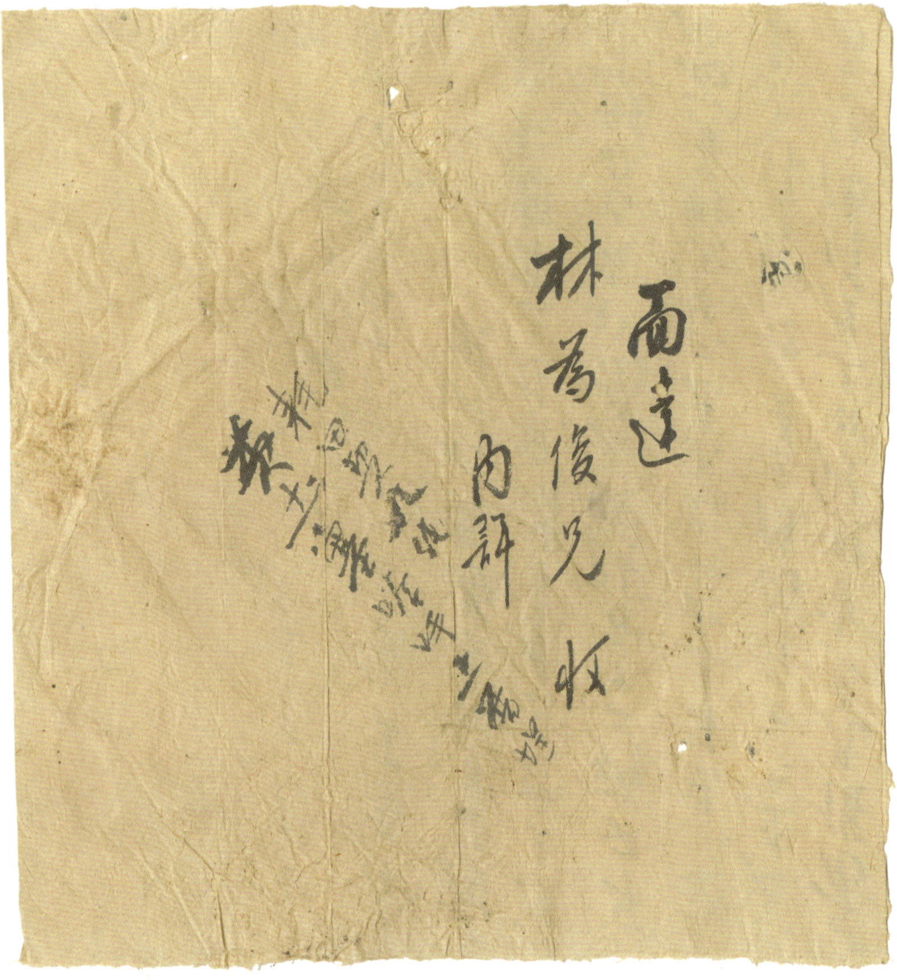

2-1-10-1　包契紙

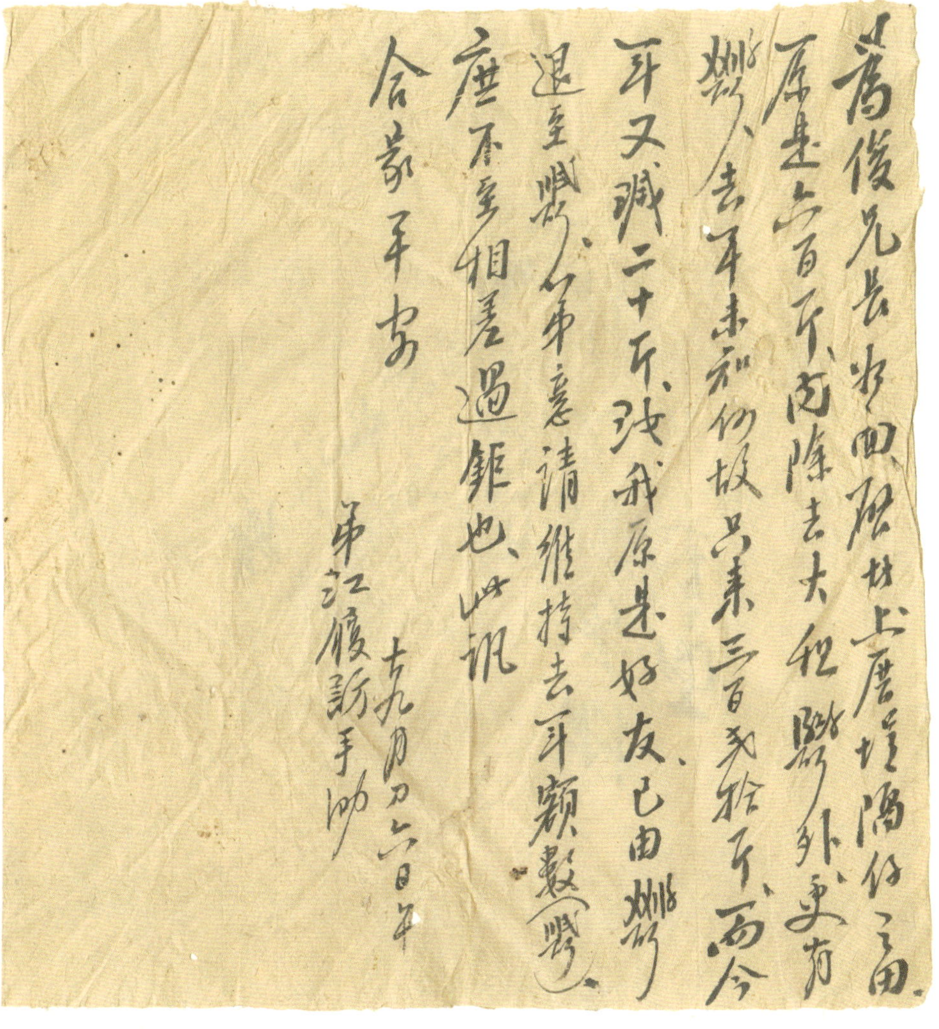
高俊兄台收回、陞林上厝垻潘仔一亩。
原是六百斤，内除去大租燃〃外，更有
燃〃，去年未知仍放出来三百贰拾斤，而今
年又减二十斤。況我原是好友，已由燃〃
退至贰燃，小弟意請維持去年額數（贰燃），
庶不至相差過鉅也。此訊
合家平安
弟江復訢手泐
古九月廿六日午

2-1-10-2　包契紙

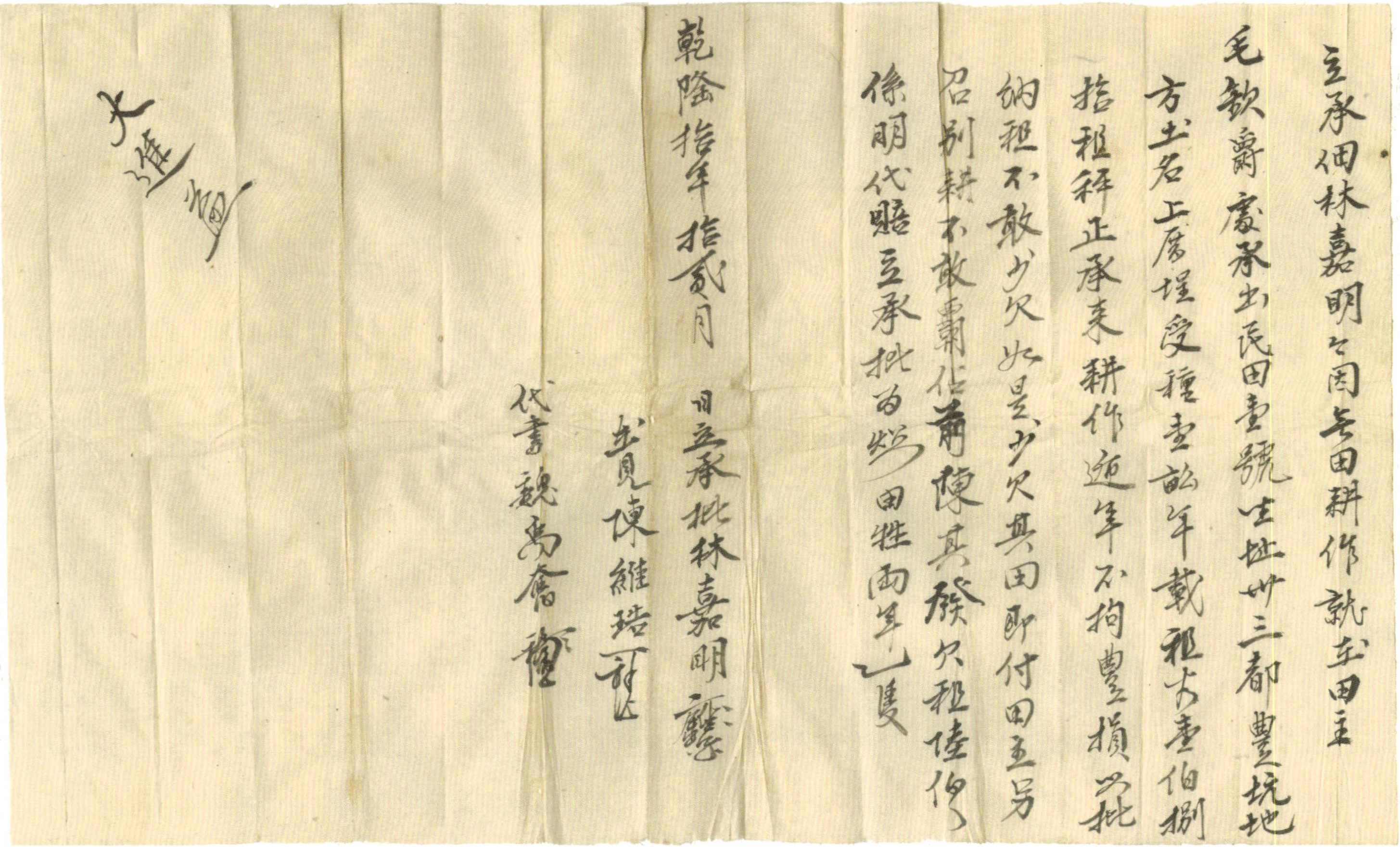

立承佃林嘉明，今因無田耕作，就與田主
毛欽爵處承出民田壹號，坐址廿三都豐坑地
方，土名上厝埕，受種壹畝半，載租大壹伯捌
拾租秤正，承來耕作，逐年不拘豐損，照批
納租，不敢少欠。如是少欠，其田即付田主另
召別耕，不敢霸佔。前陳其餘欠租佳仍
係明代賠。立承批為照。田牲兩隻。

乾隆拾年拾貳月　日立承批林嘉明（押）
見陳維瑎（押）
代書魏禹喬（押）

大進宣

2-1-10-3　清乾隆十年十二月林嘉明立承批民田字

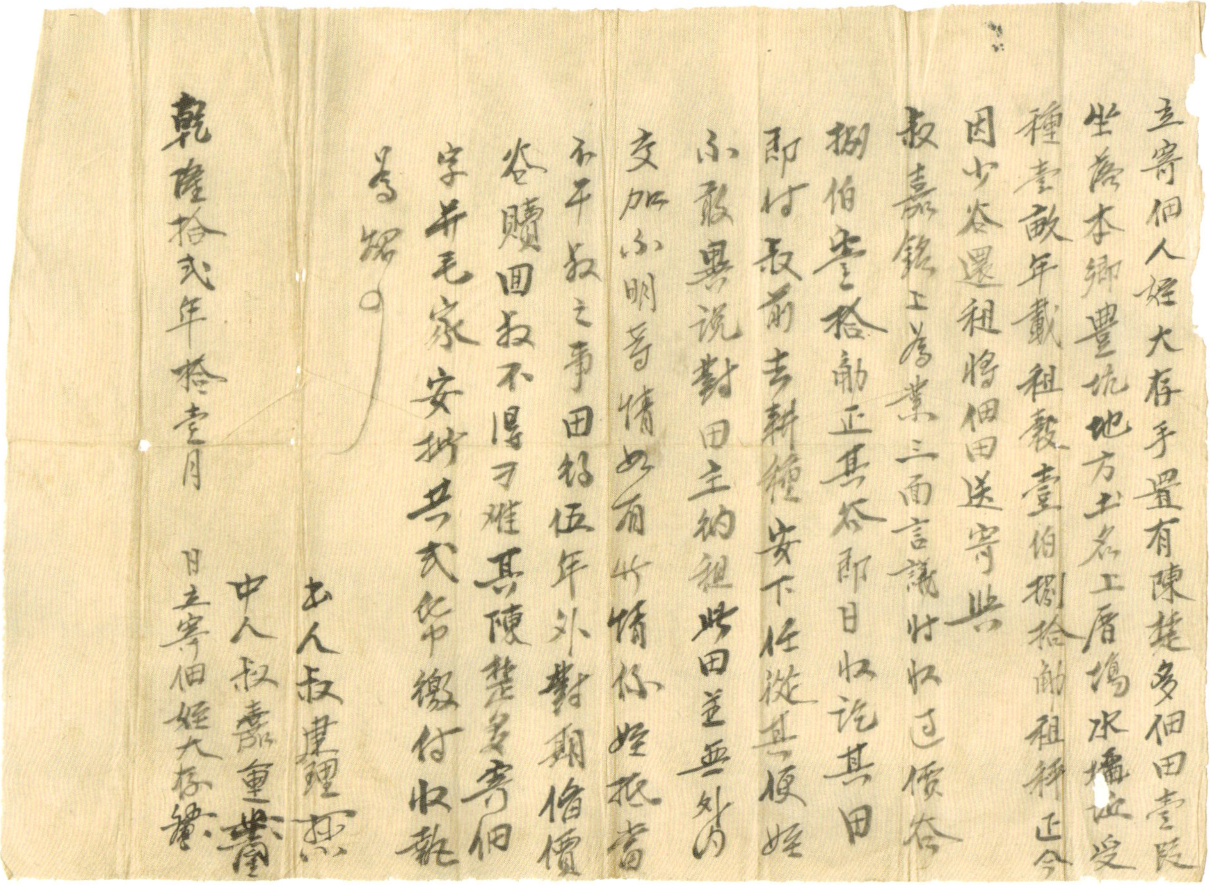
立寄佃人姪大存手置有陳楚多佃田壹段
坐落本鄉豐坑地方土名上厝塢水壠坵受
種壹畝年載租穀壹伯捌拾觔租耕正今
因少谷還租將佃田送寄與
叔嘉銘上爲業三面言議時收過價谷
捌伯壹拾觔正其谷即日收訖其田
即付叔前去耕種安下任從其便姪
不敢異說對田主納租此田並無外內
交加不明等情如有此情係姪抵當
不干叔之事田約伍年外對期備價
谷贖回叔不得刁難其陳楚多寄佃
字并毛家安批共弍紙付收執
爲照
書人叔建理（押）
中人叔嘉重（押）
乾隆拾弍年拾壹月　日立寄佃姪大存（押）

2-1-10-4　清乾隆十二年十一月林大存立寄佃田契

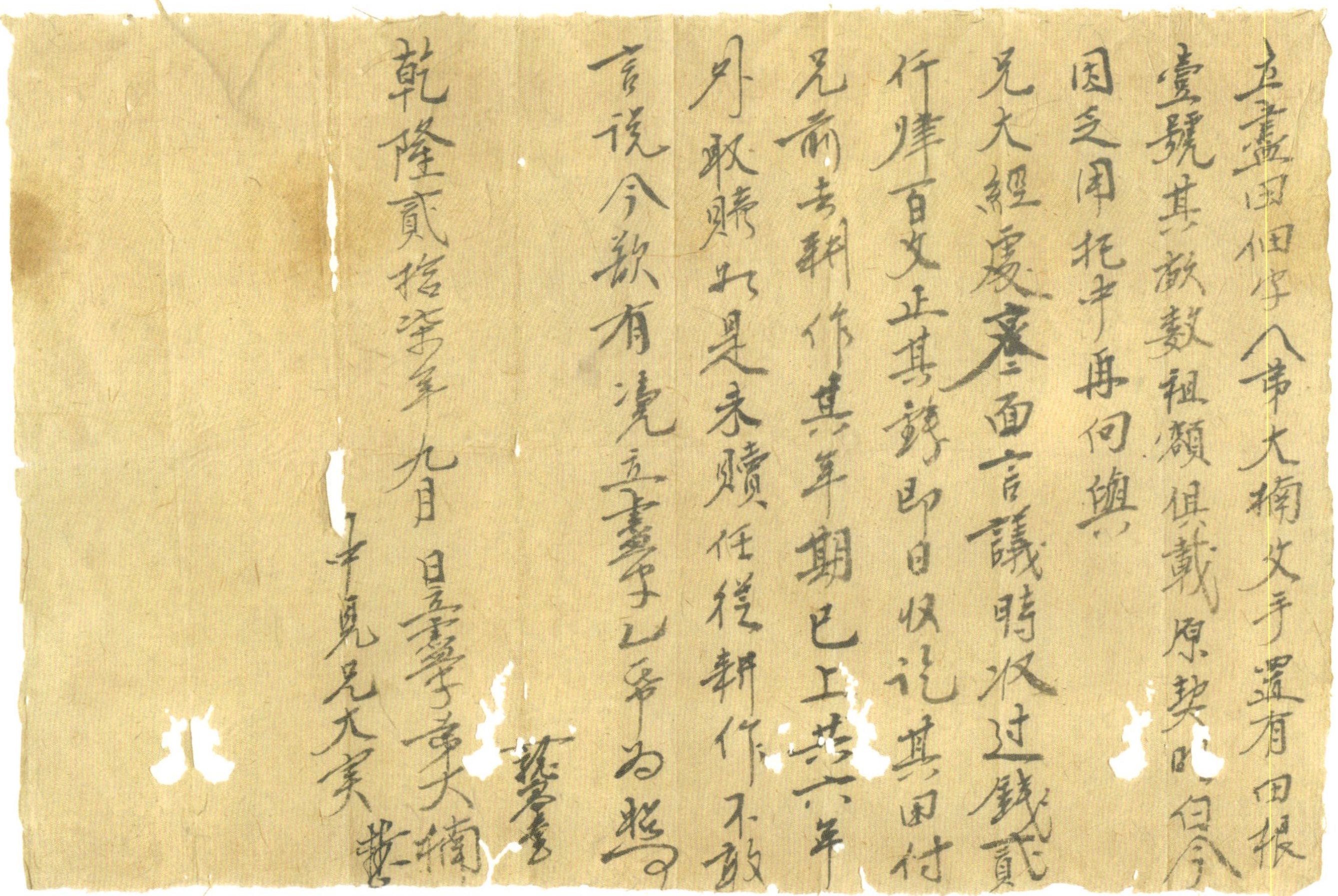

立盡田佃字人弟大楠，父手置有田根
壹號，其畝數、租額俱載原契，今
因乏用，托中再向與
兄大經處，三面言議，時收过錢貳
仟肆百文正，其錢即日收訖，其田付
兄前去耕作，其年期已上，共六年
月取贖，此是永贖，任從耕作，不敢
言說。今欲有凴，立盡字乙紙為照。
[illegible]書
乾隆貳拾柒年九月　日立盡字弟大楠
中見兄大實

2-1-10-5　清乾隆二十七年九月林大楠立盡田佃字

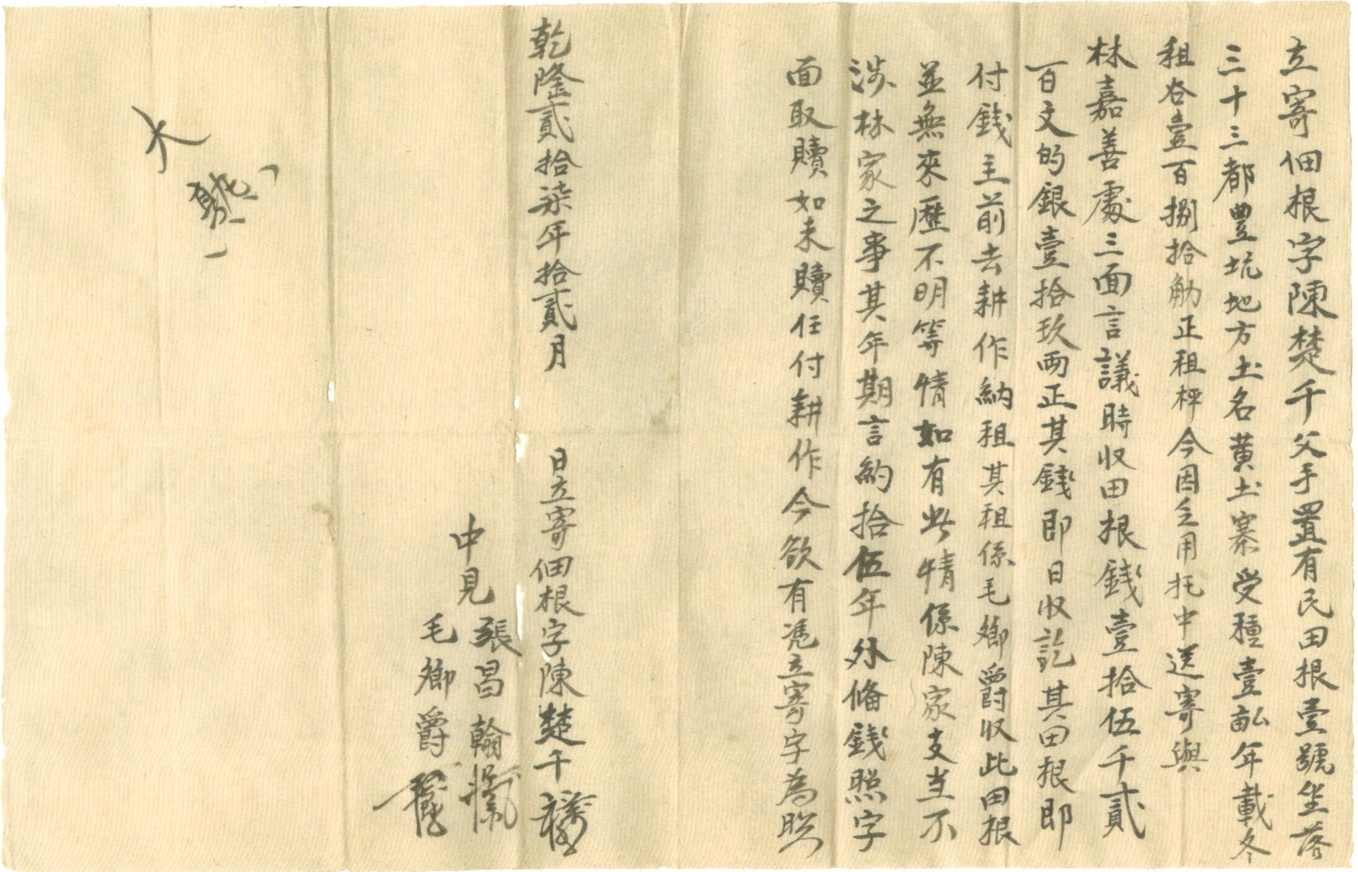

立寄佃根字陳楚千父手置有民田根壹號坐落
三十三都豐坑地方土名黃土寨受種壹畝年載冬
租谷壹百捌拾觔正租秤今因乏用托中送寄與
林嘉善處三面言議時收田根錢壹拾伍千貳
百文的銀壹拾玖兩正其錢即日收訖其田根即
付錢主前去耕作納租其租係毛鄉爵收此田根
並無來歷不明等情如有此情係陳家支当不
涉林家之事其年期言約拾伍年外備錢照字
面取贖如未贖任付耕作今欲有憑立寄字為照

乾隆貳拾柒年拾貳月　日立寄佃根字陳楚千（押）

中見　張昌翰（押）
毛鄉爵（押）

大號一

2-1-10-6　清乾隆二十七年十二月陳楚千立寄佃民田根字

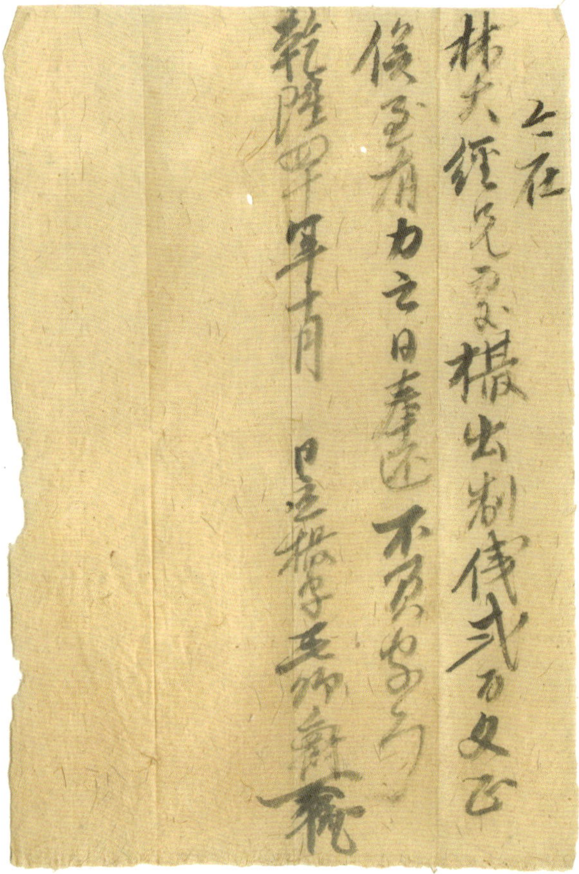
立在林大經兄處撮出銅錢弍百文正
候至本月廿六日奉還不負字約
乾隆四十年十月　日立撮字毛卿爵　筆

2-1-10-7　清乾隆四十年十月毛卿爵立撮字

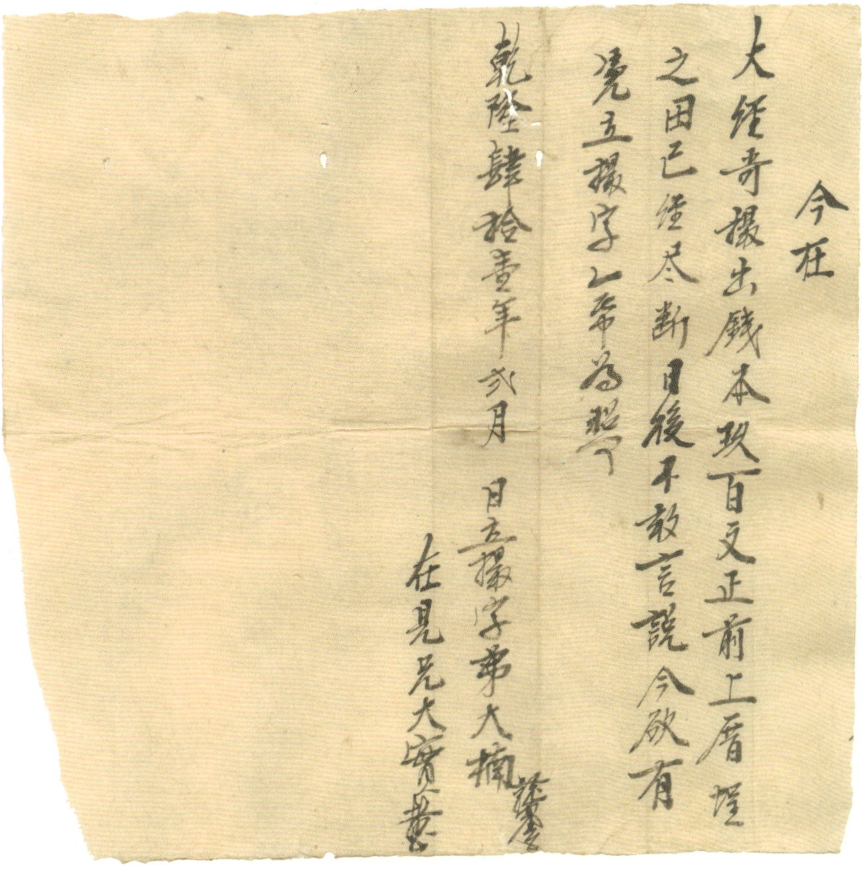
今在
大侄奇撮出錢本玖百文正前工厝埕
之田已侄尽断日後不敢言說今欲有
憑立撮字一帋爲照
乾隆肆拾壹年貳月　日立撮字弟大楠（押）
在見兄大賓（押）

2-1-10-8　清乾隆四十一年二月林大楠立撮字

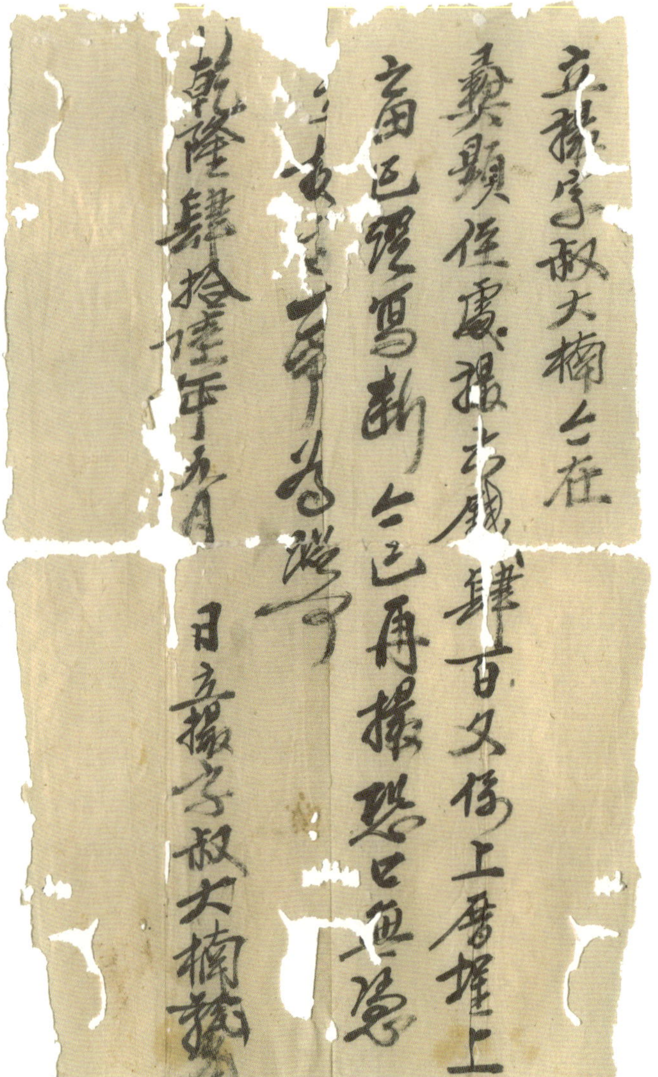
立撮字叔大楠今在
契頭侄處撮出錢肆百文係上厝埕上
前己經寫斷今己再撮恐口無憑
立此撮字為照
乾隆肆拾陸年五月　日立撮字叔大楠（押）

2-1-10-9　清乾隆四十六年五月林大楠立撮字

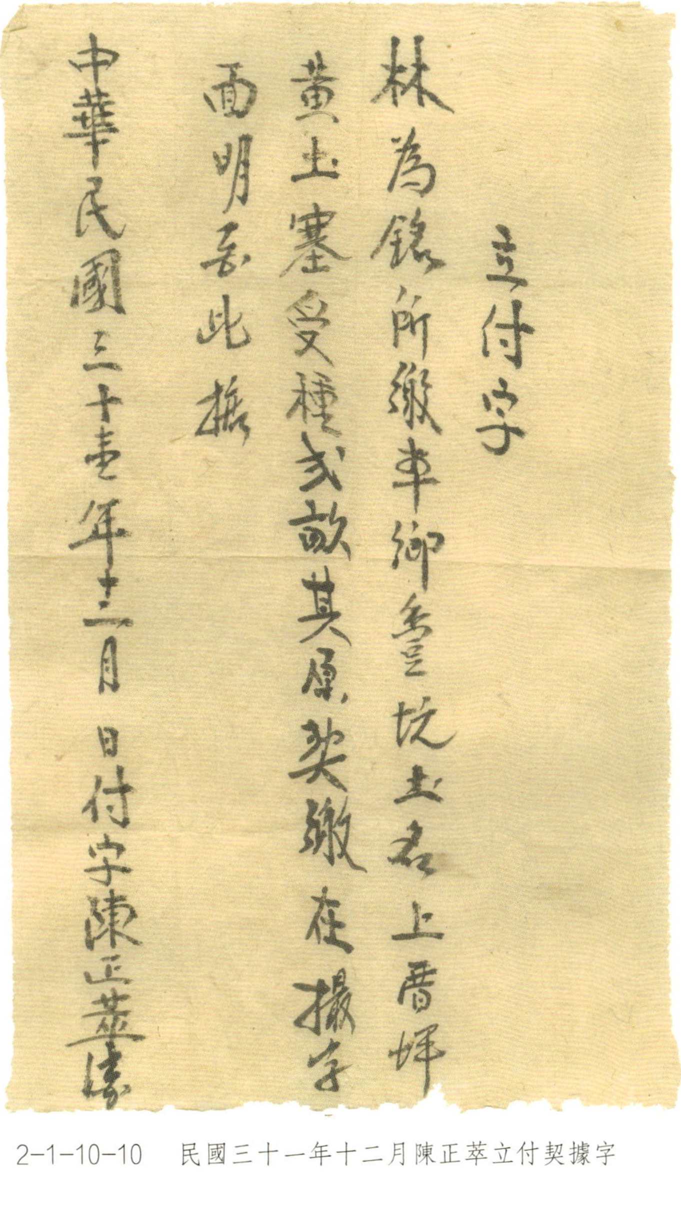
立付字
林為銀所缴本鄉壹坵土名上晋坪
黄土塞受種弍畝其原契缴在據字
兩明無此據
中華民國三十壹年十二月　日付字陳正萃據

2-1-10-10　民國三十一年十二月陳正萃立付契據字

2-1-11-1　包契紙

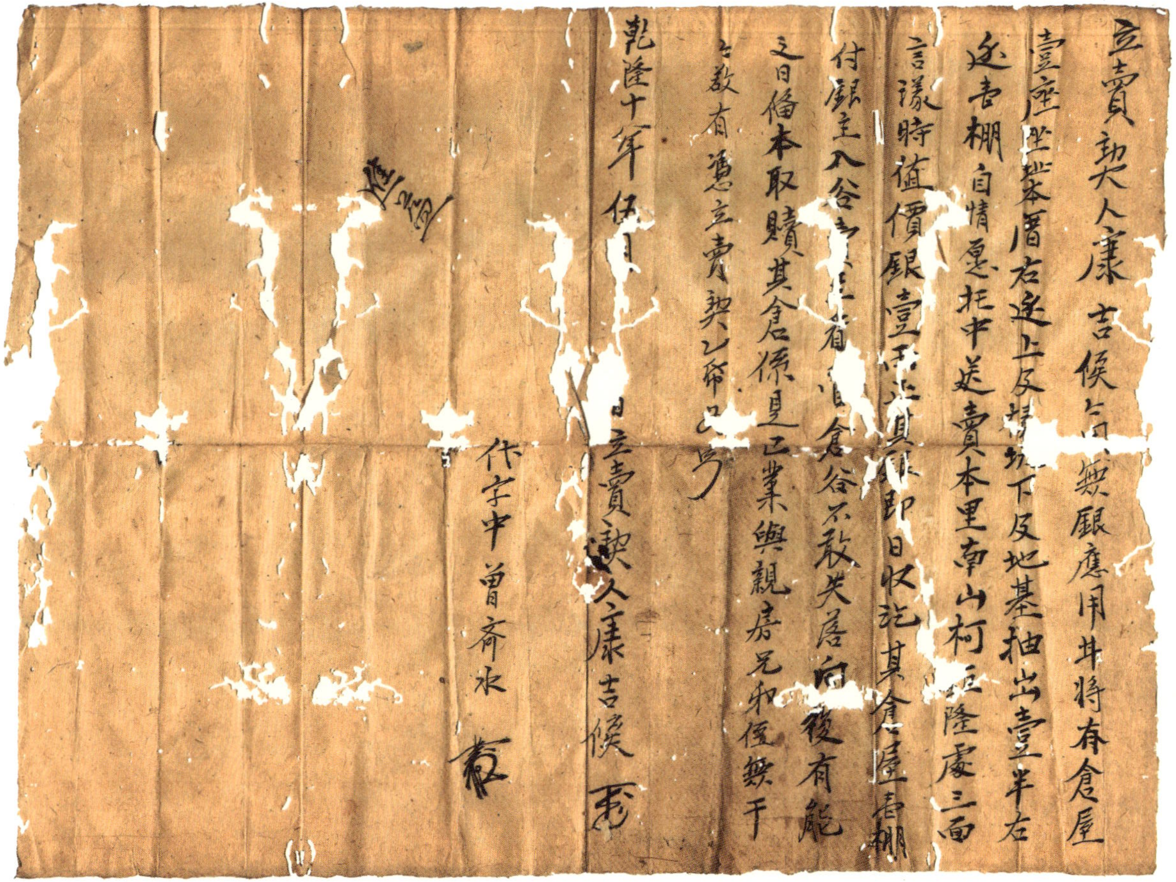

立賣契人康吉侯，今因無銀應用，情將承倉屋
壹座，坐落本厝右邊上反[illegible]坵下反地基抽出壹半，左
邊吉棚，自情愿托中送賣本里南山村柯隆慶三面
言議時值價銀壹兩[illegible]，其銀即日收訖，其倉屋吉棚
付銀主入谷[illegible]看管倉谷，不敢[illegible]居，向後有能
之日備本取贖，其倉屋係是己業，與親房兄弟侄無干
之數，有憑，立賣契乙帋為照。
乾隆十八年伍月 日立賣契人康吉侯（押）
代字中 曾斎水（押）

2-1-11-2 清乾隆十八年五月康吉侯立賣倉屋契

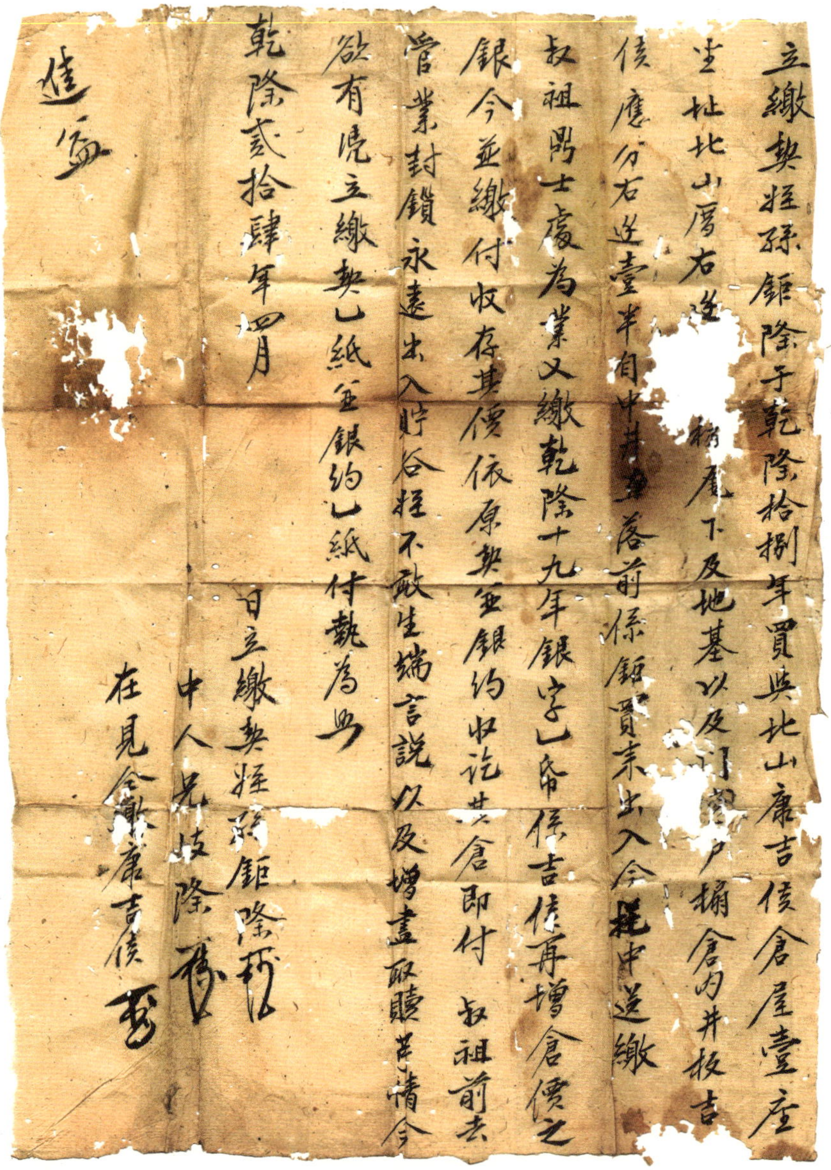

立繳契𥺌孫鉅隆于乾隆拾捌年買與北山康吉侯倉屋壹座坐址北山厝右邊□樹厝下及地基以及門窗戶扇倉內井坂吉侯應分右邊壹半自中共直落前係鉅買未出入今托中送繳叔祖昂士處為業又繳乾隆十九年銀字山紙係吉侯再增倉價之銀今並繳付收存其價依原契並銀約收訖其倉即付 叔祖前去管業封鎖永遠出入貯谷𥺌不敢生端言說以及增盡取贖等情今欲有憑立繳契山紙並銀約山紙付執為照

乾隆貳拾肆年四月　日立繳契𥺌孫鉅隆（押）

中人兄攸隆（押）

在見侄歆康吉侯（押）

進盆

2-1-11-3　清乾隆二十四年四月柯鉅隆立繳倉屋契

2-1-12-1 包契紙

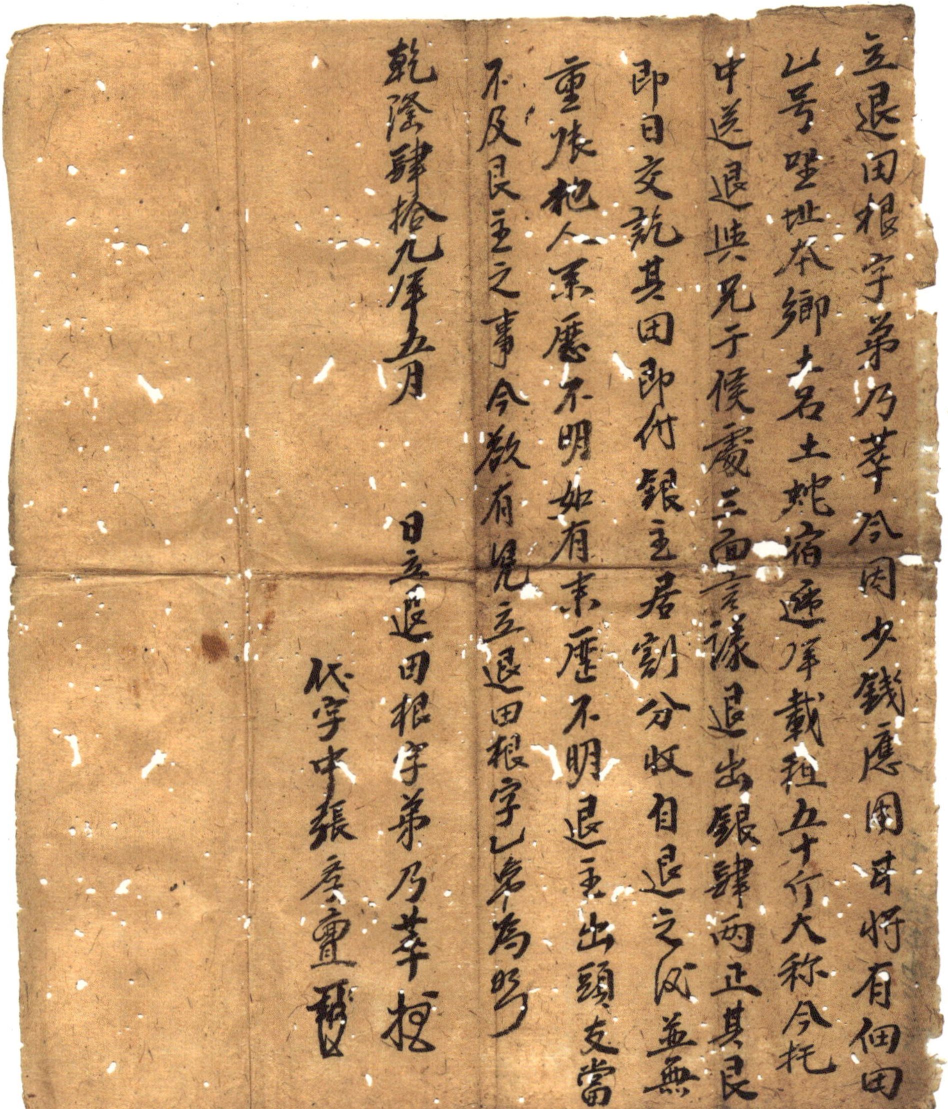
立退田根字弟乃莘今因乏錢應用自將有佃田
山号坐址本鄉土名土蛇宿逐年載租五十斤大称今托
中送退與兄子侯處三面言議退出銀肆両正其艮
即日交訖其田即付銀主居劄分收自退之后並無
重張抱人來歷不明如有來歷不明退主出頭支當
不及艮主之事今欲有憑立退田根字一紙為照
乾隆肆拾九年五月　日立退田根字弟乃莘（押）
代字中張彥璽（押）

2-1-12-2　清乾隆四十九年五月柯乃莘立退田根字

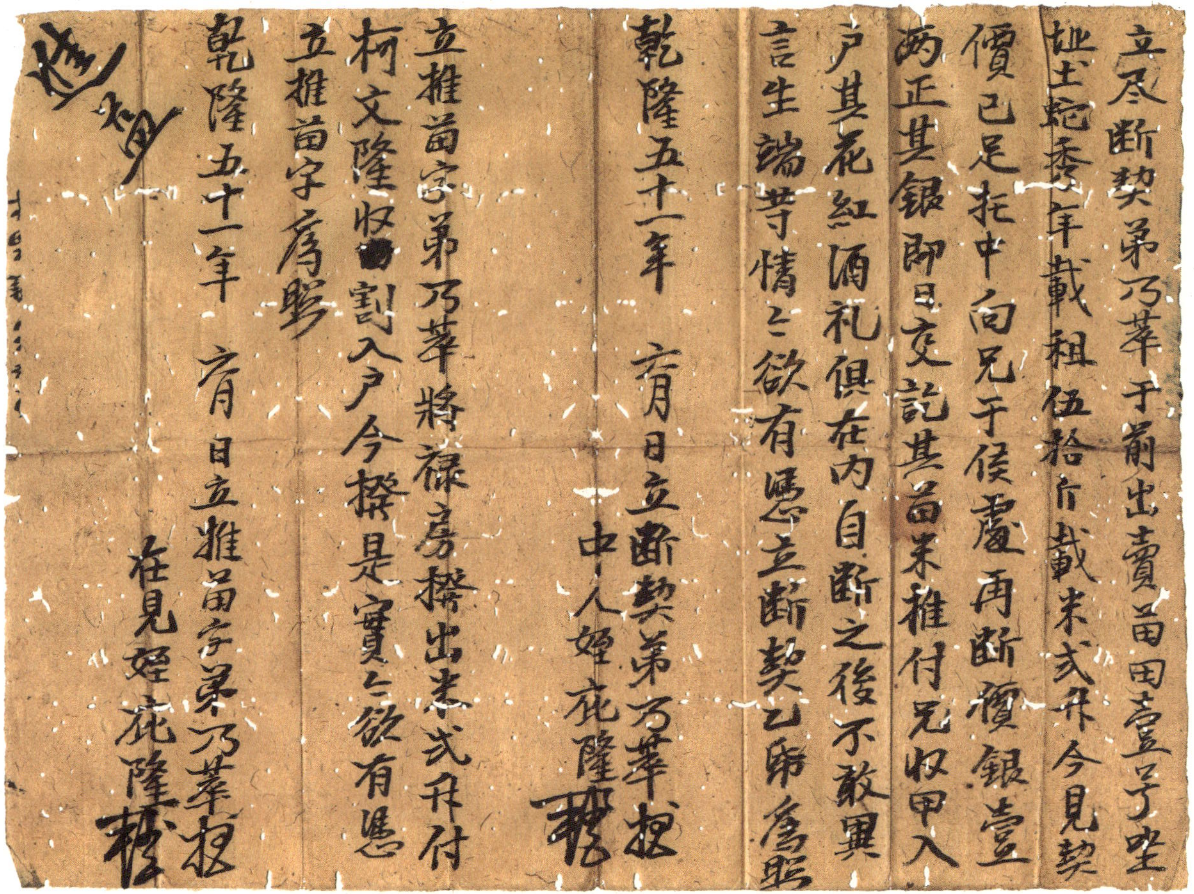

立盡斷契弟乃莘于前出賣苗田壹号坐
址土名蛇秀年載租伍拾斤載米弍升今見契
價已足托中向兄于侯處再斷價銀壹
两正其銀即日交訖其苗米推付兄收甲入
户其花紅酒礼俱在内自斷之後不敢異
言生端等情之欲有憑立斷契乙帋為照
乾隆五十一年　六月日立斷契弟乃莘押
中人姪茂隆押
立推苗字弟乃莘將祿房撥出米弍升付
柯文隆收[illegible]割入户今撥是實之欲有憑
立推苗字為照
乾隆五十一年　六月日立推苗字弟乃莘押
在見姪茂隆押

2-1-12-3　清乾隆五十一年六月柯乃莘立盡斷苗田契

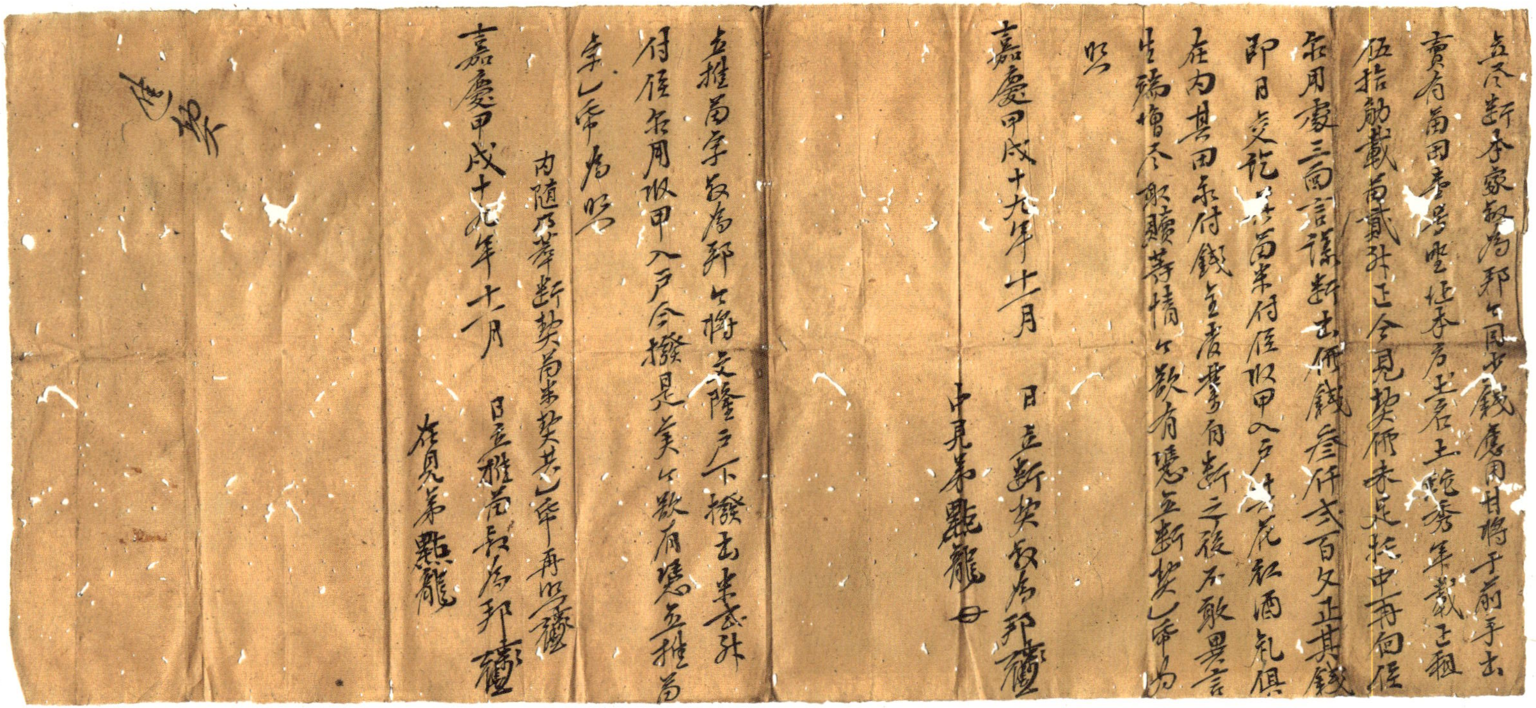
立盡斷契家叔爲邦仝弟錢慶因乏用將于前手出
賣有苗田壹号坐址本房土名土能秀等載壹租
伍拾觔載苗貳升正今見契價未足托中再向侄
衣用處三面言議斷出價錢叁仟弍百文正其錢
即日交訖其苗米付侄收甲入户外花紅酒礼俱
在内其田永付錢主管業自斷之後不敢異言
生端增添取贖等情今欲有憑立斷契一帋爲
照
嘉慶甲戌十九年十一月　日立斷契叔爲邦（押）
中見弟鼎龍（押）

立推苗字叔爲邦今將文隆户下撥出米壹升
付侄衣用收甲入户今撥是實今欲有憑立推苗
字一帋爲照
内随原契斷契苗米契共二帋再照（押）
嘉慶甲戌十九年十一月　日立推苗叔爲邦（押）
在見弟鼎龍

2-1-12-4　清嘉慶十九年十一月柯爲邦立盡斷苗田契

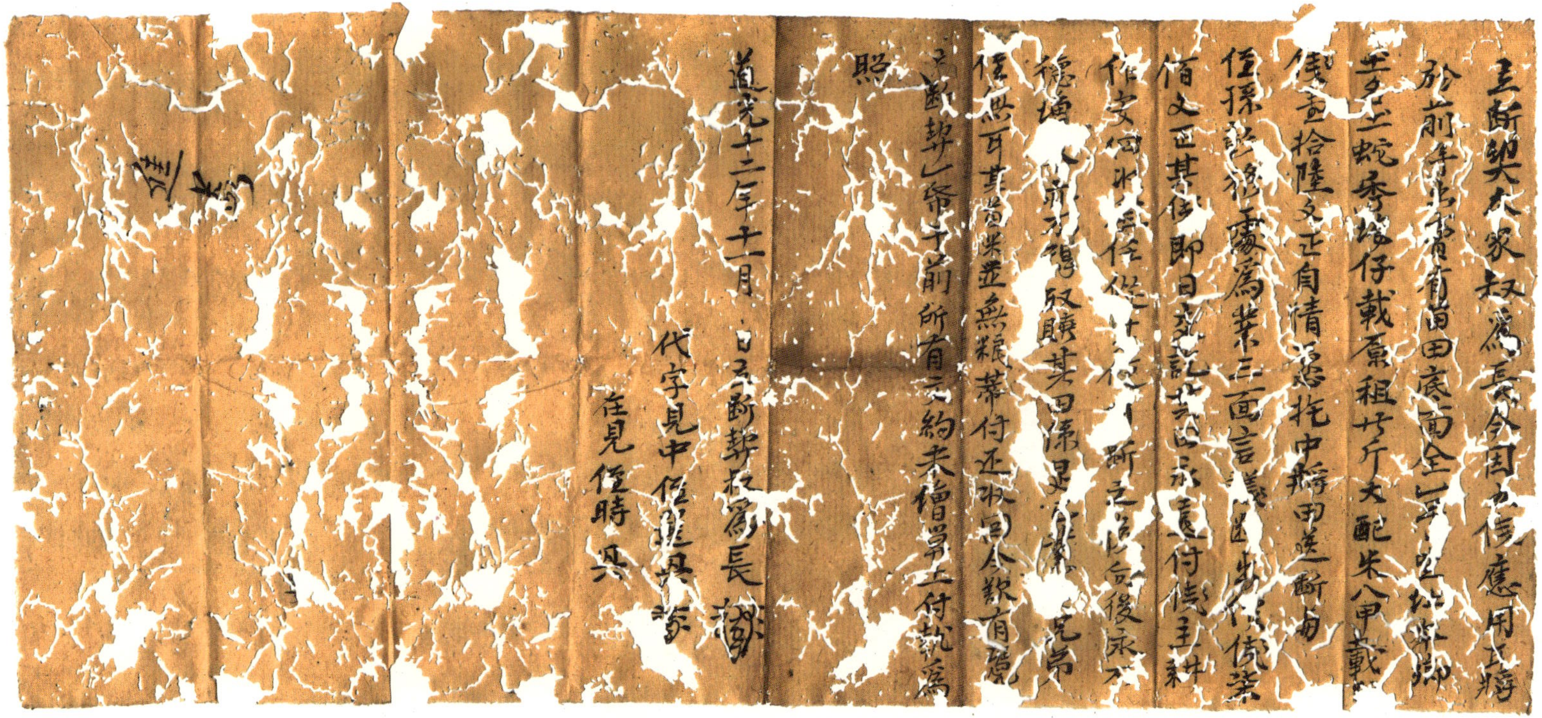

2-1-12-5　清道光十二年十一月柯爲長立斷苗田契

2-1-13-1　包契紙

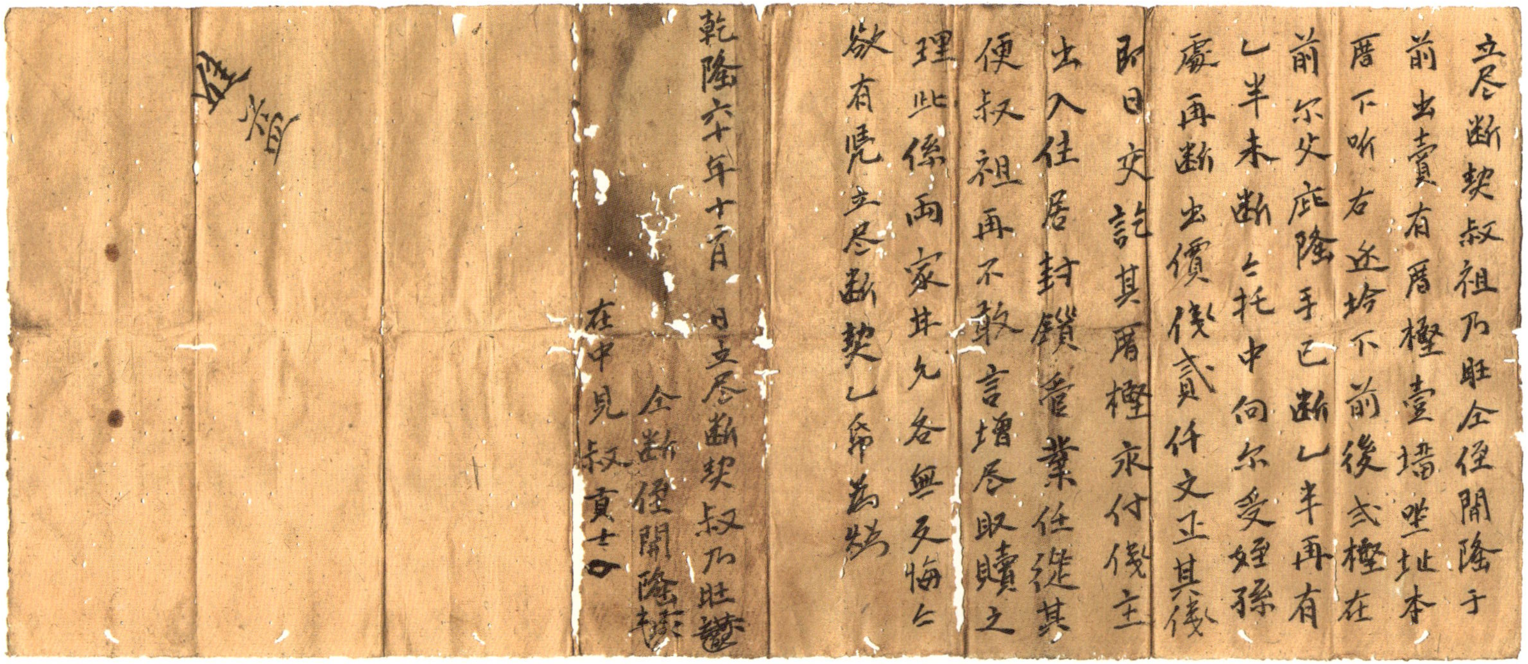

立盡斷契叔祖乃旺仝侄開隆于
前出賣有厝樫壹塲坐址本
厝下听右邊坽下前後弍樫在
前尔火庇隆手已斷乚半再有
乚半未斷乚托中向尔爰姪孫
處再斷出價錢貳仟文正其錢
即日交訖其厝樫永付錢主
出入住居封鎖管業任從其
便叔祖再不敢言增盡取贖之
理此係兩家甘允各無反悔乚
欲有憑立盡斷契乚帋為照
乾隆六十年十二月　日立盡斷契叔乃旺
仝斷侄開隆
在中見叔貢士

2-1-13-2　清乾隆六十年十二月柯乃旺等立盡斷厝樫契

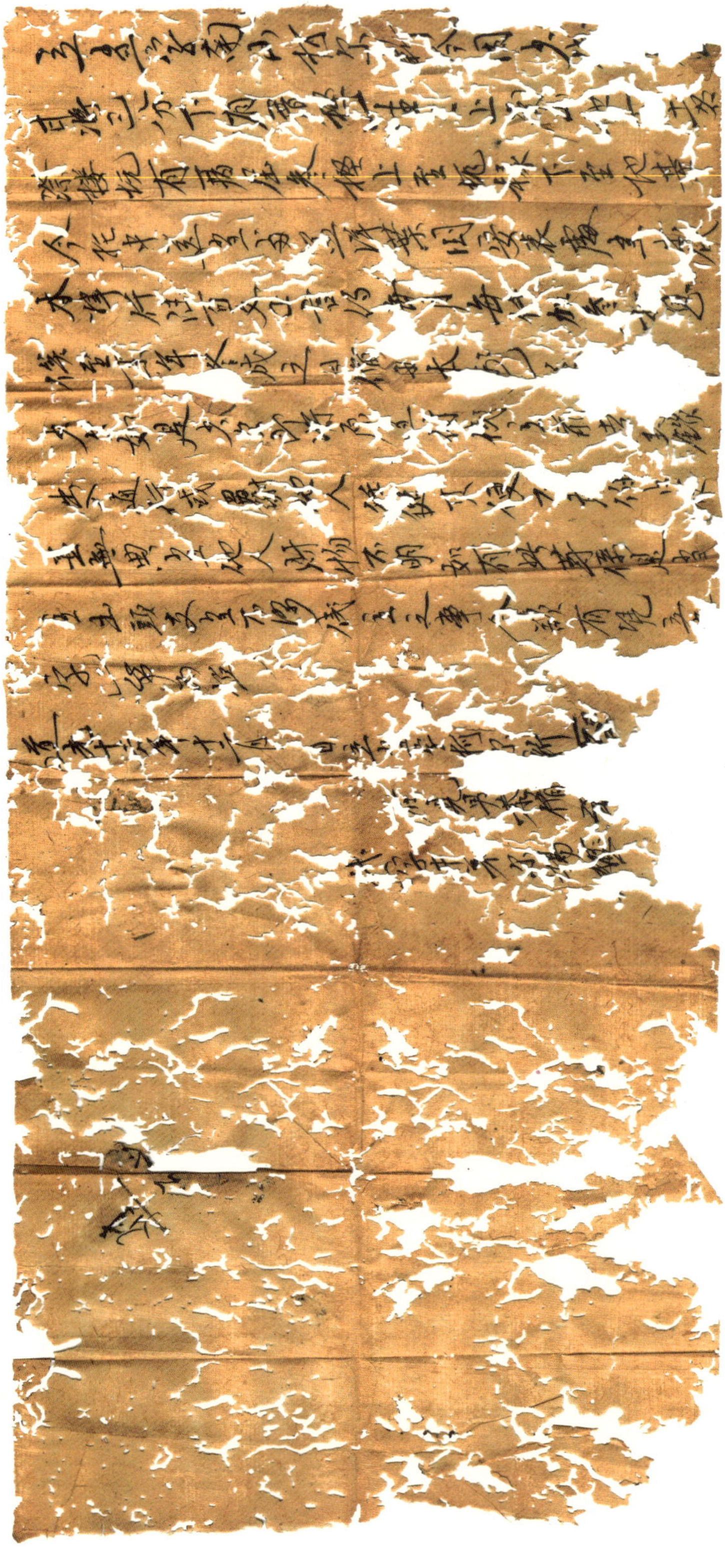

2-1-13-3　清道光十六年十二月柯尔新立當厝棲字

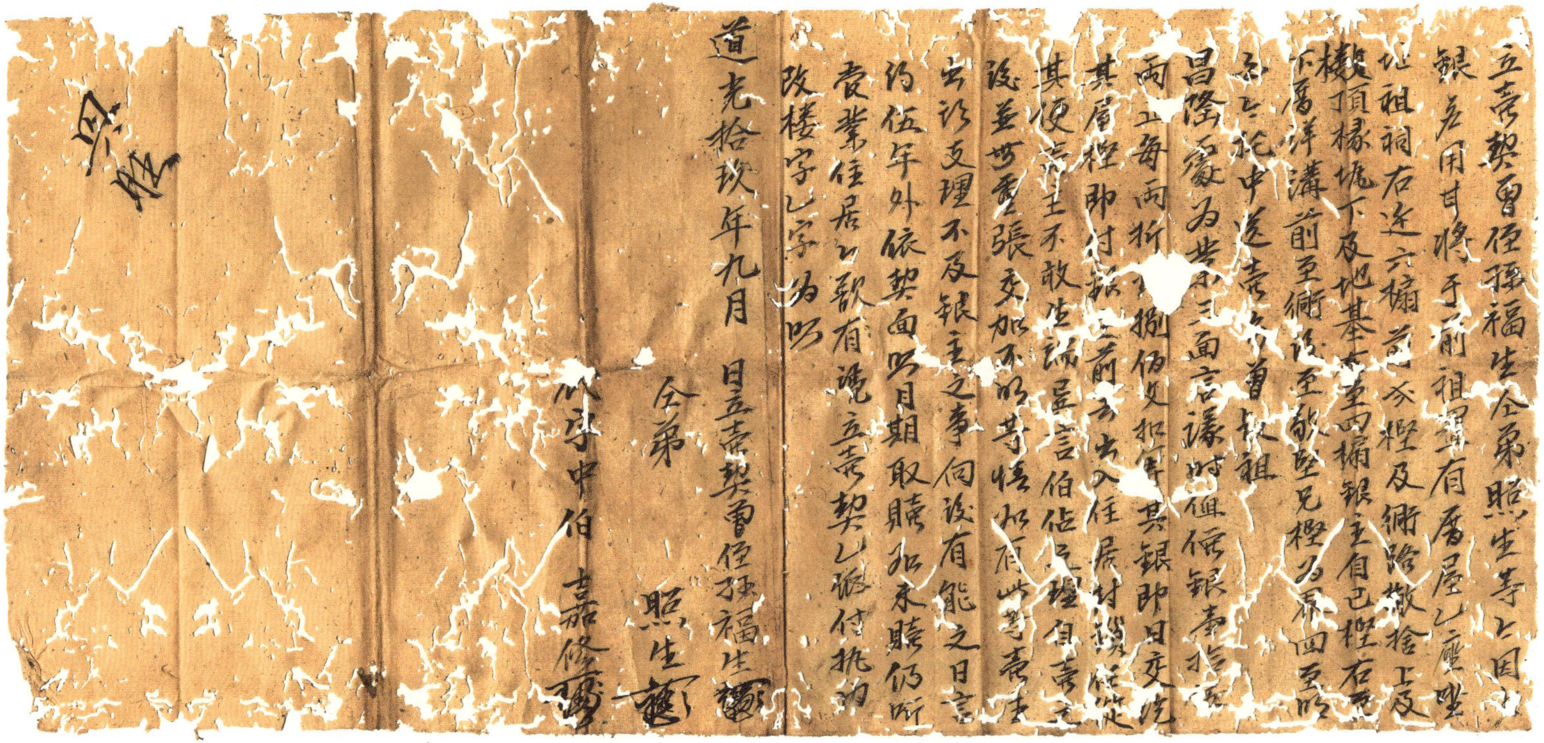

立賣契曾侄孫福生仝弟照生等，今因
缺乏用，甘將手前祖置有厝屋一座，坐
址祖祠右邊六榻前分樫及衕路[illegible]捨上及
樓頂椽桷下及地基[illegible]至兩榻銀主自己樫，右至
下厝洋溝，前至衕路[illegible]至[illegible]兄樫為界，四至明
白，托中送賣與曾叔祖
昌隆處為業，三面言議時值價銀[illegible]
兩正，每兩折[illegible]，其銀即日交訖。
其厝樫即付銀主前去出入住居[illegible]
其便，賣主不敢生端異言。伯[illegible]理，自賣之
後並無重張交加不明等情，如有此等，賣主
出頭支理，不及銀主之事。向後有能之日，言
約伍年外，依契面出日期取贖，如未贖，仍听
賣業住居。二家[illegible]，有憑立賣契一紙，付執為
照。改樓字一字為照。

道光拾玖年九月　日立賣契曾侄孫福生（押）
仝弟　照生（押）
代字中伯　嘉修（押）

2-1-13-4　清道光十九年九月柯福生等立賣厝屋契

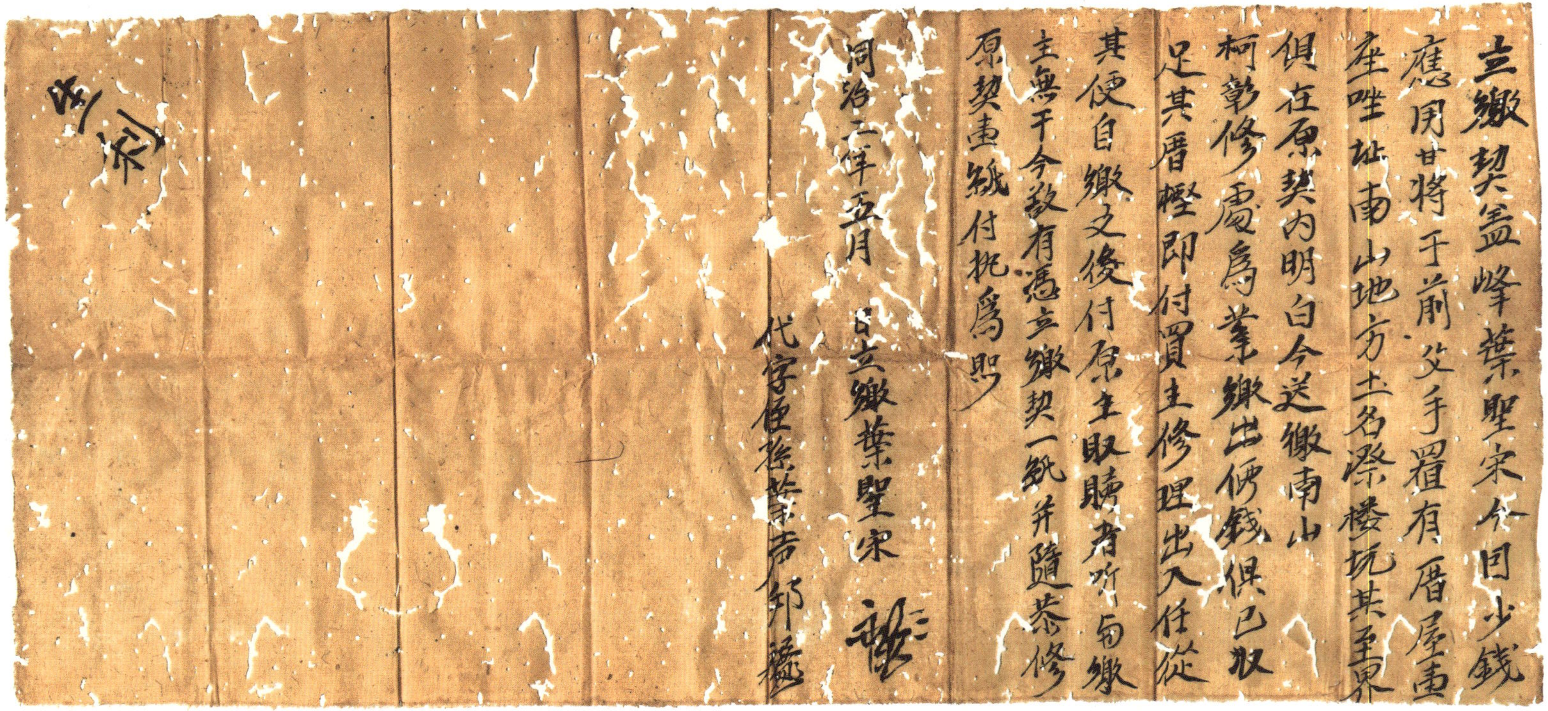

立繳契盃峰葉聖宋今因少钱
應用甘將于前父手置有厝屋壹
座唑址南山地方土名滎樓坑其四界
俱在原契内明白今送繳南山
柯彰修處爲業繳出價钱俱已收
足其厝聽即付買主修理出入任從
其便自繳之後付原主取贖者所向繳
主無干今欲有憑立繳契一紙并隨恭修
原契壹紙付執爲照

同治二年五月　日立繳葉聖宋（押）
代字侄孫葉芳邨（押）

2-1-13-5　清同治二年五月葉聖宋立繳厝屋契

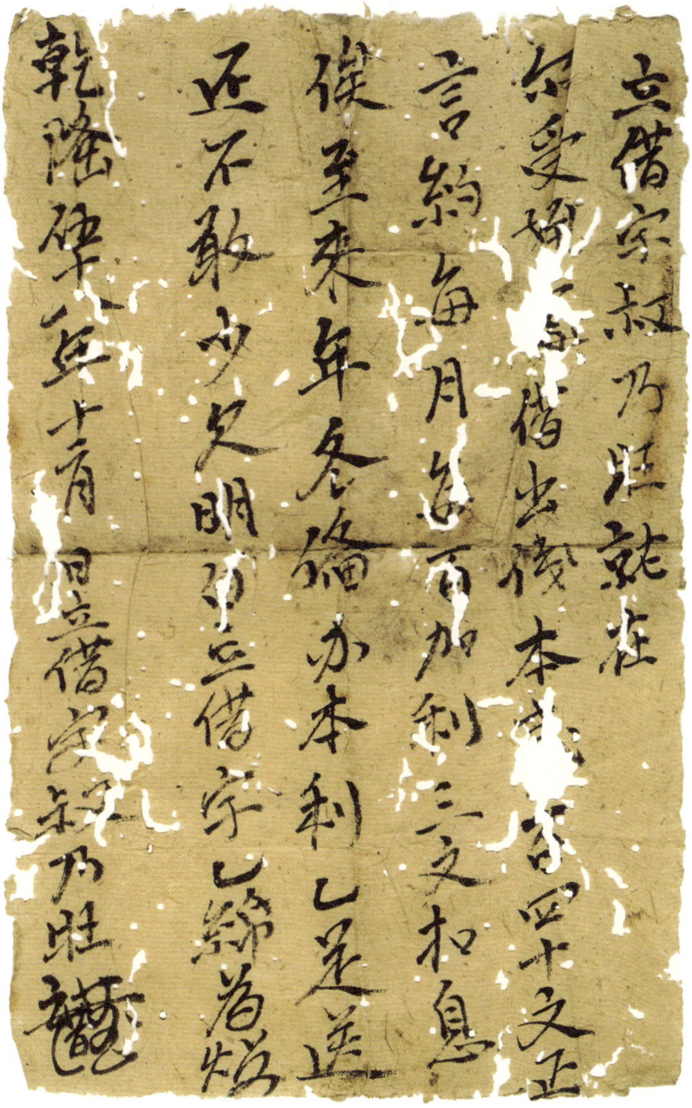
立借字叔乃旺就在
姪愛瑶[illegible]借出錢本錢[illegible]四十文正
言約每月每百加利二文和息
候至来年冬備办本利一足送还
还不敢少欠明[illegible]立借字一紙為炤
乾隆伍拾八年十二月 日立借字叔乃旺（押）

2-1-14-1　清乾隆五十八年十二月柯乃旺立借錢字

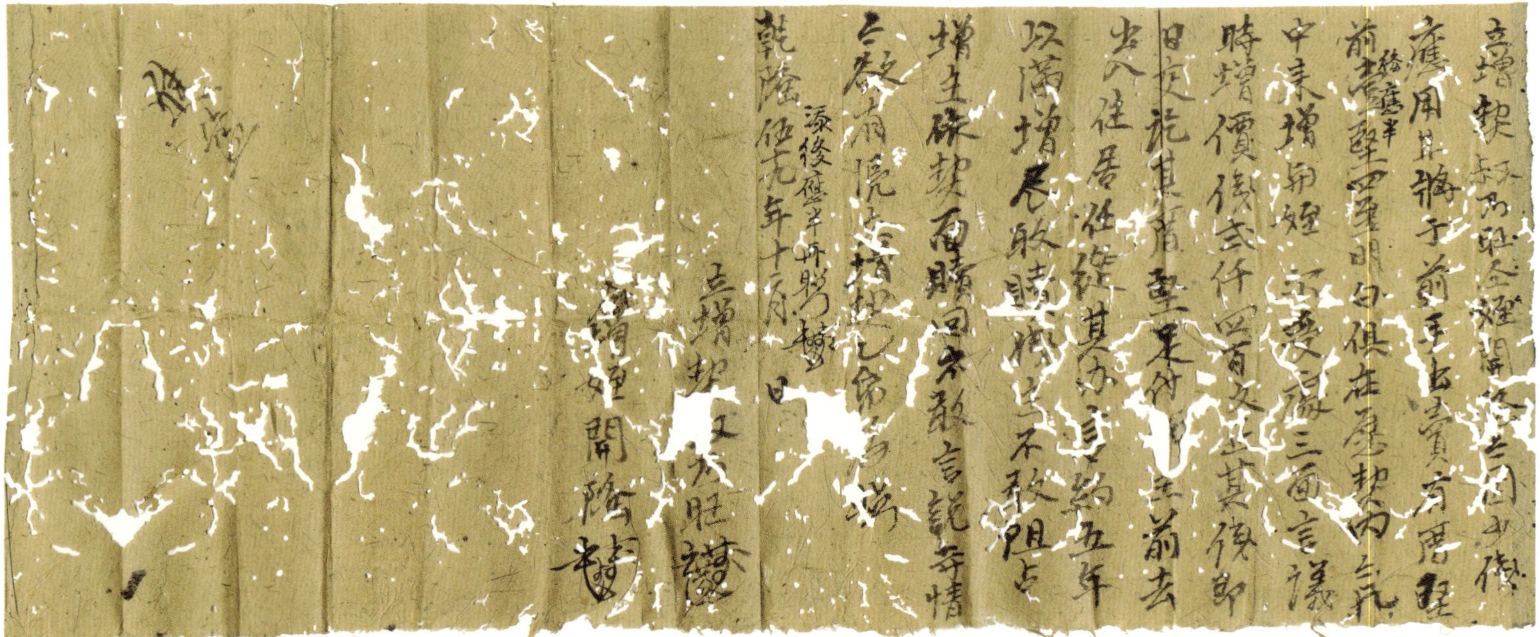

2-1-14-2　清乾隆五十九年十二月柯乃旺等立增厝樫契

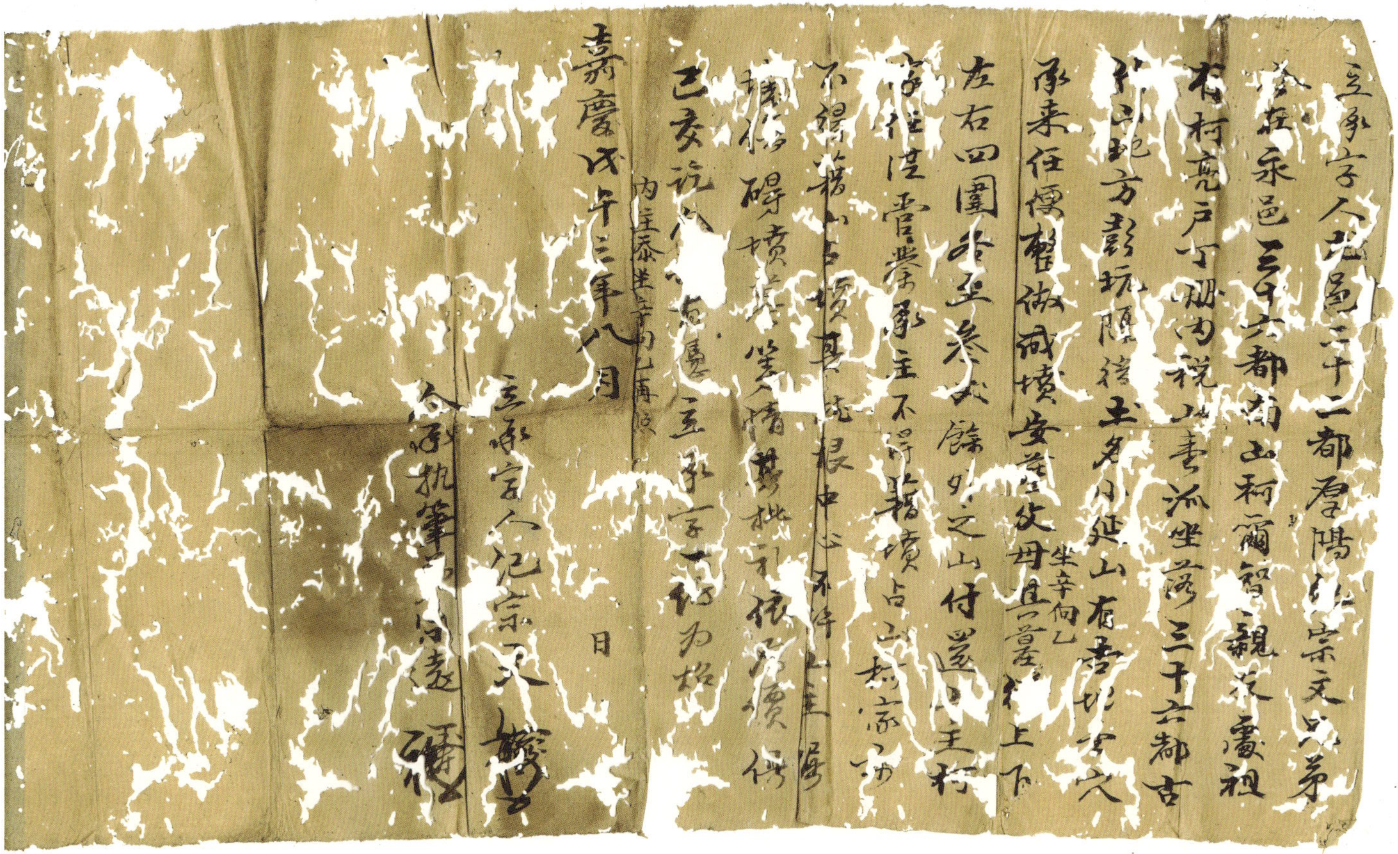

立承字人尤邑二十二都厚[illegible]紀宗文、兄弟
今在永邑三十六都南山柯爾智親叔處祖
有柯亮户下册内税山壹派，坐落三十六都古
竹坑地方彭坑隔後，土名日延山，有吉地壹穴，
承來任便暫做風墳安葬父母，坐辛向乙，其墳上下
左右四圍并至叁丈，餘外之山付還山主柯
家任從管業，承主不得藉墳占山，紀宗文
不得藉[illegible]墳[illegible]根中心，不許[illegible]山主阻
擋[illegible]碍墳[illegible]，[illegible]情[illegible]批[illegible]
己交訖[illegible]，今[illegible]立承字一紙為照。
内注添坐辛向乙[illegible]

嘉慶戊午三年八月　日　立承字人紀宗文[illegible]
[illegible]執筆[illegible]

2-1-14-3　清嘉慶三年八月尤溪紀宗文等立承税山字

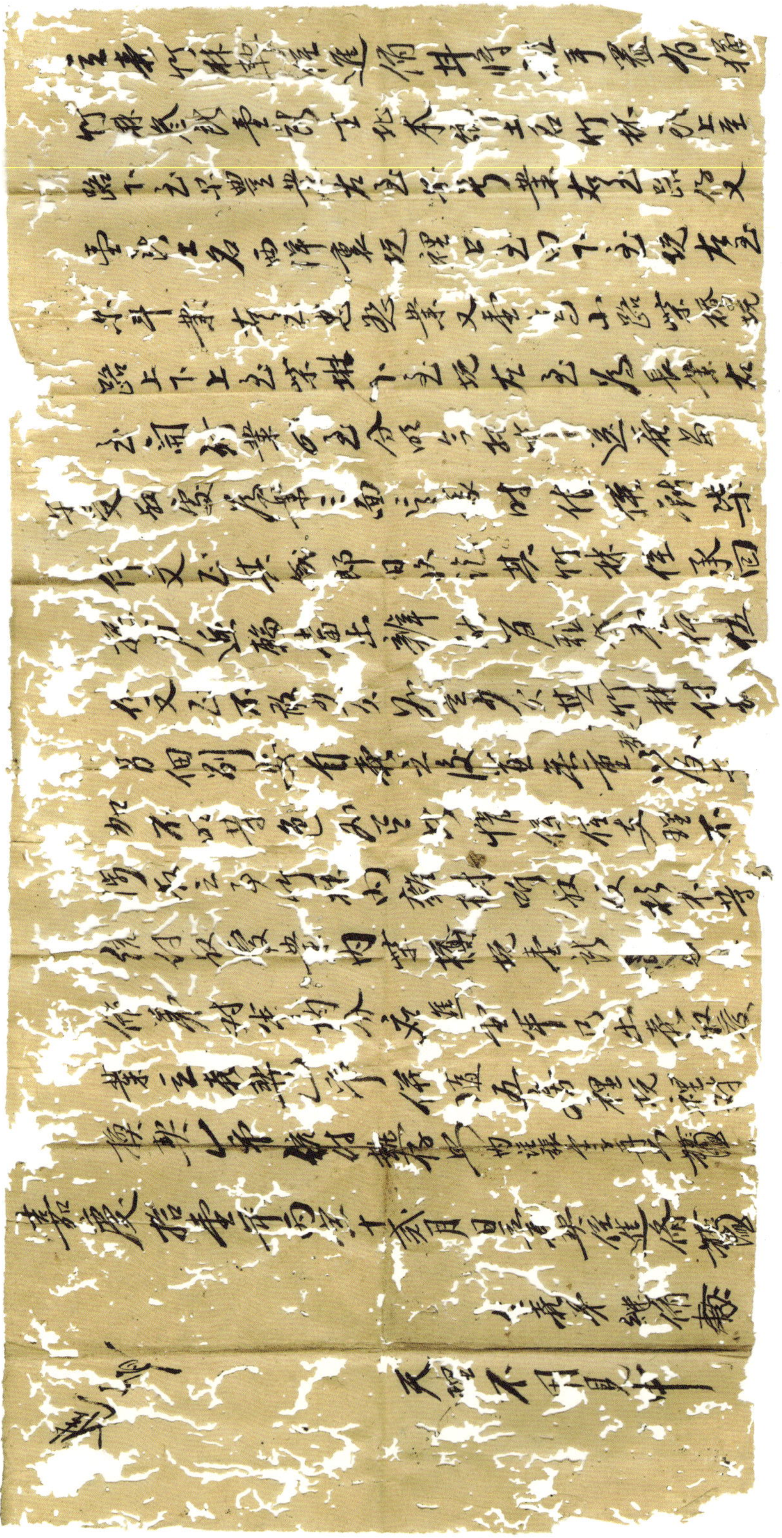

2-1-14-4 清嘉慶十一年十二月柯進脩立賣猫竹林契

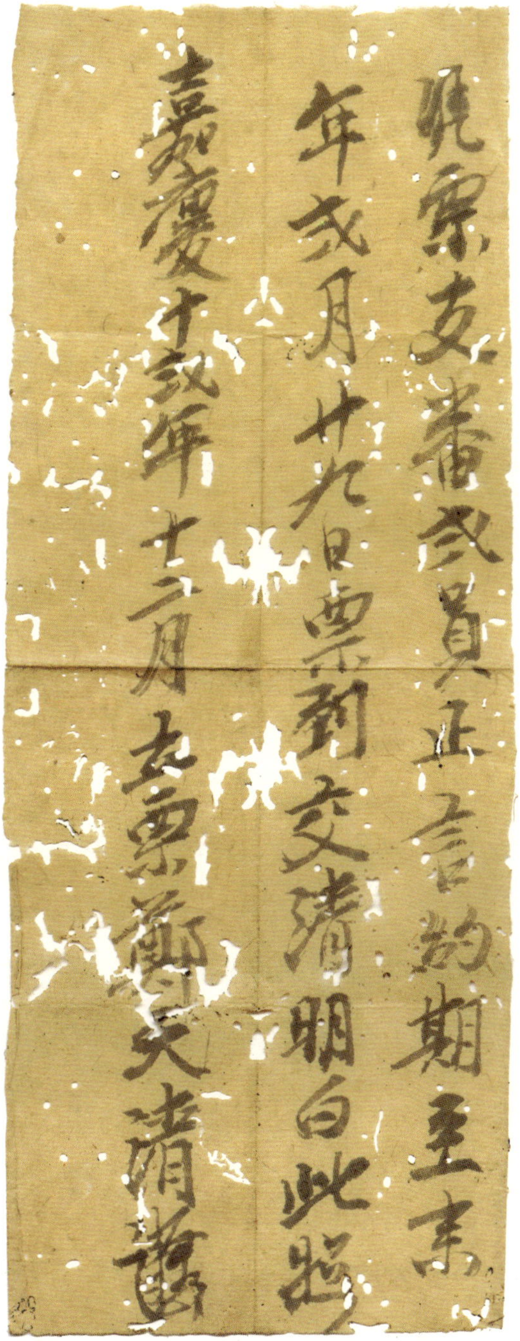
現票支番弍員正言約期至來
年弍月廿九日票到交清明白此照
嘉慶十弍年十二月　立票鄭天清號

2-1-14-5　清嘉慶十二年十二月鄭天清立支番憑票

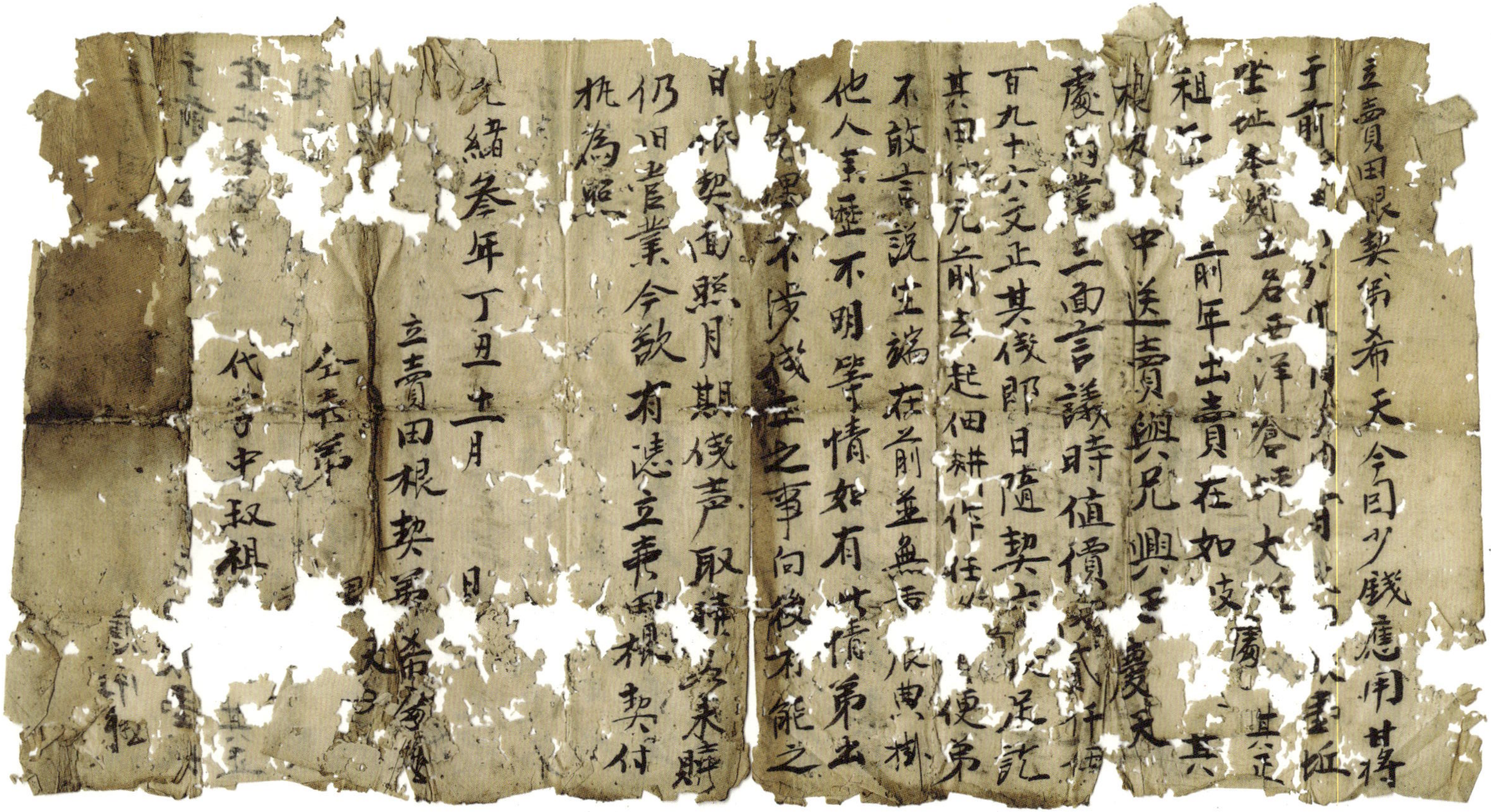

立賣田根契係希天，今因少錢應用，甘將
手前[illegible]坵
坐址本處，土名[illegible]洋[illegible]大[illegible]其正
祖[illegible]前年出賣在如交[illegible]其
根[illegible]中送賣與兄興王愛天
處爲業，三面言議時值價[illegible]貳仟[illegible]佰
百九十六文正，其錢即日隨契交足訖。
其田[illegible]兄前去起佃耕作，任從便，弟
不敢言說。並緒在前並無[illegible]典掛
他人，並不明等情，如有此情，弟出
[illegible]不涉[illegible]之事，向後不能之
日[illegible]契面照月期錢[illegible]取贖[illegible]來贖
仍[illegible]舊業。今欲有憑，立賣田根契付
執爲照。

光緒叁年丁丑十一月　日
立賣田根契弟[illegible]希[illegible]
仝弟[illegible]
代字中叔祖[illegible]

2-1-14-6　清光緒三年十一月柯希天立賣田根契

2-1-15-1　清乾隆四十六年十一月柯承相立斷苗田契

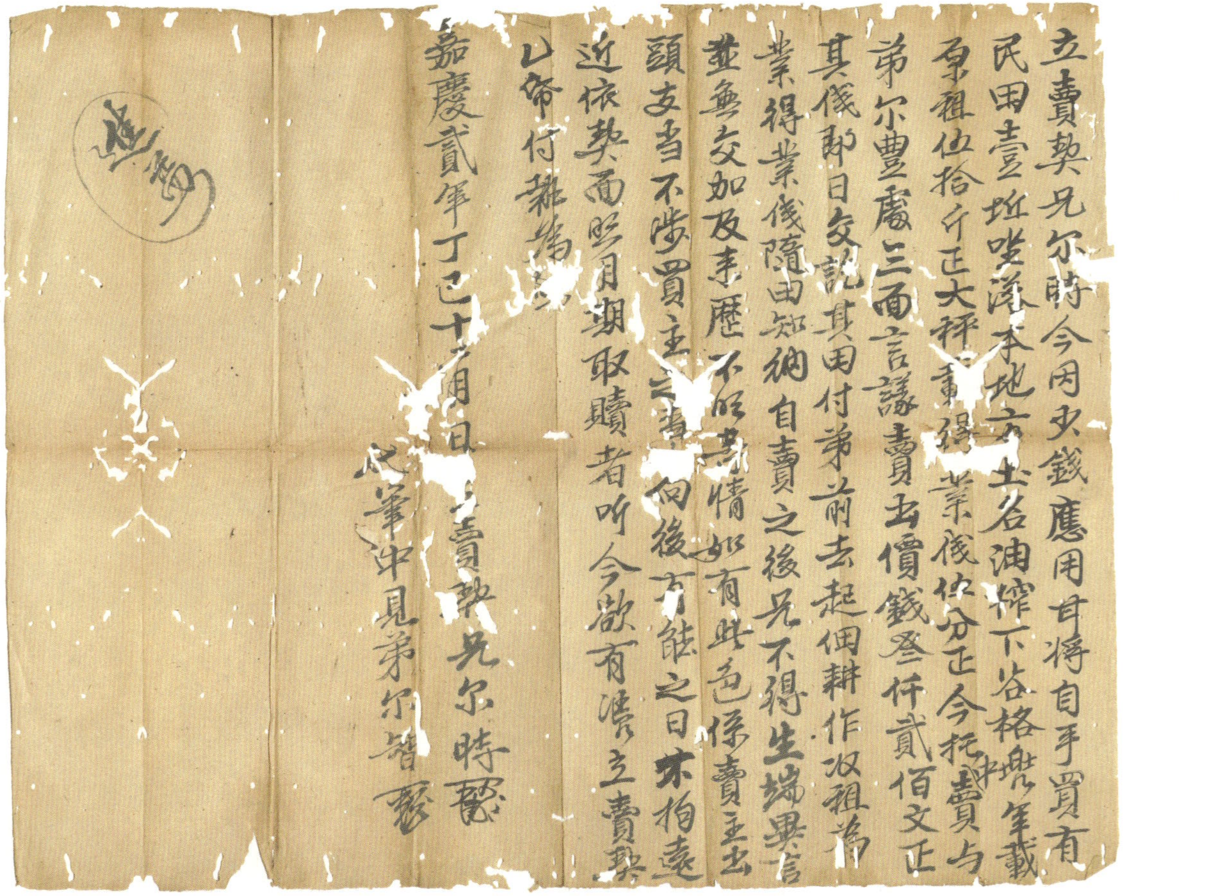
立賣契兄尔時今因乏錢應用甘將自手買有
民田壹坵坐落本地方土名油榨下谷格塅年載
原租伍拾斤正大秤[illegible]得業錢作分正今托中賣与
弟尔豐處三面言議賣出價錢叁仟貳佰文正
其錢即日交訖其田付弟前去起佃耕作收租為
業得業錢隨田知納自賣之後兄不得生端異言
並無交加及來歷不明等情如有此色係賣主出
頭支当不涉買主之事向後有能之日不拘遠
近依契面照月期取贖者听今欲有憑立賣契
一紙付執為照
嘉慶貳年丁巳十二月日立賣契兄尔時（押）
代筆中見弟尔晉（押）

2-1-15-2　清嘉慶二年十二月柯尔時立賣民田契

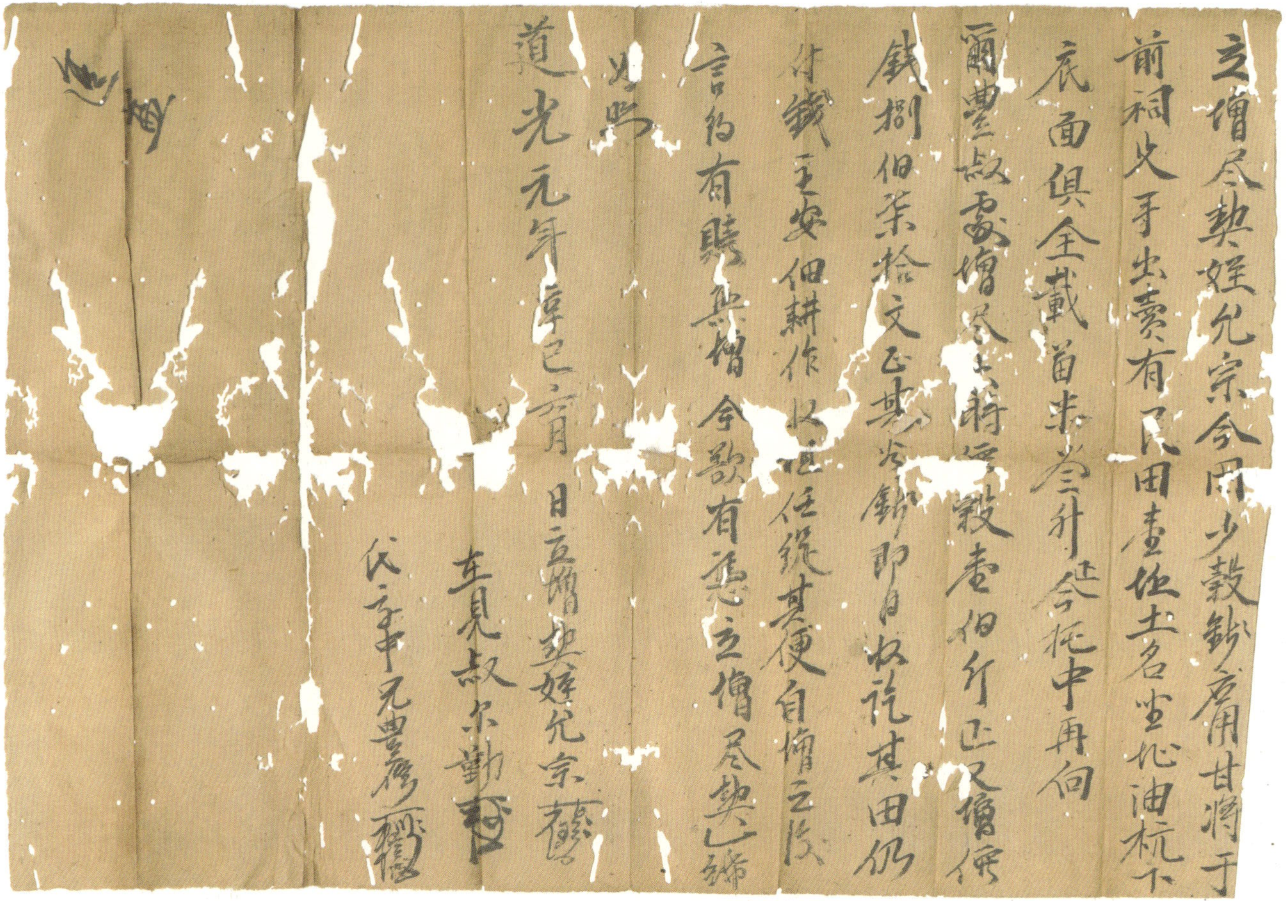

立增尽契姪允宗，今因少穀缺用，甘將于
前祠父手出賣有民田壹坵，土名坐化油杭下
底面俱全，載苗米叁升，出今托中再向
爾豐叔處增尽出將價穀壹佰斤正，又增價
錢捌佰柒拾文正，其錢即日收訖，其田仍
付錢主安佃耕作收租，任從其便，自增之後
言約有贖無增，今欲有憑，立增尽契一紙
為照。
道光元年辛巳六月　日立增盡契姪允宗（押）
在見叔宗勤（押）
代字中兄豊應（押）

2-1-15-3　清道光元年六月柯允宗立增盡民田契

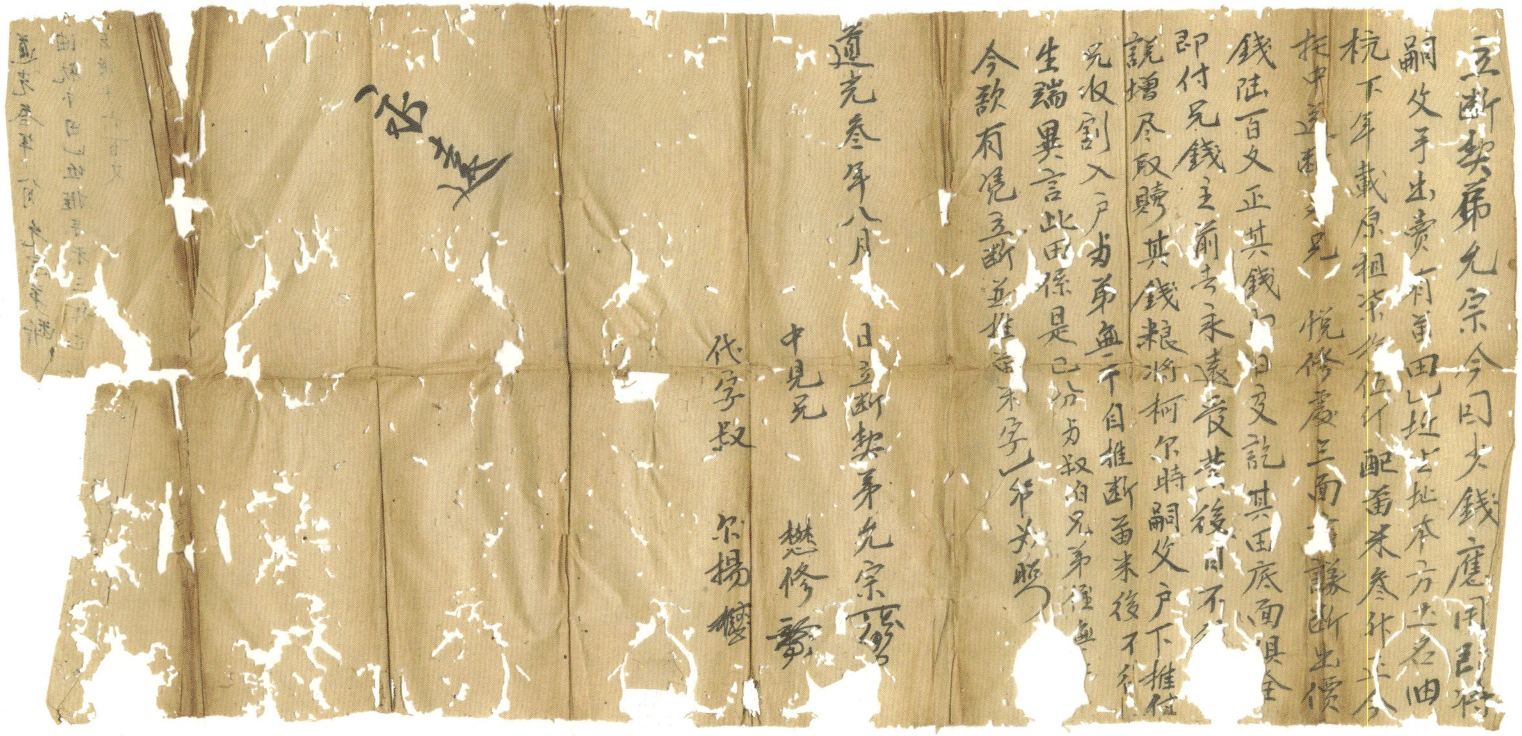

立斷契弟允宗，今因乏錢應用，自己有
嗣父手出賣有苗田，址坐土地本方，土名曲
杭下，年載原租谷伍什，配苗米叁升五合，
托中[illegible]兄[illegible]悅修處，三面[illegible]議斷出價
錢陸百文正。其錢[illegible]日交訖，其田底面俱全，
即付兄錢主前去永遠管業，其後日不[illegible]
說增盡取贖。其錢糧將柯尔時嗣父户下推付
兄收割入户，與弟無干。自推斷苗米後不[illegible]
生端異言。此田係是己份，與叔伯兄弟侄無干。
今欲有憑，立斷並推字一紙為照。

道光叁年八月　日立斷契弟允宗（押）

中見兄　懋修（押）

代字叔　尔揚（押）

2-1-15-4　清道光三年八月柯允宗立斷苗田契

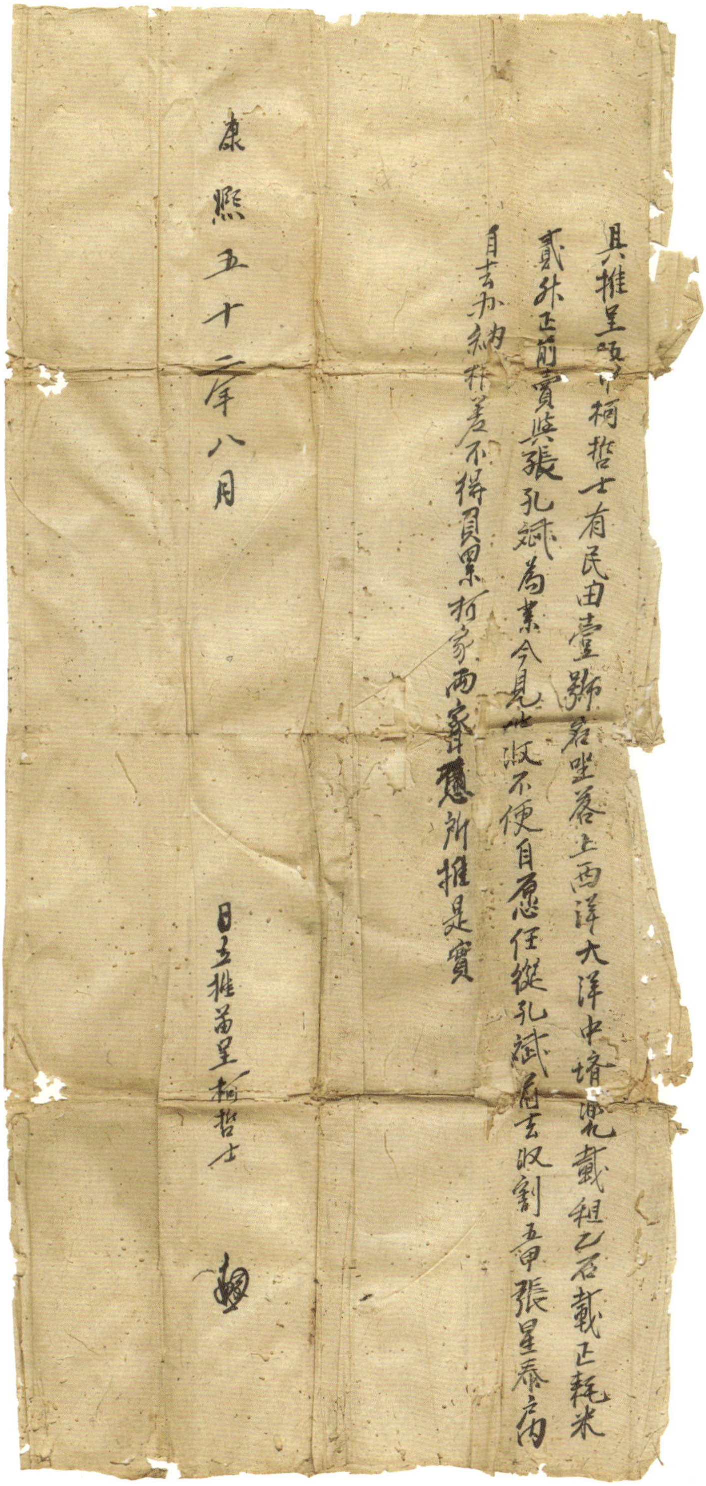
具推呈頂□柯哲士有民田壹號，坐落土名西洋大洋中墻乾，載租乙石，載正耗米貳升正，前賣與張孔斌為業。今見收□不便，自愿任從孔斌前去收割，五甲張星泰户自去办納，并差不得異累柯家。两家甘愿，所推是實。

康熙五十二年八月　日立推苗呈柯哲士（押）

2-1-16-1　清康熙五十二年八月柯哲士立推苗字

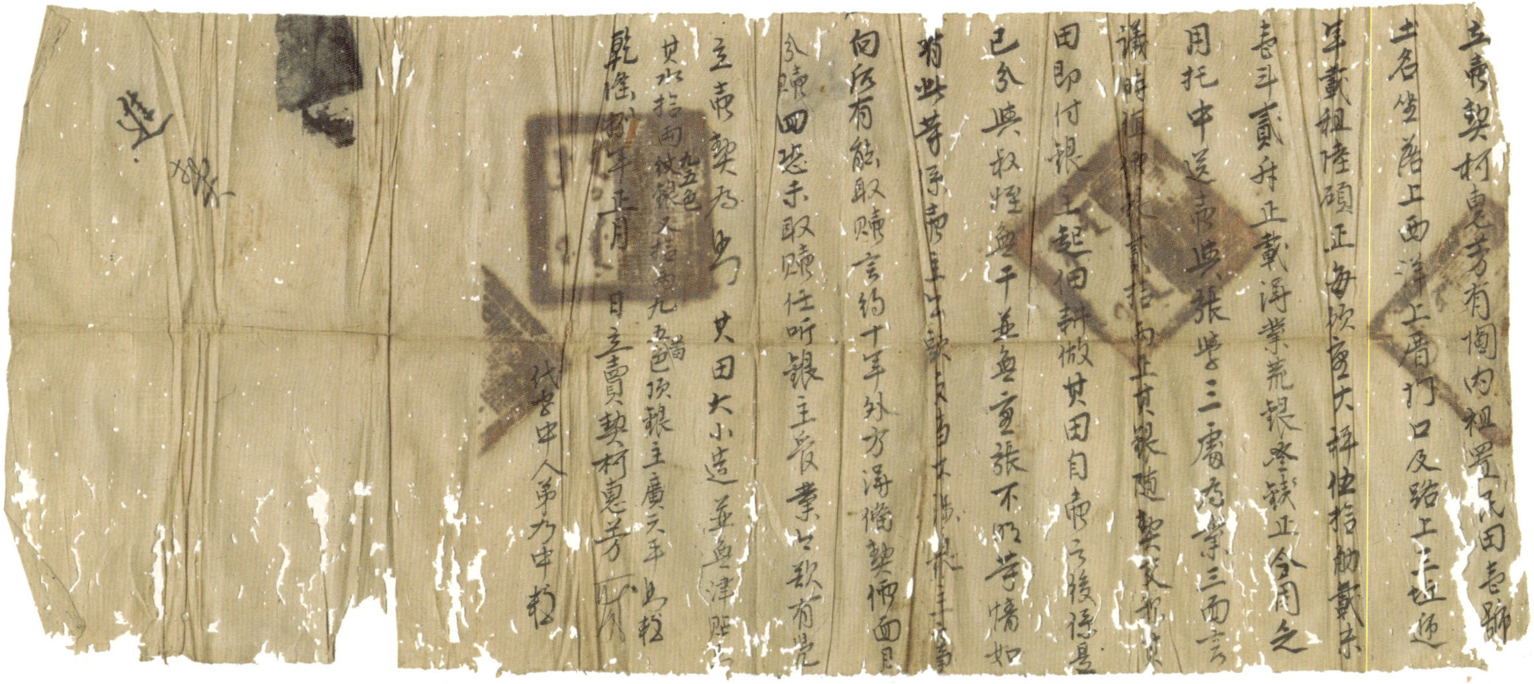

立賣契柯惠芳有鬮內祖置民田壹號
土名坐落上西洋上番打口及路上[illegible]邊
年載租陸碩正每碩受大秤伍拾觔載米
壹斗貳升正載得業荒銀叄錢正今因乏
用托中送賣與張學三處為業三面言
議時值價銀貳拾兩正其銀隨契交訖其
田即付銀主起佃耕收其田自賣之後係是
已分與叔侄兄弟無干並無重張不明等情如
有此等係賣[illegible]
向后有能取贖言約十年外方得備契價面見
取贖[illegible]恐未取贖任听銀主管業亦不敢有異
立賣契為照 其田大小[illegible]邊並無津貼[illegible]
其水指兩紋銀九五色又指兩九五色項銀主廣元手收訖
乾隆捌年正月 日立賣契柯惠芳（押）
代書中人弟為中（押）

2-1-16-2　清乾隆八年正月柯惠芳立賣民田契（紅契）

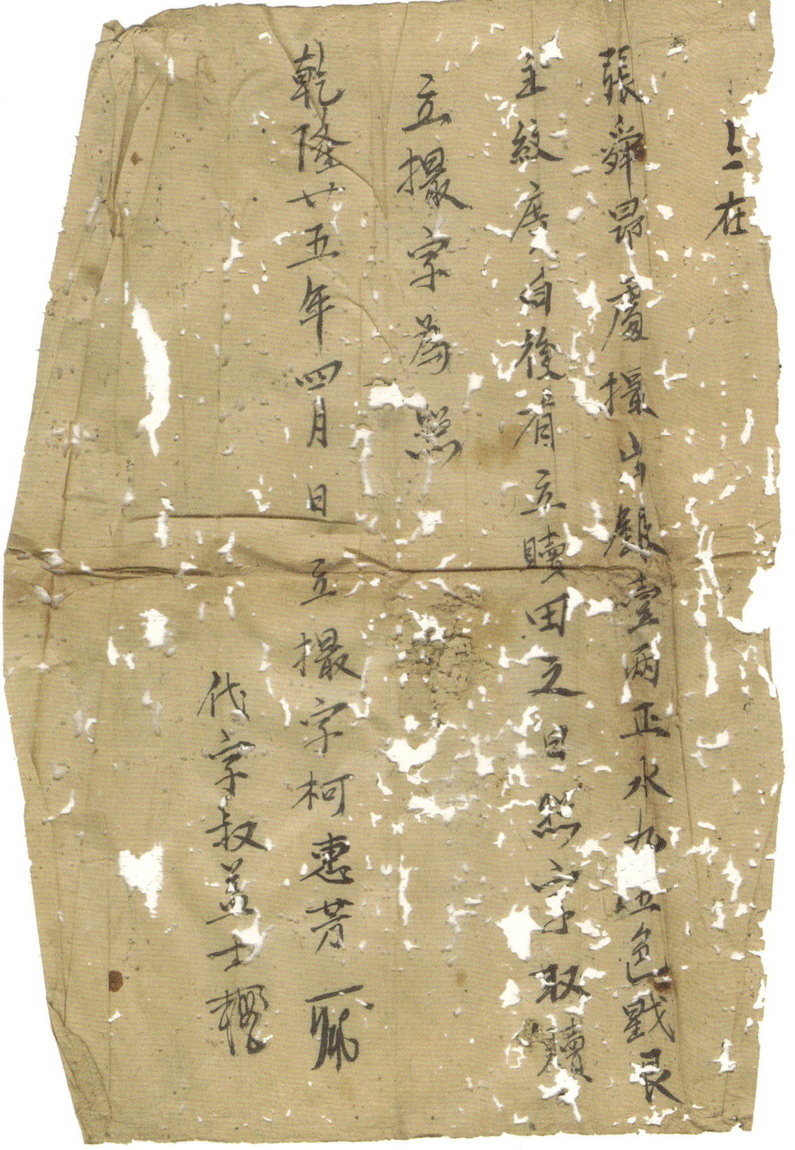
上在
張舜昂處撮出銀壹兩正水九五色戥足
全紋庚自後有立贖田之日照字取贖
立撮字為照
乾隆廿五年四月 日立撮字柯惠芳
代字叔益士

2-1-16-3 清乾隆二十五年四月柯惠芳立撮字

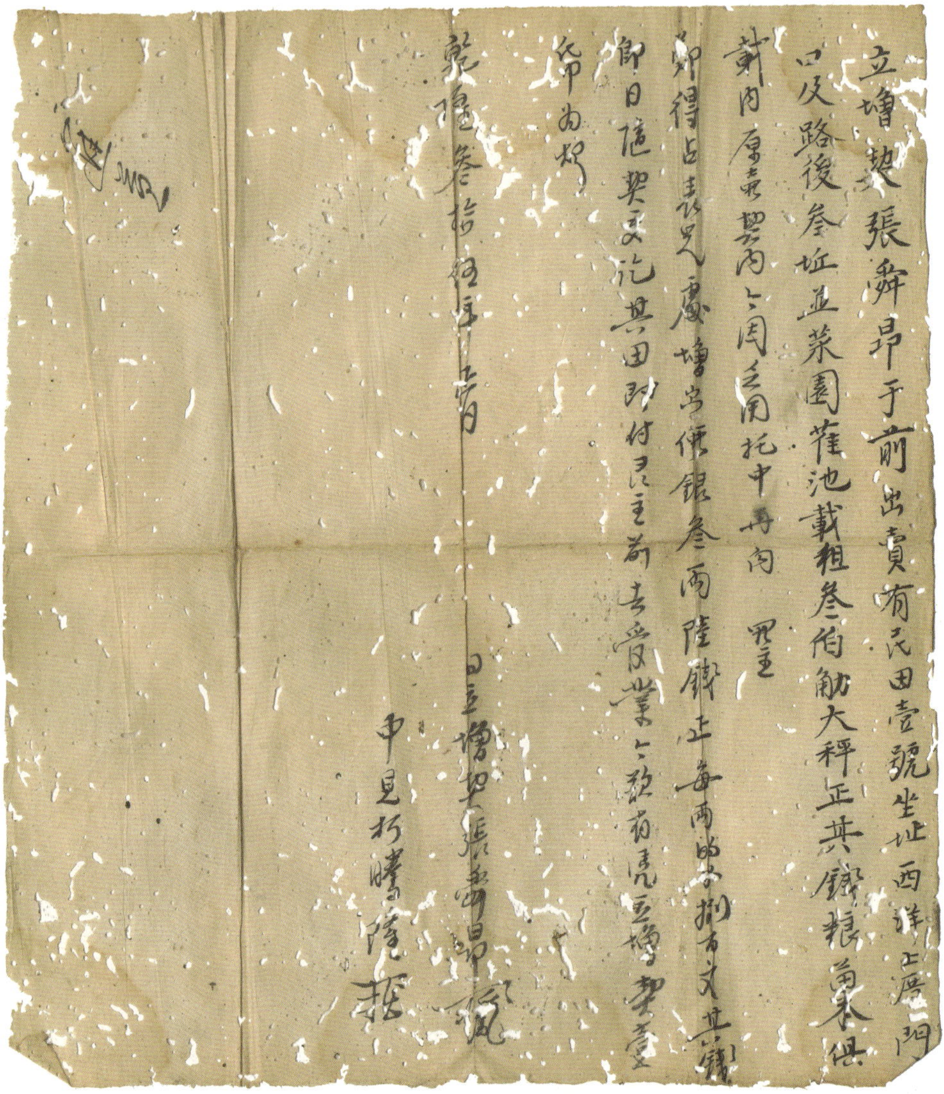
立增契人張舜昂，于前出賣有民田壹號，坐址西洋上厝門
口及路後叁坵並菜園窟池，載租叁佰觔大秤，正共錢糧
載內原契內之周全，周托中再向 畢至
邊得主表兄處增出價銀叁兩陸錢正，每兩照捌分文庫平
即日隨契交訖，其田聽付銀主前去管業，不敢再言增，契壹
紙為炤。
乾隆叁拾伍年正月 日立增契人張舜昂（押）
中見 杉曠隆（押）

2-1-16-4　清乾隆三十五年正月張舜昂立增民田契

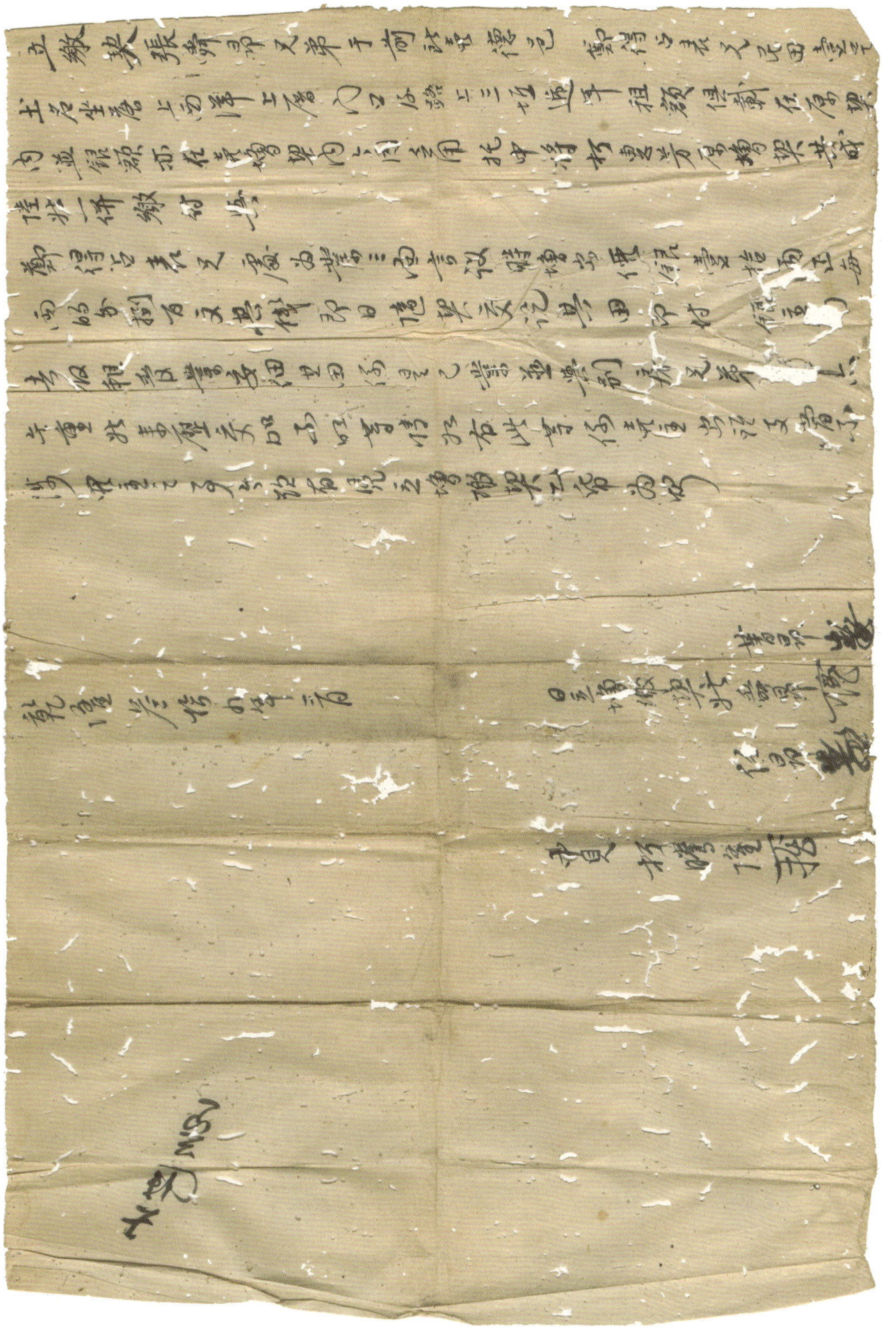

2-1-16-5　清乾隆三十九年三月張舜昂等立繳民田契

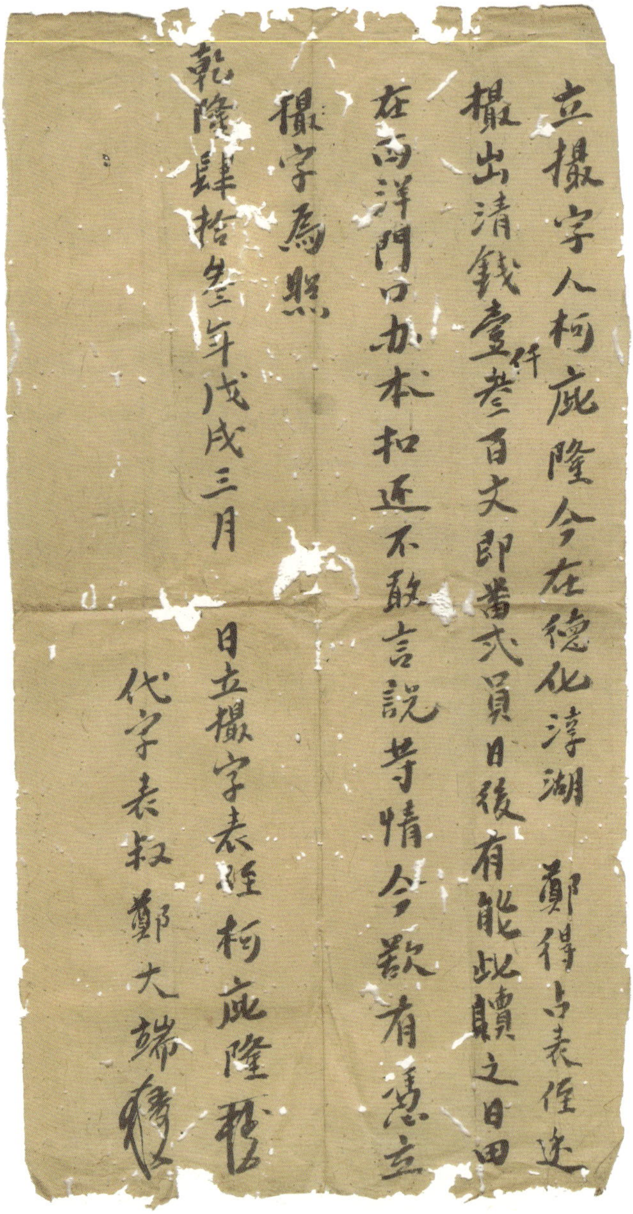

立撮字人柯庇隆今在德化淳湖 鄭得占表侄边
撮出清錢壹仟叁百文即當弍員日後有能此贖之日田
在西洋門口加本扣还不敢言說等情今欲有憑立
撮字為照
乾隆肆拾叁年戊戌三月 日立撮字表侄柯庇隆（押）
代字表叔鄭大端（押）

2-1-16-6　清乾隆四十三年三月柯庇隆立撮字

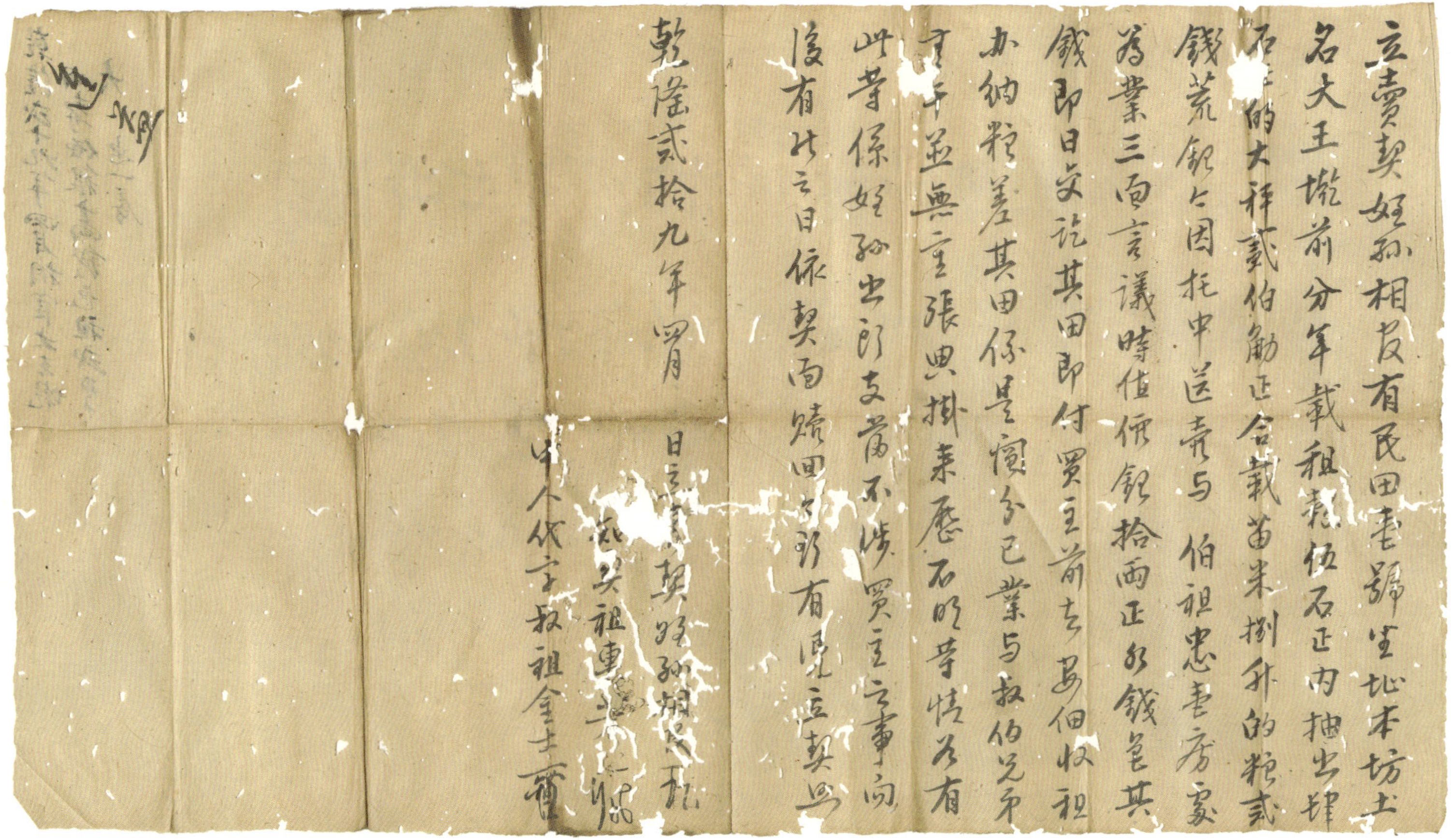

立賣契姪孫相官有民田壹號坐址本坊土
名大王墩前分年載租老伍石正内抽出肆
石的大秤貳伯觔正合載苗米捌升的粮貳
錢荒銀七因托中送賣与　伯祖忠壹房家
為業三面言議時值價銀拾兩正分錢邑其
錢即日交訖其田即付買主前去召佃收租
办納粮差其田係是闔分已業与叔伯兄弟
事干並無重張典掛來歷不明等情為有
此等係姪孫出頭支當不涉買主之事向
後有力之日依契面贖回不許有遲立契為

乾隆貳拾玖年四月　　日立賣契姪孫相官（押）
在見叔祖連□（押）
中人代字叔祖金土（押）

2-1-17-1　清乾隆二十九年四月柯相官立賣民田契

立賣契本家姪孫承相今因乏粮日食將有闔分民田
壹號坐産本地方土名大王墘前分及秧壙埕坑坂仔共
載租穀貳百伍拾觔租秤于前抽出貳百觔租秤出賣
與伯祖忠一房為業今坑坂仔及秧壙山埕載租伍拾觔
祖秤載米貳升載粮伍分荒再托中送賣與伯祖忠一房
為業三面言議時值價銀貳兩伍錢正的時價錢貳付文
正其銀即日交足其田即付伯祖前去管業安佃收租其田
係是已分與親房伯叔兄弟無干並無重張典當來歷不明
等情如有此等係姪孫出頭支當不干伯祖之事有能之日
備銀依契價取贖者聽今欲有憑立賣契一紙為照
乾隆叁拾叁年六月　日立賣契姪孫承相（押）
知契母蔡氏（押）
在見伯岐陞（押）
中人曾叔蓋士（押）
代字張菁昂（押）

立承佃姪孫承相今因少田耕種就在
伯祖忠一房處承出民田壹號坐産本地方土名大王墘坑坂仔及秧壙山
埕年載租穀伍拾觔租秤承來耕種逐年不拘豐損至冬備办乾淨好
穀送倉交納明白不敢拖欠觔兩及拋荒私根等情如有此等其田
甘付伯祖另佃起耕不敢藉親留執其田戊子年批起十年爲滿
另行再議其批礼逐年弍分將得業照扣立承字為照
乾隆叁拾叁年六月　日立承佃字姪孫承相（押）

2–1–17–2　清乾隆三十三年六月柯承相立賣民田契

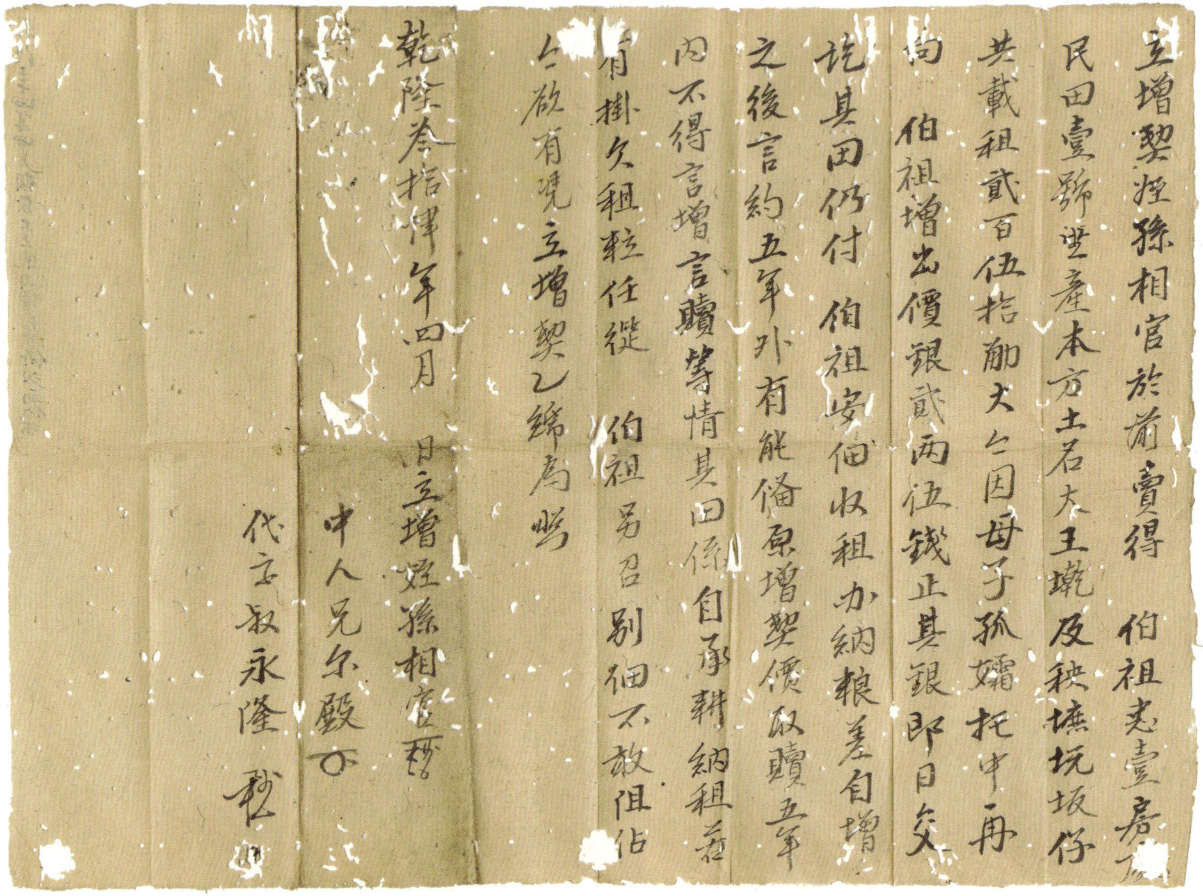
立增契侄孫相官於前賣得　伯祖老壹房
民田壹號坐產本方土名大王墘及秧墘坑坂仔
共載租貳百伍拾觔大　因母子孤孀托中再
向　伯祖增出價銀貳兩伍錢正其銀即日交
訖其田仍付　伯祖安佃收租办納粮差自增
之後言約五年外有能備原增契價取贖五年
內不得言增言贖等情其田係自承耕納租若
有掛欠租粒任從　伯祖另召別佃不敢阻佔
今欲有憑立增契乙紙為照
乾隆叁拾肆年四月　日立增侄孫相官（押）
中人兄尔殿（押）
代字叔永隆（押）

2-1-17-3　清乾隆三十四年四月柯相官立增民田契

立增契侄承相，今因無銀應用，甘將祖有
民田坐址前，尹壹畝七分，已見契價，未足，已托中
再向伯增出價艮肆兩伍錢正，其艮即日交
訖，其田土名首米，租額具載原契內，自增之
後，並不敢再言增找等情。自後有能言不在
[illegible]依[illegible]契[illegible]依有[illegible]立增契
為照。其田坐址[illegible]
乾隆卅柒年十二月　日立增契侄承相
在見叔祖隆
代字叔祖世[illegible]

2-1-17-4　清乾隆三十七年十二月柯承相立增民田契

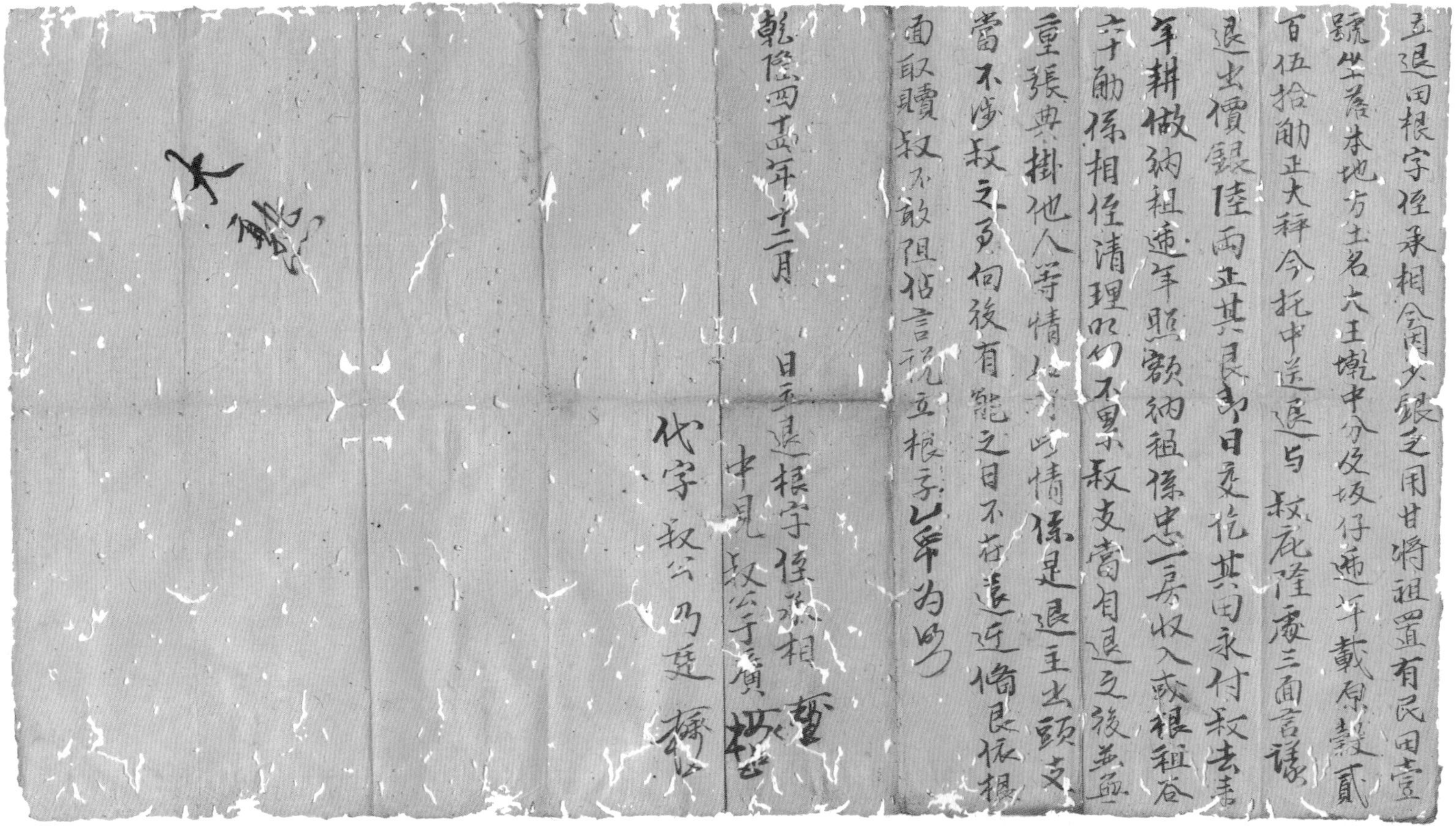

立退田根字侄承相，今因乏銀乏用，甘將祖置有民田壹號，坐落本地，方土名六王墘中分反坂仔，逓年載原穀貳百伍拾觔正，大秤。今托中送退与叔庇隆處，三面言議退出價銀陸兩正。其艮即日交訖，其田永付叔去耒年耕做納租，逓年照額納租係忠一房收入。或根租谷六十觔，係相侄清理，以力不累叔支當。自退之後，並無重張典掛他人等情，如有此情，係是退主出頭支當，不涉叔之事。向後有能之日，不拘遠近，備艮依根面取贖，叔不敢阻。恐言無憑，立退根字為照。

乾隆四十四年十二月　日立退根字侄承相（押）
中見叔公子貢（押）
代字叔公乃廷（押）

2-1-17-5　清乾隆四十四年十二月柯承相立退民田根字

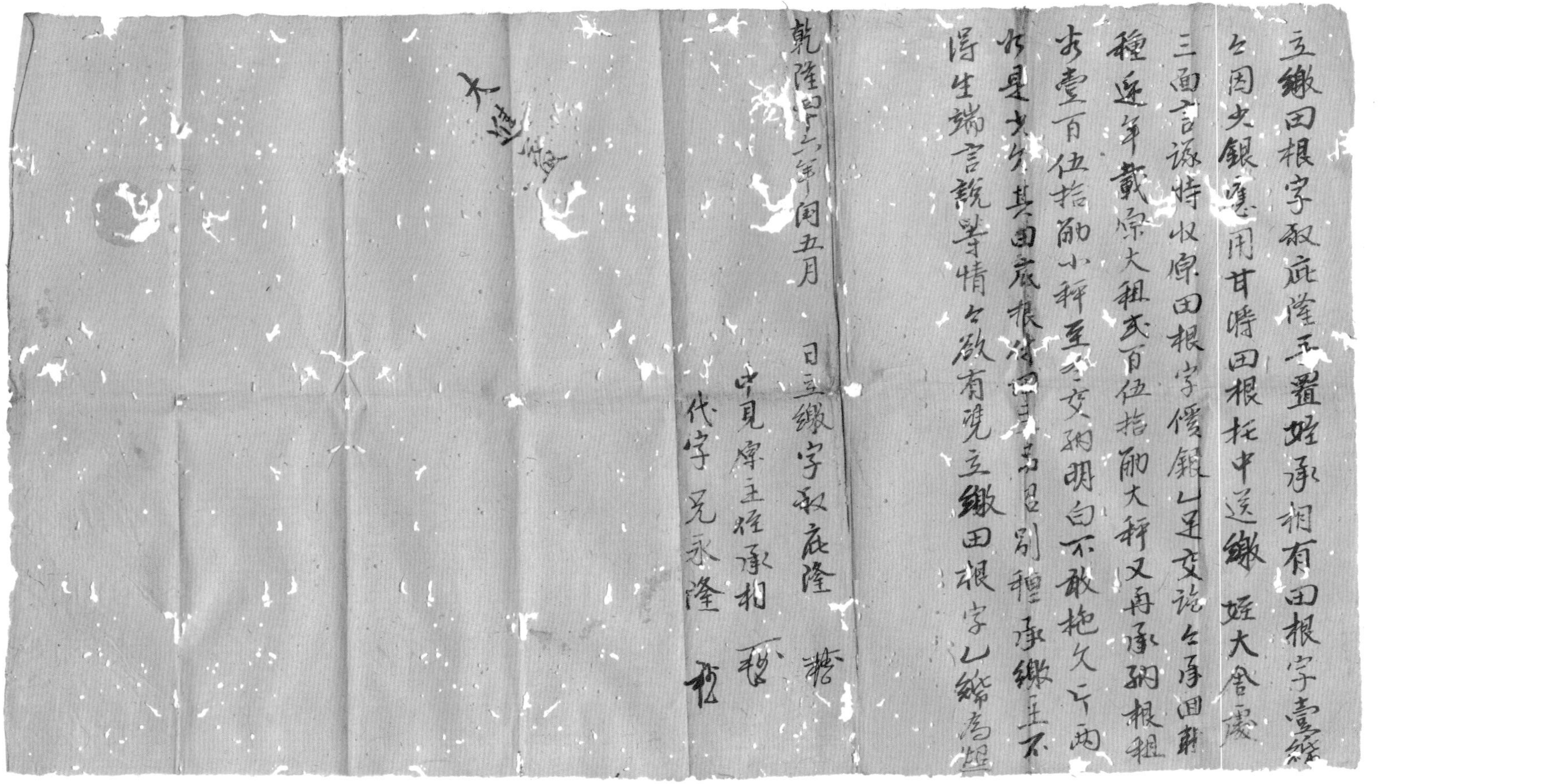
立繳田根字叔庇隆，手置姪承相有田根字壹紙，
今因乏銀應用，甘將田根托中送繳　姪大倉處，
三面言議，時收原田根字價銀[illegible]足交訖。今將田
種逐年載原大租弍百伍拾觔大秤，又再承納根租
共壹百伍拾觔小秤，至冬交納明白，不敢拖欠斤兩。
此是本分，其田底根係四至各照別種承繳，日後不
得生端言說等情。今欲有憑，立繳田根字一紙為照。
乾隆四十六年閏五月　日立繳字叔庇隆（押）
中見原主姪承相（押）
代字兄永隆（押）

2-1-17-6　清乾隆四十六年閏五月柯庇隆立繳田根字

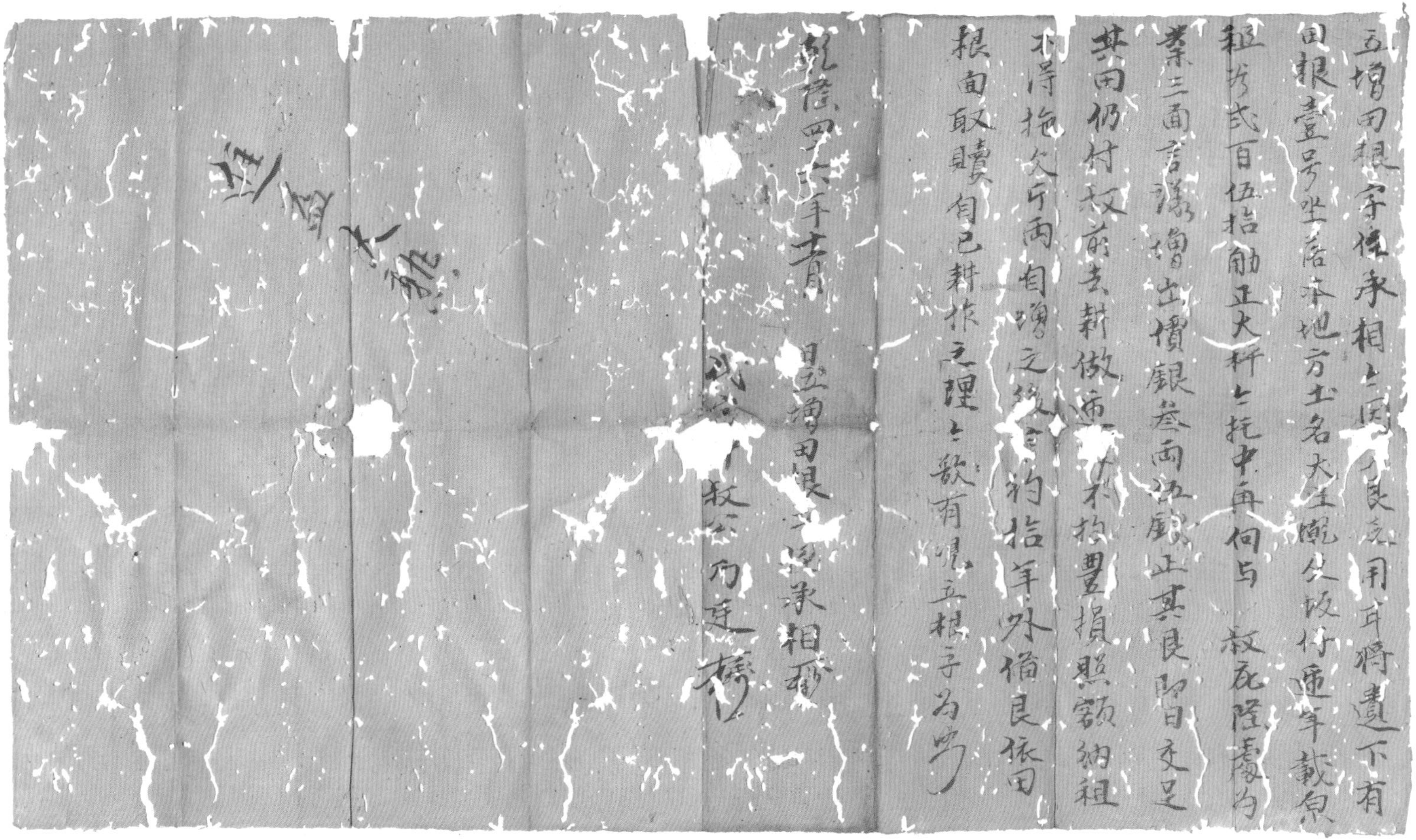

2-1-17-7　清乾隆四十六年十一月柯承相立增田根字

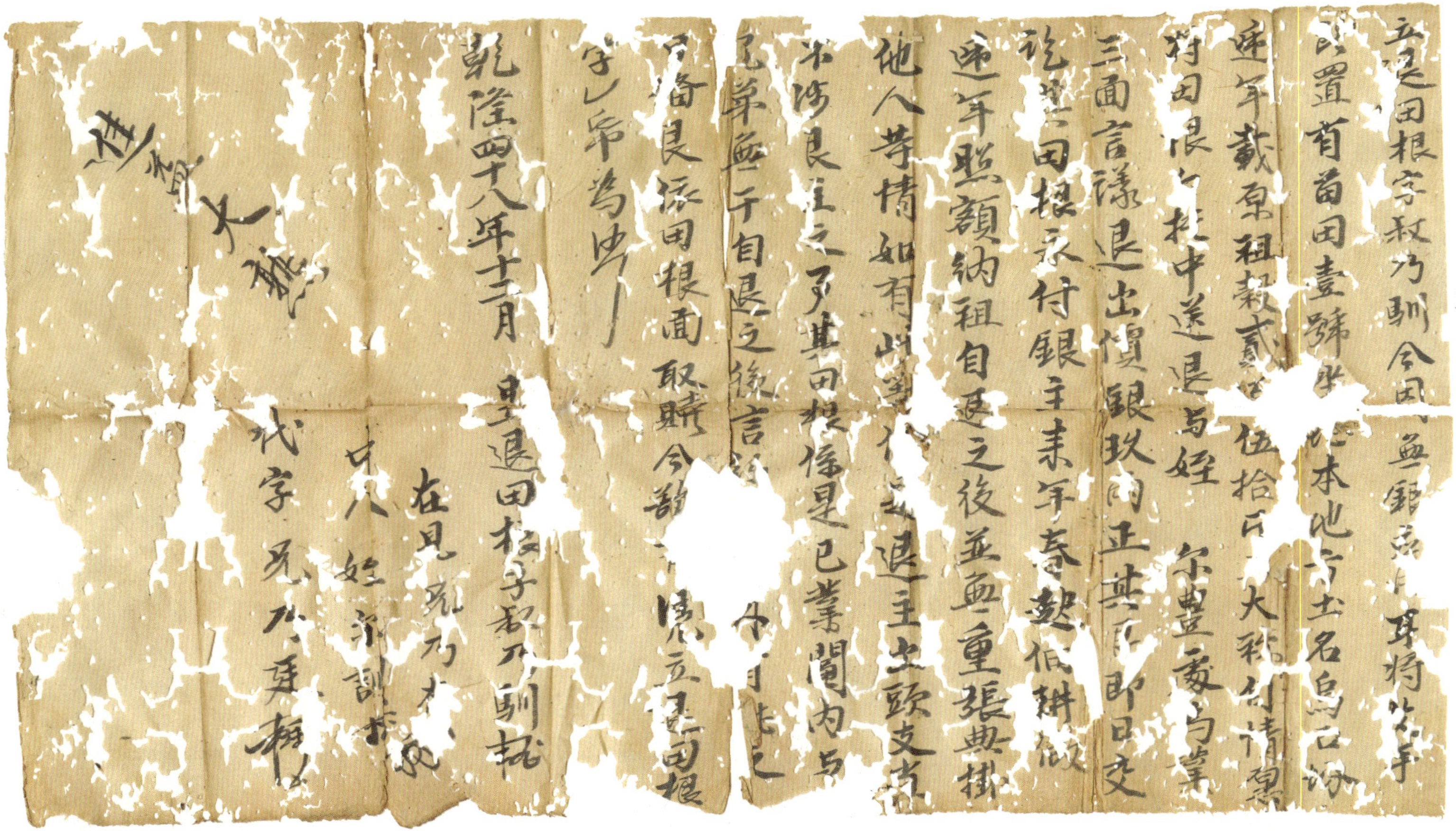
立退田根字叔乃馴，今因無銀□□，將分手
所置首苗田壹號，坐□本地□土名烏石□
逐年載粟租穀貳□伍拾斤大秤，□□情愿
將田根□托中送退与侄宗豊爲業。
三面言議，退出價銀玖兩正，其□即日交
訖，其田根永付銀主耒年春□□佃耕□
逐年照額納租，自退之後，並無重張典掛
他人等情，如有此□□退主出頭支當，
不涉銀主之事。其田根係是己業，闔內与
兄弟無干。自退之後，言□□□□自□之
□，恐□退田根面取贖，今欲有憑，立退田根
字一帋爲照。
乾隆四十八年十二月 日 立退田根字叔乃馴
在見兄乃□
中人 侄□訓
代字 兄乃廷
□□大發

2-1-17-8　清乾隆四十八年十二月柯乃馴立退田根字

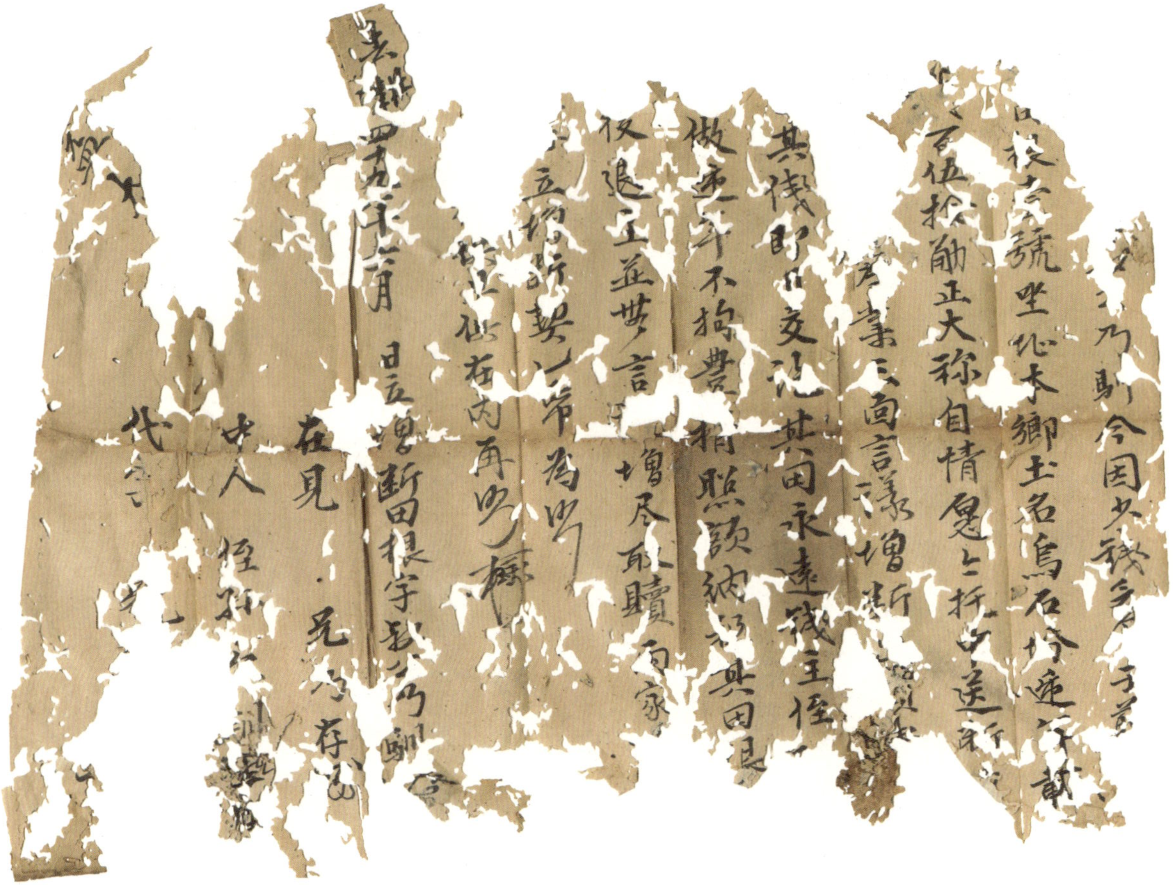

2-1-17-9 清乾隆四十九年六月柯乃馴立增斷田根字

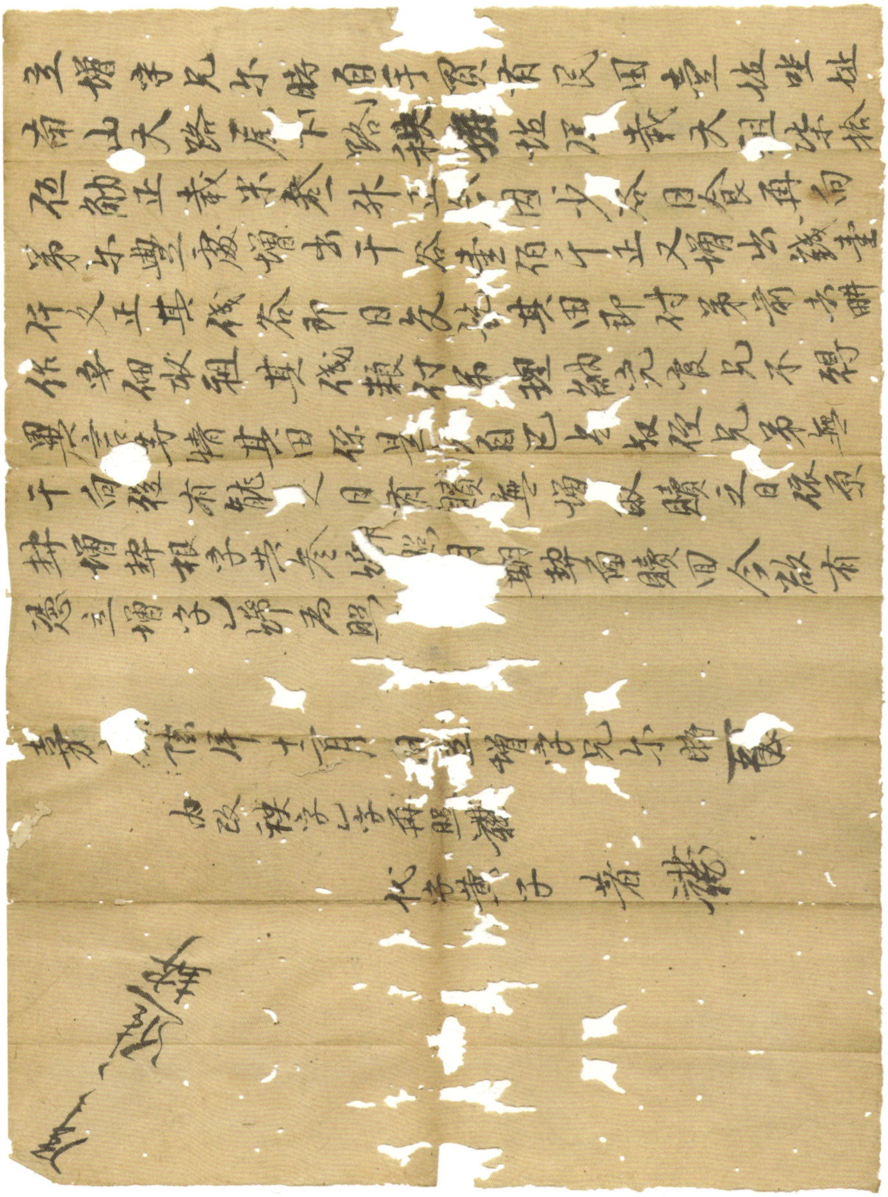

2–1–17–10　清嘉慶六年十二月柯尔時立增民田字

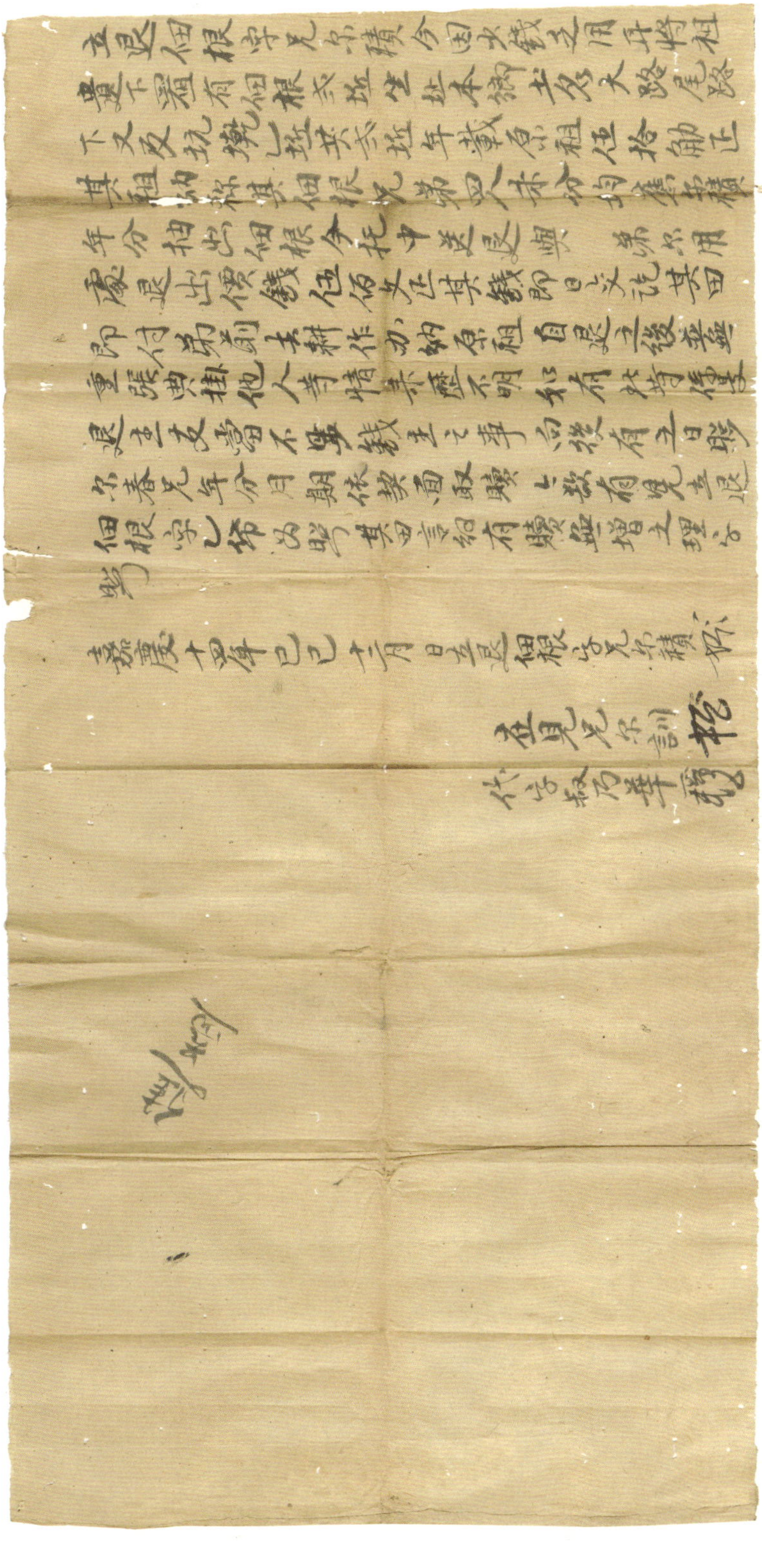
立退佃根字人柯尔積，今因乏錢之用，再將相
遺下買過有佃根壹址，坐址本鄉土名大路尾路
下又及坑墘一址，共壹址，年載谷小租伍拾觔正，
其租納柯衍，將其佃根兄弟四人未分，均分尔積
年分，抽出佃根，今托中送退與　弟尔用
處，退出價錢伍佰文正，其錢即日仝交訖，其田
即付弟前去耕作功納本租，自退之後無
重張典掛他人等情，來歷不明，係積有外等情，
退主支當，不涉錢主之事，兩從有之日聘，
尔春兄年分月期依契面取贖，ㄟ數相見，立退
佃根字乙紙為照，其田言約有贖無增之理，ㄟ
照。

嘉慶十四年己巳十二月　日立退佃根字兄尔積（押）

在見兄尔訓（押）

代字叔乃華（押）

2-1-17-11　清嘉慶十四年十二月柯尔積立退佃根字

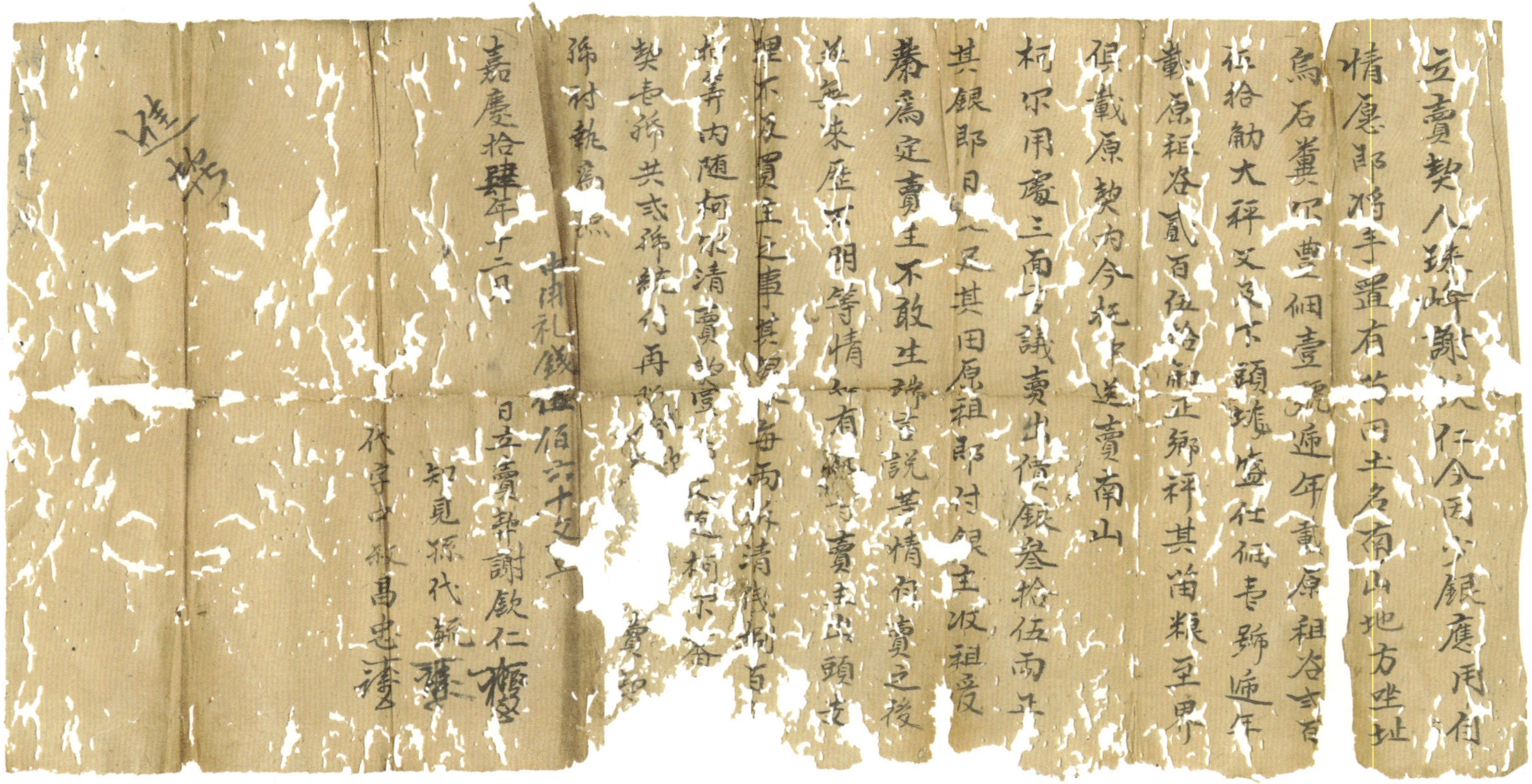

2-1-17-12　清嘉慶十四年十二月謝欽仁立賣苗田契

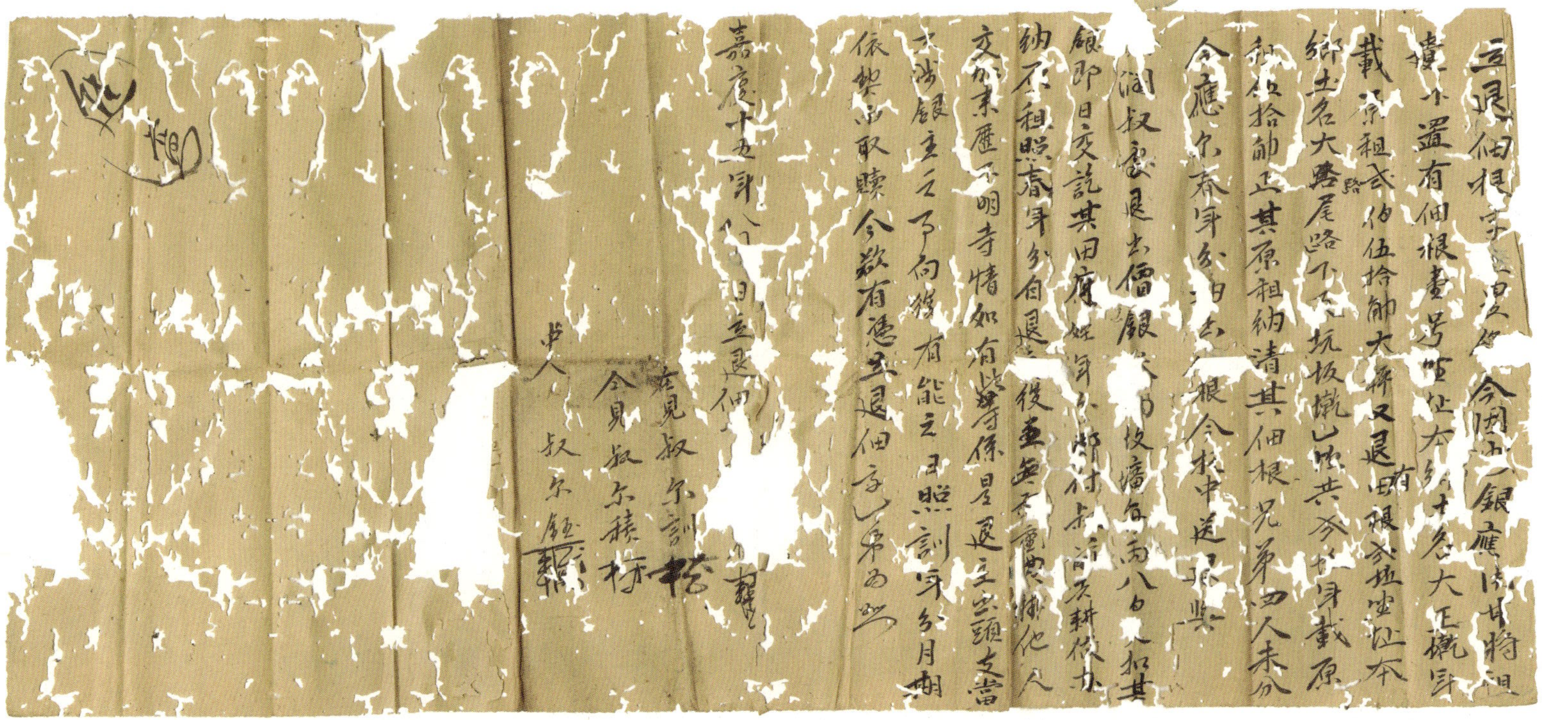

立退佃根字[illegible]今因[illegible]銀應用，將祖
遺下置有佃根壹号，坐址本鄉[illegible]名大丘墘，
載[illegible]租弍伯伍拾觔大秤，又退佃根，坐址本
鄉土名大碁路尾路下[illegible]坑坂墘山[illegible]，共[illegible]年載原
[illegible]伍拾觔正，其原租納清。其佃根兄弟四人未分，
今應分本春年分[illegible]根，今托中送[illegible]
[illegible]閏叔處退出價銀[illegible]八[illegible]如其
銀即日交訖，其田[illegible]年[illegible]付[illegible]耕作
納[illegible]租照春年分自退[illegible]後，並無[illegible]他人
交加，來歷不明等情，如有此等，係是退主出頭支當，
不涉銀主之事。向後有能之日，照訖年分月期
依契[illegible]取贖。今欲有憑，立退佃字一紙為照。
嘉慶十五年八月[illegible]日立退佃[illegible]
在見叔[illegible]訓
[illegible]見叔[illegible]積
中人　叔[illegible]

2-1-17-13　清嘉慶十五年八月柯豐脩立退佃根字

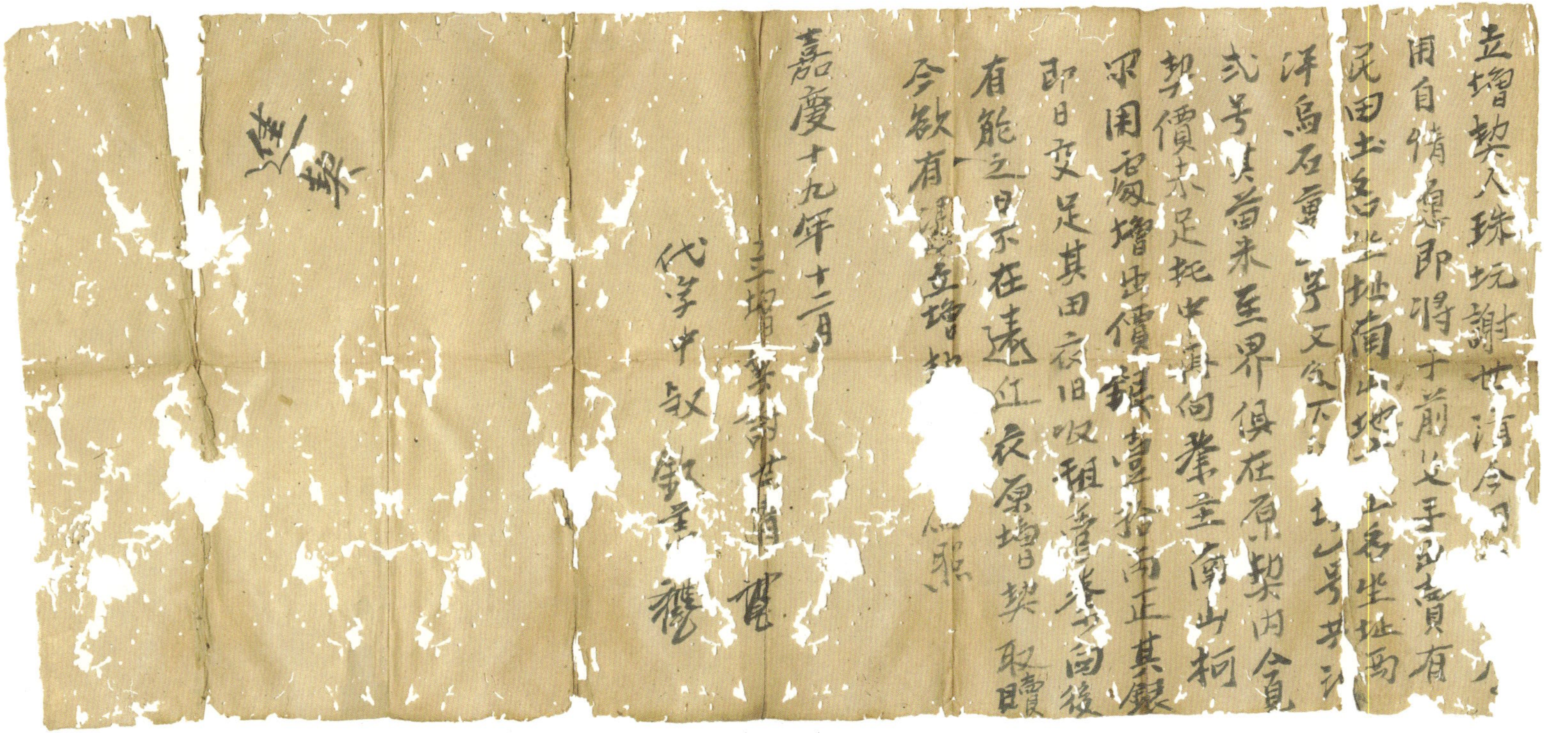
立增契人珠坑謝世清今因[illegible]
用自備[illegible]即得[illegible]前[illegible]父手置買有
民田[illegible]坐址南山[illegible]土名坐址馬
洋烏石[illegible]字[illegible]號共計
弍号其苗米至界俱在原契内[illegible]
契價未足托中再向峯主南山柯
[illegible]增出價錢[illegible]正其錢
即日交足其田依旧收租管業[illegible]向後
有能之日不在遠近依原增契取贖
今欲有憑立增契[illegible]照
嘉慶十九年十二月　日立增契人謝世清
代字中叔　欽[illegible]

2-1-17-14　清嘉慶十九年十二月謝世清立增民田契

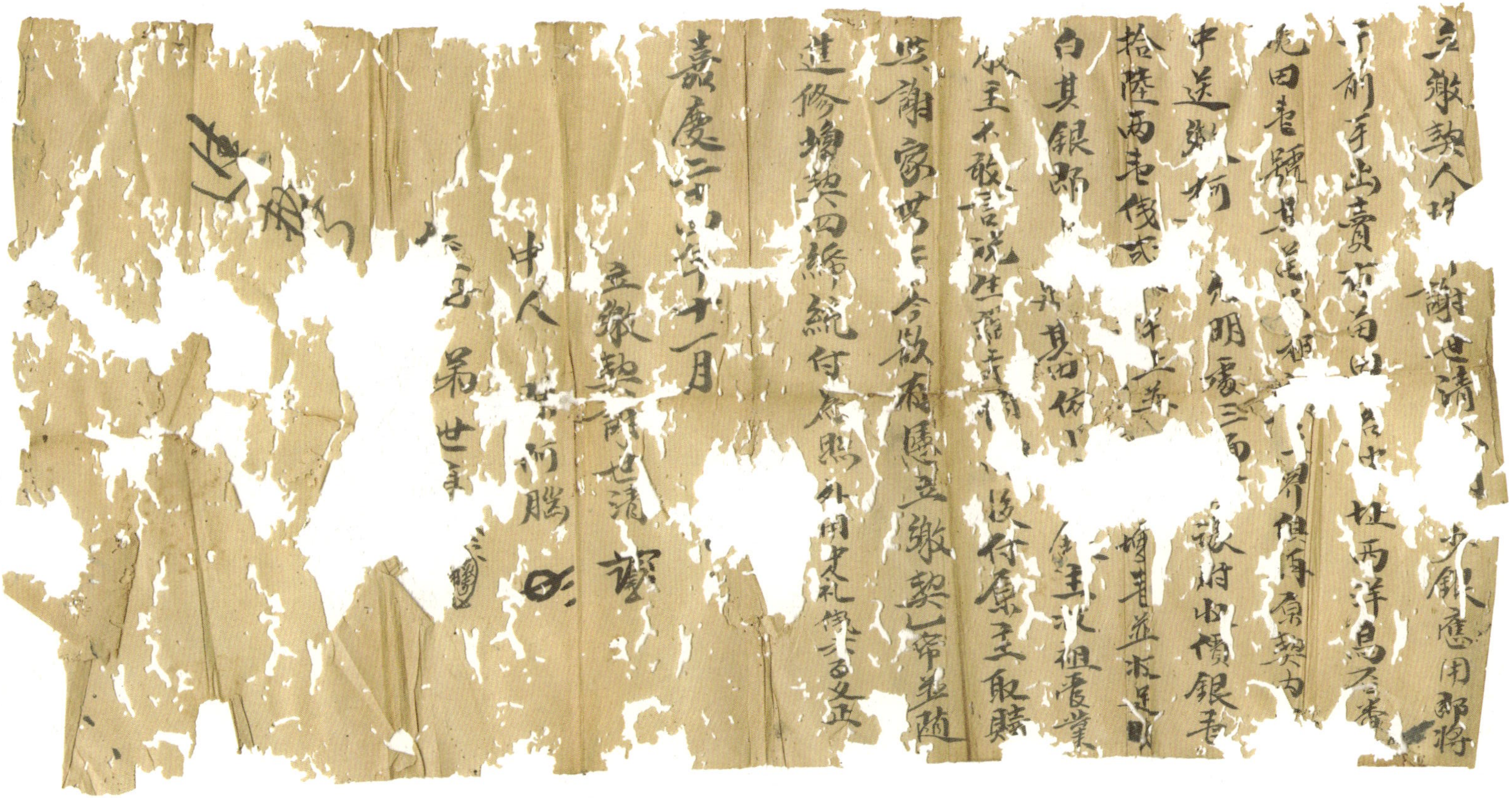
立繳契人[illegible]謝世清，[illegible]少銀應用，即將
[illegible]前手出賣苗田[illegible]址丙洋烏石[illegible]
苗田壹號，其[illegible]界俱有原契內
中送與柯[illegible]明處三面[illegible]議付出價銀壹
拾陸兩壹錢貳[illegible]年上[illegible]博耆並收足明
白，其銀即[illegible]其田依[illegible]任主收租管業
[illegible]主不敢言說生端[illegible]日後付原主取贖
與謝家無干。今欲有憑，立繳契一紙，並隨
進修增契四紙繳付為照。外用史礼錢[illegible]文正。
嘉慶二十四年十一月　日立繳契謝世清（押）
中人　[illegible]柯[illegible]騰（押）
[illegible]　弟世年（押）

2-1-17-15　清嘉慶二十四年十一月謝世清立繳苗田契

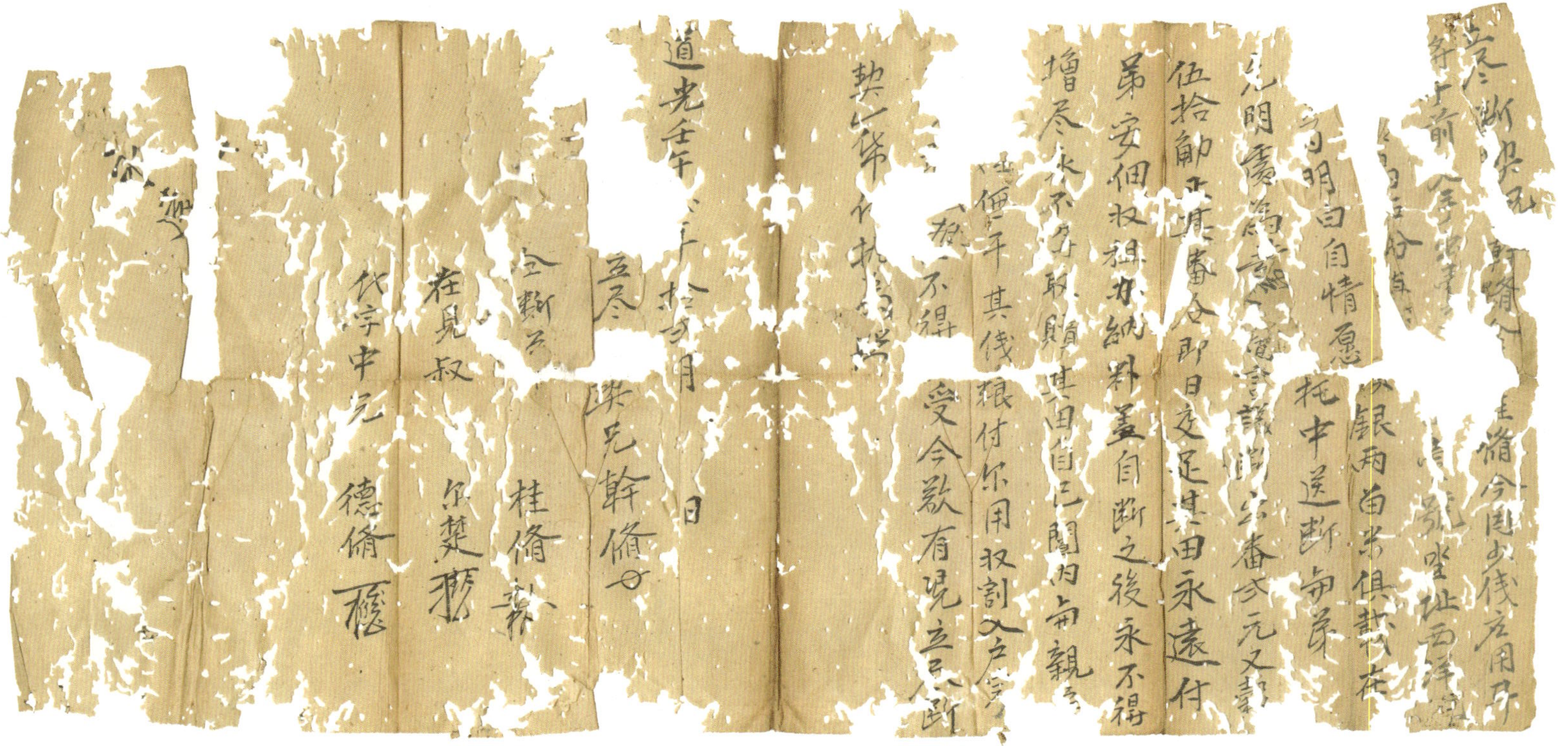

2-1-17-16　清道光二年十二月柯幹脩等立盡斷田契

2-1-17-17 清道光五年五月柯灼脩立退佃根字

2-1-17-18　清道光八年十二月張國經等立繳賣斷民田契

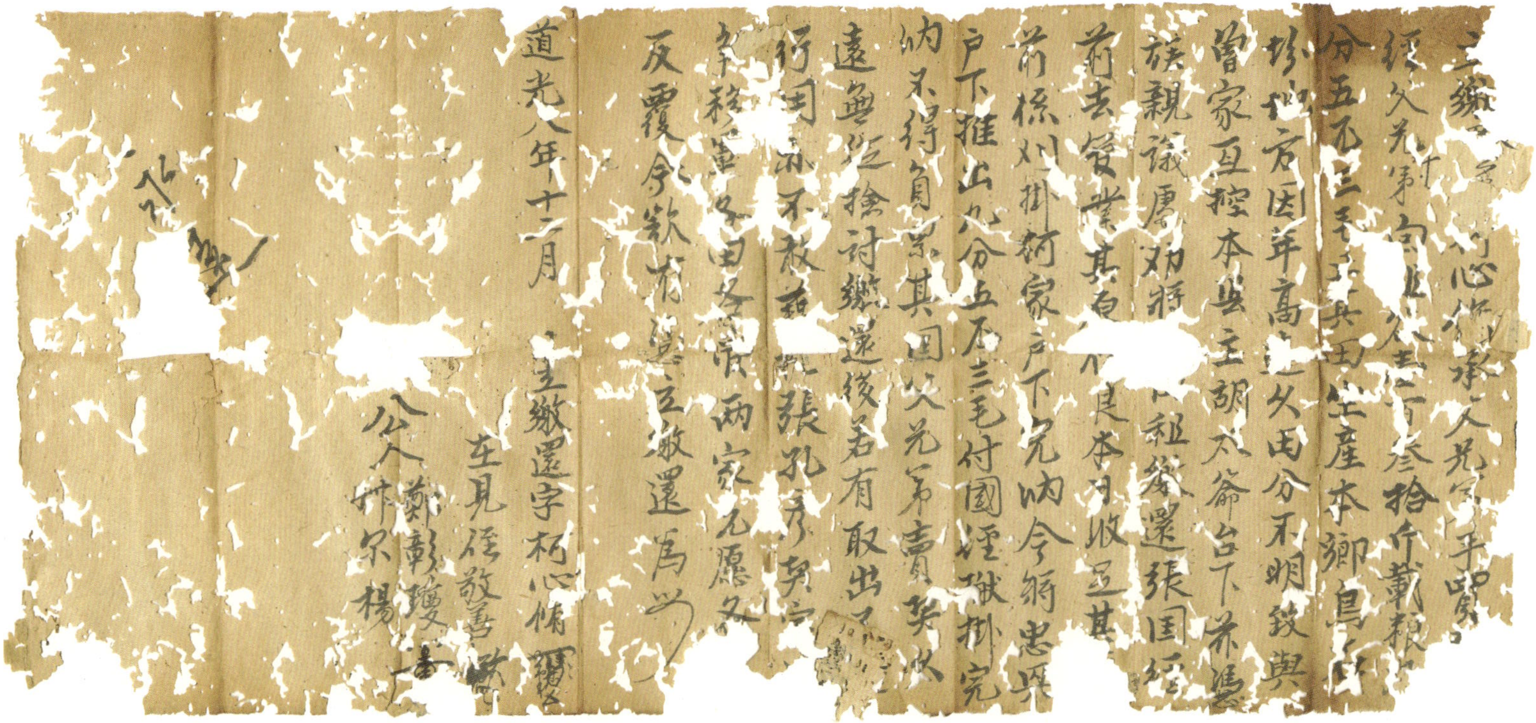

2-1-17-19　清道光八年十二月柯心脩立繳還田租字

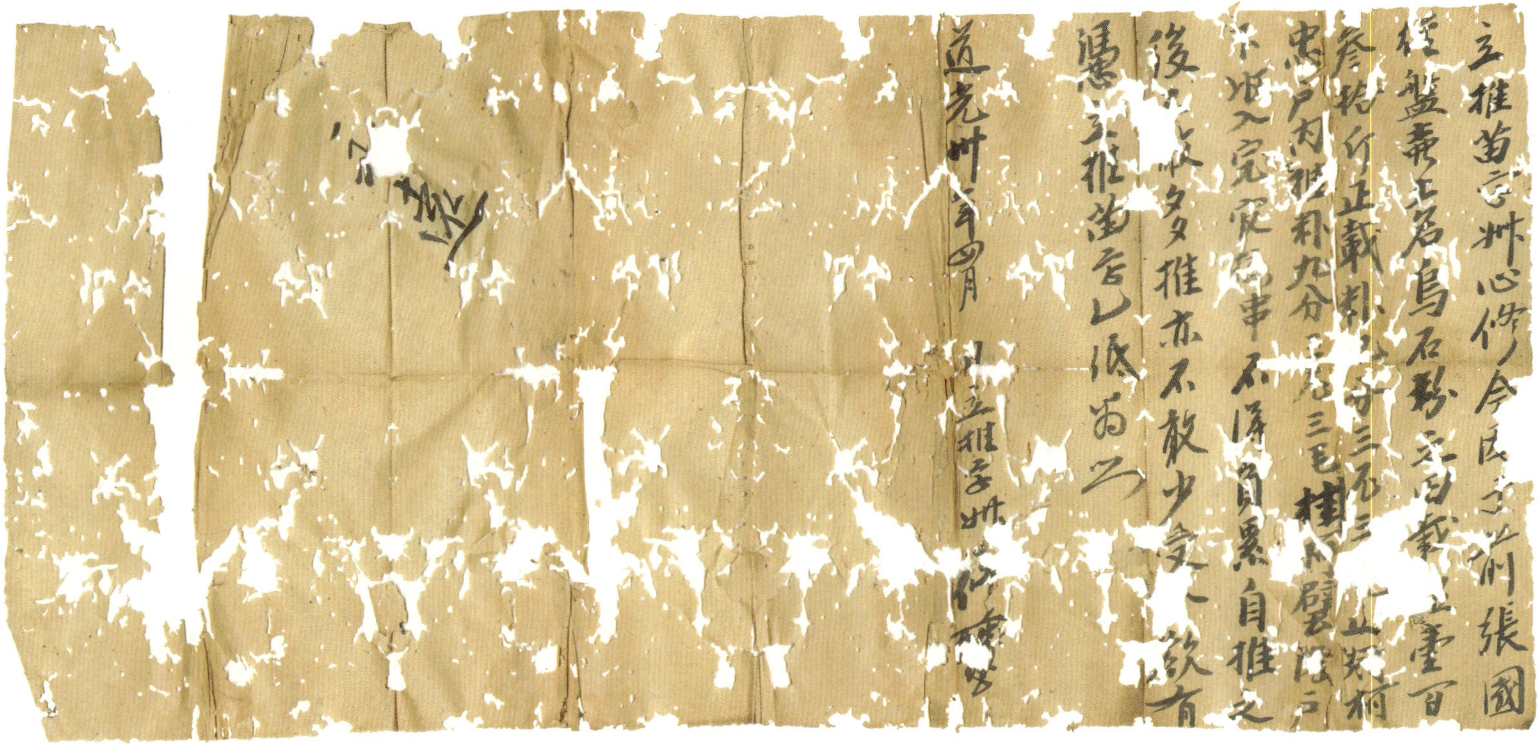

立推苗字柯心修，今因[illegible]州張國
程盤壽土名烏石[illegible]載[illegible]壹百
叁拾斤正載粮[illegible]分三[illegible]正契柯
忠户内推出粮九分三[illegible]三毛[illegible]户
下收入完官[illegible]事不得[illegible]累自推之
後[illegible]多推亦不敢少受[illegible]欲有
憑立推苗字山紙為照。
道光卅年四月 日立推字柯[illegible]

2-1-17-20　清道光三十年四月柯心修立推苗字

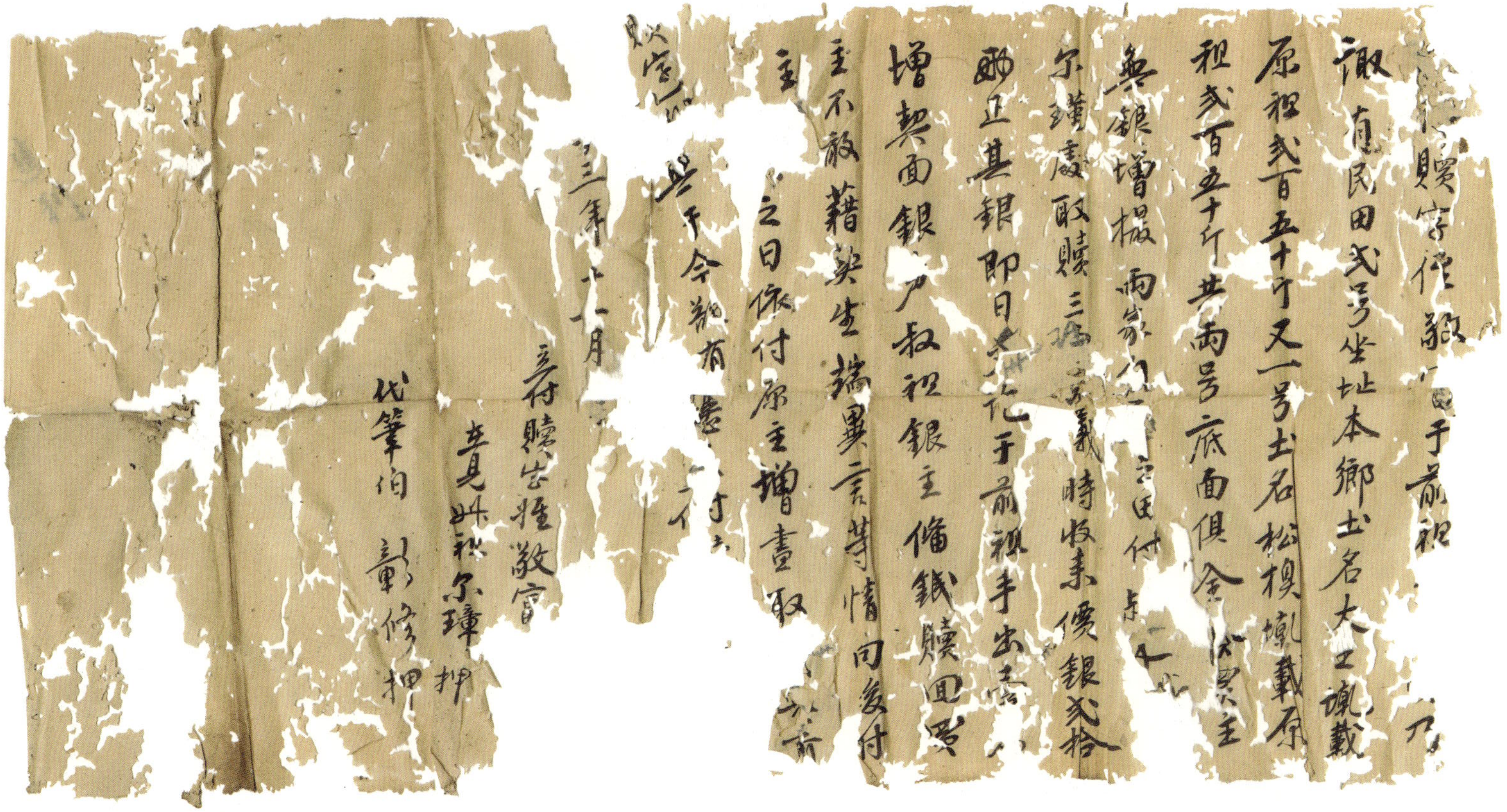

2-1-17-21　清柯敬富立付贖民田字

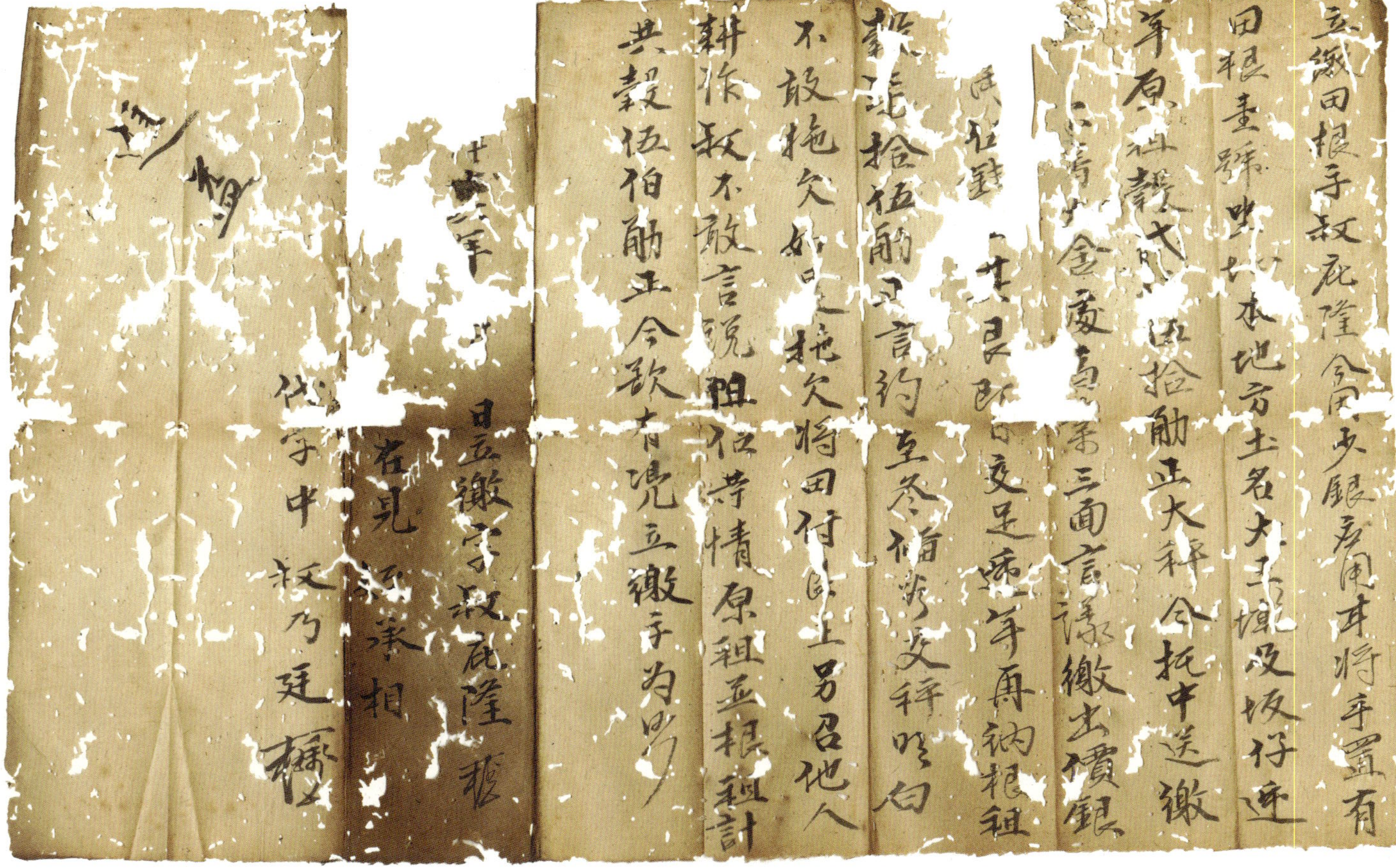
立繳田根手叔庇隆，今因乏銀費用，甘將手置有
田根壹號，坐落本地方土名大[illegible]坂仔逕
[illegible]年原租穀七[illegible]拾觔正，大秤，今托中送繳
[illegible]金處[illegible]三面言議繳出價銀
[illegible]交足，其年再納根租
穀[illegible]拾伍觔正，言約至冬[illegible]交秤[illegible]白
不敢拖欠，如[illegible]拖欠，將田付[illegible]上，另召他人
耕作，叔不敢言說。但[illegible]情原租並根租計
共穀伍伯觔正。今欲有憑，立繳字為照。

[illegible]年[illegible]日立繳字叔庇隆（押）
在見[illegible]　相
代字中　叔乃廷（押）

2-1-17-22　清柯庇隆立繳田根字

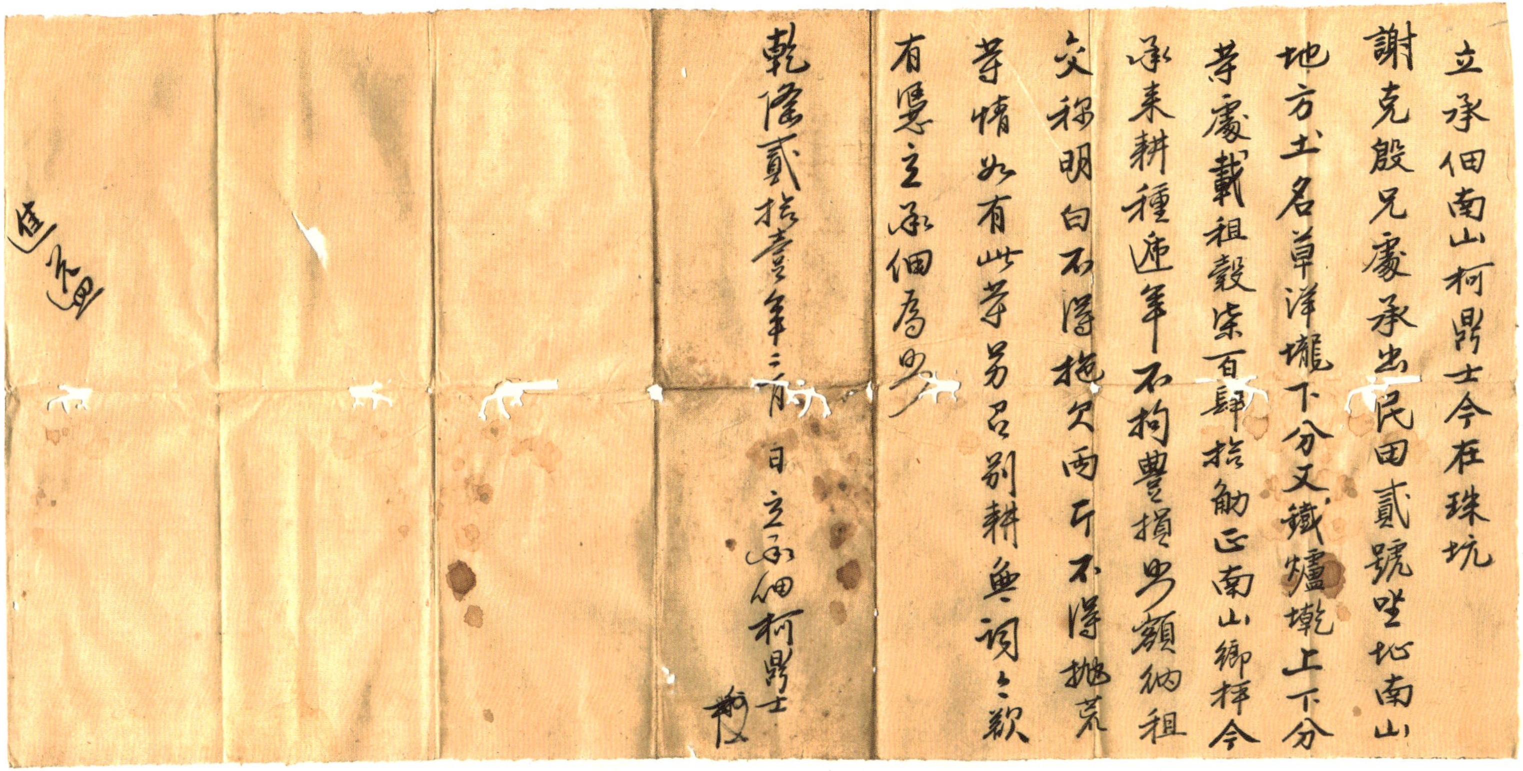
立承佃南山柯鼎士今在珠坑
謝克殷兄處承出民田貳號坐址南山
地方土名草洋壠下分又鐵爐墘上下分
等處載租穀柴百肆拾觔正南山鄉秤今
承來耕種逐年不拘豐損照額納租
交稱明白不得拖欠兩斤不得拋荒
等情如有此等另召別耕無詞之欵
有憑立承佃爲照
乾隆貳拾壹年三月　日立承佃柯鼎士（押）

2-1-18-1　清乾隆二十一年三月柯鼎士立承佃民田契

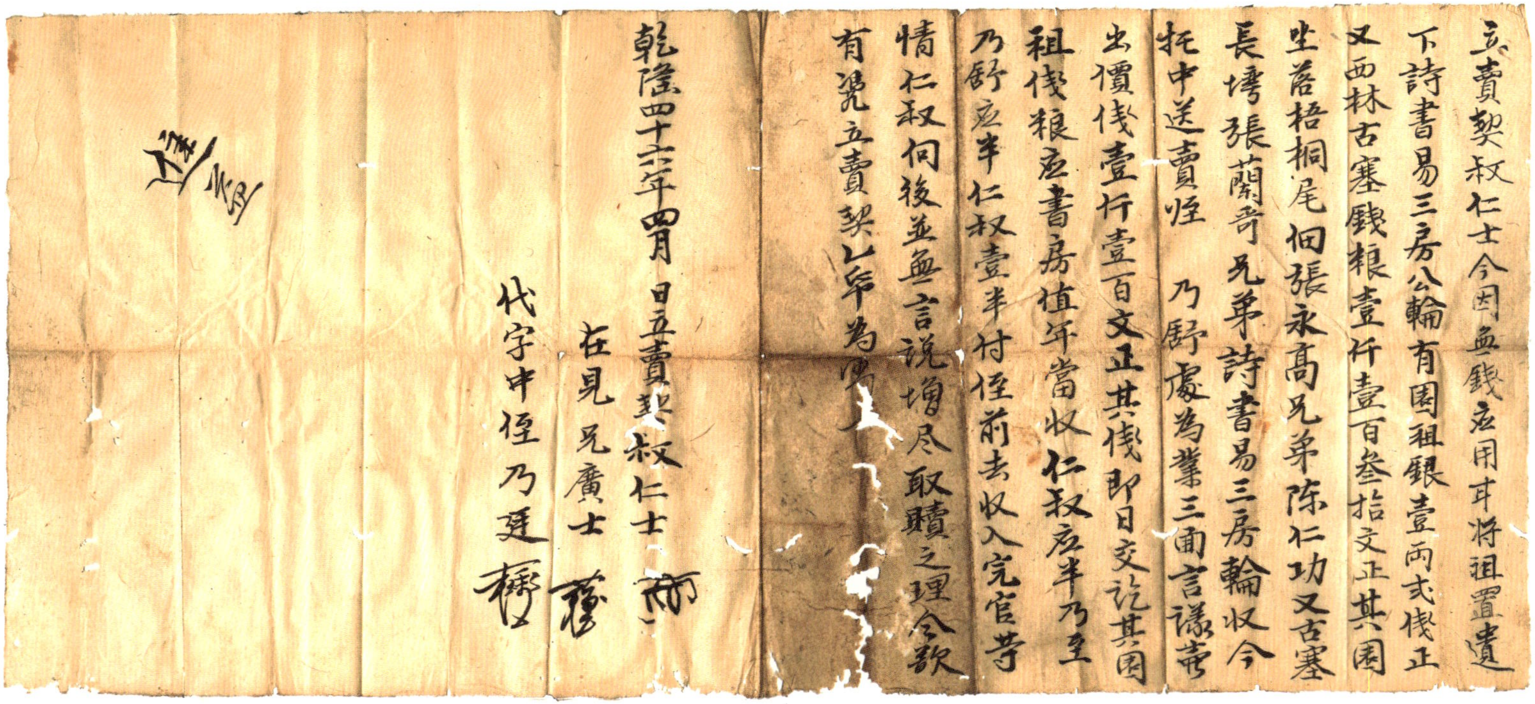

立賣契叔仁士今因無錢應用耳將祖置遺
下詩書易三房公輪有園租銀壹兩弍錢正
又西林古塞錢粮壹仟壹百叁指文正其園
坐落梧桐尾佃張永高兄弟陈仁功又古塞
長博張蘭哥兄弟詩書易三房輪收今
托中送賣姪　乃舒處為業三面言議旹
出價錢壹仟壹百文正其錢即日交訖其園
租錢粮應書房值年當收仁叔應半乃至
乃舒應半仁叔壹半付侄前去收入完官等
情仁叔向後並無言說增尽取贖之理今欲
有憑立賣契一帋為照

乾隆四十六年四月　日立賣契叔仁士（押）
在見兄廣士（押）
代字中侄乃廷（押）

2-1-18-2　清乾隆四十六年四月柯仁士立賣園租錢契

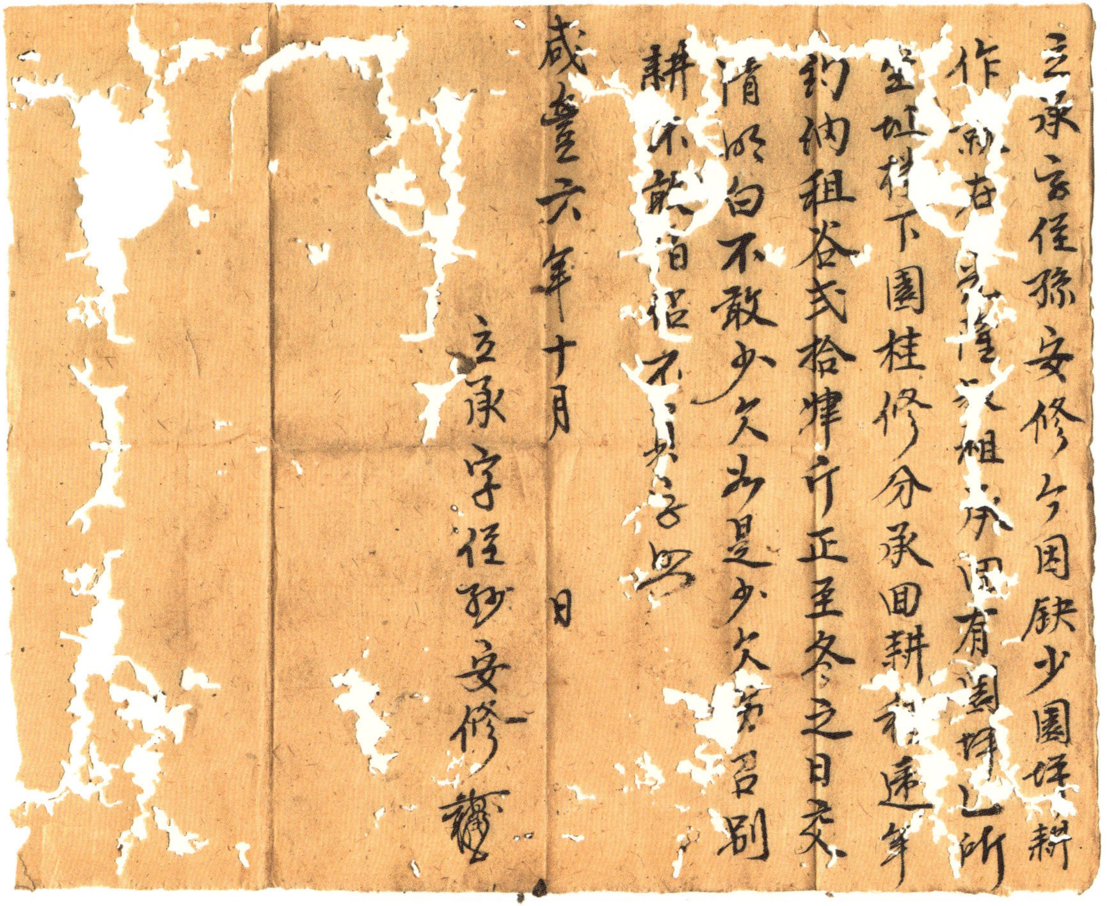
立承字侄孫安修今因缺少園坪耕
作，前去向堂叔祖[illegible]有園坪一所，
坐址[illegible]下園，桂修分承田耕，[illegible]還年
約納租谷式拾肆斤正，至冬之日交
清明白，不敢少欠；如是少欠，當召別
耕，不敢自佔，不得異言，照。
咸豐六年十月　日　立承字侄孫安修（押）

2-1-18-3　清咸豐六年十月柯安修立承園坪字

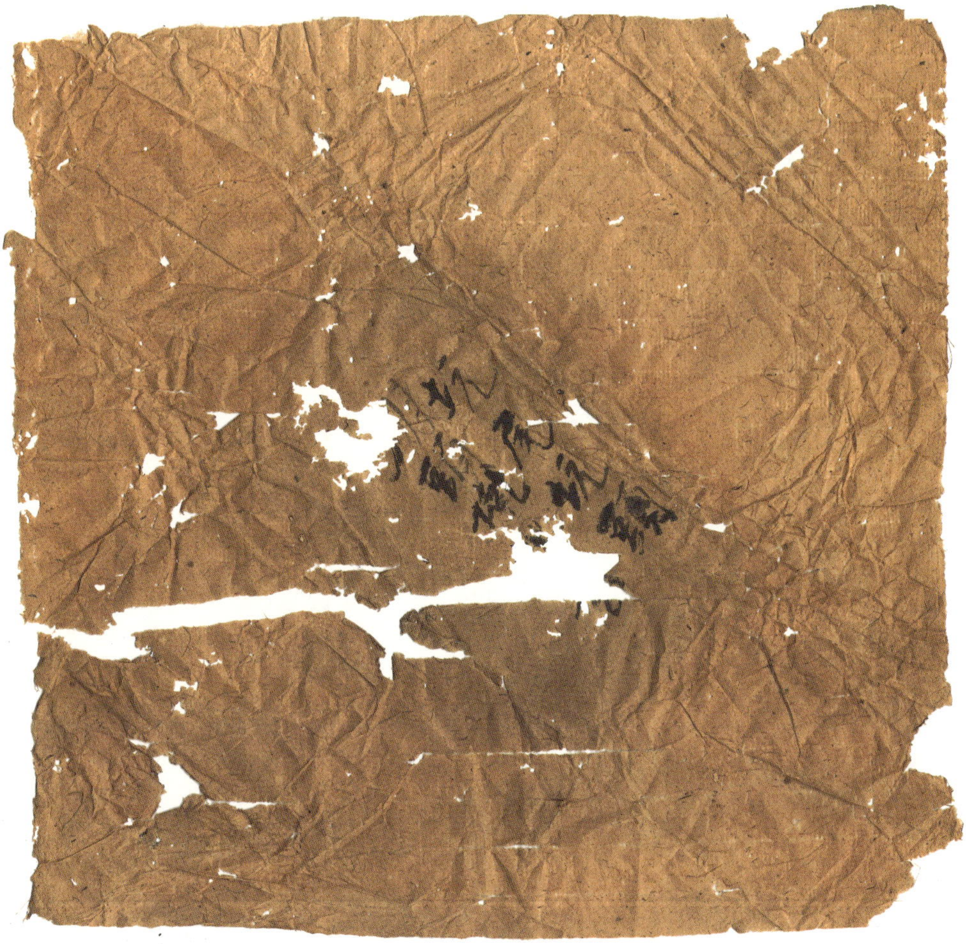

2-1-19-1　包契紙

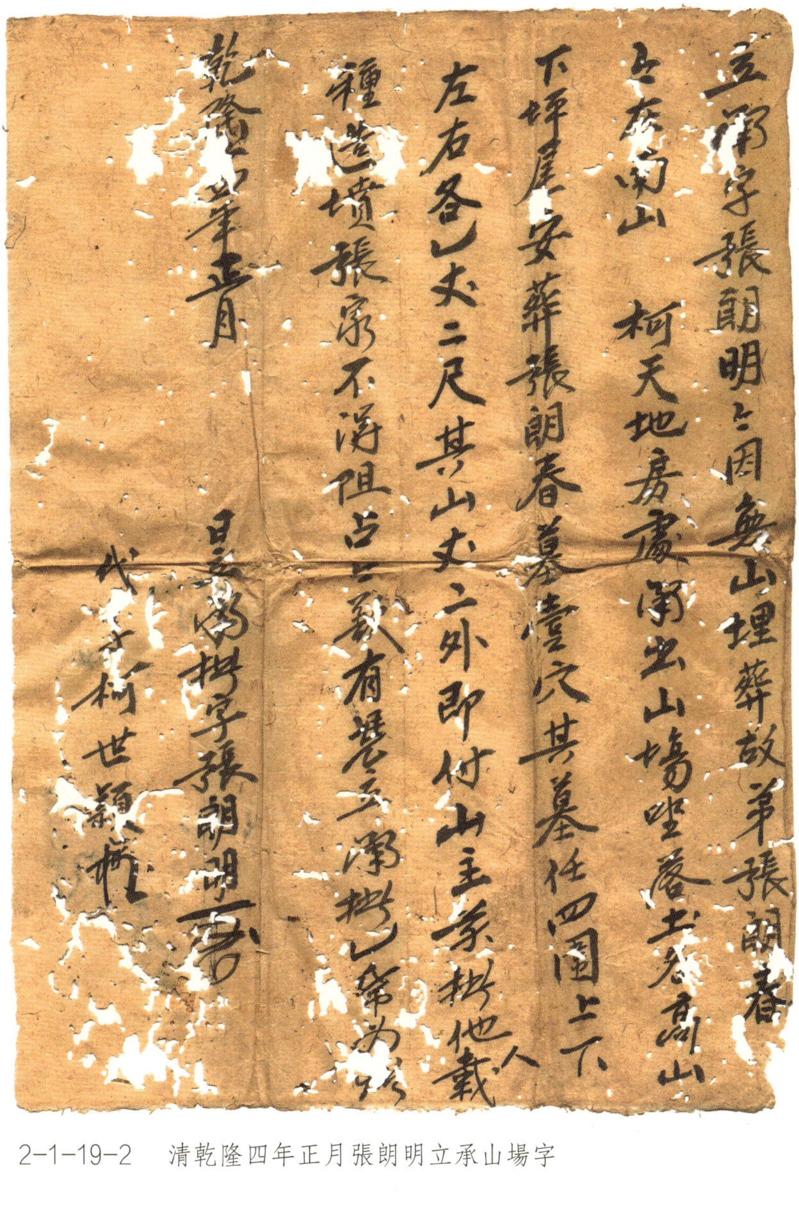
立承字張朗明，今因無山埋葬故弟張朗春，今在南山柯天地房處承出山塲，坐落土名高山下坪崖，安葬張朗春墓壹穴。其墓任四圍上下左右各乀丈二尺，其山丈二外即付山主柯插，他人栽種造墳，張家不淂阻占。今欲有憑，立承字插山為照。

乾隆四年正月　日立承插字張朗明（押）

代字柯世顯（押）

2-1-19-2　清乾隆四年正月張朗明立承山場字

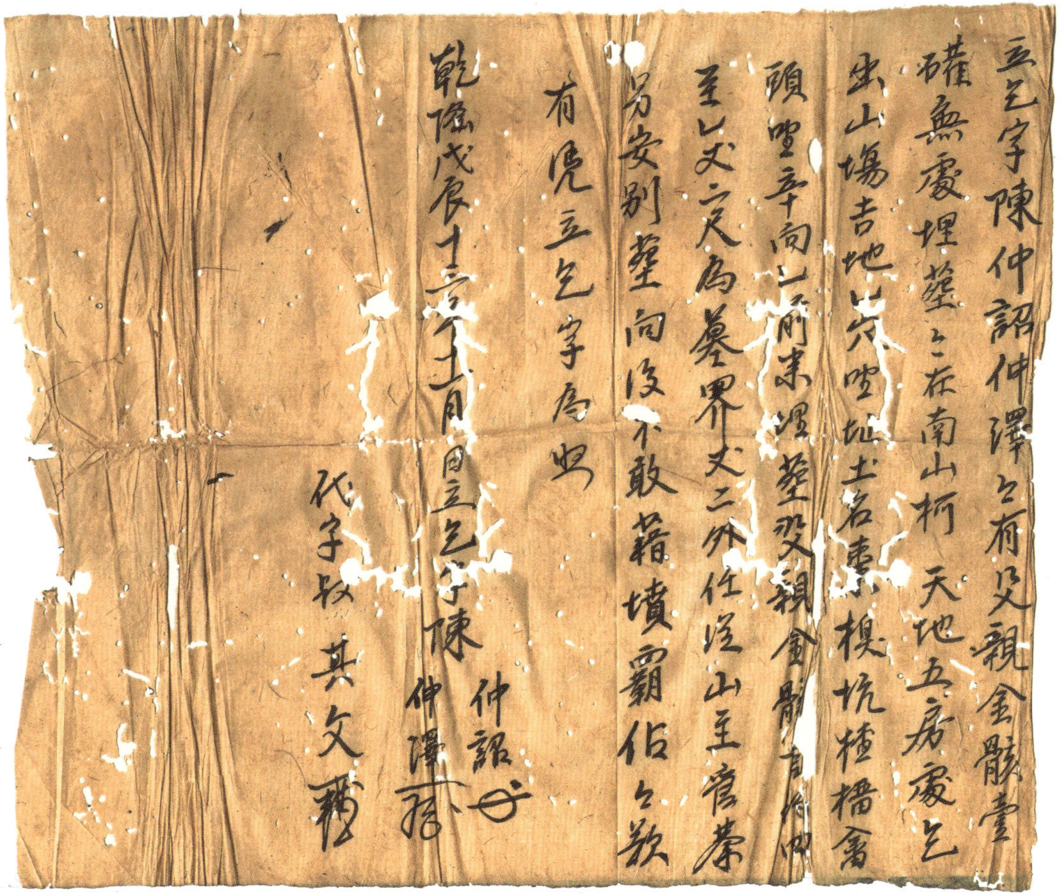

立乞字陳仲詔仲澤ㄑ有父親金骸壹
罐無處埋葬ㄑ在南山柯天地五房處乞
出山場吉地一穴址土名東模坑楂檔倉
頭坐辛向乙所求埋葬父親金骸自作
墓止丈二尺為墓界丈二外任從山主管業
另安別葬向後不敢藉墳霸佔ㄑ款
有憑立乞字為照

乾隆戊辰十一月　日立乞字　陳　仲詔　押
　　　　　　　　　　　　　　仲澤　押
代字姪　其文　押

2-1-19-3　清乾隆十三年十一月陳仲詔等立乞山場吉地字

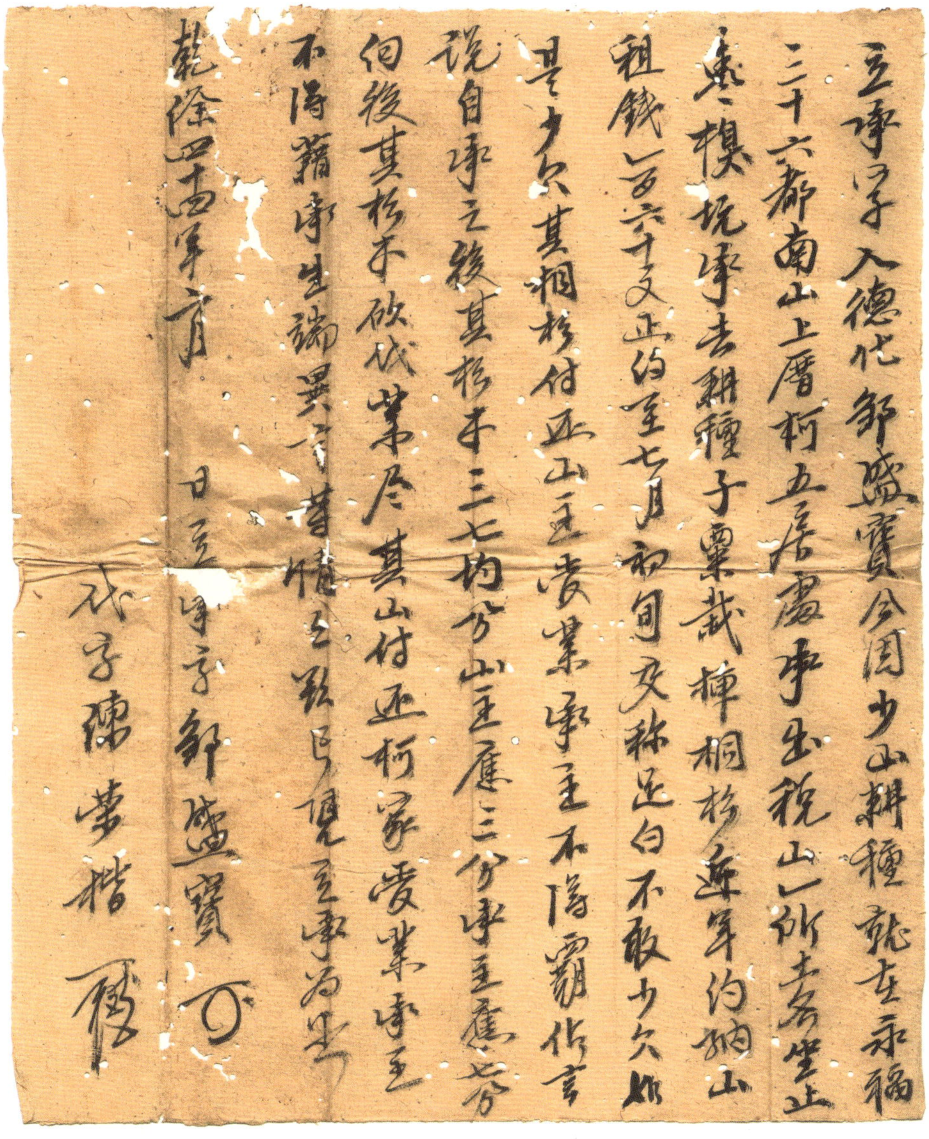
立承字人德化鄭盛寶今因少山耕種就在永福
二十六都南山上層柯五官處承出稅山一所土名坐址
炭窯排坑承去耕種子粟栽插桐杉逐年約納山
租錢一百六十文正約至七月初旬交訖足白不敢少欠如
是少欠其桐杉付還山主收管業承主不得霸佔言
說自承之後其杉木三七均分山主應三分承主應七分
向後其杉木砍伐業盡其山付還柯家管業承主
不得藉承生端異言等情今欲有憑立承字為照
乾隆四十四年二月　日立承字鄭盛寶（押）
代字陳夢楷（押）

2-1-19-4　清乾隆四十四年二月德化鄉盛寶立承稅山字

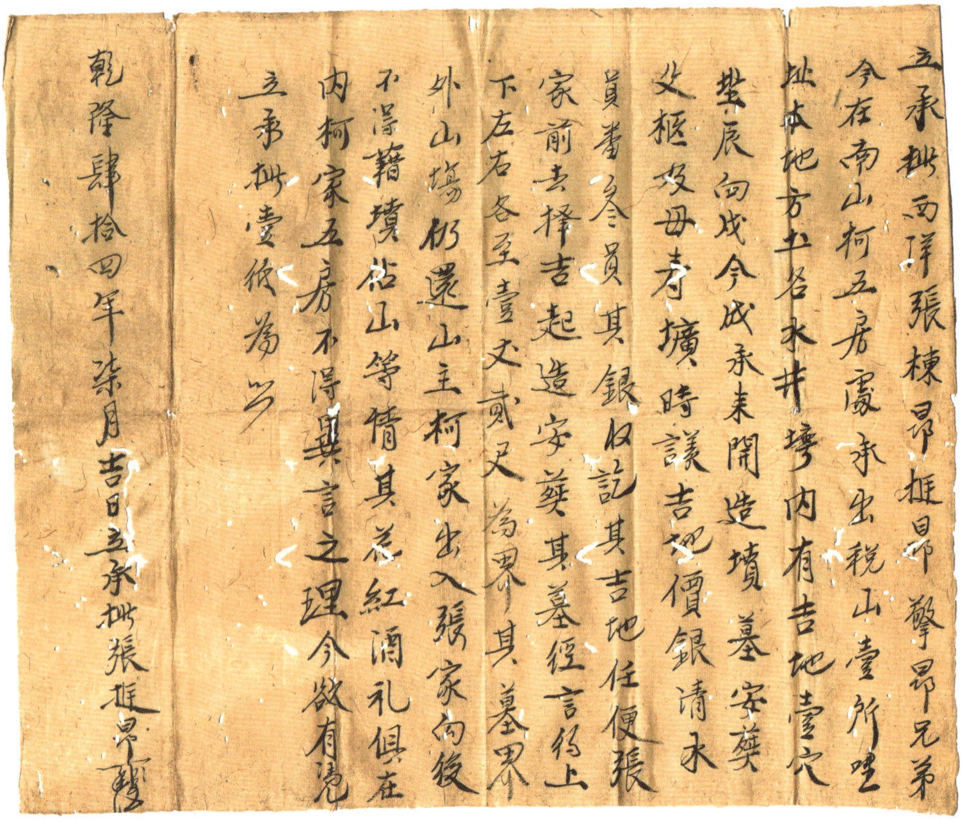

立承批西洋張棟昂、挺昂、擎昂兄弟，今在南山柯五房處承出稅山壹所，坐址本地方土名水井塆內有吉地壹穴，坐辰向戌。今成承來開造墳墓，安葬父柩及母壽壙。時議吉地價銀清水員番叁員，其銀收訖。其吉地任便張家前去擇吉起造安葬，其墓經言約上下左右各至壹丈貳尺為界，其墓界外山場仍還山主柯家出入，張家向後不得藉墳佔山等情，其花紅酒礼俱在內，柯家五房不得異言之理。今欲有憑，立承批壹紙為照。

乾隆肆拾四年柒月吉日立承批張挺昂、[illegible]

2-1-19-5　清乾隆四十四年七月張挺昂等立承批稅山字

2-1-20-1　包契紙

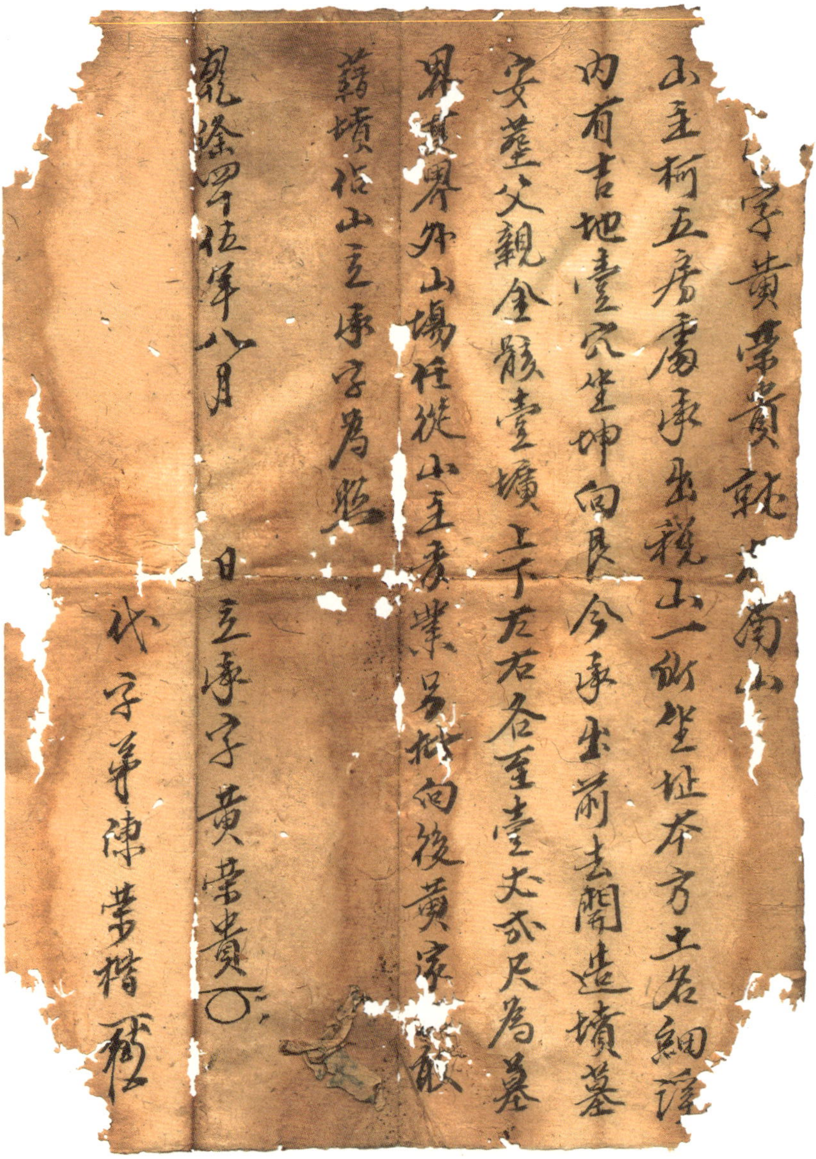

□字黃榮貴就□南山
山主柯五房處承出税山一所坐址茶方土名細溪
内有吉地壹穴坐坤向艮今承出前去開造墳墓
安葬父親金骸壹壙上下左右各至壹丈貳尺為墓
界墓界外山場任從山主管業另批向後黃家不敢
藉墳佔山立承字為照
乾隆四十五年八月　日立承字黃榮貴〇
代字弟陳華楷筆

2-1-20-2　清乾隆四十五年八月黃荣貴立承税山字

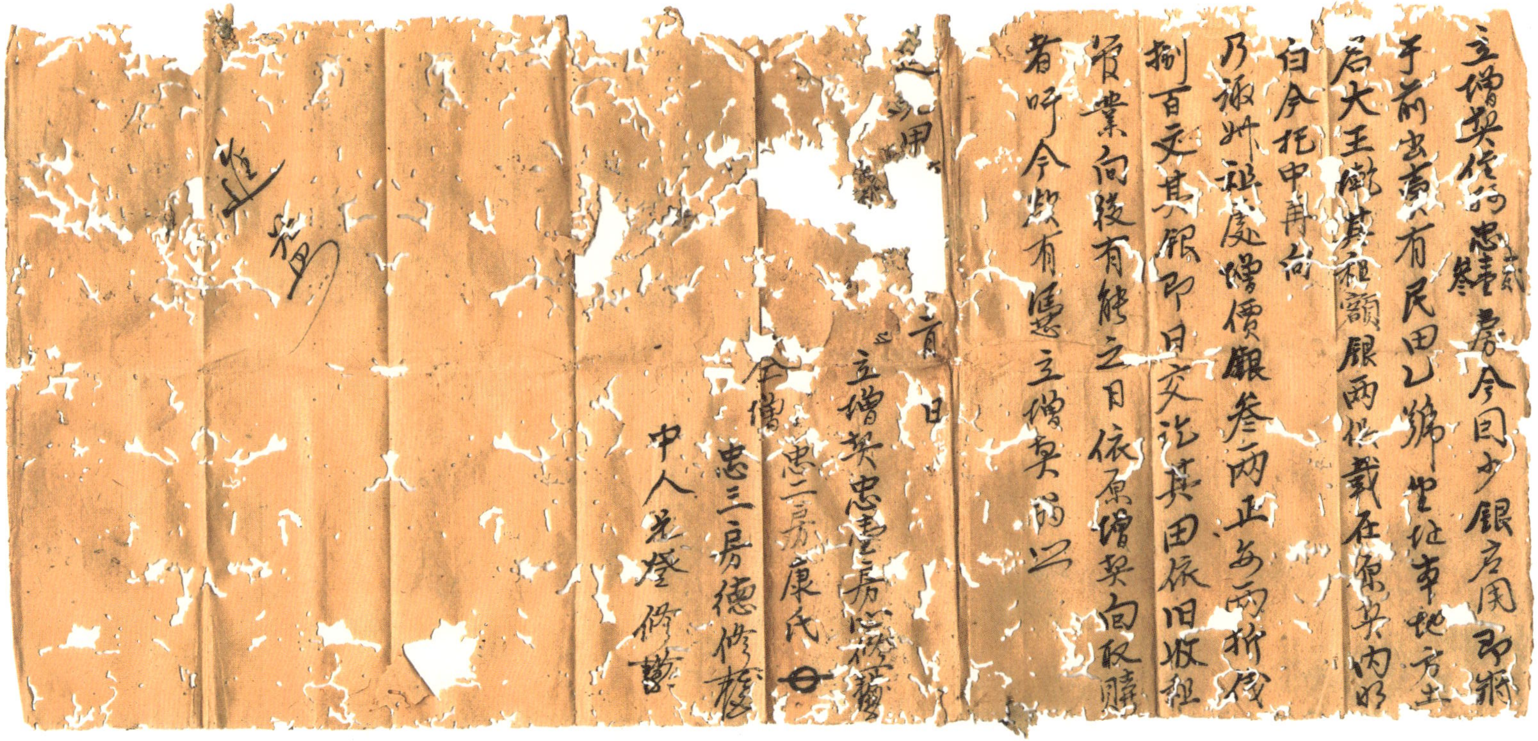
立增契伯叔忠、信叁房，今因乏銀應用，即將
于前出賣有民田山場，坐址本地方土
名大王廟，其租額限兩伍載在原契內明
白，今托中再向
乃叔邊處增價銀叁兩正，每兩折伍
捌百文，其銀即日交訖，其田依旧收租
管業，向後有能之日，依原增契向取贖
者。呼今欲有憑，立增契為照。
道光　　年　　月　　日　立增契忠、信二房
仝侄　忠二房　康氏
忠三房　德修
中人　光瑩

2-1-20-3　清道光年間柯氏三房立增民田契

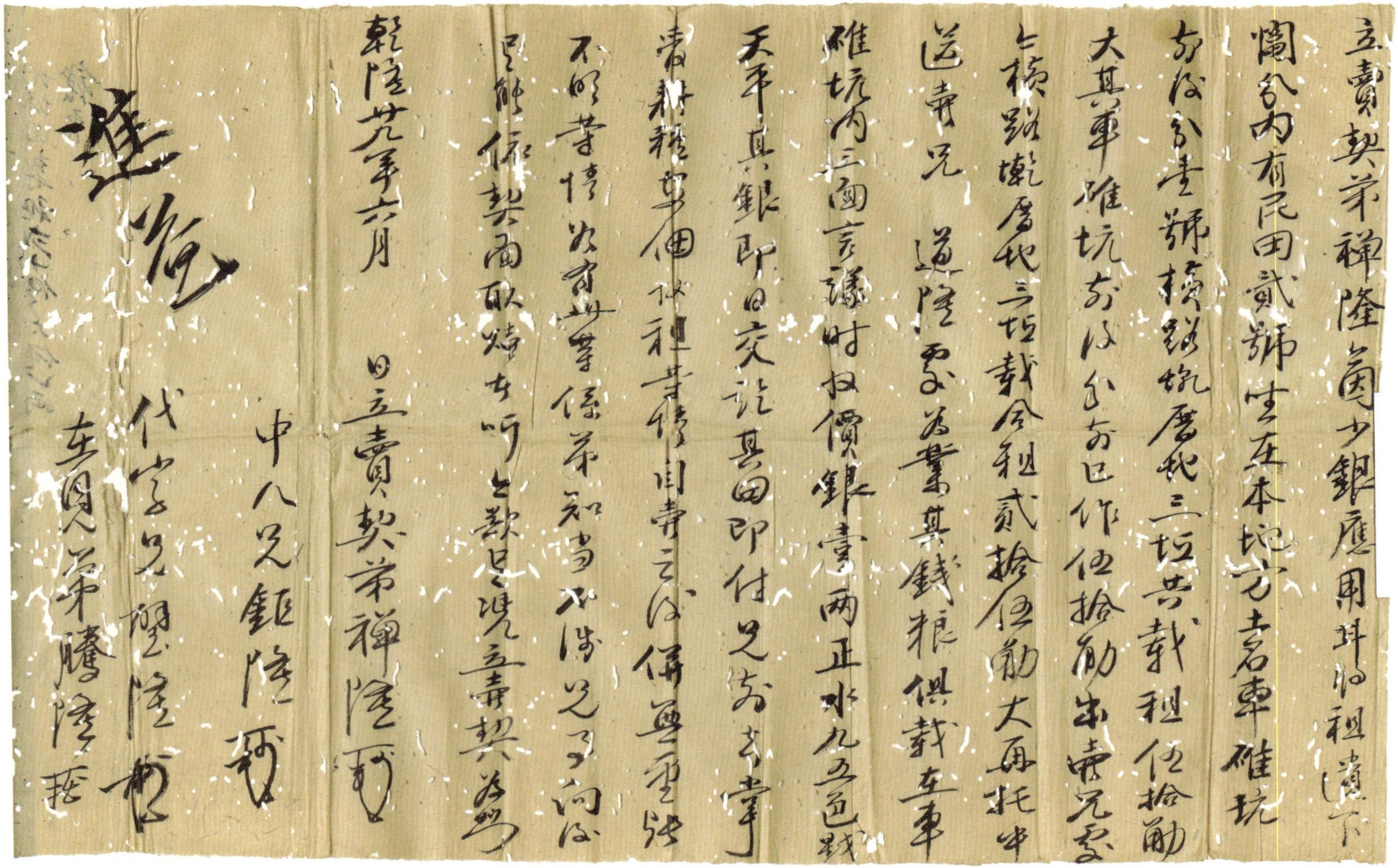
立賣契弟禪隆為因少銀應用，甘將祖遺下
鬮分內有民田貳號，坐在本地土名東碓坑
方俗分壹號橫路墘唐秋三坵，共載租伍拾觔，
大其華碓坑方俗分已作伍拾觔，出賣兄處。
上橫路墘唐秋三坵，載全租貳拾伍觔，大再托中
送賣兄　道隆處為業，其錢粮供載在東
碓坑內。三面言議時值價銀壹兩正，水九五色戥
天平。其銀即日交訖，其田即付兄前去掌
管耕種。其田係祖業，自賣之後，係無重張
不明等情，如有此等，係弟知當，不涉兄之事。向後
只許依契面取贖，去听之款。恐無憑，立賣契為照。
乾隆廿九年六月　日立賣契弟禪隆（押）
中人兄鉅隆（押）
代字兄璧隆（押）
在見弟騰隆押

2-1-21-1　清乾隆二十九年六月柯禪隆立賣民田契

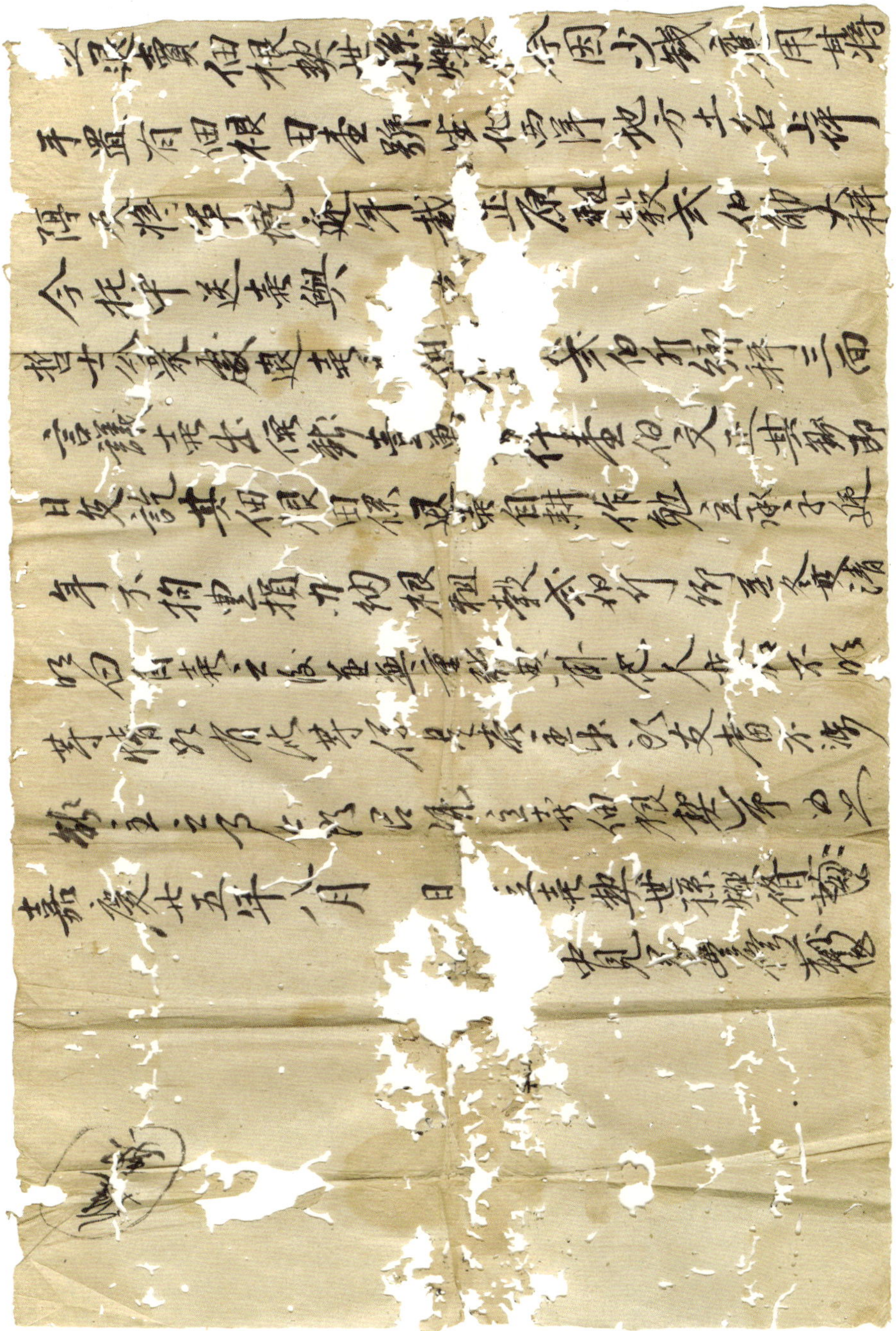

2-1-21-2　清嘉慶二十五年八月柯燦倚立賣佃根契

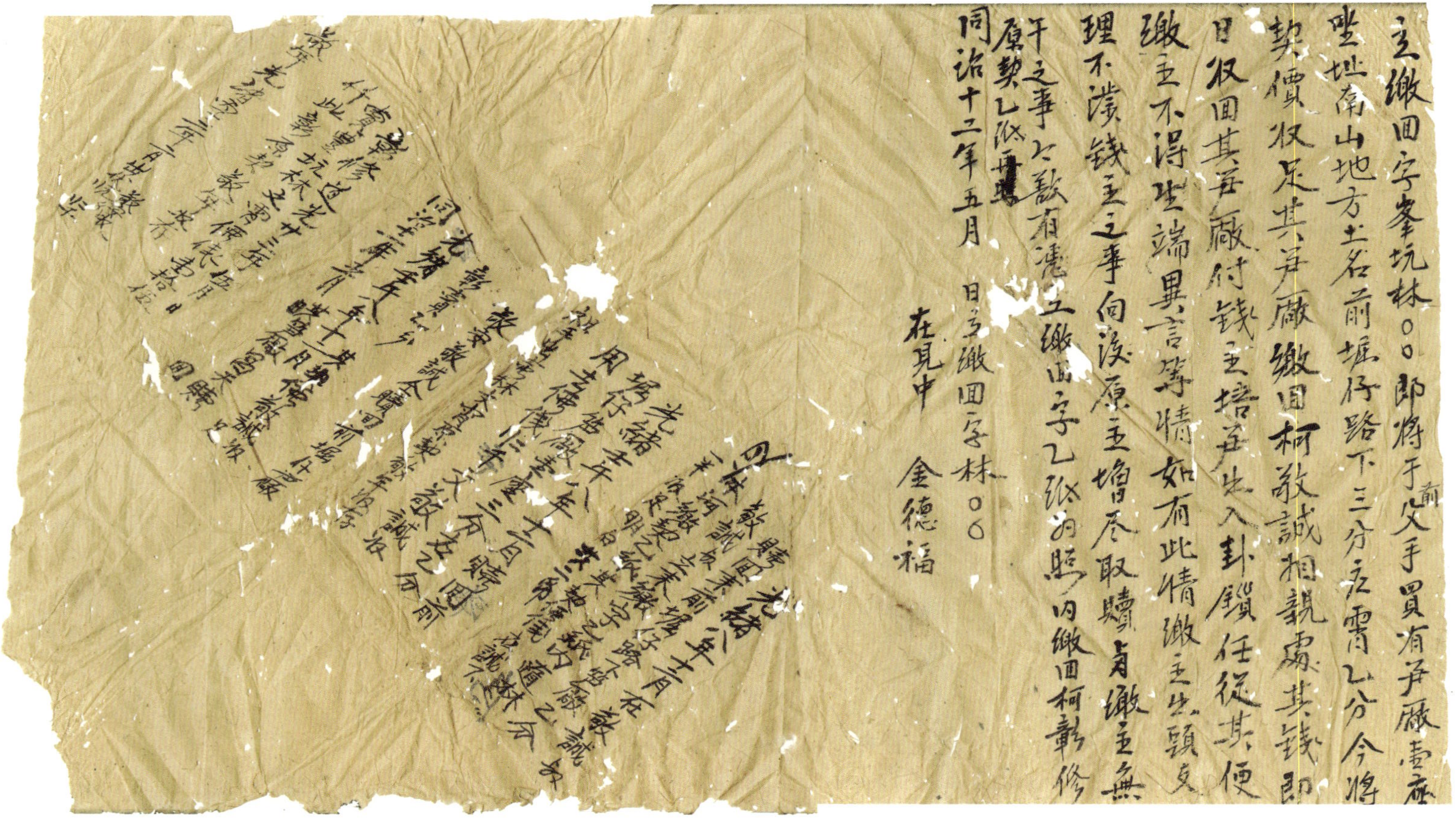
立繳回字峯坑林〇〇，即將手（前）父手買有笋廠壹座，坐址南山地方土名前垣仔路下三分之壹乙分，今將契價收足，其笋廠繳回柯敬誠相親處，其錢即日收回，其笋廠付錢主掊笋出入，封鎖任從其便，繳主不得生端異言等情。如有此情，繳主出頭支理，不涉錢主之事。向後原主增尽取贖，自繳主無干之事。今欲有憑，立繳回字乙紙為照。内繳回柯彰修原契乙紙

同治十二年五月　日立繳回字林〇〇

在見中　金德福

2-1-21-3　清同治十二年五月林某某立繳回笋廠字（草契）

2-1-22-1　包契紙

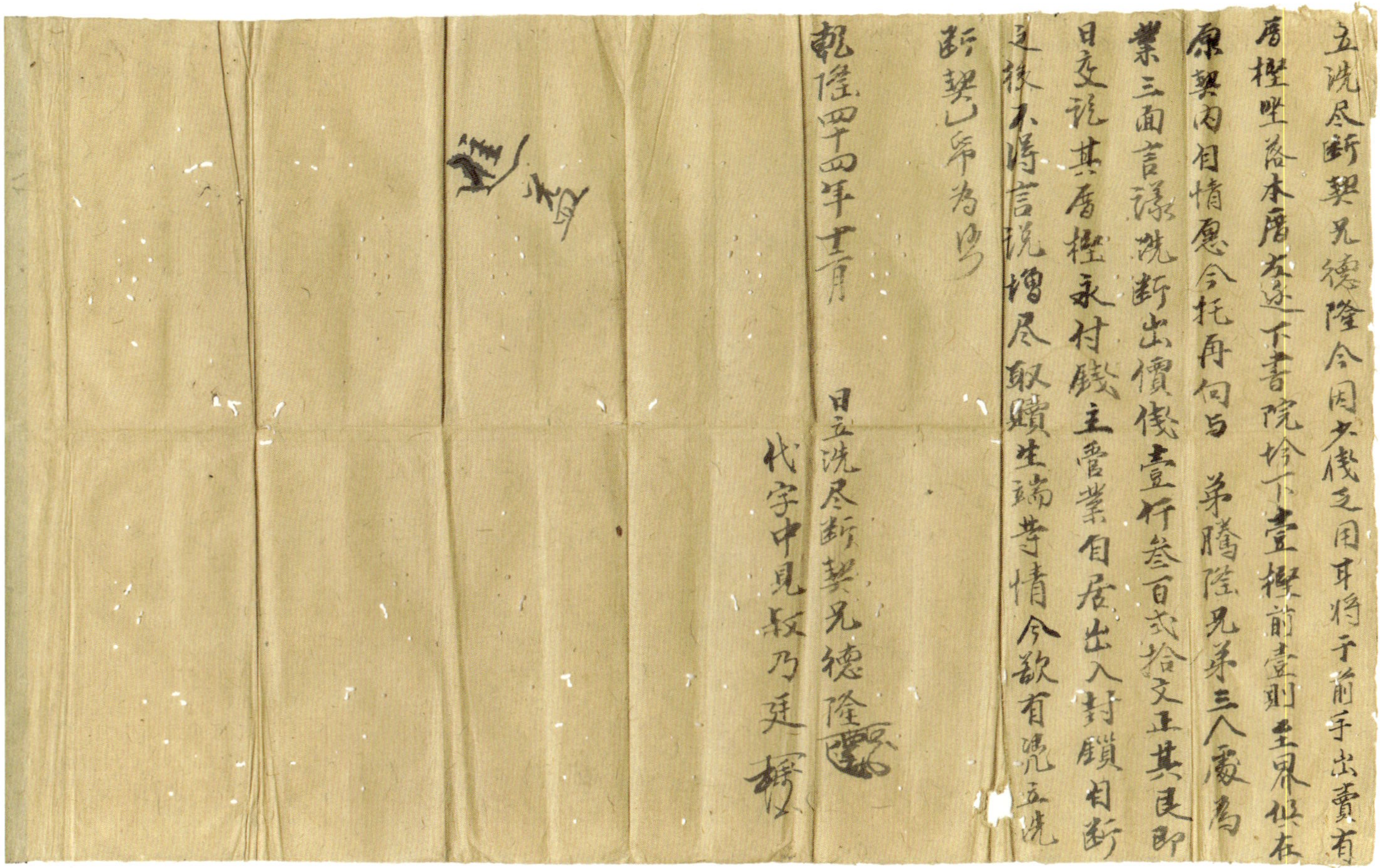

立洗尽斷契兄德隆今因乏銀之用，耳將于前手出賣有
厝樫坐落本厝右邊下書院埒下壹樫前壹則，至界俱在
原契內，自情愿今托再向与　弟騰隆兄弟三人處為
業，三面言議洗斷出價錢壹仟叁百弍拾文正。其錢即
日交訖，其厝樫永付錢主會業自居出入，封鎖自斷
之後，不得言說增尽取贖生端等情。今欲有憑，立洗
斷契一帋為照。

乾隆四十四年十二月　日立洗尽斷契兄德隆（押）
代字中見叔乃廷（押）

2-1-22-2　清乾隆四十四年十二月柯德隆立洗盡斷厝樫契

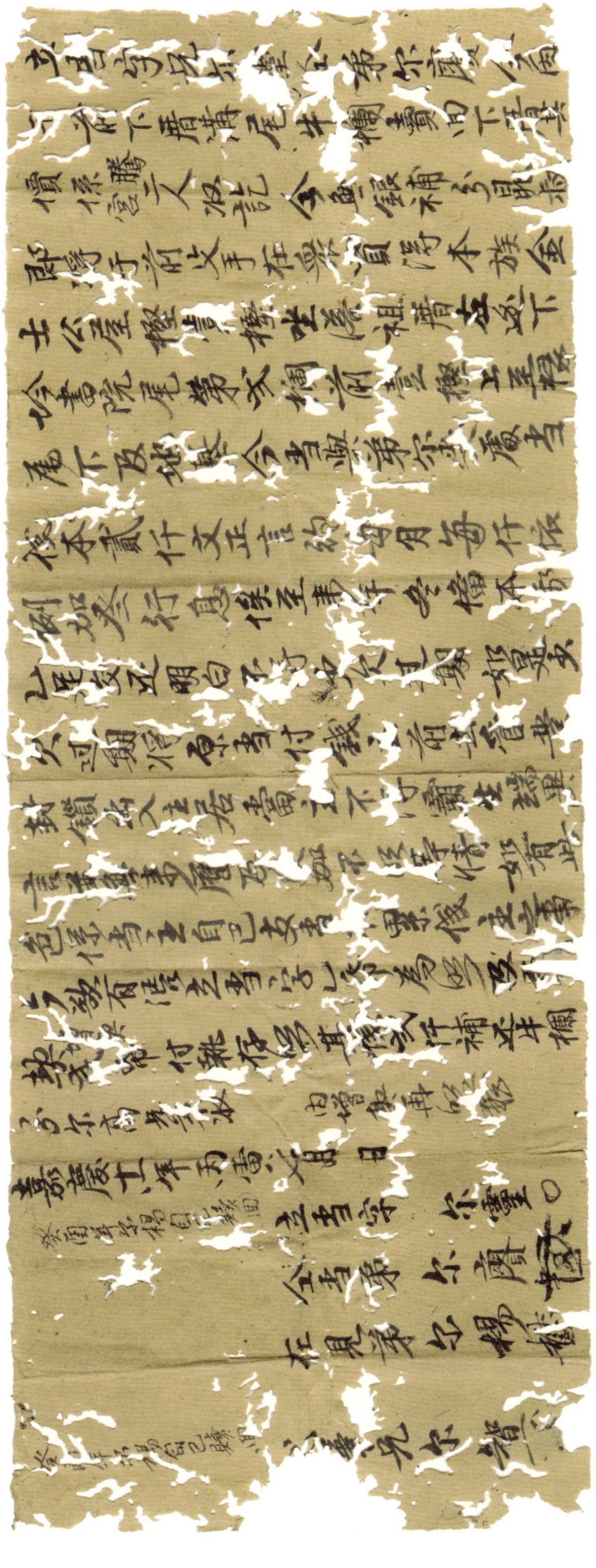

2-1-22-3 清嘉慶十一年七月柯尔靈等立當牛欄字

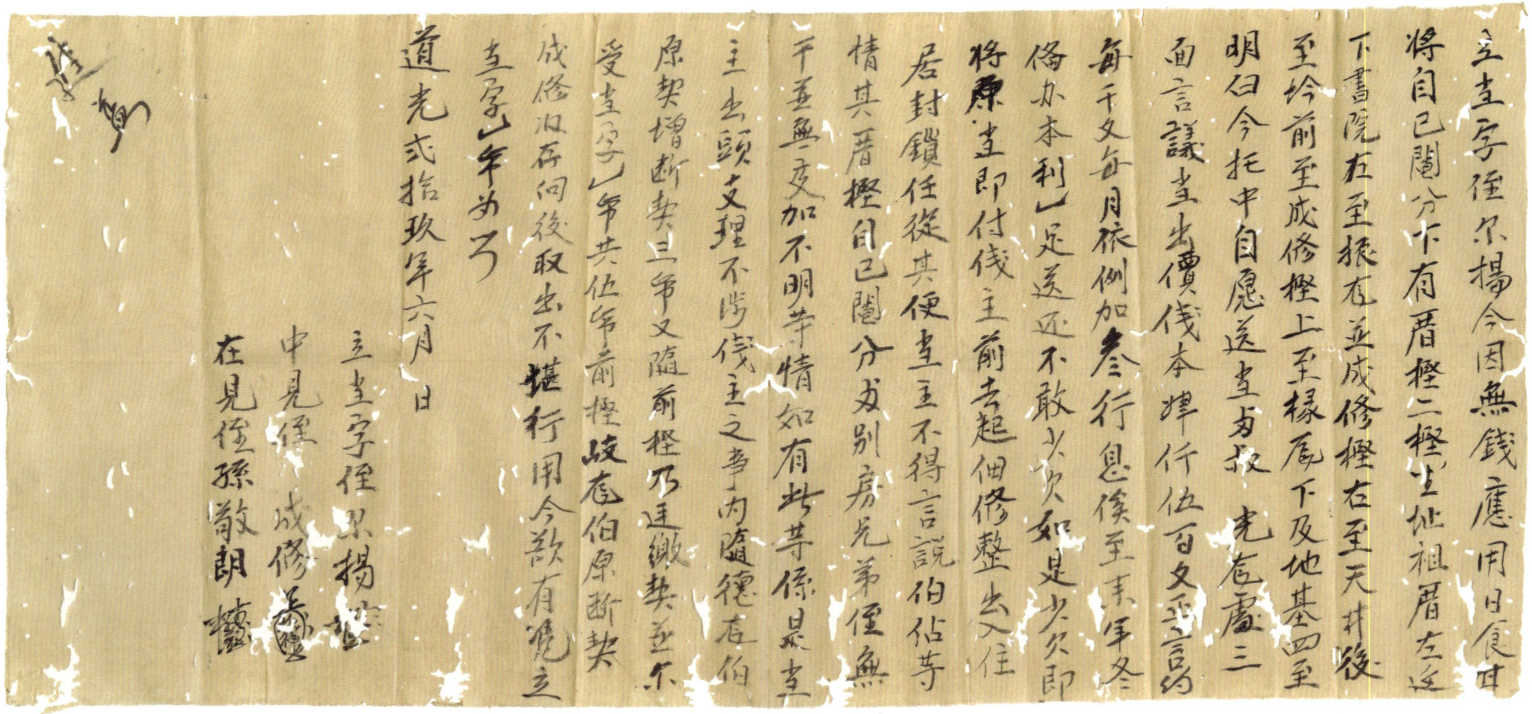

立當字侄尔楊，今因無錢應用日食，甘
將自己閹分下有厝樫二樫，址在祖厝左边
下書院，右至振在並成修樫，右至天井，後
至蛤前至成修樫，上至椽底，下及地基，四至
明白。今托中自愿送當与叔　光奄處，三
面言議，當出價錢本律仟伍百文正。言约
每千文每月依例加叁行息，候至末年冬
係办本利一足送还，不敢少欠。如是少欠，即
將原當即付钱主前去起佃修整，出入住
居封鎖，任從其便，當主不得言說佔等
情。其厝樫自己閹分，与别房兄弟侄無
干，並無交加不明等情。如有此等，係是當
主出頭支理，不涉钱主之事。内隨德在伯
原契增断契三帋，又隨前樫乃廷繳契並不
受當字一帋，共伍帋。前樫岐奄伯原断契
成修收存，向後取出不堪行用。今欲有憑，立
當字一帋為照。

道光弍拾玖年六月　日

立當字侄尔楊
中見侄　成修
在見侄孫敬朗

2-1-22-4　清道光二十九年六月柯尔楊立當厝樫字

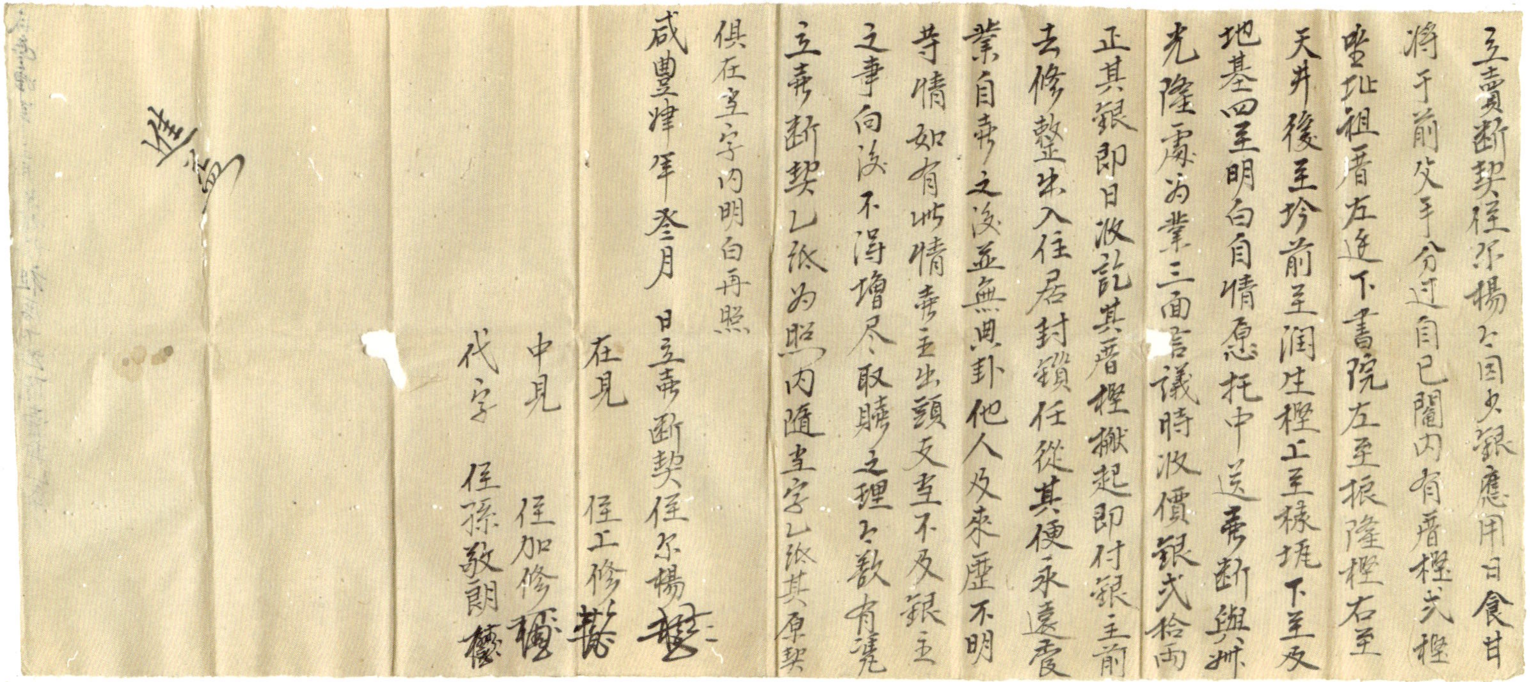

立賣斷契侄尔楊今因乏銀應用日食甘
將于前父手分過自己鬮内有厝樫弍樫
坐址祖厝左邊下書院左至振隆樫右至
天井後至玠前至潤生樫上至椂墘下至及
地基四至明白自情愿托中送賣斷與洲
光隆處為業三面言議時價銀弍拾両
正其銀即日收訖其厝樫擲起即付銀主前
去修整出入住居封鎖任從其便永遠管
業自賣之後並無典卦他人及來歷不明
等情如有此情賣主出頭支當不及銀主
之事向後不得增盡取贖之理亦敢有凴
立賣斷契乙紙為照内随主字乙紙其原契
俱在主字内明白再照

咸豐肆年叁月　日立賣斷契侄尔楊（押）

在見　侄工修（押）

中見　侄加修（押）

代字　侄孫敬朗（押）

2-1-22-5　清咸豐四年三月柯尔楊立賣斷厝樫契

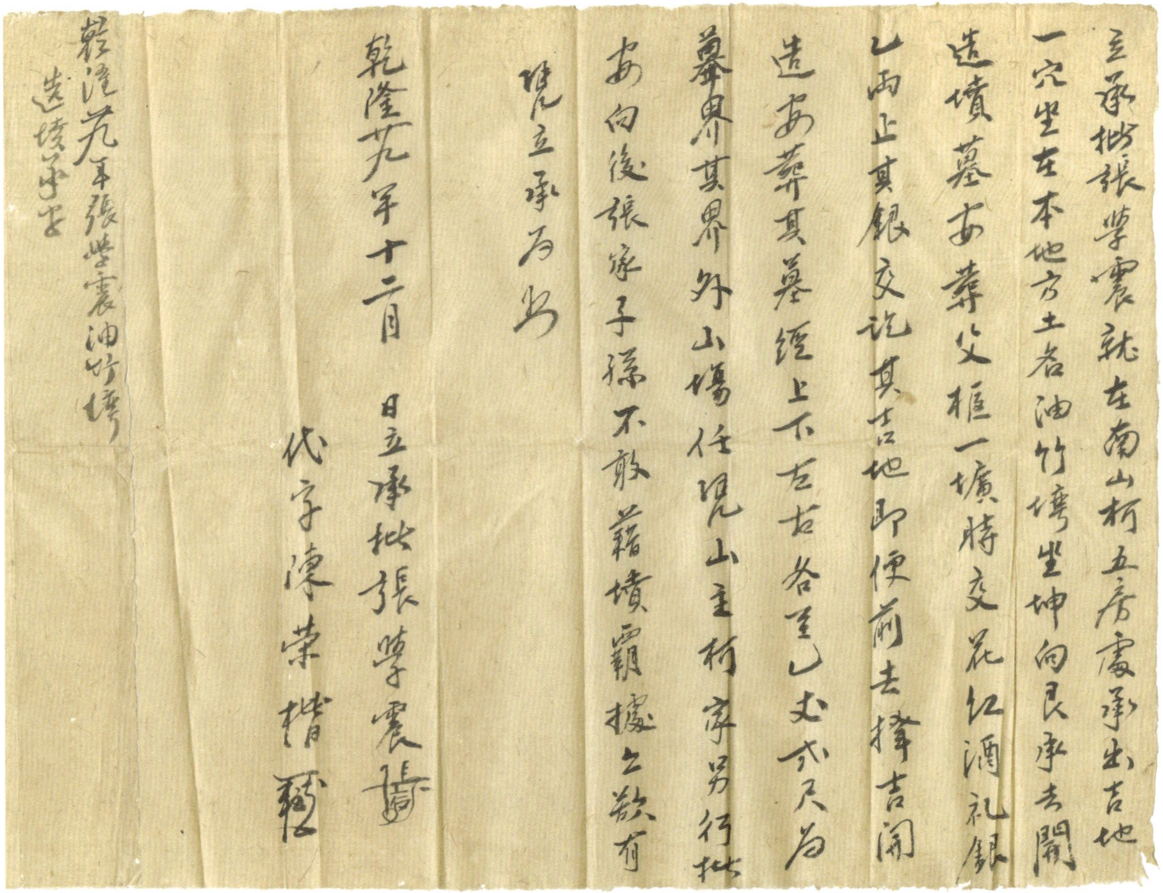
立承批張學震就在南山村五房處承出吉地
一穴坐在本地方土名油竹塝坐坤向艮承去開
造墳墓安葬父柩一壙時交花紅酒禮銀
乙兩正其銀交訖其吉地即便前去擇吉開
造安葬其墓經上下左右各至山丈弍尺為
墓界其界外山場任現山主村家另行批
安向後張家子孫不敢藉墳霸據之欵有
憑立承爲照
乾隆廿九年十二月　日立承批張學震（押）
代字陳榮楷（押）
乾隆廿九年張學震油竹塝造墳承字

2-1-23-1　清乾隆二十九年十二月張學震立承批吉地字

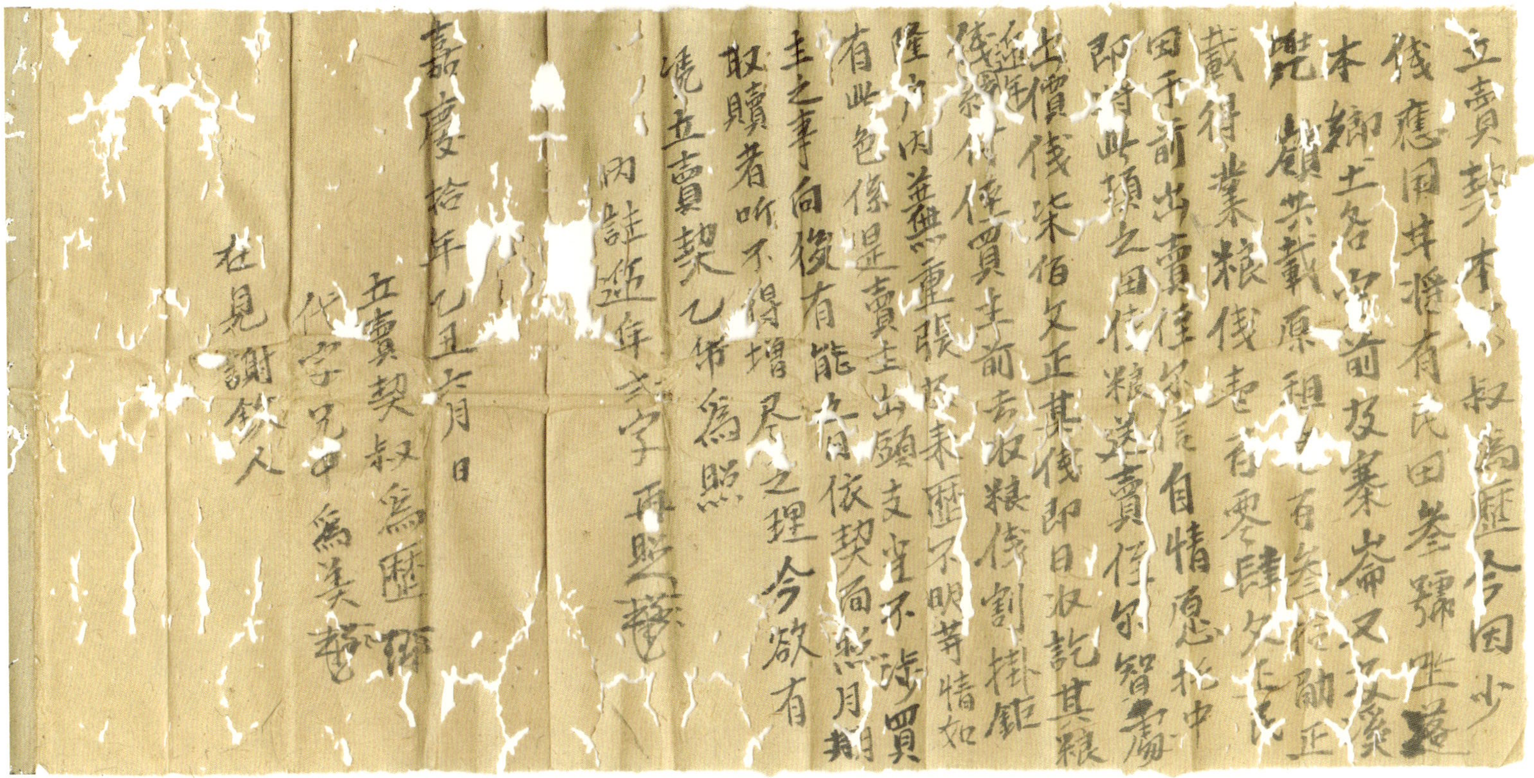
立賣契本家叔爲歷，今因少
錢應用，自年將有民田叁號，坐落
本鄉土名宮前坂寨崙又坂[illegible]
[illegible]嶺，共載原租乙百叁拾觔正，
載得業粮錢壹百零肆文正。
因于前出賣侄[illegible]，自情愿托中
即將此項之田佔粮並賣侄[illegible]智[illegible]
出價錢柒佰文正，其錢即日收訖，其粮
[illegible]年[illegible]付侄買主前去收粮錢割掛[illegible]
隆户内，並無重張於來歷不明等情，如
有此色，係是賣主出頭支當，不涉買
主之事。向後有能[illegible]依契面照月期
取贖，者听不得增盡之理。今欲有
憑，立賣契乙帋爲照。
内註塗[illegible]年[illegible]字　再照（押）
嘉慶拾年乙丑六月　日
立賣契叔爲歷（押）
代字兄中爲美（押）
在見[illegible]欽人

2-1-23-2　清嘉慶十年六月柯爲歷立賣民田契

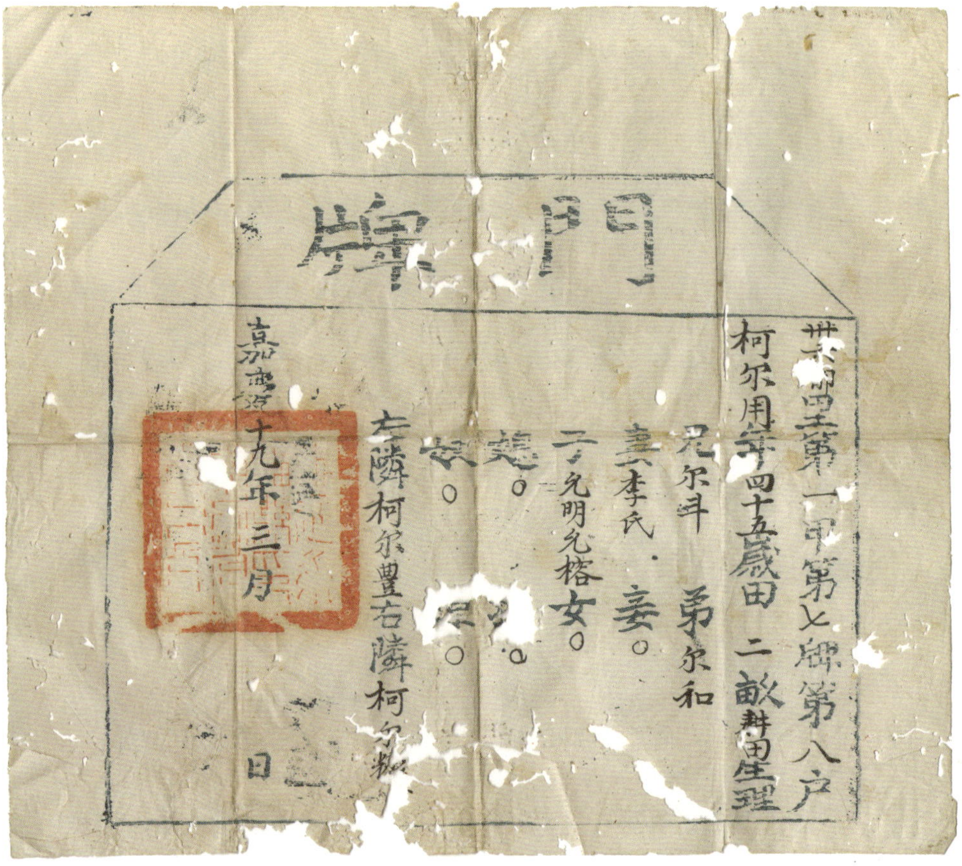

門牌

廿[illegible]四圖第一甲第七牌第八户
柯尔用年四十五歲 田二畝 耕田生理
兄尔斗 弟尔和
妻李氏 妾〇
子允明允榕 女〇
媳〇 [illegible]〇
奴〇 [illegible]〇
左隣柯尔豐 右隣柯尔[illegible]
嘉慶十九年三月 日

2-1-23-3　清嘉慶十九年柯尔用户門牌

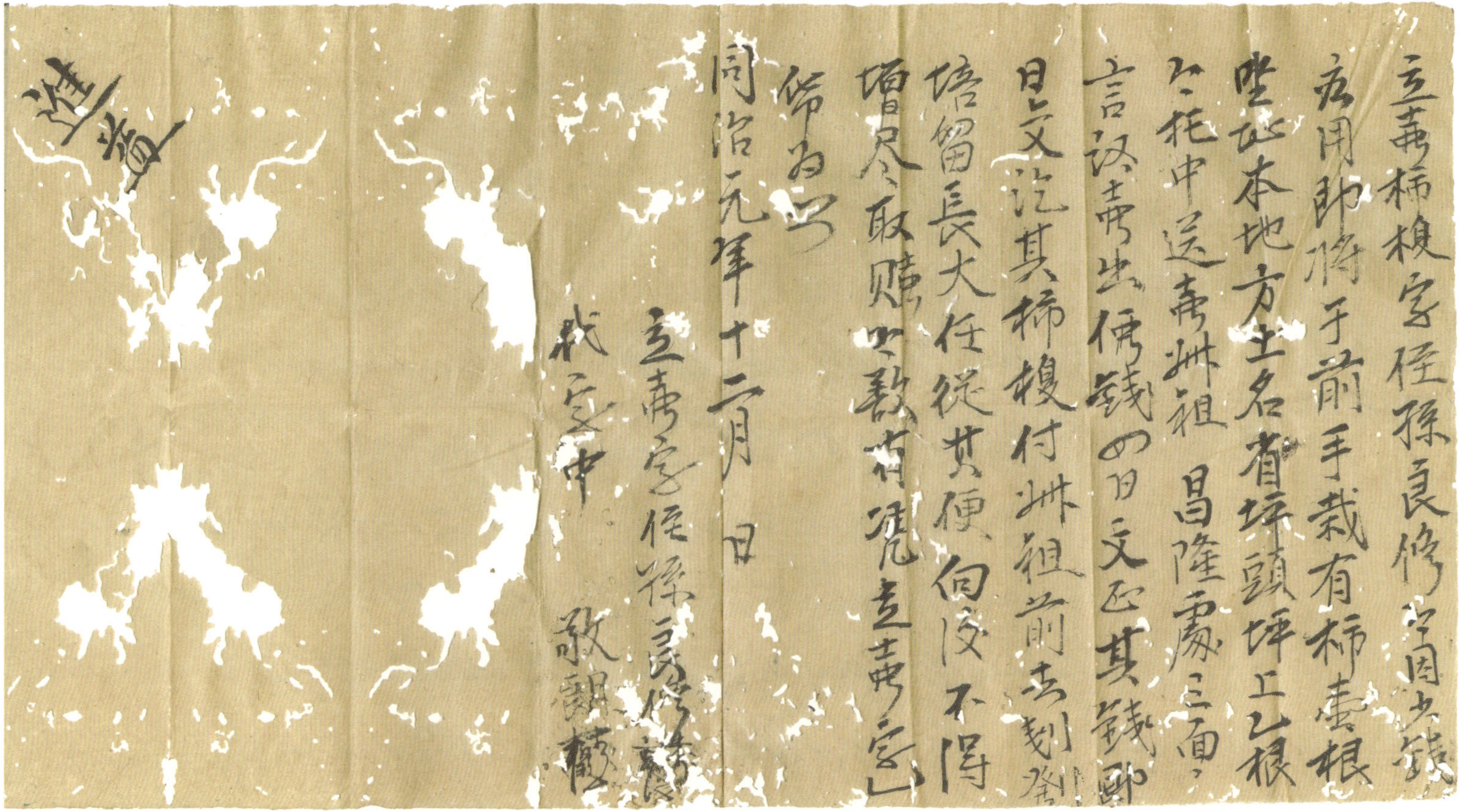

立賣柿模字侄孫良修，今因乏錢
應用，即將手前手栽有柿壹根，
坐址本地方土名看坪頭坪上山根，
托中送賣洲祖 昌隆處，三面
言議賣出價錢四百文正，其錢即
日交訖，其柿模付洲祖前去劄
培留長大，任從其便，向後不得
增找取贖，此數有憑，立賣字
付為照。
同治元年十二月 日
立賣字侄孫良修
代字中 敬觀

2-1-23-4　清同治元年十二月柯良修立賣柿模字

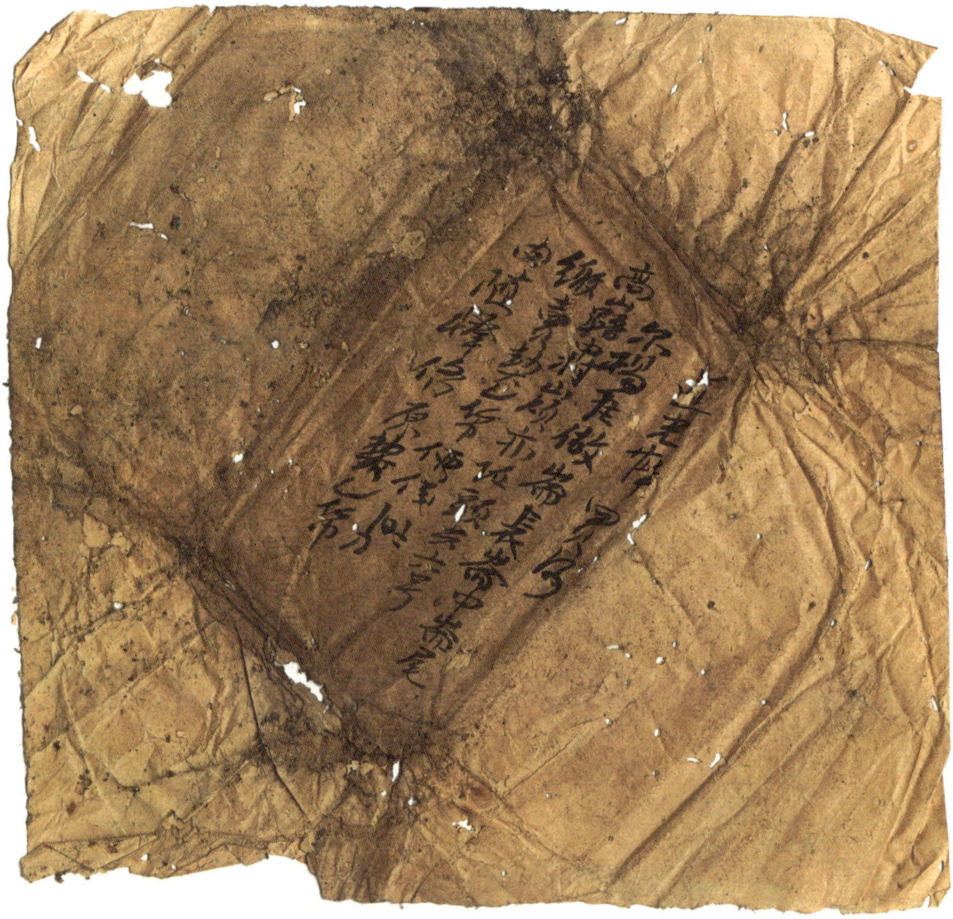

2-1-24-1　包契紙

2-1-24-2　清乾隆四十四年十二月柯德隆立盡斷竹林契

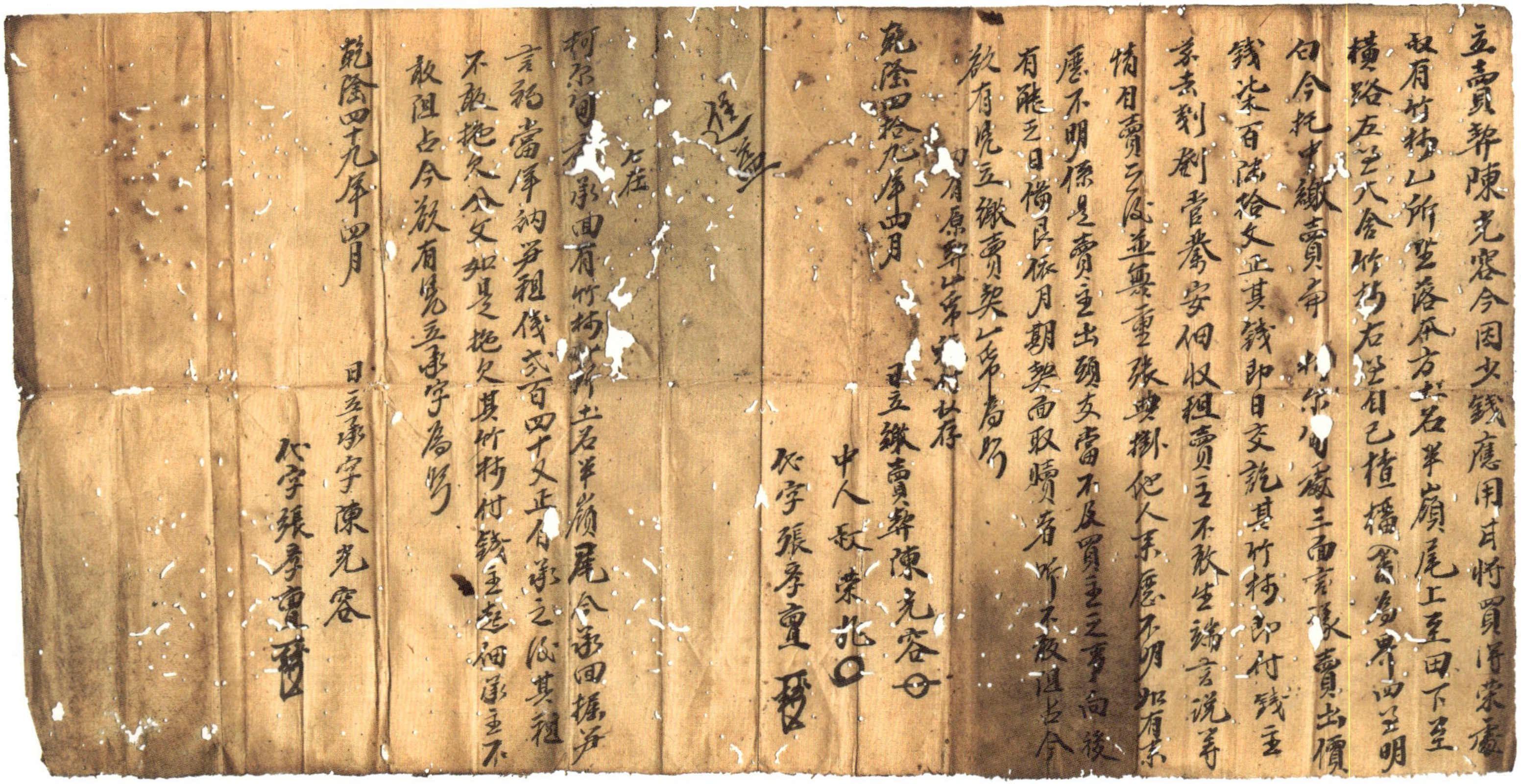

2-1-24-3　清乾隆四十九年四月陳光容立繳賣竹林契

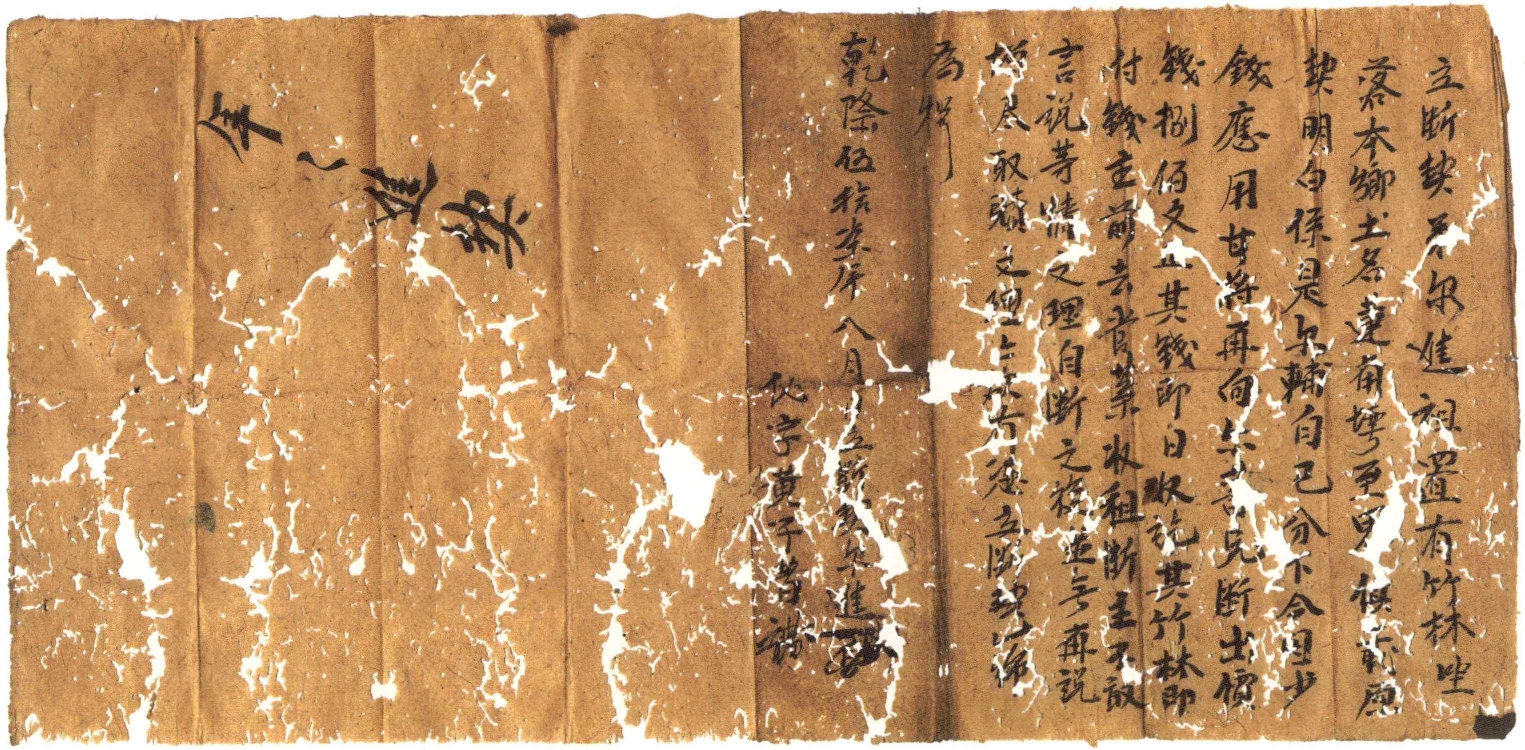
立斷契柯尔進，祖置有竹林坐
落本鄉土名達角塆，至界俱載原
契明白，係是尔轄自己分下，今因乏
錢應用，甘將再向兄處言兄斷出價
錢捌佰文，其錢即日收訖，其竹林即
付錢主前去管業收租，斷主不敢
言說等情之理，自斷之後，進無再說
找取贖之理，今恐無憑，立斷契一紙
為照。
乾隆伍拾柒年八月　日立斷契柯尔進（押）
代字黄子普（押）
年〻進發

2-1-24-4　清乾隆五十七年八月柯尔進立斷竹林契

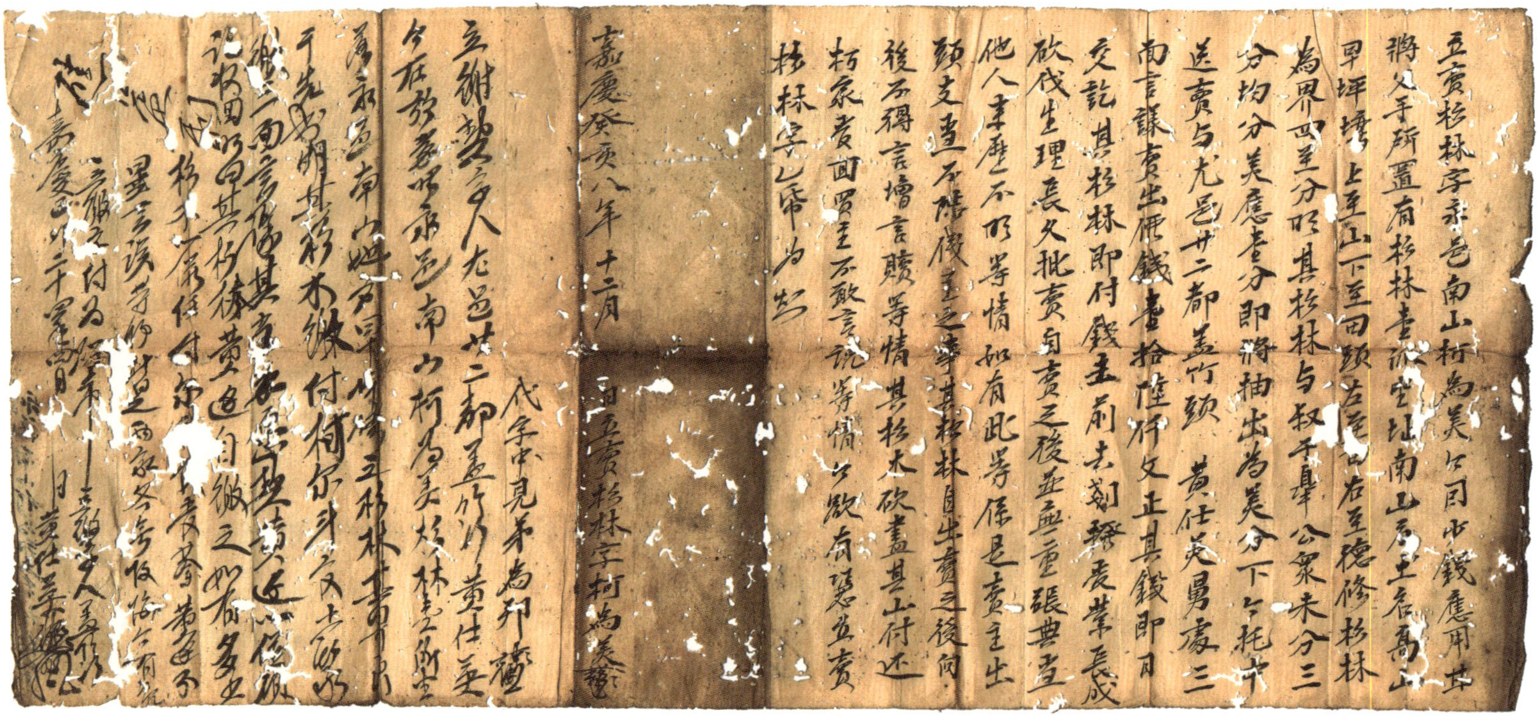
立賣杉林字永邑南山柯爲美今因中錢應用，甘
將父手所置有杉林壹派，坐址南山后土名高山
早坪墩，上至山，下至田，左至□，右至德修杉林
爲界，四至分明。其杉林与叔干單公衆未分，三
分均分，美應壹分，即將抽出爲美分下之托中
送賣与本邑廿二都盖竹頭黄仕英舅處，三
面言議，賣出價錢壹拾陸仟文正，其錢即日
交訖，其杉林即付錢主前去劉發長業，長成
砍伐生理，長久批賣。自賣之後，並無重張典當
他人、來歷不明等情，如有此等，係是賣主出
頭支當，不踩錢主之事。其杉林自出賣之後，向
後不得言增言贖等情。其杉木砍盡，其山付还
柯家，賣回買主不敢言說等情。今欲有憑，立賣
杉林字一紙爲照。

嘉慶癸亥八年十二月　日立賣杉林字柯爲美（押）

代筆中見弟爲邦（押）

2-1-24-5　清嘉慶八年十二月柯爲美立賣杉林字

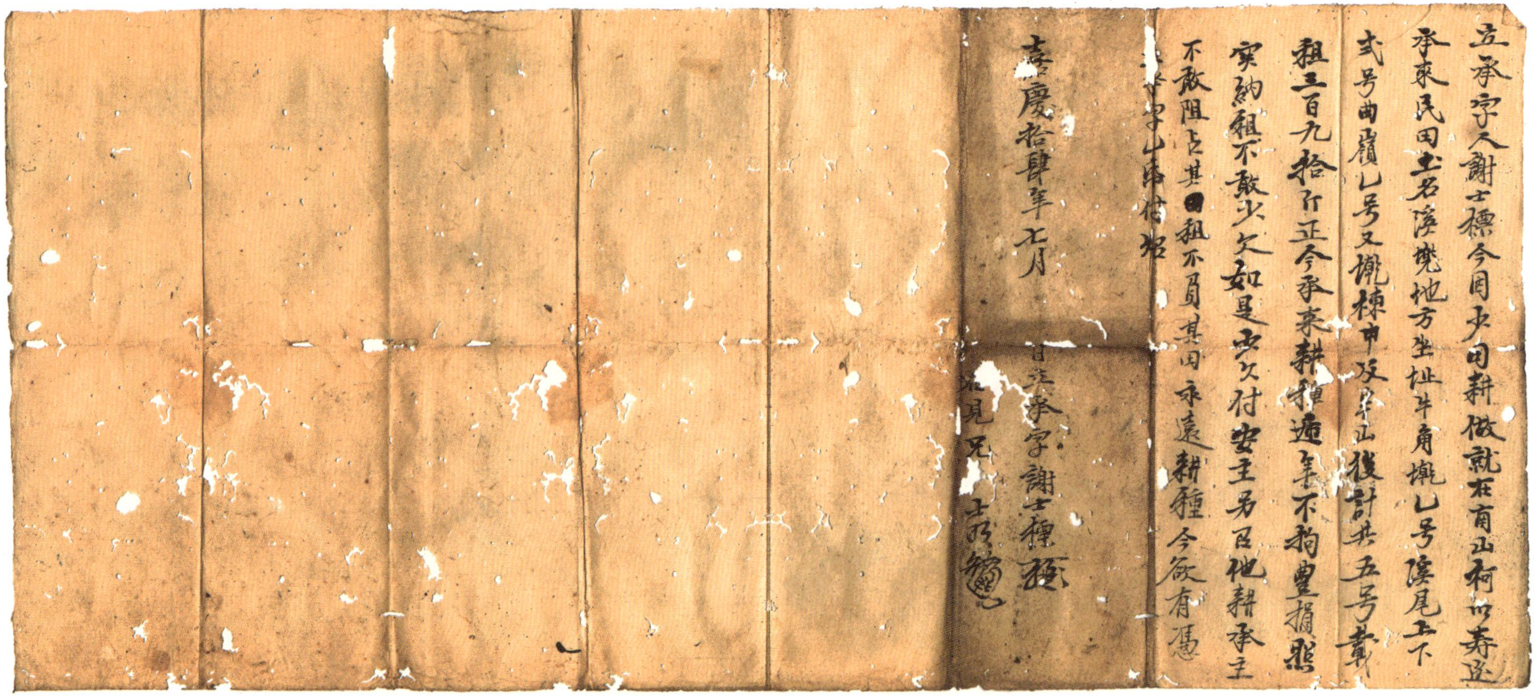
立承字人謝士標今因乏田耕做，就在南山柯□寿边承來民田土名溪墘地方，坐址牛角墘山另溪尾上下式号，曲嶺山另又墘棟中，及半山後，計共五号，載租三百九拾斤正。今承來耕種，逓年不拘豐歉，實納租不敢少欠。如是少欠，付安主另召他耕，承主不敢阻占。其田租不負，其田永遠耕種。今欲有憑，立承字山帋付照。

嘉慶拾肆年七月　日立承字謝士標（押）

在見兄　士□（押）

2-1-24-6　清嘉慶十四年七月謝士標立承民田字

2-1-25-1　包契紙

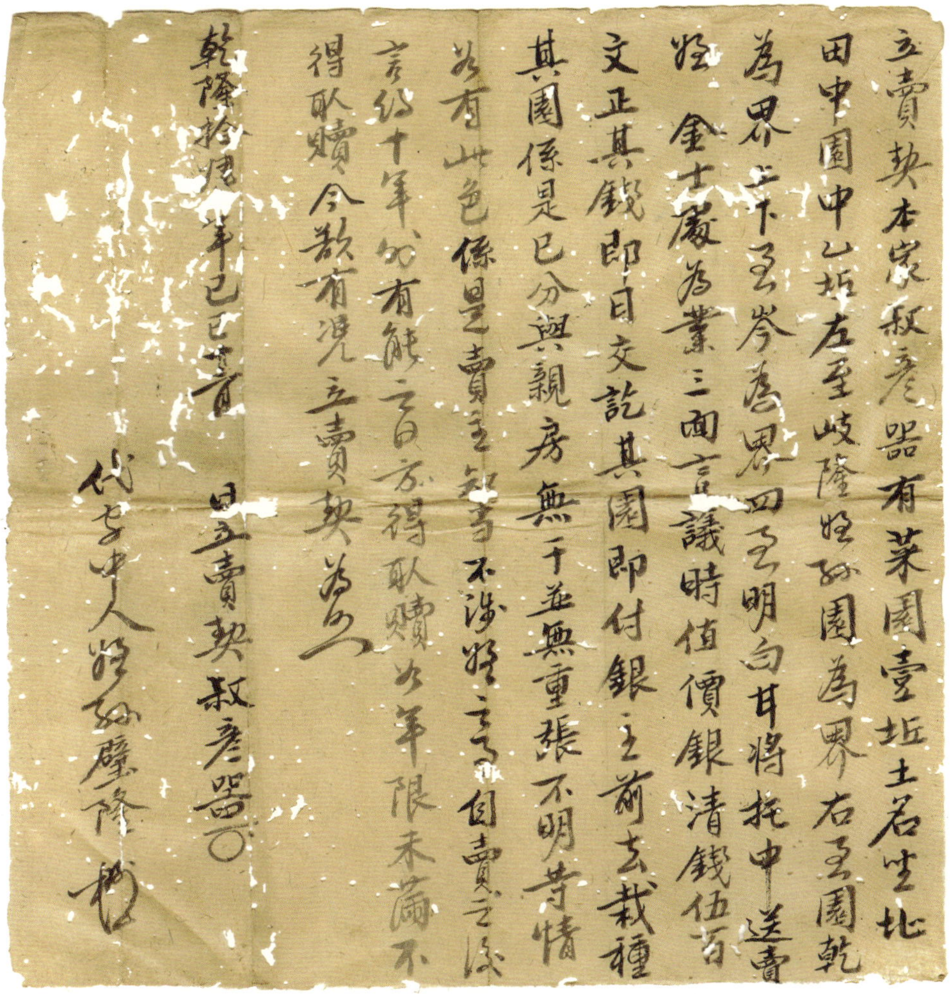
立賣契本家叔彥器有菜園壹坵土名坐北
田中園中心坵左至岐隆姪孫園為界右至園乾
為界上下至岑為界四至明白甘將托中送賣
姪 金士處為業三面言議時值價銀清錢伍百
文正其錢即日交訖其園即付銀主前去栽種
其園係是已分與親房無干並無重張不明等情
如有此色係是賣主知當不涉姪之事自賣之後
言約十年外有能言方得取贖以年限未滿不
得取贖今欲有憑立賣契為照
乾隆拾肆年己巳拾貳月 日立賣契叔彥器○
代書中人姪孫歷隆 押

2-1-25-2 清乾隆十四年十二月柯彥器立賣菜園契

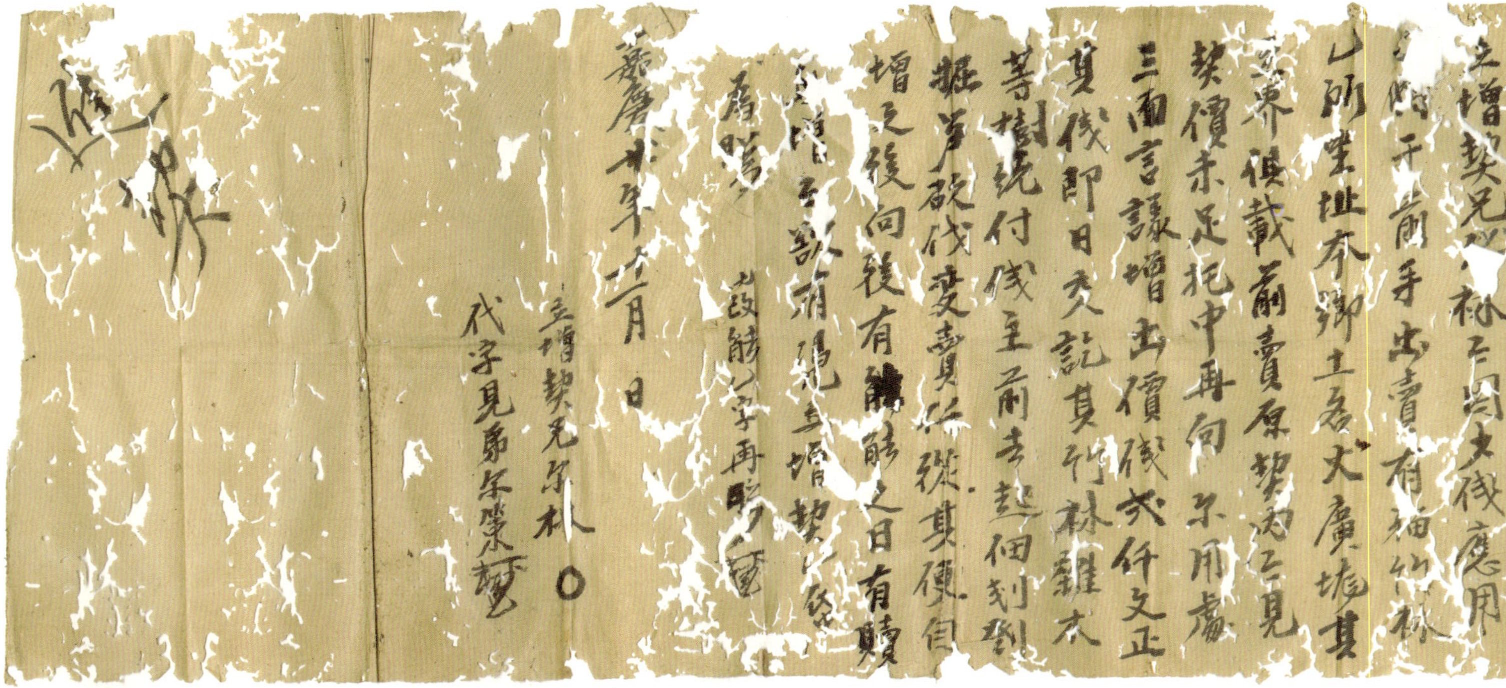

2-1-25-3　清嘉慶二十年十一月柯尔林立增猫竹林契

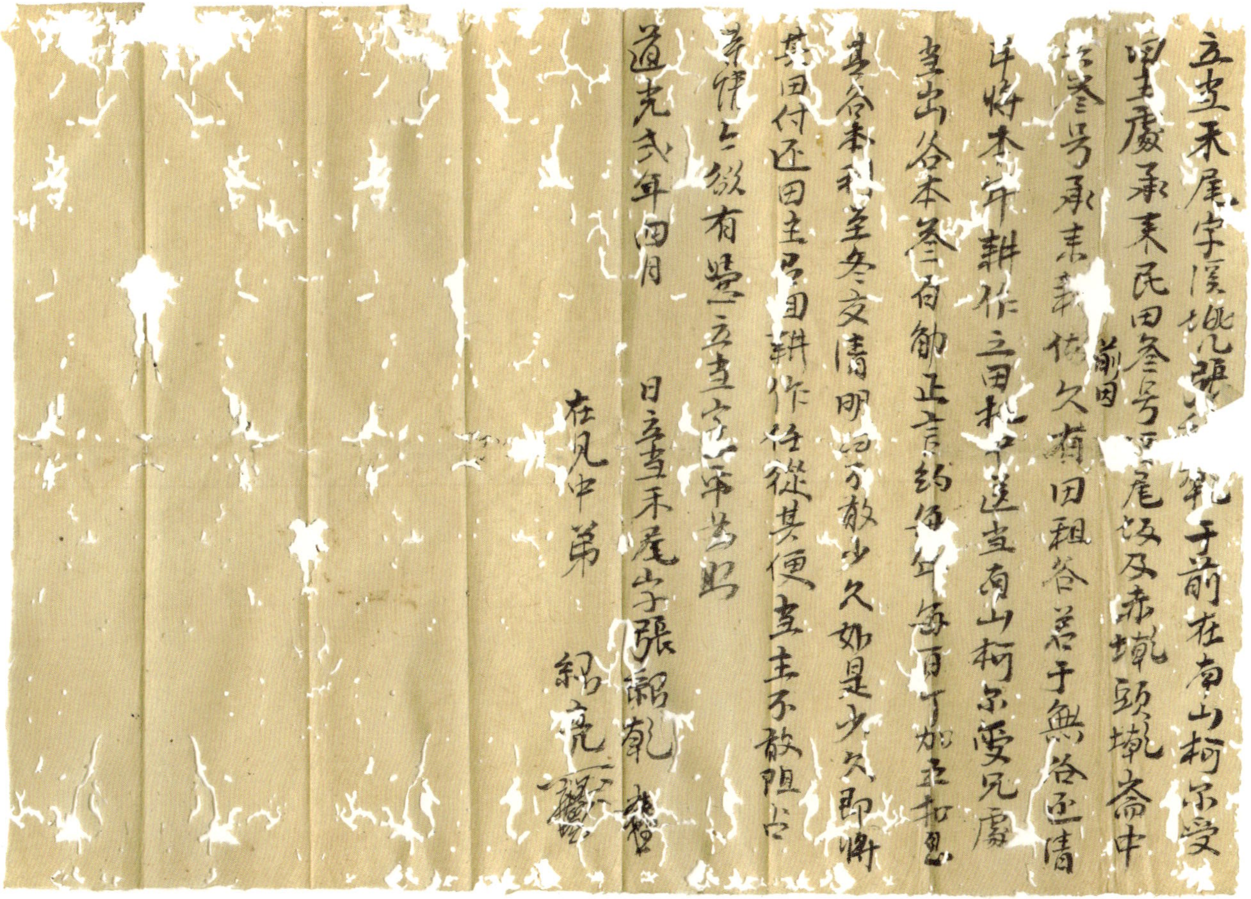

立當禾尾字溪坑張紹乾，于前在南山柯宗受
甲主處承来民田叁号，土名尾坂及赤墈頭墈斋中
前田叁号承来耕作，欠有田租谷無谷還清，
情願將禾并耕作之田托中送還南山柯宗受兄處
當出谷本叁佰觔正，言約每年每百觔加五和息，
其谷本利至冬交清明白，不敢少欠，如是少欠，即將
其田付还田主另田耕作，任從其便，當主不敢阻占。
恐口無憑，立當字一紙為照。
道光弍年四月 日立當禾尾字張紹乾（押）
在見中弟 紹亮（押）

2-1-25-4 清道光二年四月張紹乾立當禾尾字

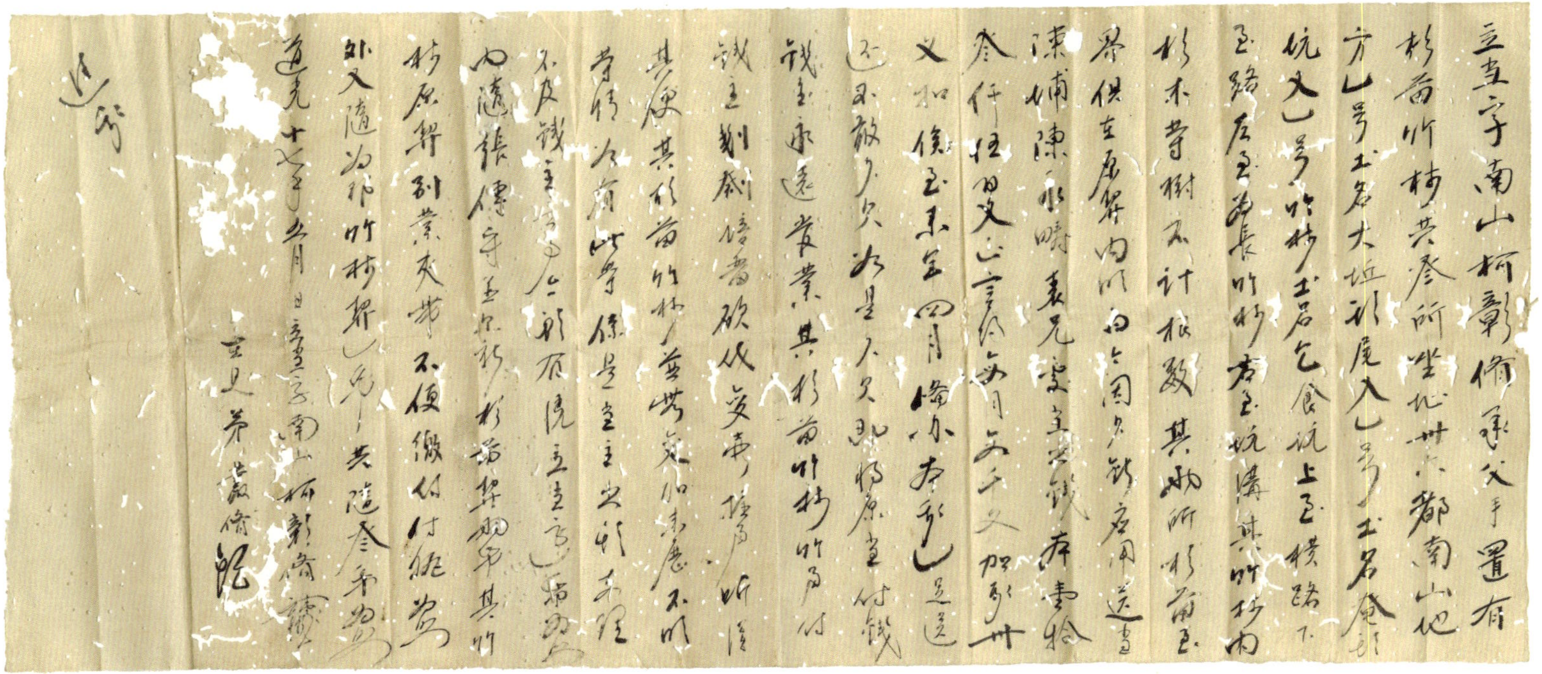

2-1-25-5　清道光十七年五月柯彰脩立當杉苗等字

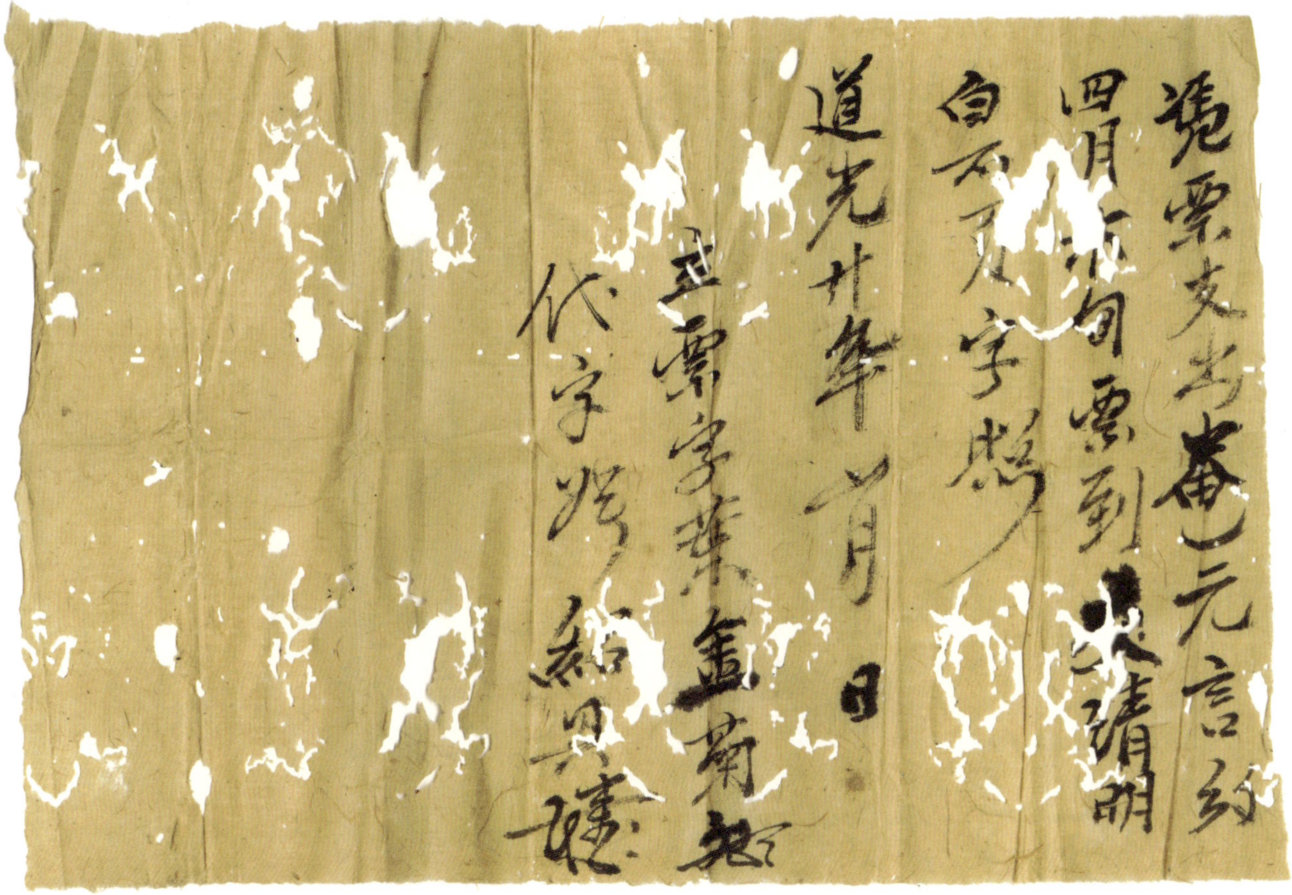

2-1-25-6 清道光二十年四月葉金菊立支番凴票

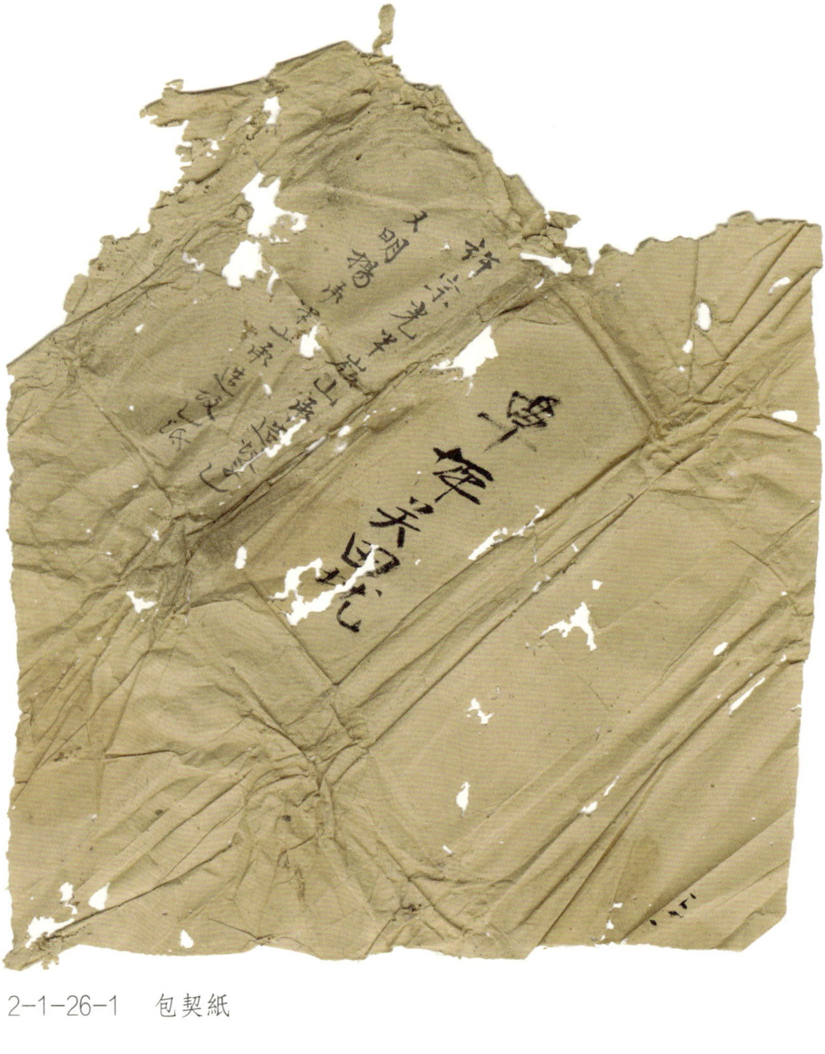

2-1-26-1　包契紙

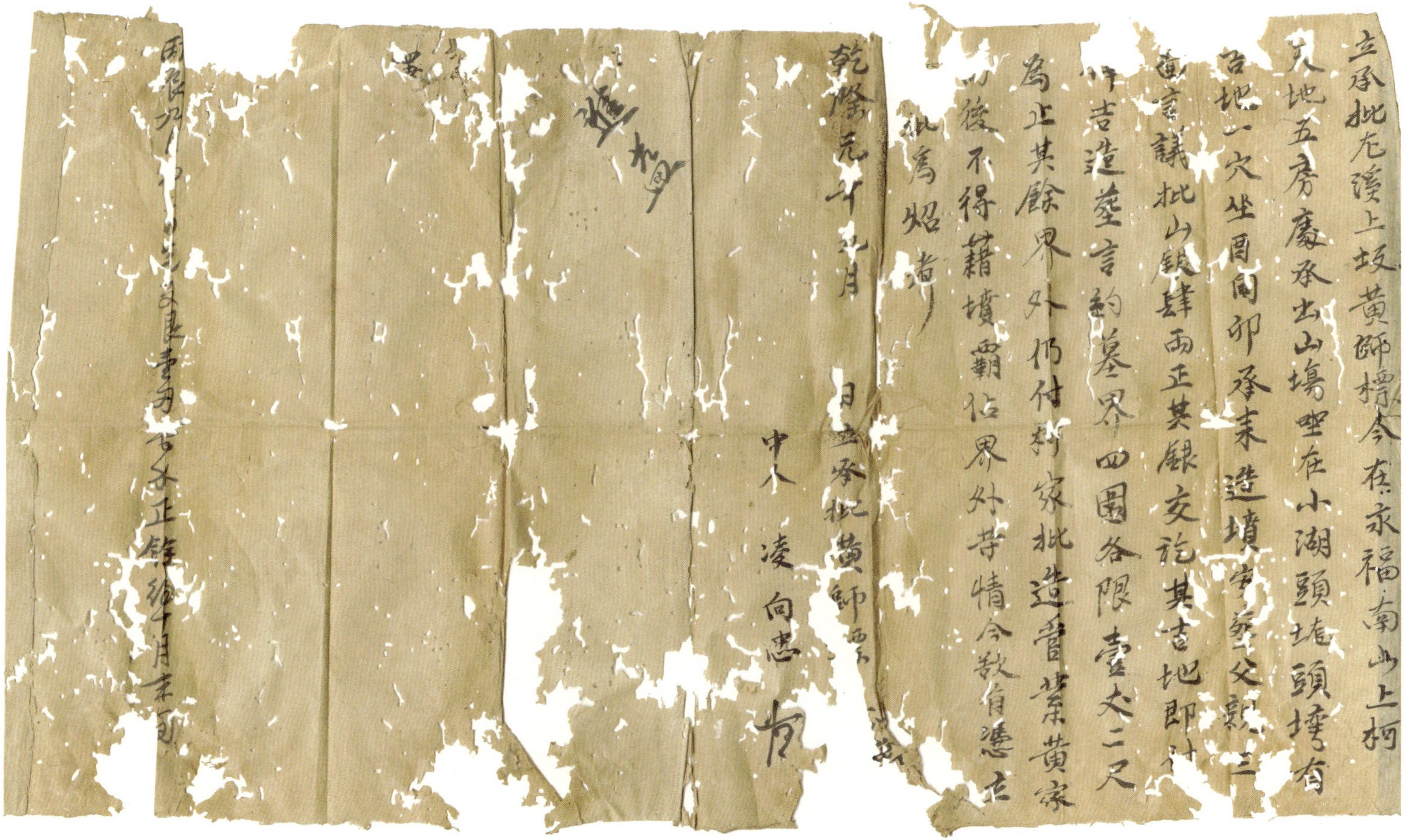
立承批尤溪上坂黄師標今在永福南山上柯
天地五房處承出山場坐在小湖頭墘頭壙有
吉地一穴坐酉向卯承來造墳葬父親三
面言議批山銀肆兩正其銀交訖其吉地即付
師吉造塋言約墓界四圍各限壹丈二尺
為止其餘界外仍付柯家批造管業黄家
日後不得藉墳霸佔界外等情今欲有憑立
批爲照者
乾隆元年九月　日立承批黄師標
中人　凌向忠
[illegible]
[illegible]正館[illegible]月[illegible]

2-1-26-2　清乾隆元年九月尤溪黄師標立承批税山字

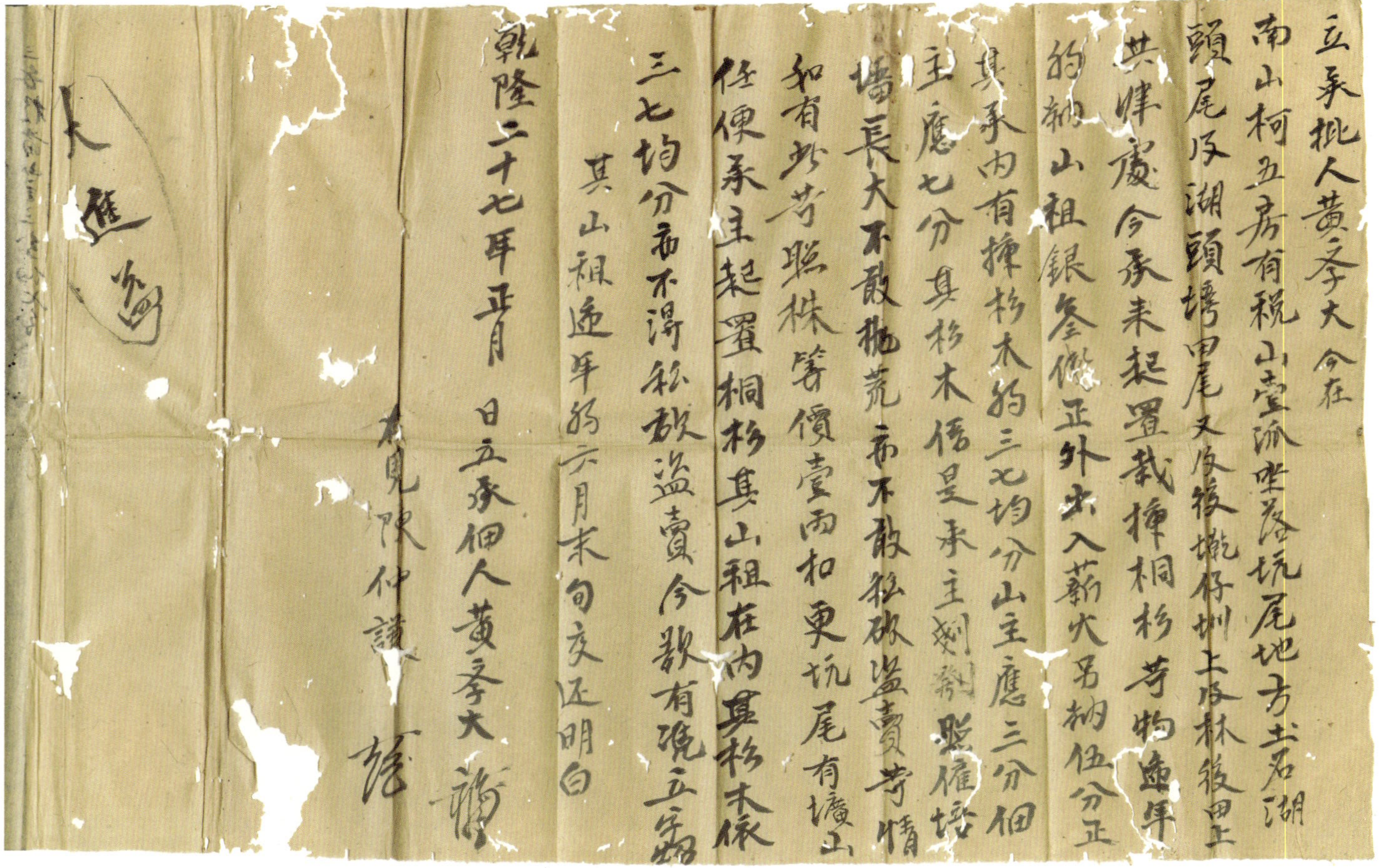

立承批人黄孝大今在
南山柯五房有税山壹派坐落坑尾地方土名湖
頭尾及湖頭墻田尾又及後墘仔圳上及林後田上
共肆處今承来起買栽插桐杉芽物逐年
的納山租銀叁錢正外出入薪火另納伍分正
其承内有插杉木約三七均分山主應三分佃
主應七分其杉木俱是承主剗照權培
墻長大不敢抛荒亦不敢私砍盗賣等情
如有此等照株等價壹兩和吏坑尾有墻山
任便承主起買桐杉其山租在内其杉木依
三七均分亦不得私砍盗賣今欲有憑立字爲
　其山租逐年約六月末旬交还明白
乾隆二十七年正月　日立承佃人黄孝大（押）
　在見　陳仲謙（押）

2-1-26-3　清乾隆二十七年正月黄孝大立承批税山字

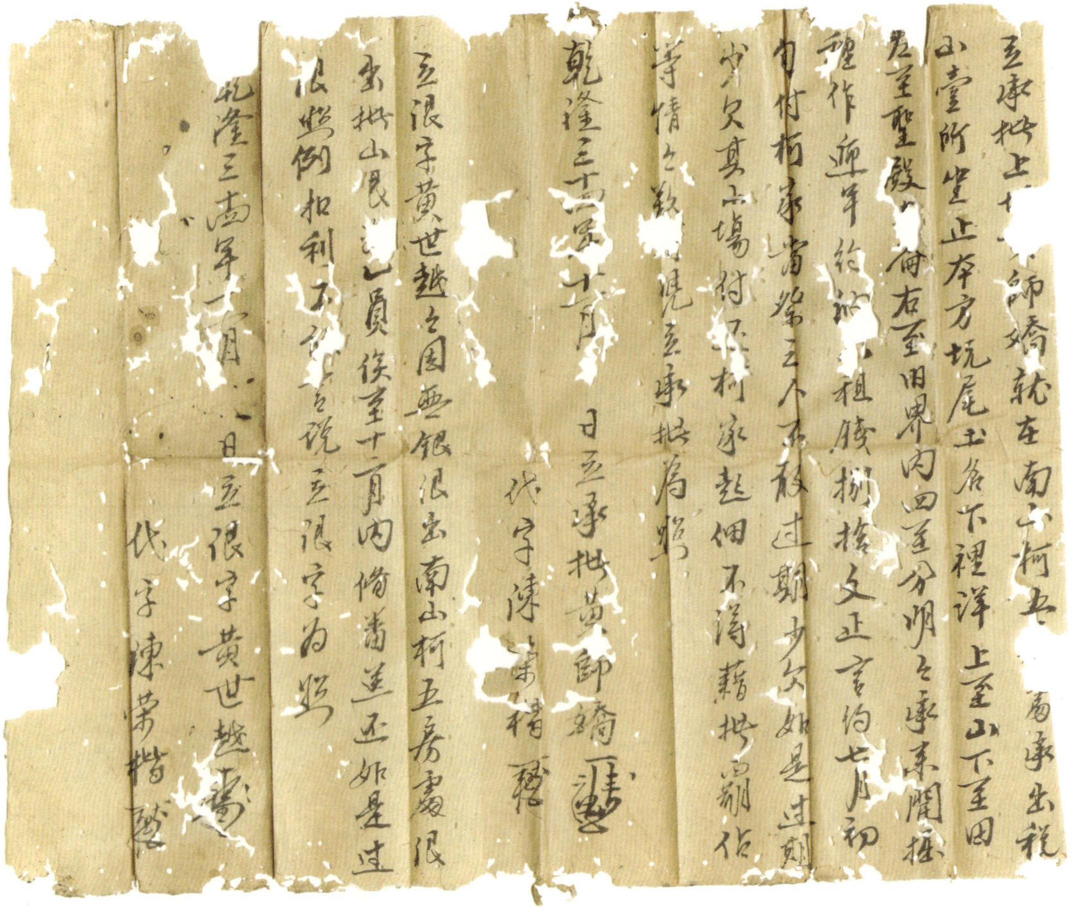

立承批上[illegible]師嬌就在南山柯五[illegible]房承出稅
山壹所，坐址本方坑尾，土名下裡洋，上至山，下至田，
左至壟[illegible]，右至田界，內四至分明。今承來開墾
種作，逐年約[illegible]祖錢捌拾文正，言約七月初
一日付柯家當[收]，云不敢過期少欠。如是過期
少欠，其山場付[還]柯家起佃，不得藉批霸佔
等情。今欲[有]憑，立承批為照。
乾隆三十四年十一月　日立承批黃師嬌（押）
代字陳[荣]楷（押）

立限字黃世越，今因無銀，限出南山柯五房處限
出批山銀[illegible]員，限至十一月內備清送還。如是過
限，照例加利，不敢[異]說。立限字為照。
乾隆三十四年十一月　日立限字黃世越（押）
代字陳荣楷（押）

2-1-26-4　清乾隆三十四年十一月尤溪黃師嬌立承批稅山字

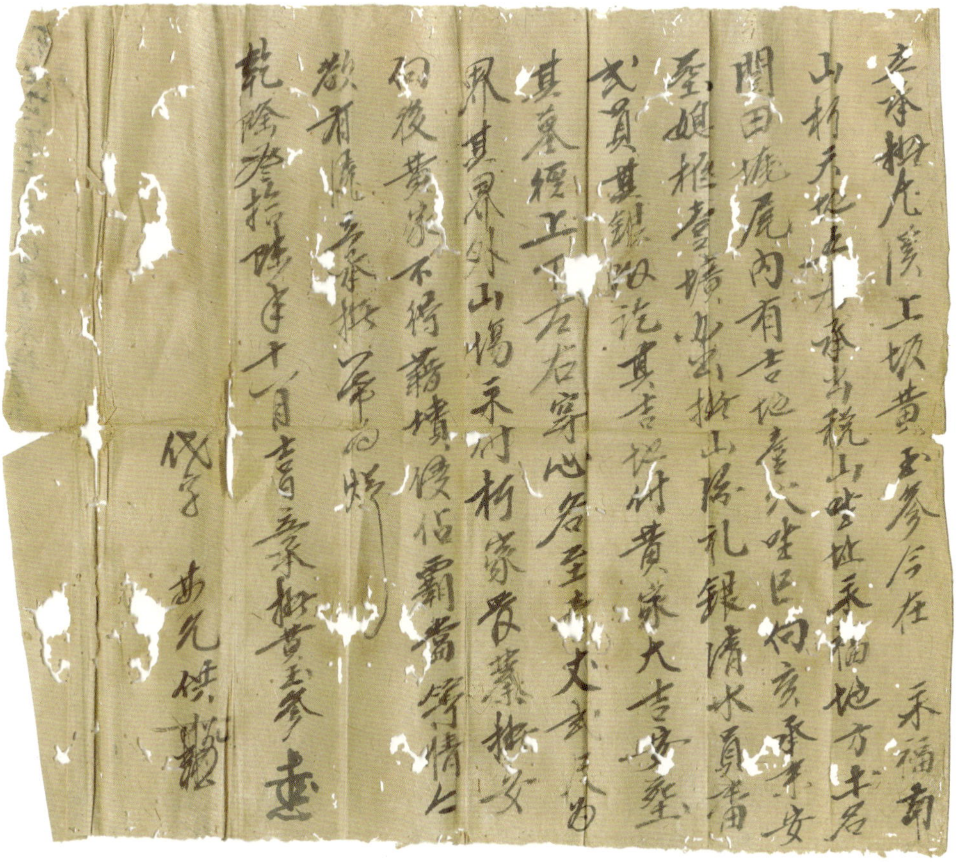

立承批尤溪工坂黄玉参，今在永福南
山柯天地[illegible]承出税山壹址，永福地方土名
闊田垅尾内有吉地壹穴，坐巳向亥，承来安
塋媳柩壹墳。出批山路礼银清水員當
式員，其银收訖，其吉地付黄家大吉安塋。
其墓[illegible]上下左右穿心各至[illegible]丈[illegible]為
界，其界外山場永付柯家管業。批安
向後黄家不得藉墳侵佔霸當等情。今
欲有憑，立承批一帋為炤。
乾隆叁拾陆年十一月　吉日　立承批黄玉参（押）
代字　[illegible]元鑌（押）

2-1-26-5　清乾隆三十六年十一月尤溪黄玉參立承批山場字

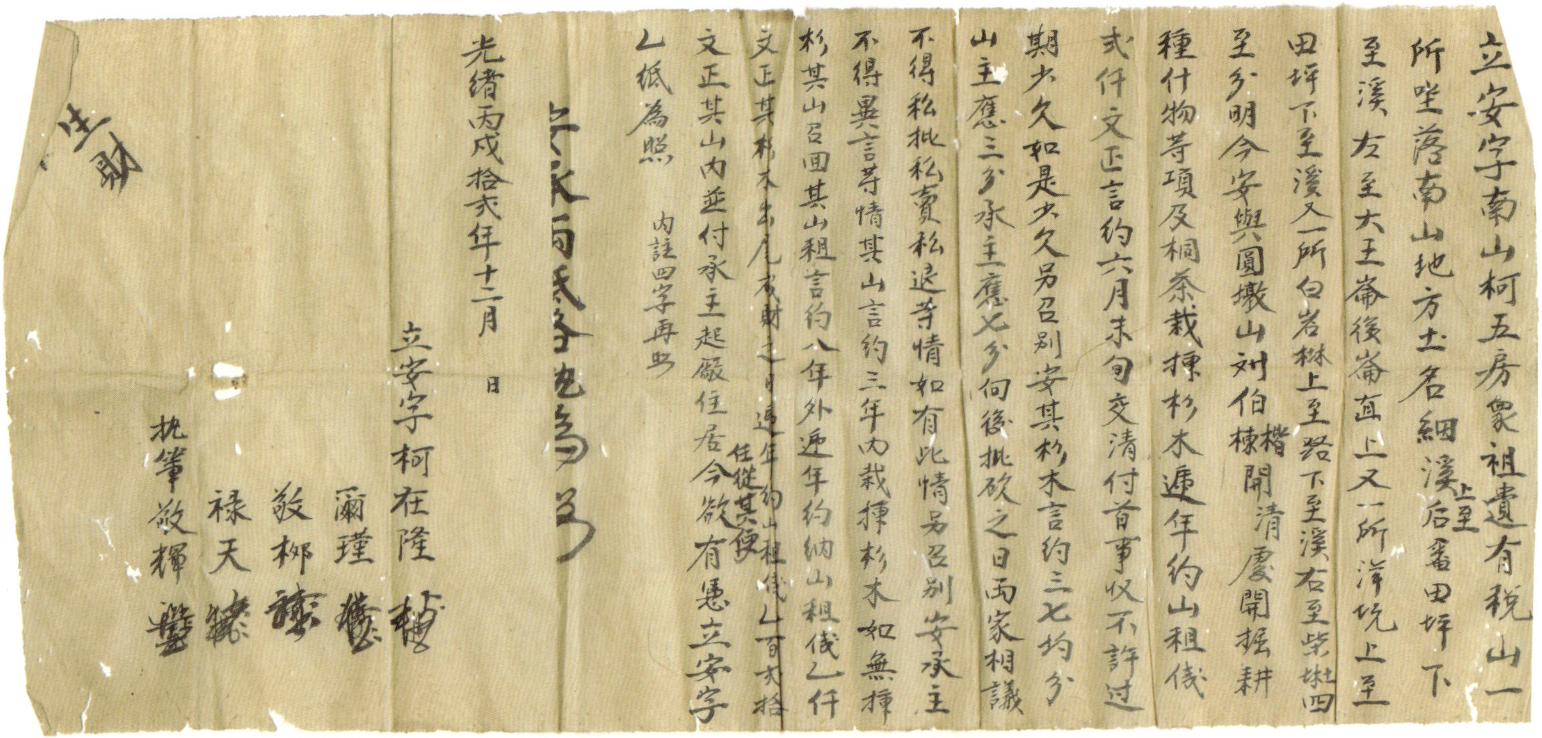

立安字南山柯五房衆祖遺有稅山一
所坐落南山地方土名細溪后上至番田坪下
至溪左至大王崙後崙直上又一所洋坑上至
田坪下至溪又一所白岩林上至路下至溪右至柴堆四
至分明今安與圓墩山对伯棟楷開清慶開掘耕
種什物等項及桐荼栽揷杉木逓年約山租伐
式仟文正言約六月末旬交清付首事收不許过
期少欠如是少欠另召別安其杉木言約三七均分
山主應三分承主應七分向後批砍之日兩家相議
不得私批私賣私退等情如有此情另召別安承主
不得異言等情其山言約三年內栽揷杉木如無揷
杉其山召回其山租言約八年外逓年約納山租伐乙仟
文正其杉木未見成財之日逓年約山租伐乙百式拾
文正其山內並付承主起厰住居任從其便今欲有憑立安字
乙紙為照　内註四字再照

[illegible]

光緒丙戌拾式年十二月　日

立安字柯在隆
爾瑾
敍柳
祿天
执筆敍輝

2-1-26-6　清光緒十二年十二月南山柯氏五房立安稅山字

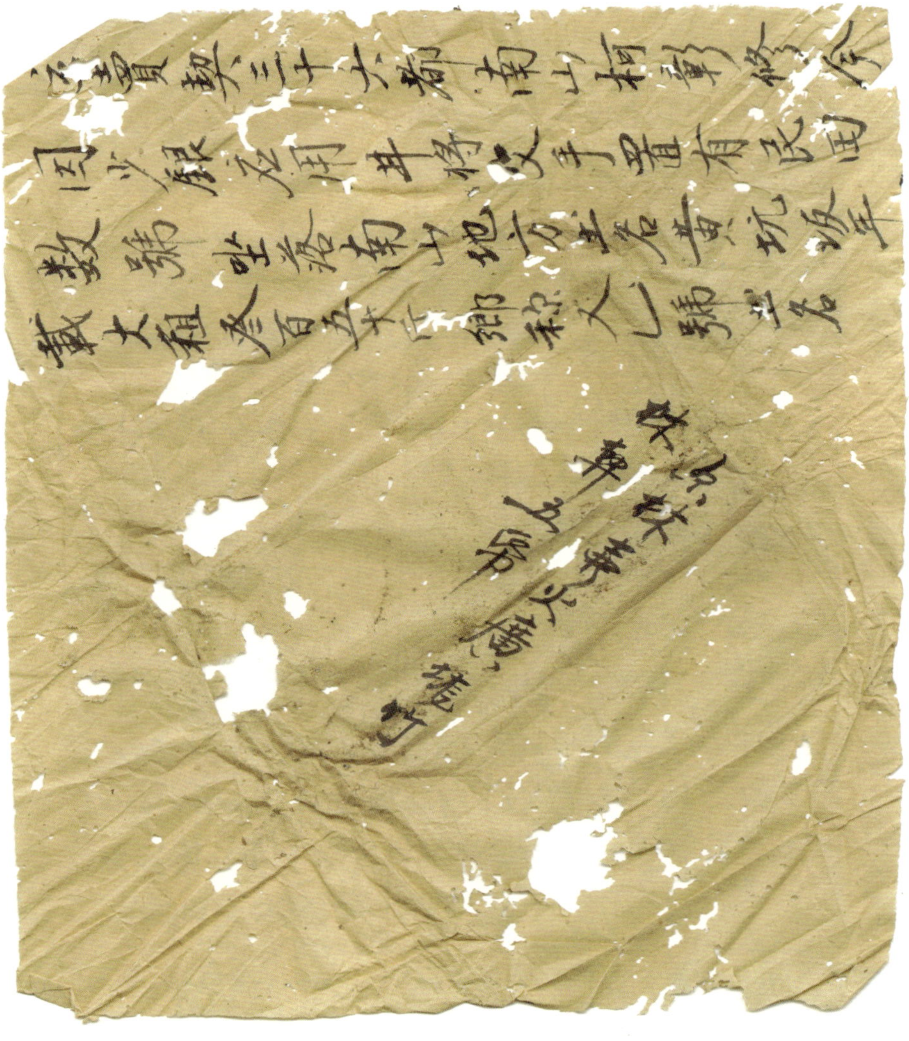
立賣契人三十六都南山柯彰修今
因少銀應用承得父手置有民田
數號坐落南山地方土名黃坑坂
載大租叁石五斗正鄉秤人一號土名

2-1-27-1　包契紙（草契）

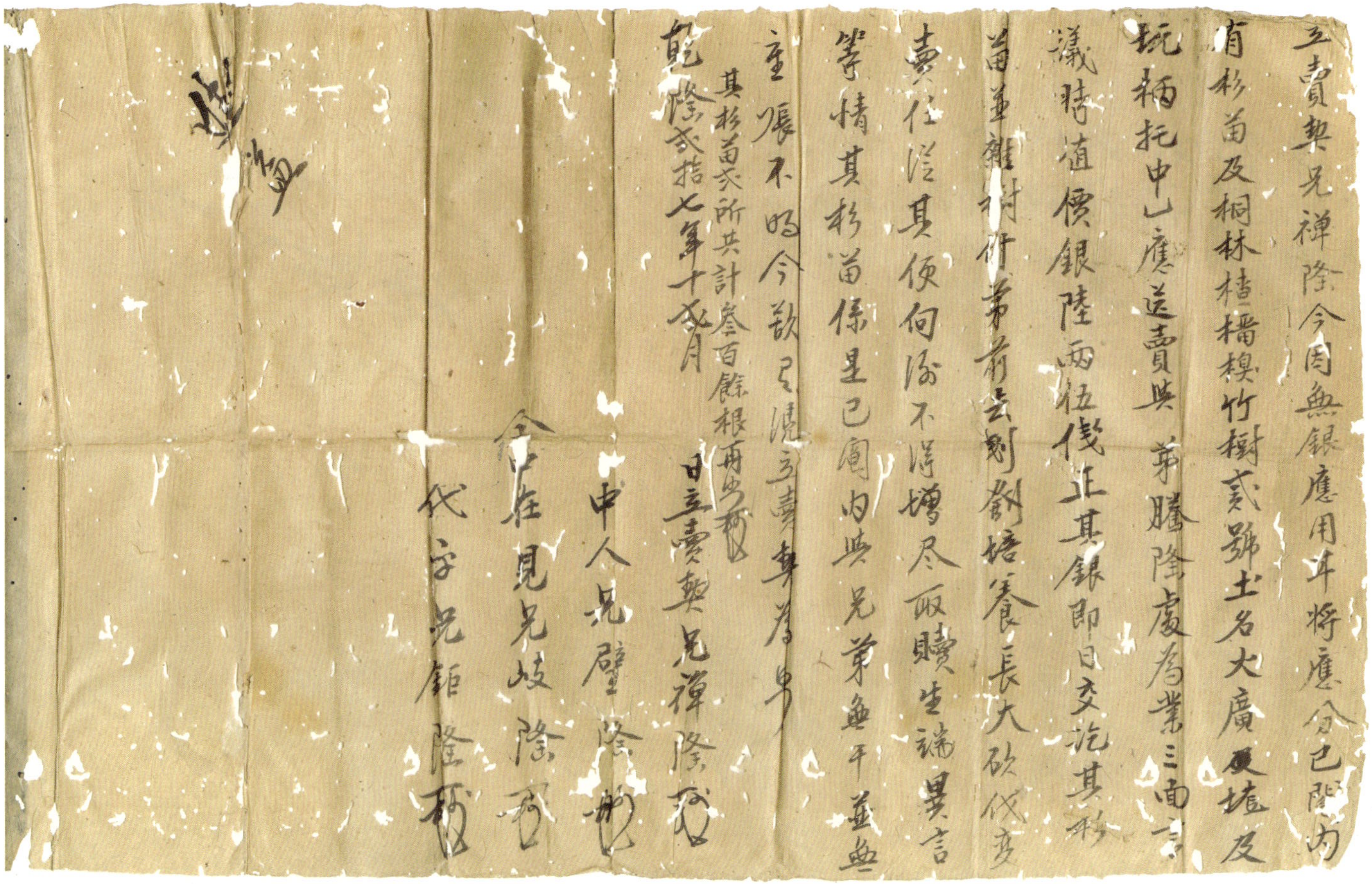
立賣契兄禪隆，今因無銀應用，母將應分己闘內
有杉苗及桐林樟櫧模竹樹，貳號土名大廣更墘及
坑柄，托中山塵送賣與 弟騰隆、慶爲、業三面言
議，時值價銀陸兩伍錢正。其銀即日交訖，其杉
苗并雜樹併弟前去剷劉培養長大砍伐，变
賣任從其便，向後不得增尽取贖生端異言
等情。其杉苗係是己闘內與兄弟無干，並無
重張不明。今欲有憑，立賣契為照。
其杉苗大所共計叁百餘根再照。
乾隆貳拾七年十弍月 日立賣契兄禪隆（押）
中人兄璧隆（押）
在見兄岐隆（押）
代字兄鉅隆（押）

2-1-27-2 清乾隆二十七年十二月柯禪隆立賣杉苗等契

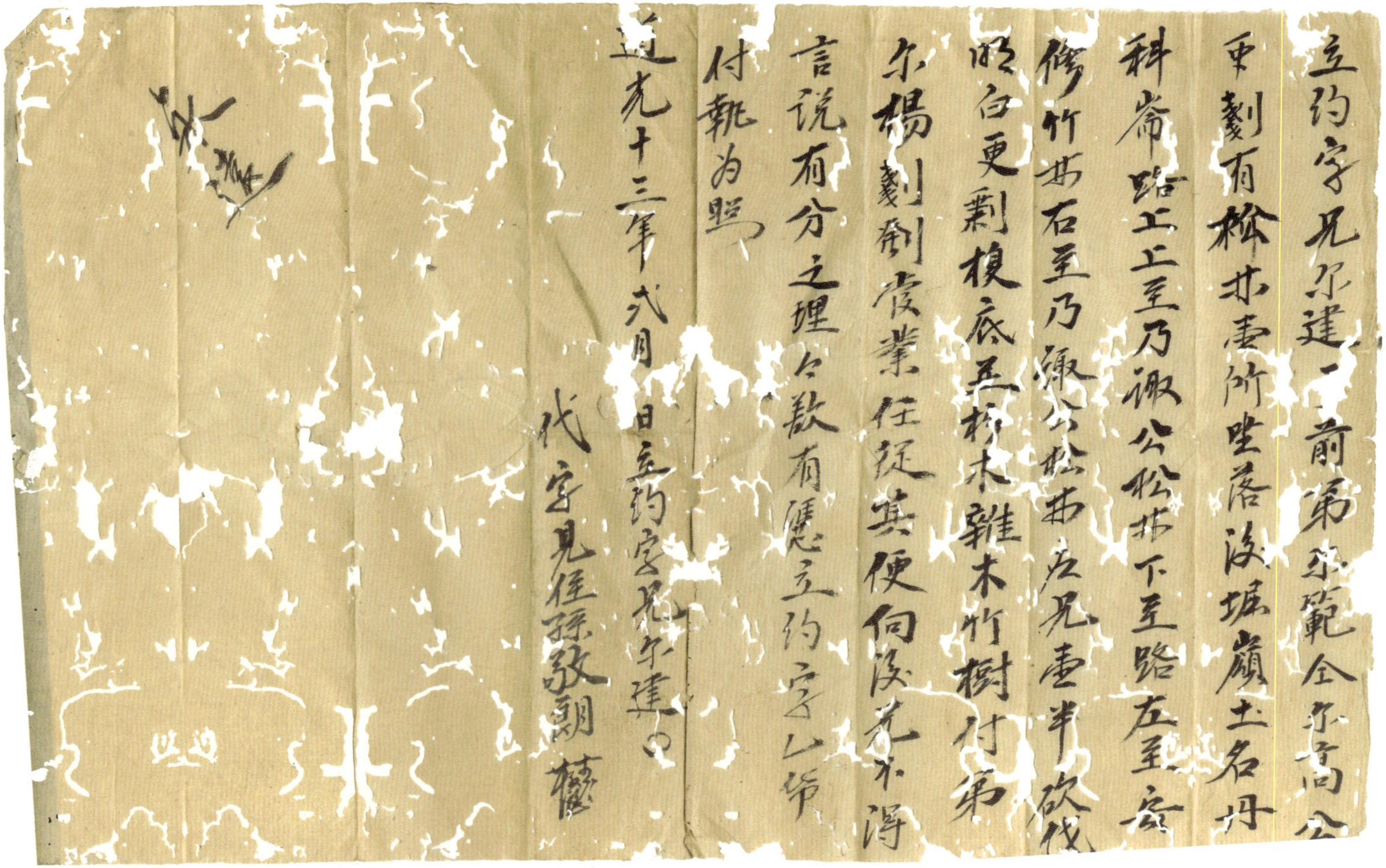
立约字兄尔建□前弟尔範仝尔高公
東劃有松林壹所坐落後垅嶺土名丹
科崙路工上至乃敬公松林下至路左至安
修竹林右至乃敬公松林左兄壹半砍伐
照旧更剩根底並杉木雜木竹樹付弟
尔揚劃剷管業任從其便向後不得
言説有分之理今欲有憑立约字一紙
付執為照
道光十三年弍月　日立约字兄尔建○
代字見侄孫啟翮

2-1-27-3　清道光十三年二月柯尔建立約字

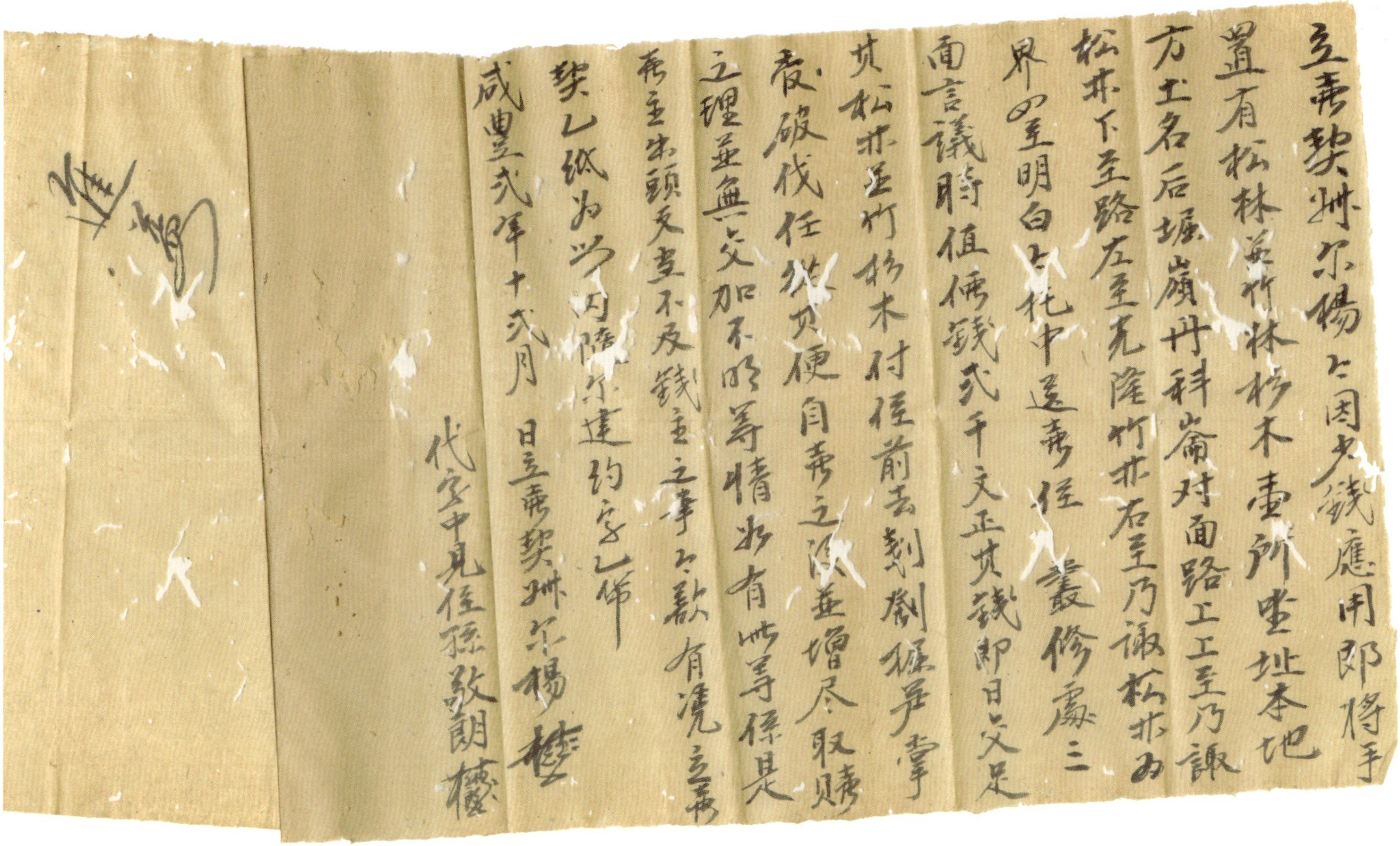
立賣契柯尔楊，今因乏錢應用，即將手
置有松林并竹林杉木壹所，坐址本地
方土名后壚嶺丹科崙，对面路，上至乃諏
松木，下至路，左至光隆竹木，右至乃諏松木為
界，四至明白，托中送賣任叢修處，三
面言議時值價錢弍千文正，其錢即日交足。
其松木并竹杉木付任前去割劉，推戶掌
管，砍伐任從其便，自賣之後，並增尽取贖
之理，並無交加不明等情，如有此等係是
賣主出頭支當，不及錢主之事，今欲有憑，立賣
契乙紙為照，內隨尔建約字乙帋。
咸豐弍年十弍月 日立賣契柯尔楊
代字中見侄孫致朗

2-1-27-4 清咸豐二年十二月柯尔楊立賣松林等契

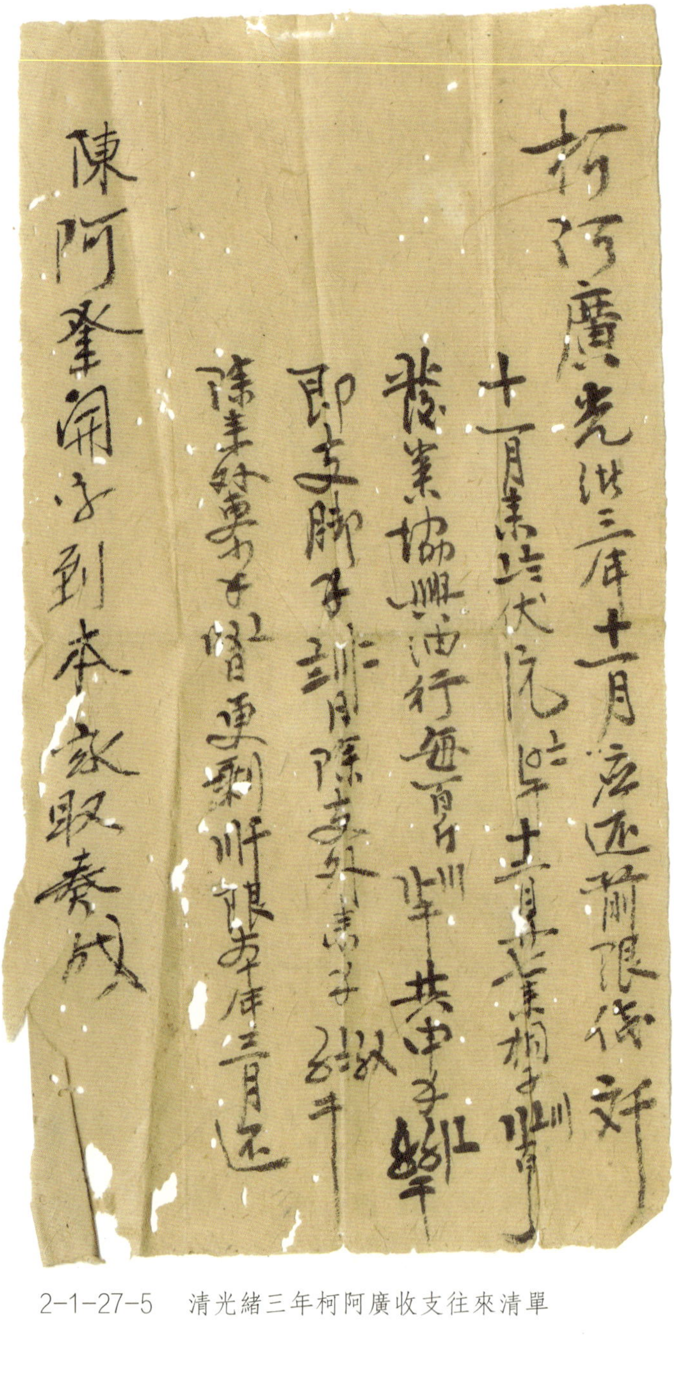

柯阿廣光緒三年十二月應還前限銀[illegible]
十一月來洋伏元[illegible]十二月[illegible]
發業協興油行每百斤[illegible]共[illegible]
即支腳子[illegible]
陳來好寒子[illegible]更剩[illegible]限本年十二月還
陳阿登開手到本家取奏成

2-1-27-5　清光緒三年柯阿廣收支往來清單

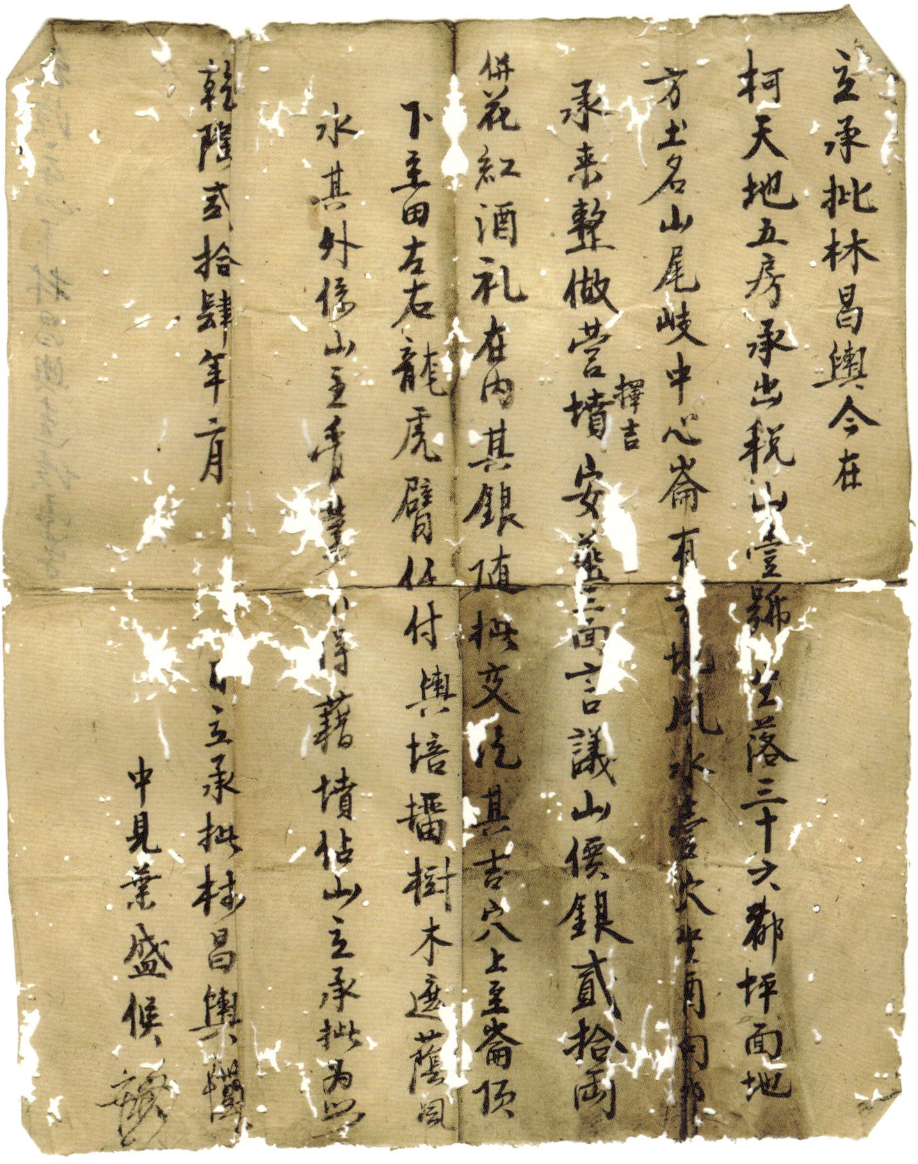

立承批林昌輿今在
柯天地五房承出稅山壹號，坐落三十六都坪面地
方土名山尾岐中心崙有吉地風水壹穴坐[illegible]向[illegible]
承來整做營墳，擇吉安葬。三面言議山價銀貳拾兩，
併花紅酒礼在內，其銀隨批交訖。其吉穴上至崙頂，
下至田，左右龍虎臂任付輿培播樹木遮蔭[illegible]
永。其外係山主管業，不得藉墳佔山。立承批為照。
乾隆貳拾肆年二月 日立承批林昌輿（押）
中見葉盛侯（押）

2-1-28-1　清乾隆二十四年二月林昌輿立承批稅山字

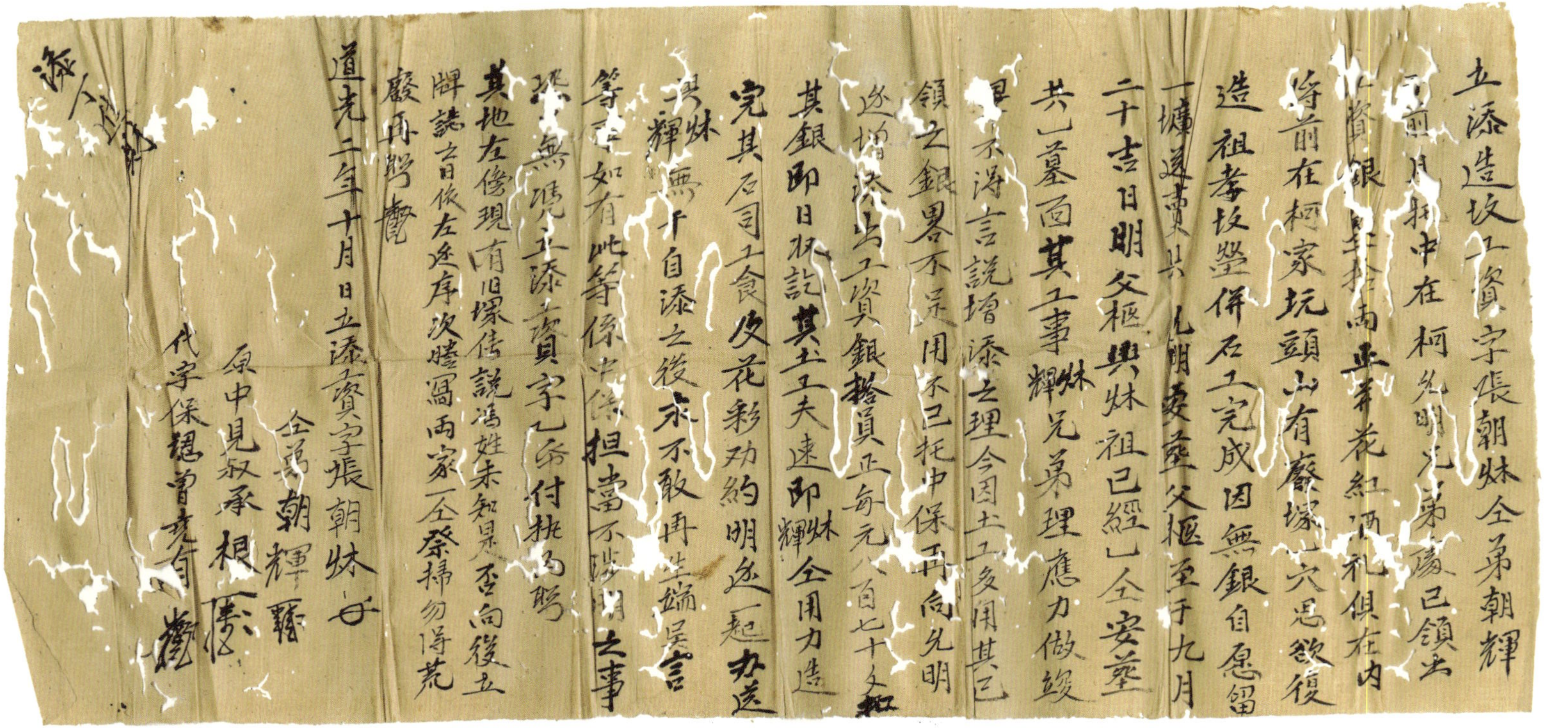

2-1-28-2　清道光二年十月張朝林等立添造墳工資字

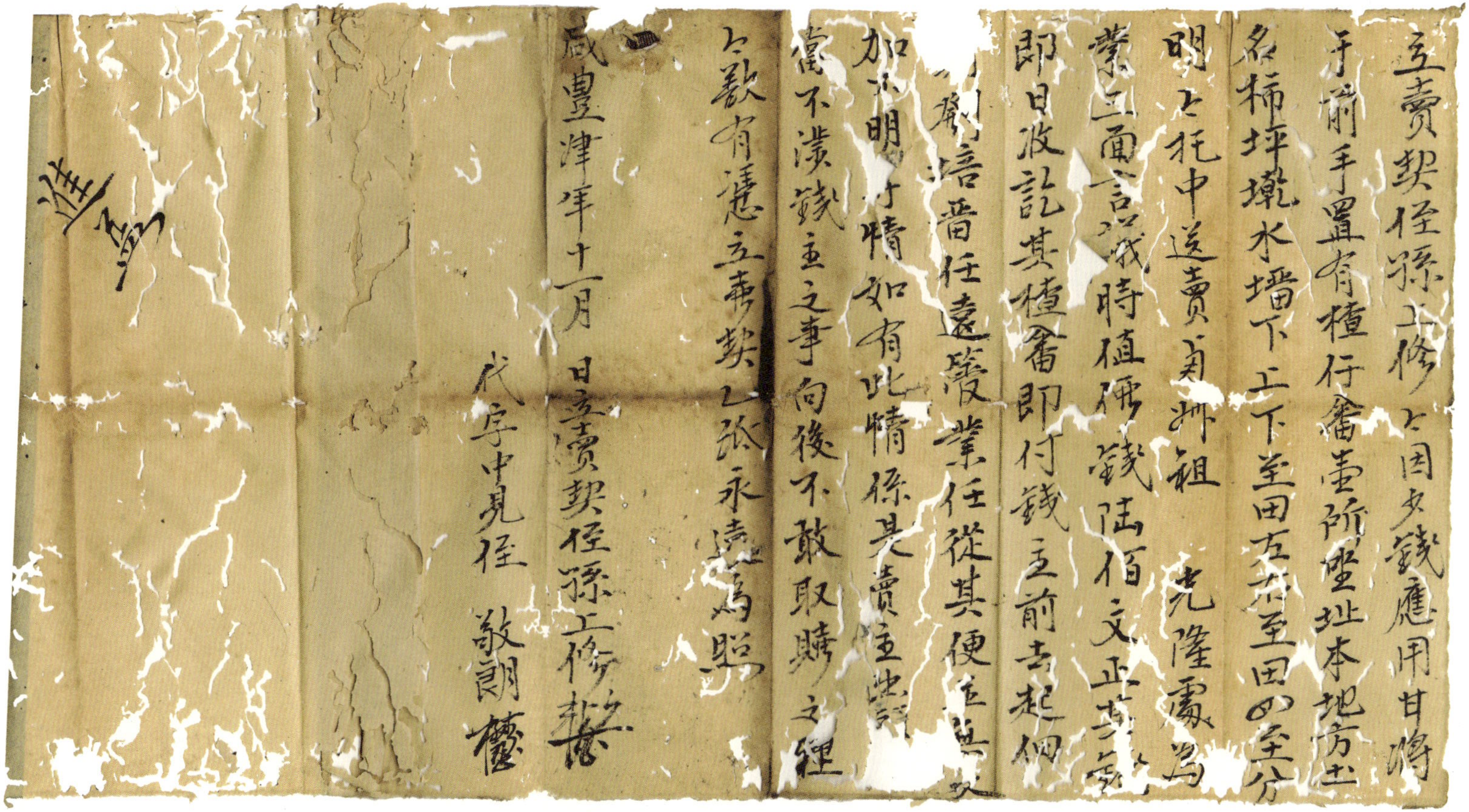
立賣契侄孫上修，今因乏錢應用，甘將
手前手置有楂仔畬壹所，坐址本地方土
名柿坪墘水墻下，上下至田，左右至田，四至分
明，今托中送賣與叔祖 光隆處為
業，三面言議時值價錢陸佰文正，其錢
即日收訖，其楂畬即付錢主前去起佃
割培晋任達發，業任從其便，在無
加找明情，如有此情，係是賣主出頭
當，不涉錢主之事，向後不敢取贖之理，
今欲有憑，立賣契一紙，永遠為照。
咸豐肆年十一月 日立賣契侄孫上修 押
代字中見侄 敬朗 押

2-1-28-3 清咸豐四年十一月柯上修立賣楂仔畬契

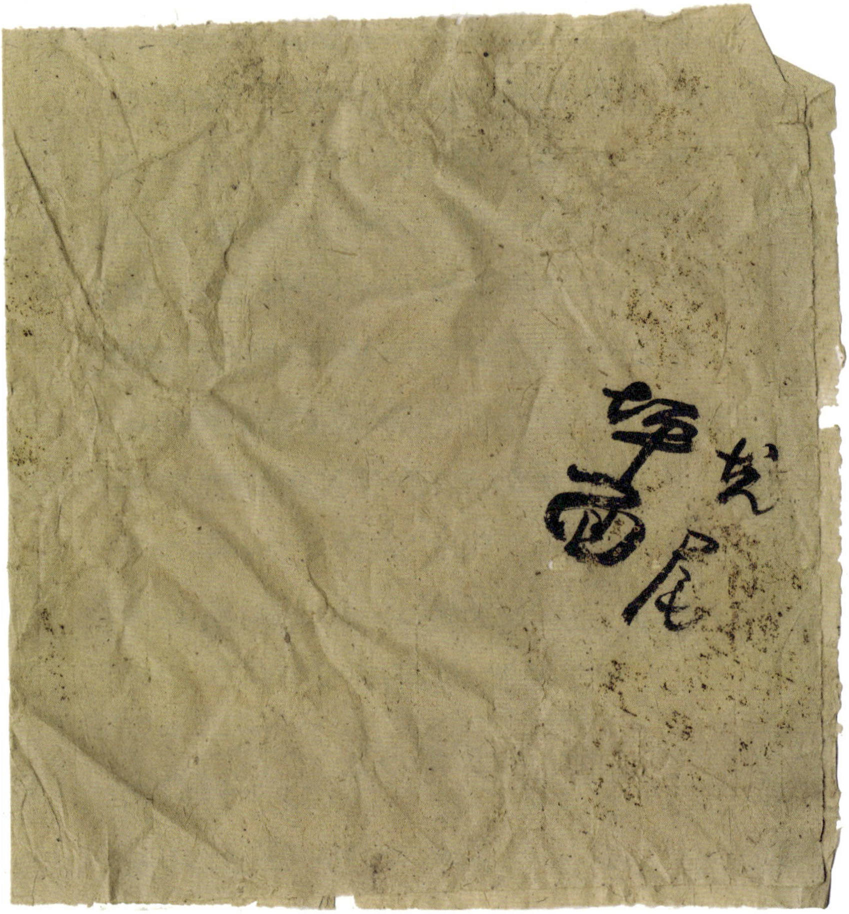

2-1-29-1　包契紙

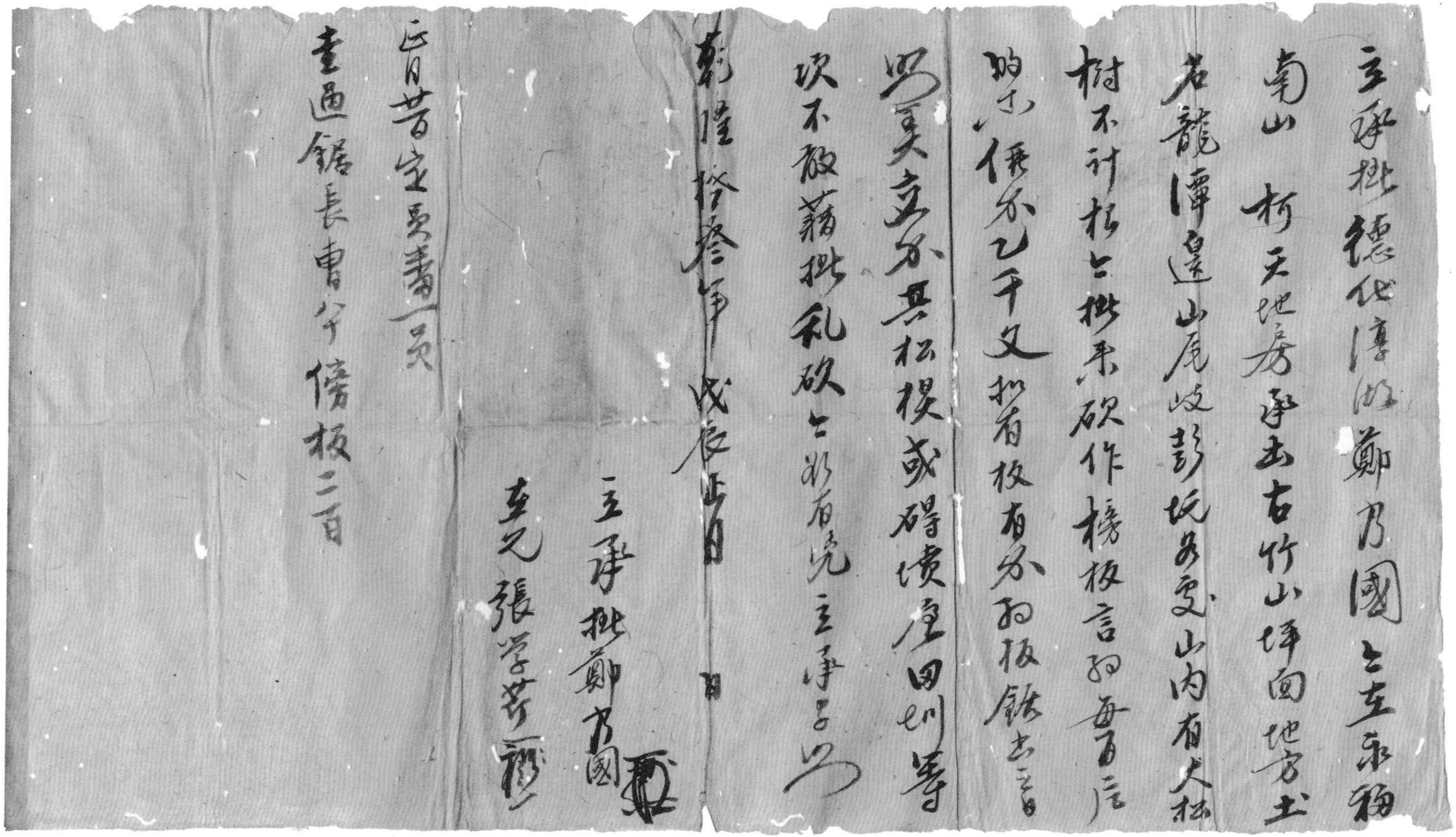

立承批德化淳湖鄭乃國，今在承
南山柯天池房承去古竹山坪面地方土
名龍潭邊山尾岐彭坑分定山内有大松
樹不計株，今批來砍作榜板，言約每百片
貼山係分乙千文，扣前板有分如板鋸去之日
照實交分，其松椇或碍墳塋田圳等
坎，不敢藉批亂砍，今欲有憑，立承字為照。
乾隆拾叁年戊辰正月　日
立承批鄭乃國
在見張学若
所有芦定五寸一尺
壹遍鋸長貳丈傍板二百

2-1-29-2　清乾隆十三年正月德化鄭乃國立承批坪面字

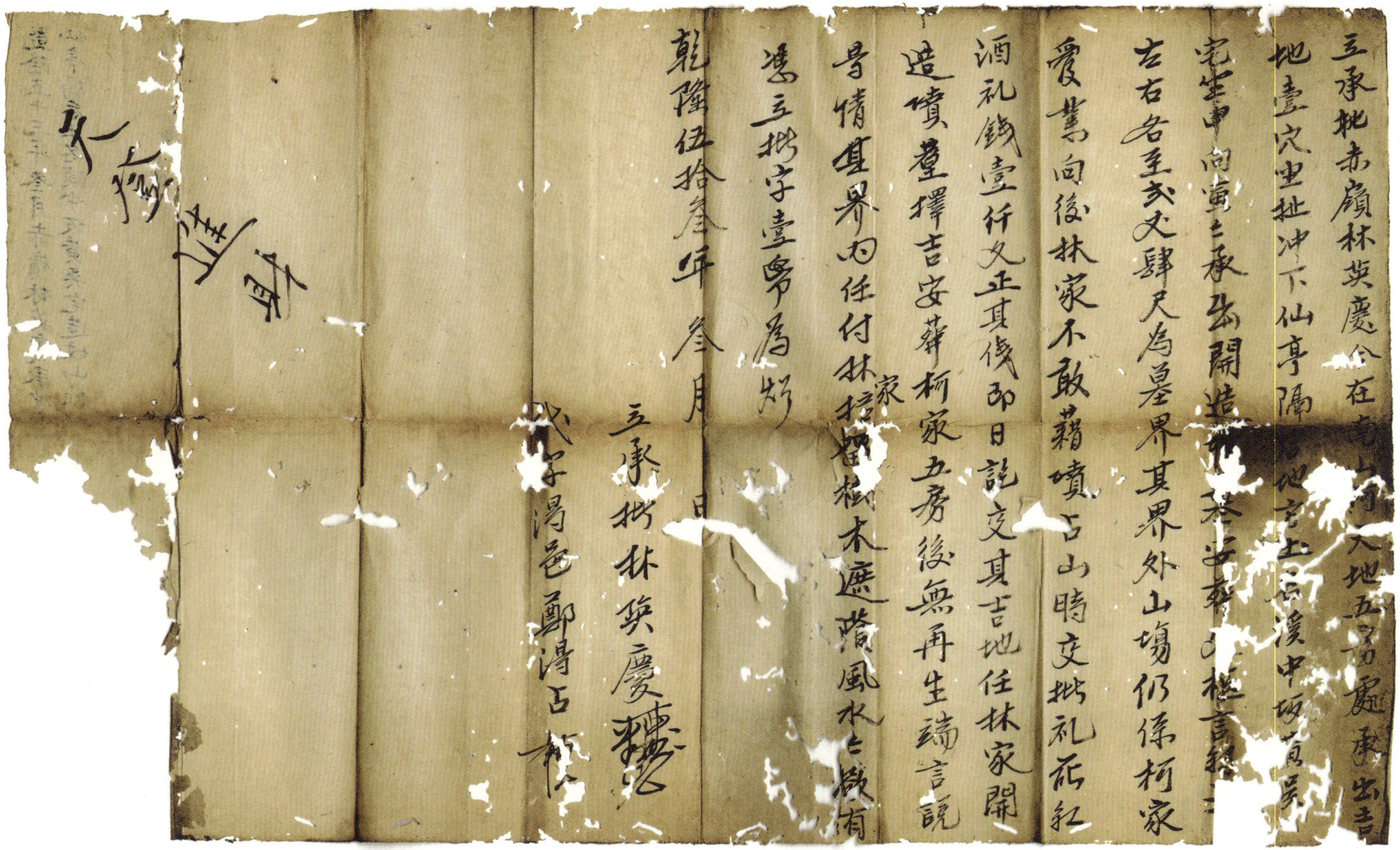
立承批赤嶺林英慶公在□山□入地五□□處，承出吉
地壹穴，坐址沖下仙亭隔□地□上□溪中坂□□
宅，坐申向寅之承，出開造□□□安葬□極吉穴
左右各至弍丈肆尺為墓界，其界外山場仍係柯家
管業，向後林家不敢藉墳占山。時交批礼莊紅
酒礼錢壹仟文正，其錢即日訖交，其吉地任林家開
造墳莹，擇吉安葬，柯家五房後無再生端言說
另情，其界內任付林家培植樹木遮蔭風水，□敢有
憑立批字壹帋為炤。
乾隆伍拾叁年冬月　日
立承批林英慶（押）
代字渴邑鄭渴古（押）

2-1-29-3　清乾隆五十三年十一月林英慶立承批吉地契

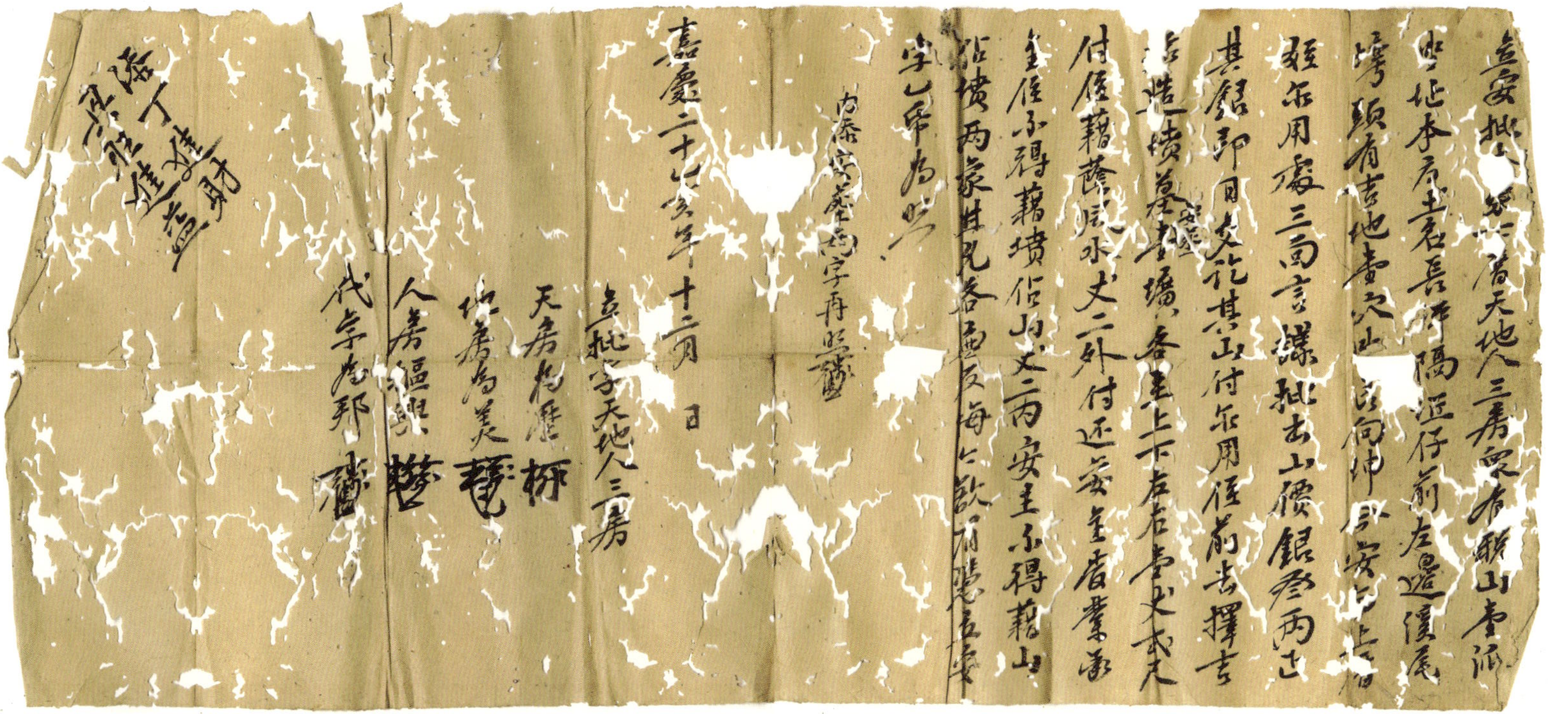

2-1-29-4　清嘉慶二十年十二月柯氏三房立安批稅山字

2-1-29-5　清道光元年十一月浙江范連三立承批炭木樹字

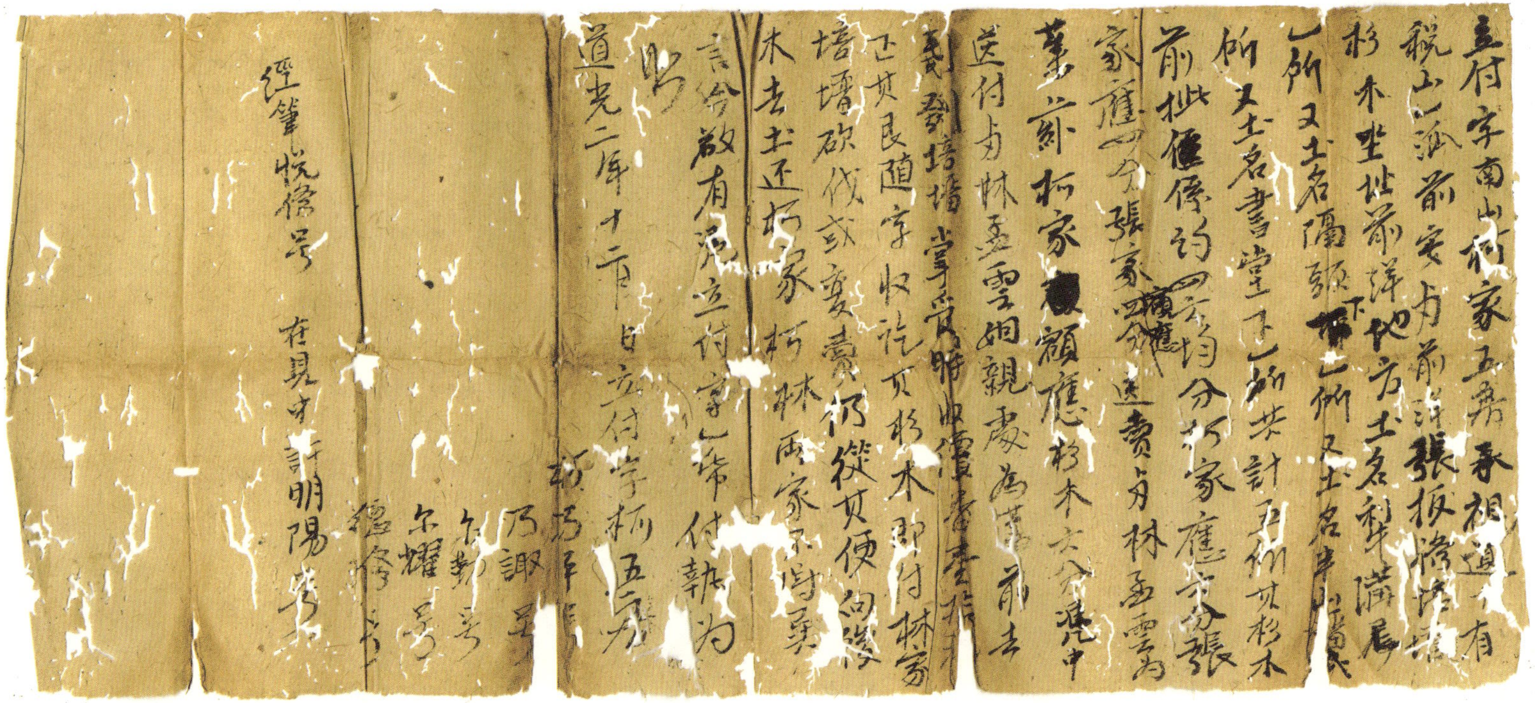

2-1-29-6 清道光二年十二月柯氏五房立付税山字

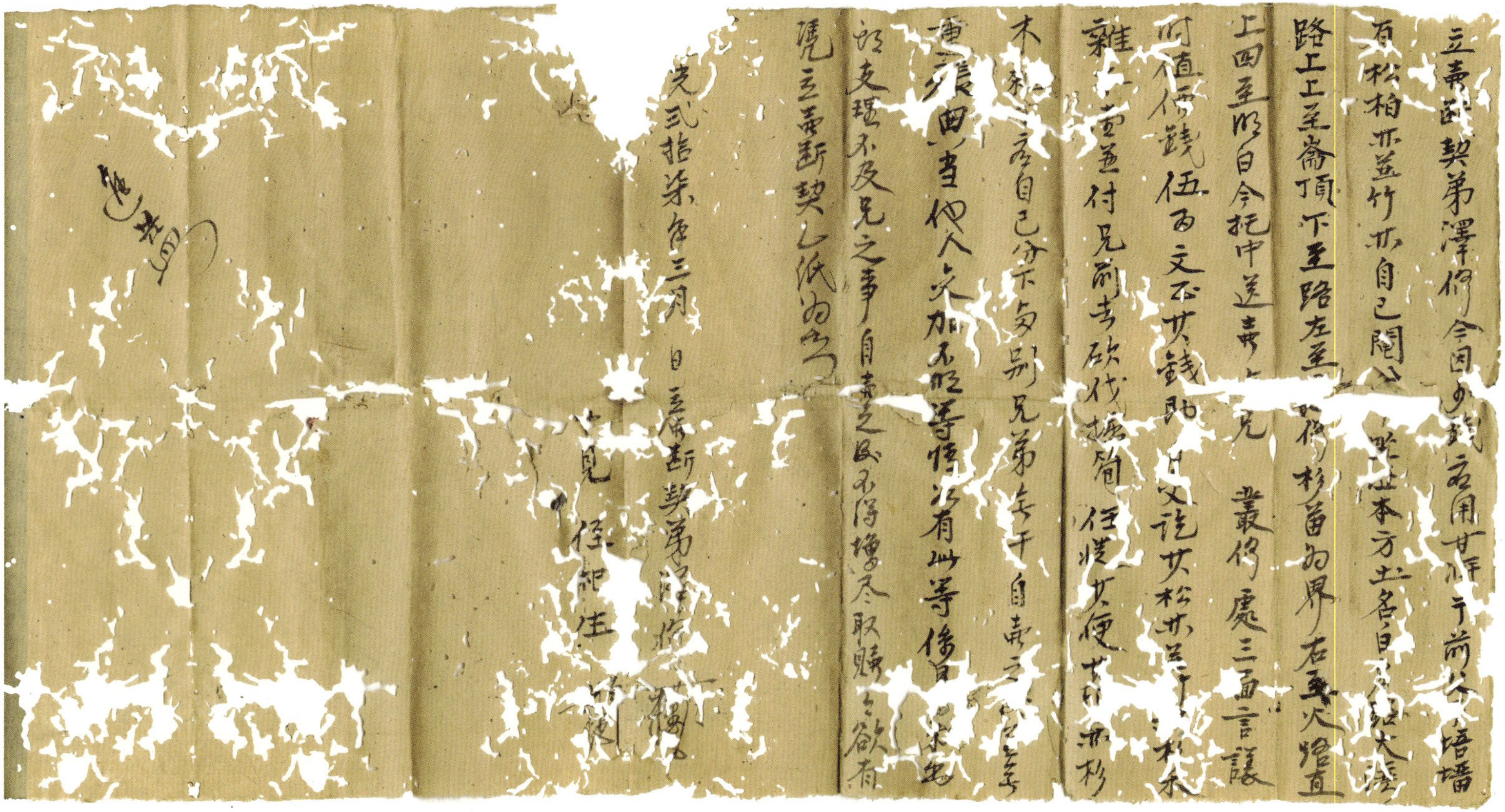

立賣斷契弟澤修，今因乏錢應用，甘將于前父手培[illegible]
有松柏杉苗竹杉，自己鬮分[illegible]，坐址本方土名[illegible]
路上上至崙頂，下至路，左至[illegible]杉苗為界，右至大路直
上四至明白，今托中送賣[illegible]兄[illegible]叢，仍處三面言議
時值價錢伍百文，其錢即日交訖，其松杉竹木
雜[illegible]並付兄前去砍伐栽插，任從其便，其松杉
木[illegible]係自己分下物業，與兄弟[illegible]無干，自賣之後[illegible]
[illegible]也[illegible]他人之加不盡等情，亦有此等，倘有[illegible]
既支理，不及兄之事，自賣之後不得增找取贖，欲有
憑，立賣斷契一紙為照。

道光式拾柒年三月　日　立賣斷契弟澤修[illegible]
見[illegible]　侄[illegible]　[illegible]

2-1-29-7　清道光二十七年三月柯澤修立賣斷松柏等契

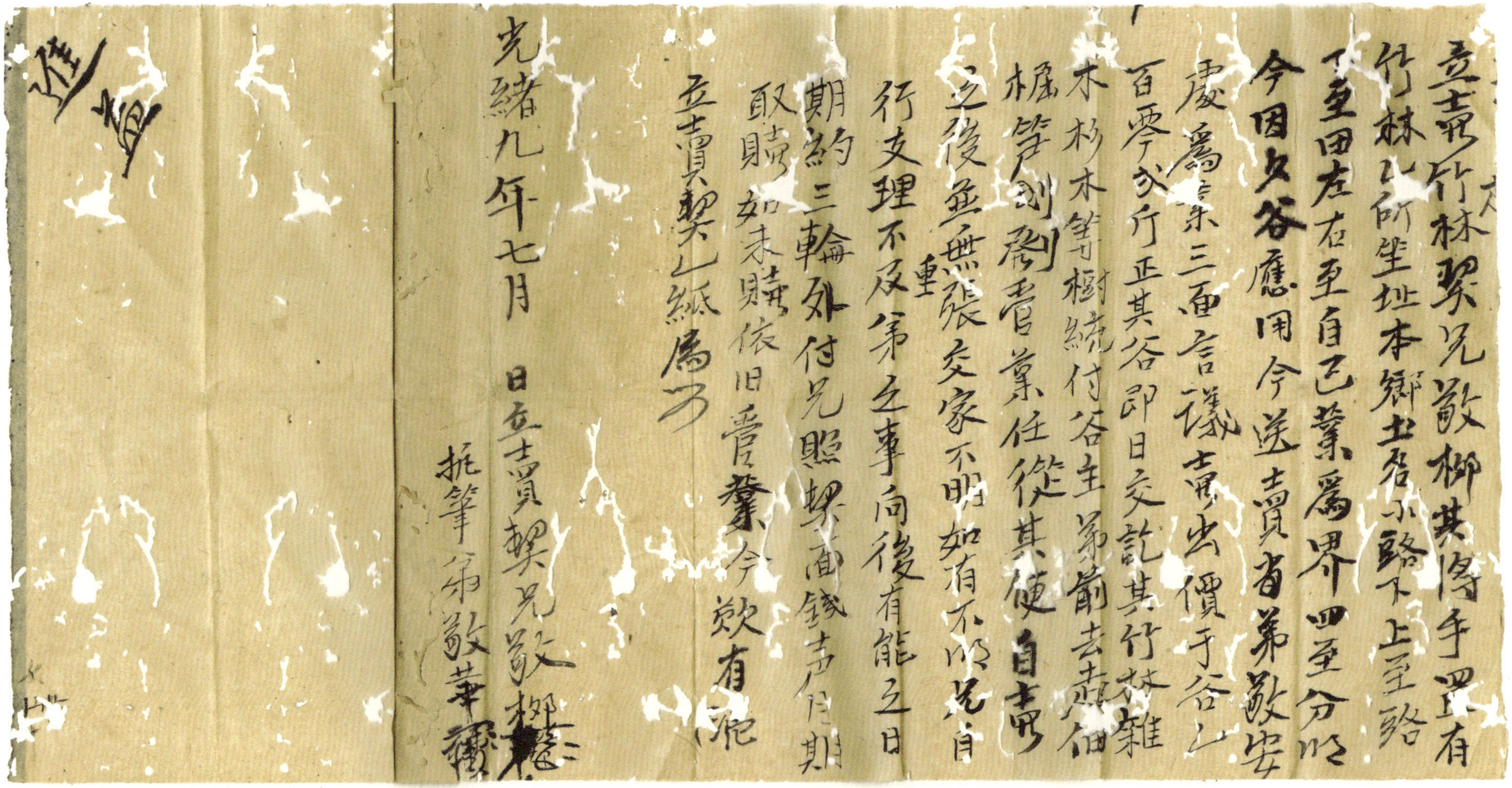

立賣竹林契兄敬柳其得手置有
竹林一所坐址本鄉土名小路下上至路
下至田左右至自己業爲界四至分明
今因欠谷應用今送賣者弟敬安
處爲業三面言議賣出價谷山
百零弍斤正其谷即日交訖其竹林雜
木杉木等樹統付谷主弟前去砍伐
樵筍到劄管業任從其便自賣
之後並無重張交家不明如有不明兄自
行支理不及弟之事向後有能之日
期約三輪外付兄照契面錢[illegible]期
取贖如未贖依旧管業今欲有憑
立賣契一紙爲照

光緒九年七月　日立賣契兄敬柳（押）
托筆弟敬華（押）

2-1-29-8　清光緒九年七月柯敬柳立賣竹林契

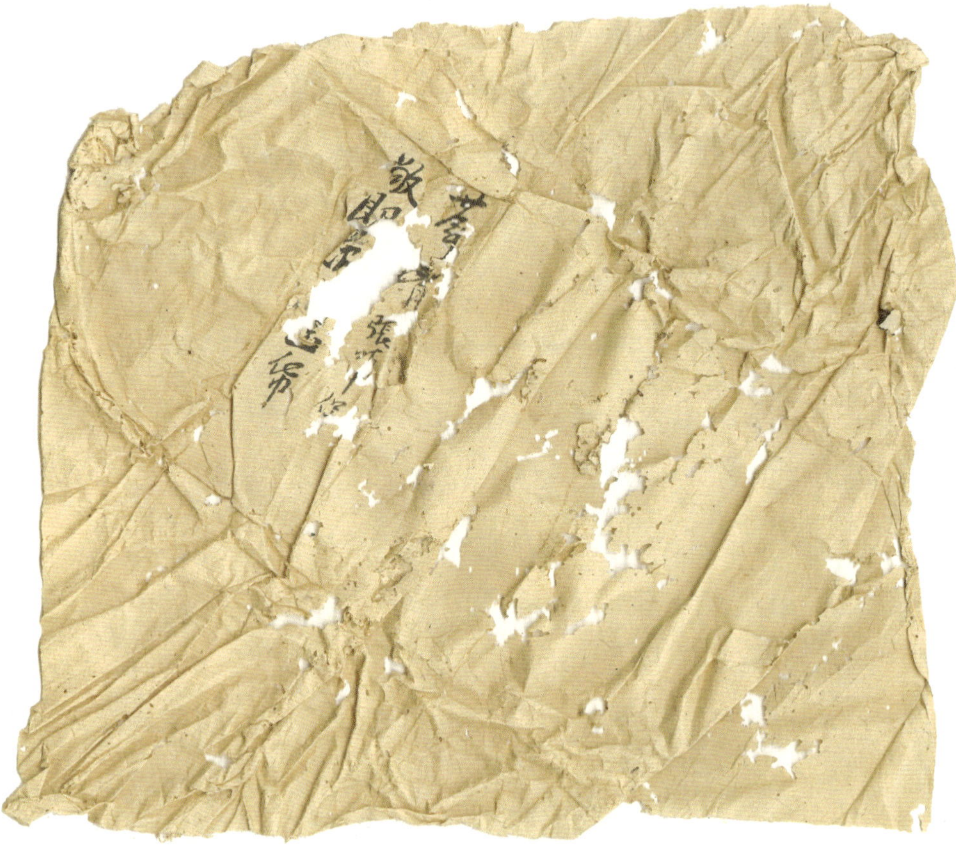

2-1-30-1　包契紙

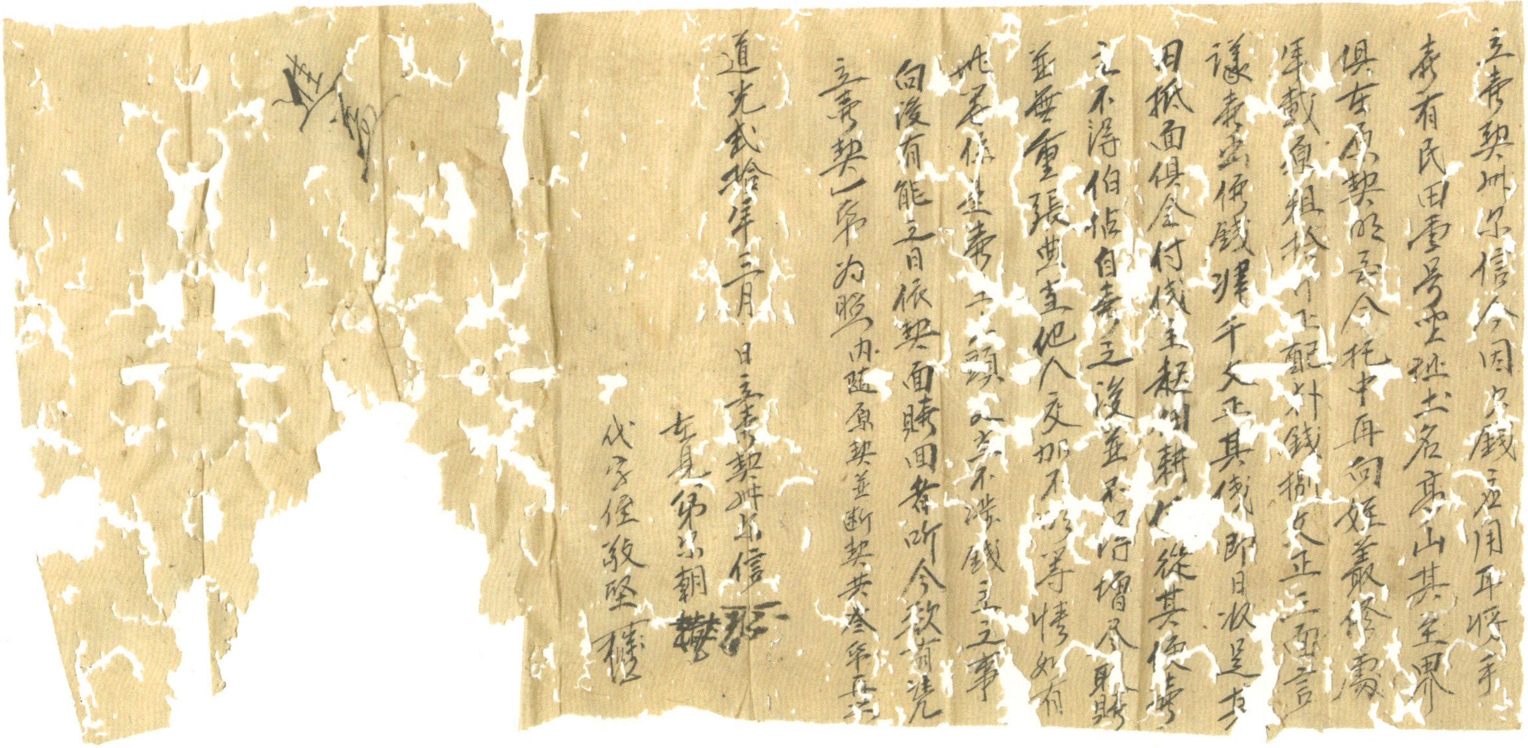
立賣契柯尔信今因乏錢應用，耳將手
置有民田壹号，坐址土名高山，其田界
俱在原契明白，今托中再向姪蓑處
年載原租拾貳什配什錢捌文正，三面言
議賣出價錢肆千文正，其價即日收足，其
田抵面俱全付錢主起佃耕作，從其便，其
亦不得伯叔自賣之後並不得增找贖
並無重張典在他人交加不明等情，如有
此色，係是賣主之頭不涉錢主之事
向後有能之日，依契面贖田，各聽今欲有憑，立
立賣契一紙為照。內鉆原契並斷契共叁紙
道光貳拾年三月 日立賣契柯尔信
在見弟尔朝
代字侄敦堅

2-1-30-2 清乾隆二十年三月柯尔信立賣民田契

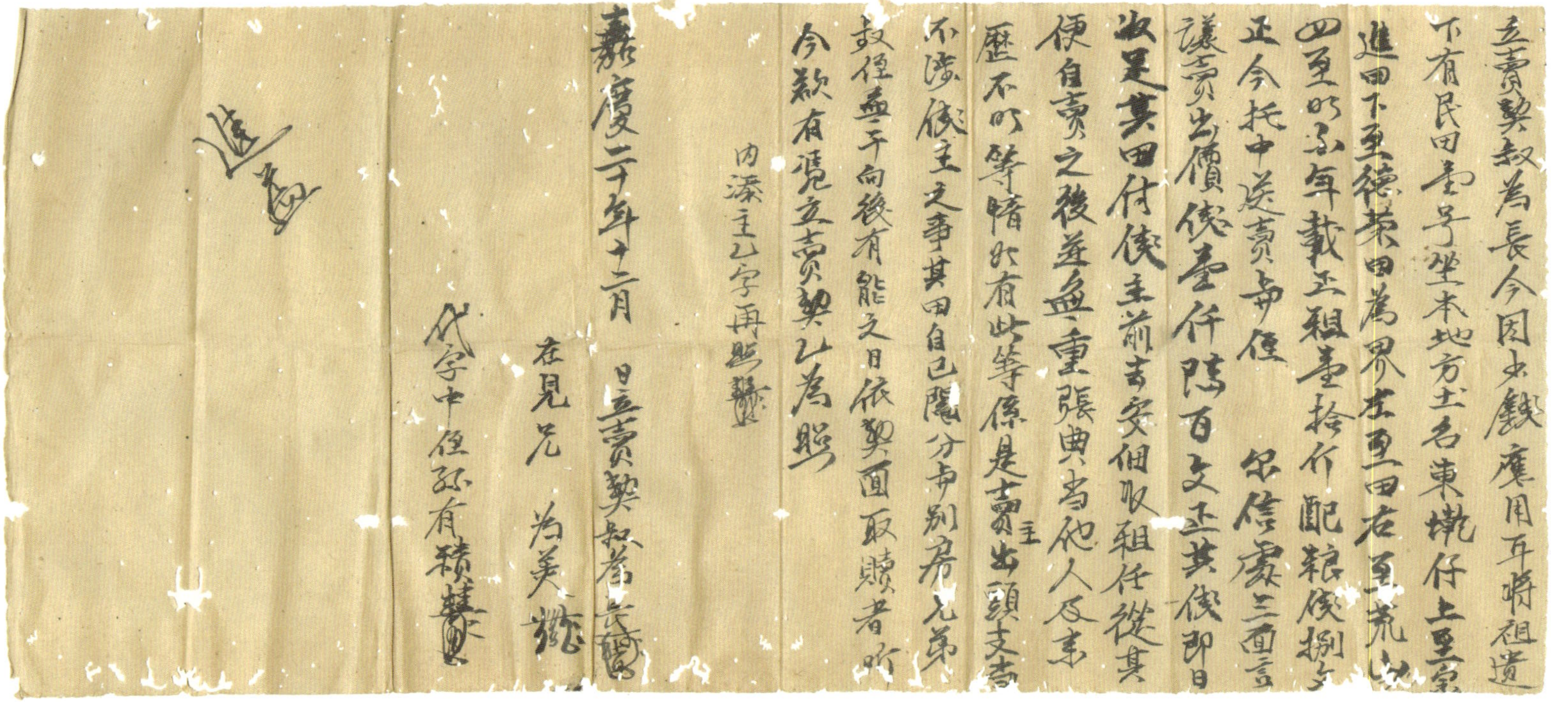

立賣契柯爲長，今因乏銀應用，將祖遺
下有民田壹段，坐址本地方，土名東坑仔上墓[illegible]
進田下至後禁田爲界，左至曾田，右至[illegible]坑以
四至明白，每年載正租壹拾[illegible]斤，配糧銀[illegible]捌分
正。今托中送賣與房侄　紀倬官處，三面言
議，實出價錢壹仟陸百文正，其錢即日
收足，其田付錢主前去管佃收租，任從其
便。自賣之後，並無重張典與他人，及來
歷不明等情，如有此等，係是賣主出頭支當，
不涉錢主之事。其田自己鬮分物業，與別房人等
無干。向後有能之日，依契面取贖，錢主不得
刁難。今欲有憑，立賣契一紙爲照。

內添主字再照

嘉慶二十年十二月　日立賣契柯爲長（押）

在見兄　爲美（押）

代字中侄　柯有稽（押）

退（押）

2-1-30-3　清嘉慶二十年十二月柯爲長立賣民田契

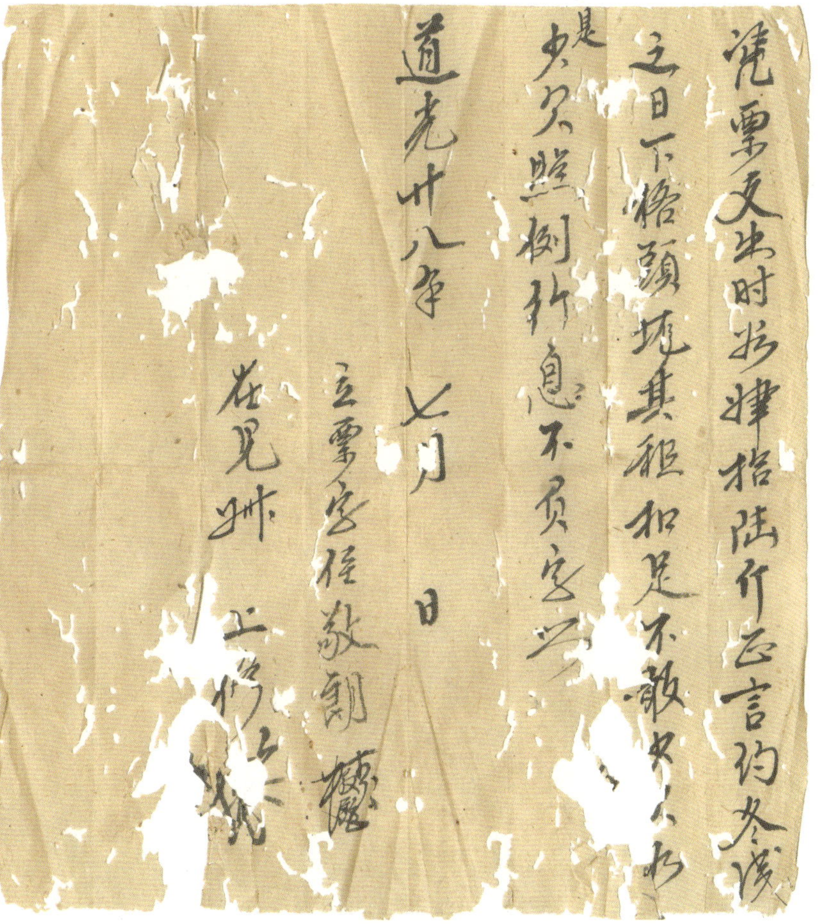
憑票支出時谷肆拾陸斤正言約冬後
之日下格頭坵其租扣足不敢欠少如
是欠少照例行息不負字照
道光廿八年　七月　日
立票字侄敬朗（押）
在見姊　上修[illegible]

2-1-30-4　清道光二十八年七月柯敬朗立支穀憑票

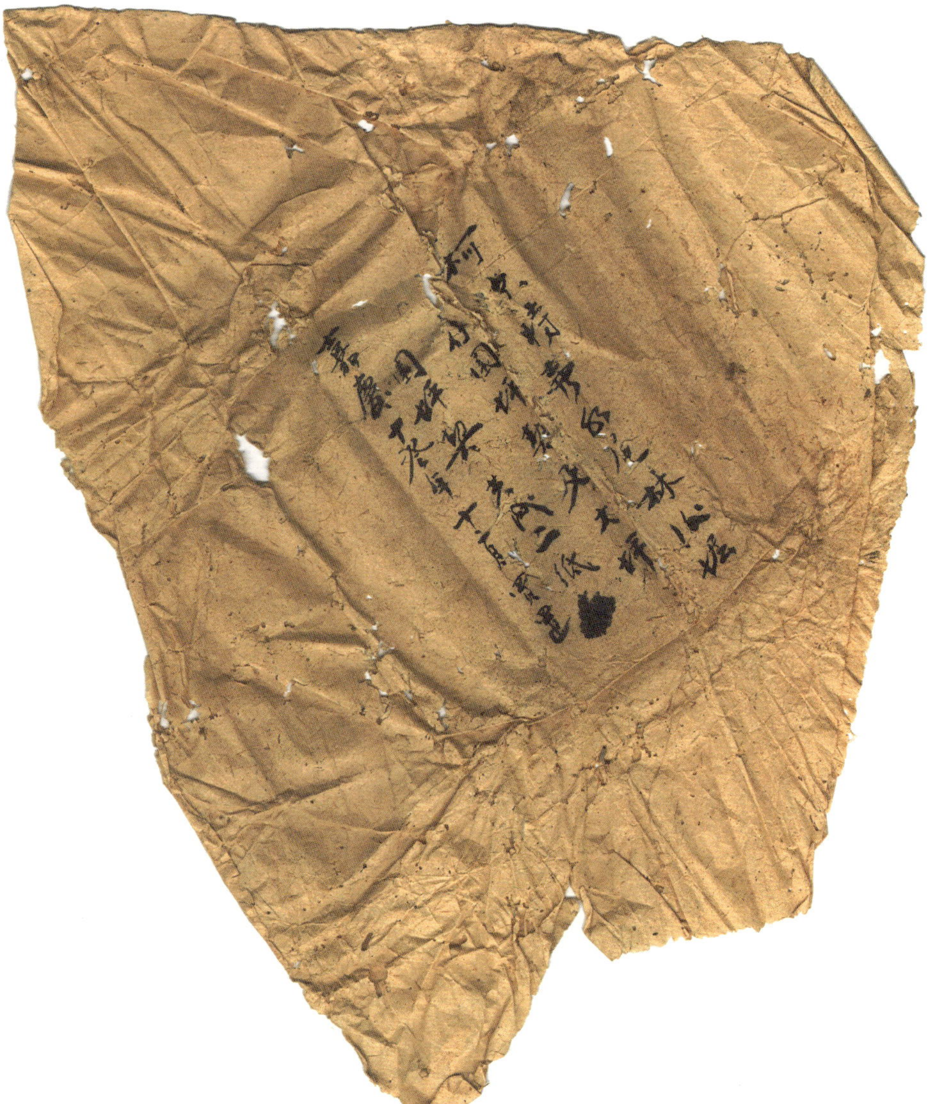

2-1-31-1　包契紙

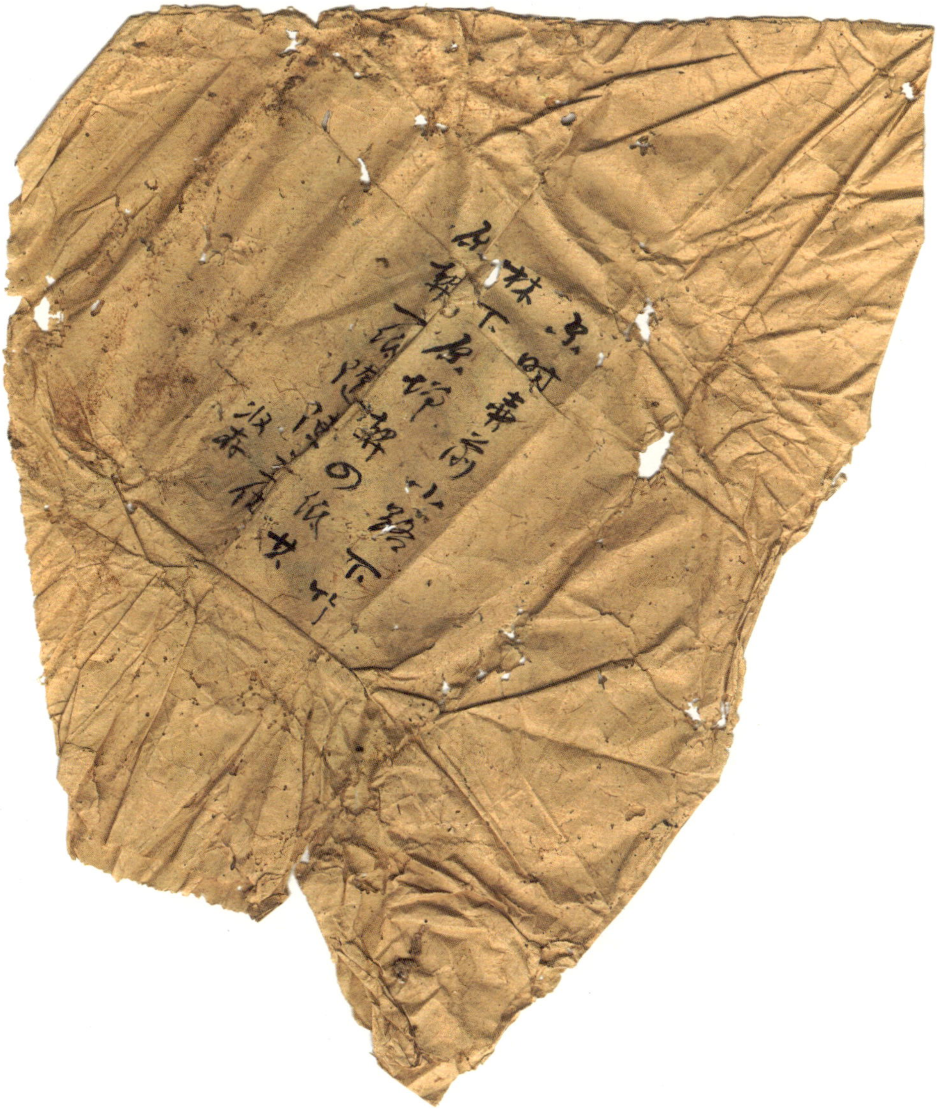

2-1-31-2 包契紙

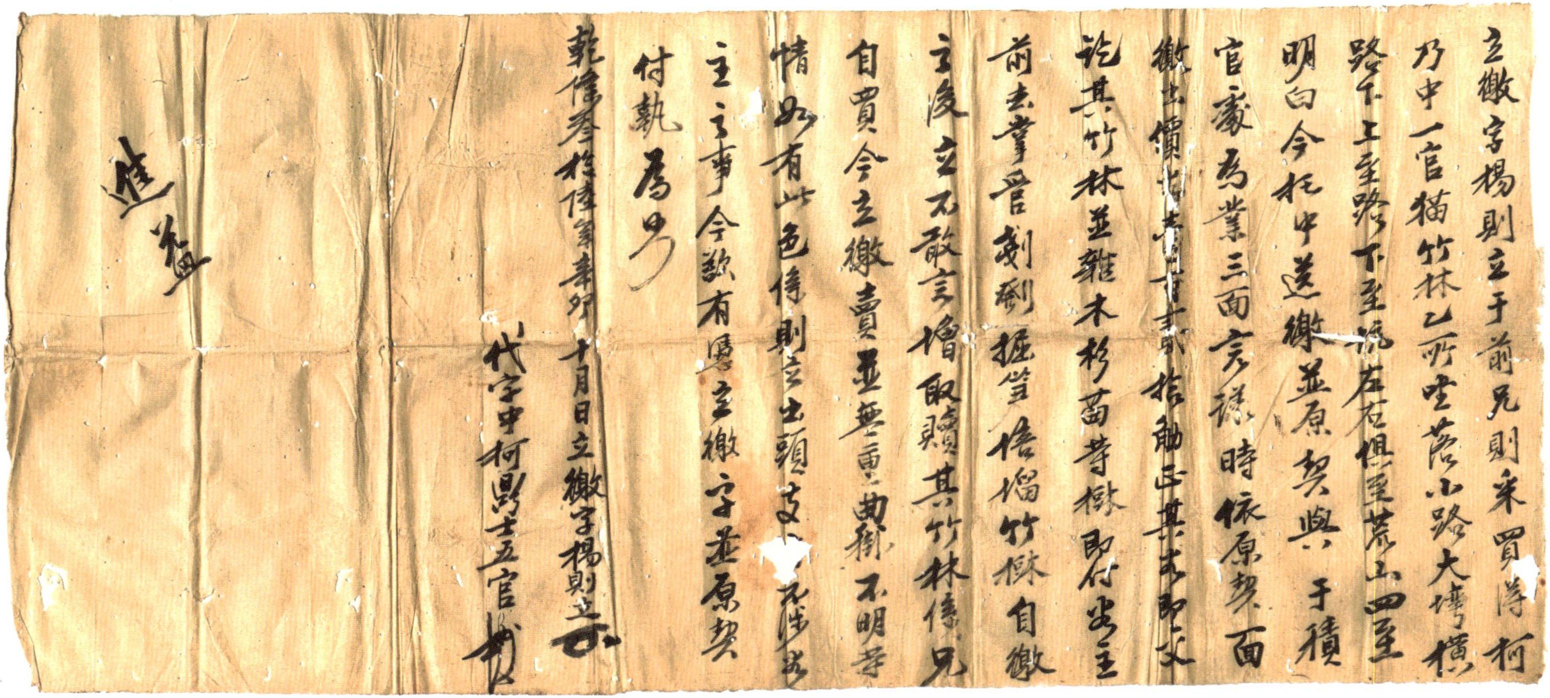
立繳字楊則立于前兄則采買得柯
乃中一官猫竹林山所坐落小路大墩橫
路下上至路下至坑左右俱至荒山四至
明白今托中送繳並原契與 于積
官處為業三面言議時依原契面
繳出價[illegible]貳[illegible]正其[illegible]即交
訖其竹林並雜木杉苗等樹即付出主
前去掌管剗刈掘筍[illegible]竹樹自繳
之後立不敢言增取贖其竹林係兄
自買今立繳賣並無重典掛不明等
情如有此色係則立出頭支當不涉出
主之事今欲有憑立繳字並原契
付執為照
乾隆叁拾陸年拾月 日立繳字楊則立（押）
代字中柯賢士五官（押）
進益

2-1-31-3 清乾隆三十六年十月楊則立立繳猫竹林字

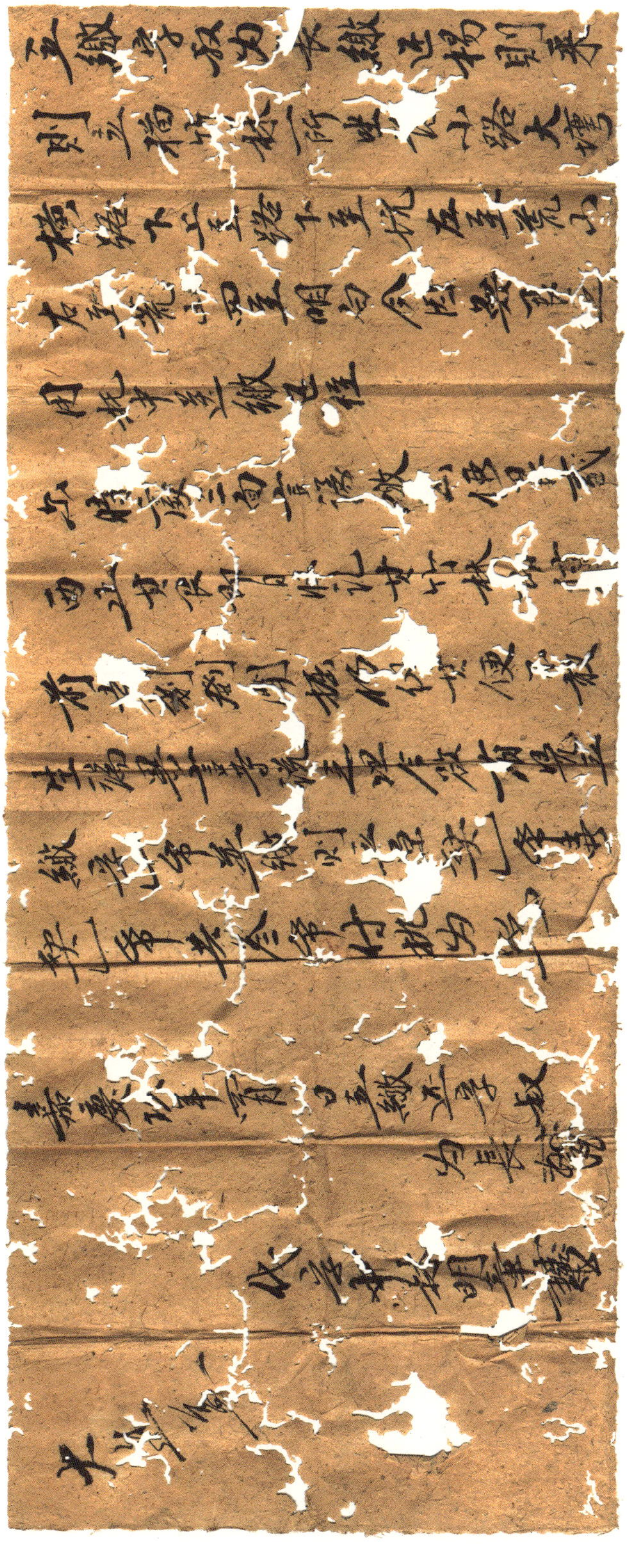

2-1-31-4　清嘉慶九年四月柯爲長立繳猫竹林字

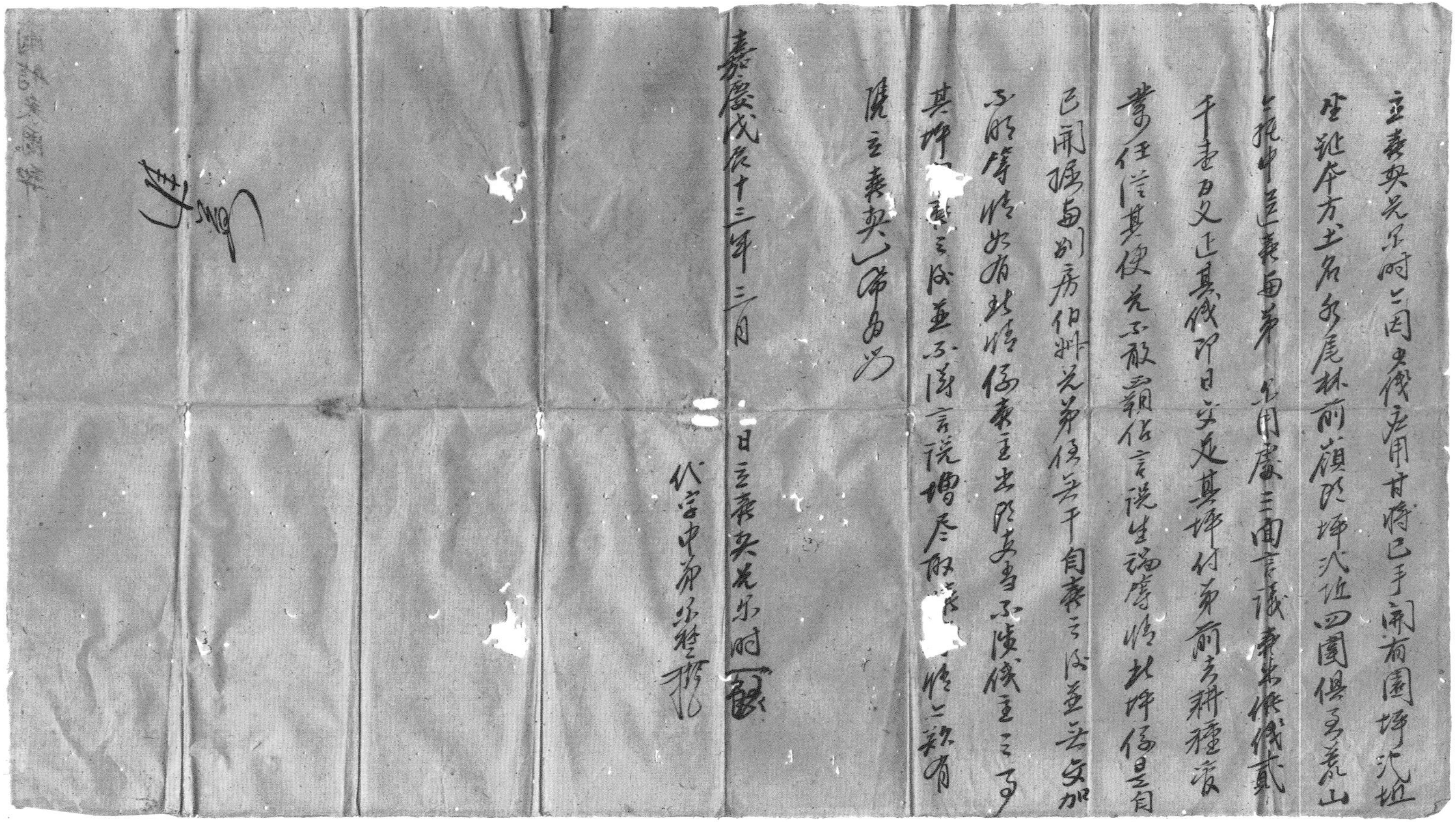

立賣契兄尔時，今因乏錢應用，甘將己手闢有園坪弍坵，
坐址本方土名尾林前嶺頭坪弍坵，四圍俱至荒山，
今托中立賣與弟尔用處，三面言議，賣出價錢貳
千壹百文正。其錢即日交足，其坪付弟前去耕種管
業，任從其便，兄不敢霸佔，言說生端等情。此坪係是自
己闢掘，與別房伯叔兄弟俱無干。自賣之後，並無找加
不明等情。如有此情，係賣主出頭支當，不涉錢主之事。
其坪[illegible]賣之後，並不得言說增盡取贖[illegible]情。今欲有
憑，立賣契一紙為照。

嘉慶戊辰十三年三月　日立賣契兄尔時（押）

代字中弟尔[illegible]（押）

2-1-31-5　清嘉慶十三年三月柯尔時立賣園坪契

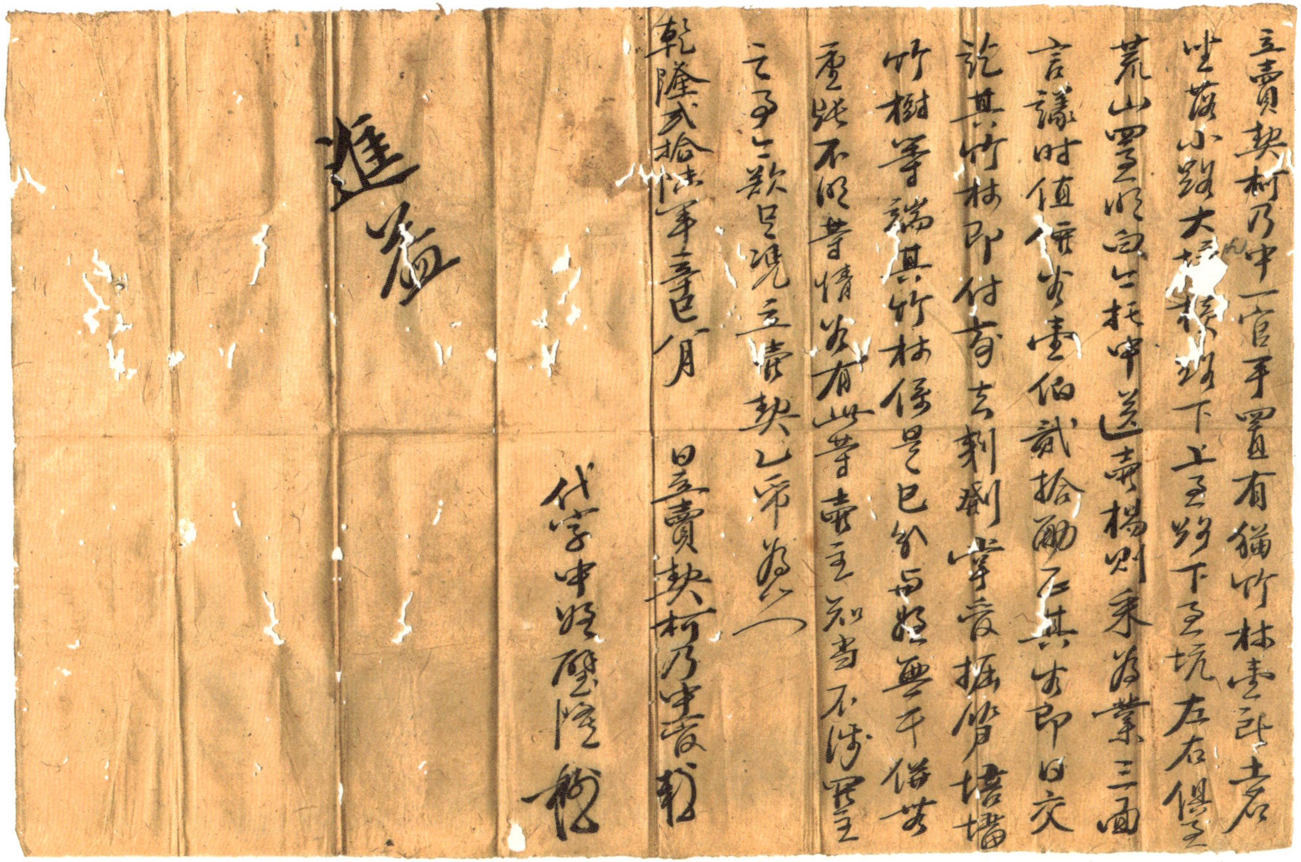

立賣契柯乃中一官手置有猫竹林壹所，土名
坐落小𡶶大橋頭，上至路，下至坑，左右俱至
荒山，界至明白。今托中送賣楊則秉爲業，三面
言議時值價錢壹佰貳拾兩正，其錢即日交
訖，其竹林即付買主剗削管業、掘筍、培
竹樹等端。其竹林係是己分物業無干，倘若
重張不明等情，如有此等，賣主知當，不涉買主
之事。今欲有憑，立賣契一帋爲炤。
乾隆貳拾陸年叁月　日立賣契柯乃中（押）
代字中姪陞陰（押）
進益

2-1-31-6　清道光二十六年八月柯乃中立賣猫竹林契

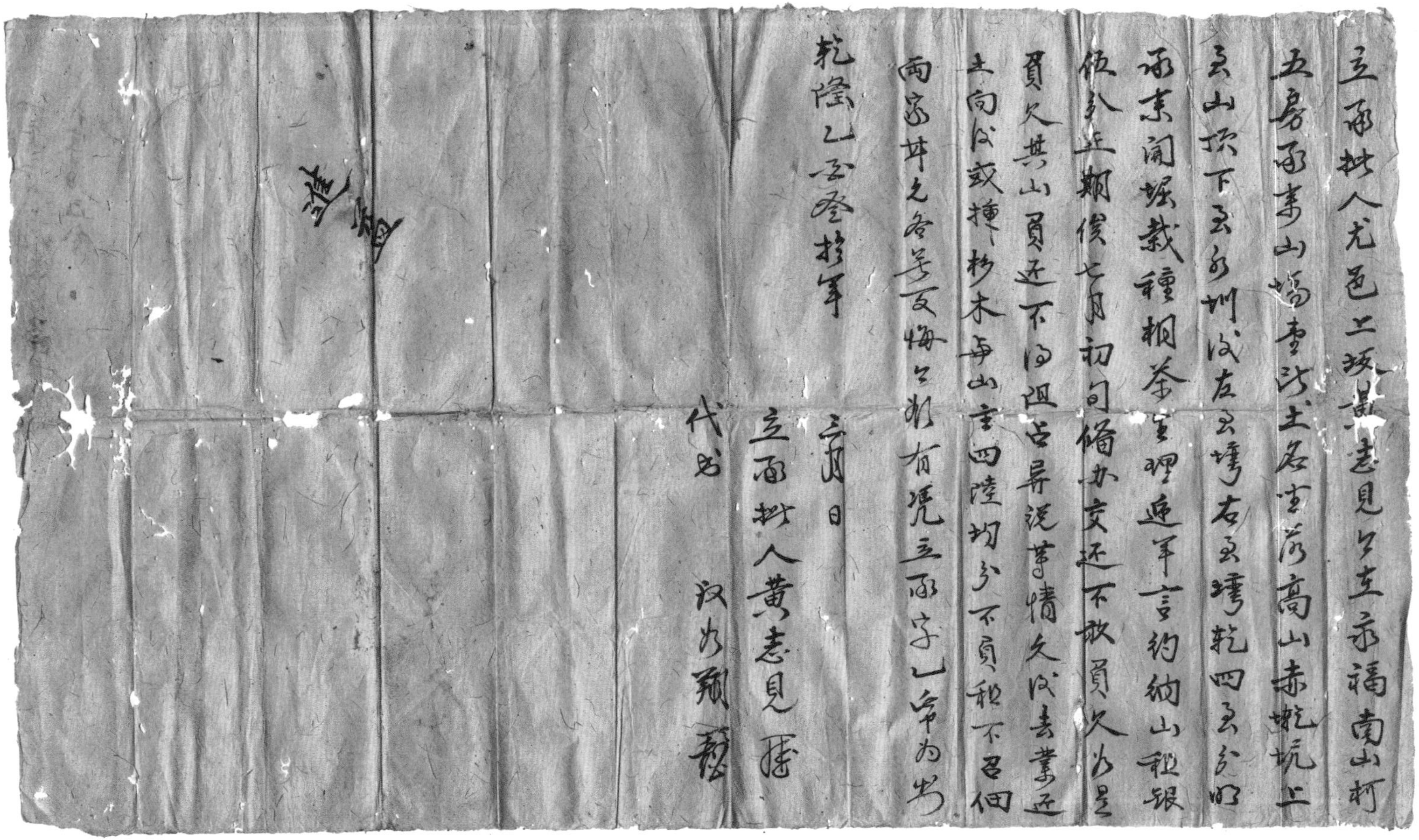

立承批人尤邑上坂黃志見今在永福南山村
五房承來山場壹號，土名葛高山赤坑坑上
至山坑下至分圳，左至墻，右至墻乾，四至分明。
承來開掘栽種桐茶，言理逐年言約納山租銀
伍分，近期係七月初旬備辦交還，不敢負欠。如是
負欠，其山員還，不得阻占、異說等情。久後去業還
主，同後或插杉木，其山主四陸均分，不負租，不召佃。
兩家甘允，各無反悔，今欲有憑，立承字一紙為照。
乾隆乙酉叁拾年 三月 日
立承批人黃志見（押）
代筆 叔如穎（押）

2-1-32-1　清乾隆三十年三月尤溪黃志見立承批山場字

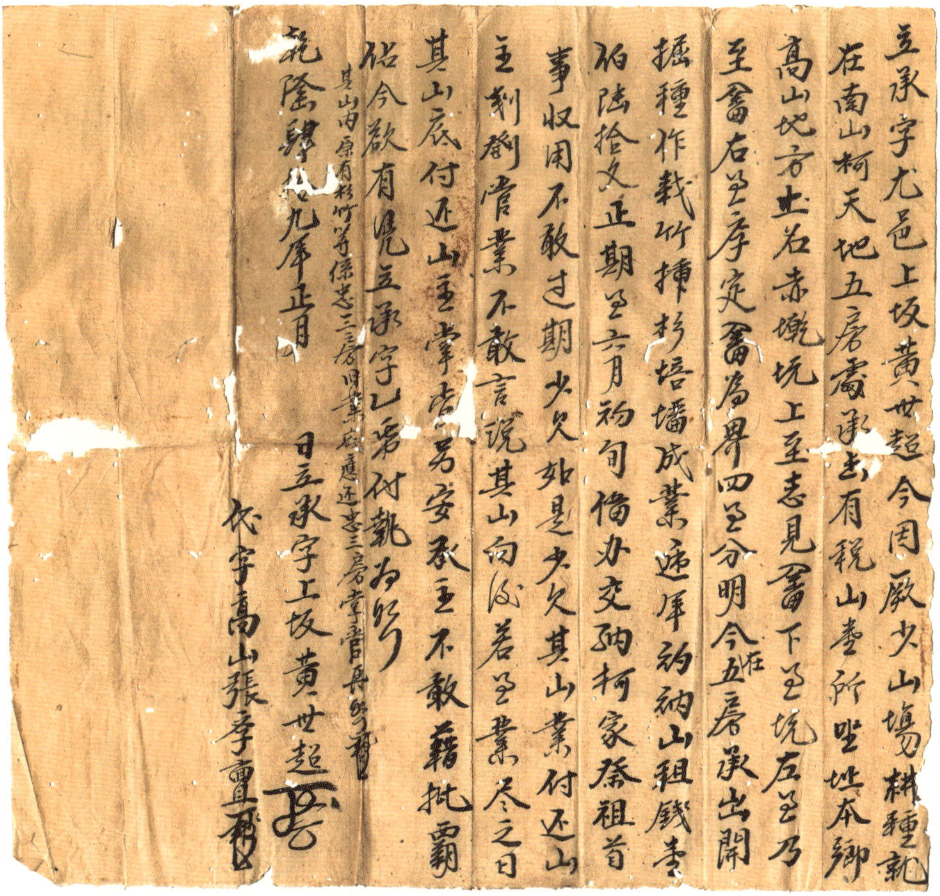
立承字尤邑上坂黃世超今因厥少山場耕種就
在南山柯天地五房處承出有稅山壹所坐址本鄉
高山地方土名赤墘坑上至志見畬下至坑左至乃
至畬右至彦定畬爲界四至分明今在五房承出開
搔種作栽所挿杉培插成業逐年約納山租錢壹
佰陸拾文正期至六月初旬備办交納柯家祭祖首
事收用不敢过期少欠如是少欠其山業付还山
主剗割管業不敢言说其山向成若至業尽之日
其山底付还山主掌管另安承主不敢藉批霸
佔今欲有凭立承字乙帋付執為炤
其山内原有杉竹等係志三房同業應还志三房掌管再炤
乾隆肆拾九年正月　日立承字上坂黃世超（押）
代字高山張孝寶（押）

2-1-32-2　清乾隆四十九年正月尤溪黃世超立承稅山字

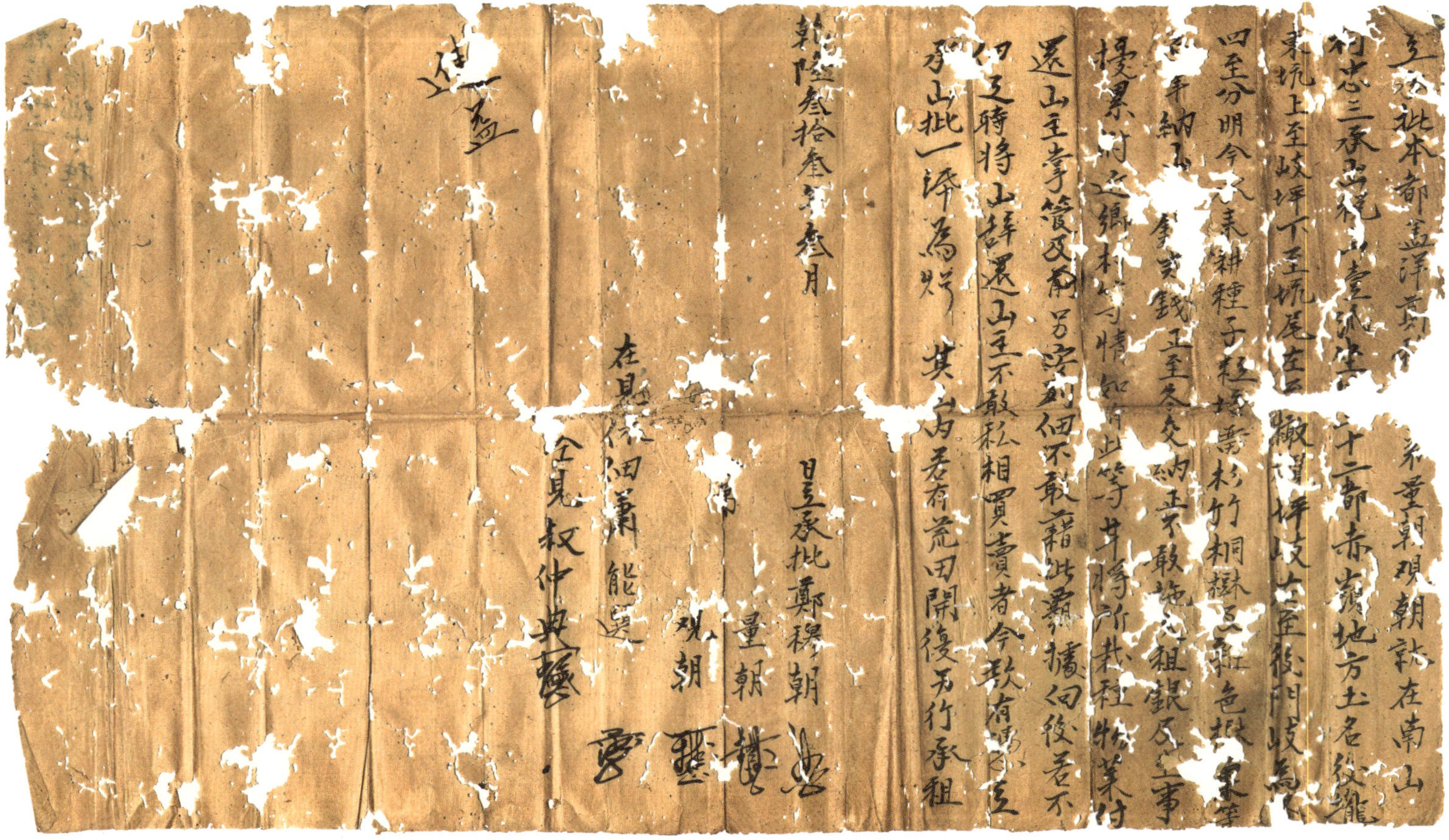

2-1-33-1　清乾隆三十三年三月鄭穆朝等立承批稅山字

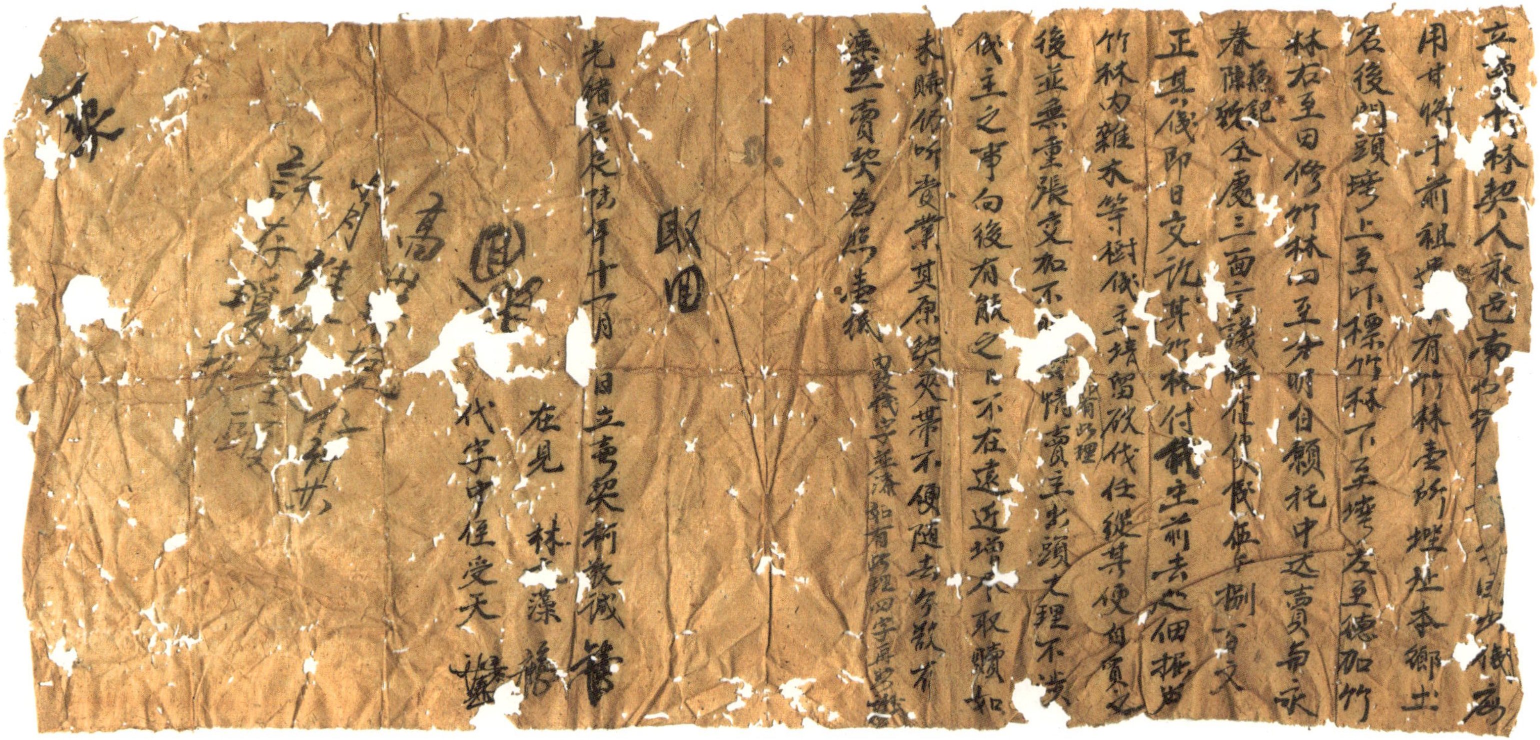
立賣竹林契人永邑南[illegible]柯敬誠
用廿都于前祖[illegible]有竹林壹所，坐址本鄉土
名後門頭墘上至吓標竹林下至墘左至德加竹
林右至田傍竹林四至分明，自願托中送賣與永
春[illegible]陳藤紀[illegible]全處三面言議時值價錢[illegible]捌[illegible]文
正，其錢即日交訖，其竹林付錢主前去[illegible]掘出
竹林内雜木等樹，[illegible]留砍伐任從其便，自賣之
後並無重張交加不[illegible]情，賣主出頭支理，不涉
錢主之事。向後有能之日，不在遠近，增[illegible]不取贖，如
未贖，依所管業，其原契交帶不便，隨去，今欲有
憑，立賣契為照。

光緒六年十一月　日立賣契柯敬誠
在見　林[illegible]藻
代字中任受天

2-1-33-2　清光緒六年十一月柯敬誠立賣竹林契

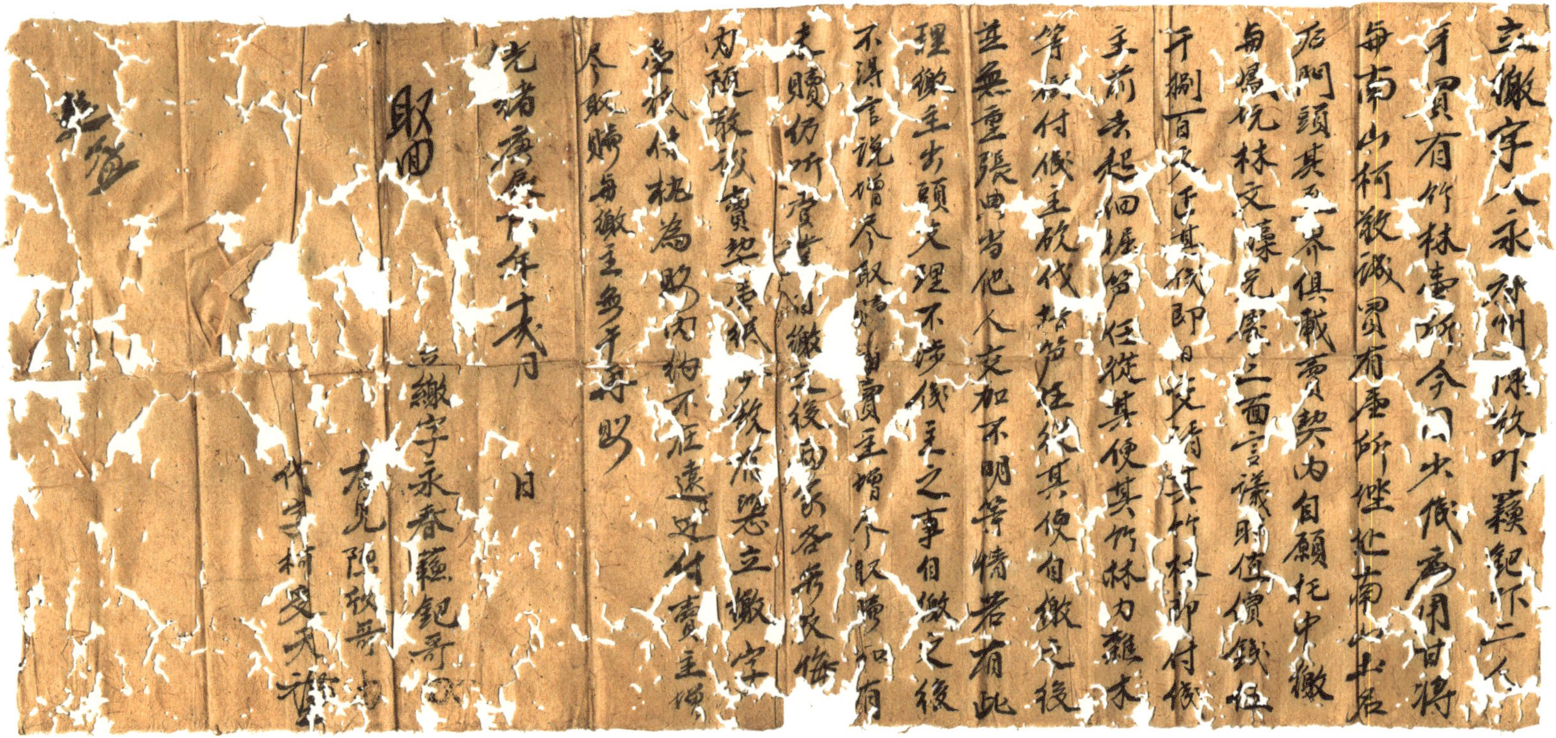
立繳字人永春州□保坑下蘇鈪哥二人
手買有竹林壹所，今因乏錢應用，甘將
每南山柯歡識買有產所，址在南山土名
后門頭，其四至俱載賣契內，自願托中繳
與屬坑林文藻兄邊，三面言議時值價錢伍
千捌百文，其錢即日交清，其竹林即付錢
主前去起佃掌管，任從其便，其竹林力難[illegible]
等錢付繳主砍伐，枯節任從其便，自繳之後
並無重張典當他人，亦無不明等情，若有此
理，繳主出頭支理，不涉錢主之事，自繳之後
不得言說增添取[illegible]，賣主增添取贖，如有
來贖，仍所賣業[illegible]繳之後，自此各無反悔
內隨敢收賣契壹紙，今欲有憑，立繳字
壹紙付執為照，內約不在遠近付賣主贖
回，不敢贖每繳主多年得照

光緒庚辰年十二月　日

取回

立繳字永春蘇鈪哥
在見陳玖哥
代字柯文[illegible]

[illegible]簽

2-1-33-3　清光緒六年十二月永春蘇鈪哥等立繳竹林字

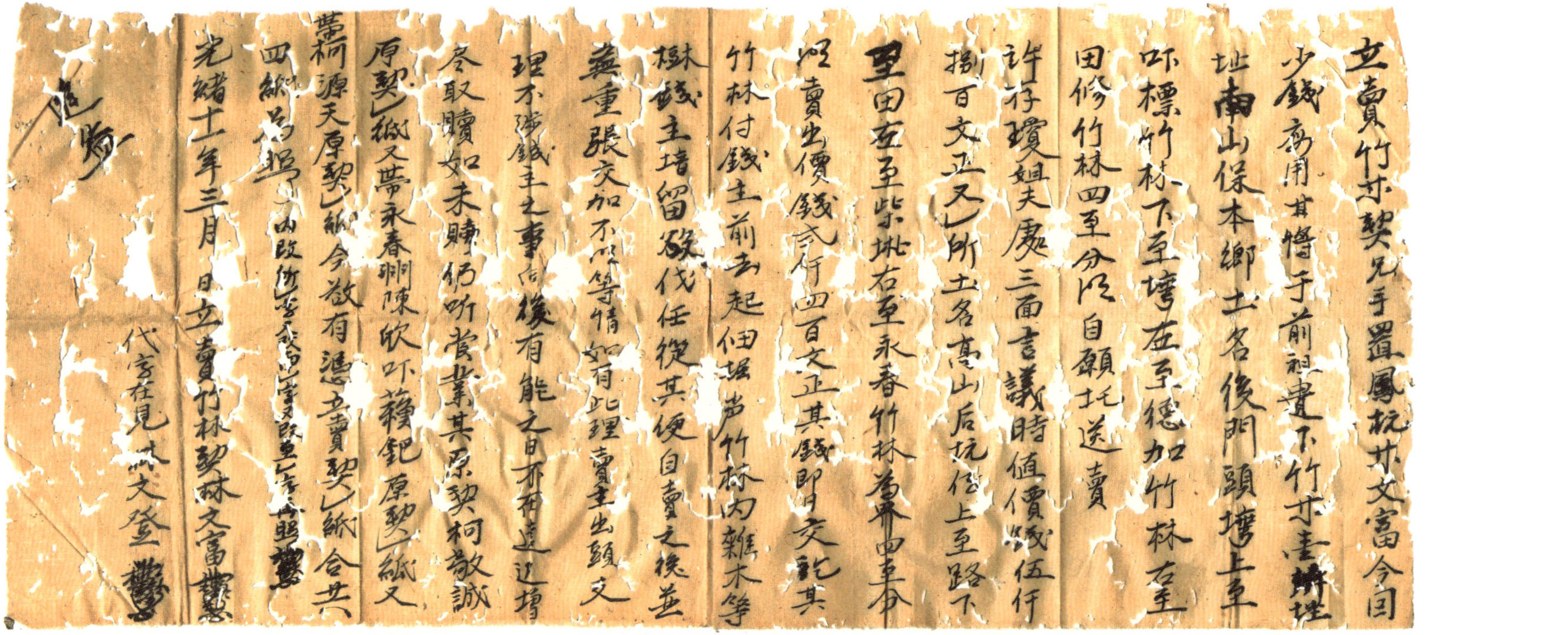

立賣竹林契兄手置屬杭林文富今因
少錢應用，甘将手前祖遺下竹林壹所，坐
址南山保本鄉，土名後門頭壋上，至
吓標竹林，下至壋，左至德加竹林，右至
田修竹林，四至分明。自願托送賣
許存環姐夫處，三面言議時值價錢伍仟
捌百文正。又一所土名高山后坑，俱上至路，下
至田，左至紫坵，右至永春竹林為界，四至分
明。賣出價錢弍仟四百文正。其錢即日交訖，其
竹林付錢主前去起佃，掘筍、竹林內雜木等
樹，錢主培留砍伐，任從其便。自賣之後，並
無重張交加不明等情。如有此理，賣主出頭支
理，不涉錢主之事。向後有能之日，不拘遠近，增
添取贖。如未贖，仍听賣業其原契柯敬誠
原契一紙，又帶永春洲陳欣吓稼鈀原契一紙，又
葉柯源天原契一紙，今欲有憑，立賣契一紙，合共
四紙為照。[illegible]
光緒十一年三月 日 立賣竹林契林文富（押）
代字在見 林文登（押）
[illegible]

2-1-33-4 清光緒十一年三月林文富立賣竹林契

2-1-34-1　包契紙

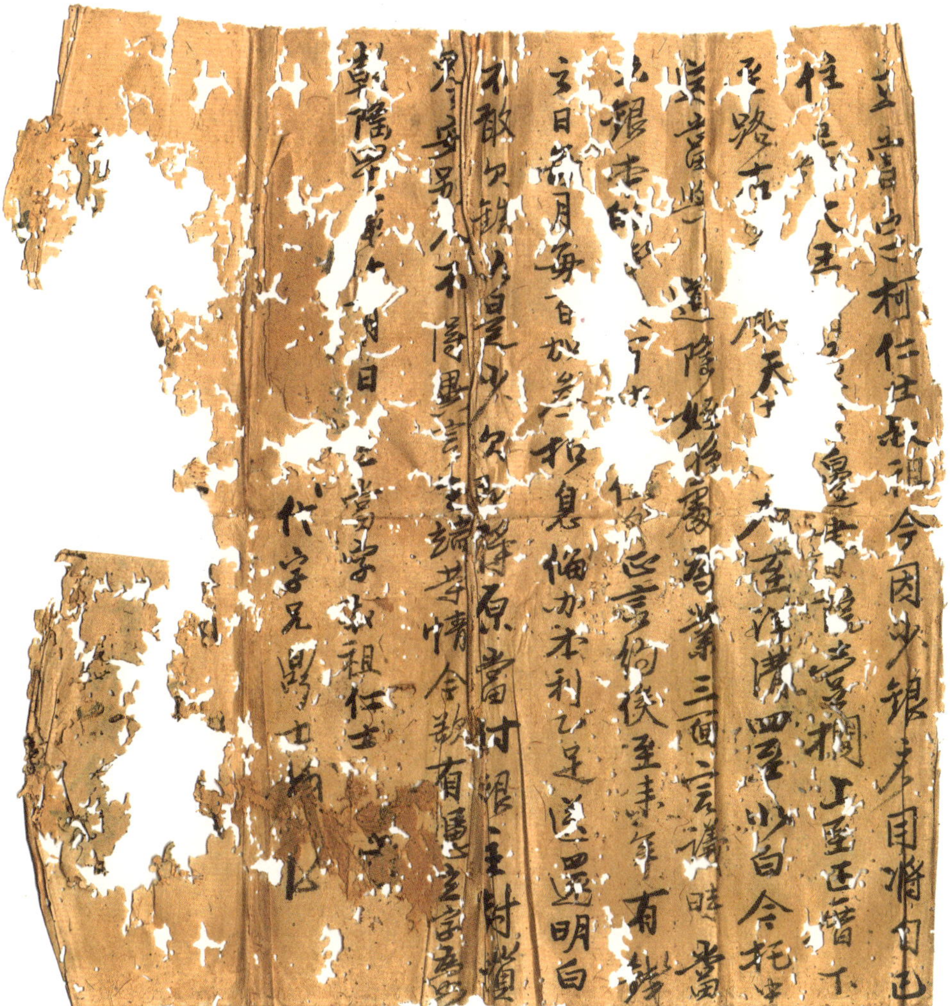

2-1-34-2　清乾隆四十二年十二月柯仁士立當屋厝契

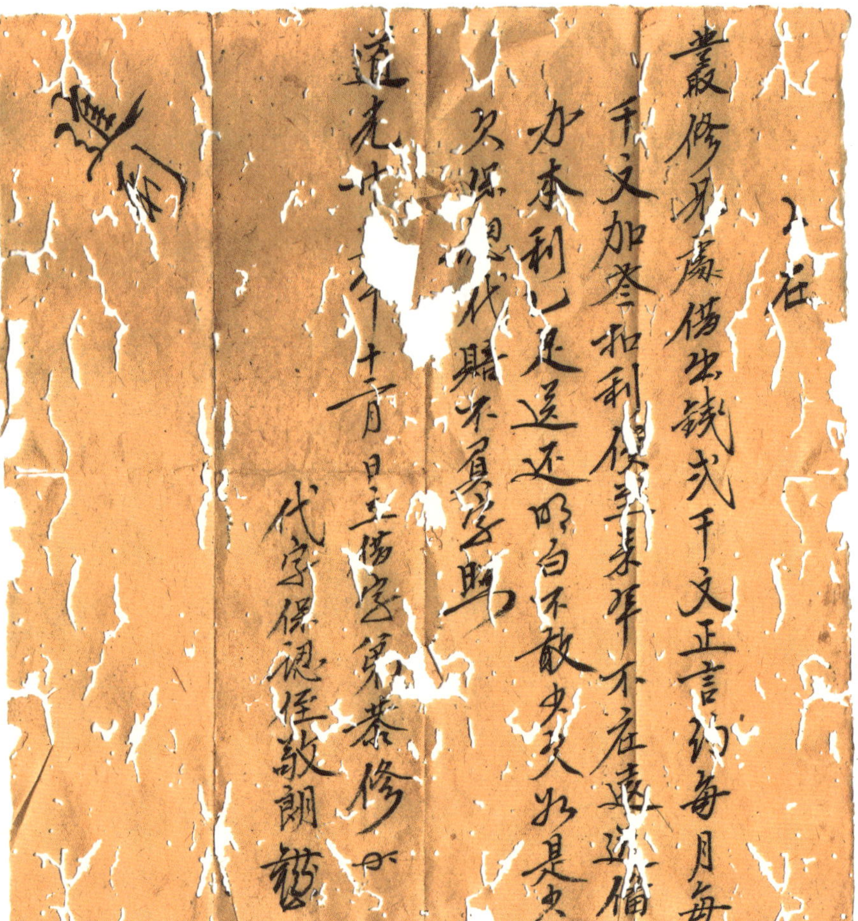
立借
叢修弟處借出錢弍千文正言约每月每
千文加叁扣利俟至来年不拘遠近備
办本利一足送还明白不敢少欠如是少
欠保認代賠不異字照
道光廿三年十二月 日立借字弟恭修（押）
代字保認侄敬朗（筆）
進利

2-1-34-3　清道光二十三年十二月柯恭修立借錢字

2-1-35-1 包契紙

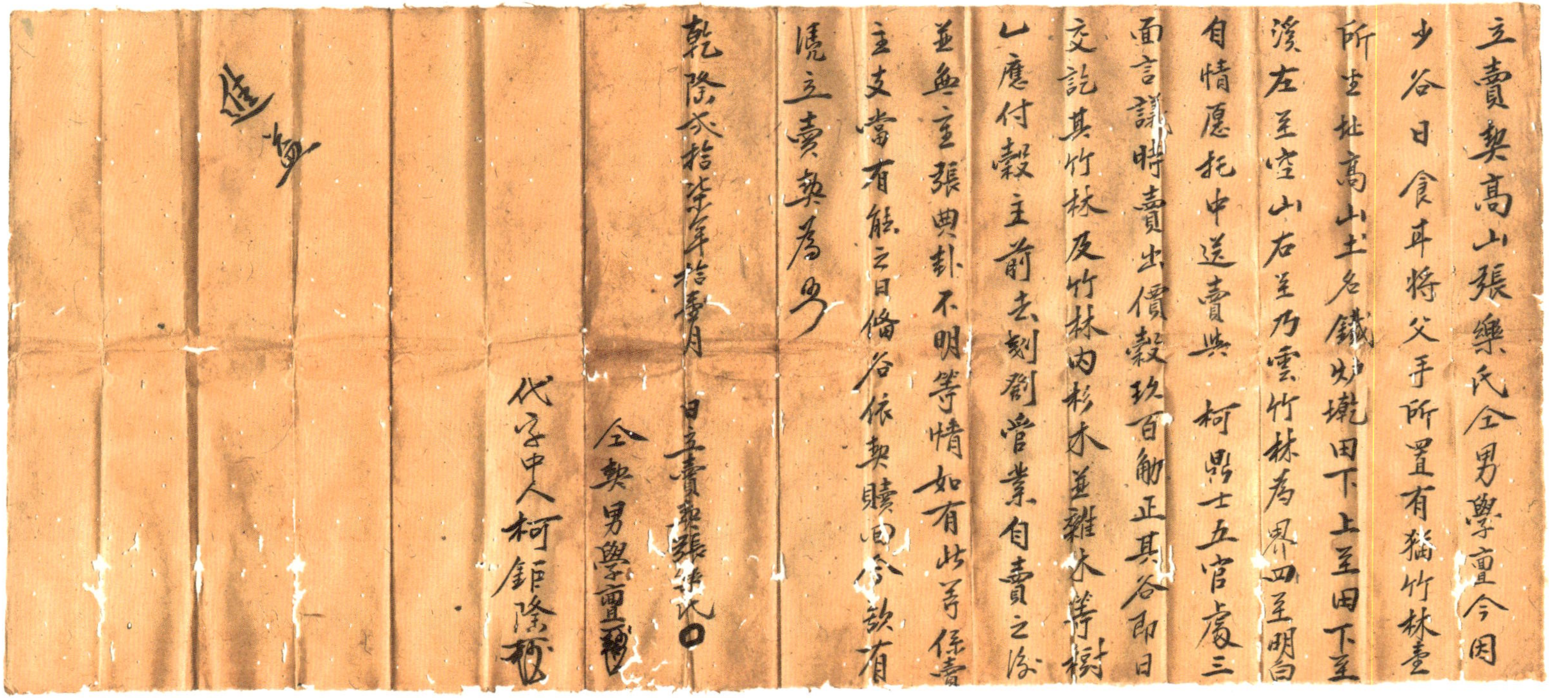

立賣契高山張樂氏仝男學宣今因
少谷日食，再將父手所置有猫竹林壹
所，坐址高山土名鐵炉墘田下，上至田下，下至
溪，左至空山，右至乃雲竹林為界，四至明白。
自情愿托中送賣與　柯鼎士、五官處，三
面言議，時賣出價穀玖百觔正，其谷即日
交訖，其竹林及竹林內杉木並雜木等樹
山，應付穀主前去砍劈管業，自賣之後
並無重張典卦不明等情，如有此等，係賣
主支當，有能之日備谷依契贖回，不敢有
憑，立賣契為照。

乾隆貳拾柒年拾壹月　日立賣契張樂氏（押）
仝契男學宣（押）
代字中人柯鉅隆（押）

2-1-35-2　清乾隆二十七年十一月張樂氏等立賣猫竹林字

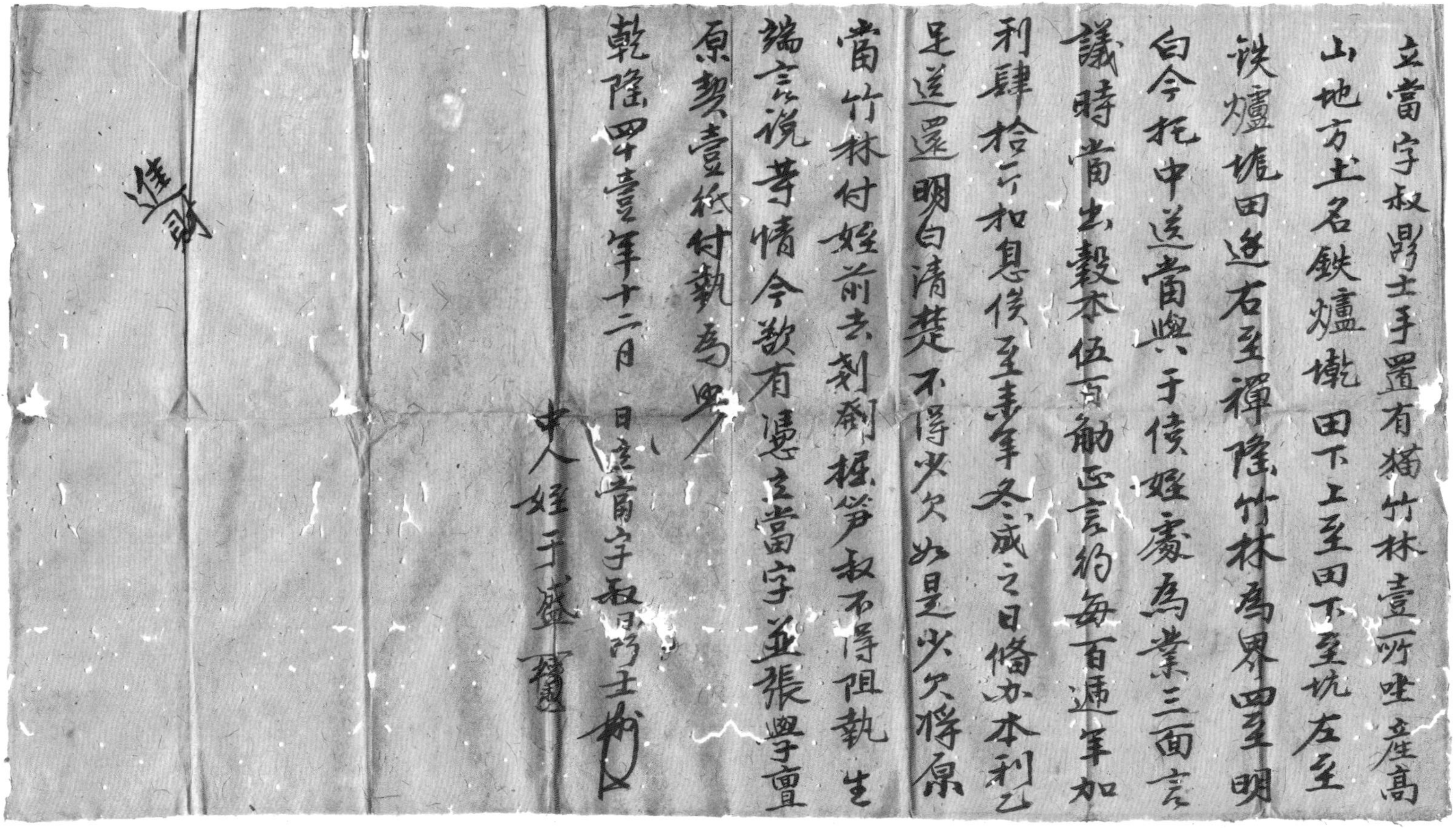

立當字叔鼎士手置有猫竹林壹所坐産高
山地方土名鉄爐墘田下上至田下至坑左至
鉄爐墘田邊右至禪隆竹林為界四至明
白今托中送當與于侯姪處為業三面言
議時當出穀本伍百觔正言約每百逓年加
利肆拾斤和息俟至来年冬成之日備办本利足
足送還明白清楚不得少欠如是少欠將原
當竹林付姪前去剗剡採笋叔不得阻執生
端言說等情今欲有憑立當字並張學曽
原契壹紙付執為照

乾隆四十壹年十二月　日立當字叔鼎士（押）
中人姪于盛（押）

2-1-35-3　清乾隆四十一年十二月柯鼎士立當猫竹林字

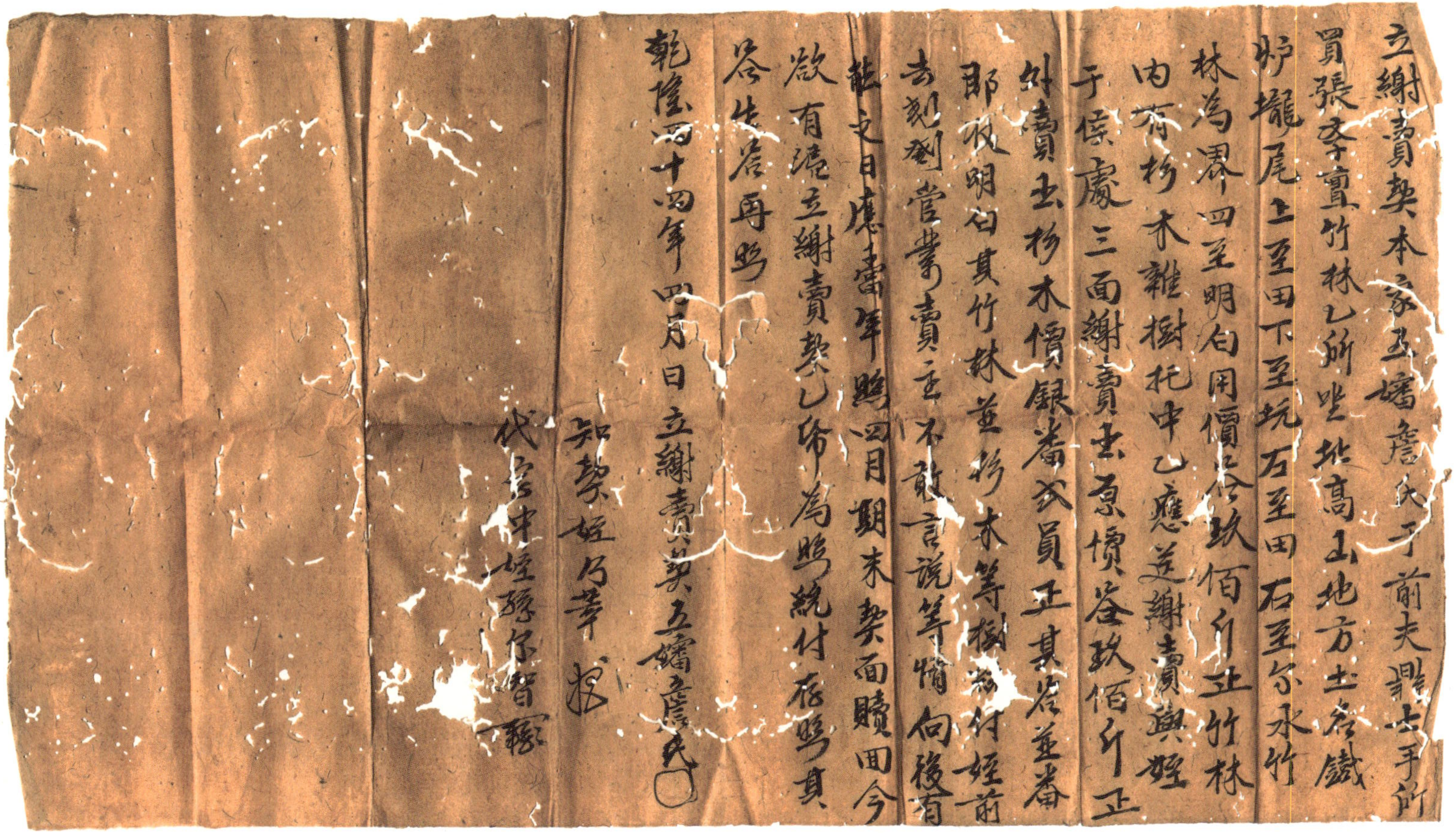

立繳賣契本家立嬸詹氏，于前夫鼎士手所
買張李寬竹林乙所，坐址高山地方，土名鐵
炉壠尾，上至田，下至坑，左至田，右至水竹
林為界，四至明白，關價銀玖佰斤正，竹林
內有杉木雜樹，托中乙應並繳賣與姪
于侯處，三面繳賣去，原價銀玖佰斤正，
外賣去杉木價銀番弍員正，其銀並番
即收明白，其竹林並杉木等樹，[illegible]付姪前
去執劄管業，賣主不敢言說等情，向後有
能支日應當年照四目期末契面贖回，今
欲有憑，立繳賣契乙紙為照，統付存照。貞
冬生存再照

乾隆四十四年四月日　立繳賣契立嬸詹氏（押）
知契姪乃華（押）
代筆中姪孫爾智（押）

2-1-35-4　清乾隆四十四年四月詹氏立繳賣竹林契

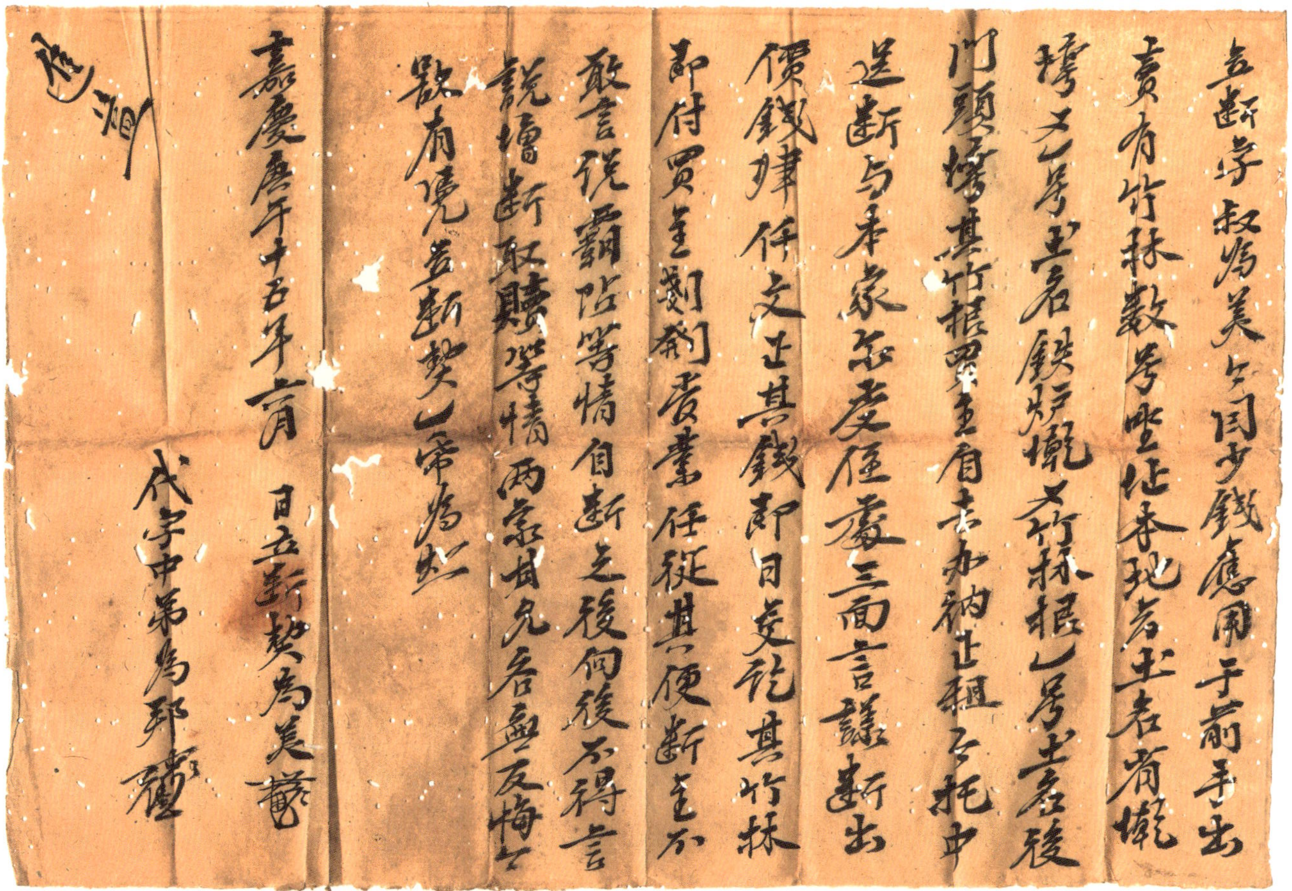

2-1-35-5　清嘉慶十五年六月柯爲美立斷竹林字

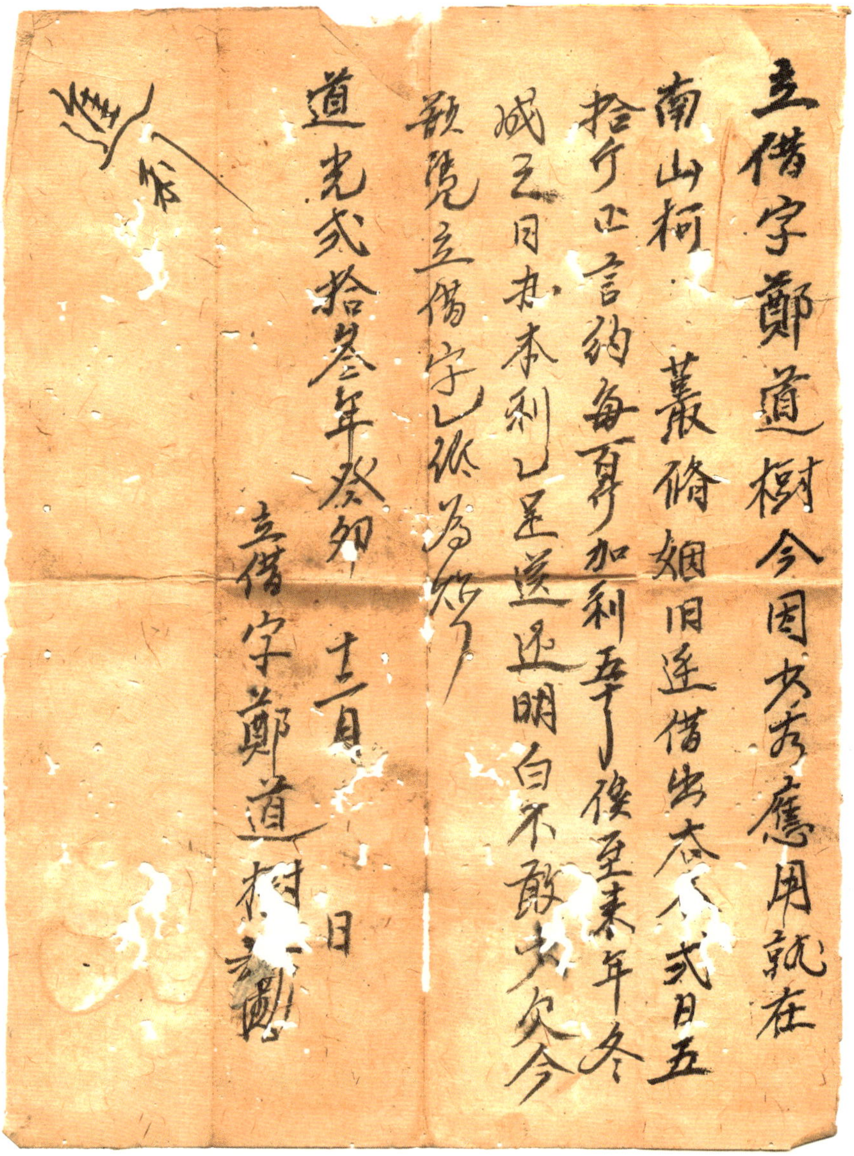
立借字鄭道樹今因乏谷應用就在
南山柯 叢脩姻舅邊借出谷子弍百五
拾斤正言約每百斤加利五十斤後至來年冬
成之日本利一足送还明白不敢少欠今
欲憑立借字一張為炤
道光弍拾叁年癸卯 十二月 日
立借字鄭道樹（押）

2-1-35-6　清道光二十三年十二月鄭道樹立借穀字

2-1-36-1 包契紙

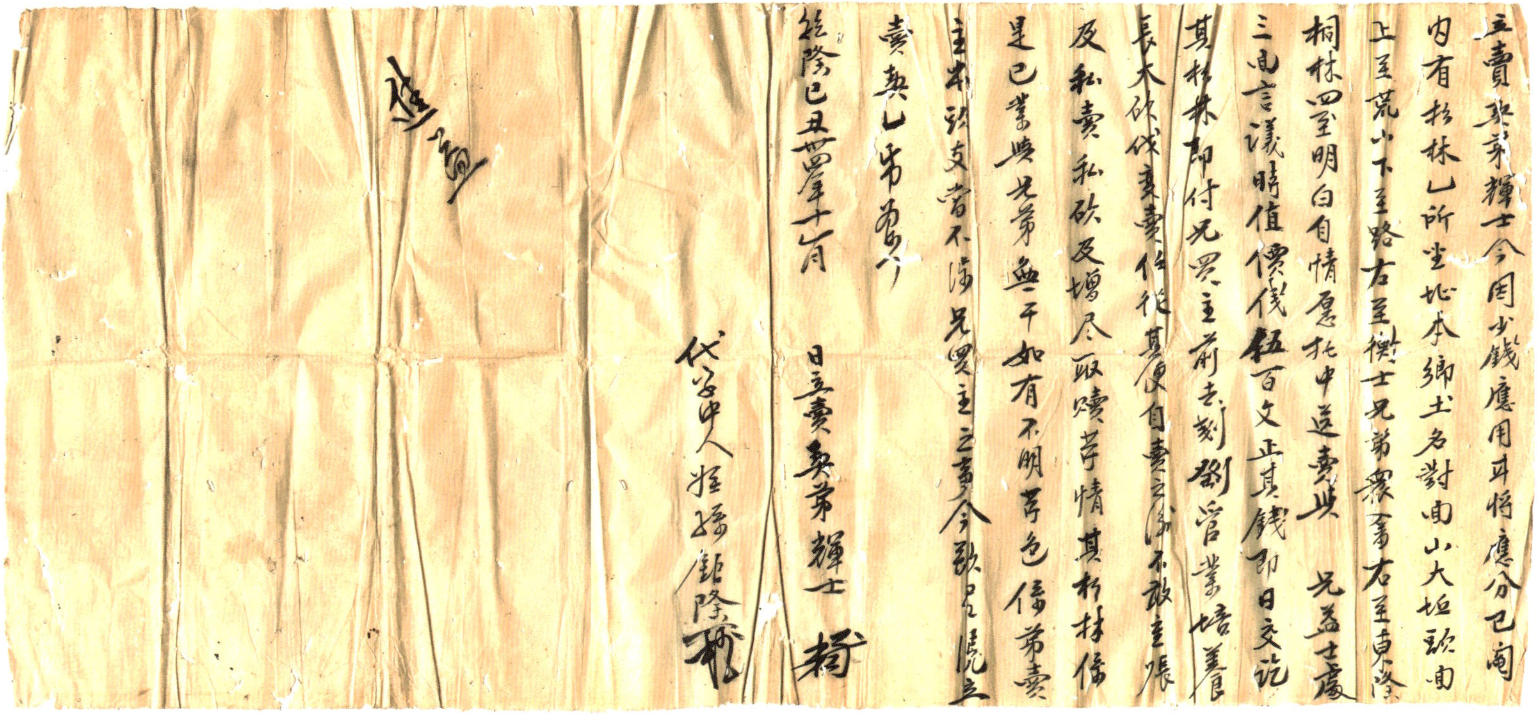
立賣契弟輝士今因少錢應用將應分己甸
内有杉林山一所坐址本鄉土名對面山大坵頭甸
上至荒山下至路右至樂士兄弟衆業右至東隆
桐林四至明白自情愿托中送賣與　兄益士處
三面言議時值價錢伍百文正其錢即日交訖
其杉林即付兄買主前去劉管業培養
長大砍伐或賣任從其便自賣之後不敢主張
及私賣私砍及增取贖等情其杉林係
是己業與兄弟無干如有不明等色係弟賣
主抵支當不涉兄買主之事今欲有憑立
賣契一紙爲照
乾隆己丑年十一月　日立賣契弟輝士（押）
代字中人　姪揚隆（押）

2-1-36-2　清乾隆三十四年十一月柯輝士立賣杉林契

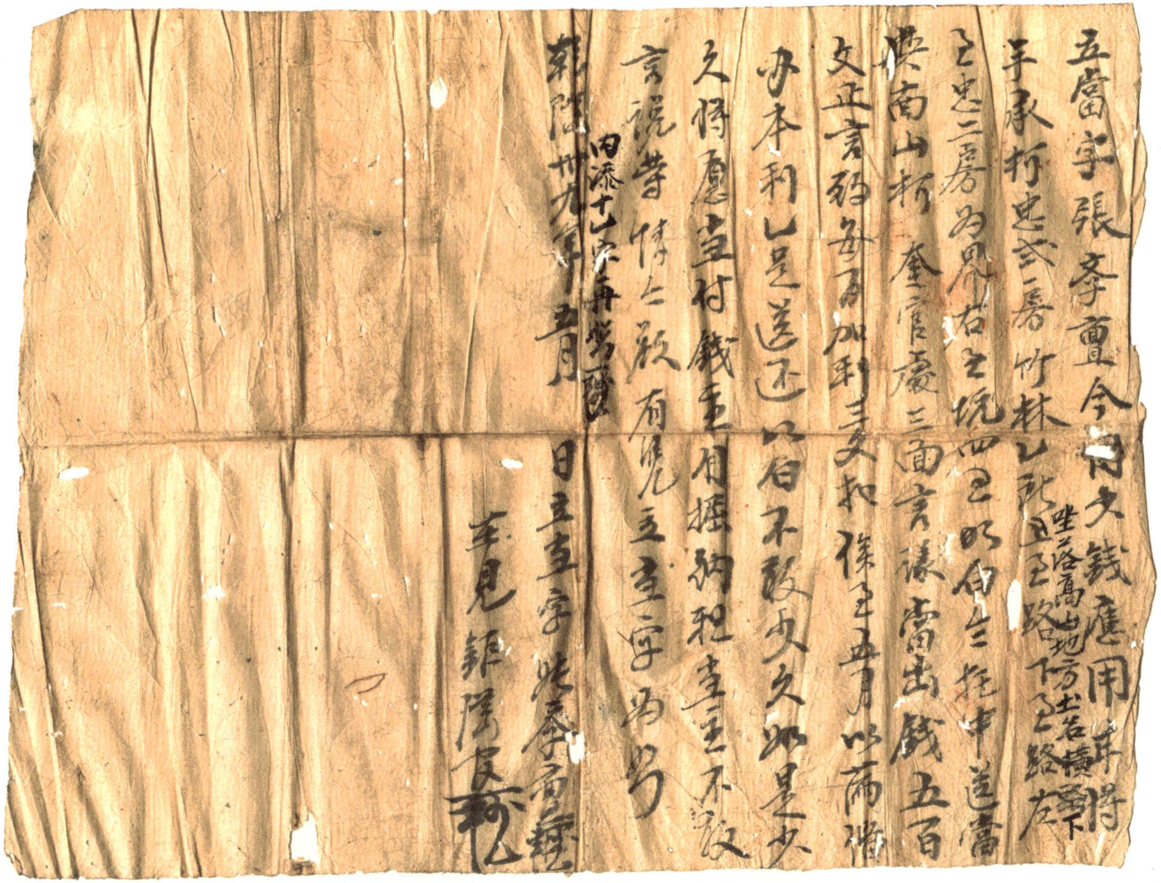

立當字張孝亶，今因乏錢應用，將
手承折忠武二房竹林山一號，坐落高山地方，土名樟下，上至路，下至路，左
至忠二房為界，右至坑，四至明白，今在中道當
與南山柯奎寵處，三面言議，當出錢五百
文正，言約每年加利三文起，係至五月以兩清
母本利山主送還，以后不敢少欠，如是少
欠，將應當付錢主相據納租，亶主不敢
言說等情。今欲有憑，立當字為照。
內添十山字再照
乾隆卅九年五月　日立當字　張孝亶（押）
在見　鄭隆長（押）

2-1-36-3　清乾隆三十九年五月張孝亶立當竹林字

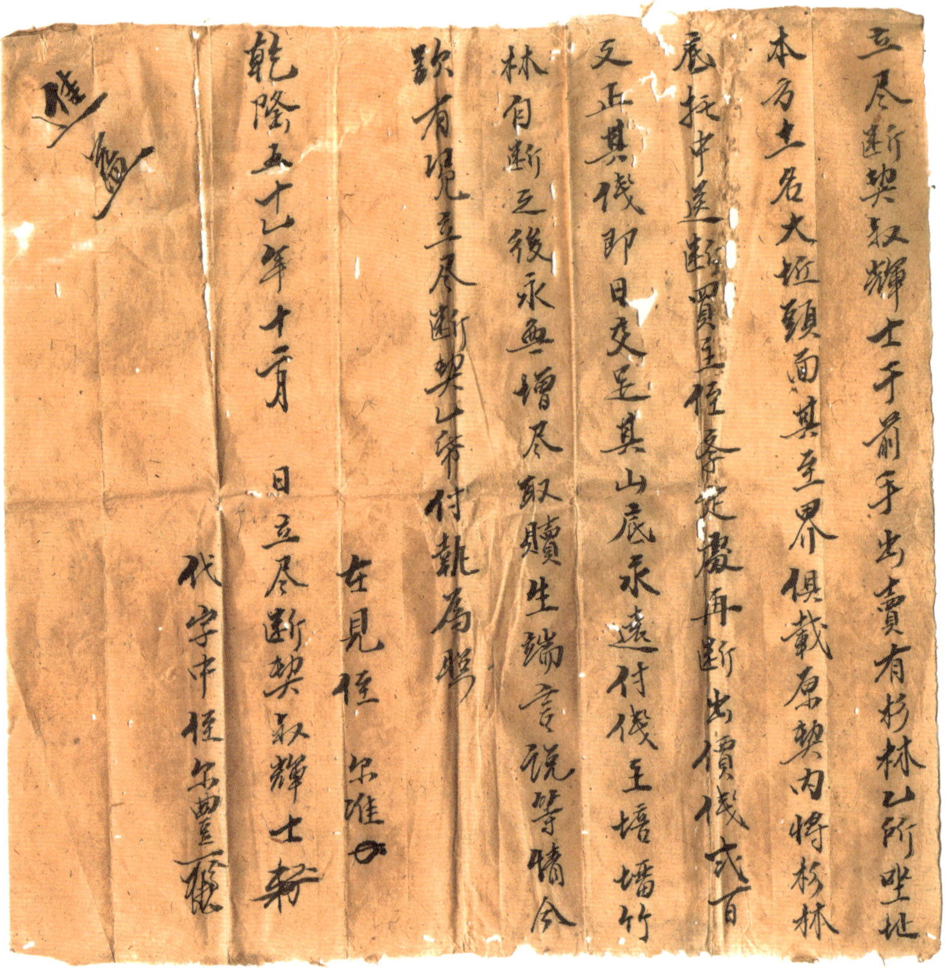

立盡斷契叔輝士于前手出賣有杉林山所坐址
本方土名大垴頭面其至界俱載原契内將杉林
底托中送斷買至侄希定處再斷出價錢貳百
文正其錢即日交足其山底永遠付錢主培塯竹
林自斷之後永無增盡取贖生端言說等情今
欲有憑立盡斷契山帋付執爲照
在見侄　宗准
乾隆五十一年十二月　日立盡斷契叔輝士
代字中侄宗豐
睦會

2-1-36-4　清乾隆五十一年十二月柯輝士立盡斷杉林契

2-1-37-1　包契紙

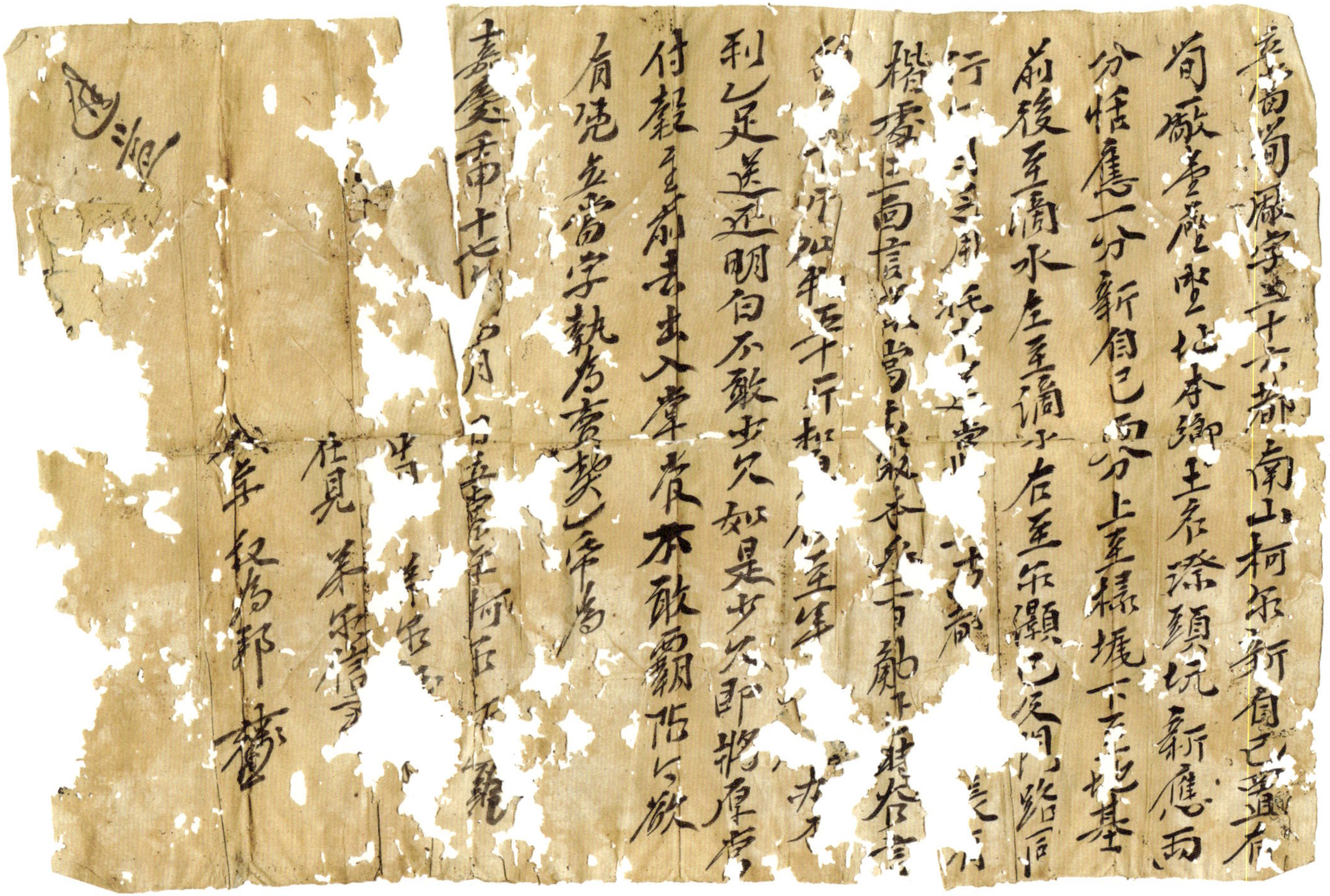

2-1-37-2　清嘉慶十七年四月柯尔新立當筍廠字

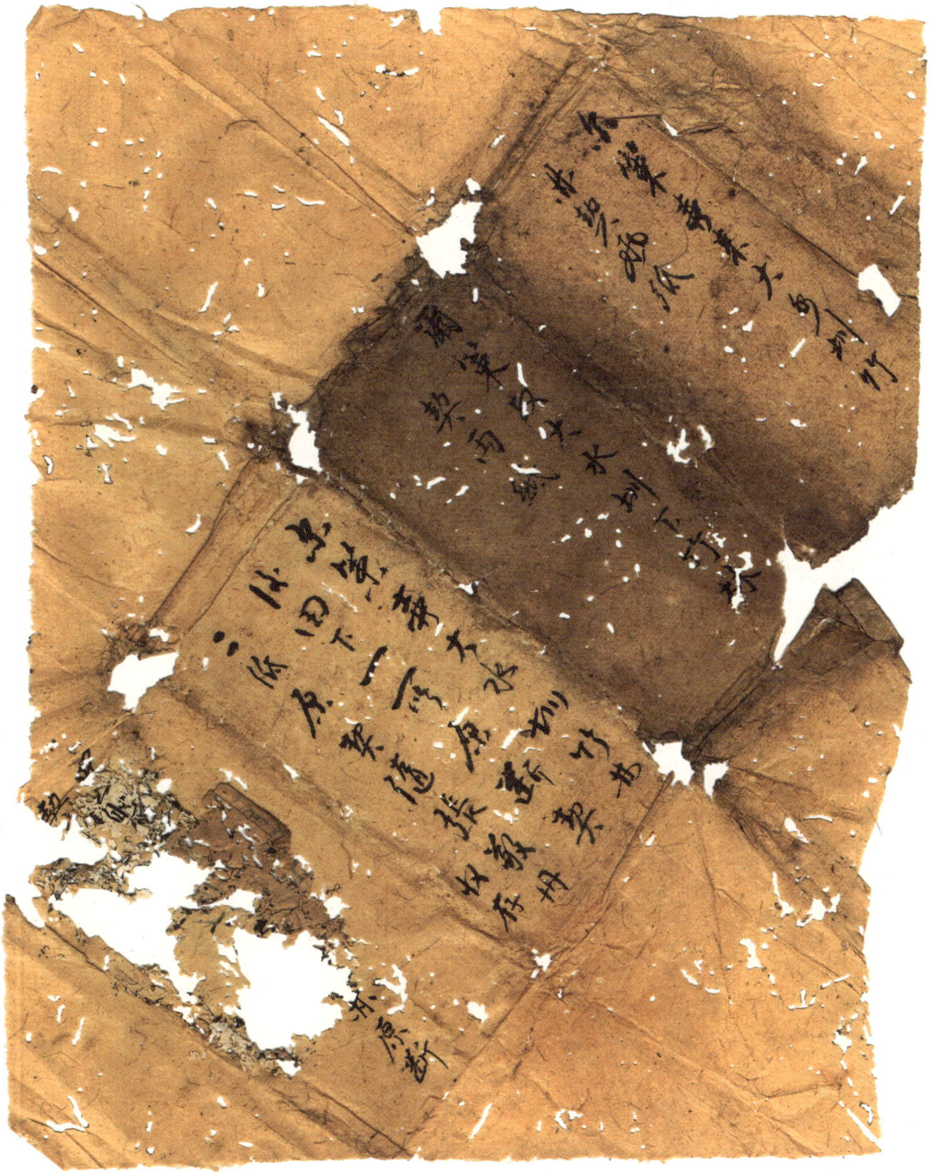

2-1-38-1 包契紙

2-1-38-2　包契紙

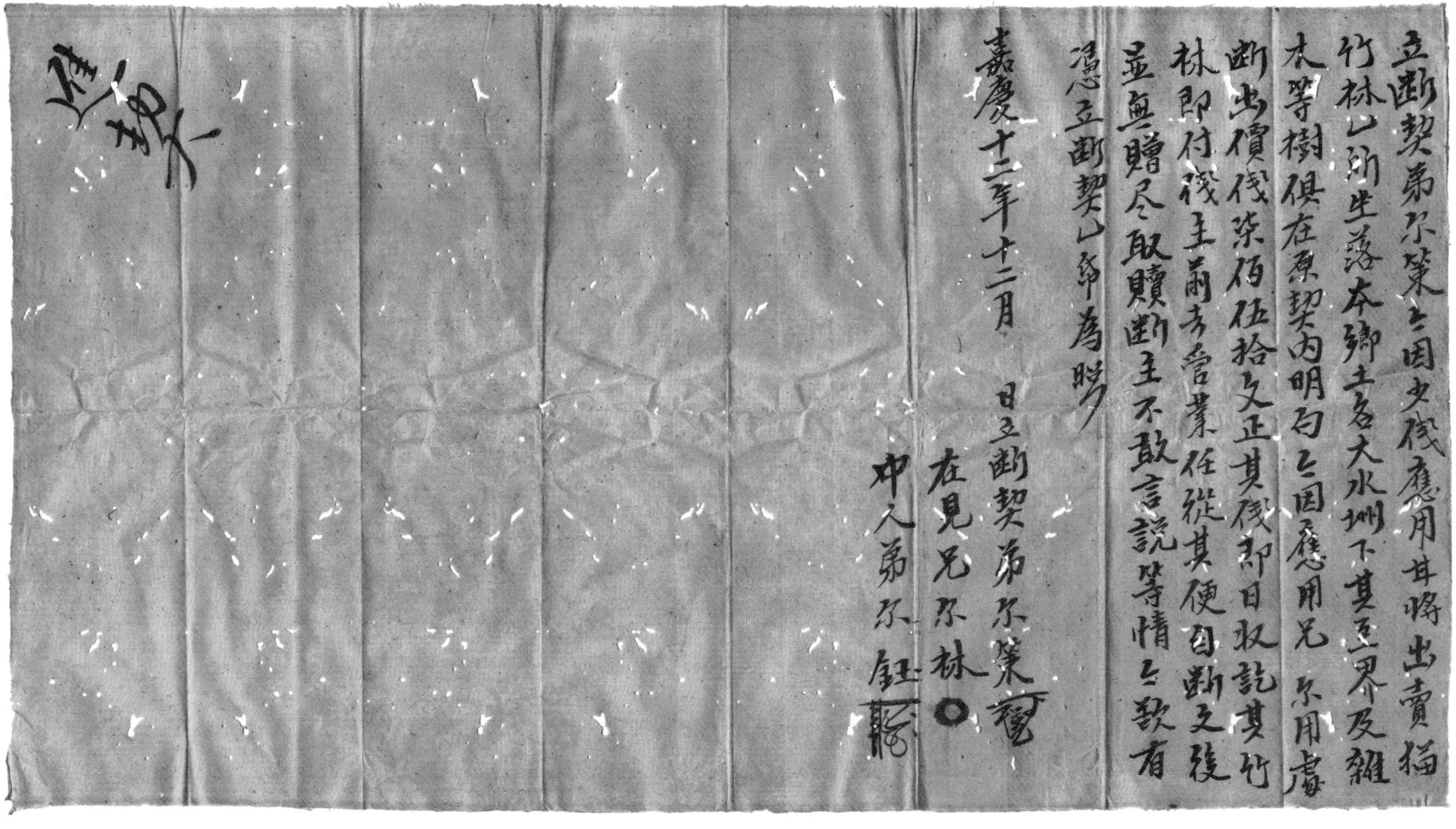
立斷契弟尔策，今因乏錢應用，甘將出賣猫
竹林山，所生落本鄉土名大水圳下，其至界及雜
木等樹，俱在原契內明白。今因應用，兄尔用處
斷出價錢柒佰伍拾文正，其錢即日收訖，其竹
林即付錢主前去管業，任從其便，自斷之後
並無贖尽取贖，斷主不敢言說等情。今欲有
憑，立斷契一帋為照。
嘉慶十二年十二月　日立斷契弟尔策（押）
在見兄尔林
中人弟尔鈺（押）
柯契

2-1-38-3　清嘉慶十二年十二月柯尔策立斷猫竹林契

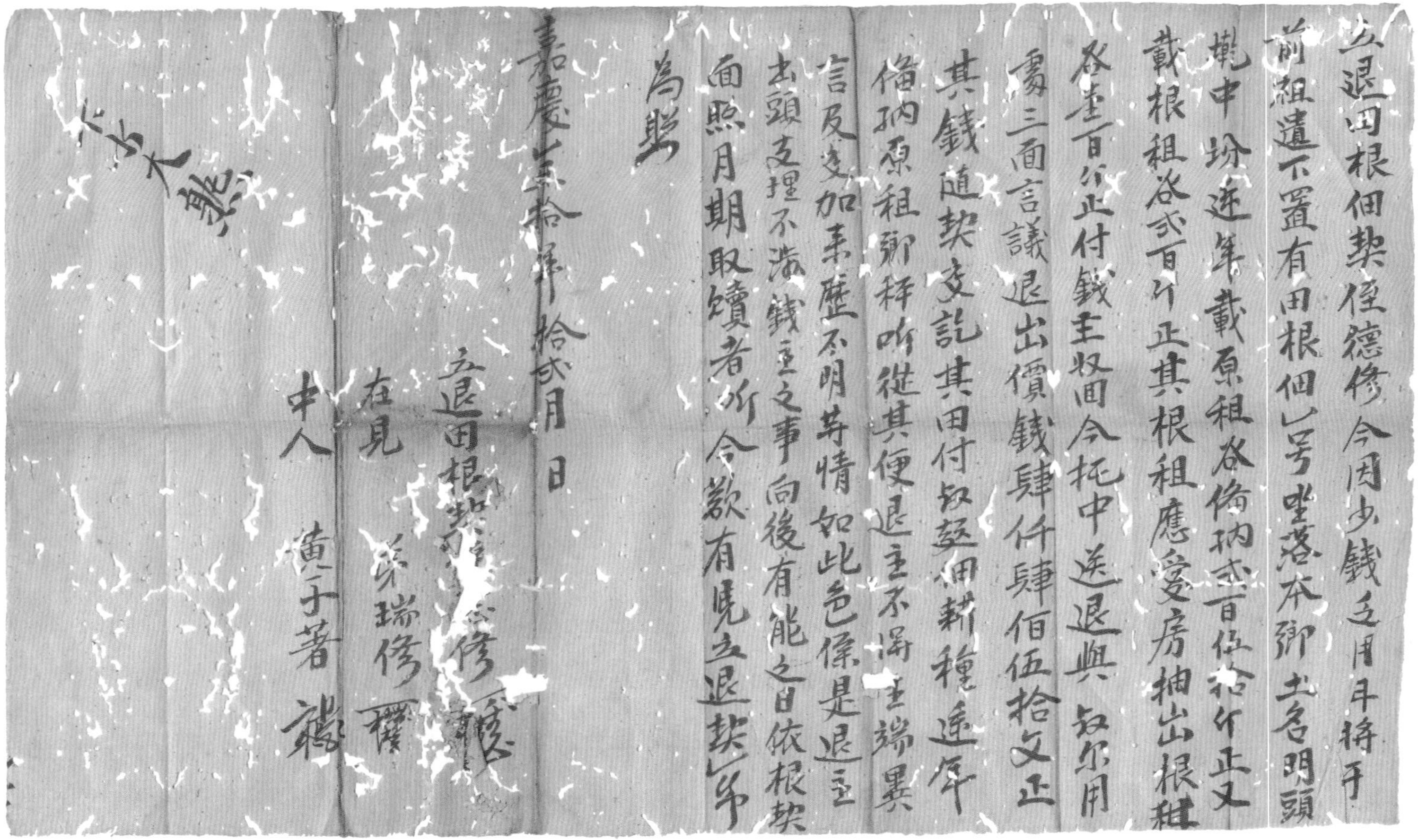
立退田根佃契侄德修今因少錢乏用再將于
前祖遺下置有田根佃乙号坐落本鄉土名明頭
墘中坵逐年載原租谷倫納弍百伍拾斤正又
載根租谷弍百斤正其根租應受房抽出根租
谷壹百斤正付錢主收回今托中送退與叔爾用
處三面言議退出價錢肆仟肆佰伍拾文正
其錢随契交訖其田付叔起佃耕種逐年
倫納原租鄉秤听從其便退主不得生端異
言及支加來歷不明等情如此色係是退主
出頭支理不涉錢主之事向後有能之日依根契
面照月期取贖者听令欵有憑立退契乙帋
為照
嘉慶十年拾弍月　日
立退田根契侄德修
在見　叔瑞修
中人　黄子著

2-1-39-1　清嘉慶十年十二月柯德修立退田根佃契

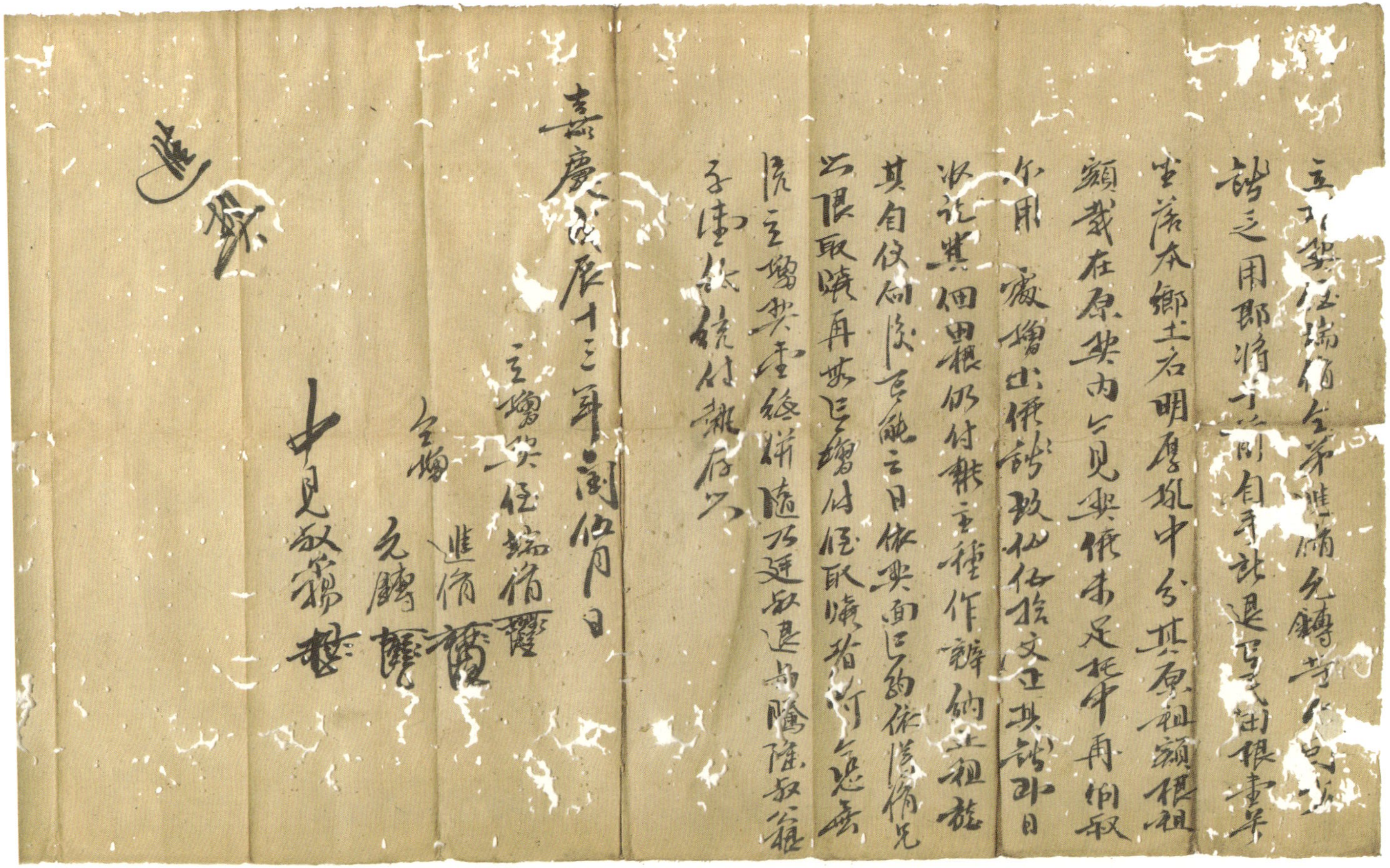
立加增契人柯瑞脩仝弟進脩、元轉等，今因乏
銀之用，即將前[illegible]自手[illegible]退[illegible]田根壹号
坐落本鄉土名明厝坑中分，其原租額、根租
額載在原契內，已見契價未足，托中再向叔
[illegible]用處增出價錢玖佰伍拾文正，其錢即日
收訖，其田根仍付耕主種作，辦納正租，[illegible]
其自後[illegible]言[illegible]依契面[illegible]依[illegible]
以限取贖再[illegible]增付價取贖[illegible]無
[illegible]立增契壹紙併隨[illegible]退[illegible]
字[illegible]付執存。
嘉慶戊辰十三年閏伍月　日
立增契人柯瑞脩　進脩　元轉
仝[illegible]
中見叔宗[illegible]

2-1-39-2　清嘉慶十三年閏五月柯瑞修等立增民田根契

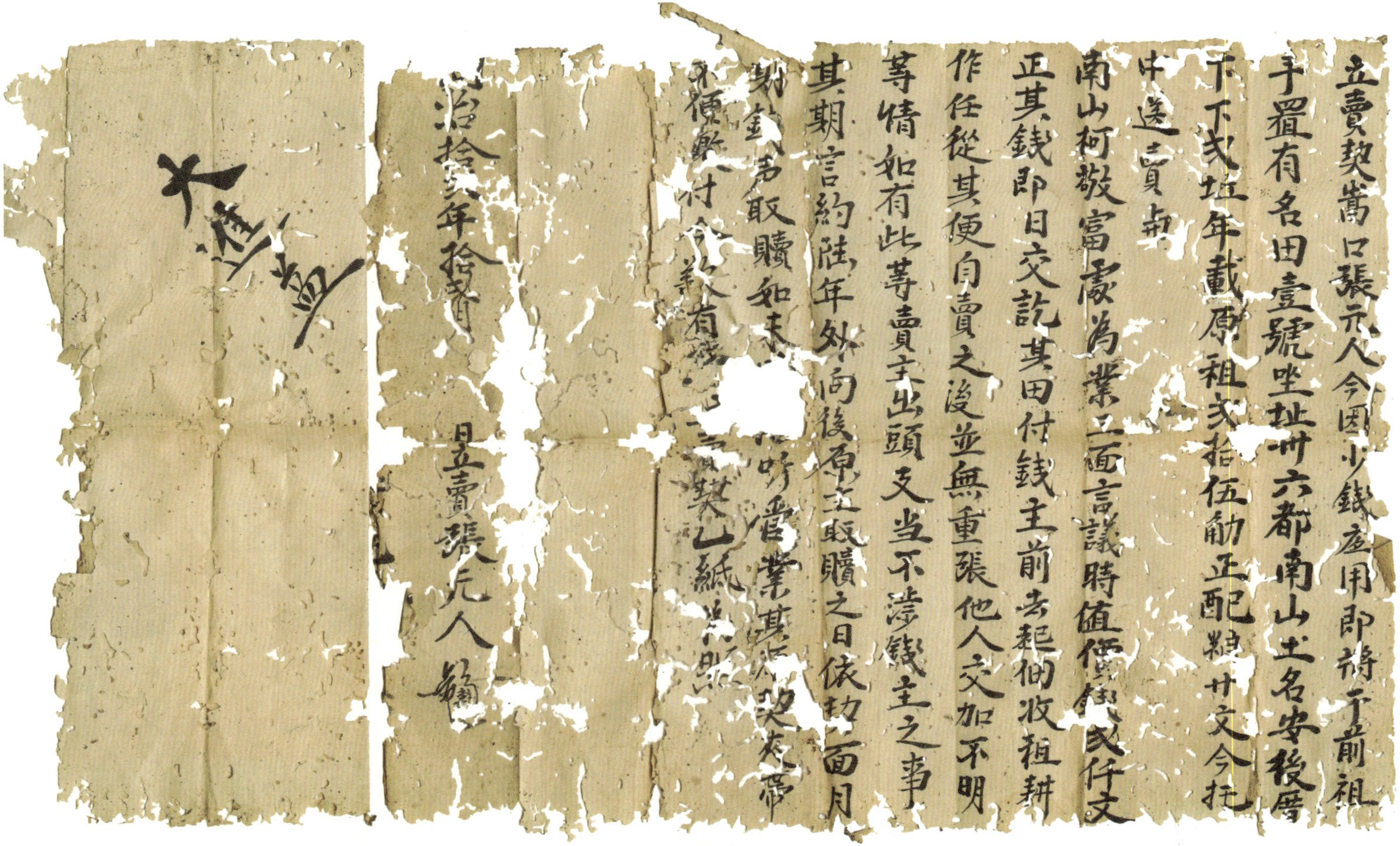

立賣契嵩口張元人今因少錢應用即將于前祖
手置有名田壹號坐址廿六都南山土名安後厝
下下弍坵年載原租弍拾伍觔正配粮廿文今托
中送賣与
南山柯敬富處為業三面言議時值價錢弍仟文
正其錢即日交訖其田付錢主前去起佃收租耕
作任從其便自賣之後並無重張他人交加不明
等情如有此等賣主出頭支当不涉錢主之事
其期言約陸年外向後原主取贖之日依[illegible]面月
[illegible]取贖如未[illegible]管業[illegible]
[illegible]付[illegible]有[illegible]契[illegible]紙[illegible]
同治拾弍年拾弍月　日立賣張元人（押）

2-1-39-3　清同治十二年十二月張元人立賣田契

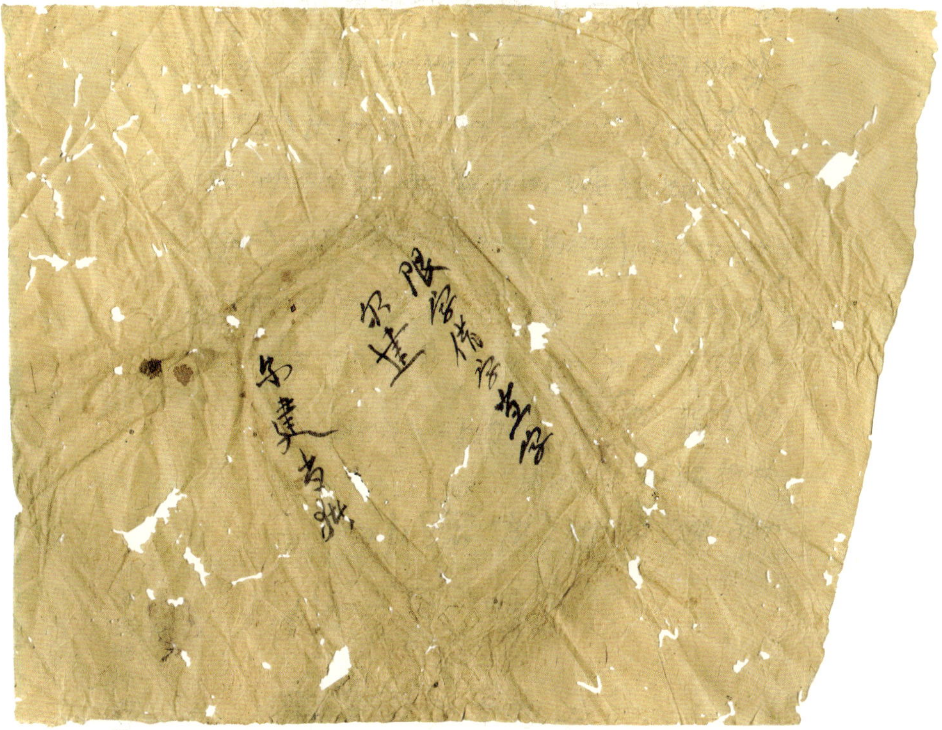

2-1-40-1　包契紙

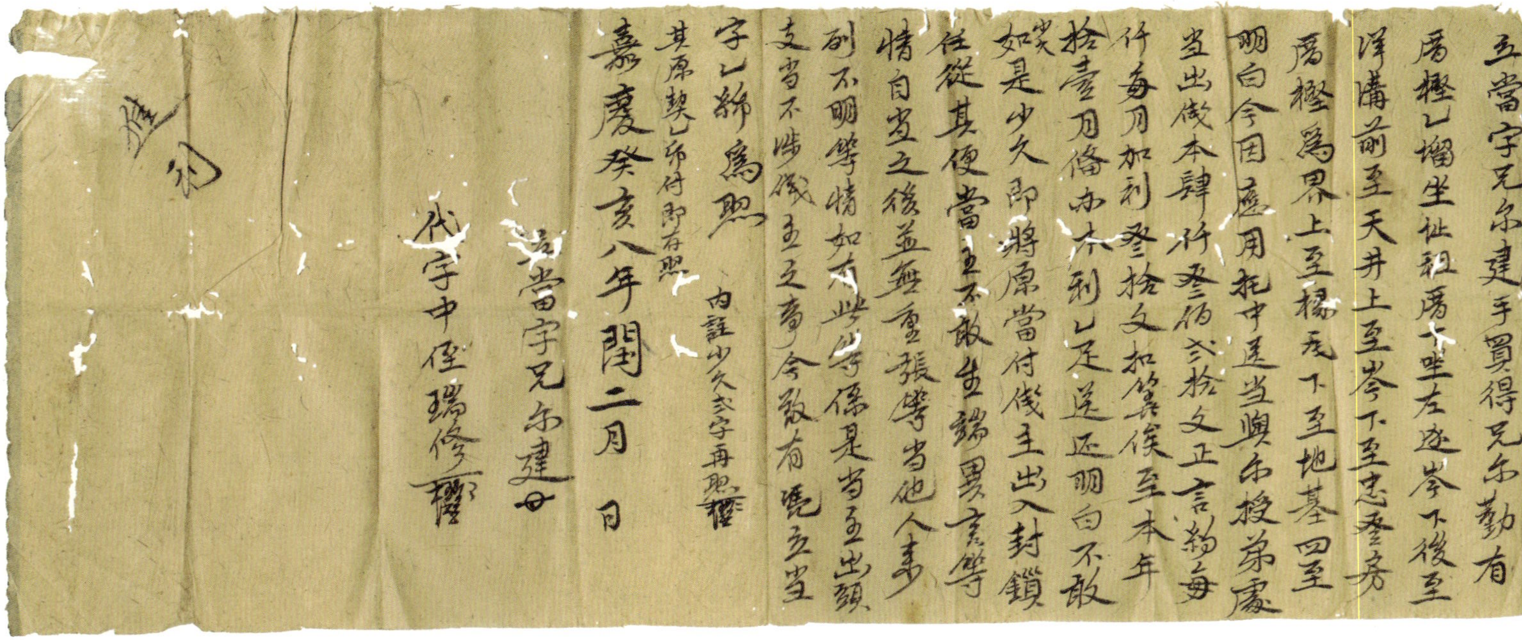
立當字兄尔建手買得兄尔勤有
厝壄乚增坐址祖厝下坐左邊岑下後至
洋墘前至天井上至岑下至忠叁房
厝壄爲界上至椽衣下至地基四至
明白今因應用托中送與弟尔梭弟處
当出錢本肆仟叁佰叁拾文正言約每
仟每月加利叁拾文加算其錢至本年
拾壹月備办本利乚足送還明白不敢
如是少欠即將原當付錢主出入封鎖
任從其便當主不敢生端異言等
情自当之後並無重張等当他人事
刳不明等情如有此等係是当主出頭
支当不涉錢主之事今欲有憑立当
字乚紙爲照　　内註少欠叁字再照
其原契乚纸付即存照
嘉慶癸亥八年閏二月　　日
立當字兄尔建
代字中侄瑞修

2-1-40-2　清嘉慶八年閏二月柯尔建立當厝壄字

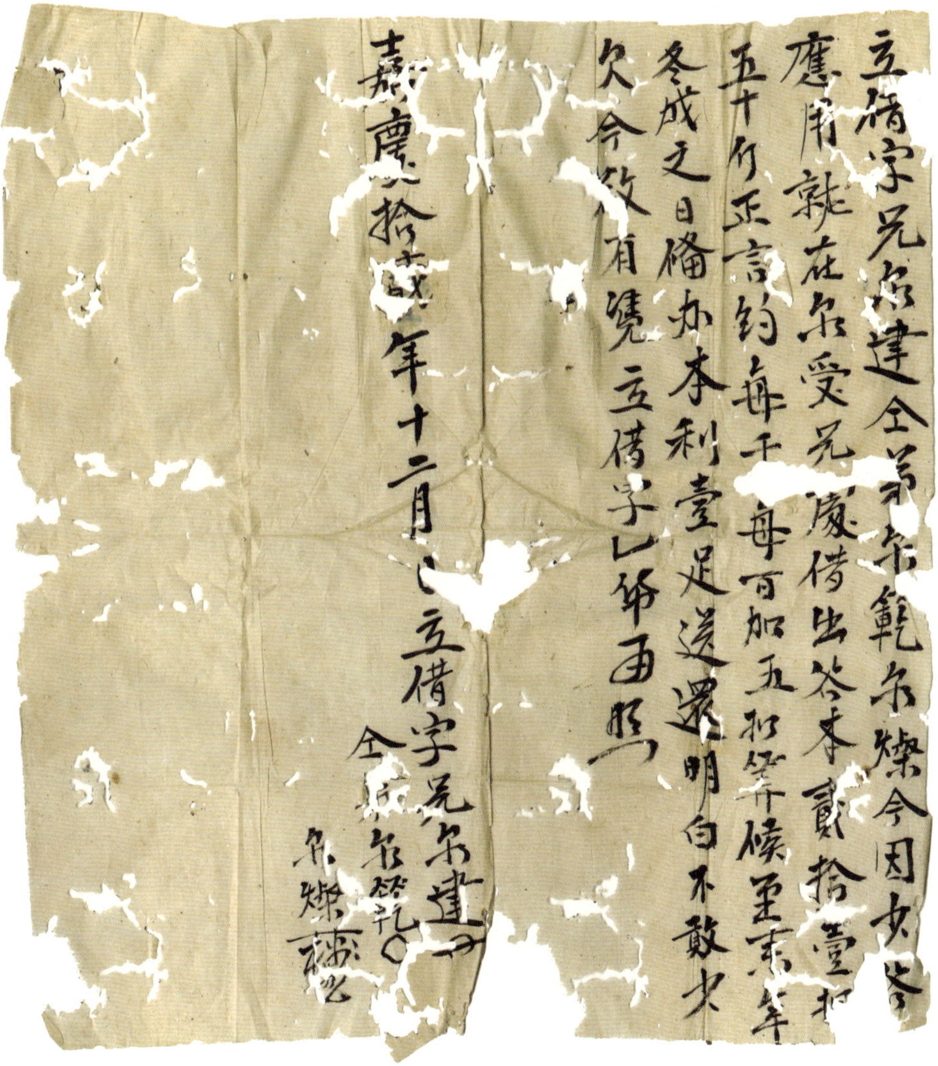

立借字兄尔建仝弟尔乾尔燦今因乏谷
應用就在尔受兄處借出谷本貳拾壹担
五十斤正言约每千[illegible]每百加五利算候至来年
冬成之日備办本利壹足送還明白不敢欠
欠今欲有憑立借字一紙為照
嘉慶拾貳年十二月 日立借字兄尔建
仝弟尔乾
尔燦

2-1-40-3 清嘉慶十二年十二月柯尔建等立借穀字

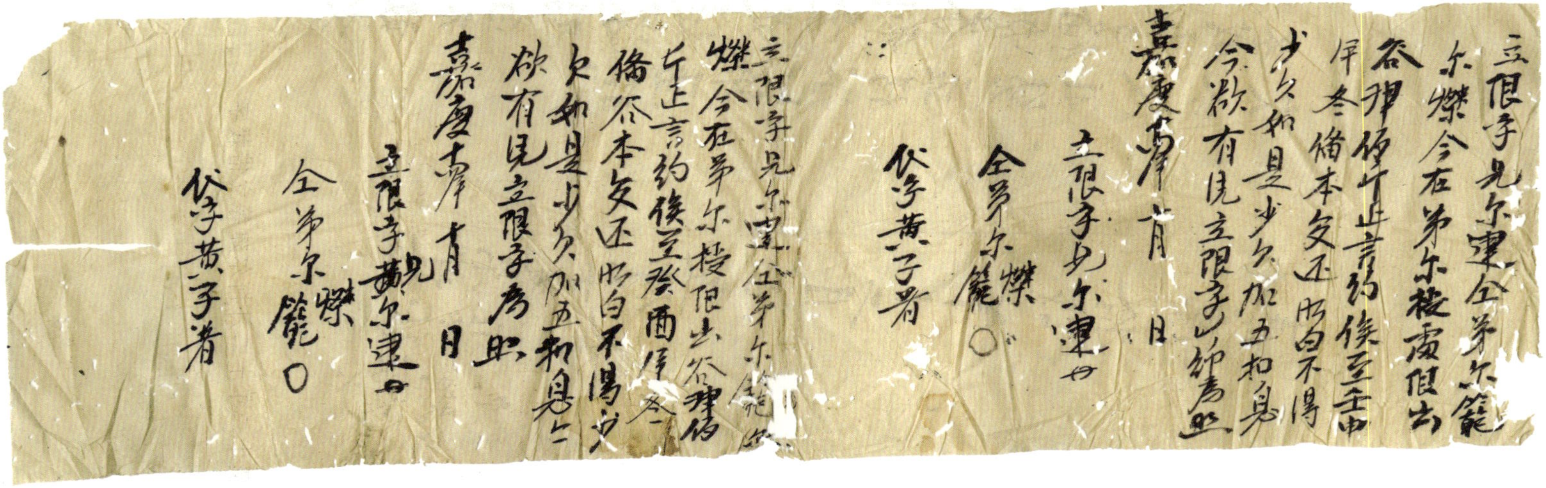

2-1-40-4　清嘉慶十四年十月柯尔建等立限字

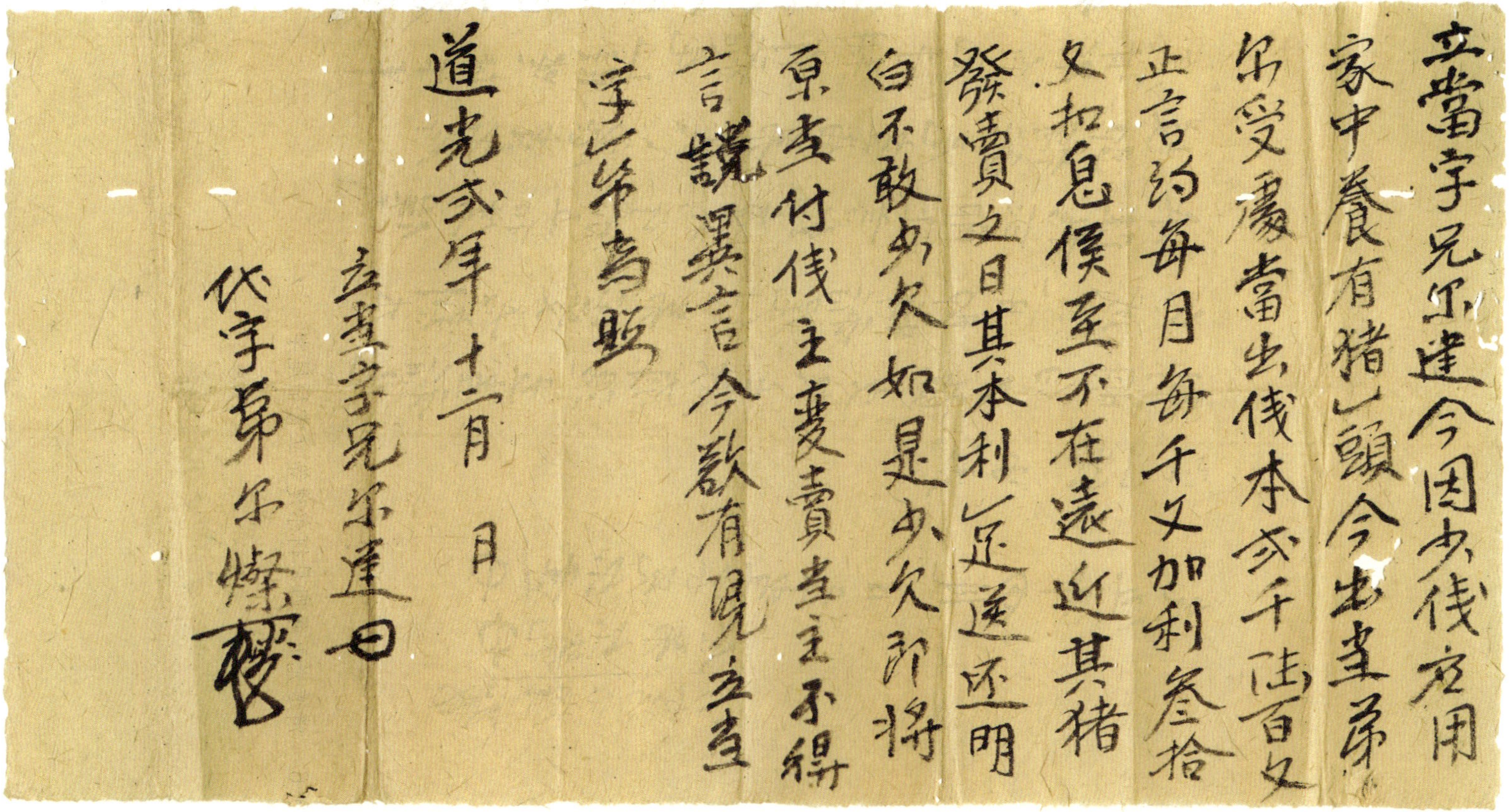

立當字兄尔建今因少錢應用
家中養有猪乙頭今出當弟
尔受處當出錢本式千陆百文
正言約每月每千文加利叁拾
文和息候至不在遠近其猪
發賣之日其本利乙足送还明
白不敢少欠如是少欠即將
原當付錢主變賣當主不得
言說異言今欲有憑立當
字乙紙為照

道光式年十二月　日

立當字兄尔建（押）

代字弟尔燦（押）

2-1-40-5　清道光二年十二月柯尔建立當猪字

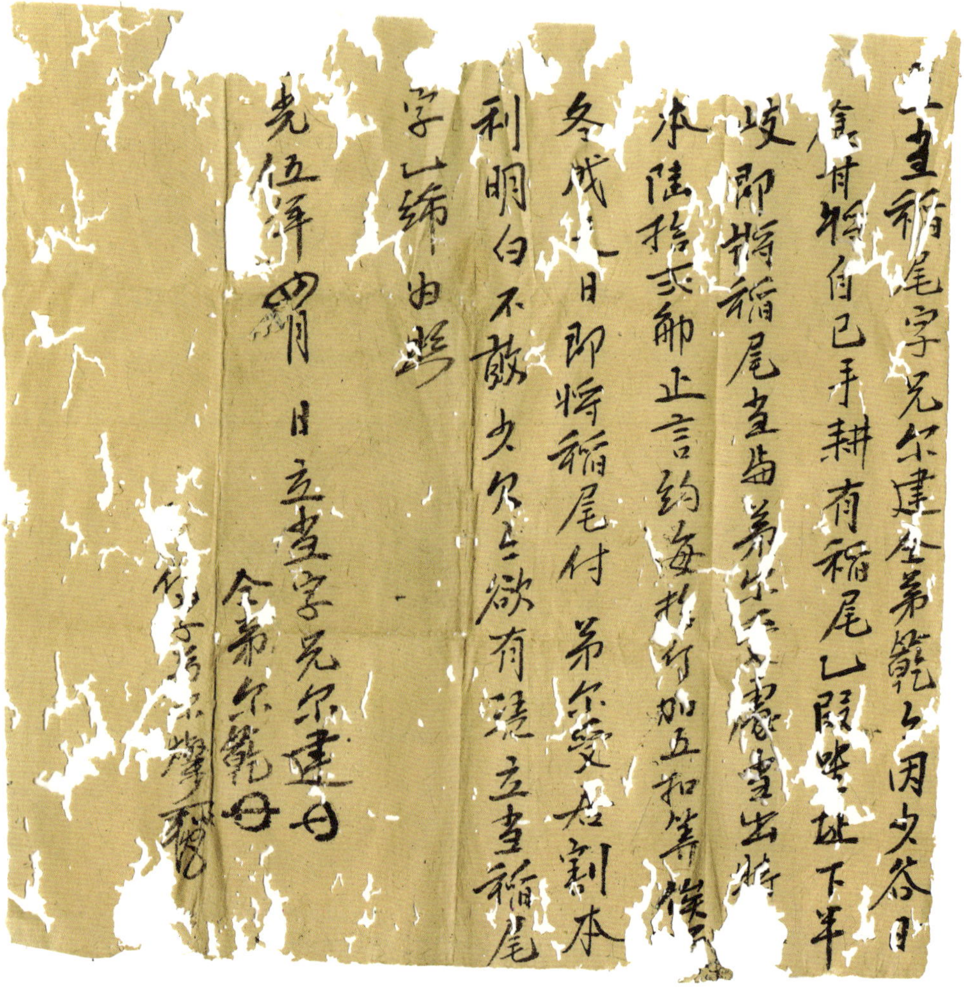

□立當稻尾字兄尔建仝弟尔能，今因乏谷日
食，甘將自己手耕有稻尾山段坐址下半
坵，即將稻尾立當弟尔[illegible]出將
本陸指式觔正，言約每[illegible]行加五和算，候
冬成之日，即將稻尾付弟尔變右割本
利明白，不敢少欠。尔亡欲有憑，立當稻尾
字一紙為照。
道光伍年四月　日　立當字兄尔建
仝弟尔能
代字[illegible]

2-1-40-6　清道光五年四月柯尔建等立當稻尾字

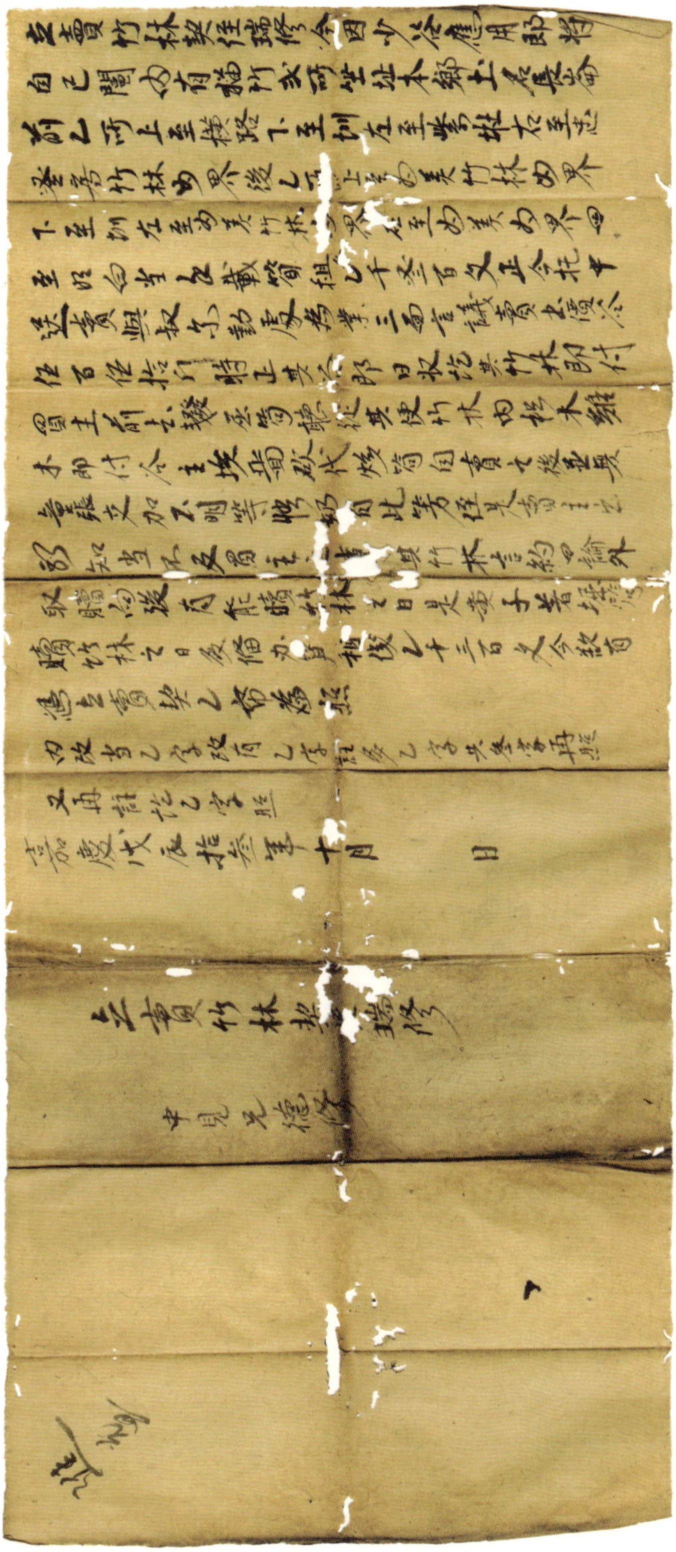

2-1-41-1　清嘉慶十三年十月柯瑞修立賣貓竹林契

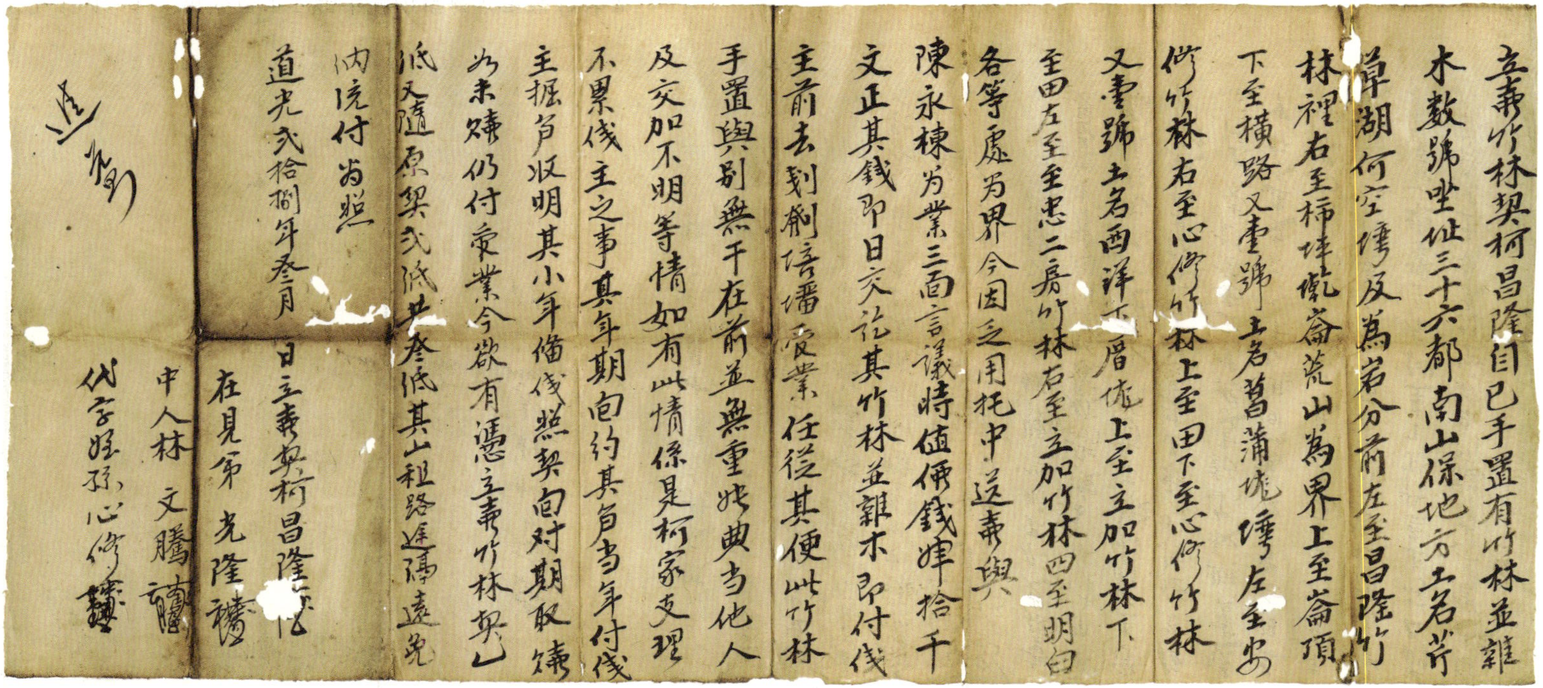

2-1-41-2　清道光二十八年三月柯昌隆立賣竹林等契

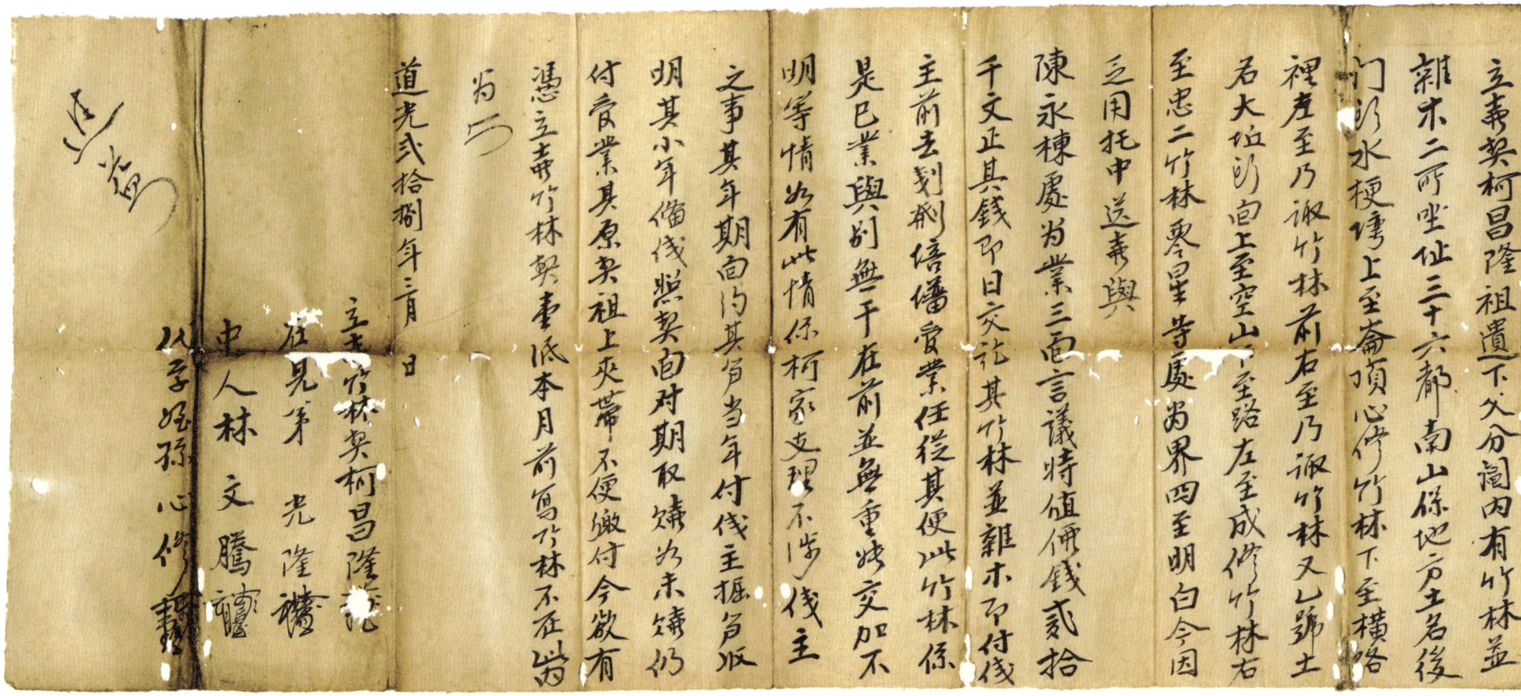

立賣契柯昌隆祖遺下父分鬮內有竹林並
雜木二所坐址三十六都南山係地方土名後
门路水梗墘上至崙頂心竹林下至橫路
裡崖至乃派竹林前右至乃派竹林又山踮土
名大垃路向上至空山下至路左至成竹林右
至忠二竹林又四至等處為界四至明白今因
乏用托中送賣與
陳永棟處為業三面言議特值價錢貳拾
千文正其錢即日交訖其竹林並雜木即付錢
主前去割刹倍備管業任從其便此竹林係
是已業與別無干在前並無重張交加不
明等情如有此情係柯家支理不涉錢主
之事其年期向約其至當年付錢主振原版
明其小年備錢照契向對期取贖如未贖仍
付錢業其原契祖上夾帶不便繳付今欲有
憑立賣竹林契壹紙本月前写竹林不在此
為照
道光弍拾捌年三月　日
立賣竹林契柯昌隆（押）
在見弟　光隆（押）
中人林文騰（押）
代字姪孫　心竹（押）

2-1-41-3　清道光二十八年三月柯昌隆立賣竹林等契

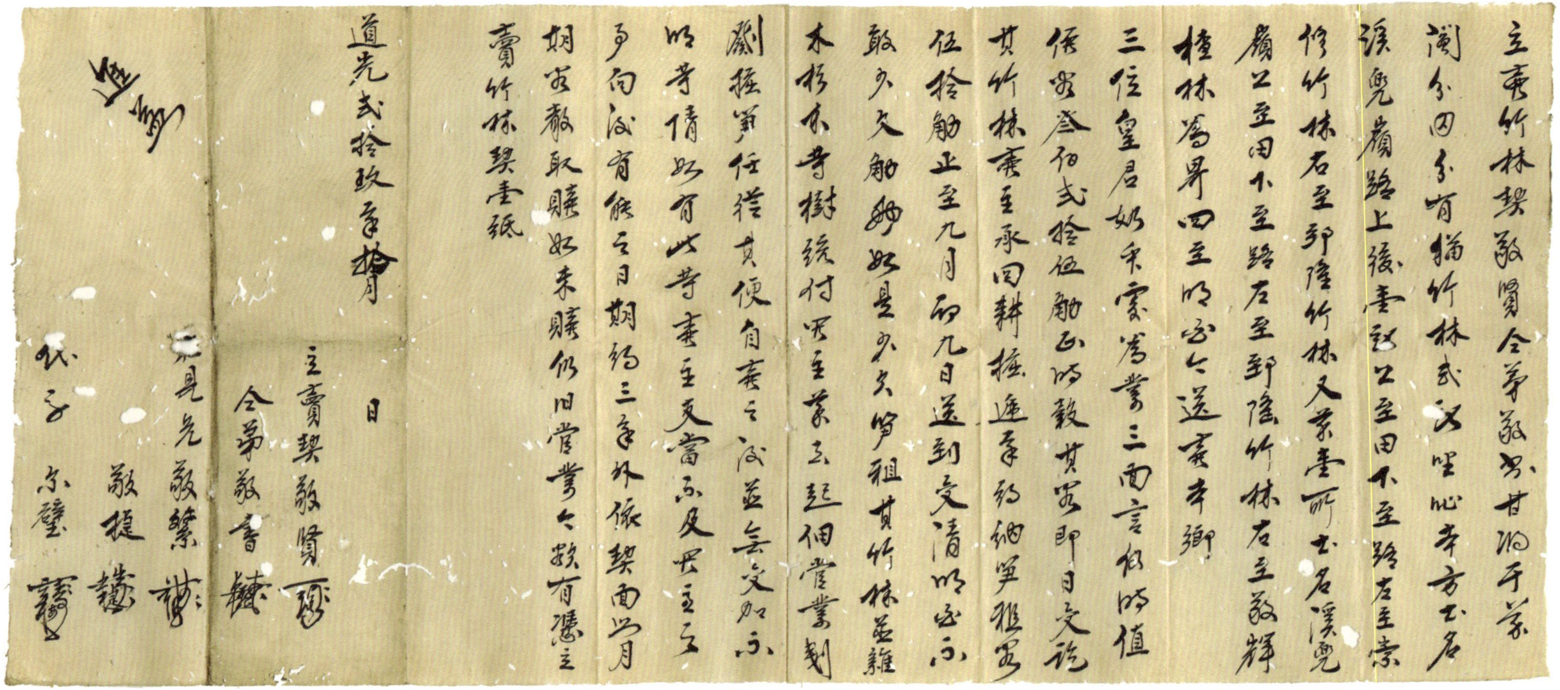
立賣竹林契柯敬賢仝弟敬書、甘酒于第
閩分田今有猫竹林一段坐址本方土名
溪兜嶺路上後壹段上至田下至路左至崇
修竹林右至鄭陰竹林又第壹所土名溪兜
嶺上至田下至路左至鄭陰竹林右至敬輝
桂林爲界四至明白今送賣本鄉
三位皇君奶乘雲爲業三面言約時值
價錢叁佰弍拾伍觔正明數其錢即日交訖
其竹林賣至承田耕種進年納細筍雅錢
伍拾觔正至九月初九日送到交清明白不
敢少欠觔兩如是少欠聽憑租主竹林並雜
木杉木等樹統付君主業主起佃管業割
斷挂筍任從其便自賣之後並無文加不
明等情如有此等賣主支當不及買主之
事向後有銀之日期約三年外依契面洋月
期出取贖如未贖仍旧管業今欲有憑立
賣竹林契壹紙

道光弍拾玖年拾月　日

立賣契柯敬賢（押）
仝弟敬書（押）
見兄敬蒸（押）
敬提（押）
代字示鑾（押）

進賣

2-1-41-4　清道光二十九年十月柯敬賢等立賣猫竹林契

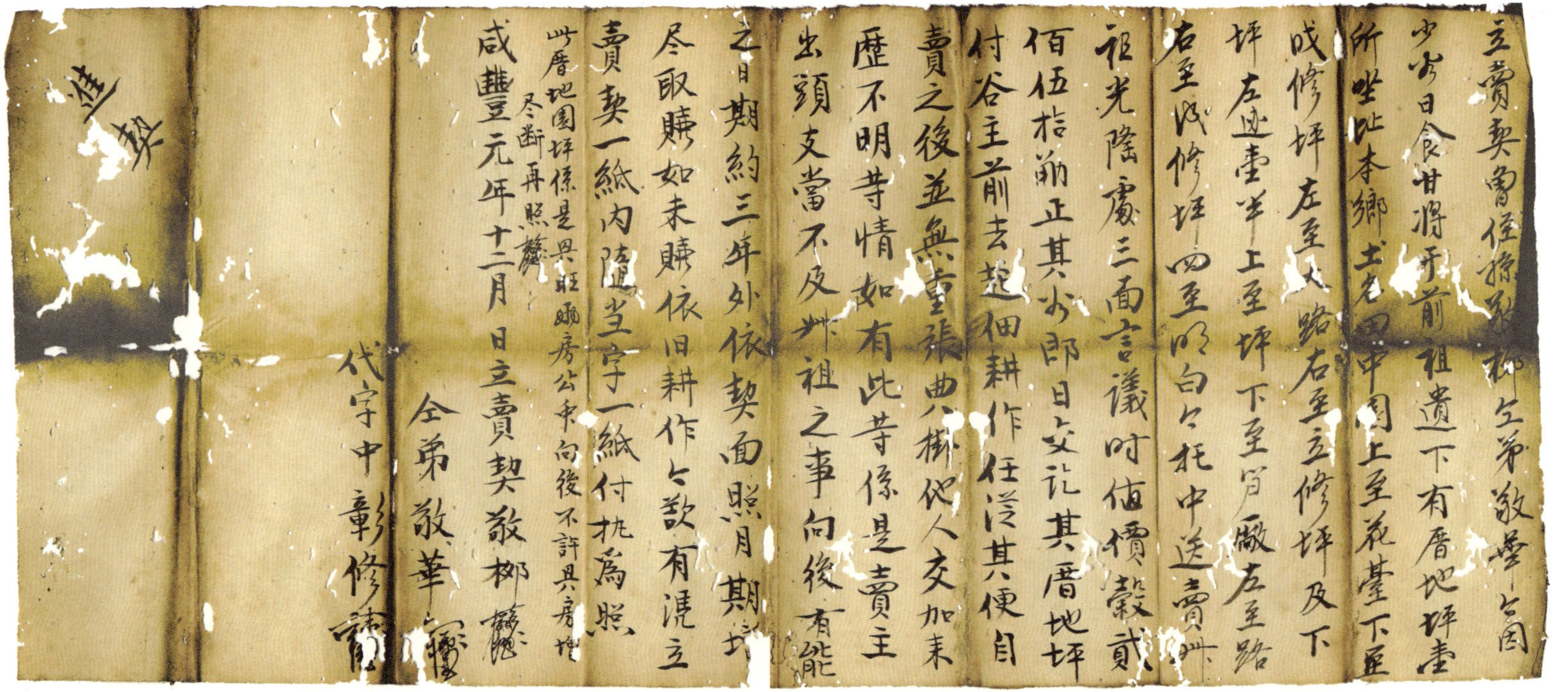
立賣契曾侄孫敬柳仝弟敬華，仝因
少□日食甘將承前祖遺下有厝地坪壹
所坐址本鄉土名田中園上至花臺下至
戌修坪左至大路右至立修坪及下
坪左邊壹半上至坪下至寮廠左至路
右至戌修坪四至明白，托中送賣
祖光陰處三面言議時值價穀貳
佰伍拾觔正其谷即日交訖其厝地坪
付谷主前去起佃耕作任從其便自
賣之後並無重張典掛他人交加來
歷不明等情如有此等係是賣主
出頭支當不及祖之事向後有能
之日期約三年外依契面照月期
盡取贖如未贖依旧耕作其款有混立
賣契一紙內隨字一紙付執為照
此厝地園坪係是與旺賜房公衆向後不許與房地盡斷再照
咸豐元年十二月　日立賣契敬柳
仝弟敬華
代字中彰修

2-1-41-5　清咸豐元年十二月柯敬柳等立賣厝地坪契

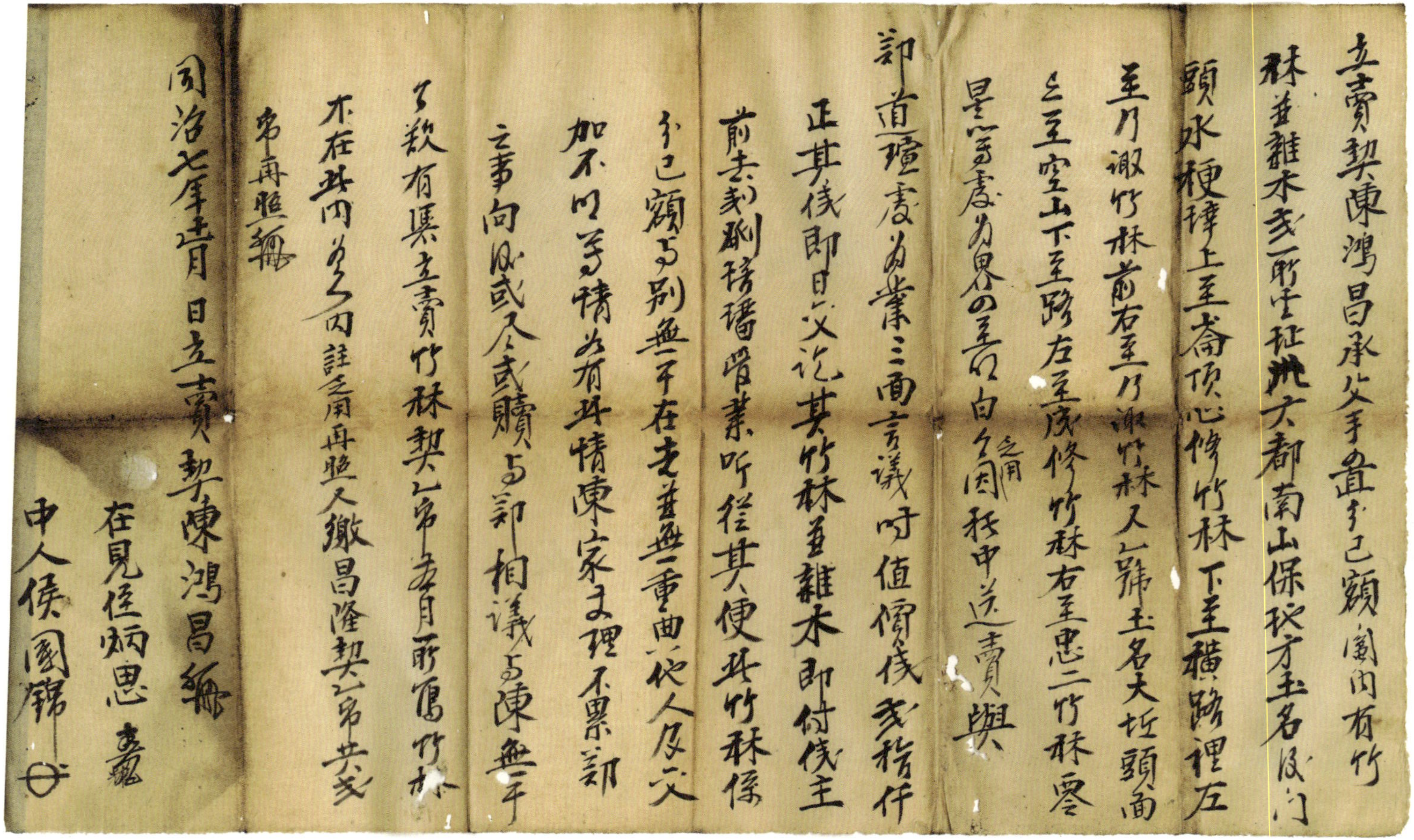
立賣契陳鴻昌承父手置有己額內有竹
林並雜木壹所坐址在大都南山保土名[illegible]
頭水梗埠上至崙頂心修竹林下至橫路裡左
至門瑕竹林前右至門瑕竹林又一號土名大坵頭面
上至空山下至路左至陳修竹林右至思二竹林零
星空處為界四至分白今因乏用托中送賣與
郭道瑄處為業三面言議時值價錢貳拾仟
正其錢即日收訖其竹林並雜木即付錢主
前去砍剔搭播管業聽從其便此竹林係
承己額與別無干在先並無重曲他人及文
加不明等情如有此情陳家支理不累郭
之事向後或父或贖與郭相議與陳無干
恐欲有憑立賣竹林契一紙永遠為照竹林
不在此內[illegible]內註乏用再照人徽昌隆契一紙共二
紙再照[illegible]
同治七年十一月　日立賣契陳鴻昌押
在見侄炳恩押
中人侯國錦押

2-1-41-6　清同治七年十一月陳鴻昌立賣竹林等契

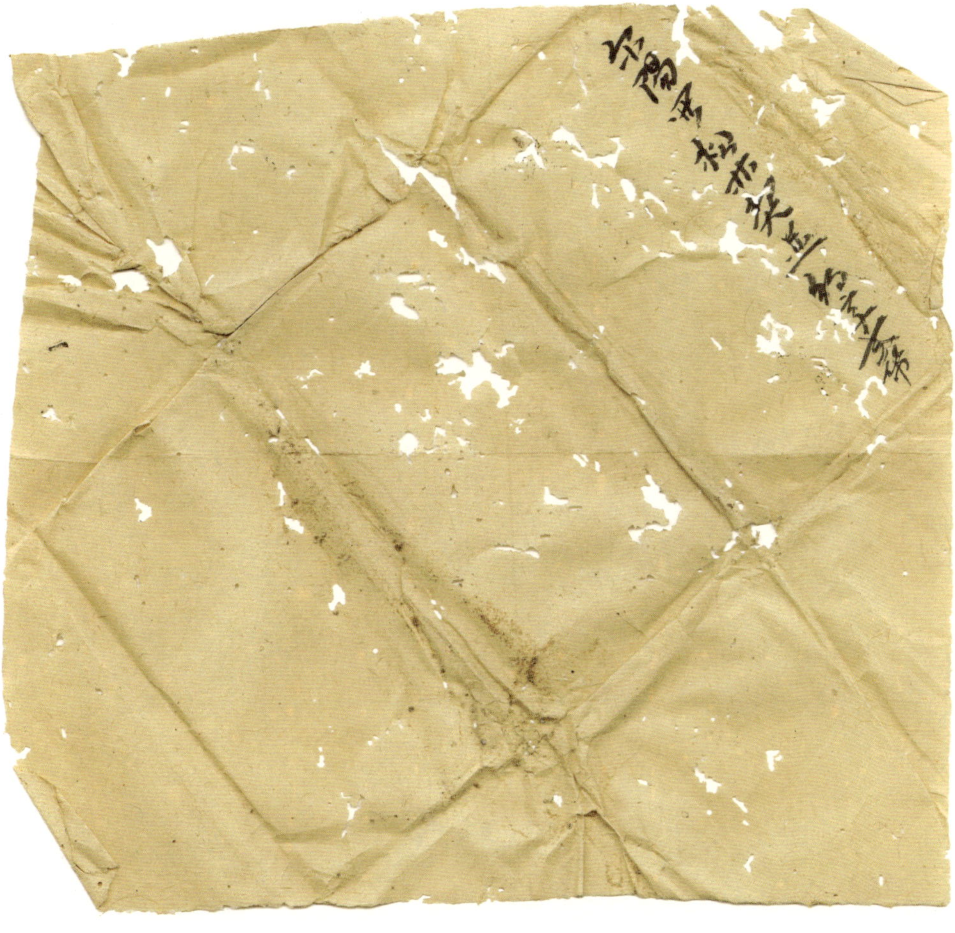

2-1-42-1 包契紙

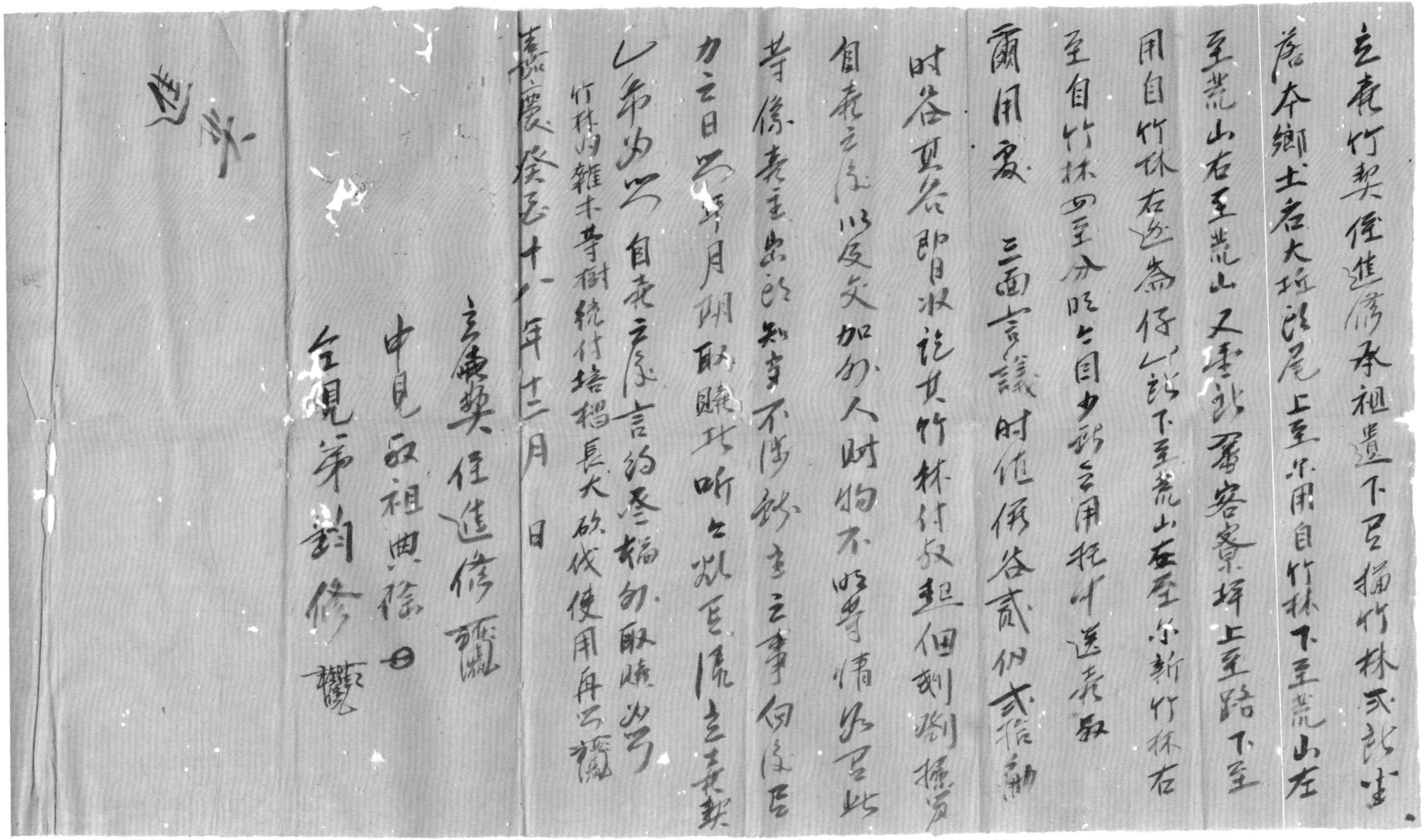

立賣竹契侄進修承祖遺下己猫竹林式號坐
落本鄉土名大垅路尾上至小用自竹林下至荒山左
至荒山右至荒山又壹號留客寮坪上至路下至
用自竹林右邊喬仔山號下至荒山左至小新竹林右
至自竹林四至分明今因乏錢應用托中送賣叔
爾用處　三面言議時值價谷貳佰式拾觔
時谷足訖即日收訖其竹林付叔起佃剳掘管
自賣之後以及文加分人財物不明等情係己出
等係賣主出頭知當不涉叔主之事向後至
力之日照契月取贖其叔各無異言立賣契
一紙為照　自賣之後言約叁猫勿取贖為照
竹林內雜木等樹統付培植長大砍伐使用再照
嘉慶癸酉十八年十二月　日
立賣契侄進修
中見叔祖典拾
在見弟𨥉修

2-1-42-2　清嘉慶十八年十二月柯進修立賣猫竹林契

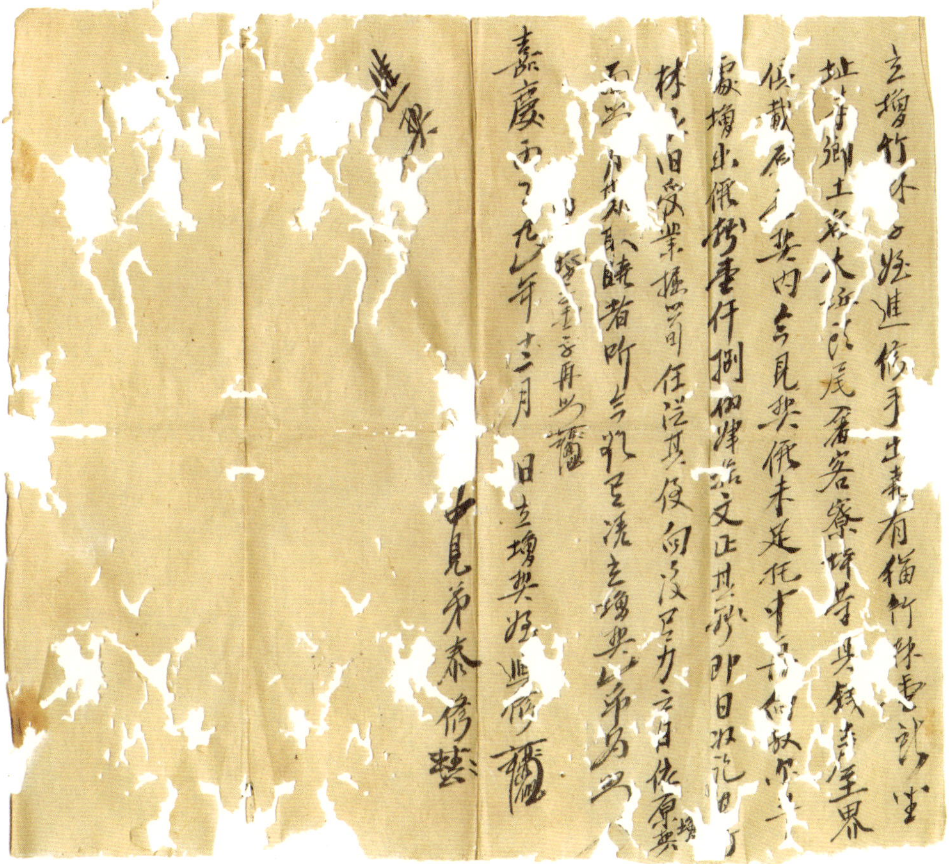

立增竹木字姪進修，手［illegible］有苗竹林［illegible］坐
址本鄉土名大坪頭底岸客寮坪等，其錢［illegible］至界
俱載原［illegible］契内。今見契價未足，托中［illegible］到叔［illegible］
處增出價錢壹仟捌佰肆拾文正，其錢即日收訖，［illegible］
林［illegible］旧管業［illegible］任從其伐［illegible］日依原契 增
不［illegible］曉［illegible］立增契［illegible］
［illegible］字再［illegible］照（押）
嘉慶二十一年十二月　日立增契姪進修（押）
見弟泰修（押）
進契

2-1-42-3　清嘉慶二十一年十二月柯進修立增竹林契

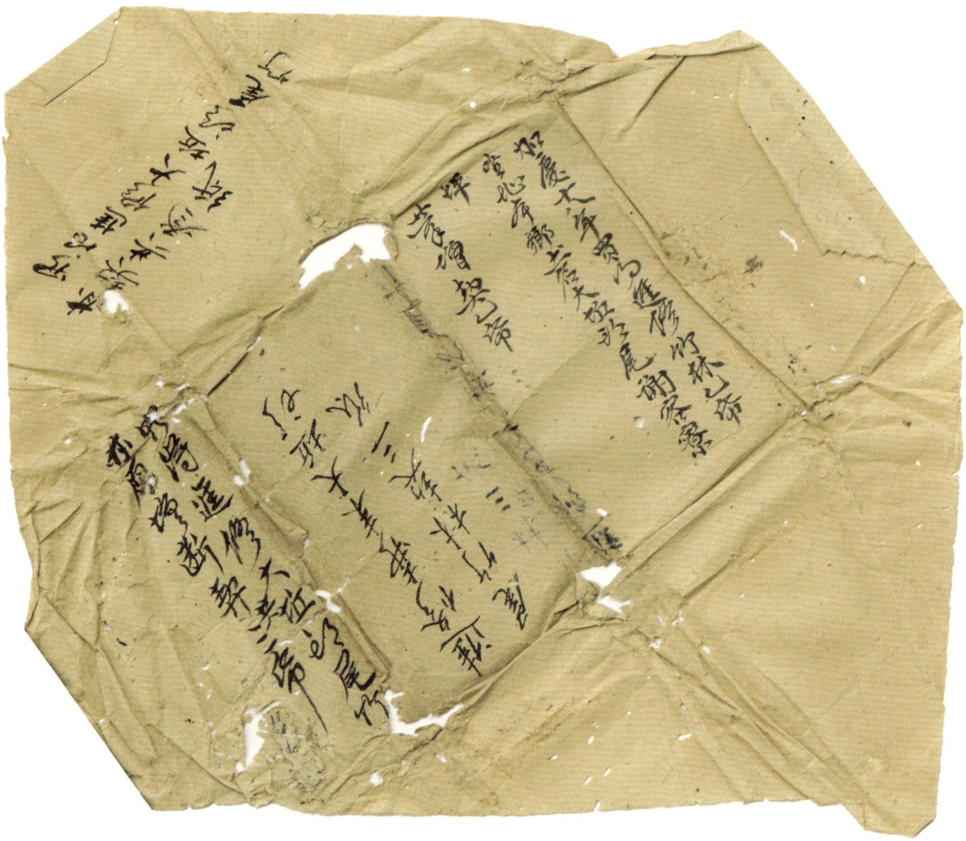

2-1-43-1　包契紙

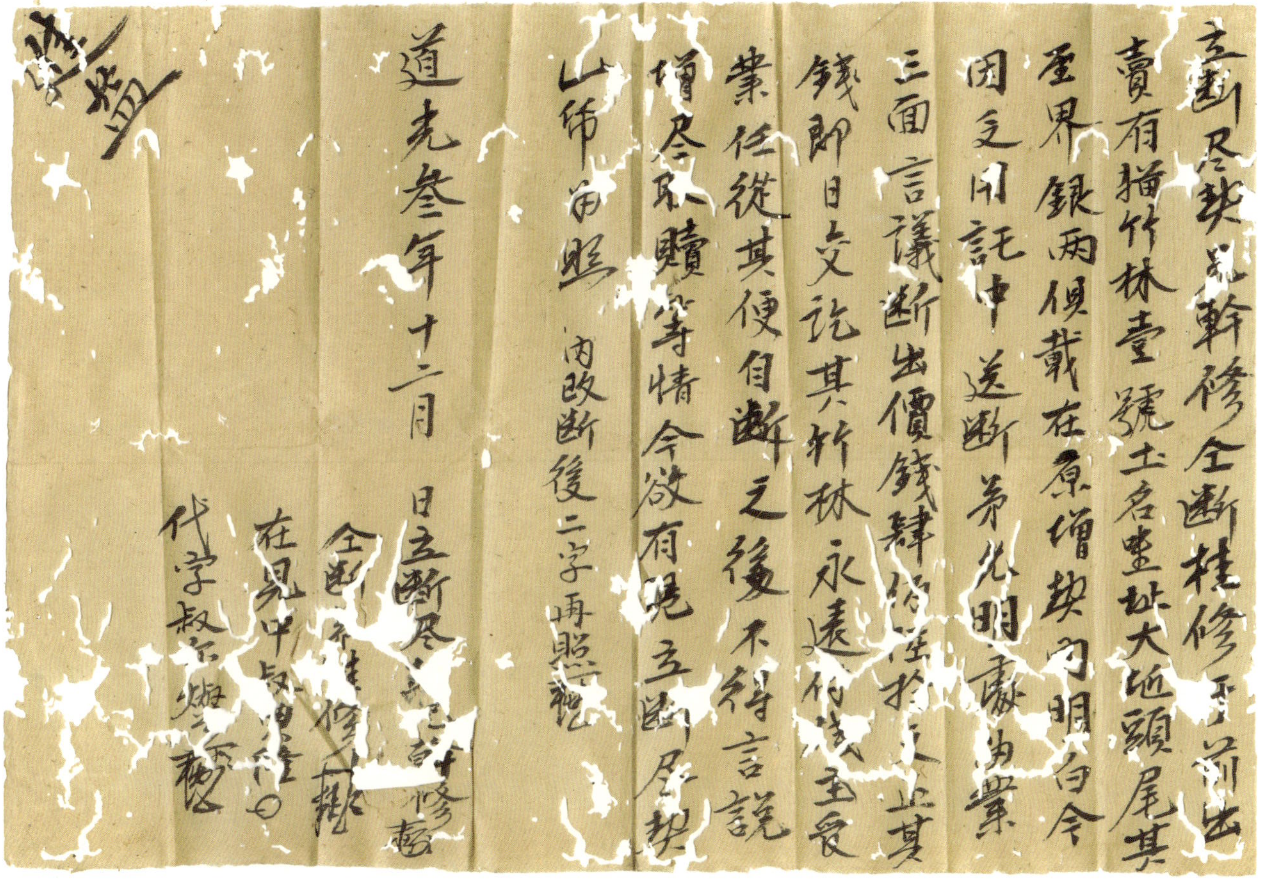

立斷盡契人柯幹修、全斷、桂修[illegible]前出
賣有猫竹林壹號，土名[illegible]址大坵頭尾，其
至界、銀兩俱載在原增契明白。今
因乏用，託中送斷弟兄明處為業，
三面言議斷出價錢肆(?)[illegible]文，其
錢即日交訖。其竹林永遠[illegible]
業任從其便，自斷之後，不得言說
增盡取贖等情。今欲有憑，立斷盡契
山[illegible]為照。　內改斷後二字再照[illegible]
道光叁年十二月　日立斷盡人[illegible]修
全斷、桂修
在見中叔[illegible]
代字叔[illegible]

2-1-43-2　清道光三年十二月柯幹修等立斷盡猫竹林契

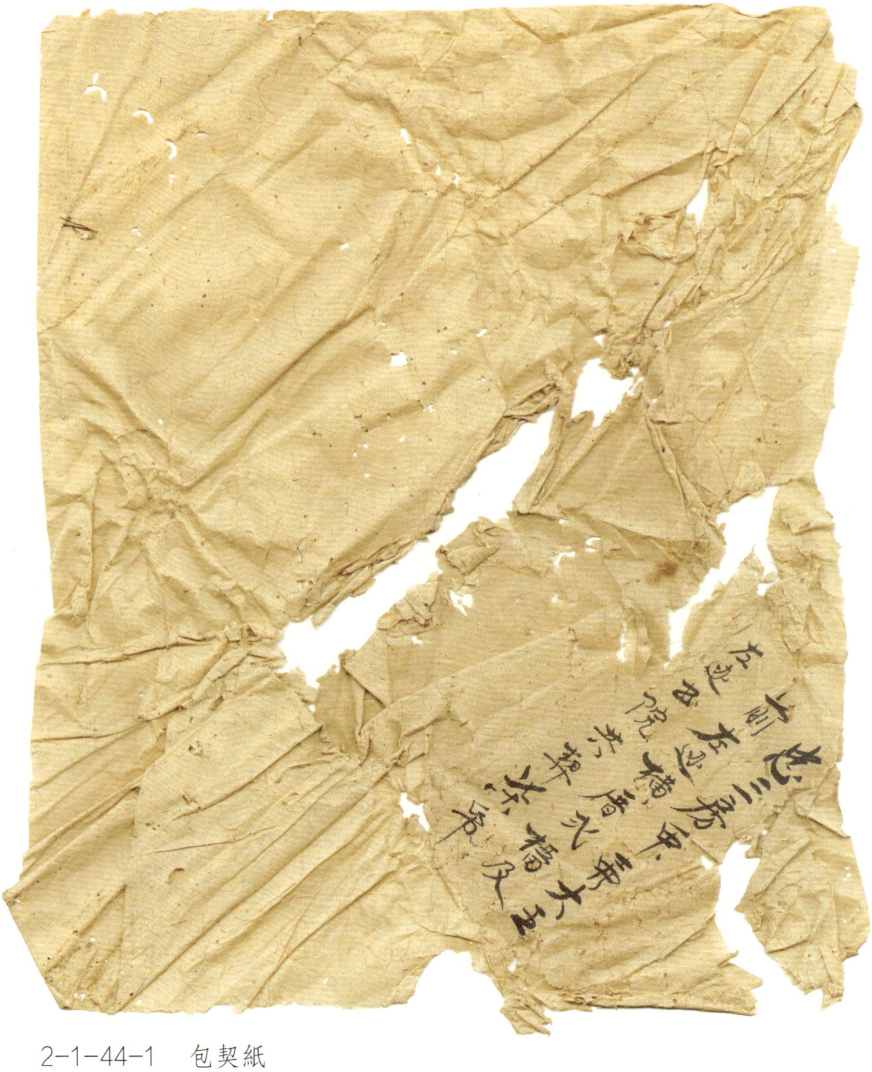

2-1-44-1　包契紙

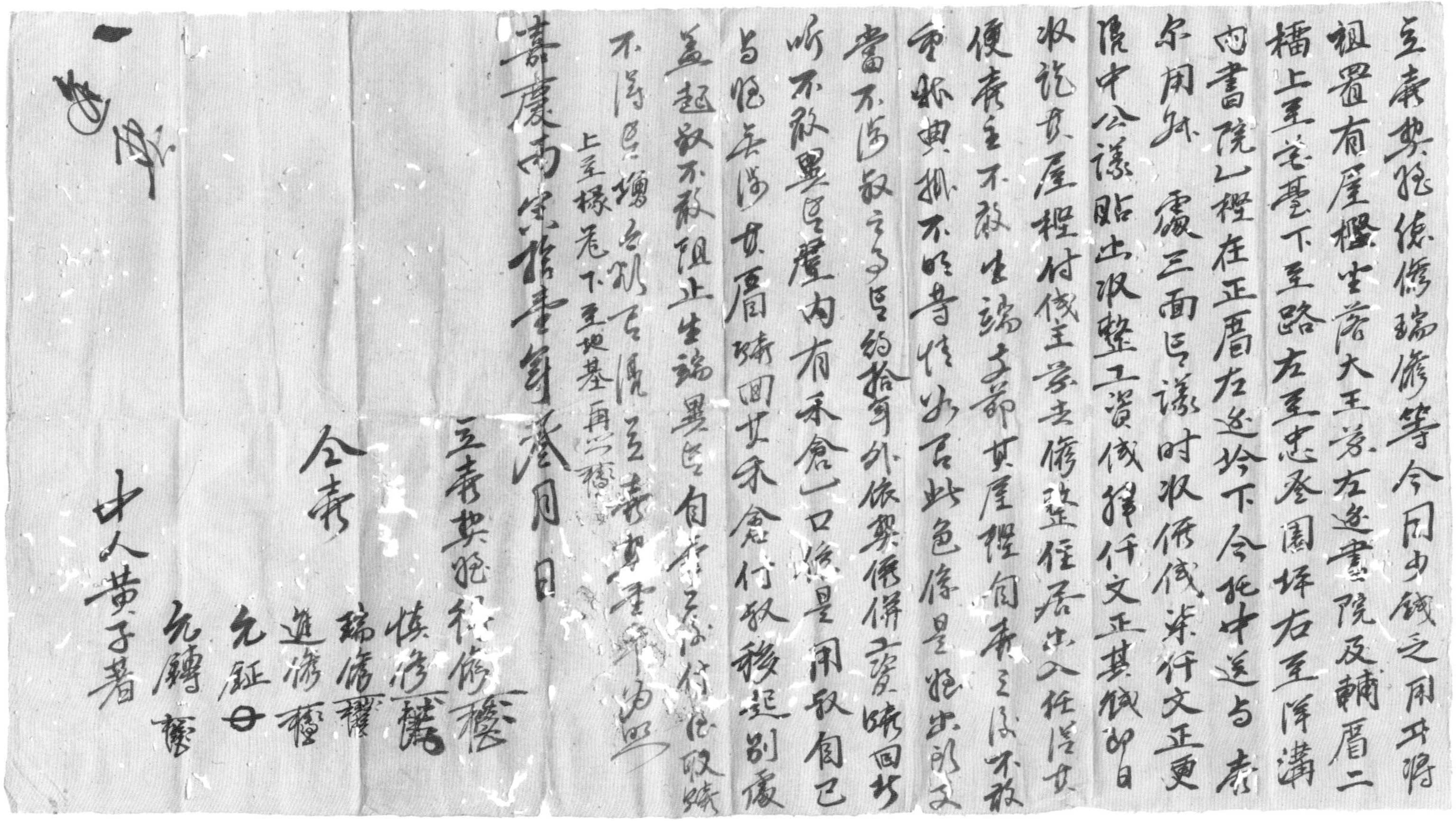

立賣契柯德修、瑞修等，今因乏錢之用，兹將
祖置有厝樫坐落大王前左邊書院及輔厝二
楹，上至埕基，下至路，左至忠叅園坪，右至洋溝
內書院一樫在正厝左邊，於下今托中送與本
宗用叔 處三面言議，時收價錢柒仟文正，更
憑中公議貼出收整工資錢貳仟文正，其錢即日
收訖，其厝樫付錢主家去修整，任居出入，任從其
便，賣主不敢生端。本節其厝樫自賣之後，不敢
重張典掛，不明等情，如有此色，係是柯出頭支
當，不涉錢主之事。約拾年外依契價併工資贖回，其
所不敢異言。厝內有禾倉一口，係是用叔自己
當經無涉，其厝贖回，其禾倉付叔移起別處
蓋起，叔不敢阻止生端異言。自賣之後付銀取贖，
不得異言增找。恐口無憑，立賣契壹紙為照。
上至椽尾，下至地基，再照樫。
嘉慶丙寅拾壹年叁月　日
立賣契柯德修、慎修、瑞修、進修、允鉦、允鑄
仝賣
中人黄子著
一

2-1-44-2　清嘉慶十一年三月柯德修立賣厝樫契

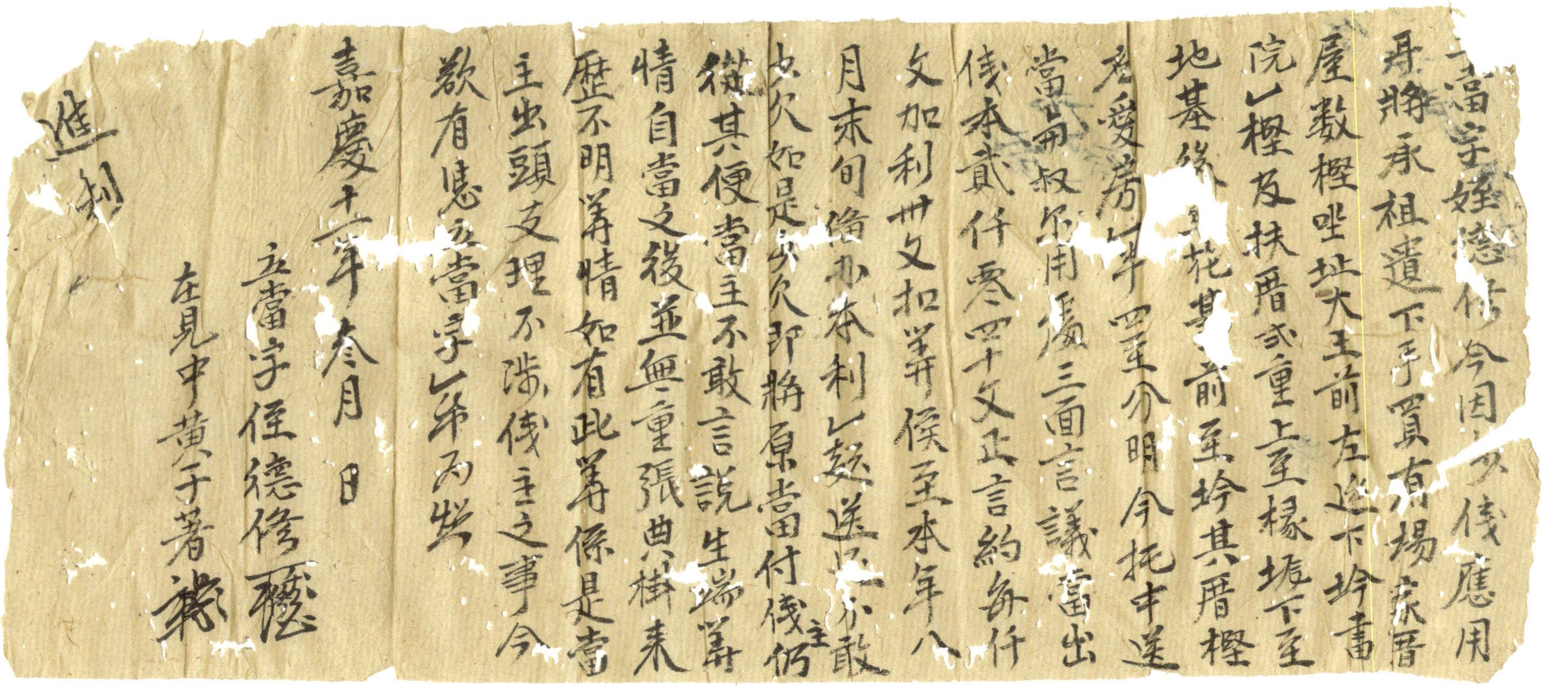
立當字姪德修今因乏錢應用
再將承祖遺下手買有場家厝
屋數椙坐址大王前左邊下埒畫
院一椙及扶厝式重上至椽墘下至
地基併□花其前至埒其厝椙
愿愛房□半□全分明今托中送
當與叔邊用處三面言議當出
錢本貳仟零四十文正言約每仟
文加利卅文加算候至本年八
月末旬備本利一盡送還不敢
少欠如是少欠即將原當付錢主仍
從其便當主不敢言說生端等
情自當之後並無重張典掛來
歷不明等情如有此等係是當
主出頭支理不涉錢主之事今
欲有憑立當字一紙為炤
嘉慶十一年叁月　日
立當字侄德修（押）
在見中黄子蕃（押）
進利

2-1-44-3　清嘉慶十一年三月柯德修立當厝屋字

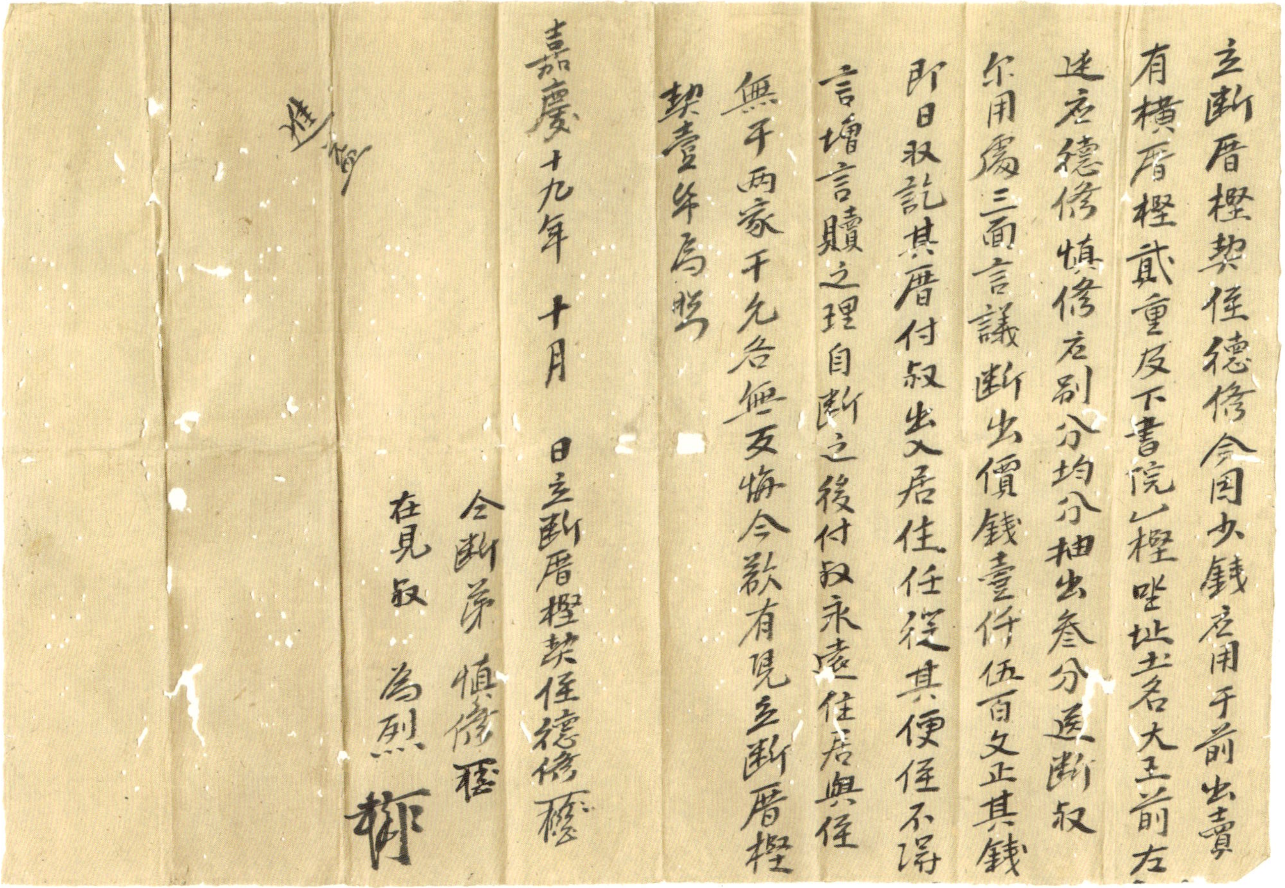
立斷厝樫契侄德修今因乏錢應用，于前出賣
有横厝樫貳重及下書院山樫，坐址土名大王前左
送應德修、慎修應别分均分，抽出叁分送斷叔
尓用處，三面言議斷出價錢壹仟伍百文正，其錢
即日收訖，其厝付叔出入居住，任從其便，侄不得
言增言贖之理，自斷之後，付叔永遠住居，與侄
無干，兩家干允，各無反悔，今欲有憑，立斷厝樫
契壹紙為照。
嘉慶十九年　十月　　日立斷厝樫契侄德修（押）
仝斷弟　慎修（押）
在見叔　為烈（押）

2-1-44-4　清嘉慶十九年十月柯德修立斷厝樫契

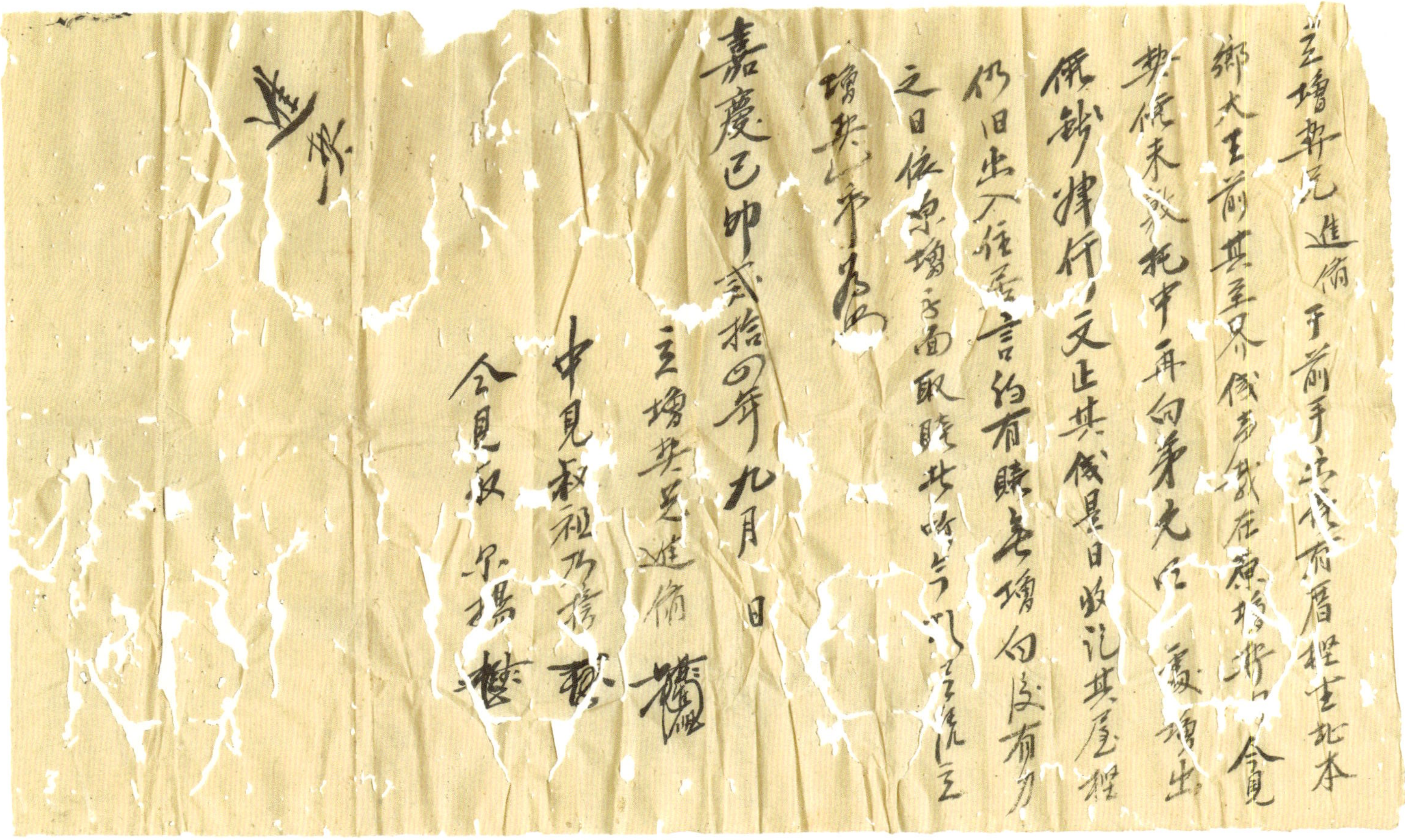
立增契兄進脩于前手承[illegible]有厝樫壹[illegible]在北本
鄉大王前其厝界址俱載在前契明[illegible]今見
契價未敷托中再向弟允[illegible]處增出
佛銀[illegible]仟文正其銀是日收訖其厝樫
仍旧出入任憑[illegible]言約有贖之日[illegible]有力
之日依原增[illegible]面取贖其時[illegible]
增契一帋為照
嘉慶己卯貳拾四年九月　日
立增契兄進脩
中見叔祖乃[illegible]
仝見叔[illegible]
[illegible]

2-1-44-5　清嘉慶二十四年九月柯進脩立增厝樫契

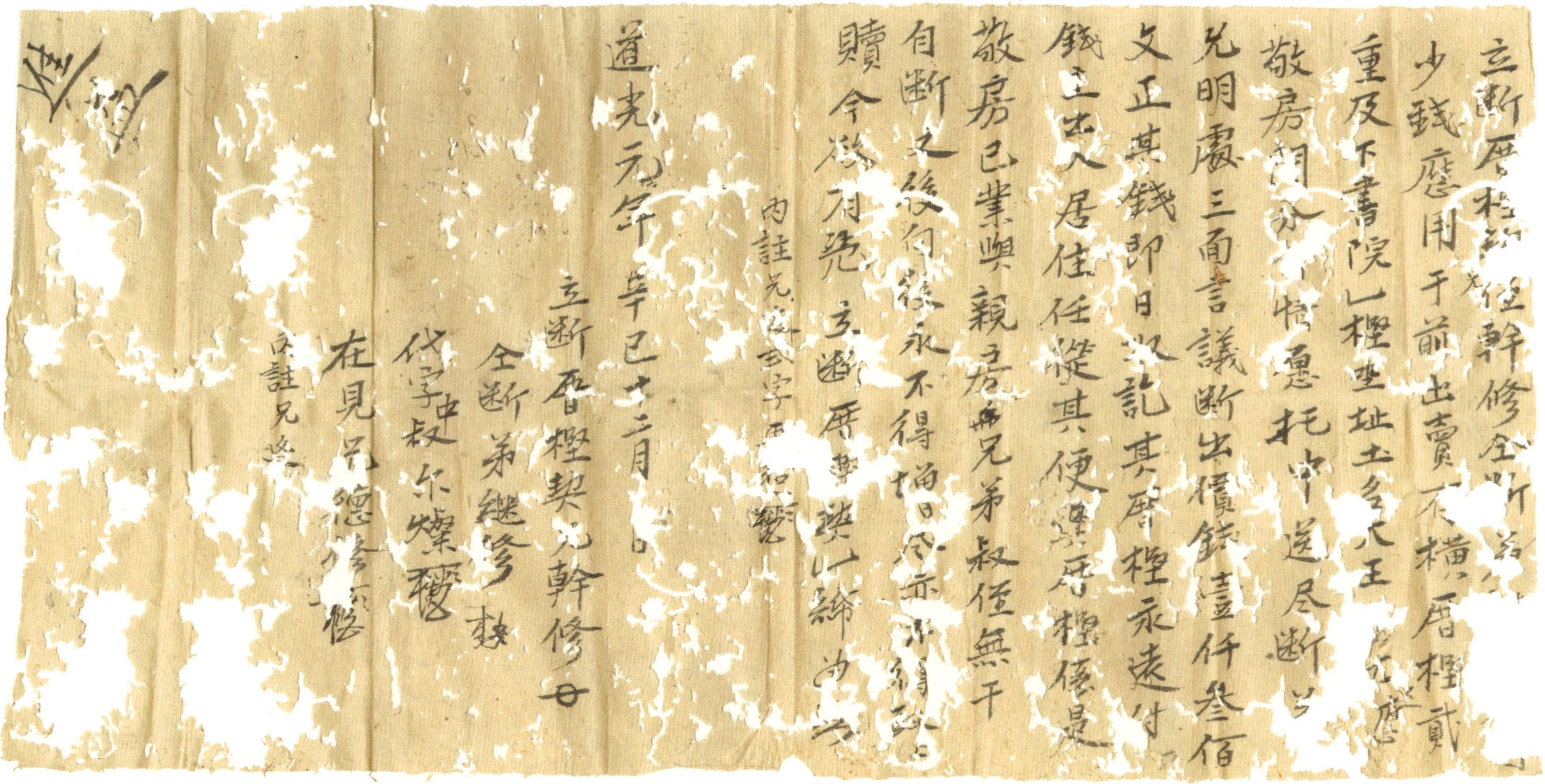
立斷厝[illegible]侄幹修仝[illegible]
少錢應用，于前出賣[illegible]橫厝樫貳
重，坐下書院山樫坐址土名大王
敬房聞[illegible]憑托中送盡斷[illegible]
兄明處三面言議斷出價錢壹仟叁佰
文正，其錢即日收訖，其厝樫永遠付
錢主出入居住，任從其便，其厝樫係是
敬房己業，與親房兄弟叔侄無干
自斷之後，[illegible]永不得[illegible]
贖，今欲有憑，立斷厝契一紙為[illegible]
內註[illegible]
道光元年辛巳十二月　日
立斷厝樫契兄幹修（押）
仝斷弟繼修（押）
代字叔爾燦（押）
在見兄德修（押）
內註[illegible]

2-1-44-6　清道光元年十二月柯幹修立斷厝樫契

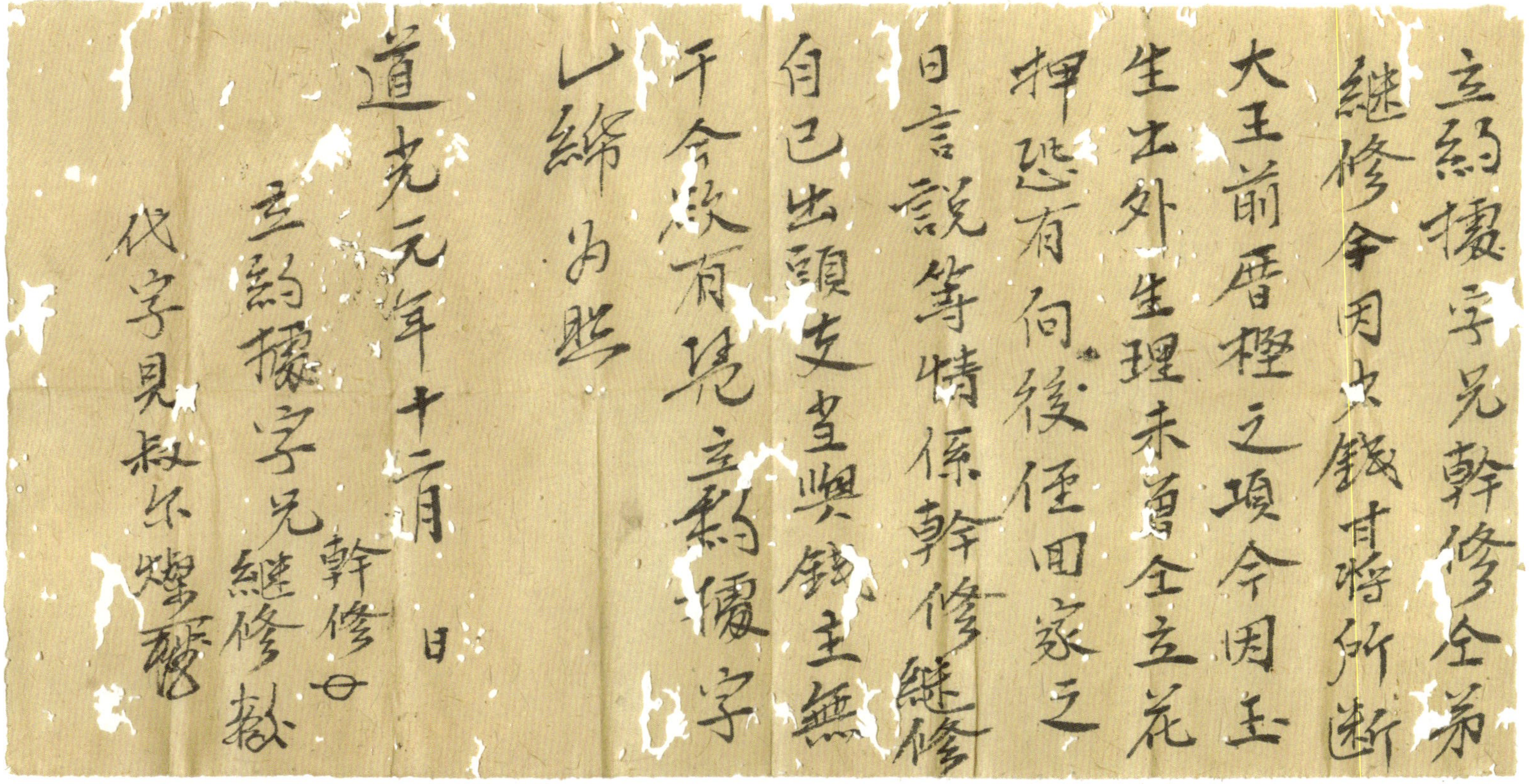
立約據字兄幹修仝弟
繼修今因欠錢討將所斷
大王前厝梩之項今因玉
生出外生理未曾仝立花
押恐有向後侄回家之
日言說等情係幹修繼修
自己出頭支豈與錢主無
干今欲有憑立約據字
一紙爲照

道光元年十二月　日
立約據字兄幹修（押）
繼修（押）
代字見叔尔燦（押）

2-1-44-7　清道光元年十二月柯幹修立約據字

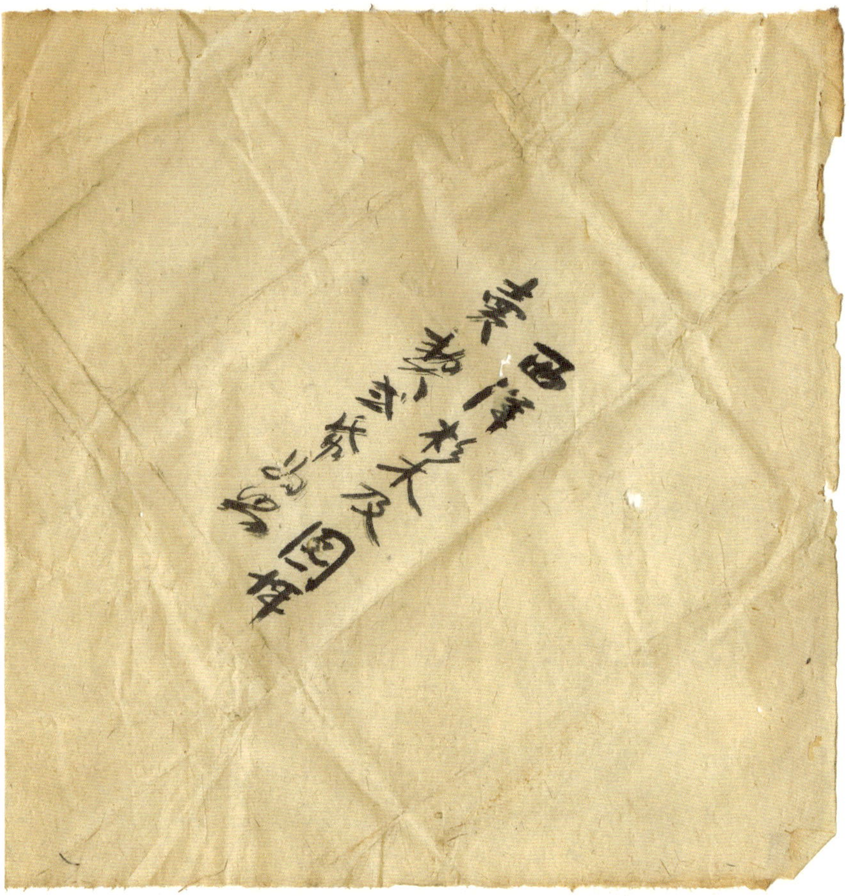

2-1-45-1　包契紙

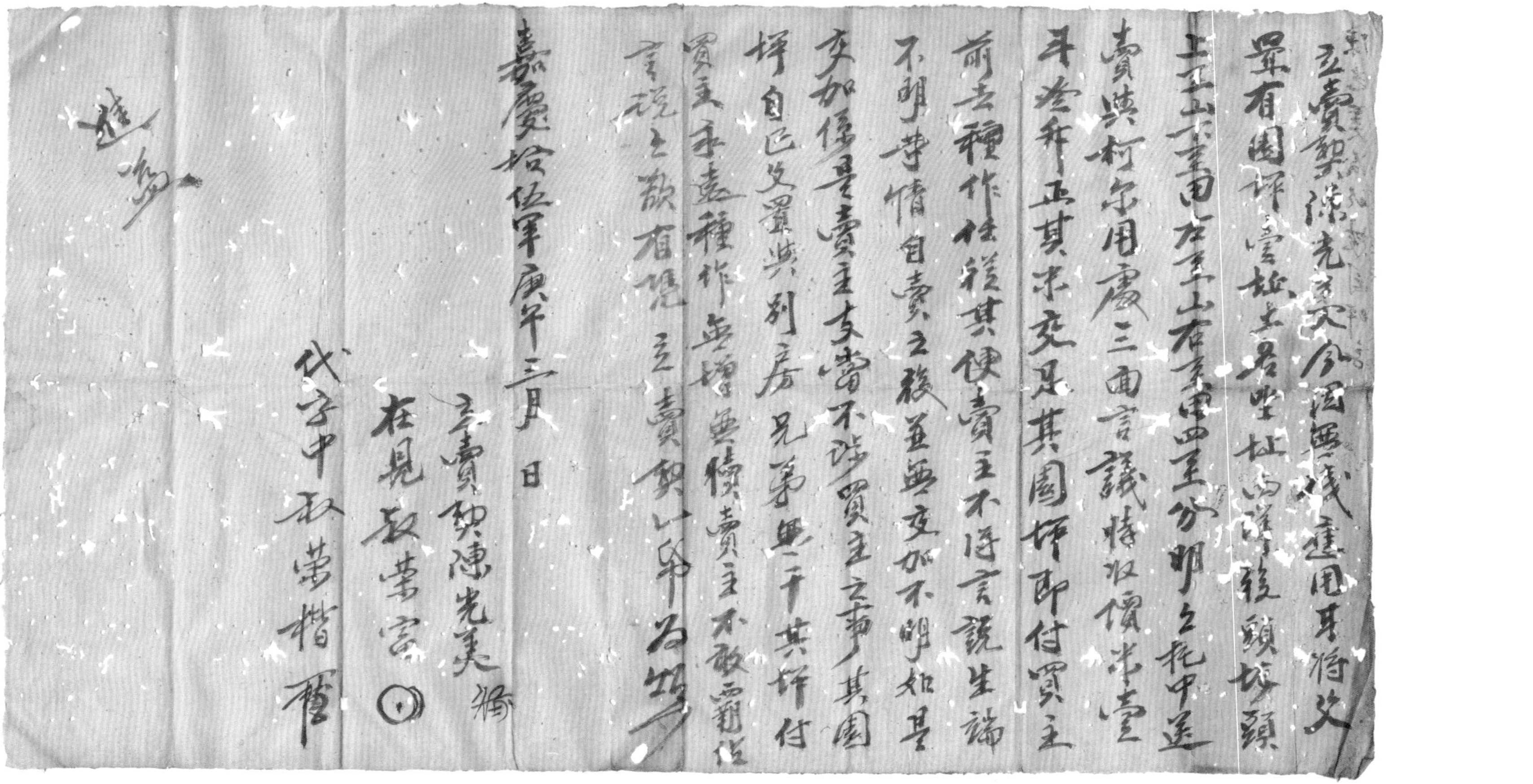
立賣契陳光美，今因無錢應用，甘將父
置有園坪壹坵，土名坐址西洋後頭坂頭，
上至山，下至田，左至山，右至田，四至分明，托中送
賣與本村宗用處，三面言議，特收價米壹
斗叁升五，其米交足，其園坪即付買主
前去種作，任從其便，賣主不得言說生端
不明等情。自賣之後，並無交加不明，如是
交加，係是賣主支當，不涉買主之事。其園
坪自己交買與別房兄弟無干，其坪付
買主永遠種作，無增無贖，賣主不敢霸佔
言說。今欲有憑，立賣契一紙為照。
嘉慶拾伍年庚午三月　日
立賣契陳光美（押）
在見叔紫宮
代字中叔紫楷

2-1-45-2　清嘉慶十五年三月陳光美立賣園坪契

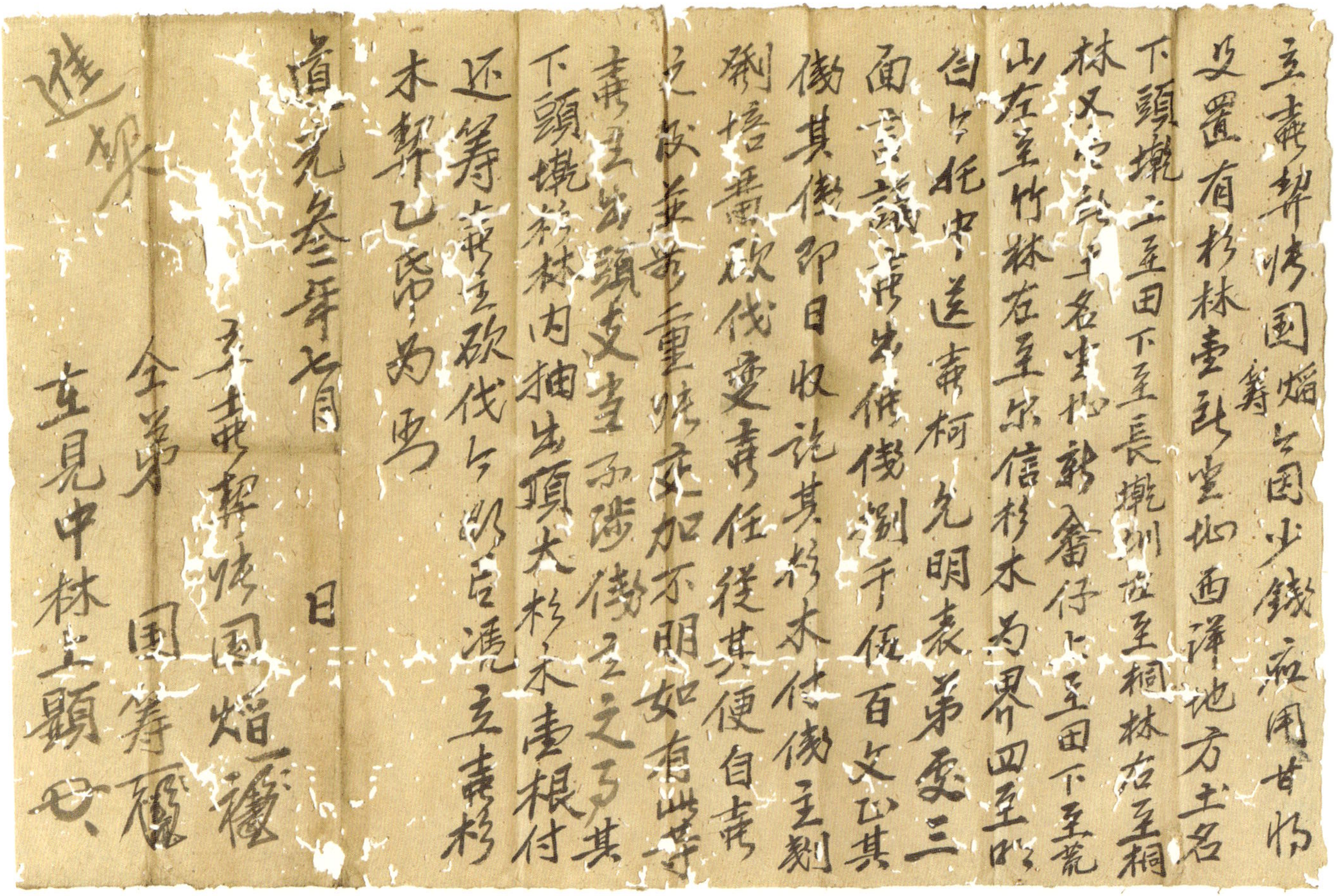

2-1-45-3 清道光三年七月張国熠等立賣杉林契

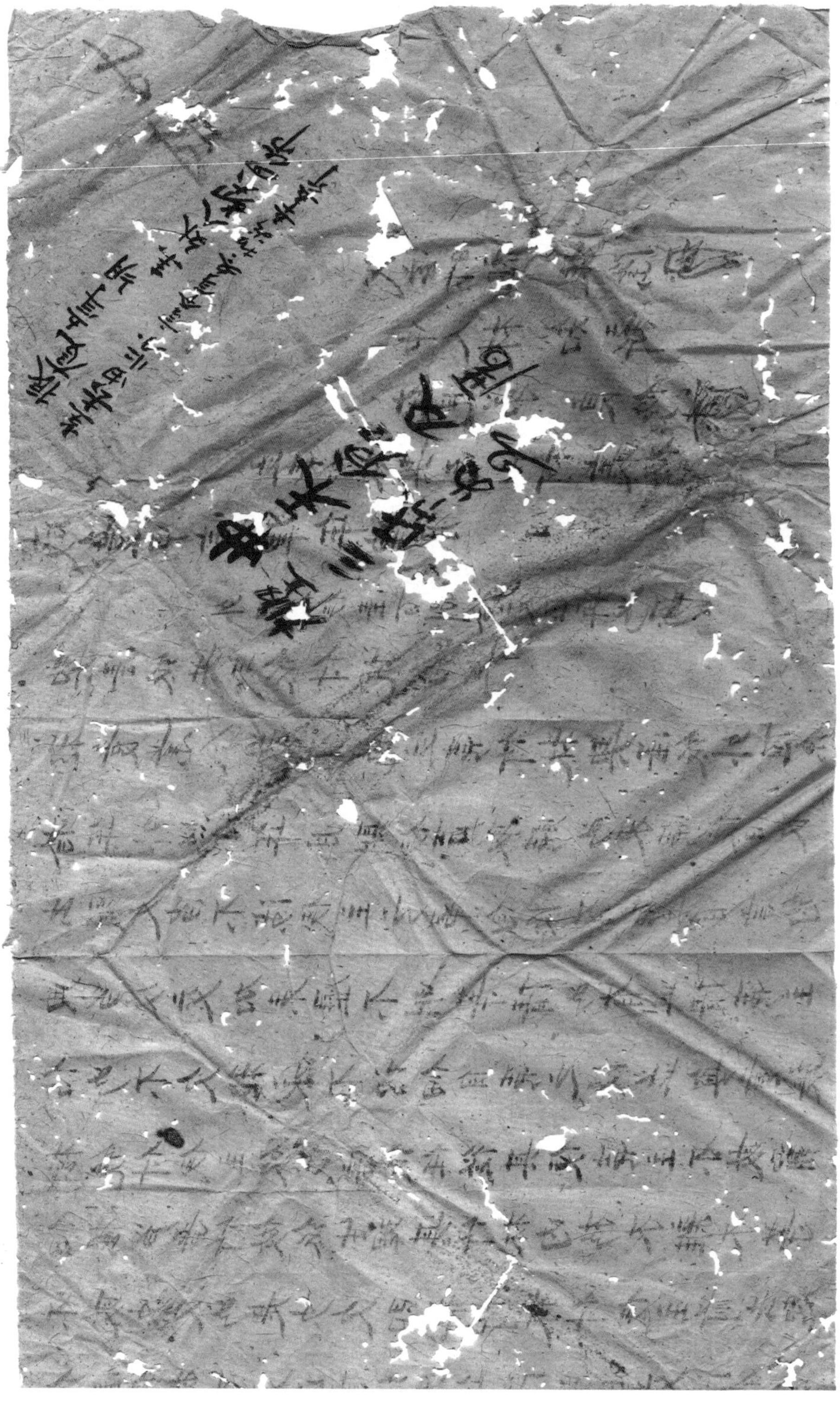

2-1-46-1　包契紙

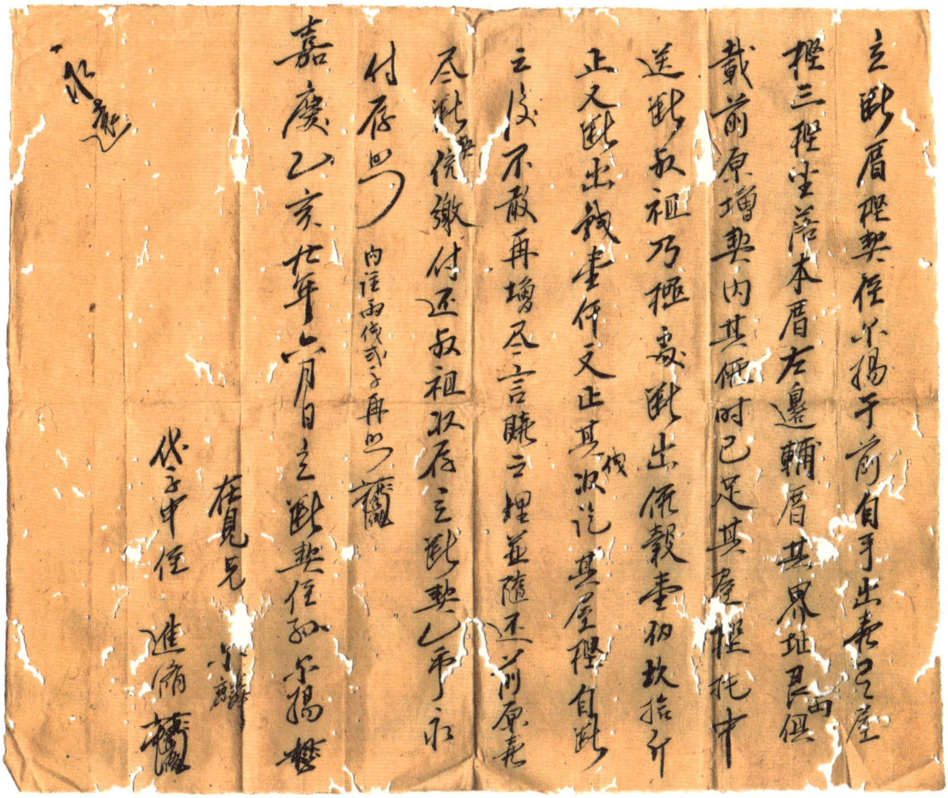

立斷厝㭏契侄尔楊于前自手出賣己屋
㭏三㭏坐落本厝右邊輔厝其界址具西在
載前原增契內其價时已足其屋㭏托中
送斷叔祖乃極處斷出價穀壹佰玖拾斤
正又斷出錢壹仟文正其錢收訖其屋㭏自斷
之後不敢再增盡言贖之理並隨還前原表
盡斷契併繳付还叔祖收存立斷契一帋永
付存照　內注兩錢式字再照　押
嘉慶乙亥九年六月　日立斷契侄柯尔楊　押
在見兄　尔麟
代字中侄　進循　押

2-1-46-2　清嘉慶九年六月柯尔楊立斷厝㭏契

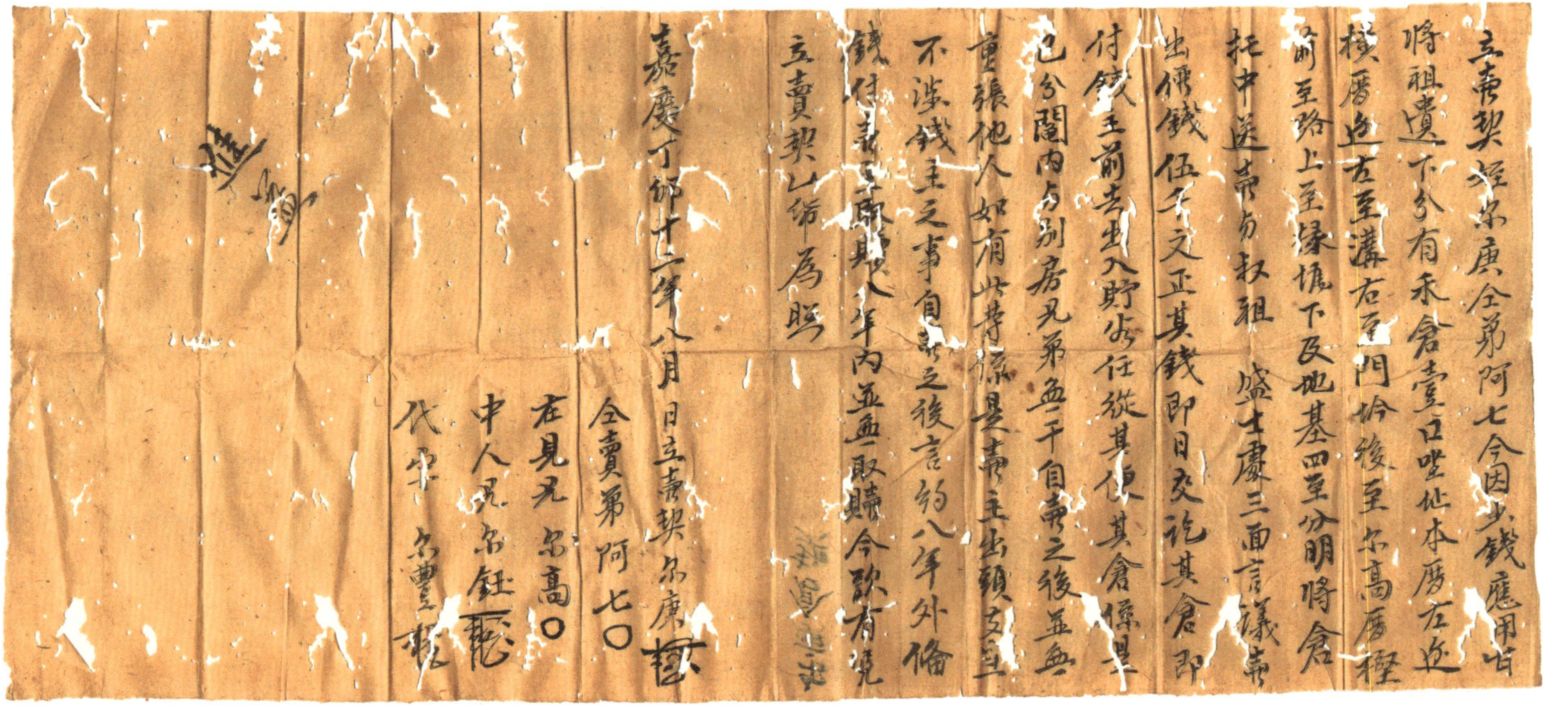

立賣契姪尔庚仝弟阿七，今因少錢應用，甘將祖遺下分有禾倉壹口，坐址本房左邊橫厝邊，左至溝，右至門㙮，後至尔高厝埕，前至路，上至椽梘，下及地基，四至分明。將倉托中送賣與叔祖盛士處，三面言議，賣出價錢伍千文正，其錢即日交訖，其倉即付錢主前去出入貯谷，任從其便。其倉係是己分閫內，分別房兄弟無干。自賣之後，並無重張他人，如有此等，係是賣主出頭支当，不涉錢主之事。自賣之後，言約八年外，備錢付賣主取贖，八年內並無取贖。今欲有憑，立賣契一紙為照。

嘉慶丁卯十二年八月　日立賣契尔庚

仝賣弟阿七〇

在見兄尔高〇

中人兄尔鈺

代筆尔豐

2-1-46-3　清嘉慶十二年八月柯尔庚等立賣禾倉契

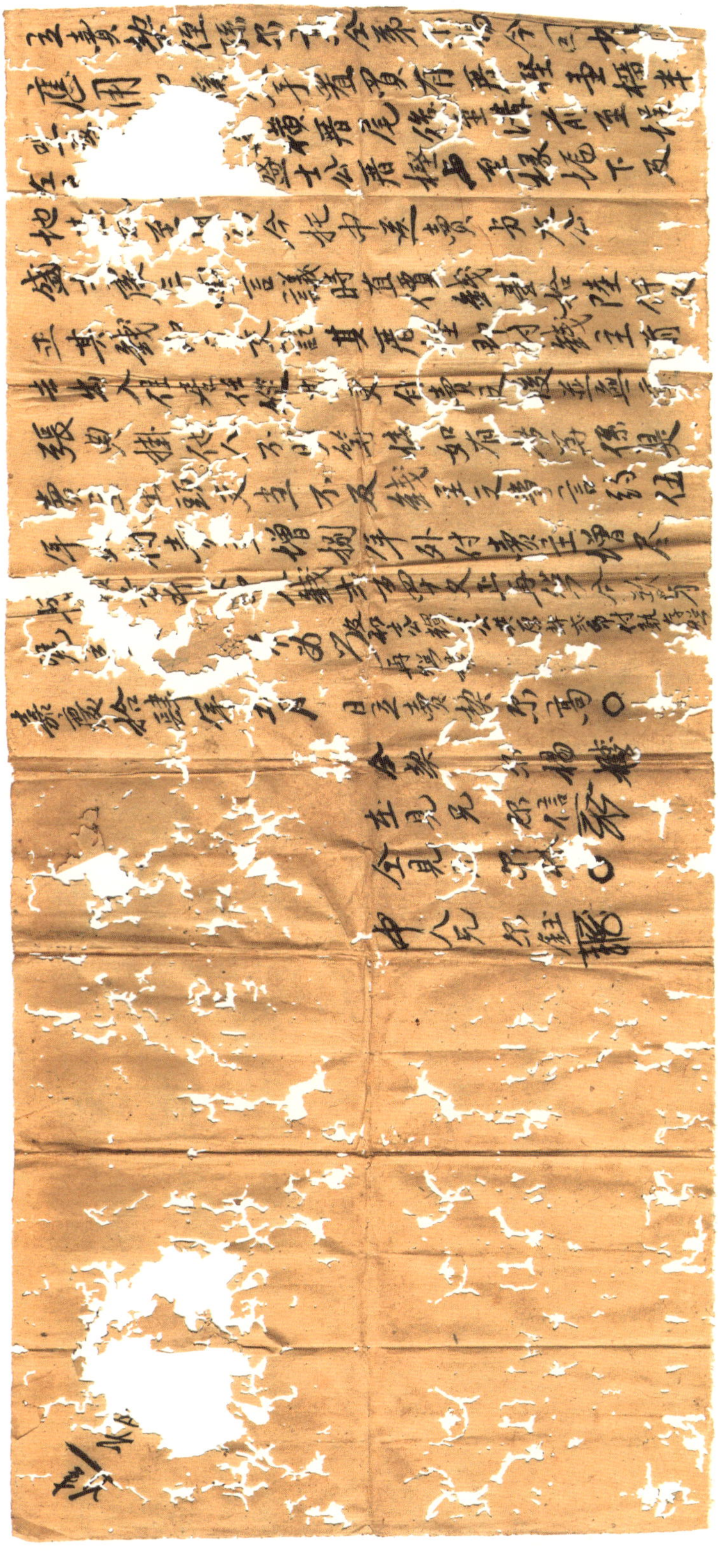

2-1-46-4　清嘉慶十四年五月柯尔高等立賣厝樫契

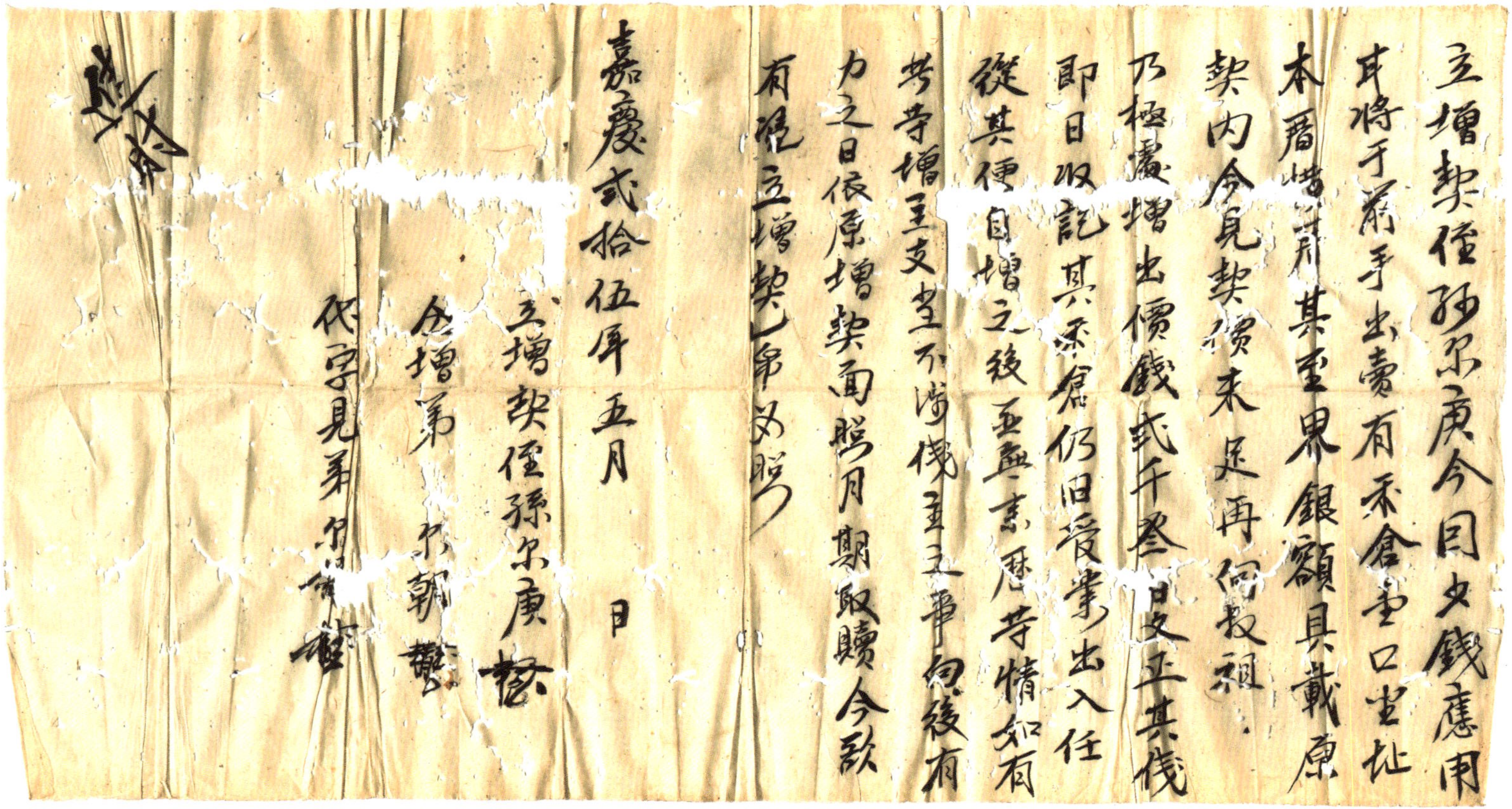
立增契侄孫尔庚今因乏錢應用
其將手出賣有禾倉壹口坐址
本厝[illegible]其至界銀額具載原
契內今見契價未足再向叔祖
乃極處增出價錢弍千叁百文正其錢
即日收訖其禾倉仍旧管業出入任
從其便自增之後並無來歷等情如有
等等增至支當不涉侄孫之事向後有
力之日依原增契面照月期取贖今欲
有憑立增契一帋為照

嘉慶弍拾伍年五月　日
立增契侄孫尔庚（押）
仝增弟尔郭（押）
代字見弟尔[illegible]（押）

2-1-46-5　清嘉慶二十五年五月柯尔庚立增禾倉契

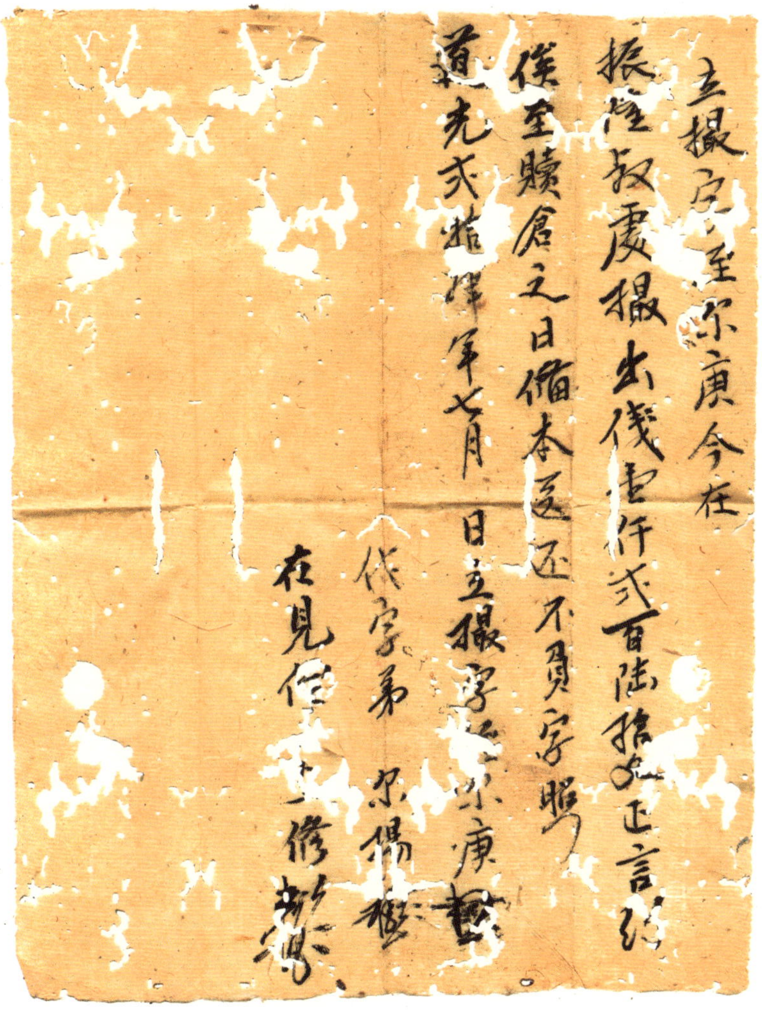
立撮字人柯尔庚今在
振隆叔處撮出錢壹仟貳百陸拾文正言約
俟至贖房之日備本送还不負字照
道光貳拾肆年七月　日立撮字人柯尔庚（押）
代字弟　尔錫（押）
在見侄□修（押）

2-1-46-6　清道光二十四年七月柯尔庚立撮字

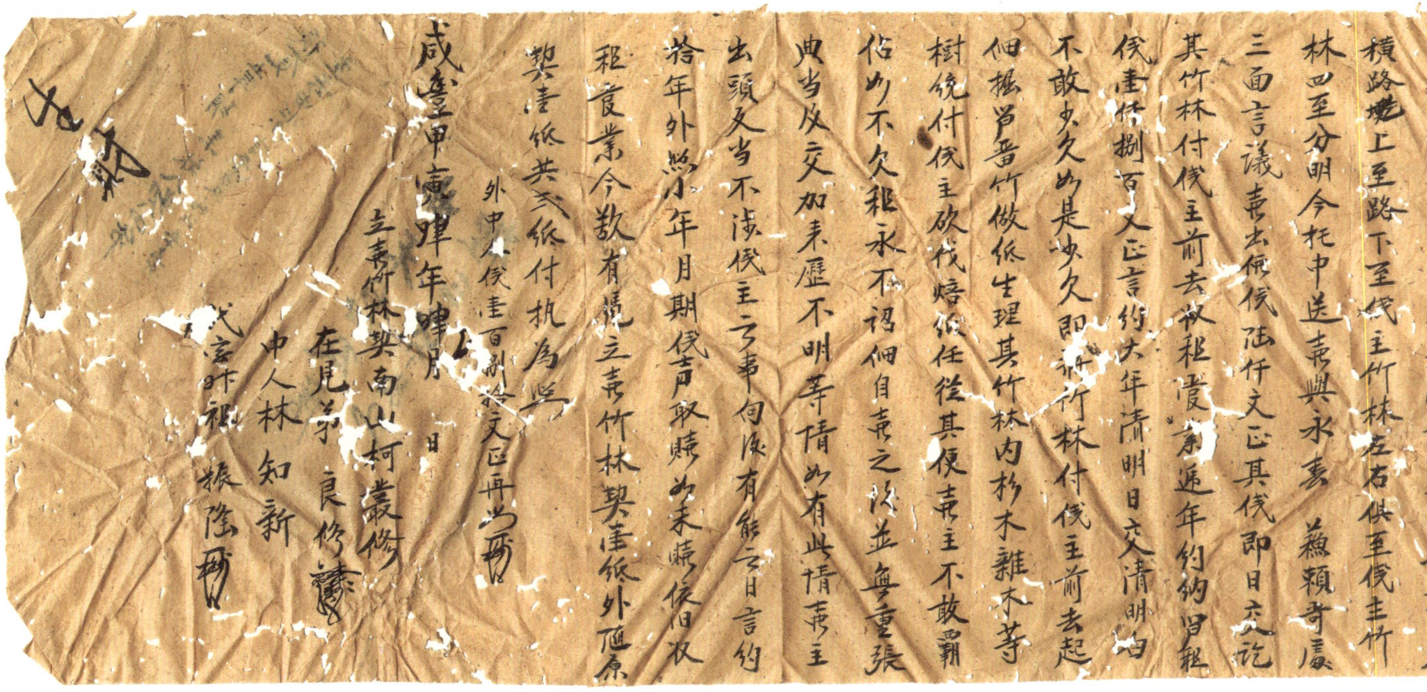

立賣竹林契永邑□南山柯叢修，今因乏銀應用，
并將自己手置有竹林壹號，坐址本地方土名
橫路墘，上至路，下至買主竹林，左右俱至買主竹
林，四至分明。今托中送賣與永春蘇賴奇處，
三面言議，賣出價銀陸仟文正，其銀即日交訖。
其竹林付買主前去收租管業，逐年約納田租
錢壹仟捌百文正，言約大年清明日交清，明白，
不敢少欠。如是少欠，即將竹林付買主前去起
佃掘筍，番竹做紙生理。其竹林內杉木雜木等
樹，統付買主砍伐，賠紙任從其便，賣主不敢霸
佔。如不欠租，永不許佃。自賣之後，並無重張
典當及交加來歷不明等情，如有此情，賣主
出頭支當，不涉買主之事。向後有能之日，言約
拾年外照原年月期，買主取贖，如未贖，依舊收
租管業。今欲有憑，立賣竹林契壹紙，外尾原
契壹紙，共貳紙，付執為照。

外中人錢壹百捌拾文正再照。

咸豐甲寅肆年肆月　日

立賣竹林契南山柯叢修
在見弟　良修
中人林知新
代字外祖　振隆

2-1-46-7　清咸豐四年四月柯叢修立賣竹林契

2-1-47-1　包契紙

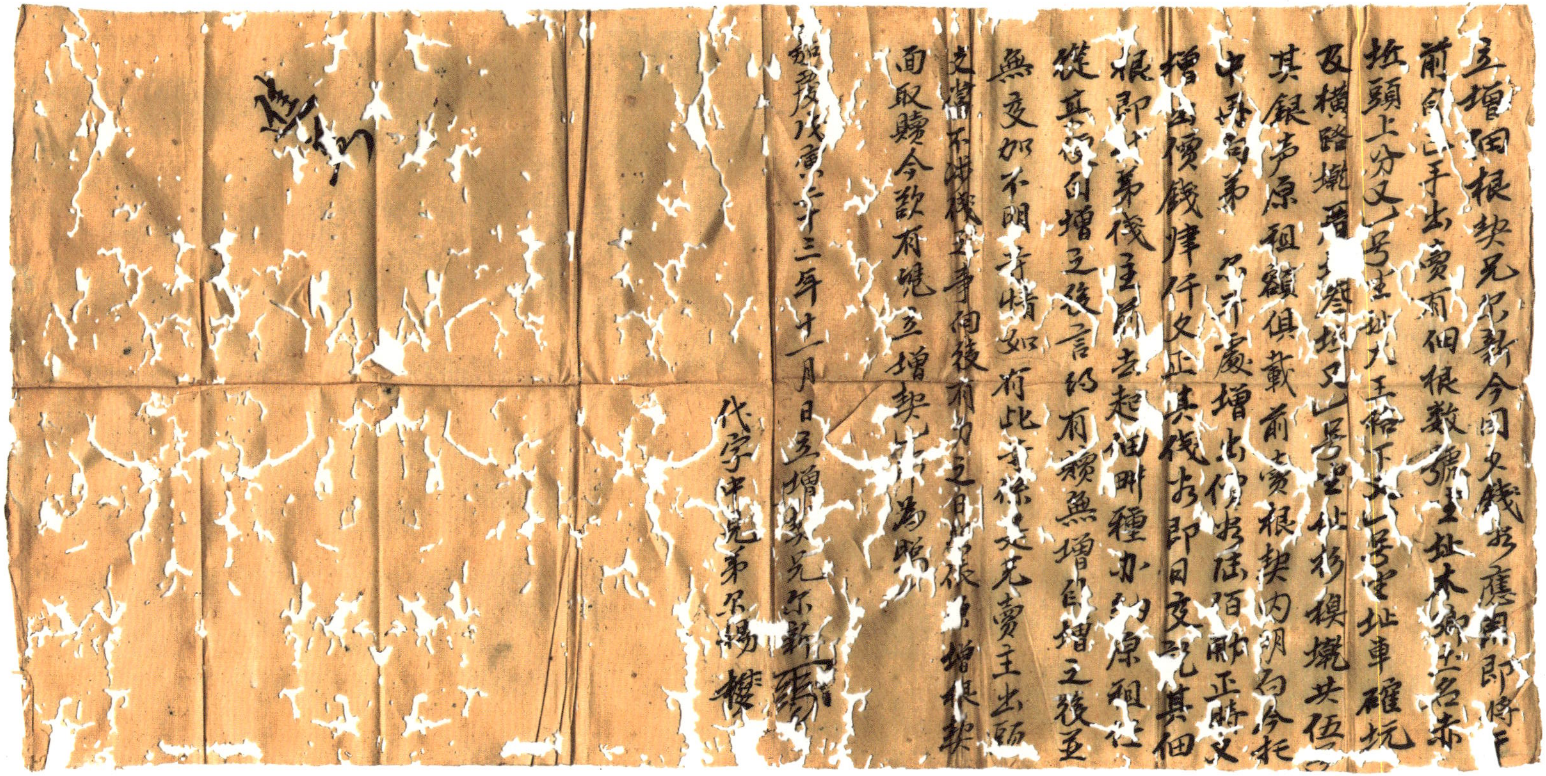

2-1-47-2　清嘉慶二十三年十一月柯尔新立增佃根契

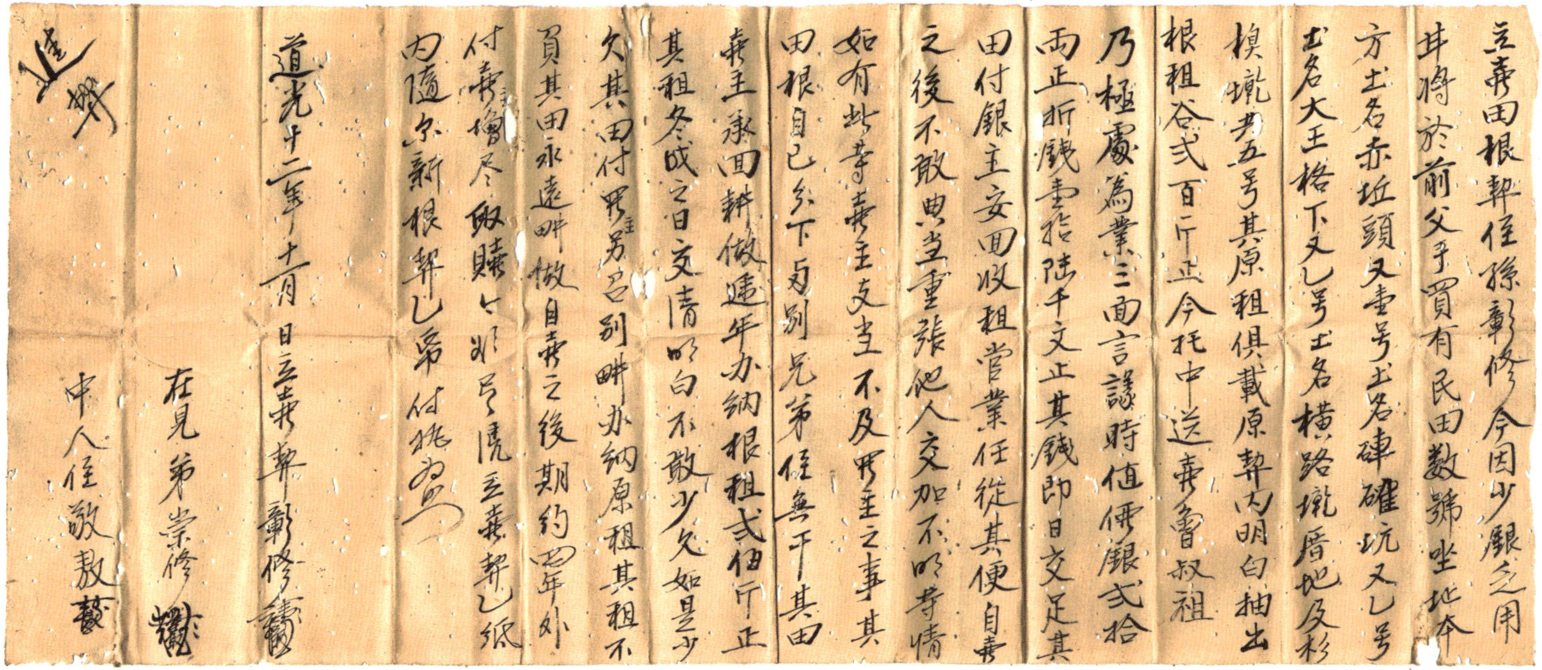

2-1-47-3　清道光十二年十一月柯彰修立賣田根契

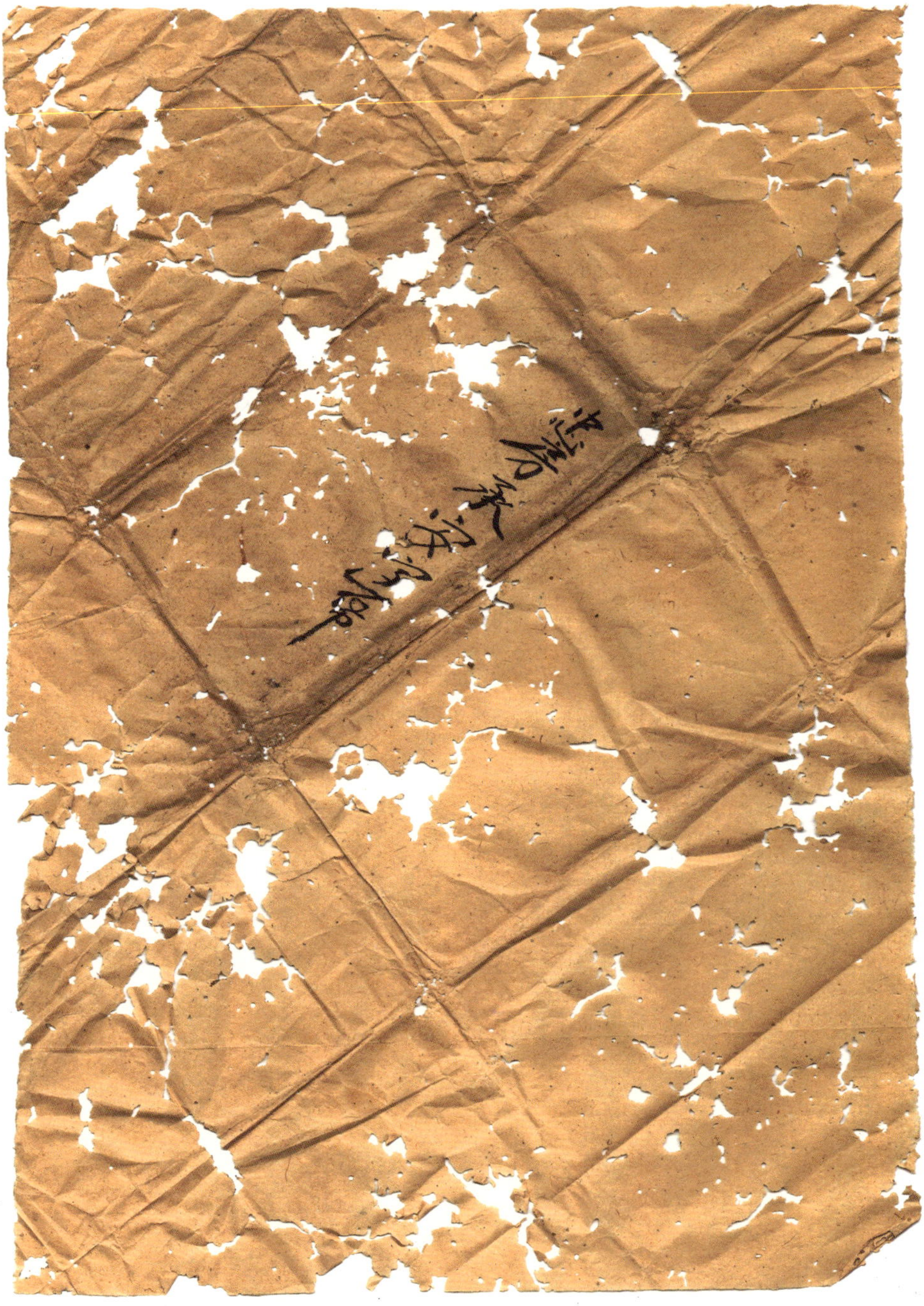

2-1-48-1　包契紙

2-1-48-2　包契紙

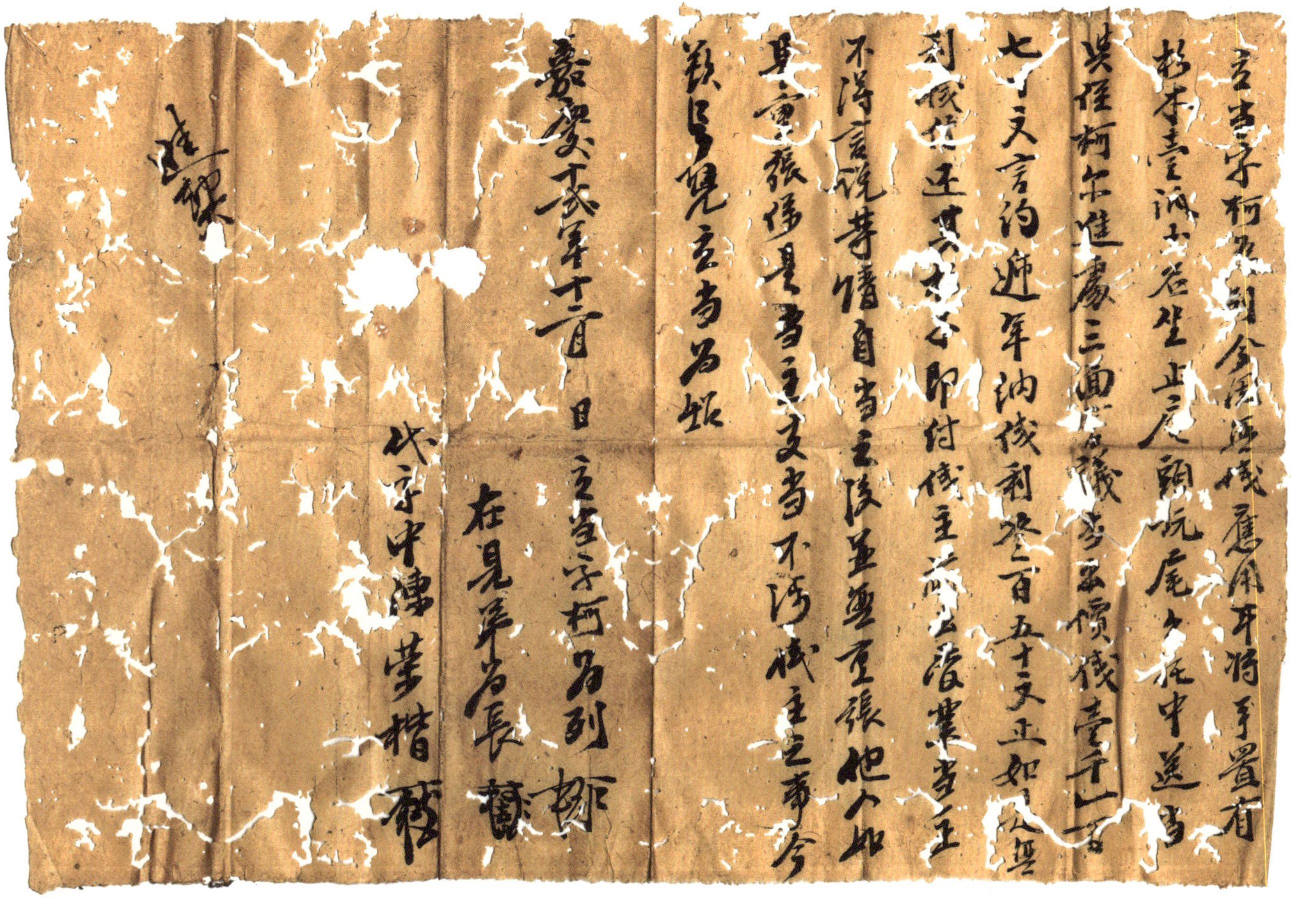

2-1-48-3　清嘉慶十二年十二月柯爲列立當杉木字

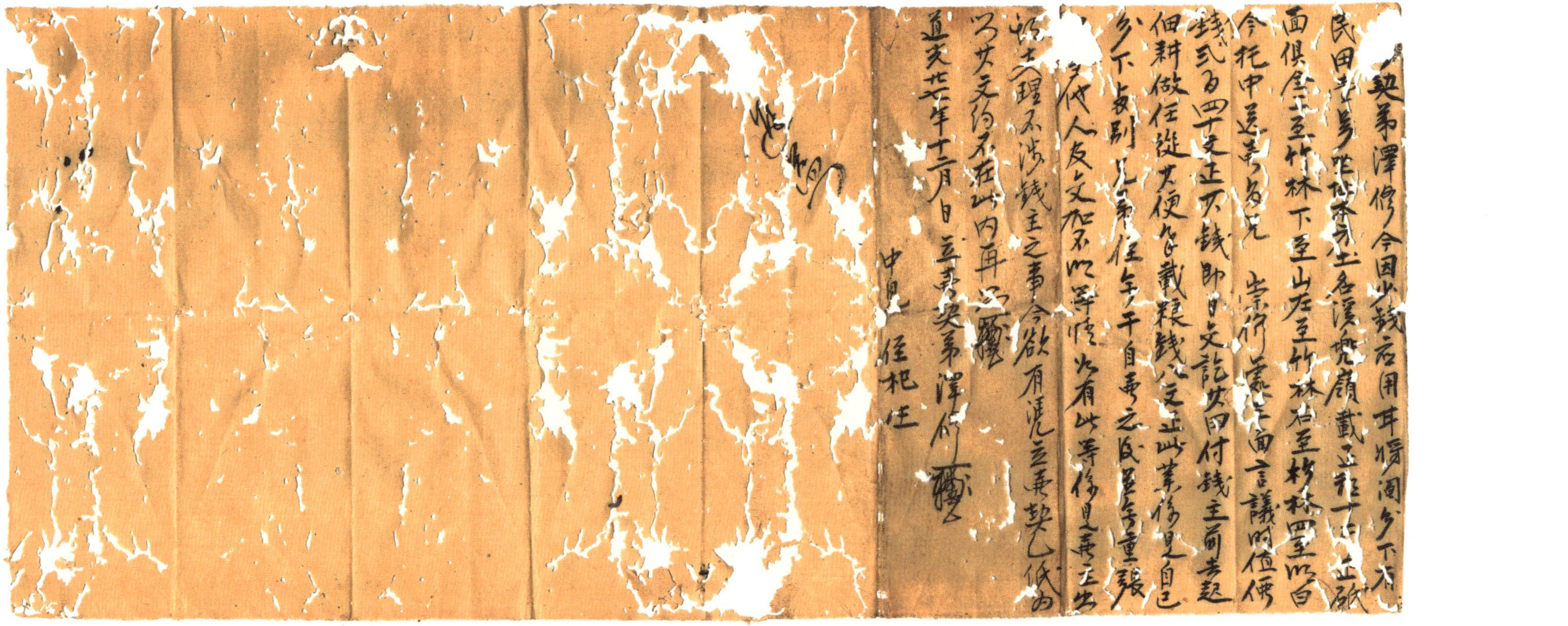

契弟澤修今因少錢[illegible]用[illegible]
民田壹号坐址本处土名溪兜嶺載正租十[illegible]
面俱全上至竹林下至山左至竹林右至杉林四至明白
今托中送賣与兄　崇[illegible]為業面言議時值價
錢弍百四十文正其錢即日交訖其田付錢主前去起
佃耕做任從其便每載粮錢八文正此業係是自己
分下與別兄弟侄無干自賣之後[illegible]重張
[illegible]人及之文加不明等情如有此等係是賣主出
頭支理不涉錢主之事今欲有憑立賣契乙紙為
照其文约不在此內再照
道光廿七年十二月　日　立賣契弟澤修
中見　侄杞任

2-1-48-4　清道光二十七年十二月柯澤修立賣民田契

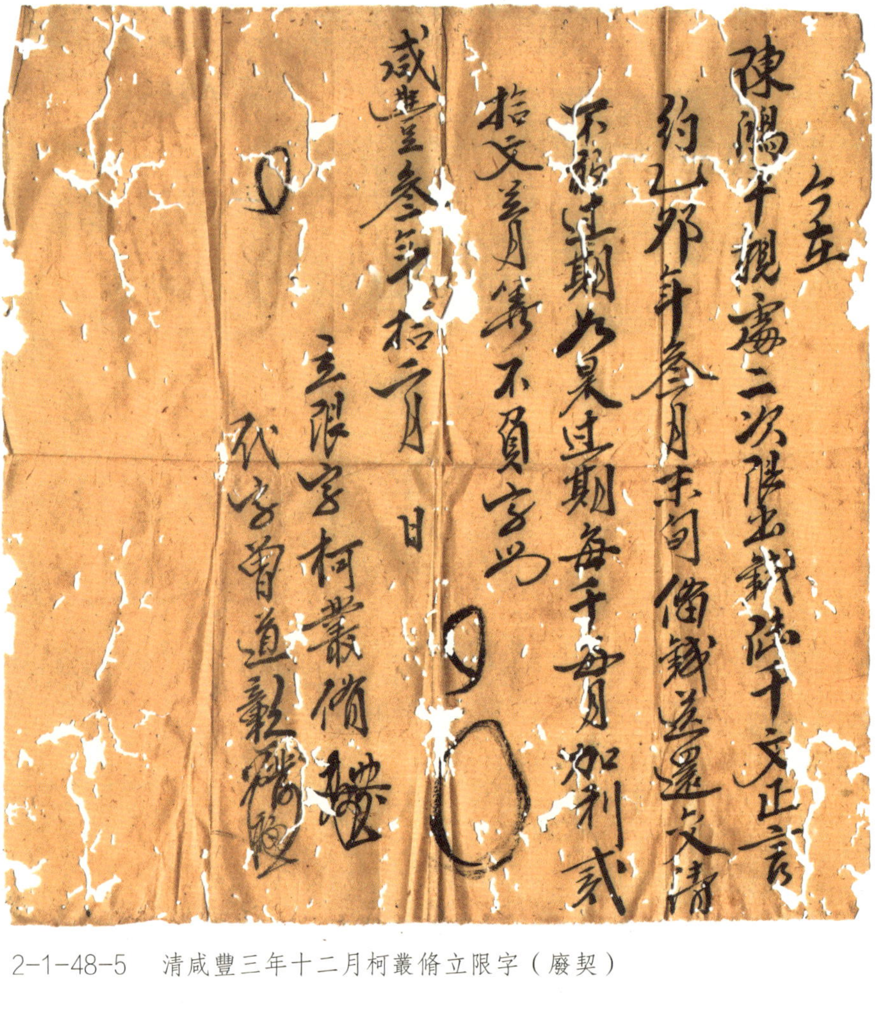

今在
陳鴻千觀處二次限出錢陸千文正言
約乙卯年叁月末旬備錢送還文請
不能過期如果過期每千每月加利貳
拾文並月算不負字照
咸豐叁年拾弍月　日
立限字柯叢脩（押）
代字曾道親（押）

2-1-48-5　清咸豐三年十二月柯叢脩立限字（廢契）

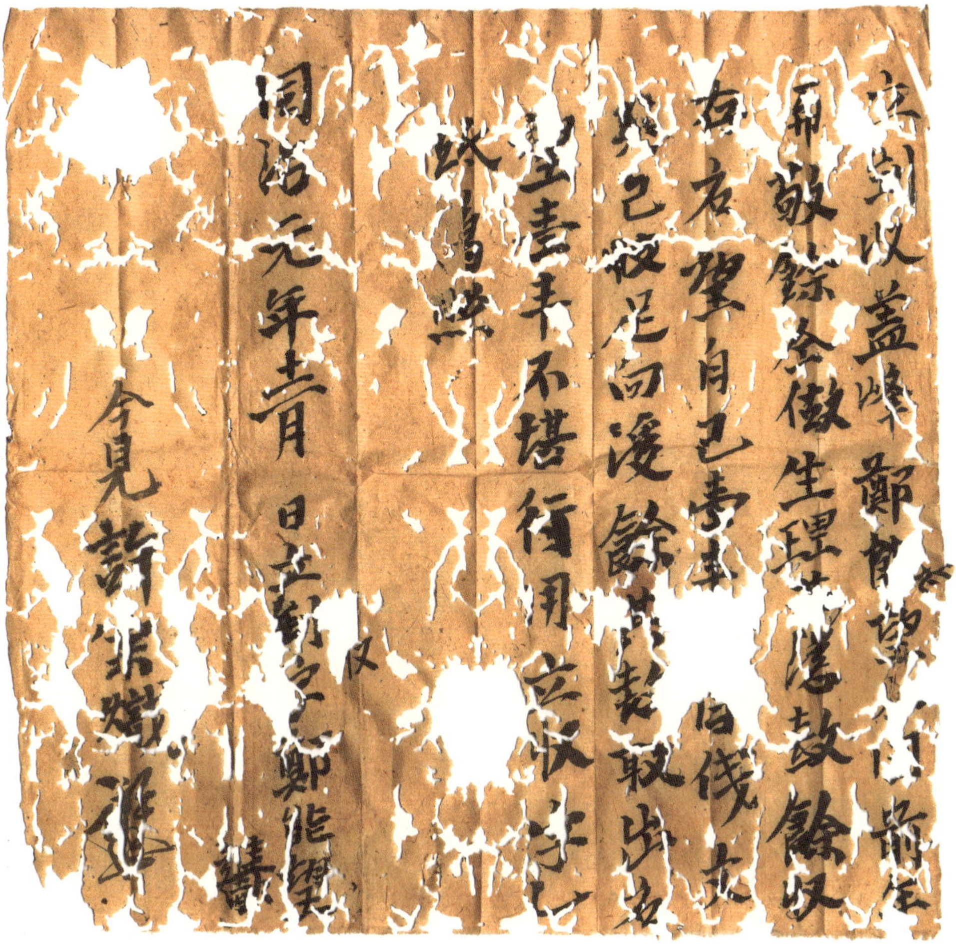
立到收蓋峰鄭能望，今因前年
承[illegible]餘谷做生理，[illegible]谷敲餘收
存，在望自己未出白錢文
錢已收足，向後餘谷[illegible]取出外
望壹未不堪行用，立收字
此為照。
同治元年十二月　日立到收字鄭能望（押）
今見許[illegible]（押）

2-1-48-6　清同治元年十二月鄭能望立到收字

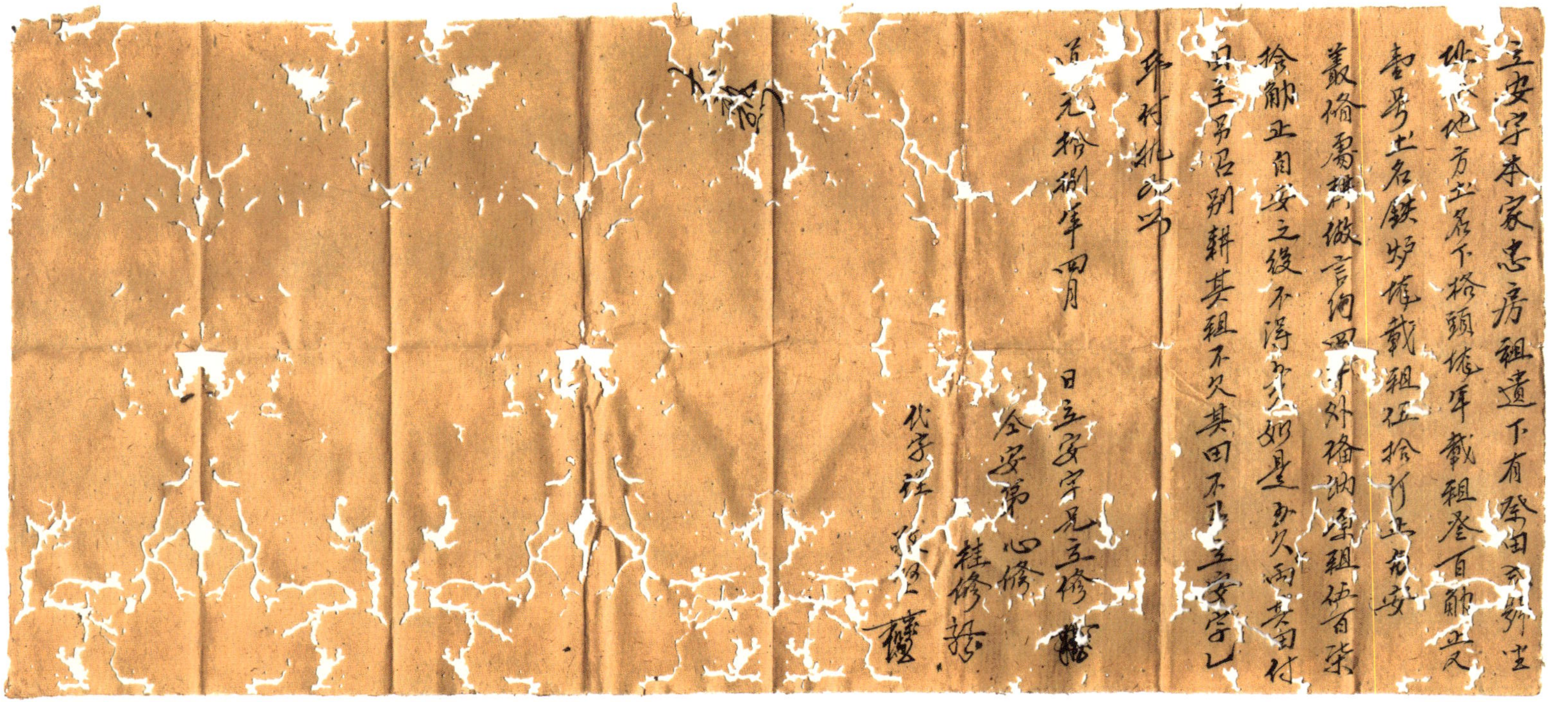

2-1-48-7　清光緒十八年四月柯氏忠房立安祭田字

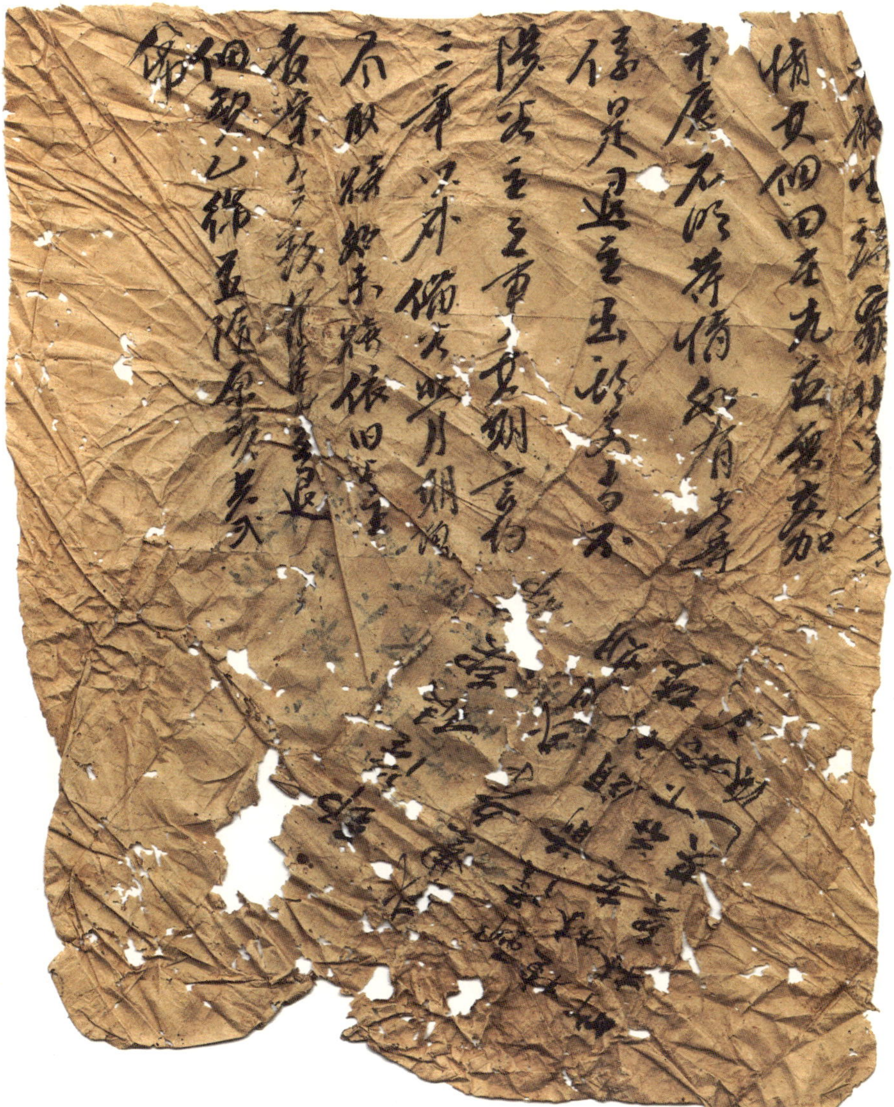

2-1-49-1　包契紙

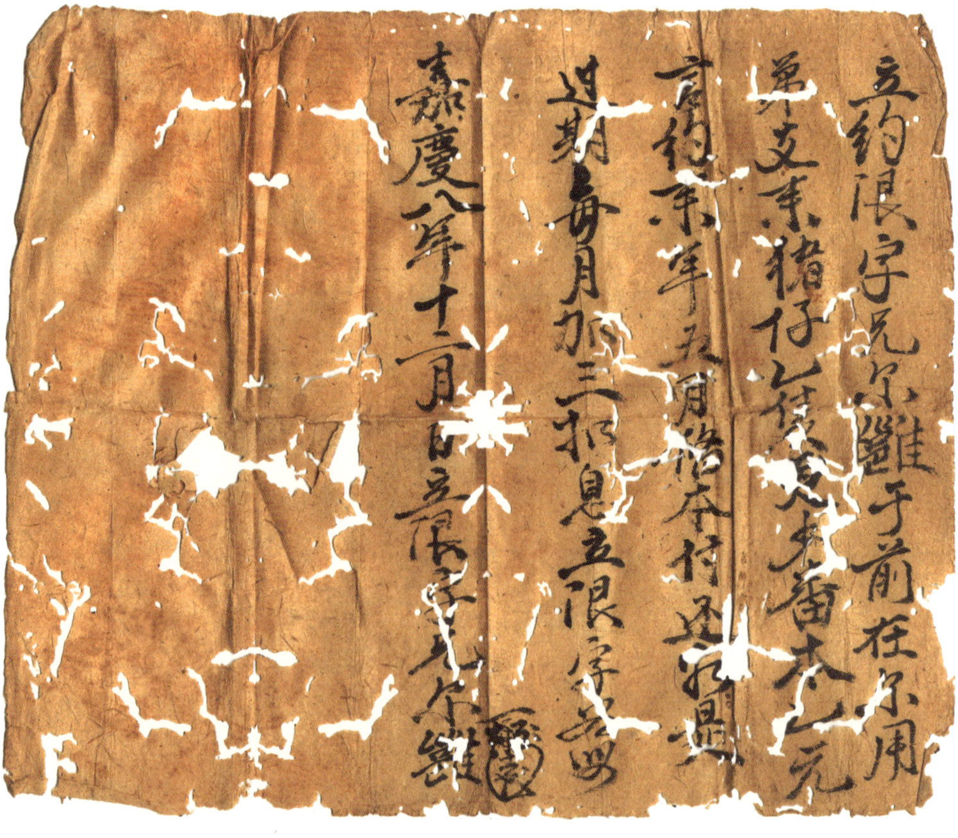

立約限字兄尔雖于前在尔用
弟尔支柬豬仔山[illegible]艮弍番大七元
言約來年五月給本付還不得違
過期每月加三一扣息立限字為照
嘉慶八年十二月　日立限字兄尔雖

2-1-49-2　清嘉慶八年十二月柯尔雖立約限字

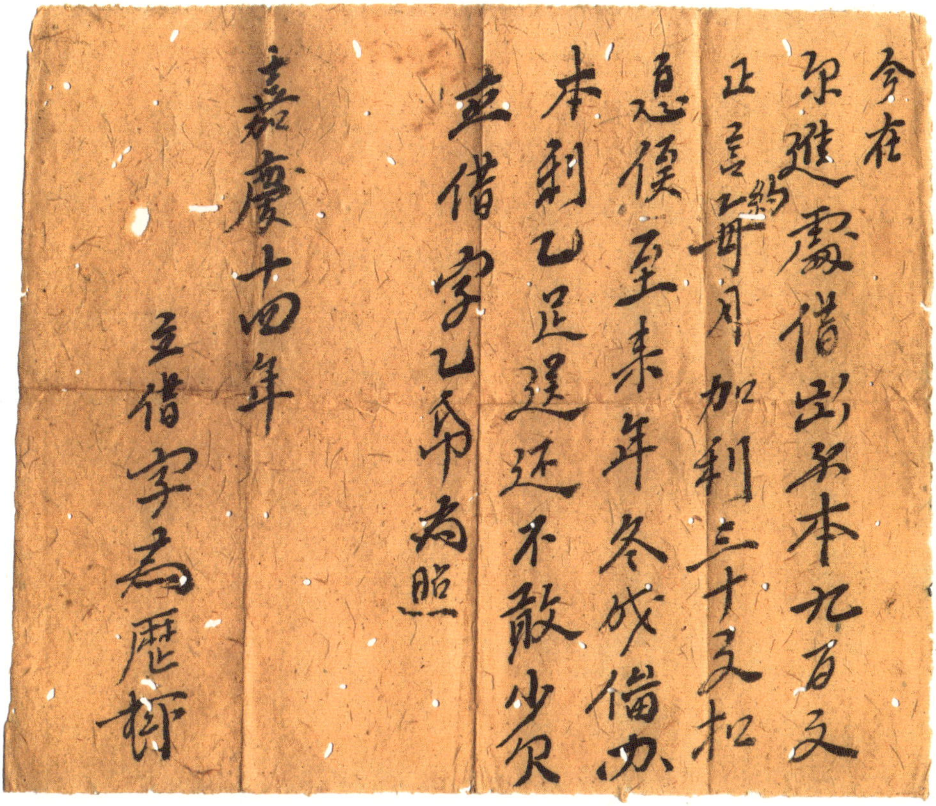
今在
家進處借出禾本九百文
正言約每月加利三十文扣
息僕至来年冬成備办
本利乙足送还不敢少欠
立借字乙帋為照
嘉慶十四年
立借字為歷柯

2-1-49-3　清嘉慶十四年柯爲歷立借禾字

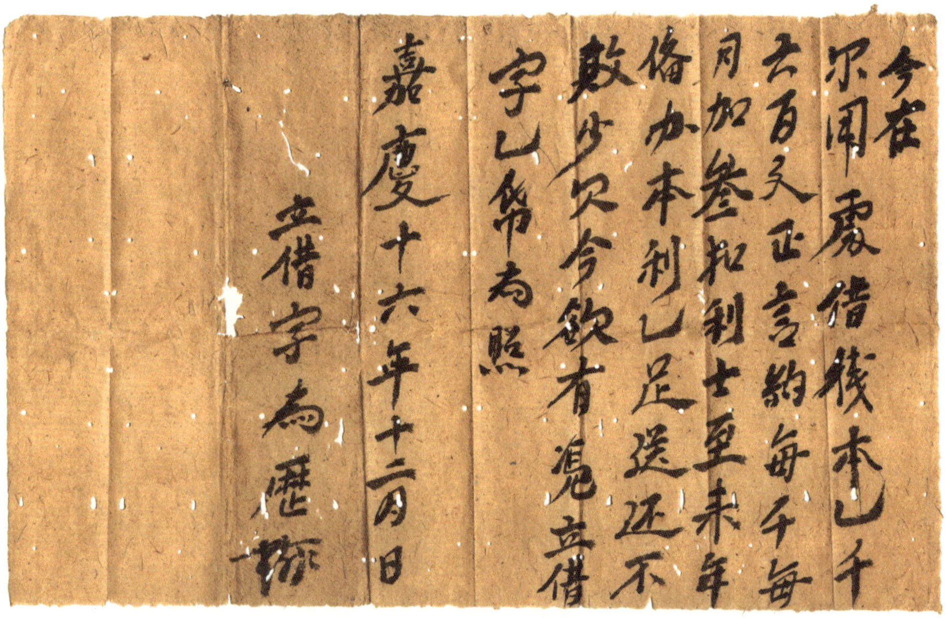
今在
尔用處借錢本〻千
六百文正言約每千每
月加叁分利士至来年
備办本利〻足送还不
敢少欠今欲有凴立借
字〻為照
嘉慶十六年十二月日
立借字為歷押

2-1-49-4　清嘉慶十六年十二月柯爲歷立借錢字

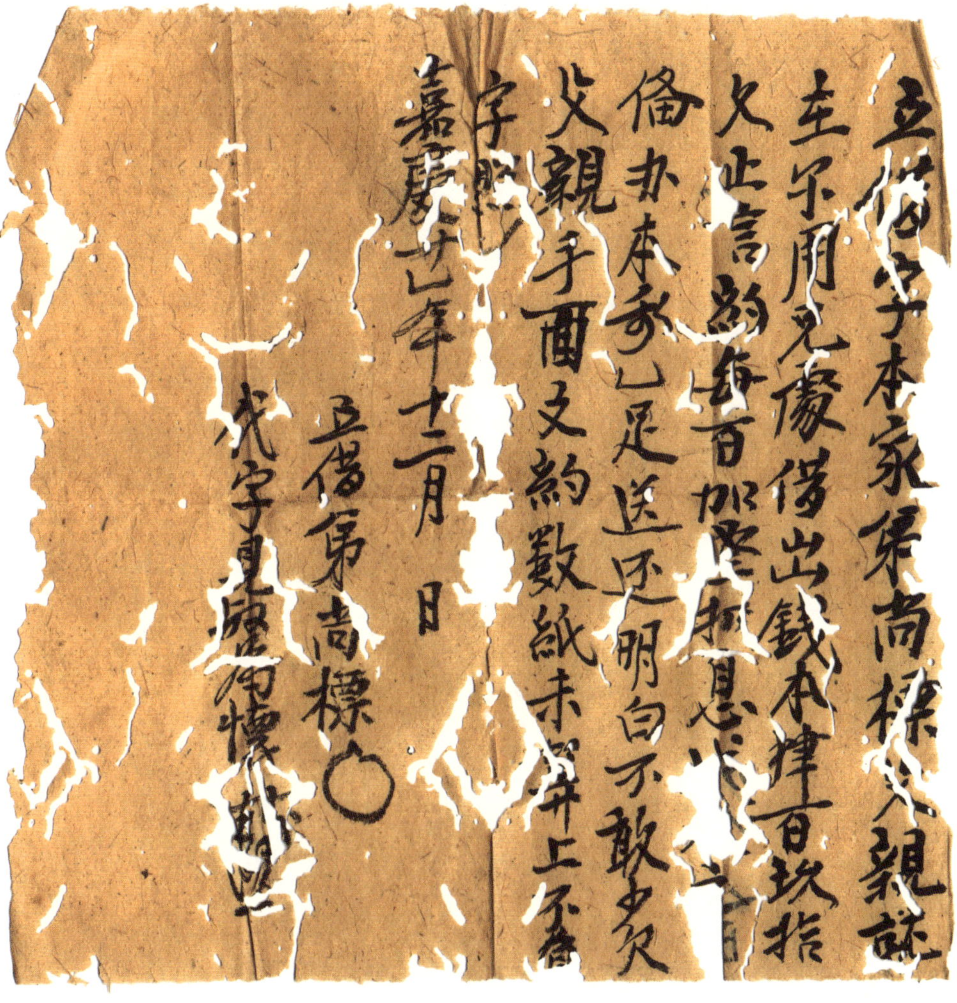
立借字本家侄尚標□□親誌
主不用乏儀借出錢本肆百玖拾
文正言約每百加貳利息□□
偹办本利足送还明白不敢少欠
父親手面文約數紙未□并上不□
字照
嘉慶廿一年十二月　日
立借弟尚標○
代字□□懷□

2-1-49-5　清嘉慶二十一年十二月柯尚標立借錢字

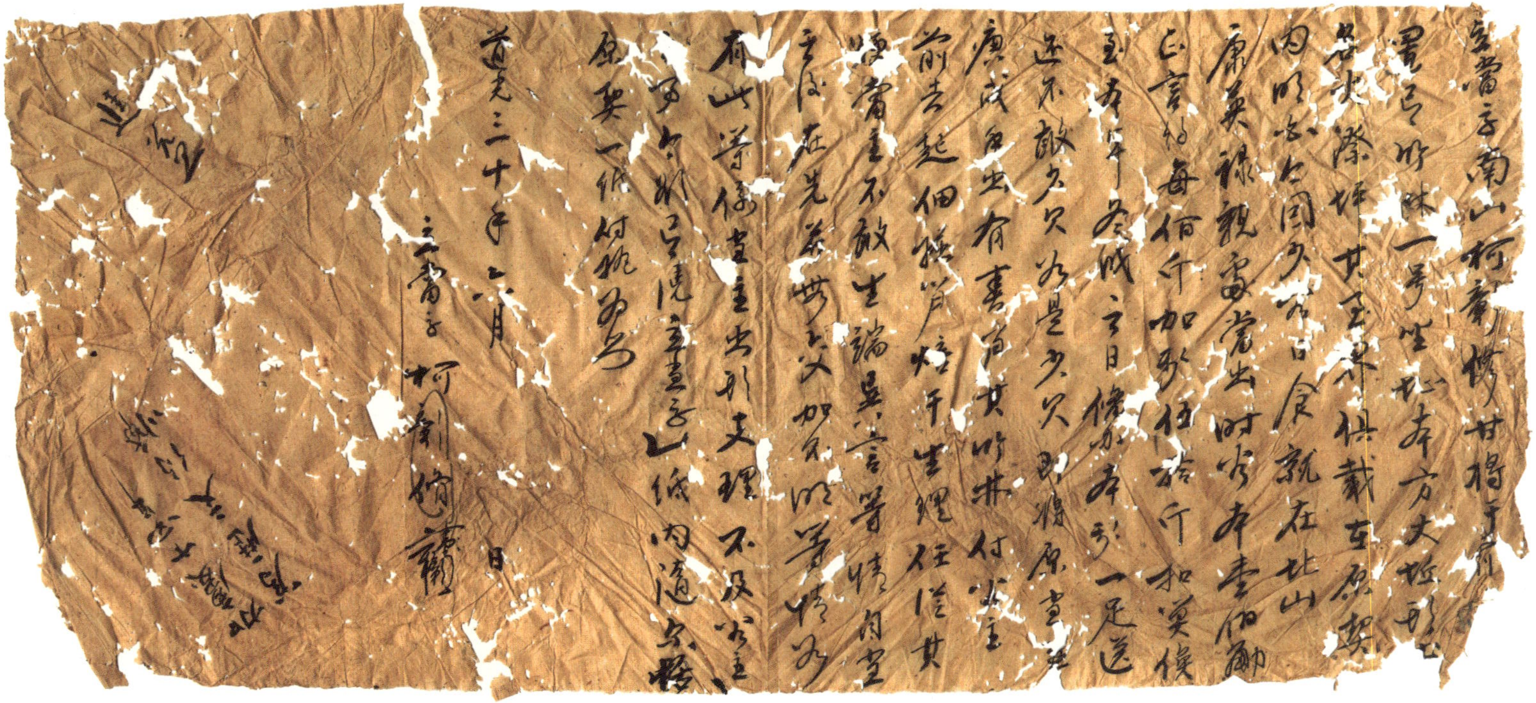

2-1-49-6　清道光三十年六月柯彭修立當竹林字

2-1-50-1　包契紙

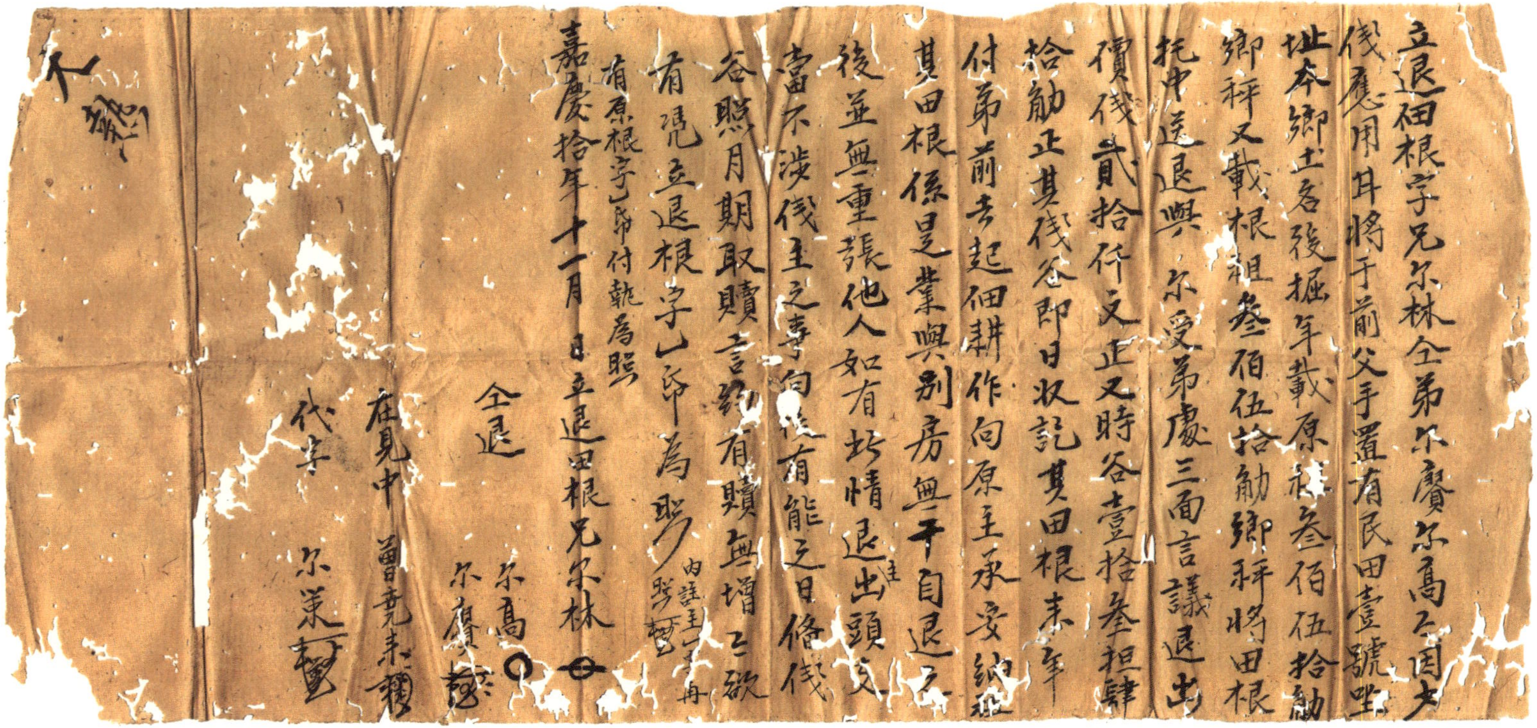
立退佃根字兄尔林仝弟尔賡尔高因乏
錢應用母將于前父手置有民田壹號坐
址本鄉土名後掘年載原租叁佰伍拾觔
鄉秤又載根租叁佰伍拾觔鄉秤將田根
托中送退與尔受弟處三面言議退出
價錢貳拾仟文正又時谷壹拾叁担肆
拾觔正其錢谷即日收訖其田根未年
付弟前去起佃耕作向原主承交納租
其田根係是業與別房無干自退之
後並無重張他人如有此情退出頭人
當不涉錢主之事向後有能之日倍錢
谷照月期取贖言約有贖無增今欲
有憑立退根字一帋為照 內註王字一再
有原根字一帋付執為照
嘉慶拾年十一月 日立退田根兄尔林 ⊕
仝退 尔高 ○ 尔賡
在見中 曾孟尤未
代字 尔某
大發

2-1-50-2　清嘉慶十年十一月柯尔林等立退佃根字

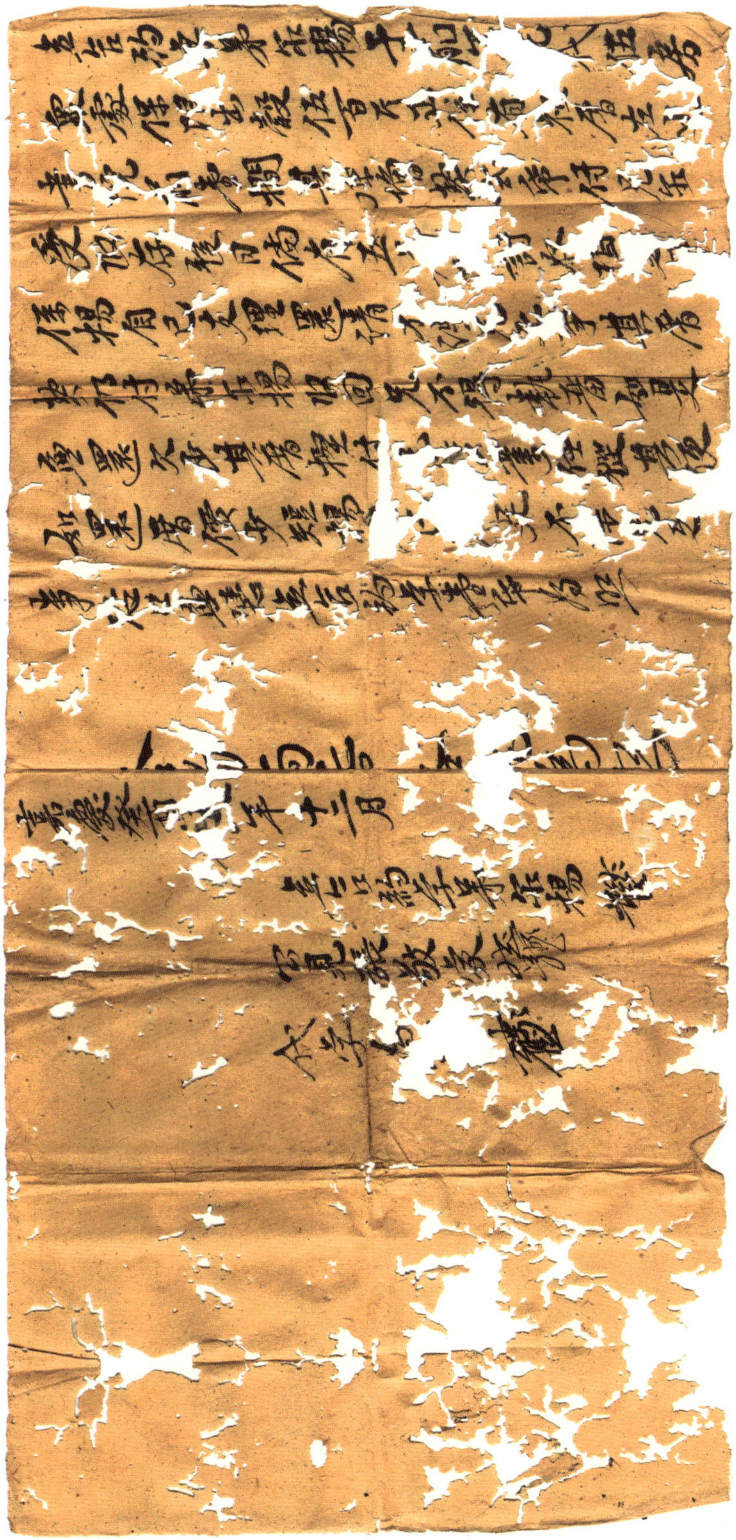

2-1-50-3 清嘉慶十八年十二月年柯尔楊立合約字

2-1-51-1　包契紙

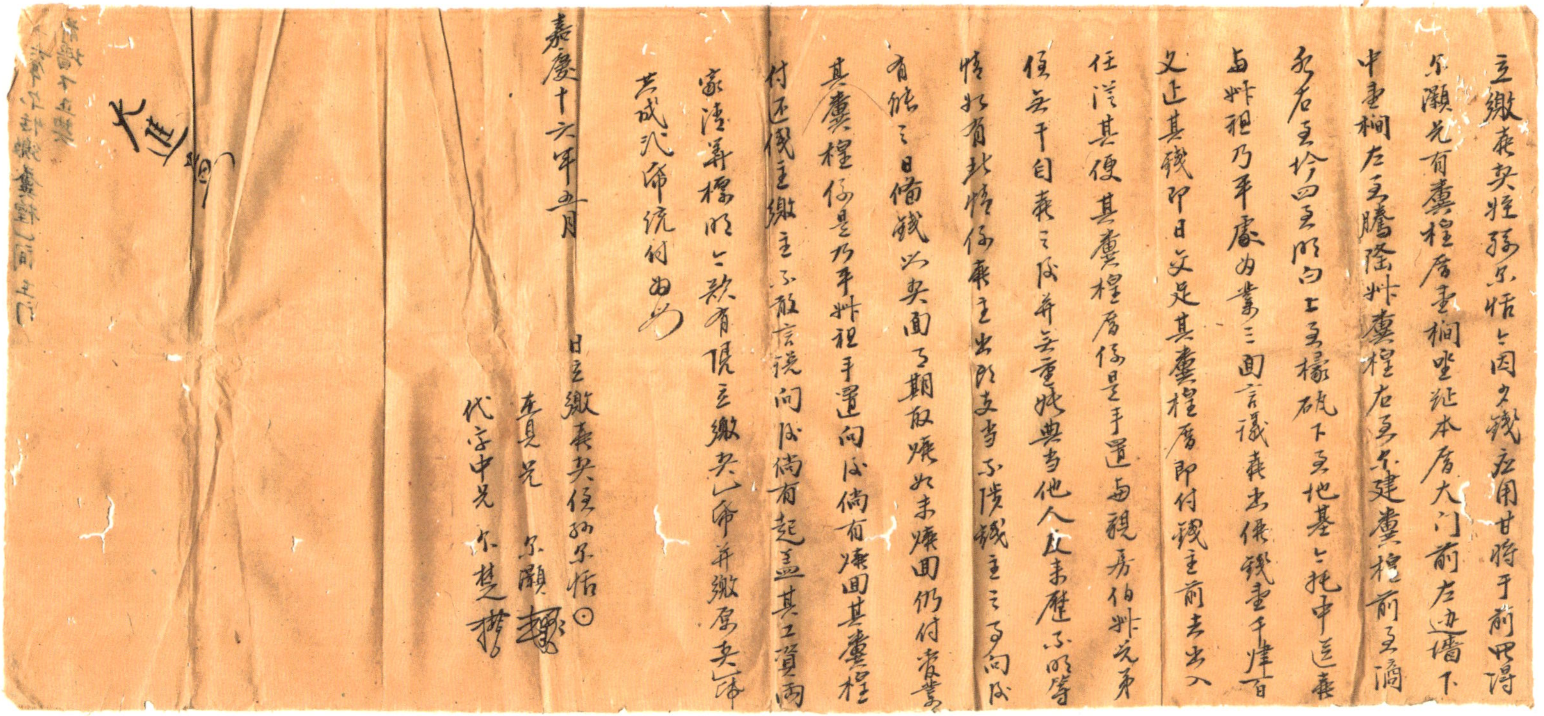
立缴賣契姪孫尔恬，今因乏錢应用，甘將手前買得
尔灝兄有糞楻厝壹桐，坐址本厝大门前左边墙下
中壹桐，左至騰隆糞楻，右至尔建糞楻，前至滴
水，后至路，四至明白，上至椽，下至地基，上托中送賣
與叔祖乃平處為業，三面言議，賣出價錢壹千肆百
文，其錢即日交足，其糞楻厝即付錢主前去出入
任從其便，其糞楻厝係是手置，與親房伯叔兄弟
侄無干，自賣之後，并無重張典当他人，及来歷不明等
情，如有此情，係賣主出頭支当，不涉錢主之事，向後
有銀之日，備錢照契面不論年限取贖，如未贖回，仍付管業
其糞楻係是乃平叔祖手置，向後倘有贖回，其糞楻
付還錢主缴主，不敢言说，向後倘有起盖，其工資两
家清算，欲後有憑，立缴契一紙，并缴原契一紙
共成二紙，統付為照
嘉慶十六年五月　日立缴賣契侄孫尔恬
在見兄　尔灝
代字中兄　尔楚

2-1-51-2　清嘉慶十六年五月柯尔恬立繳賣糞楻契

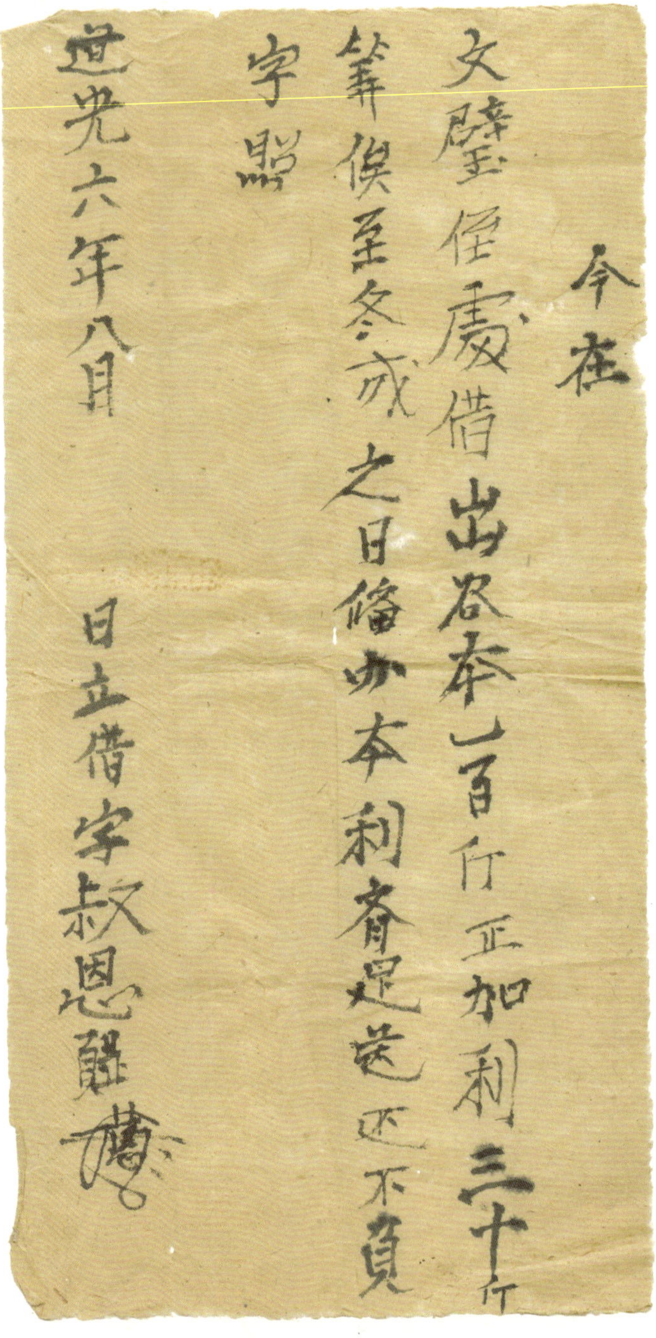

今在
文璧侄處借出谷本一百斤正加利三十斤
筭俟至冬成之日備办本利齊足送还不負
字照
道光六年八月　日立借字叔恩顯（押）

2-1-52-1　清道光六年八月林恩顯立借穀字

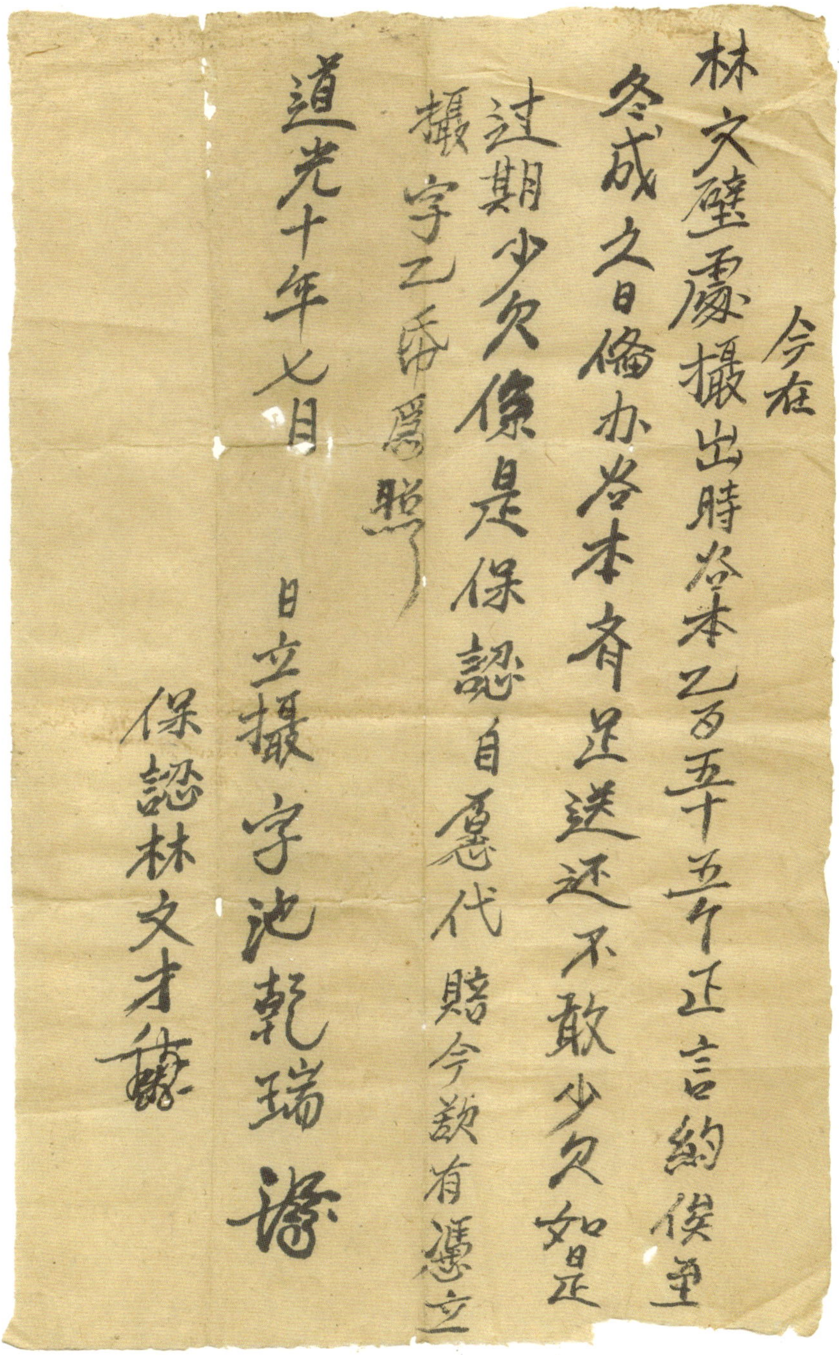
今在
林文壁處撮出時谷本乙百五十五斤正言約俟至
冬成之日備办谷本脊足送还不敢少欠如是
过期少欠係是保認自愿代賠今欲有憑立
撮字乙帋爲照
道光十年七月　日立撮字池乾瑞（押）
保認林文才（押）

2-1-52-2　清道光十年七月池乾瑞立撮字

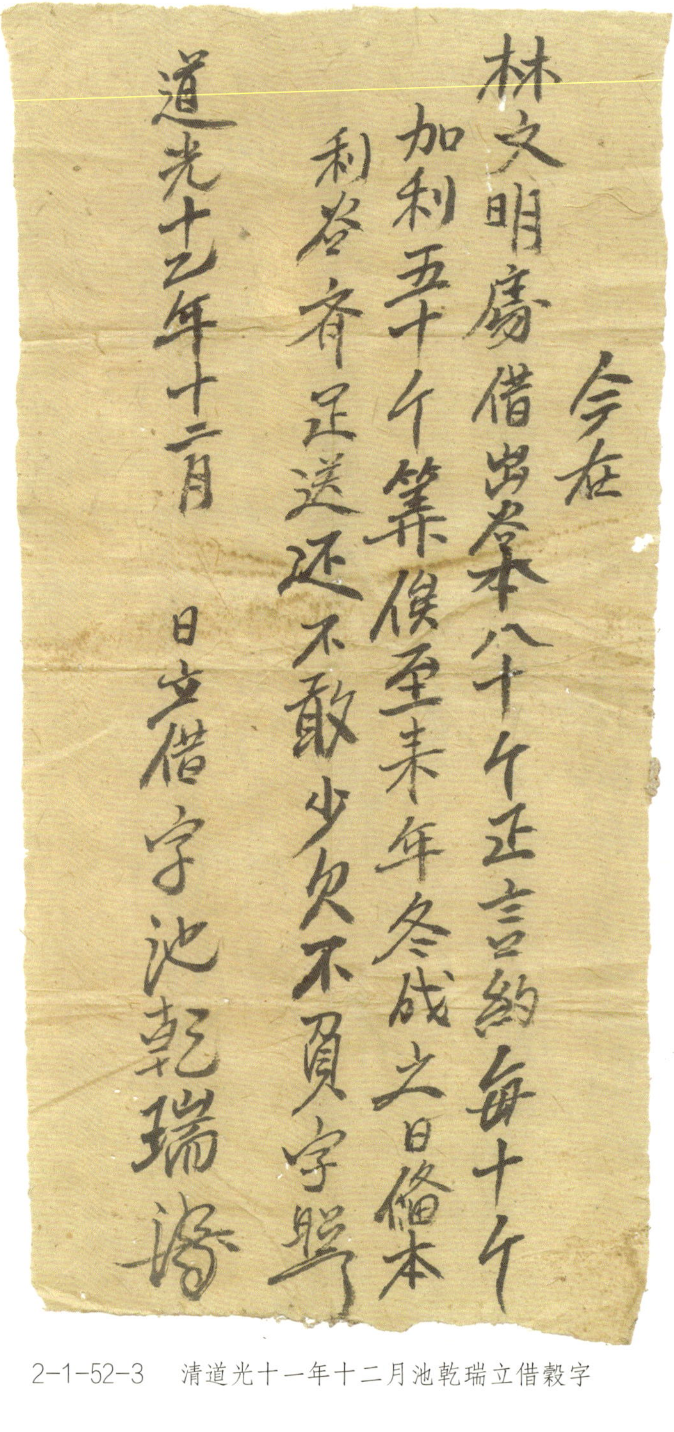
今在
林文明處借出谷本八十斤正言約每十斤
加利五十斤算保至来年冬成之日備本
利谷齊足送还不敢少欠不負字照
道光十一年十二月　日立借字池乾瑞

2-1-52-3　清道光十一年十二月池乾瑞立借穀字

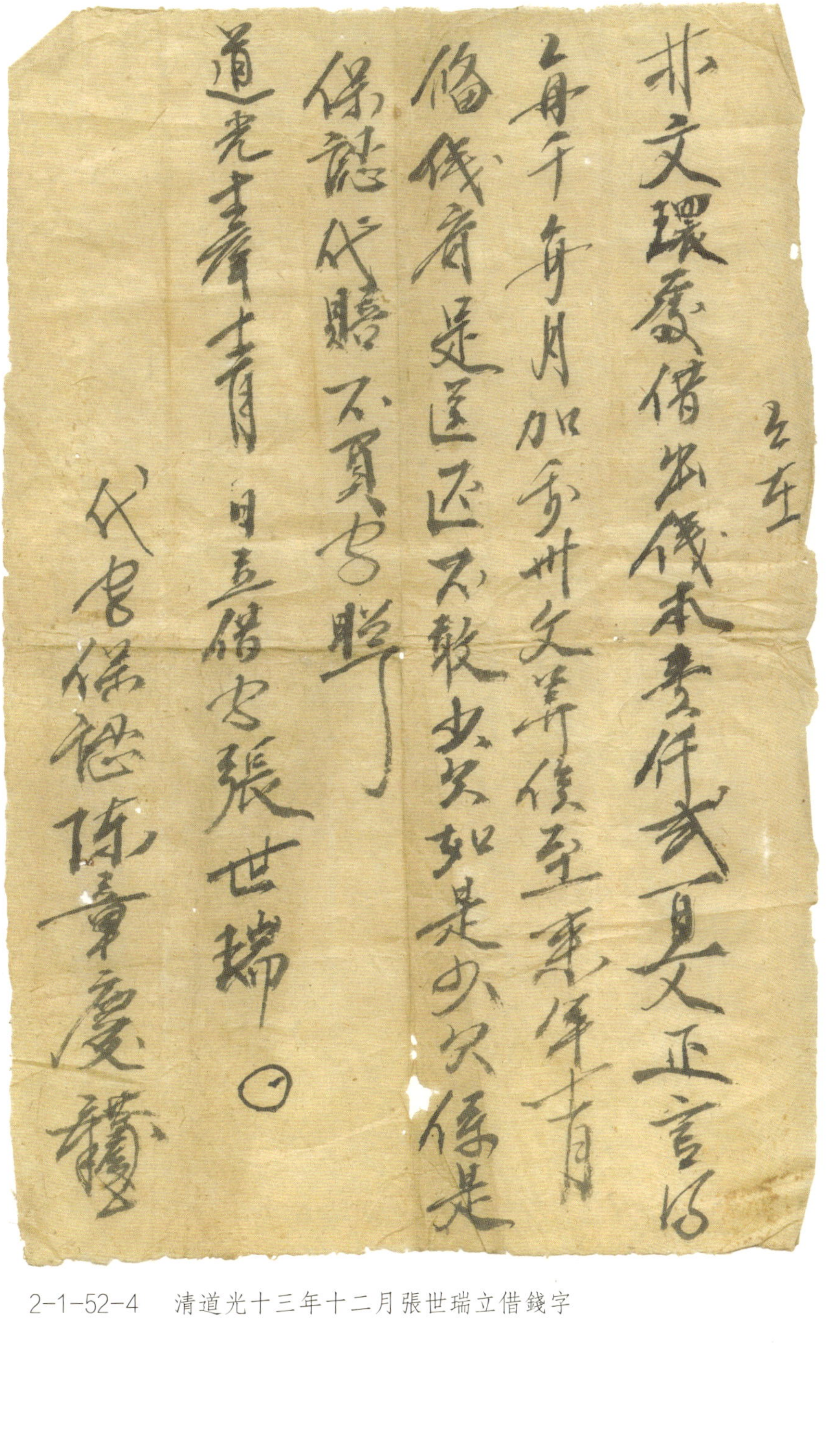
立在
柯文環處借出錢本壹仟貳百文正言明
每千每月加利卅文其錢約至來年十月
備錢齊足送還不敢少欠如是少欠係是
保認代賠不負字照
道光十三年十二月　日立借字張世瑞 ○
代字保認陳章慶 [illegible]

2-1-52-4　清道光十三年十二月張世瑞立借錢字

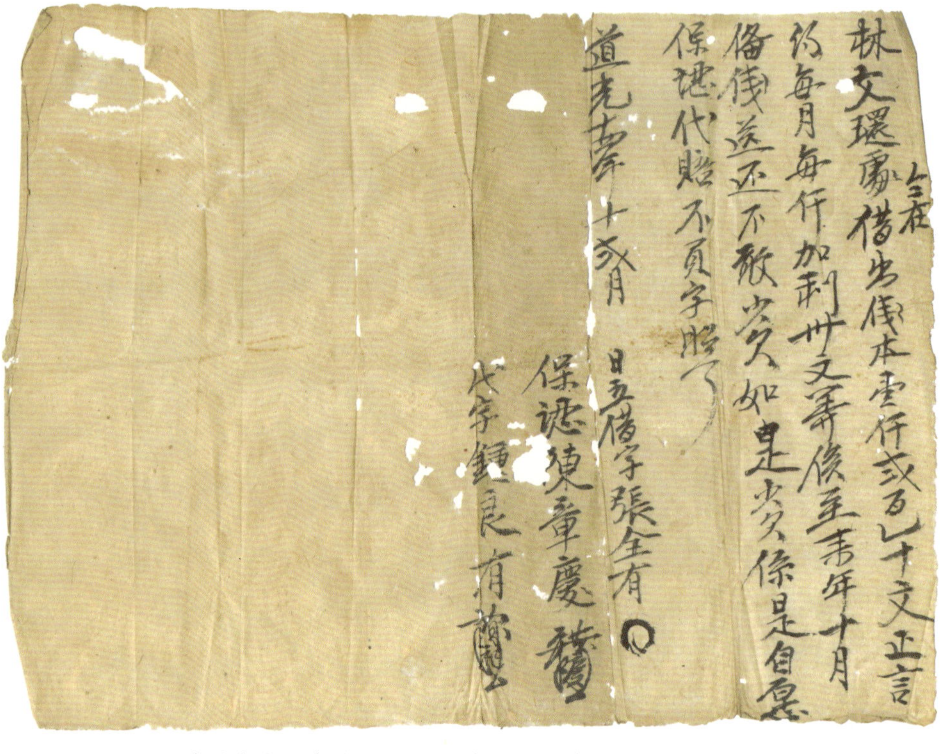
今在林文環處借出錢本壹仟弍百七十文正言
約每月每仟加利卅文算候至本年十月
備錢送还不敢少欠如是少欠係是自恩
保認代賠不負字照了
道光十四年十二月　日立借字張全有〇
保認陳章慶
代字鍾良有

2-1-52-5　清道光十四年十二月張全有立借錢字

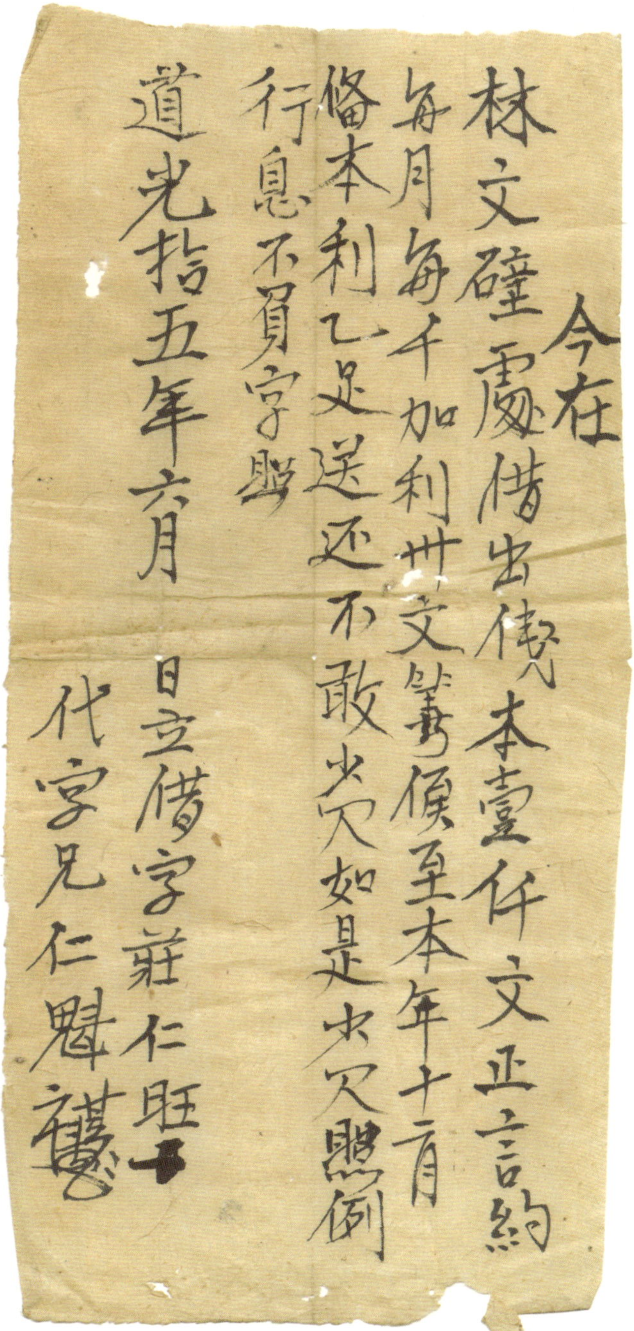
今在
林文礎處借出錢本壹仟文正言約
每月每千加利卅文算俟至本年十二月
備本利一足送还不敢少欠如是少欠照例
行息不冐字照
道光拾五年六月
日立借字莊仁旺
代字兄仁魁

2-1-52-6　清道光十五年六月莊仁旺立借錢字

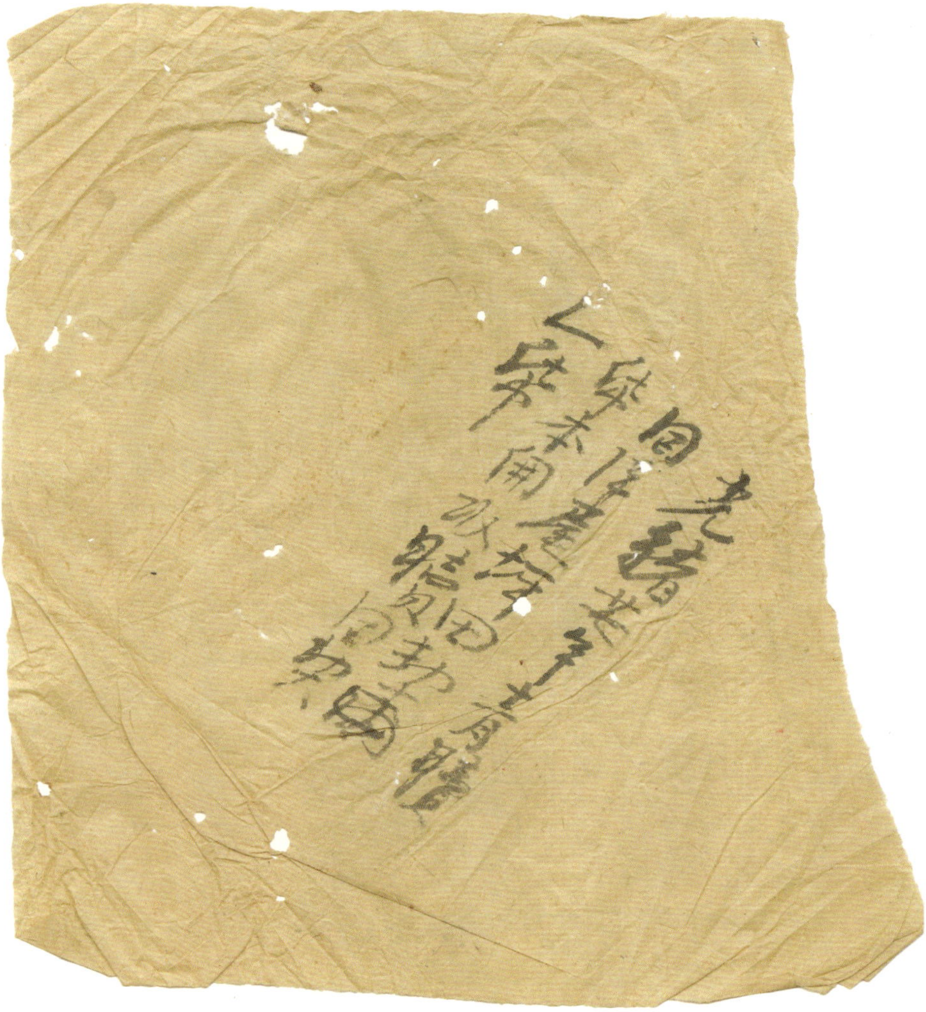

2-1-53-1　包契紙

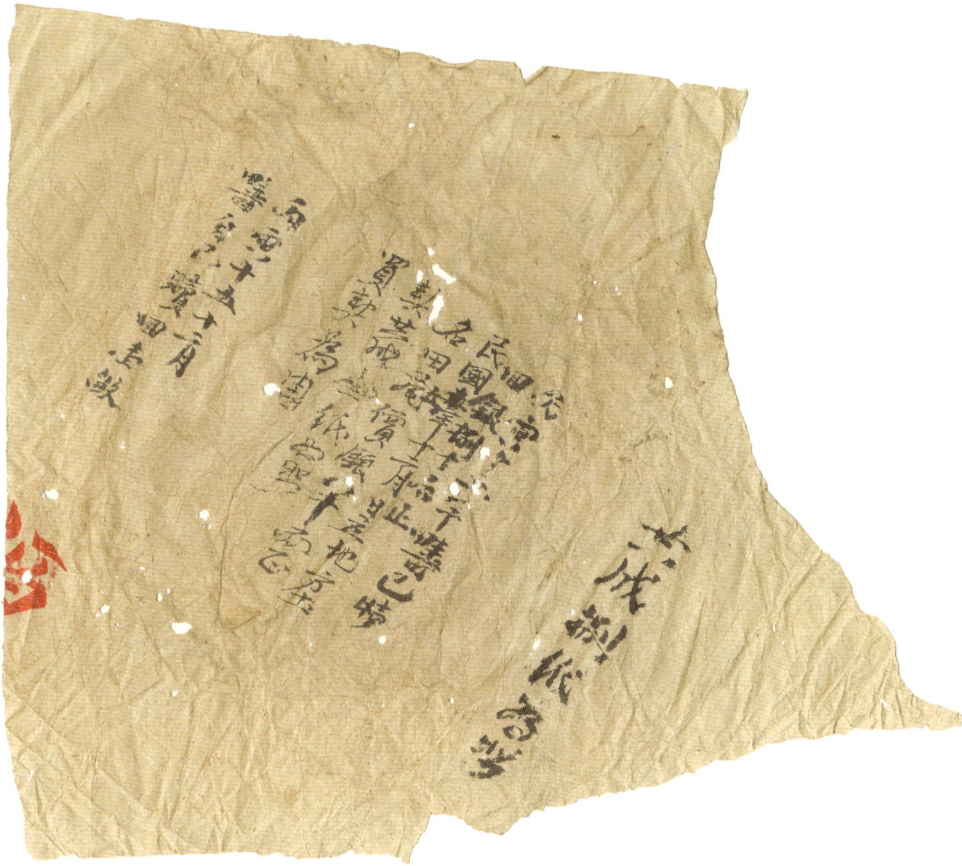

2-1-53-2　包契紙

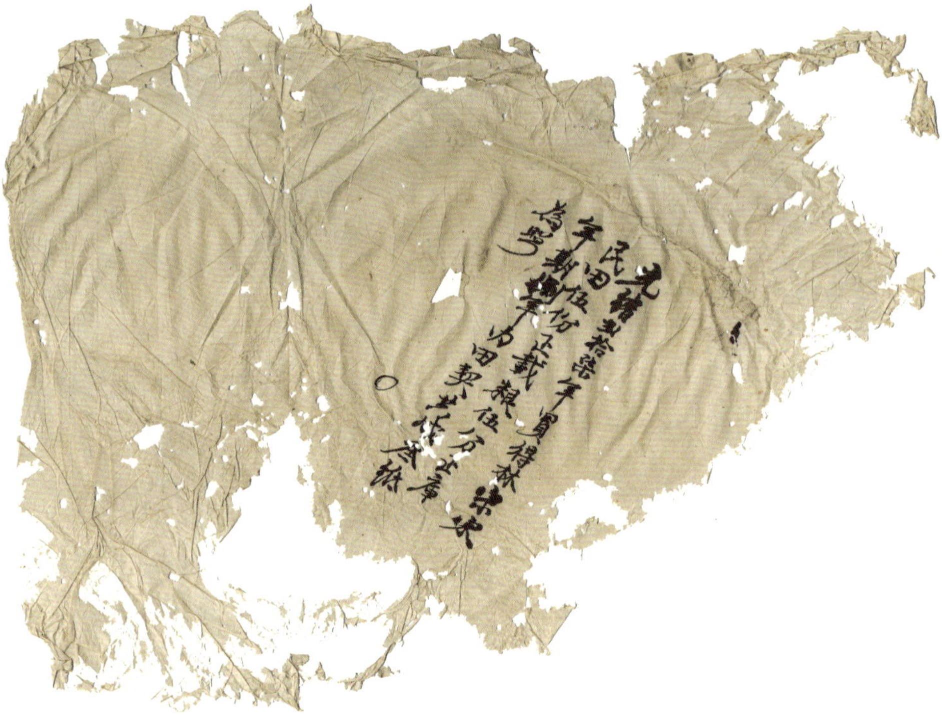
光緒弍拾叁年買得林宗求
民田伍佰乙載糧伍佰乙庫
年新[illegible]年內田契共[illegible]紙
為照

2-1-53-3　包契紙

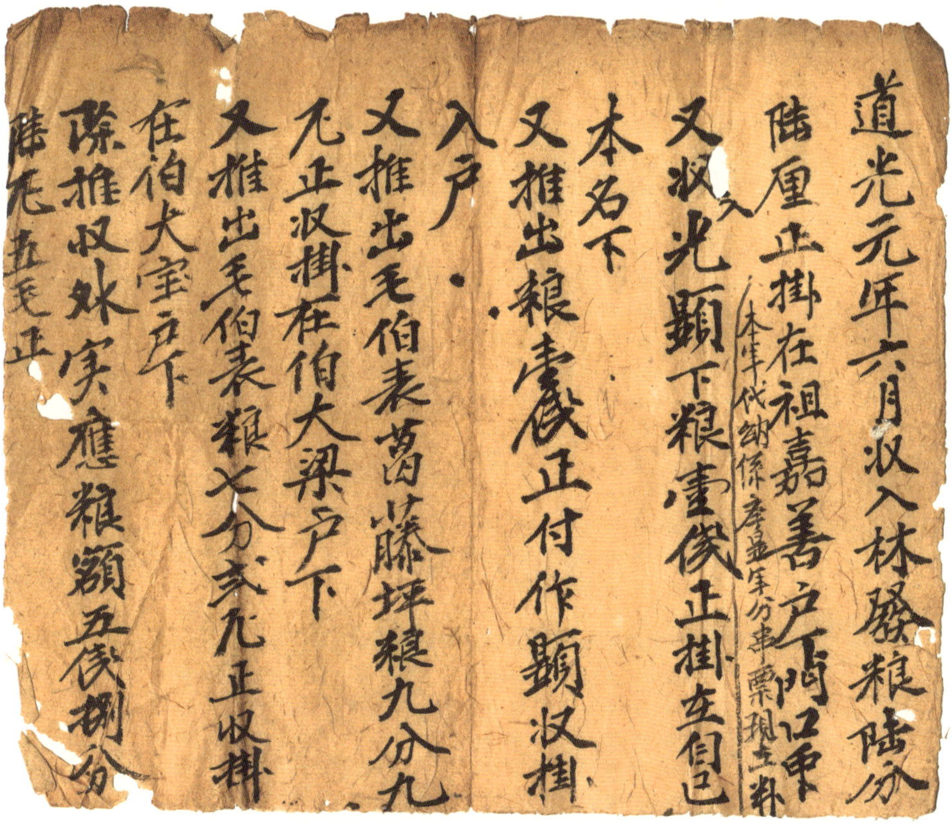
道光元年六月收入林發粮陆分
陆厘正掛在祖嘉善户内江甲
又收入光顯下粮壹錢正掛在自己
本年代納係孝孟年分串票現在粃
本名下
又推出粮壹錢正付作顯收掛
入户
又推出毛伯表葛藤坪粮九分九
厘正收掛在伯大梁户下
又推出毛伯表粮七分弍厘正收掛
在伯大宝户下
除推收外实應粮額五錢捌分
陆厘五毛正

2-1-53-4　清道光元年六月推苗過户清單

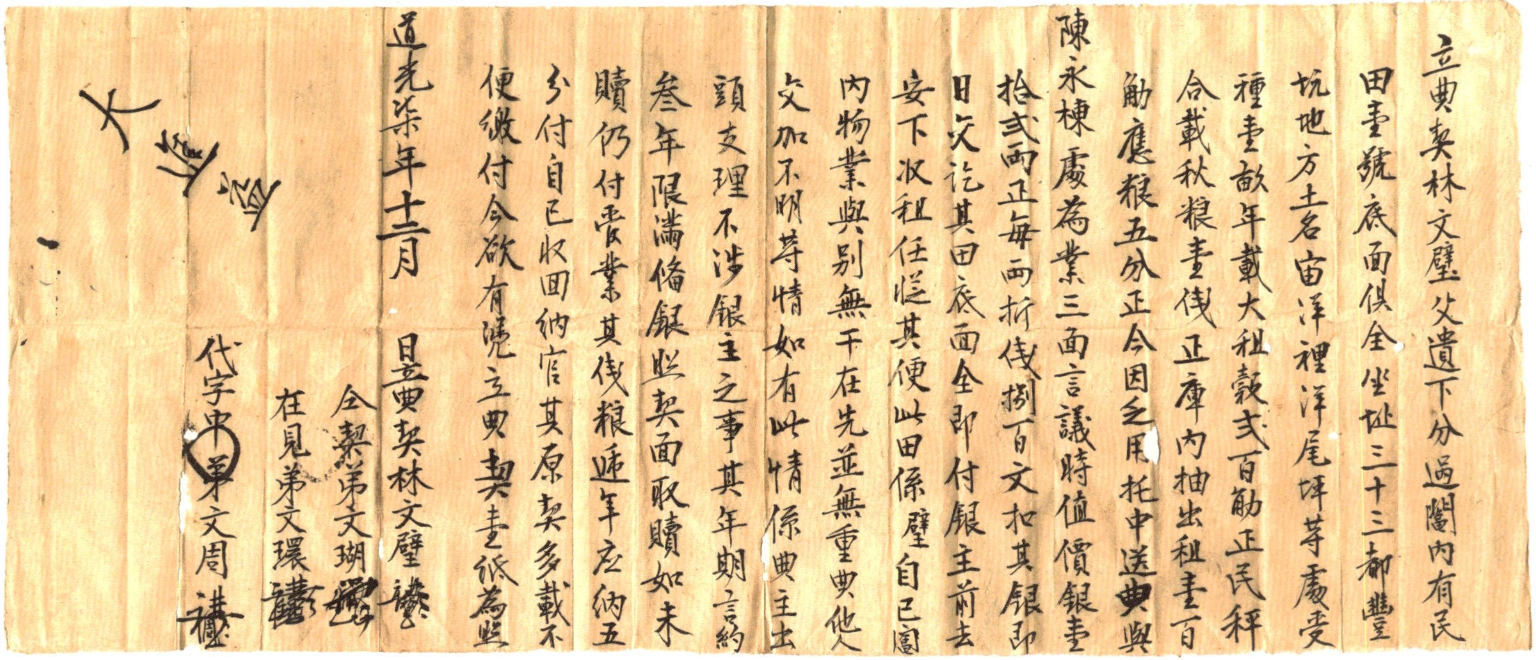

立典契林文璧父遺下分過鬮內有民田壹號底面俱全坐址三十三都豐坑地方土名宙洋裡洋尾坪等處受種壹畝年載大租穀弍百觔正民秤合載秋粮壹伐正庫內抽出租壹百觔應粮五分正今因乏用托中送典與陳永棟處為業三面言議時值價銀壹拾弍兩正每兩折伐捌百文扣其銀即日交訖其田底面全即付銀主前去安下收租任從其便此田係璧自己鬮內物業與別無干在先並無重典他人文加不明等情如有此情係典主出頭支理不涉銀主之事其年朗言約叁年限滿備銀照契面取贖如未贖仍付票業其伐粮逐年應納五分付自己收回納官其原契多載不便繳付今欲有憑立典契壹紙為照

道光柒年十二月　日立典契林文璧（押）

仝契弟文瑚（押）

在見弟文環（押）

代字中弟文周（押）

大進

2-1-53-5　清道光七年十二月林文璧立典民田契

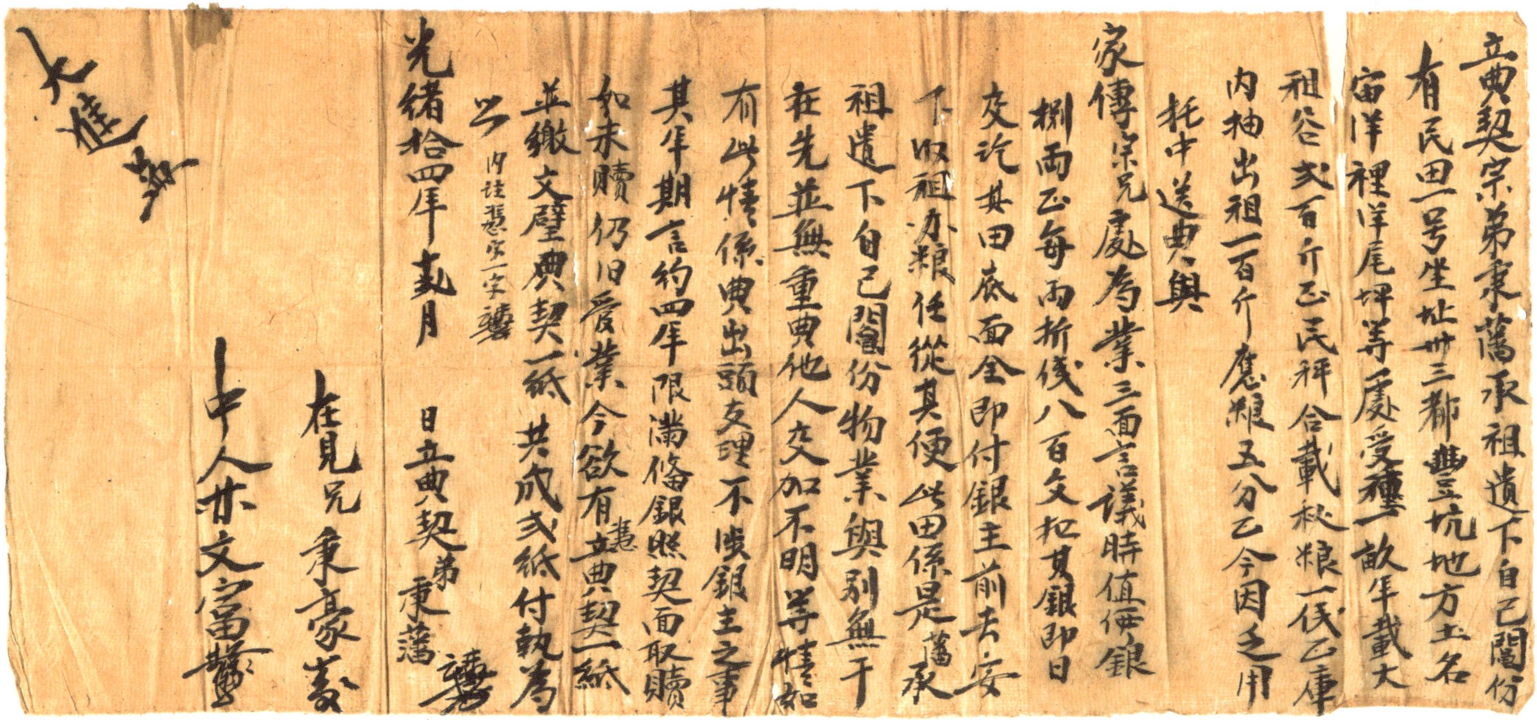
立典契宗弟秉藩承祖遺下自己鬮份
有民田一号坐址廿三都豐坑地方土名
宙洋裡洋尾坪等處受種一畝年載大
租谷弍百斤正民秤合載秋粮一錢正庫
內抽出租一百斤應粮五分正今因乏用
托中送典與
家傳宗兄處為業三面言議時值佛銀
捌両正每両折錢八百文扣身銀即日
交訖其田聽面全即付銀主前去安
下收租办粮任從其便此田係是藩承
祖遺下自己鬮份物業與别無干
在先並無重典他人交加不明等情如
有此情係典出頭支理不涉銀主之事
其年期言約四年限滿備銀照契面取贖
如未贖仍旧管業今欲有憑立典契一紙
並繳文壁典契一紙 共成弍紙付執為
照 內註悲字一字 藩
光緒拾四年十二月 日立典契弟秉藩
在見兄秉豪
中人林文富
大進興

2-1-53-6 清光緒十四年十二月秉藩立典民田契

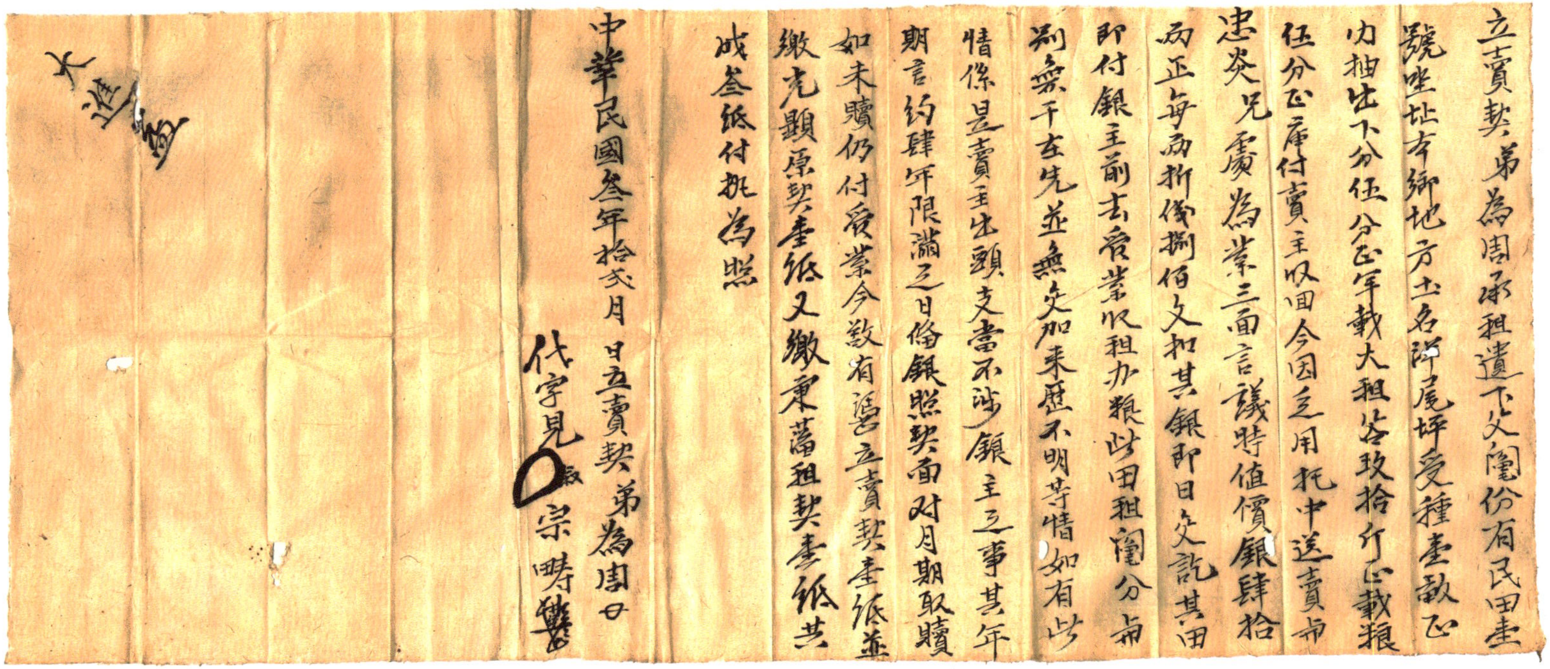
立賣契弟爲周承祖遺下父鬮份有民田壹
號坐址本鄉地方土名許尾坪受種壹畝正
內抽出下分伍分正年載大租谷玖拾斤正載粮
伍分正庫付賣主收回今因乏用托中送賣本
忠炎兄處爲業三面言議時值價銀肆拾
兩正每兩折係捌佰文和其銀即日交訖其田
即付銀主前去管業收租办粮此田鬮分本
利無干在先並無交加來歷不明等情如有此
情係是賣主出頭支當不涉銀主之事其年
期言約肆年限滿之日備銀照契面對月期取贖
如未贖仍付管業今欲有憑立賣契壹紙並
繳老顯原契壹紙又繳東藩租契壹紙共
成叁紙付執爲照

中華民國叁年拾弍月　日立賣契弟爲周（押）
代字見叔宗晞（押）

大進壹

2-1-53-7　民國三年十二月林爲周立賣民田契

2-1-54-1　包契紙

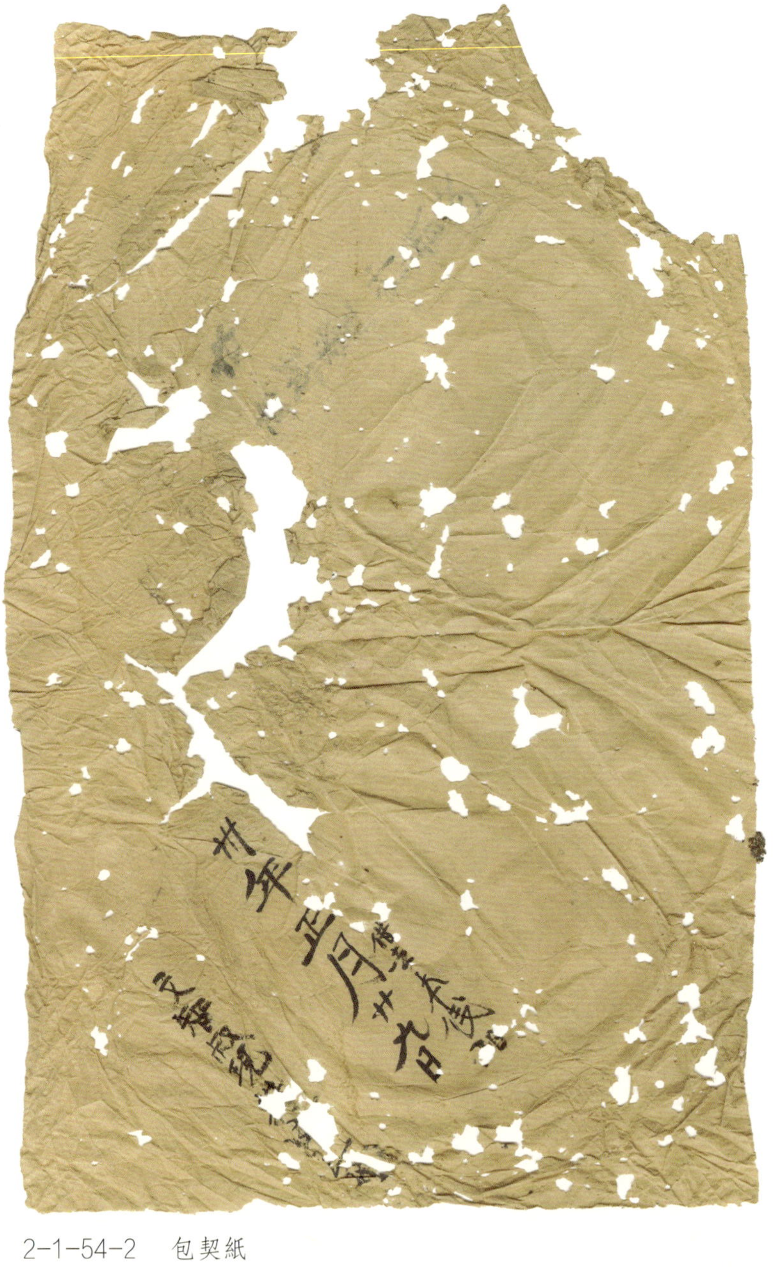

2-1-54-2　包契紙

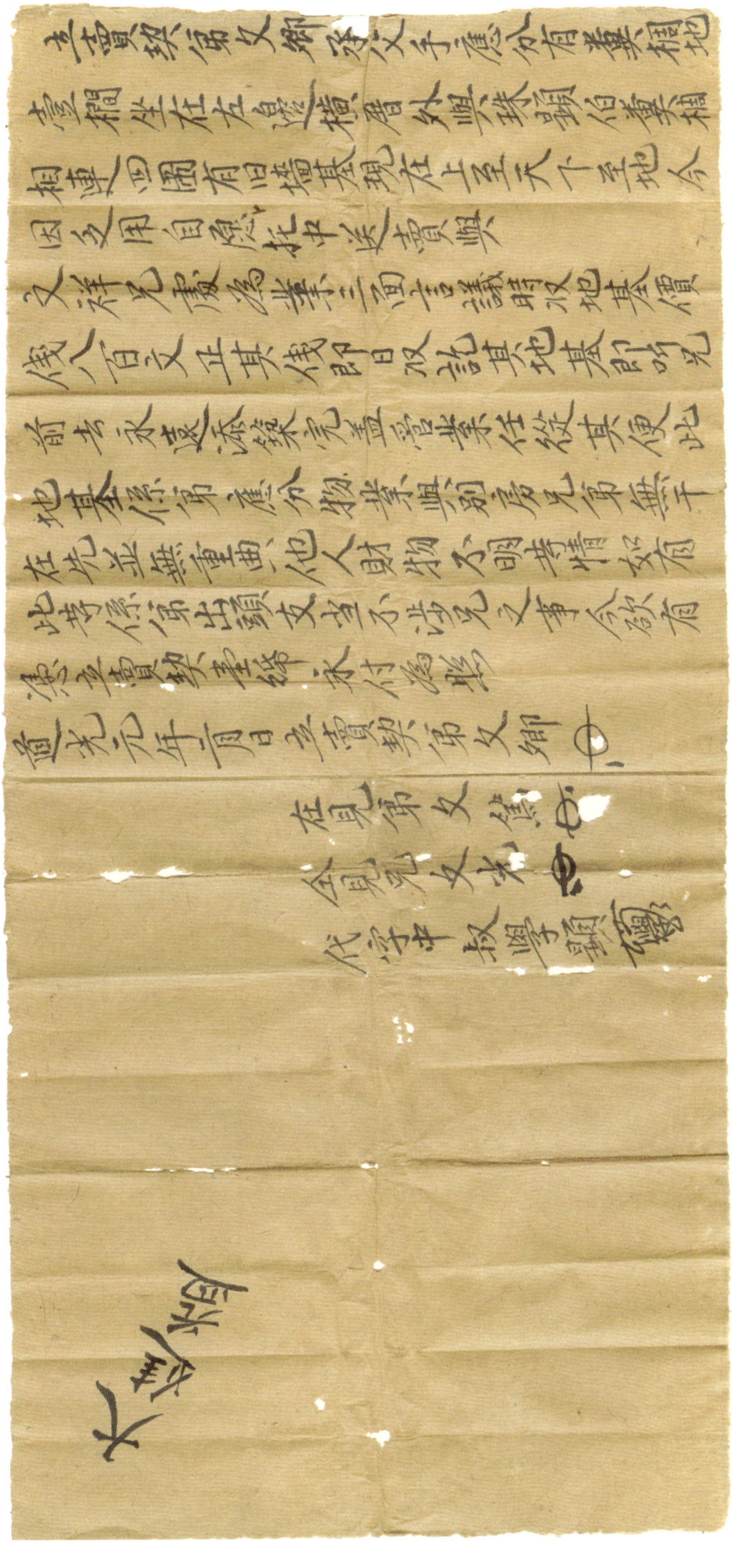

立賣契弟文卿，承父手遺分有糞榻地
壹所，坐在本鄉一橫厝外，與兄弟伯糞榻
相連，四圍有舊牆基，現在上至天下至地。今
因乏用，自願托中送賣與
文祥兄處爲業，三面言議時價地基價
錢八百文正，其錢即日收訖，其地基即付兄
前去，永遠添築完全爲業，任從其便。此
地基係弟應分物業，與別房兄弟無干，
在先並無重典他人財物不明等情，如有
此等係弟出頭支當，不涉兄之事。今欲有
憑，立賣契壹紙，永付爲照。
道光元年二月日立賣契弟文卿（押）
在見弟文燦（押）
全見兄文本（押）
代字中叔興顯（押）

2-1-54-3 清道光元年二月文卿立賣糞榻契

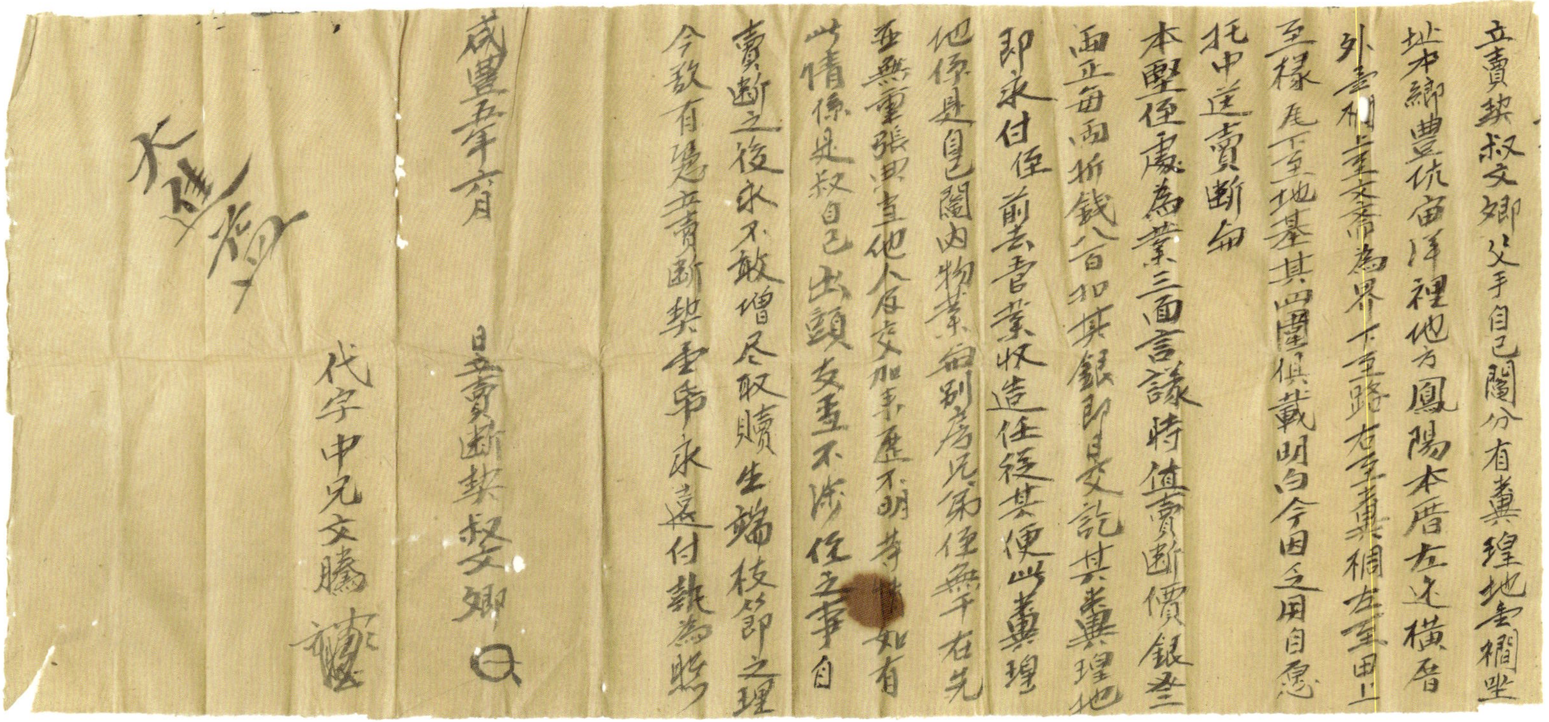

立賣契叔文卿父手自己鬮分有糞楻地壹榻坐
址本鄉豐坑宙洋裡地方鳳陽本厝左边横厝
外壹榻，上至文斋為界，下至路，左至菓榻，右至田，上
至椽尾，下至地基，其四圍俱載明白。今因乏用，自愿
托中送賣斷與
本堅侄處為業，三面言議，時值賣斷價銀叁
兩正，每兩折錢八百加，其銀即日交訖，其糞楻地
即永付侄前去管業，收造任從其便。此糞楻
地係是自己鬮内物業，與別房兄弟侄無干。在先
並無重張典当他人，亦無文加來歷不明等情。如有
此情，係是叔自己出頭支当，不涉侄之事。自
賣斷之後，永不敢增尽取贖生端枝節之理。
今欲有憑，立賣斷契壹帋，永遠付執為照。
咸豐五年六月　日立賣斷契叔文卿（押）
代字中兄文騰（押）

2-1-54-4　清咸豐五年六月文卿立賣斷糞楻契

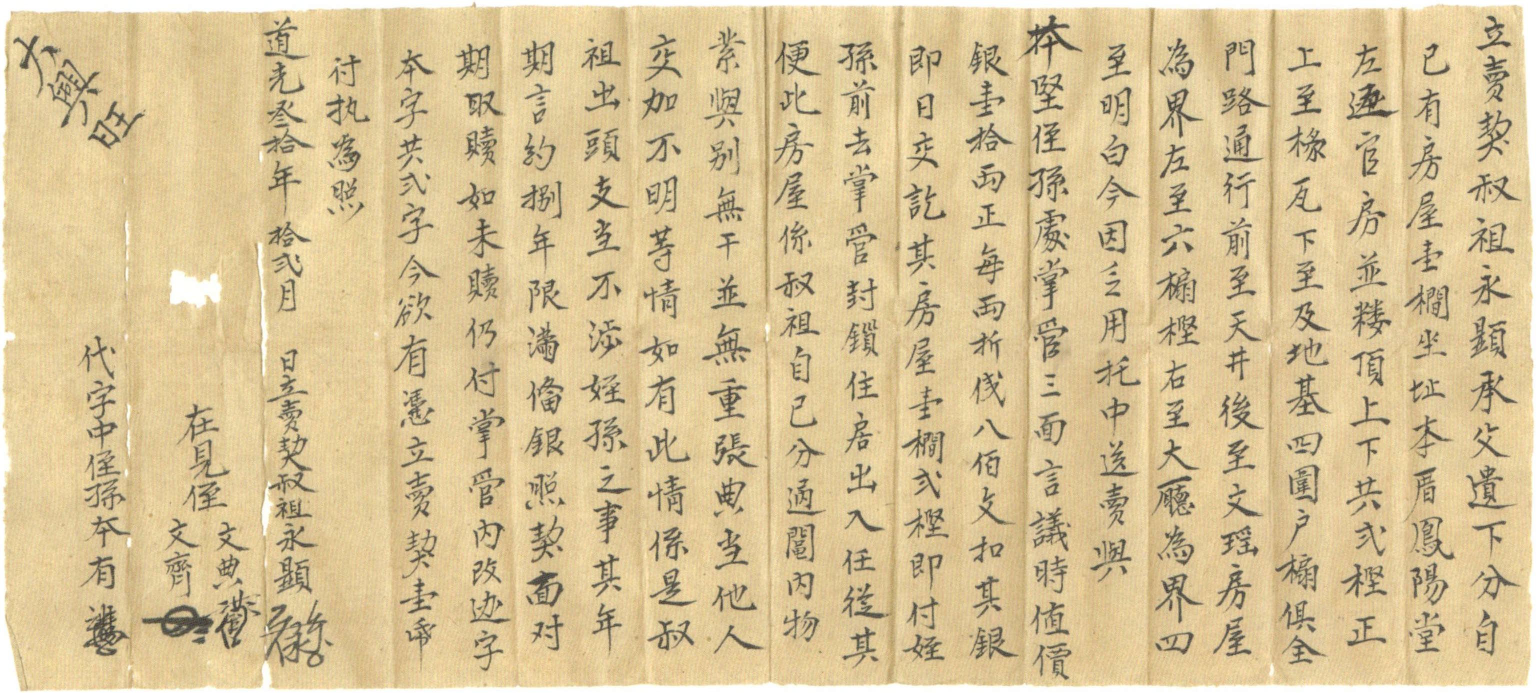

立賣契叔祖永顯承父遺下分自
己有房屋壹椆坐址本厝鳳陽堂
左邊官房並樓頂上下共弍桯正
工至椽瓦下至及地基四圍户扇俱全
門路通行前至天井後至文琨房屋
為界左至六椆桯右至大廳為界四
至明白今因乏用托中送賣與
本堂侄孫慶掌管三面言議時值價
銀壹拾兩正每兩折錢八佰文扣其銀
即日交訖其房屋壹椆弍桯即付侄
孫前去掌管封鎖住居出入任從其
便此房屋係叔祖自己分通閩內物
業與别無干並無重張典當他人
交加不明等情如有此情係是叔
祖出頭支當不涉侄孫之事其年
期言約捌年限滿備銀照契面对
期取贖如未贖仍付掌管内改迹字
本字共弍字今欲有憑立賣契壹帋
付执為照

道光叁拾年拾弍月　日立賣契叔祖永顯（押）

在見侄文典（押）
　　　文齊（押）

代字中侄孫本有（押）

2-1-55-1　清道光三十年十二月永顯立賣房屋契

立斷厝契叔祖永顯于前道光年間
出賣有厝屋壹橺上下左右前後至
界並銀兩俱載原契內明白今因乏
錢應用將此厝屋𢱕用托中送斷與
本堅侄孫處為業三面言議時斷出
銀玖兩伍錢正每兩折錢捌百文扣其
銀即日交訖其厝屋繳付侄孫前去永
遠住居管業封鎖出入任從其便此
厝屋係是叔祖自己遺下鬮分已業與別
無干在先並無重典他人未歷交加不明
等情如有此情係叔祖出頭支當不涉侄孫
之事自斷之後價已敷足永斷葛藤向
後永不敢異言生端等情每年應納錢
糧拾弍文之理今欲有憑立斷厝契壹帋
永遠繳付為照

咸豐拾年拾弍月　日立斷契叔祖永顯（押）
在見侄文斉（押）
中人陳世興
代字侄孫仙進（押）

大興旺

2-1-55-2　清咸豐十年十二月永顯立斷厝屋契

今在
宗達弟家借出錢本壹仟弍佰文正
言約每仟每月加利弍拾伍文算俟
至來年冬成之日備本利齊足送还
不敢少欠如是少欠照例行息並繳
永顯斷厝契壹紙不買字照
光緒弍拾捌年十二月 日立借字兄 宗占
代字弟 宗裕

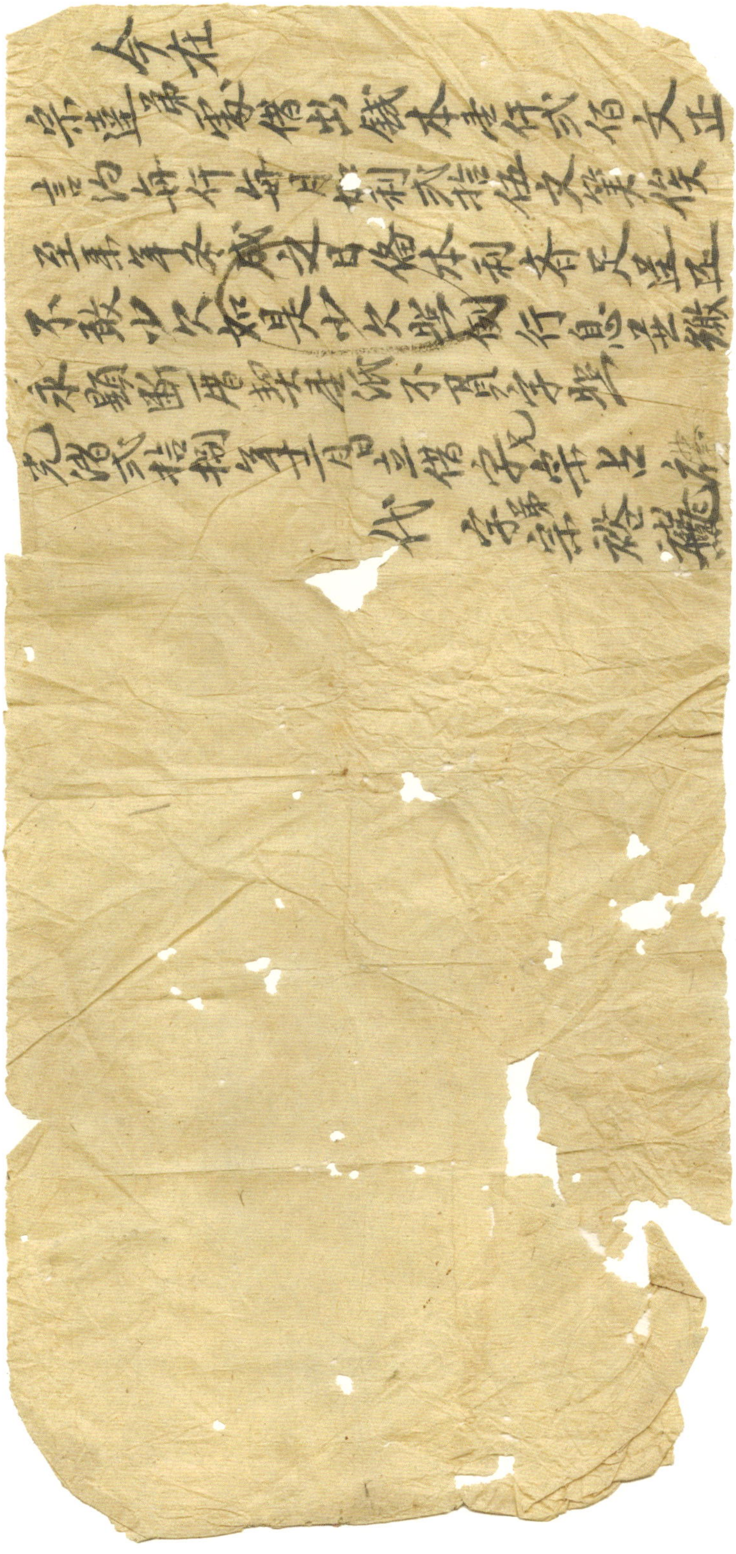

2-1-55-3　清光緒二十八年十二月宗占立借錢字

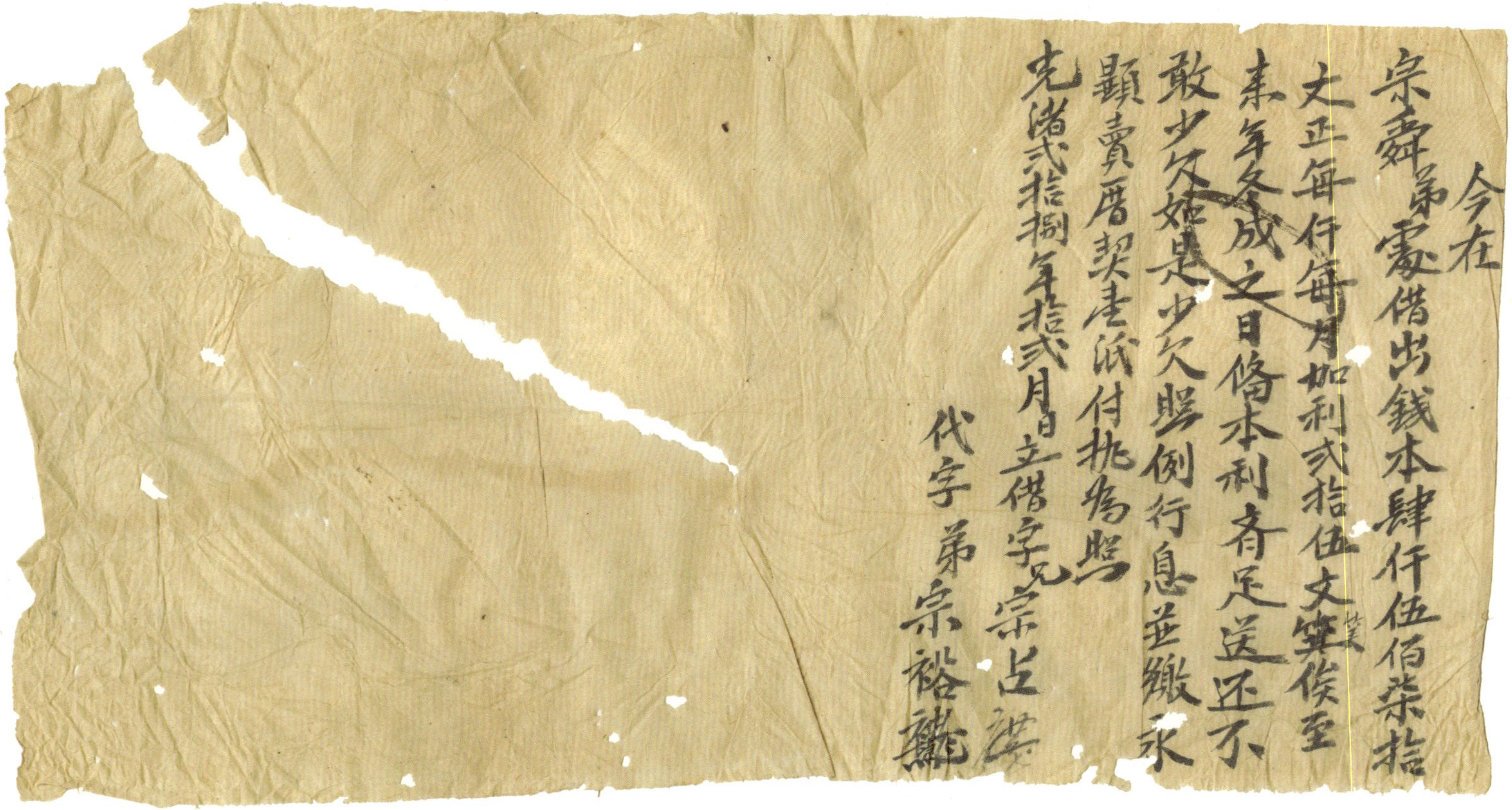

今在
宗舜弟處借出錢本肆仟伍佰柒拾
文正，每仟每月加利貳拾伍文，算俟至
來年冬成之日，條本利齊足送还，不
敢少欠。如是少欠，照例行息，並繳永
顯賣厝契壹紙付執為照。
光緒貳拾捌年拾貳月　日　立借字兄宗占
代字弟　宗裕

2-1-55-4　清光緒二十八年十二月宗占立借錢字

立賣契叔上顯父祖父遺下有自己閹
分内楂林並田山雜木等項共壹所坐址本鄉
宙洋裡地方土名蓮柄坑等處上至崙頂下
至田坑右至文祥山右至周顯山為界四至明白
今因乏用自愿托中送賣與
文環姪處為業三面言議時值價錢肆仟
文正其錢即日交明收訖其楂林田山共壹所四
團等處即付侄前去永遠掌管採摘抾伐
栽種任從其便此楂林田山係叔自己閹内物業
與別房兄弟侄無干在前並無重張典當
他人及財物交加不明等情如有此情係叔自己
出頭支當不涉侄之事其楂林田山係在前
所轄十八所約内安祖父分過開掘其山租遞
年公衆繳納今欲有憑立賣契乙紙付執
為照 内註遠字乙字 再照 (押)

道光十一年二月 日立賣契叔上顯 (押)
在見侄 文敏 (押)
代字中人莊仕魁 (押)

大進益

2-1-56-1 清道光十一年二月上顯立賣楂林等契

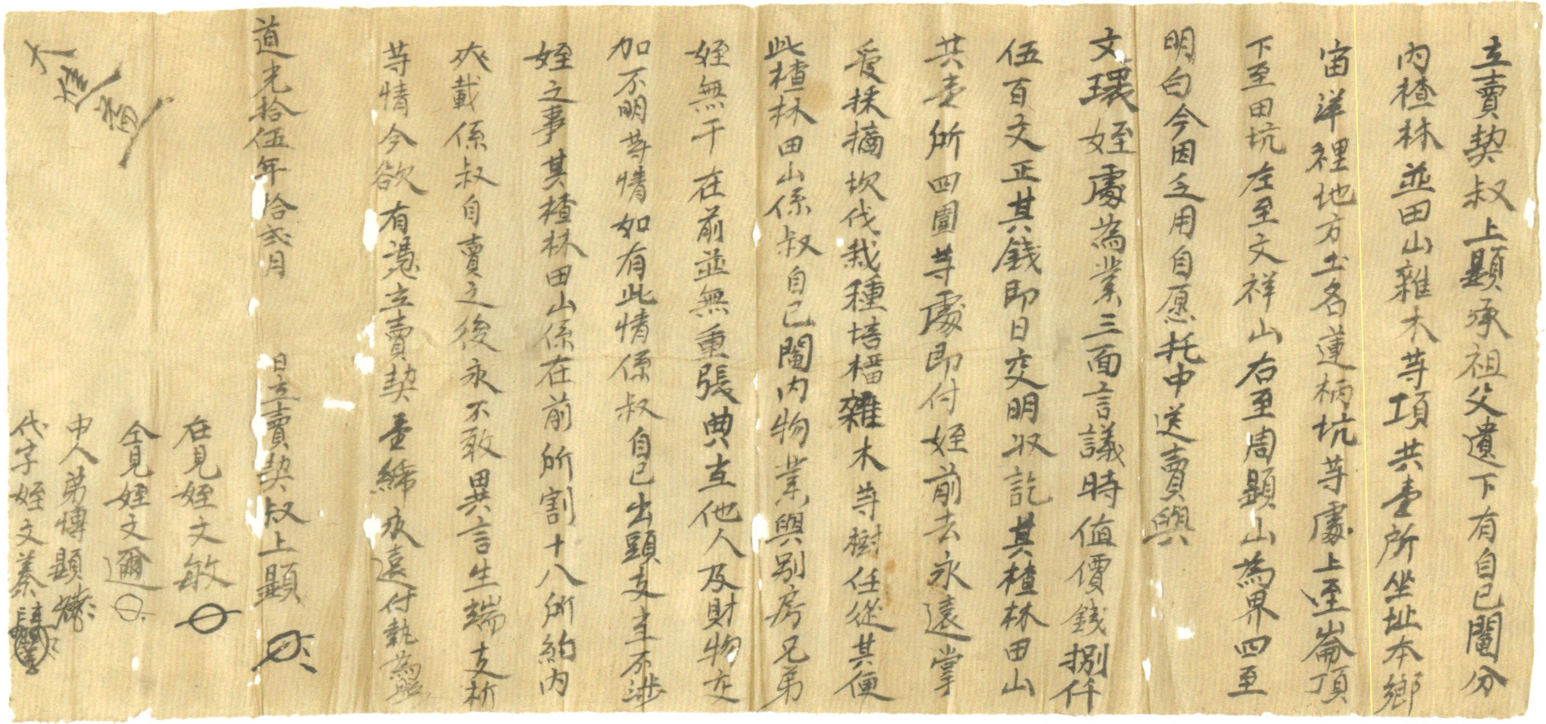

立賣契叔上顯承祖父遺下有自己閫分
內檜林並田山雜木等項共壹所坐址本鄉
洎洋坪里地方土名菖蒲坑等處上至山嶺頂
下至田坑左至文祥山右至周顯山為界四至
明白今因乏用自愿托中送賣與
文環姪邊為業三面言議時值價錢捌仟
伍百文正其錢即日交明收訖其檜林田山
共壹所四圍等處即付姪前去永遠掌
管挖掘砍伐栽種插植雜木等樹任從其便
此檜林田山係叔自己閫內物業與別房兄弟
姪無干在前並無重張典當他人及財物來
加不明等情如有此情係叔自己出頭支當不涉
姪之事其檜林田山係在前所割十八所納內
承載係叔自賣之後永不敢異言生端找贖
等情今欲有憑立賣契壹紙永遠付執為照

道光拾伍年拾貳月　日立賣契叔上顯（押）
在見姪文錦（押）
全見姪文通（押）
中人弟□□□（押）
代字姪文善（押）

不找贖

2-1-56-2　清道光十五年十二月上顯立賣檜林等契

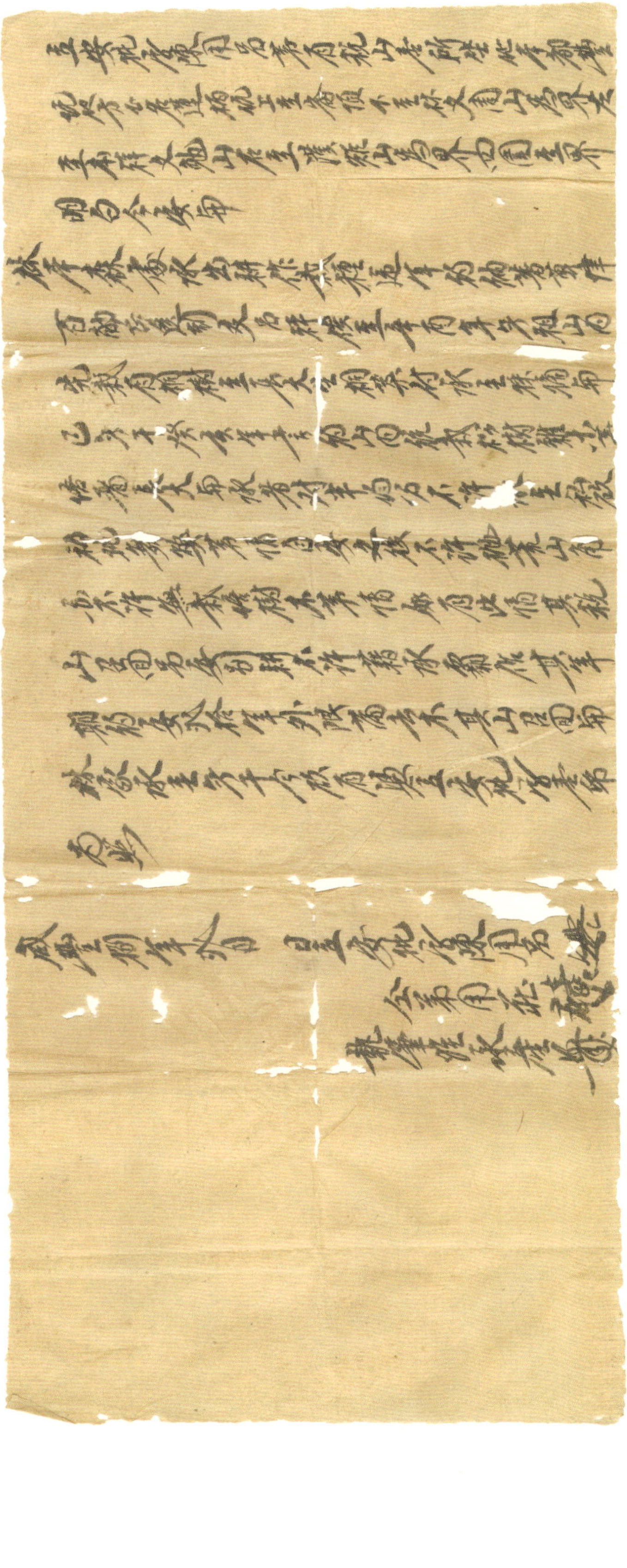

2-1-56-3　清咸豐八年二月陳用另立安批税山字

2-1-57-1　包契紙

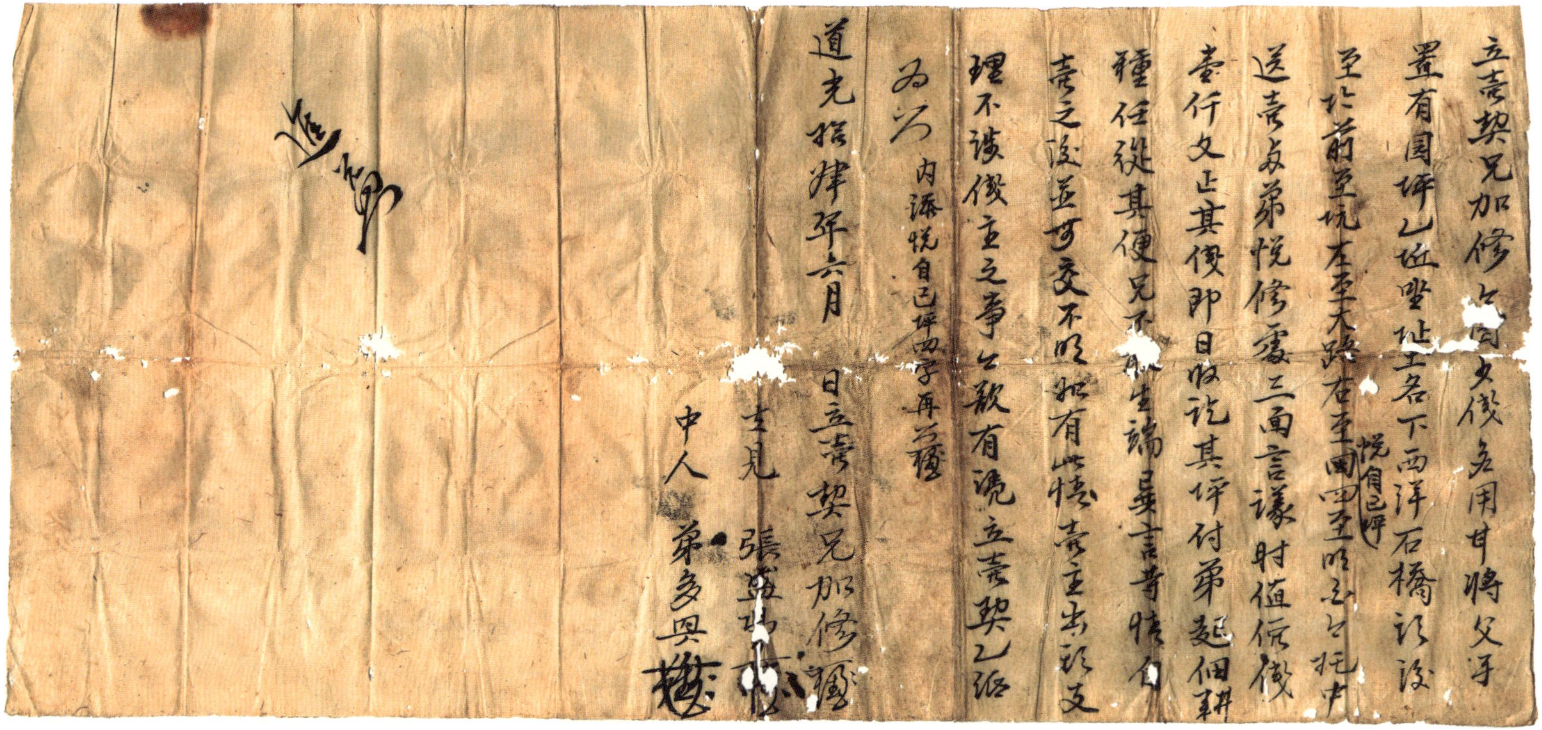

立賣契兄加修，今因乏用，甘將父手
置有園坪山址，坐址土名下西洋石橋頭後，
至於前至坑，左至大路，右至園，四至明白，托中（悅自己坪）
送賣與弟悅修處，三面言議，時值價
壹仟文正，其價即日收訖，其坪付弟起佃耕
種，任從其便，兄不敢生端異言等情。自
賣之後，并可交不明，如有此情，賣主出頭支
理，不涉買主之事。今欲有憑，立賣契一紙
為照。　内添悅自己坪四字再照
道光拾肆年六月　日立賣契兄加修（押）
主見　張[illegible]
中人　弟多興（押）

2-1-57-2　清道光十四年六月柯加修立賣園坪契

2-1-58-1　包契紙

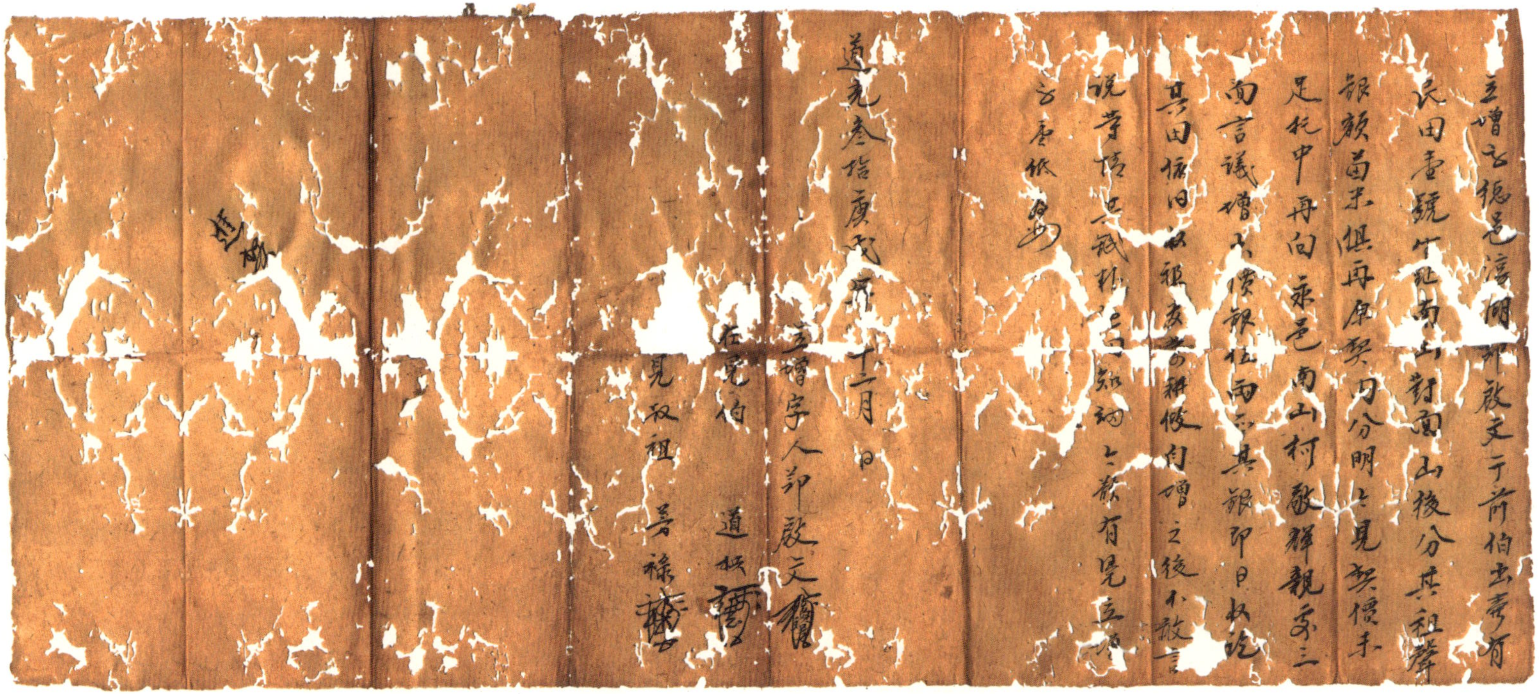
立增字德邑滸洲鄭啓文，于前伯出賣有
民田壹號，坐址南山村蕉山後，分其租聲
銀額苗米，俱再原契內分明。今見契價未
足，托中再向永邑南山村啓群親家三
面言議，增出價銀伍兩正，其銀即日收訖。
其田憑田收租交納耕作，自增之後，不敢言
說添借典錢找贖之詞，今欲有憑，立增
字壹紙為照。
道光叁拾庚戌年十二月　日　立增字人鄭啓文（押）
在見伯　道校（押）
見叔祖　善祿（押）

2-1-58-2　清道光三十年十二月鄭啓文立增民田字

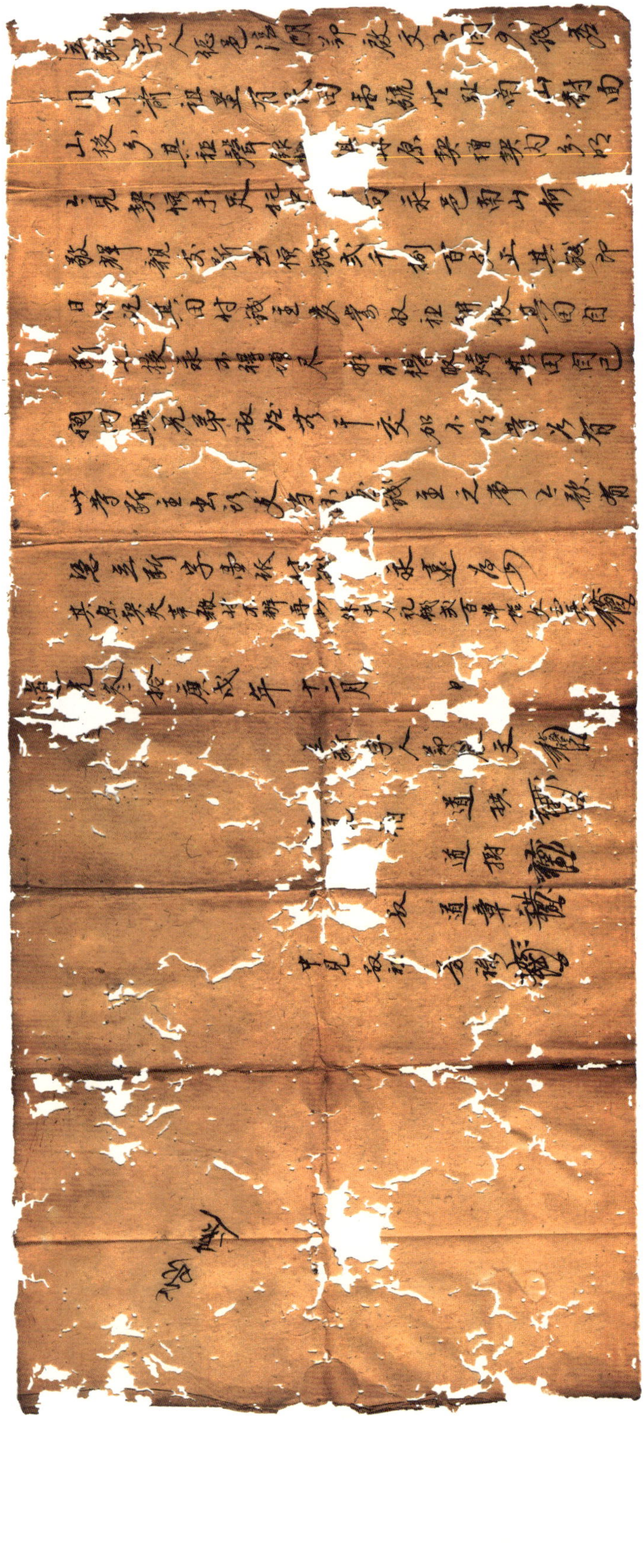

2-1-58-3 清道光三十年十二月鄭啓文立斷民田字

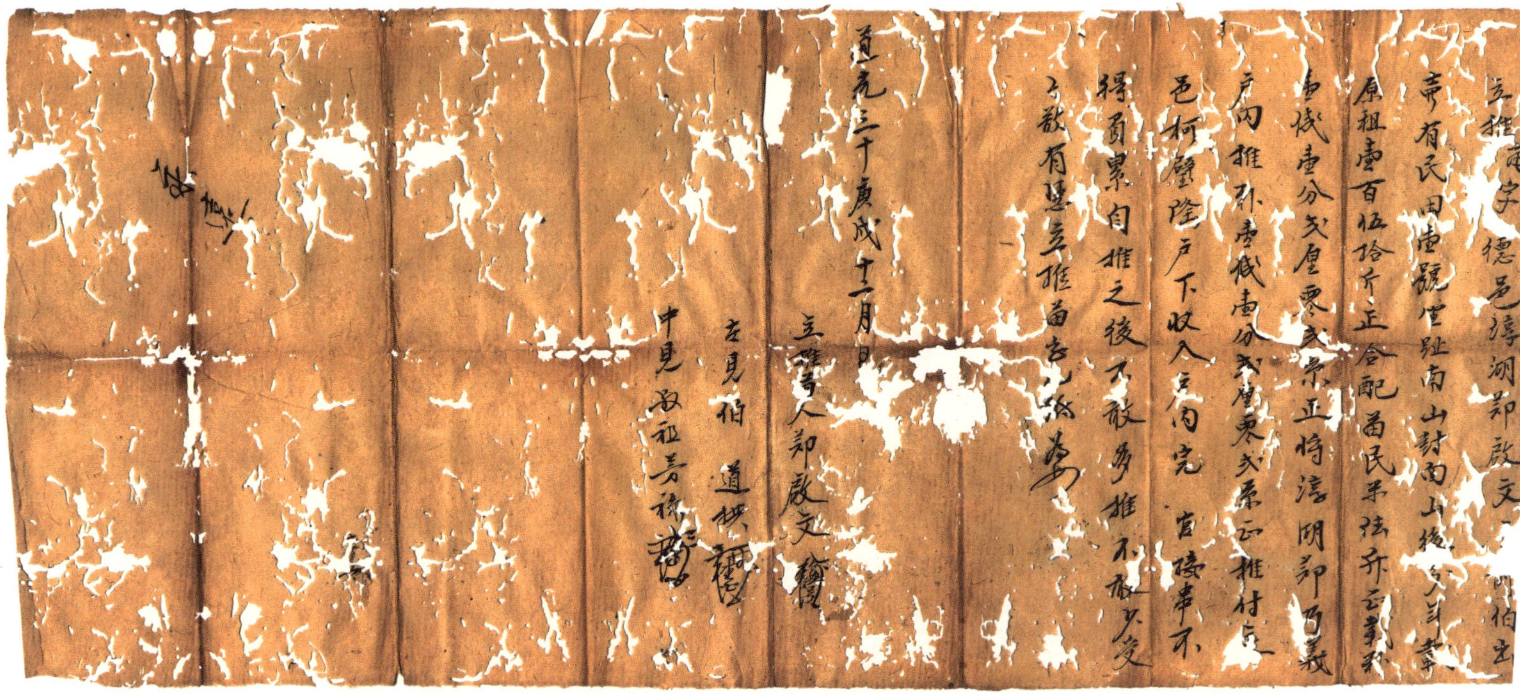

2-1-58-4 清道光三十年十二月鄭啓文立推苗字

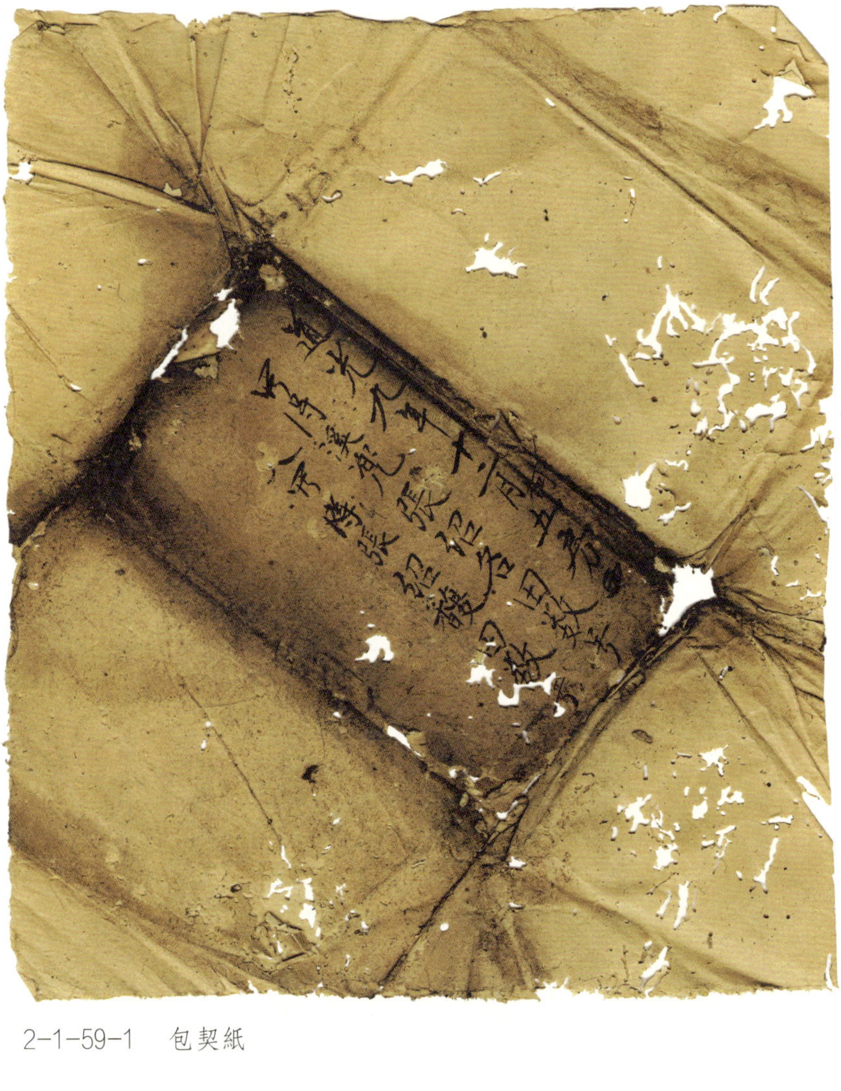

2-1-59-1　包契紙

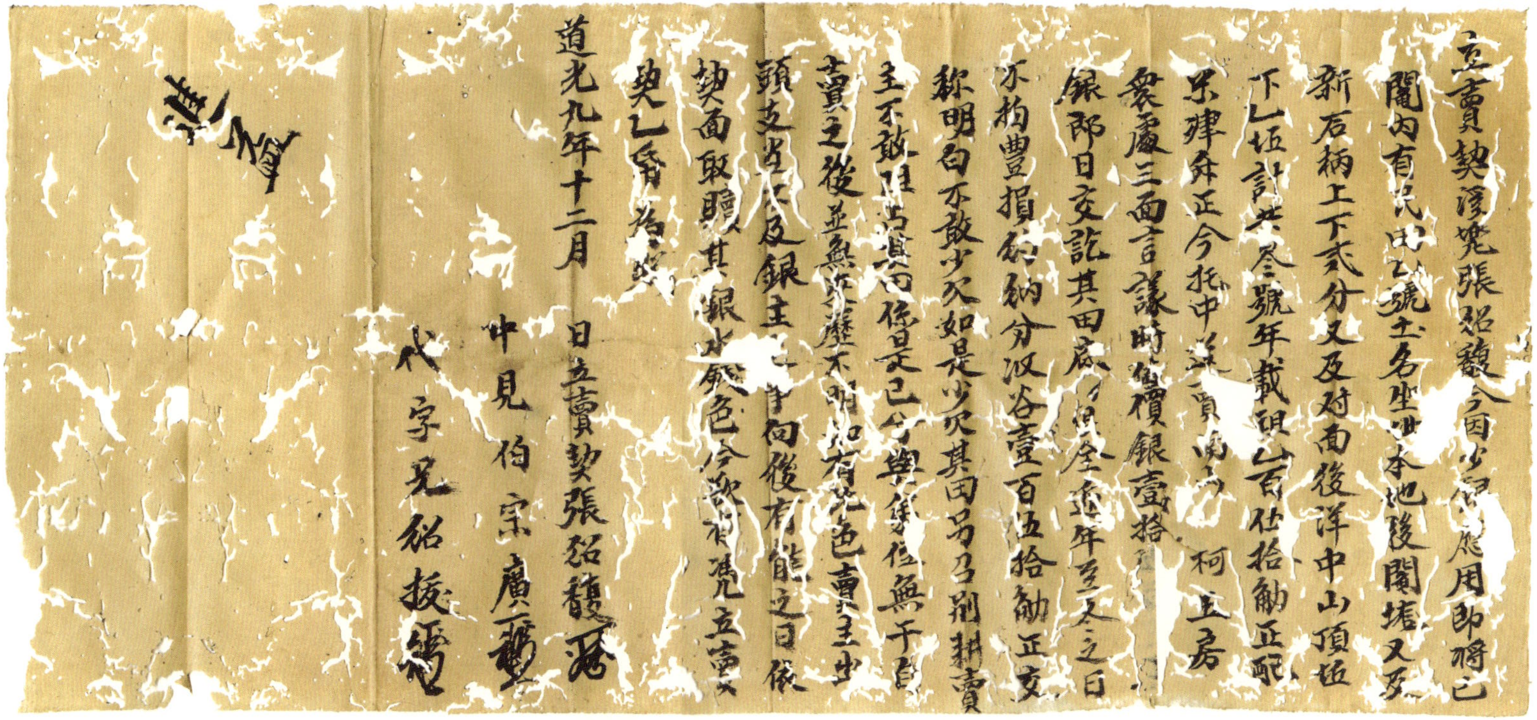

立賣契侄兒張紹馥，今因少銀應用，即將己
闔內有民田壹號，土名坐址本地後闔堪又及
新石柄上下貳分，又及对面後洋中山頂坵
下乙坵，計共叁號，年載租谷陸拾觔正，配
米肆合正。今托中送賣與叔　柯上房
處，三面言議，時值價銀壹拾[illegible]
銀，即日交訖。其田底[illegible]年至冬之日
不拘豐損，約納分汲谷壹百伍拾觔正，交
稱明白，不敢少欠。如是少欠，其田另召別耕，賣
主不敢阻[illegible]。其田係是己分，與房伍無干，自
賣之後，並無重張[illegible]不明，如有此色，賣主出
頭支當，不及銀主之事。向後有能之日，依
契面取贖，其銀不取色分。今欲有凭，立賣
契乙紙為照。

道光九年十二月　日立賣契張紹馥（押）

中見　伯　宗廣（押）

代字　兄　紹拔（押）

2-1-59-2　清道光九年十二月張紹馥立賣民田契

2-1-60-1　包契紙

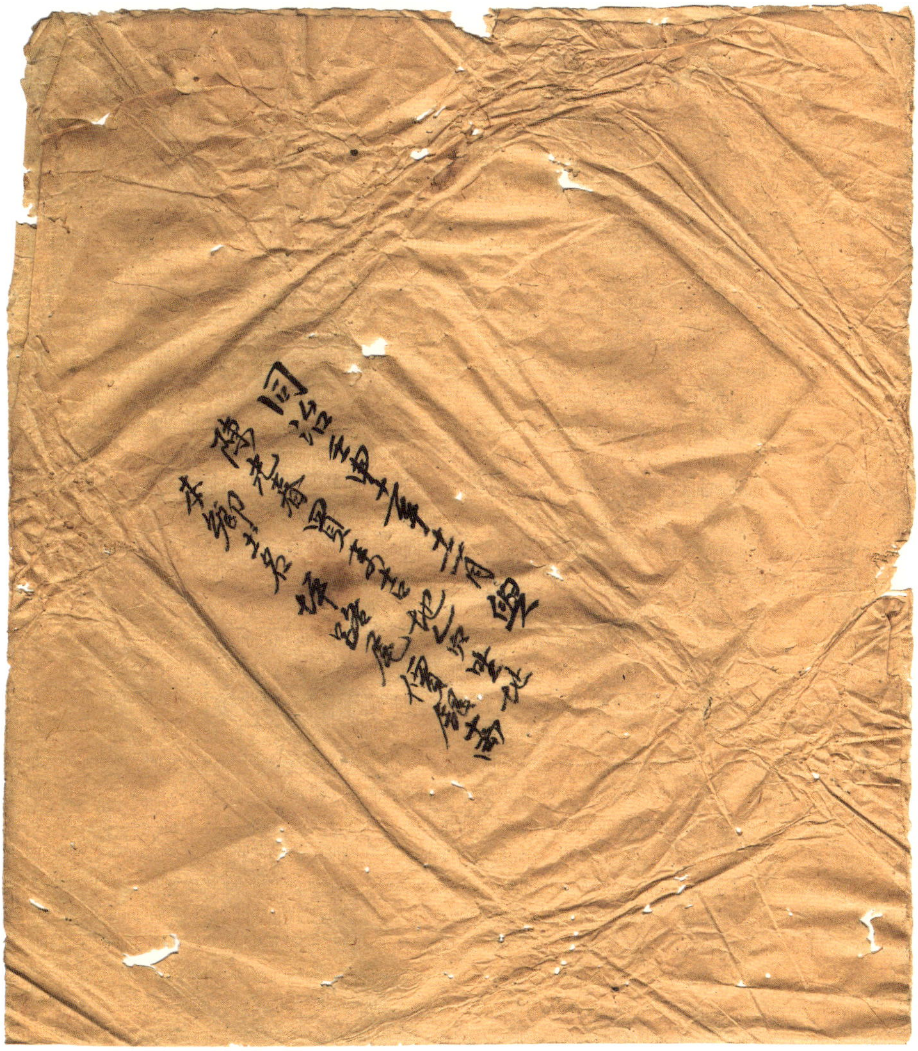

2-1-60-2　包契紙

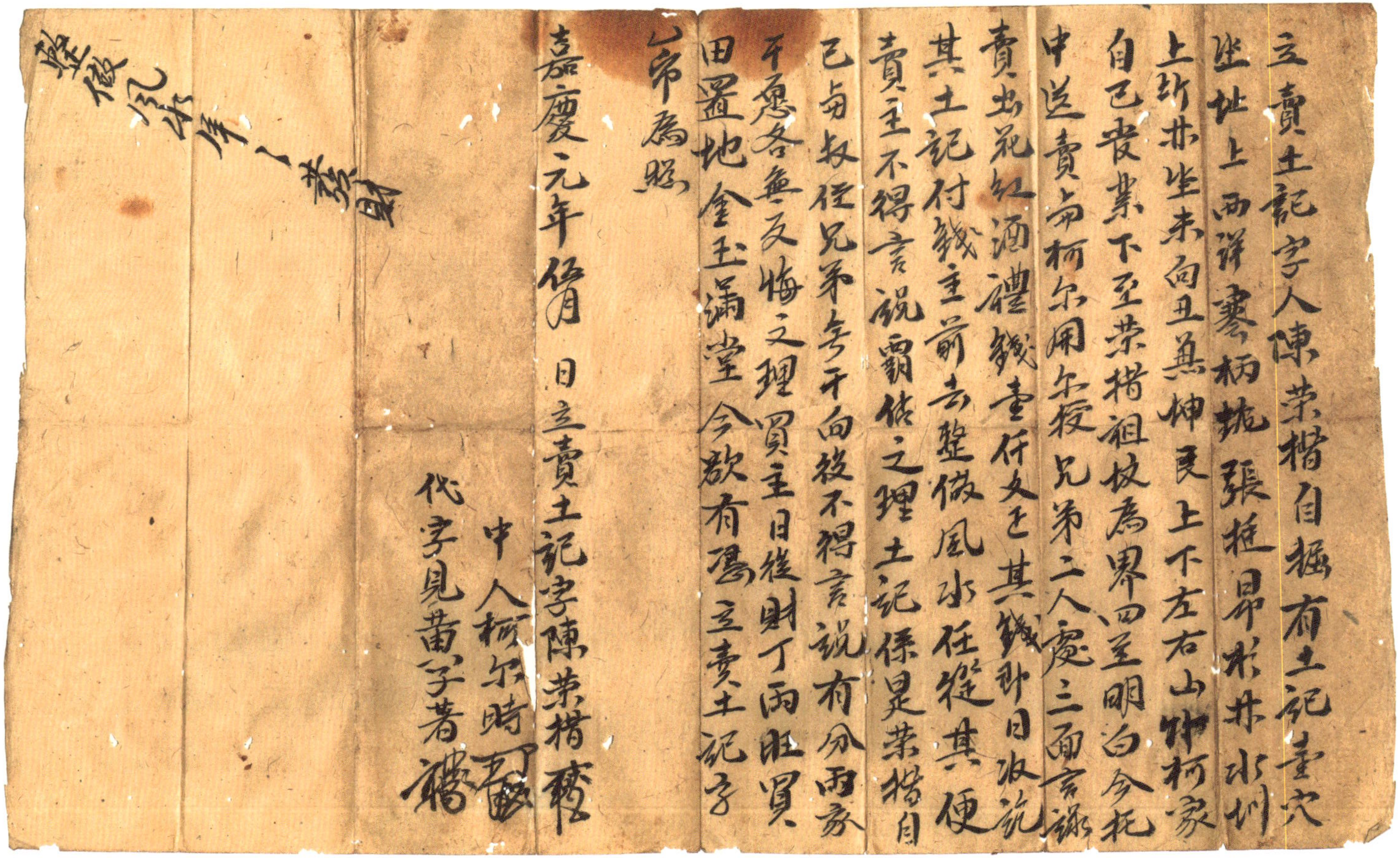

立賣土記字人陳荣楷自掘有土記壹穴
坐址上西洋寮柄坑張挺昂米井水圳
上圻井坐未向丑兼坤艮上下左右山竹柄家
自己產業下至荣楷祖坟為界四至明白今托
中送賣與柯尔用尔稜兄弟二人處三面言議
賣出花紅酒禮錢壹仟文正其錢即日收訖
其土記付錢主前去整做風水任從其便
賣主不得言說霸佔之理土記係是荣楷自
己分叔侄兄弟子孫向後不得言說有分兩家
不愿各無反悔之理買主日後財丁兩旺買
田置地金玉滿堂今欲有憑立賣土記字
一帋為照
嘉慶元年伍月　日立賣土記字陳荣楷（押）
中人柯尔時（押）
代字見苗子著（押）
嘉慶元年一契

2-1-60-3　清嘉慶元年五月陳荣楷立賣土記字

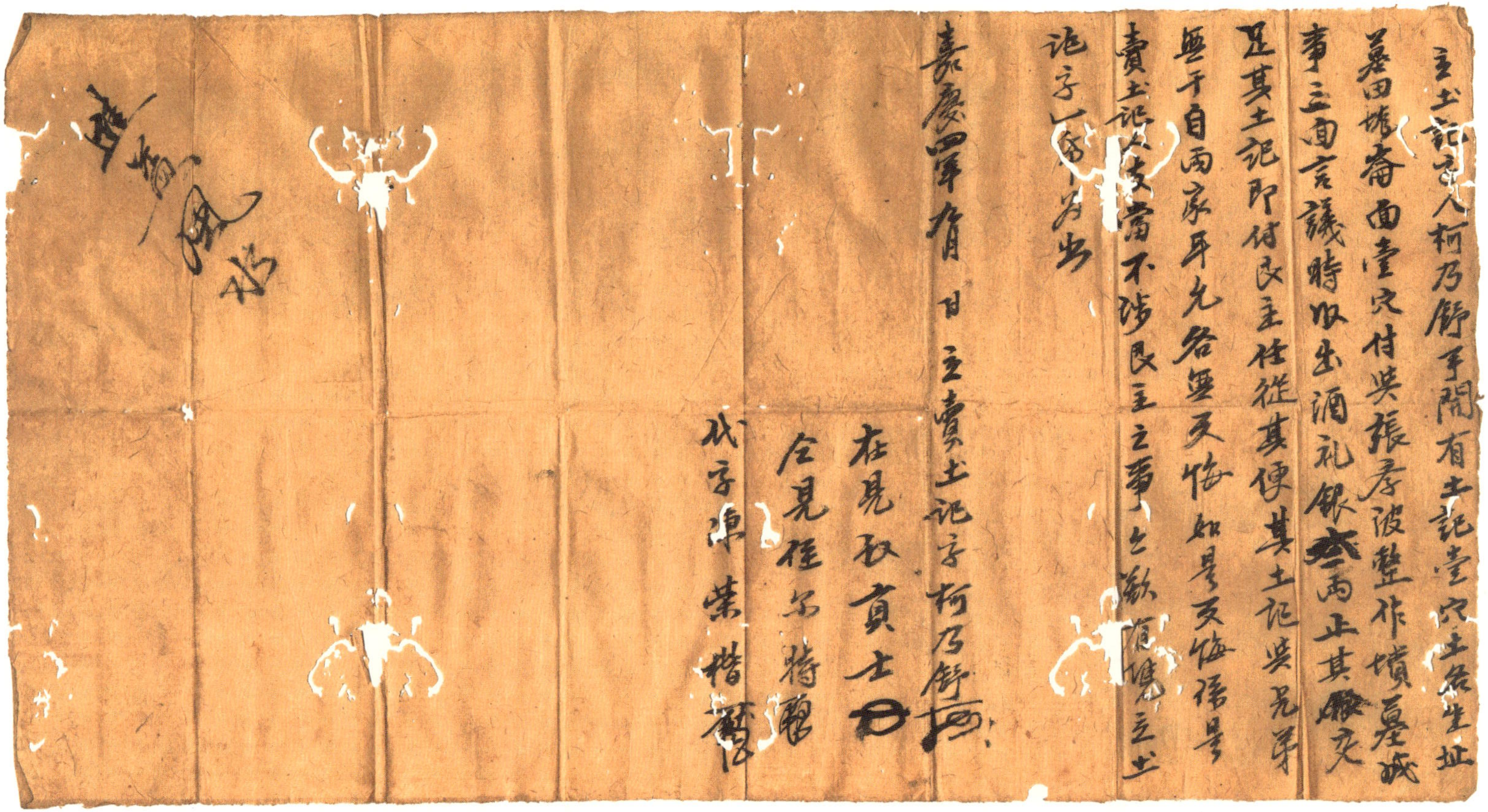

立賣土記字人柯乃舒，手開有土記壹穴，土名坐址
墓田墘壽面，壹穴付與張孝波整作墳墓域，
憑三面言議，時收出酒禮銀叁兩正。其銀交
足，其土記即付銀主任從其便。其土記與兄弟
無干，自兩家平允，各無反悔。如是反悔者，
賣土記人支當，不涉銀主之事。今欲有憑，立土
記字一紙爲照。

嘉慶四年九月　日　立賣土記字　柯乃舒（押）
在見　叔　貢士（押）
仝見　侄　爲楷（押）
代字　連榮楷（押）

2-1-60-4　清嘉慶四年九月柯乃舒立賣土記字

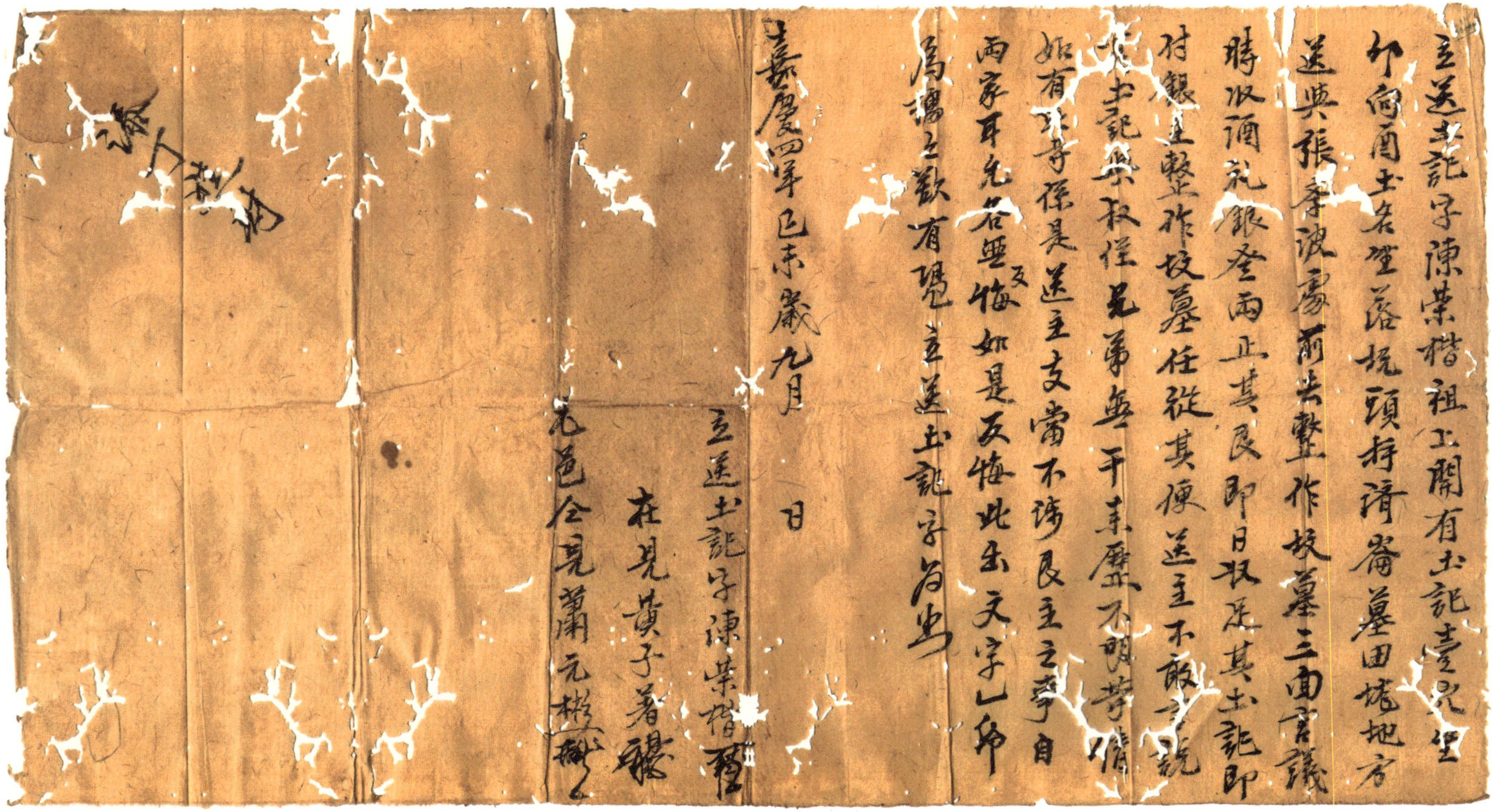

立送土記字陳荣楷祖上關有土記壹處坐
址(?)向土名望落坑頭持(?)清斎墓田墘地方
送與張季波家前去整作坟墓三面言議
時收酒禮銀叁両正其艮即日收足其土記即
付銀主整作坟墓任從其便送主不敢言說
此土記係本(?)叔侄兄弟無干未曾不明等情
如有此等係是送主支當不涉艮主之事自
两家甘允各無反悔如是反悔此系文字山邻(?)
為據立此有憑立送土記字為照

嘉慶四年己未歲九月　日
立送土記字陳荣楷（押）
在見黄子著（押）
代筆仝見蕭元椒（押）

2-1-60-5　清嘉慶四年九月陳荣楷立送土記字

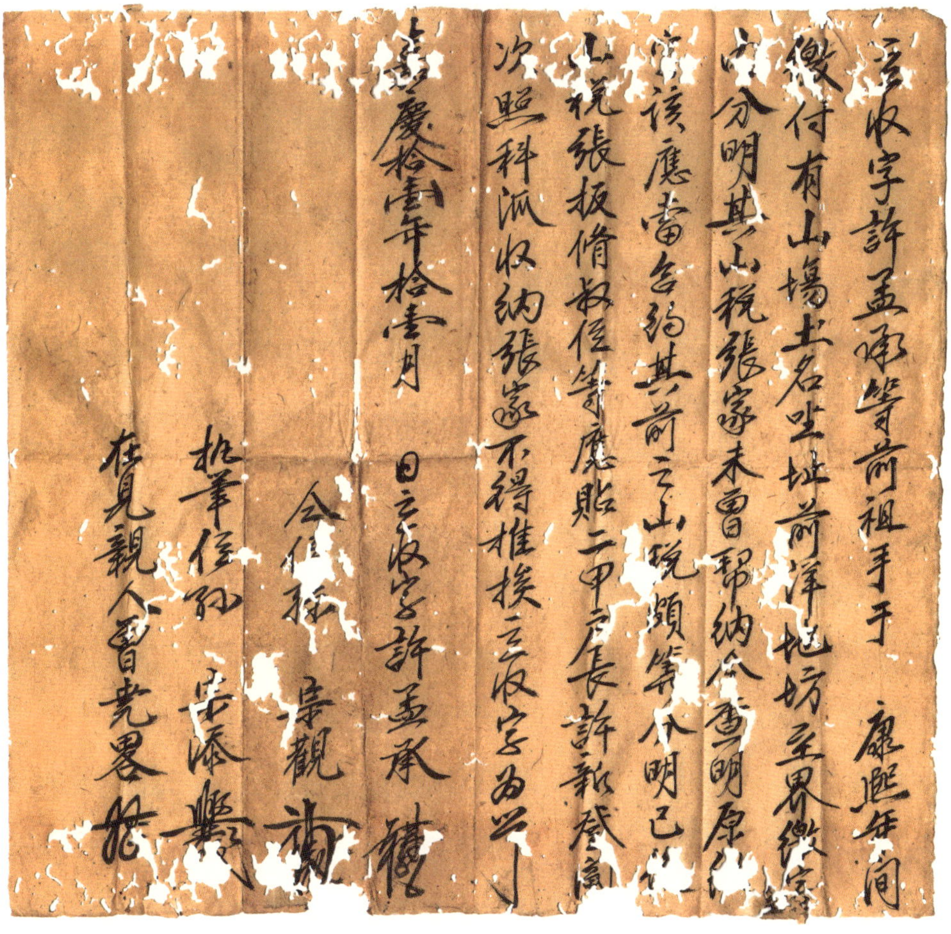
立收字許孟承等前祖手于 康熙年間
繳付有山場土名坐址前洋地坊至界繳字
內分明其山稅張家未曾幫納今查明原
立該應當各納其前立山稅頭等分明已
山稅張振脩叔侄等應貼二甲戶長許新發
次照科派收納張家不得推挨立收字為照
嘉慶拾壹年拾壹月 日立收字許孟承
仝侄 亭觀
執筆侄孫 安添
在見親人曾光署

2-1-60-6　清嘉慶十一年十一月許孟承立收山稅字

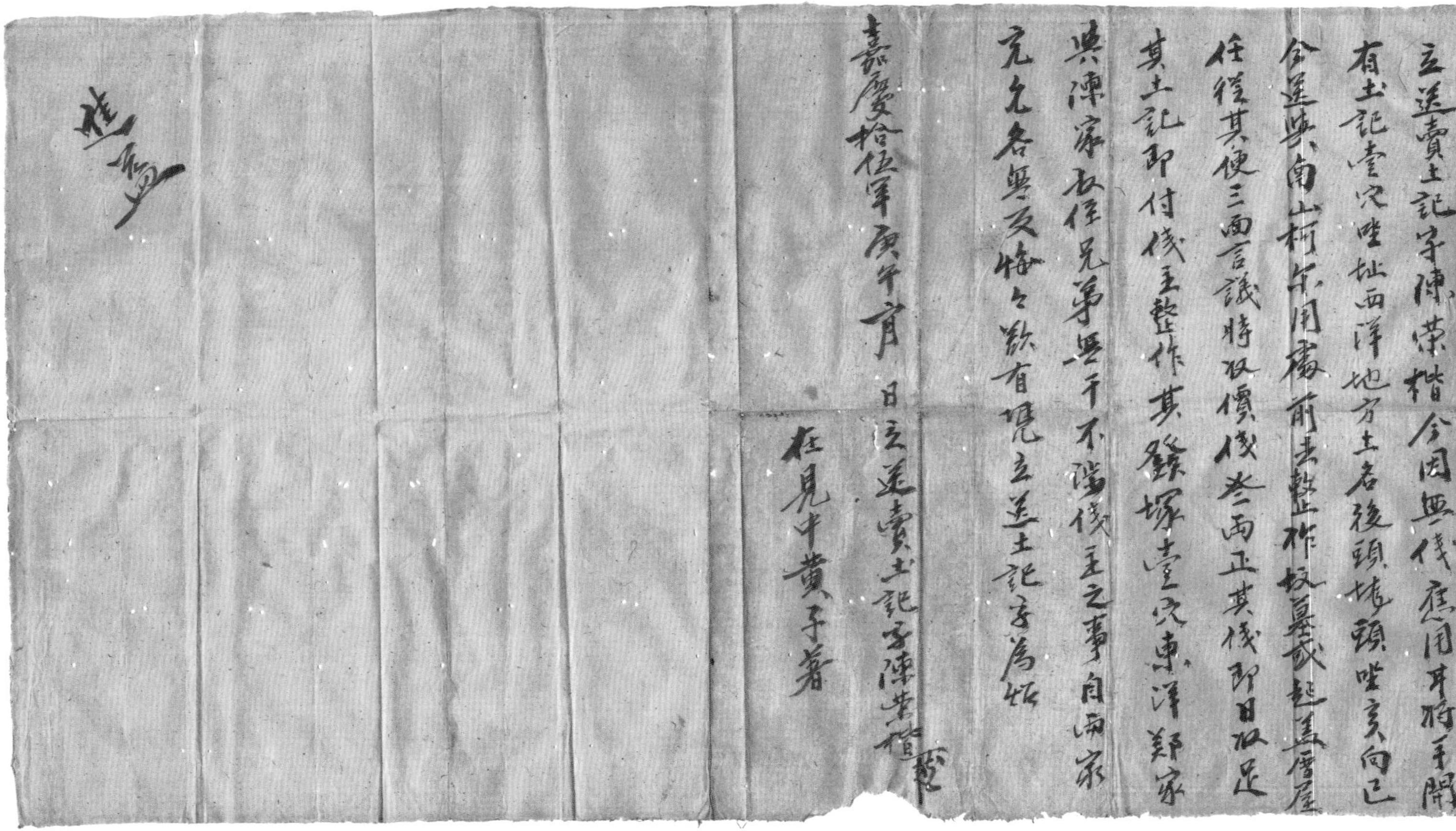
立送賣土記字陳荣楷，今因無錢應用，井將手闢
有土記壹穴，坐址西洋地方，土名後頭墘頭，坐亥向巳，
仝送與南山柯宋用稼前去整作坟墓，或起蓋厝屋，
任從其便。三面言議，特收價錢叁兩正，其錢即日收足，
其土記即付錢主整作。其餘塚壹穴，東洋鄭家
與陳家叔侄兄弟無干，不瑞錢主之事，自兩家
允允，各無反悔，今欲有憑，立送土記字為炤。
嘉慶拾伍年庚午二月　日立送賣土記字陳荣楷（押）
在見中黃子着
桂香

2-1-60-7　清嘉慶十五年二月陳荣楷立送賣土記

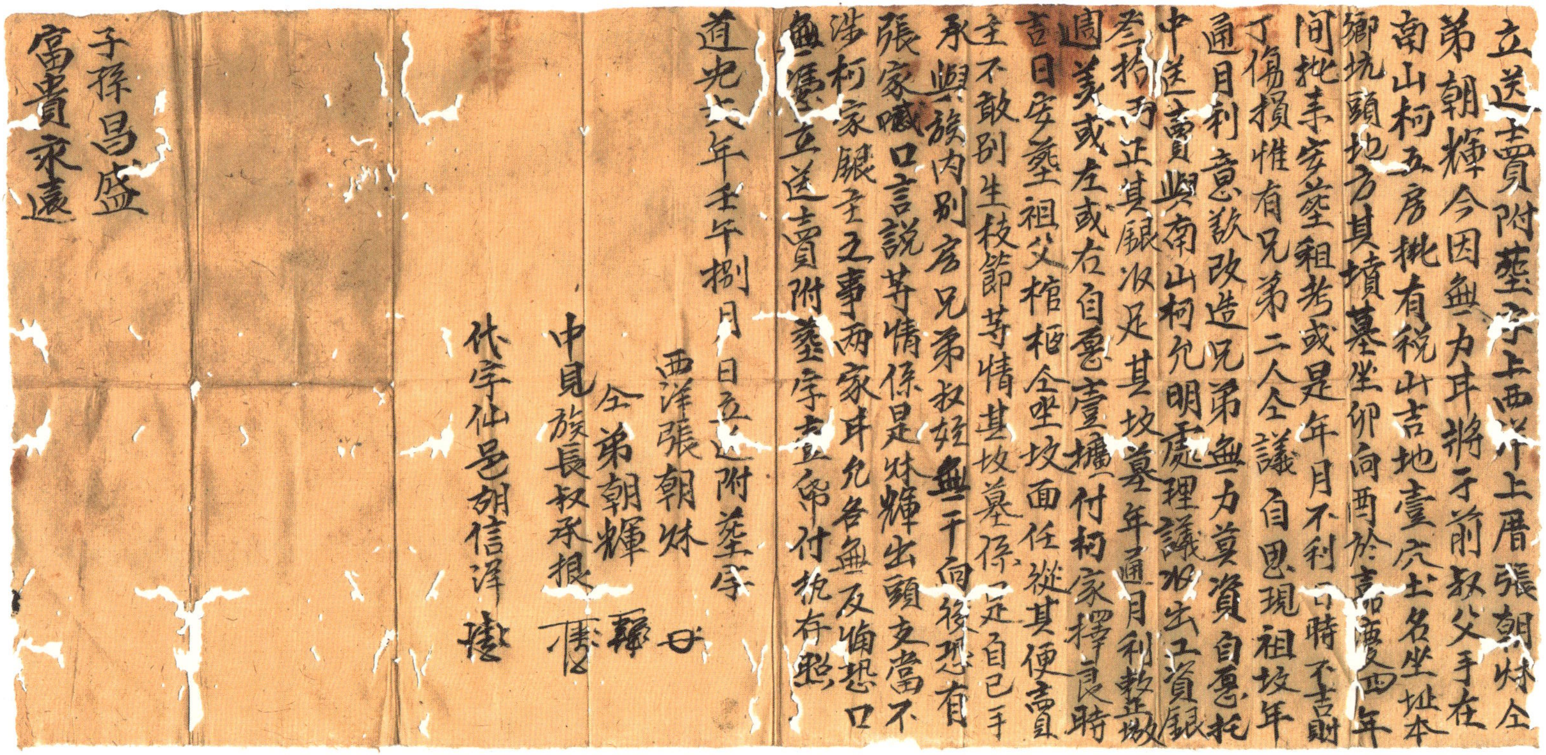
立送賣附葬字人上西洋上厝張朝林仝
弟朝輝今因無力并將子前叔父手在
南山柯五房批有税山吉地壹穴土名坐址本
鄉坑頭地方其墳墓坐卯向酉於嘉慶四年
間批來安葬祖考或是年月不利日時不吉財
丁傷損惟有兄弟二人仝議自思現祖故年
通月利意欲改造兄弟無力莫資自憑托
中送賣與南山柯允明處理議收出工資銀
叁拾兩正其銀收足其坟墓年通月利數葬擬
週美或左或右自憑壹壙付柯家擇良時
吉日安葬祖父棺柩仝坐坟面任從其便賣
主不敢別生枝節等情其坟墓係一定自己手
承與族内別房兄弟叔姪無干向後恐有
張家噉口言説等情係是林輝出頭支當不
涉柯家銀主之事兩家并允各無反悔恐口
無憑立送賣附葬字壹紙付柯存照

道光二年壬午捌月　日立送附葬字
西洋張朝林（押）
仝弟朝輝（押）
中見族長叔承根（押）
代字仙邑胡信洋（押）

子孫昌盛
富貴永遠

2-1-60-8　清道光二年八月張朝林等立送賣附葬字

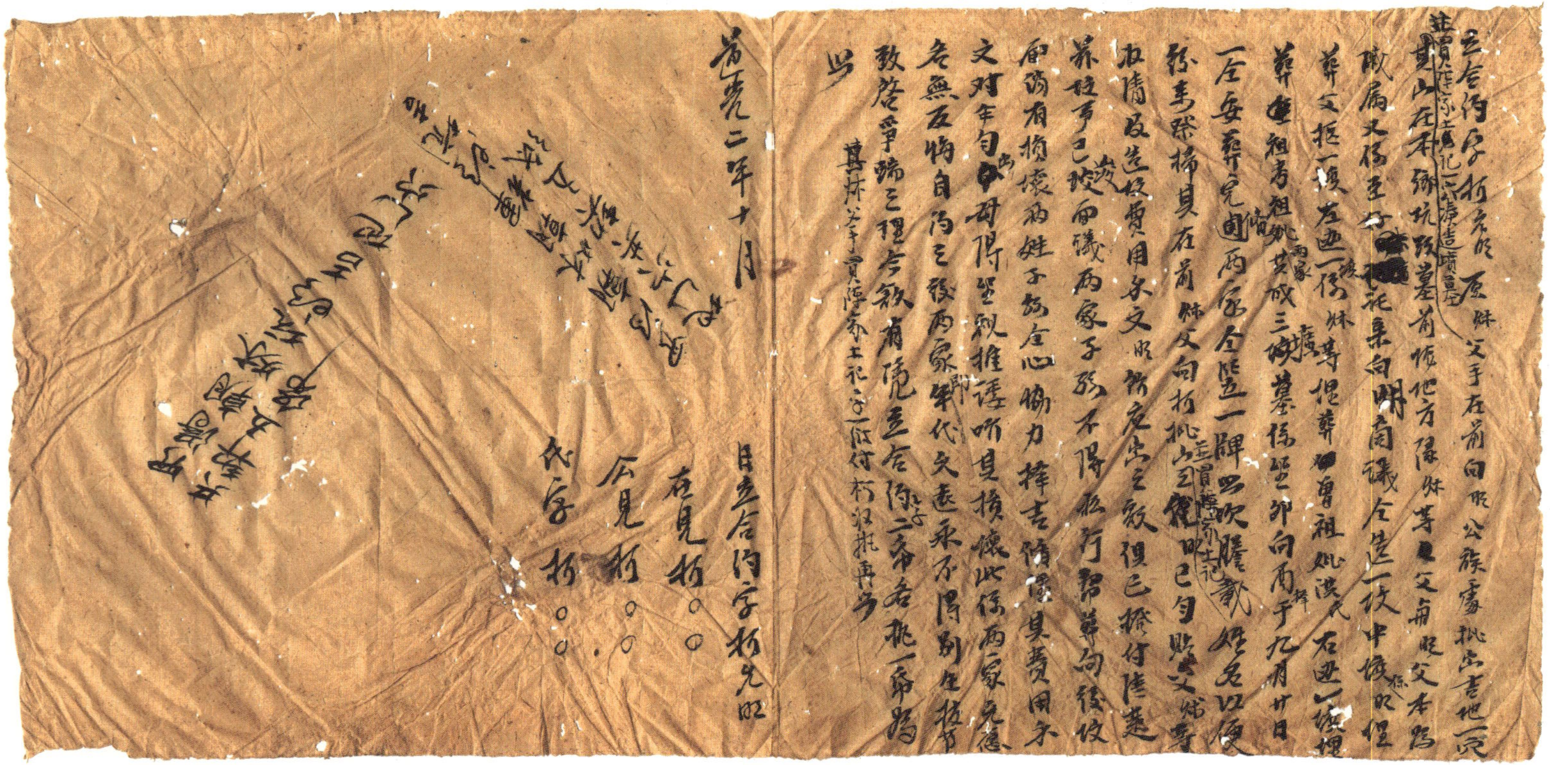

2-1-60-9　清道光二年十月柯允明立合約字（草契）

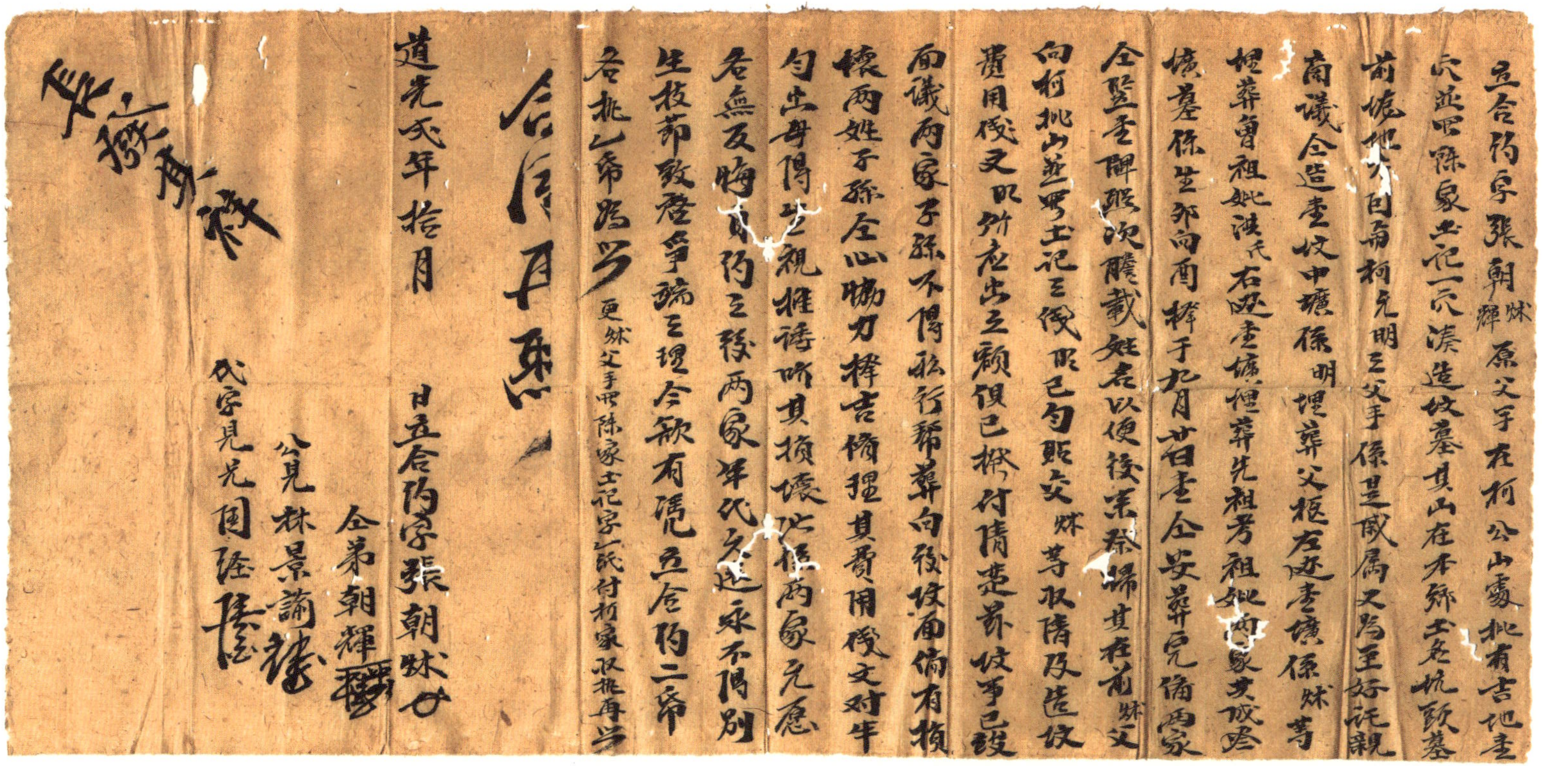

立合約字張朝烋/輝原父手在柯公山處批有吉地壹
穴並買陳家土坭一穴湊造坟墓其山在本鄉土名坑頭墓
前坡地□因與柯先明三父手係是戚屬又為至好託親
商議仝造壹坟中壙係明埋葬父柩左壙壹壙係烋等
埋葬曾祖妣洪氏右壙壹壙埋葬先祖考祖妣兩家共成登
墳墓係坐卯向酉擇于九月廿四日壹仝安葬完備兩家
仝豎壹碑照次謄載姓名以便後來祭掃其在前烋文
向柯批山並買土坭三紙取已旬照交烋等收情及造坟
費用錢文以外所出之額俱已撥付清楚其坟事已竣
面議兩家子孫不得私行稱葬向後坟面倘有損
壞兩姓子孫仝心協力擇吉修理其費用錢文對半
均出毋得坐視推諉聽其損壞此係兩家允愿
各無反悔日後仍三殘兩家年代久遠永不得別
生枝節致啓爭端三埋今欲有憑立合約二紙
各執一紙為照　更烋父手四陳家土坭字一紙付柯家收執再照

合同爲照

道光弍年拾月　日立合約字張朝烋
仝弟朝輝
公見林景謙
代字見光同侄

長發再發

2-1-60-10　清道光二年十月張朝烋等立合約字

2-1-60-11　清同治十一年十一月陳某某立送舊土記字（草契）

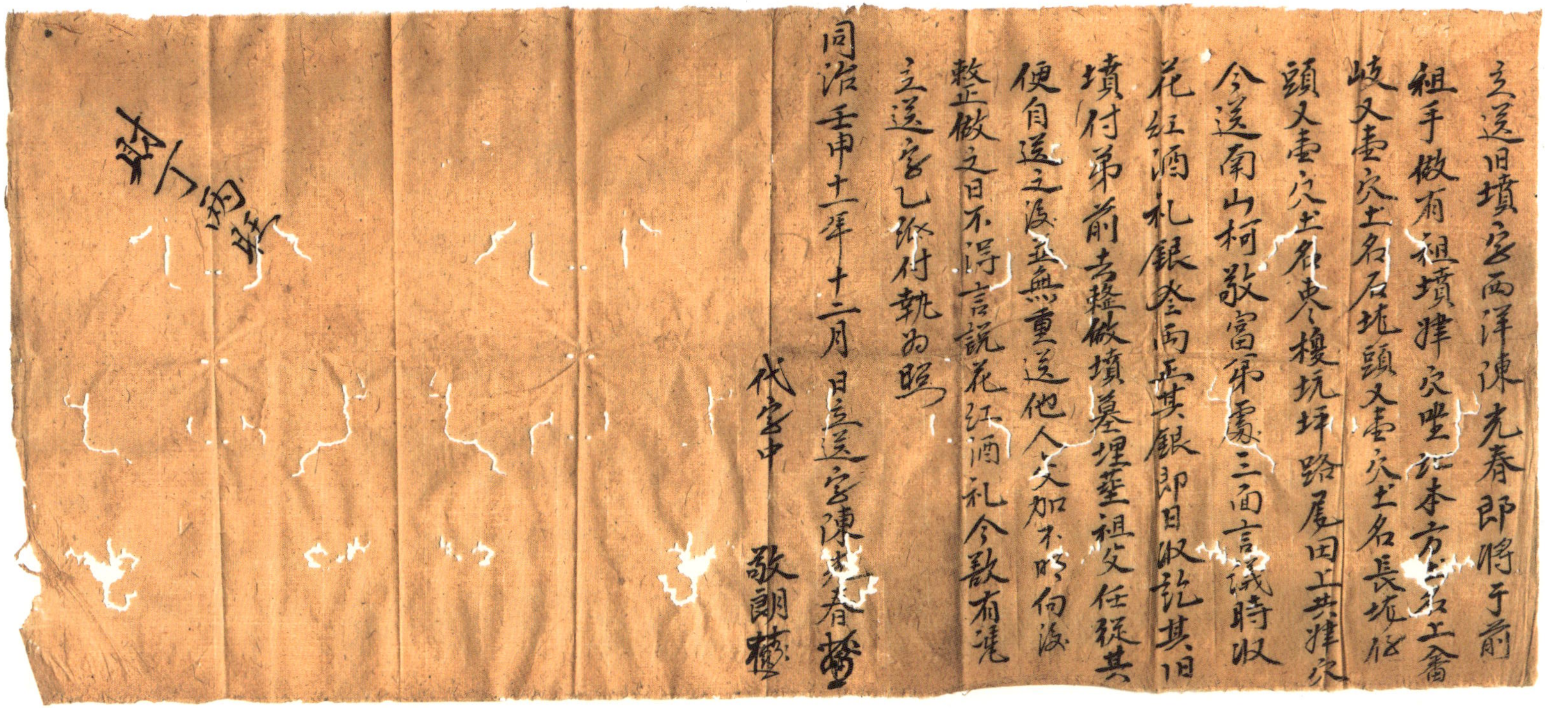
立送旧墳字再洋陳光春，即將于前
祖手做有祖墳肆穴，坐址本方土名工畲
岐又壹穴，土名石垅頭，又壹穴，土名長坑𡸣
頭，又壹穴，土名虎栖坑坪路，屋田上共肆穴，
今送南山柯敬富弟處，三面言議時收
花紅酒礼銀叁両正，其銀即日收訖，其旧
墳付弟前去整做墳墓，埋塟祖父，任從其
便，自送之後，並無重送他人，又加不明，向後
整做之日，不得言說花紅酒礼，今欲有憑，
立送字乙紙付執為照。
同治壬申十一年十二月　日立送字陳光春（押）
代字中　敬朗（押）

2-1-60-12　清同治十一年十二月陳光春立送舊墳字

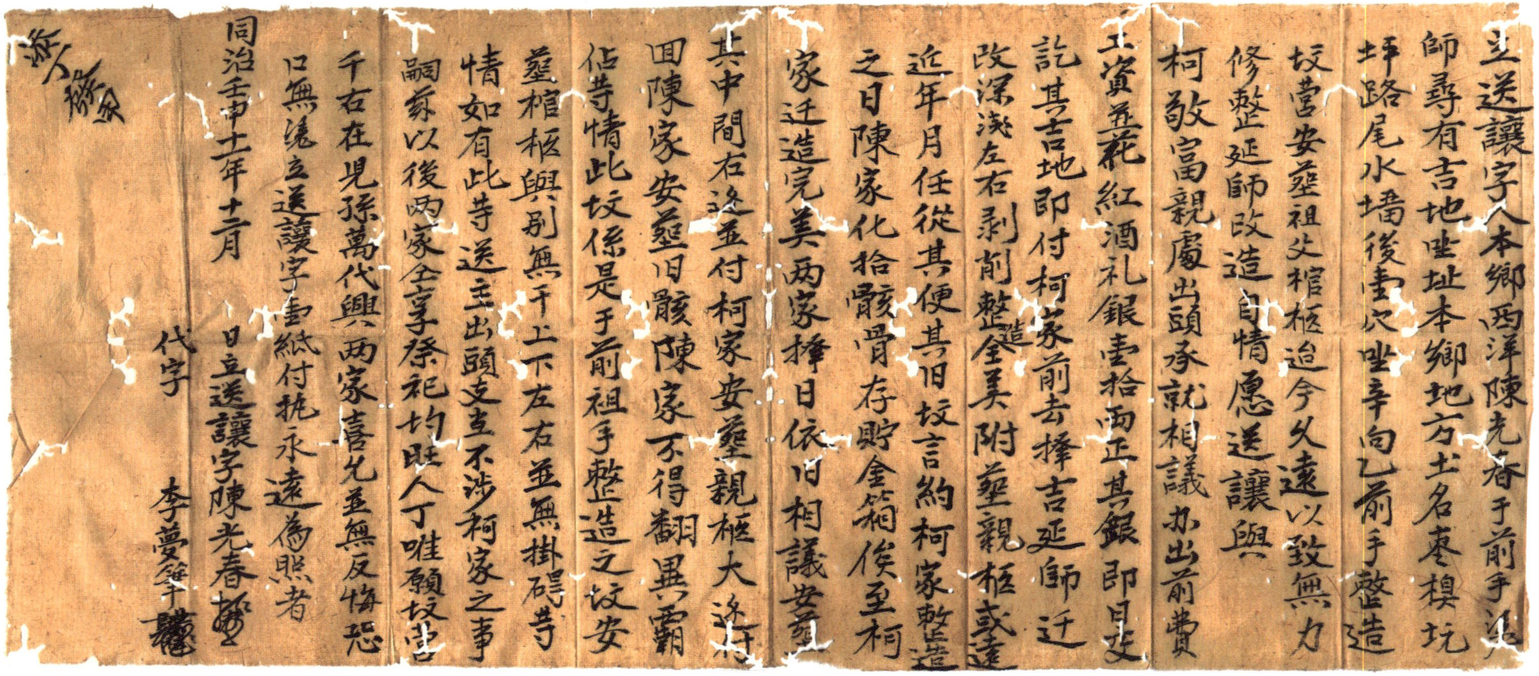
立送讓字人本鄉西洋陳光春于前手承
師尋有吉地坐址本鄉地方土名棗樸坑
坪路尾水墻後壹穴坐辛向乙前手整造
坟營安塟祖父棺柩迨今久遠以致無力
修整延師改造自情愿送讓與
柯敬富親處出頭承就相議亦出前費
工資並花紅酒礼銀壹拾兩正其銀即日交
訖其吉地即付柯家前去擇吉延師迁
改深淺左右剷削整造全美附塟親柩或遷
近年月任從其便其旧坟言約柯家整造
之日陳家化拾骸骨存貯金箱俟至柯
家迁造完美兩家擇日依旧相議安塟
其中間右邊並付柯家安塟親柩大路
田陳家安塟旧骸陳家不得翻異霸
佔等情此坟係是于前祖手整造之坟安
塟棺柩與別無干上下左右並無掛碍等
情如有此等送主出頭支當不涉柯家之事
嗣蘇以後兩家全享祭祀均旺人丁唯願坟當
千古在見孫萬代興兩家喜允並無反悔恐
口無憑立送讓字壹紙付執永遠為照者
同治壬申十一年十二月　日立送讓字陳光春[illegible]
代字　李夢筆[illegible]
添入[illegible]

2-1-60-13　清同治十一年十二月陳光春立送讓吉地字

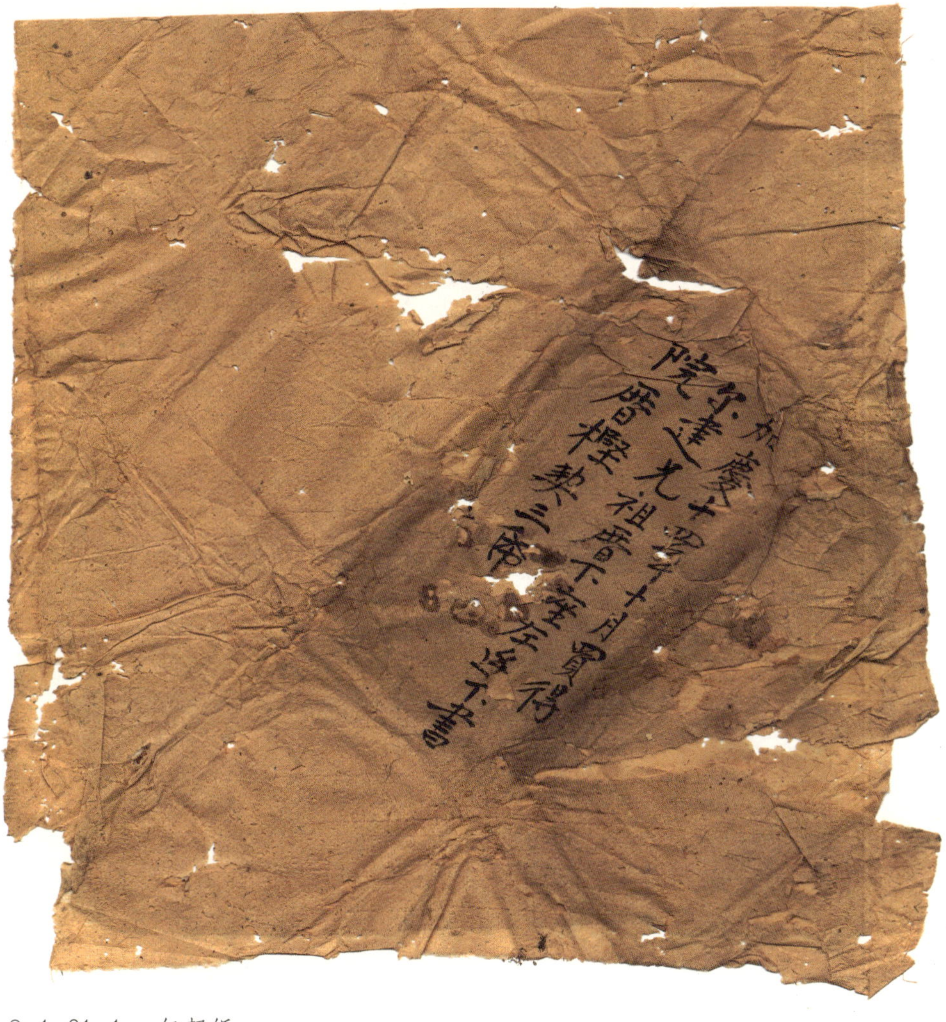

2-1-61-1 包契紙

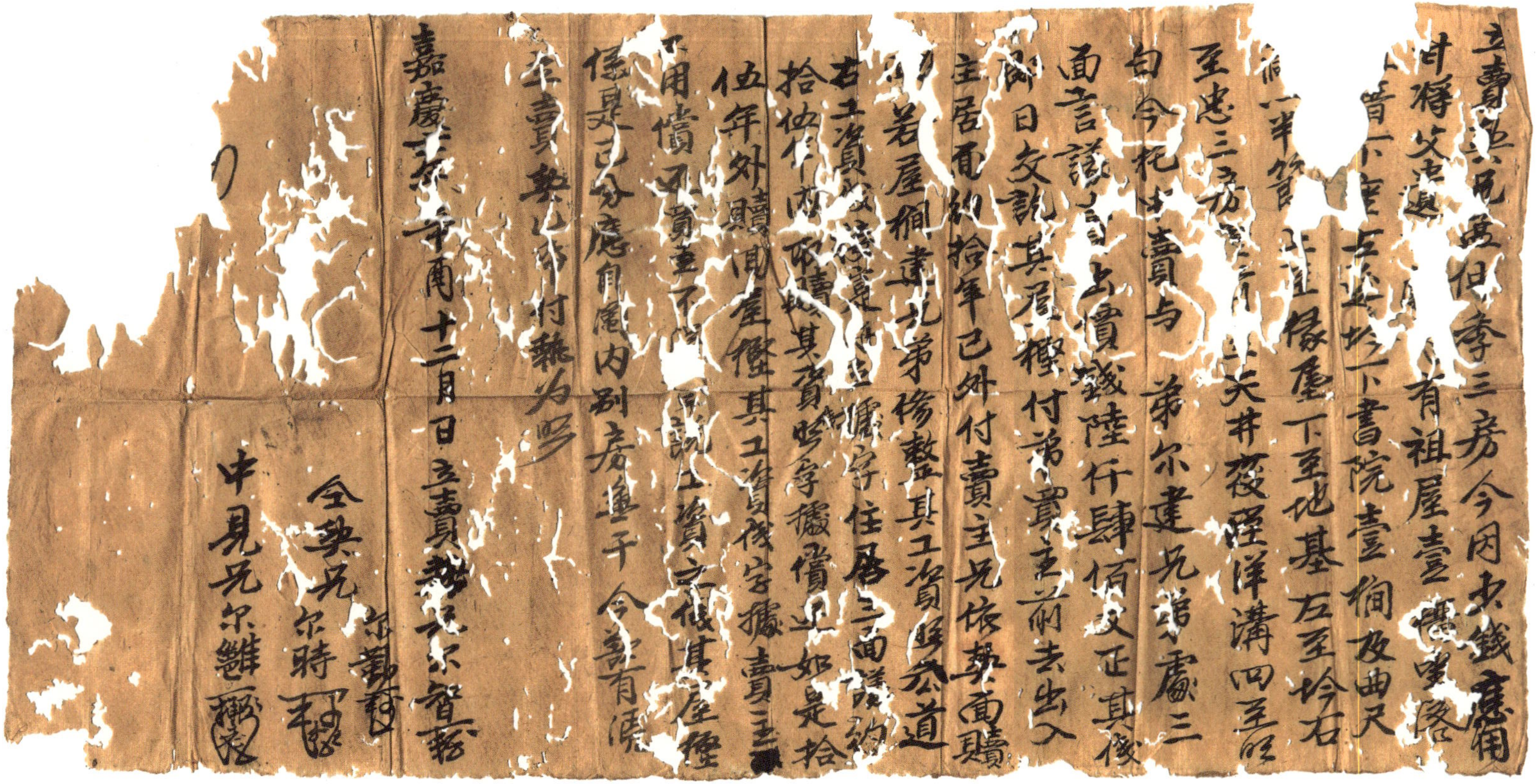

立賣契人兄[illegible]伯季三房，今因欠錢應用，
甘將父遺[illegible]有祖屋壹[illegible]
[illegible]首下座左[illegible]坽下書院壹個，及曲尺
[illegible]緣屋下至地基，左至坽右
[illegible]半管[illegible]天井[illegible]洋溝，四至[illegible]
至忠三房[illegible]
白今托[illegible]賣與弟尔建兄弟處，三
面言議[illegible]出價錢陸仟肆佰文正，其錢
即日交訖，其屋聽付弟[illegible]買主前去出入
主居，面約拾年已外，付賣主兄依契面贖
[illegible]若屋倘[illegible]達兄弟修整，其工資照公道
[illegible]工資[illegible]住居[illegible]面議納
拾[illegible]其資[illegible]償[illegible]，如是拾
伍年外贖[illegible]屋整，其工資[illegible]據賣主
不用償[illegible]工資[illegible]其屋[illegible]
係是[illegible]內別房[illegible]子[illegible]有[illegible]
今賣契[illegible]付執為照
嘉慶六(?)年[illegible]十二月　日立賣契人尔智
尔勤
全契兄尔時
中見兄尔繼

2-1-61-2　清嘉慶六年十二月柯尔智等立賣祖屋契

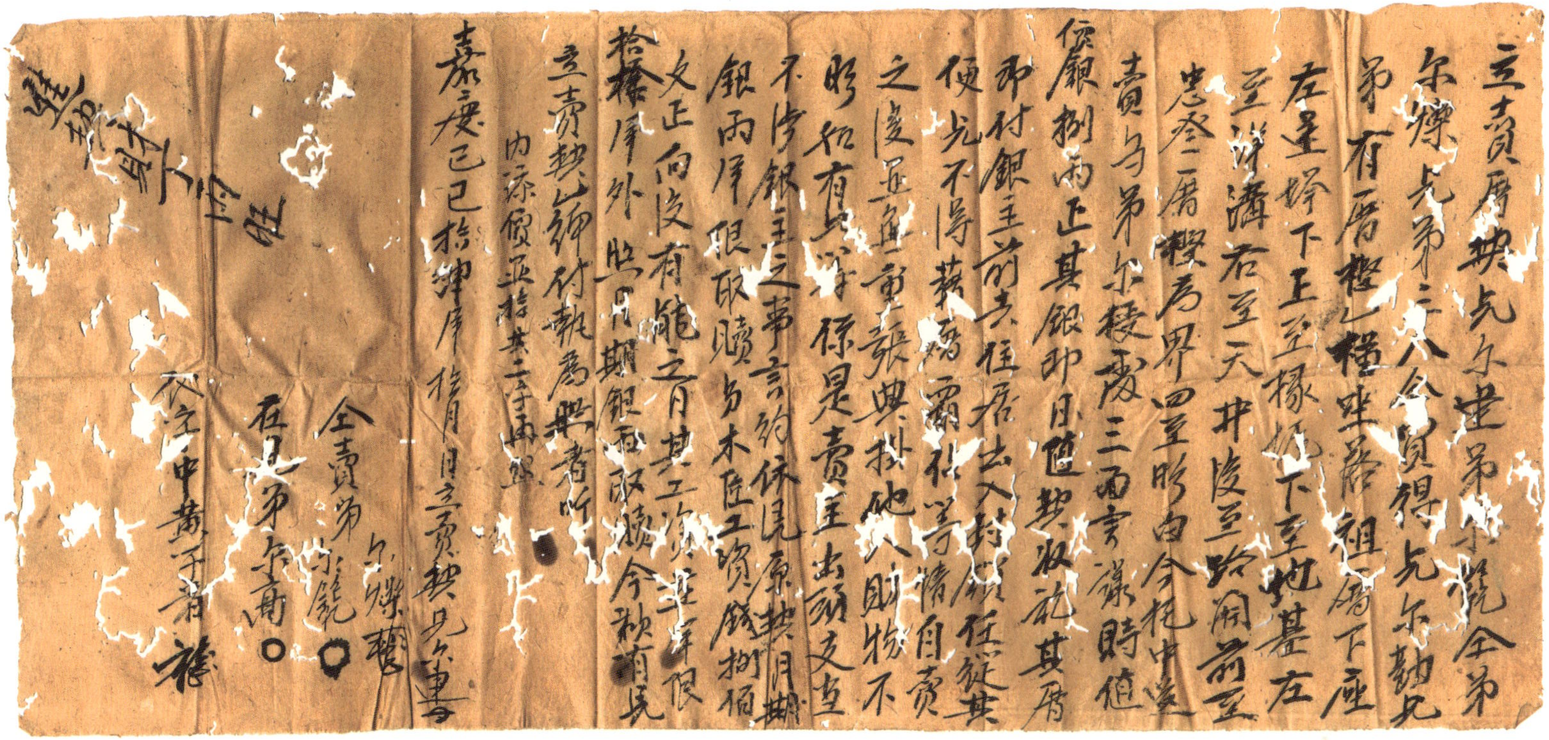

立賣厝契人兄尔建、弟尔銑、全弟
尔傑，兄弟三人，今因得兄尔勤兄
弟有厝楹一植，坐落祖厝下座
左边埕下，上至椽[illegible]，下至地基，左
至洋濟，右至天井，後至路，前至
忠叁二厝楹為界，四至明白，今托中送
賣与弟尔稜處，三面言議時值
價銀捌兩正，其銀即日随契收訖，其厝
[illegible]付銀主前去住居出入[illegible]，任從其
便，兄不得[illegible][illegible]霸[illegible]等情。自賣
之後，並無重張典挂他人財物，不
明如有此等，係是賣主出頭支當，
不涉銀主之事。言約係是原契月期
銀兩，俾限取贖，另木匠工資錢捌佰
文正。向後有能之日，其二次[illegible]年限
拾[illegible]年外，照原期銀兩取贖。今欲有凭，
立賣契一紙，付執為照者。
內添價並拾共二字為照。
嘉慶己巳拾肆年拾月 日立賣契兄尔建（押）
全賣弟 尔傑（押） 尔銑 ○
在見弟尔商 ○
代字中 黃子[illegible]（押）

2-1-61-3 清嘉慶十四年十月柯尔建等立賣厝楹契

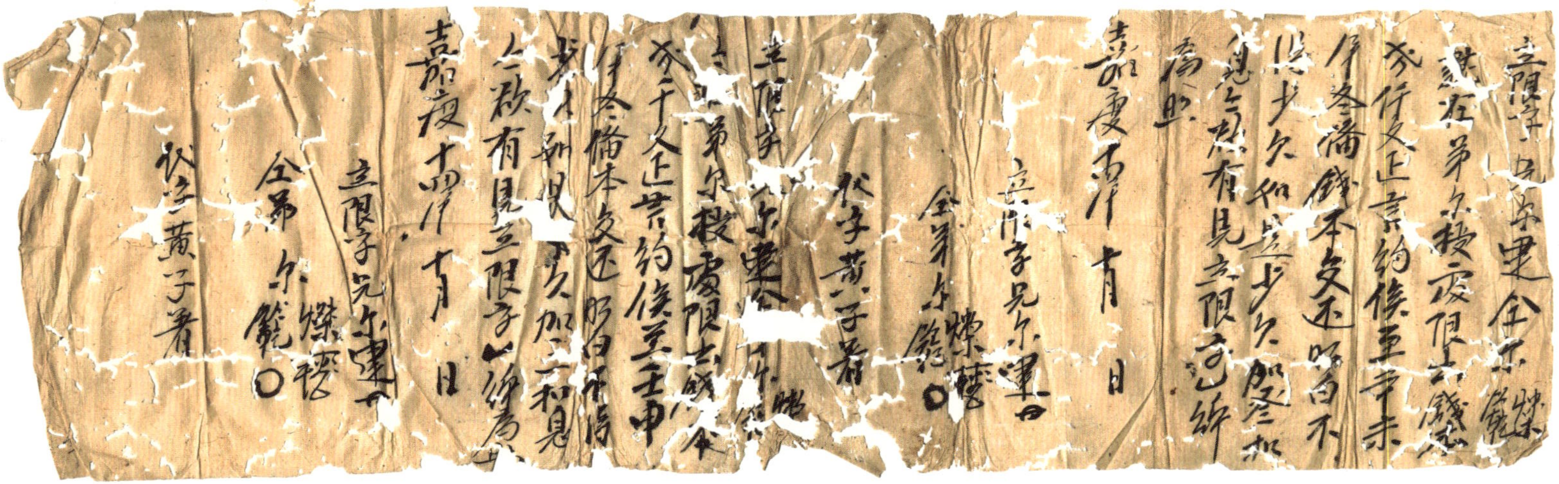

2-1-61-4　清嘉慶十四年十月柯尔建等立限字

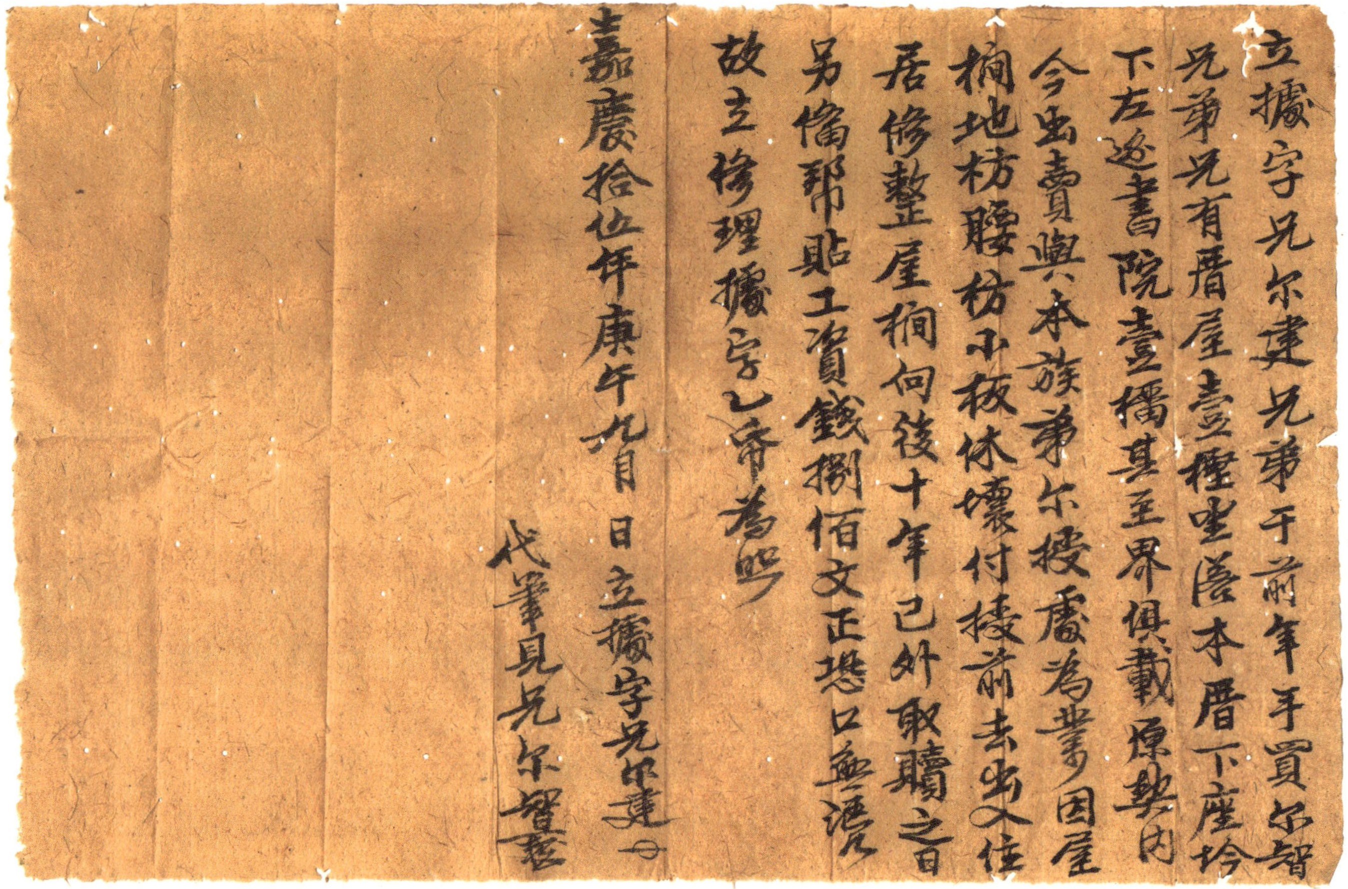

立據字兄尔建兄弟于前年手買尔智
兄弟兄有厝屋壹裡坐落本厝下座拎
下左邊書院壹間其至界俱載原契内
今出賣與本族弟尔授處為業因屋
桐地枋瞜枋不秡休壞付授前去出入住
居修整屋桐向後十年已外取贖之日
另備郡貼工資錢捌佰文正恐口無憑
故立修理據字一帋為照

嘉慶拾伍年庚午九月　日立據字兄尔建（押）
代筆見兄尔智（押）

2-1-61-5　清嘉慶十五年九月柯尔建等立據字

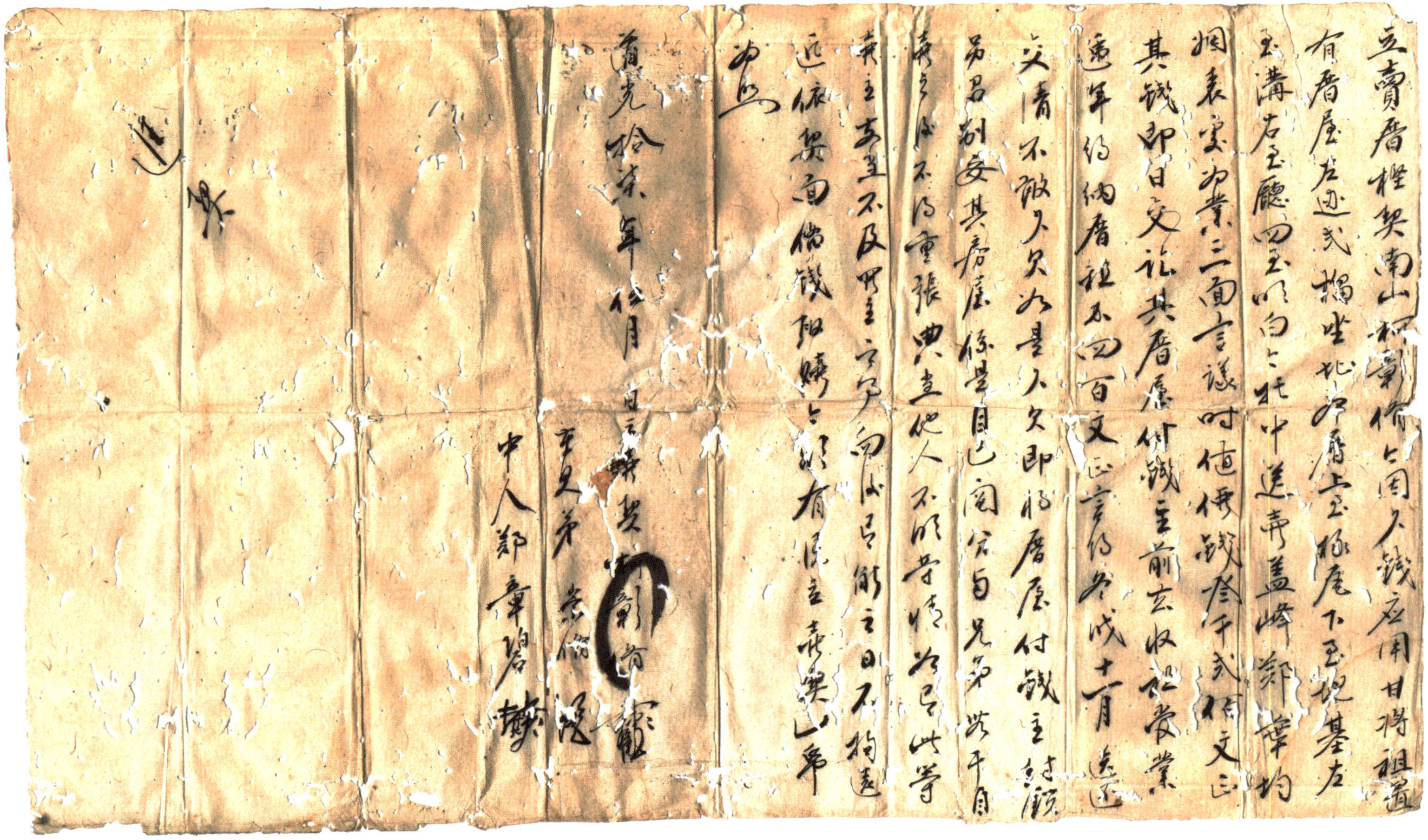

2-1-62-1　清道光十七年五月柯彰脩立賣厝樫契（廢契）

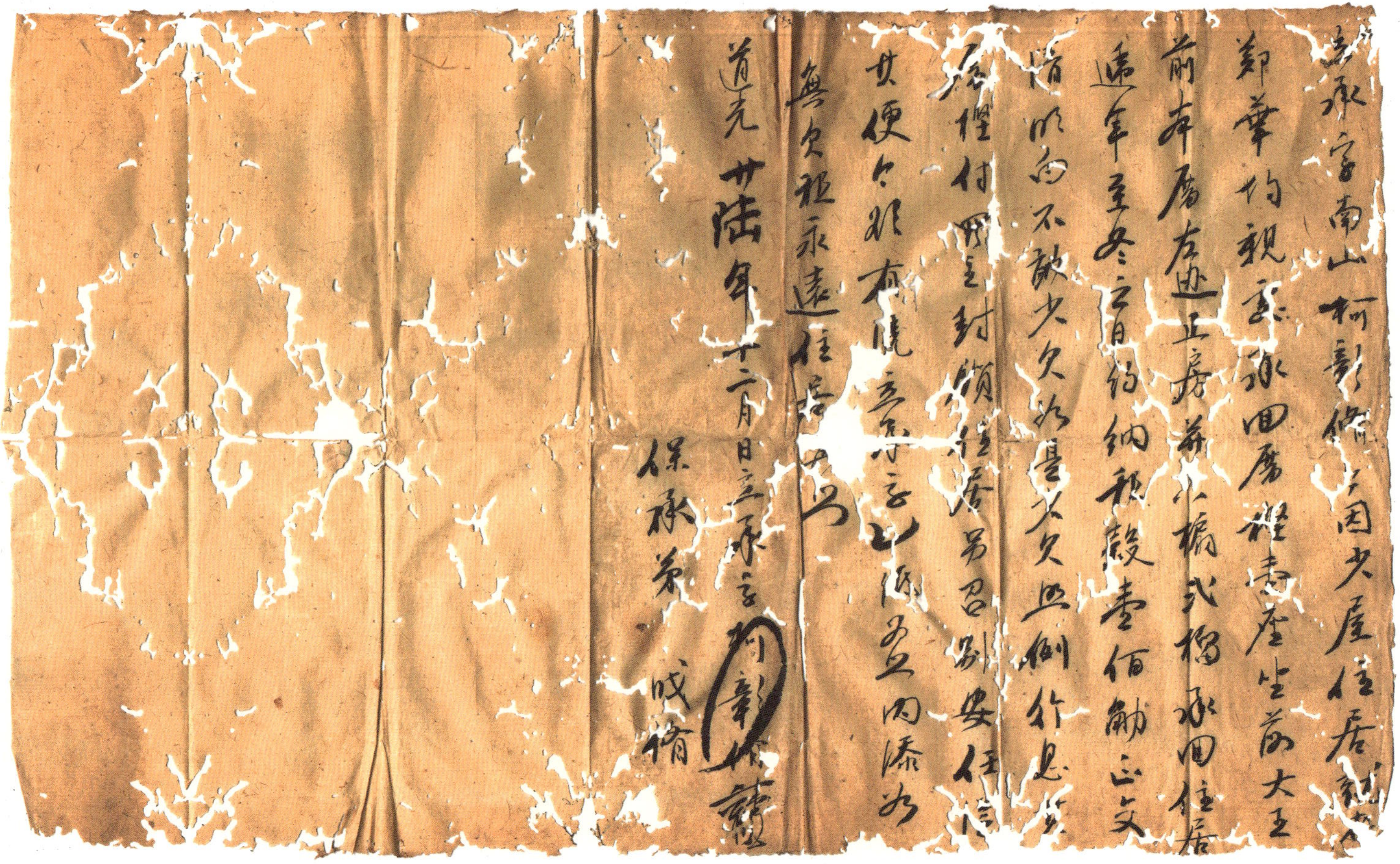

2-1-62-2　清道光二十六年十二月柯彰脩立承厝樫字（廢契）

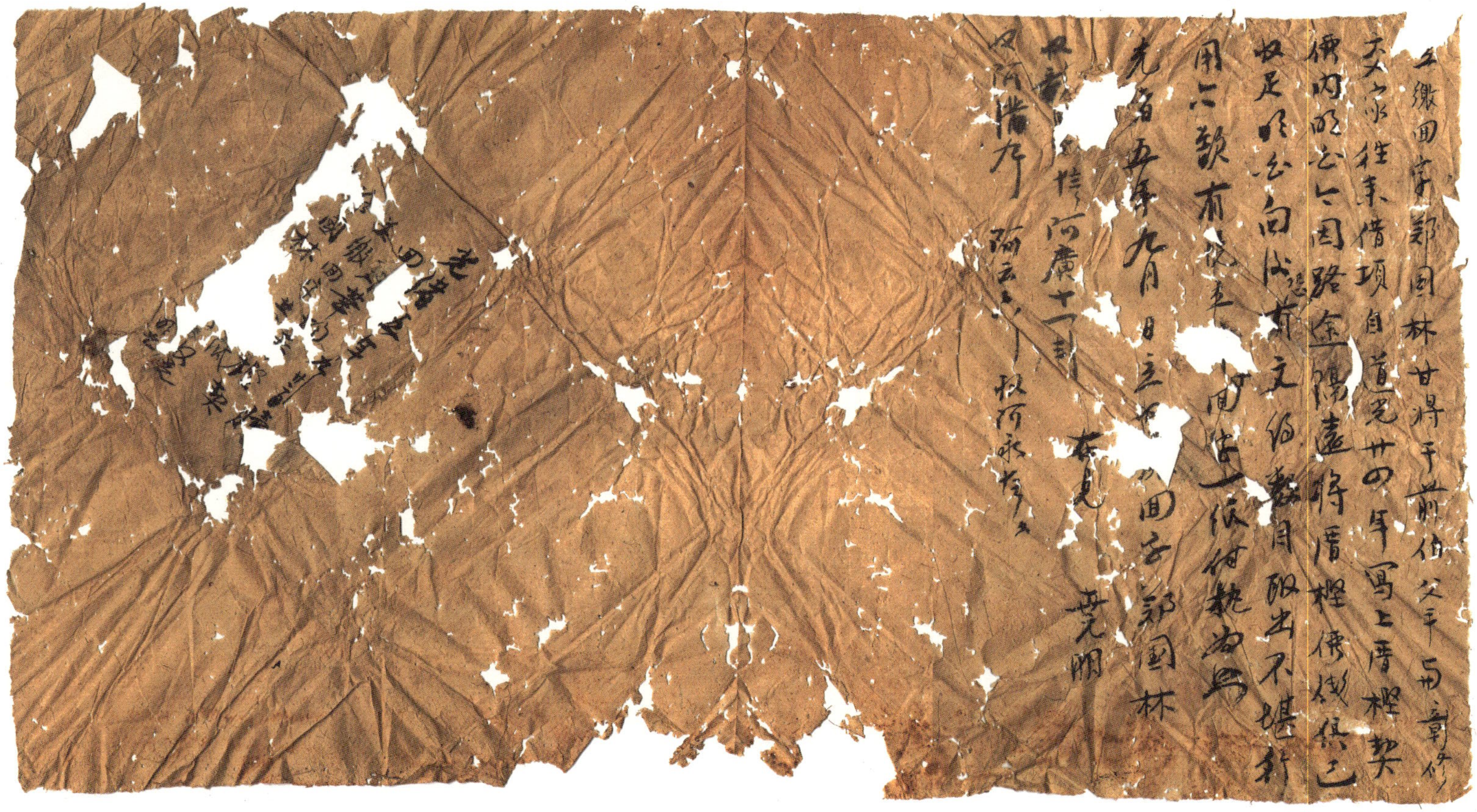

2-1-62-3　清光緒五年九月鄭國林立繳回往來借項字（草契）

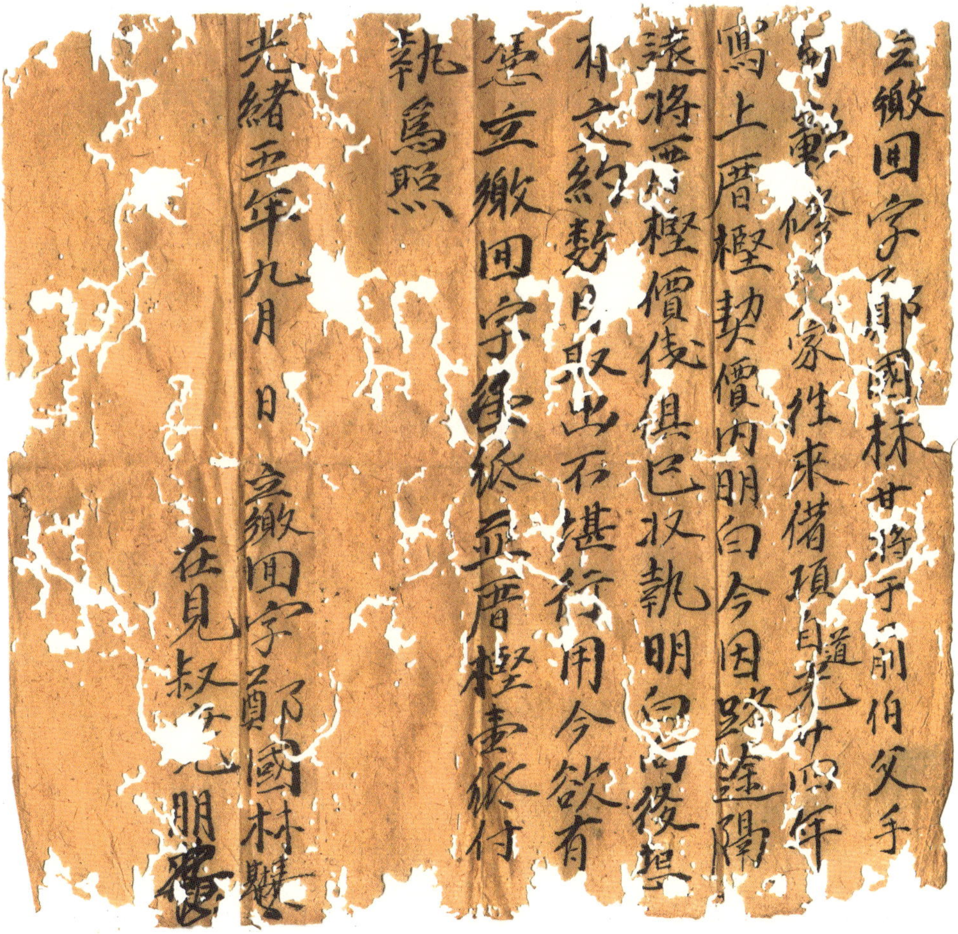
立繳回字人鄭國林今將手前伯父手
內與□□人家往來借項自道光廿四年
寫上曆摺契價內明白今因路途隔
遠將曆摺價條俱已收訖明白日後無
有文約數日取出不堪行用今欲有
憑立繳回字壹紙並曆摺壹紙付
執爲照
光緒五年九月　日　立繳回字鄭國林（押）
在見叔[illegible]明（押）

2-1-62-4　清光緒五年九月鄭國林立繳回往來借項字

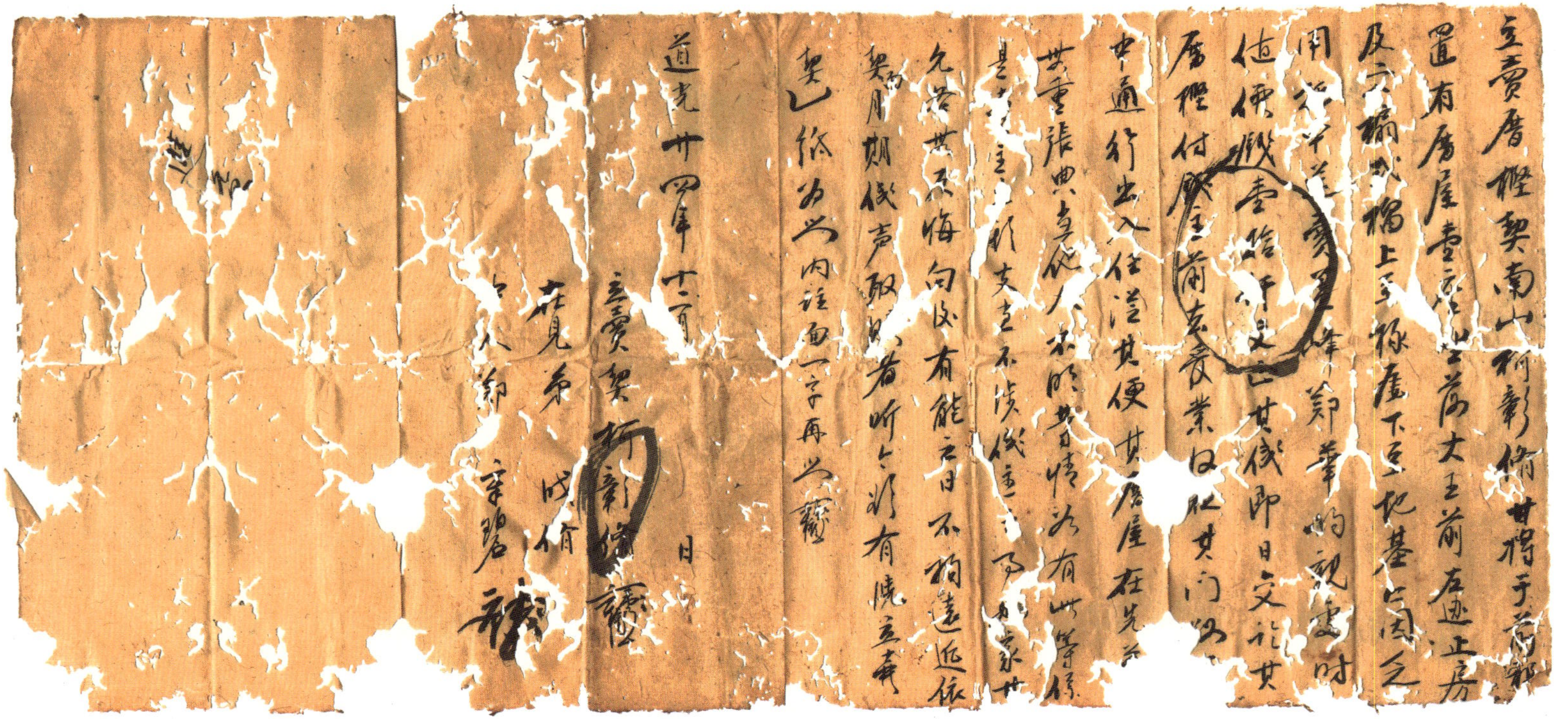

2-1-62-5　民國三十四年十二月柯彰脩立賣厝樫契（廢契）

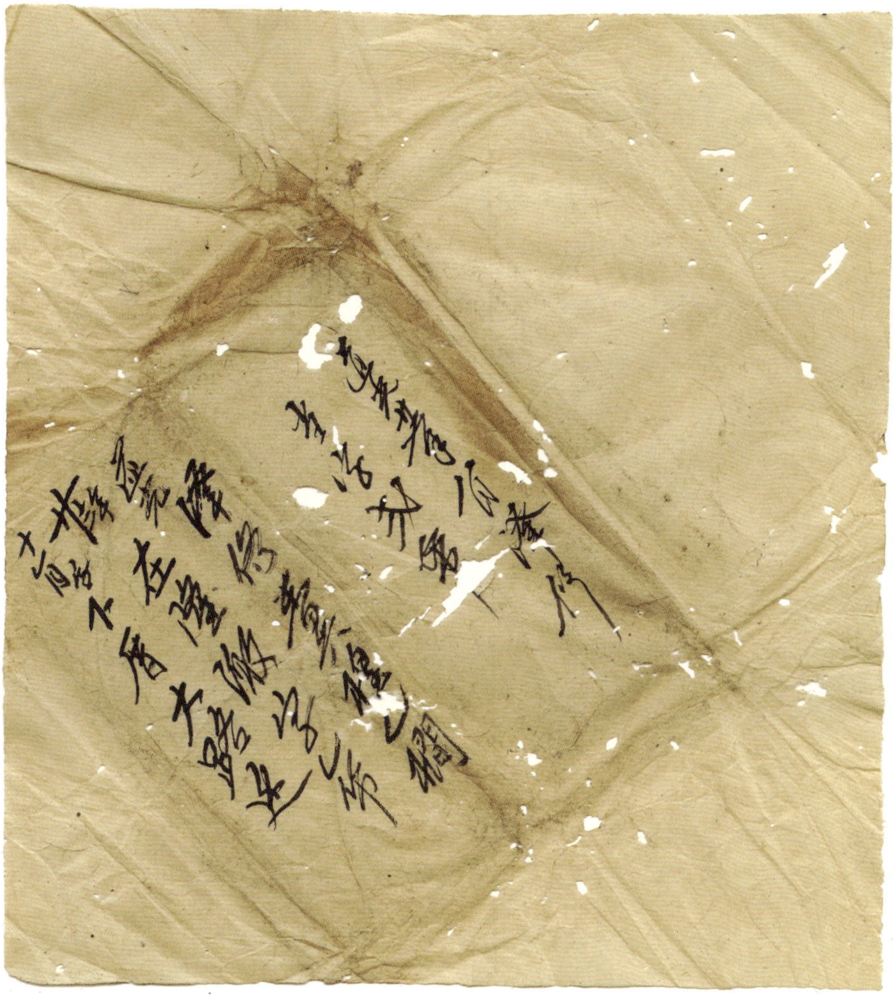

2-1-63-1　包契紙

立賣契侄孫澤修，今因乏谷日食，承得自己闔
分下有糞堭壹桐，坐址本厝下厝門口，上至祿墘
下，及地基前至大路，下至菜坪，左至爲長糞堭，右
至成修糞堭，四至明白。今托中送賣與叔祖
在陞處，三面言議，時值價大錢壹百卅仟正，其錢即
日收訖，其糞堭即付叔祖前去出入管業，任從其
便。自賣之後，並無重張典當他人，及無加找等
情。如有此等，係是賣主出頭支理，不涉錢主之
事。此業係是己業，與兄弟侄無干，亦內外有能
之日，三年外付賣主增盡取贖。今欲有憑，立賣契
一紙爲照。

道光廿八年十月　日立賣契侄孫澤修

在見　兄成修

中人　侄敬朗

2-1-63-2　清道光二十八年十月柯澤修立賣糞堭契

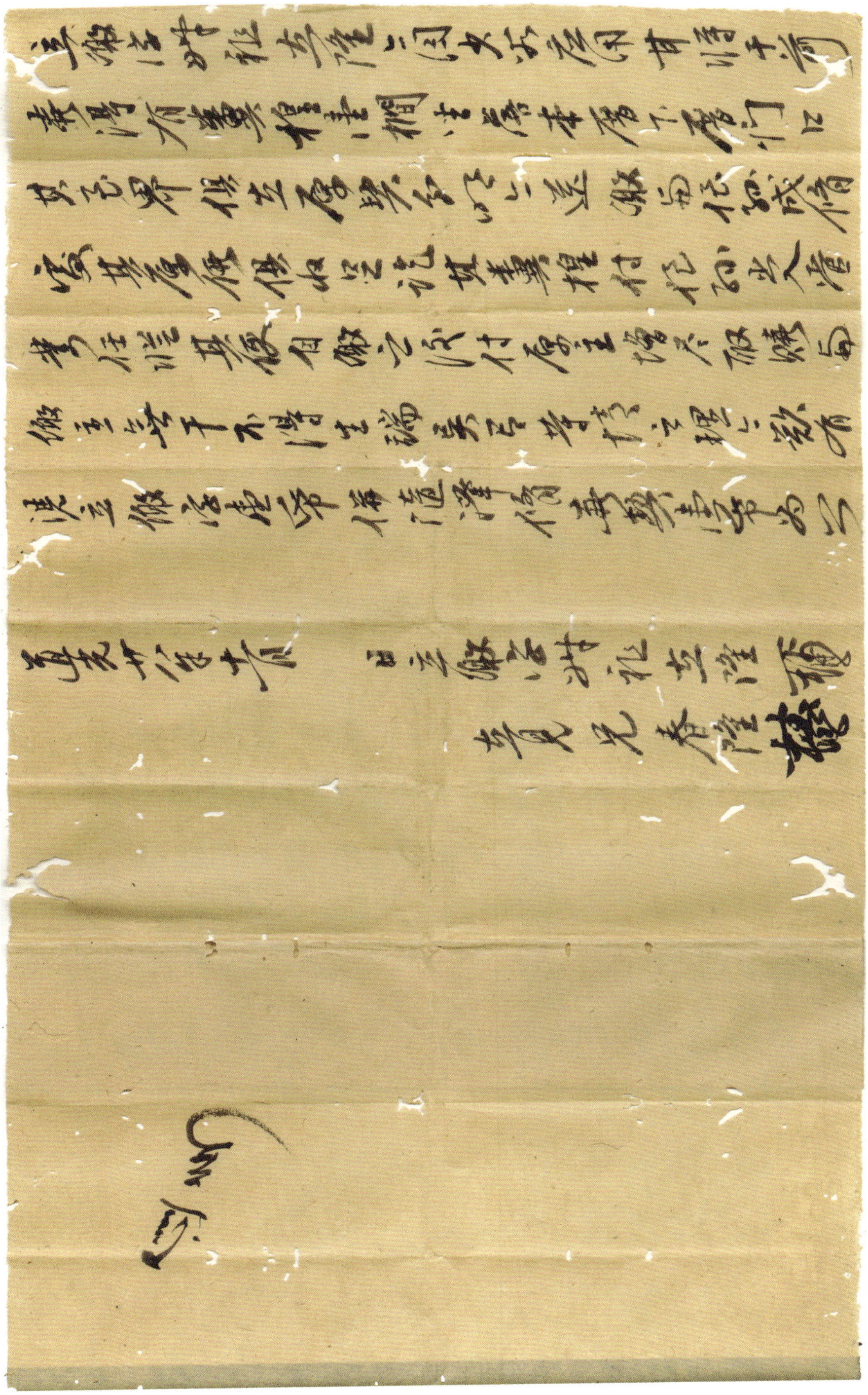

2-1-63-3 清道光二十八年十一月柯立隆立繳業檯字

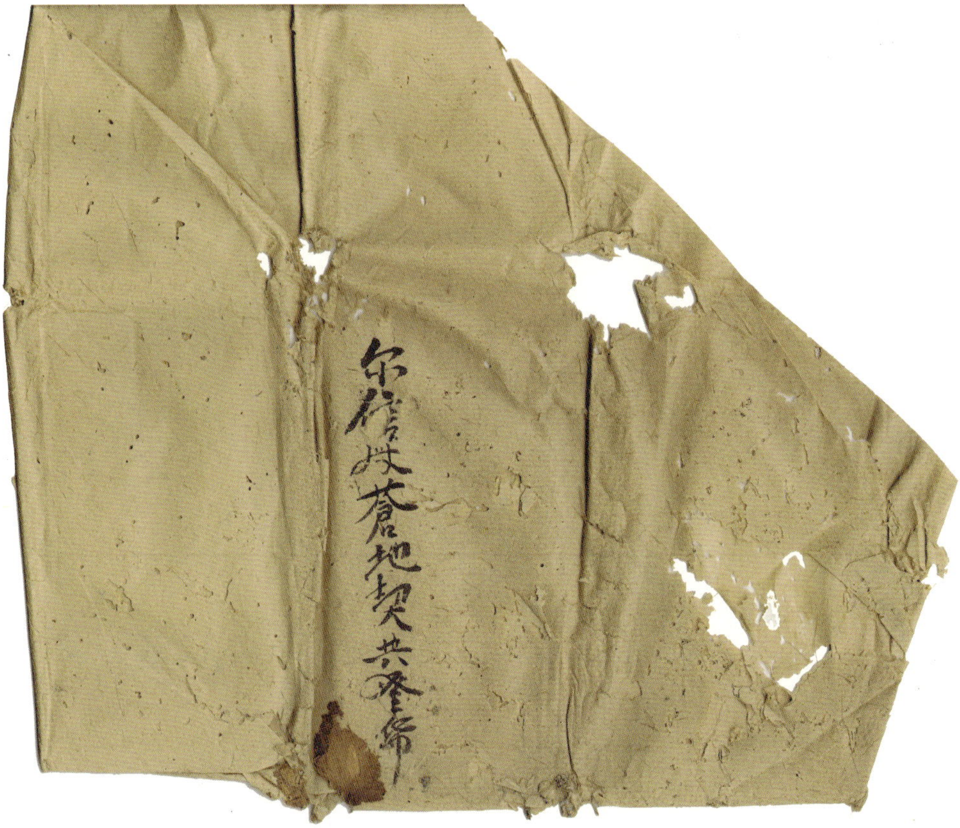
宗信公墳蒼地契共叁帋

2-1-64-1　包契紙

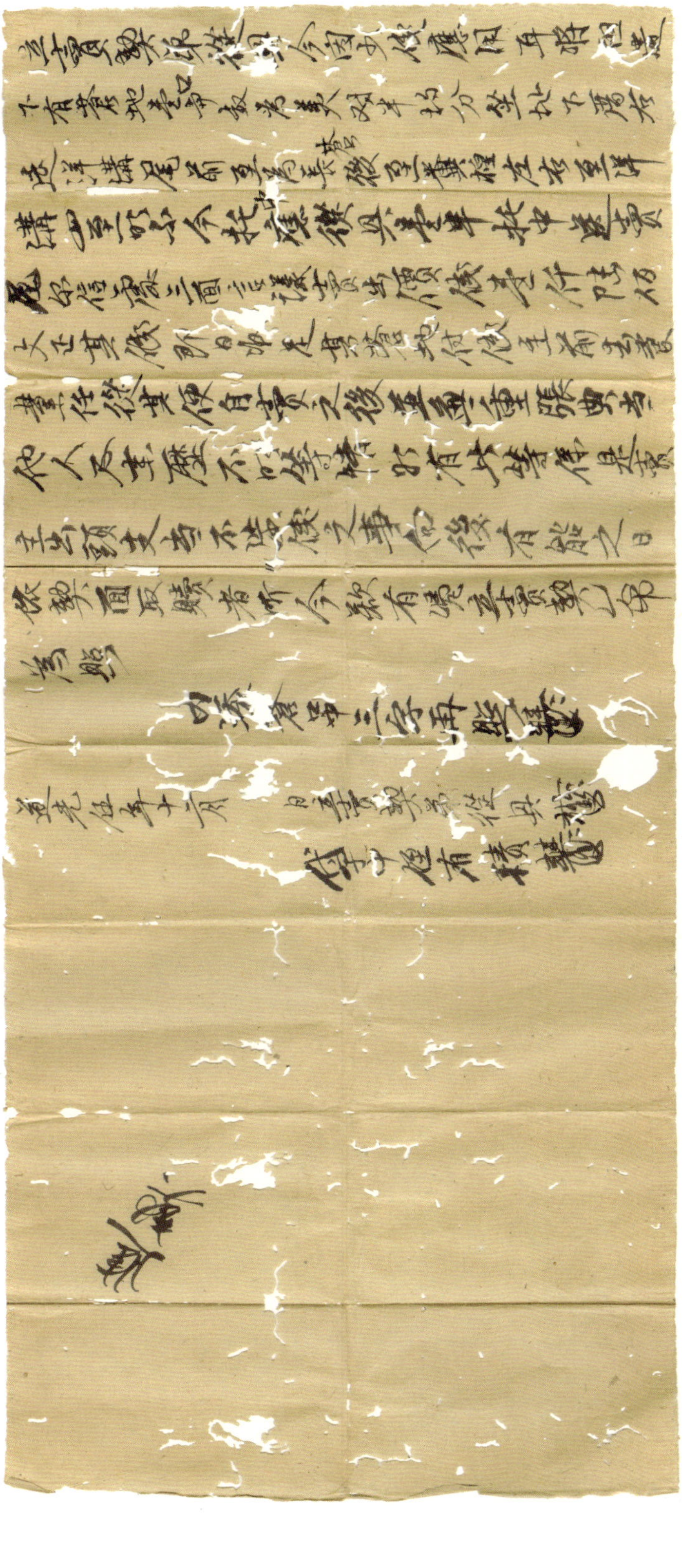

立賣契人柯從與，今因乏錢應用，自將祖遺
下有蒼地壹口，與叔為美對半均分，坐址下厝右
邊洋溝尾，前至為長蒼，後至黄楻，左右至洋
溝，四至明白。今托中〼從與壹半，托中送賣
與侄處，三面言議，賣出價錢壹仟陸佰
文正。其錢即日收足，其蒼地付與侄前去管
業，任從其便。自賣之後，並無重張典當
他人及來歷不明等情，如有此等，係是賣
主出頭支當，不涉侄之事。向後有能之日，
依契面取贖，者所今欲有憑，立賣契一紙，
為照。

內添蒼字三字再照

道光伍年十二月　日立賣契人柯從與

代字侄有積

2-1-64-2　清道光五年十二月柯從與立賣蒼地契

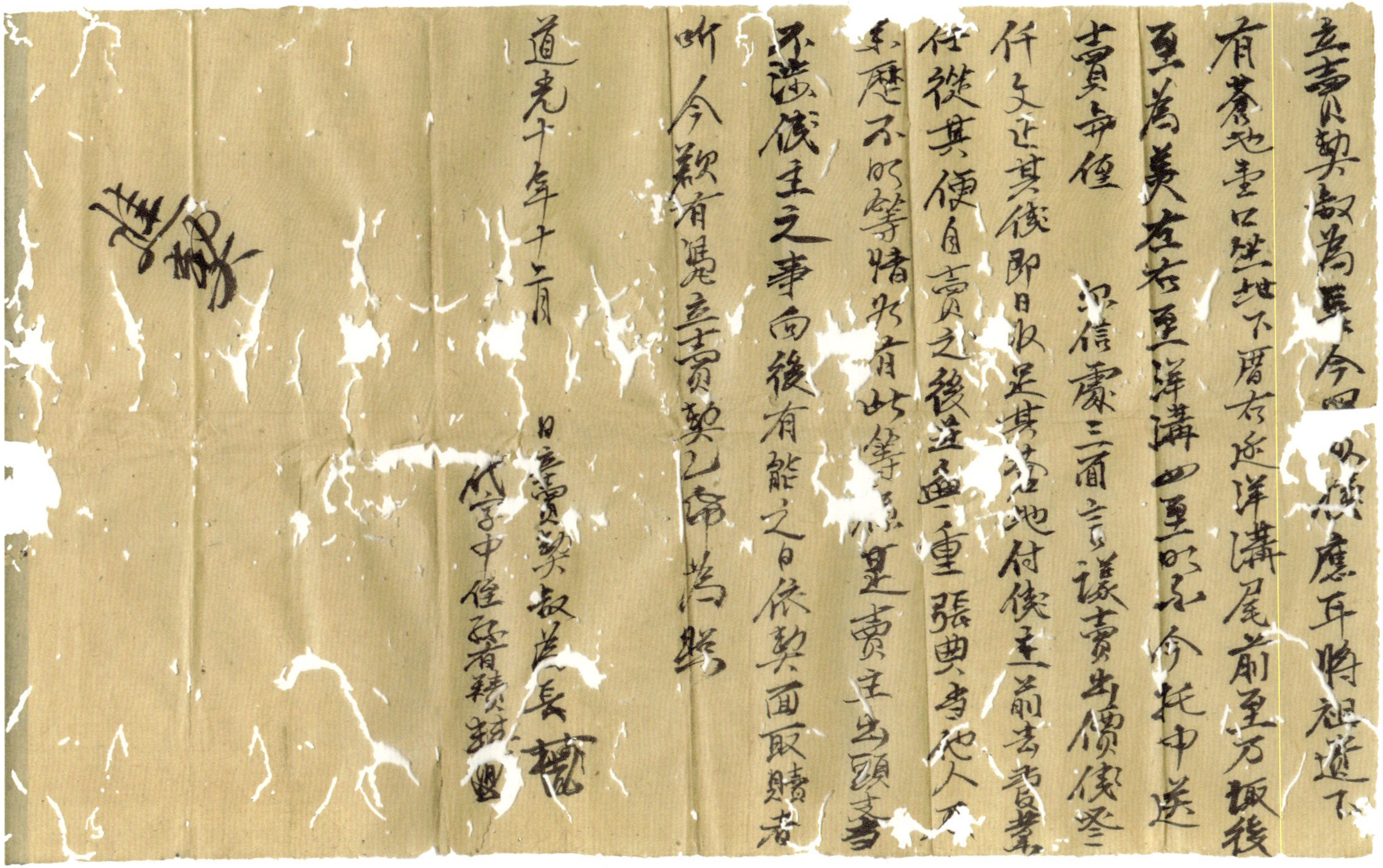
立賣契叔爲長，今因乏銀應耳，將祖遺下
有蒼地壹口，坐址下厝右邊洋溝尾前，至乃坂後
至爲美，左右至洋溝，四至明白，今托中送
賣與侄　汲信處，三面言議，賣出價錢叁
仟文足，其錢即日收足，其蒼地付與侄前去管業
任從其便，自賣之後，並無重張典當他人，不
來歷不明等情，如有此等，係是賣主出頭支當，
不涉銀主之事，向後有能之日，依契面取贖者。
此今欲有憑，立賣契乙帋爲照。
道光十年十二月　日立賣契叔爲長（押）
代字中侄孫有積（押）

2-1-64-3　清道光十年十二月柯爲長立賣蒼地契

2-1-65-1　包契紙

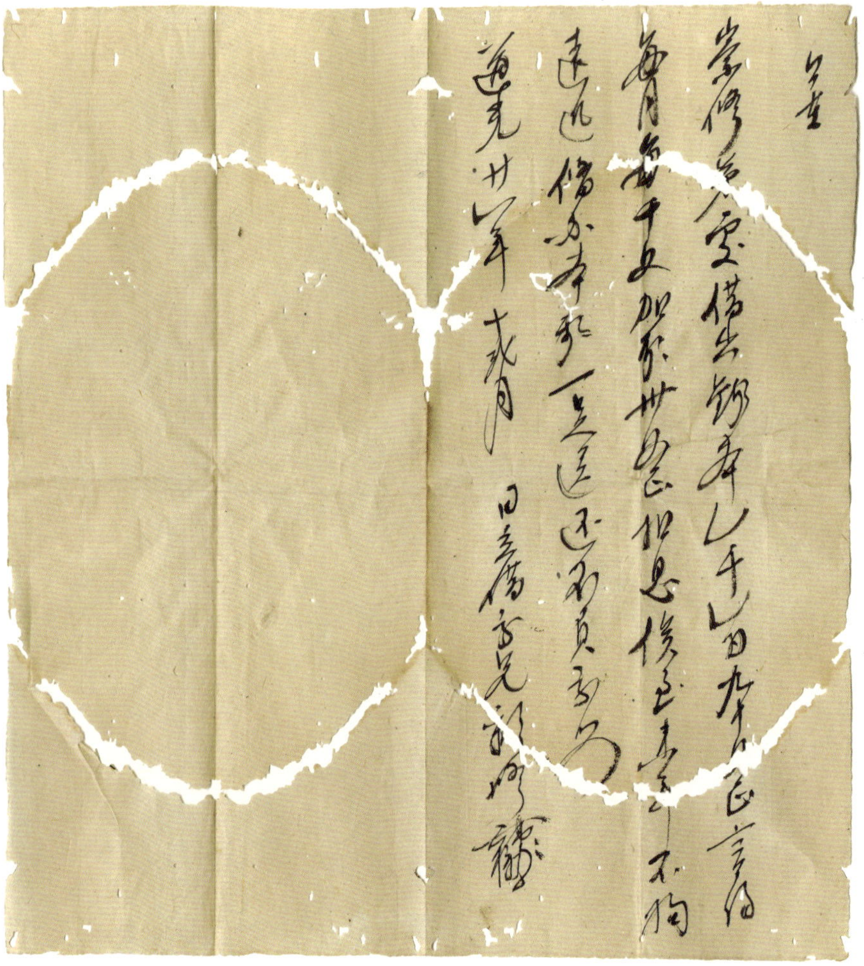

2-1-65-2　清道光二十一年十二月柯樟修立借錢字

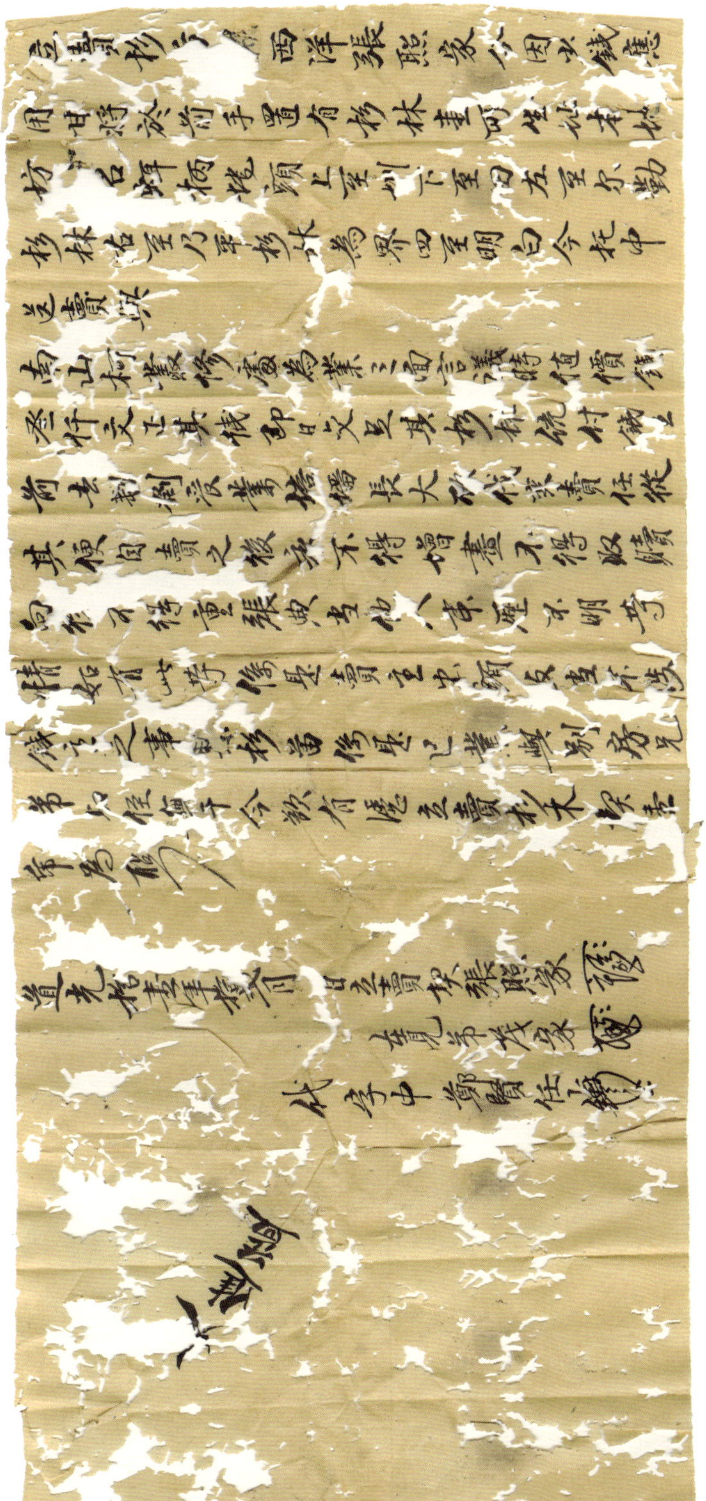

2-1-66-1 清道光十一年十二月張照家立賣杉林契

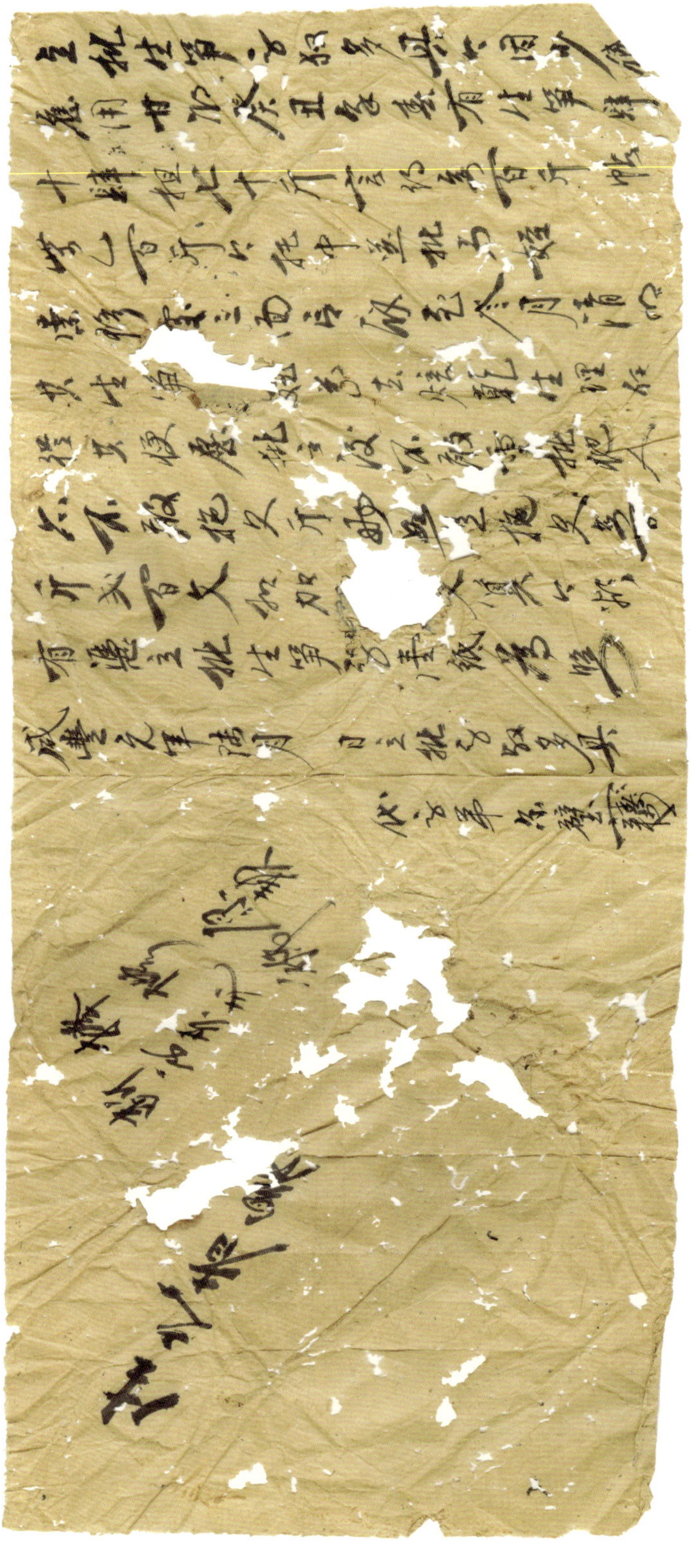

2-1-66-2　清咸豐元年六月柯多吳立批生箏字

2-1-67-1　包契紙

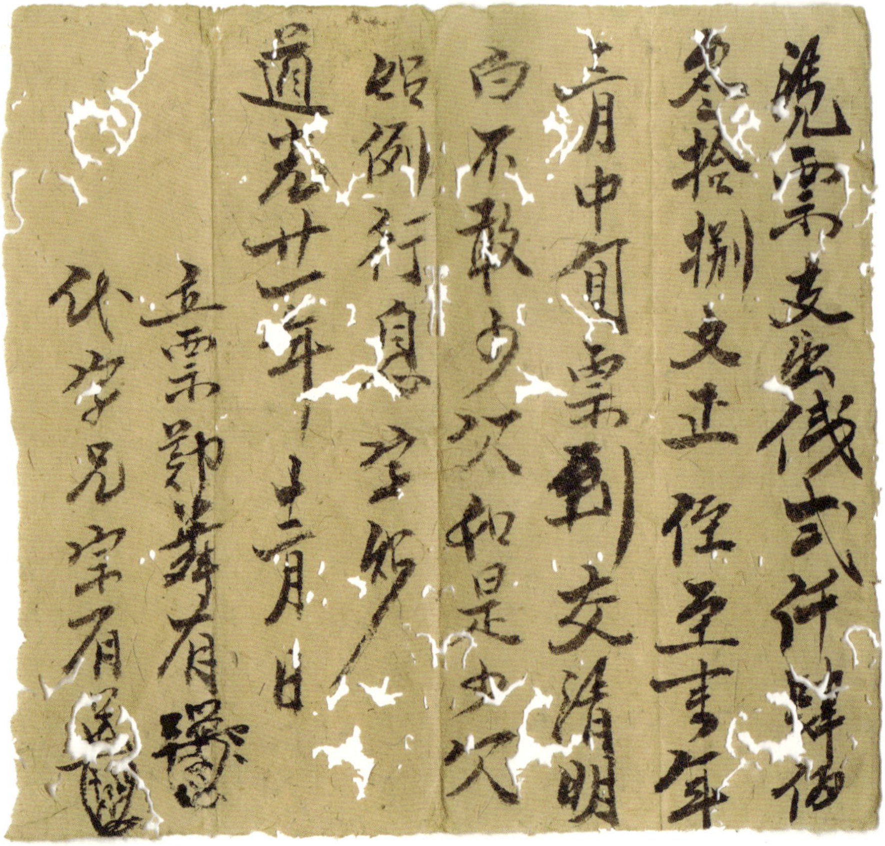
憑票支錢弍仟肆佰
叁拾捌文正 俟至壬年
十二月中旬票到交清明
白不敢少欠如是少欠
照例行息 字約
道光廿一年十二月 日
立票鄭彛有（押）
代字兄宗有（押）

2-1-67-2　清道光二十一年十二月鄭彛有立支錢憑票

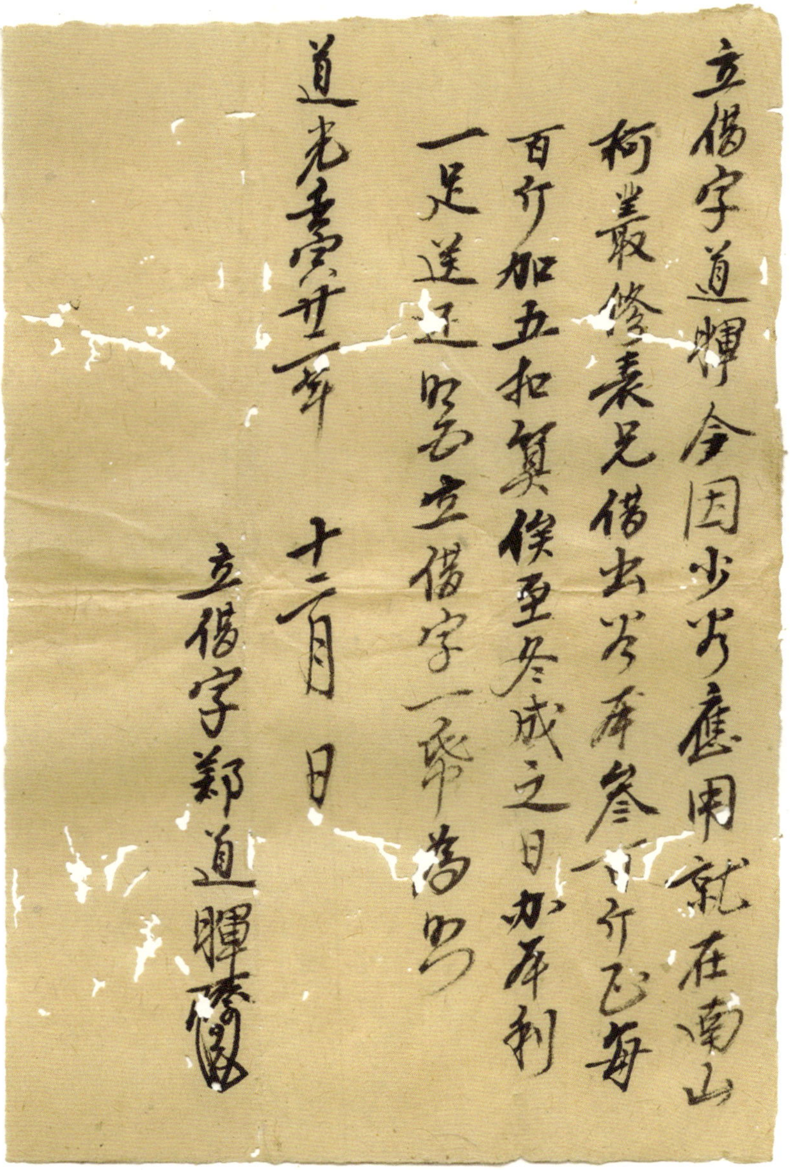
立借字道暉今因少谷應用就在南山
柯叢修表兄借出谷本叁十斤正每
百斤加五扣算候至冬成之日加本利
一足送还收立借字一纸為照
道光壬寅廿二年 十二月 日
立借字親道暉（押）

2-1-67-3　清道光二十二年十二月柯道暉立借穀字

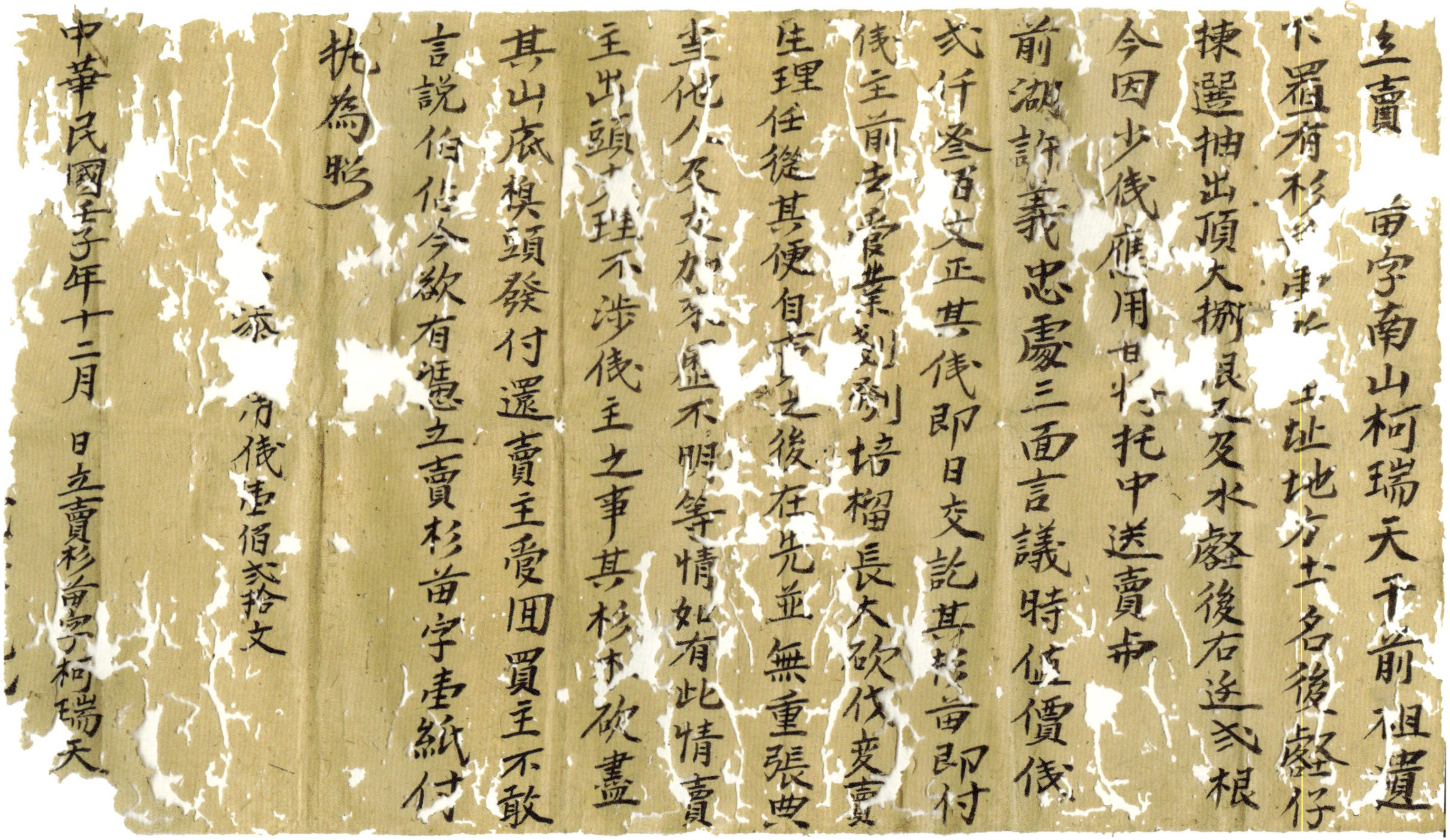

2-1-67-4　民國元年十二月柯瑞天立賣杉苗字

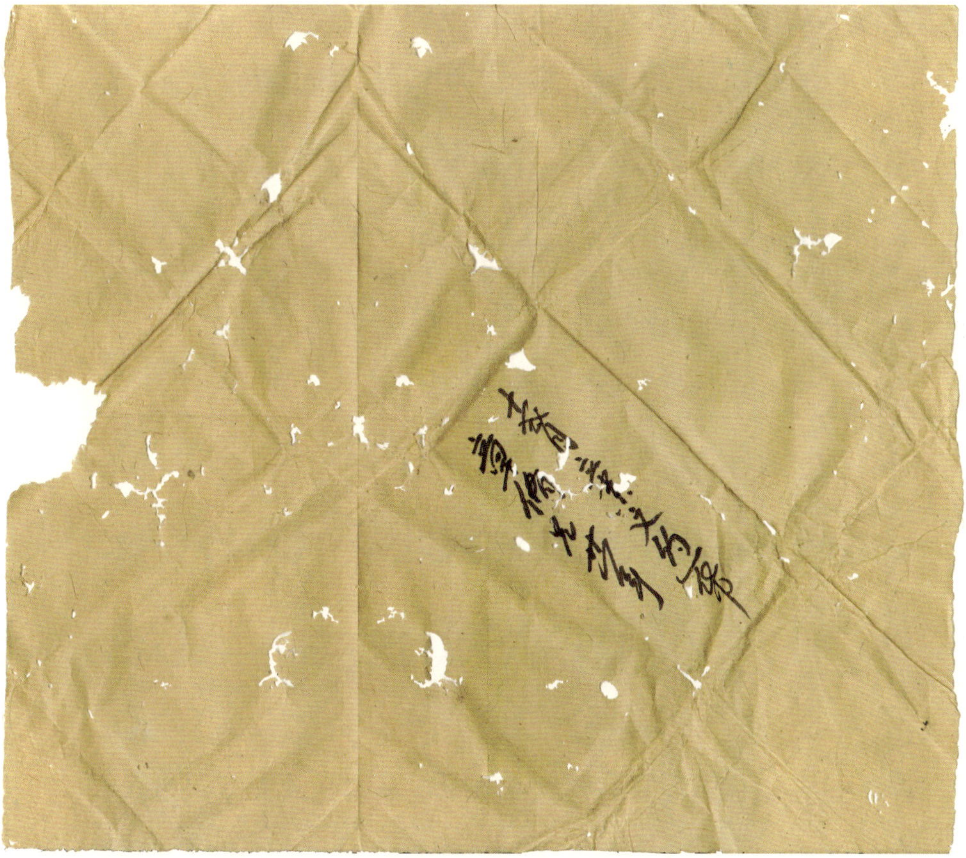

2-1-68-1 包契紙

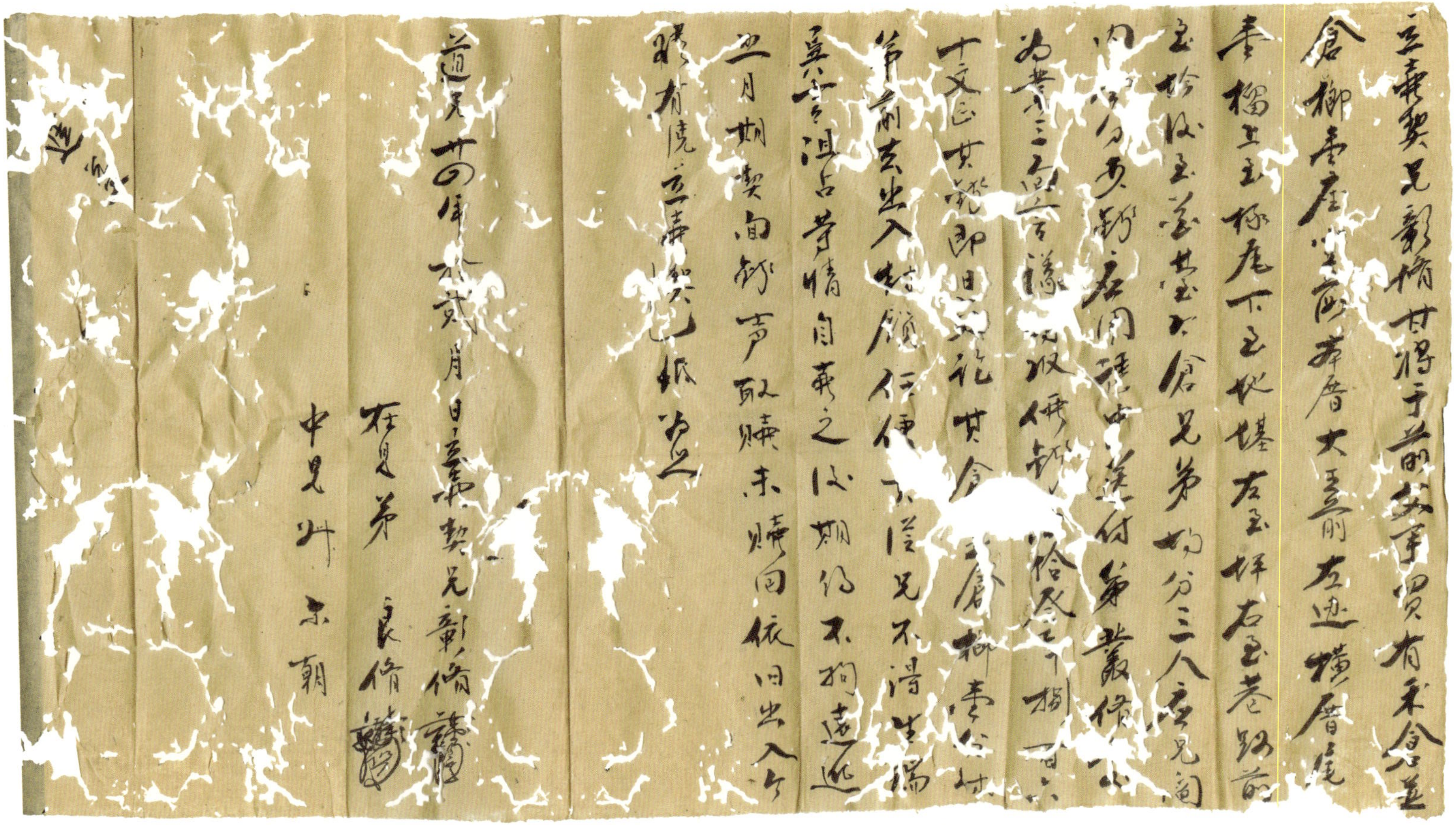

2-1-68-2　清道光二十四年十二月柯彰脩立賣禾倉等契

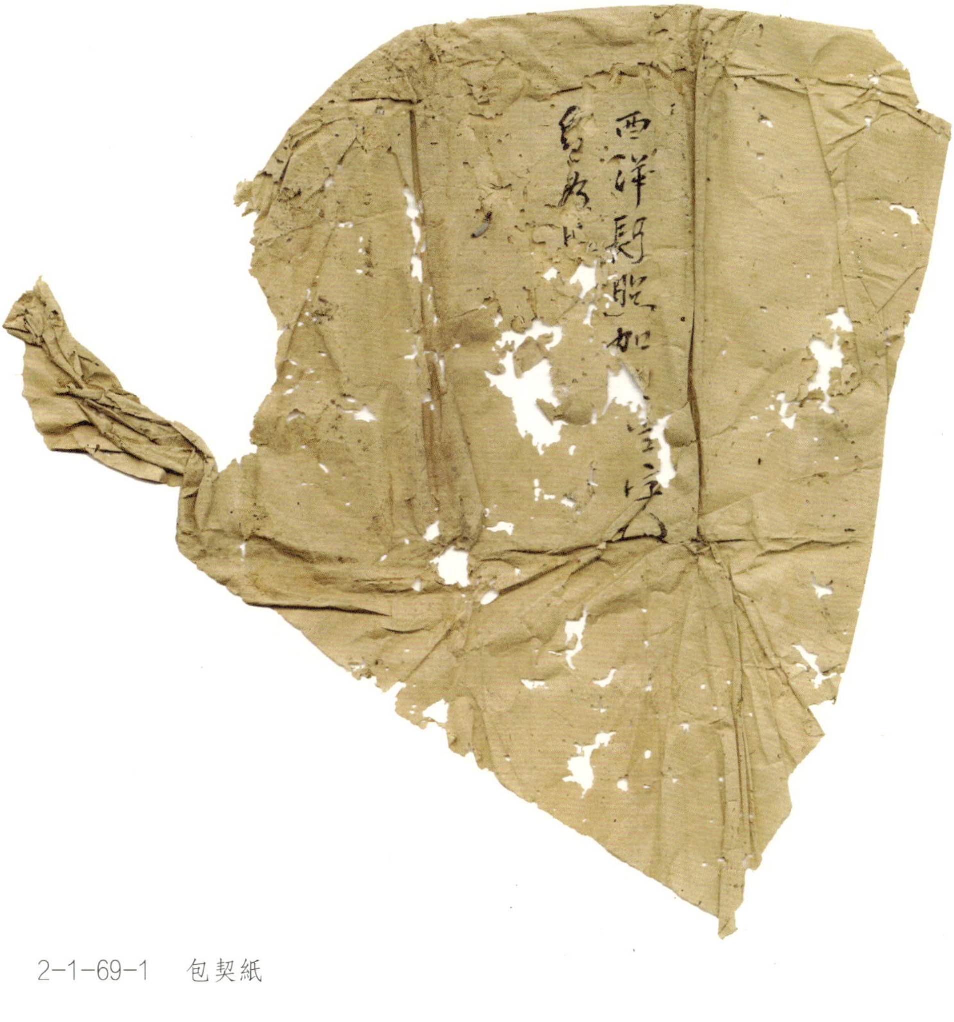

2-1-69-1　包契紙

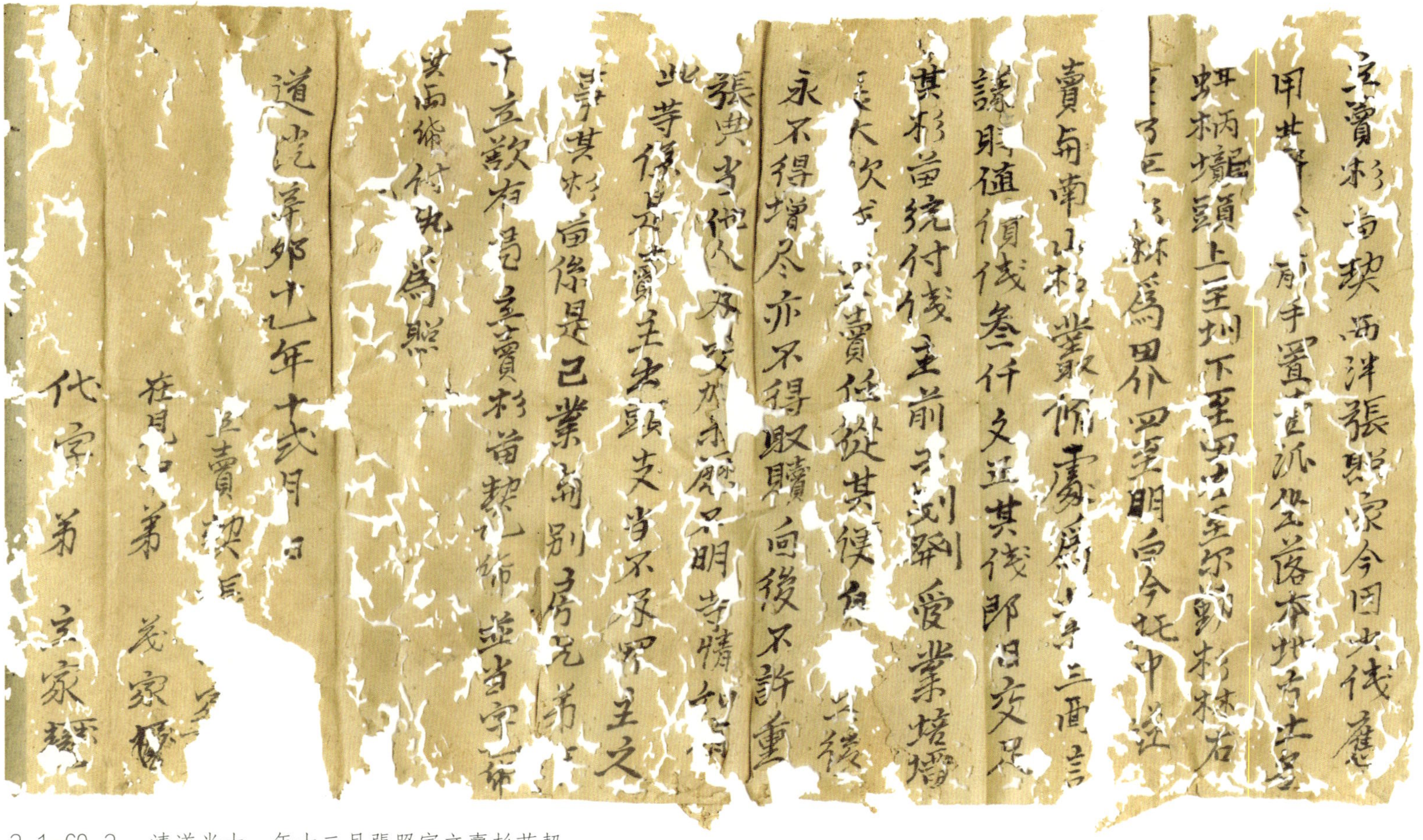
立賣杉苗契西洋張照家今因乏錢應
用其[illegible]有手置[illegible]坐落本地土名
蚶柄壠頭上至圳下至田[illegible]至[illegible]杉林右
[illegible]為界四至明白今托中送
賣與南山林叢[illegible]處[illegible]出頭三面言
議時值價錢叁仟文正其錢即日交足
其杉苗統付錢主前去斫砍愛業培植
長大砍[illegible]賣任從其便[illegible]後
永不得增盡亦不得取贖向後不許重
張與[illegible]等情
此等係[illegible]賣主出頭支當不干買主之
事其杉苗係是己業與别房兄弟
干立欵有憑立賣杉苗契一紙並當字一紙
共兩紙付與為照
道光辛卯十一年十二月　日
立賣契[illegible]
在見　弟　茂家
代字　弟　立家

2-1-69-2　清道光十一年十二月張照家立賣杉苗契

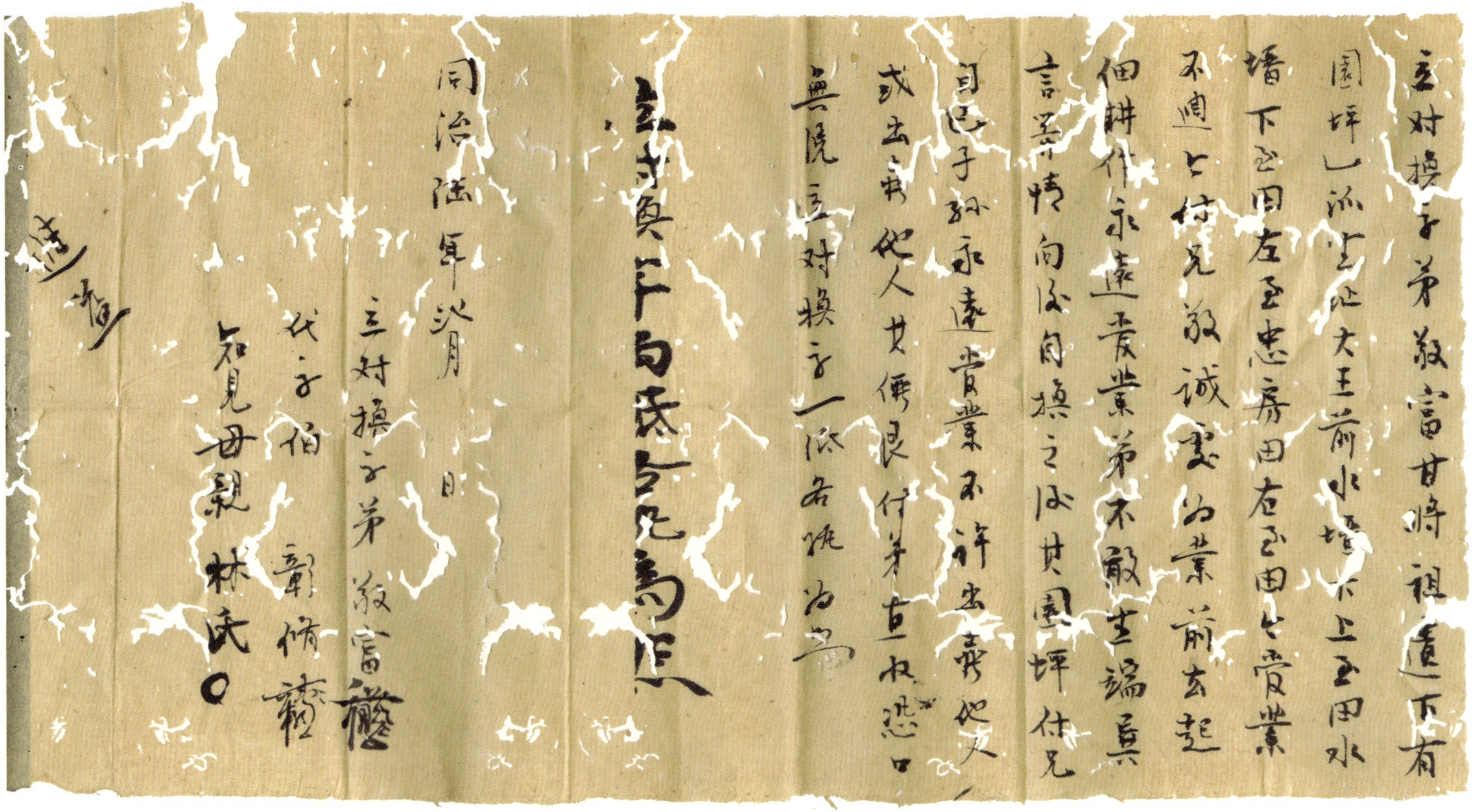

立对換字弟敬富甘將祖遺下有
園坪一所坐址大王前水墙下上至田水
墙下至田左至忠房田右至田与貴業
不得上付兄敬誠家內業前去起
佃耕作永遠貴業弟不敢生端異
言兩情向係自換之後其園坪付兄
自己子孫永遠貴業不許出賣他人
或出兌他人其價艮付弟直收恐口
無憑立对換字一紙為據為照

立对換字白底允為照

同治陸年貳月　　日

立对換字弟　敬富（押）
代字伯　彰倩（押）
知見母親　林氏〇

吉利

2-1-69-3　清同治六年二月柯敬富立對換園坪字

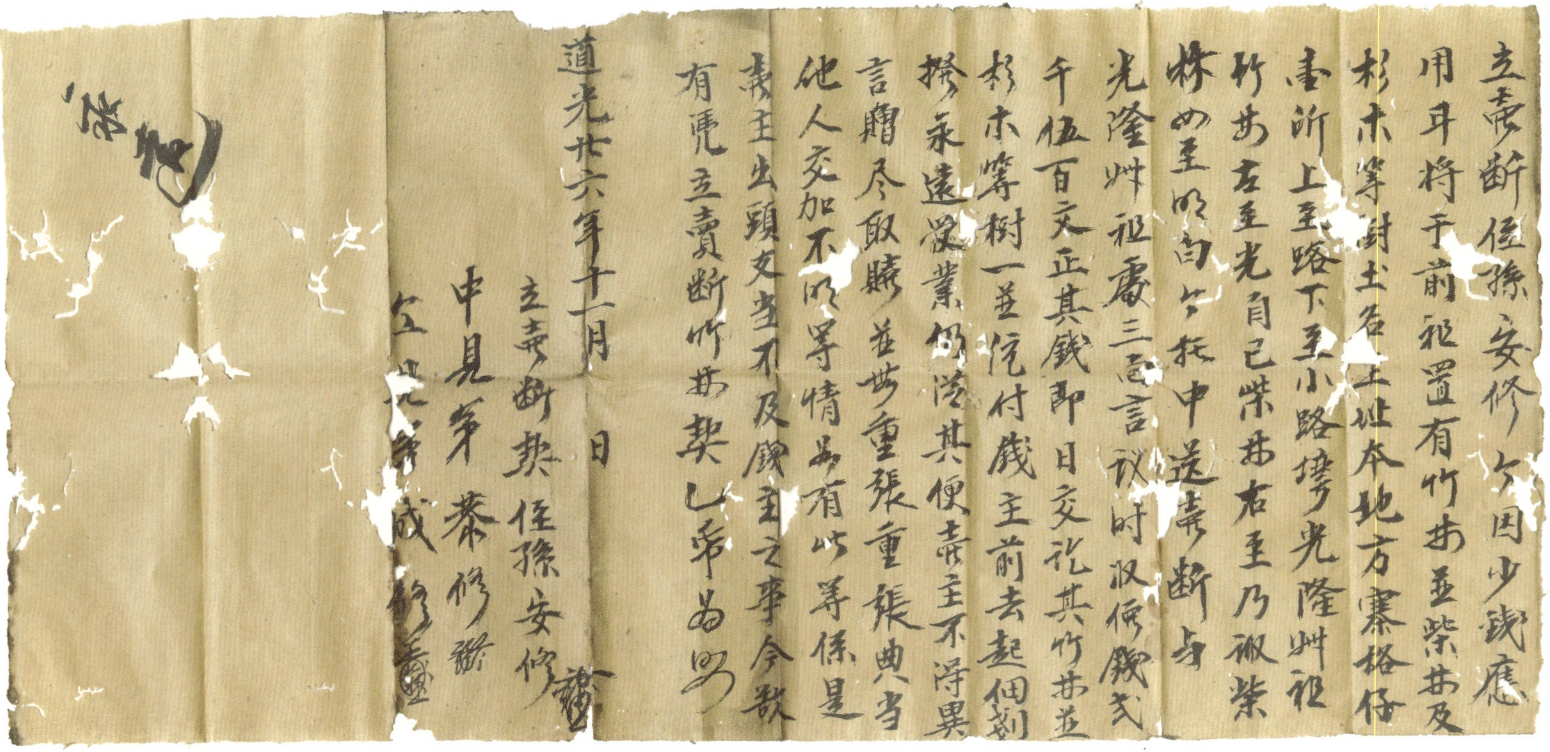
立賣斷侄孫安修，今因少錢應
用，自將手前祖置有竹林並柴林及
杉木等樹，土名土址本地方寨格仔
壹所，上至路，下至小路，塝光隆叔祖
竹林，左至光自己柴林，右至乃淑柴
林為界，四至明白。今托中送賣斷與
光隆叔祖處，三面言議時值價錢弍
千伍百文正。其錢即日交訖，其竹林並
杉木等樹一並憑付錢主前去起佃刻
撥，永遠管業，所落其便，賣主不得異
言贖尽取贖，並無重張重張典当
他人交加不明等情。如有此等，係是
賣主出頭支當，不及錢主之事。今欲
有憑，立賣斷竹林契乙帋為照。
道光廿六年十一月　日
立賣斷契侄孫安修（押）
中見弟恭修（押）
代筆[illegible]成（押）

2-1-70-1　清道光二十六年十一月柯安修立賣斷竹林契

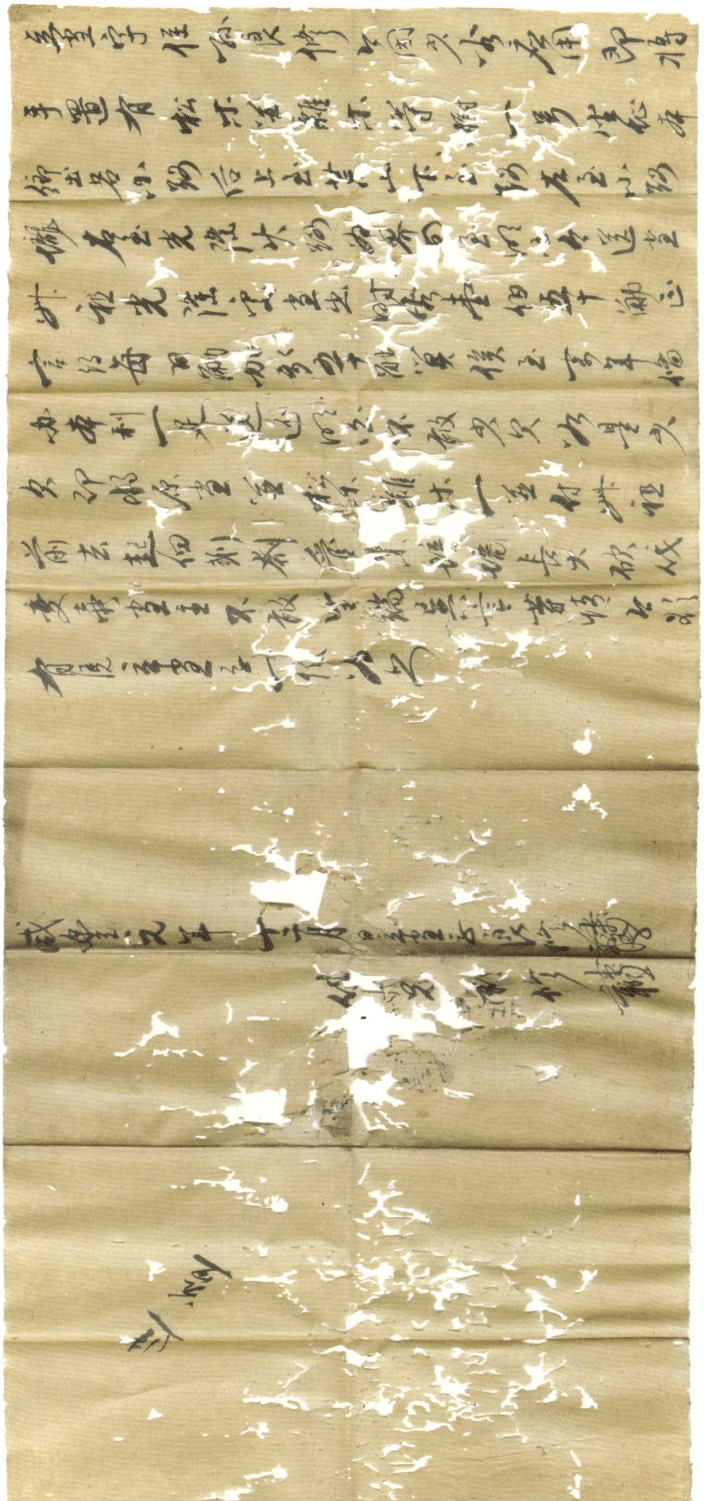

2-1-70-2 清咸豐元年十二月柯良修立當松木等契

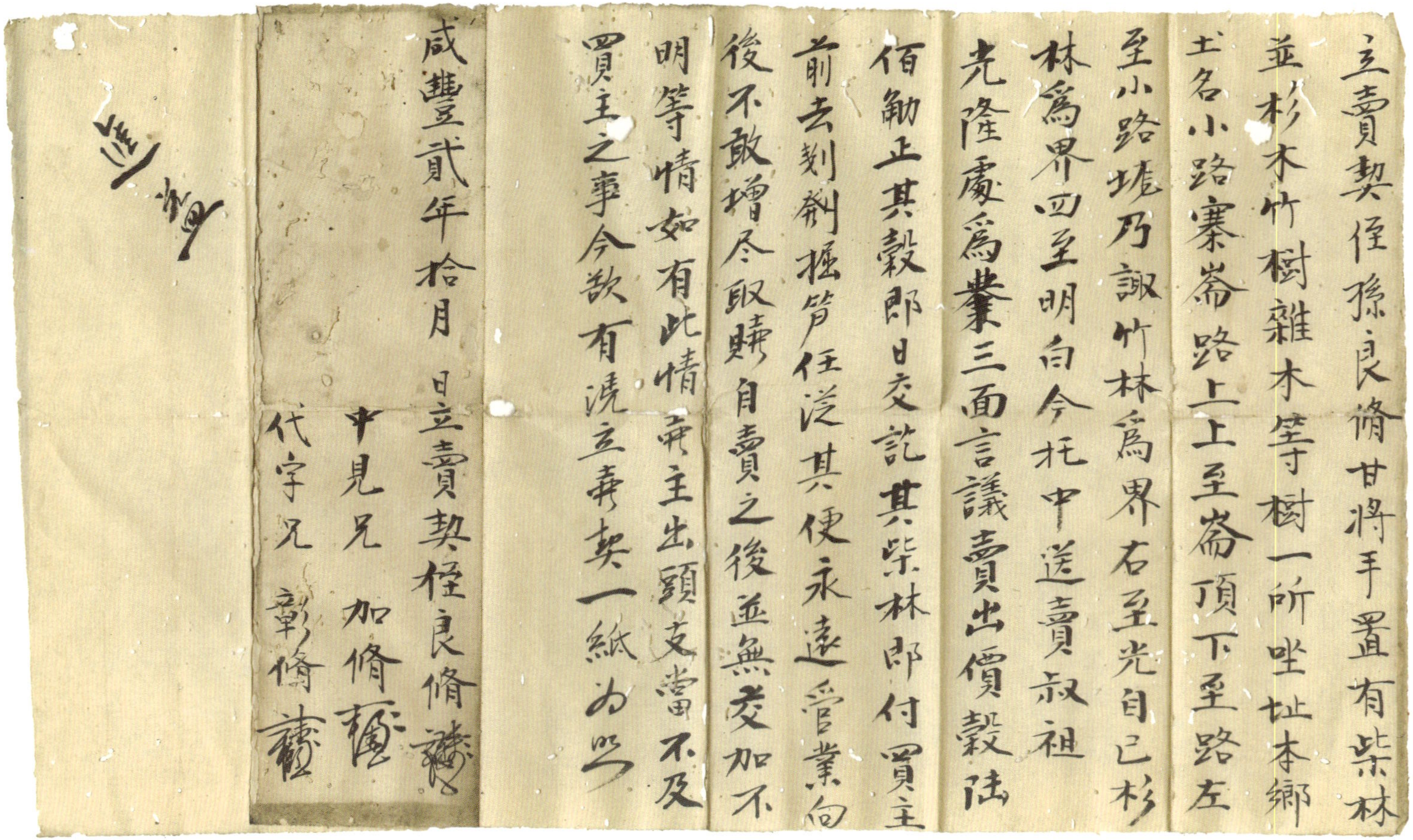

立賣契侄孫良脩甘將手置有柴林
並杉木竹樹雜木等樹一所坐址本鄉
土名小路寨崙路上上至崙頂下至路左
至小路墘乃諏竹林爲界右至光自己杉
林爲界四至明白今托中送賣叔祖
光隆處爲業三面言議賣出價穀陸
佰觔正其穀即日交訖其柴林即付買主
前去剃剉樵笋任從其便永遠管業向
後不敢增尽取贖自賣之後並無交加不
明等情如有此情賣主出頭支當不及
買主之事今欲有澆立賣契一紙為照
咸豐貳年拾月　日立賣契侄良脩[illegible]
中見兄　加脩[illegible]
代字兄　彰脩[illegible]

[illegible]

2-1-70-3　清咸豐二年十月柯良脩立賣柴林等契

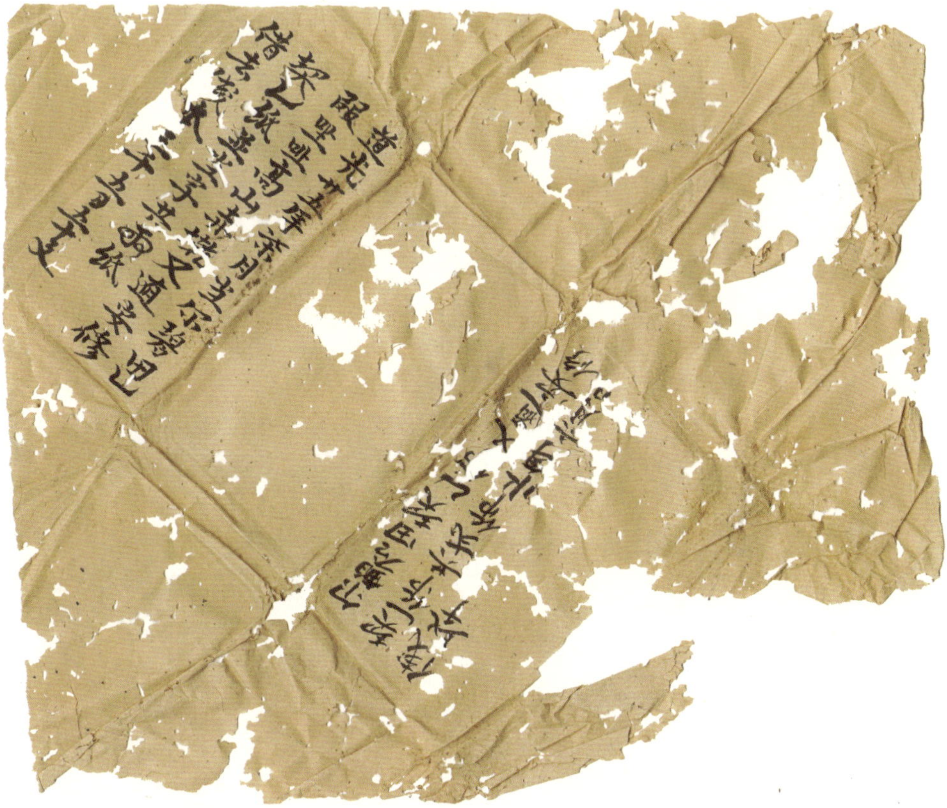

2-1-71-1　包契紙

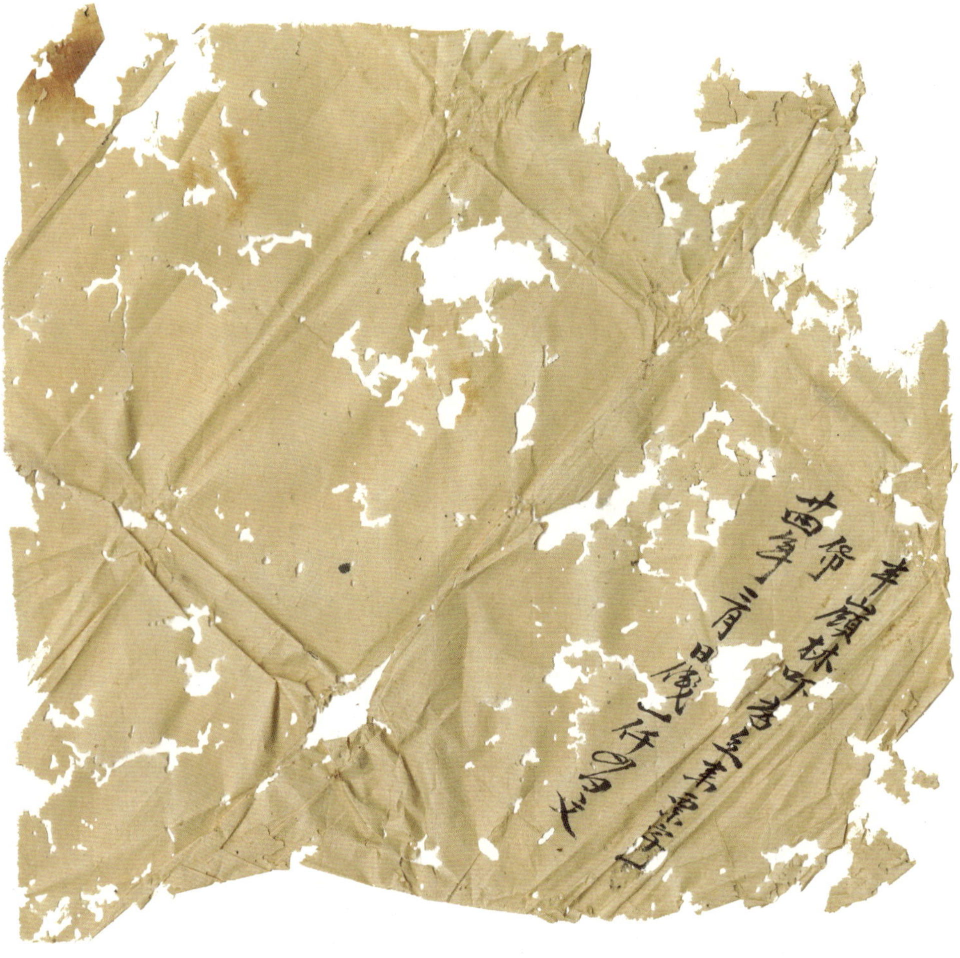

2-1-71-2　包契紙

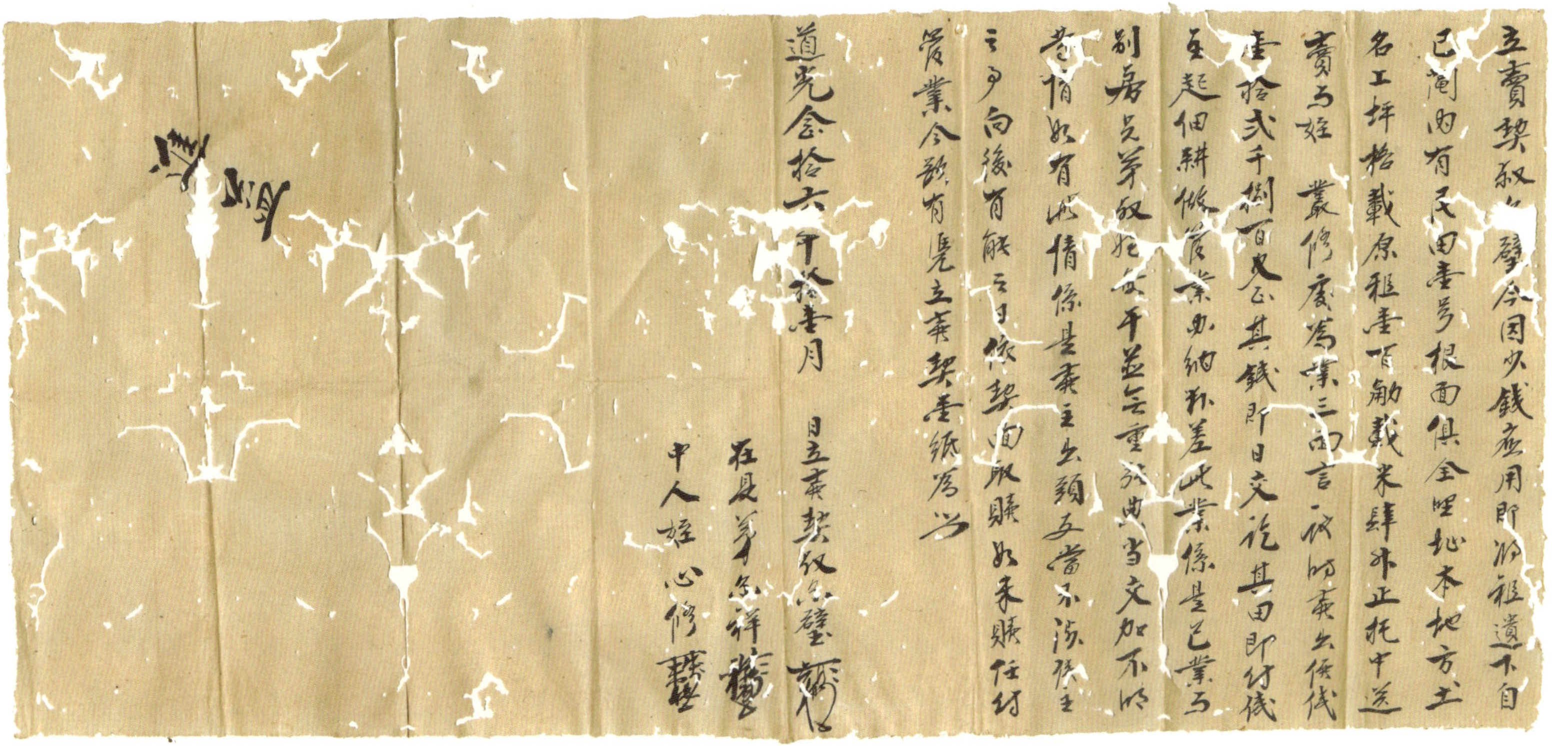

立賣契叔尔璧，今因乏錢應用，即將祖遺下自
己鬮内有民田壹號，根面俱全，坐址本地方土
名工坪，播載原租壹百觔，載米肆升正，托中送
賣與姪　叢修處爲業，三面言議，時價出價錢
壹拾弍千捌百文正，其錢即日交訖，其田即付銀
主起佃耕作管業。此係納私差，此業係是己業，與
别房兄弟叔姪無干，並無重張典當交加不明
等情。如有此情，係是賣主出頭支當，不涉銀主
之事。向後有能之日，依契面取贖，如未贖，任付
管業。今欲有憑，立賣契壹紙爲照。

道光念拾六年拾壹月　日立賣契叔尔璧（押）
在見弟　尔祥（押）
中人姪　心修（押）

2-1-71-3　清道光十六年十一月柯尔璧立賣民田契

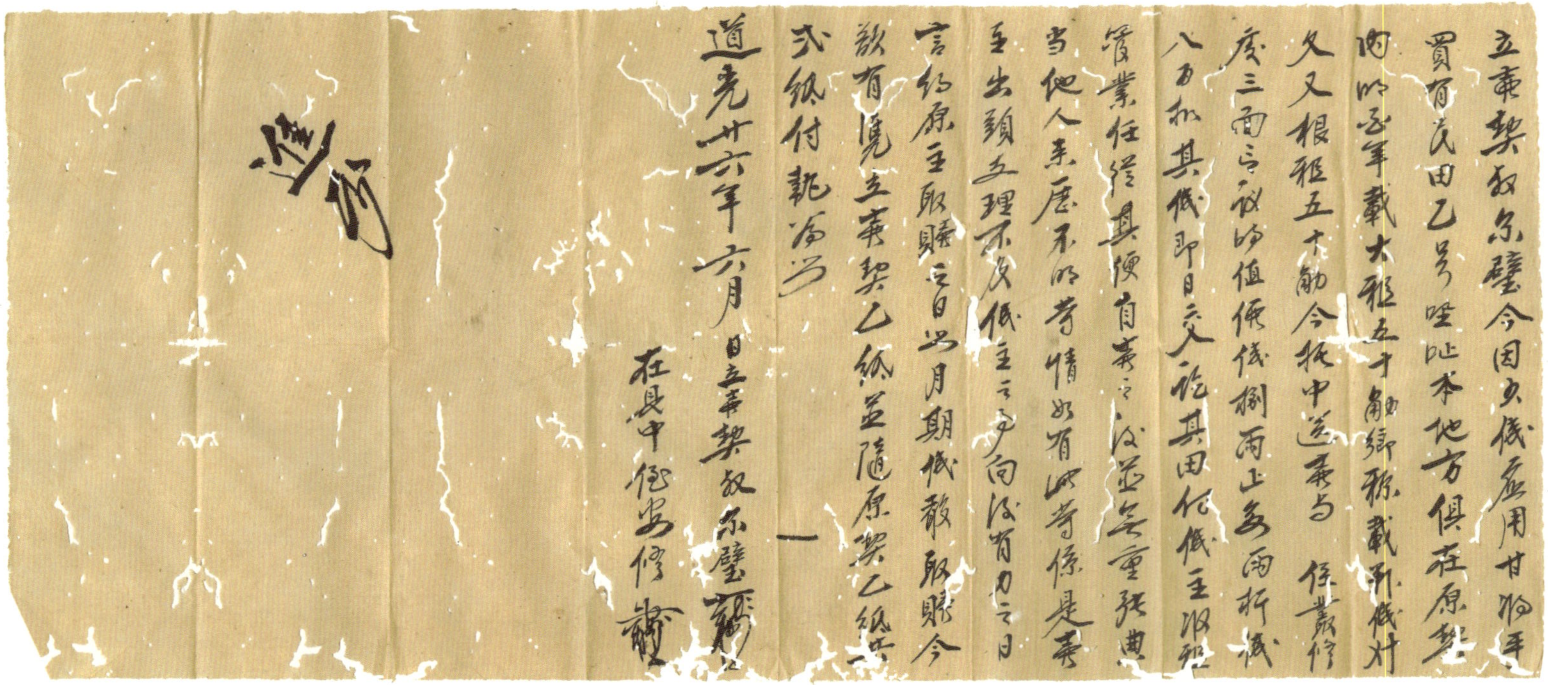
立賣契叔尔璧今因乏錢應用，甘將手
置有民田乙号，坐址本地方，俱在原契
內明，年載大租五十觔，鄉稱，載米低升
又又根租五十觔，今托中送賣與侄叢修
處，三面言議，時值價錢捌兩正，其兩折低
八方私，其錢即日交訖，其田付低主收租
管業，任從其便，自賣之後，並無重張典
當他人來歷不明等情，如有此等，係是賣
主出頭支理，不干低主之事，向後有力之日
言約原主取贖，之日照月期低數取贖，今
欲有憑，立賣契乙紙，並隨原契乙紙，共
式紙付執為照。
一
道光廿六年六月　日立賣契叔尔璧（押）
在見中　侄安修（押）

2-1-71-4　清道光二十六年六月柯尔璧立賣民田契

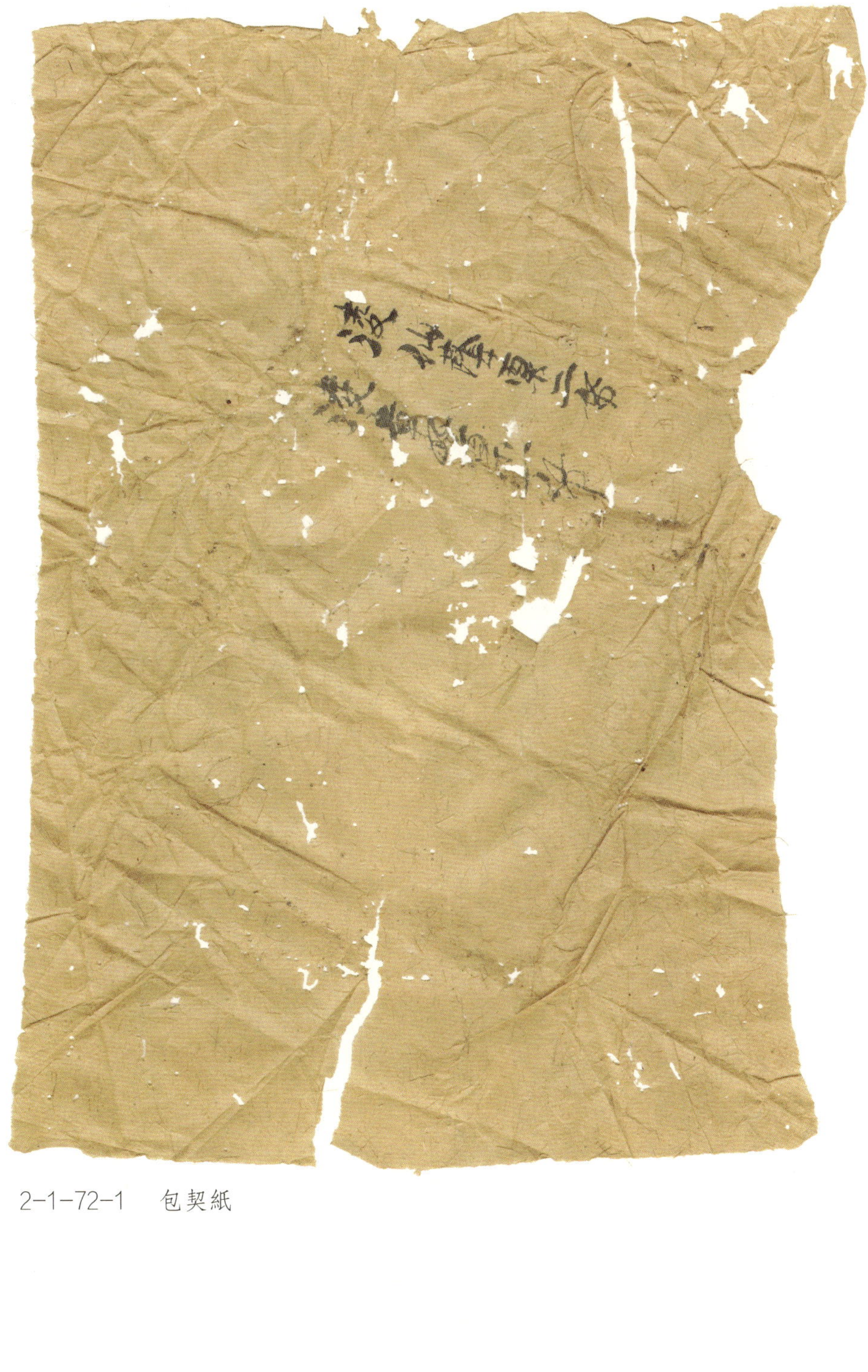

2-1-72-1　包契紙

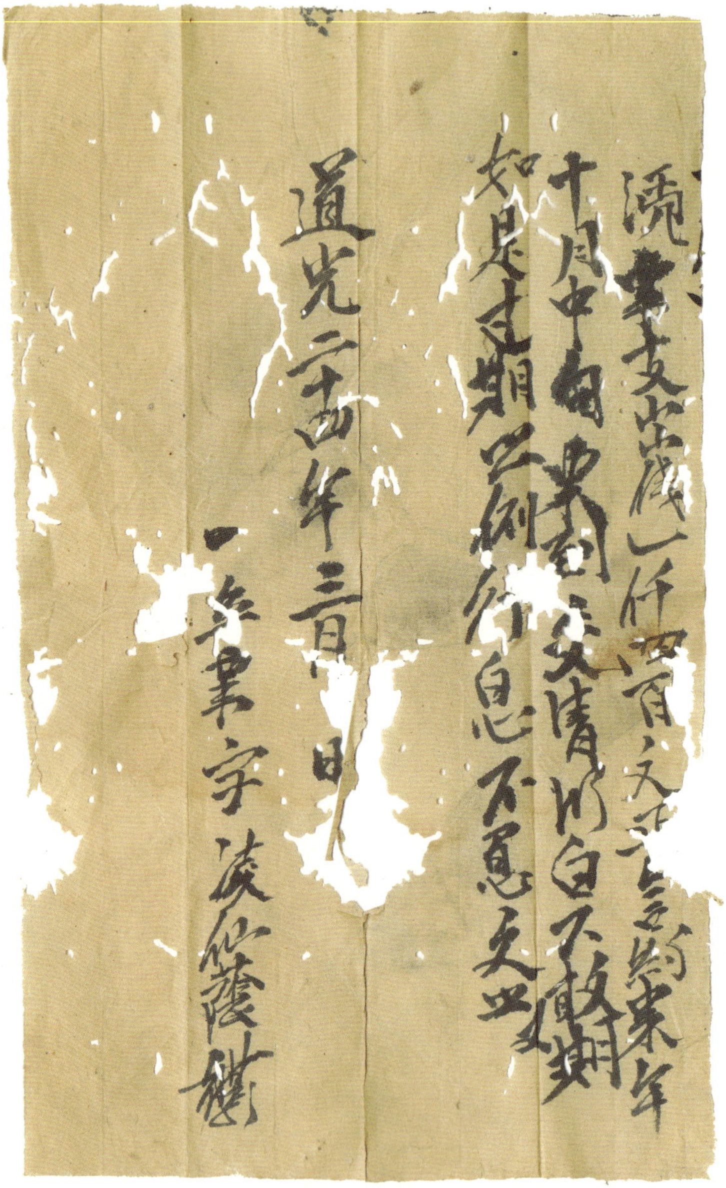
憑票支出錢一仟四百文正，言約來年
十月中母本利交清，明白不敢欠少。
如是過期，照例行息，不得異言也。
道光二十四年三月　日
立憑票字凌仙蔭（押）

2-1-72-2　清道光二十四年三月凌仙蔭立支錢憑票

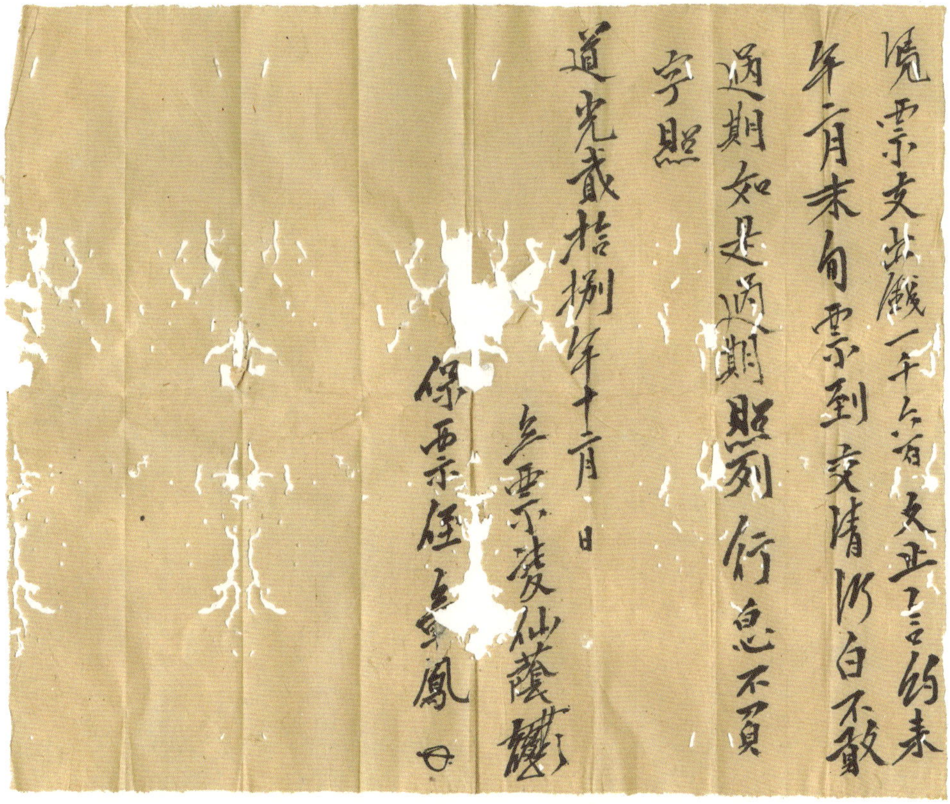

憑票支出錢一千六百文正，言約來年二月末旬票到交清，決白不敢過期。如是過期，照列行息，不負字照。

道光貳拾捌年十二月　日

立票凌仙蔭（押）

保票侄立鳳（押）

2-1-72-3　清道光二十八年十二月凌仙蔭立支錢憑票

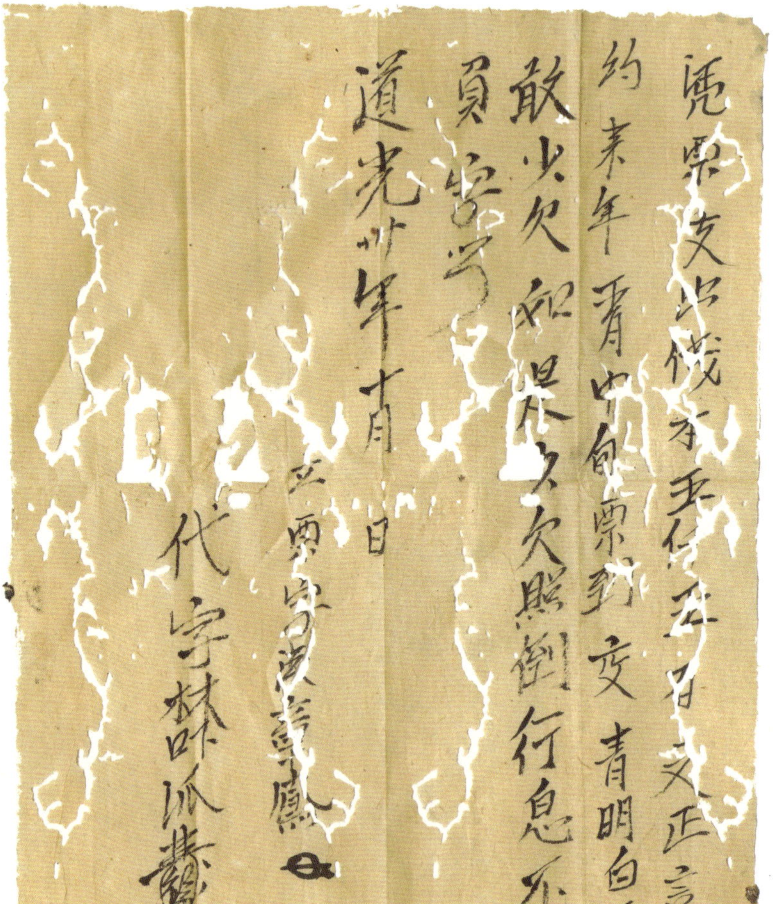
憑票支出錢壹千伍百文正，言
約來年青中旬票到交，青明白不
敢少欠，如是少欠，照例行息，不
負字照。
道光卅年十月　日
立票字凌章鳳
代字林昭瓜書

2-1-72-4　清道光三十年十月凌章鳳立支錢憑票

2-1-73-1 包契紙

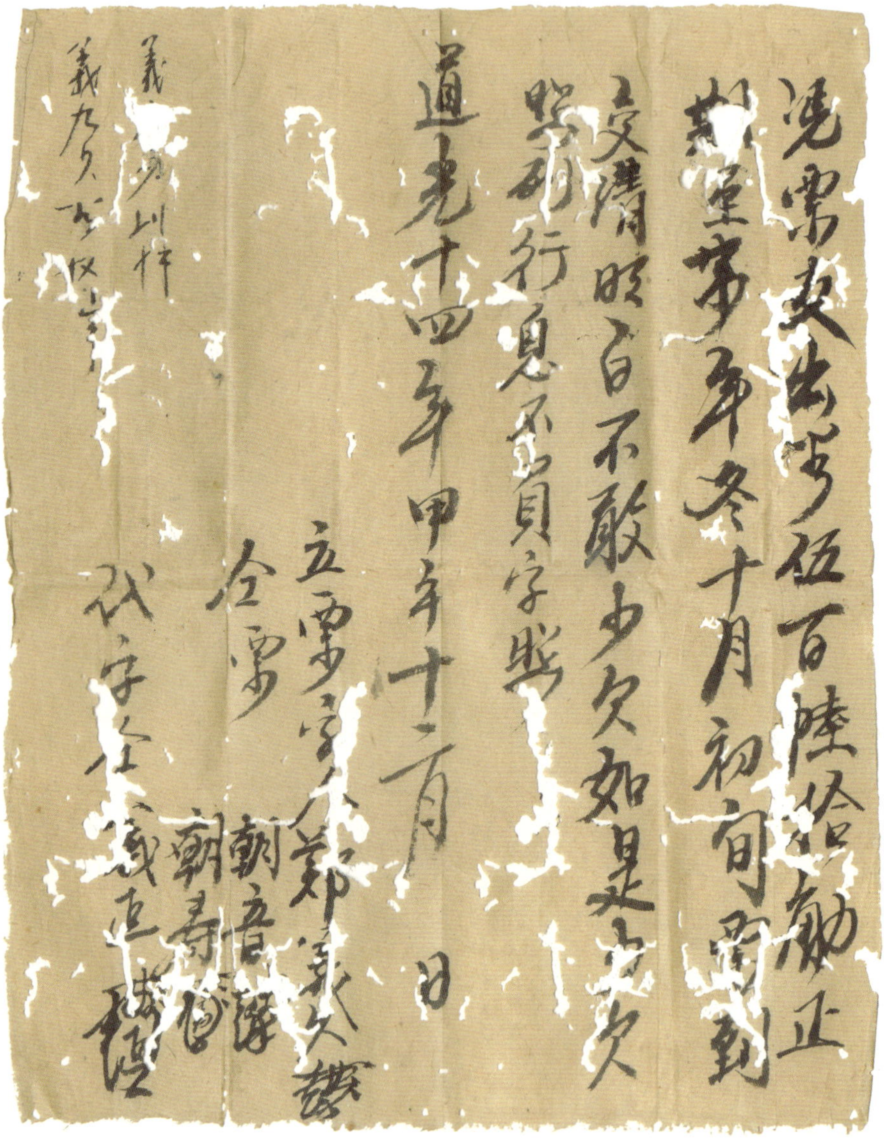

憑票支出谷伍百陸拾觔正
約至本年冬十月初旬[illegible]到
交清明白不敢少欠如是少欠
照例行息不負字照
道光十四年甲午年十二月　日
立票字人鄭義久押
仝票　朝音押
朝壽押
代字　仝義直押

2-1-73-2　清道光十四年十二月鄭義久立支穀憑票

2-1-74-1 包契紙

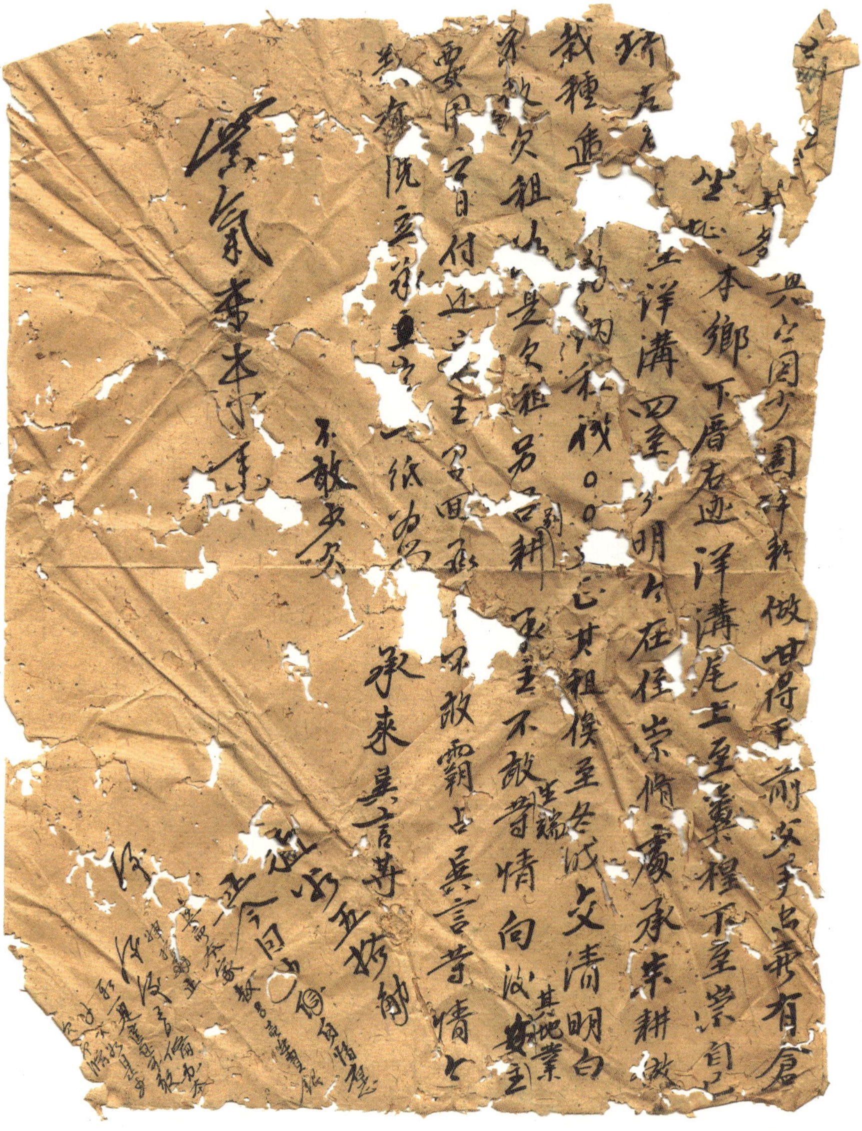

2-1-74-2　包契紙（草契）

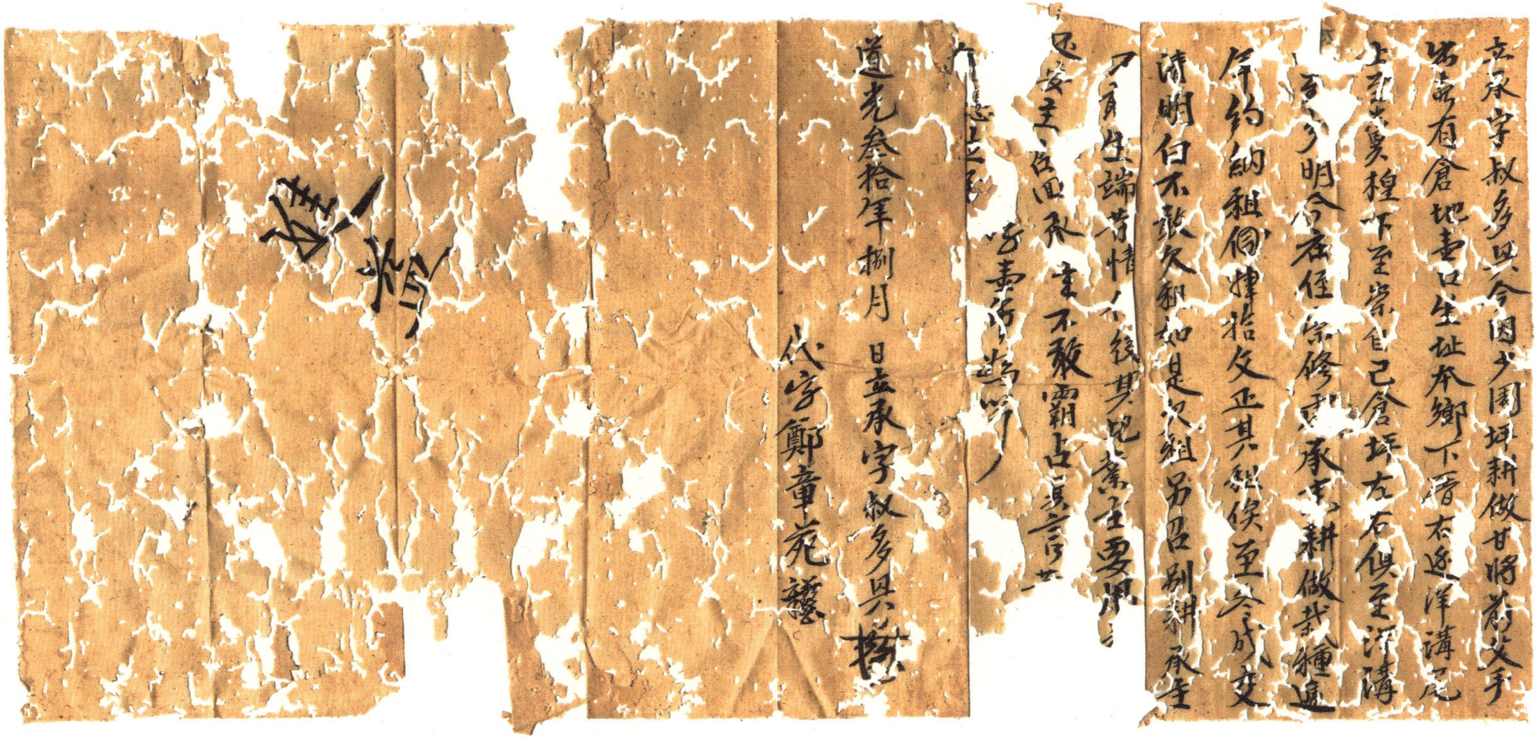

2-1-74-3　清道光三十年八月柯多奀立承園坪字

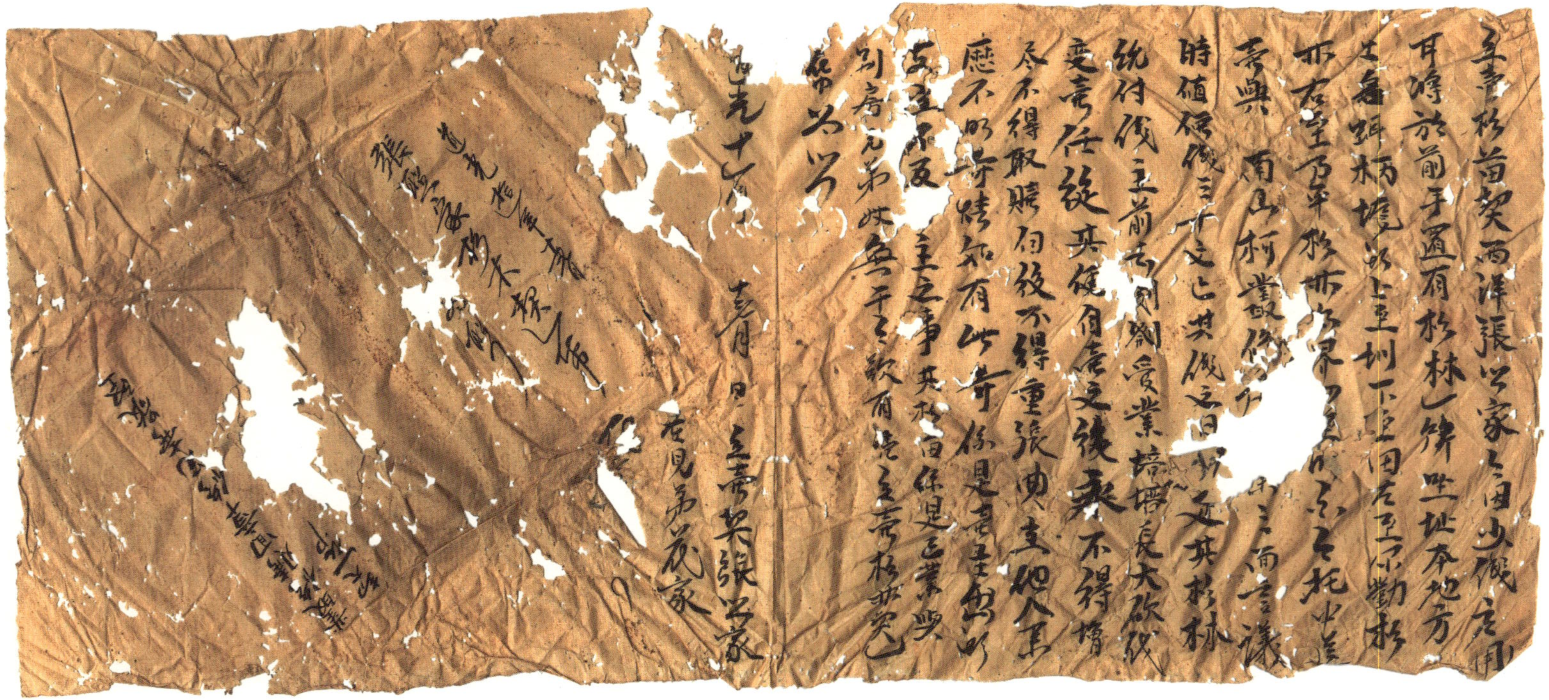

2-1-75-1　清道光十一年十二月張照家立賣杉苗契（草契）

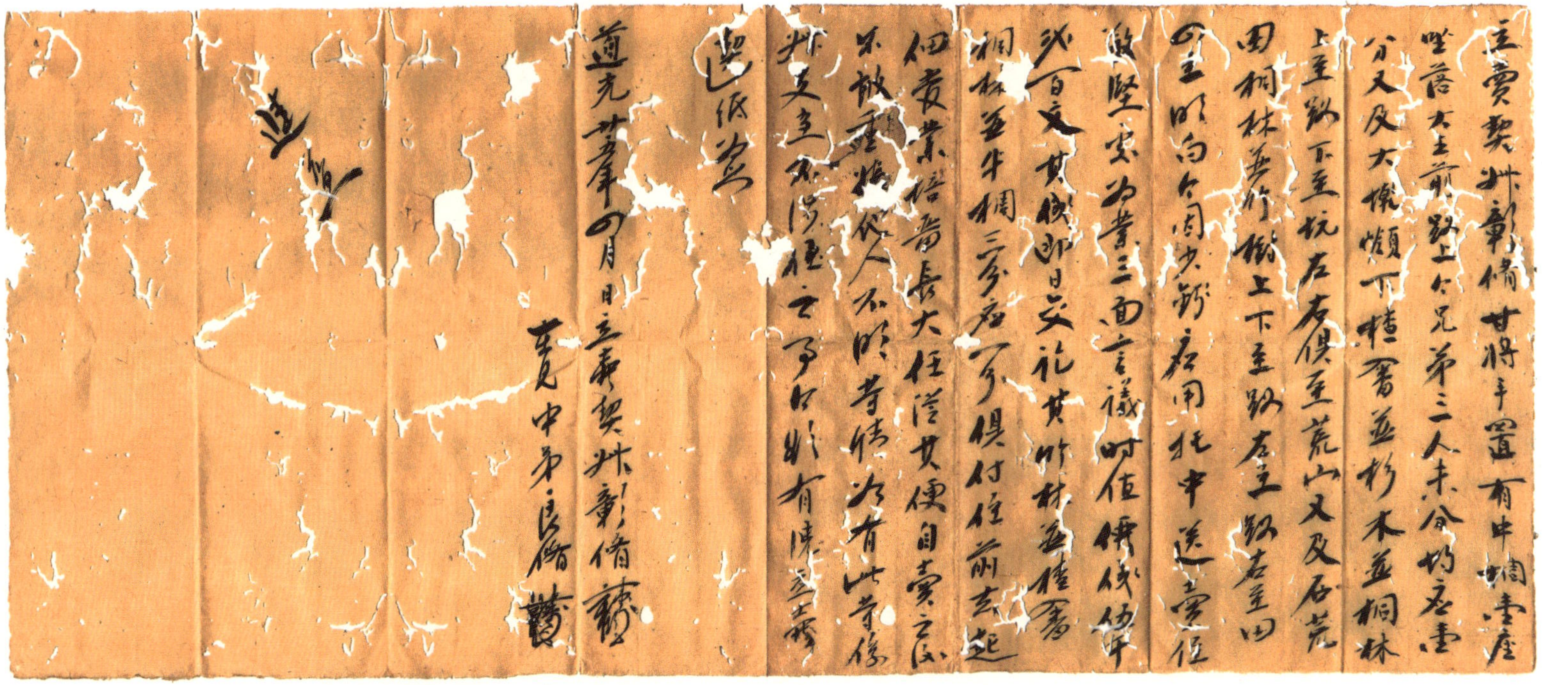

立賣契柯彰脩，甘將手置有中㭎壹座，
坐落本土前路上，与兄弟三人未分，仍應壹
分，又及大境頭下植蓄並杉木並桐林，
上至路，下至坑，左右俱至荒山，又及石荒
田桐林並竹樹，上下至路，左至路，右至田，
四至明白。今因乏錢應用，托中送賣與任
徵堅處為業，三面言議，時值價錢伍仟
貳百文，其錢即日交訖，其竹材並桂蓄
桐林並牛㭎三分，居分俱付任前去起
佃管業，培養長大，任從其便。自賣之後，
永敢重新，從人不明等情，係有此業，係
柯支立，不干任之事。今欲有憑，立賣
契一紙為照。

道光廿五年四月　日立賣契柯彰脩（押）
見中弟良脩（押）

2-1-75-2　清道光二十五年四月柯彰脩立賣中㭎等契

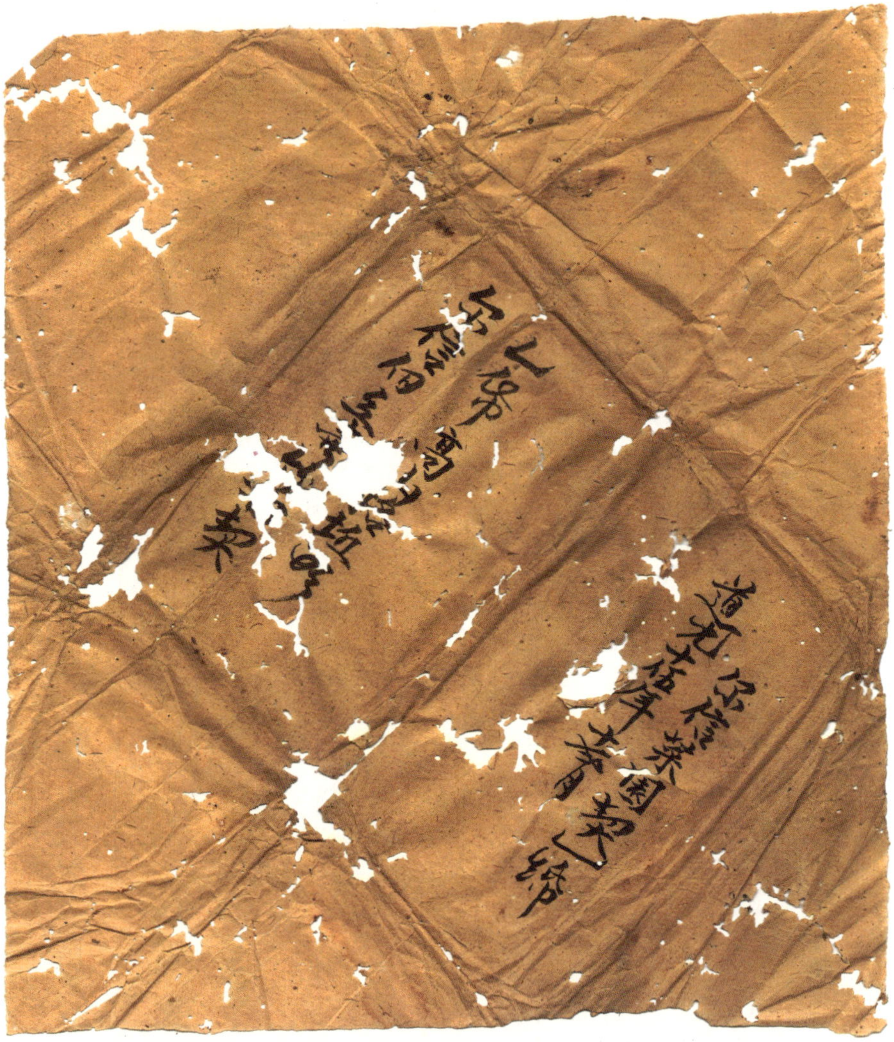

2-1-76-1　包契紙

2-1-76-2　包契紙

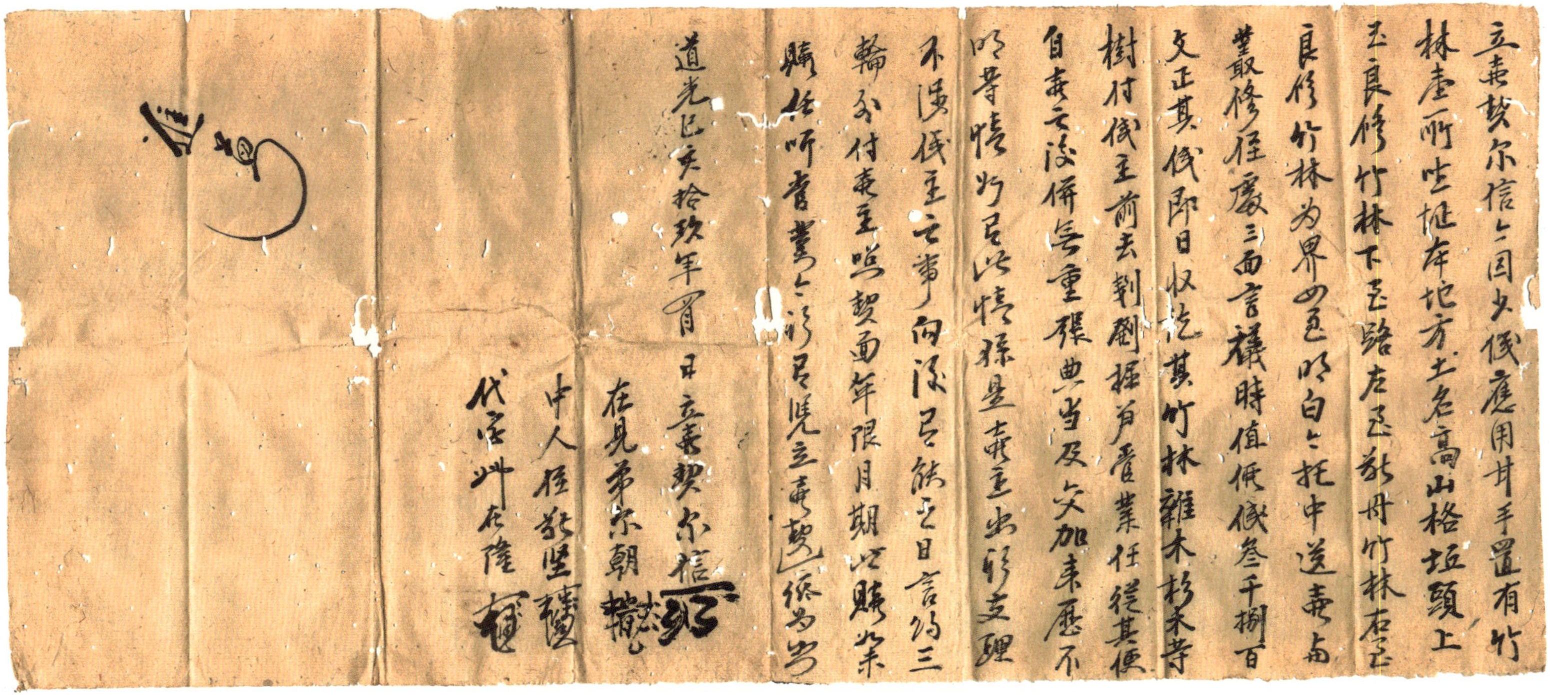

立賣契尔信，因乏銀應用，自手置有竹
林壹所，坐址本地方，土名高山格垣頭，上
至良修竹林，下至路，左至能丹竹林，右至
良修竹林為界，四至明白。今托中送賣與
叢取修侄處，三面言議，時值價銀叁千捌百
文正，其銀即日收訖，其竹林雜木杉木等
樹付銀主前去判砍掘筍管業，任從其便。
自賣之後，係無重張典當及文加來歷不
明等情，如是有此情，係是賣主出頭支理，
不涉銀主之事。向係兩願，今日言約三
輪分付賣主照契面年限月期照價
贖，任聽管業，今欲有憑，立賣契一紙為照。

道光己亥拾玖年四月　日立賣契尔信

在見弟尔朝

中人侄能堅

代字姪尔隆

2-1-76-3　清道光十九年四月柯尔信立賣竹林契

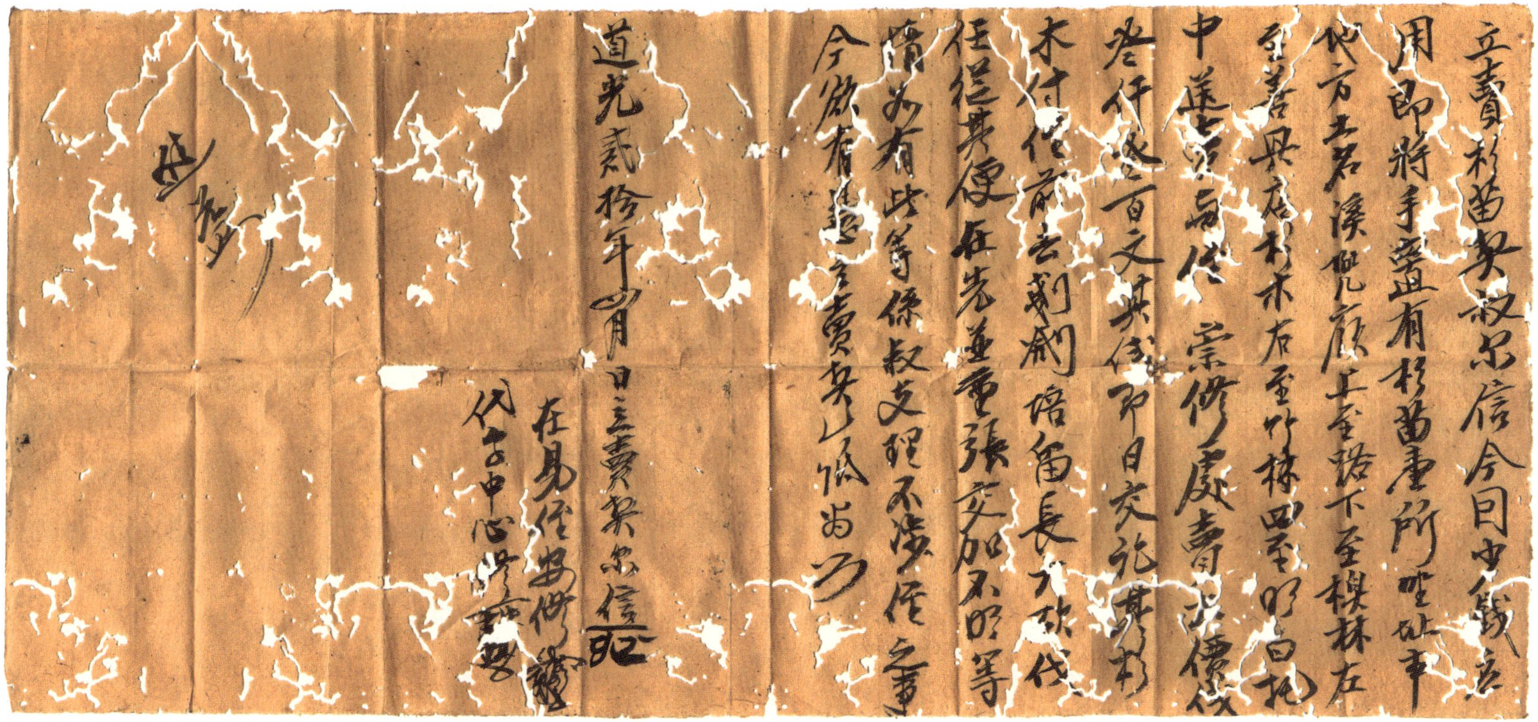

立賣杉苗契叔尔信，今因乏錢應
用，即將手蓋有杉苗壹所，坐址本
地方土名溪兜底，上至路，下至楳林，左
至[illegible]兵店杉木，右至竹林，四至明白，托
中送與　宗侄處壽出[illegible]
叁仟伍百文，其錢即日交訖，其杉
木付侄前去剗剗培留長大砍伐，
任從其便，在先並無重張交加不明等
情，如有此等，係叔支理，不涉侄之事。
今欲有憑，立賣契[illegible]紙為炤。

道光貳拾年四月　日立賣契叔尔信（押）
在見侄安僯（押）
代字中心[illegible]

2-1-76-4　清道光二十年四月柯尔信立賣杉苗契

2-1-77-1　包契紙

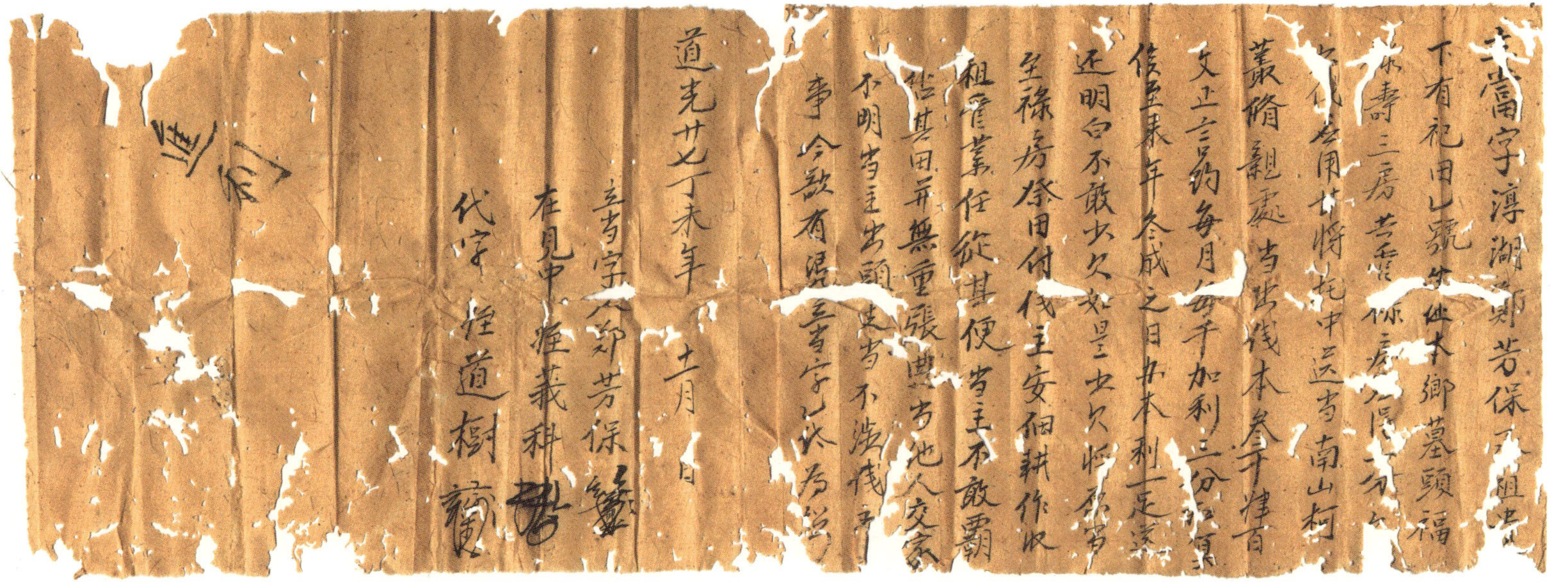
立當字淳湖鄭芳保[illegible]祖[illegible]
下有杞田山坑坐址本鄉墓頭福
永壽三房芳霖[illegible]
[illegible]乏用，甘將托中立當南山柯
叢脩親處，當出錢本叁千肆百
文正，言約每月每千加利三分[illegible]
俟至來年冬成之日，母本利一足[illegible]
還明白，不敢少欠。如是少欠，將所當
[illegible]祭田付錢主安佃耕作收
租管業，任從其便，當主不敢霸
佔。其田并無重張典當他人交家
不明，當主出頭支當，不涉錢主
事。今欲有憑，立當字一紙為照。
道光廿七丁未年　十一月　日
立當字人鄭芳保（押）
在見中侄義科（押）
代字侄道樹（押）

2-1-77-2　清道光二十七年十一月德化鄭芳保立當杞田字

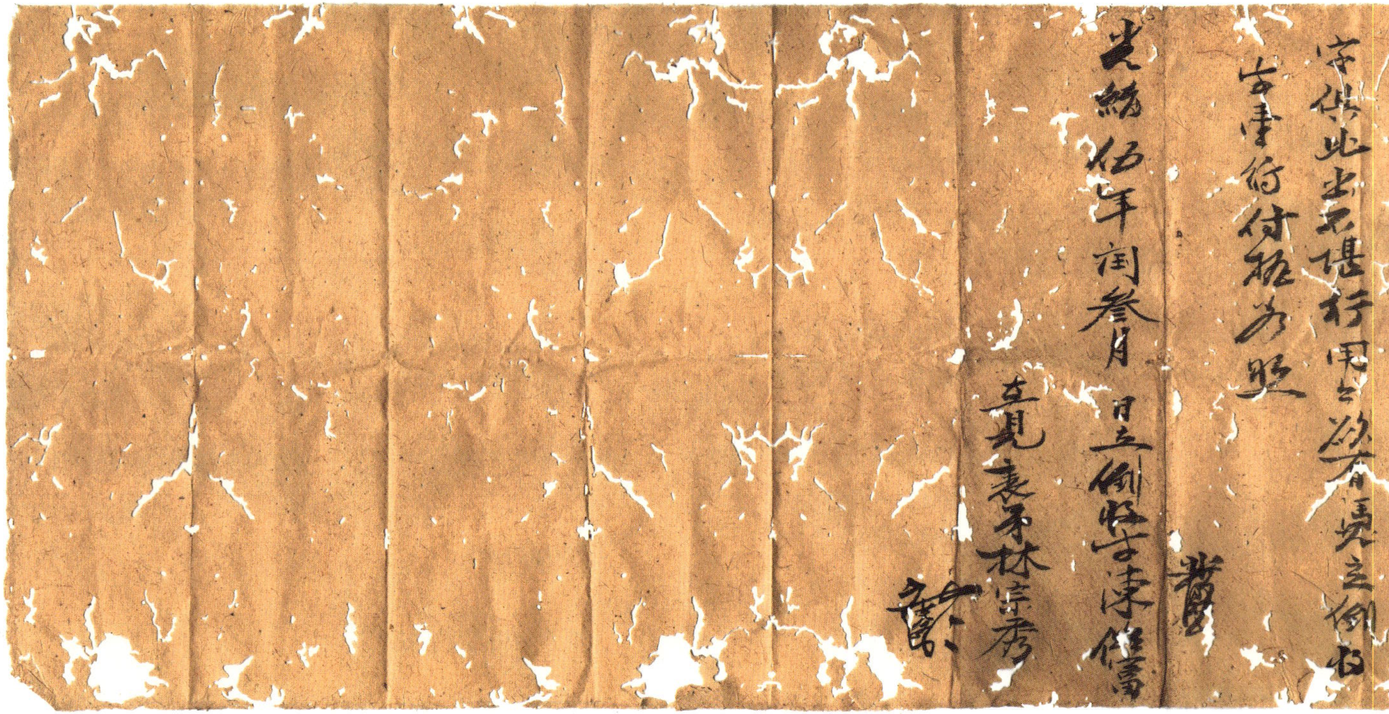

立倒收陳修富于前祖手有田祖同治年
間起至光緒年間止起清寡明白沒粘借
字供此出不堪行用之紙有遺失之倒收
古字符付紙爲照
光緒伍年閏叁月　日立倒收字陳修富
在見表弟林宗秀
筆

2-1-77-3　清光緒五年閏三月陳修富立倒收字

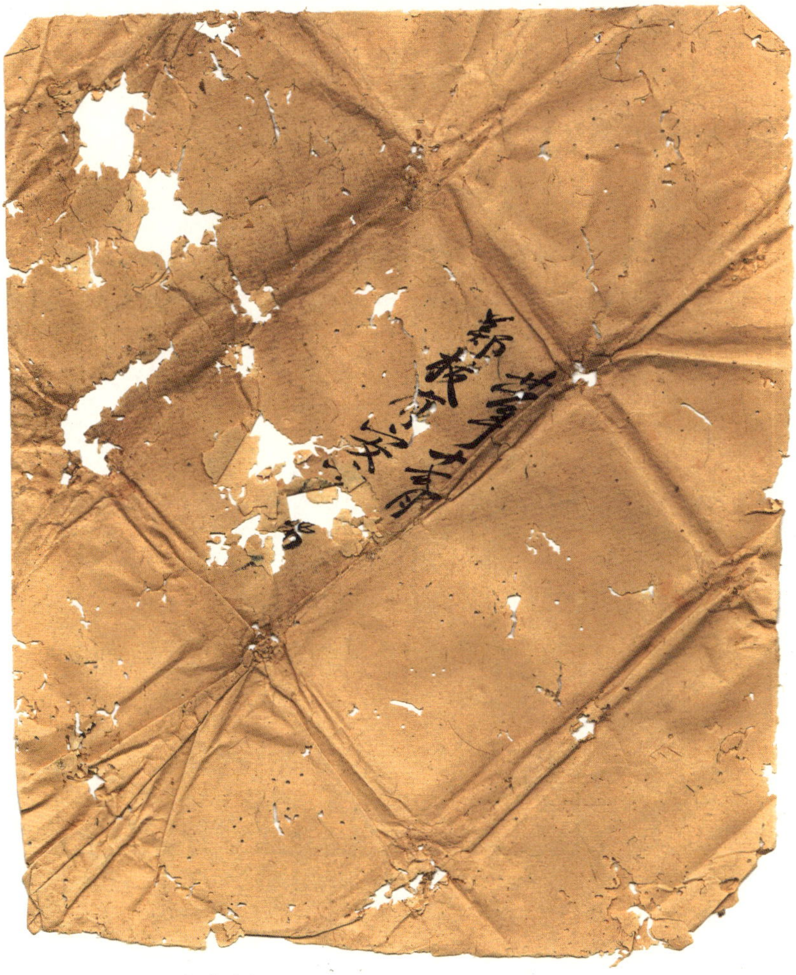

2-1-78-1　包契紙

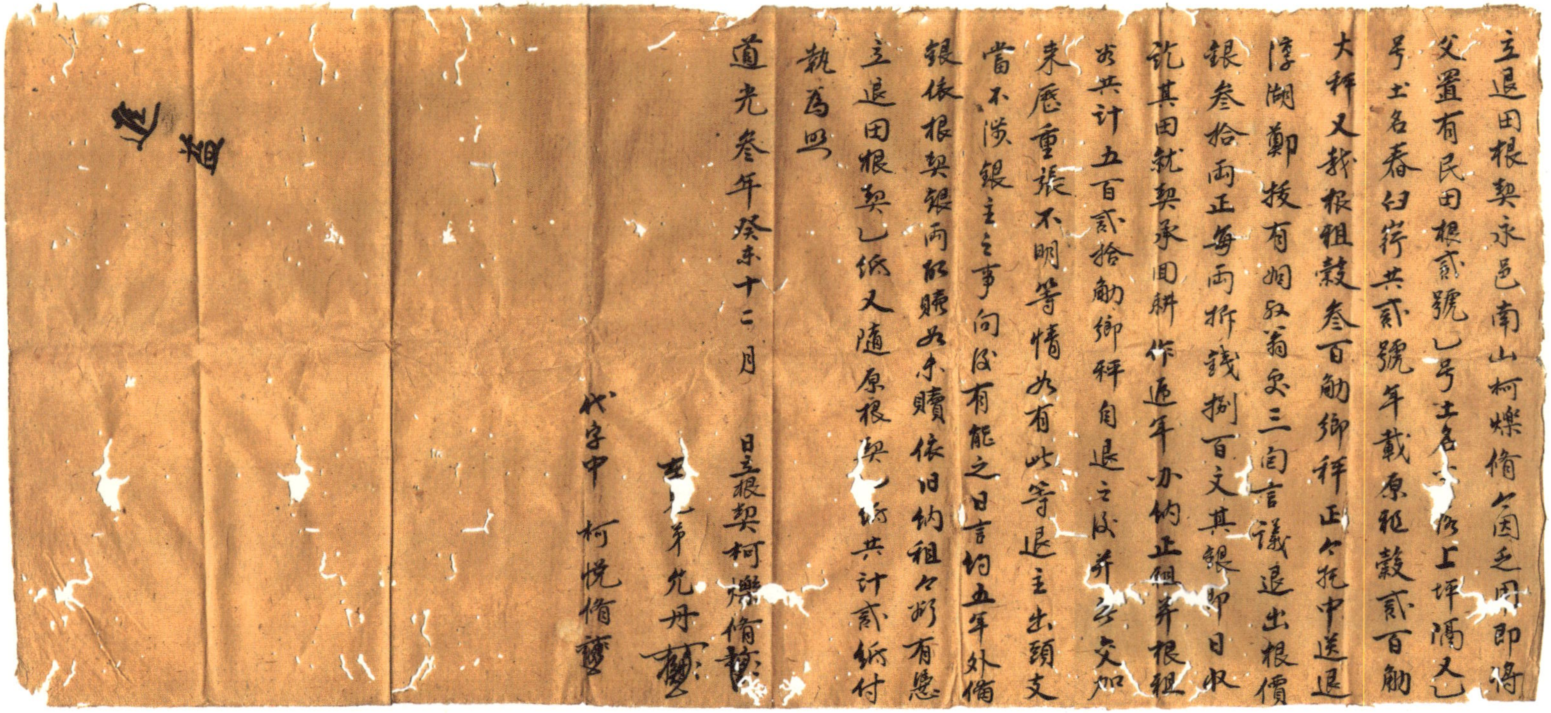

2-1-78-2　清道光三年十二月柯爍脩立退田根契

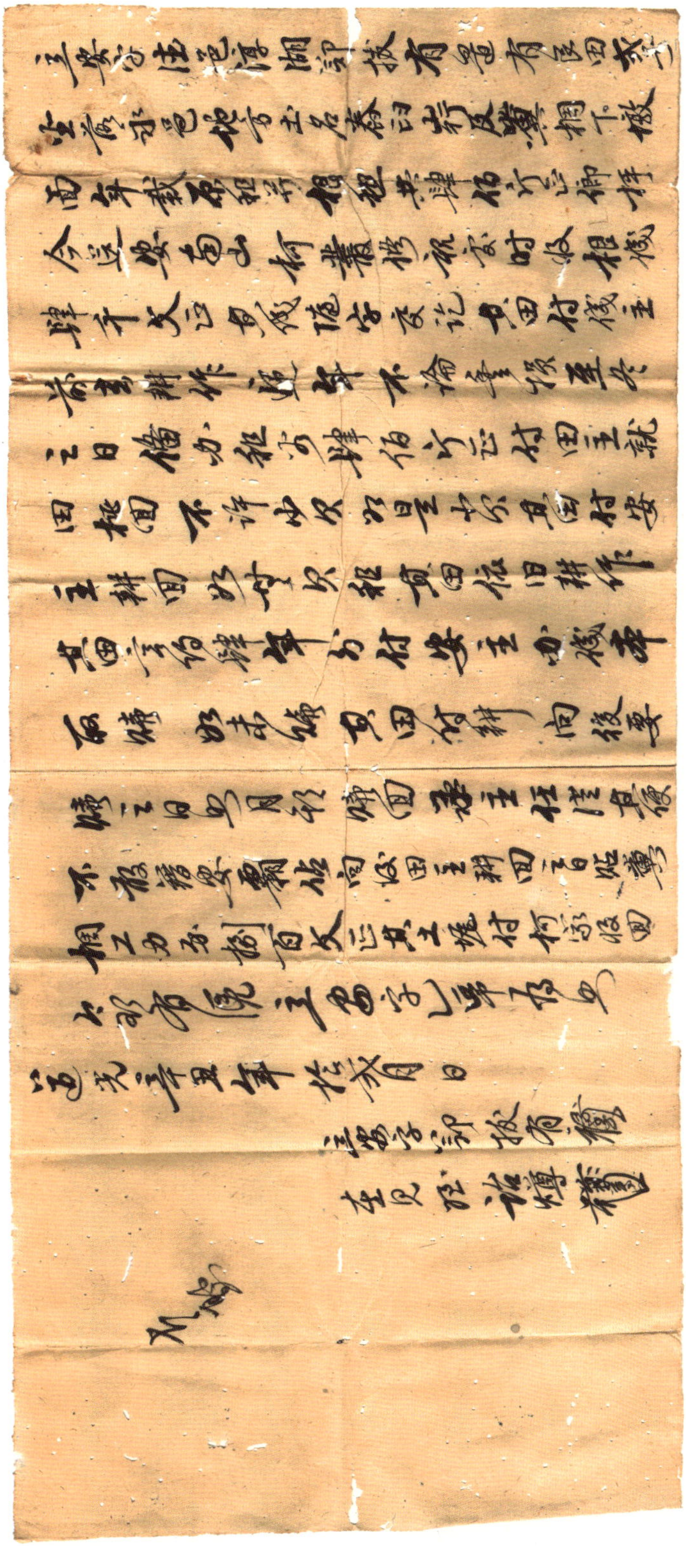

2-1-78-3　清道光二十一年十二月德化鄭拔有立安民田字

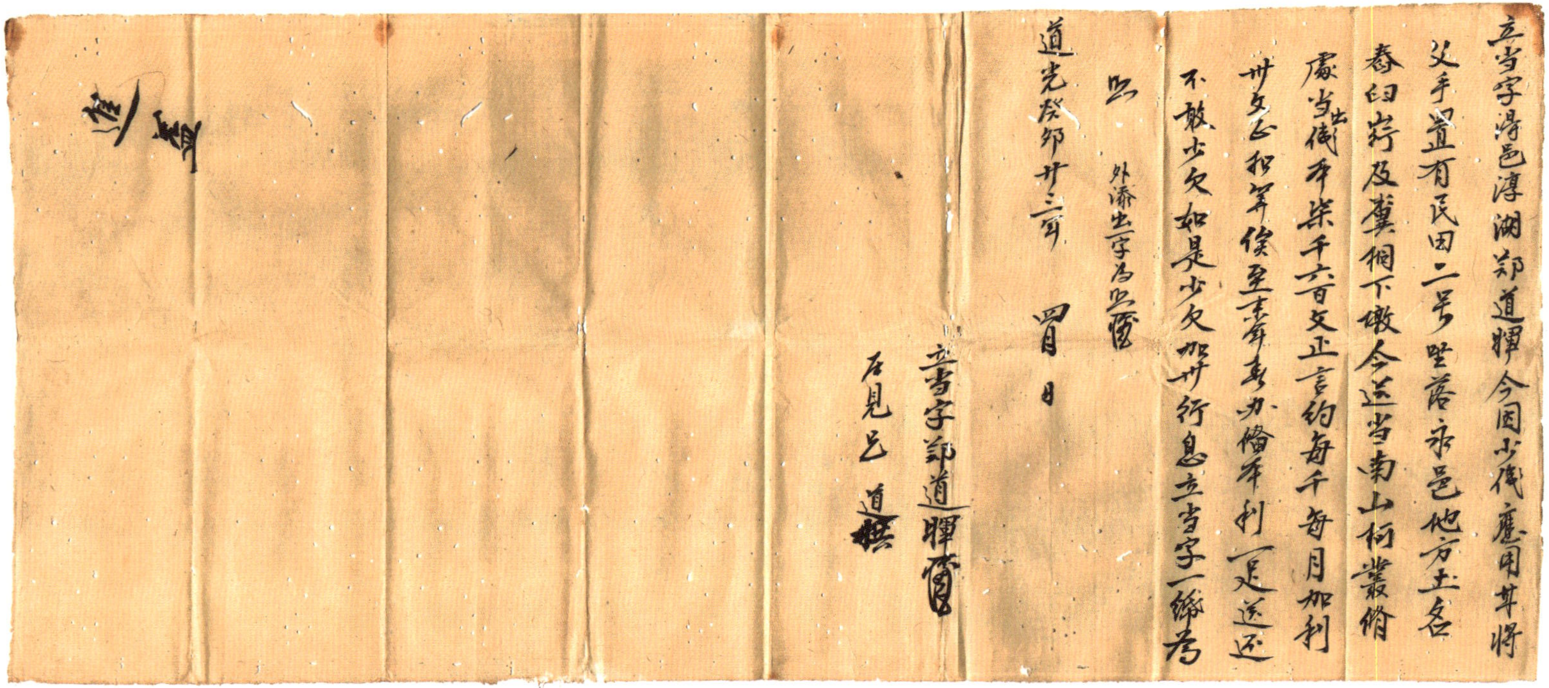

立当字淳湖郑道暉，今因少钱應用，身將父手置有民田二号，坐落本邑他方，土名春臼埒及冀桐下墩，今送当南山柯叢脩處，当出钱本柒千六百文正，言约每千每月加利廿文正，和算俟至本年春办备本利一足送还，不敢少欠，如是少欠，加廿行息。立当字一紙為照。

外添出字為照

道光癸卯廿三年四月　日

立当字郑道暉（押）

在見兄　道楼

2-1-78-4　清道光二十三年四月德化鄭道暉立當民田字

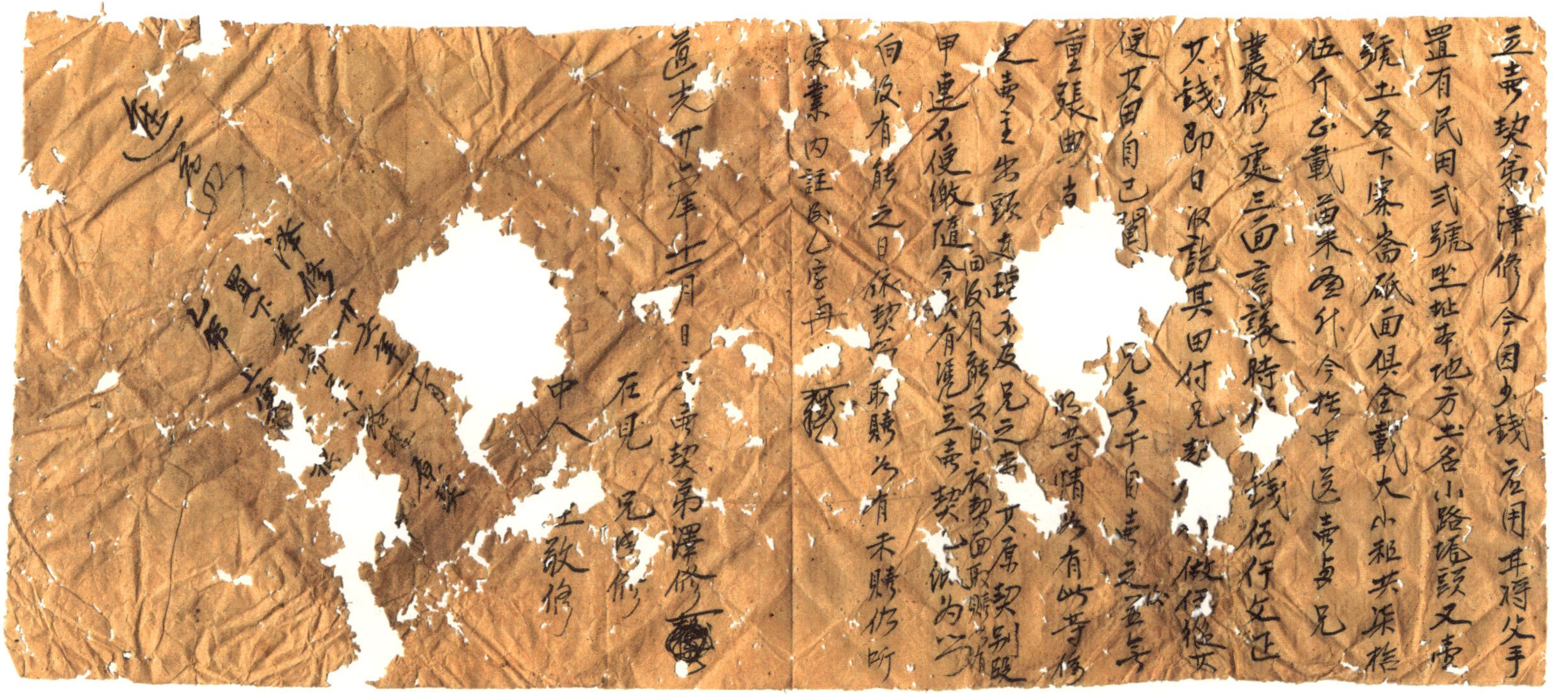
立賣契弟澤修，今因少錢应用，并得父手
置有民田弍號，坐址本地方土名小路墻頭，又壹
號土名下寮崙砥面，俱全載大小租共柒拾
伍斤正，載苗米叁升，今托中送賣与兄
叢修處，三面言議，時[illegible]价錢伍仟文正，
其錢即日收訖，其田付兄[illegible]做佃收
使，其田自己閹[illegible]兄弟手自賣之至，無
重張典[illegible]等情，如有此等情
是賣主出頭支理，不干兄之事。又原契别段
甲連，不便繳随，今[illegible]有憑立賣契一紙為[illegible]
向後有能之日，依契面取贖，如有未贖，仍听
家業内，註明乙字再[illegible]
道光廿六年十一月　日立賣契弟澤修
在見　兄[illegible]修
中人　[illegible]敬修

2-1-79-1　清道光二十六年十一月柯澤修立賣民田契（草契）

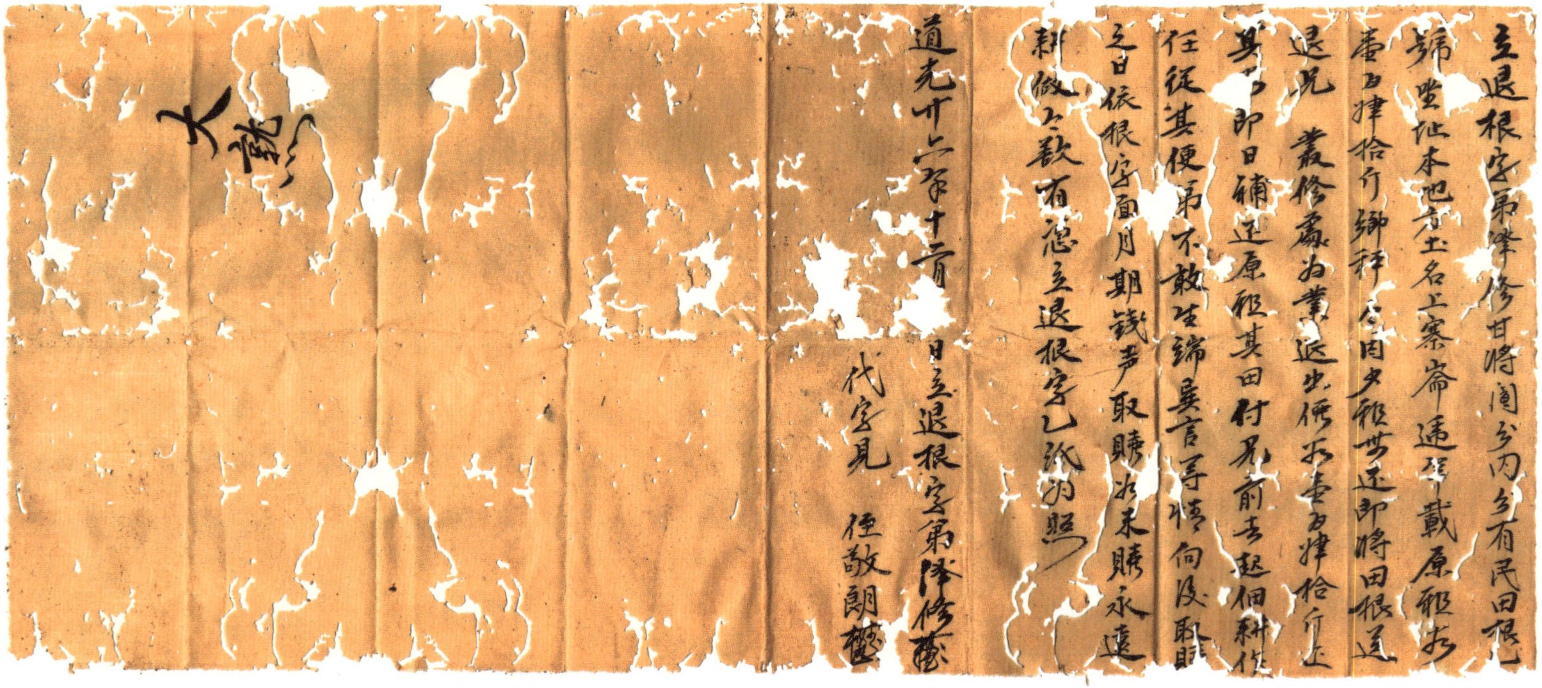

立退根字弟澤修，昔將園乡内乡有民田根一
號，坐址本地方土名上寨崙邊，年載原租谷
壹石肆拾斤，鄉秤。今因乏銀，送还，即將田根退
還兄叢修處爲業，退出價銀壹石肆拾斤正。
其銀即日補还原租，其田付兄前去起佃耕作，
任從其便，弟不敢生端異言等情，向後取贖
之日依根字面月期錢，声取贖，如未贖，永遠
耕做。二比甘愿，有憑，立退根字一紙為照。
道光廿六年十二月　日立退根字弟澤修
代字見　侄敬朗

2-1-79-2　清道光二十六年十二月柯澤修立退根字

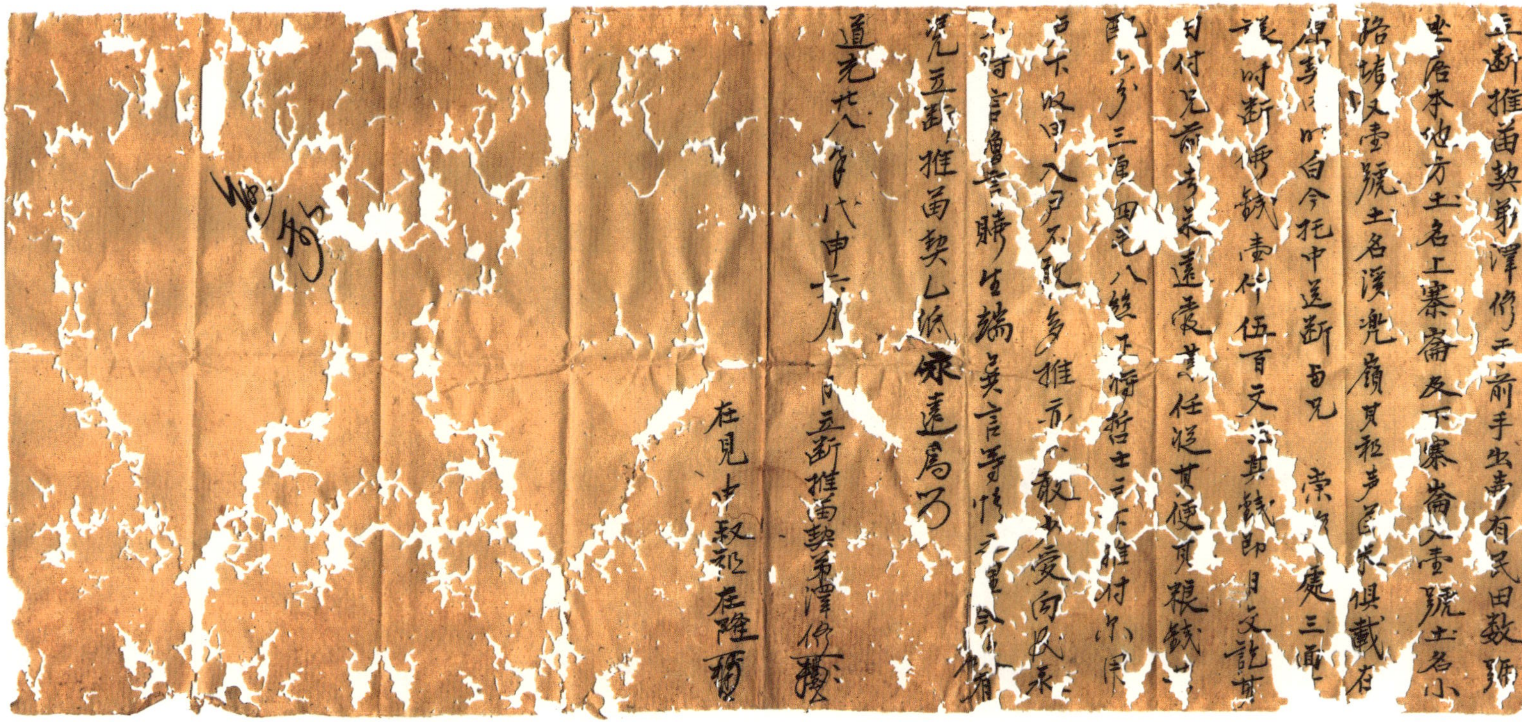
立斷推苗契弟澤修于前手出売有民田數號
坐居本地方土名上寨崙及下寨崙又壹號土名小
路墘又壹號土名溪兜嶺其租声[illegible]未俱載在
原契[illegible]今托中送斷與兄 宗[illegible]處三面
議時斷價錢壹仟伍百文其錢即日交訖其
田付兄前去永遠管業任從其便其粮錢[illegible]
配[illegible]三厘四毛八絲下倚哲士戶下推付小民
戶下收回入戶不敢多推亦不敢少受向取求
[illegible]時言[illegible]生端異言等情今[illegible]有
憑立斷推苗契乙紙永遠爲照
道光廿八年戊申六月 日 立斷推苗契弟澤修（押）
在見中叔祖 在隆（押）

2-1-79-3 清道光二十八年六月柯澤修立斷推苗契

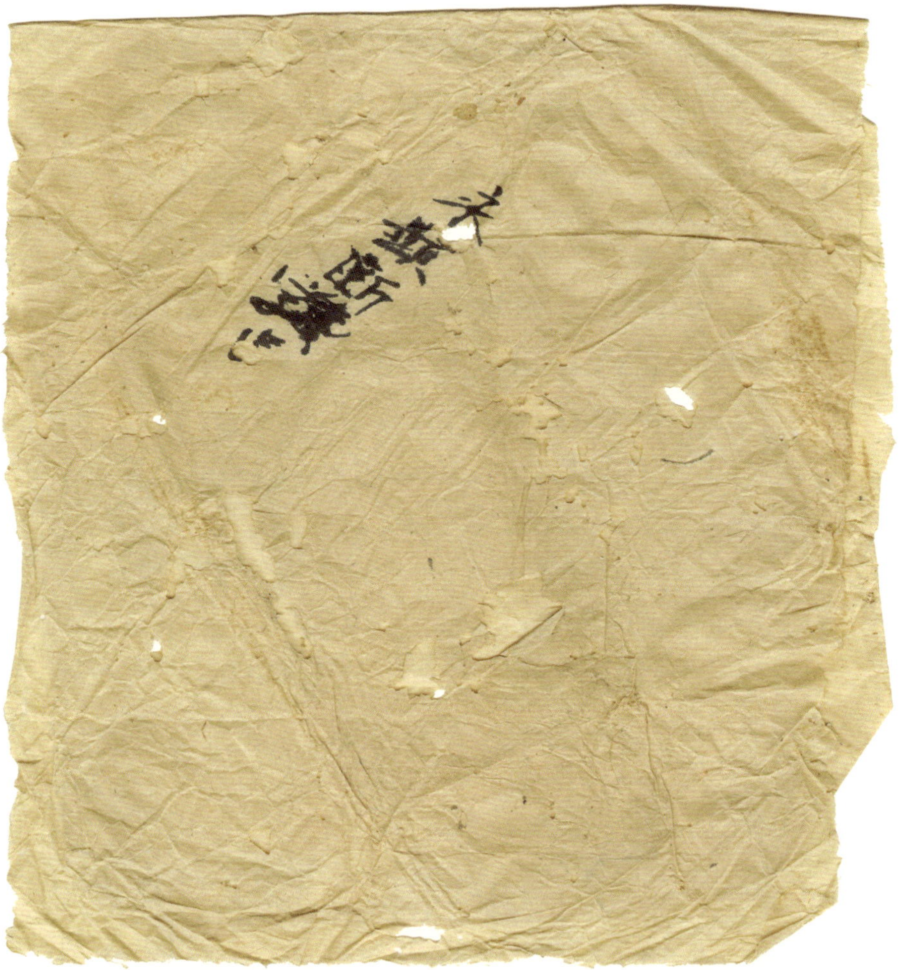

2-1-80-1　包契紙

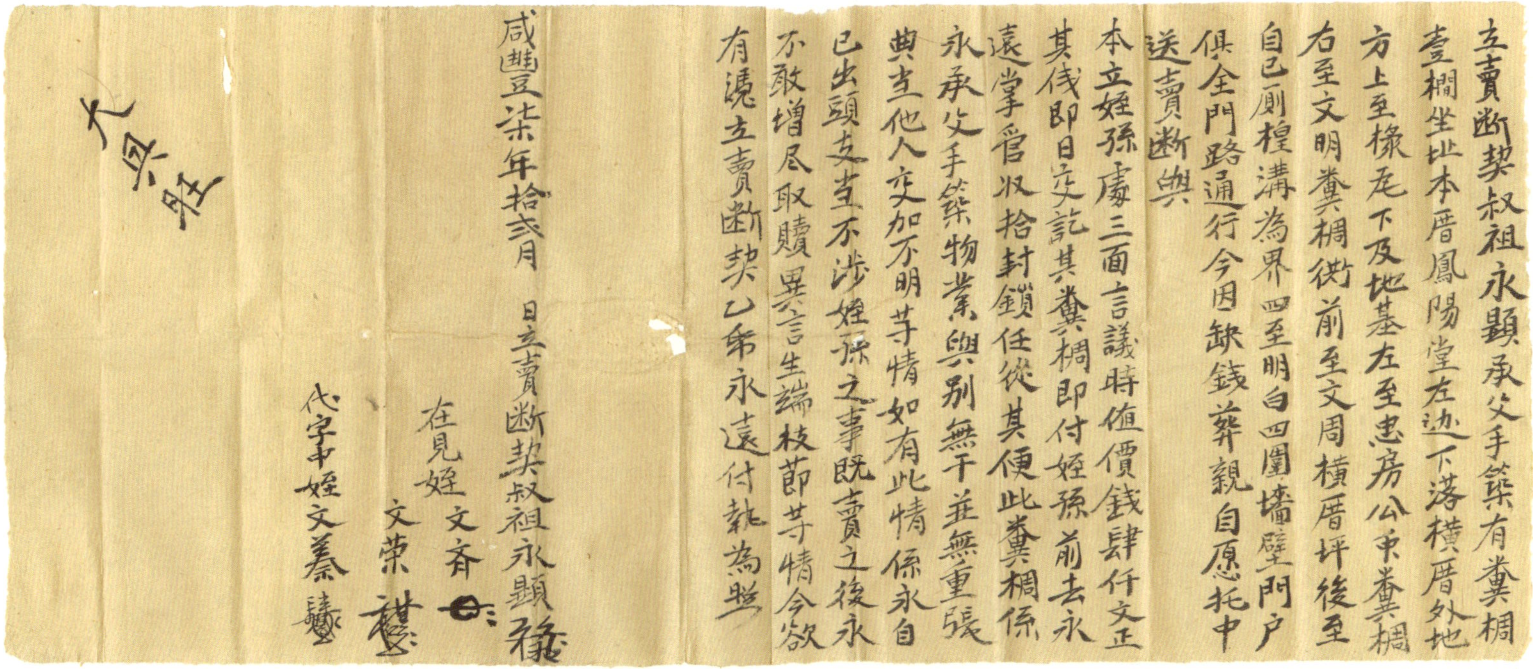

立賣斷契叔祖永顯承父手置有糞桐
壹欄坐址本厝鳳陽堂左边下落横厝外地
方上至椽庇下及地基左至忠房公秉糞桐
右至文明糞桐街前至文周横厝坪後至
自己厠楻溝為界四至明白四圍墻壁門戶
俱全門路通行今因缺錢葬親自愿托中
送賣斷與
本立姪孫處三面言議時值價錢肆仟文正
其錢即日交訖其糞桐即付姪孫前去永
遠掌管收拾封鎖任從其便此糞桐係
永承父手置物業與别無干並無重張
典当他人交加不明等情如有此情係永自
己出頭支当不涉姪孫之事既賣之後永
不敢增找取贖異言生端枝節等情今欲
有憑立賣斷契乙帋永遠付執為照

咸豐柒年拾貳月　日立賣斷契叔祖永顯（押）
在見姪　文斉（押）
　　　　文榮（押）
代字中姪文養（押）

大吉旺

2-1-80-2　清咸豐七年十二月永顯立賣斷糞桐契

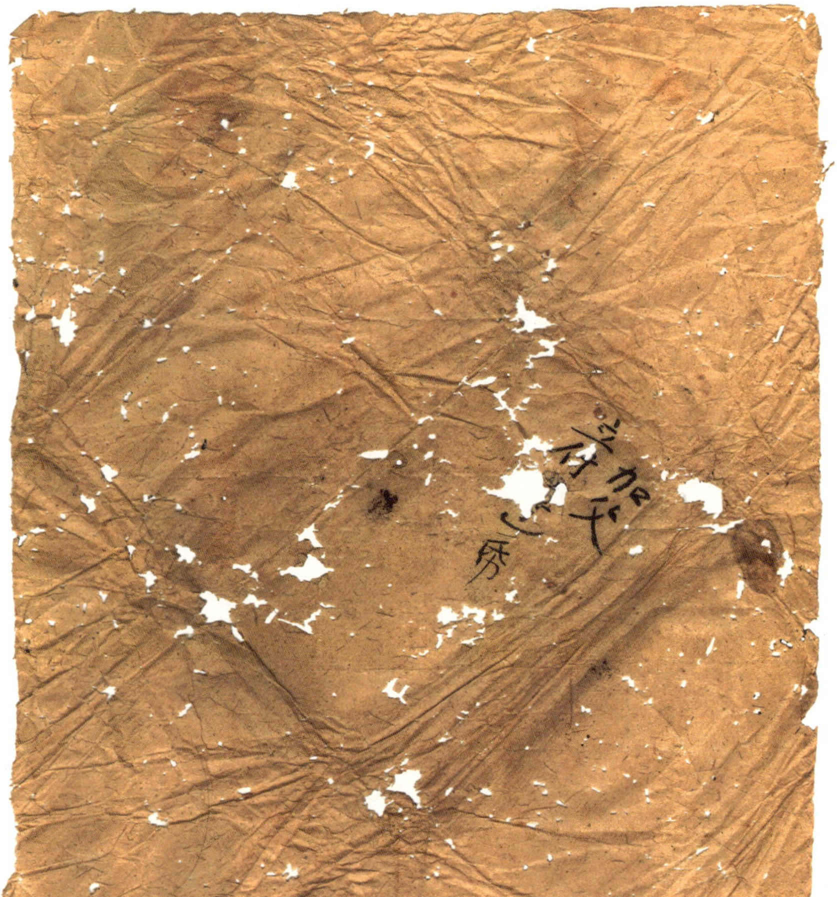

2-1-81-1　包契紙

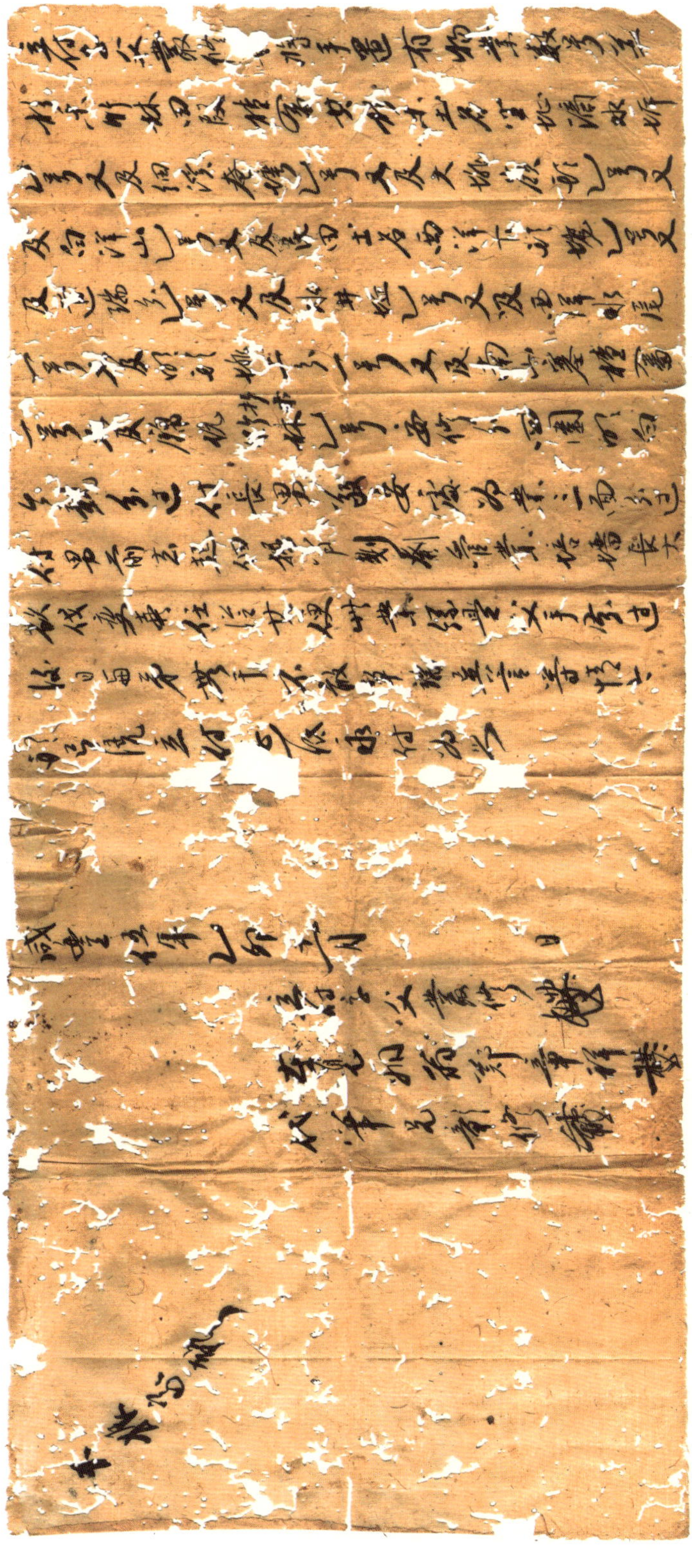

2-1-81-2　清咸豐五年十一月柯業修立付物業字

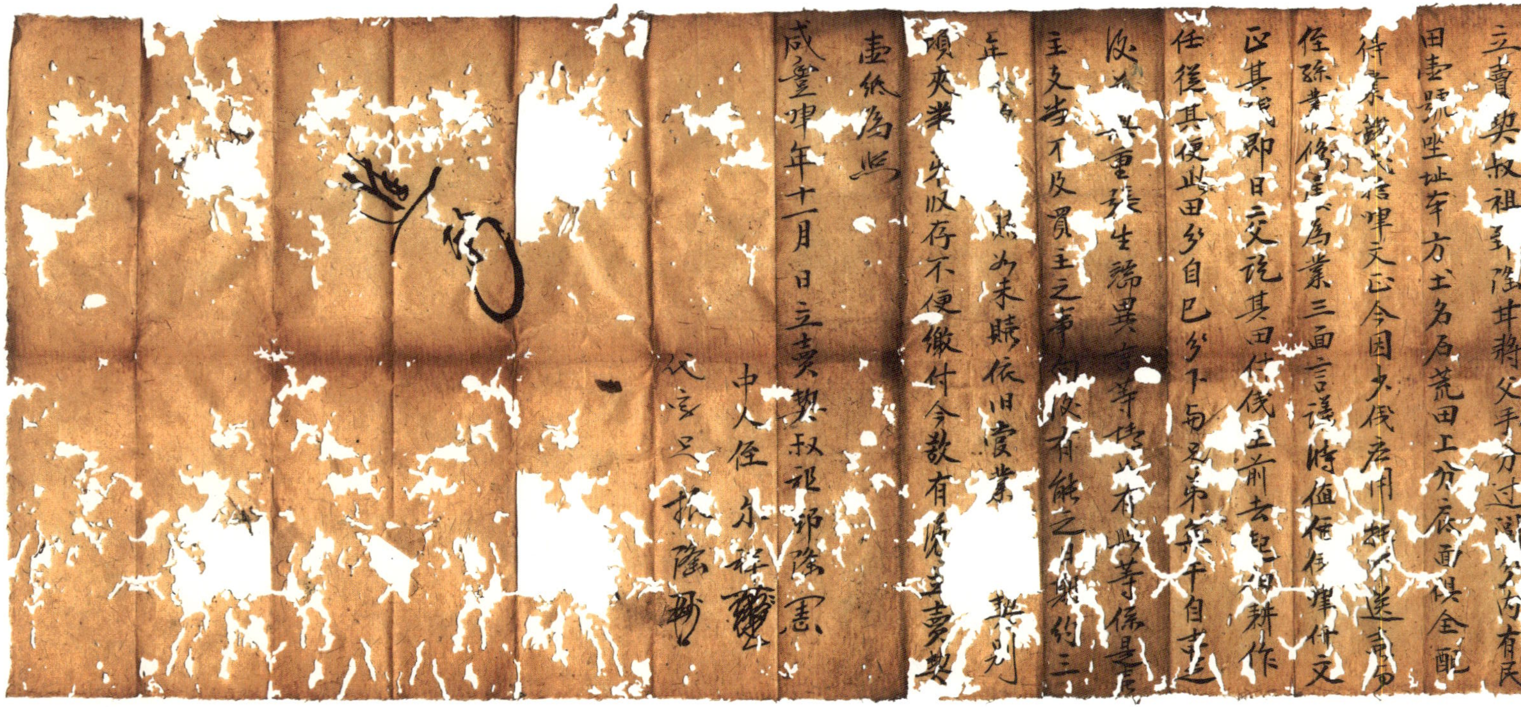

立賣契叔祖郅隆，并將父手分過鬮分內有民
田壹號，坐址牢方，土名石荒田，工分，底面俱全，配
[illegible]錢[illegible]肆文正，今因乏錢應用，[illegible]送與
侄孫[illegible]為業，三面言議，時值價[illegible]文
正，其錢即日交訖，其田付錢主前去起佃耕作，
任從其便，此田乃自己分下，與兄弟叔侄無干，自賣之
後[illegible]重張生端異言等情，亦不此等係是賣
主支當，不及買主之事，日後有能之日，照約三
年[illegible]未贖，依旧賣業[illegible]契
頂夾業[illegible]收存不便繳付，今欲有憑，立賣契
壹紙為照。
咸豐肆年十一月　日立賣契叔祖郅隆（押）
中人　侄　[illegible]祥（押）
代字　又　[illegible]隆（押）

2-1-82-1　清咸豐四年十一月柯郅隆立賣民田契

2-1-82-2 清光緒三年十一月謝代沛立典民田契

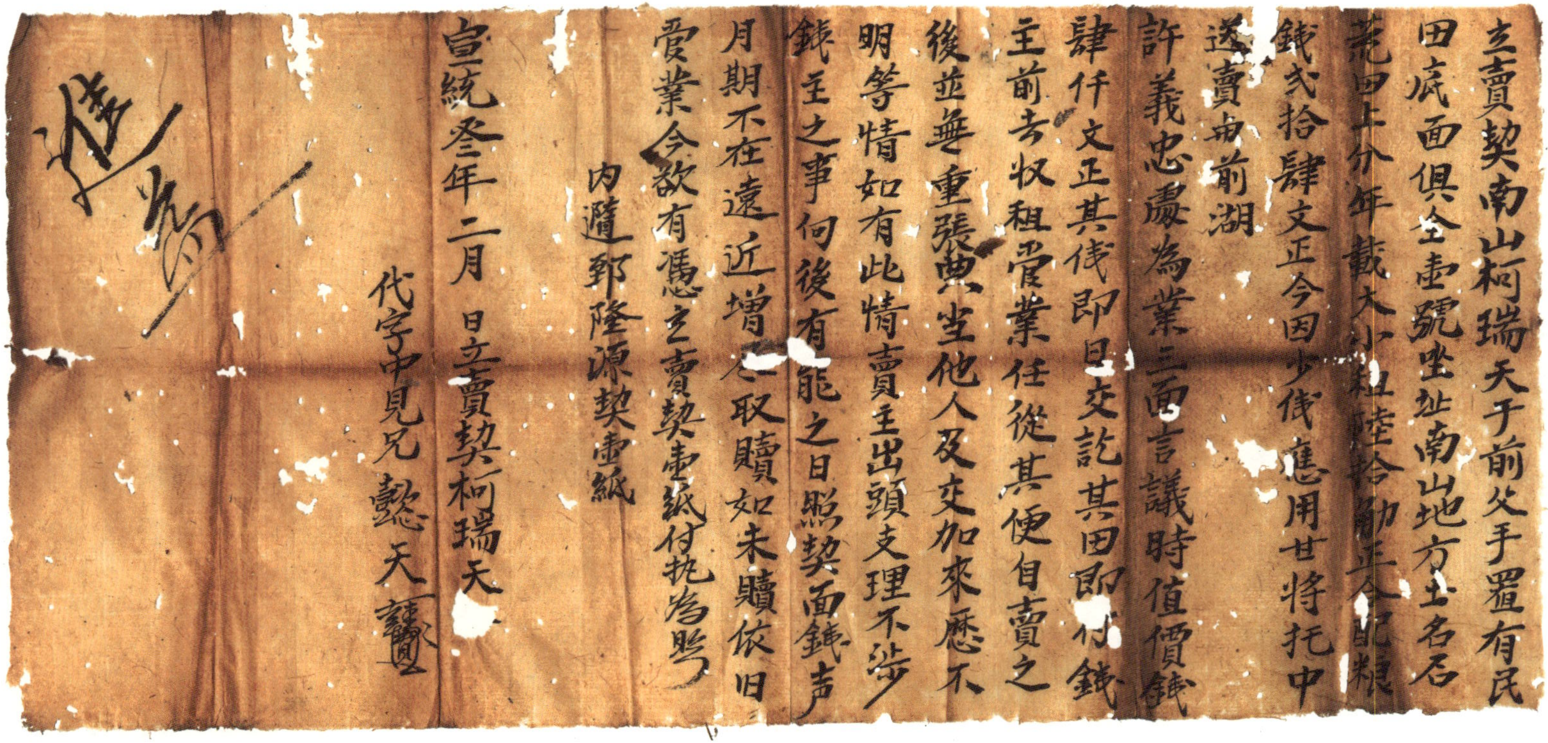
立賣契南山柯瑞天，于前父手置有民
田底面俱全壹號，坐址南山地方，土名石
苑田土分，年載大小租陸拾觔正，仝配粮
錢弍拾肆文正。今因乏錢應用，甘將托中
送賣南前湖
許義忠處為業，三面言議時值價錢
肆仟文正。其錢即日交訖，其田即付錢
主前去收租管業，任從其便。自賣之
後，並無重張典掛他人及交加來歷不
明等情，如有此情，賣主出頭支理，不涉
錢主之事。向後有能之日，照契面錢声
月期不在遠近，增□取贖，如未贖，依旧
管業。今欲有憑，立賣契壹紙付執為照。
内遺鄧隆源契壹紙
宣統叁年二月　日立賣契柯瑞天
代字中見兄　懿天（押）

2-1-82-3　清宣統三年二月柯瑞天立賣民田契

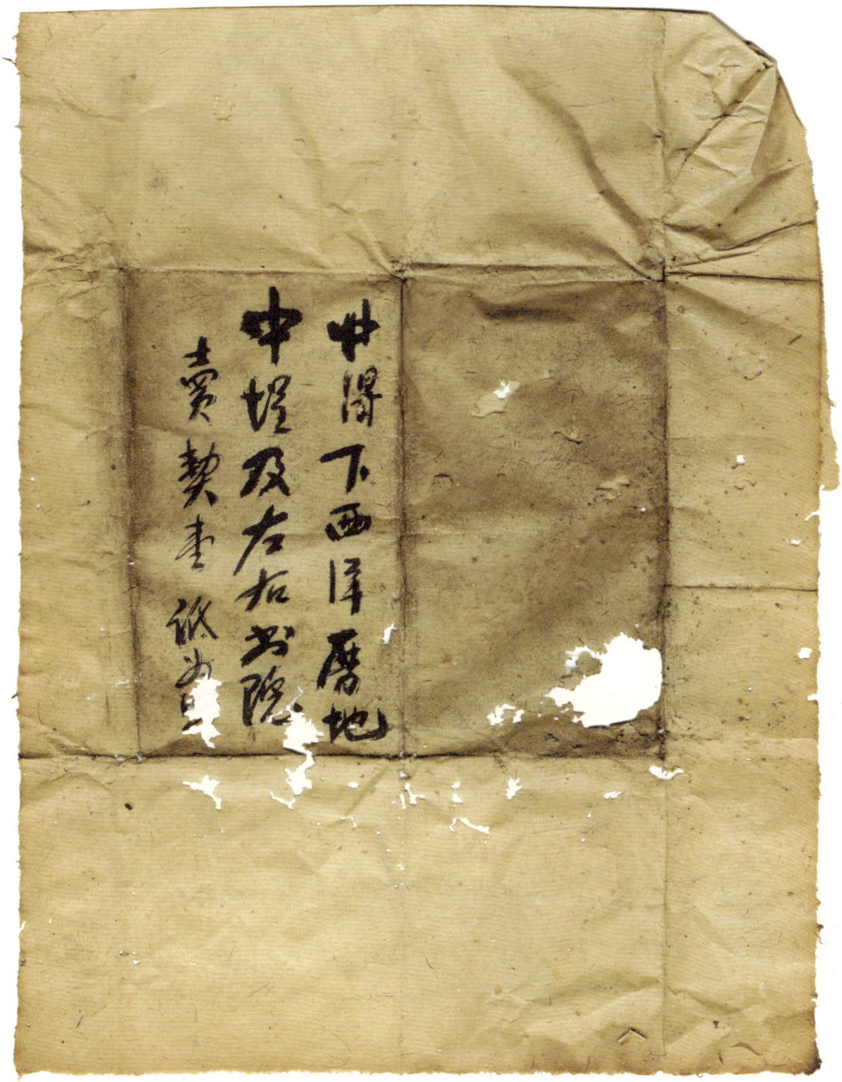
卅得下西洋厝地
中堀及左右出隘
賣契壹紙為照

2-1-83-1　包契紙

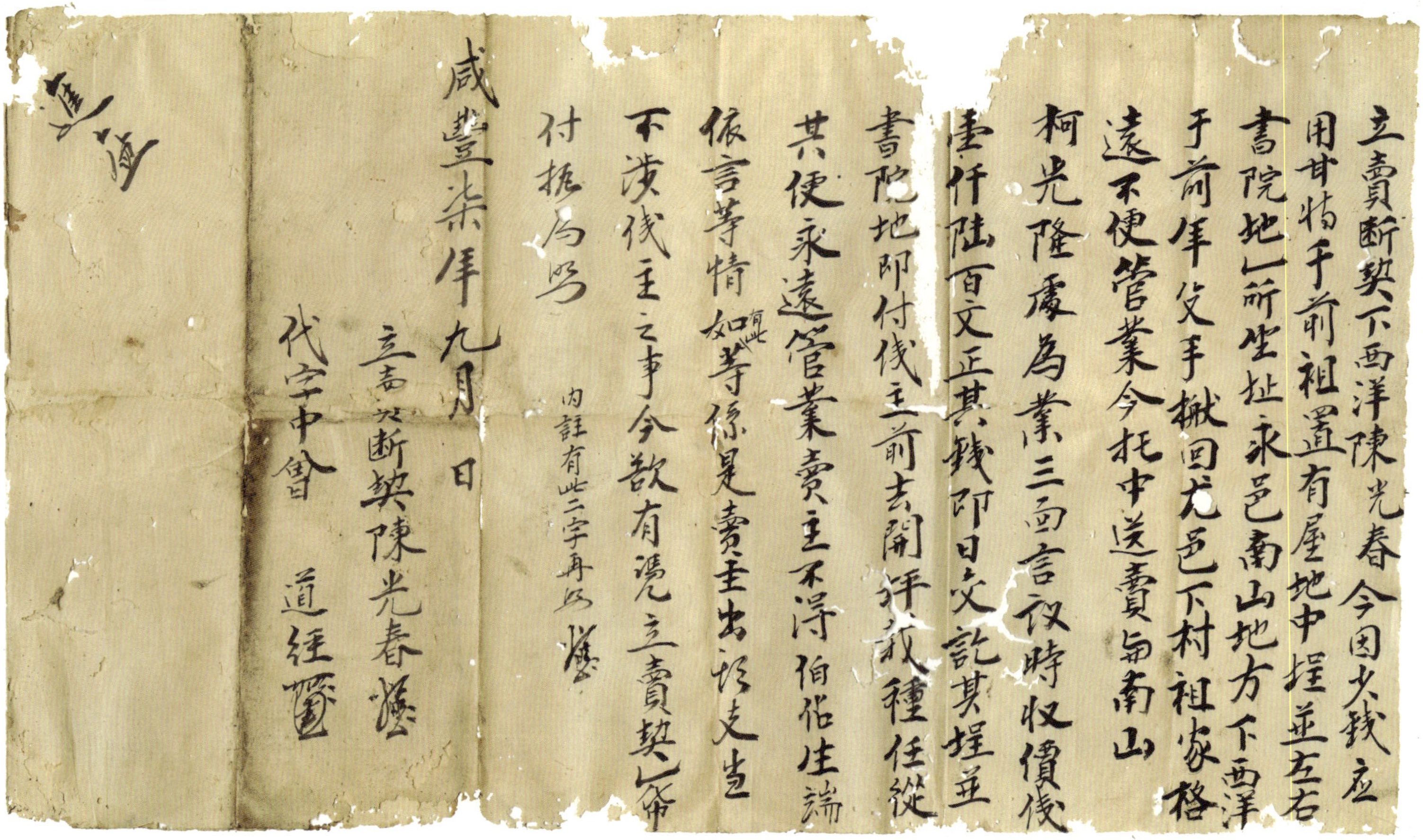
立賣斷契下西洋陳光春，今因乏錢應
用，甘将手前祖置有屋地中埕並左右
書院地一所，坐址永邑南山地方下西洋
于前年父手掀回尤邑下村祖家格
遠不便管業，今托中送賣與南山
柯光隆處為業，三面言议時収價錢
壹仟陆百文正，其錢即日交訖，其埕並
書院地即付錢主前去開坪栽種任從
其便永遠管業，賣主不得伯佑生端
依言等情，如有此等係是賣主出頭支当
不涉錢主之事。今欲有憑，立賣契一帋
付執為照
内註有此二字再照
咸豐柒年九月　日　立賣斷契陳光春
代字中曾
道經

2-1-83-2　清咸豐七年九月陳光春立賣斷屋地契

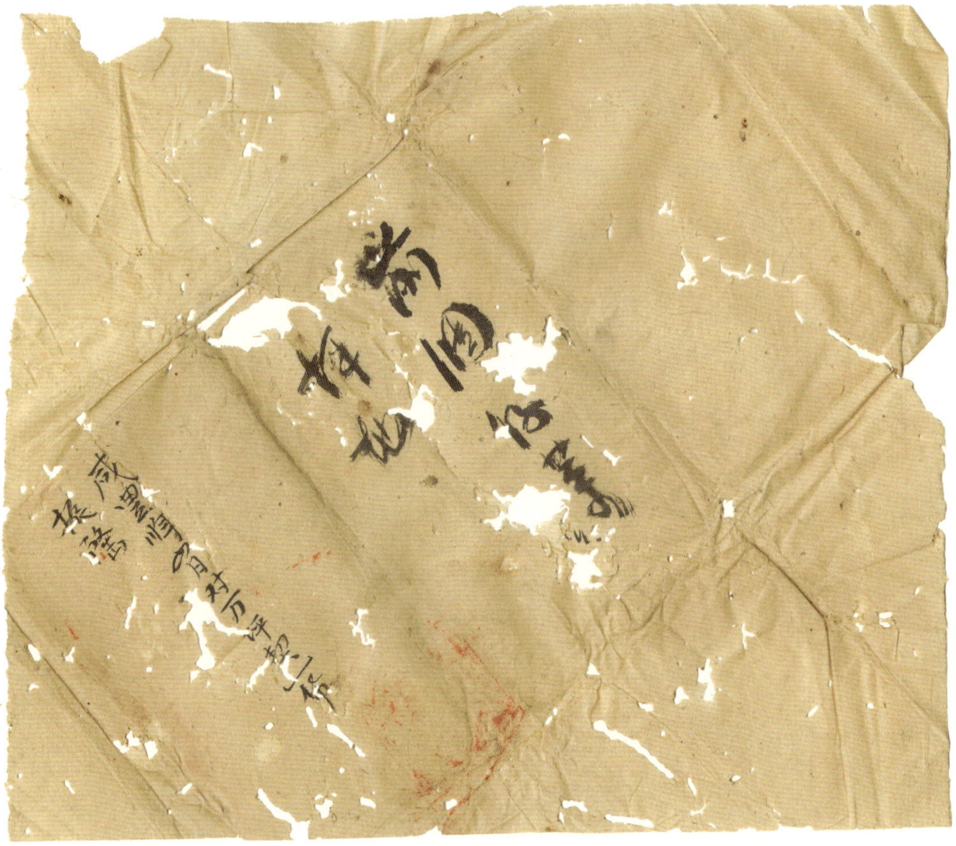

2-1-84-1 包契紙

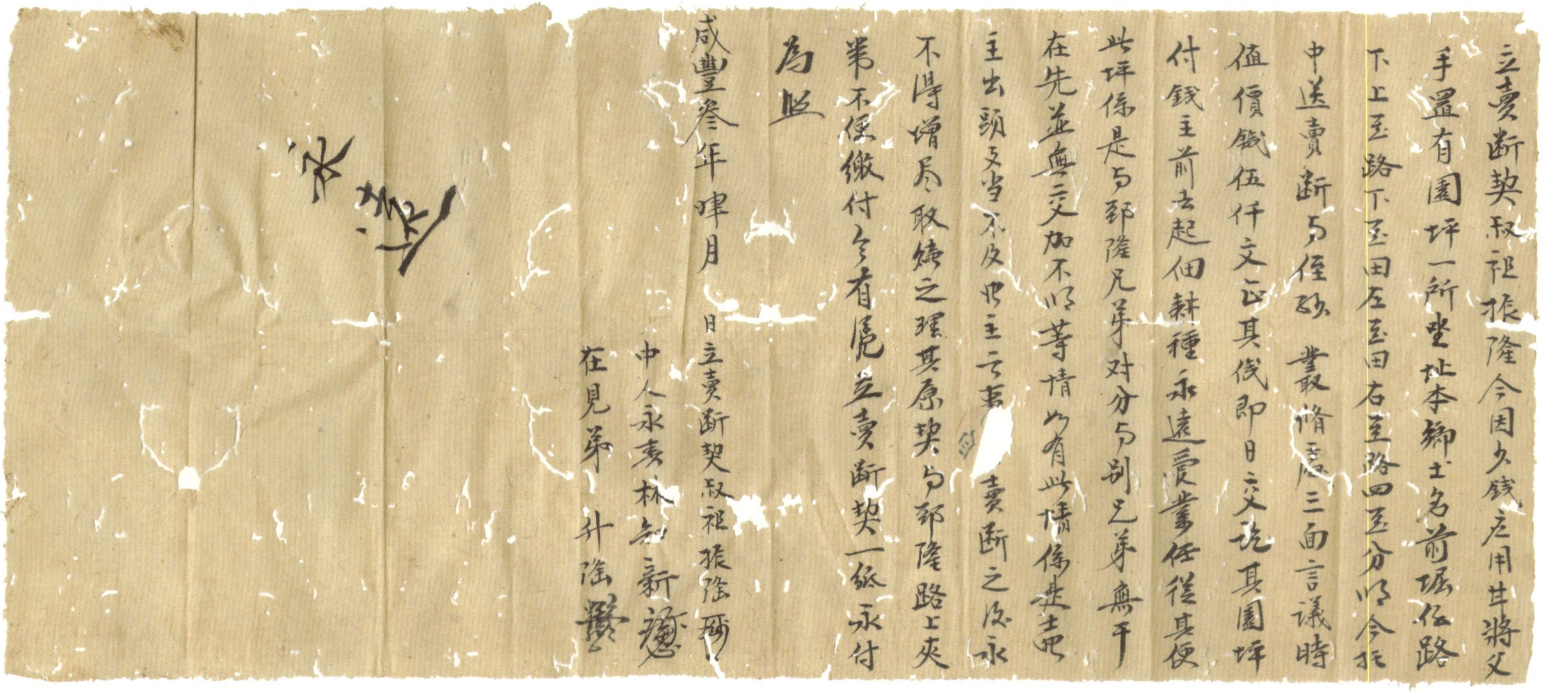
立賣斷契叔祖振隆今因乏錢應用甘將父
手置有園坪一所坐址本鄉土名前塅伍路
下上至路下至田左至田右至路四至分明今托
中送賣斷與侄孫 叢偕邊三面言議時
值價錢伍仟文正其錢即日交訖其園坪
付錢主前去起佃耕種永遠管業任從其便
此坪係是與郡隆兄弟對分與別兄弟無干
在先並無交加不明等情如有此情係是賣
主出頭支當不及買主之事賣斷之後永
不得增長取贖之理其原契與郡隆路上夾
帶不便繳付今有憑立賣斷契一紙永付
為照
咸豐叁年肆月 日立賣斷契叔祖振隆（押）
中人永壽 林知新（押）
在見弟 升隆（押）
永遠

2-1-84-2　清咸豐三年四月柯振隆立賣斷園坪契

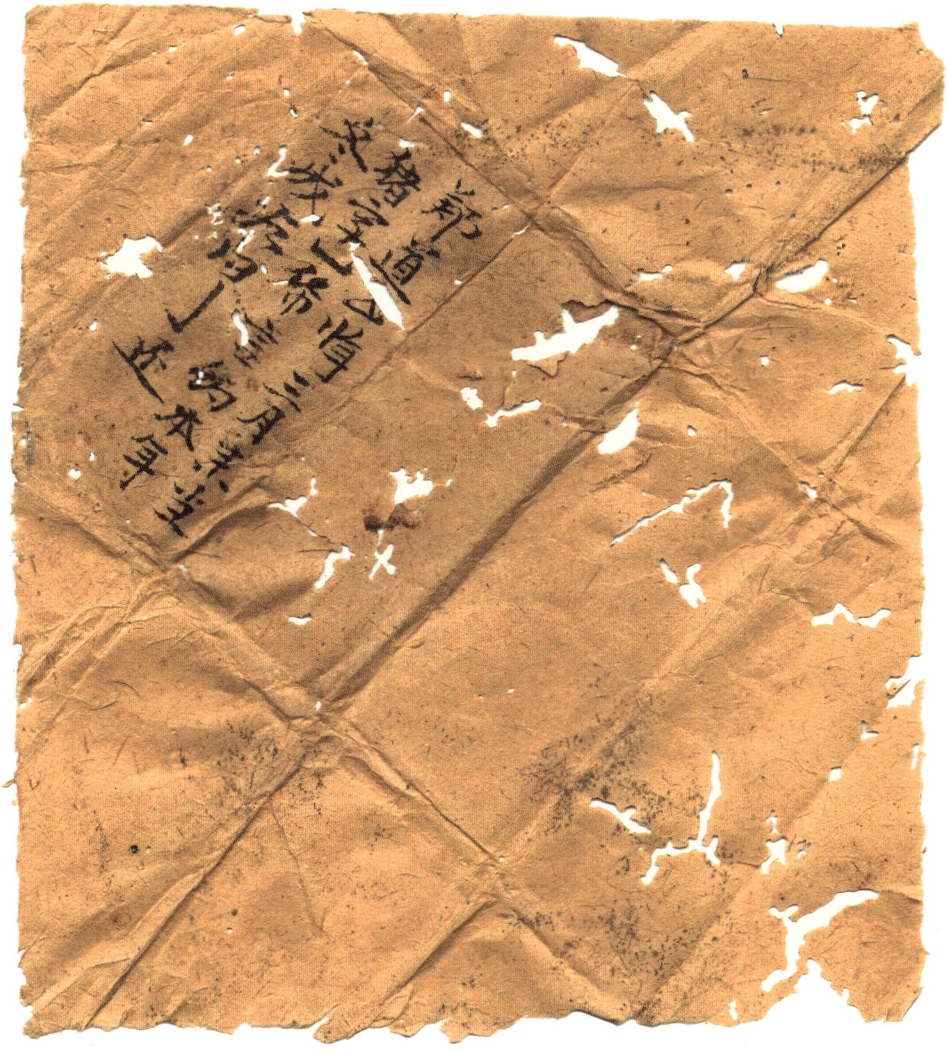

2-1-85-1　包契紙

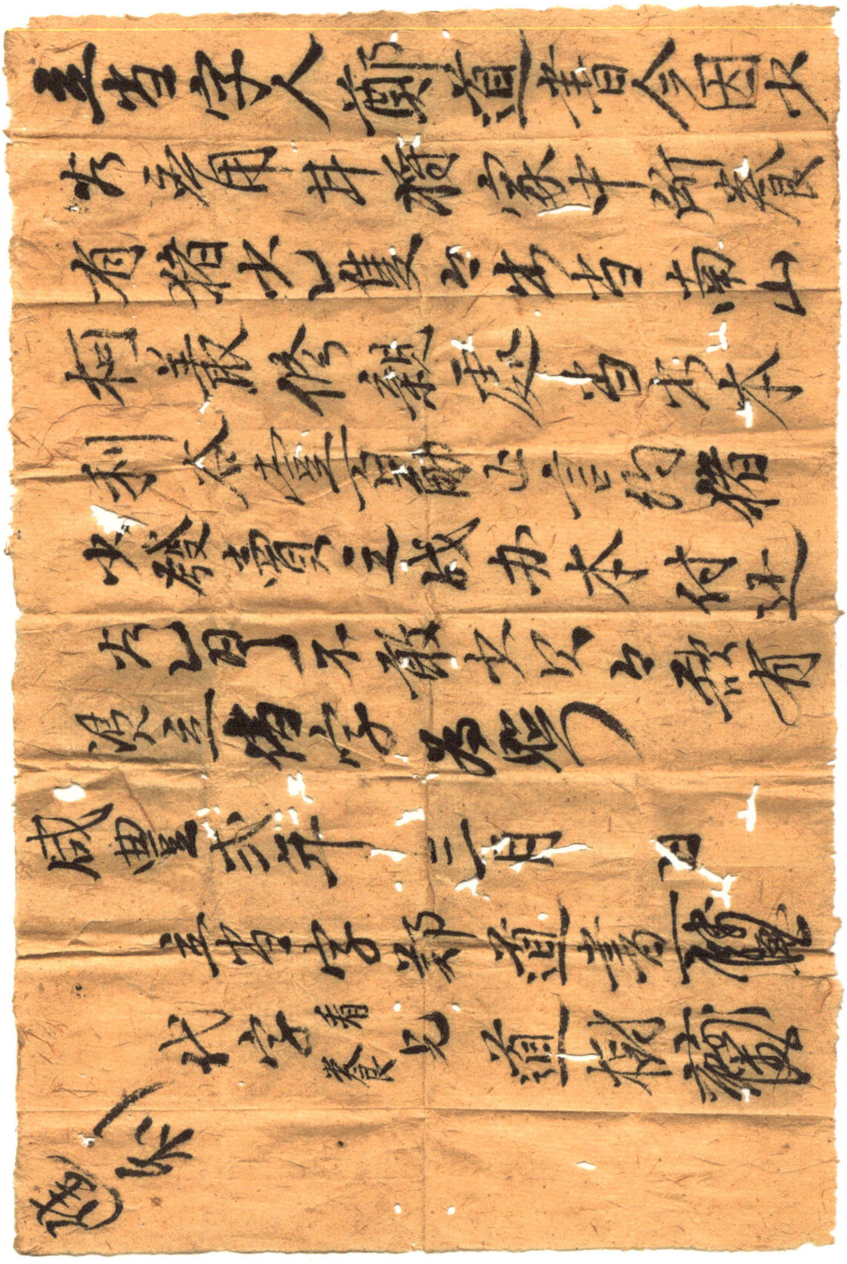

2-1-85-2　清咸豐二年三月鄭道書立當楮字

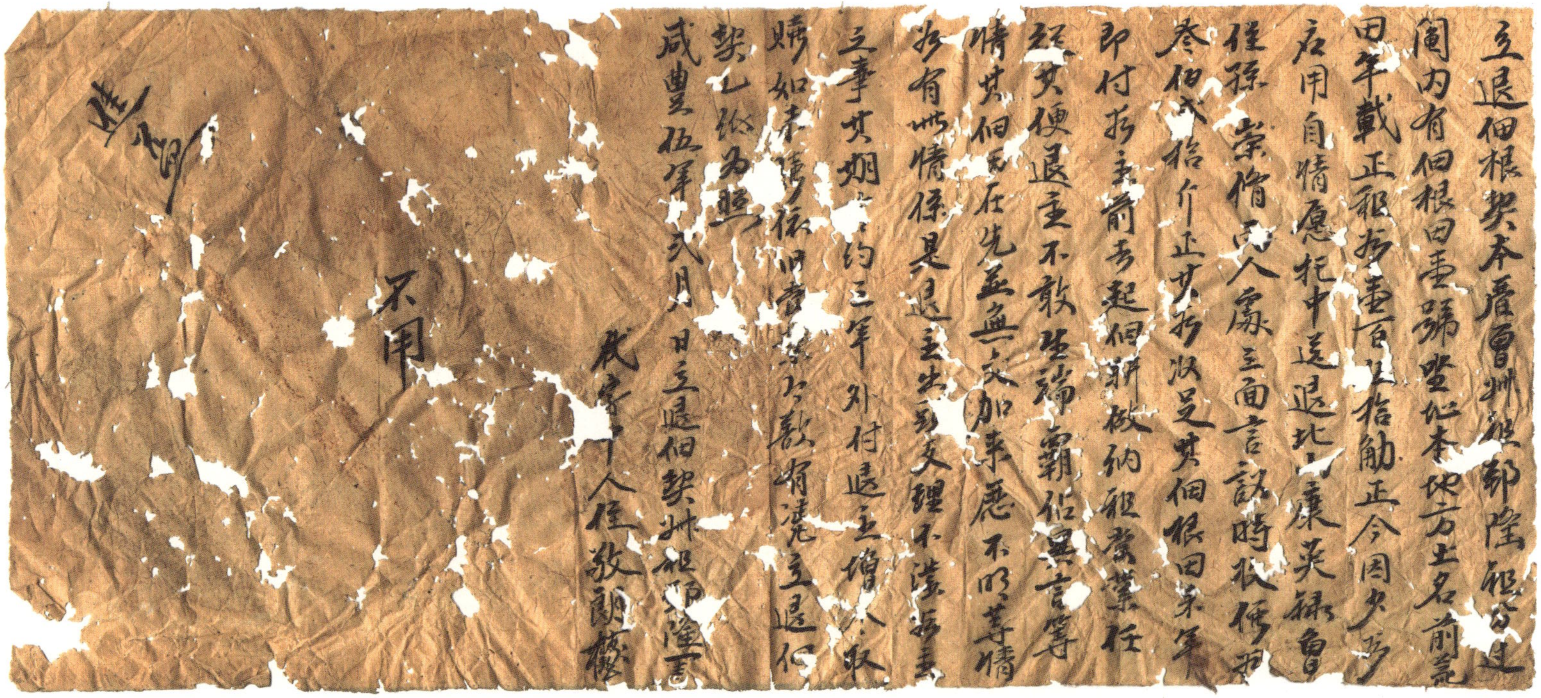
立退佃根契本房曾卅叔郅隆[illegible]
闔乃有佃根田壹號，坐址本處，土名前[illegible]
田，年載正租谷壹百[illegible]拾觔正。今因乏谷
應用，自情愿托中送退於[illegible]康英、祿曾
侄孫崇僧四人處，三面言議，時價佃[illegible]
叁伯貳拾介正，其谷收足。其佃根田
即付孫手前去起佃耕做，納租管業，任
從其便，退主不敢生端霸佔異言等
情。其佃[illegible]在先並無文加來歷不明等情，
如有此情，係是退主出頭支理，不涉[illegible]
之事。其佃[illegible]約三年外付退主[illegible]
贖。如未[illegible]依旧管業。[illegible]有憑，立退佃
契一紙為照。
咸豐伍年貳月　日立退佃契叔柯郅隆
代字人侄敦朗
不用

2-1-86-1　清咸豐五年二月柯郅隆立退佃根契

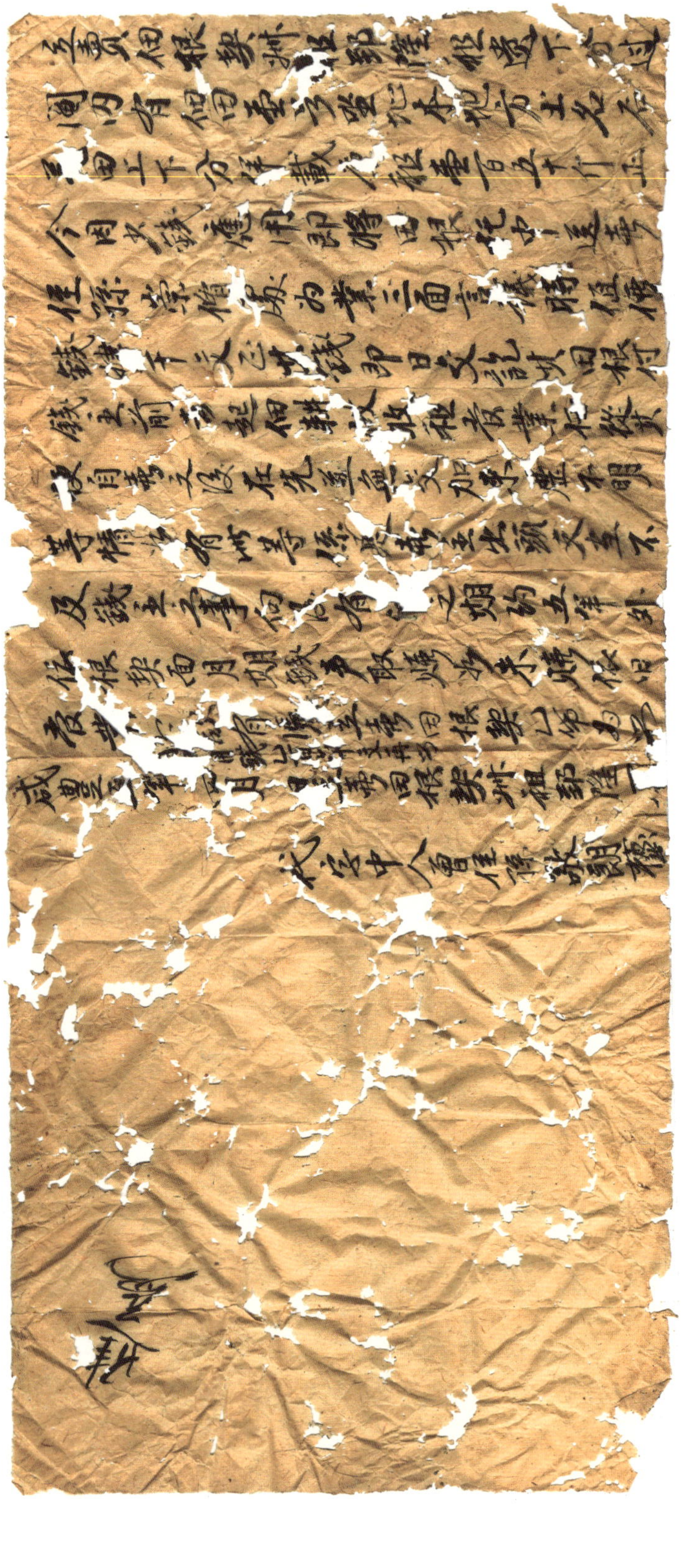

2-1-86-2 清咸豐五年四月柯鄧隆立賣佃根契

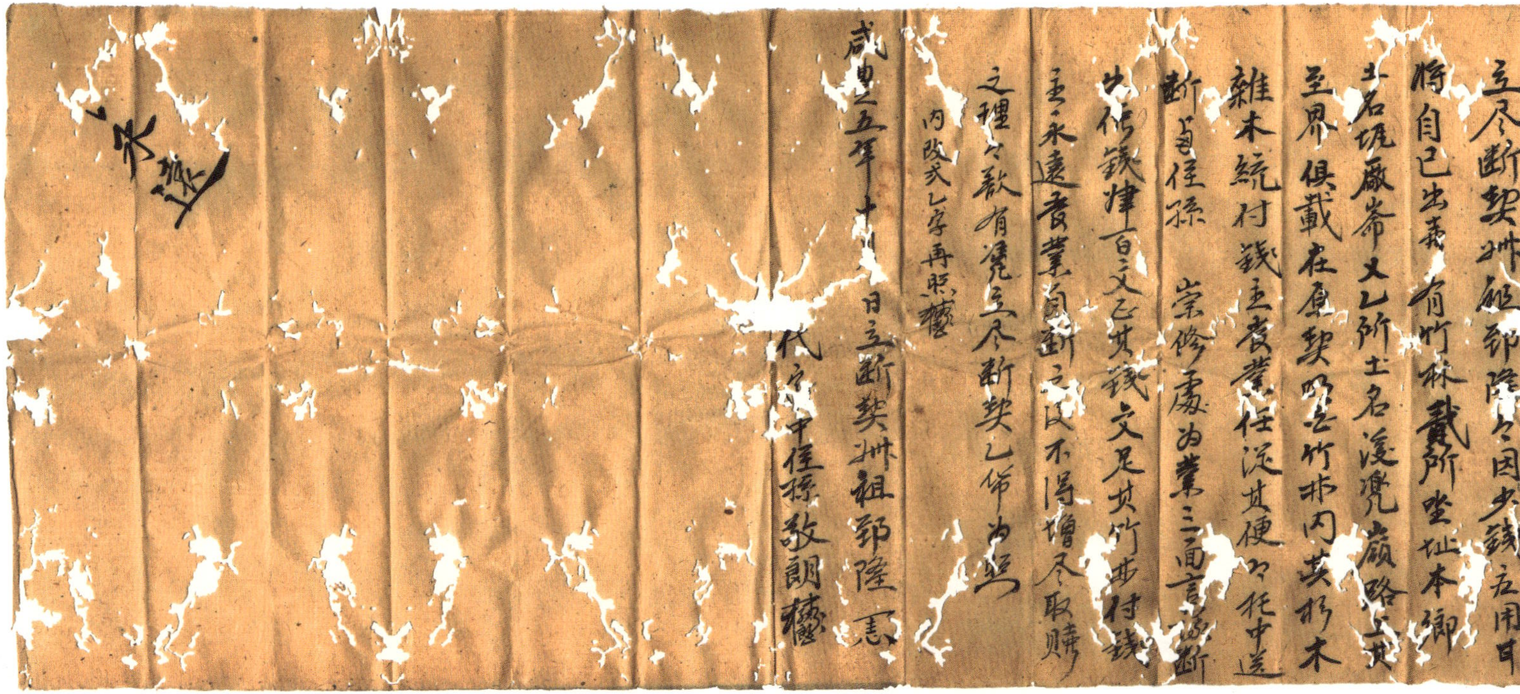
立盡斷契拼祖郅隆今因乏錢應用，自
將自己出嗣有竹林貳所，坐址本鄉
土名堀嚴崙文山，所土名溪漈嶺路上，其
至界俱載在原契明白，竹林內其杉木
雜木統付錢主袁業任從其便，今托中送
斷與侄孫 崇修處為業，三面言議盡斷
出價錢肆百文，已其錢文足其竹林付錢
主永遠袁業，自斷之後不得增盡取贖
之理，今欲有憑，立盡斷契一紙為照。
內改貳字再照。（押）
咸豐五年十月 日立盡斷契拼祖郅隆（押）
代字中侄孫敬朗（押）
一樣

2-1-86-3 清咸豐五年十月柯郅隆立盡斷竹林契

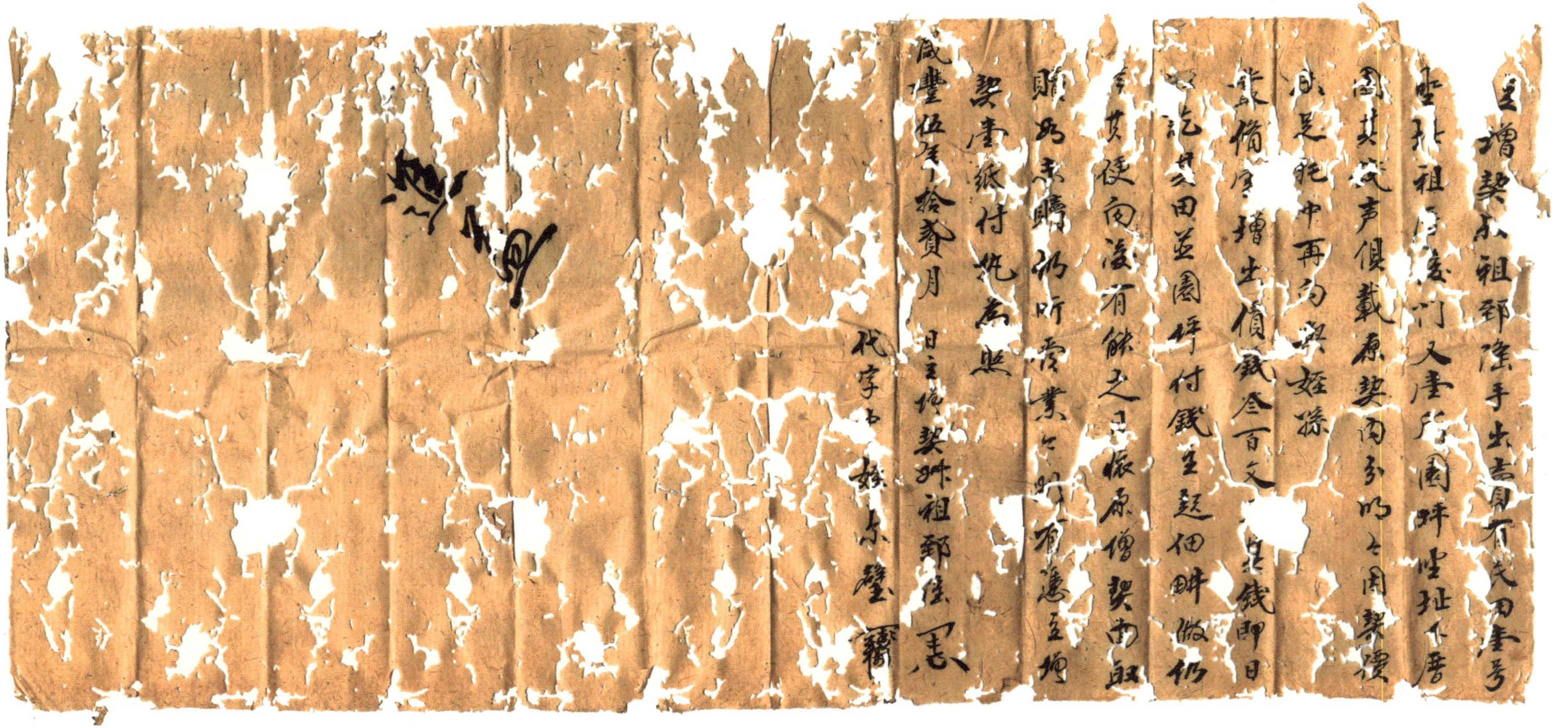
立增契人柯祖鄧隆手出有民田壹号
坐北祖厝後门入壹所園坪坐址仝厝
園其界至俱載原契内今仍七间契價
不足托中再向與姪孫
[illegible]備出增出價錢叁百文其錢即日
訖其田並園坪付錢主起佃耕做仍
其後向後有餘之日依原增契内取
贖如未贖仍听管業今欲有憑立增
契壹紙付執為照
咸豐伍年拾貳月　日立增契柯祖鄧隆（押）
代字　姪[illegible]璧（押）

2-1-86-4　清咸豐五年十二月柯鄧隆立增民田契

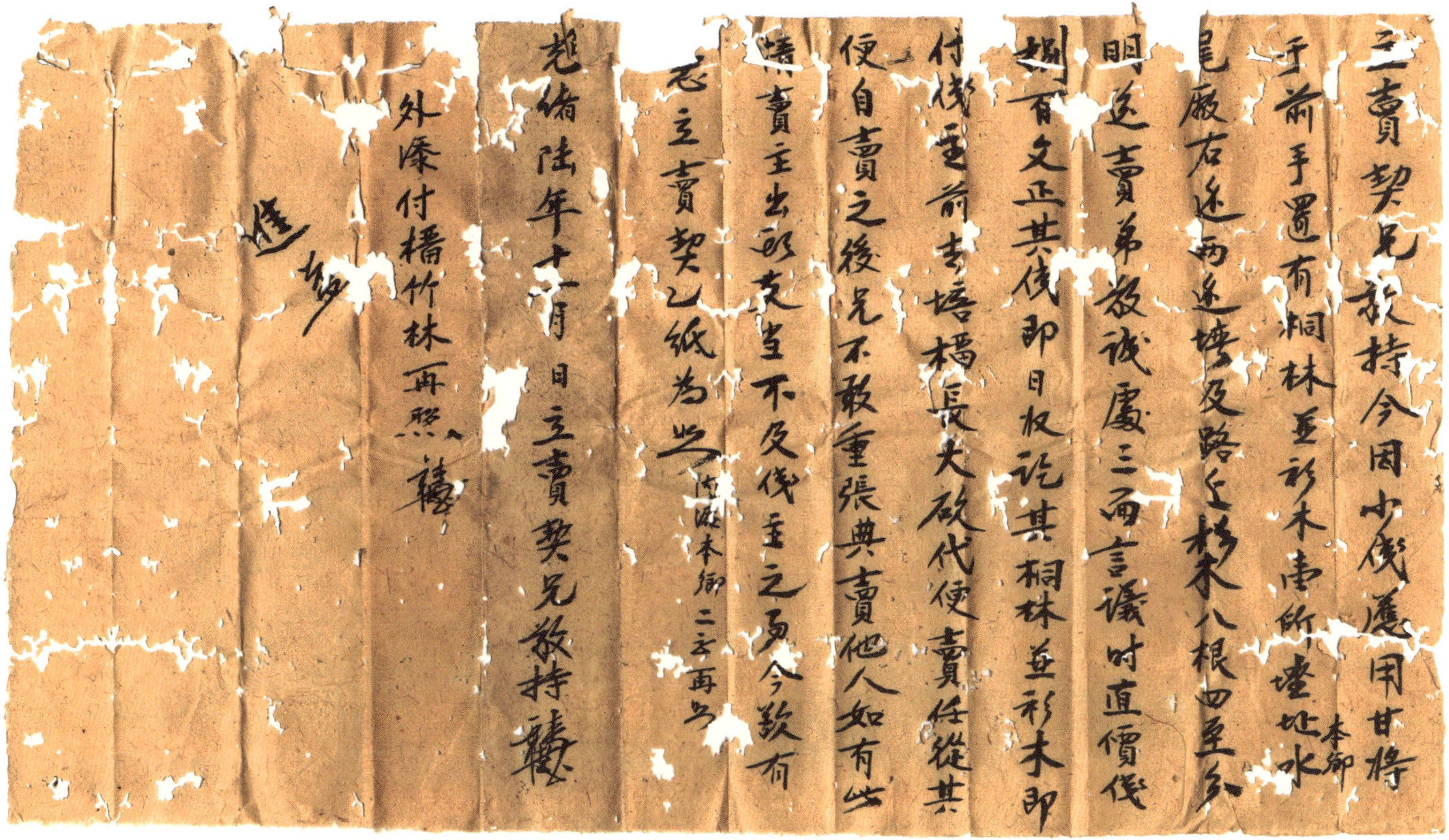
立賣契兄敬持今因少錢應用，甘將
于前手置有桐林並杉木壹所，坐址本鄉水
尾巖右邊兩邊墘及路上杉木八根，四至分
明。送賣弟敬議處，三面言議時值價錢
捌百文正，其錢即日收訖。其桐林並杉木即
付錢主前去培構長大，砍伐便賣，任從其
便。自賣之後，兄不敢重張典賣他人。如有此
情，賣主出頭支當，不及錢主之事。今欲有
憑，立賣契乙紙為照。內添本鄉二字再照
光緒陸年十一月　日　立賣契兄敬持（押）
外添付檑竹林再照（押）
進益

2-1-86-5　清光緒六年十一月柯敬持立賣桐林等契

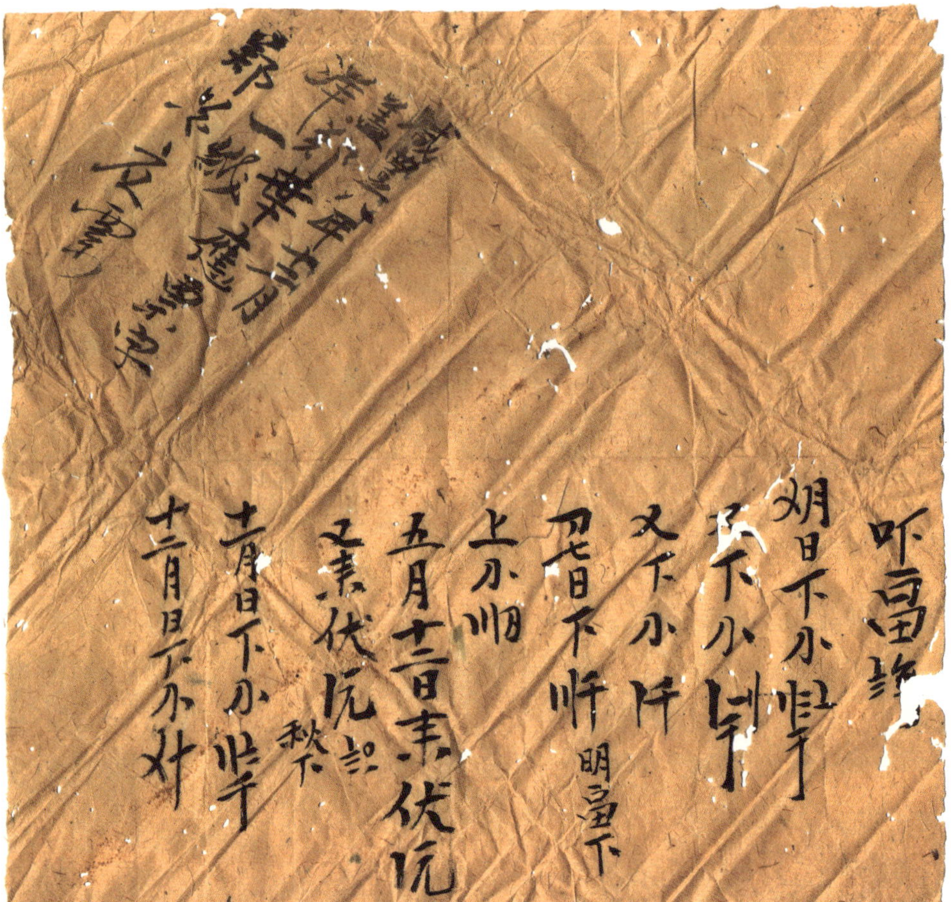

2-1-87-1　包契紙

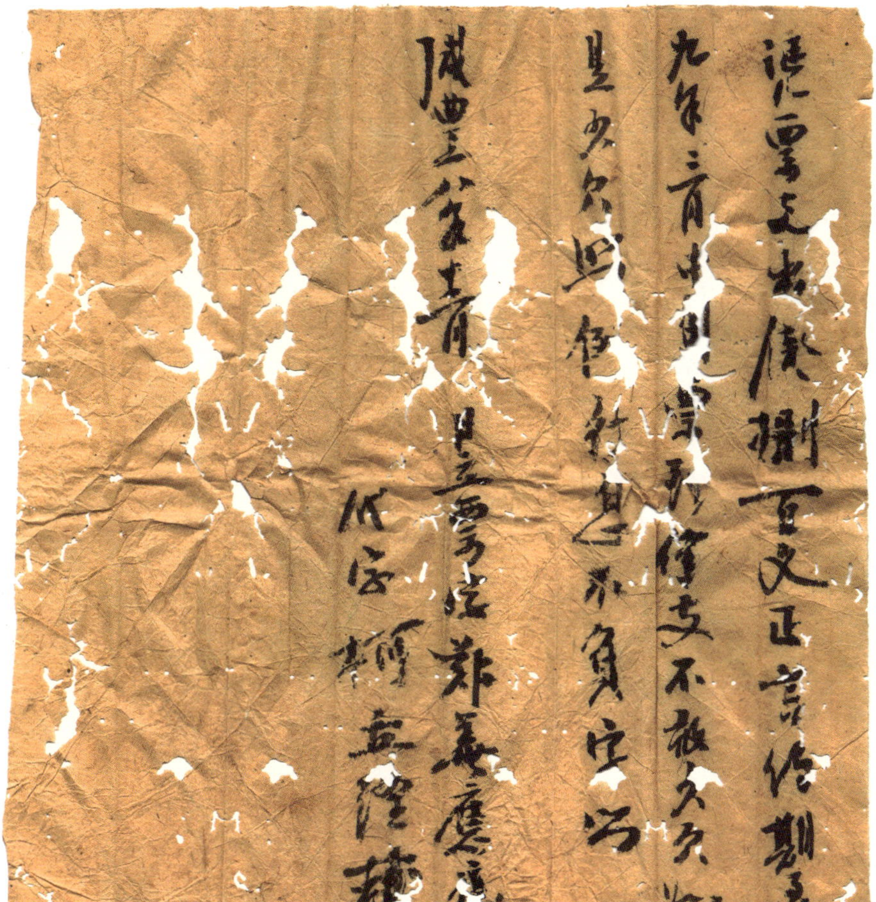
憑票支出錢捌百文正言約期至
九年三月中[illegible]照票取備支不敢欠少
是如欠少照依錢行息不負字照
咸豐八年十二月 日立票字鄭善應（押）
代字柯[illegible]

2-1-87-2　清咸豐八年十二月鄭善應立支錢憑票

2-1-88-1　包契紙

2-1-88-2 包契紙

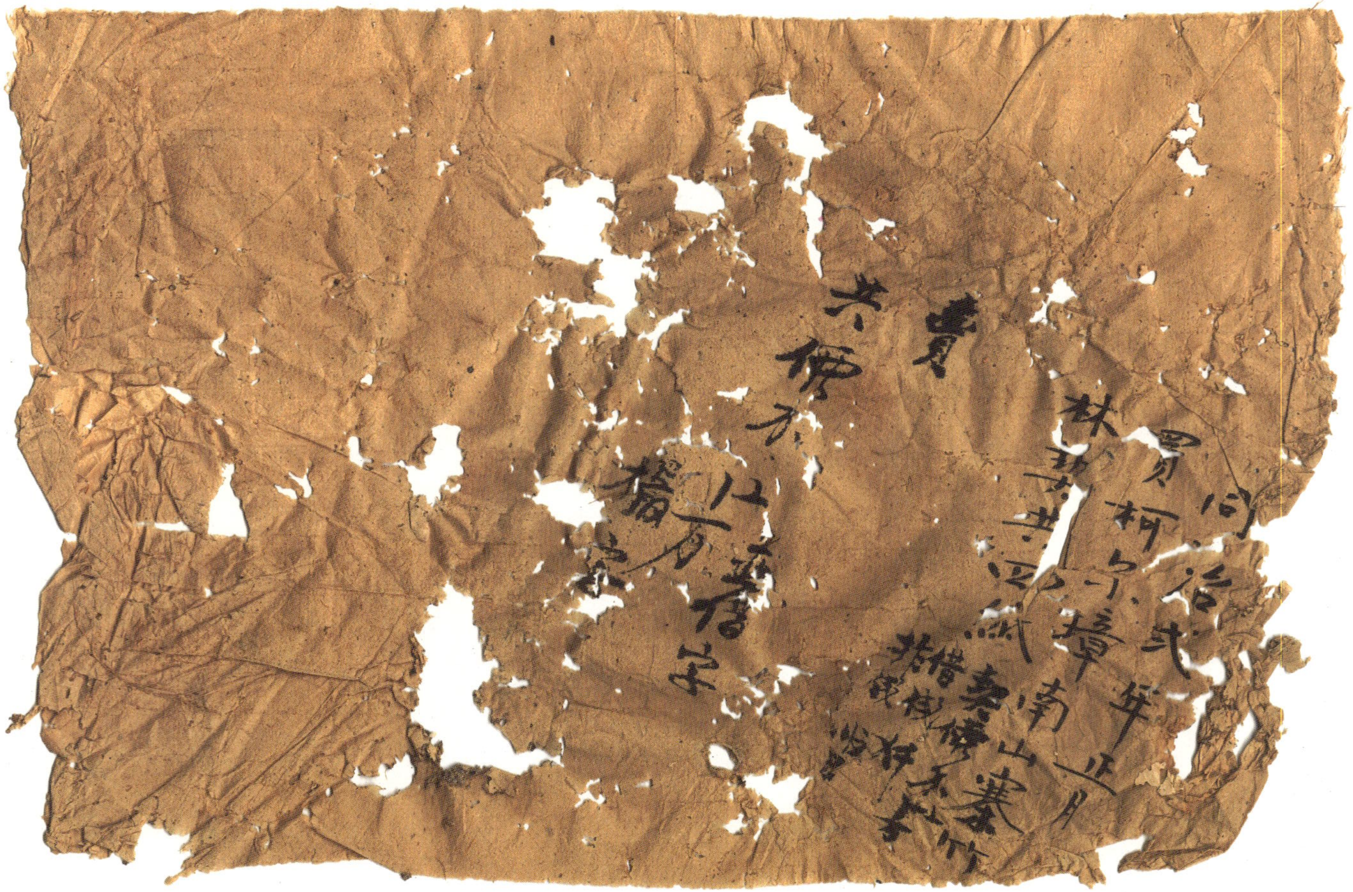

2-1-88-3　包契紙

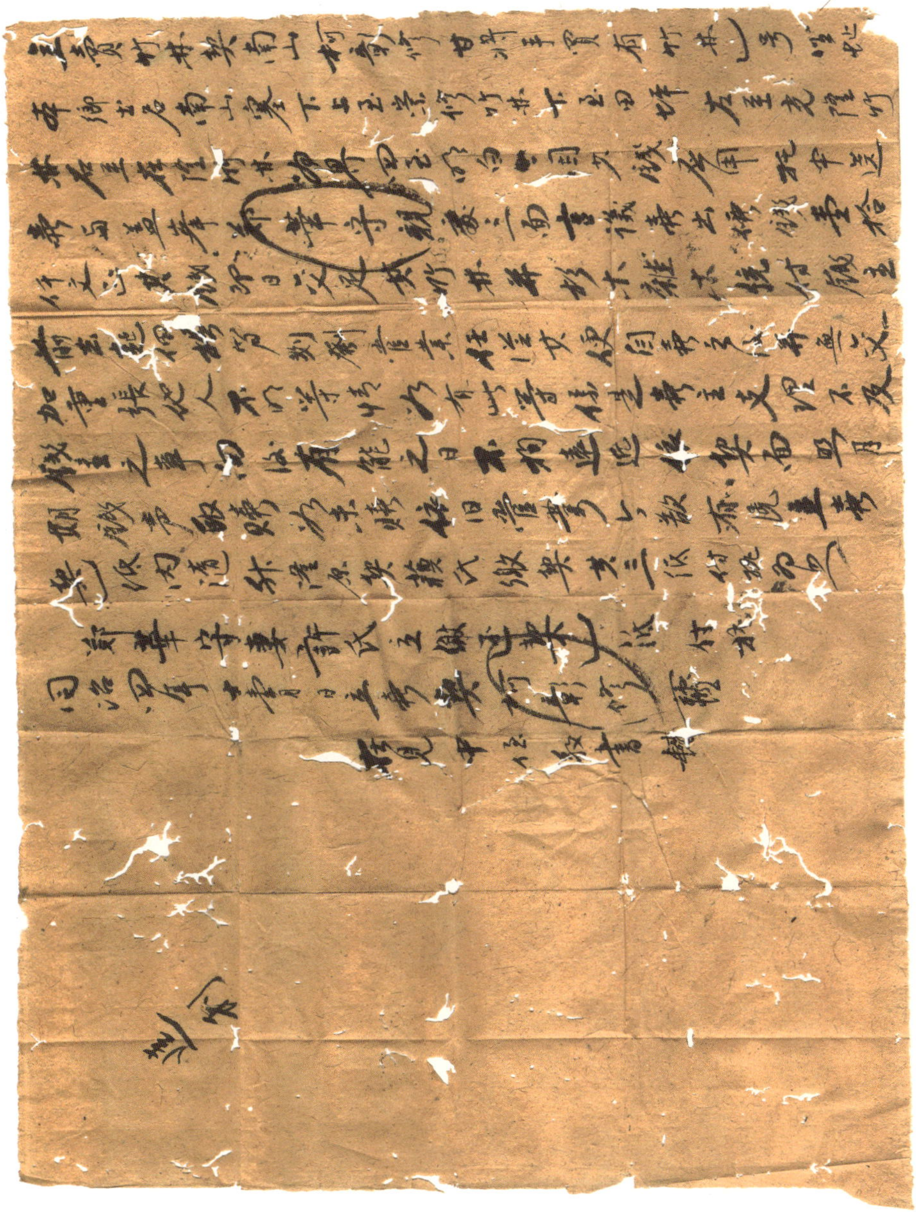

2-1-88-4　清同治四年十一月柯彰修立賣竹林契（廢契）

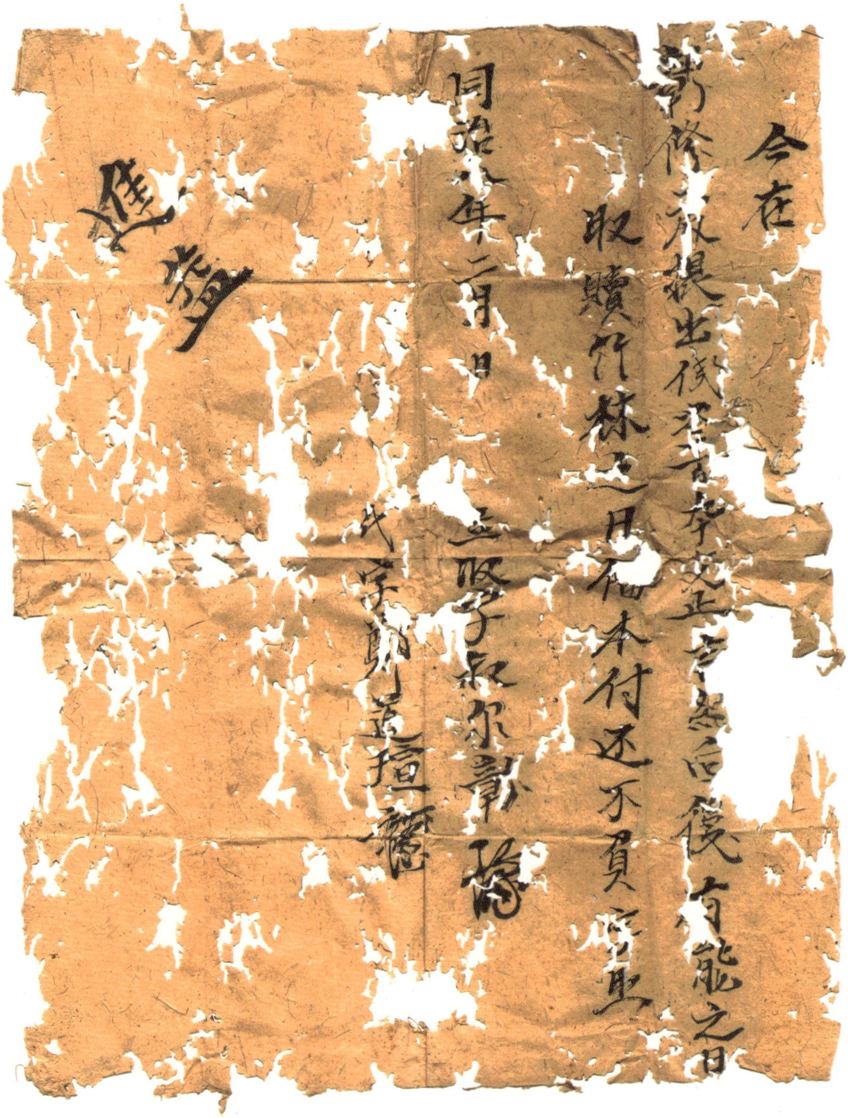

今在
[illegible]除[illegible]撮出佃[illegible]李[illegible][illegible]字[illegible]后有能之日
取贖[illegible]林[illegible]之日[illegible]本付还不[illegible]
同治八年二月 日 立撮字柯尔彰
代字[illegible]

2-1-88-5　清同治八年二月柯尔彰立撮字

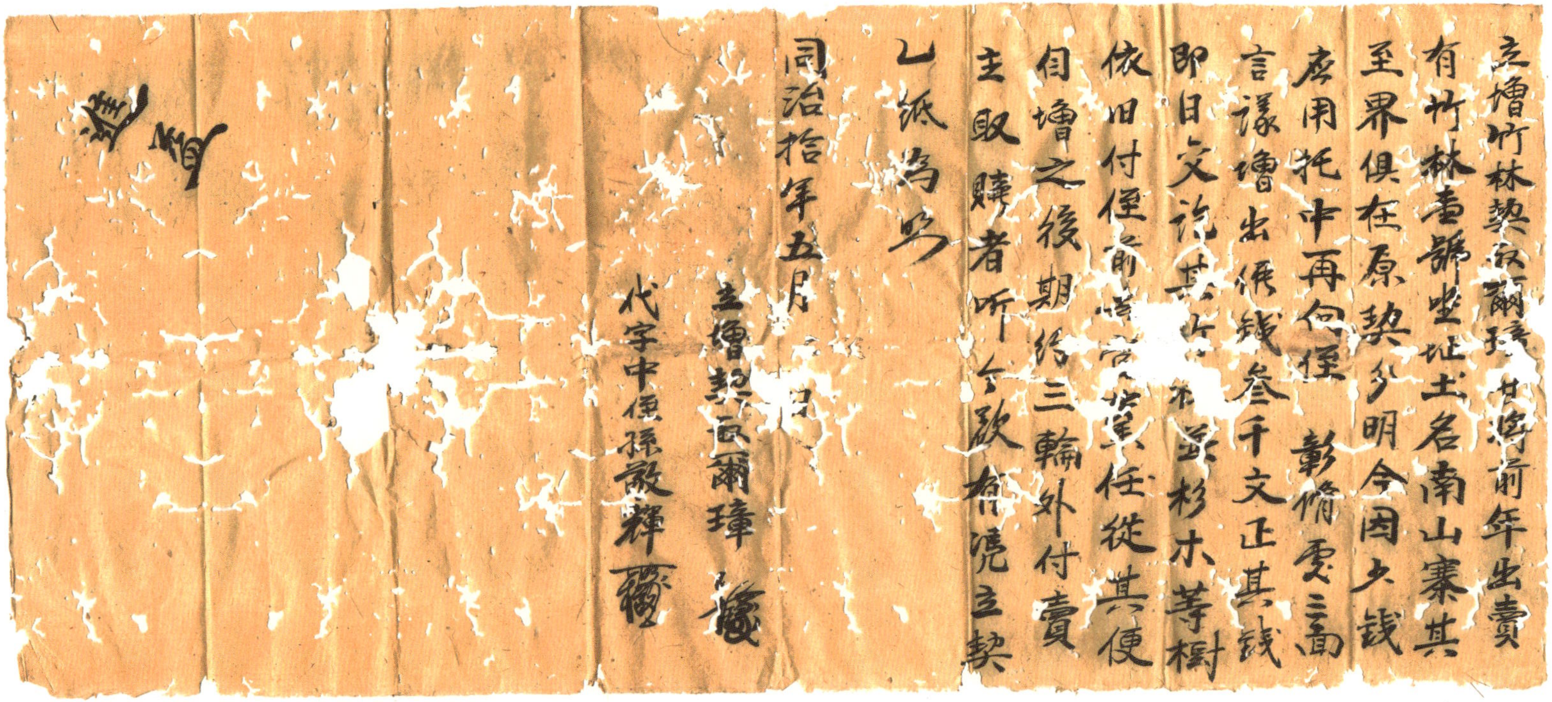

立增竹林契[illegible]爾璋[illegible]將前年出賣
有竹林壹號，坐址土名南山寨，其
至界俱在原契分明。今因乏錢
應用，托中再向侄　彰修處三面
言議，增出價錢叁千文正，其錢
即日交訖。其[illegible]杉木等樹
依旧付侄前[illegible]，任從其便。
自增之後，期约三輪外付賣
主取贖者听。今欲有憑，立契
山紙為照。

同治拾年五月　日
立增契叔爾璋（押）
代字中侄孫啟輝（押）

2-1-88-6　清同治十年五月柯爾璋立增竹林契

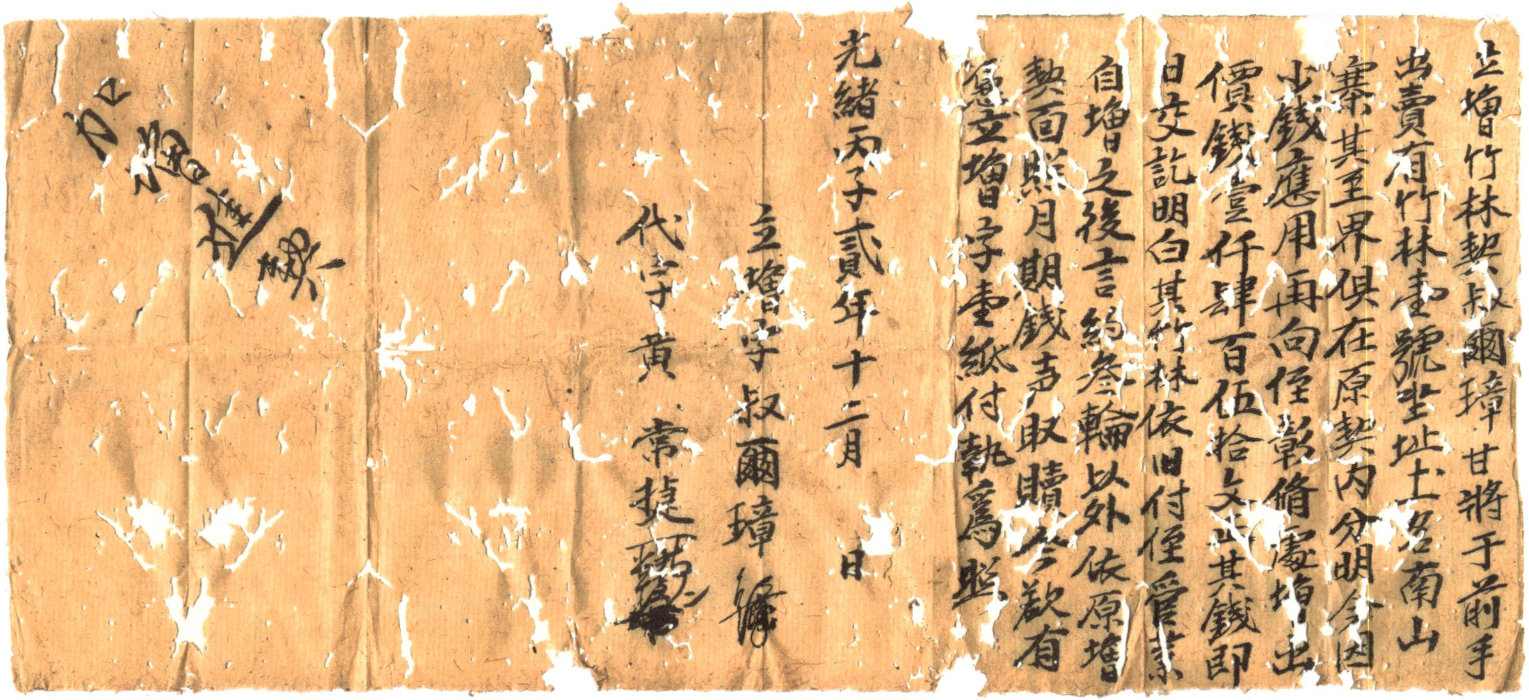
立增竹林契叔爾璋，甘將于前手
出賣有竹林壹號，坐址土名南山
寨，其至界俱在原契內分明。今因
乏錢應用，再向侄彰脩處增出
價錢壹仟肆百伍拾文，其錢即
日交訖明白，其竹林依旧付侄管業。
自增之後，言約叁輪以外，依原增
契面照月朗錢乎取贖。今欲有
憑，立增字壹紙付執為照。

光緒丙子貳年十二月　日
立增字叔爾璋（押）
代字黃　常捷（押）

加增□契

2-1-88-7　清光緒二年十二月柯爾璋立增竹林契

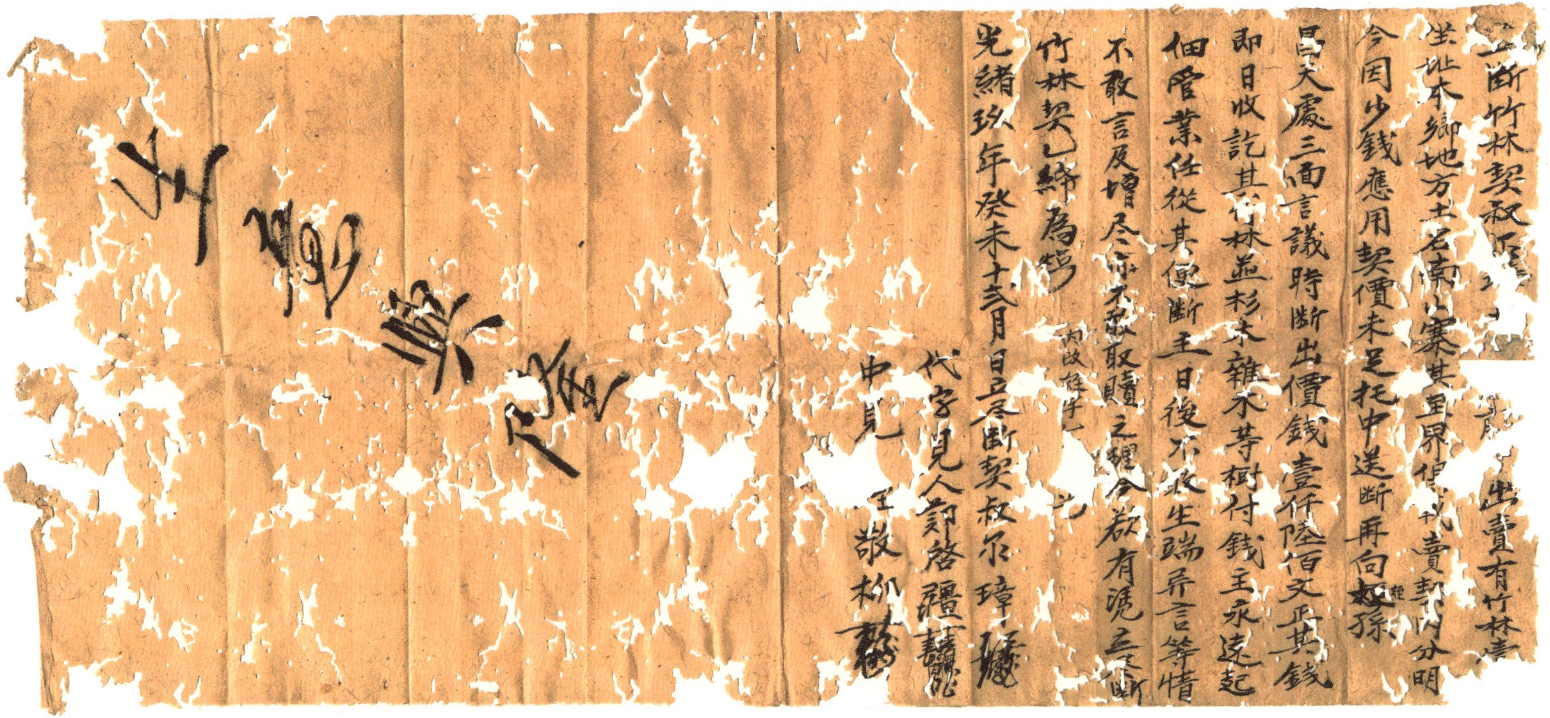
立斷竹林契叔[illegible]　出賣有竹林壹
坐址本鄉地方土名[illegible]寮其四界俱載賣契內分明
今因少錢應用契價未足托中送斷再向姪孫
[illegible]大處三面言議時斷出價錢壹仟陸佰文正其錢
即日收訖其竹林並杉木雜木等樹付錢主永遠起
佃管業任從其便斷主日後不敢生端异言等情
不敢言及增盡亦不敢取贖之理今欲有憑立斷
竹林契一紙為照
光緒玖年癸未十二月日立盡斷契叔爾璋
代字見人郭啓禮
中見　王敬柳

2-1-88-8　清光緒九年十二月柯尔璋立斷竹林契

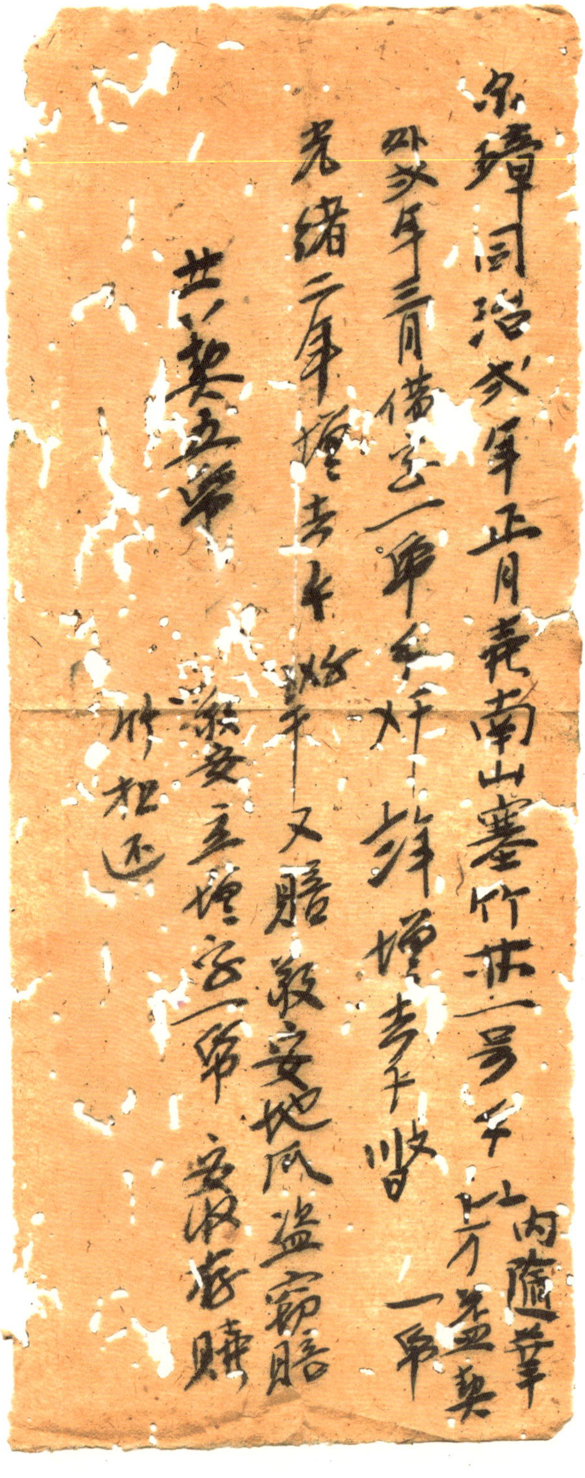

2-1-88-9　清同治光緒年間置業流水單

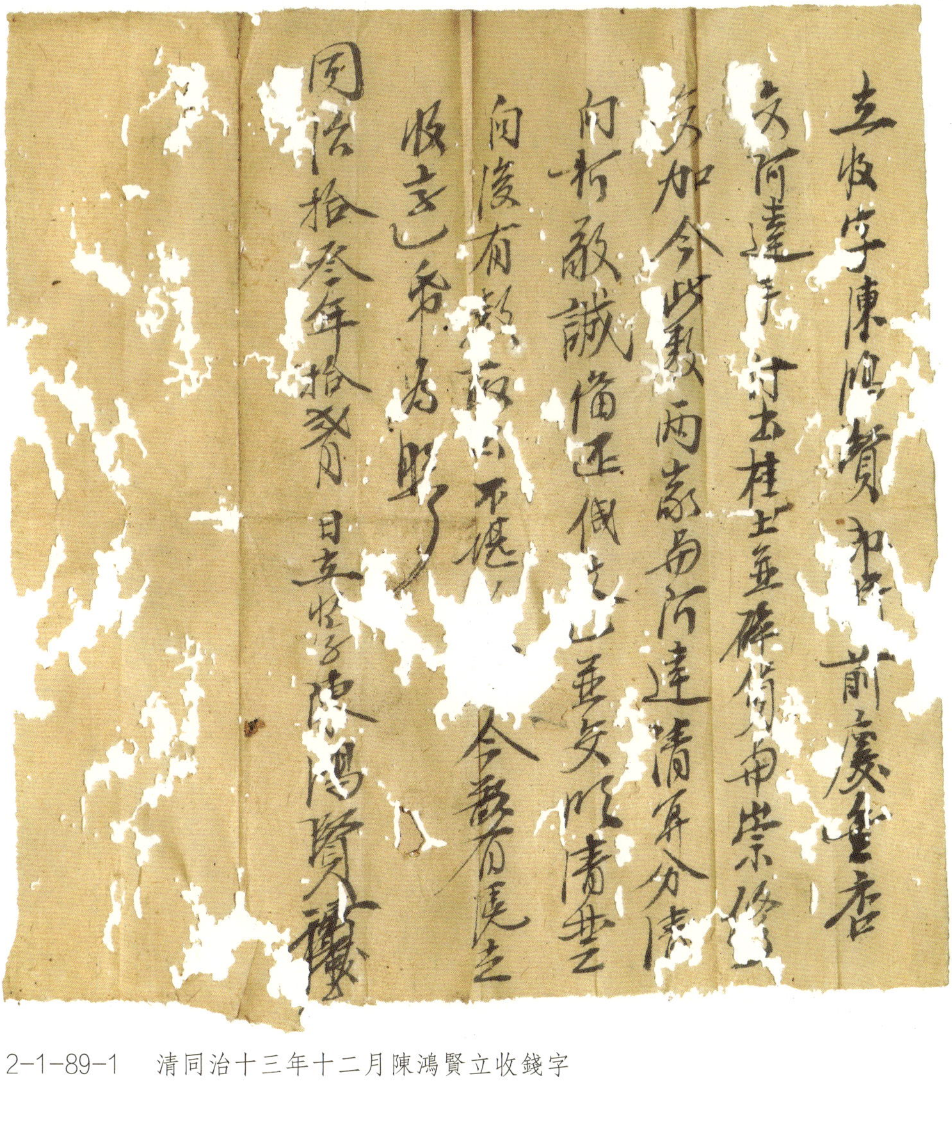
立收字陳鴻賢[illegible]前[illegible]
文向達[illegible]村吉桂[illegible]並[illegible]弟崇修[illegible]
[illegible]加今收錢兩家面向達清算分清
向[illegible]敢議[illegible]並無[illegible]
向後有[illegible]不[illegible]今[illegible]
收字[illegible]爲照。
同治拾叁年拾貳月　日立收字陳鴻賢[illegible]

2-1-89-1　清同治十三年十二月陳鴻賢立收錢字

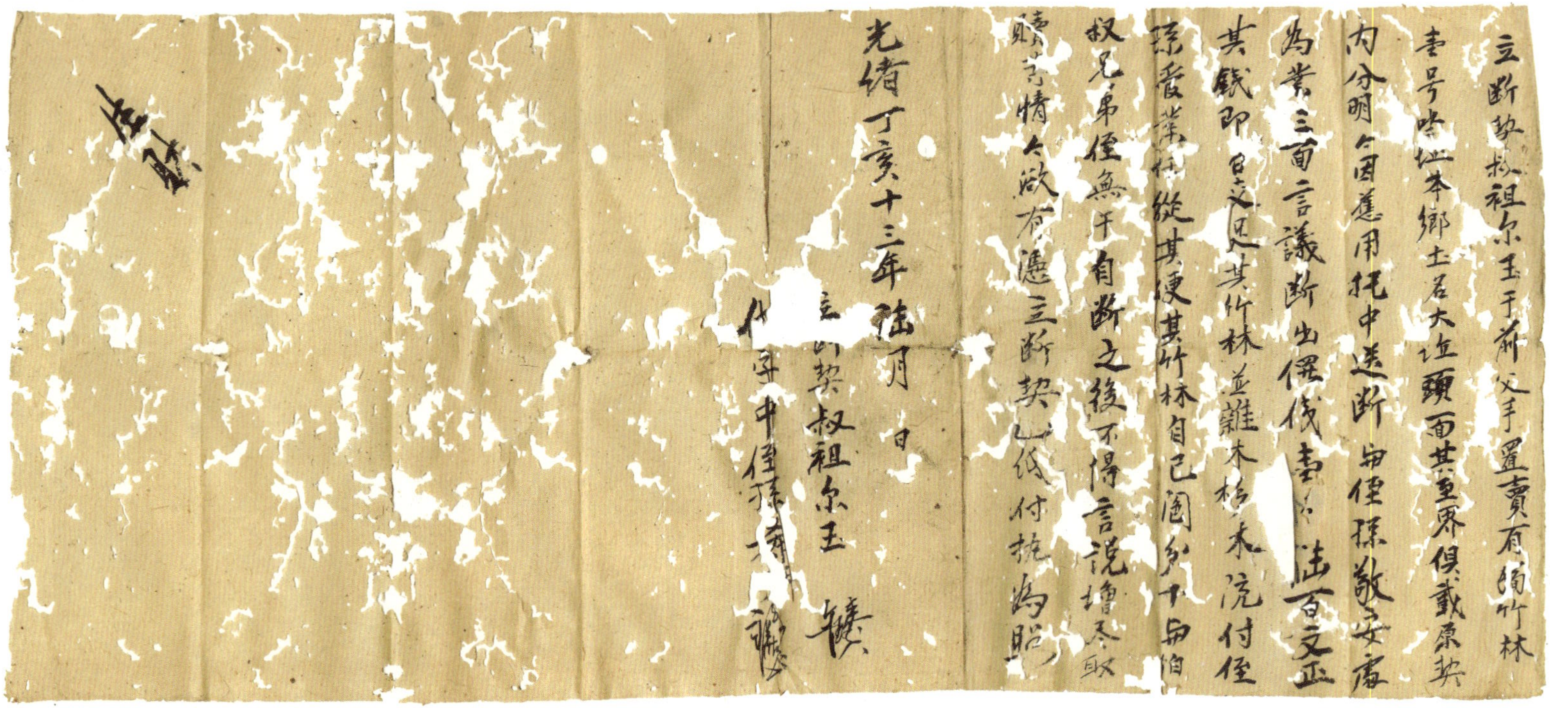

2-1-89-2　清光緒十三年六月柯尔王立斷猫竹林字

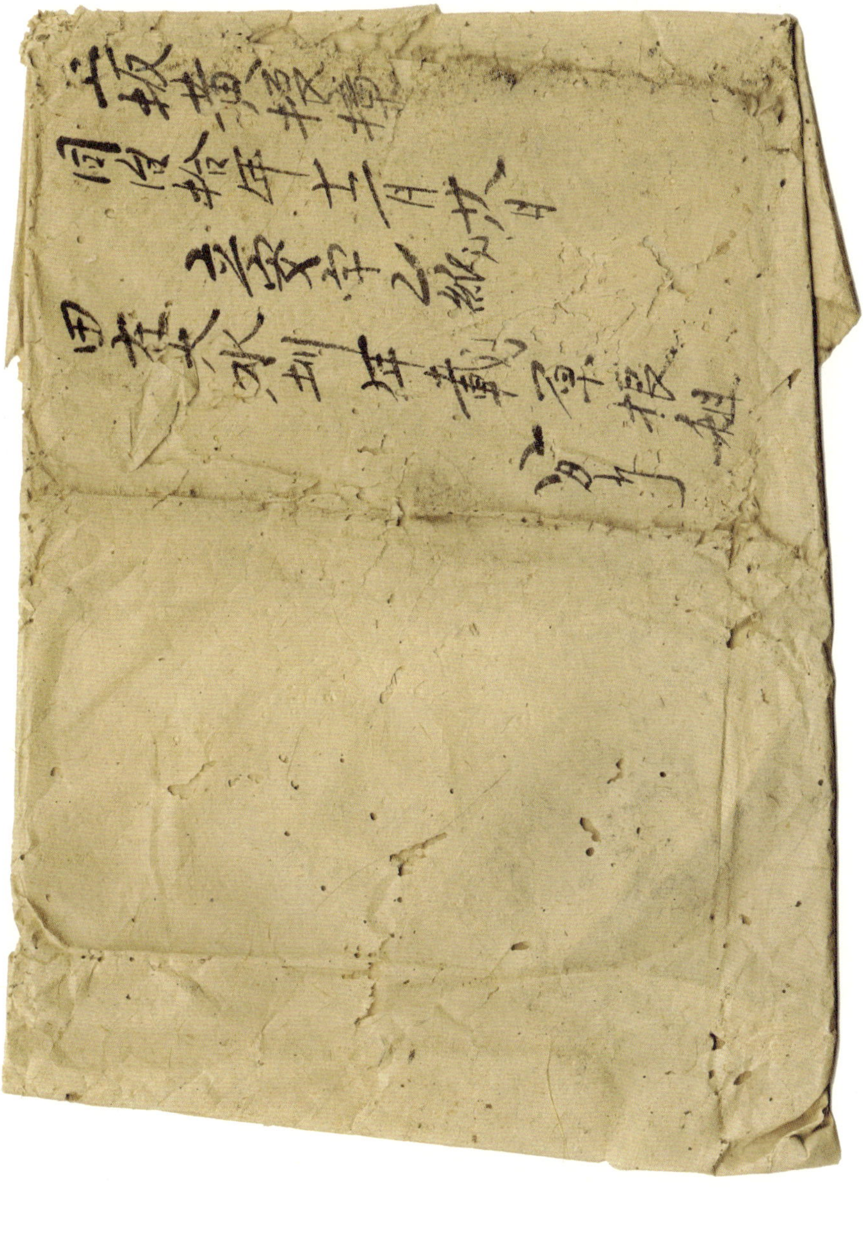

2-1-90-1　包契紙

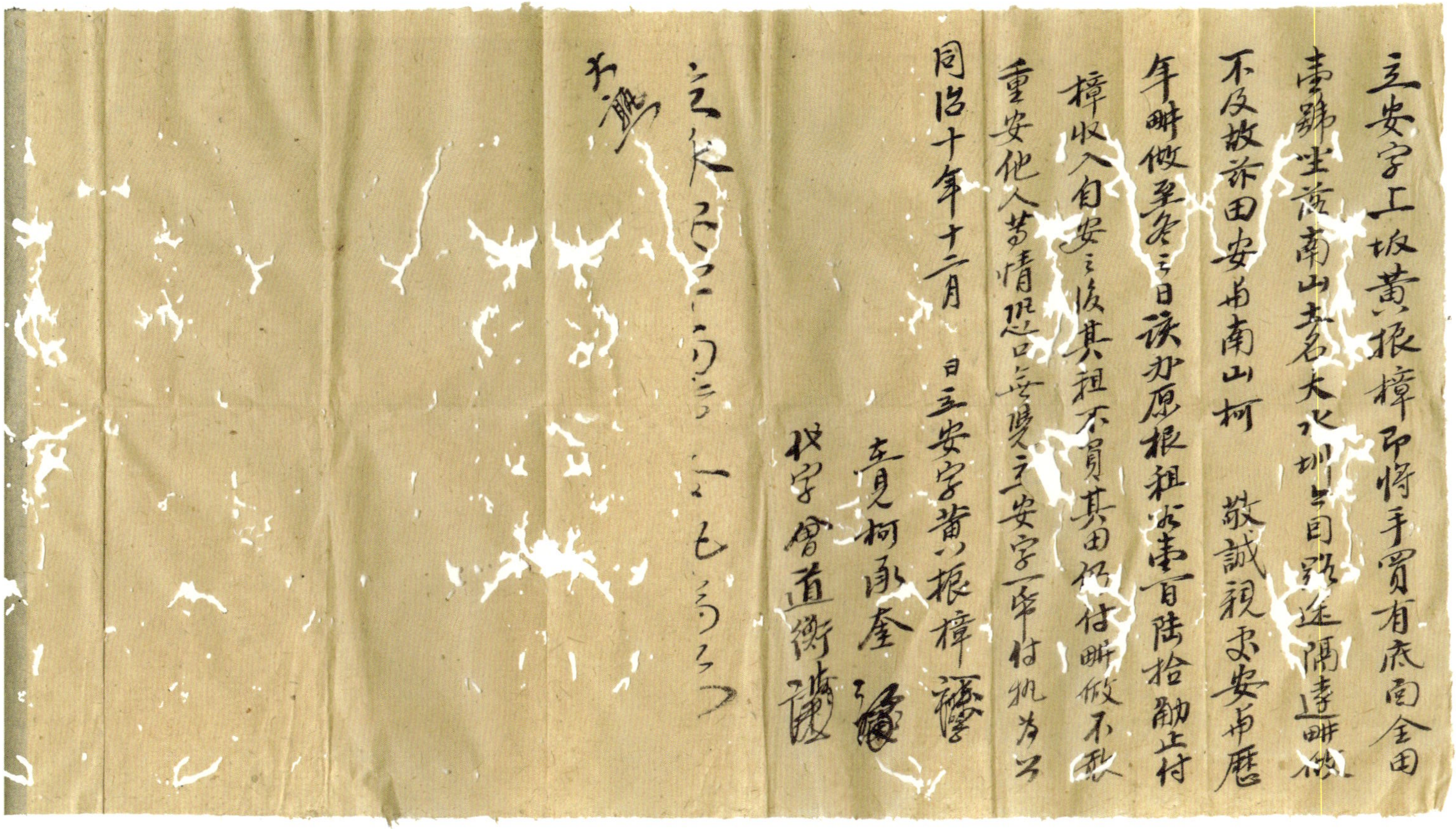
立安字上坂黃振樟卯將手買有底面全田
壹號坐落南山土名大水圳上因路途隔遠畊做
不及故許田安與南山柯　敬誠親求安與歷
年畊做至冬之日該办原根租谷壹百陸拾觔上付
樟收入自安之後其租不負其田仍付畊做不敢
重安他人當情恐口無憑立安字一帋付執為照
同治十年十二月　日立安字黃振樟（押）
在見柯承奎（押）
代字會道衡（押）
立[illegible]
大[illegible]

2-1-90-2　清同治十年十二月尤溪黃振樟立安田字

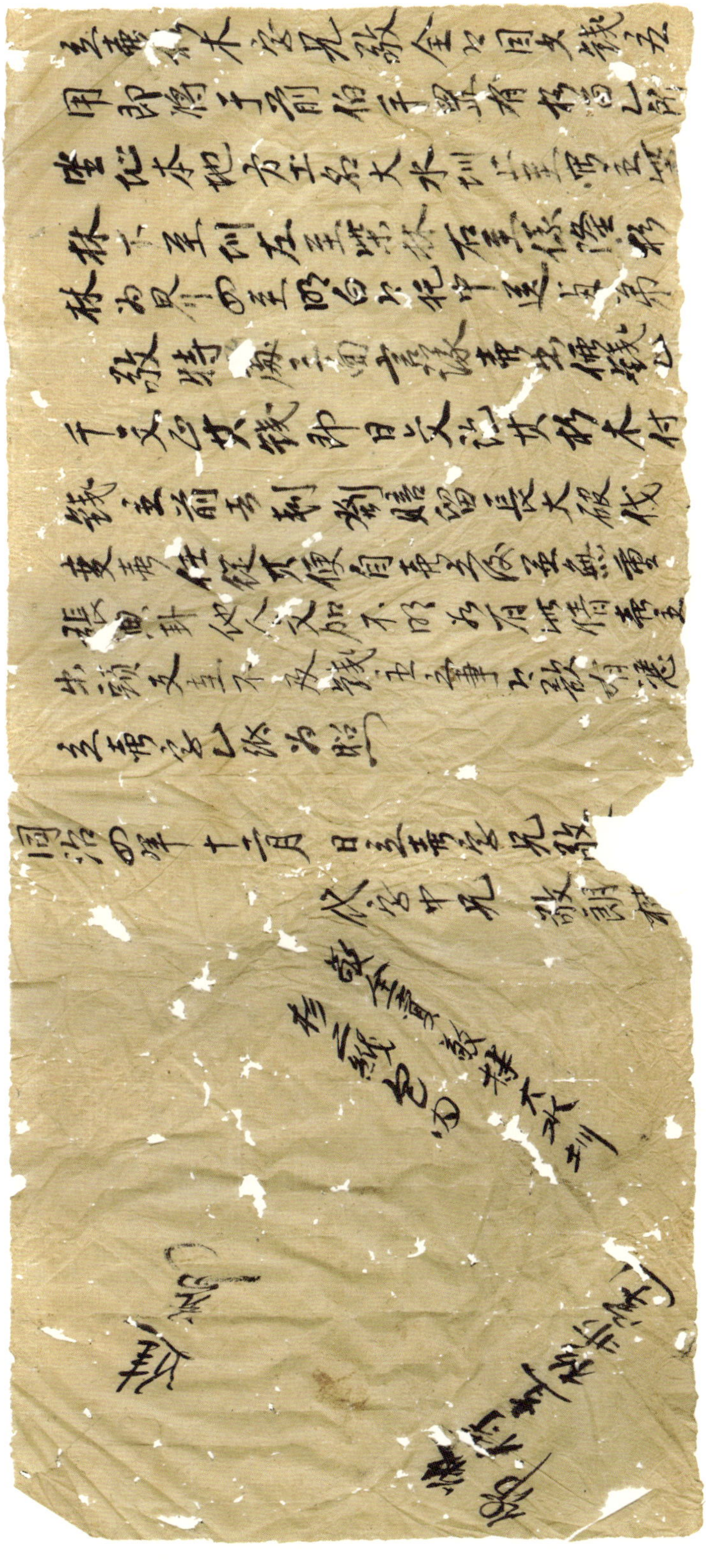

2-1-91-1 清同治四年十二月柯敬全立賣杉木字（草契）

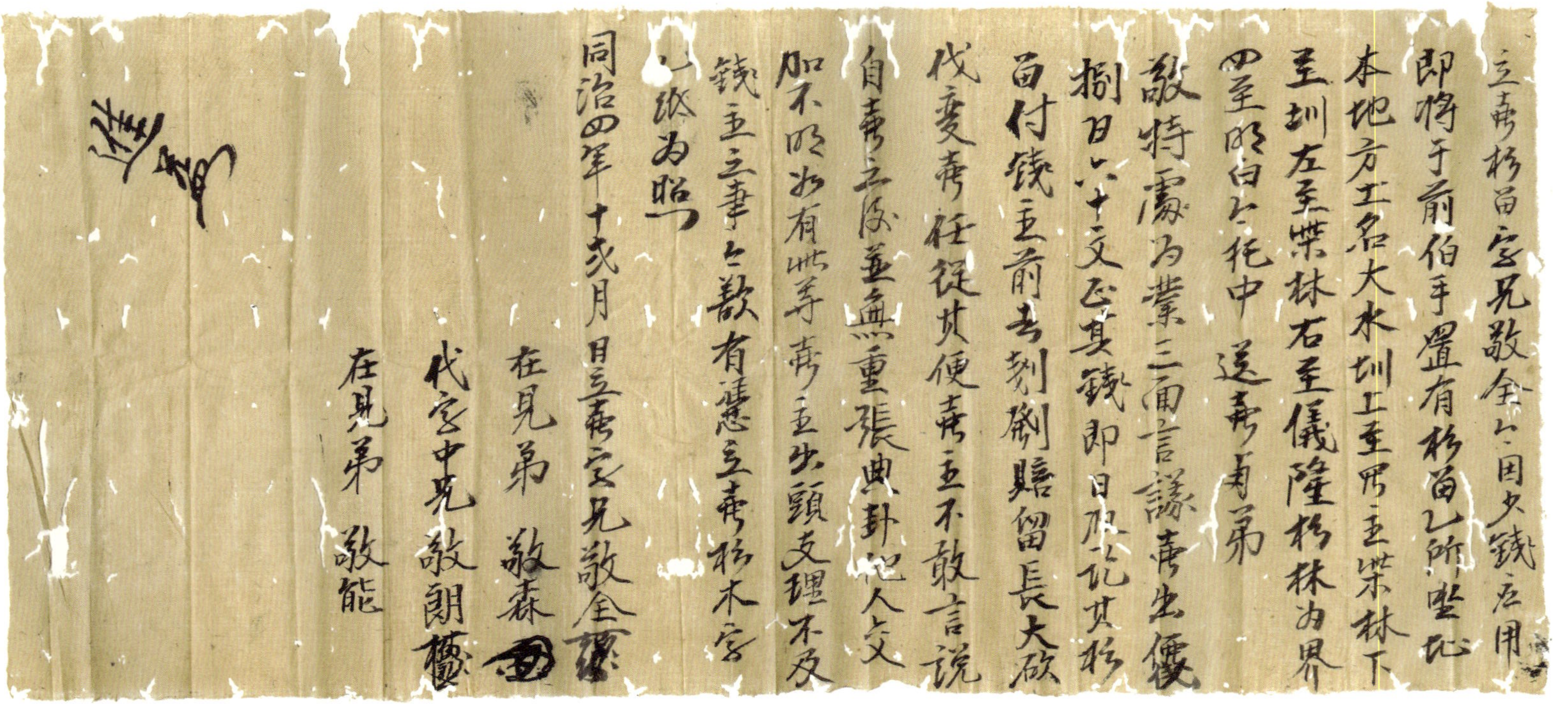
立賣杉苗字兄敬全，今因乏錢應用，
即將于前伯手置有杉苗山一所，坐址
本地方土名大水圳，上至路主崇林，下
至圳，左至崇林，右至儀隆杉林為界，
四至明白，托中　送賣與弟
敬特處為業，三面言議賣出價
捌佰六十文足，其錢即日收訖。其杉
苗付錢主前去刻劉賠留長大砍
伐，變賣任從其便，賣主不敢言說。
自賣之後，並無重張典掛他人文
架，不明如有此等，賣主出頭支理，不及
錢主之事。今欲有憑，立賣杉木字
一紙為照。
同治四年十弍月　日立賣字兄敬全（押）
在見弟　敬森（押）
代字中兄　敬朗（押）
在見弟　敬能
佳吉

2-1-91-2　清同治四年十二月柯敬全立賣杉苗字

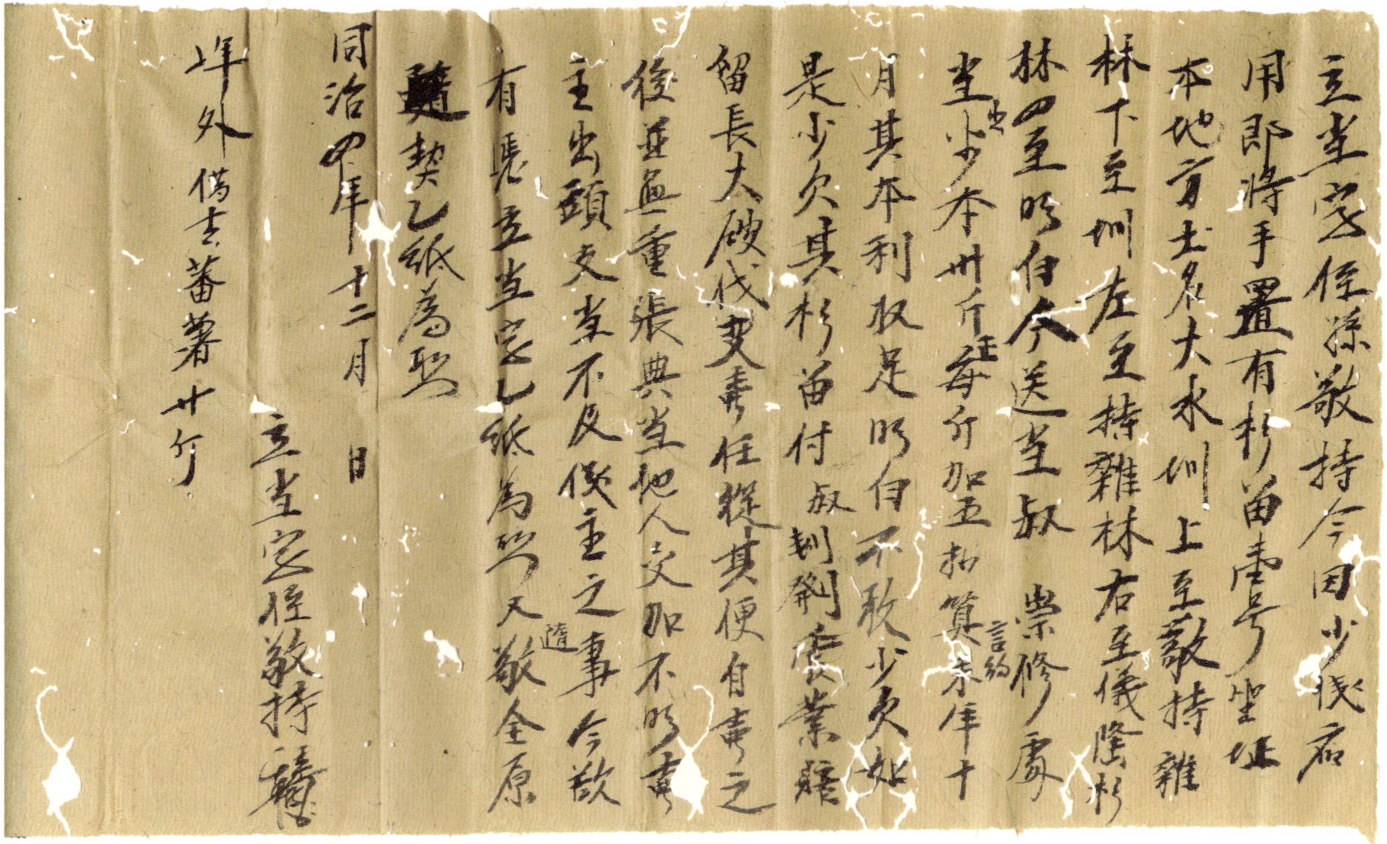

立当字侄孫敬持今因少钱应
用即將手置有杉苗壹号坐址
本地方土名大水圳上至敬持雜
林下至圳左至持雜林右至儀隆杉
林四至明白今送当叔 崇修處
当出钱本卅斤正每斤加五扣算言約本年十
月其本利叔足明白不敢少欠如
是少欠其杉苗付叔剗剗管業雖
留長大砍伐變賣任從其便自壽之
後並無重張典当他人交加不明壽
主出頭支當不及侄主之事今欲
有憑立当字乙紙為照又敬全原
隨契乙紙為照
同治四年十二月 日
立当字侄敬持
坪外傍左蕃薯廿行

2-1-91-3 清同治四年十二月柯敬持立當杉苗字

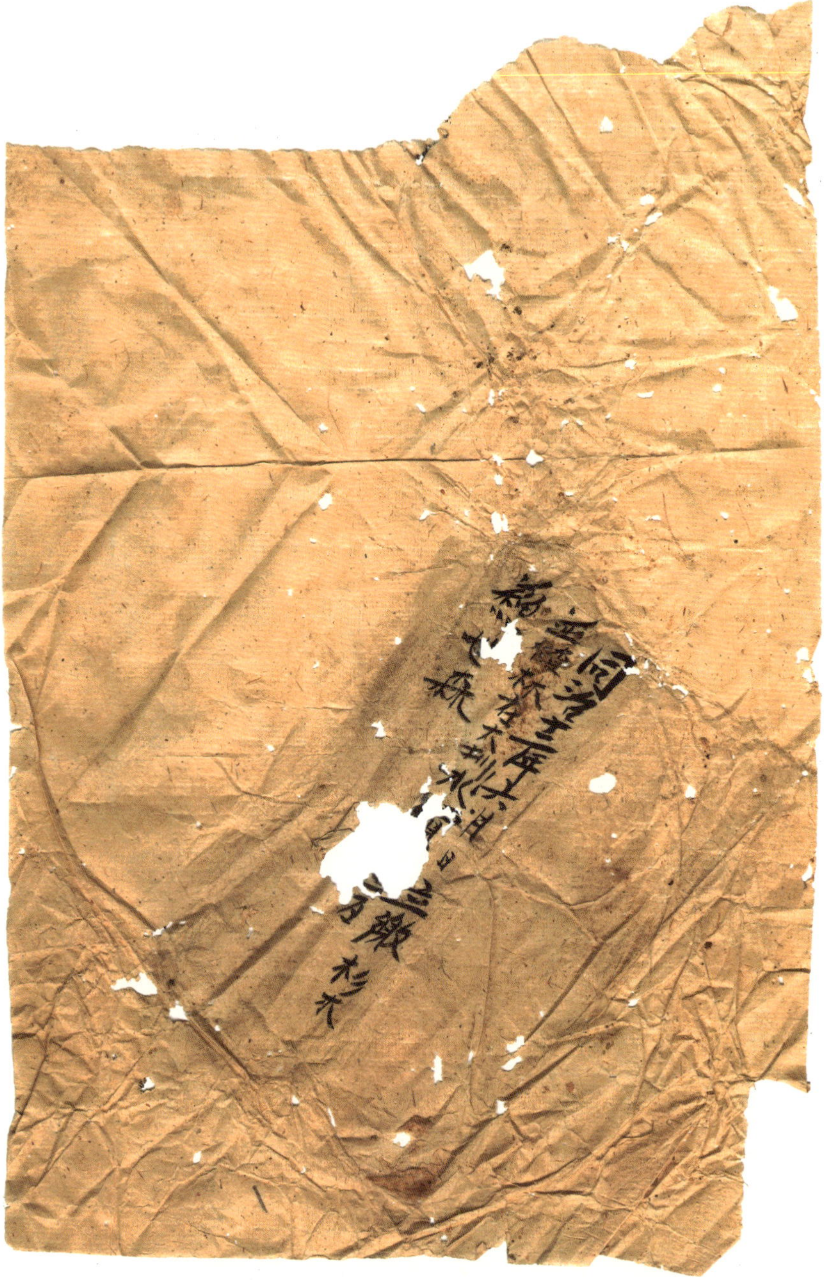

2-1-92-1　包契紙

2-1-92-2　包契紙

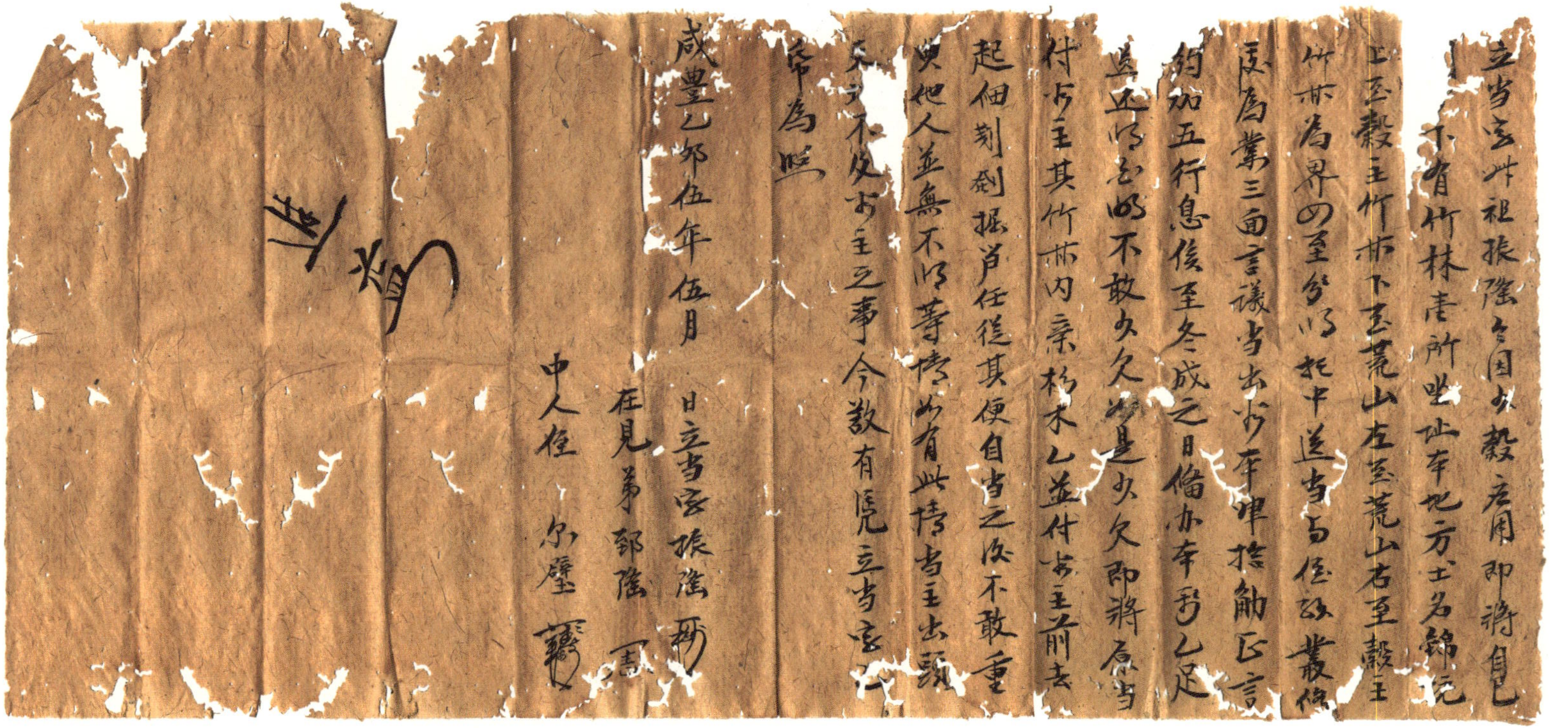
立當字人柯振隆今因乏穀應用，即將自己手置竹林壹所，坐址本地方土名錦記，上至穀主竹林，下至荒山，左至荒山，右至穀主竹林為界，四至分明，托中送當與侄叢為業，三面言議，當出本年穀指觔正，言約加五行息，俟至冬成之日備辦本利足還，不敢少欠；如是少欠，即將原當付與主，其竹林內杂杉木亦並付與主前去起佃剗割，掘筍任從其便，自當之後不敢重典他人，並無不明等情；如有此情，當主出頭支當，不干當主之事。今欲有憑，立當字一紙為照。

咸豐乙卯伍年伍月　日立當字　振隆（押）
在見弟　鄧隆（押）
中人侄　尔璧（押）

2-1-92-3　清咸豐五年五月柯振隆立當竹林字

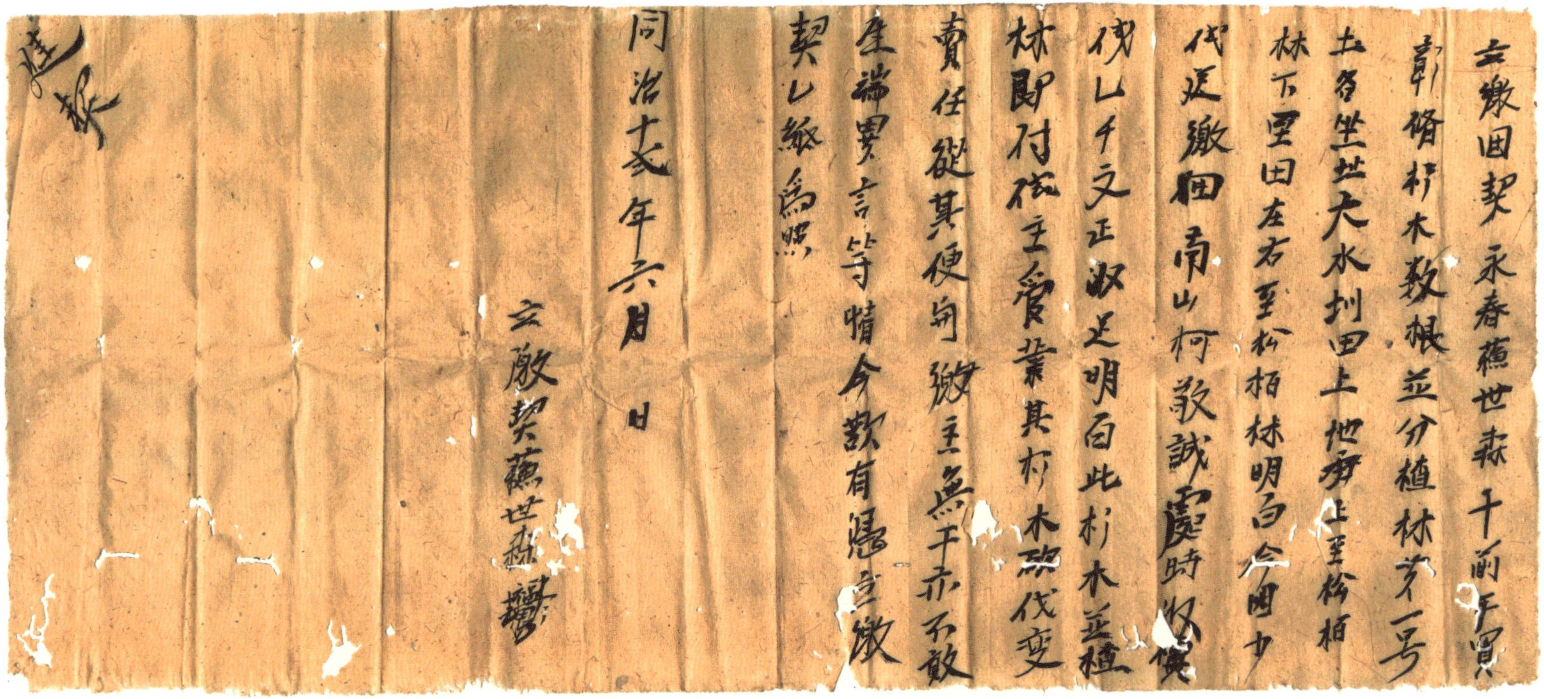
立繳回契永春蘇世森，于前年買
郭[illegible]杉木數根並分植林字一号，
土名坐址大水圳田上，地界上至松柏
林，下至田，左右至松柏林明白。今因中
代延繳回南山柯敎誠處，時收價
錢山千文正，收足明白。此杉木並植
林即付柯主管業，其杉木聽伐變
賣，任從其便。向繳主無干，亦不敢
生端異言等情。今欲有憑，立繳
契乙紙為照。

同治十二年六月　日

立繳契蘇世森（押）

2-1-92-4　清同治十二年六月永春蘇世森立繳回杉木字

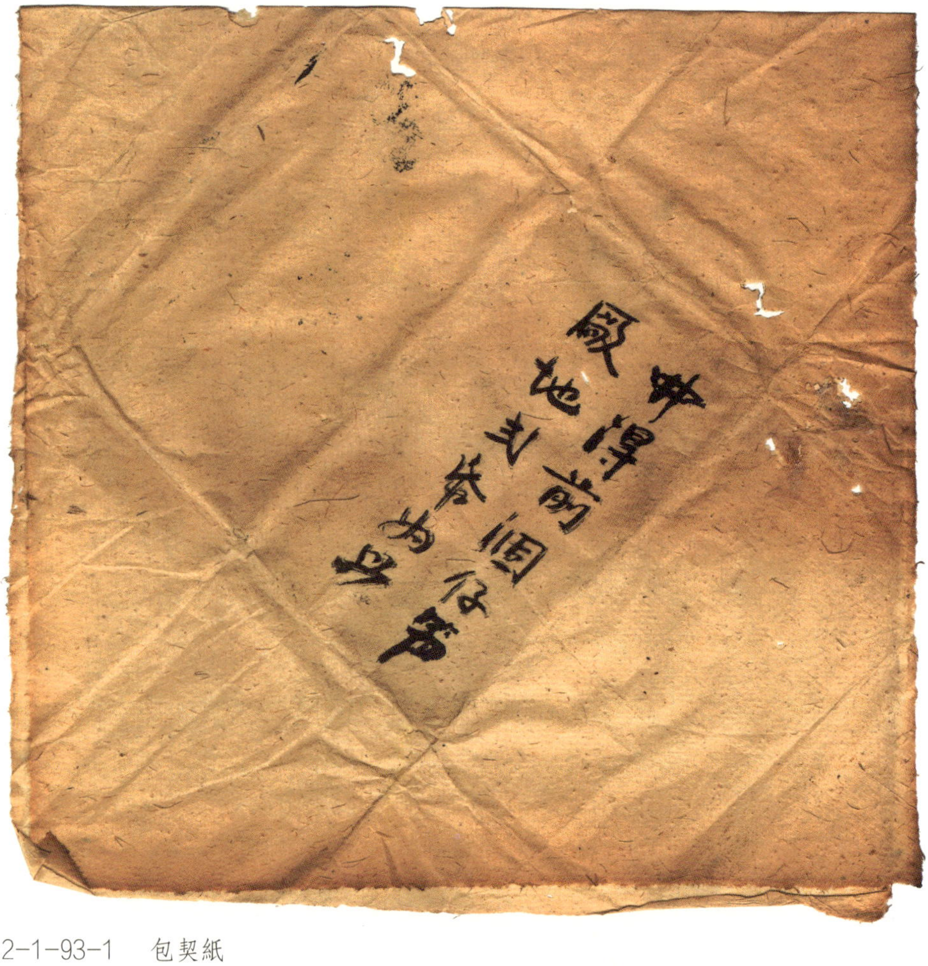

2-1-93-1　包契紙

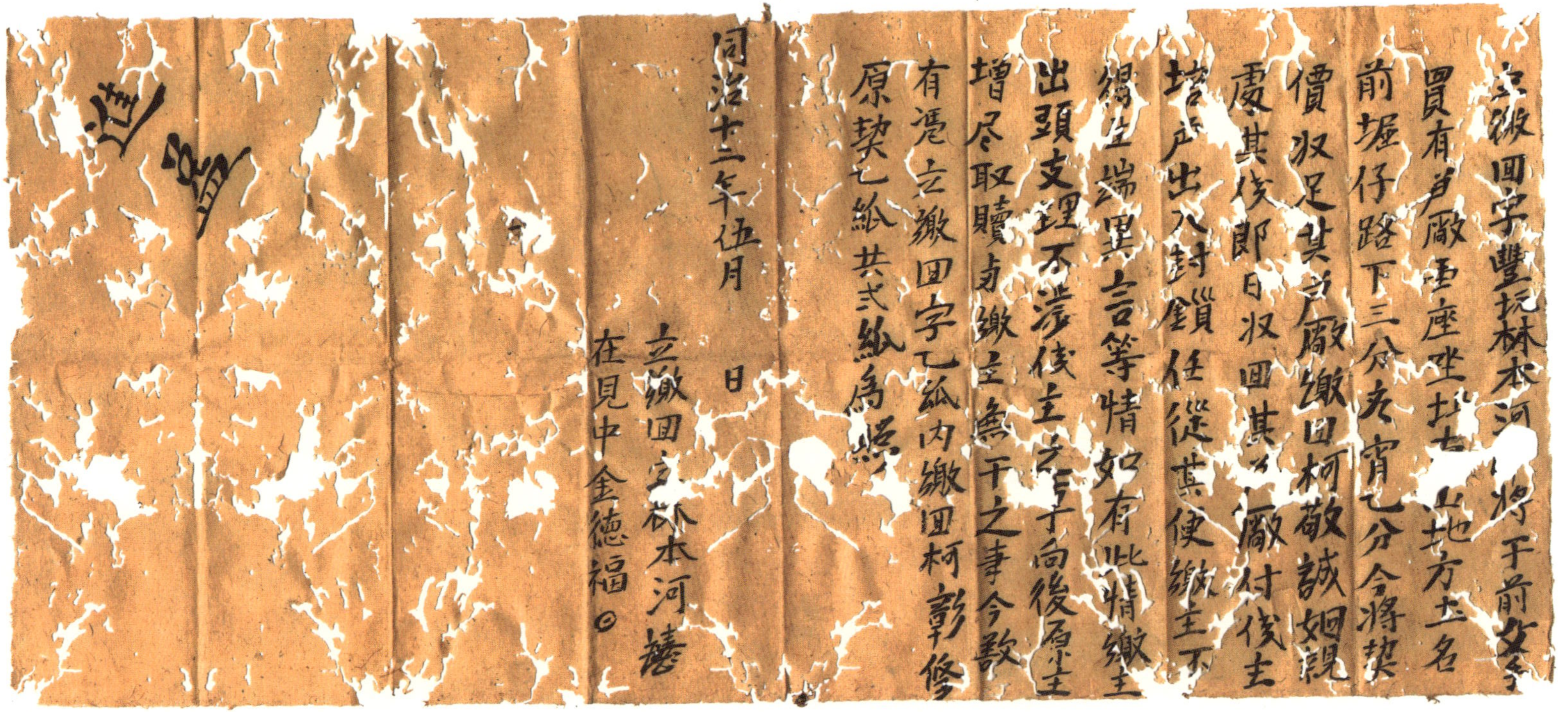

立繳回字豐挖林本河，將于前□
買有□廠壹座，坐址□□山地方，土名
前堀仔路下三分充宵乙分，今將契
價收足，其□廠繳回柯敬誠姻親
處，其價即日收回，其□廠付伐主
增户出入封鎖，任從其使，繳主不
得生端異言等情。如有此情，繳主
出頭支理，不涉伐主之事。于向後原主
增盡取贖，與繳主無干之事。今欲
有憑，立繳回字乙紙，内繳回柯彰修
原契乙紙，共式紙為照。

同治十二年伍月　　日

立繳回字林本河（押）
在見中金德福◎

2-1-93-2　清同治十二年五月林本河立繳回筍廠字

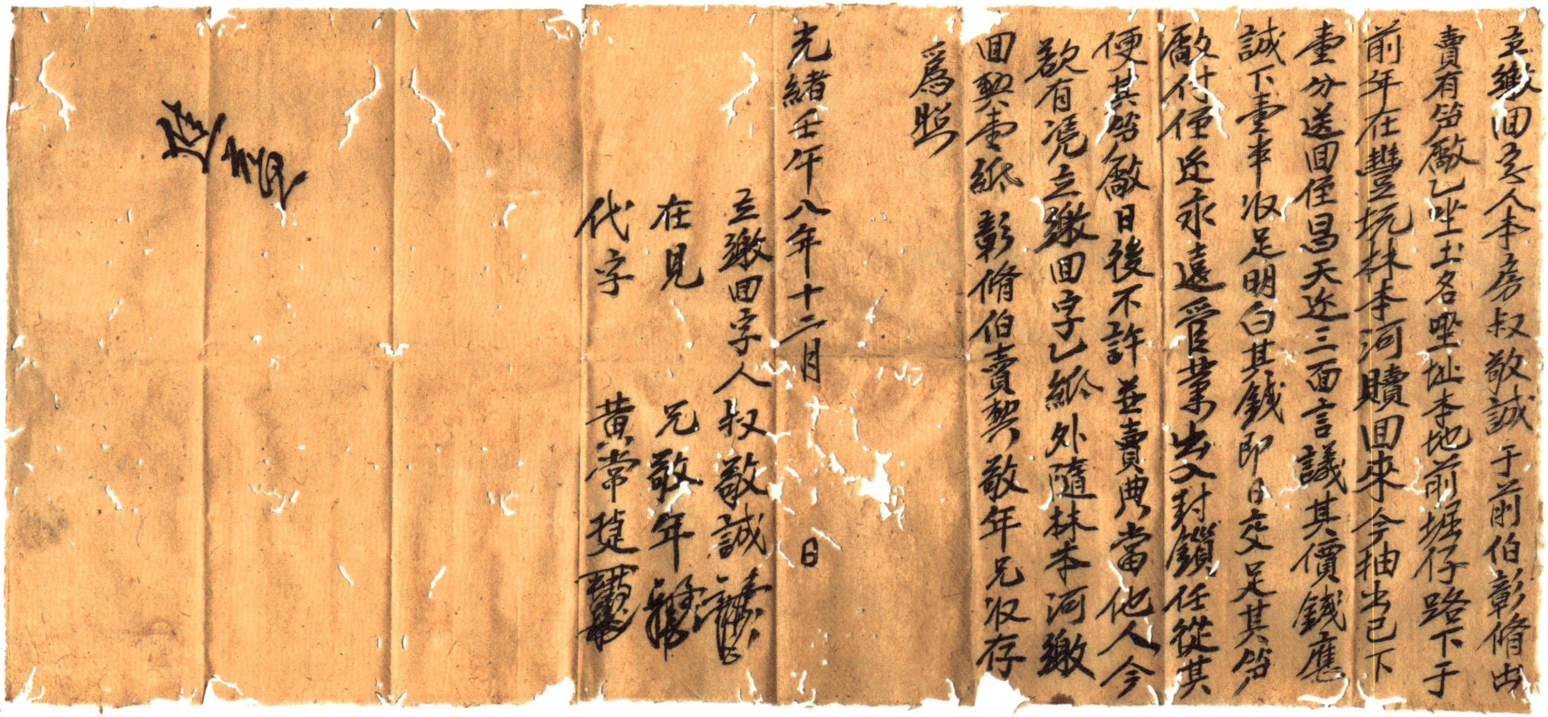
立繳田字人本房叔敬誠，于前伯彰脩出
賣有筍廠乙坐，土名坐址本地前坪仔路下，于
前年在豐坑林李河贖回來，今抽出己下
壹分送回侄昌天，並三面言議其價錢應
誠下壹串，收足明白，其錢即日交足，其筍
廠付侄近永遠管業，出入封鎖任從其
便，其筍廠日後不許並賣典當他人，今
欲有憑，立繳田字乙紙，外隨林李河繳
回契壹紙，彰脩伯賣契，敬年兄收存
為照。
光緒壬午八年十二月　日
立繳田字人叔敬誠（押）
在見　兄敬年（押）
代字　黃常琁（押）

2-1-93-3　清光緒八年十二月柯敬誠立繳回筍廠字

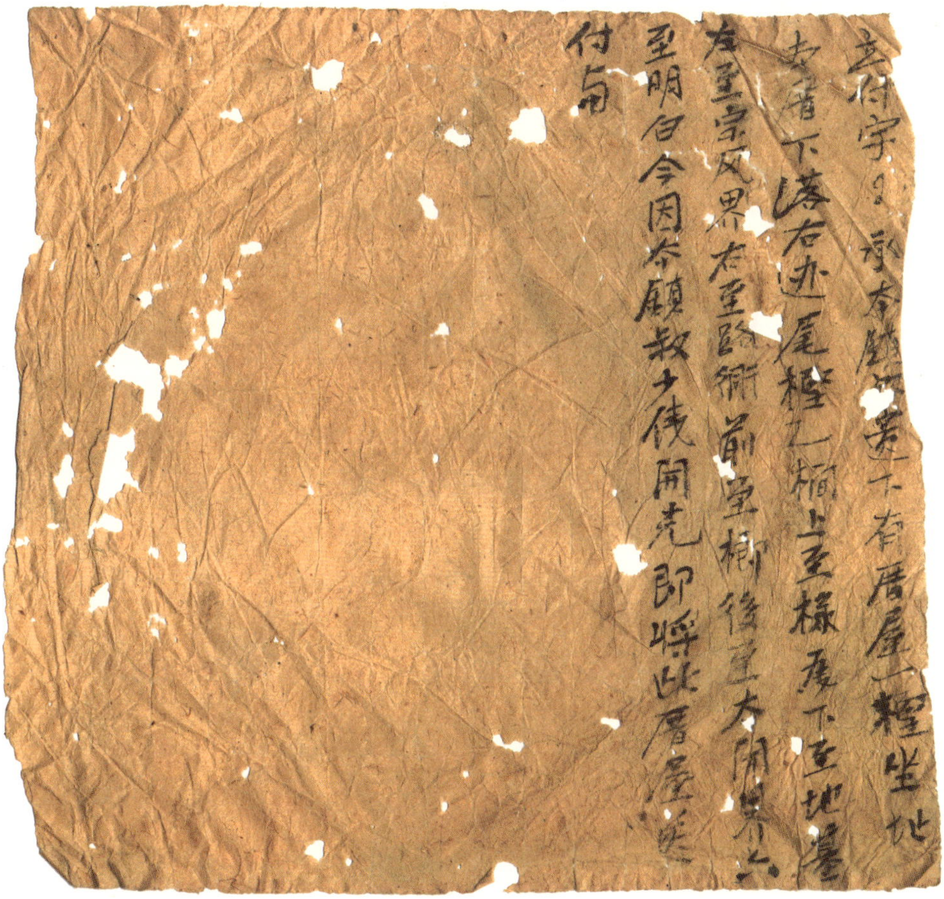

立付字□□承本族□□下有居屋一埕坐址
土名下落右边尾柱一桶上至椽□下至地基
左至宗□界右至路衙前至柳後至大闸界六
至明白今因本顧叔十钱開光即將此居屋送
付与

2-1-94-1　包契紙

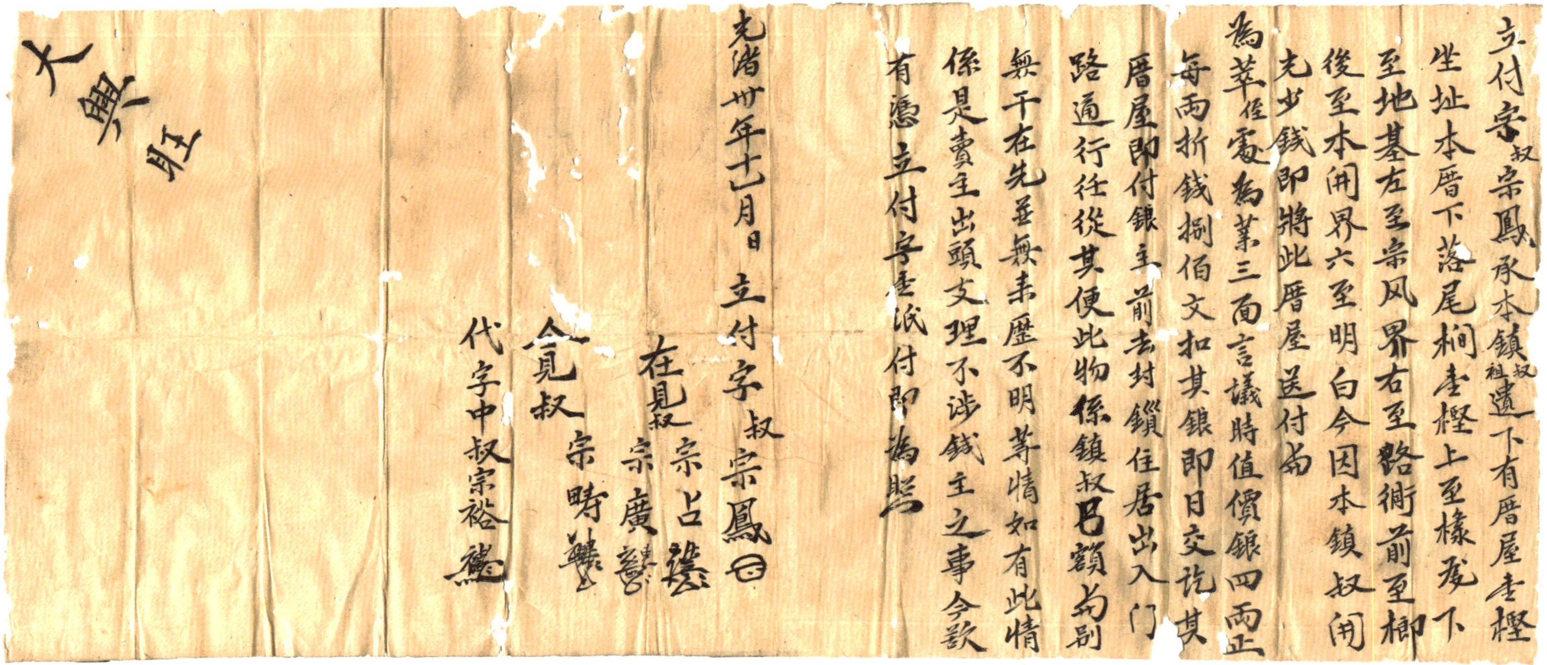

立付字叔宗鳳承本鎮叔祖遺下有厝屋壹椏
坐址本厝下落尾榈壹椏上至椽處下
至地基左至宗风界右至路街前至柳
後至本閒界六至明白今因本鎮叔閒
无少钱即將此厝屋送付与
為革侄處為業三面言議時值價銀四兩正
每兩折钱捌佰文和其銀即日交訖其
厝屋即付银主前去封鎖任居出入门
路通行任從其便此物係鎮叔已額与别
無干在先並無未歷不明等情如有此情
係是賣主出頭支理不涉钱主之事今欲
有憑立付字壹紙付即為照

光緒卅年十一月日　立付字叔宗鳳（押）
在見叔　宗占（押）
宗廣（押）
全見叔　宗畴（押）
代字中叔宗裕（押）

大興旺

2-1-94-2　清光緒三十年十一月林宗鳳立付厝屋字

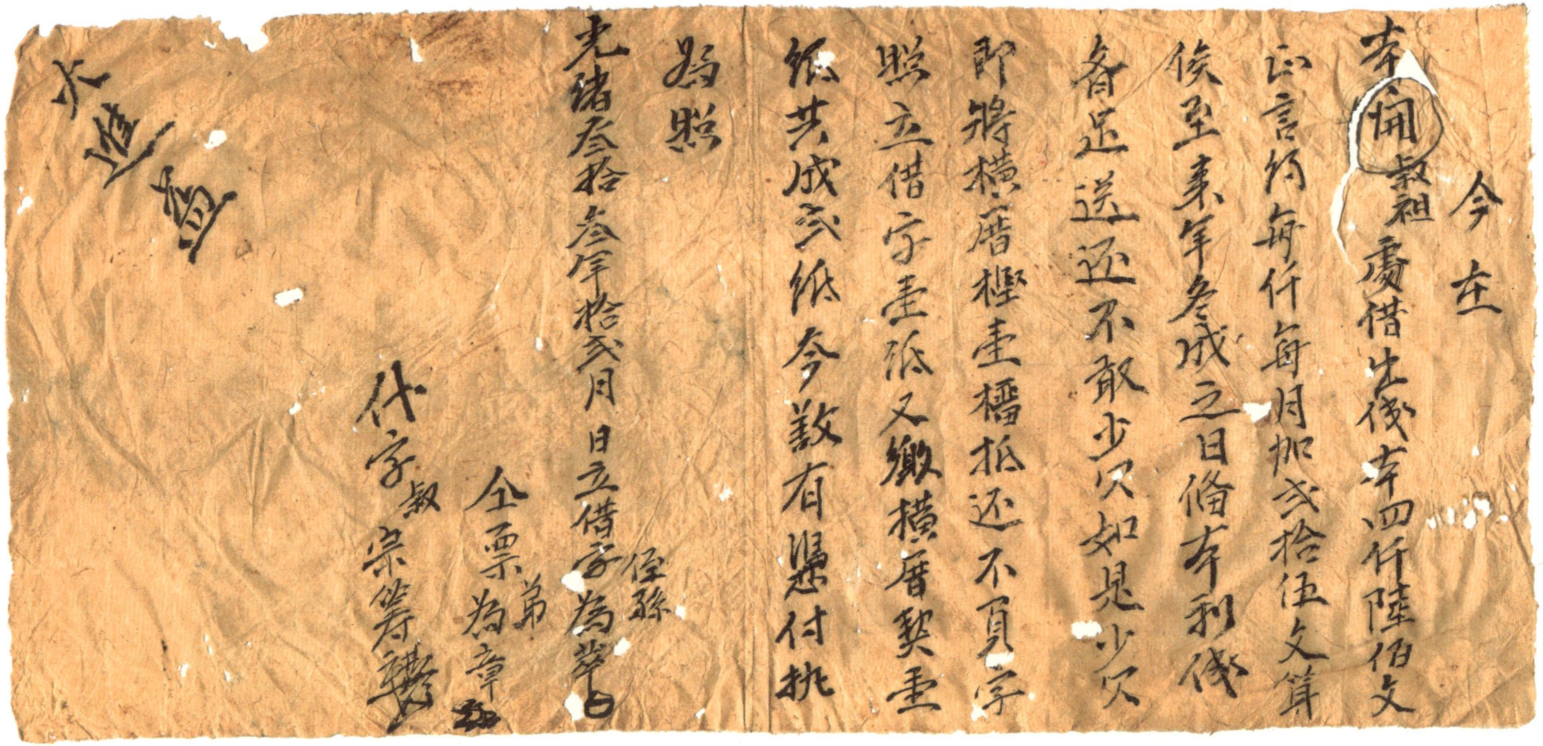

今在
本甸叔祖處借出錢本四千陆佰文算
正言约每千每月加弍拾伍文算
侯至来年冬成之日備本利錢
备送還不敢少欠，如是少欠
即將横厝樫壹櫃抵還不頁字
照立借字壹紙，又繳横厝契壹
紙，共成弍紙，今欲有憑付执
為照。
光緒叁拾叁年拾弍月　日立借字姪孫為萃（押）
仝票弟為章（押）
代字叔宗籌（押）
大進[illegible]

2-1-94-3　清光緒三十三年十二月林爲萃立借錢字

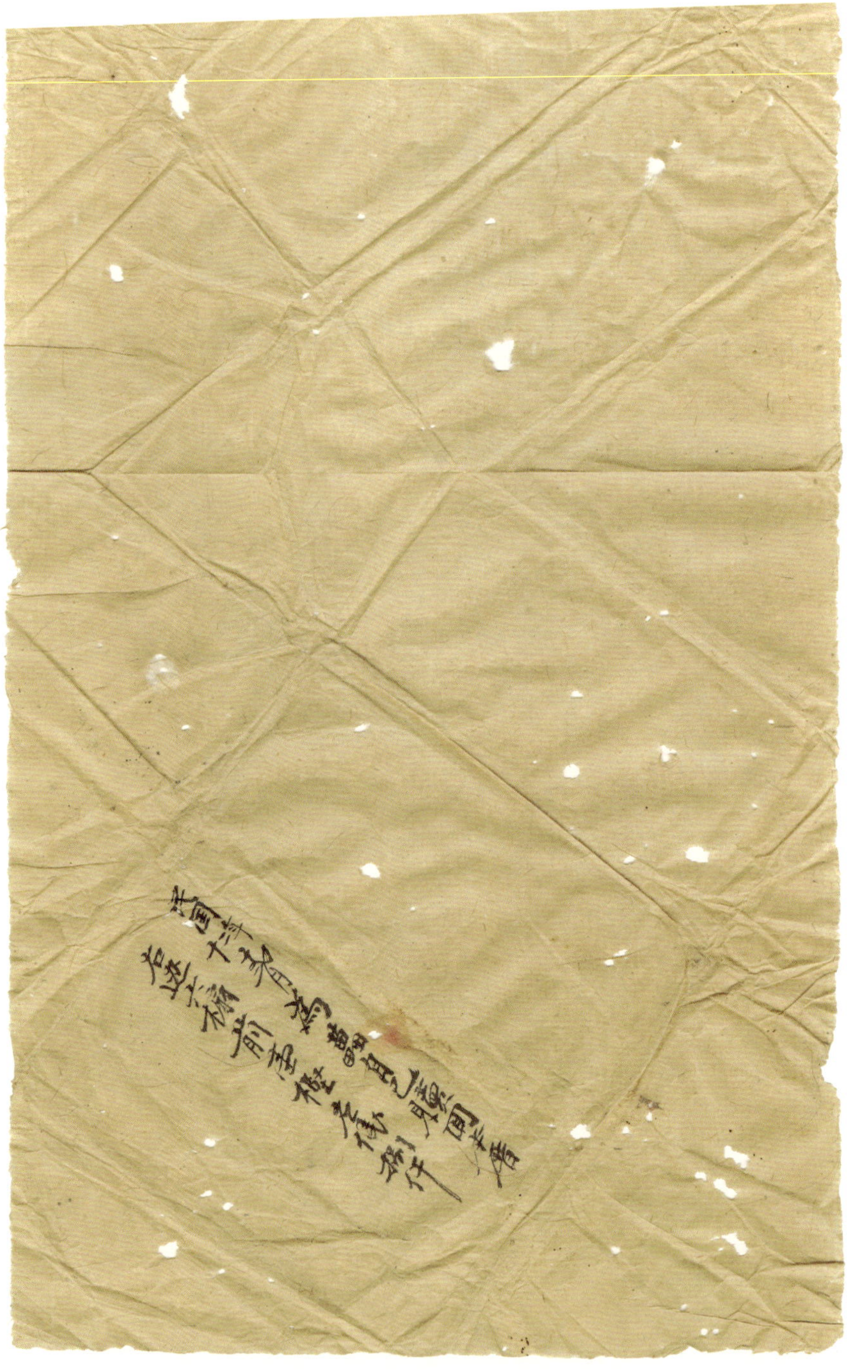

2-1-95-1　包契紙

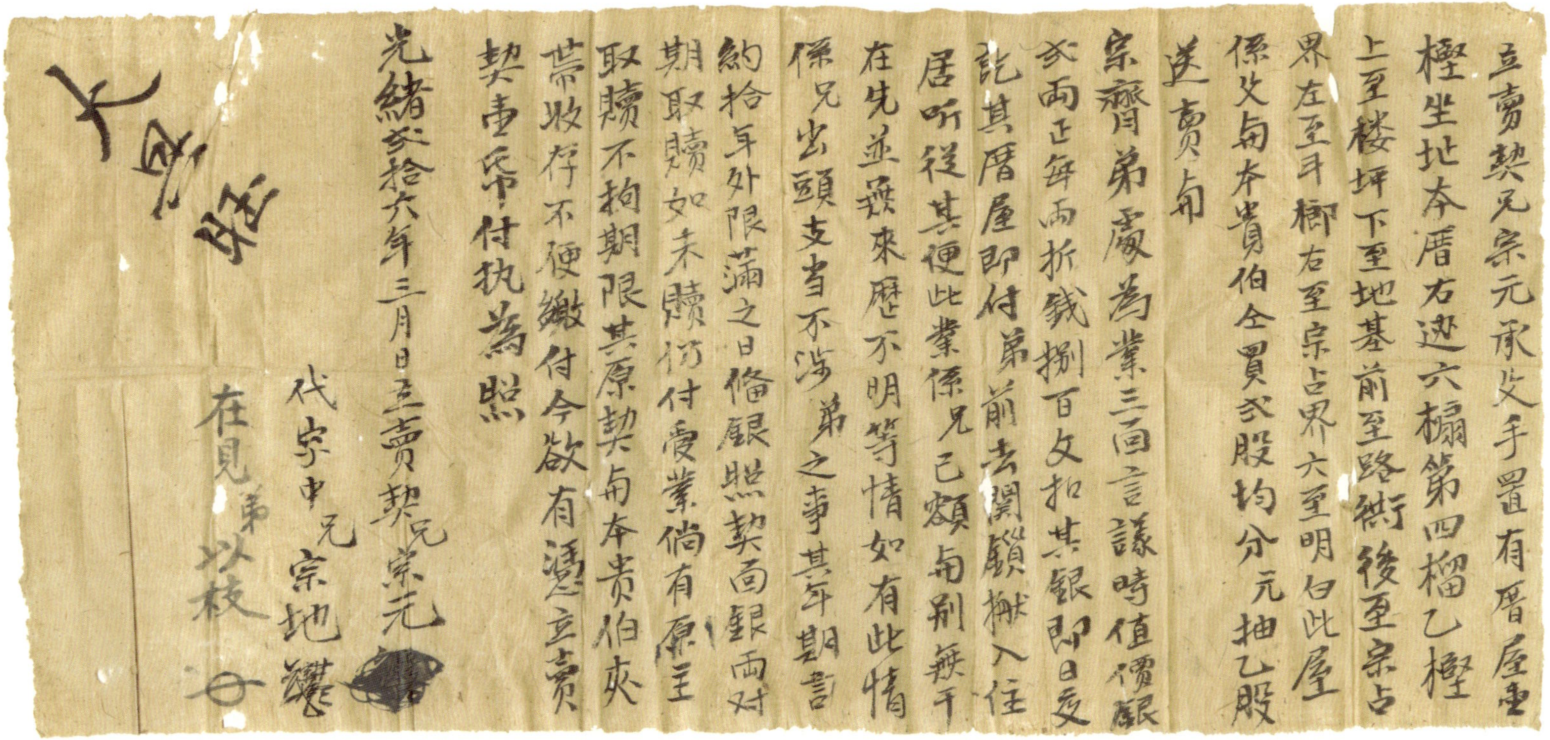
立賣契兄宗元承父手置有厝屋壹
樫坐址本厝右邊六扇第四榴乙樫
上至樓坪下至地基前至路街後至宗占
界左至弓柳右至宗占界六至明白此屋
係父與本貴伯仝買叁股均分元抽乙股
送賣與
宗齊弟處為業三面言議時值價銀
叁兩正每兩折錢捌百文扣其銀即日交
訖其厝屋即付弟前去開鎖搬入住
居聽從其便此業係兄己類與别無干
在先並無來歷不明等情如有此情
係兄出頭支當不涉弟之事其年期言
約拾年外限滿之日備價照契面銀兩對
期取贖如未贖仍付受業倘有原主
取贖不拘期限其原契與本貴伯夾
帶收存不便繳付今欲有憑立賣
契壹紙付執為照
光緒貳拾六年三月　日立賣契兄宗元（押）
代字中兄　宗地（押）
在見弟　以枝　中
大吉

2-1-95-2　清光緒二十六年三月宗元立賣厝屋契

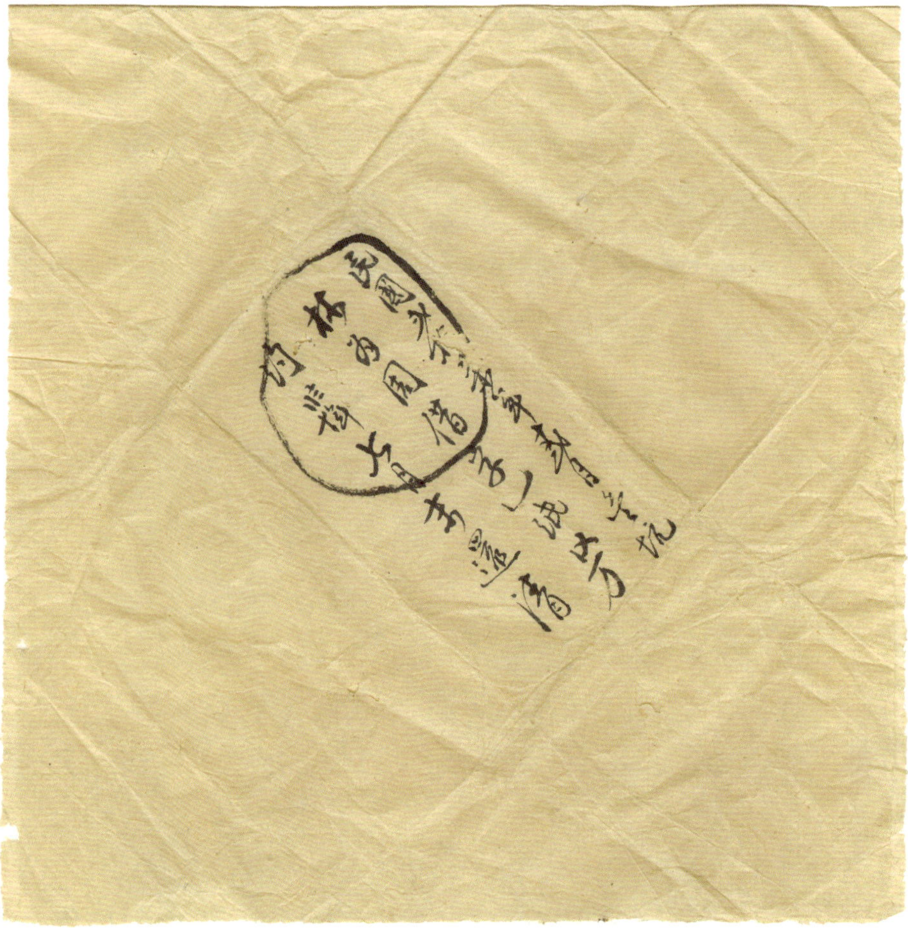

2-1-96-1　包契紙

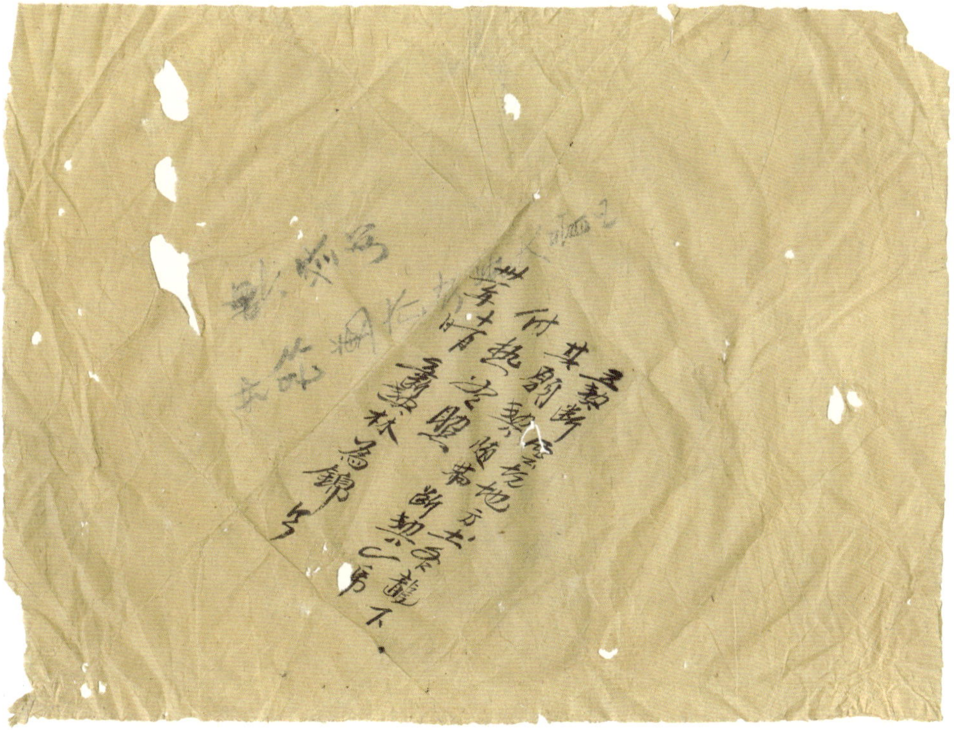

2-1-96-2 包契紙

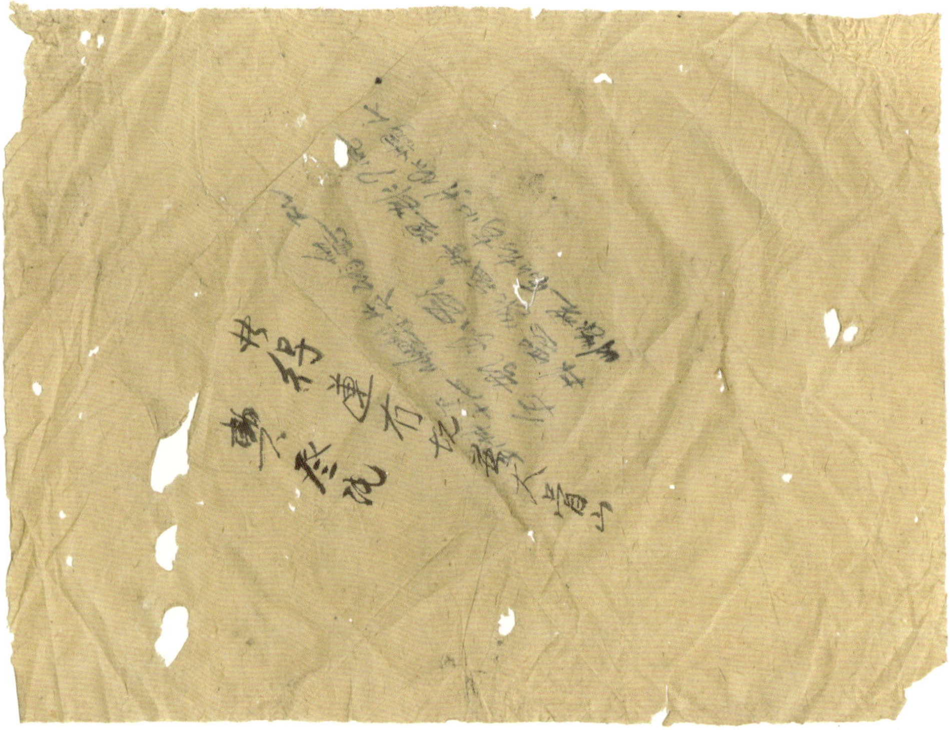

2-1-96-3　包契紙

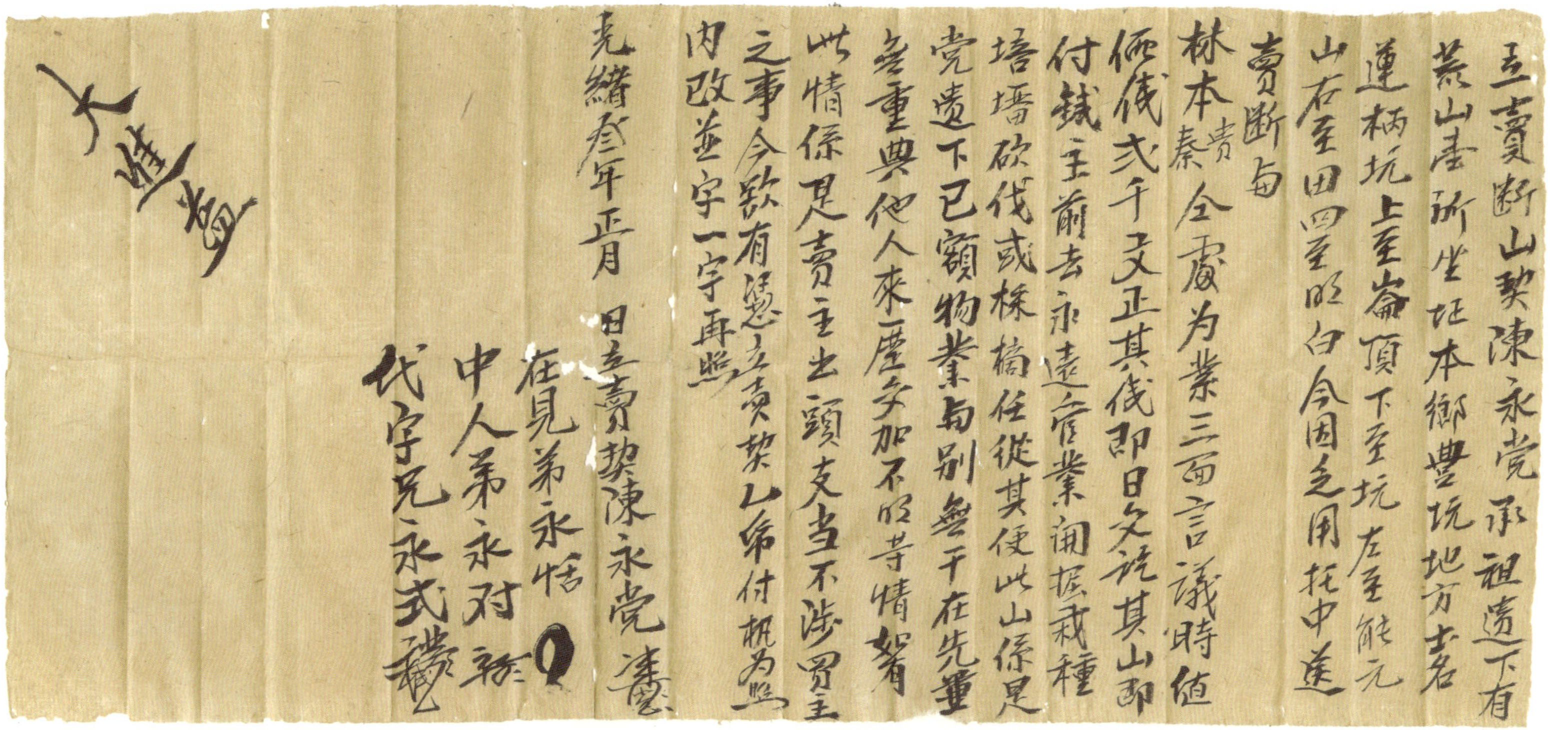

立賣斷山契陳永党承祖遺下有
荒山壹所坐址本鄉豐坑地方土名
蓮柄坑上至崙頂下至坑左至能元
山右至田四至明白今因乏用托中送
賣斷與
林本泰全處为業三面言議時值
價錢弍千文正其錢即日交訖其山即
付銀主前去永遠管業掘栽種
培墻砍伐或株橋任從其便此山係是
党遺下已額物業与別無干在先並
無重典他人來歷不明等情如有
此情係是賣主出頭支当不涉買主
之事今欲有憑立賣契山帋付執為照
内改並字一字再照
光緒叁年正月　日立賣契陳永党
在見弟永悟
中人弟永对
代字兄永武

2-1-96-4　清光緒三年正月陳永党立賣斷荒山契

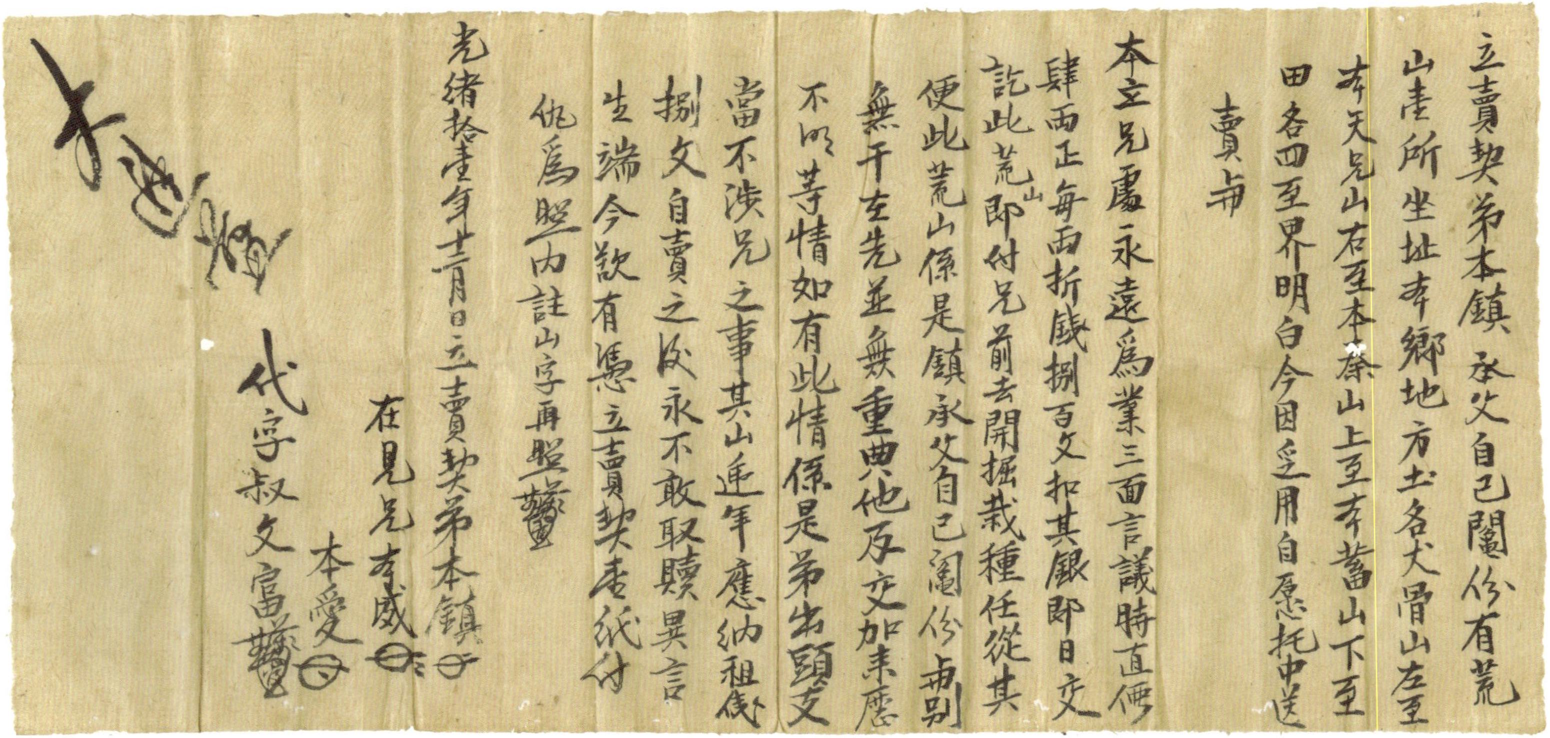

立賣契弟本鎮，承父自己閹份有荒
山壹所，坐址本鄉地方，土名大骨山，左至
本天兄山，右至本蔡山，上至本蕃山，下至
田，各四至界明白。今因乏用，自愿托中送
賣與
本立兄處，永遠爲業。三面言議，時直價
肆兩正，每兩折錢捌百文，扣其銀即日交
訖。此荒山即付兄前去開掘栽種，任從其
便。此荒山係是鎮承父自己閹份，並不與別
無干，在先並無重典他處交加來歷
不明等情，如有此情，係是弟出頭支
當，不涉兄之事。其山逐年應納租錢
捌文，自賣之後，永不敢取贖異言
生端。今欲有憑，立賣契壹紙付
伉爲照。內註山字再照。

光緒拾壹年十二月日　立賣契弟本鎮（押）
在見兄本成（押）
本愛（押）
代字叔文富（押）

大吉昌

2-1-96-5　清光緒十一年十二月本鎮立賣荒山契

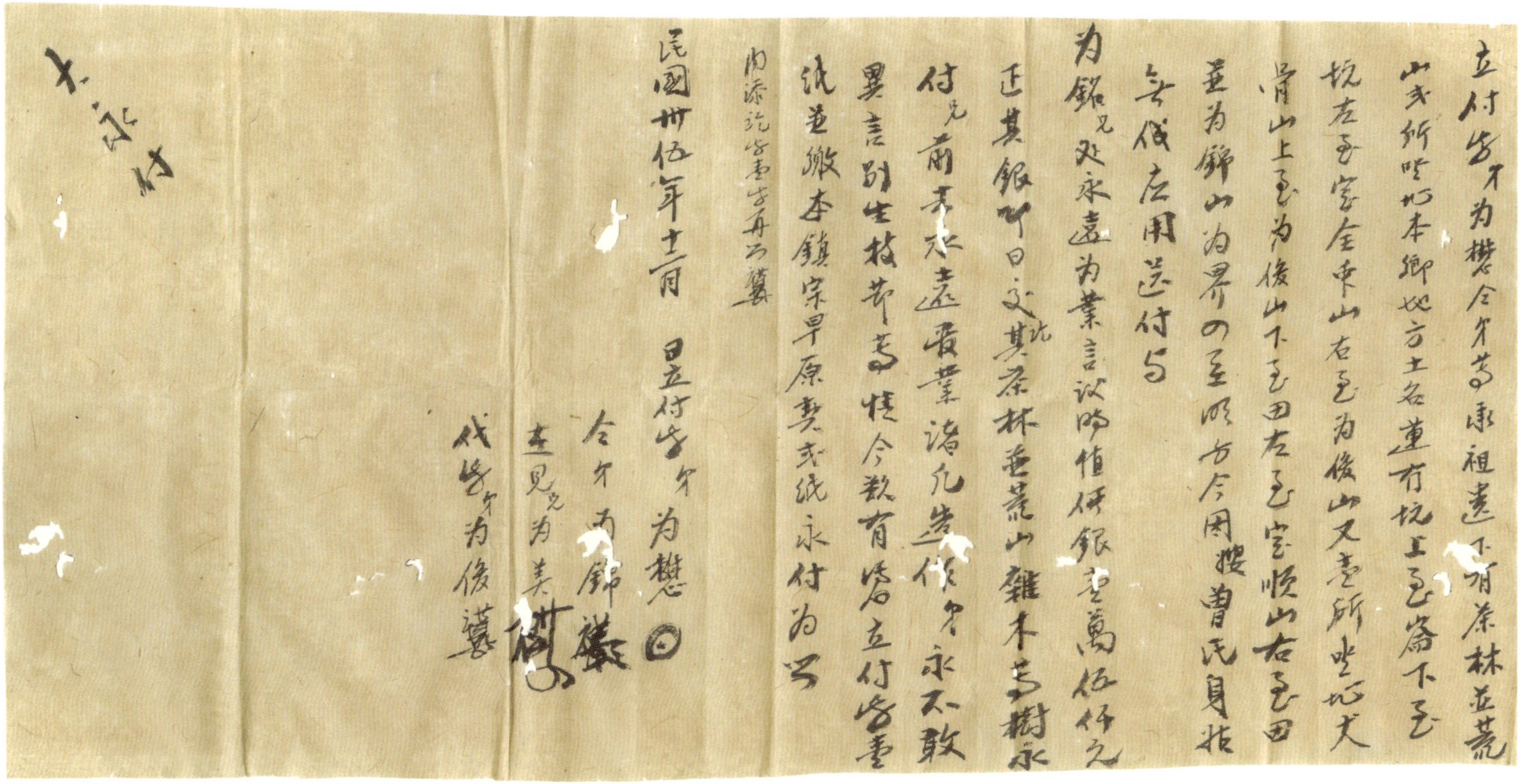

立付字侄为懋仝侄等承祖遺下有茶林並荒
山壹所坐址本鄉地方土名蓮花坑上至崙下至
坑左至宗全東山右至为後山又壹所坐址大
背山上至为後山下至田左至宗悅山右至田
並为錦山为界四至明白今因搬曹氏身非
無錢应用送付与
为錦兄处永遠为業言议時值価銀壹萬伍仟元
正其銀即日交訖其茶林並荒山雜木等樹永
付兄前去永遠管業諸凡先係自侄永不敢
異言別生枝节等情今欲有凭立付字壹
紙並繳本鎮宗單原契式紙永付为照
内添坑字壹字再照
民國卅伍年十二月　日立付字侄为懋
仝侄为錦
在見兄为美
代笔侄为俊

2-1-96-6　民國三十五年十二月爲懋立付荒山等字

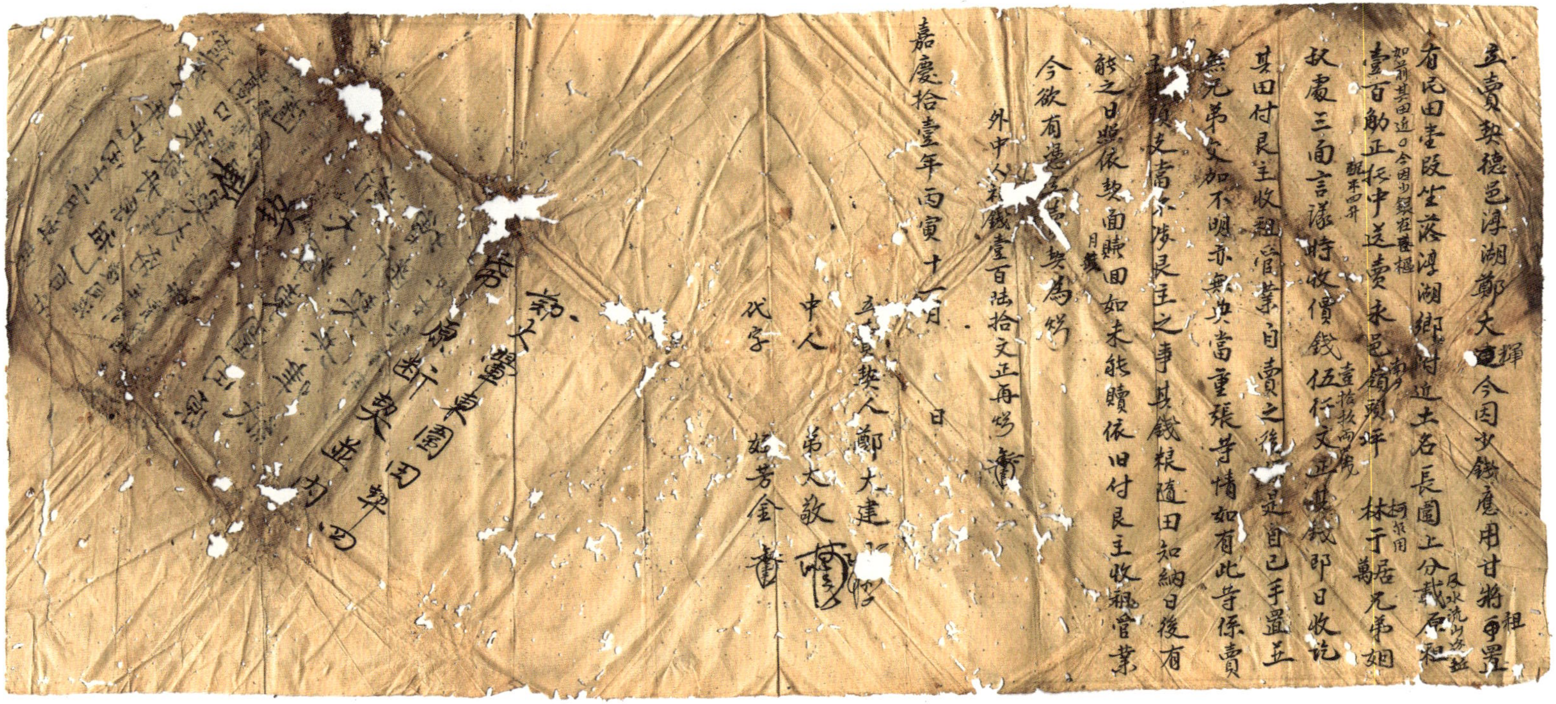

立賣契德邑淳湖鄭大輝，今因乏錢應用，甘將祖手置立
有民田壹段，坐落淳湖鄉附近，土名長圍上分，載原租
壹百觔正，托中送賣永邑南乡嶺頭坪林亍萬居兄弟姻
叔處，三面言議，時收價錢伍仟文正，其錢即日收訖。
其田付良主收租管業，自賣之後，是自己手置立，
無兄弟叔加不明，亦無典當重張等情，如有此等，係賣
主自支當，不涉良主之事。其錢粮隨田知納。日後有
能之日，照依契面贖回，如未能贖，依旧付良主收租管業。
今欲有憑，立賣契為炤。
外中人錢壹百陆拾文正，再炤。
嘉慶拾壹年丙寅十一月 日
立賣契人 鄭大建
中人 弟大敬
代字 姪芳金

2-1-97-1 清嘉慶十一年十一月德化鄭大輝立賣民田契

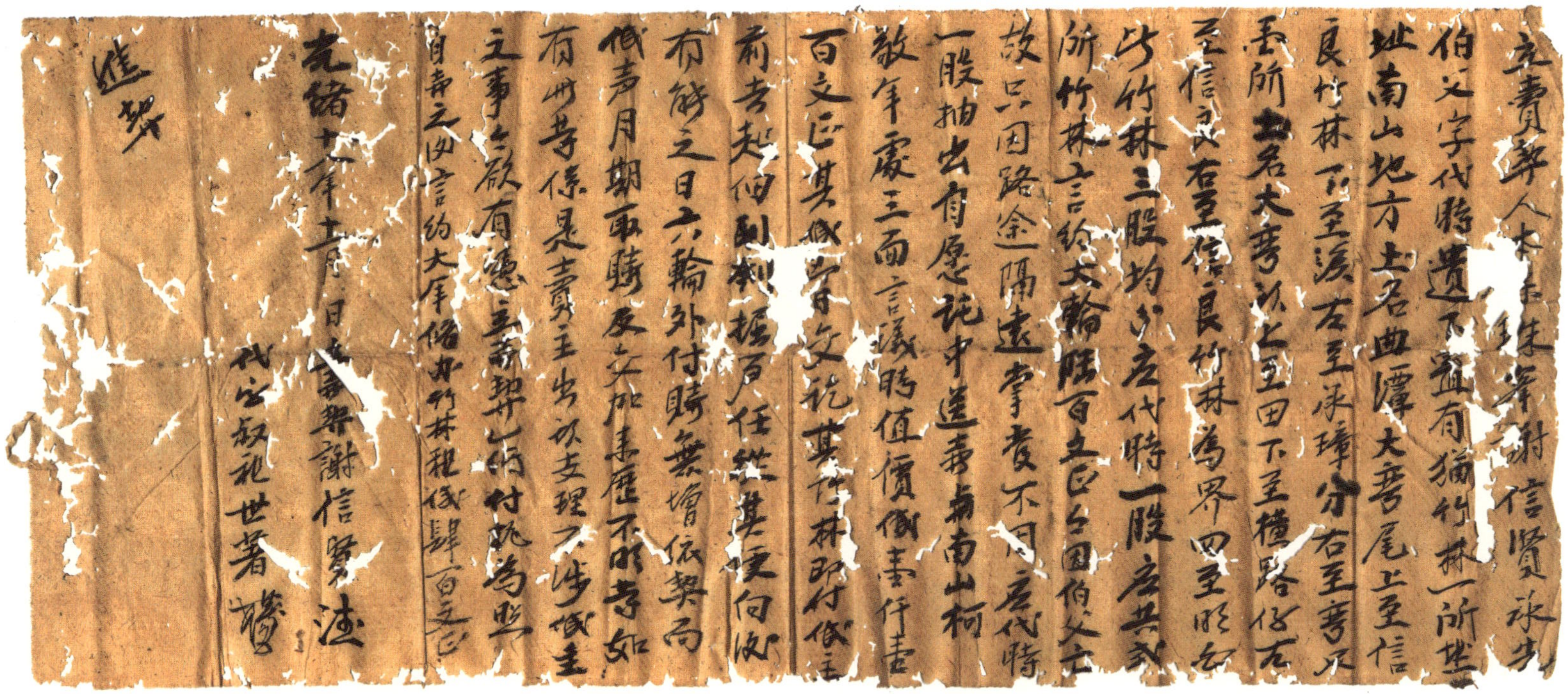
立賣斷人本□村謝信賢承父
伯父字代將遺下並有猫竹林一所坐
址南山地方土名曲潭大壽尾上至信
良竹林下至溪左至承璋分右至壽仄
丢所土名大壽坑上至田下至橫路俗右
至信良右至信良竹林為界四至明白
此竹林三股均分應代將一股應與叔
所竹林言約大輪陸百文足今因伯父亡
故只因路途隔遠掌管不周應代將
一股抽出自願託中送就與南山柯
敘年處三面言議時值價錢壹仟壹
百文足其錢當日交訖其竹林即付錢主
前去起佃副剃掘另任從其便向收
有賢之日六輪外付贖無增依契面
錢壹月期取贖本無加盡不敢異如
有此等係是賣主出頭支理不涉錢主
之事今欲有憑立賣契一紙付執為照
自壽之內言約大年備出竹林租錢肆百文足
光緒十八年十一月 日立賣契謝信賢（押）
代字叔祖世著（押）
進契

2-1-97-2 清光緒十八年十一月謝信賢立賣猫竹林契

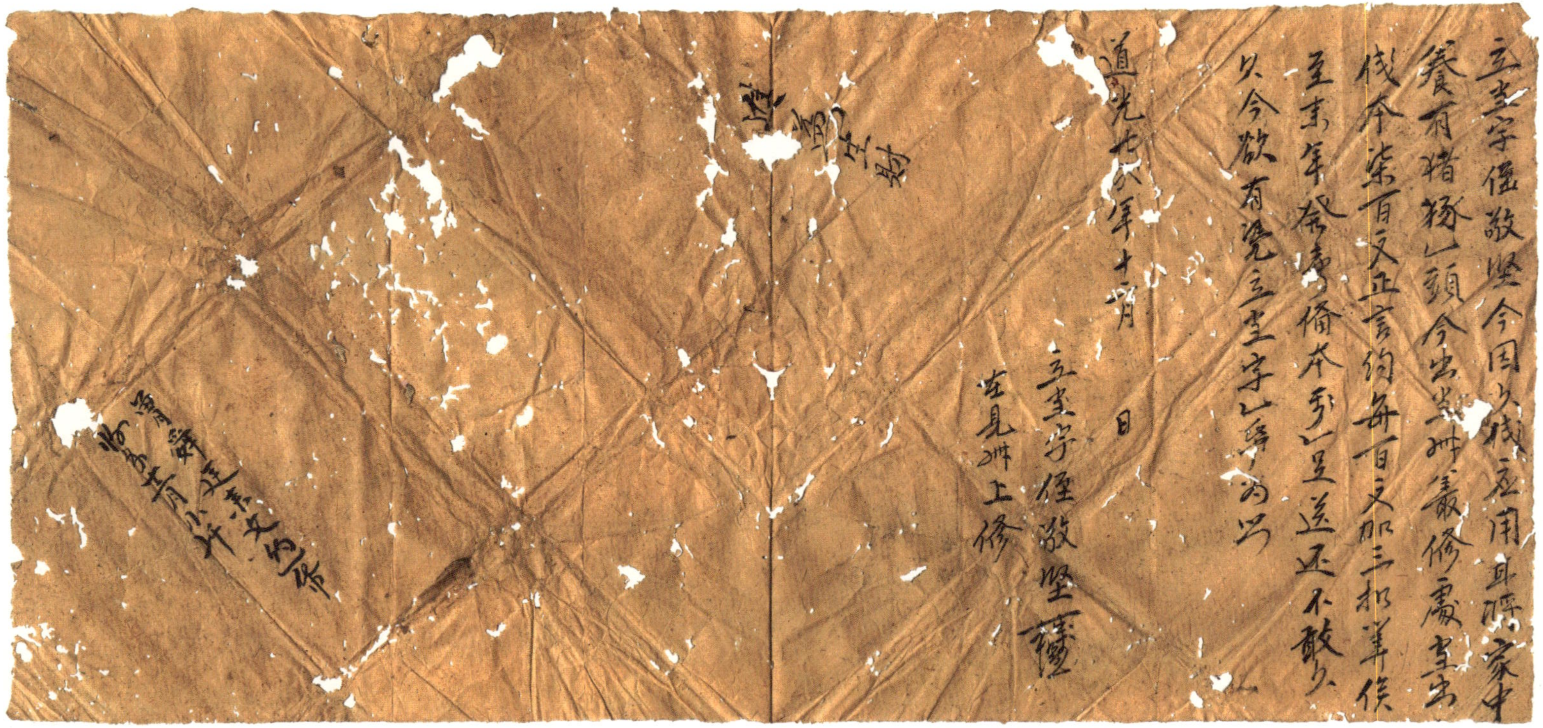
立當字姪敬堅，今因乏錢應用，耳將家中
養有猪豚一頭，今出當與叔處，當出
錢本柒百文正，言約每百文加三利，年俟
至來年冬季備本利一足送還，不敢[illegible]
只今欲有憑，立當字一紙為照。
[illegible]
道光廿貳年十二月　日
立當字姪敬堅[illegible]
在見叔上修
[illegible]

2-1-98-1　清道光二十二年十二月柯敬堅立當猪豚字

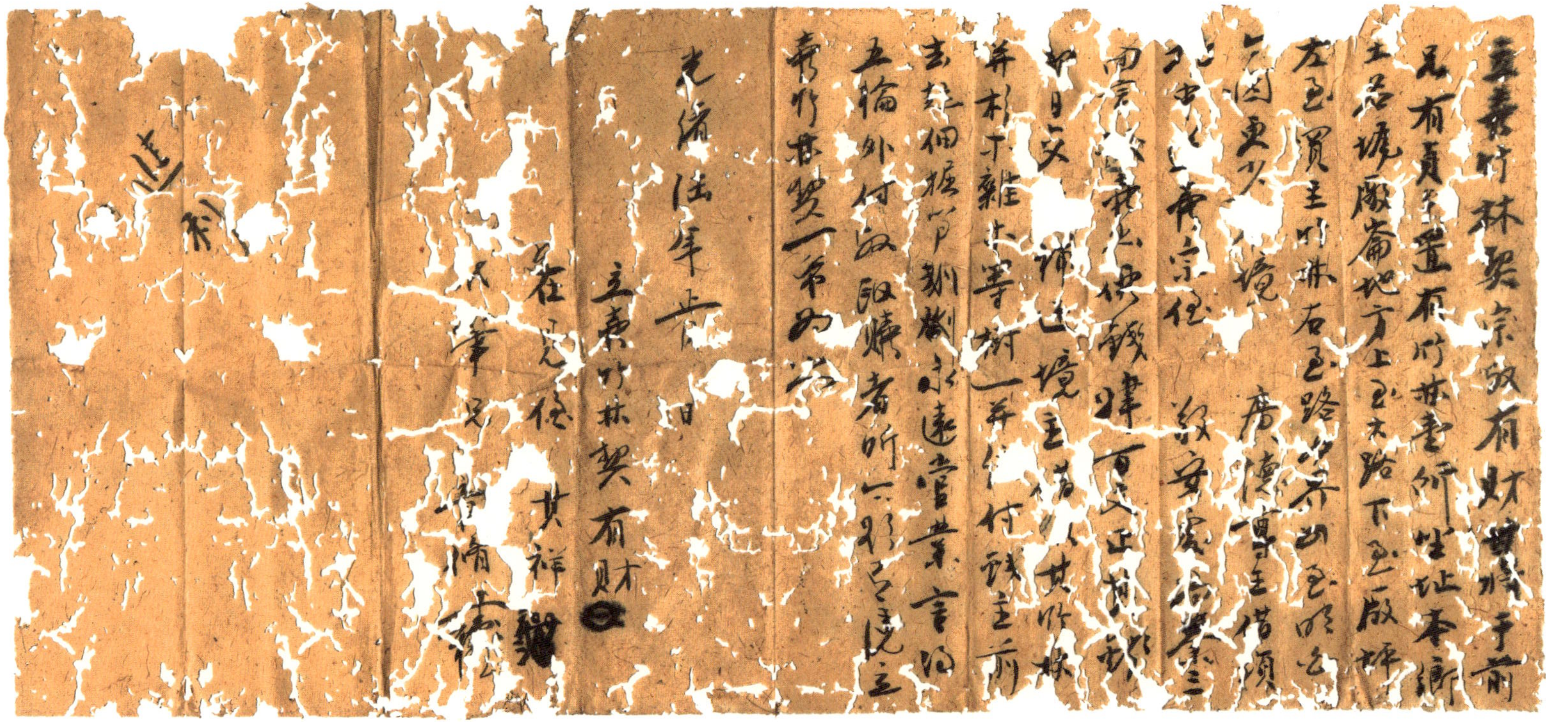
光緒陸年正月　日
立賣竹林契柯有財

2-1-98-2　清光緒六年正月柯有財立賣竹林契

八閩文庫

專題彙編 第二種

福建民間契約文書

廈門大學民間歷史文獻研究中心 編

鄭振滿 主編

11

海峽出版發行集團
THE STRAITS PUBLISHING & DISTRIBUTING GROUP
福建人民出版社

本册目録

第二卷　永泰縣蓋洋鄉南山、小洋村契約文書（二）

第一帙　南山村柯世源户

第二帙　小洋村李觀留户

第三帙　小洋村李詩咸户

第二卷　永泰縣蓋洋鄉南山、小洋村契約文書（二）

本卷主編　卓競　林楊浚鋒

第一帙　南山村柯世源户

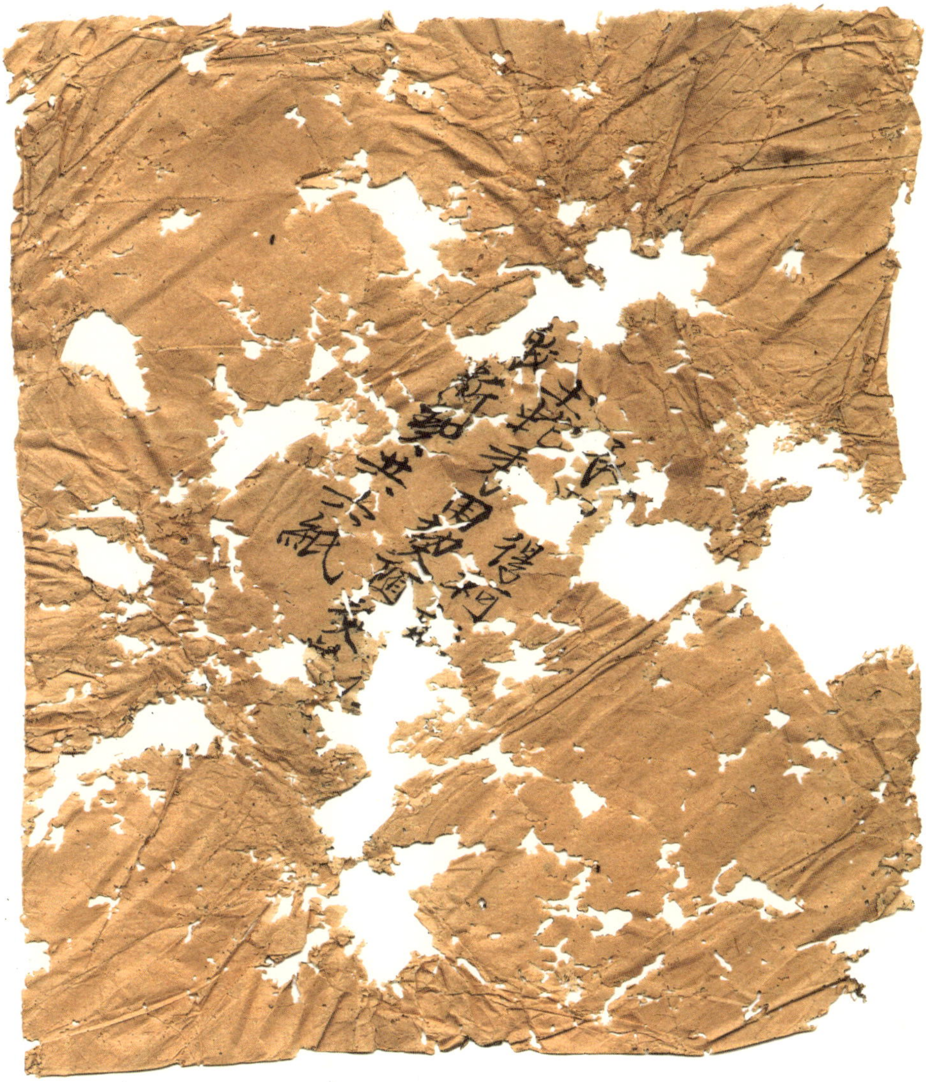

2-1-99-1　包契紙

2-1-99-2　包契紙

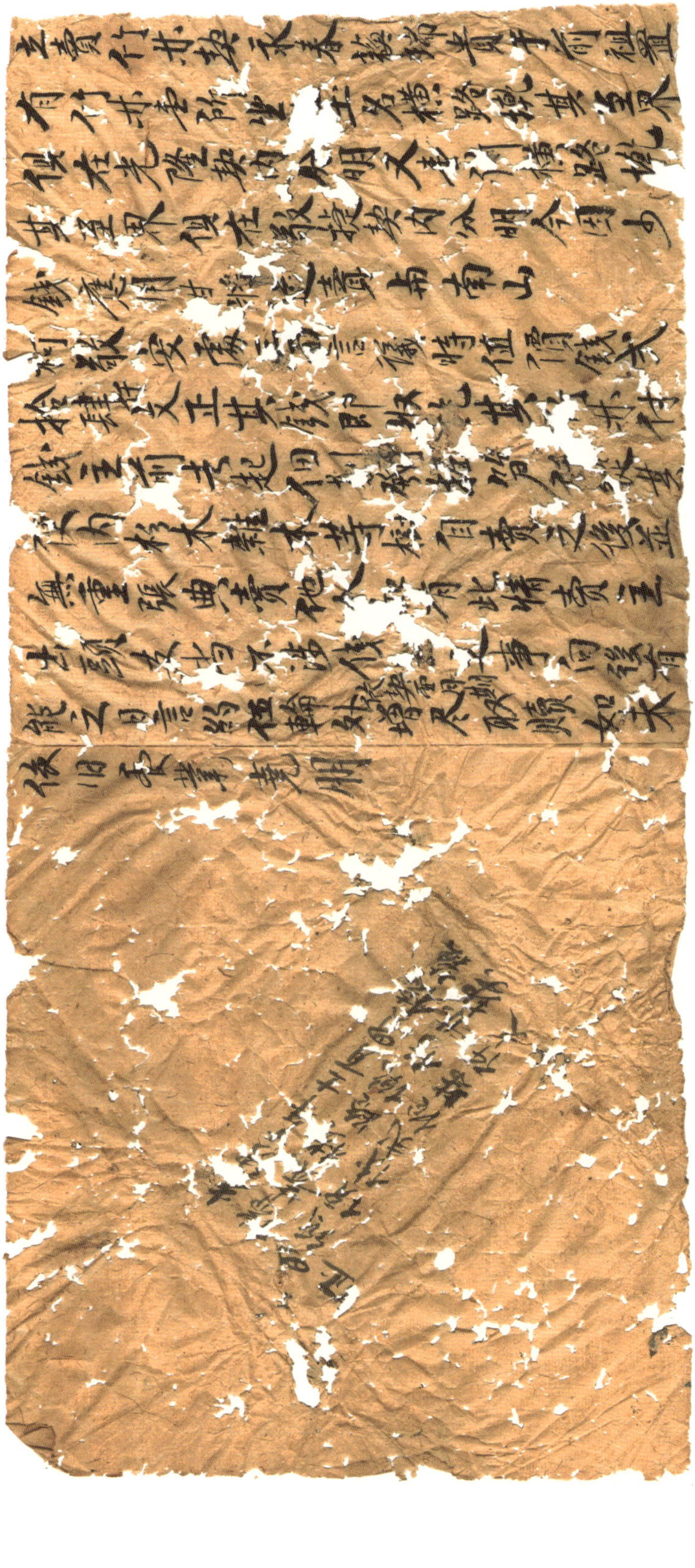

2-1-99-3　清光緒十年十二月蘇瑞貴立賣竹林契（草契）

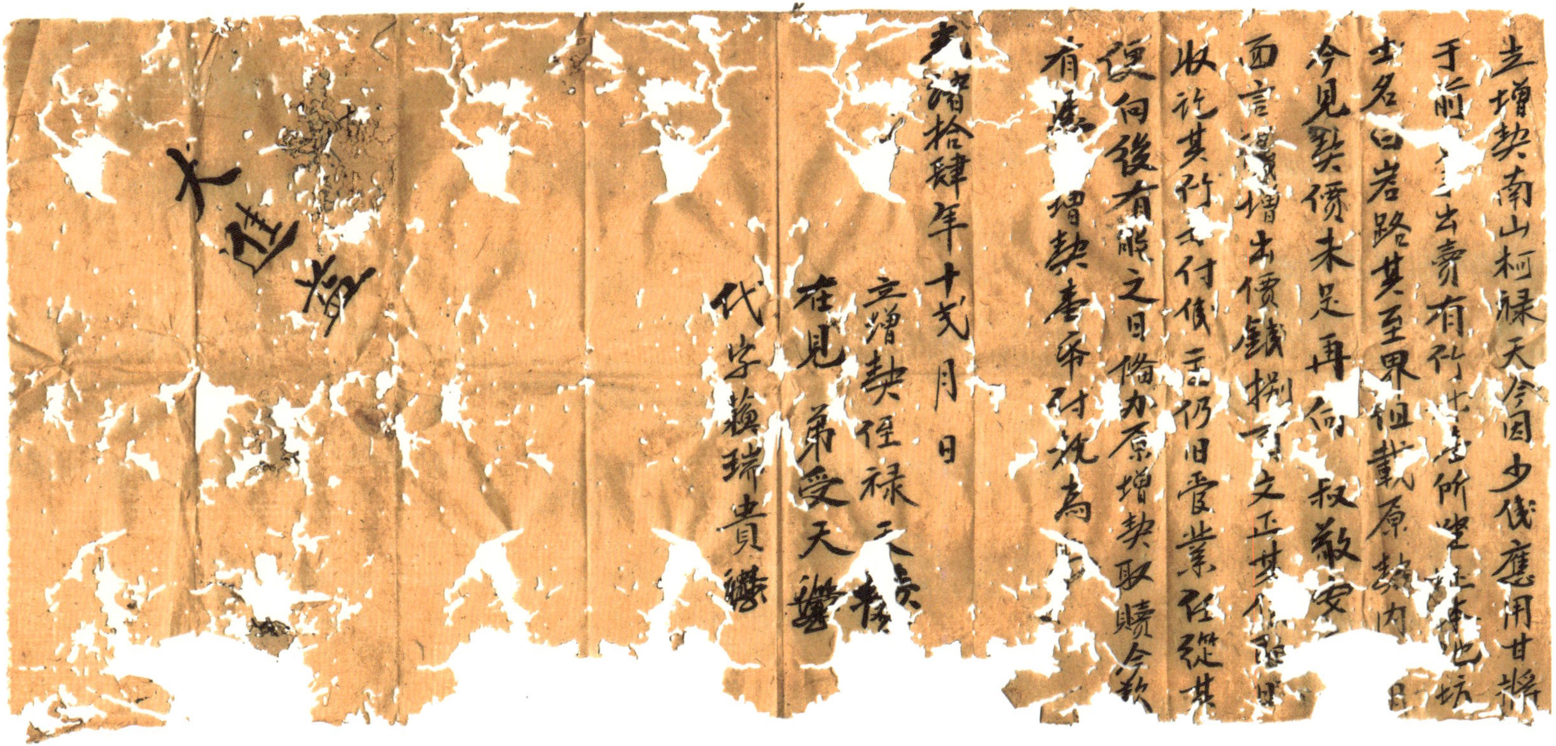
立增契南山柯禄天今因少钱應用甘將
手前[illegible]出賣有竹[illegible]所坐址本地坑
土名白岩路其至界俱載原契内
今見契價未足再向叔敬安
面言增出價錢捌[illegible]文正其[illegible]
收訖其竹付價主仍舊管業任從其
便向後有贖之日倫办原增契取贖合
有憑增契壹帋付执为
光緒拾肆年十弍月　日
立增契侄禄天
在見弟受天
代字藕瑞貴
大吉[illegible]

2-1-99-4　清光緒十四年十二月柯禄天立增竹林契

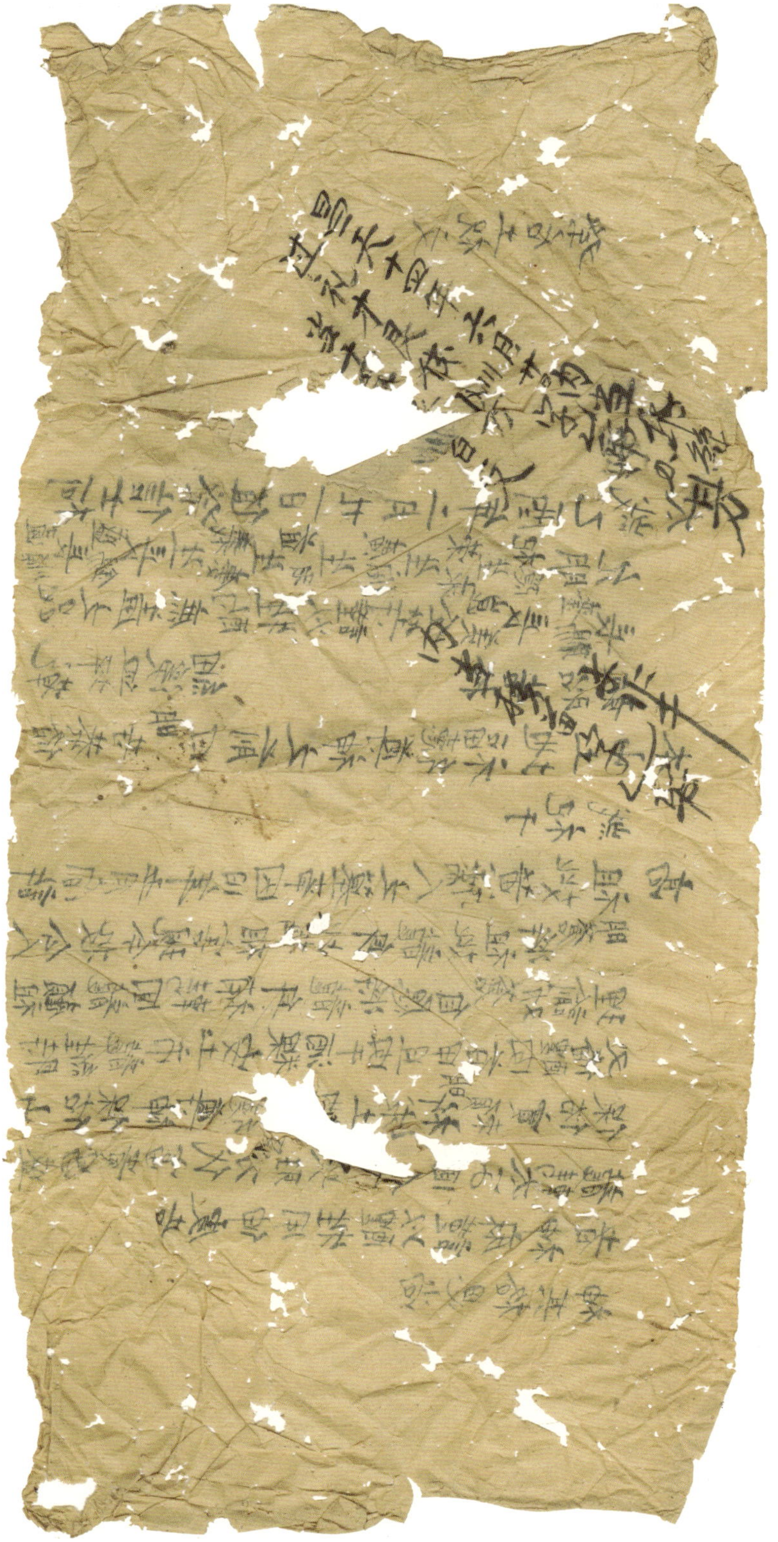

2-1-100-1　包契紙

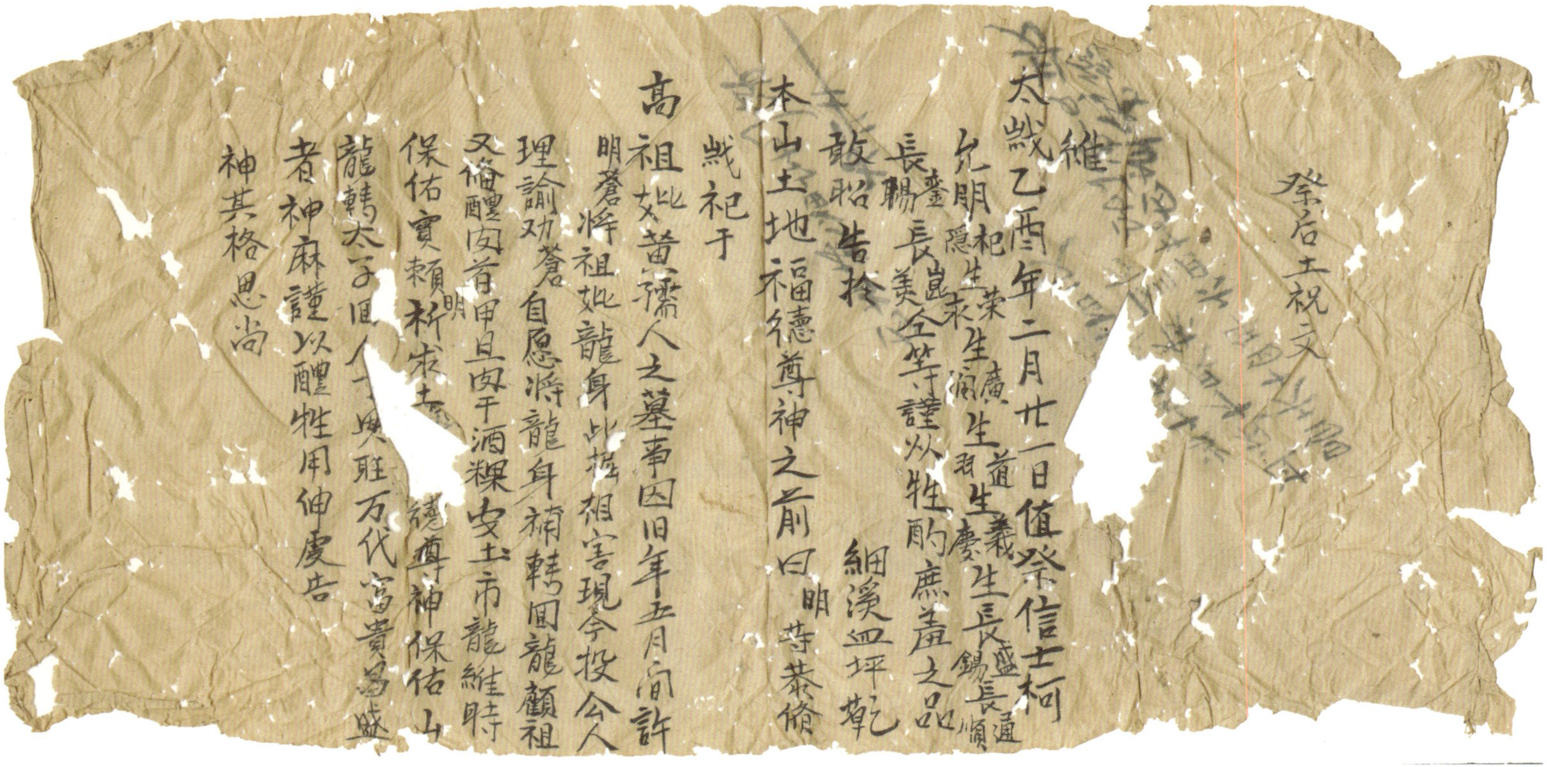
祭后土祝文
維
太歲乙酉年二月廿一日值祭信士柯
允明 隱祀生 衣荣生 潤廣生 君道生 慶義生 長盛 錫長通 長順
長臺 長賜 長崑 美全等謹以牲酌庶羞之品 細溪𡊨坪乾
敢昭告於
本山土地福德尊神之前曰 明等恭脩
戕祀于
高祖妣黄孺人之墓事因旧年五月間許
明蒼將祖妣龍身此拯祖害現今投公人
理諭劝蒼自愿將龍身補轉回龍顧祖
又備醴肉首甲旦肉干酒粿安土市龍維時
保佑實賴明祈求土德尊神保佑山
龍轉太子回人丁興旺万代富貴昌盛
者神麻謹以醴牲用伸虔告
神其格思尚

2-1-100-2　包契紙

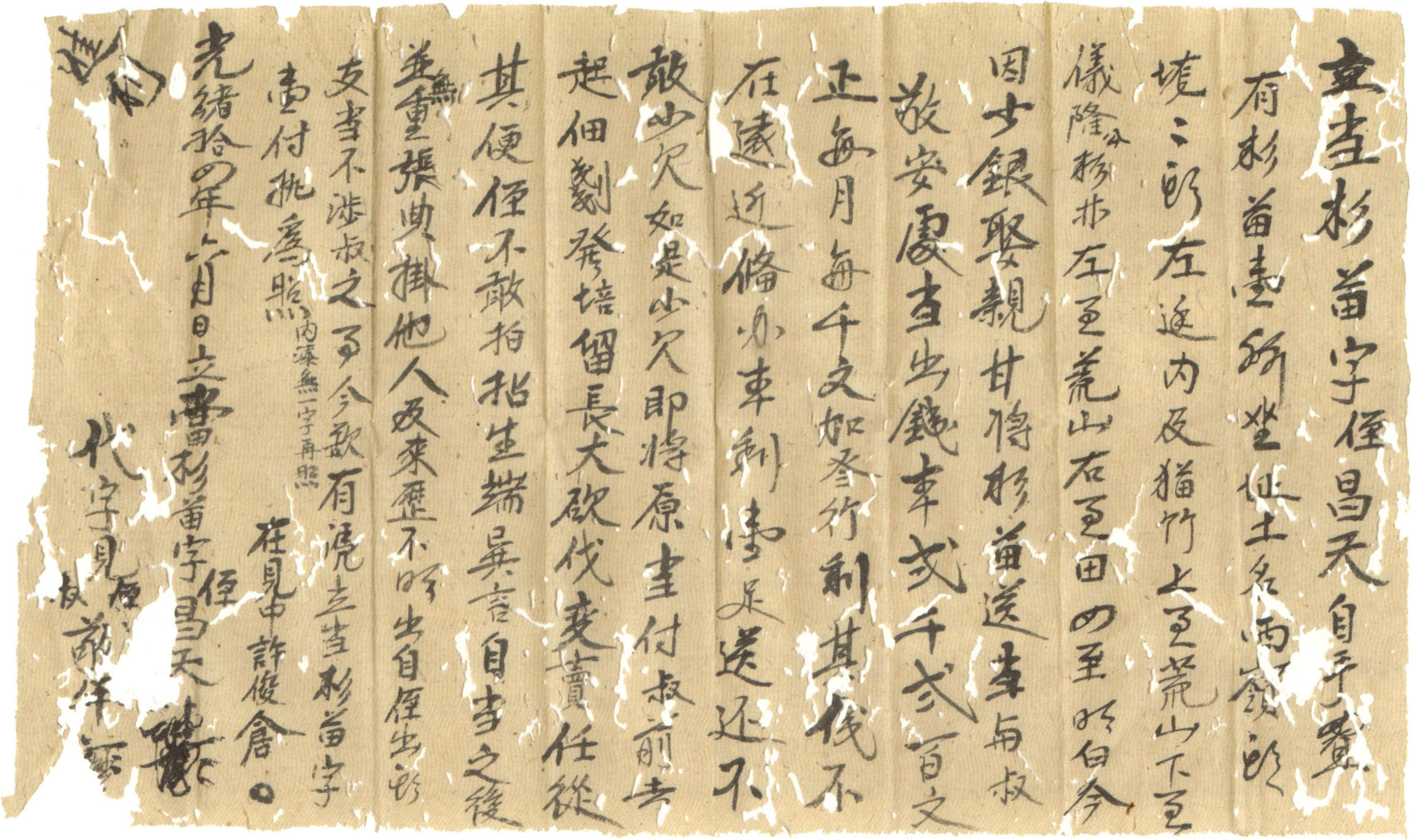
立當杉苗字侄昌天，自手置
有杉苗壹所，坐址土名西嶺頭
壠三所，左边内及猫竹，上至荒山，下至
儀隆公杉，并左至荒山，右至田，四至明白。今
因少銀娶親，甘將杉苗送與叔
敬安處，當出錢本弍千叁百文
正，每月每千文加叁行利，其代不
在遠近，備办本利，當足送还，不
敢少欠。如是少欠，即將原當付叔前去
起佃劉發培，留長大砍伐，变賣，任從
其便，侄不敢指拈生端異言。自當之後
並無重張典掛他人及來歷不明，出自侄出
支當，不涉叔之事。今欲有憑，立當杉苗字
壹付，執爲照。（内添無一字再照）
在見中　許俊倉 ○
光緒拾四年六月日立當杉苗字侄昌天
代字見侄　叔敬洋
當約

2-1-100-3　清光緒十四年六月柯昌天立當杉苗字

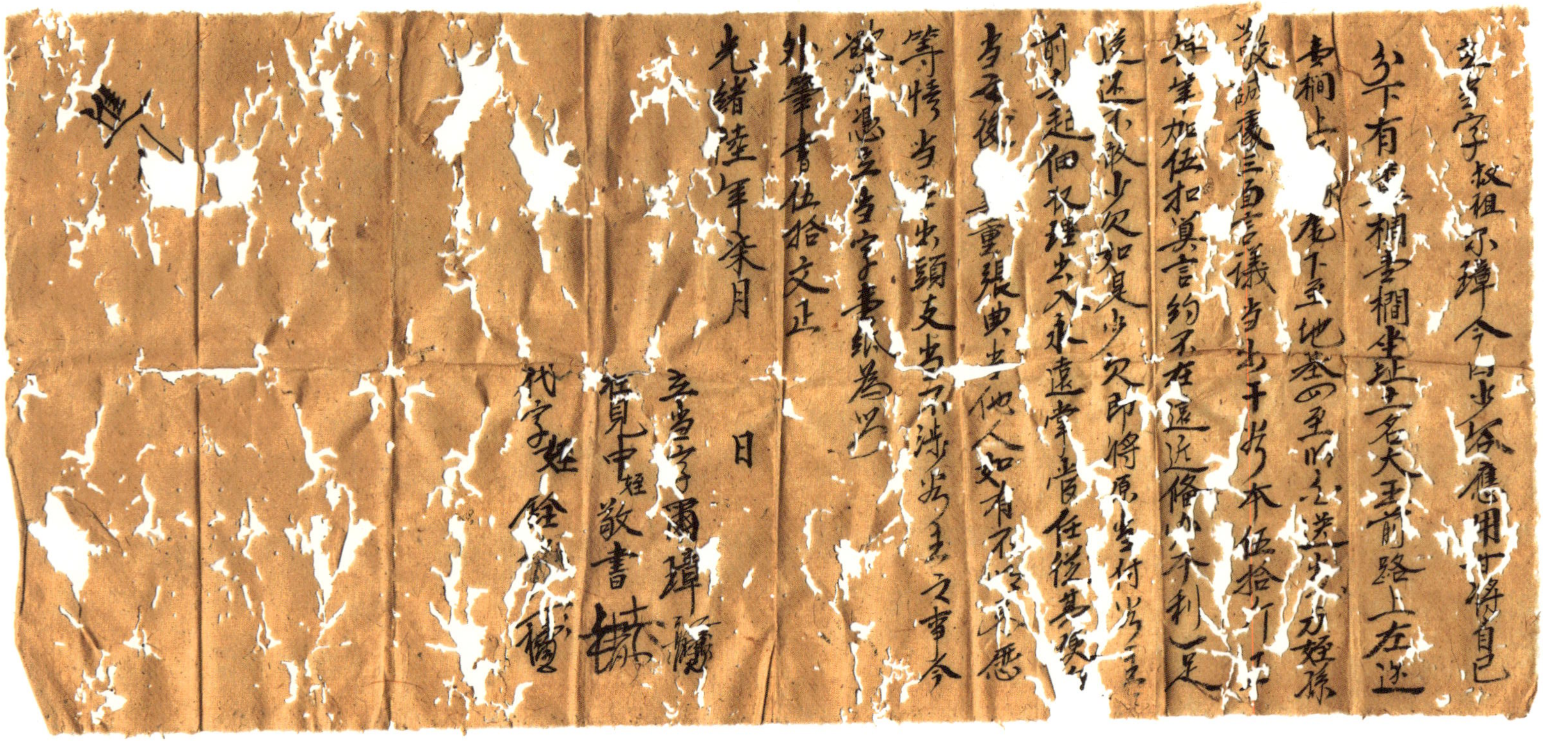

2-1-101-1　清光緒六年七月柯爾璋立當糞椆字

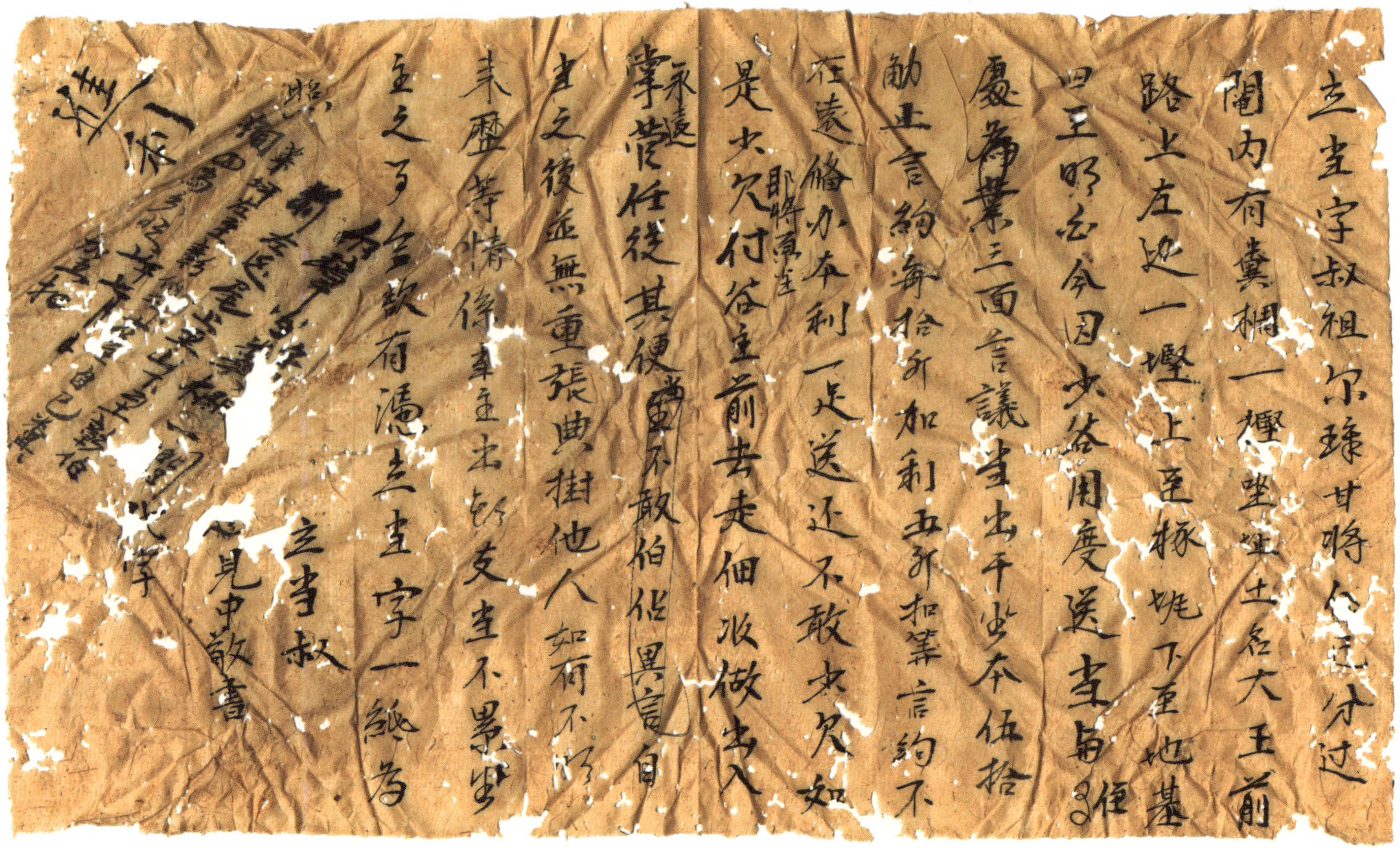
立当字叔祖宗臻甘將合己分过
阄内有糞桐一壢坐址土名大王前
路上左边一壢上至椽姥下至地基
四至明白今因乏谷用度送当与侄
處爲業三面言議当出千出本伍拾
觔正言約每拾斤加利五斤扣筭言約不
在遠脩办本利一足送还不敢欠欠如
是欠穴付谷主前去走佃收做出入
永遠掌管任從其便叔不敢伯佔異言自
当之後並無重張典掛他人如有不明
来歷等情係当主出头支当不累出
主之事今欲有憑立当字一紙為
照
立当叔
見中敬書

2-1-101-2　清同治光緒年間柯爾璋立當糞桐字（草契）

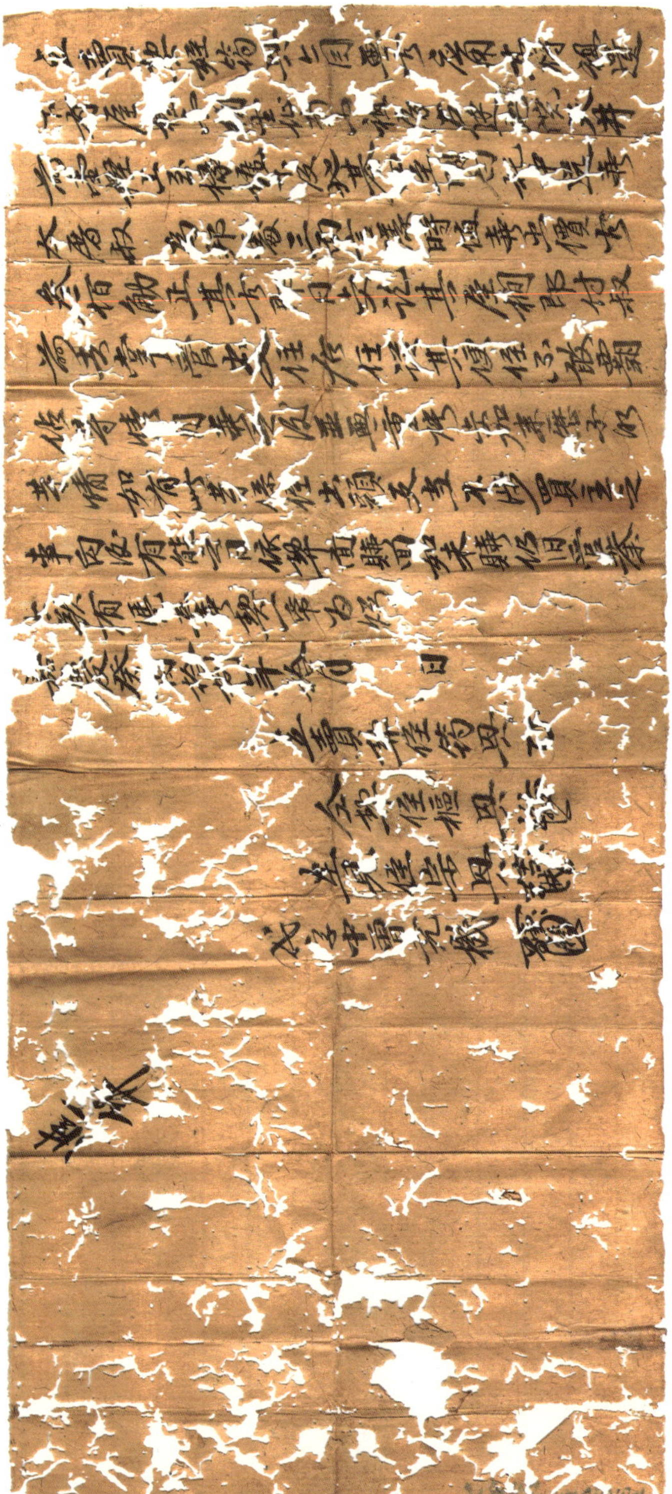

2-1-102-1　清嘉慶十八年十月柯筠貝立賣屋墾契

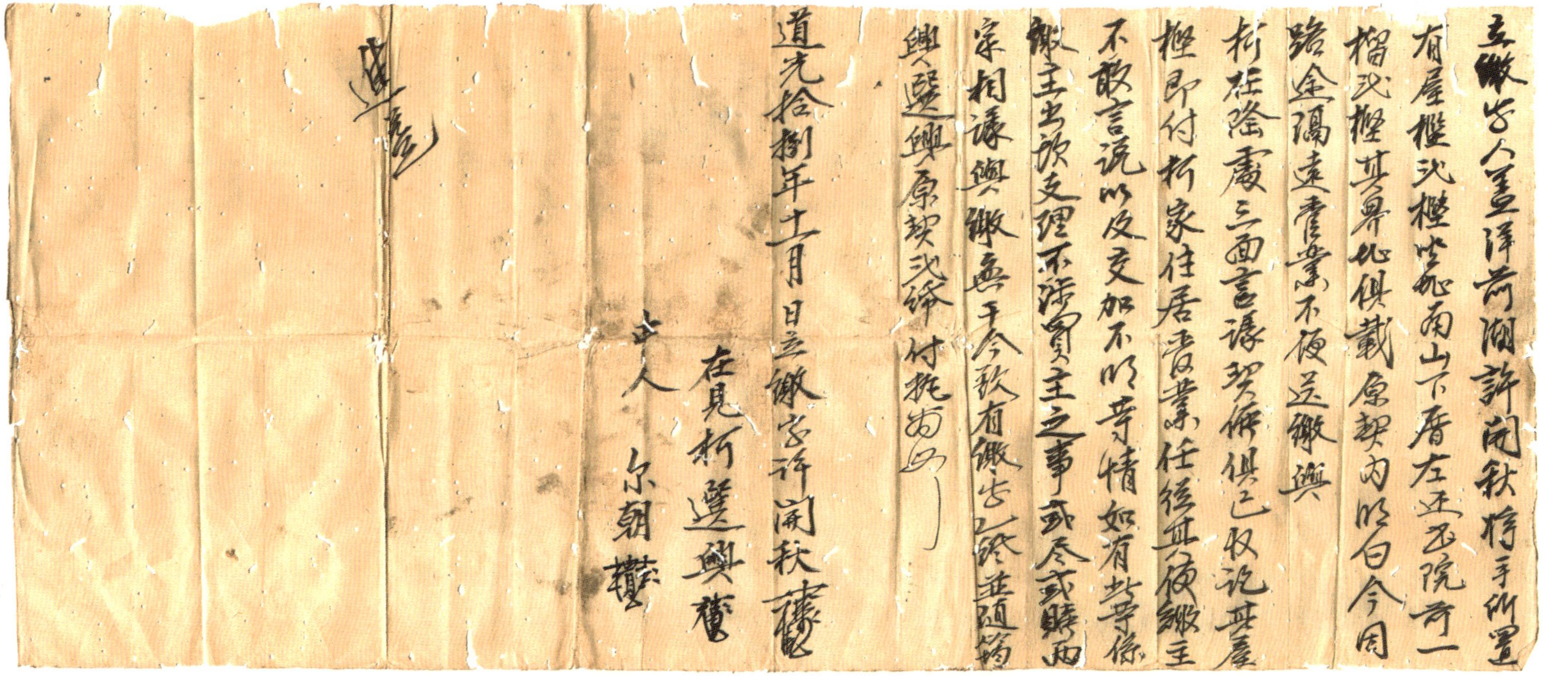
立繳字人蓋洋荷湖許開秋情手所置
有屋樫弍樫坐落南山下厝左边西院前一
榴弍樫其界址俱載原契内明白今因
路途隔遠耆業不便並繳與
柯莊淦處三面言議契價俱已收訖其屋
樫即付柯家住居耆業任從其便繳主
不敢言説以及支加不明等情如有此等係
繳主出頭支理不涉買主之事或恐無
字相議與繳無干今欲有繳字一紙並随鈞
與選興原契弍紙付執為照
道光拾捌年十一月　日立繳字許開秋
在見柯選興
代筆人　尔朝

2-1-102-2　清道光十八年十一月許開秋立繳屋樫字

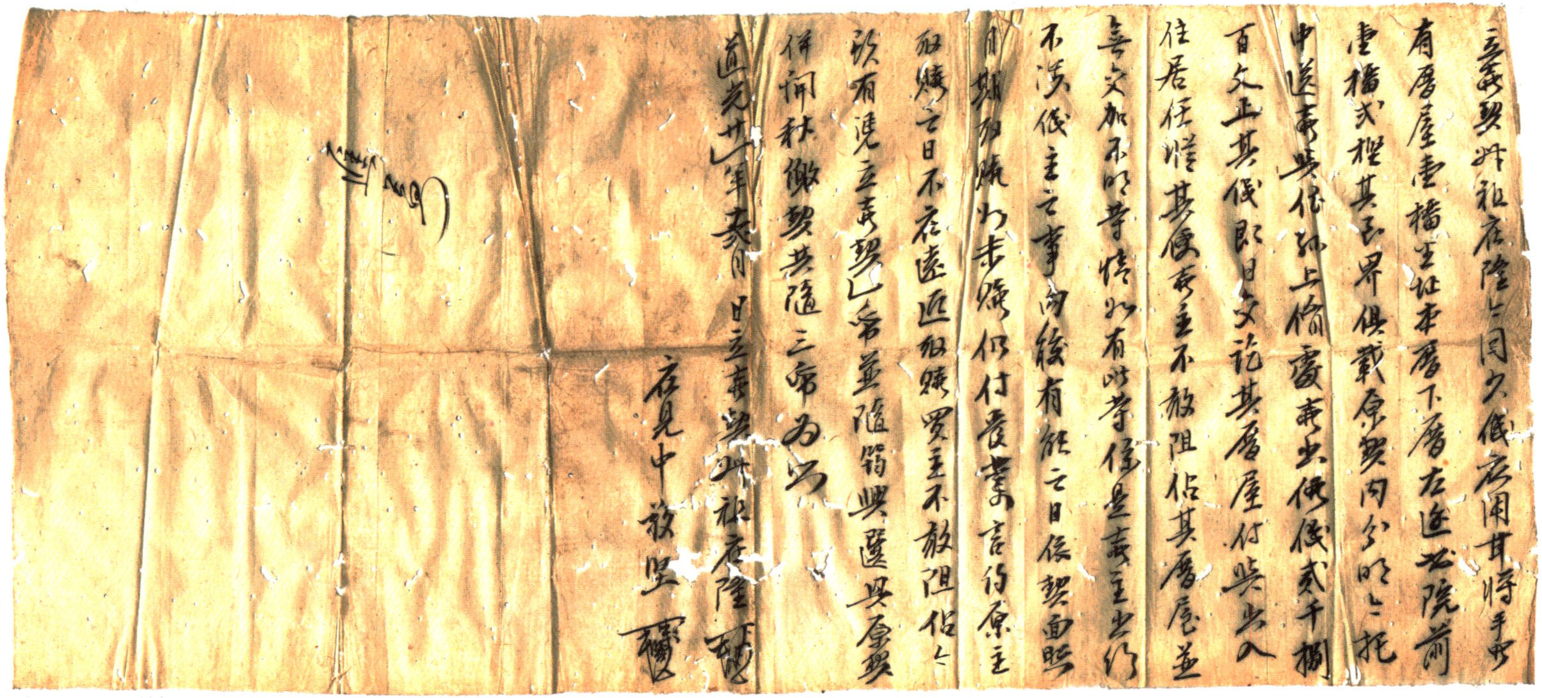

2-1-102-3　清道光二十一年十二月柯在隆立賣厝屋契

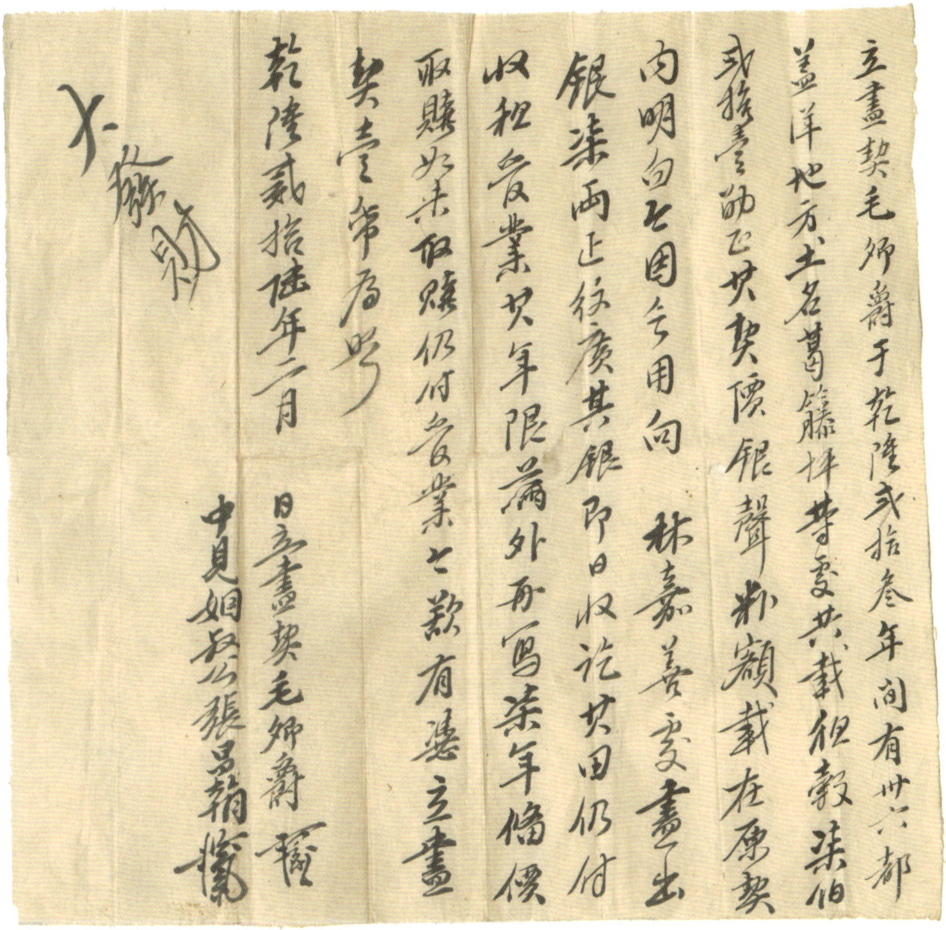
立盡契毛卿爵于乾隆貳拾叁年間有卄六都
蓋洋地方土名葛籐坪昔受共載租穀柒佰
貳拾壹觔正其契價銀聲粥額載在原契
内明白今因乏用向　林嘉善受盡出
銀柒兩正紋廣其銀即日收訖其田仍付
收租受業其年限滿外再寫柒年備價
取贖如未取贖仍付受業之欵有憑立盡
契壹帋為照
乾隆貳拾陸年二月　　日立盡契毛卿爵（押）
中見姻叔公張君翰（押）
不贖

2-1-103-1　清乾隆二十六年二月毛卿爵立盡田契

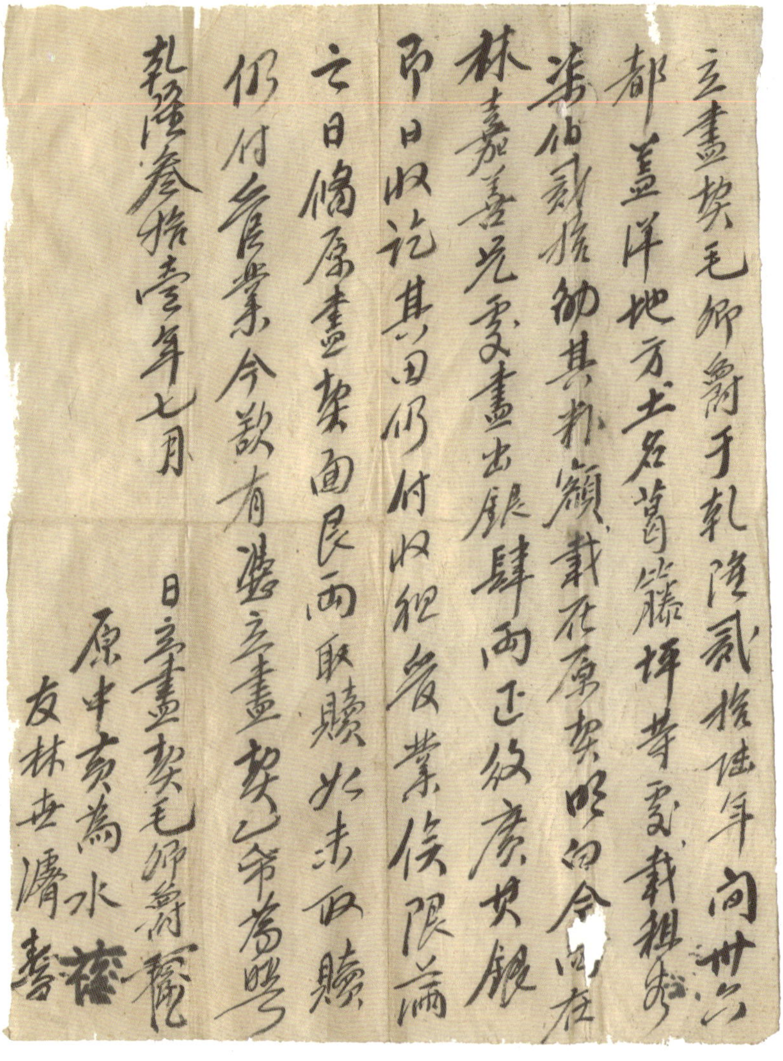

立盡契毛卿爵于乾隆貳拾陸年向卅六
都蓋洋地方土名葛籐坪等處耕種租谷
柒佰貳拾觔其租額載在原契明白今向在
林嘉善兄處盡出銀肆兩正紋廣平銀
即日收訖其田仍付收租管業俟限滿
之日備原盡契面艮兩取贖此田取贖
仍付管業今欲有憑立盡契乙帋為照
乾隆叁拾壹年七月
日立盡契毛卿爵（押）
原中黄為水（押）
友林世濬書

2-1-103-2　清乾隆三十一年七月毛卿爵立盡田契

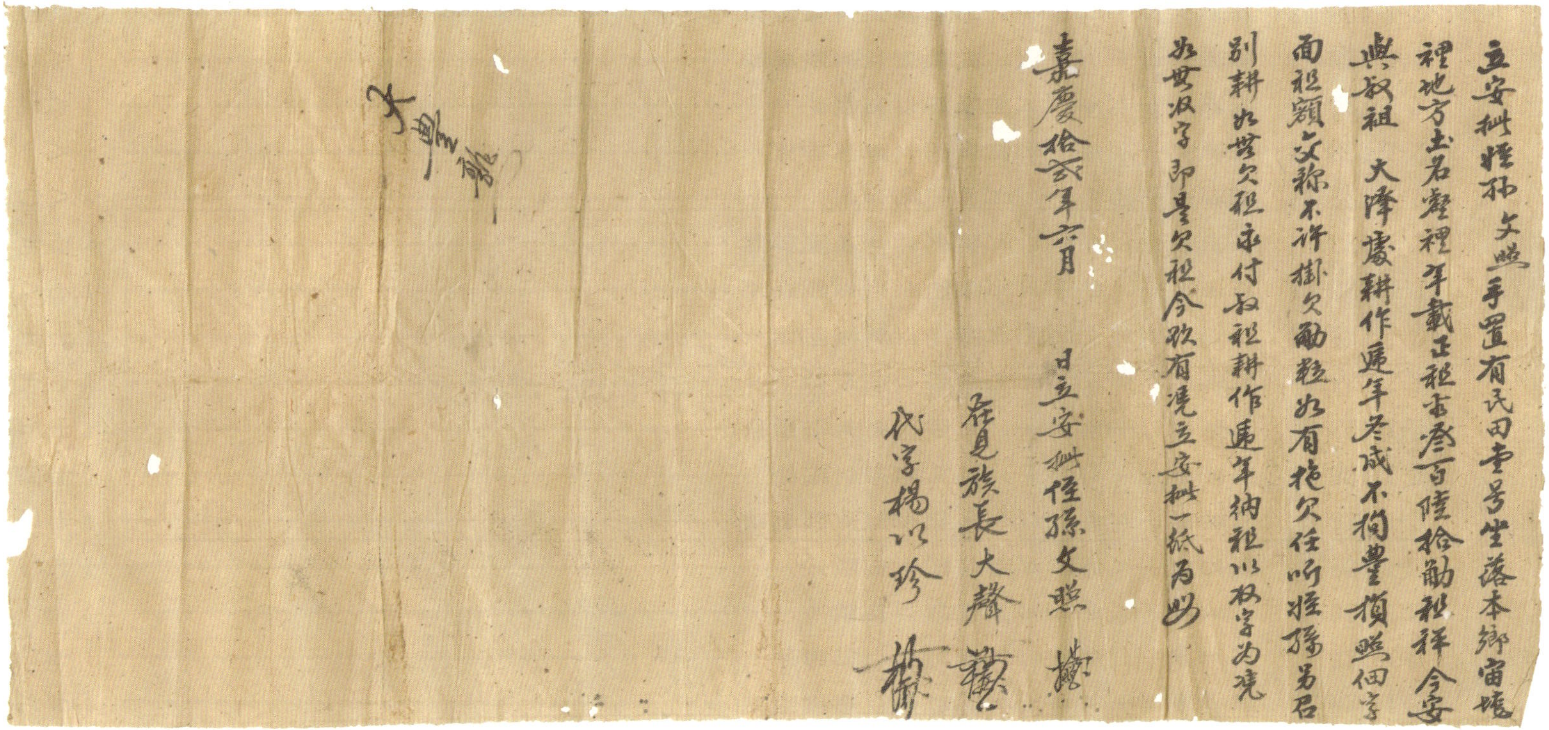

立安批姪孫文照手置有民田壹號坐落本鄉宙墘裡地方土名壟裡年載正租叁百陸拾觔租秤今安與叔祖 大澤處耕作逓年冬成不拘豐歉照佃字面租額交納不許掛欠觔粒如有拖欠任听姪孫另召別耕如無欠租永付叔祖耕作逓年納租以批字為憑如無收字即是欠租今欲有憑立安批一紙為照

嘉慶拾貳年六月 日立安批姪孫文照（押）

在見族長大聲（押）

代字楊以珍（押）

2-1-103-3 清嘉慶十二年六月林文照立安批民田字

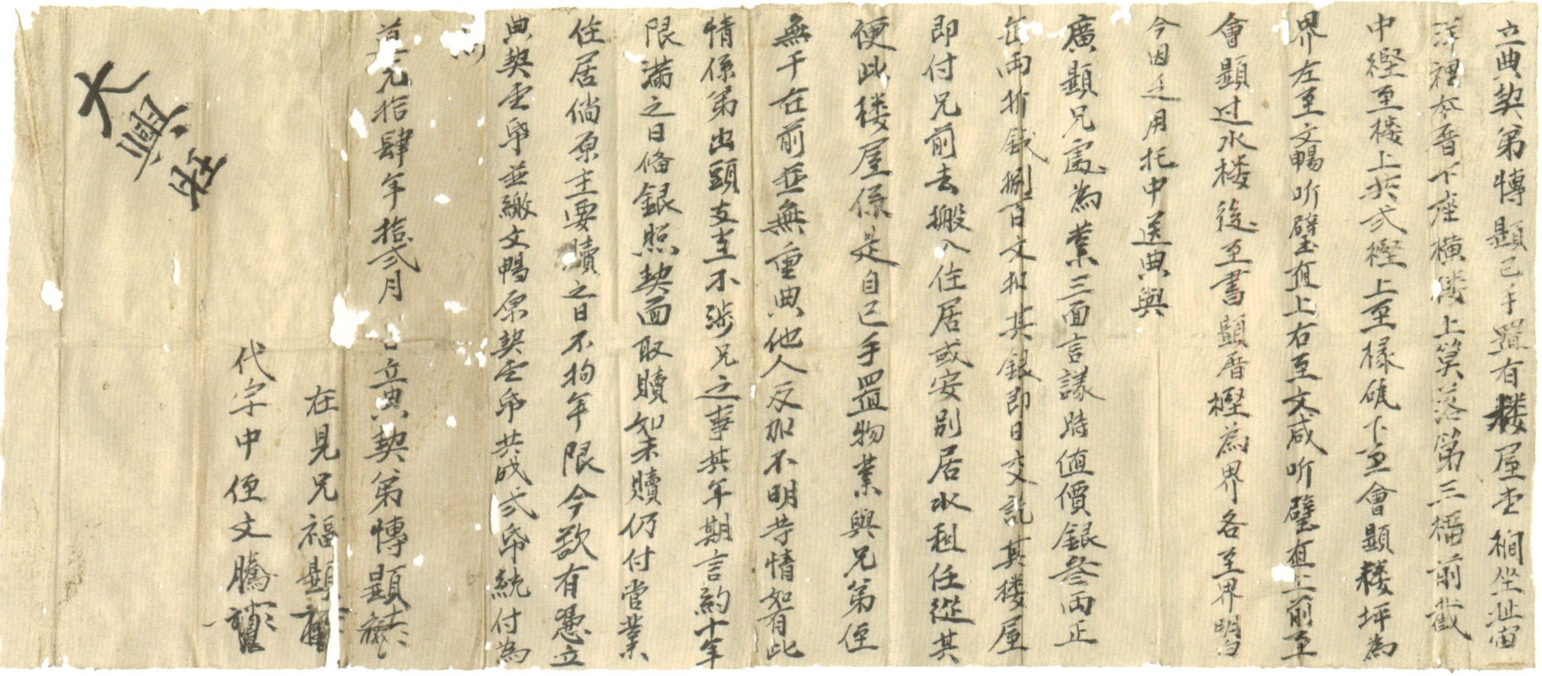

立典契弟博顯已手置有樓屋壹桐坐址宙
洋裡本香下座橫樓上第[illegible]落第三扇前截
中經至樓上共弍經上至椽碩下至會顯樓坪為
界左至文暢听壁直上右至文咸听壁直上前至
會顯过水楼後至書顯厝樫為界各至界明
今因乏用托中送典與
廣顯兄處為業三面言議時值價銀叁兩正
每兩折錢捌百文扣其銀即日交訖其樓屋
即付兄前去搬入住居或安别居收租任從其
便此楼屋係是自己手置物業與兄弟侄
無干在前並無重典他人反加不明等情如有此
情係弟出頭支主不涉兄之事其年期言約十年
限滿之日備銀照契面取贖如未贖仍付當業
住居倘原主要贖之日不拘年限今欲有憑立
典契壹帋並繳文暢原契壹帋共成弍帋繳付為照
道光拾肆年拾弍月 日立典契弟博顯
在見兄福顯
代字中侄文騰

2-1-103-4　清道光十四年十二月博顯立典樓屋契

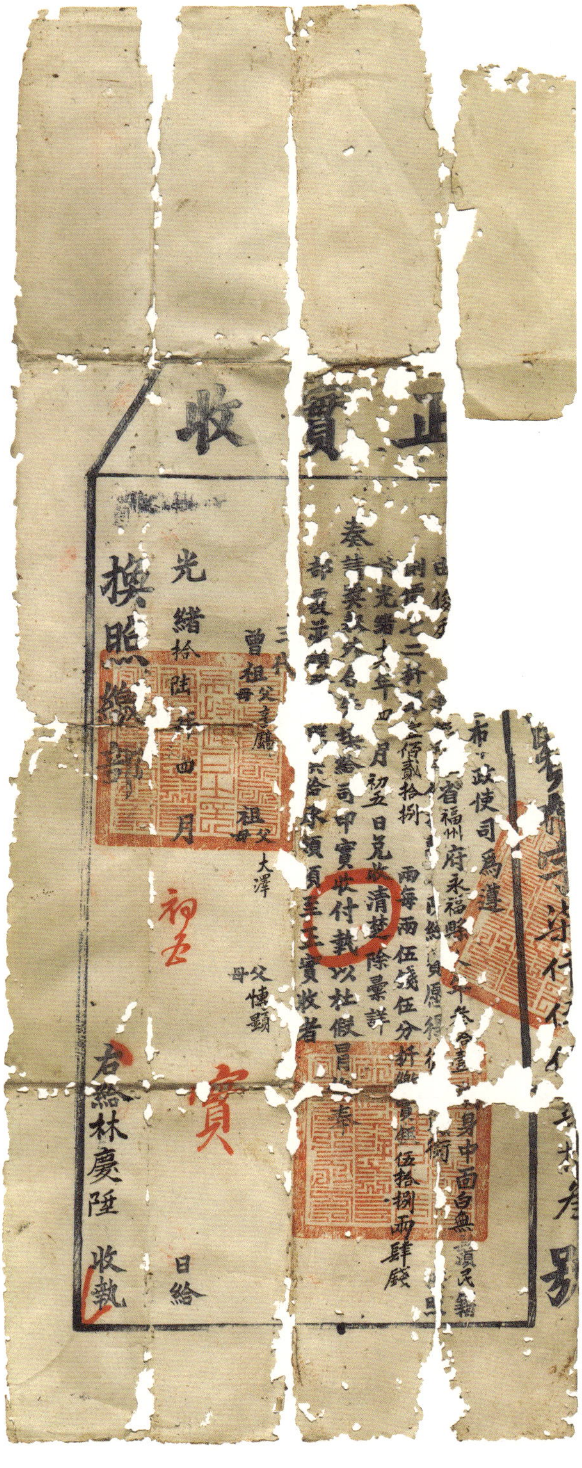
布政使司爲遵
省福州府永福縣
身中面白無鬚
伍拾捌兩肆錢
兩每兩伍錢伍分折
光緒十六年四月初五日兑收
清楚除彙詳
奏請
司印實收付執以杜假冒
實收者
正　實
收
執照
光緒拾陸年四月
初五
日給
曾祖
祖
父大澤
右給林慶陞　收執

2-1-103-5　清光緒十六年林慶陞户執照

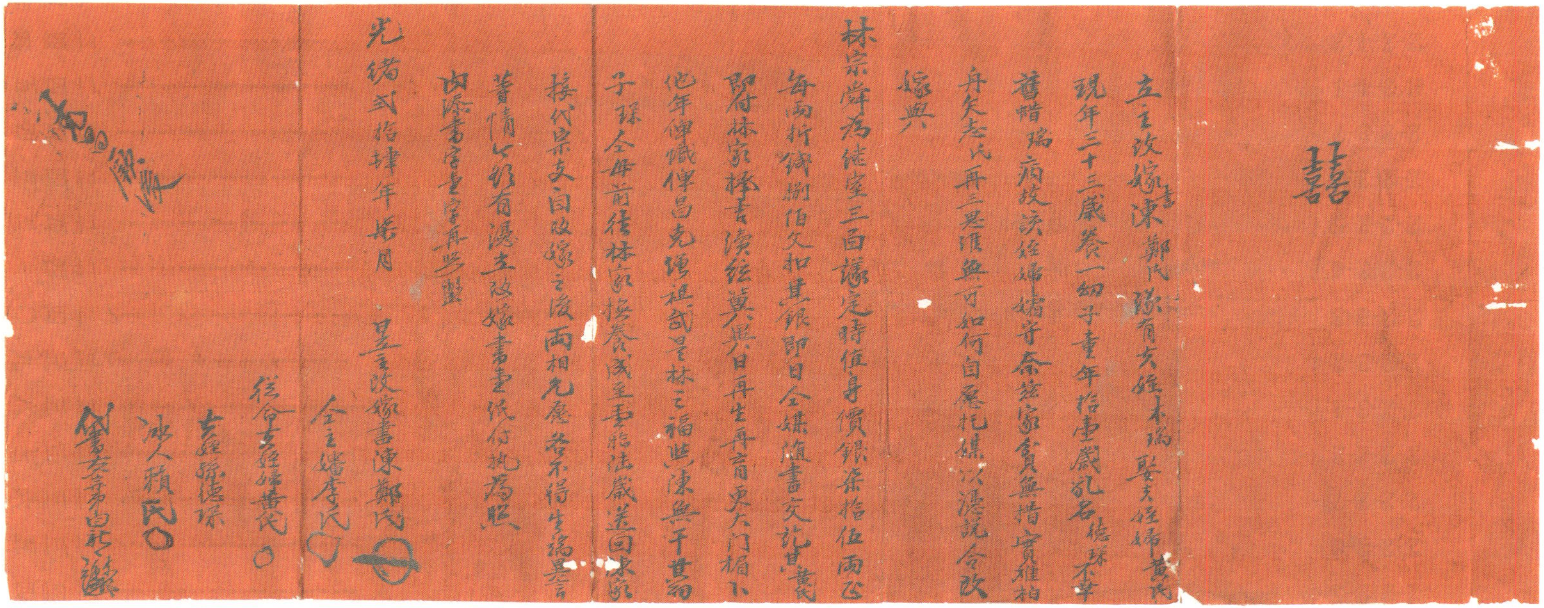

囍

立主改嫁書陳鄭氏，緣有夫姪林瑞娶夫姪婦黃氏，
現年三十三歲，養一幼子，童年拾壹歲，乳名德琳。不幸
舊腊瑞病故，該姪婦婧守，奈慈家貧無措，實難相
舟，矢志氏再三思維，無可如何，自愿托媒以憑說合，改
嫁與
林宗舜為繼室，三面議定時值身價銀柒拾伍兩正，
每兩折錢捌佰文，扣其銀即日仝媒隨書交訖。其黃氏
即付林家擇吉演娶，異日再生再育，更大門楣，下
他年俾熾俾昌，克紹祖武，是林之福也，陳無干。其前
子孫仝母前往林家撫養成長，至壹拾伍歲送回陳家
接代宗支。自改嫁之後，兩相允愿，各不得生端異言。
普情今欲有憑，立改嫁書壹紙付執為照。
內添書字壹字再照。

光緒弍拾肆年柒月　日

立主改嫁書陳鄭氏（押）
仝主婚李氏（押）
從命夫姪婦黃氏（押）
在場孫德琛
媒人賴氏（押）
代書夫弟由乾（押）

2-1-103-6　清光緒二十四年七月陳鄭氏立改嫁書

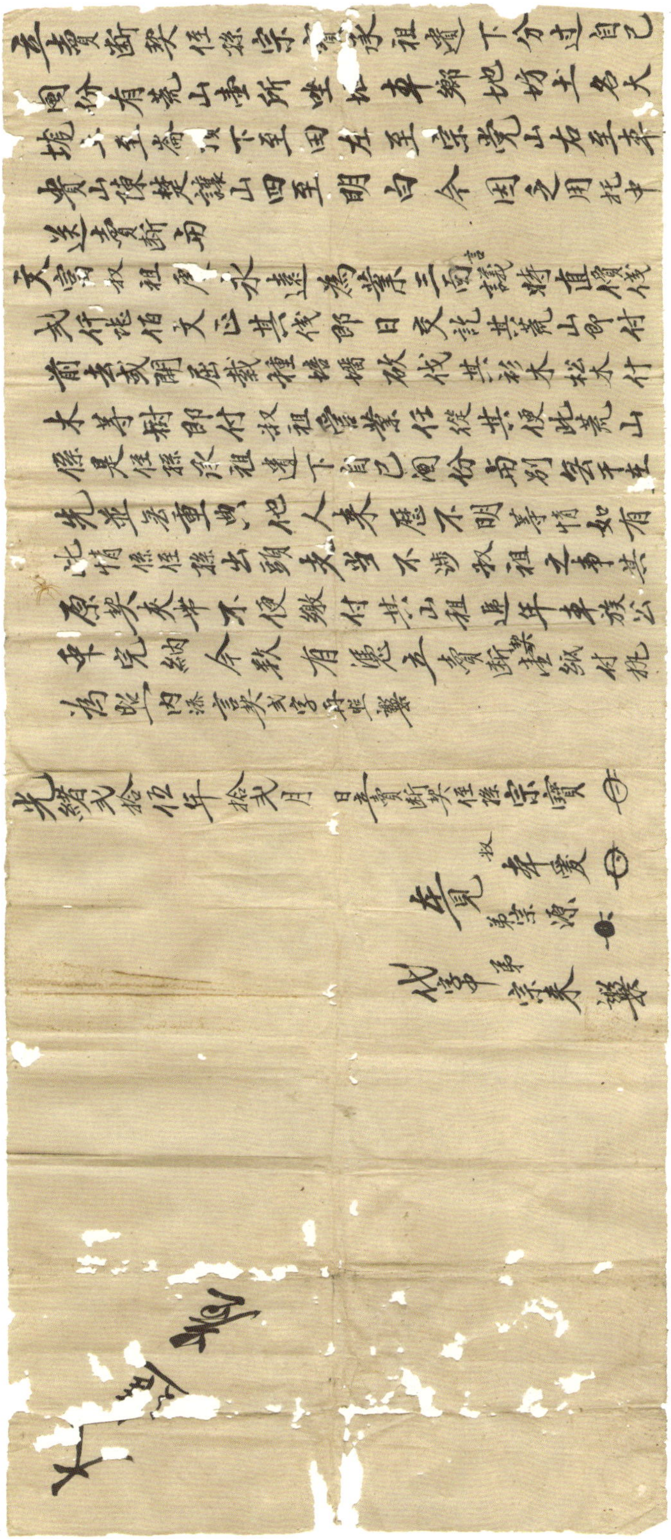

立賣斷契侄孫宗寶承祖遺下分過自己
鬮份有荒山壹所坐落本鄉地坊土名大
墘上至嵩頂下至田左至宗荒山右至李
貴山係楼謙山四至明白今因乏用托中
送立賣斷與
天富叔祖處永遠為業三面言議時值價錢
弍仟陸佰文正其錢即日交訖其荒山即付
前去取開展栽種樹木杉木松木竹
木等樹即付叔祖管業任從其便此荒山
係是侄孫承祖遺下自己鬮份與別房子孫
先並無重典他人來歷不明等情如有
此情係侄孫出頭支當不涉叔祖之事其
原契未并不便繳付其山租遞年來族公
年完納今欲有憑立賣斷契壹紙付執
為照內添言契弍字再照筆

光緒貳拾伍年拾貳月　日立賣斷契侄孫宗寶（押）
叔李慶（押）
在見　弟宗源（押）
代書中　房弟宗泰筆

2-1-103-7　清光緒二十五年十二月宗寶立賣斷荒山契

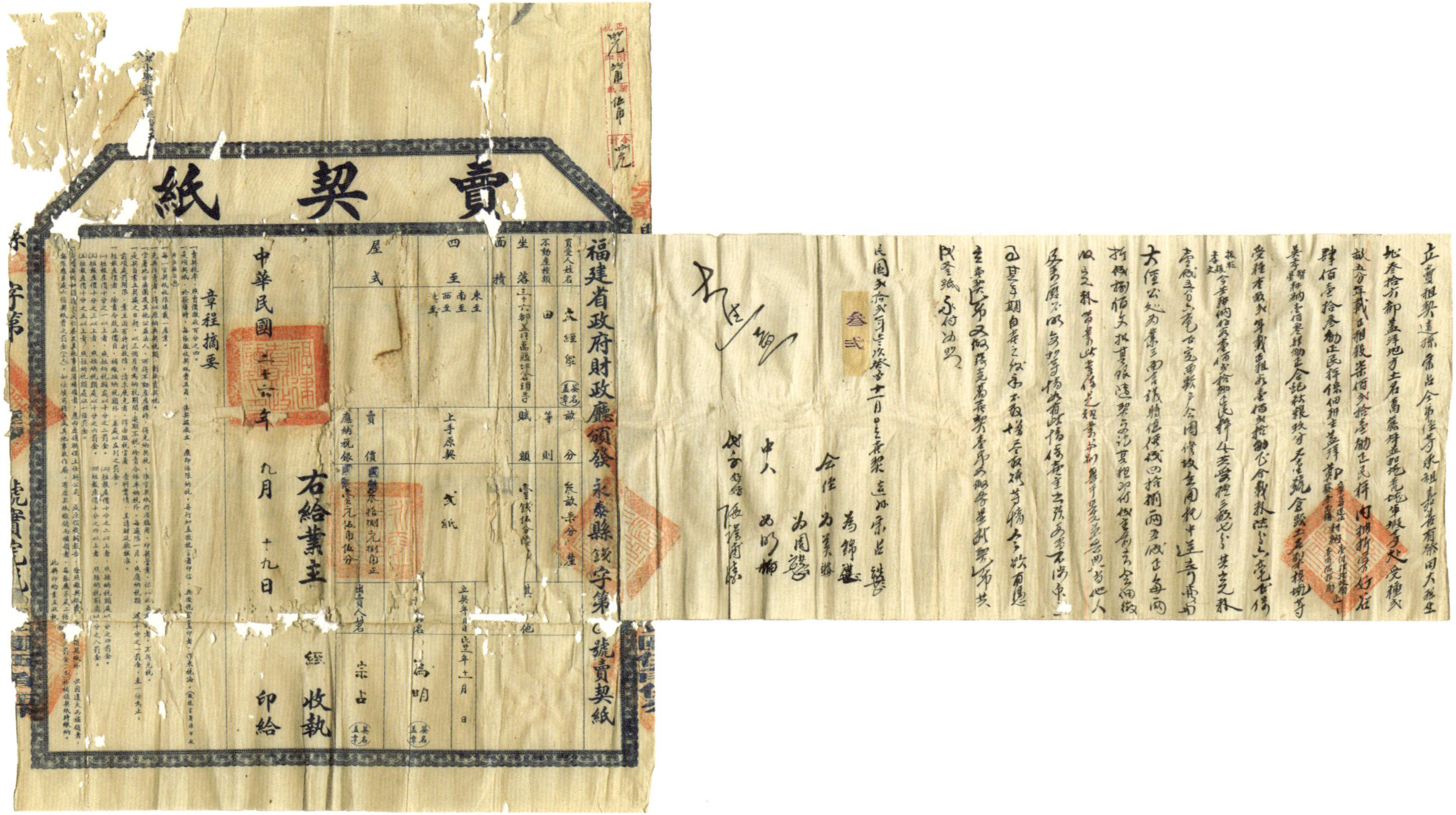

2-1-103-8　民國二十二年十一月林宗占立賣祭田租契（紅契）

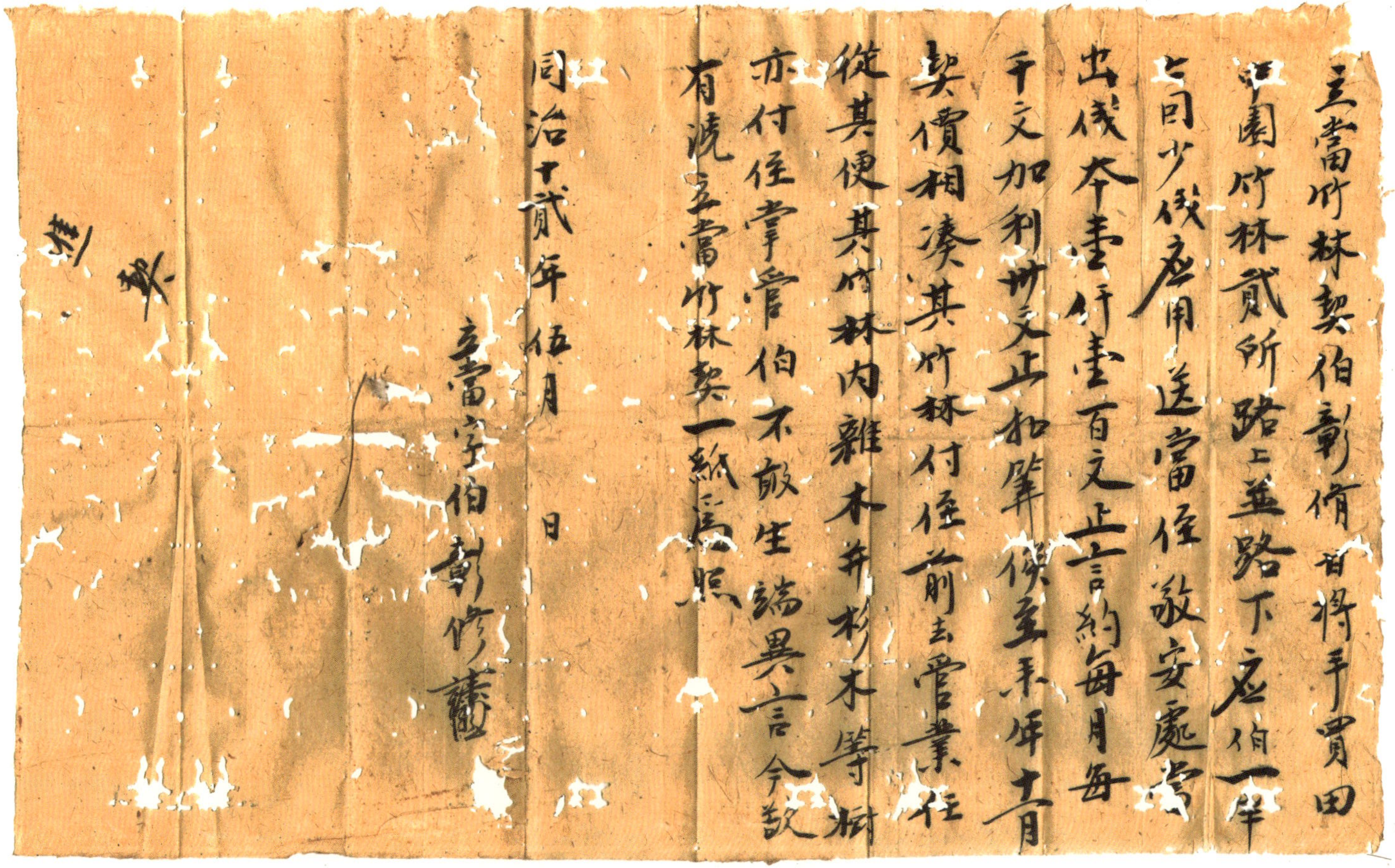
立當竹林契伯彰脩，有將手置田
中園竹林貳所，路上並路下，座伯一半，
今因少錢應用，送當侄敬安處，當
出錢本壹仟壹百文正，言約每月每
千文加利卅文正，和肇候至來年十月
契價相湊，其竹林付侄前去管業，任
從其便，其竹林內雜木并杉木等樹
亦付侄掌管，伯不敢生端異言，今欲
有憑，立當竹林契一紙為照。
同治十貳年伍月　日
立當字伯彰脩

2-1-104-1　清同治十二年五月柯彰脩立當竹林契

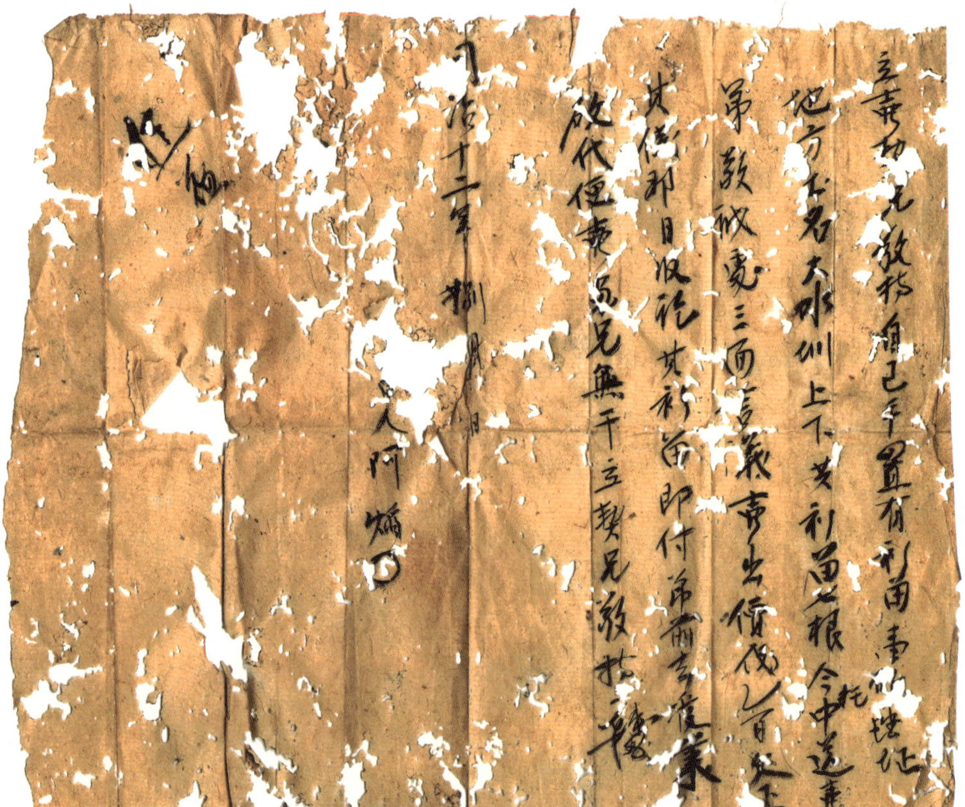

立賣杉[illegible]兄敬持自己手置有杉苗壹所坐址
地方土名大水圳上下其杉苗[illegible]根今托中送賣與
弟敬[illegible]處三面言議賣出價錢乙百文正
其錢即日收訖其杉苗即付弟前去管業
砍伐便賣[illegible]兄無干立契兄敬持（押）
同治十二年捌月　日　[illegible]人阿嬌
[illegible]

2-1-104-2　清同治十二年八月柯敬持立賣杉苗契

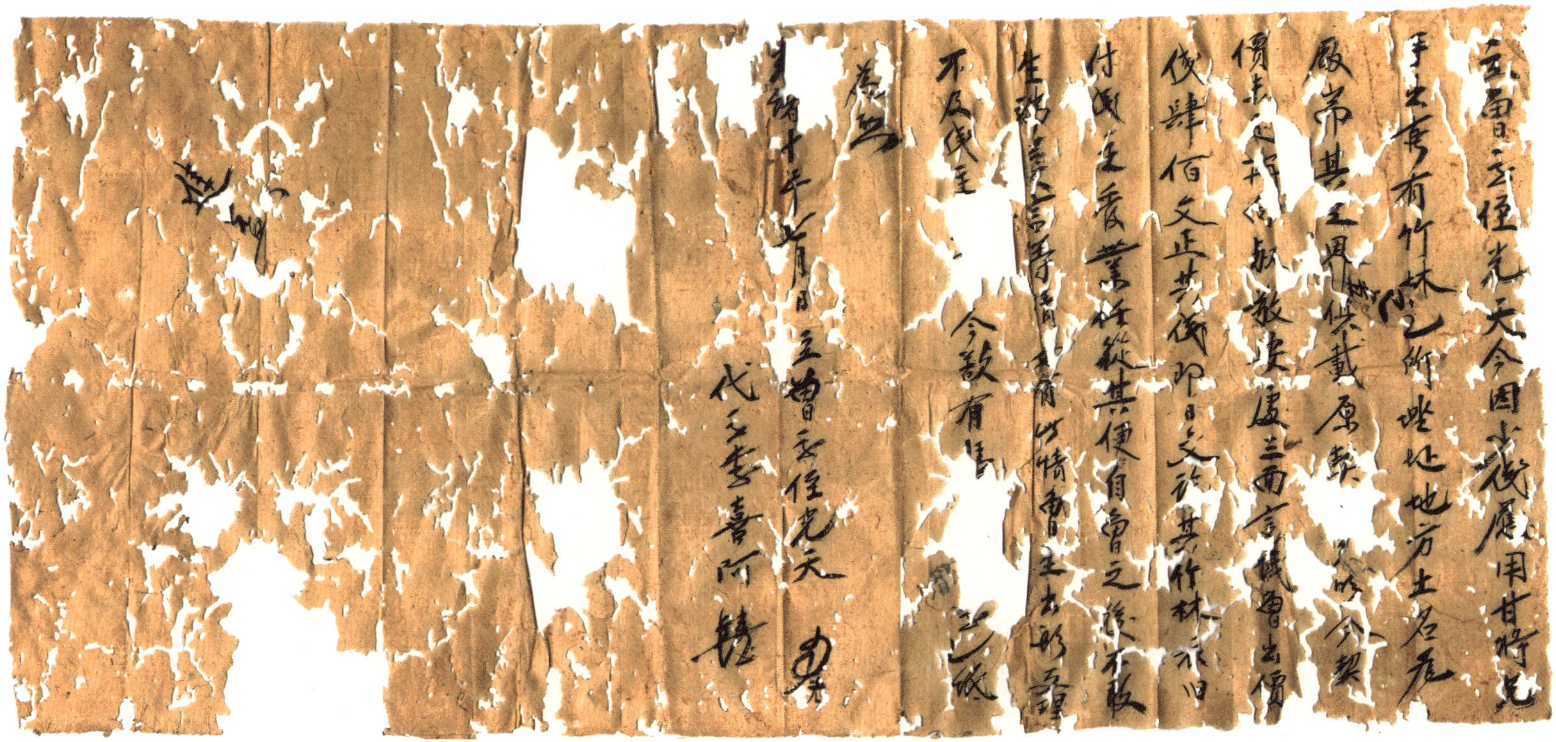

2-1-104-3　清光緒十年七月柯光天立增竹林字

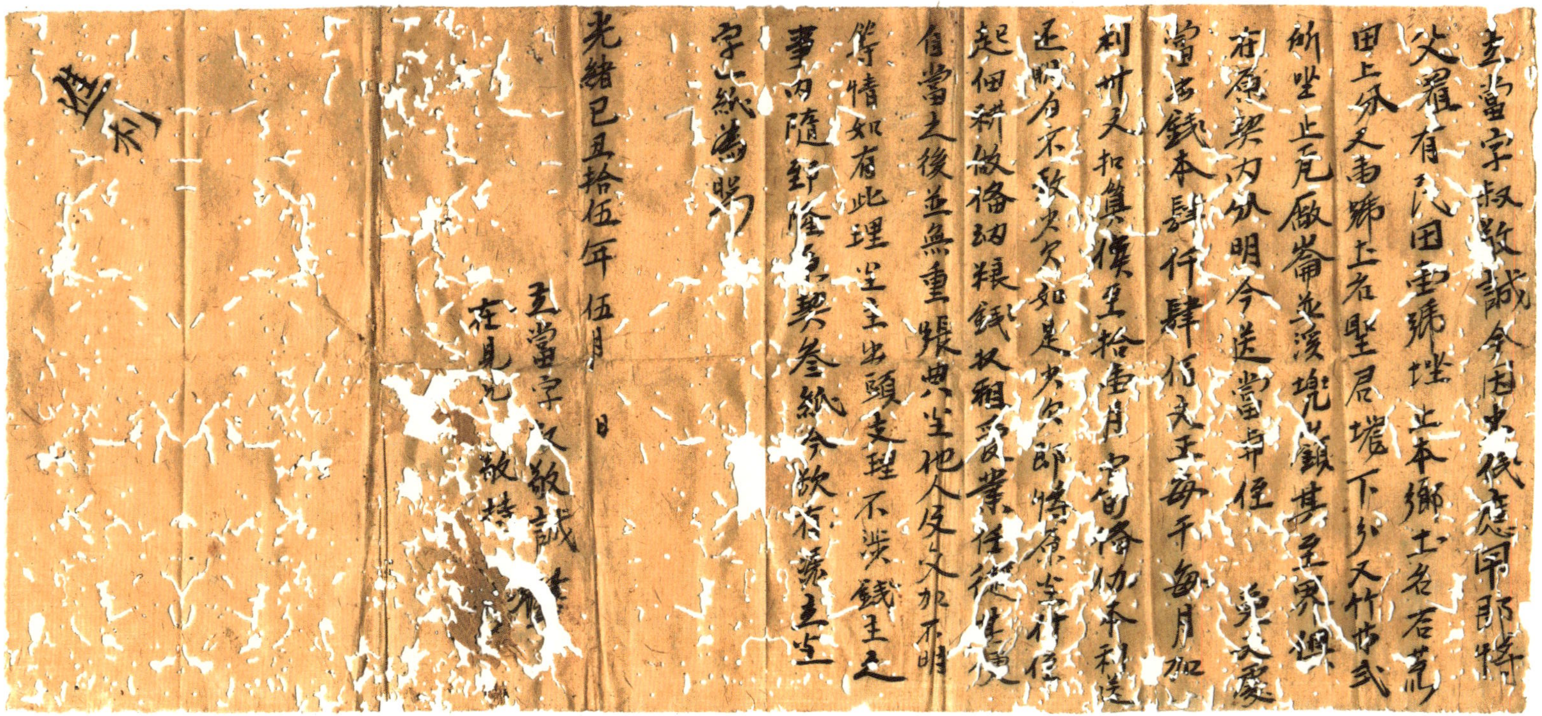

2-1-104-4　清光緒十五年五月柯敬誠立當民田字

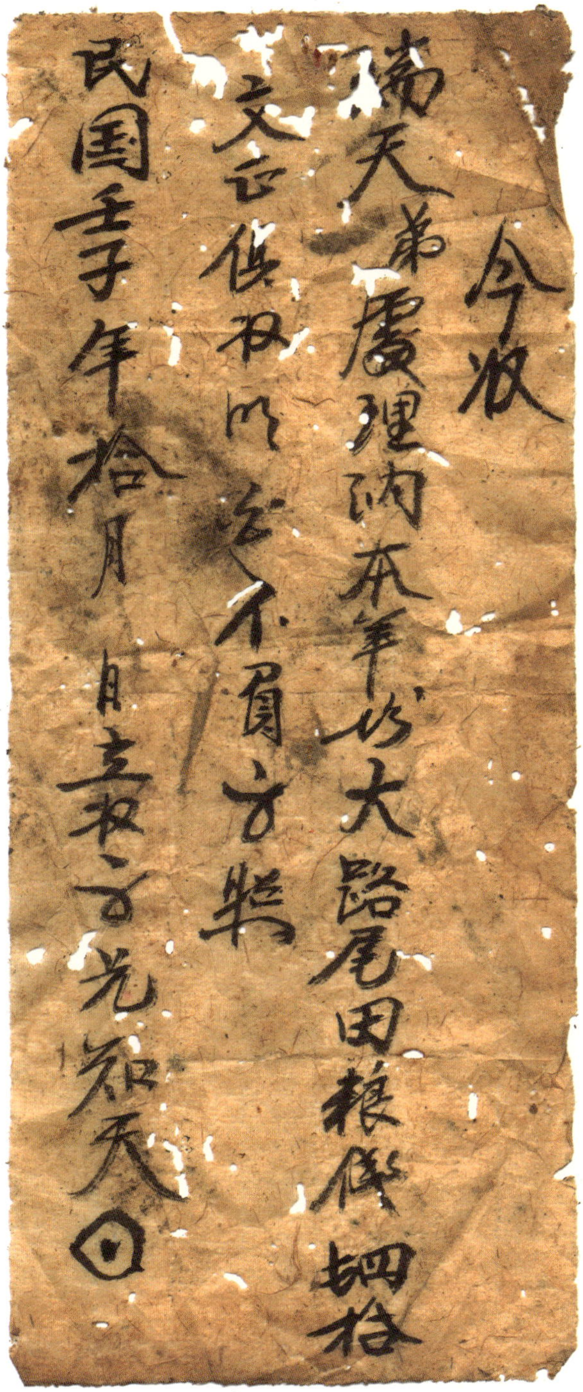

今收
端天弟處理納本年收大路尾田粮錢捌拾
文正俱收明[illegible]不[illegible]方照
民国壬子年拾月 日立收字謝知天 ⊙

2-1-104-5　民國元年十月謝知天立收田粮錢字

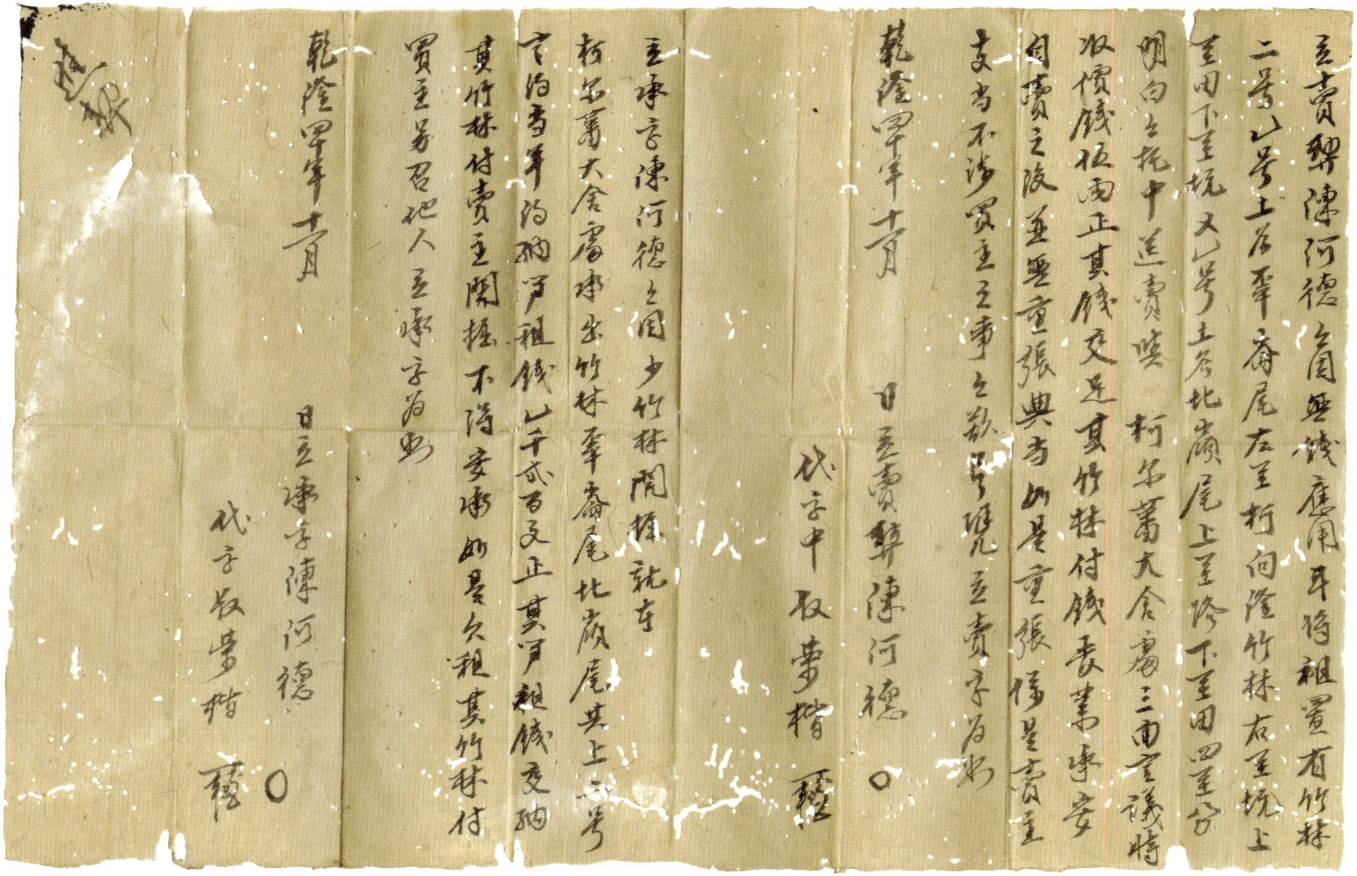

立賣契陳阿德，今因無錢應用，平將祖置有竹林二號，山號土名峯裔尾，左至圳，向隆竹林，右至坑上，至田，下至坑。又山號土名北嶺尾，上至嶺，下至田，四至分明。自心托中送賣與村(?)坑(?)萬大舍處，三面言議時值價錢拾兩正，其錢交足，其竹林付錢主掌業(?)永安(?)。自賣之後，並無重張典當，如是重張，係是賣主支當，不涉買主之事。今欲有憑，立賣字為照。

乾隆四十年十一月 日立賣契陳阿德 ○

代字中 叔 夢楷 [illegible]

立承字陳阿德，今因少竹林開種(?)，就在村(?)坑萬大舍處承出竹林峯裔尾、北嶺尾共上二號，官的(?)每年納戶租錢山(?)干(?)貳百文正，其戶租錢交納，其竹林付賣主開掘(?)，不得妄承(?)。如是欠租，其竹林付買主另召他人，立承字為照。

乾隆四十年十一月 日立承字陳阿德 ○

代字 叔 夢楷 [illegible]

[illegible]

2-1-105-1　清乾隆四十年十一月陳阿德立賣竹林契

立賣契弟承相，今因少銀應用，丏將應
分己面內有猫竹林山一所，土名蓮角壋橫
路下，上至橫路，下至坑，右至自己竹，右至忠
三房竹林為界，四至明白。竹林內所有杉
木雜樹，一應托中送賣與　兄尔華處
為業，三面言議賣出價錢壹仟文正。
其錢即日交訖，其竹林即付錢主掘笋
則創掌業，向後有能力日依契取贖。
其竹林係是己業，與親房叔伯兄弟
無干，並無重張不明等情，如有此等
賣主支當，不涉錢主之事。今欲有憑，立
賣契為照。
乾隆四十二年六月　日立賣契弟承相（押）
中人兄尔殿（押）
在見叔祖和□
代字伯錫隆（押）
進□

2-1-105-2　清乾隆四十二年六月柯承相立賣猫竹林契

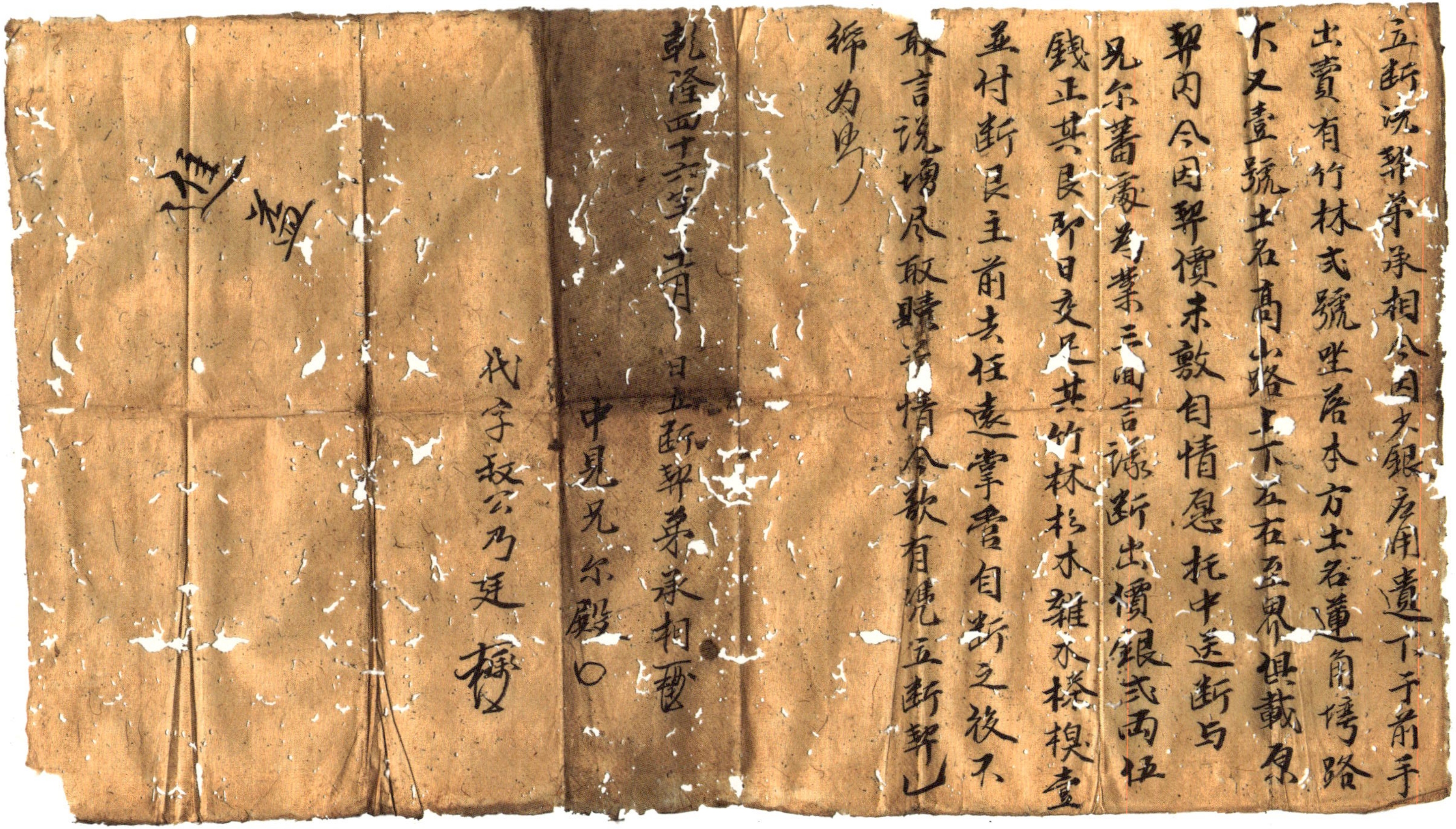

立斷洗契弟承相，今因乏銀應用，遺下手前手
出賣有竹林弍號，坐落本方土名蓮角塆路
下，又壹號土名高山路上下，五在立界俱載原
契內。今因契價未敷，自情愿托中送斷與
兄尒蓄處為業，三面言議斷出價銀弍兩伍
錢正，其艮即日交足，其竹林杉木雜木樣模壹
并付斷艮主前去任遠掌管，自斷之後不
敢言說增尽取贖等情，今欲有凭，立斷契山
一紙為照。

乾隆四十六年十一月　日立斷契弟承相（押）
中見兄尒殿（押）
代字叔公乃廷（押）

2-1-105-3　清乾隆四十六年十一月柯承相立斷竹林契

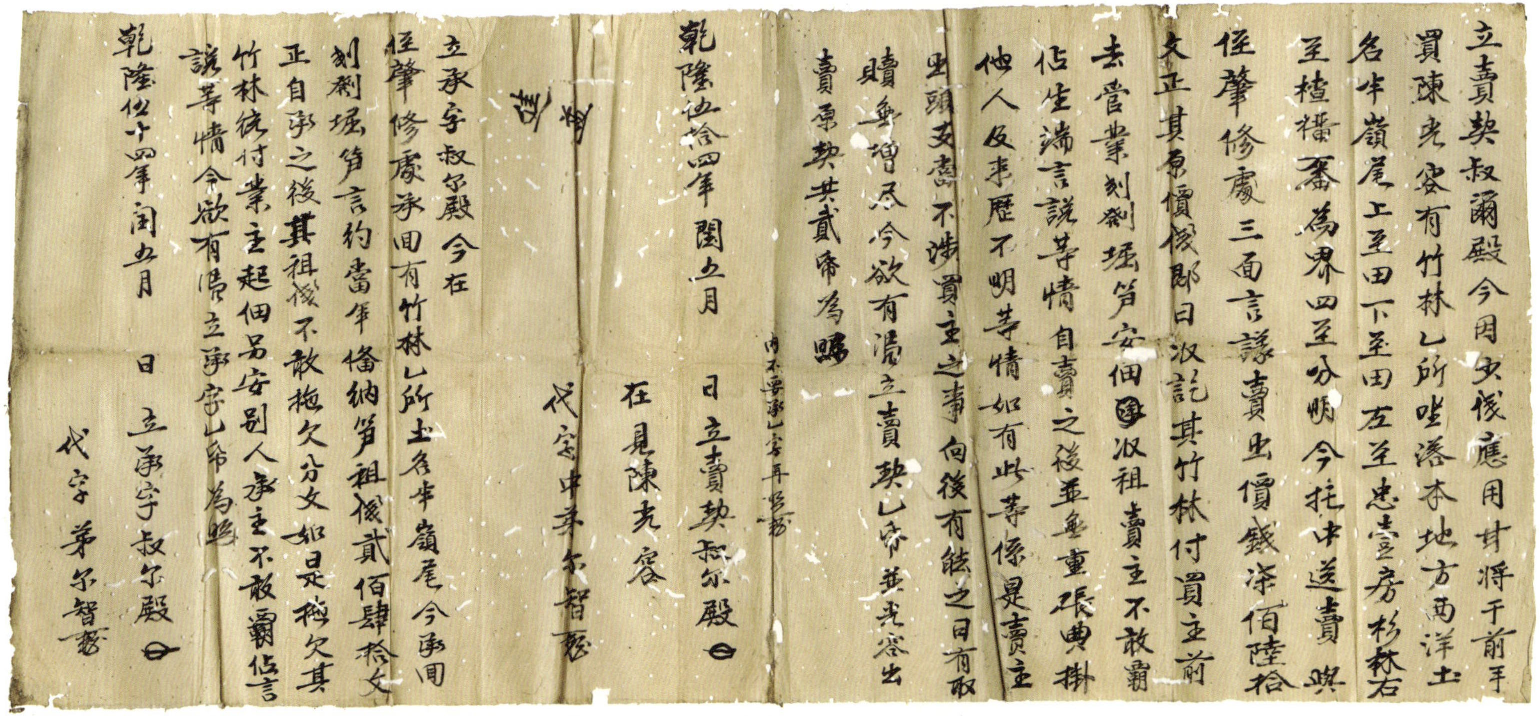
立賣契叔爾殿今因乏銀應用甘將手
買陳光容有竹林山一所坐落本地方西洋土
名牛嶺尾上至田下至田左至忠臺房杉林右
至植檔為界四至分明今托中送賣與
侄肇修處三面言議賣出價錢柒佰陸拾
文正其價錢即日收訖其竹林付買主前
去管業砍剁掘筍安佃收租賣主不敢霸
佔生端言說等情自賣之後並無重張典掛
他人及來歷不明等情如有此等係是賣主
出頭支當不涉買主之事向後有能之日有取
贖無增盡今欲有憑立賣契一帋並光容出
賣原契共貳帋為照
內不要添山字再照
乾隆伍拾四年閏五月　日　立賣契叔尔殿（押）
在見陳光容
代字中叔尔智（押）
批（押）

立承字叔尔殿今在
侄肇修處承佃有竹林山一所土名牛嶺尾今承佃
砍剁掘筍言約當年備納筍租錢貳佰肆拾文
正自承之後其租錢不敢拖欠分文如是拖欠其
竹林依付業主起佃另安別人承主不敢霸佔言
說等情今欲有憑立承字一帋為照
乾隆伍十四年閏五月　日　立承字叔尔殿（押）
代字弟尔智（押）

2-1-105-4　清乾隆五十四年閏五月柯爾殿立賣竹林契

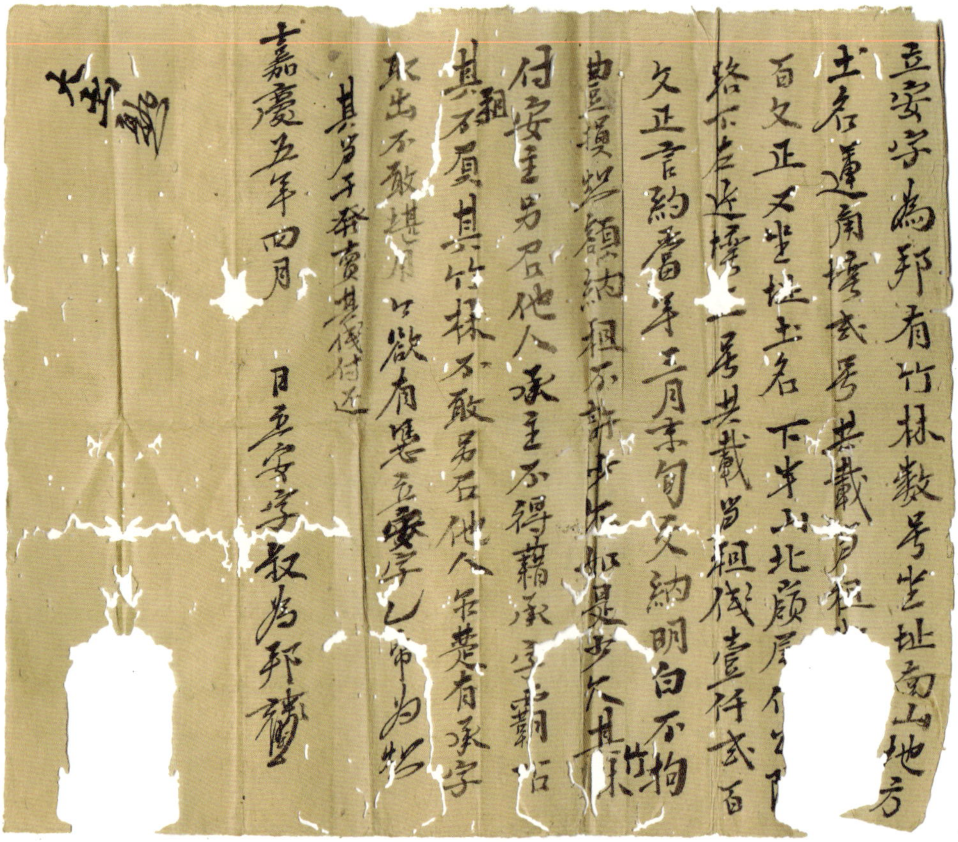

立安字爲邦有竹林數号坐址南山地方
土名蓮角壇貳号共載苗租
百文正 又坐址土名 下半山北嶺屋
路下岩塝一号共載苗租伐壹仟貳百
文正 言約當年十月末旬交納明白 不拘
豐歉照額納租不許少欠 如是少欠 其竹
付安主另召他人承主不得藉承字霸佔
其不買其竹林不敢另召他人係是有承字
取出不敢堪用 此欲有憑立安字乙帋爲照
其岁于癸亥其伐付还
嘉慶五年四月 日立安字叔爲邦
大吉

2-1-105-5　清嘉慶五年四月柯爲邦立安竹林字

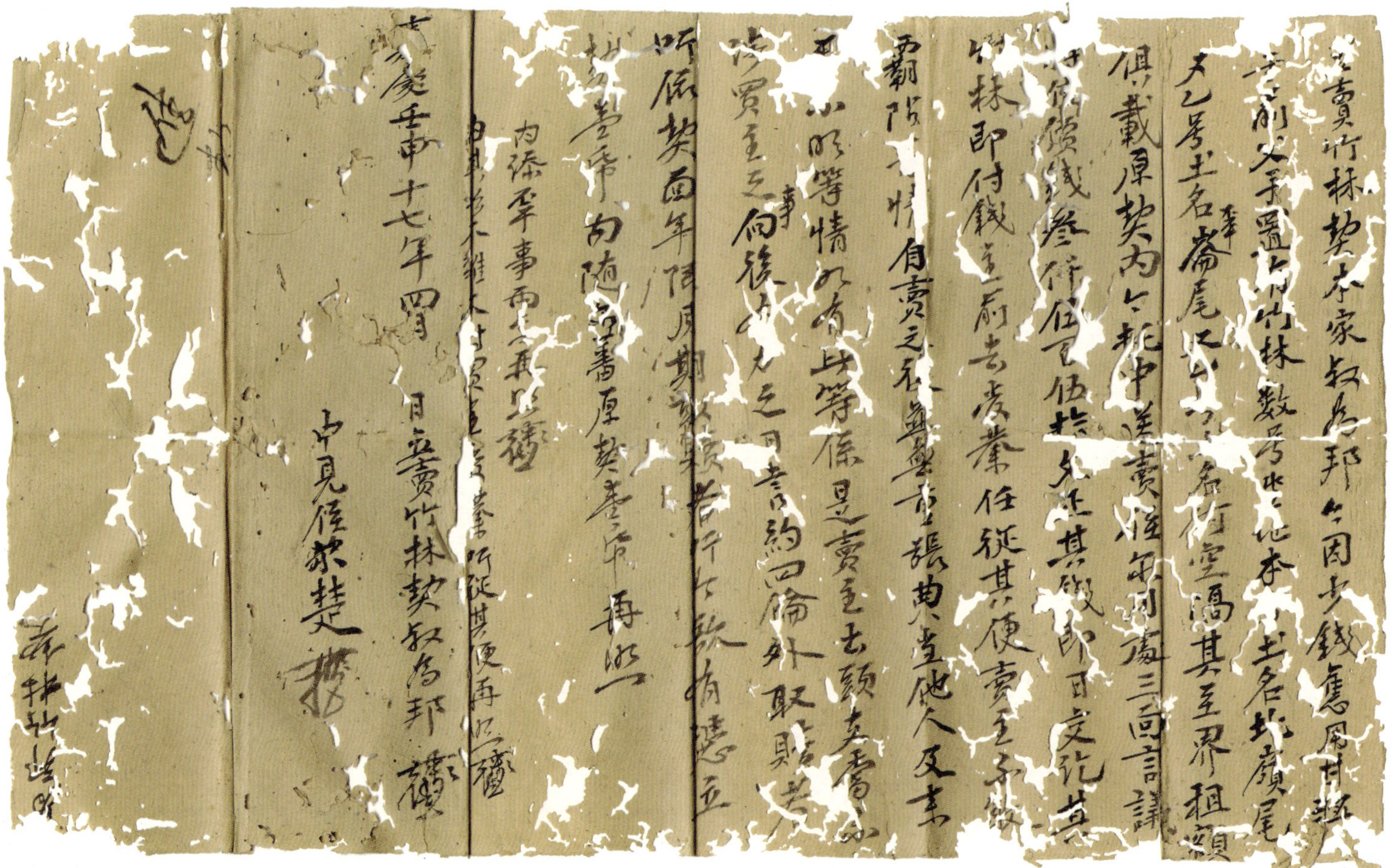

2-1-105-6　清嘉慶十七年四月柯爲邦立賣竹林契

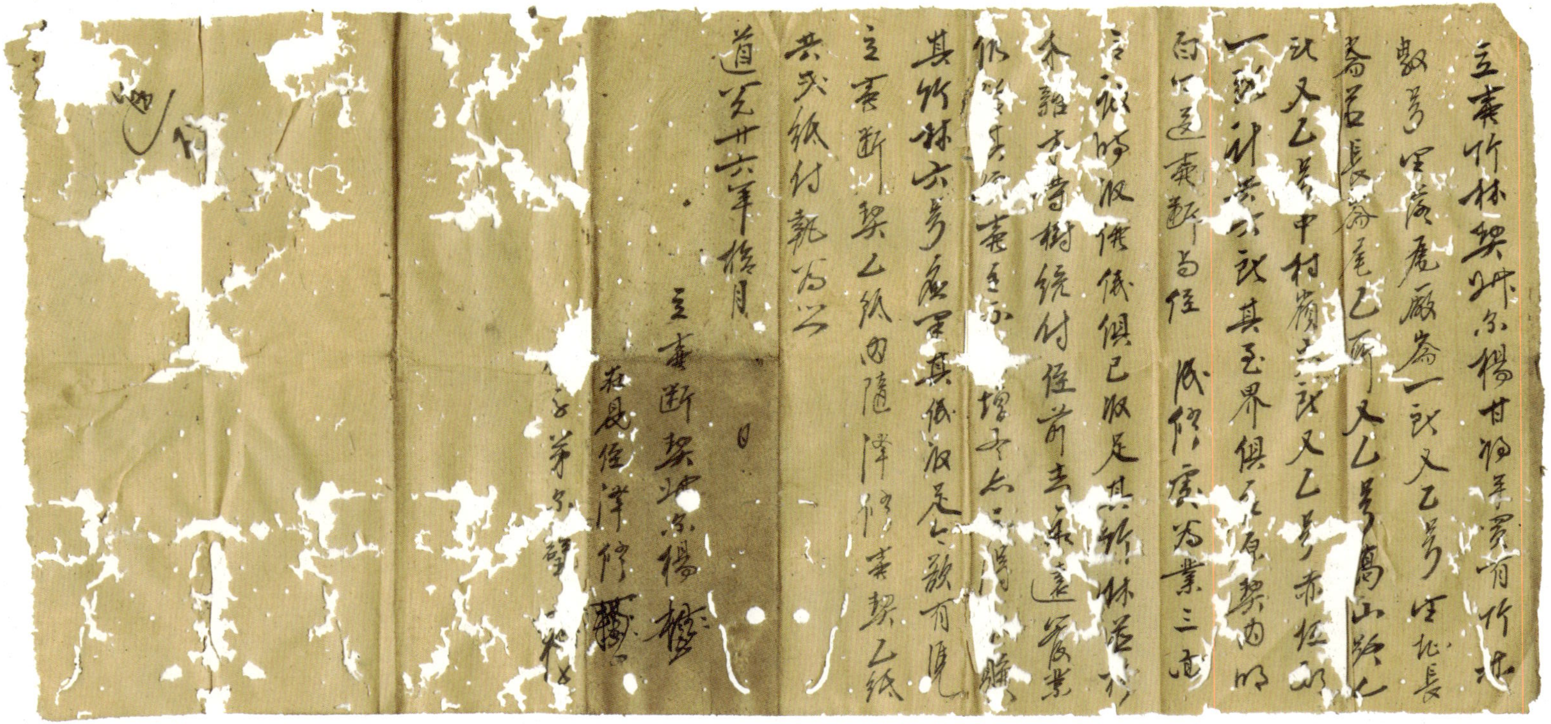

2-1-105-7　清道光二十六年十月柯尔楊立賣斷竹林契

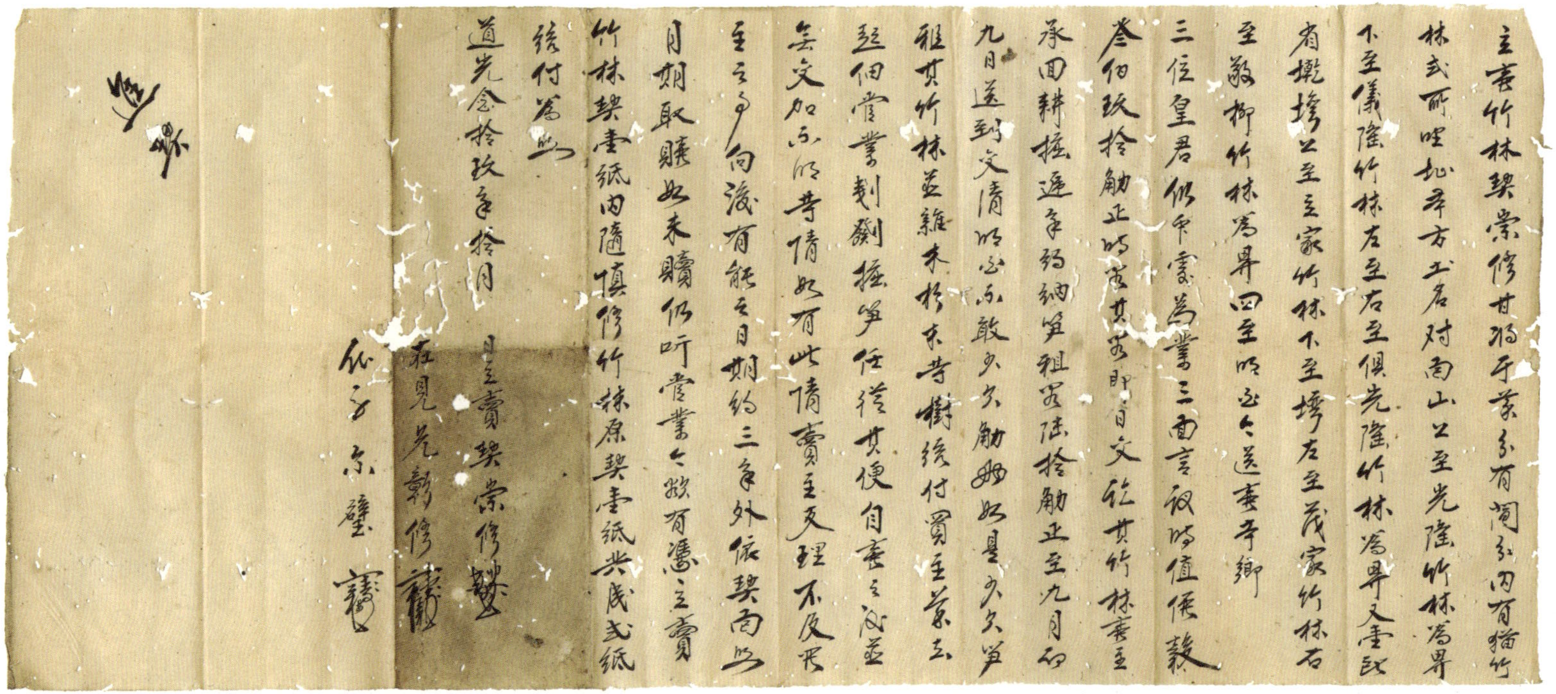

立賣竹林契崇修，甘將手業分有闔分內有猫竹
林式所，坐址本方土名對面山，上至光隆竹林為界，
下至儀隆竹林，左至右至俱光隆竹林為界，又壹段
有攪壋，上至立家竹林，下至壋，左至茂家竹林，右
至敬御竹林為界，四至明白，今送奉本鄉
三位皇君保平會為業，三面言議時值價銀
叁佰玖拾觔正，明宏其銀即日交訖，其竹林賣主
承佃耕種，逐年納銀租錢陸拾觔正，至九月初
九月送到文清，明白不敢少欠觔兩，如是少欠銀
租，其竹林並雜木將本等樹繳付買主管業
起佃管業，剝劉種竹，任從其便，自賣之後并
無文加，亦無等情，如有此情，賣主支理，不及買
主之事，向後有能之日，約三年外依契面銀
日期取贖，如未贖，仍聽管業，今欲有憑，立賣
竹林契壹紙，內隨慎修竹林原契壹紙，共成式紙
繳付為照。
道光念玖年拾月　日立賣契崇修（押）
在見兄彰修（押）
代字宗璧（押）

2-1-105-8　清道光二十九年十月柯崇修立賣猫竹林契

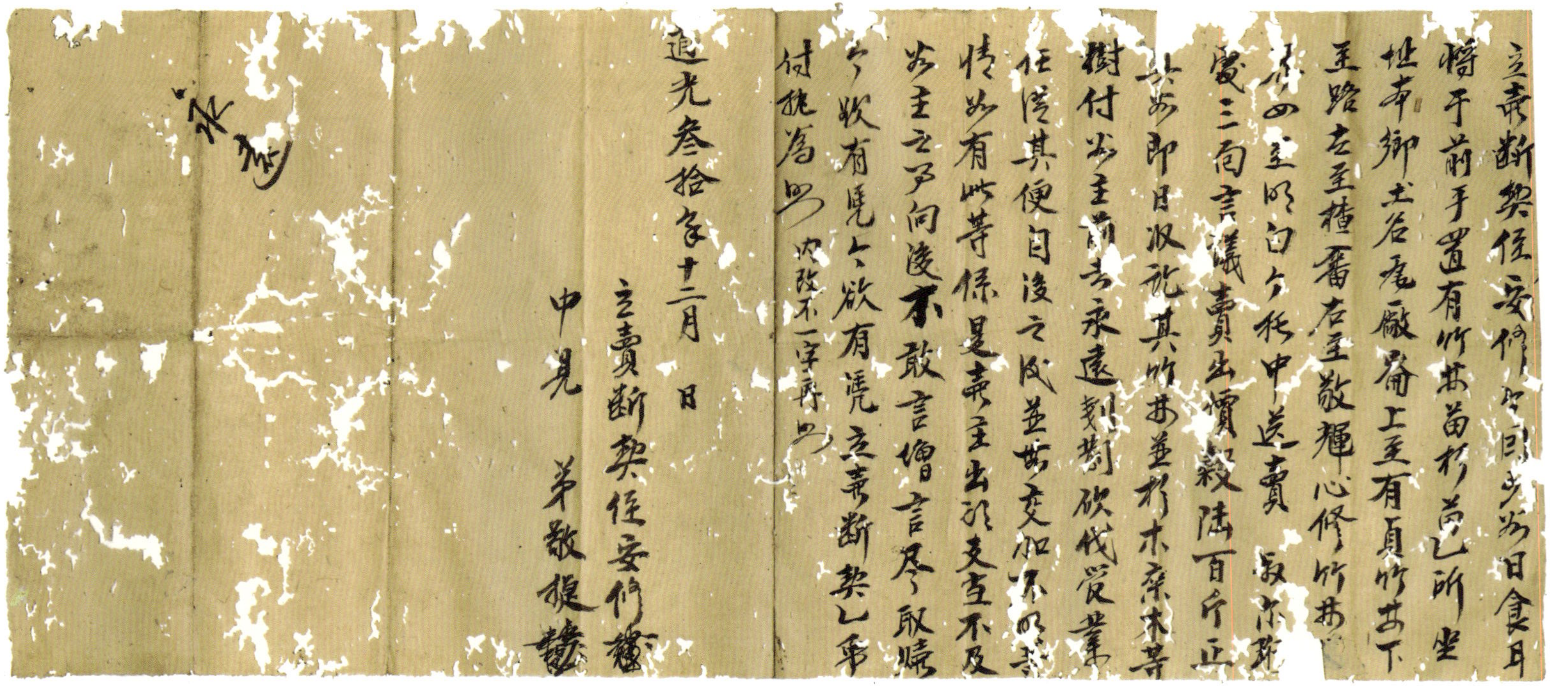

2-1-105-9　清道光三十年十二月柯安修立賣斷竹林苗等契

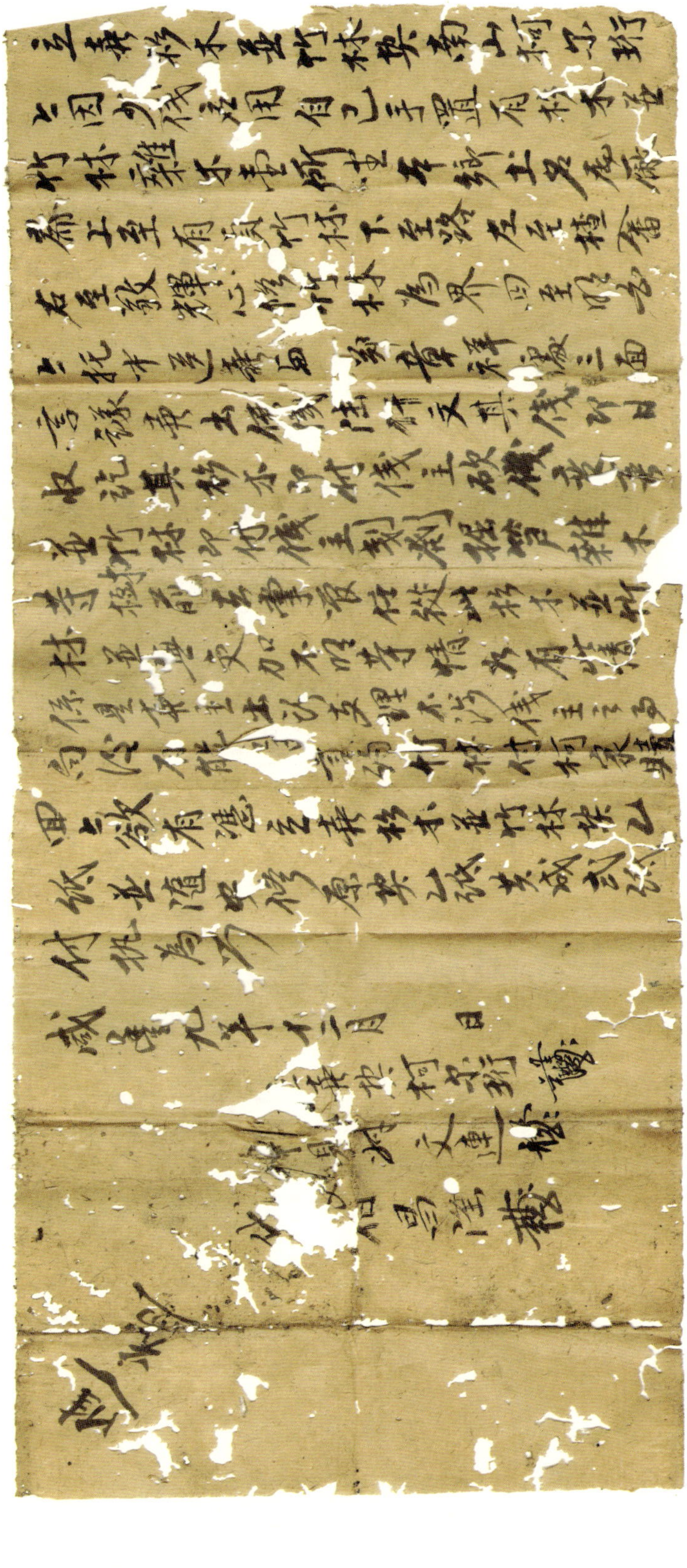

2-1-105-10 清咸豐九年十二月柯尔珩立賣杉木等契

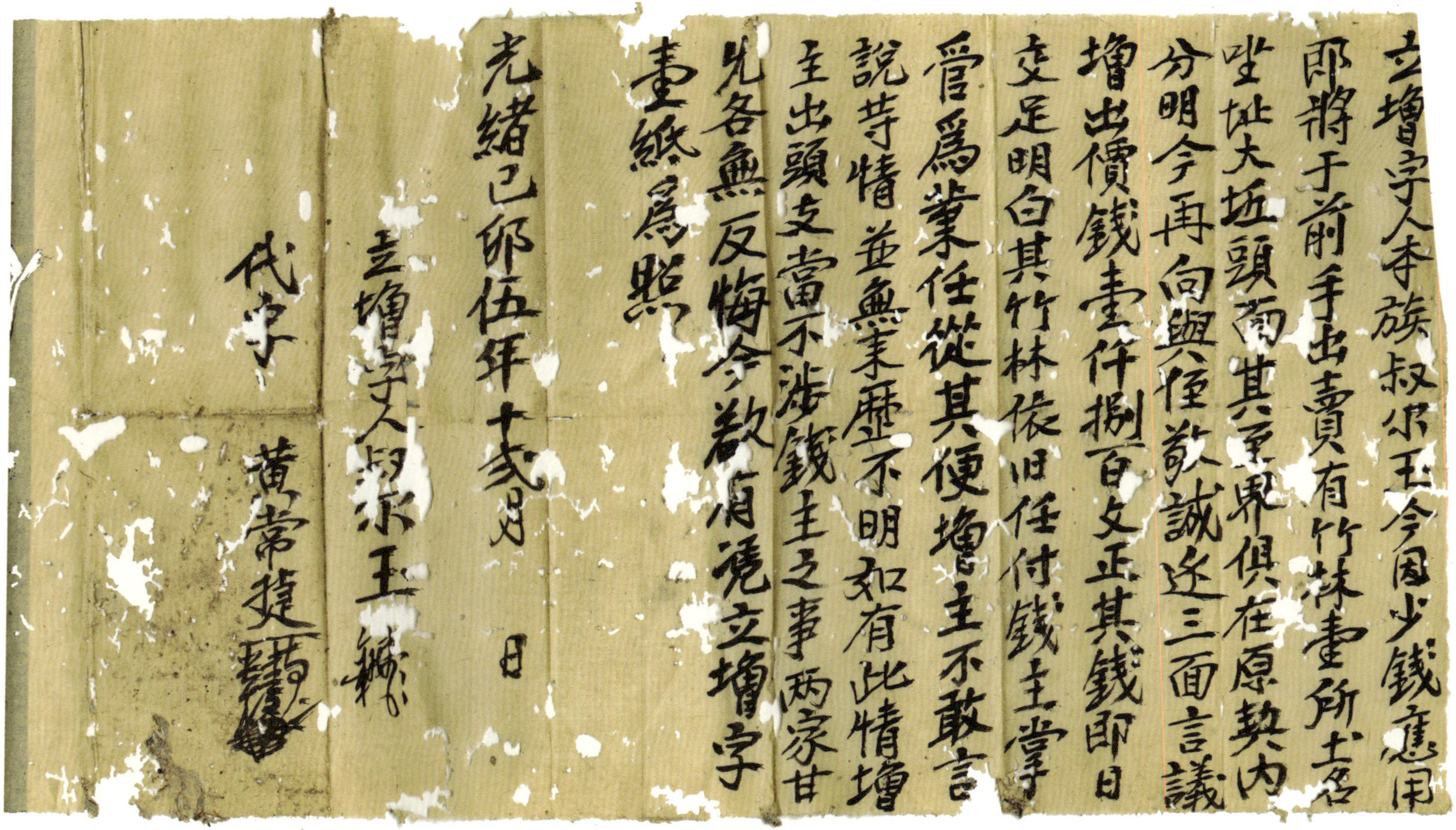

立增字人季族叔尔玉今因少錢應用
即將于前手出賣有竹林壹所土名
坐址大坵頭而其四界俱在原契內
分明今再向與侄敬誠送三面言議
增出價錢壹仟捌百文正其錢即日
交足明白其竹林依旧任付錢主掌
管爲業任從其便增主不敢言
說等情並無業歷不明如有此情增
主出頭支當不涉錢主之事兩家甘
允各無反悔今欲有憑立增字
壹紙爲照

光緒己卯伍年十二月　日

立增字人叔尔玉（押）

黄常捷（押）

代字

2-1-105-11　清光緒五年十二月柯尔玉立增竹林契

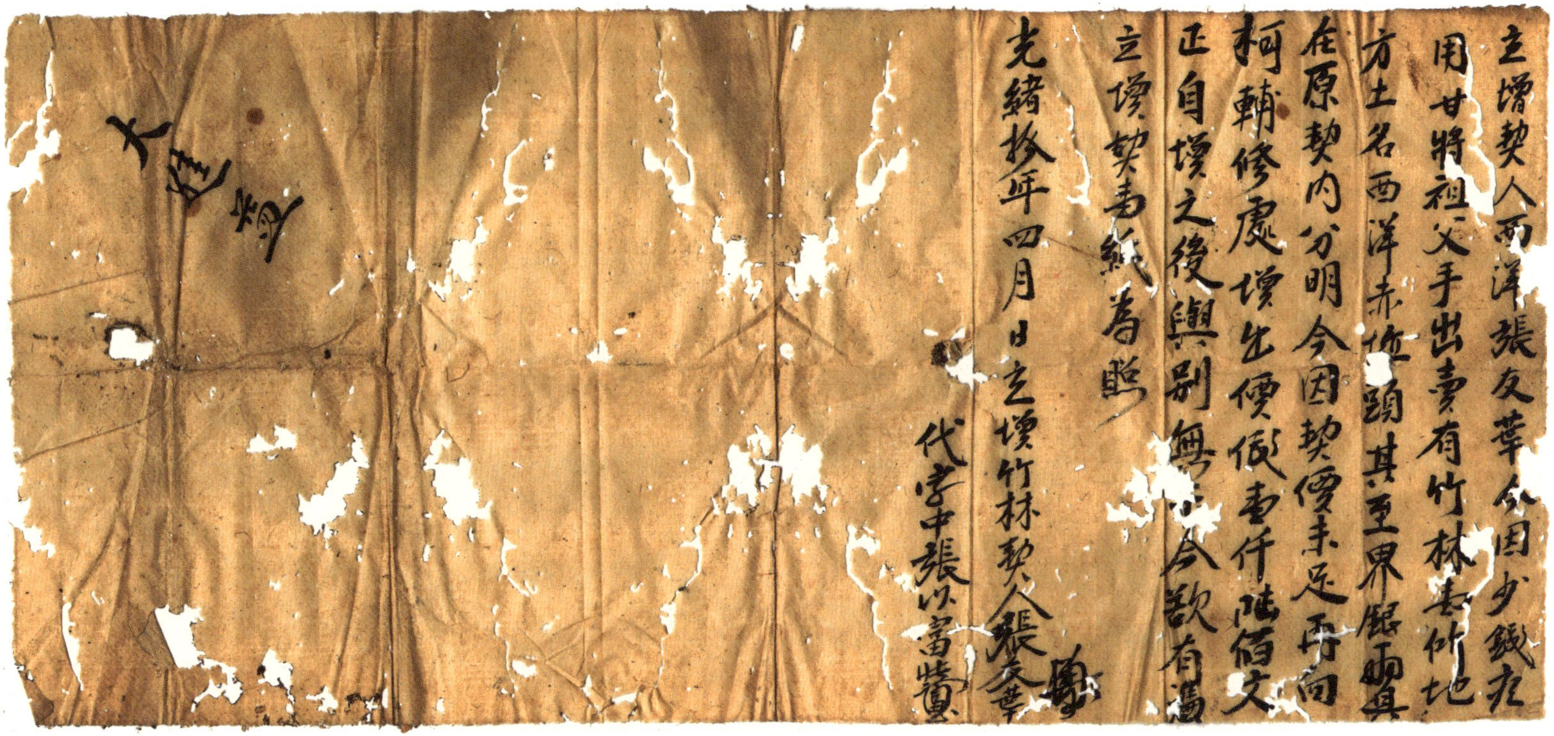
立增契人西洋張友華，今因少錢應用，甘將祖父手出賣有竹林壹帖，地方土名西洋赤坵頭，其至界歷兩具在原契內分明。今因契價未足，再向柯轉修處增出價錢壹仟陸佰文正。自增之後，與別無干。今欲有憑，立增契壹紙為照。

光緒拾年四月　日立增竹林契人張友華（押）

代字中張以富（押）

大佳壹

2-1-105-12　清光緒十年四月張友華立增竹林契

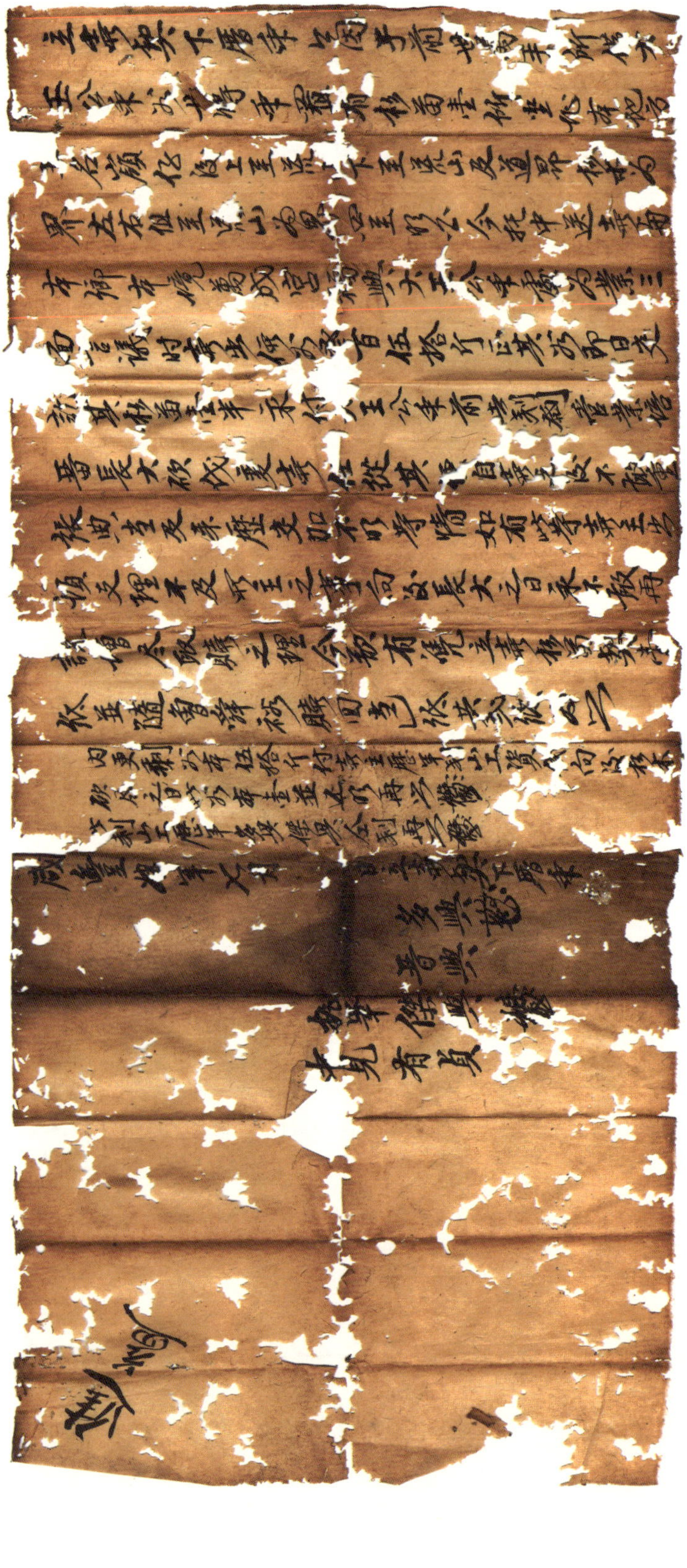

2-1-106-1 清咸豐四年七月柯氏下厝衆立賣杉苗契

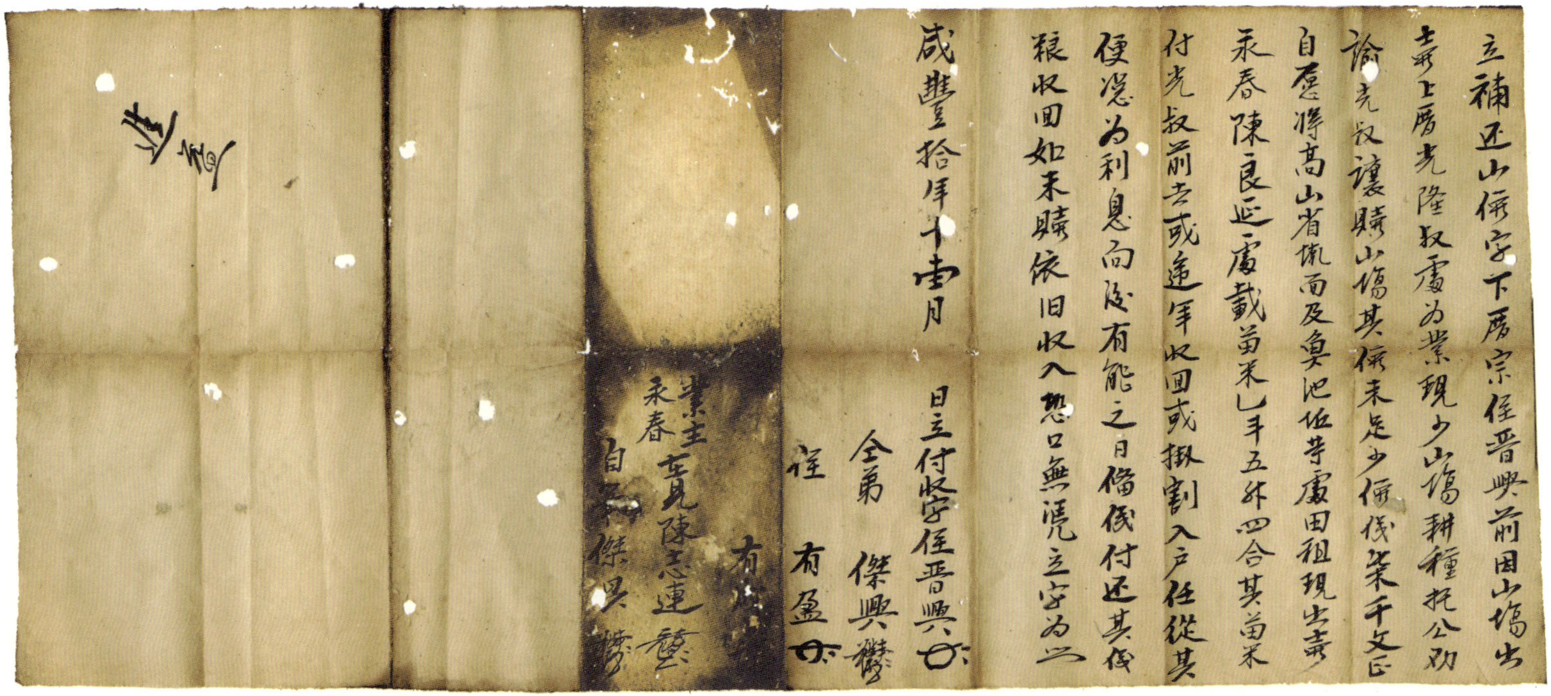
立補还山價字下房宗侄晋興前田山塢出
賣上房光隆叔處爲業，現少山塢耕種，托公劝
諭光叔讓贖山塢，其價未足，少價錢柒千文正。
自應將高山省腳面及鼻地佐芋處田租，現出賣
永春陳良延處，載苗米乙斗五升四合，其苗米
付光叔前去或逐年收回，或撥割入户，任從其
便，退爲利息，向後有能之日，備錢付还其錢
粮收回，如未贖，依旧收入。恐口無憑，立字爲照。
咸豐拾年十一月　日立付收字侄晋興（押）
全弟　傑興（押）
侄　有盈（押）
有[illegible]
業主　永春　[illegible]　陳志連（押）
自[illegible]　傑興（押）

2-1-106-2　清咸豐十年十一月柯晋興立補還山價字

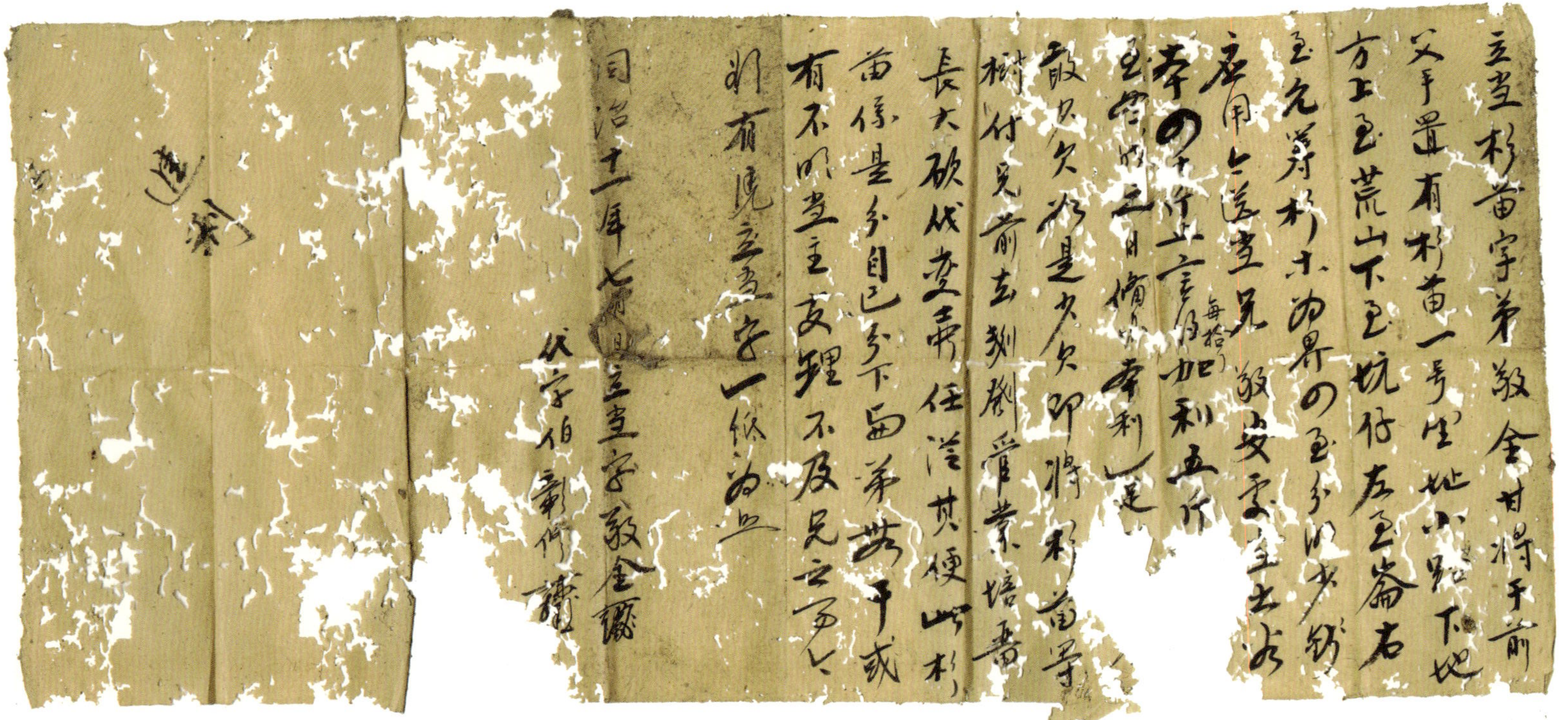

立當杉苗字弟敬全，今將手前
父手置有杉苗一号，坐址小地下地
方，土名荒山下玉坑仔，左至崙，右
至允壽杉木為界，四至分明，少錢
應用，自送當兄敬安手出
本錢〔 〕仟文正，言約（每拾）加利五斤
至當冬日備出本利一足
不敢欠少，如是欠少，即將杉苗字
樹付兄前去斫伐管業培養
長大砍伐變賣，任從其便。此杉
苗係是弟自己分下，與弟叔兄干或
有不明，弟主支理，不及兄之事。今
欲有憑，立當字一紙為照。

同治十一年七月　日　立當字敬全（押）
代字伯　剸衡（押）

2-1-106-3　清同治十一年七月柯敬全立當杉苗字

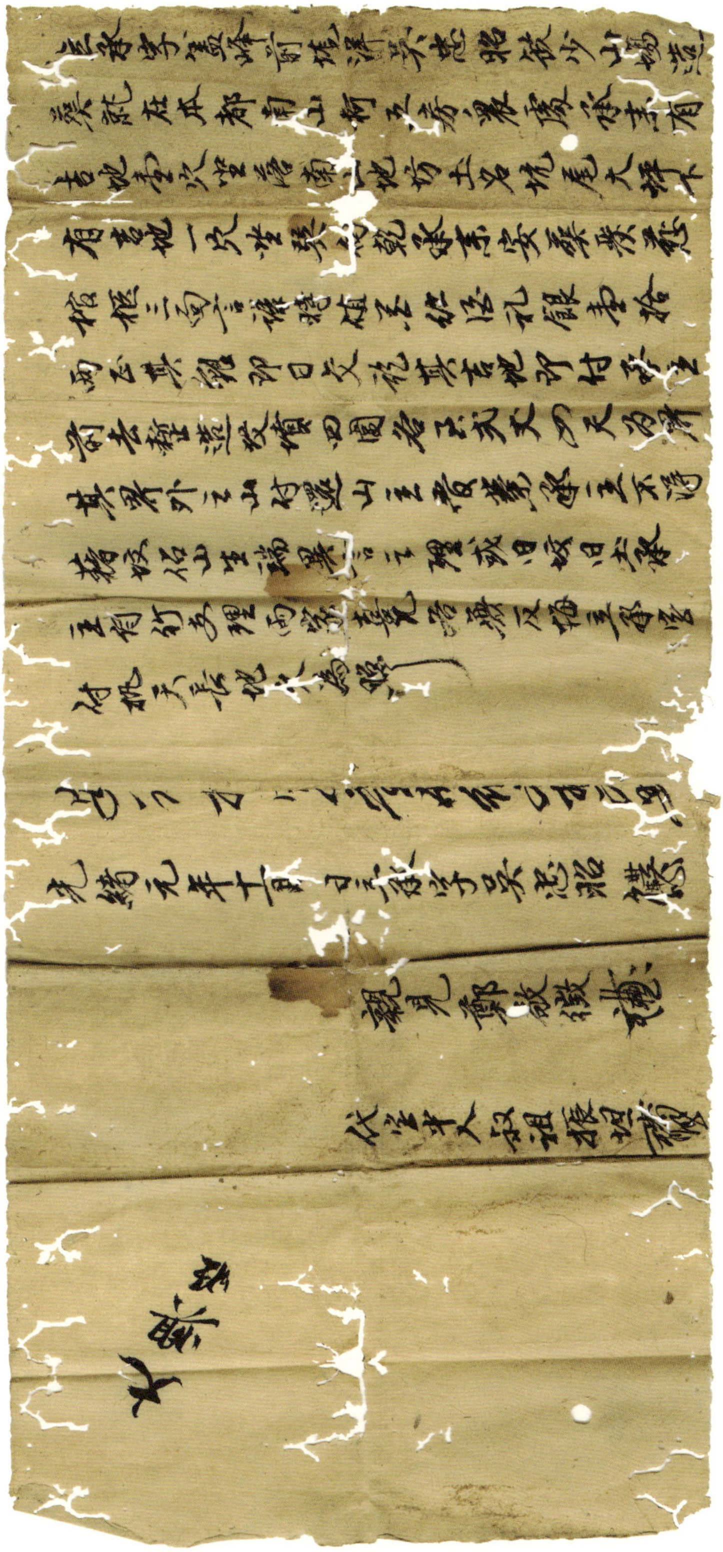

立承字盖峰前垅洋吴忠昭欽少山場造
葬，就在本都南山柯五房衆處承去有
吉地壹穴，坐落南山地坊，土名坑尾大坪下，
有吉地一穴，坐癸向丁，乾承去安葬癸父
棺柩，三面言議，時值基紅花礼銀壹拾
兩正，其銀即日交訖，其吉地即付承主
前去整造坟墳，四圍各丟弍丈四尺為界，
其界外之山付還山主，賣業承主不得
藉坟佔山，生端異言之理，或旧坟旧出承
主自行支理，兩家甘願，各無反悔，立承字
付執天長地久為照。
[illegible]
光緒元年十一月　日立承字吴忠昭
親見鄭敬徽
代字中人叔祖振坦

2-1-106-4　清光緒元年十一月吴忠昭立承山場吉地字

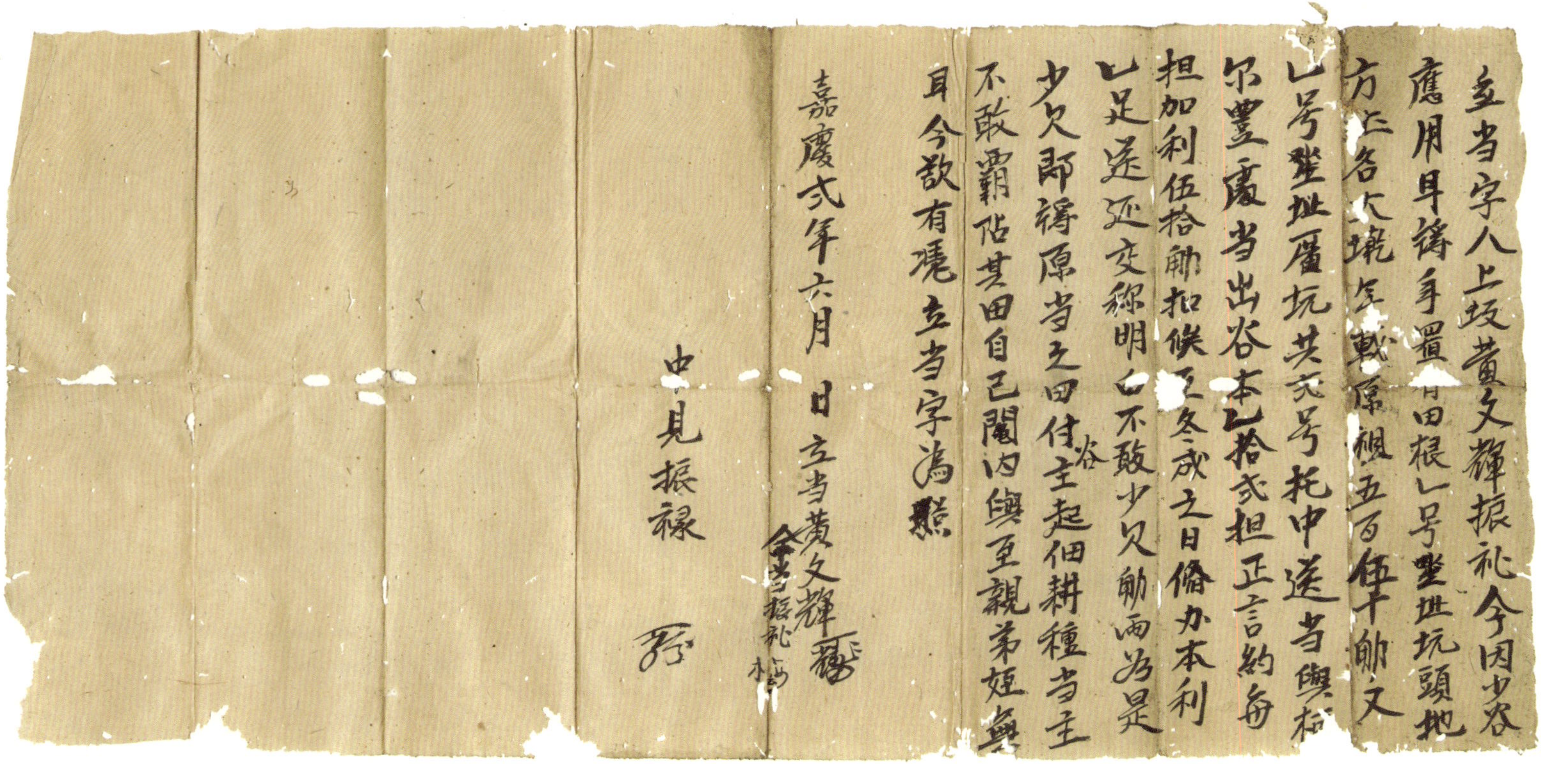
立当字人上坂黄文輝振礼，今因少谷應用，自將手置有田根乙号，坐址坑頭地方，土名大垅乞戰，原租五百伍十觔，又乙号坐址厝坑，共貳号，托中送当與叔尔豐處，当出谷本乙拾貳担正，言約每担加利伍拾觔，扣候至冬成之日，備办本利乙足送還，交称明白，不敢少欠觔两。如是少欠，即將原当之田付谷主起佃耕種，当主不敢霸佔。其田自己閹內，與至親弟姪無干。今欲有憑，立当字為照。

嘉慶弍年六月　日　立当黄文輝（押）
仝当振礼（押）

中見振祿（押）

2-1-107-1　清嘉慶二年六月尤溪黃文輝立當田根字

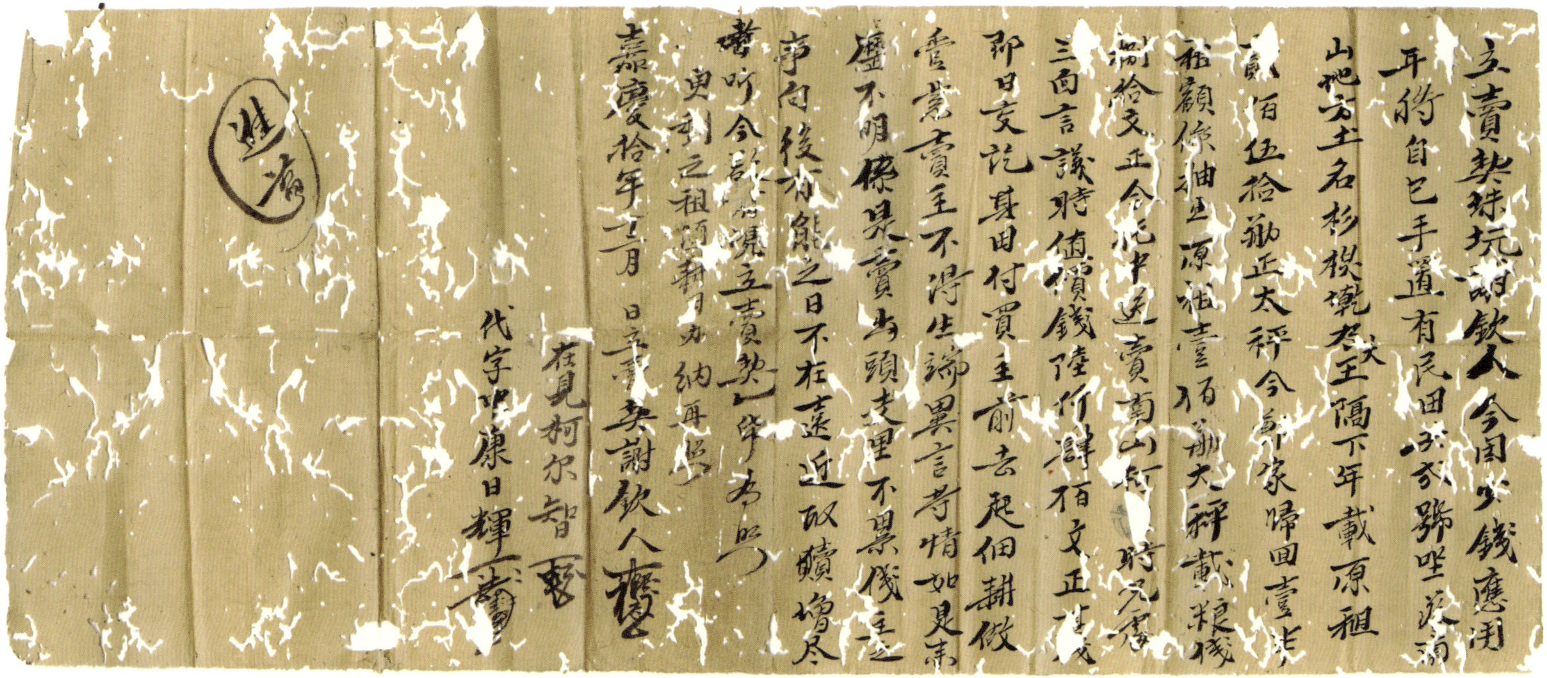
立賣契珠坑謝欽人，今因少錢應用，
再將自己手置有民田壹號，坐落
山地方，土名杉樹窠大王隔下，年載原租
貳佰伍拾觔正，太秤合家歸田壹斗，
租額係柚邑原祖壹佰觔大秤，載糧
捌拾文正。今托中送賣蘭山柯處，
三面言議，時值價錢陸仟肆佰文正，其錢
即日交訖，其田付買主前去起佃耕做
管業，賣主不得生端異言奇情。如是未
賣不明，係是賣主出頭支理，不累買主之事。
亭向後不能之日，不在遠近取贖，增盡
今欲有憑，立賣契一紙為照。
與到之租額納再照。
嘉慶拾年十二月 日立賣契謝欽人
在見柯爾智
代字康日輝

2-1-107-2 清嘉慶十年十二月謝欽人立賣民田契

立賣田根契弟成修，今因乏錢應用，甘將父手
置有田根壹號，坐址本地方，土名石壢尾，八載
根租壹百斤正，鄉秤，今托中送賣與兄叢修處
三面言議，賣出價錢玖仟文正，其錢即日收訖。
其田付兄起佃耕作，迎年納出原租壹百五十斤
正，不得少欠斤兩。其租弟與干，其田根自己阄分
下與兄弟侄無干，自賣之後，並無重張典掛他
人交加不明等情，如有此等，弟出頭支理，不及
兄之事。向後有能之日，不在遠近，照月期錢弟取
贖，其錢弟汲足，各成納回弟租壹百斤正，不得少
欠生端異言等情。今欲有憑，立賣田根契一紙為
照。內註期山字再照（押）。內中用錢九百四十文。

道光廿六年六月　日立賣田根契弟成修（押）

代字中人侄敘朗（押）

達

2-1-107-3　清道光二十六年六月柯成修立賣田根契

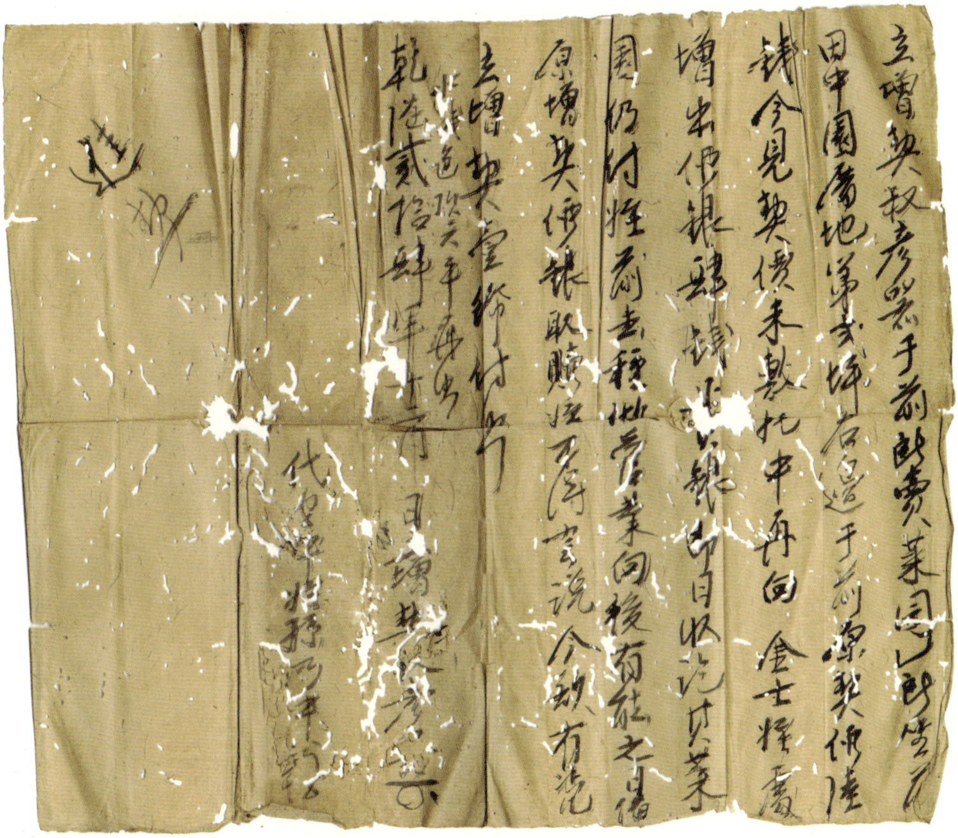
立增契叔彥器于前断賣葉园[illegible]
田中園厝地第弍坪右邊于前原契價[illegible]
錢今見契價未敷托中再向 侄士[illegible]處
增出價銀肆錢正其銀即日收訖其業
園仍付侄前去種作管業向後有能之日備
原增契價銀取贖侄不得言說今欲有憑
立增契壹紙付執為照
乾隆貳拾肆年十二月 日立增契叔彥器
[illegible]
代[illegible]

2-1-108-1　清乾隆二十四年十二月柯彥器立增厝地契

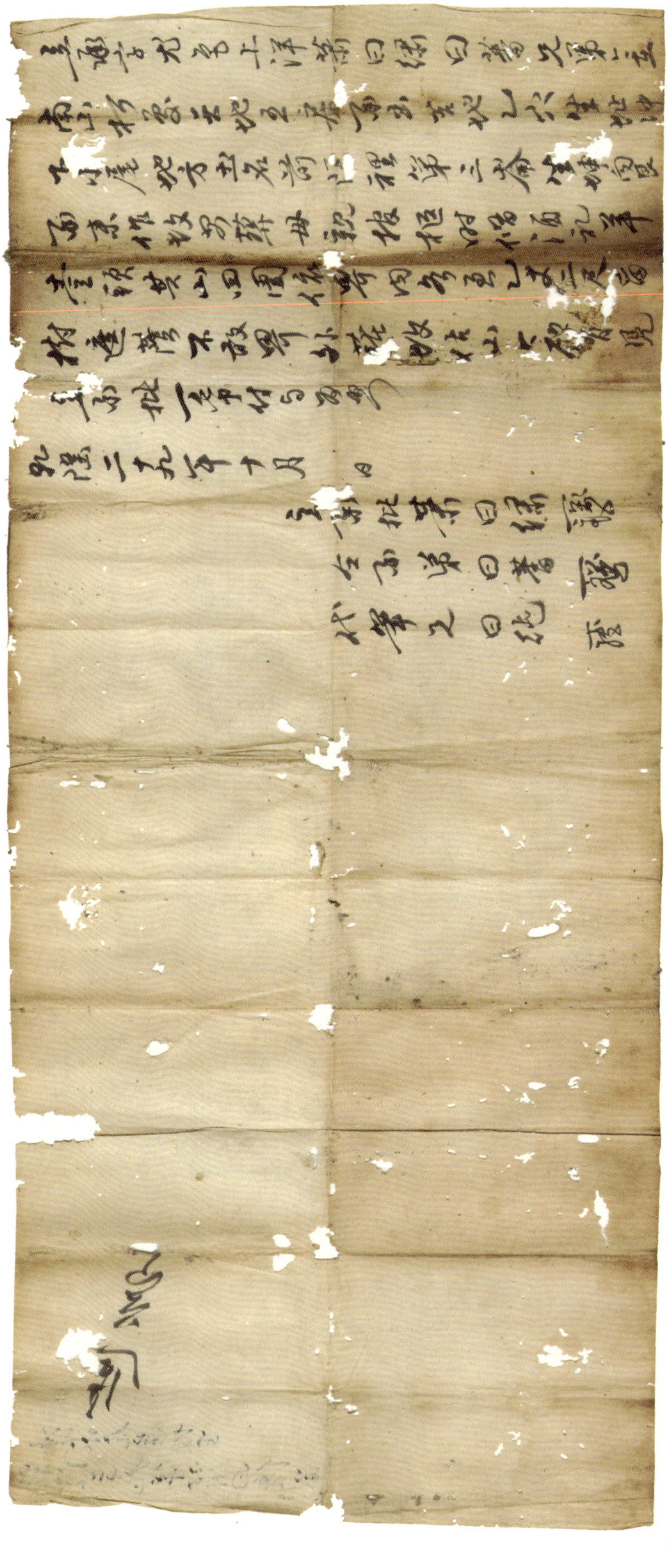

2-1-108-2　清乾隆二十九年十月蕭日繡等立承批吉地字

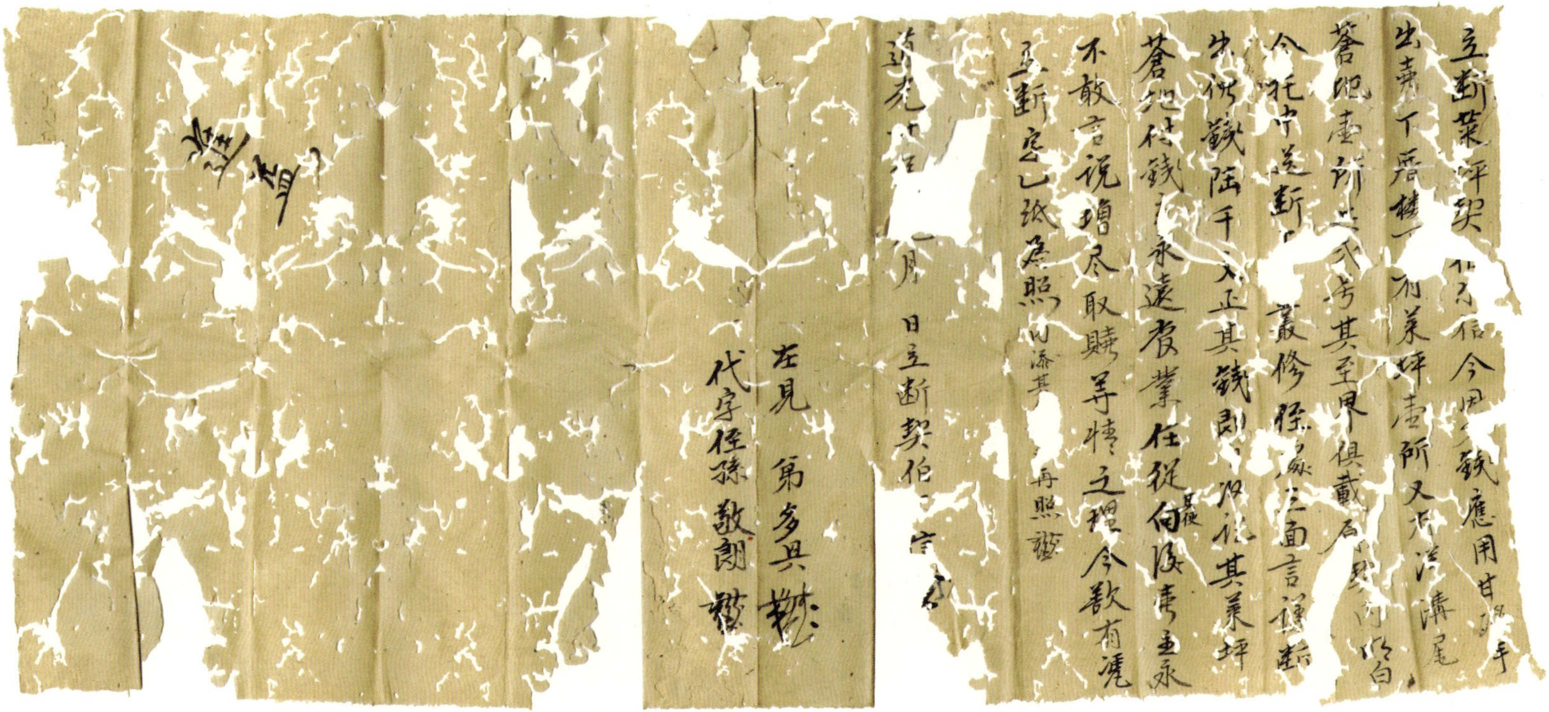
立斷菜坪契柯尔信今因乏錢應用甘願手
出壽下吾棲一所菜坪壹所又洋溝尾
蒼坵壹所[illegible]其至界俱載[illegible]內[illegible]
今托中送斷[illegible]叢修侄孫處三面言議斷
出價錢陸千文正其錢即日收[illegible]其菜坪
蒼坵付錢永遠管業任從[illegible]
不敢言說增盡取贖等情[illegible]今欲有凭
立斷字[illegible]為照　內添其[illegible]　再照
道光二十年九月　日立斷契伯尔信
在見　弟多興
代字侄孫　敬朗

2-1-108-3　清道光二十年九月柯尔信立斷菜坪契

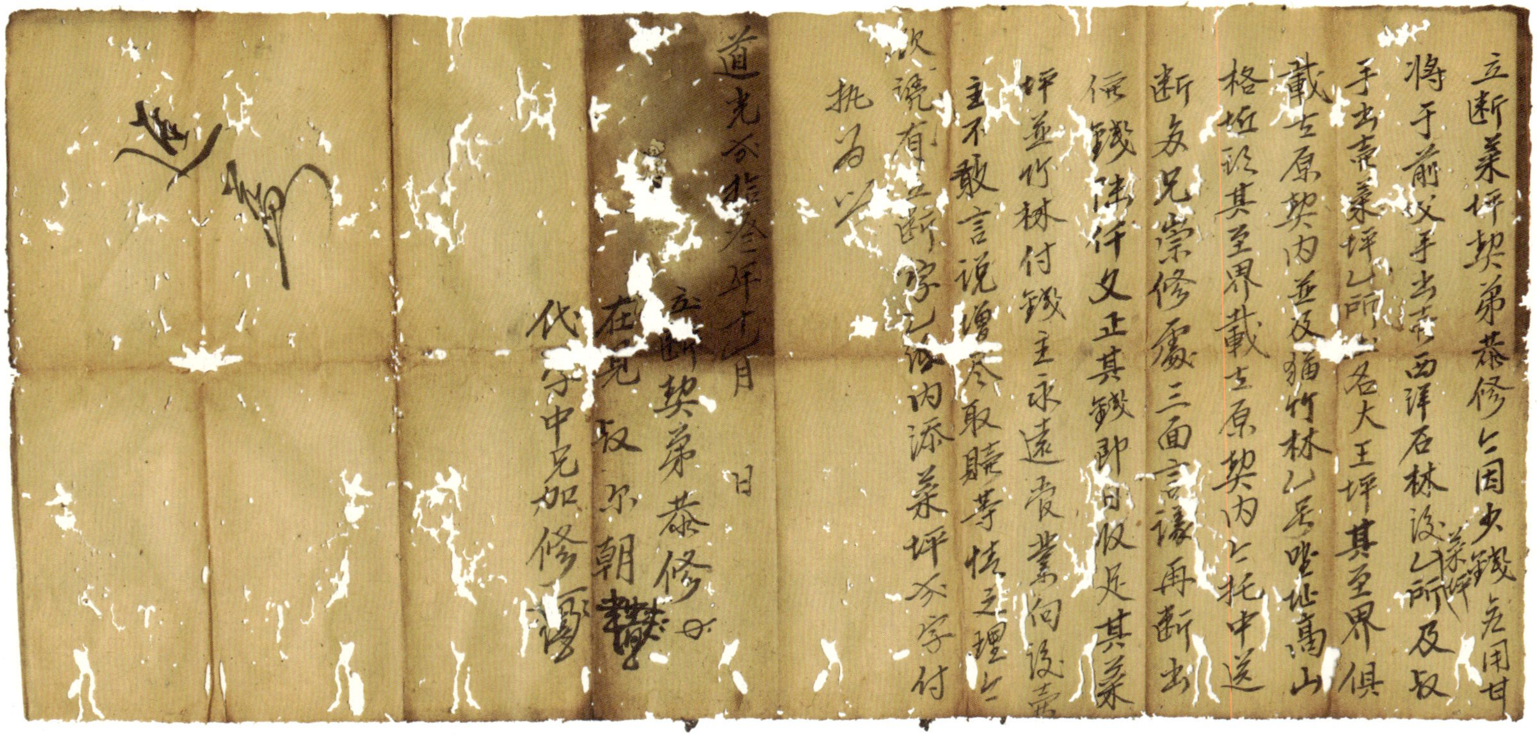

立斷菜坪契弟恭修，今因乏錢應用，甘
將手前父手出賣西洋石林後山所菜坪，及叔
手出賣菜坪山所，名大王坪，其至界俱
載在原契內，並及猫竹林山，場坐址高山
格坵，其至界載在原契內，今托中送
斷與兄崇修處，三面言議，再斷出
價錢陸仟文正，其錢即日收足，其菜
坪並竹林付錢主永遠管業，向後再
主不敢言說增添取贖等情之理，今
欲說有立斷字乙紙，內添菜坪二字，付
執爲照。

道光廿參年十一月　日　立斷契弟恭修（押）
在見叔亦朝
代字中兄加修（押）

2-1-108-4　清道光二十三年十一月柯恭修立斷菜坪契

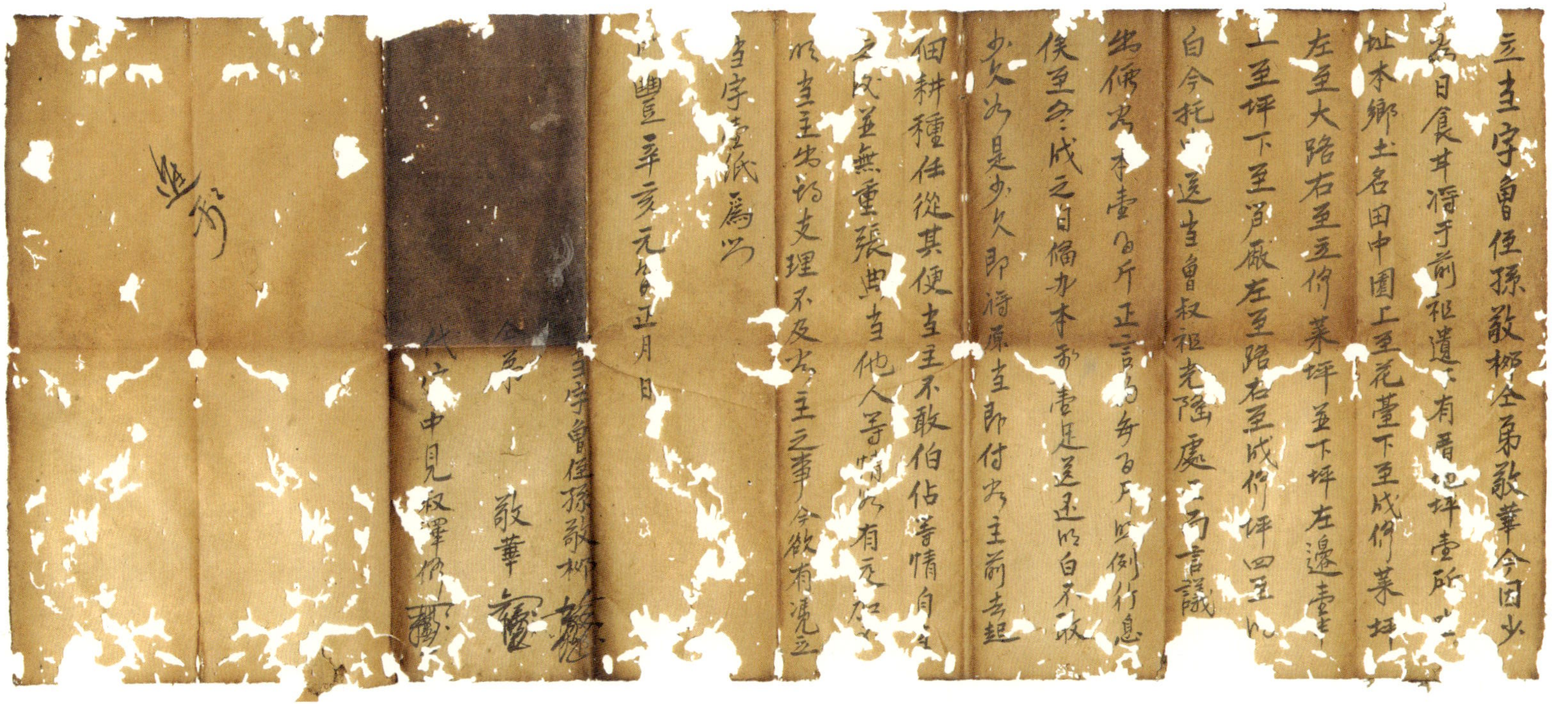

2-1-108-5 清咸豐元年正月柯敬柳等立當厝地坪字

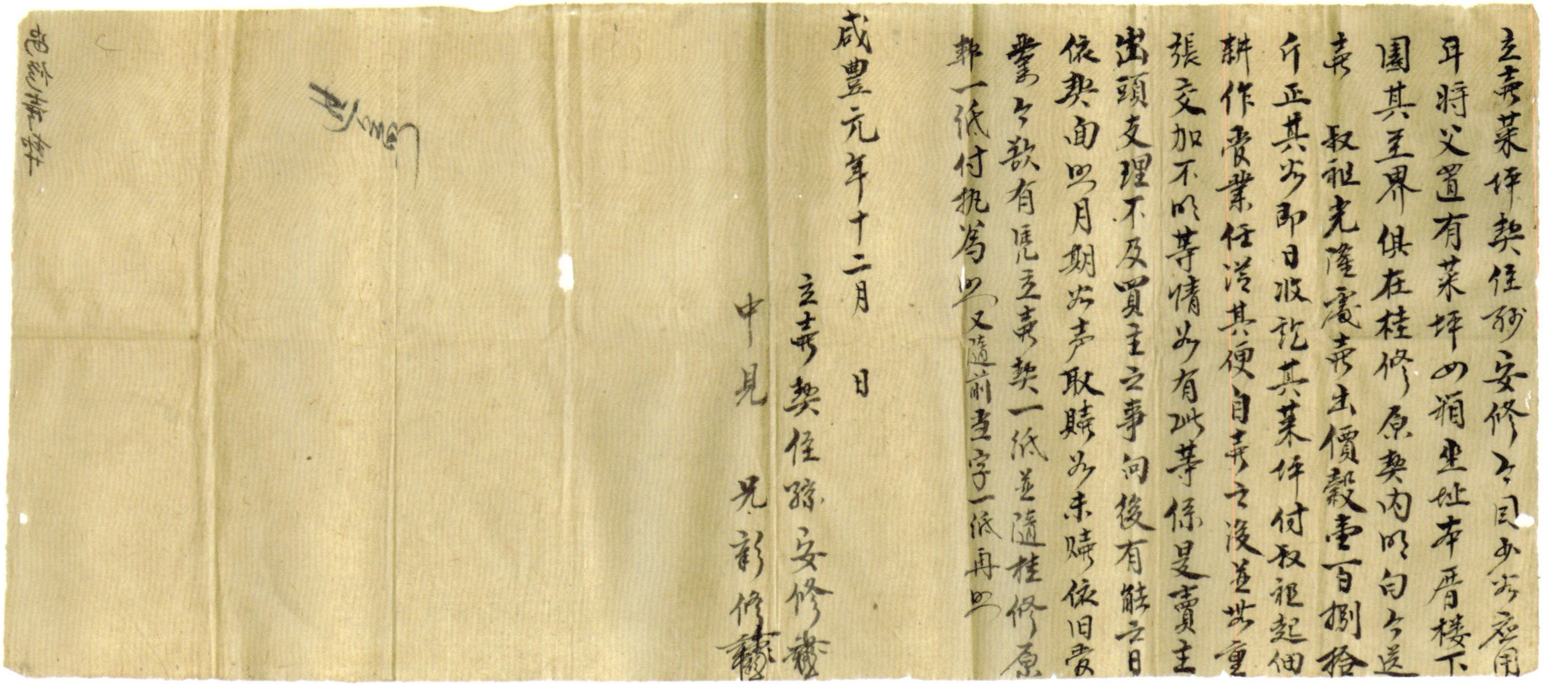
立賣菜坪契侄孫安修今因乏銀應用
自將父置有菜坪一塅坐址本厝樓下
園其至界俱在桂修原契內明白今送
賣　叔祖光隆處賣出價穀壹百捌拾
斤正其穀即日收訖其菜坪付叔祖起佃
耕作管業任從其便自賣之後並無重
張交加不明等情如有此等係是賣主
出頭支理不及買主之事向後有銀之日
依契面四月期如声取贖如未贖依旧管
業今欲有憑立賣契一紙並隨桂修原
契一紙付執為照　又隨前立字一紙再照

咸豐元年十二月　　日

立賣契侄孫安修（押）

中見　兄彰修（押）

2-1-108-6　清咸豐元年十二月柯安修立賣菜坪契

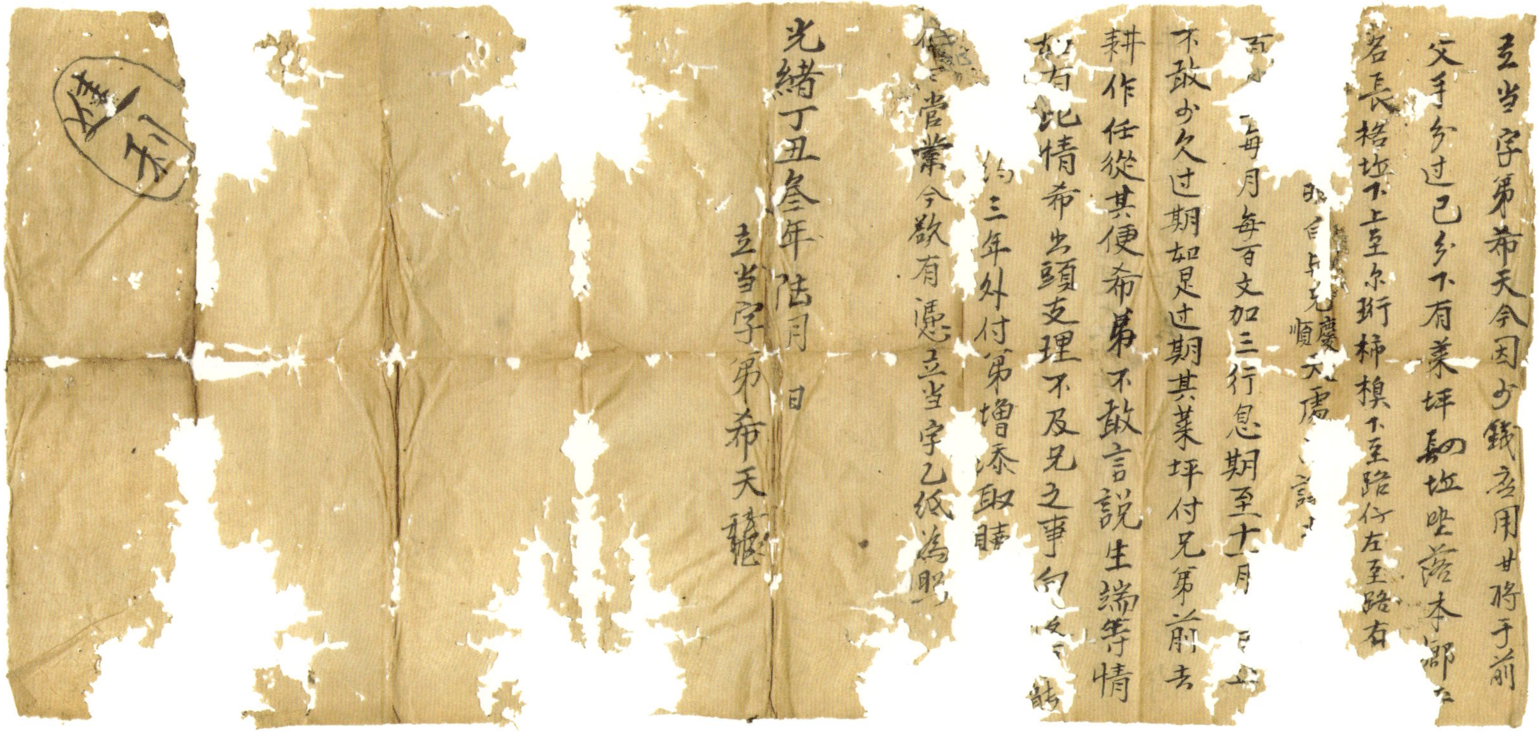

立当字弟希天今因乏錢應用，甘將手前
父手分過己分下有菜坪壹坵，坐落本鄉土
名長格坵下，上至尔坪柿模，下至路仔，左至路，右
[illegible]
[illegible]每月每百文加三行息，期至十二月[illegible]
不敢少欠。過期如是過期，其菜坪付兄弟前去
耕作，任從其便，希弟不敢言説生端等情。
如有此情，希出頭支理，不及兄之事[illegible]
約三年外付弟增添取贖。
[illegible]當業，今欲有憑，立当字乙紙爲照。
光緒丁丑叁年陸月 日
立当字弟希天（押）

2-1-108-7 清光緒三年六月柯希天立當菜坪契

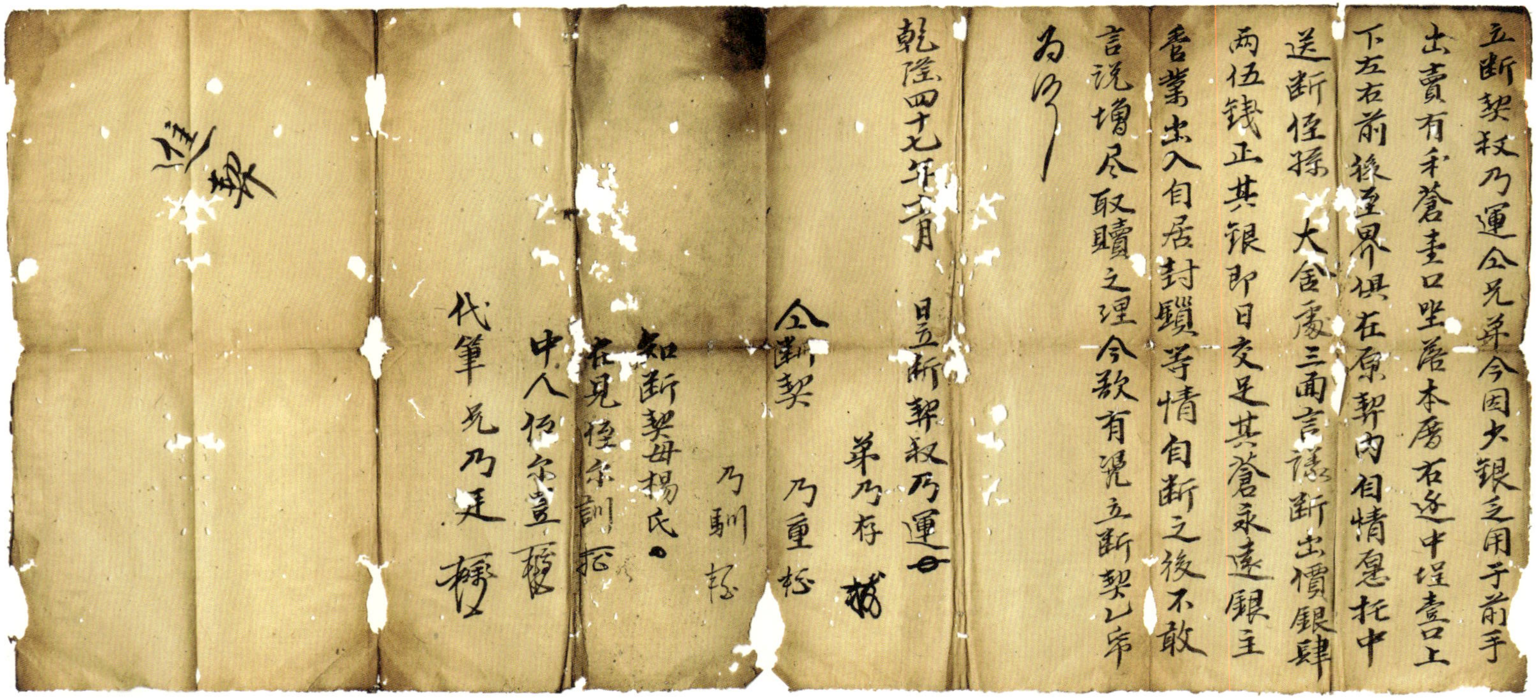
立斷契叔乃運仝兄弟今因乏銀之用于前手
出賣有禾倉壹口坐落本處右邊中埕壹口上
下左右前後至界俱在原契內自情愿托中
送斷侄孫　大金處三面言議斷出價銀肆
兩伍錢正其銀即日交足其倉永遠銀主
管業出入自居封贖等情自斷之後不敢
言說增尽取贖之理今欲有憑立斷契一帋
為照
乾隆四十七年十一月　日立斷契叔乃運（押）
弟乃存（押）
仝斷契　乃重（押）
乃馴（押）
知斷契母楊氏（押）
在見侄宗馴（押）
中人侄宗盈（押）
代筆兄乃廷（押）
佳契

2-1-109-1　清乾隆四十七年十一月柯乃運等立斷禾倉契

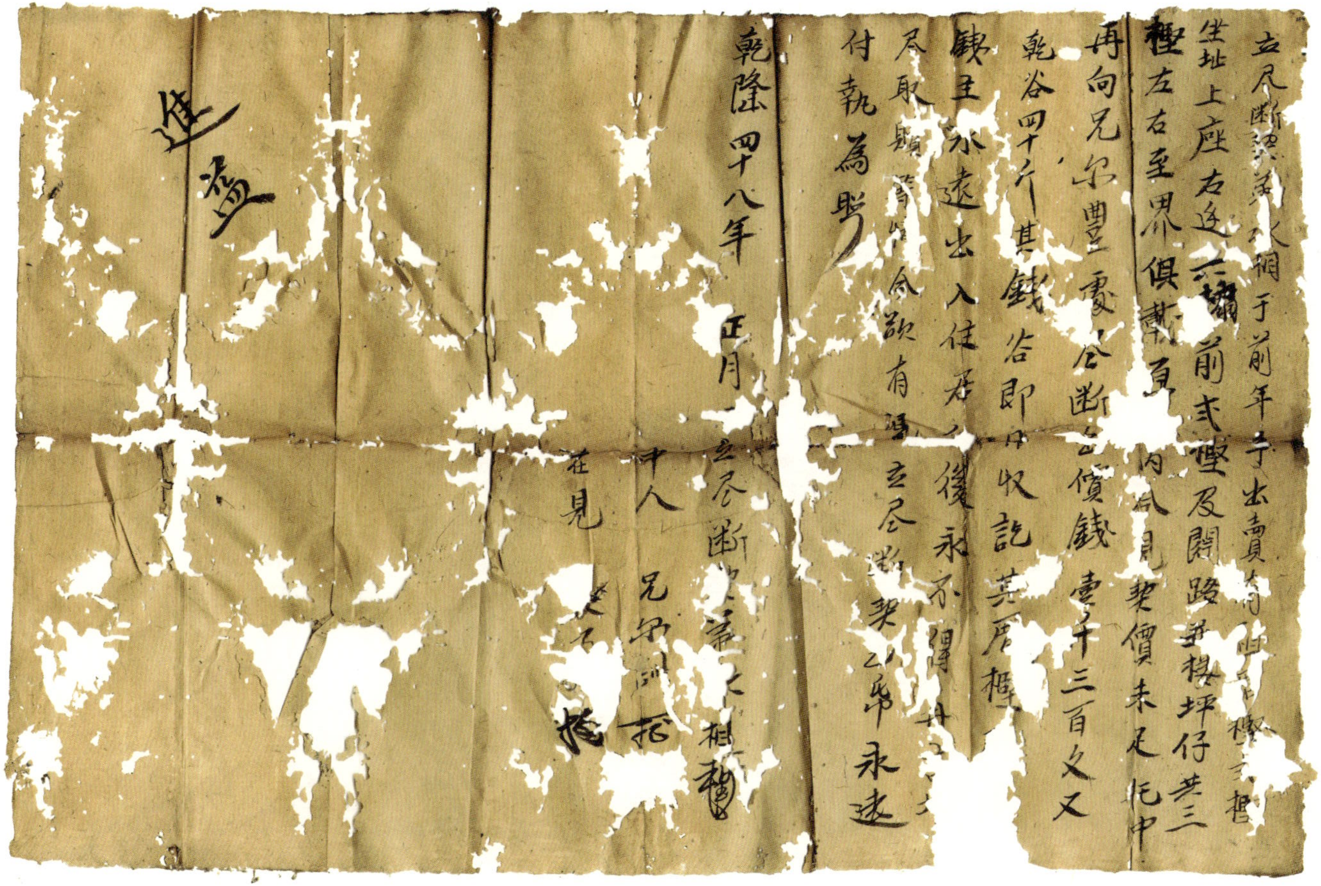

立尽断契[illegible]人柯[illegible]于前年予出賣[illegible]
坐址上座右边[illegible]前式壁及鬪路并樓坪仔共三
樫左右至界俱載[illegible]内[illegible]契價未足托中
再向兄尔豐處[illegible]断[illegible]價錢壹千三百文又
乾谷四[illegible]其錢谷即日收訖其厝樫
錢主永遠出入住居[illegible]後永不得[illegible]
尽取贖[illegible]欲有[illegible]立尽断契[illegible]永遠
付執為照
乾隆四十八年 正月 日立尽断[illegible]人柯[illegible]相
中人 兄[illegible] 押
在見 [illegible] 押

2-1-109-2 清乾隆四十八年正月柯尔相立盡斷厝樫契

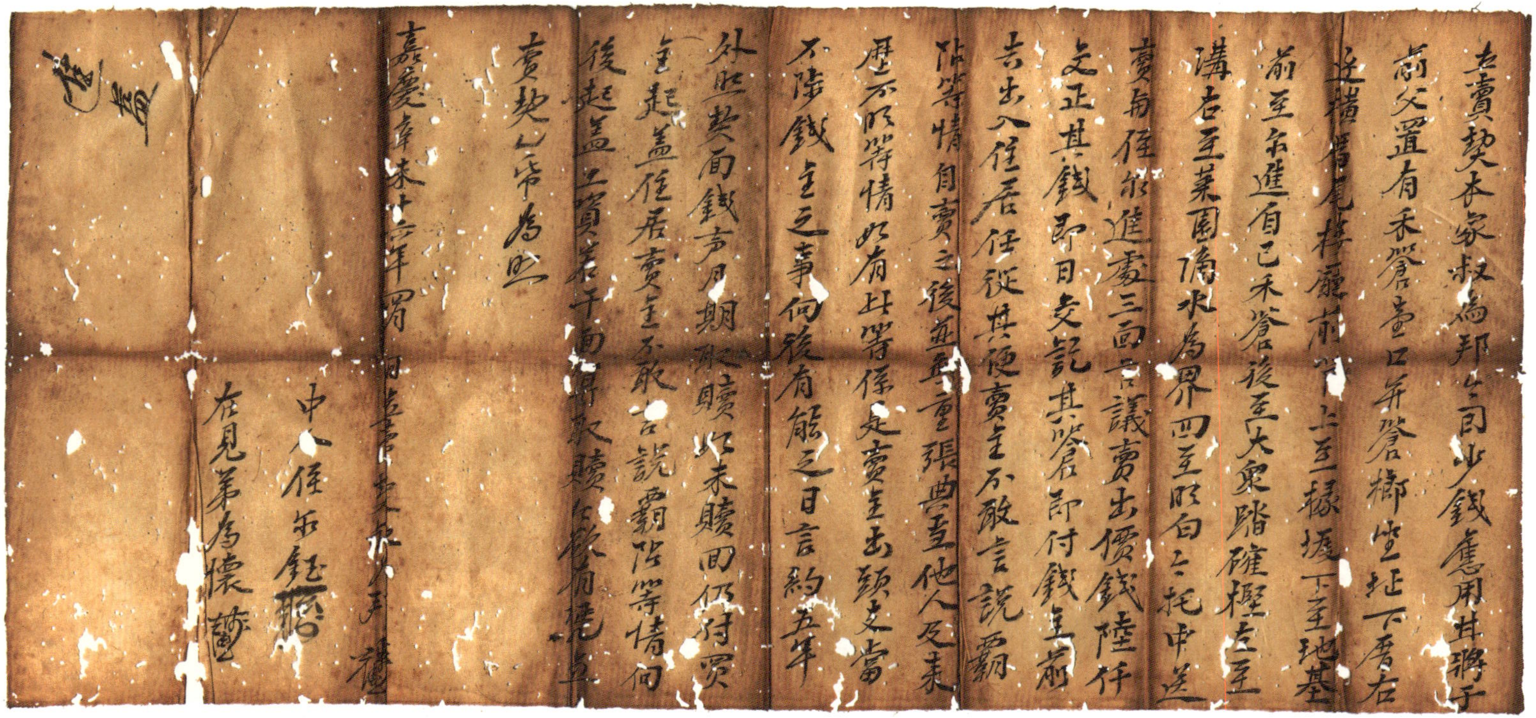

立賣契本家叔爲邦，今因少錢應用，其將手
前父置有禾倉壹口，并倉櫥坐址下厝右
邊墻尾樓庭前，上至椽，下至地基，
前至禾進，自己禾倉後至大衆踏碓樫，左至
溝，右至菜園滴水爲界，四至明白，今托中送
賣與侄[illegible]進處，三面言議，賣出價錢陸仟
文正，其錢即日交訖，其倉即付錢主前
去出入，任居任從其便，賣主不敢言說霸
佔等情。自賣之後，並無重張典與他人及來
歷不明等情，如有此等，係是賣主出頭支當，
不涉錢主之事。向後有能之日，言約五年
外照契面錢，[illegible]月期取贖，如未贖回，仍付買
主起蓋，任居，賣主不敢言說霸佔等情。向
後起蓋之費，若干面算取贖，不得有混。今
賣契一紙爲照。
嘉慶辛未十六年四月　日立賣契本家叔爲邦
中人侄　[illegible]鈺
在見弟　爲懷

2-1-109-3　清嘉慶十六年四月柯爲邦立賣禾倉契

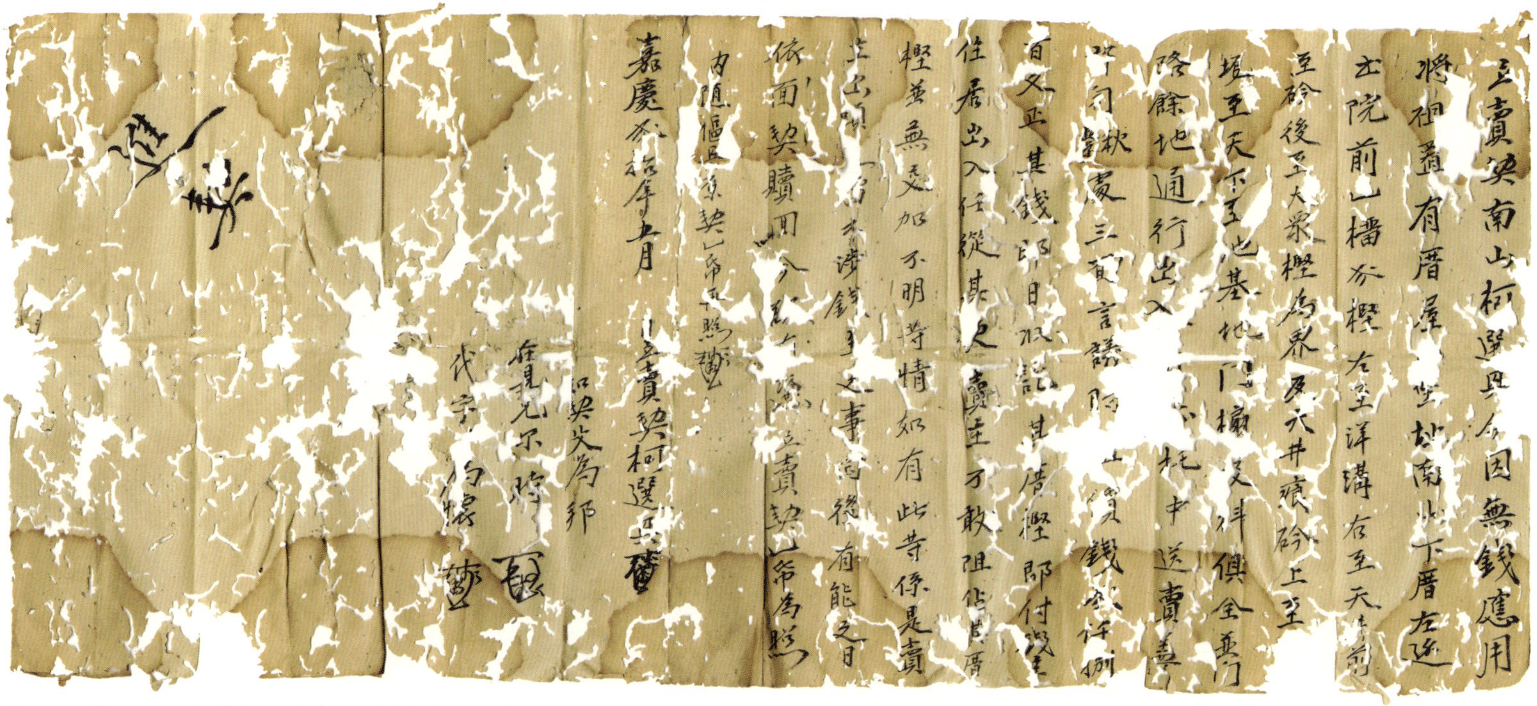

2-1-109-4　清嘉慶二十年五月柯選㒷立賣厝屋契

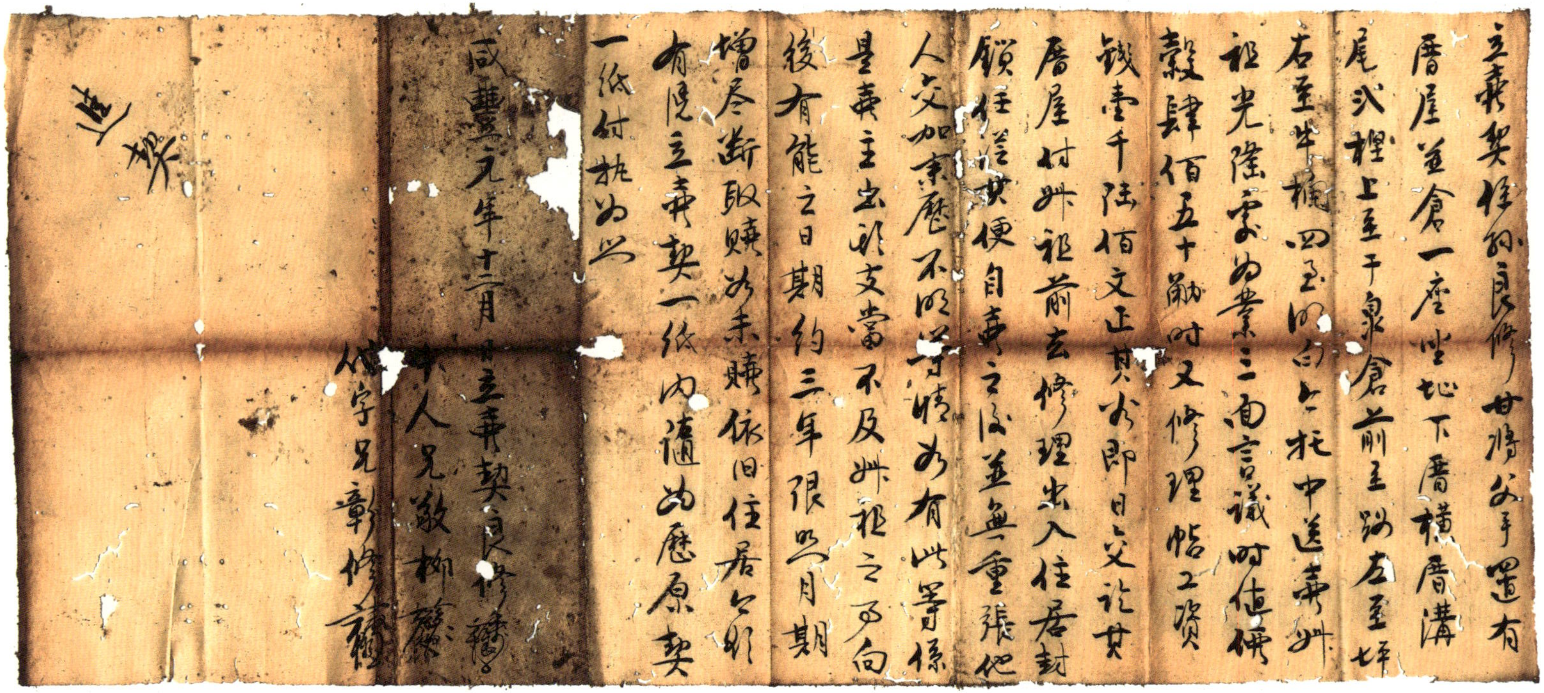
立賣契侄柯良修，有承父手置有
厝屋並倉一座，坐址下厝橫厝溝
尾弍楹，上至千泉倉前，下至路，左至坪，
右至半楹，四至明白，今托中送賣與
祖光隆處為業，三面言議，時值價
穀肆佰五十觔，時又修理帖工資
錢壹千陸佰文正，其穀即日交訖，其
厝屋付與祖前去修理，出入住居，封
鎖任從其便，自賣之後，並無重張他
人交加、來歷不明等情，如有此等係
是賣主出頭支當，不及與祖之事。向
後有能之日，期約三年限四月期
增盡斷取贖，如未贖，依旧住居。今欲
有憑，立賣契一紙，內繳出原契
一紙，付執為照。
咸豐元年十二月　日立賣契侄良修（押）
中人兄敬柳（押）
代字兄彰修（押）
找契

2–1–109–5　清咸豐元年十二月柯良修立賣厝屋等契

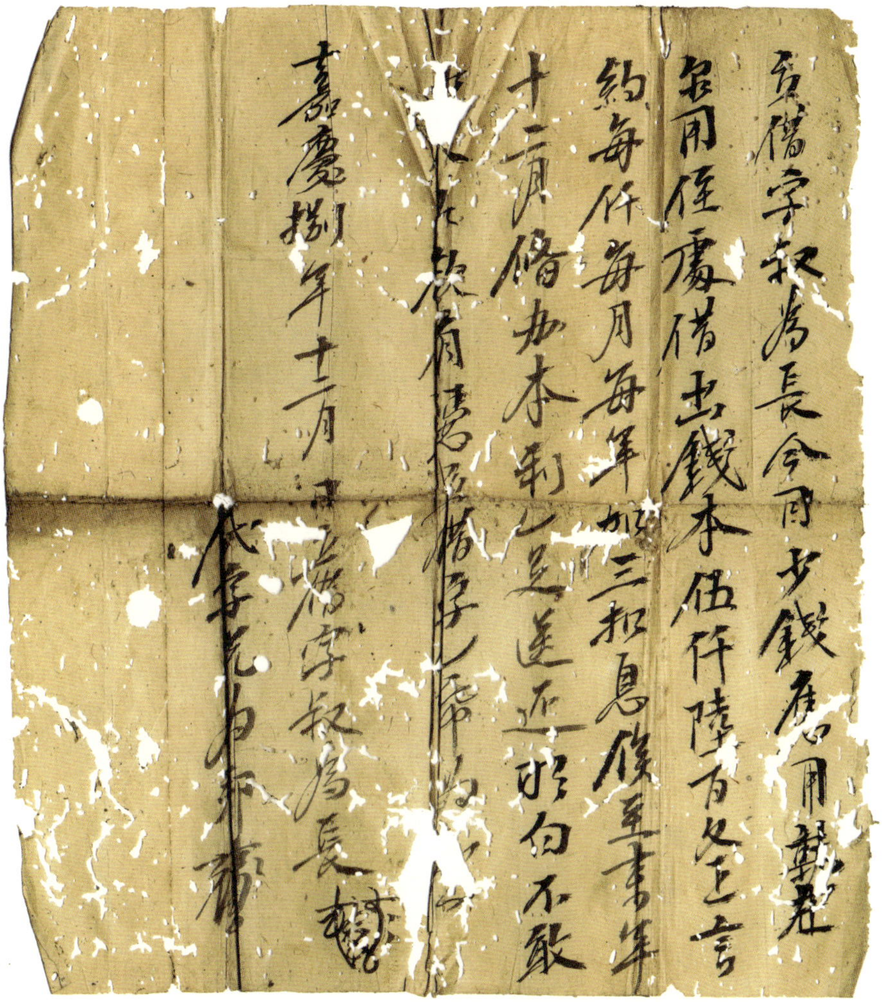

立借字柯爲長今因乏錢應用就[illegible]
與房侄處借出錢本伍仟陸百文足言
約每仟每月每年加三利息候至本年
十二月備办本利一足送還明白不敢
[illegible]欠[illegible]有憑立借字一紙爲[illegible]

嘉慶捌年十二月　日立借字柯爲長（押）
代字兄[illegible]

2-1-110-1　清嘉慶八年十二月柯爲長立借錢字

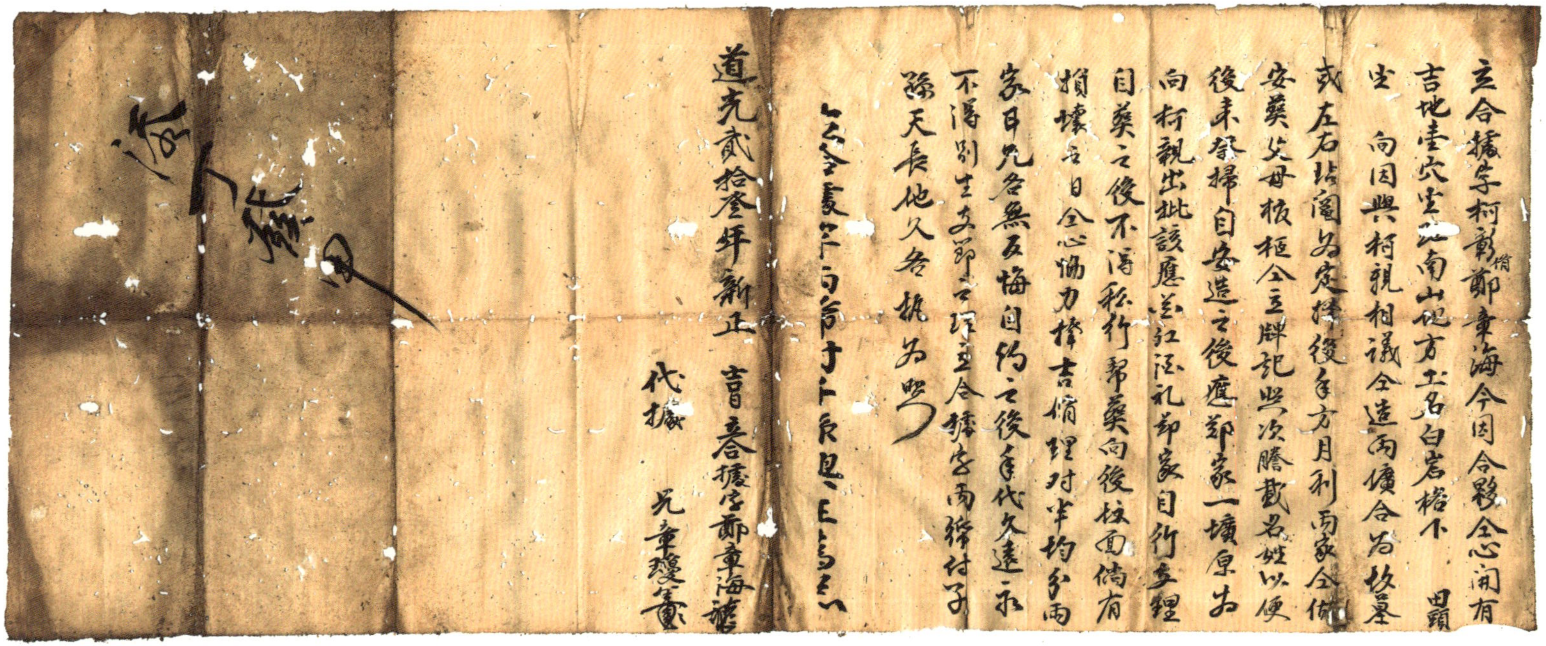
立合據字柯彰脩鄭章海今因合夥全心開有
吉地壹穴坐址南山地方土名白岩格下 田顗
坐 向因與村親相議全造兩壙合為故墓
式左右皆閹爲定擇後年方月利兩家全俻
安葬父母棺柩全立鬮記照次謄載名姓以便
後來祭掃自安造之後應鄭家一壙原出
向柯親出批該應送紅區礼鄭家自行料理
自葬之後不得私行帮葬向後枝面倘有
損壞各自全心協力撑吉脩理對半均分兩
家日凢各無反悔自約之後年代久遠永
不得別生支節之理立合據字兩紙付子
孫天長地久各執為照
[illegible]
道光貳拾叁年新正 吉日立合據字鄭章海號
代據 兄章璦筆

2-1-110-2 清道光二十三年正月柯彰脩等立合據字

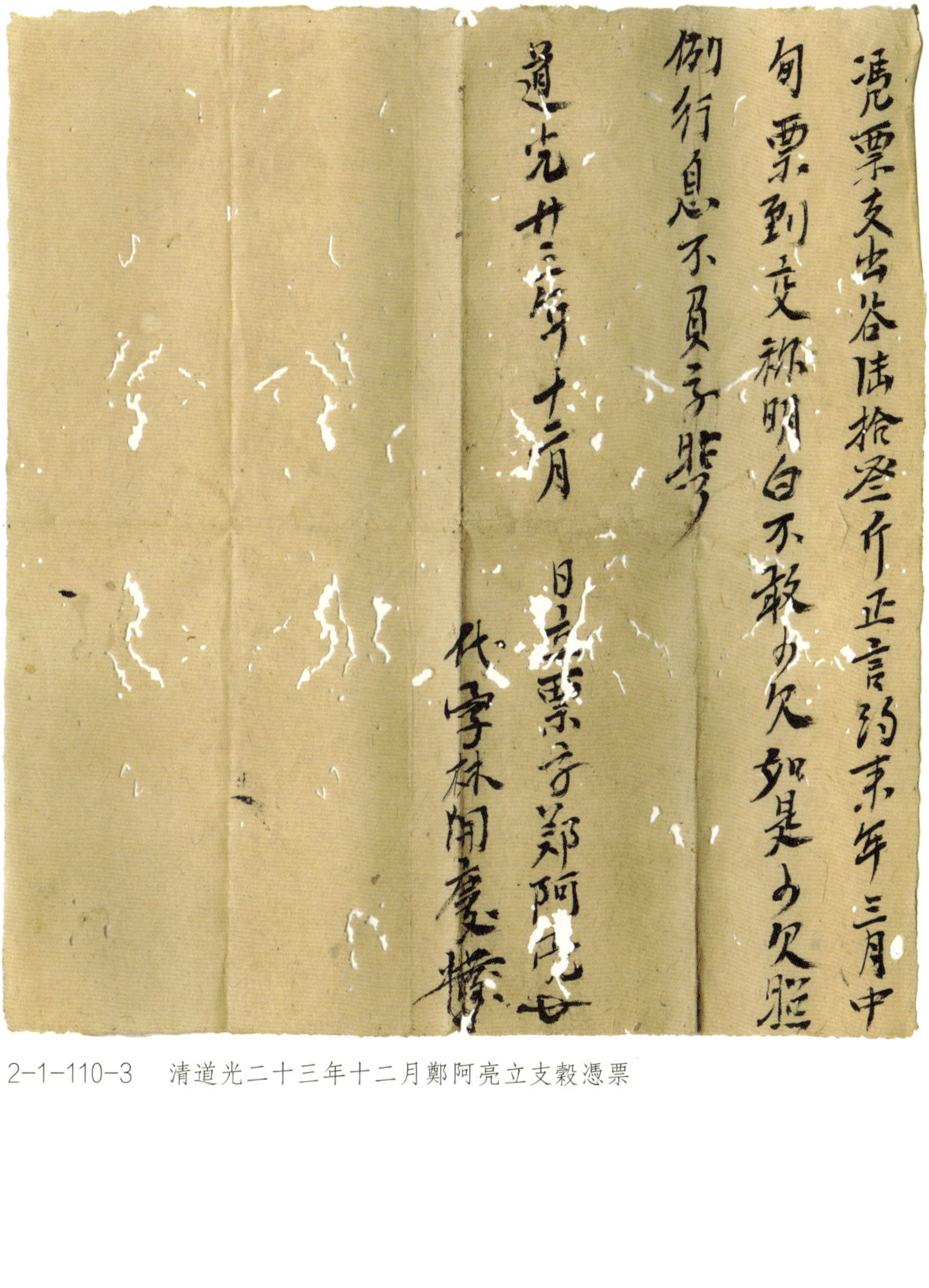
憑票支出谷陸拾叁斤正言約來年三月中
旬票到支穀明白不敢少欠如是少欠照
例行息不負字照
道光廿三年十二月
日立票字鄭阿亮
代字林開慶

2-1-110-3　清道光二十三年十二月鄭阿亮立支穀憑票

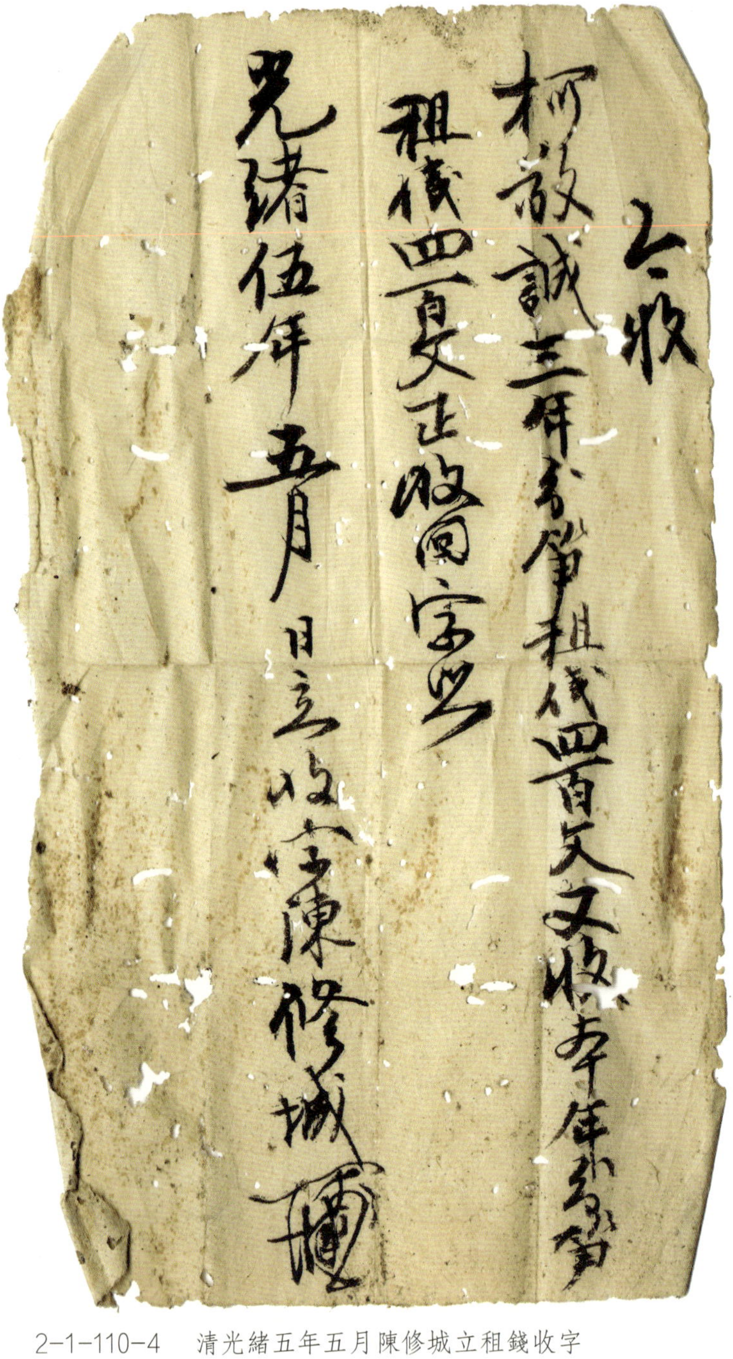
立收
柯啟誠三年分節租錢四百文又收本年分節
租錢四百文正收回字照
光緒伍年五月　日立收字陳修城（押）

2-1-110-4　清光緒五年五月陳修城立租錢收字

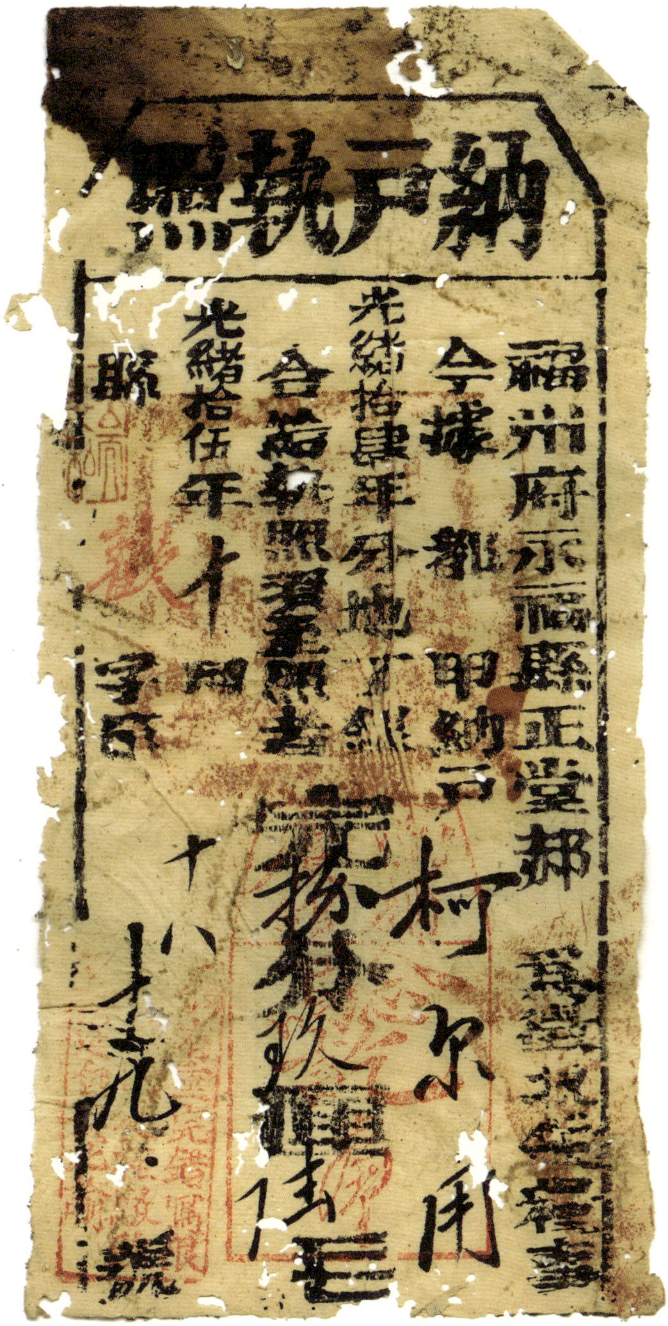

納戶執照

福州府永福縣正堂郝　爲發給執照事

今據　都　甲納戶　柯尔用

光緒拾肆年分地丁銀

合給執照爲照者

光緒拾伍年　十　月　十八　日

縣　字　號

2-1-110-5　清光緒十五年柯尔用户納户執照

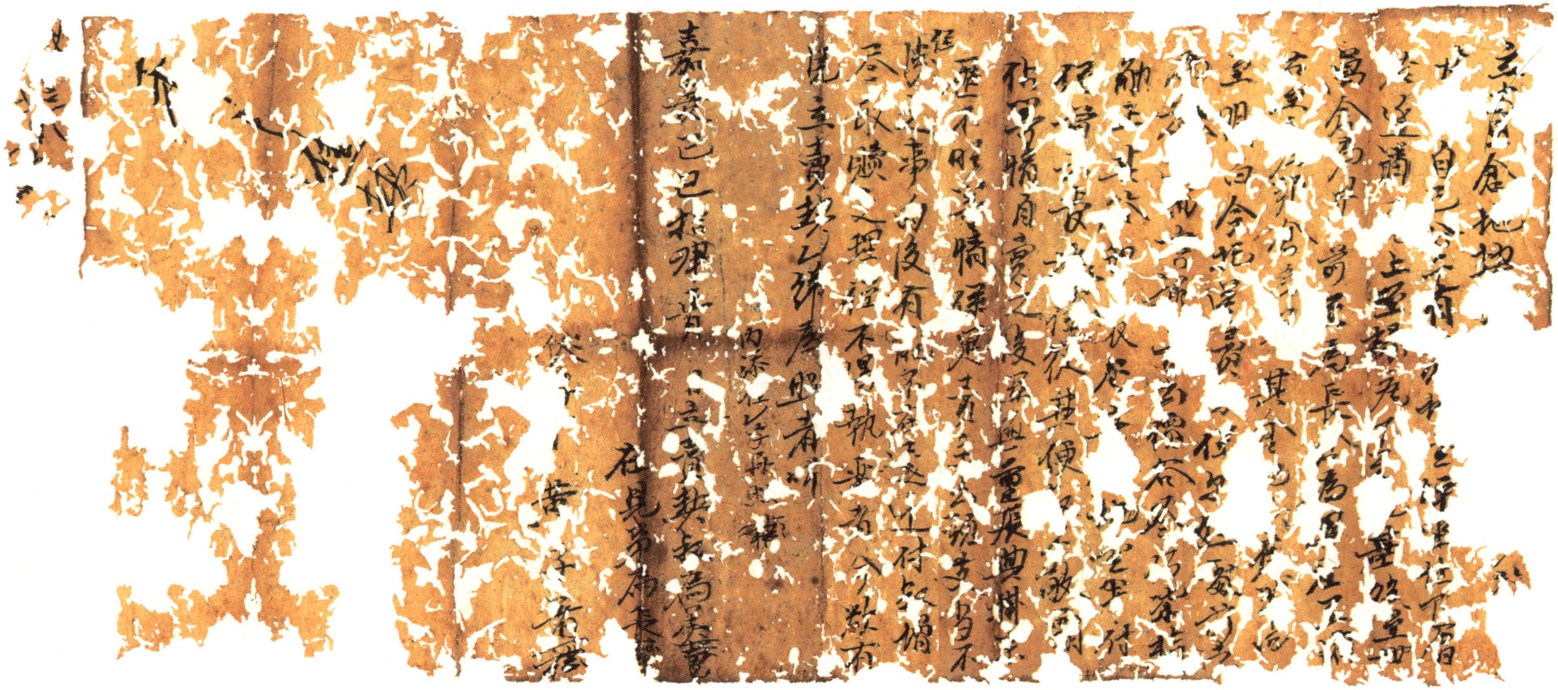

2-1-111-1　清嘉慶十四年正月柯爲美立賣倉地契

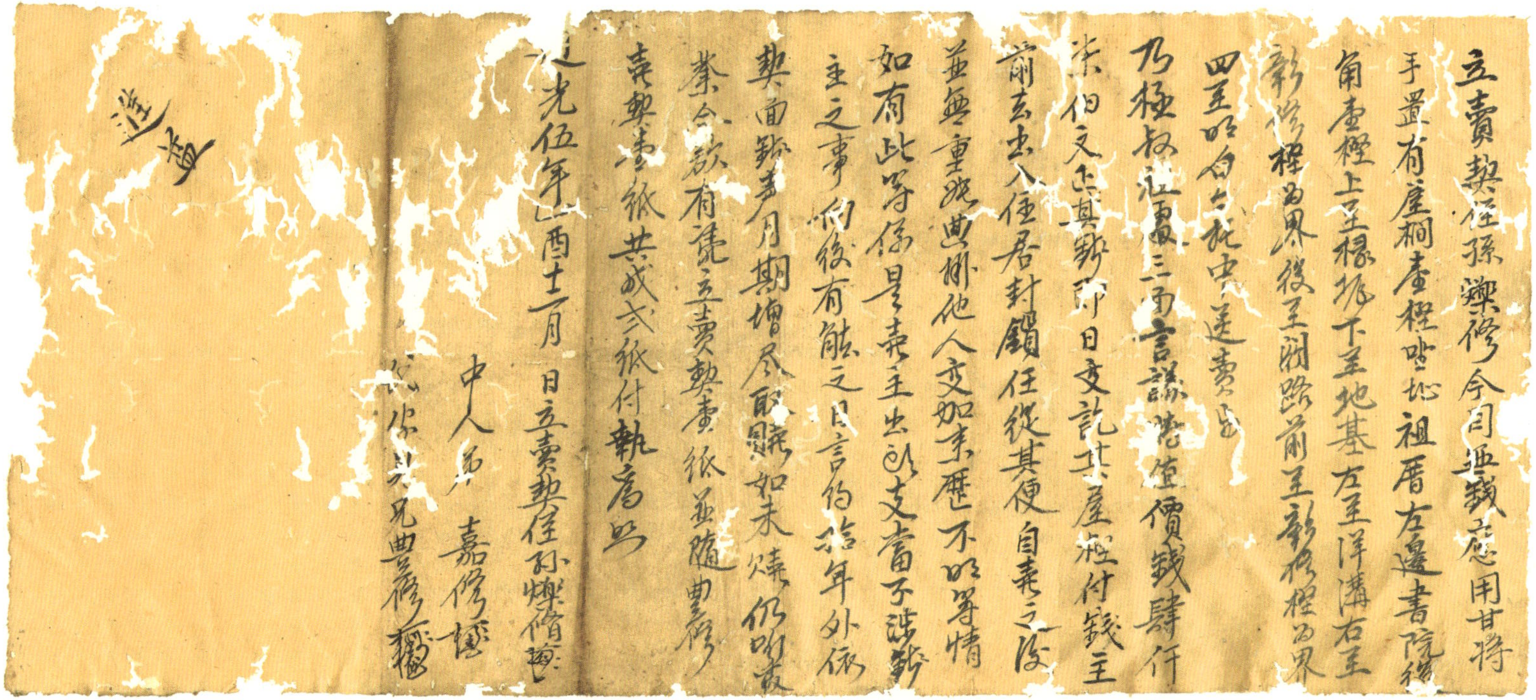

立賣契侄孫爍修，今因無錢應用，甘將
手置有屋桐壹樫，坐址祖厝左邊書院後
角壹樫，上至椽，下至地基，左至洋溝，右至
彰修樫爲界，後至洞路，前至彰修樫爲界，
四至明白，托中送賣與
乃極叔邊，三面言議，時值價錢肆仟
文，即日交訖。其屋樫付錢主
前去出入住居，封鎖任從其便。自賣之後
並無重張典掛他人，亦無來歷不明等情，
如有此等，係是賣主出頭支當，不涉錢
主之事。向後有能之日，言約拾年外，依
契面錢並月期增盡取贖，如未贖，仍照原
券合歘有憑，立賣契壹紙並隨典修
賣契壹紙，共成弍紙，付執爲照。
道光伍年乙酉十二月　日立賣契侄孫爍修（押）
中人弟　嘉修（押）
代字兄　典修（押）

2-1-111-2　清道光五年十二月柯爍修立賣屋樫契

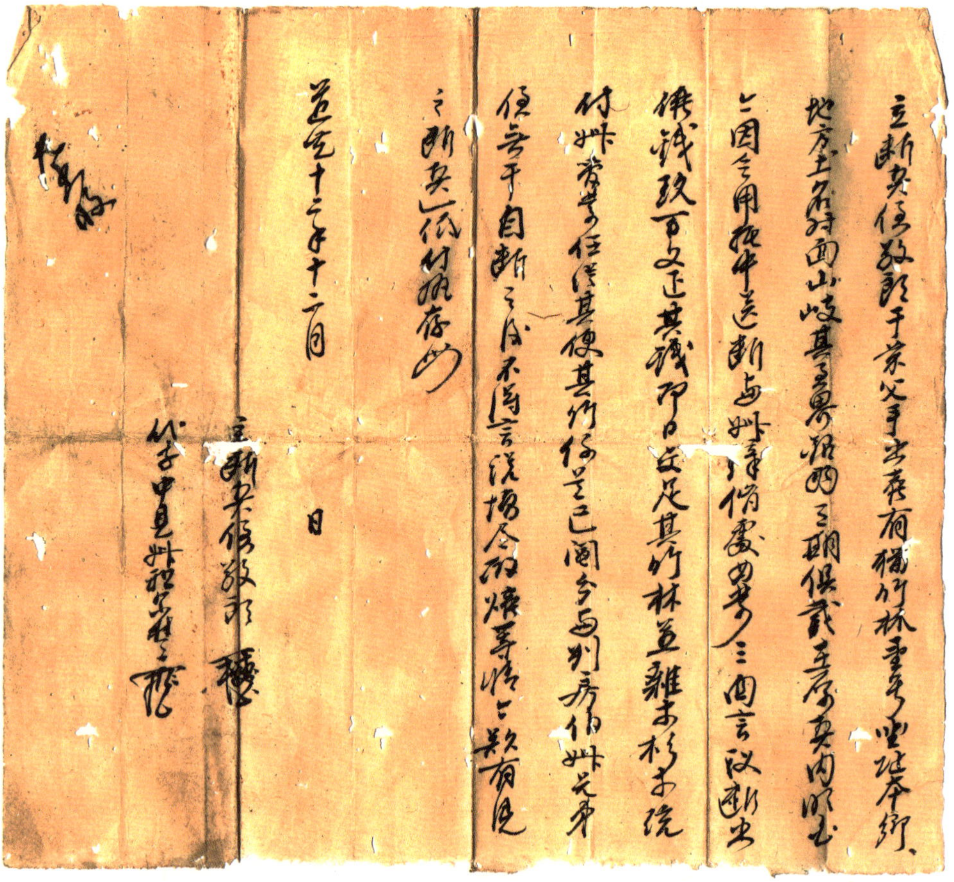

2-1-111-3　清道光十二年十二月柯敬朗立斷猫竹林契

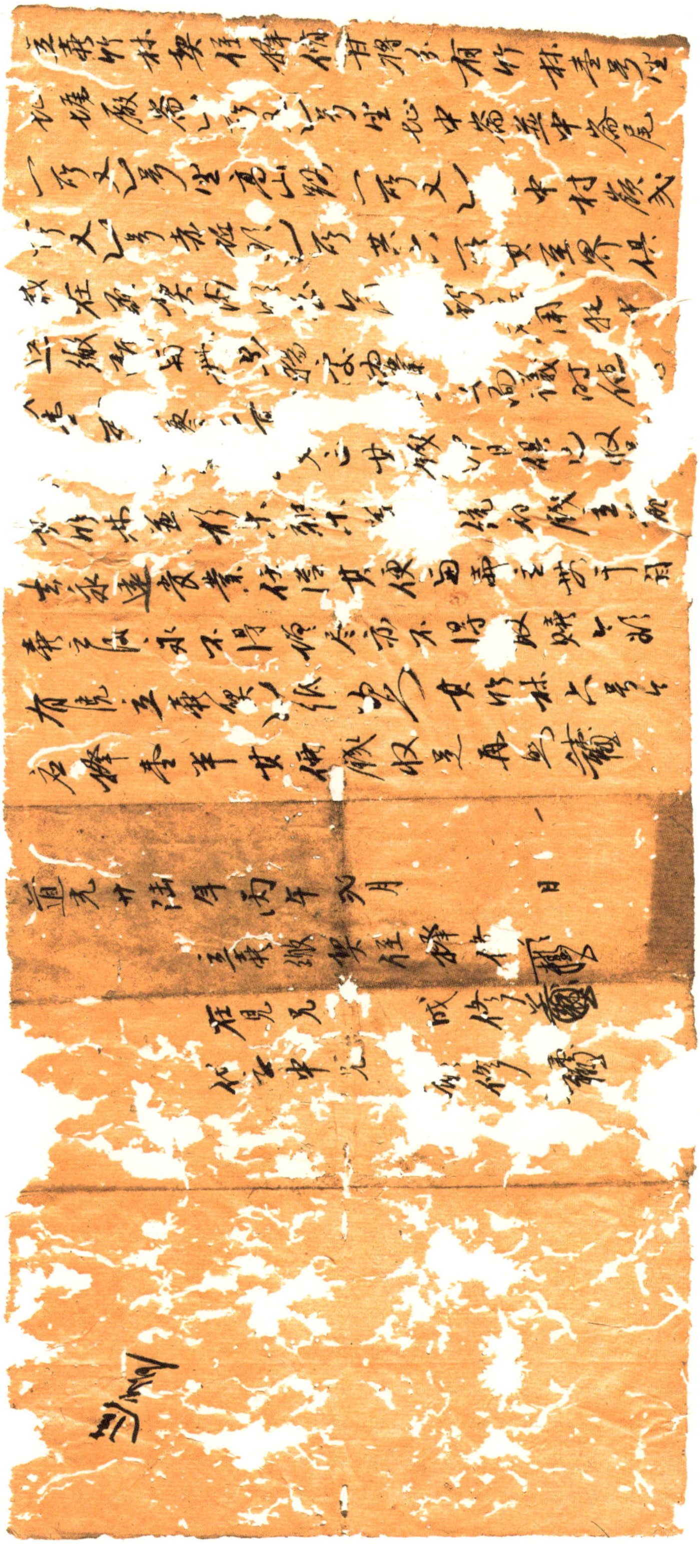

2-1-111-4 清道光二十六年二月柯擇脩立賣竹林契

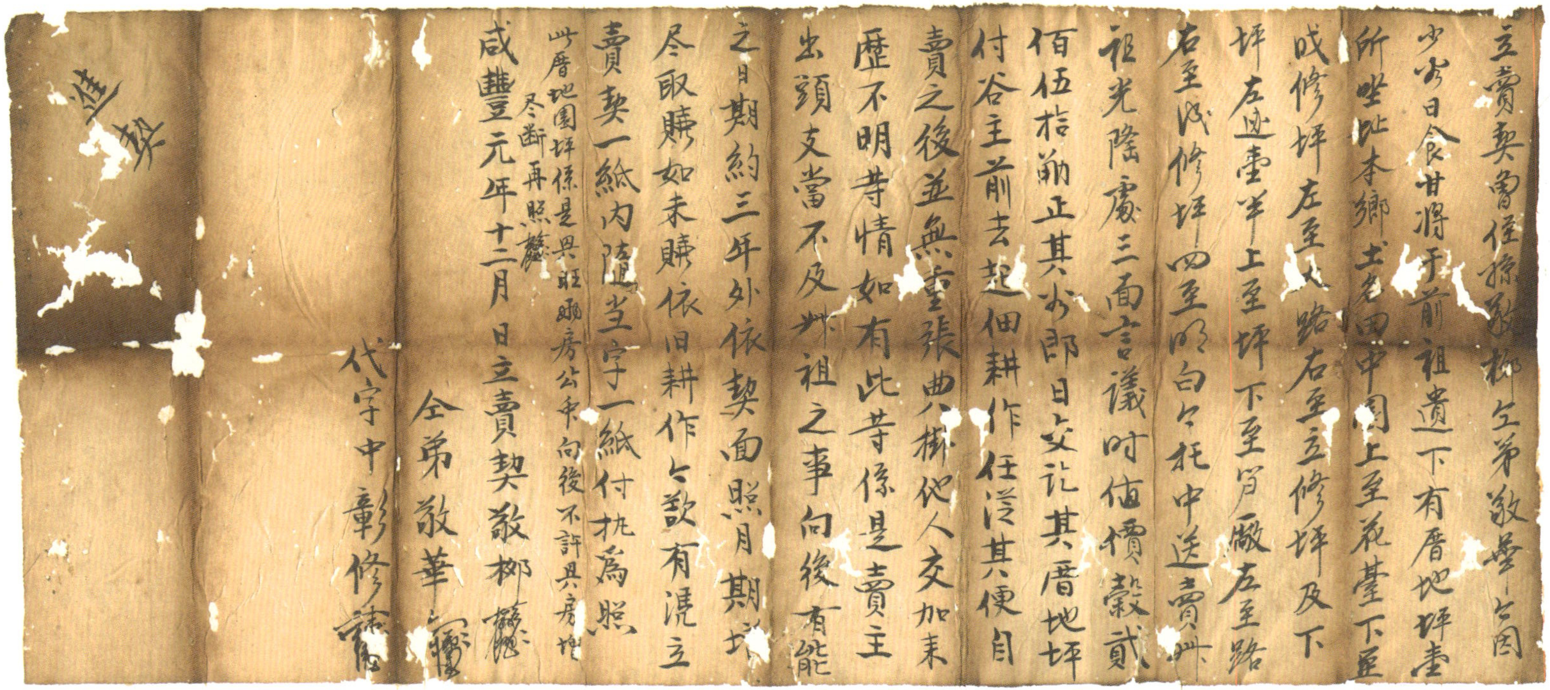

立賣契曾侄孫敬柳仝弟敬肇仝閣
少家日食甘將手前祖遺下有厝地坪壹
所坐址本鄉土名田中間上至茄荖下至
氏修坪左至大路右至立修坪及下
坪左邊壹半上至坪下至胃厰左至路
右至氏修坪四至明白今托中送賣與
祖光隆處三面言議时值價穀貳
佰伍拾觔正其谷即日交訖其厝地坪
付谷主前去起佃耕作任從其便自
賣之後並無重張典掛他人交加來
歷不明等情如有此等情是賣主
出頭支當不及粦祖之事向後有能
之日期約三年外依契面照月期收
尽取贖如未贖依旧耕作今欲有憑立
賣契一紙內隨些字一紙付執為照
此厝地園坪係是興旺頭房公承向後不許興房增
尽斷再照
咸豐元年十二月　日立賣契敬柳
仝弟敬華
代字中彰修
進契

2-1-111-5　清咸豐元年十二月柯敬柳等立賣厝地坪契

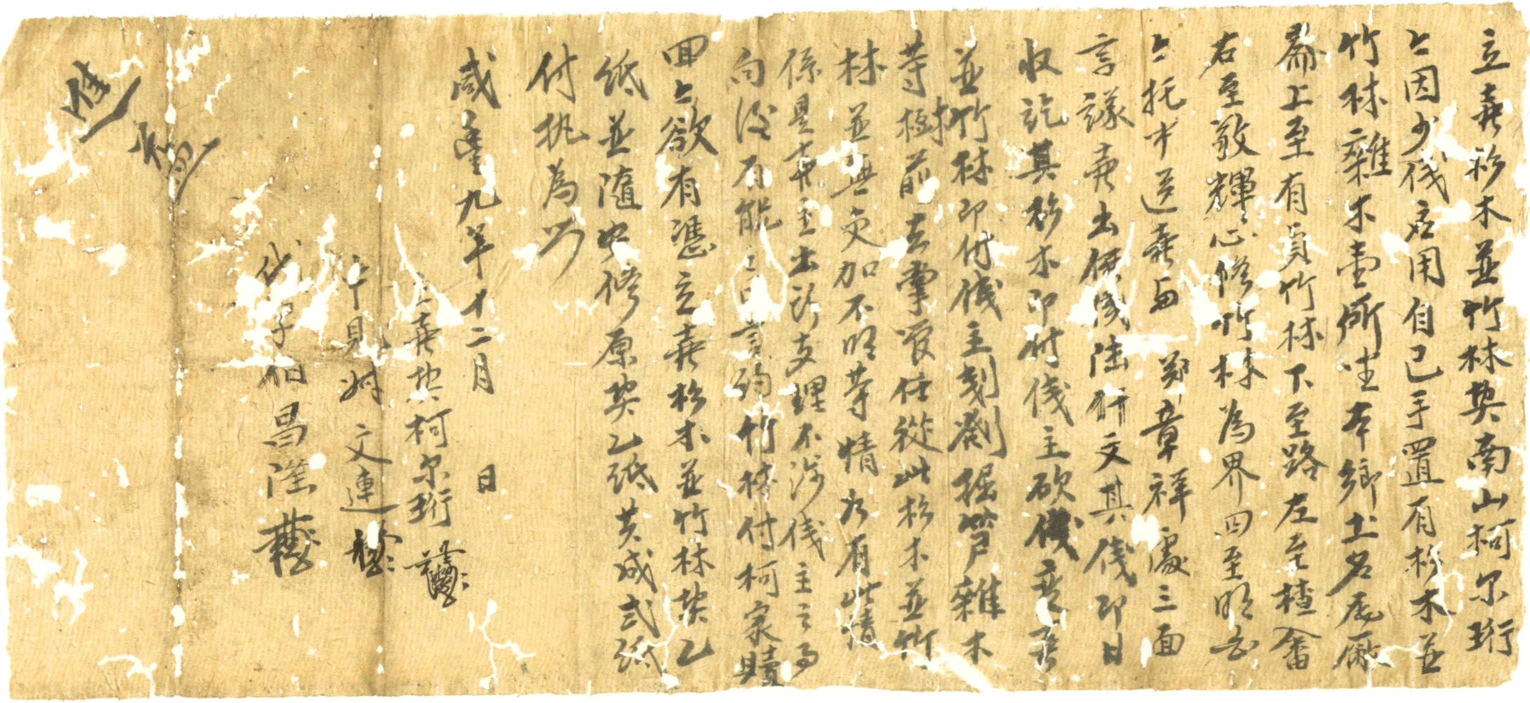

2-1-111-6　清咸豐九年十二月柯尔珩立賣杉木等契

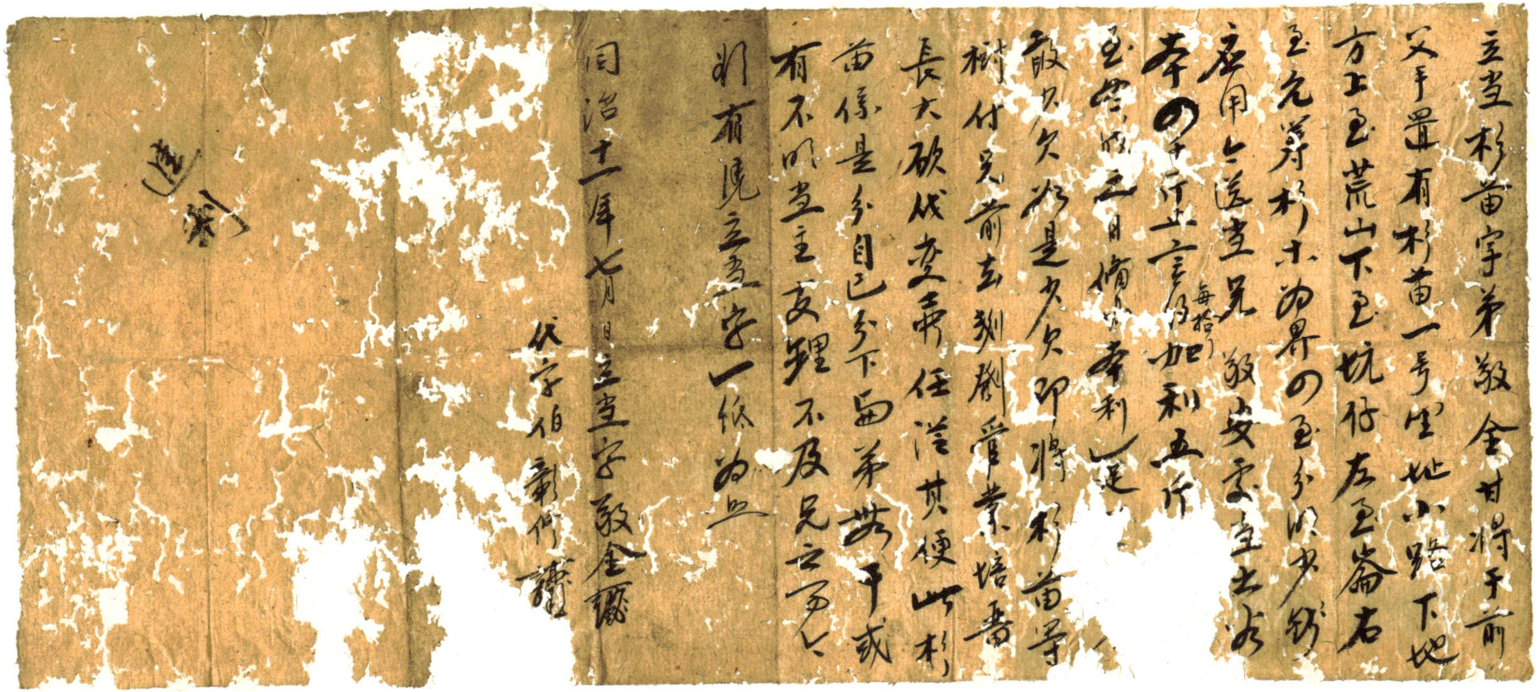

2-1-111-7　清同治十一年七月柯敬全立當杉苗字

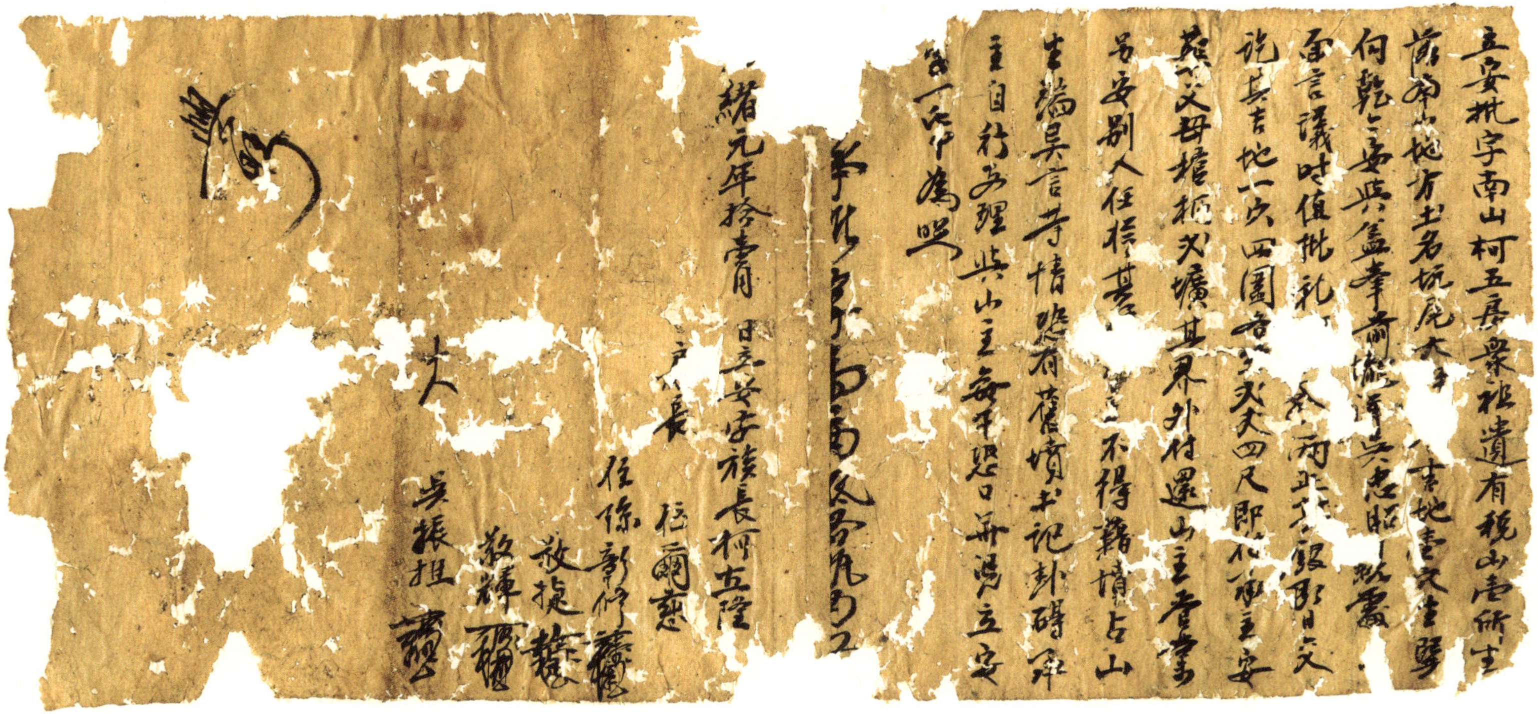
立安批字南山柯五房衆祖遺有稅山壹所坐
落本地方土名坑尾[illegible]地壹穴[illegible]
向乾山巽兼[illegible]
面言議時值批礼[illegible]兩正其銀即日交
訖其吉地一穴四圍[illegible]丈四尺即付與[illegible]安
葬[illegible]父母棺柩入壙其界外付還山主管[illegible]
另安別人任從其便[illegible]不得藉墳占山
生端異言等情倘有舊墳[illegible]
主自行料理與山主無干恐口無憑立安
批一紙[illegible]為照
[illegible]
光緒元年拾壹月　日立安批字族長柯五陞
[illegible]
[illegible]

2-1-111-8　清光緒元年十一月柯氏五房立安批稅山字

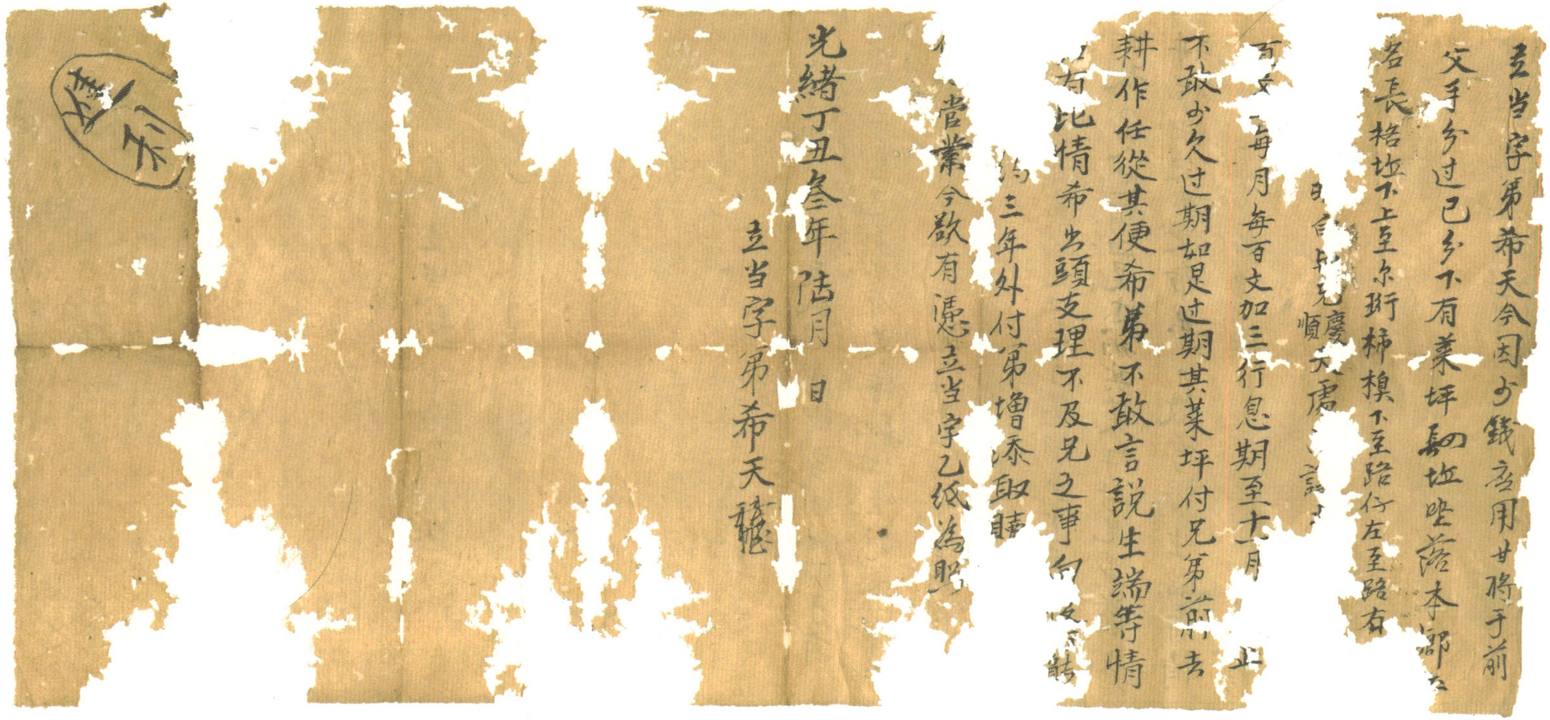

2-1-111-9　清光緒三年六月柯希天立當菜坪字

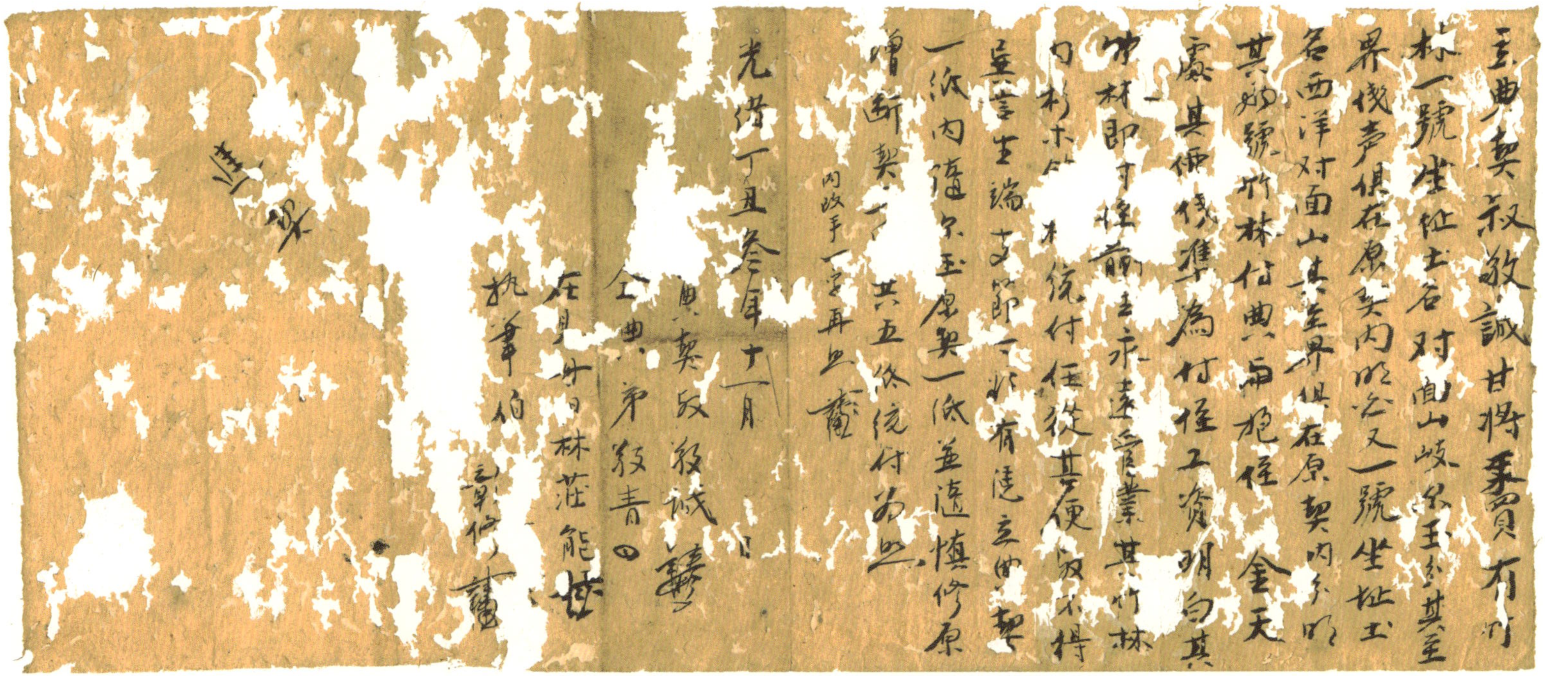

立典契叔敬誠，甘將承買有竹
林一號，坐址土名对面山岐，[illegible]至其至
界，俱在原契内明，又一號，坐址土
名西洋对面山，其四至界俱在原契内明，
其竹林付典與胞侄金天
處，其價錢準為付侄工資，明白，其
竹林即[illegible]前去永遠管業，其竹林
日[illegible]杉木[illegible]統付任從其便，叔不得
異言生端，[illegible]有[illegible]立典契
一紙，内隨帶原契一紙，並[illegible]原
增斷契一紙，共五紙繳付為照。
内改手一字再照
光緒丁丑叁年十一月 日
典契叔敬誠（押）
仝典弟敬青（押）
在見叔母林莊能（押）
執筆伯[illegible]

2-1-111-10 清光緒三年十一月柯敬誠立典竹林契

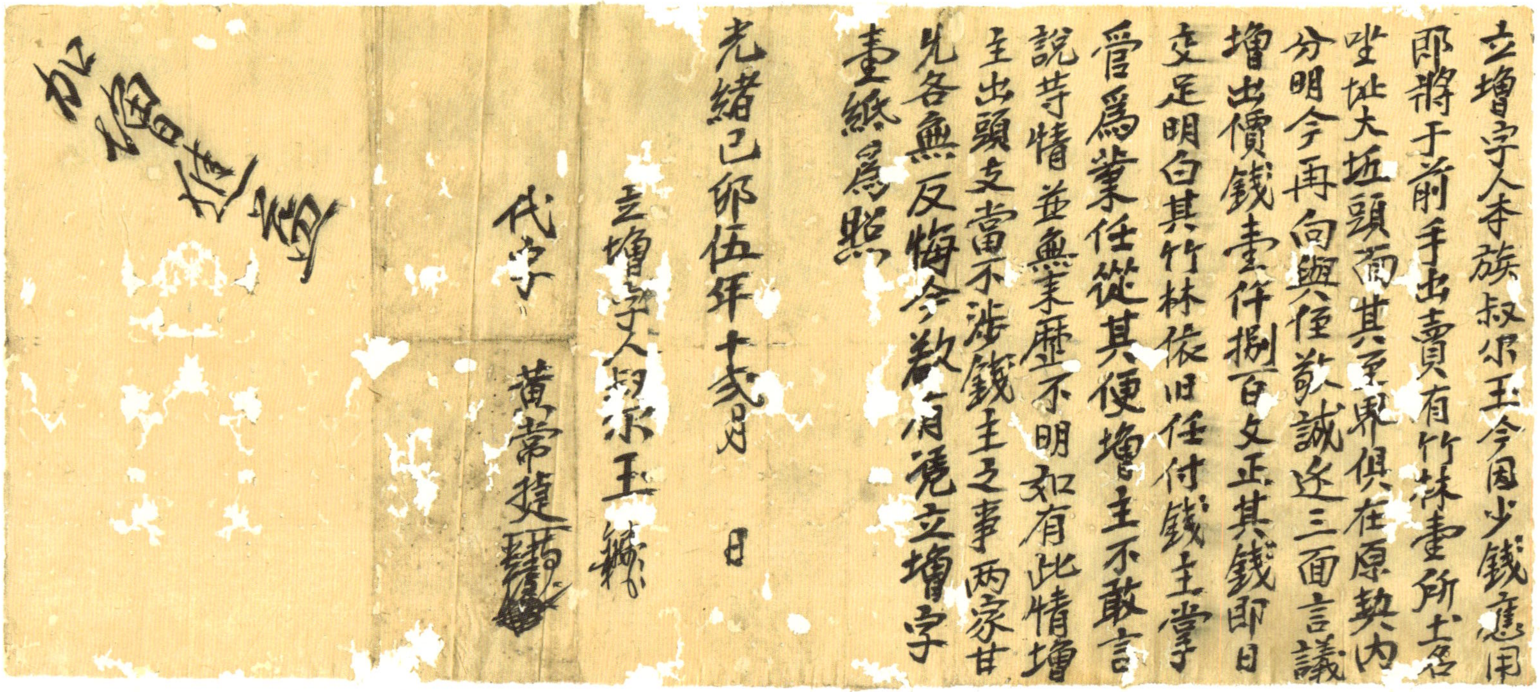

2-1-111-11　清光緒五年十二月柯尔玉立增竹林字

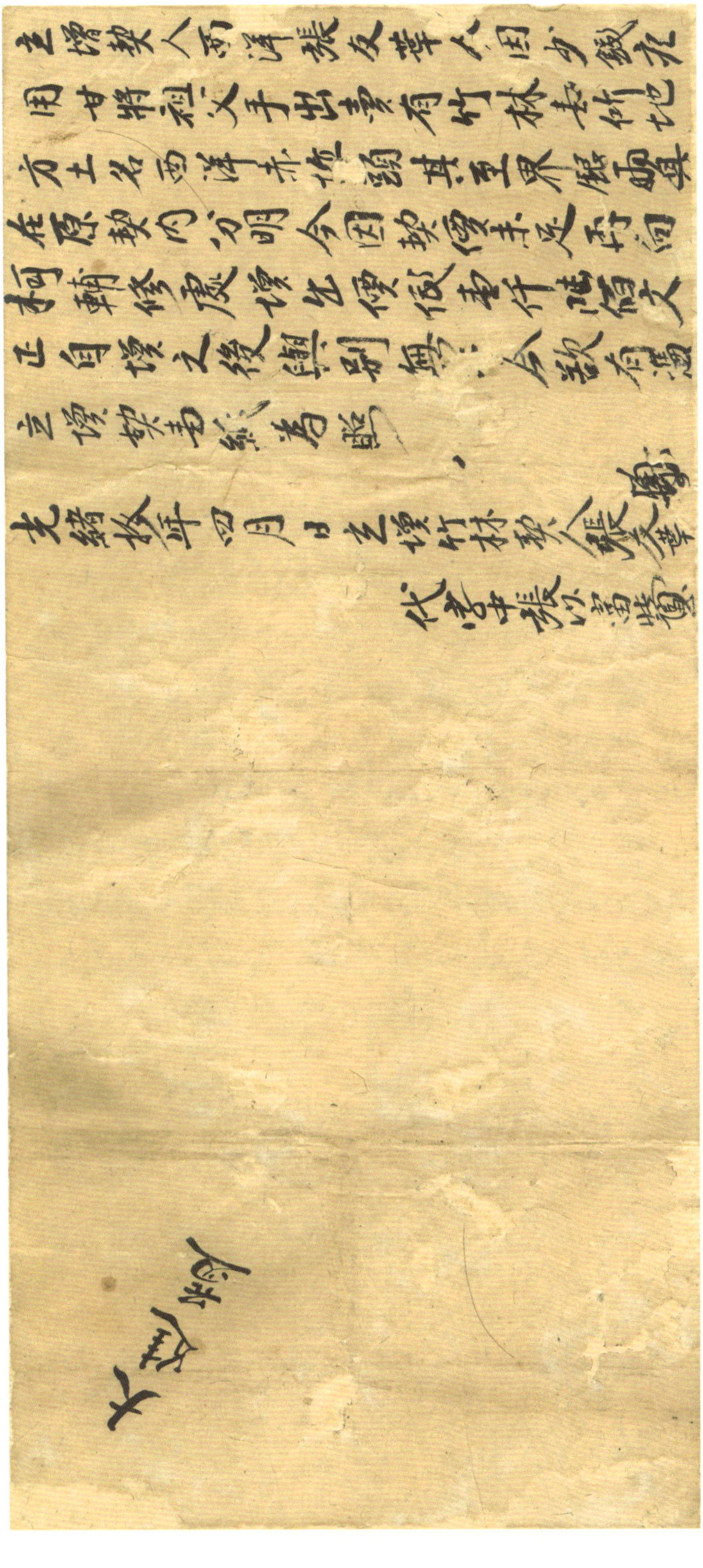

立增契人丙洋張友華，因少錢花
用，甘將祖父手出賣有竹林壹所地
方土名西洋赤坑嶺，其至界址載
在原契內分明。今因缺欠手乏，再向
柯邊增處，增出價錢壹仟貳佰文
正。自增之後，與別無涉，今欲有憑，
立增契壹紙為照。
光緒拾年四月　日立增竹林契人張友華
代書中張以富

大吉利

2-1-111-12　清光緒十年四月張友華立增竹林契

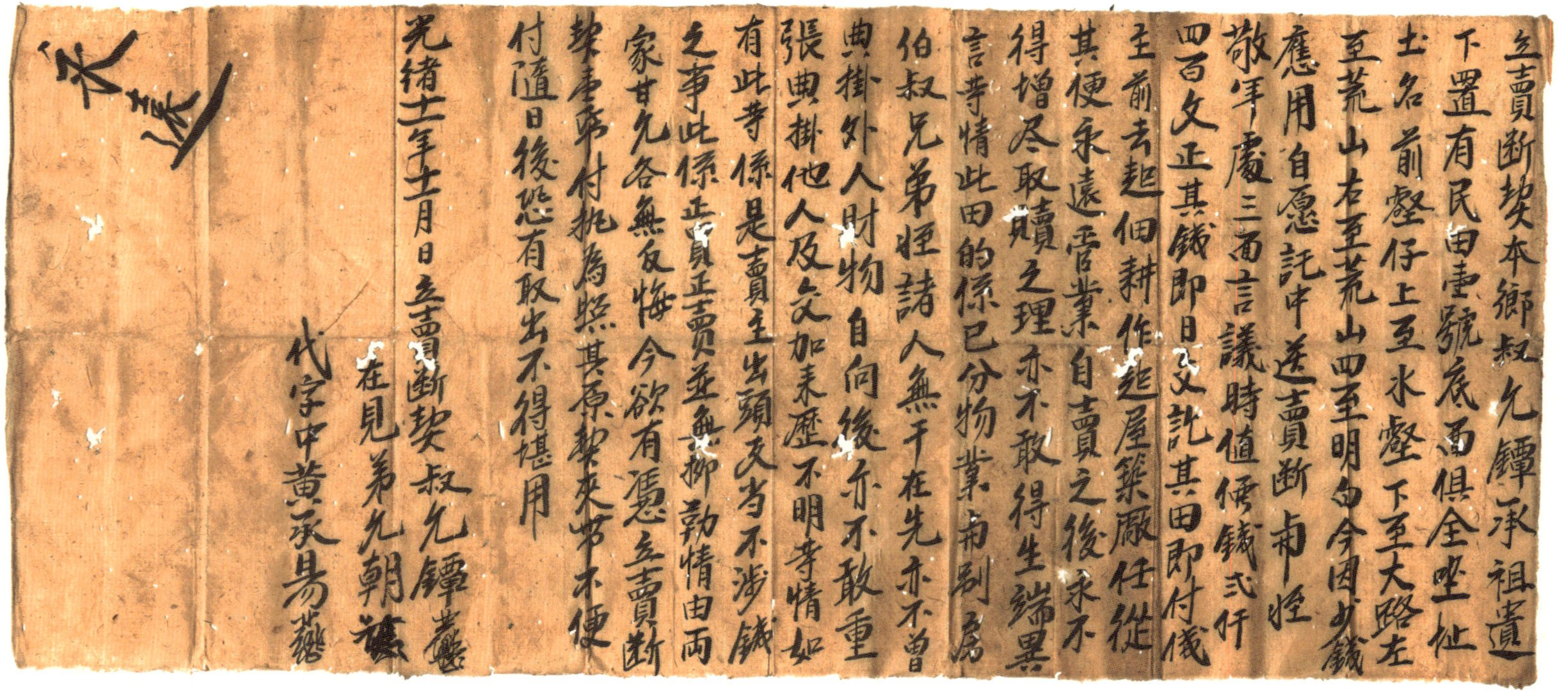

立賣斷契本鄉叔允鏵承祖遺
下置有民田壹號底面俱全坐址
土名前壟仔上至水壟下至大路左
至荒山右至荒山四至明白今因乏錢
應用自愿託中送賣斷與姪
敬年處三面言議時值價錢弍仟
四百文正其錢即日交訖其田即付儀
主前去起佃耕作起屋築厰任從
其便永遠管業自賣之後永不
得增尽取贖之理亦不敢得生端異
言等情此田的係已分物業與別房
伯叔兄弟姪諸人無干在先亦不曾
典掛外人財物自向後亦不敢重
張典掛他人及文加未歷不明等情如
有此等係是賣主出頭支當不涉錢
之事此係正賣正無抑勒情由兩
家甘允各無反悔今欲有憑立賣斷
契壹帋付執爲照其原契來常不便
付隨日後恐有取出不得堪用
光緒十一年十一月　日　立賣斷契叔允鏵
在見弟允朝
代字中黃承昜
永遠

2-1-111-13　清光緒十一年十一月柯允鏵立賣斷民田契

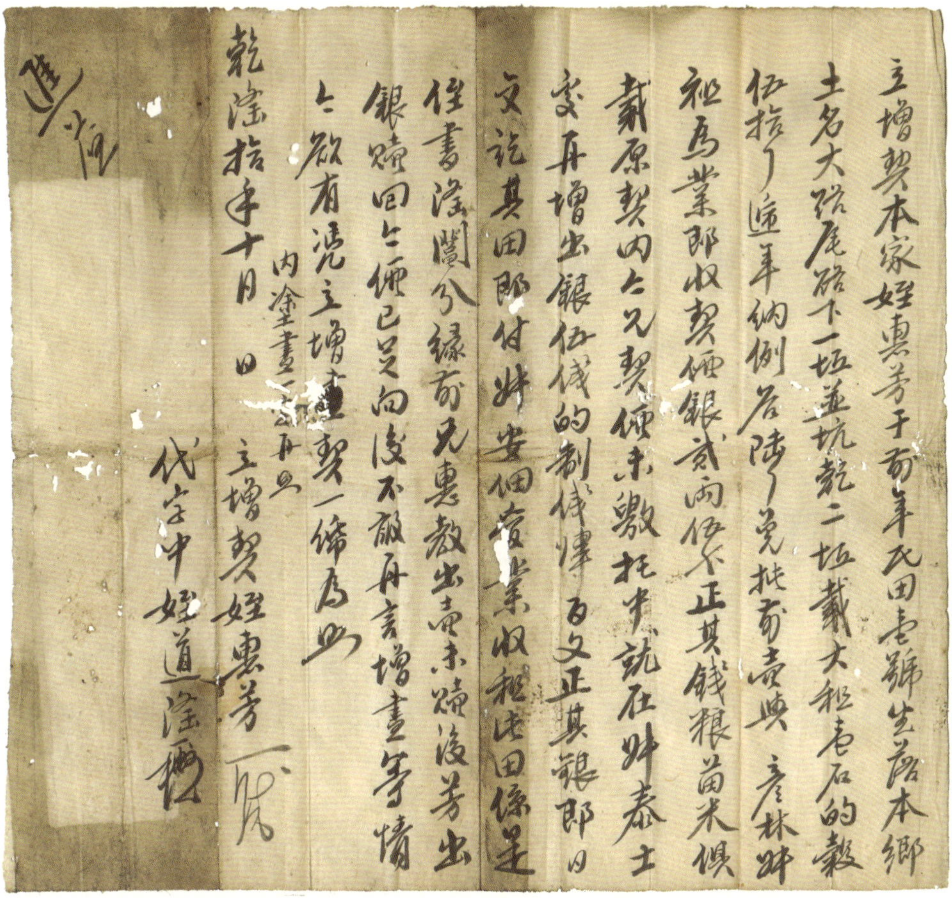

立增契本家姪惠芳于前年承田壹號坐落本鄉
土名大路尾路下一坵并坑乾二坵載大租壹石的穀
伍拾斤逐年納例谷陸斤先批前壹典彦林叔
祖為業即收契價銀貳兩伍錢正其錢糧苗米俱
載原契內亦兄契價未敷托中就在叔泰士
處再增出銀伍錢的制錢肆百文正其銀即日
交訖其田即付叔安佃管業收租此田係是
侄書塗閫分緣前兄惠敎出未贖後芳出
銀贖回乙價已足向後不敢再言增畫等情
乙欲有憑立增契一紙為照
内塗畫一字再照
乾隆拾年十月　日　立增契姪惠芳
代字中姪道淦

2-1-112-1　清乾隆十年十月柯惠芳立增民田契

立缴賣契弟尔信，今因乏錢應用，其
於前年自己手買阿湖下有民田壹
段，坐址本地坊土名安前，又壹段土名溪壠
嶺，又壹段土名濟崙，其應租錢粮俱載
原契内。自愿托中送缴兄尔智處缴
原價錢壹並俱收訖，其田即付錢主前
去收租管業，起佃耕作承業，任從其便。日
後賣主不敢爾情，不得言增言盡。其田自
之買與兄弟等手，向後有能之力，依原
契面取贖，不得執留。今欲有憑，立缴賣契
並原契共貳紙，付執存照。

乾隆伍拾陸年十二月　日　立缴契弟尔信（押）

代字中黄子著（押）

准契

2-1-112-2　清乾隆五十六年十二月柯尔信立缴賣民田契

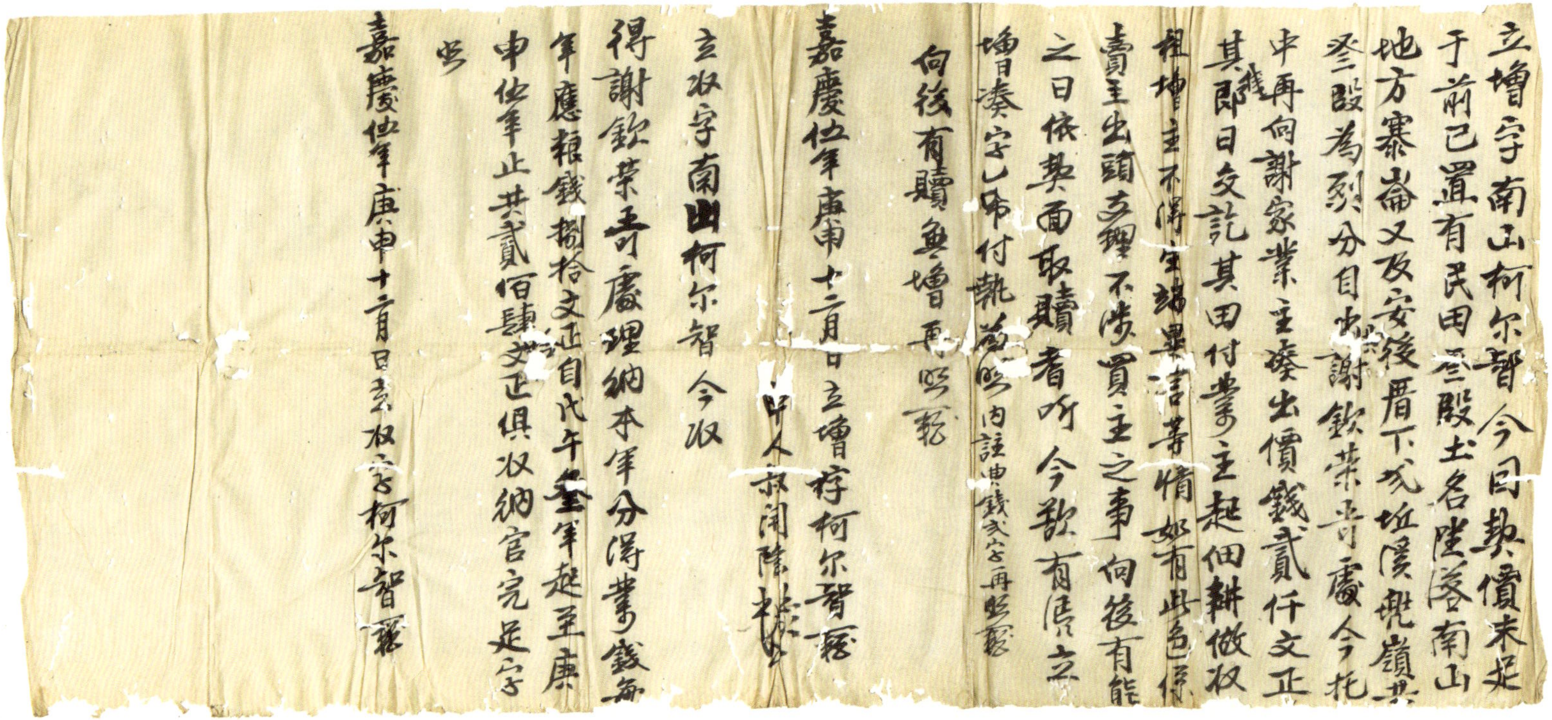

立增字南山柯尔智今因契價未足
于前已買有民田叁股土名坐落南山
地方寨崙又下安後厝下弍坵厝兜嶺共
叁股為烈分自出謝欽榮哥處今托
中再向謝家業主邊出價錢貳仟文正
其錢即日交訖其田付業主起佃耕做收
租增主不得生端異言等情 如有此色係
賣主出頭支理不涉買主之事 向後有能
之日依契面取贖者 所 今欲有憑 立
增契字一帋付執為照 内註典錢弍字再照

向後有贖無增再照

嘉慶伍年庚申十二月 日 立增字柯尔智（押）
中人 叔 開陸（押）

立收字南山柯尔智今收
得謝欽榮哥處理納本年分得業錢每
年應粮錢捌拾文正自戊午年起至庚
申伍年止共貳佰肆拾文正俱收納官完足字
照

嘉慶伍年庚申十二月 日 立收字柯尔智（押）

2-1-112-3　清嘉慶五年十二月柯尔智立增民田字

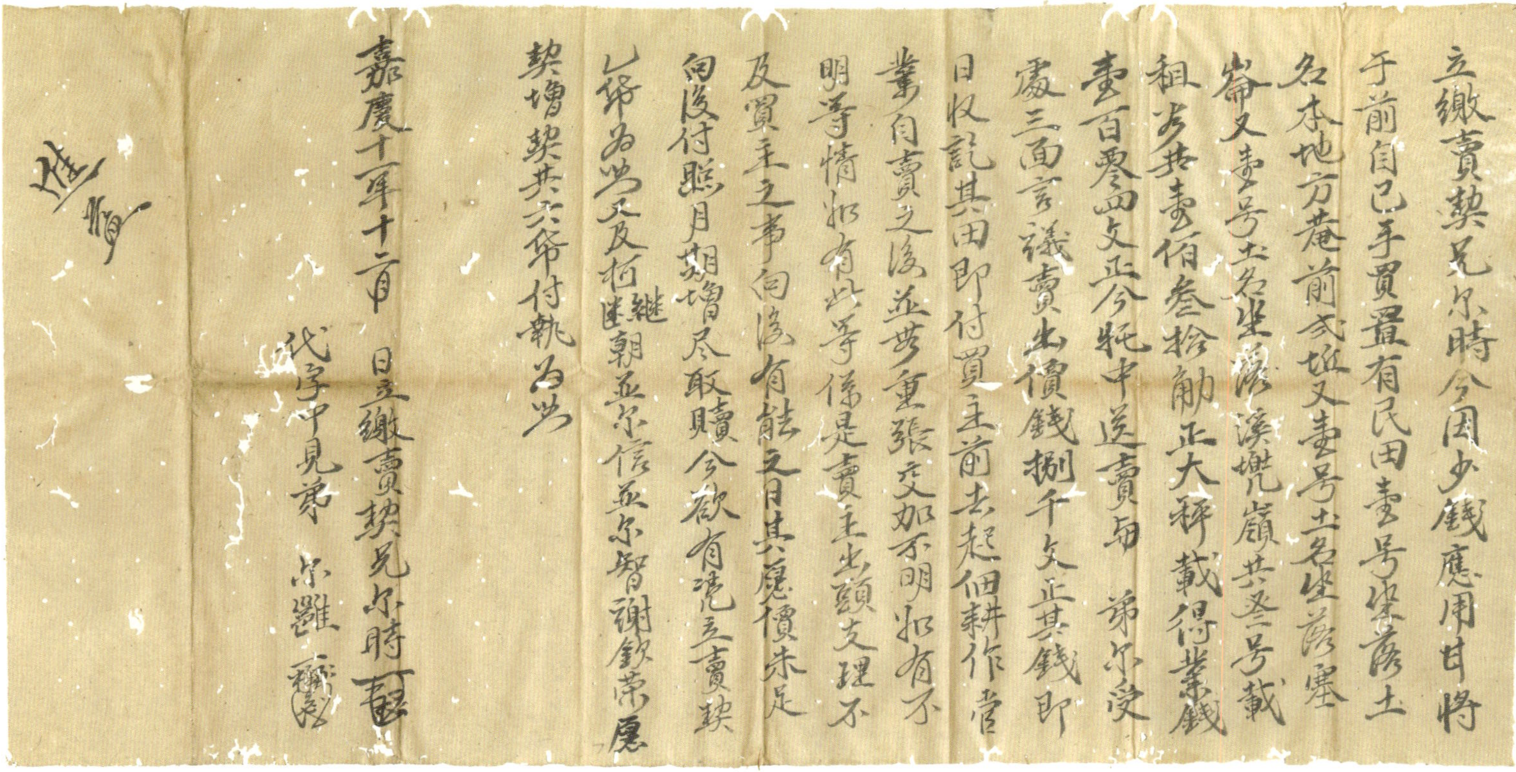

立繳賣契兄尔時今因乏錢應用甘將
于前自己手買置有民田壹号坐落土
名本地方庵前弍坵又壹号土名坐落塞
嶺又壹号土名坐落溪墘嶺共叁号載
租步共壹佰叁拾觔正大秤載得業錢
壹百零四文正今托中送賣与　弟尔受
處三面言議賣出價錢捌千文正其錢即
日收訖其田即付買主前去起佃耕作嘗
業自賣之後並無重張交加不明如有不
明等情如有此等係是賣主出頭支理不
及買主之事向後有能之日其照價贖足
向後付照月期增尽取贖今欲有憑立賣契
一紙爲照又及柯繼朝並尔信並尔智謝欽榮屋
契增契共六紙付執爲照

嘉慶十一年十二月　日立繳賣契兄尔時（押）
代字中見弟　尔雖（押）

2-1-112-4　清嘉慶十一年二月柯尔時立繳賣民田契

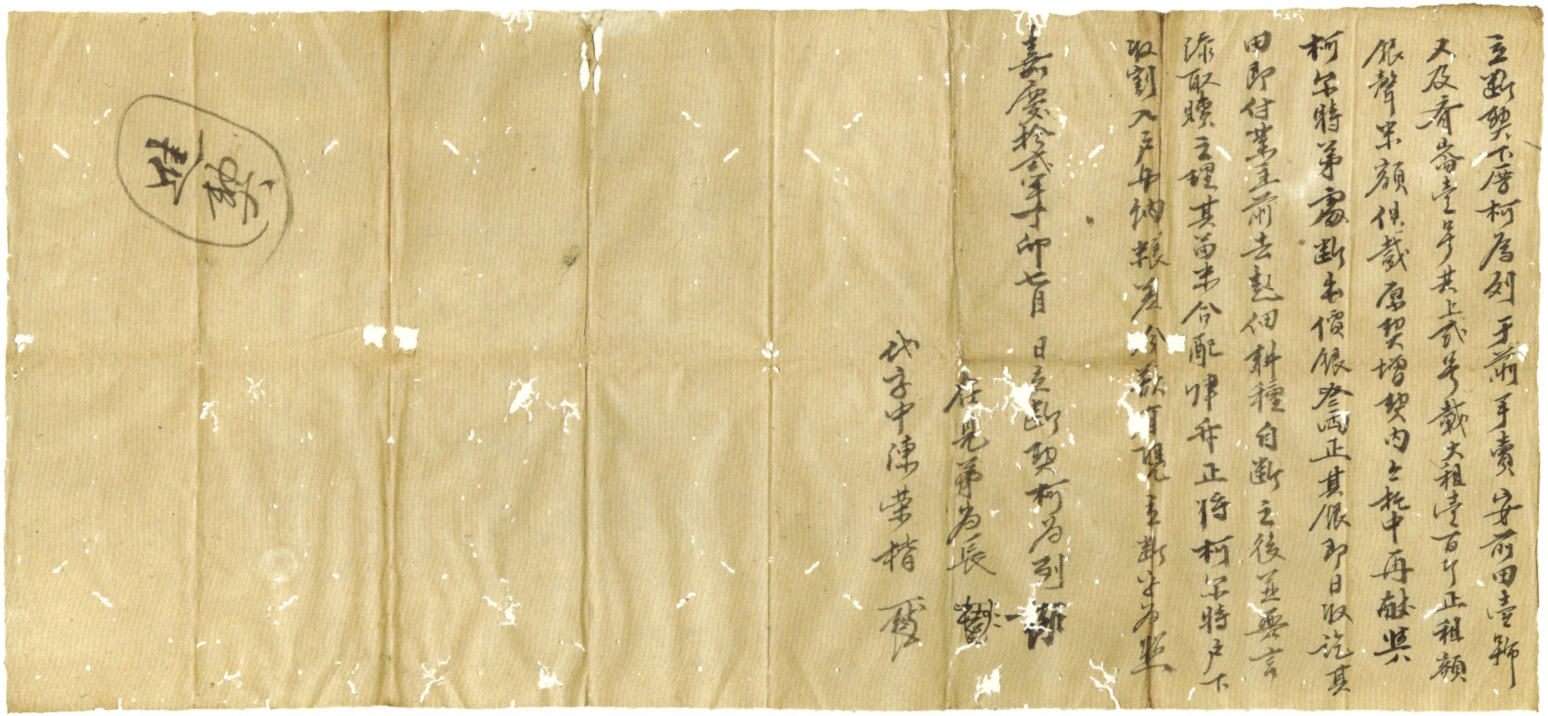
立斷契人柯爲列于前年賣安前田壹號
大及齊嵛壹号共上貳号載大租壹百斤正租額
銀聲米額俱載原契增契內，今托中再勸出
柯宗特弟處斷出價銀叁兩正，其銀即日收訖，其
田即付業主前去起佃耕種，自斷之後，並無言
添取贖之理，其苗米分配俾弁正，將柯宗特户下
收割入户輸納糧差，今欲有憑，立斷字為照。
嘉慶拾貳年丁卯七月　日立斷契柯爲列（押）
在見弟爲長（押）
代字中陳茂楷（押）

2-1-112-5　清嘉慶十二年七月柯爲列立斷田契

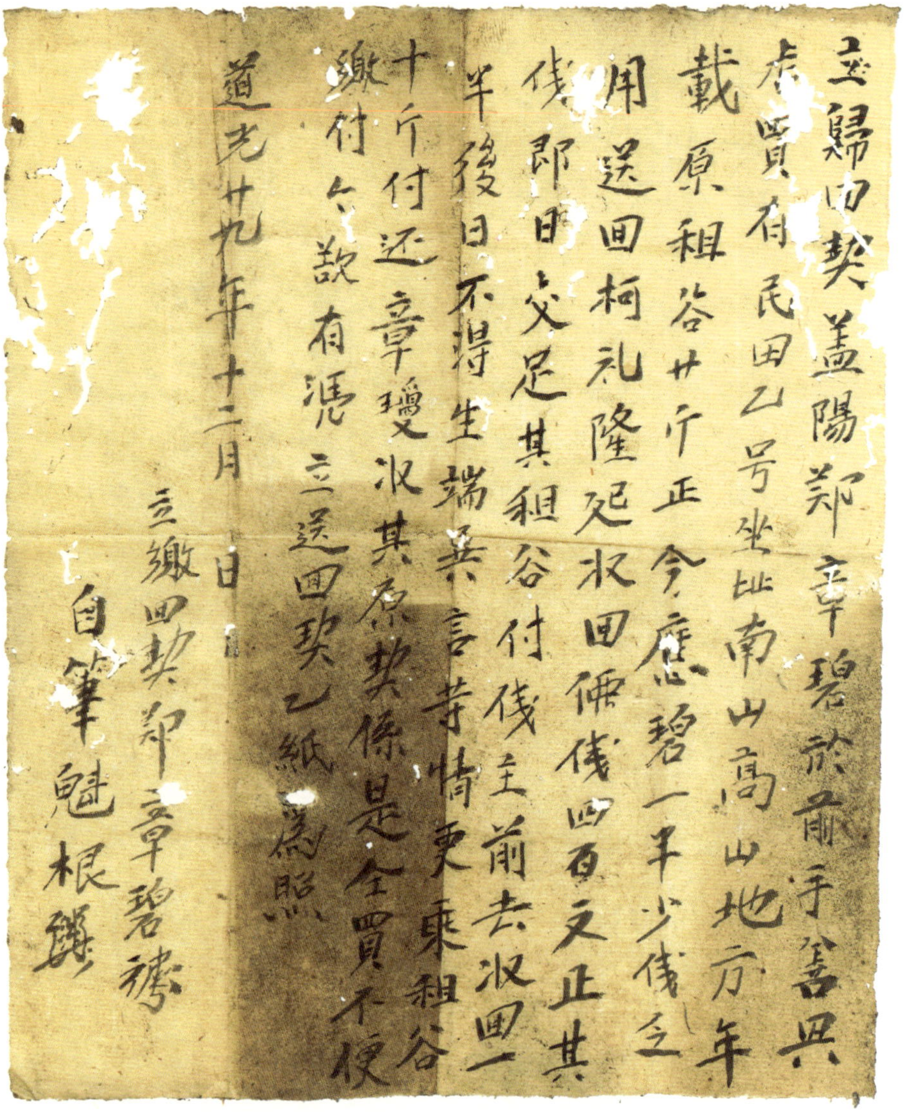
立歸田契盖陽鄭章碧於前手買與
本買有民田乙号坐址南山高山地方年
載原租谷廿斤正今應碧一半少錢立
用送回柯礼隆边收田価錢四百文正其
錢即日交足其租谷付錢主前去收回一
半後日不得生端異言等情更乘租谷
十斤付还章瓊收其原契係是全買不便
繳付今欲有憑立送回契乙紙為照
道光廿九年十二月 日
立繳回契鄭章碧親
自筆 魁根 號

2-1-112-6　清道光二十九年十二月鄭章碧立歸田契

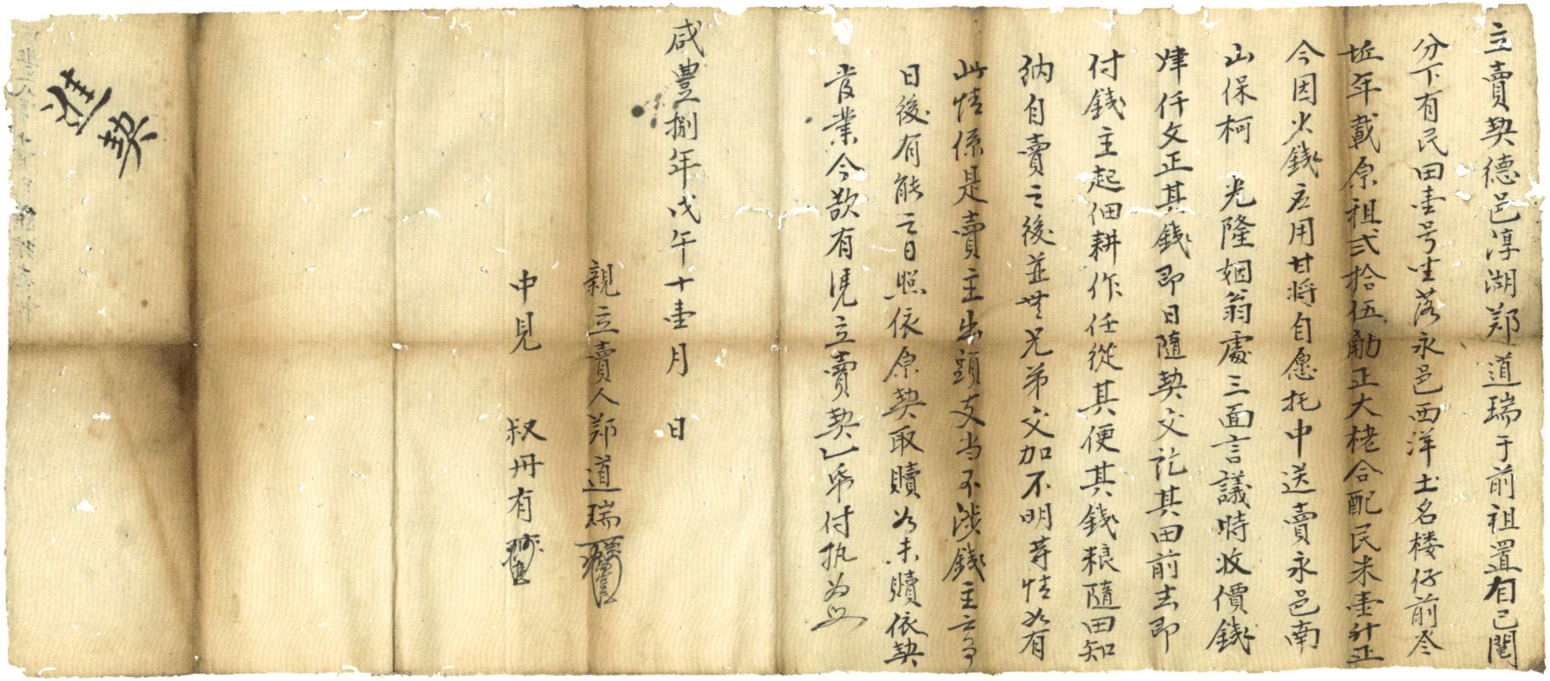

立賣契德邑淳湖鄭道瑞于前祖置有己閭
分下有民田壹號坐落永邑西洋土名樓仔前叁
坵年載原租弍拾伍觔正大桃合配民米壹升正
今因乏錢應用甘將自愿托中送賣永邑南
山保柯　光隆姻翁處三面言議時値價錢
肆仟文正其錢即日隨契交訖其田前去即
付錢主起佃耕作任從其便其錢粮隨田知
納自賣之後並無兄弟文加不明等情如有
此情係是賣主出頭支当不涉錢主之事
日後有能之日照依原契取贖如未贖依契
管業今欲有憑立賣契一帋付执為照

咸豐捌年戊午十壹月　日
親立賣人鄭道瑞（押）
中見　叔冉有（押）

推契

2-1-112-7　清咸豐八年十一月德化鄭道瑞立賣民田契

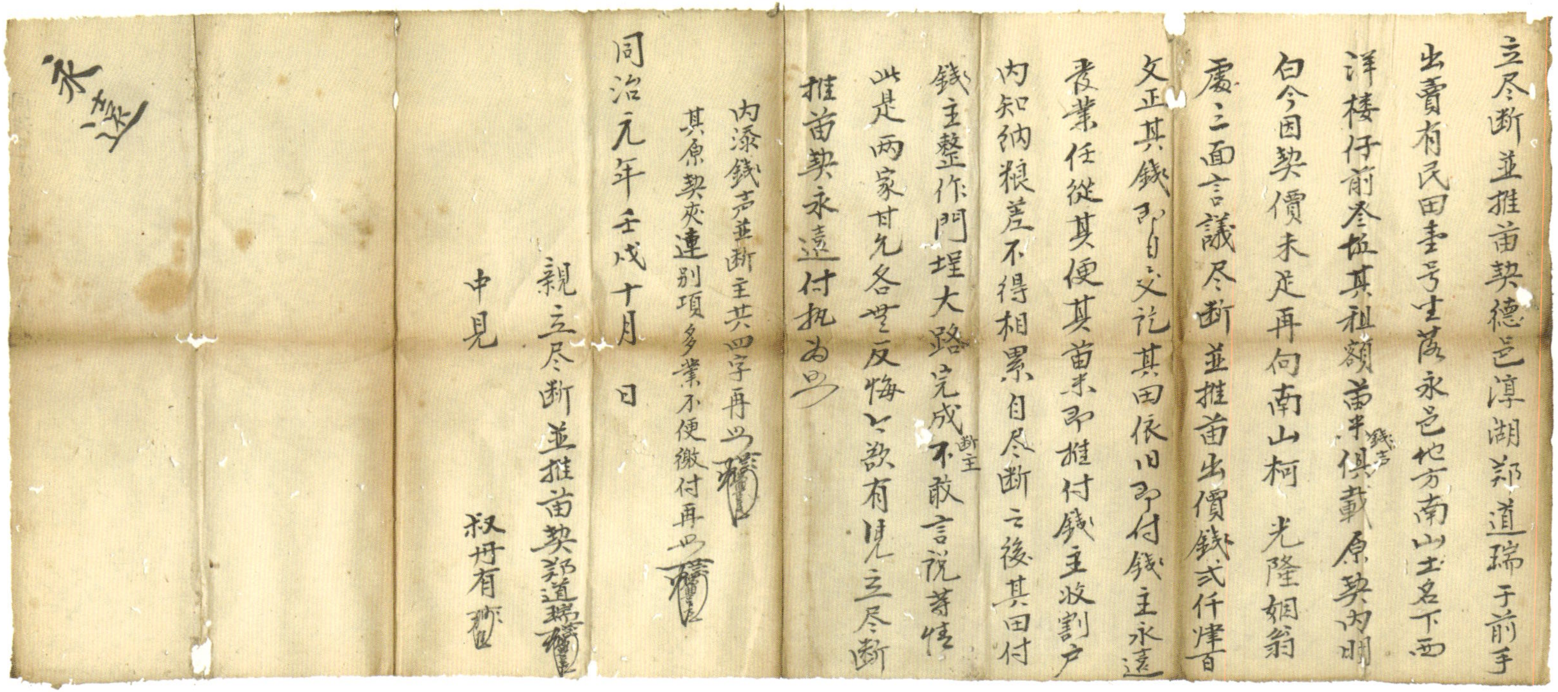
立尽斷並推苗契德邑潭湖鄭道瑞，于前手
出賣有民田壹号，坐落永邑地方南山土名下西
洋樓仔前叁坵，其租額苗米錢主俱載原契内明
白。今因契價未足，再向南山柯 光隆姻翁
處三面言議，尽斷並推苗出價錢弍仟肆百
文正。其錢即日交訖，其田依旧即付錢主永遠
管業，任從其便，其苗米即推付錢主收割户
内知納粮差，不得相累。自尽斷之後，其田付
錢主整作門埕大路完成，斷主不敢言説等情。
此是兩家甘允，各無反悔。今欲有憑，立尽斷
推苗契永遠付執為照。
内添錢字並斷主共四字，再照。
其原契夾連别項多業，不便繳付，再照。
同治元年壬戌十月 日
親立尽斷並推苗契鄭道瑞
中見 叔 丹有
永遠

2-1-112-8 清同治元年十月德化鄭道瑞立盡斷推苗契

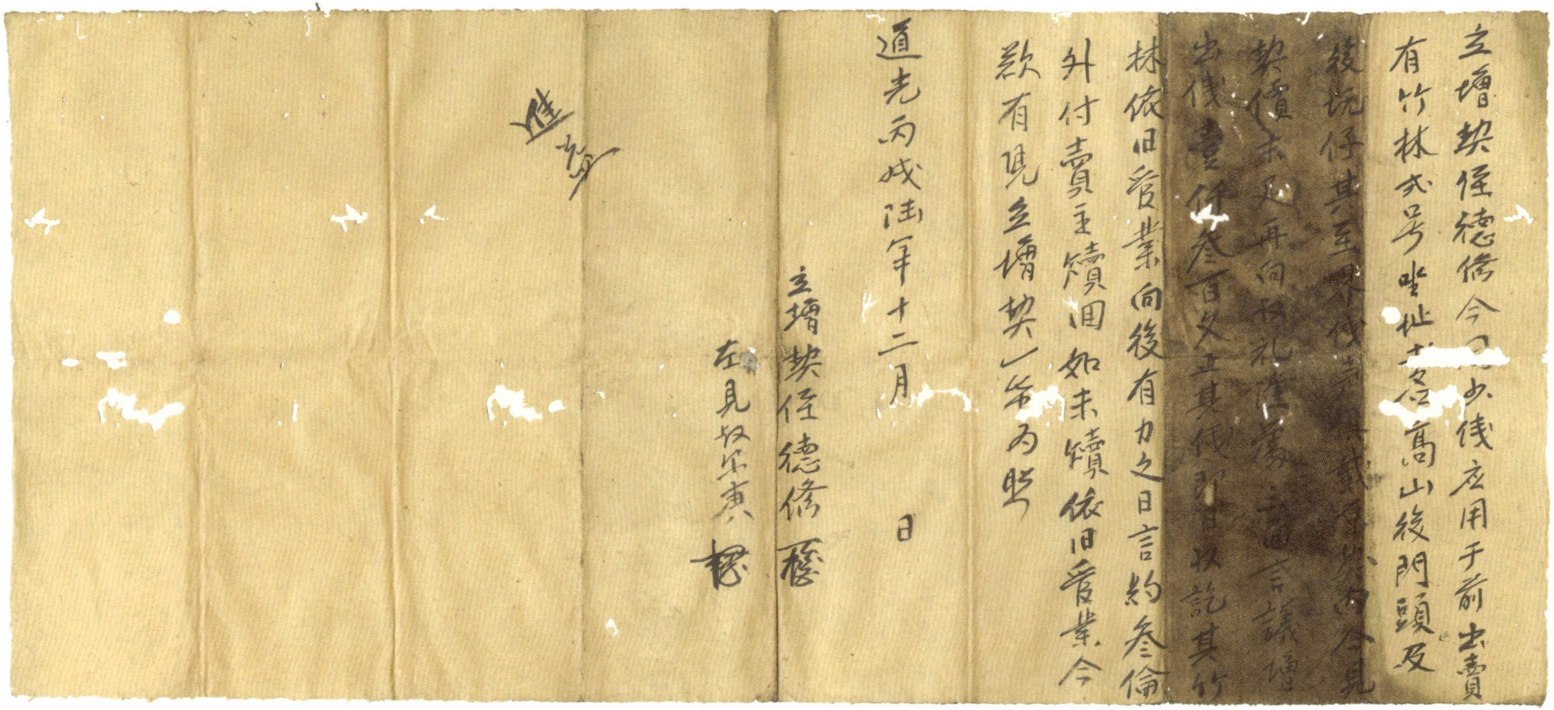

立增契侄德修今因乏錢應用于前出賣
有竹林式号坐址土名高山後門頭及
後坑仔其至[illegible]在契載明今凴
契價未足再向叔邊[illegible]言議增
出錢壹仟叁佰文正其錢即日收訖其竹
林依旧管業向後有力之日言約叁倫
升付賣主贖回如未贖依旧管業今
欲有凴立增契一紙為照

道光丙戌陆年十二月　　日

立增契侄德修（押）

在見叔乐寅（押）

進[illegible]

2-1-113-1　清道光六年十二月柯德修立增竹林契

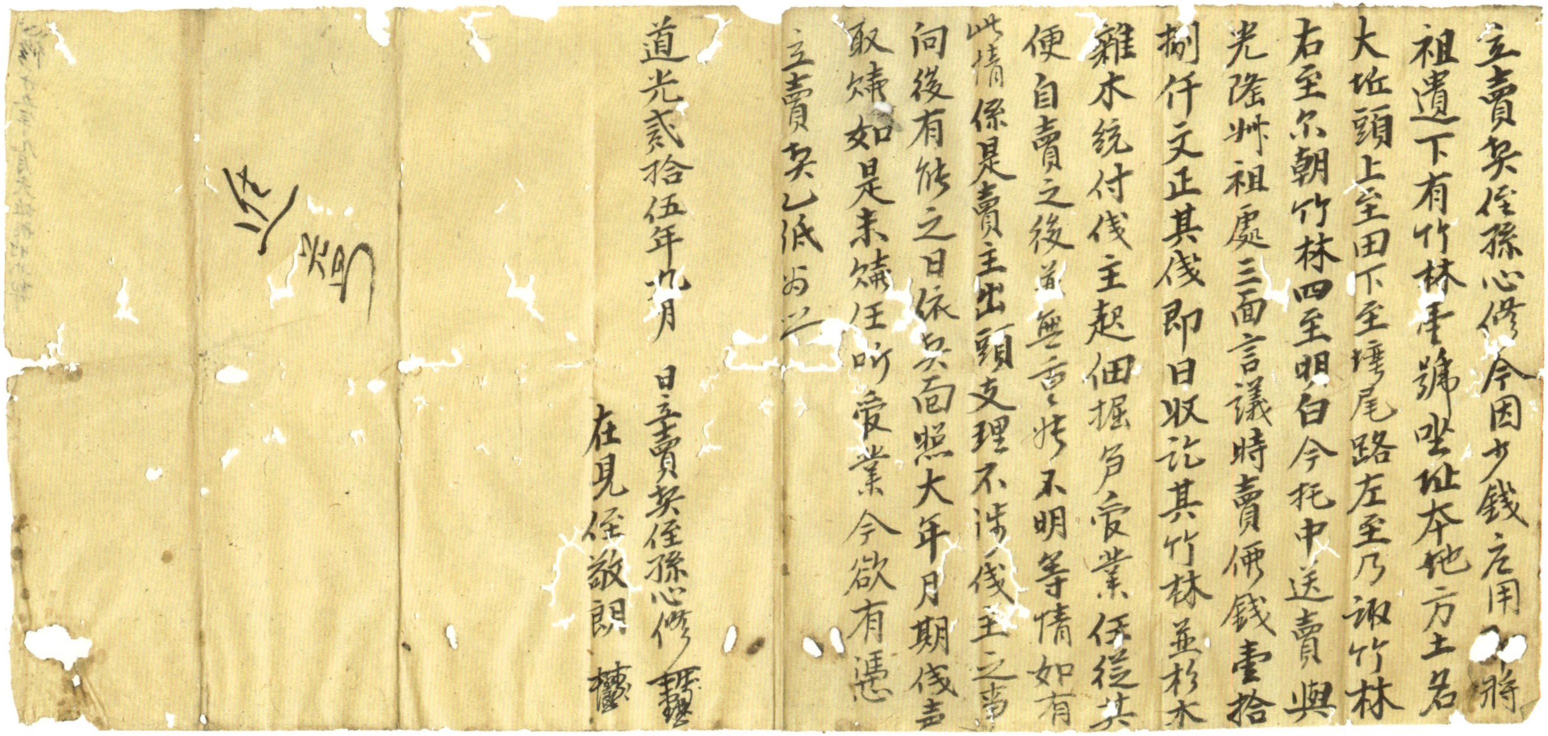

立賣契侄孫心修今因乏錢應用將
祖遺下有竹林壹號坐址本地方土名
大坵頭上至田下至塝尾路左至乃叔竹林
右至尔朝竹林四至明白今托中送賣與
光隆䒷祖處三面言議時賣價錢壹拾
捌仟文正其錢即日收訖其竹林並杉木
雜木統付錢主起佃掘笋管業任從其
便自賣之後並無重張不明等情如有
此情係是賣主出頭支理不涉錢主之事
向後有修之日依契面照大年月期錢壹
取贖如是未贖任以管業今欲有憑
立賣契乙紙為照

道光貳拾伍年九月　日立賣契侄孫心修（押）
在見侄敬朗（押）

2-1-113-2　清道光二十五年九月謝心修立賣竹林契

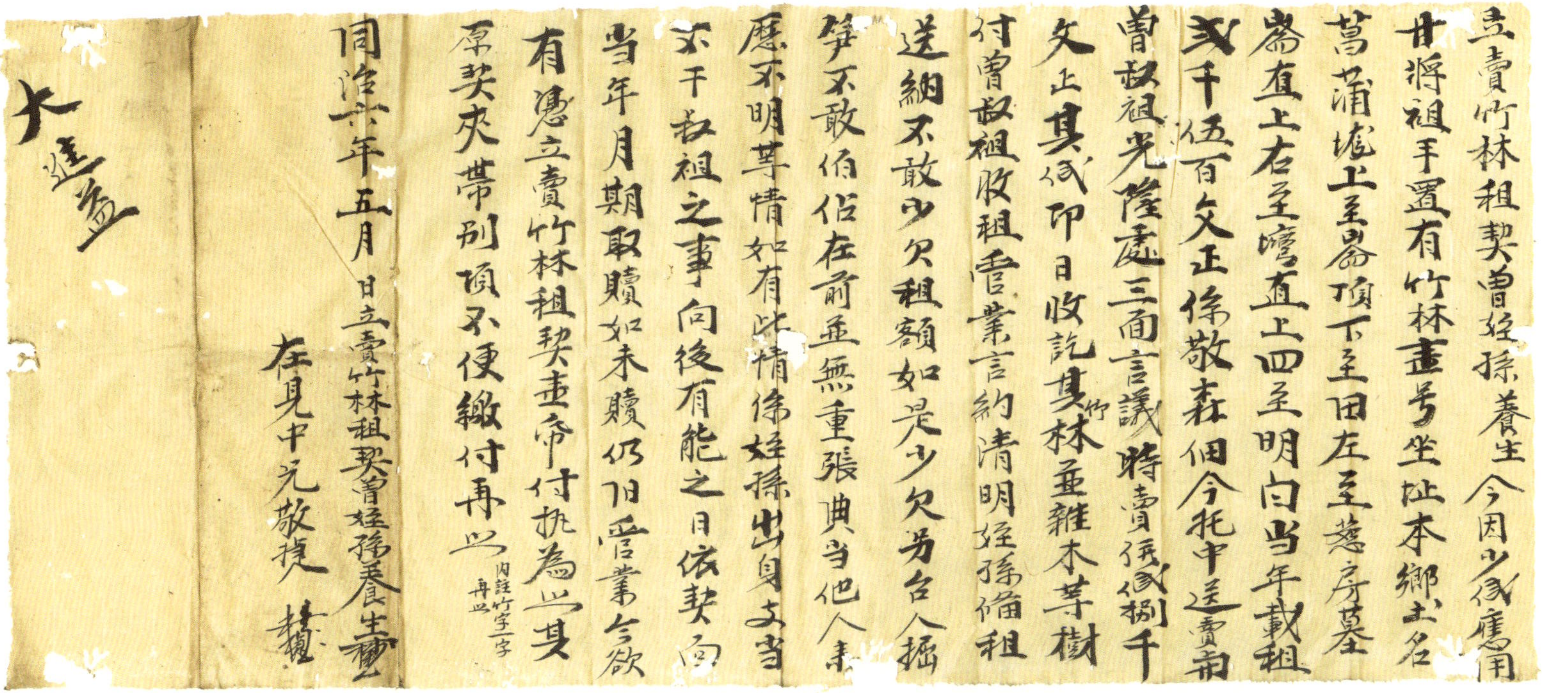
立賣竹林租契曾姪孫養生，今因乏錢應用，
甘將祖手置有竹林壹號，坐址本鄉土名
葛蒲壠，上至嶺頂，下至田，左至葱房墓
嶺直上，右至彎直上，四至明白。當年載租
錢千伍百文正，係敬森佃。今托中送賣與
曾叔祖光隆處，三面言議時賣價錢捌千
文正。其錢即日收訖，其竹林並雜木等樹
付曾叔祖收租管業，言約清明姪孫備租
送納，不敢少欠租額。如是少欠，另召人掘
筍，不敢佰佔。在前並無重張典當他人來
歷不明等情，如有此情，係姪孫出身支當，
不干叔祖之事。向後有能之日，依契面
當年月期取贖，如未贖，仍旧管業。今欲
有憑，立賣竹林租契壹帋，付執為照。其
原契夾帶別項，不便繳付，再照。內註竹字一字再照
同治六年五月　日立賣竹林租契曾姪孫養生（押）
在見中允敬捷（押）
大進益

2-1-113-3　清同治六年五月柯養生立賣竹林租契

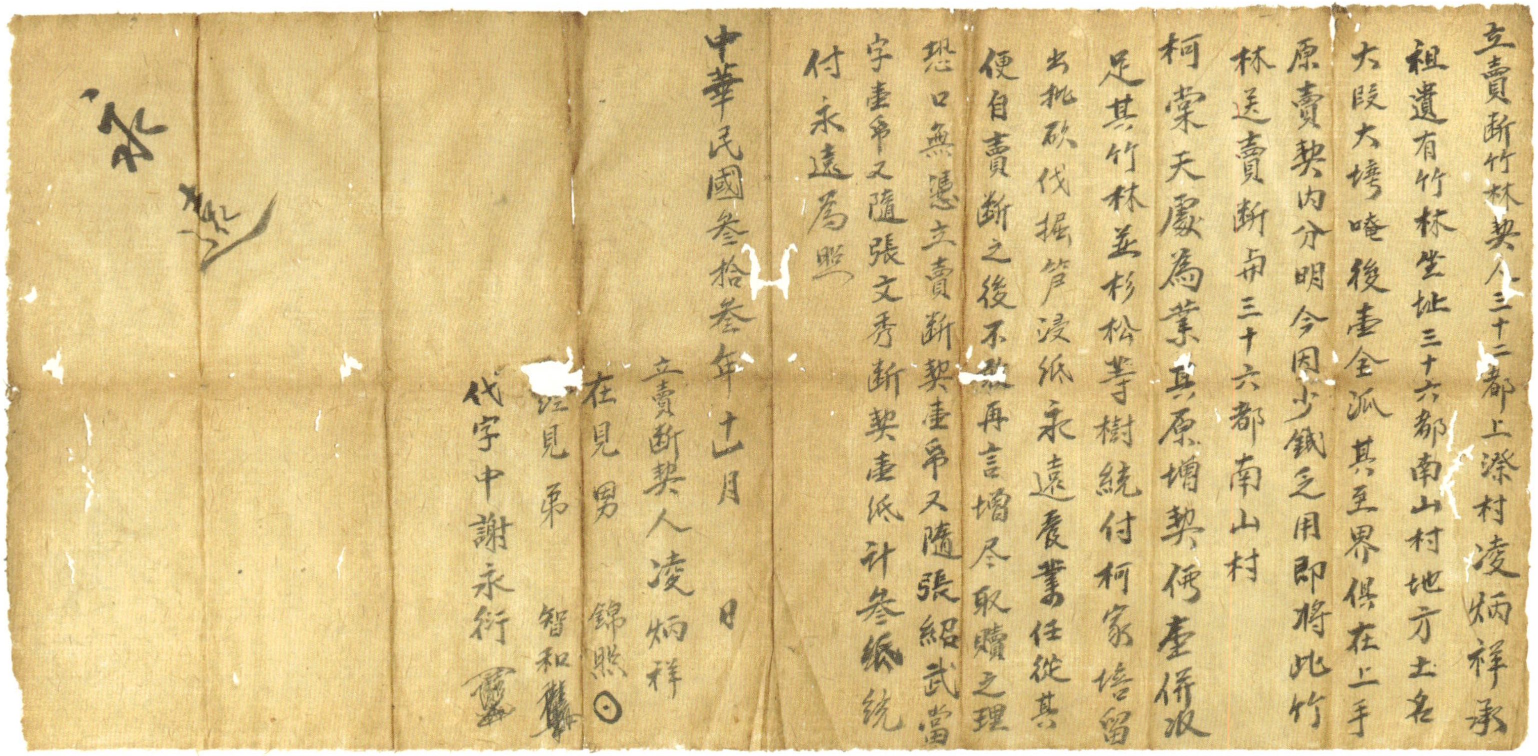
立賣斷竹林契人三十二都上滸村凌炳祥承
祖遺有竹林坐址三十六都南山村地方土名
大段大塆唵後壹全派，其至界俱在上手
原賣契內分明。今因少錢乏用，即將此竹
林送賣斷與三十六都南山村
柯棠天處爲業，其原增契併壹併收
足。其竹林並杉松等樹統付柯家培留
出批、砍伐、掘笋、浸紙，永遠管業，任從其
便。自賣斷之後，不敢再言增盡取贖之理。
恐口無憑，立賣斷契壹帋，又隨張紹武當
字壹帋，又隨張文秀斷契壹紙，計叁紙，統
付永遠爲照。

中華民國叁拾叁年十一月　日
立賣斷契人　凌炳祥
在見男　錦照
在見弟　智和
代字中　謝永衍

2-1-113-4　民國三十三年十一月凌炳祥立賣斷竹林契

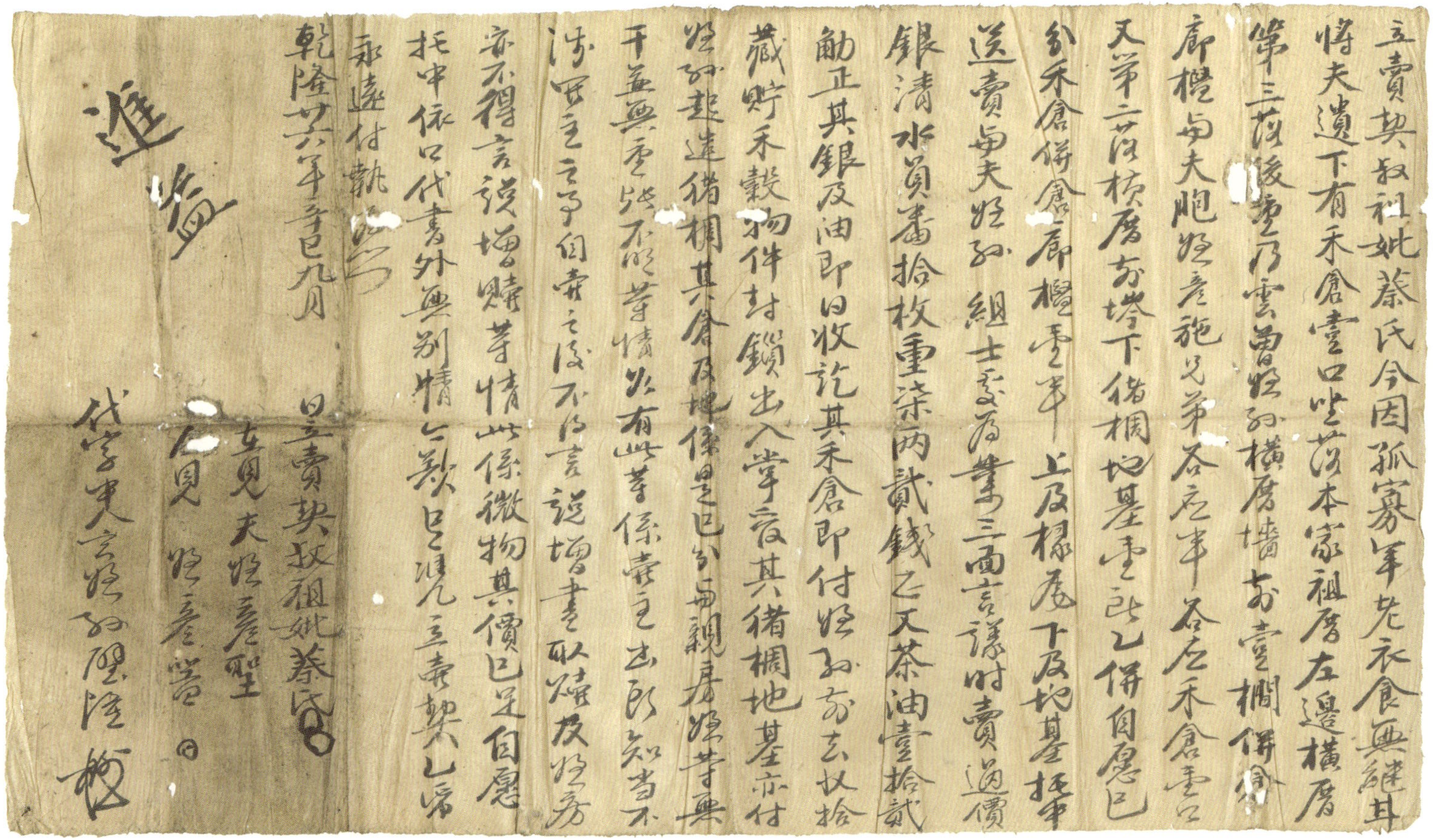

立賣契叔祖妣蔡氏，今因孤寡年老，衣食無繼，其
將夫遺下有禾倉壹口，坐落本家祖厝左邊橫厝
第三植後，遞乃雲曾姪孫橫厝墻前壹間，併倉
廊樘與夫胞姪彥施兄弟各存半，各存禾倉壹口。
又第二植橫厝前塔下備桐地基壹所，己份自愿
分禾倉併倉廊樘壹半，上及椽瓦，下及地基，托中
送賣與夫姪孫紹士處為業，三面言議，時賣過價
銀清水員番拾枚，重柒兩貳錢乙，又茶油壹拾貳
觔正，其銀及油即日收訖，其禾倉即付姪孫前去收拾
藏貯禾穀物件，封鎖出入掌管，其備桐地基亦付
姪孫起造備桐，其倉及地係是己分，與親房姪等無
干，並無重張不明等情，如有此等，係賣主出頭知當，不
涉買主之事。自賣之後，不得言說增書取贖，及姪孫
亦不得言說增贖等情，此係微物，其價已足，自愿
托中依口代書，外無別情，今欲有憑，立賣契一紙為照。
永遠付執存照
乾隆廿六年辛巳九月　日立賣契叔祖妣蔡氏（押）
在見夫姪彥聖
仝見　姪彥當（押）
代字夫姪孫□隆（押）
進益

2-1-114-1　清乾隆二十六年九月蔡氏立賣禾倉契

立賣契姪乃旺，今因乏谷日食，將祖遺應分
己閬內有厝樫壹樫，坐址下所右邊下書院拾下，
後壹壻並至土墈下及地基，前至天井，後至洋溝，
四至明白，托中送賣與叔廣士處，三面言議，
價谷貳佰觔正，其谷即日收訖，其厝樫即付谷主
前去管業，出入住居。其厝樫係是己分物業，
無干至無重張交加不明等情；如有此等，係賣
主出當，不涉谷主之事。日後有能之日，依原契
取贖，今欲有憑，立賣契為照。
乾隆四十六年十一月　日立賣契姪乃旺（押）
代字中姪鉅隆（押）
其厝樫係乃旺承回出入住居，言約逐年納厝租銀
伍分，約至十二月備錢交納，不敢拖欠及遲頓等情。如
有此，其厝樫付還本谷主管起，封鎖出入住往[illegible]，
[illegible]賣主不敢霸占，再照。　乃旺（押）
鉅再筆
立繳賣契叔祖廣士，今收過隆侄原契價俱收訖，其
厝樫上名至界俱在原契內，統付侄買主前去出入住[illegible]，賣
主不敢霸佔異言，增尽之理等情。今欲有憑，立繳賣
契乙紙為照。
乾隆伍拾年十二月　日　立繳賣契叔祖廣士（押）
中見侄乃旺（押）
代筆侄孫宗智（押）

2-1-114-2　清乾隆四十六年十一月柯乃旺立賣厝樫契

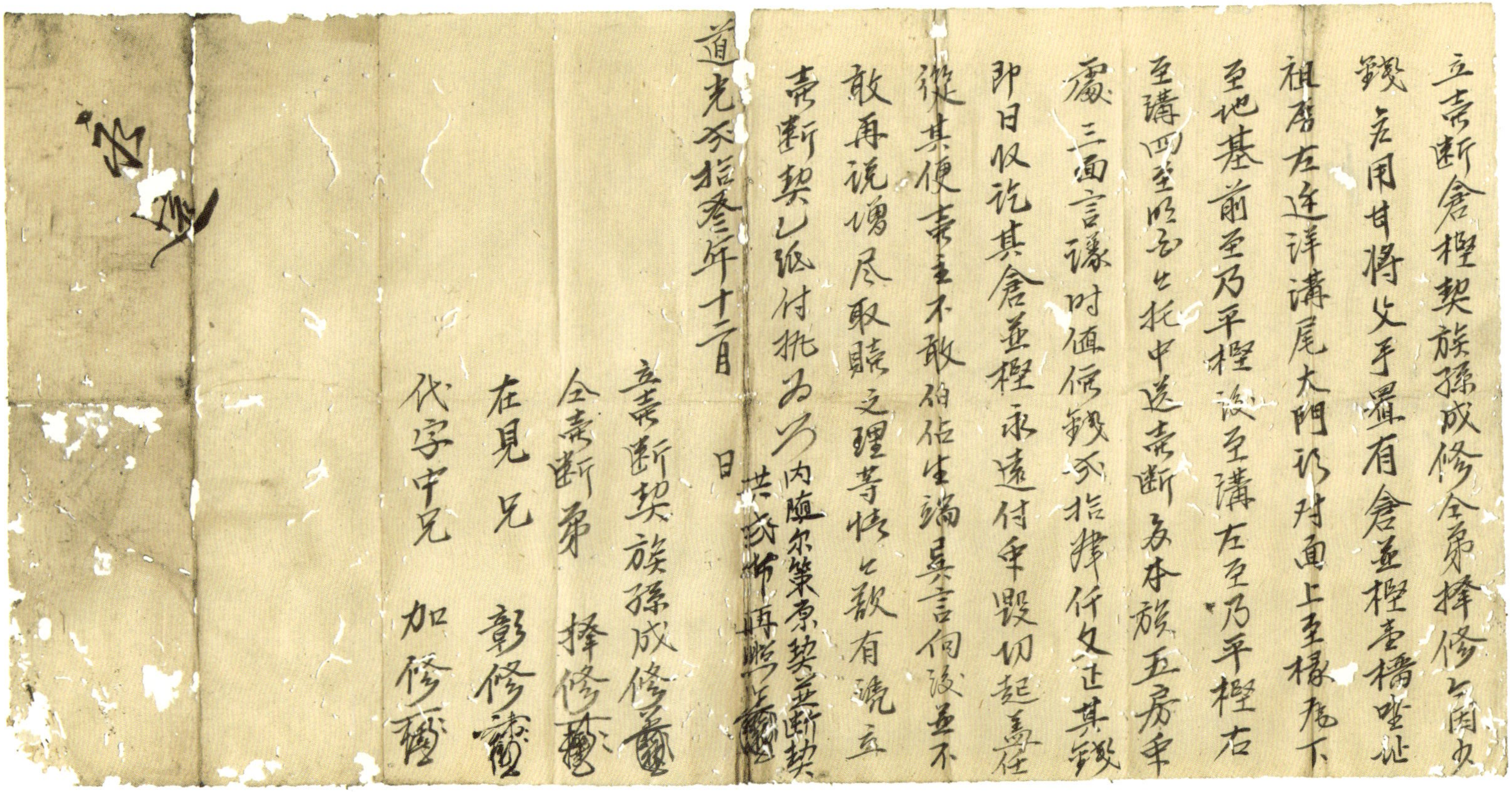
立賣斷倉樫契族孫成修仝弟擇修，今因乏
錢應用，甘將父手置有倉並樫壹構，坐址
祖厝左邊洋溝尾大門外對面，上至椽尾，下
至地基，前至乃平樫，後至溝，左至乃平樫，右
至溝，四至明白。今托中送賣斷與本族五房爭
處，三面言議時值價錢貳拾肆仟文正，其錢
即日收訖。其倉並樫永遠付爭毀切起蓋，任
從其便，賣主不敢伯佐生端異言，向後並不
敢再說增盡取贖之理等情。此款有憑，立
賣斷契一紙付執為照。內隨尔策原契並斷契共貳紙，再照。
道光貳拾叁年十二月　日
立賣斷契族孫成修（押）
仝賣斷弟　擇修（押）
在見兄　彰修（押）
代字中兄　加修（押）

2-1-114-3　清道光二十三年十二月柯成修立賣斷倉樫契

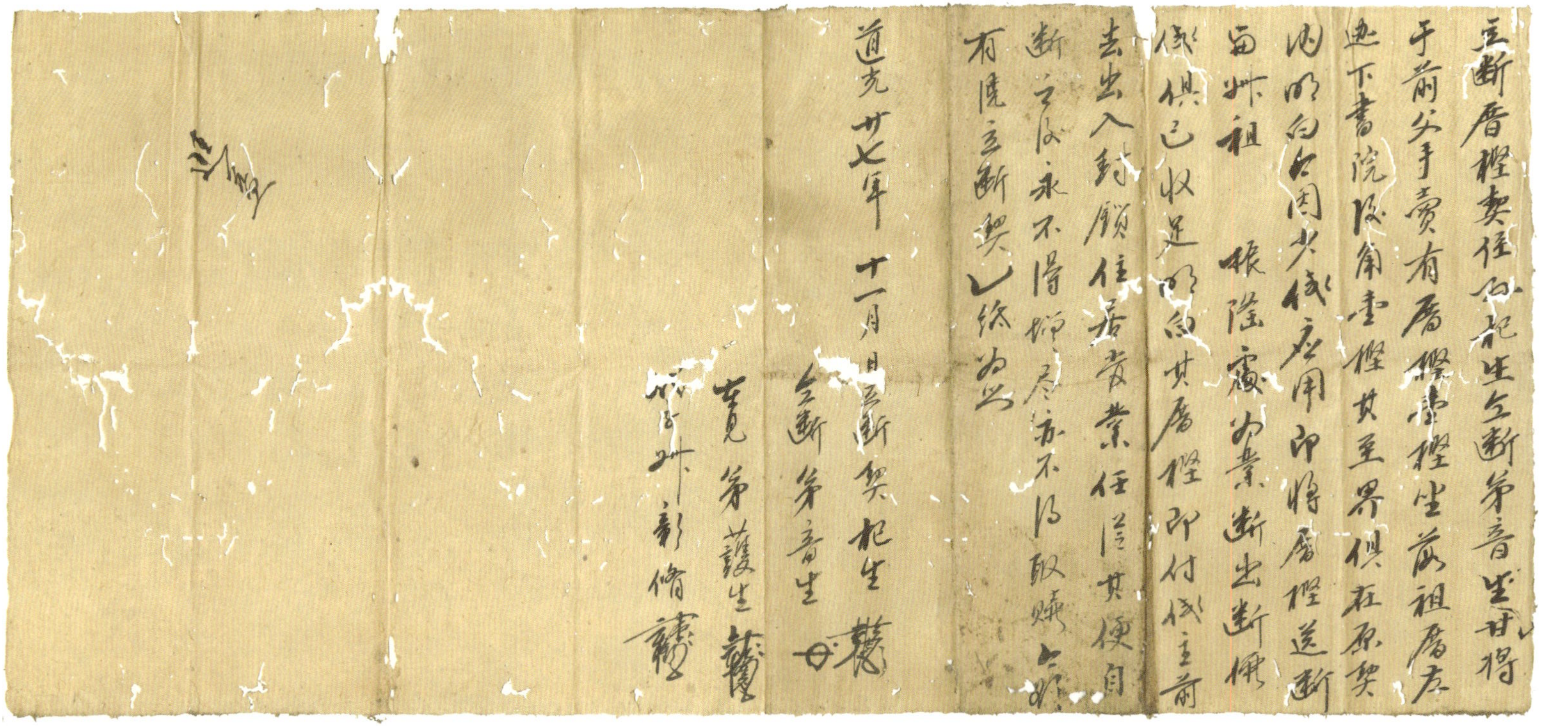

立斷厝樫契侄柯杞生、立斷弟音生，甘得
于前父手買有厝樫壹樫，坐藏祖厝左
邊下書院後角壹樫，其至界俱在原契
內明白。今因乏錢應用，即將厝樫送斷
與叔祖　根隆處為業，斷出斷價
錢俱已收足明白，其厝樫即付錢主前
去出入封鎖，任居安業，任從其便。自
斷之後，永不得增找，亦不得取贖。今欲
有憑，立斷契一紙為照。

道光廿七年十一月　日　立斷契　杞生
立斷　弟音生
見　弟護生
代筆　外甥　彭脩

2-1-114-4　清道光二十七年十一月柯杞生立斷厝樫契

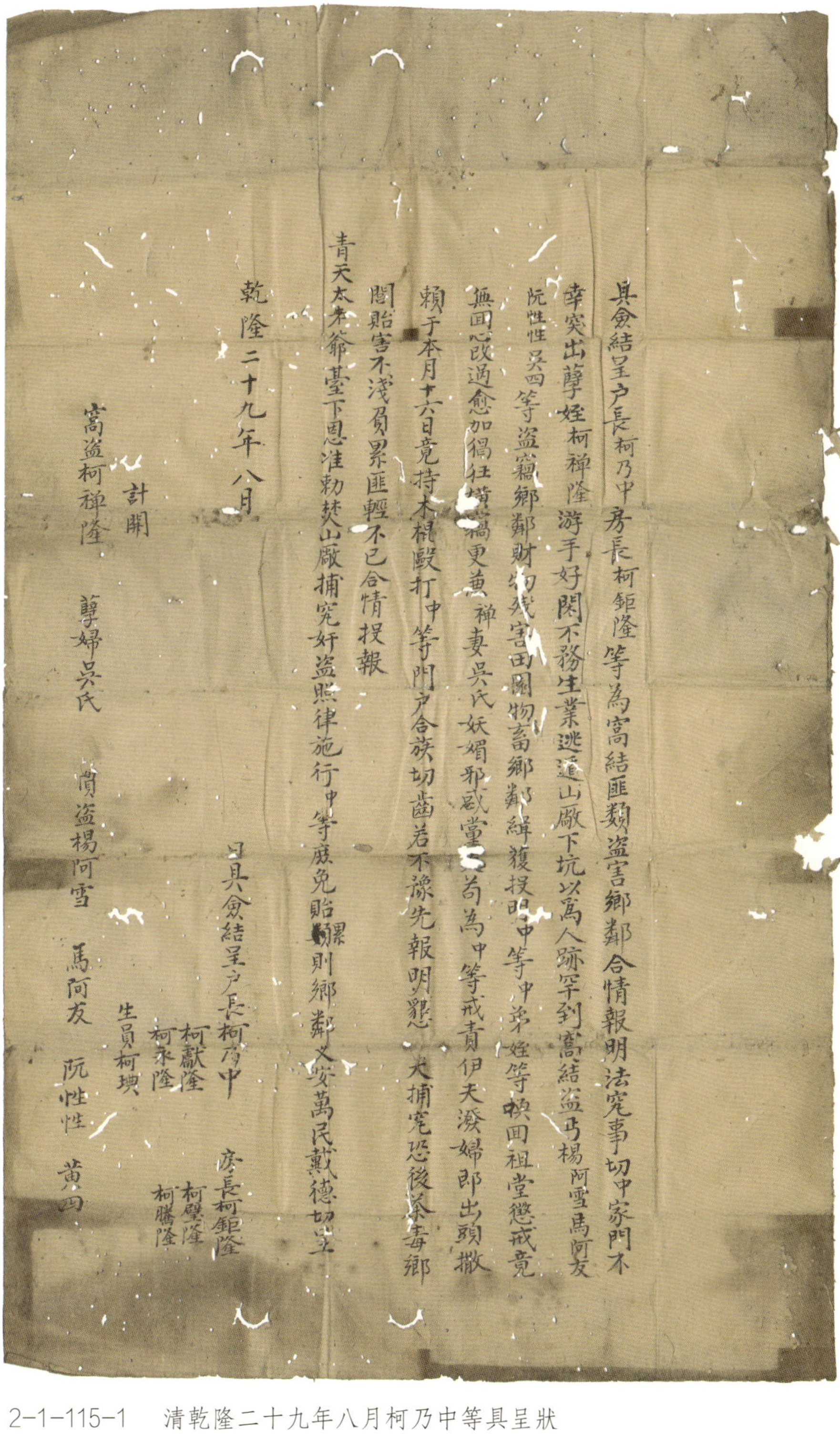

具僉結呈户長柯乃中房長柯鉅隆等為窩結匪類盗害鄉鄰合情報明法究事切中家門不

幸突出孽姪柯禅隆游手好閑不務生業逃遁山廠下坑以爲人跡罕到窩結盗丐楊阿雪馬阿友

阮性性吳四等盗竊鄉鄰財物戕害田園物畜鄉鄰緝獲投明中等中弟姪等喚同祖堂懲戒竟

無回心改過愈加猖狂横竊更兼禅妻吳氏妖媚邪惑黨[illegible]苟為中等戒責伊夫潑婦郎出頭撒

賴于本月十六日竟持木棍毆打中等門户合族切齒若不預先報明懇大捕究恐後荼毒鄉

閭貽害不浅負累匪輕不已合情投報

青天太老爺臺下恩准勅獎山廠捕究奸盗照律施行中等庶免貽累則鄉鄰又安萬民戴德切呈

乾隆二十九年八月　日具僉結呈户長柯乃中　房長柯鉅隆

柯獻隆　柯壁隆

柯永隆　柯騰隆

生員柯璵

計開

窩盗柯禅隆　孽婦吳氏　慣盗楊阿雪　馬阿友　阮性性　黄四

2-1-115-1　清乾隆二十九年八月柯乃中等具呈狀

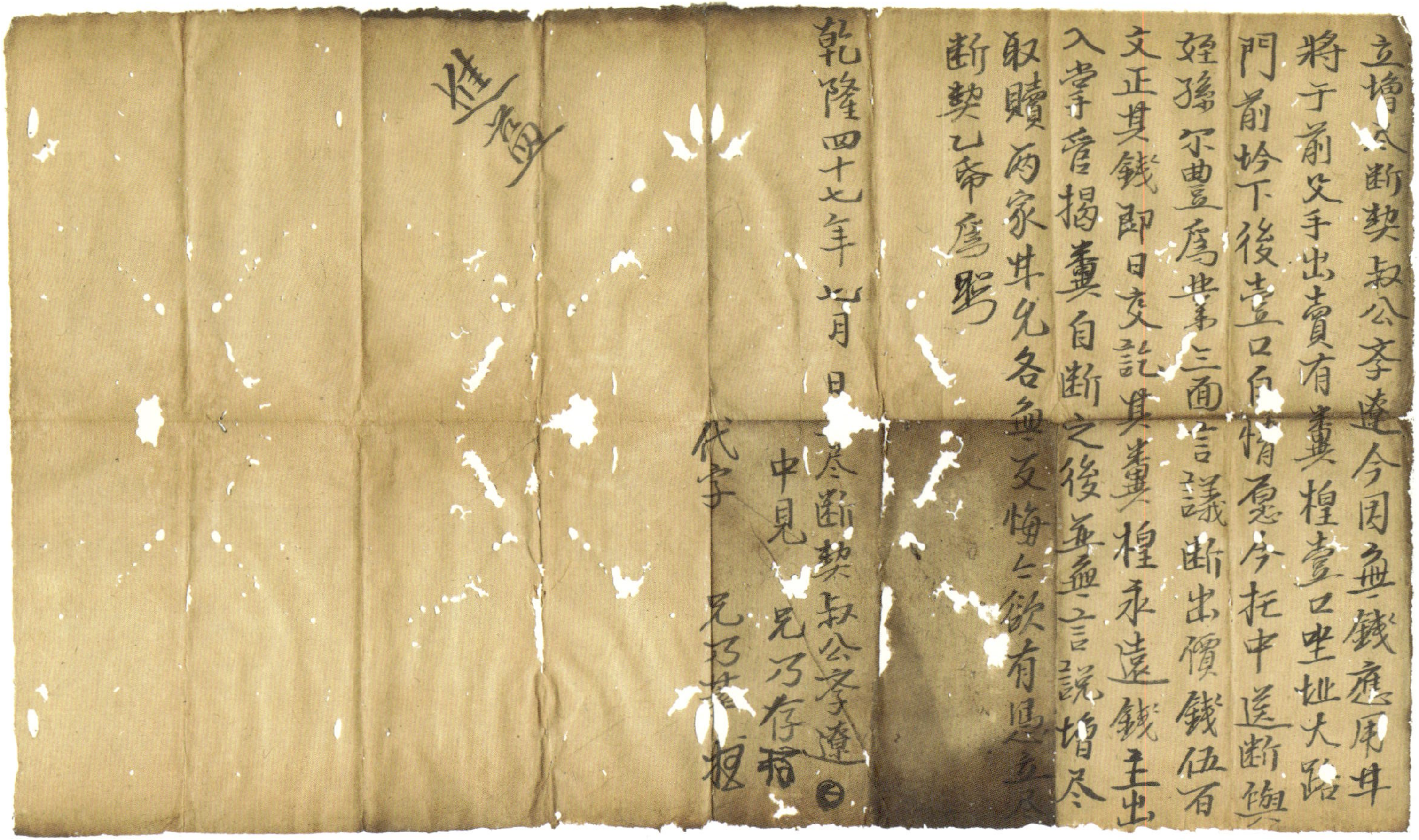
立增盡斷契叔公孝逵，今因無錢應用，其
將于前父手出賣有糞棰壹口，坐址大路
門前坽下，後壹口自情愿，今托中送斷與
姪孫尔豐爲業，三面言議斷出價錢伍佰
文正，其錢即日交訖，其糞棰永遠錢主出
入掌管揭糞，自斷之後，無言說增盡
取贖，兩家甘允，各無反悔，欲有憑，立盡
斷契乙帋爲照。

乾隆四十七年七月　日　立盡斷契叔公孝逵（押）
中見　兄乃存（押）
代字　兄乃[illegible]

[illegible]壹

2-1-115-2　清乾隆四十七年七月柯孝逵立增盡斷糞棰契

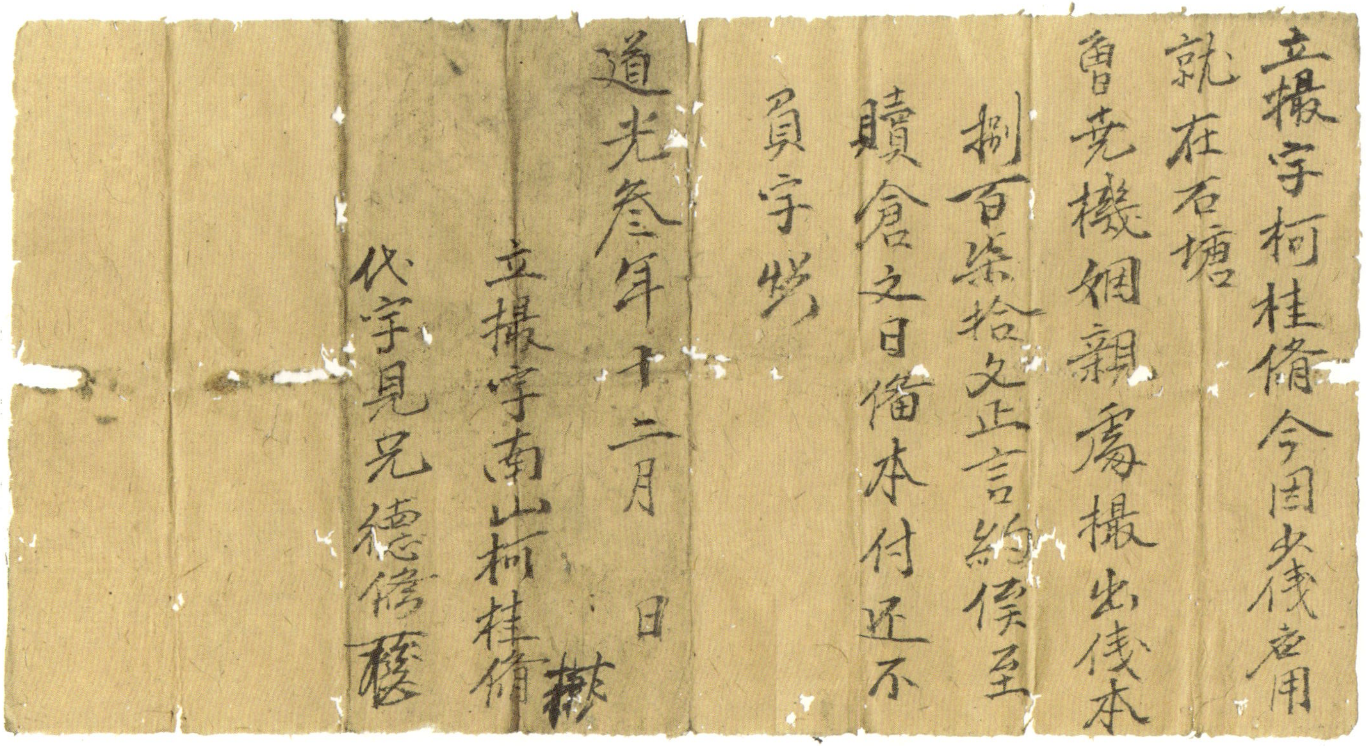

立撮字柯桂脩今因乏錢應用
就在石塘
曾亮機姻親處撮出錢本
捌百柒拾文正言約僕至
贖倉之日備本付还不
負字照

道光叁年十二月 日
立撮字南山柯桂脩 押
代字見兄德脩 押

2-1-115-3 清道光三年十二月柯桂脩立撮字

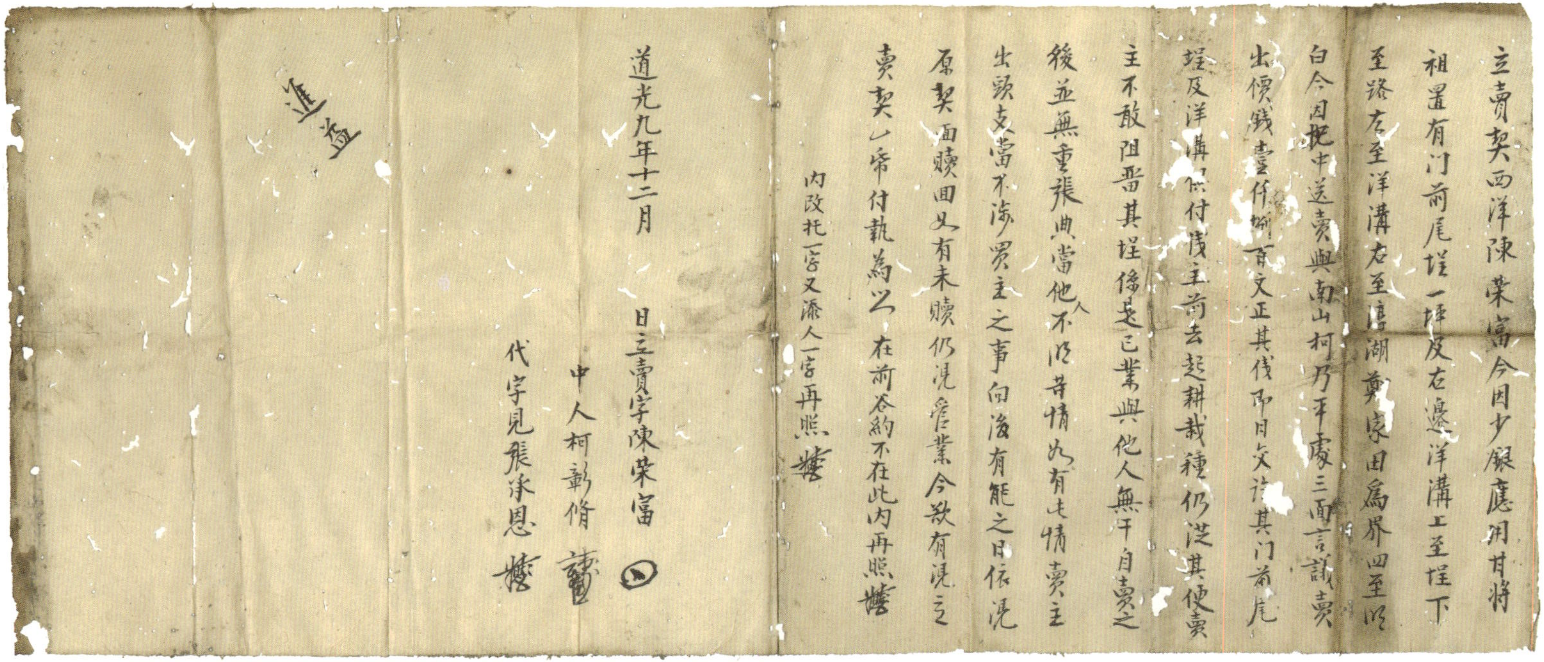

立賣契西洋陳棠富今因少銀應用甘將
祖置有门前尾埕一坪及右邊洋溝上至埕下
至路左至洋溝右至塘湖冀家田為界四至明
白今因托中送賣與南山柯乃平處三面言議賣
出價錢壹仟捌百文正其錢即日交訖其门前尾
埕及洋溝隨付錢主前去起耕栽種仍從其便賣
主不敢阻當其埕係是已業與他人無干自賣之
後並無重張典當他人不明等情如有此情賣主
出頭支當不涉買主之事向後有能之日依憑
原契面贖回又有未贖仍憑產業今欲有憑立
賣契一紙付執為照 在前各約不在此內再照
內改托一字又添人一字再照

道光九年十二月 日立賣字陳棠富
中人柯彰脩
代字見張承恩

進益

2-1-115-4 清道光九年十二月陳榮富立賣洋溝等契

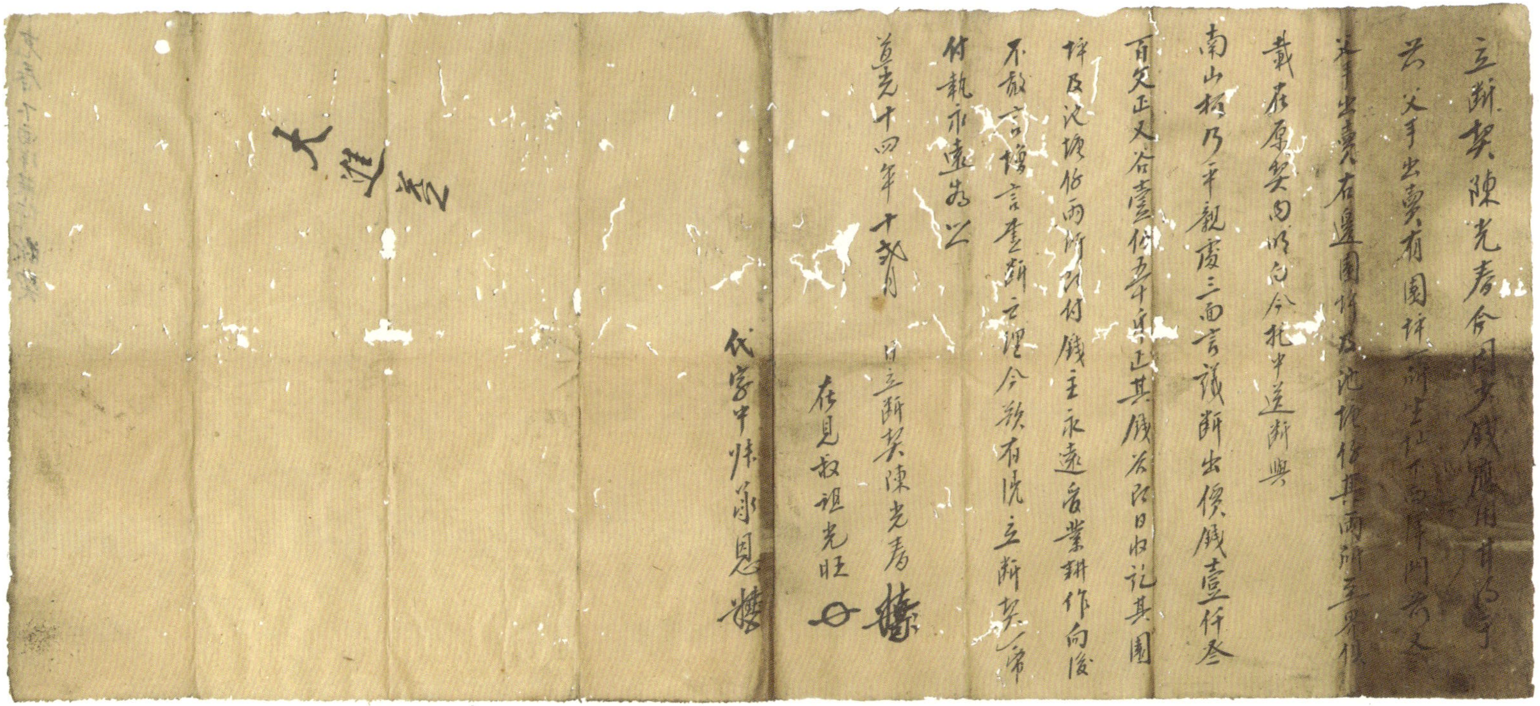

立斷契陳光春今因乏錢應用[illegible]
云父手出賣有園坪[illegible]
承手出賣右邊園坪及池塘俱其兩[illegible]至界[illegible]
載在原契內明白，今托中送斷與
南山柯乃平親邊三面言議斷出價錢壹仟叁
百文正，又谷壹佰五十斤，其錢谷即日收訖，其園
坪及池塘付兩[illegible]交付錢主永遠管業耕作，向後
不敢言增言找斷之理，今欲有憑，立斷契一帋
付執永遠為照
道光十四年十二月　日立斷契陳光春（押）
在見叔祖光旺（押）
代字中侄[illegible]恩（押）

2-1-115-5　清道光十四年十二月陳光春立斷園坪契

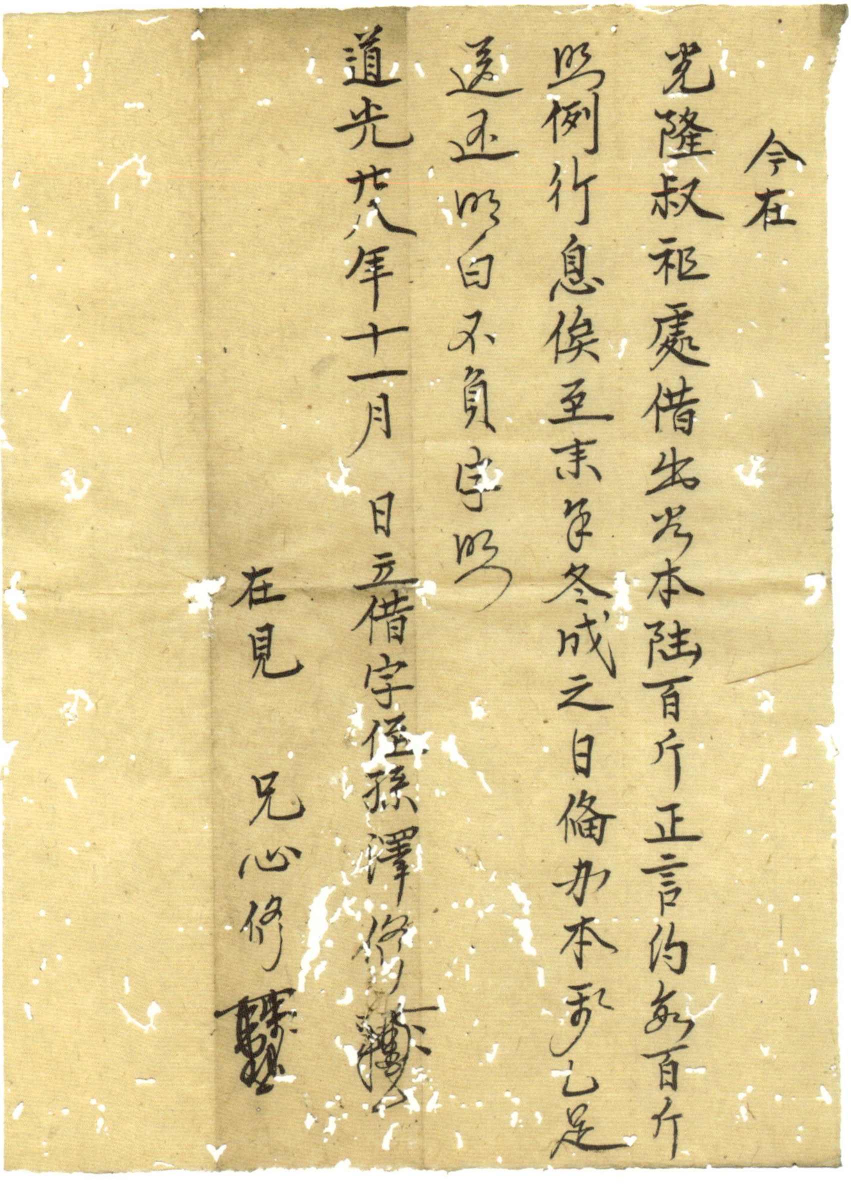

今在
光隆叔祖處借出谷本陆百斤正言约每百斤
照例行息俟至来年冬成之日備办本利乙足
送还明白不負字照
道光廿八年十一月　日立借字侄孫澤修（押）
在見　兄心修（押）

2-1-115-6　清道光二十八年十一月柯澤修立借穀字

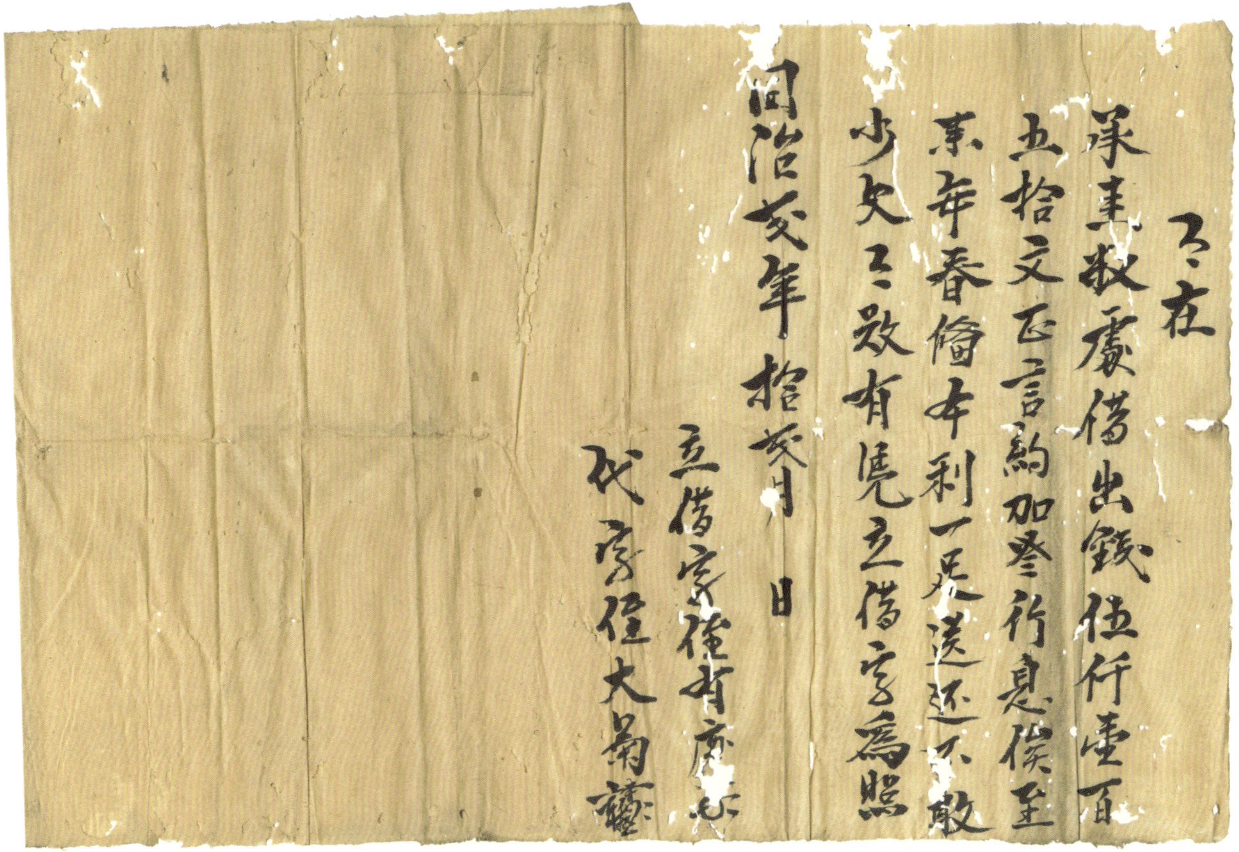

〃〃在
家主叔處借出錢伍仟壹百
五拾文正言約加叁行息俟至
來年春備本利一足送還不敢
少欠〃〃致有憑立借字為照
同治癸年拾癸月　日
立借字侄有□
代字侄大菊

2-1-115-7　清同治二年十二月柯有□立借錢字

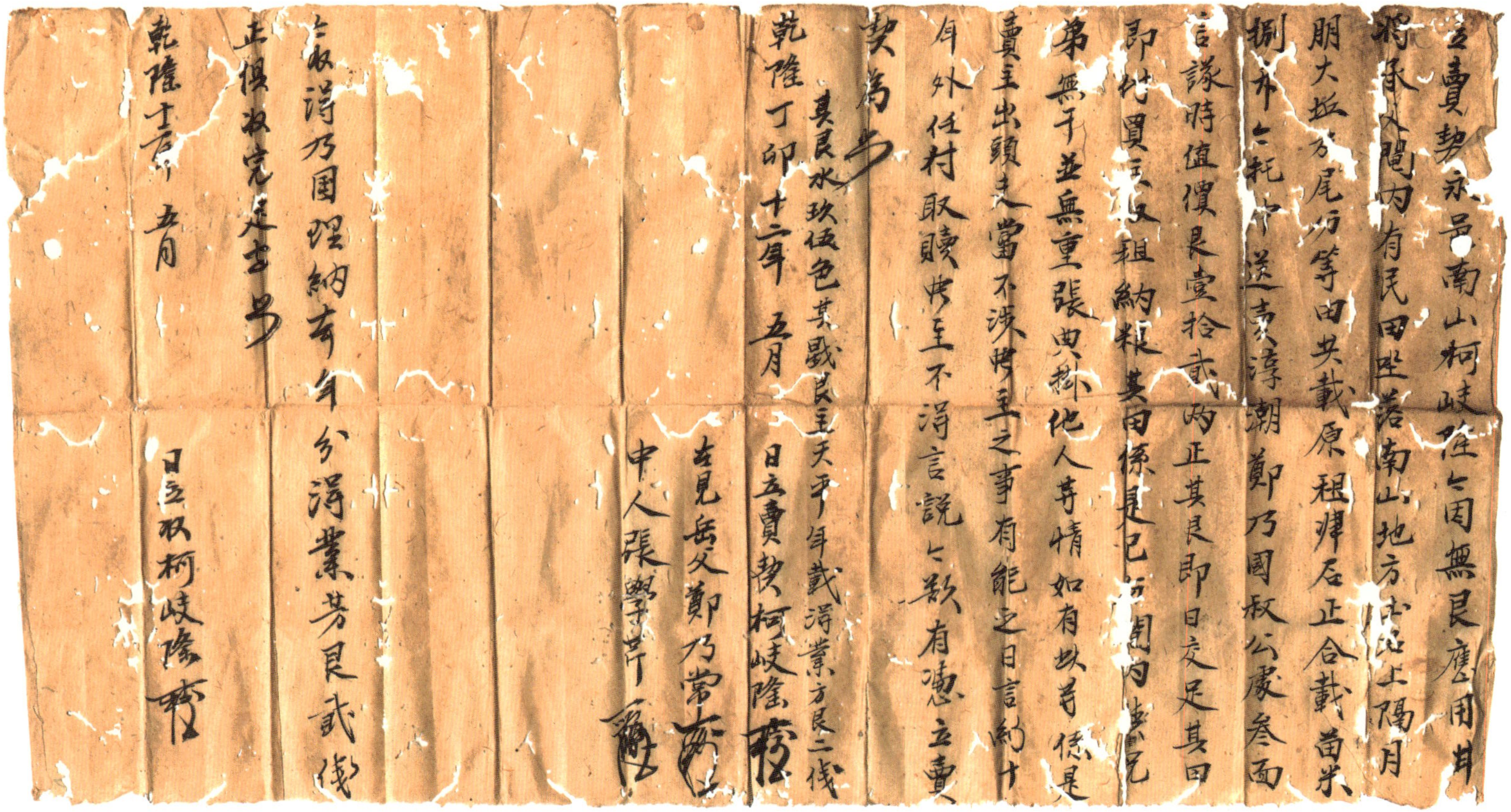

立賣契永吾南山柯岐隆，今因無銀應用，其
將承父鬮内有民田坐落南山地方土名上隔月
朋大垅方尾𠃍等田共載原租肆石正，合載苗米
捌升六秏，帶送□淳湖鄭乃國叔公處叁面
言議時值價銀壹拾貳兩正，其銀即日交足，其田
即付買主收租納粮。其田係是己鬮内物業，兄
弟無干，並無重張典掛他人等情。如有此等，係是
賣主出頭支當，不涉買主之事。有能之日，言約十
年外任村取贖，買主不得言說。今欲有憑，立賣
契爲照。

其銀水玖伍色，其戥良主天平。年載淂業方良二錢

乾隆丁卯十二年　五月　日立賣契柯岐隆（押）

在見岳父鄭乃常（押）

中人張嬰許（押）

又收淂乃國理納寄年分淂業芳銀貳錢
正，俱收完足，去照

乾隆十二年　五月　日立收柯岐隆（押）

2-1-116-1　清乾隆十二年五月柯岐隆立賣民田契

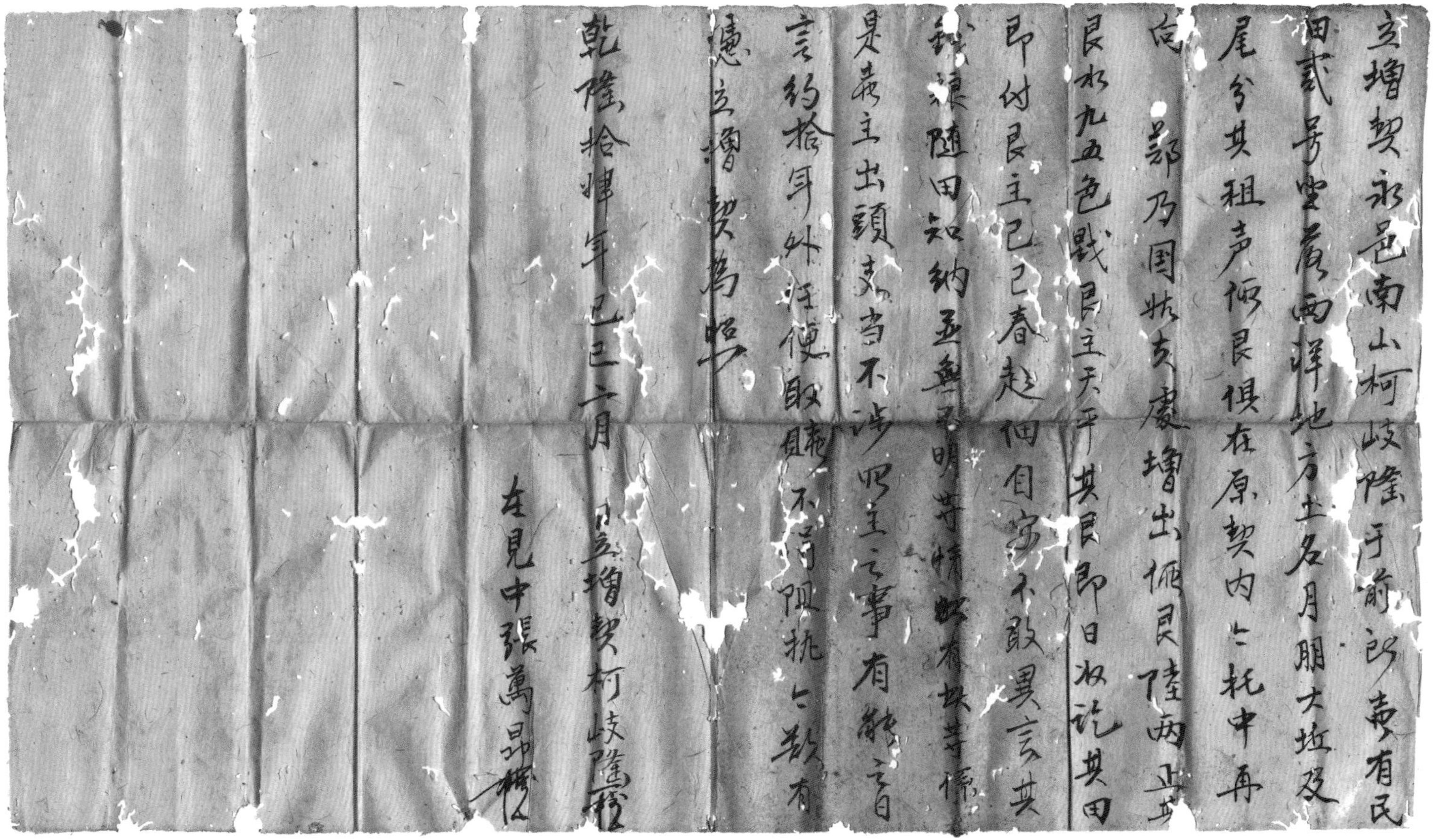

立增契永邑南山柯岐隆，于前年有民
田貳号，坐落洋地方，土名月朋大坵及
尾分，共租声俱在原契内，乇耗中再
向
鄰乃国壮支處增出価艮陸两正，其
艮水九五色戥，艮主天平。其艮即日收訖，其田
即付艮主，己巳春起佃自耕，不敢異言。其
錢粮隨田知納，並無[illegible]明等情。如有此等係
是岐主出頭支當，不涉艮主之事。有能
言約拾年外，任便取贖，不得阻执。今欲有
憑，立增契爲照。
乾隆拾肆年己巳二月　日立增契柯岐隆（押）
在見中張萬昂（押）

2-1-116-2　清乾隆十四年二月柯岐隆立增民田契

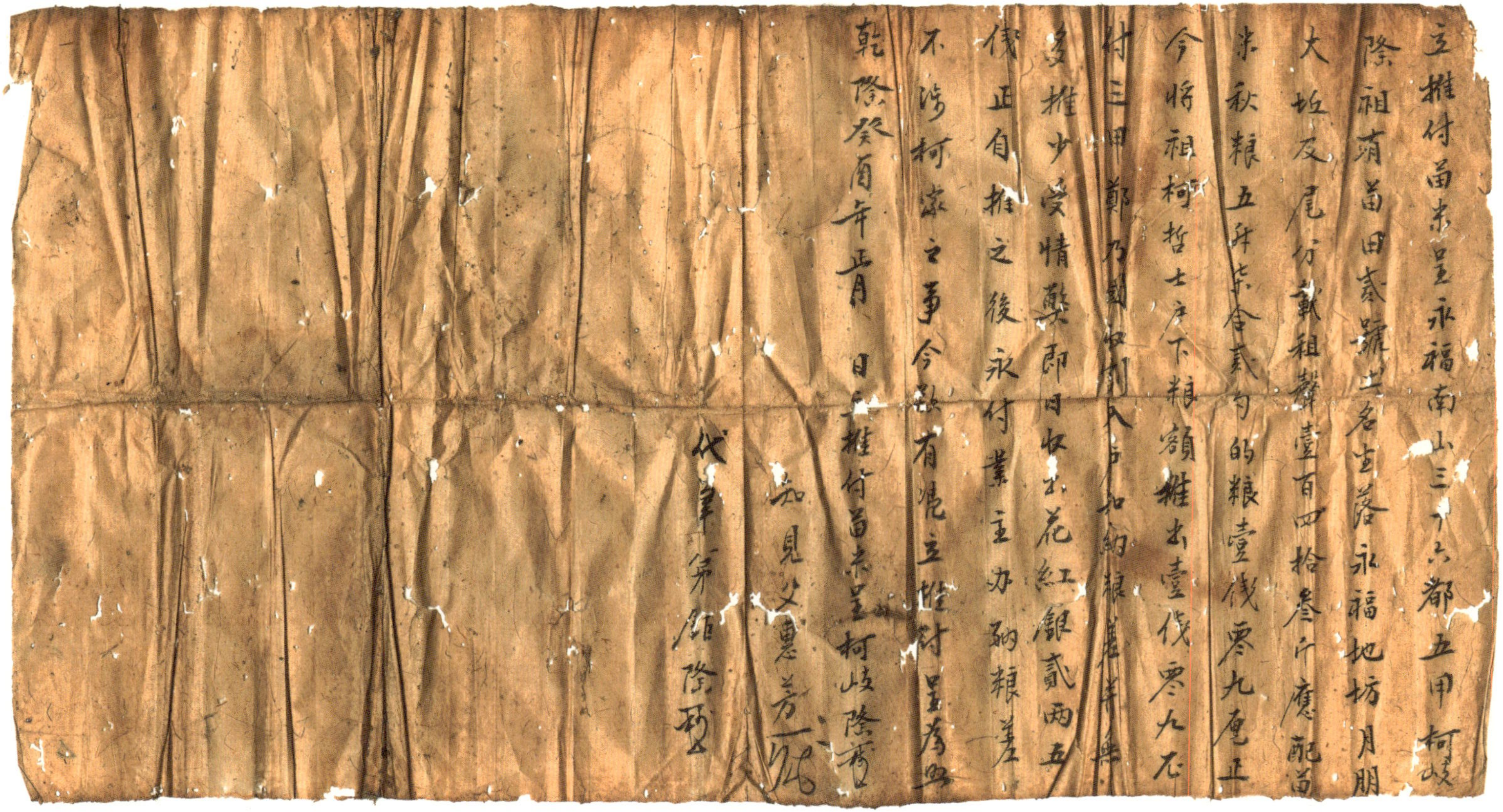
立推付苗米呈永福南山三十六都五甲柯岐
隆祖有苗田壹號土名坐落永福地坊月朋
大坵及尾仔載租壹百四拾叁斤應配苗
米秋粮五升柒合貳勺的粮壹錢零九厘正
今將祖柯哲士戶下粮額推出壹錢零九厘
付三甲鄭乃國收割入戶扣納粮差米無
爰推少受情願即日收出花紅銀貳兩五
錢正自推之後永付業主办納粮差
不涉柯家之事今欲有憑立推付呈為照
乾隆癸酉年正月　日立推付苗米呈柯岐隆（押）
知見叔惠芳（押）
代筆弟館隆（押）

2-1-116-3　清乾隆十八年正月柯岐隆立推付苗米呈

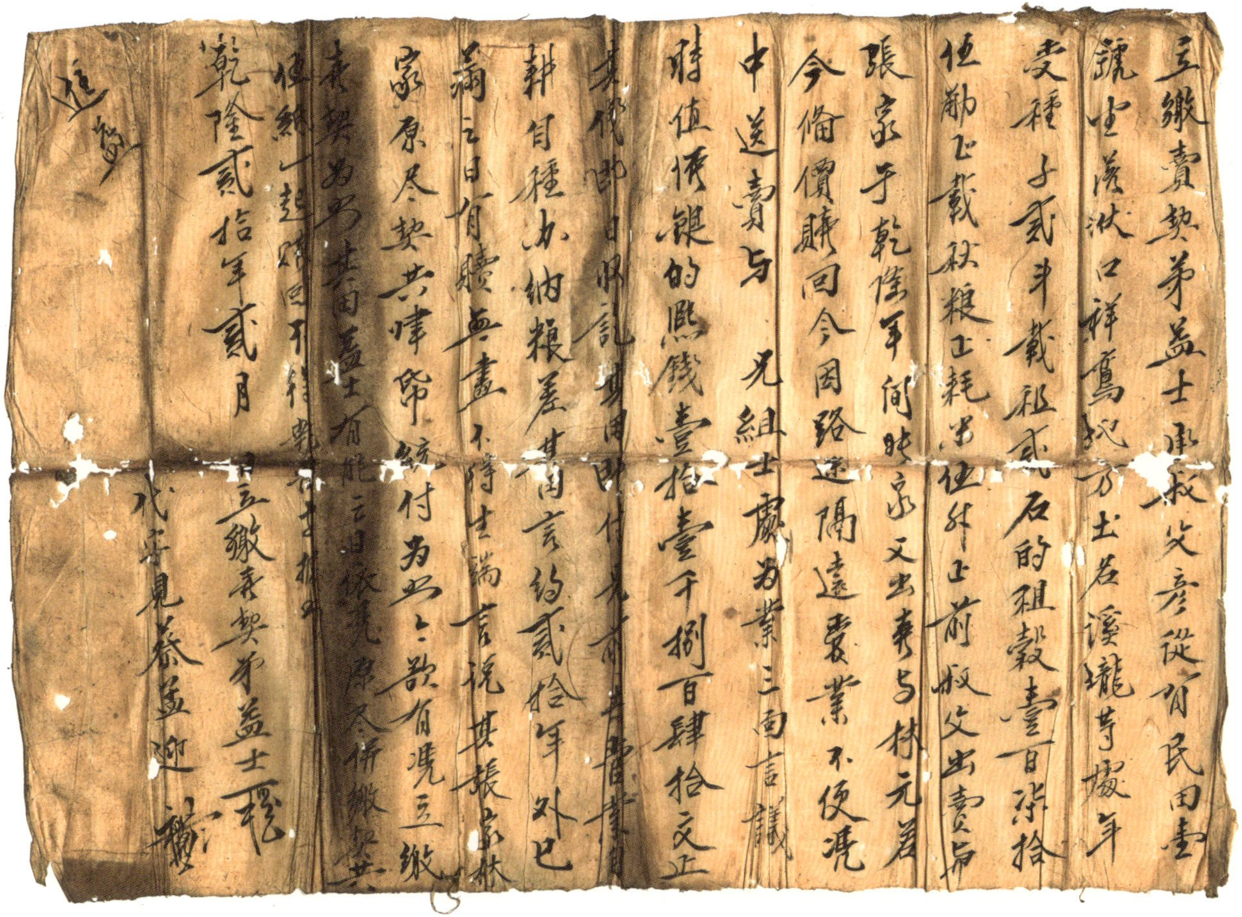
立繳賣契弟益士承叔父彦從有民田壹
號，坐落洑口洋蔦杞乃土名溪壠等處，年
受種子貳斗，載租貳石，的租穀壹百柒拾
伍觔正，載秋糧正耗米伍升正，前叔父出賣與
張家于乾隆年間，時家叔父出東與林元居
今倫價贖回。今因路途隔遠，管業不便，憑
中送賣與兄組士處為業，三面言議，
時值價銀的限錢壹拾壹千捌百肆拾文正，
其錢即日收訖，其田即付兄前去管業，
耕自種，办納粮差。其田言約貳拾年外，已
滿之日有贖無盡，不得生端言說。其張家林
家原尽契共肆帋，繳付為照。二欵有憑，立繳
賣契為照。其田益士有能之日，依兄原尽價繳契共
佃紙一起贖回，不得[illegible]
乾隆貳拾年貳月　日立繳賣契弟益士（押）
代字見叔益迎（押）
進贊

2-1-116-4　清乾隆二十年二月柯益士立繳賣民田契

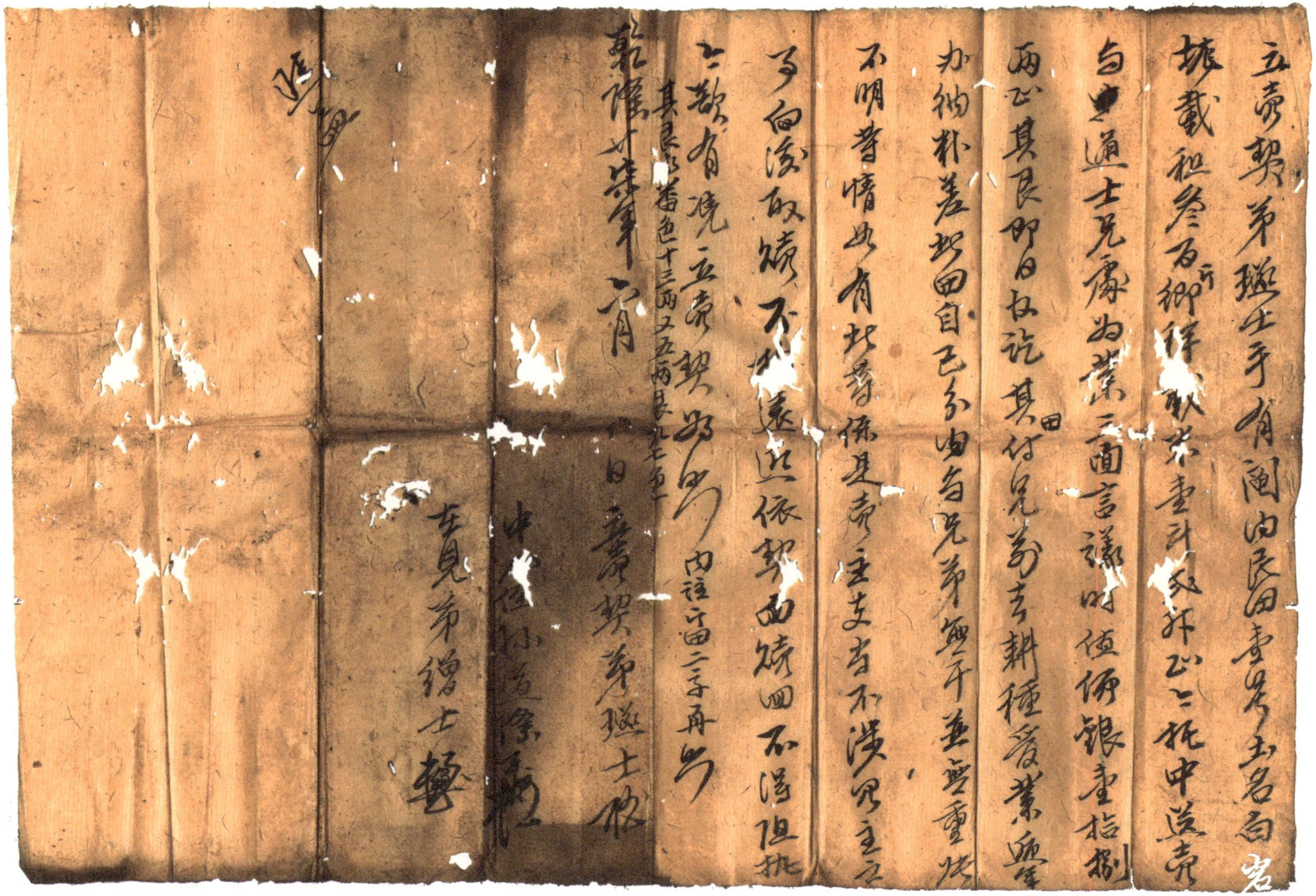

2-1-116-5　清乾隆二十七年六月柯璲士立賣民田契

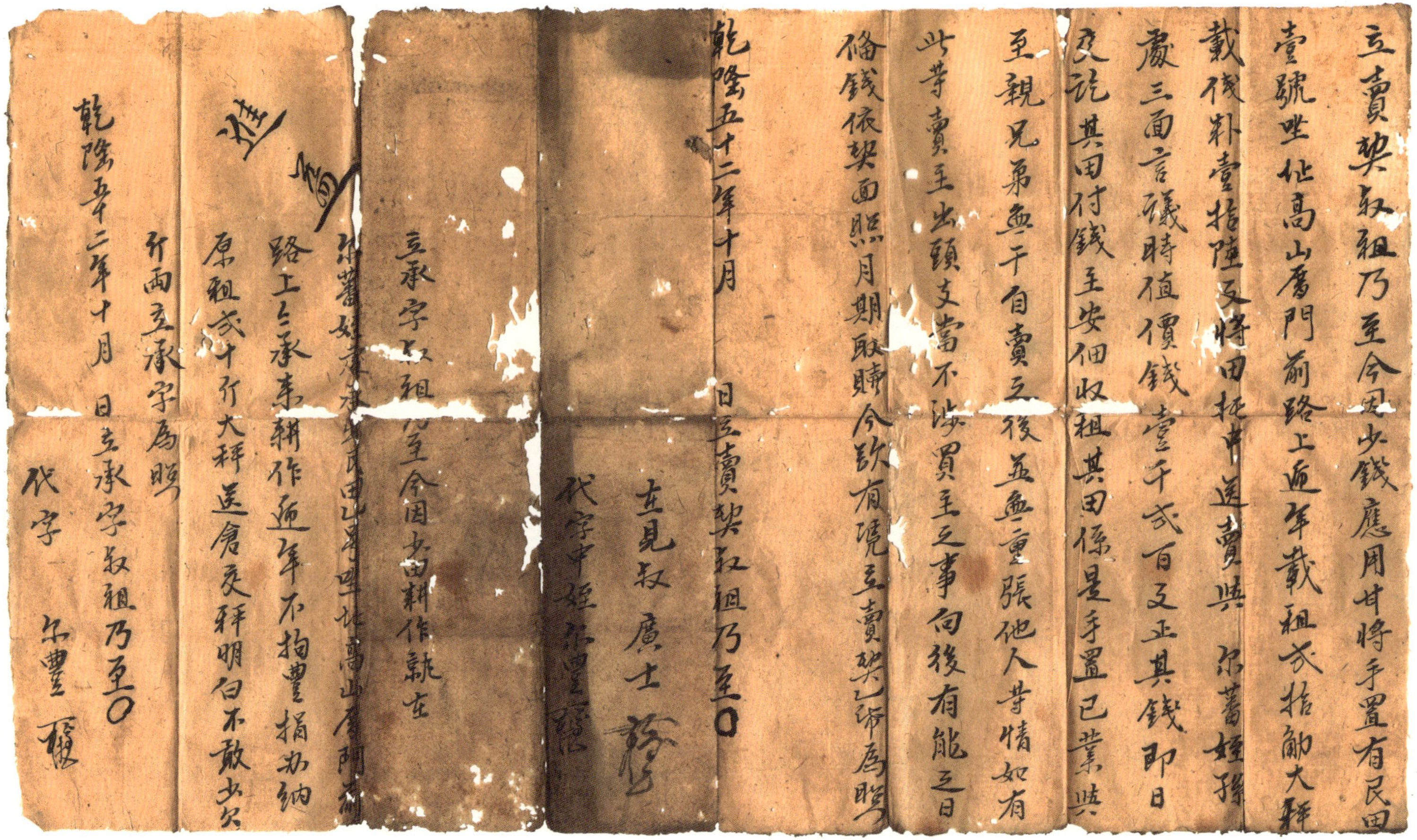
立賣契叔祖乃至今因少錢應用甘將手置有民田
壹號坐址高山厝門前路上遞年載租弍拾觔大秤
載伐粋壹指陸文將田托中送賣與 宗蓄姪孫
處三面言議時值價錢壹千弍百文正其錢即日
交訖其田付錢主安佃收租其田係是手置已業與
至親兄弟無干自賣之後並無重張他人等情如有
此等賣主出頭支當不涉買主之事向後有能之日
備錢依契面照月期取贖今欲有憑立賣契一紙為照
乾隆五十二年十月 日立賣契叔祖乃至〇
在見叔 廣士
代字中姪 宗豐
立承字叔祖乃至今因土田耕作就在
宗蓄姪孫民田山坐址高山厝門前
路上之承來耕作遞年不拘豐歉納
原租弍十斤大秤送倉交秤明白不敢少欠
斤兩立承字為照
乾隆五十二年十月 日立承字叔祖乃至〇
代字 宗豐

2-1-116-6 清乾隆五十二年十月柯乃至立賣民田契

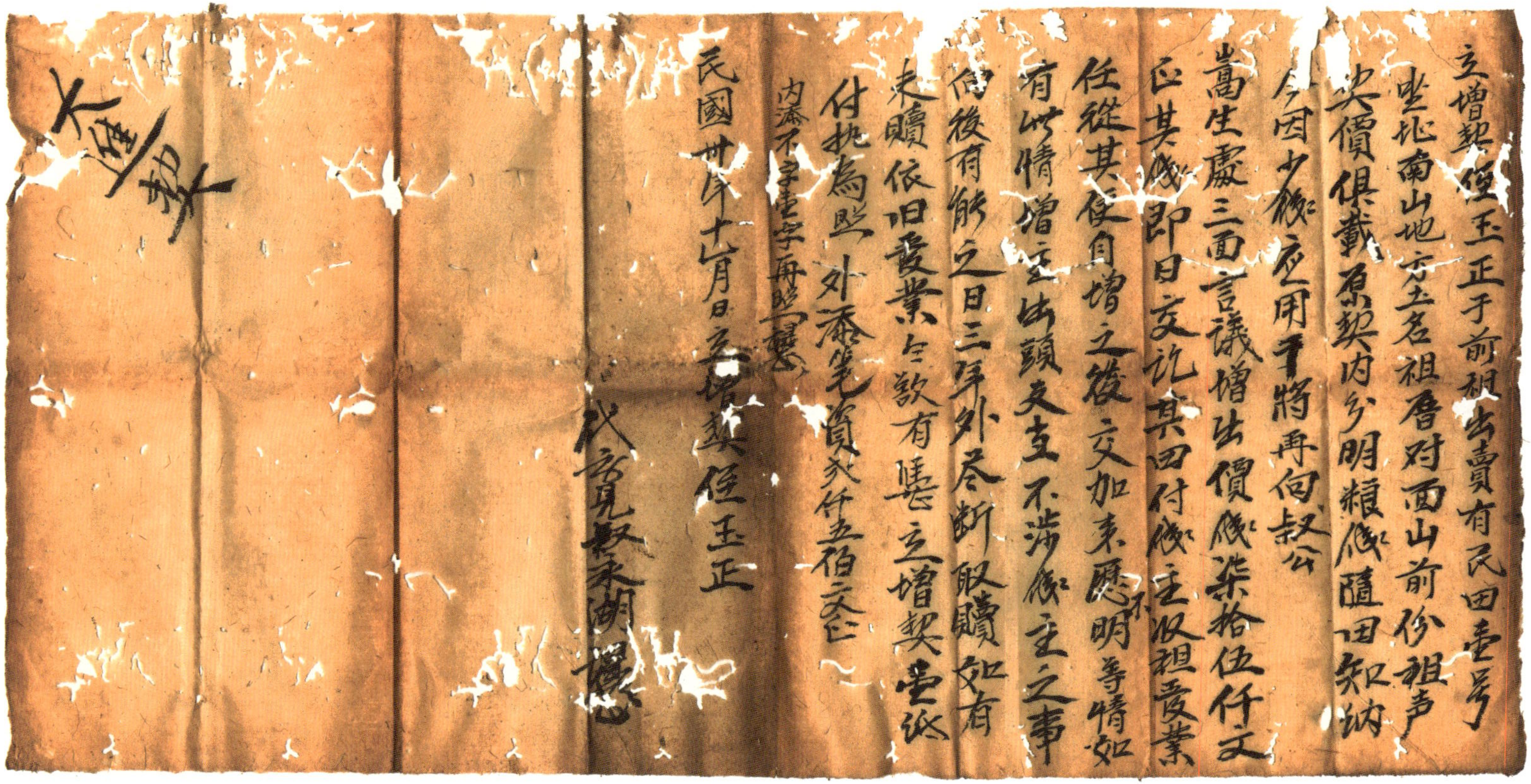
立增契侄玉正子前祖出賣有民田壹号
坐址南山地方土名祖厝对面山前份租尸
米價俱載原契內分明粮係随田知纳
今因乏錢應用再將再向叔公
嵩生處三面言議增出價錢柒拾伍仟文
正其錢即日交讫其田付錢主收租管業
任從其侄自增之後交加来歷明等情如
有此情增主出頭支當不涉錢主之事
向後有能之日三年外尽断取贖如有
未贖依旧管業今欲有憑立增契壹紙
付执為照 外添笔貳拾仟五佰文正
内添不字壹字再照
民國卅年十一月日立增契侄玉正
代筆見叔秉湖
大增契

2-1-116-7　民國三十年十一月柯玉正立增民田契

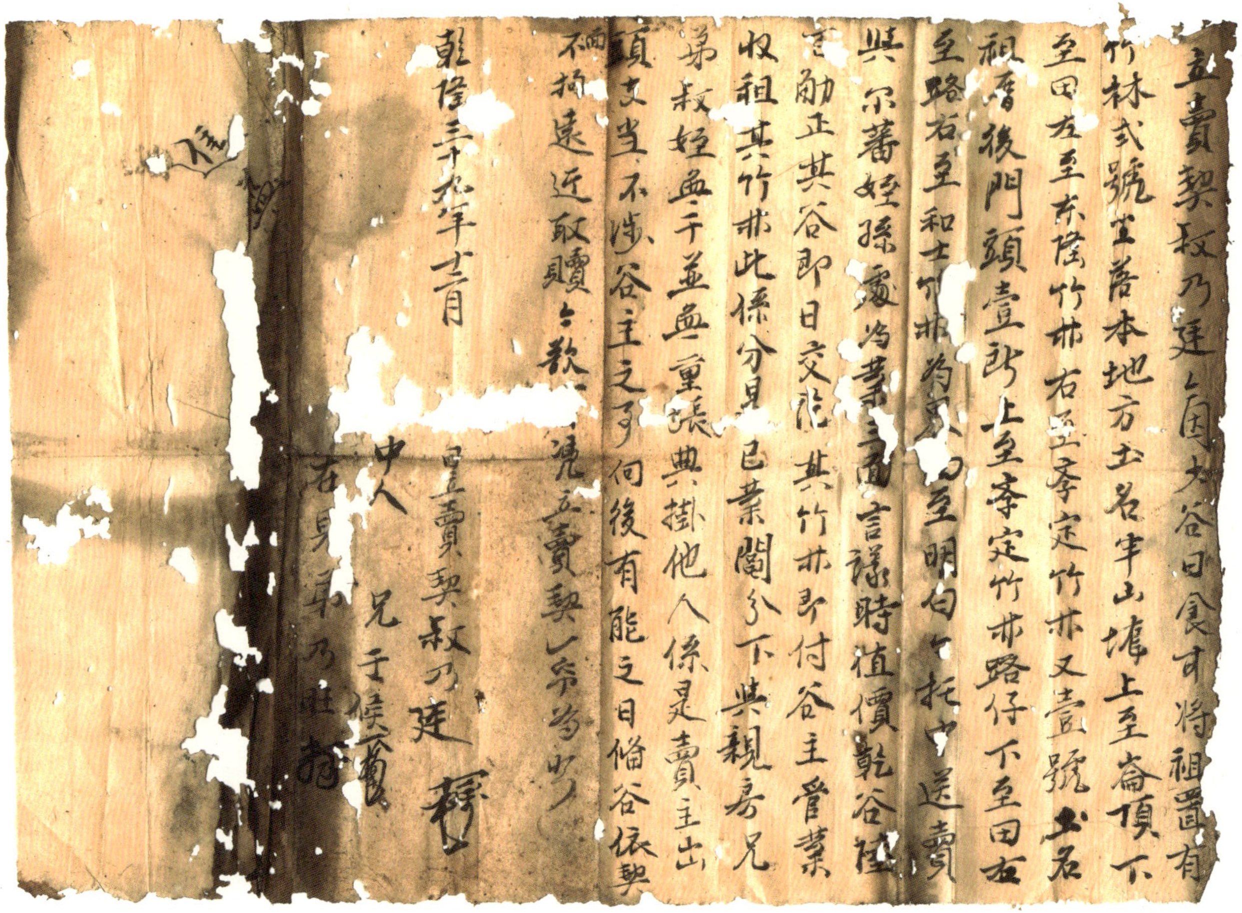
立賣契叔乃廷ㄙ因乏谷日食，才將祖置有
竹林弍號，坐落本地方土名牢山墘，上至崙頂，下
至田，左至东陸竹林，右至李定竹林；又壹號，土名
祖厝後門頭壹所，上至李定竹林路仔，下至田，左
至路，右至和士竹林為界，四至明白，托中送賣
與宗蕃姪孫處為業。三面言議，時值價乾谷陸
[illegible]觔正，其谷即日交訖，其竹林即付谷主管業
收租。其竹林此係分見己業，闔分下與親房兄
弟叔姪無干，並無重張典掛他人，係是賣主出
頭支當，不涉谷主之事。向後有能之日，備谷依契
不拘遠近取贖ㄙ數[illegible]。憑立賣契一紙為炤。
乾隆三十九年十二月　日
立賣契叔乃廷（押）
中人　兄　子侯（押）
在見　弟　乃旺（押）

2-1-117-1　清乾隆三十九年十二月柯乃廷立賣竹林契

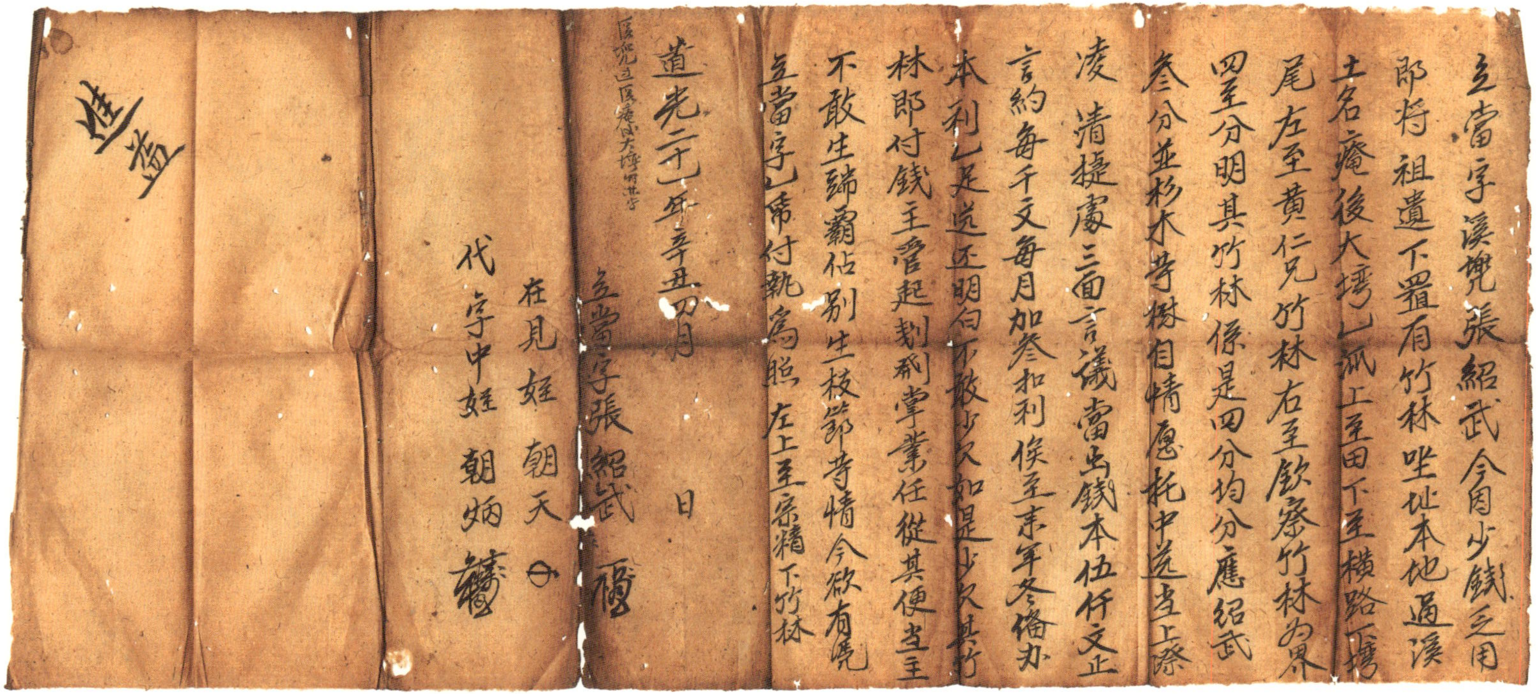
立當字溪塆張紹武，今因少錢乏用，
郎將祖遺下置有竹林，坐址本地過溪，
土名壠後大墘山，上至田，下至橫路下墘，
尾，左至黃仁兄竹林，右至欽寮竹林為界，
四至分明。其竹林係是四分均分，應紹武
叁分，並杉木等樹，自情愿托中送出上祭
凌清提處三面言議，當出錢本伍仟文正。
言約每千文每月加叁和利，候至來年冬備办
本利一足送還明白，不敢少欠。如是少欠，其竹
林即付錢主管起，割剺掌業，任從其便出主，
不敢生端霸佔別生枝節等情。今欲有凭，
立當字一帋付執為照。左上至宗精下竹林。

道光二十一年辛丑四月　日
立當字張紹武
在見姪　朝天
代字中姪　朝炳

2-1-117-2　清道光二十一年四月張紹武立當竹林契

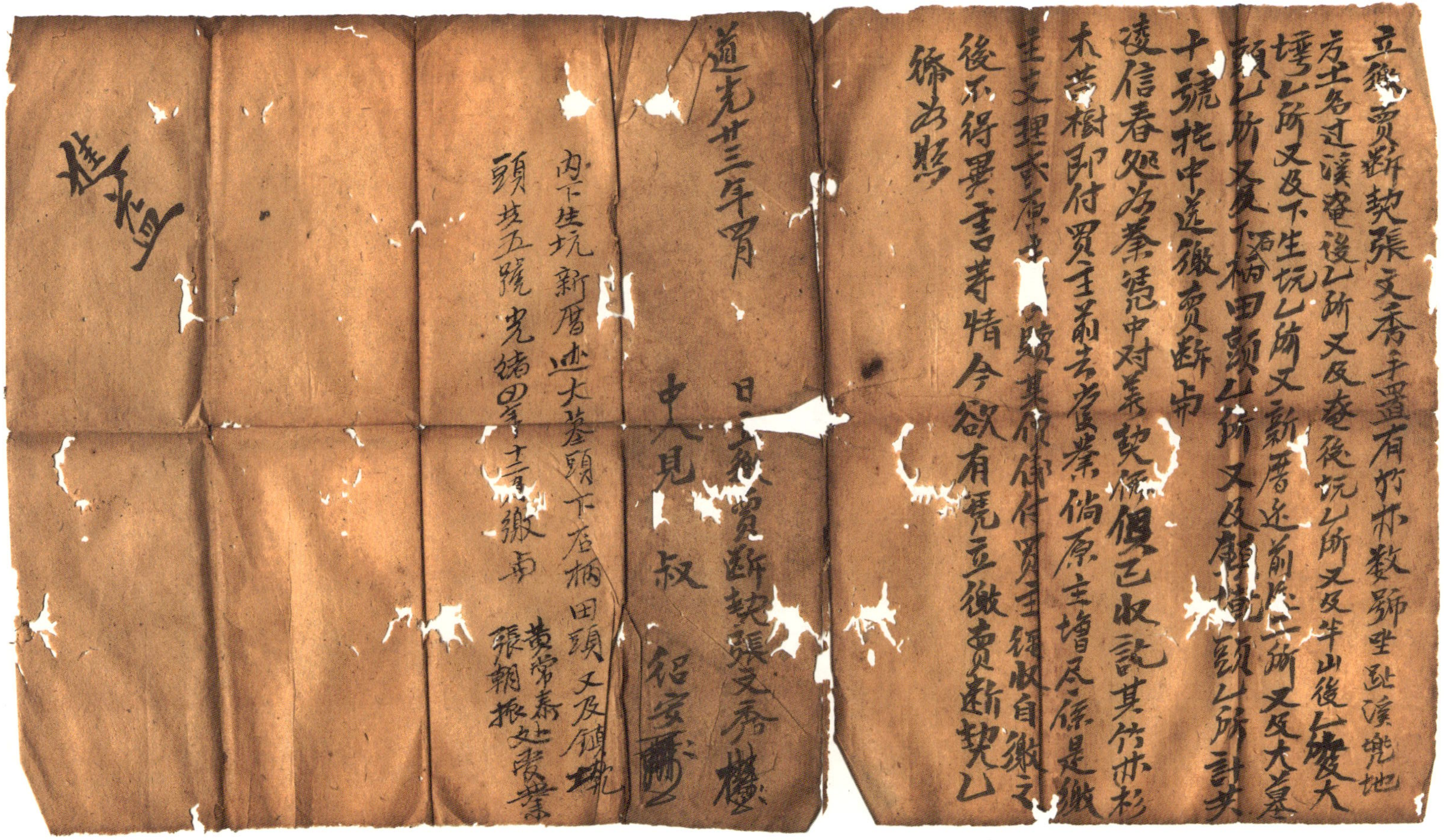

立繳賣斷契張文秀手置有竹木數號坐址溪兜地
方土名过溪庵後山所又及庵後坑山所又及牛山後仑後大
墿山所又及下生坑山所又新厝迹前山所又及大墓
頭山所又及下洋石橋田頭山所又及厝頭山所計共
十號托中送繳賣斷與
凌信春處為業憑中對業契價已收訖其竹木杉
木苦樹即付買主前去管業倘原主增尽係是繳
主支理不干原主之事其價付買主領收自繳之
後不得異言等情今欲有憑立繳賣斷契一紙
付為照

道光廿三年四月　日立繳賣斷契張文秀（押）
中見　叔　绍安（押）

内下生坑新厝迹大墓頭下石橋田頭又及鎮坑
頭共五號　光緒四年十二月繳與
黄常泰
張朝振　处管業

2-1-117-3　清道光二十三年四月張文秀立繳賣斷竹林契

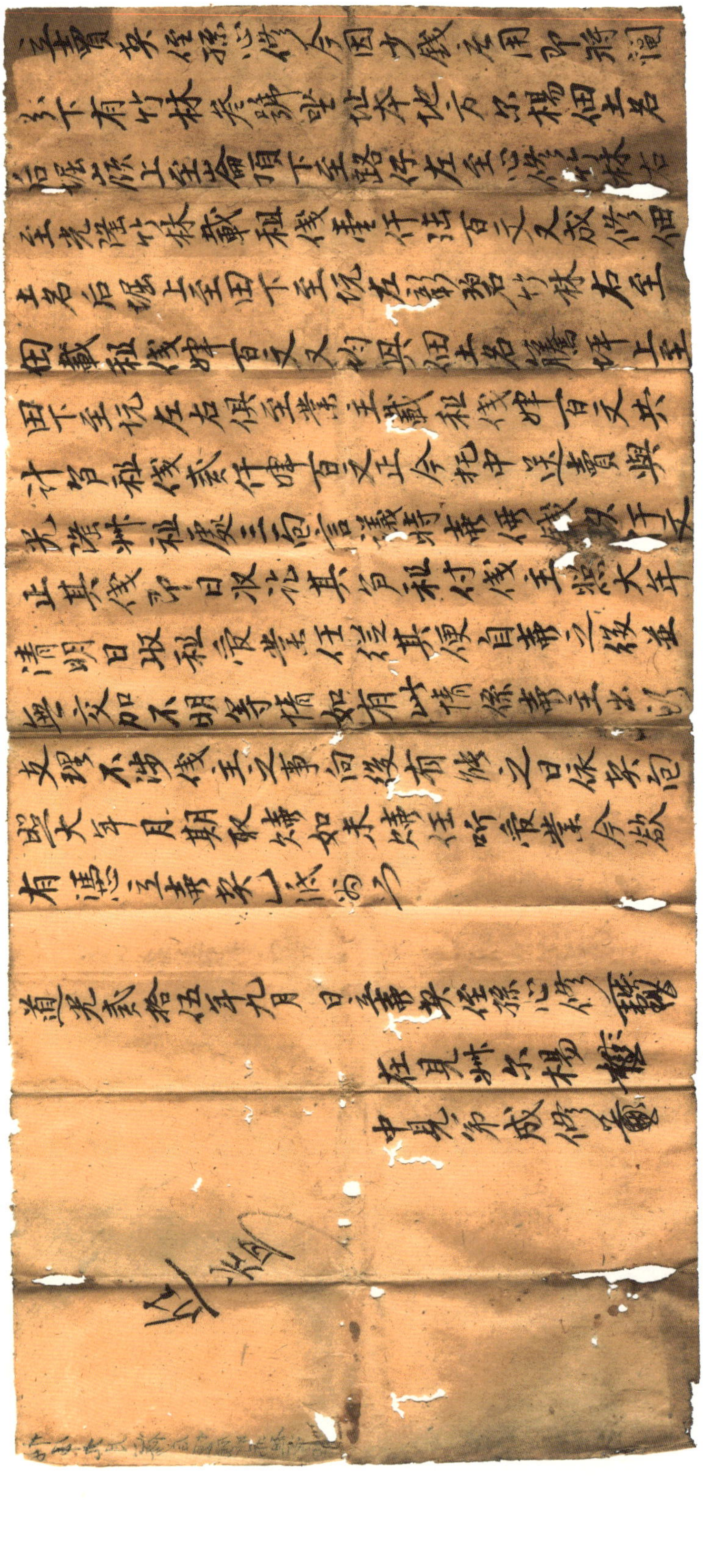

立賣契侄孫心修今因乏錢乏用即將祖[illegible]
分下有竹林叁號坐址本地土名楊坵上名
后塝上係上至崙頂下至路仔左至心修竹林右
至光灌竹林載租錢壹仟陸百三文又成修細
土名后塝上至田下至坑左至彭鵝竹林右至
田載租錢肆百三文又一號坐址土名塝腳上至
田下至坑左右俱至崇主載租錢肆百三文共
計三號租錢貳仟肆百三文正今托中送賣與
光灌[illegible]租處三面言議時價錢[illegible]仟文
正其錢即日收訖其竹租付錢主照大年
清明日收租完足任從其便自賣之後並
無交加不明等情如有此情係賣主出頭
支理不涉錢主之事向後有備之日依契面
照文字日期取贖如未贖任從完業今欲
有憑立賣契一紙為照

道光貳拾伍年九月　日立賣契侄孫心修（押）
在見叔公相楊（押）
中見弟成修（押）

2-1-117-4　清道光二十五年九月柯心修立賣竹林契

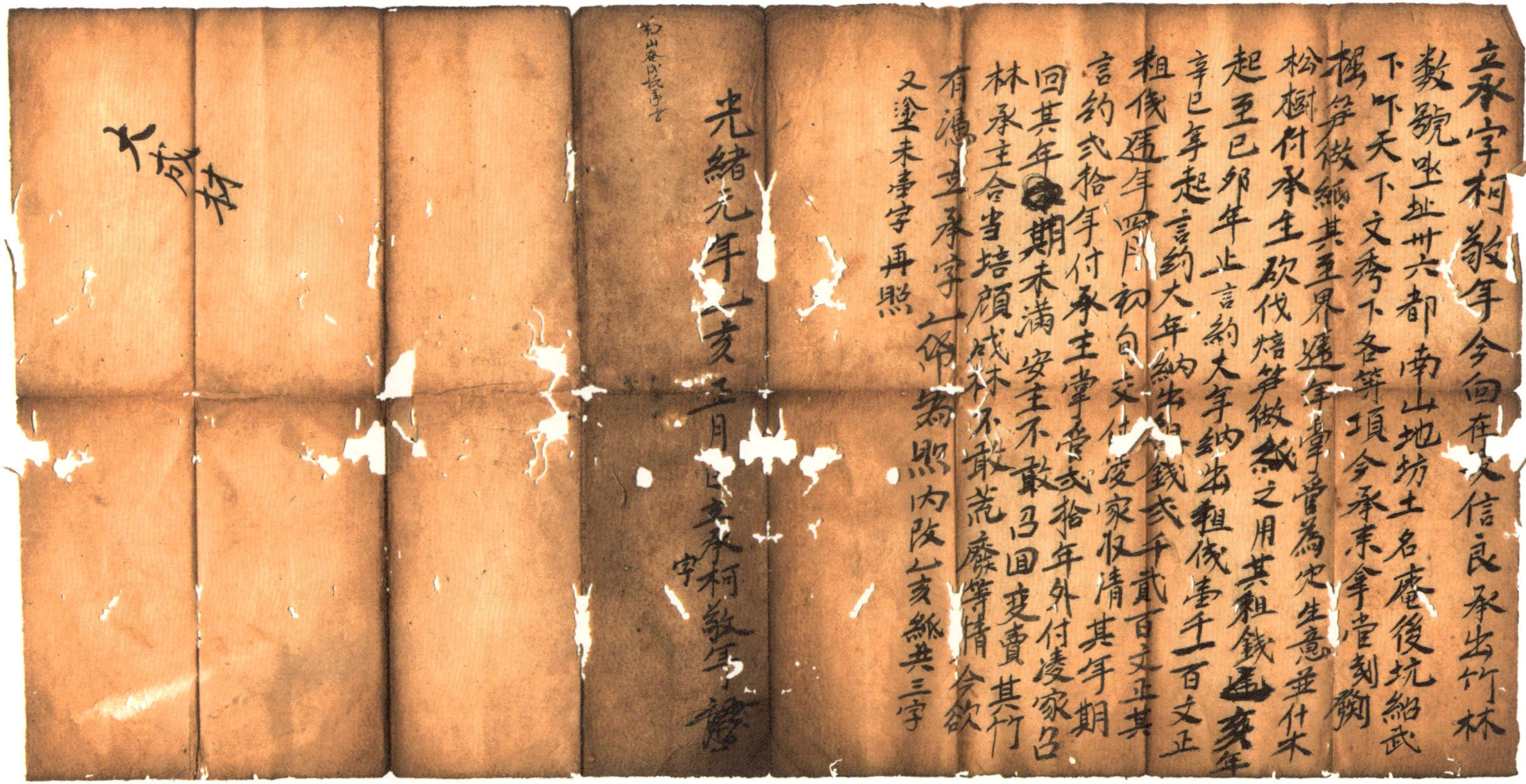
立承字柯敬年今向在文信良承出竹林
數號坐址廿六都南山地坊土名庵後坑貂武
下下天下文秀下各笋項今承来拿當剝
掘笋做紙其至界遂年掌管爲定生意並什木
松樹付承主砍伐焙笋做紙之用其租錢逐年
起至巳卯年止言約大年納出租錢壹千一百文正
辛巳年起言約大年納出租錢弍千貳百文正其
租錢逐年四月初自交付凌家收清其年期
言約弍拾年付承主掌管弍拾年外付凌家呂
回其年■期未滿安主不敢召回变賣其竹
林承主合当培顧成林不敢荒廢等情今欲
有憑立承字一紙爲照内改一字紙共三字
又塗未壹字再照

光緒元年乙亥正月　日立承字柯敬年（押）

2-1-117-5　清光緒元年正月柯敬年立承竹林字

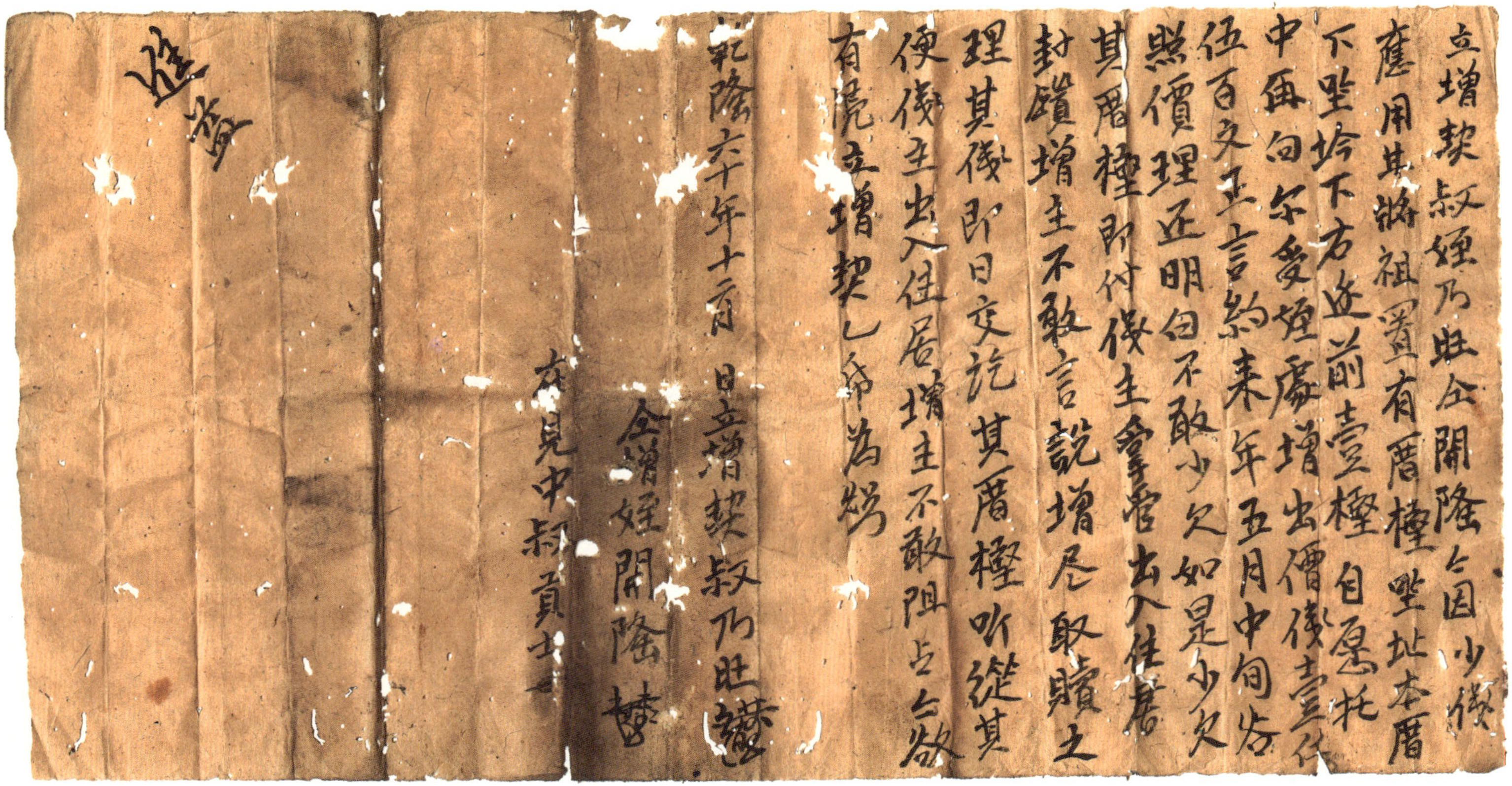

立增契叔姪乃旺仝開隆仝因少錢
應用其將祖置有厝墘壹址本厝
下坐於下方近前壹墘自愿托
中爲向尔爱姪處增出價錢壹仟
伍百文正言約來年五月中旬各
照價理還明白不敢少欠如是少欠
其厝墘即付錢主拿管出入住居
封贖增主不敢言説增盡取贖之
理其錢即日交訖其厝墘听從其
便錢主出入住居增主不敢阻占今欲
有憑立增契乙紙爲炤

乾隆六十年十二月　日立增契叔乃旺
仝增姪開隆
在見中叔貢士

2-1-118-1　清乾隆六十年十二月柯乃旺等立增厝墘契

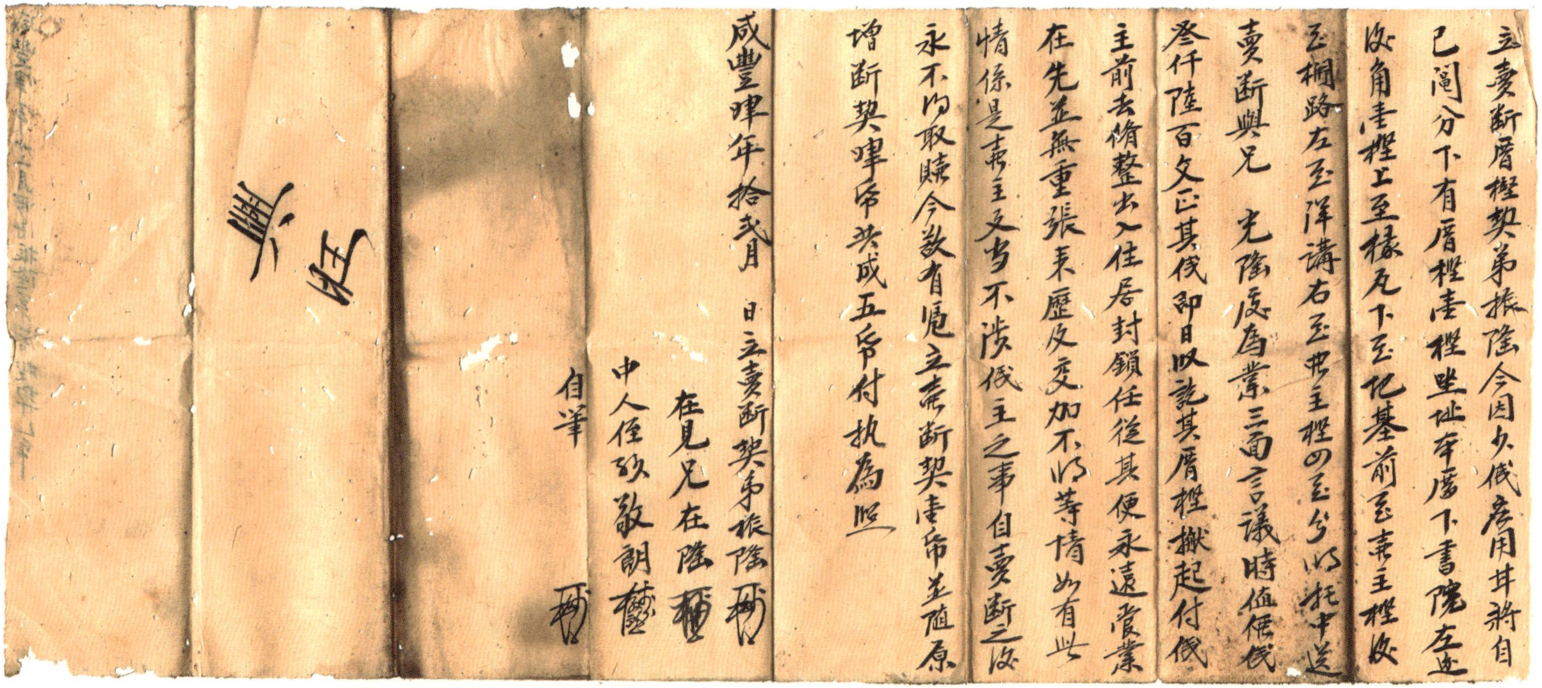
立賣斷厝樫契弟振隆，今因乏錢應用，甘將自
己閹分下有厝樫壹樫，坐址本處下書隴左邊
後角壹樫，上至椽瓦，下至地基，前至賣主樫後
至桐路，左至洋溝，右至賣主樫，四至分明，托中送
賣斷與兄　光隆處為業，三面言議時值價錢
叁仟陸百文正，其錢即日收訖，其厝樫撤起付錢
主前去脩整出入住居、封鎖，任從其便，永遠管業。
在先並無重張來歷及交加不明等情，如有此
情，係是賣主支當，不涉錢主之事。自賣斷之後
永不敢取贖。今欲有憑，立賣斷契壹紙，並通原
增斷契肆紙，共成五紙，付執為照。
咸豐肆年拾貳月　日立賣斷契弟振隆（押）
在見兄在隆（押）
中人侄致敬朗藝
自筆（押）

2-1-118-2　清咸豐四年十二月柯振隆立賣斷厝樫契

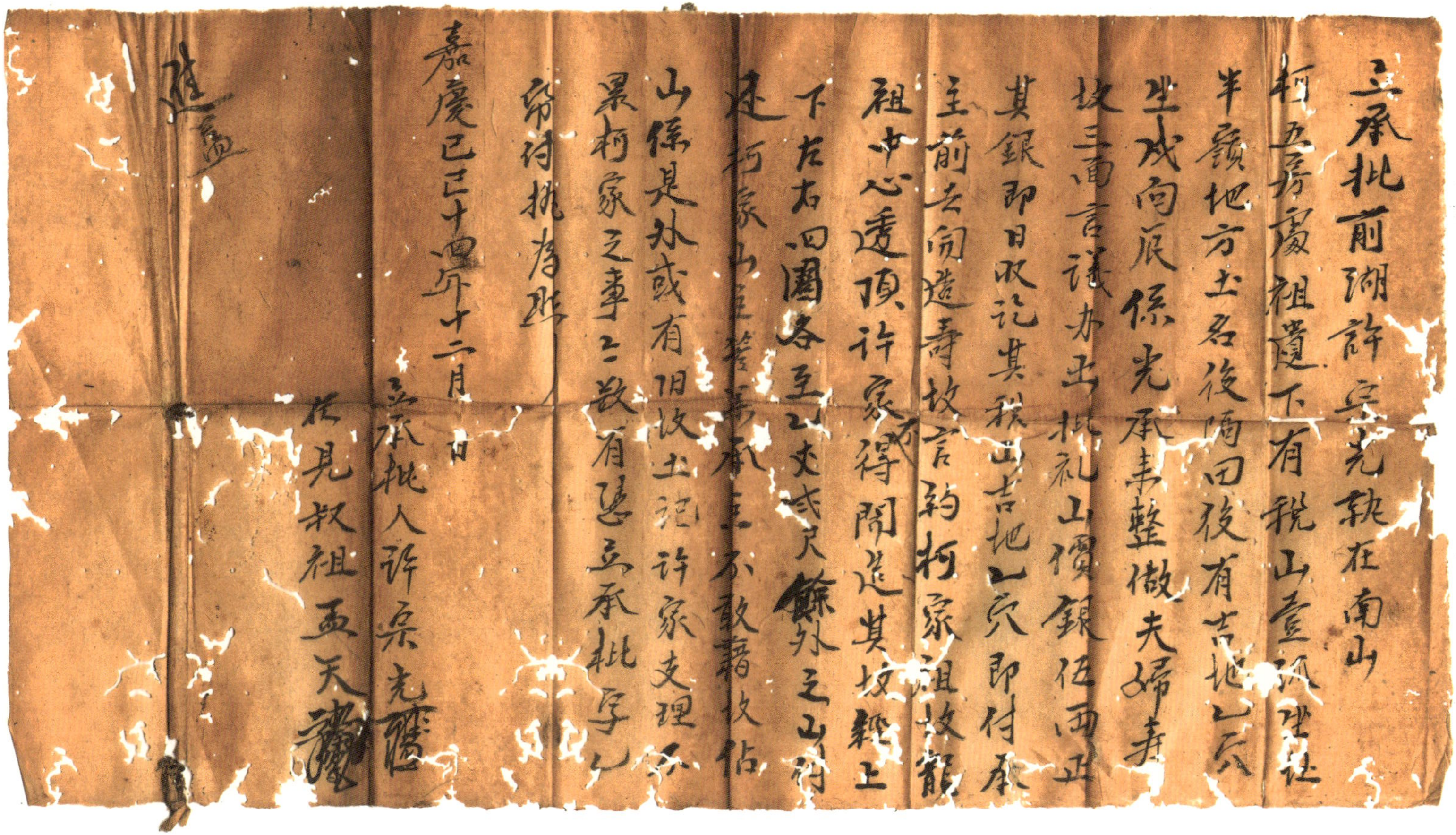

立承批前湖許宗光執在南山
柯五房處祖遺下有稅山壹派坐址
半嶺地方土名後隔田後有吉地一穴
坐戌向辰，係光承夫婦整做壽
坟。三面言議出批禮山價銀伍兩正，
其銀即日收訖，其稅山吉地一穴即付承
主前去開造壽坟。言約柯家祖坟龍
祖中心透頂，許家得開造。其坟穖上
下左右四圍各至一丈式尺，餘外之山付
還柯家山主管業，承主不敢藉坟佔
山。係是外或有旧坟土記，許家支理，不
累柯家之事。二欵有憑，立承批字一
紙付執爲照。
嘉慶己巳十四年十二月　日　立承批人許宗光（押）
在見叔祖　玉天（押）
進益

2-1-119-1　清嘉慶十四年十二月許宗光立承批稅山字

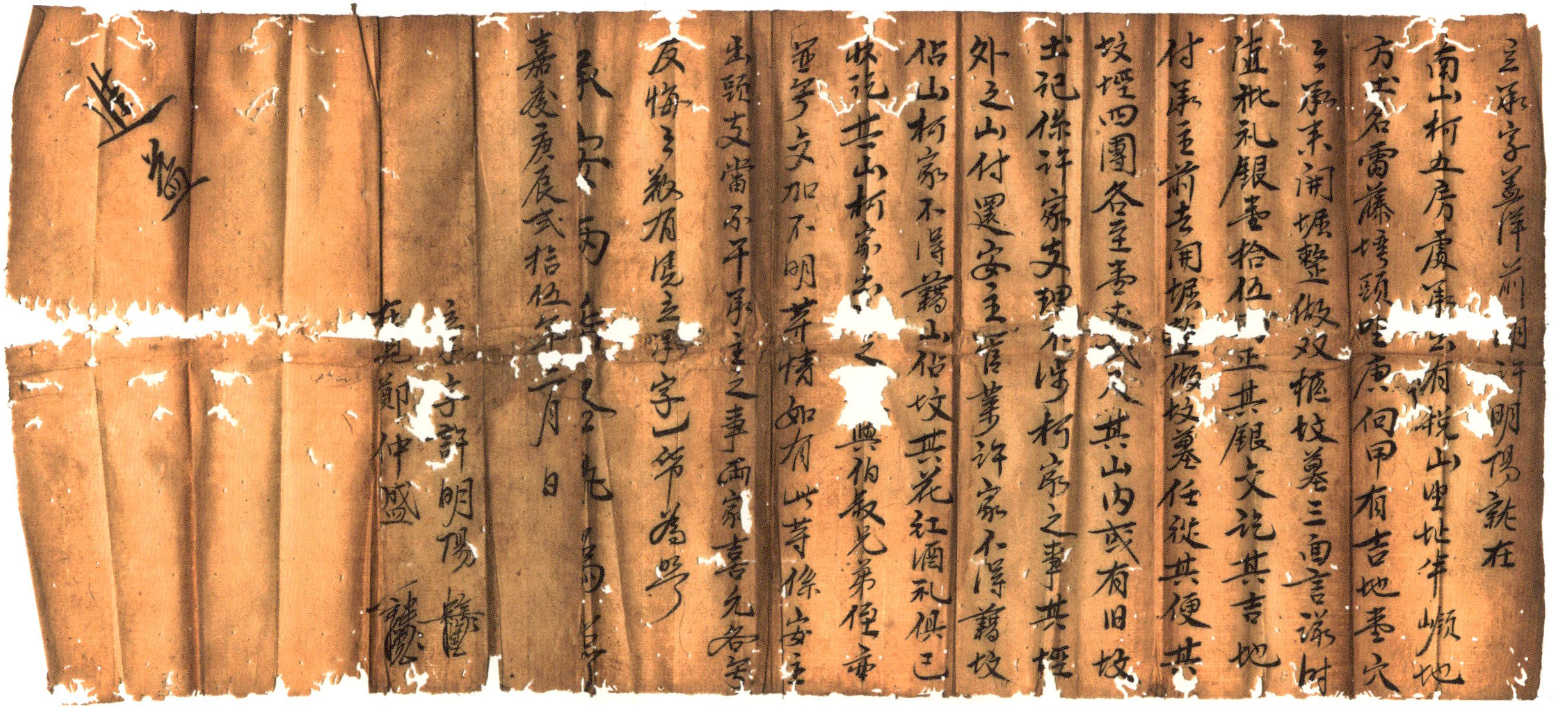
立承稅字蓋洋前[illegible]許明陽，兹在
南山柯五房處承出有稅山坐址牛嶺地
方土名雷藤壋頭嗟庚伺甲有吉地壹穴，
立承來開堀整做双椅坟墓，三面言議，付
這批礼銀壹拾伍兩正，其銀文訖，其吉地
付承手前去開堀整做坟墓，任從其便，其
坟塋四圍各至壹丈式尺，其山內或有旧坟，
亦記係許家支理，不得柯家之事。其塋
外之山付還家主管業，許家不得藉坟
佔山，柯家不得藉山佔坟。其花紅酒礼俱已
收訖，其山柯家出之[illegible]與伯叔兄弟侄無
[illegible]等文加不明等情，如有此等，係安主
出頭支當，不干承主之事。兩家喜允，各字
反悔，今欲有憑，立承字一帋為照。
[illegible]
嘉慶庚辰貳拾伍年二月　日
立承字許明陽（押）
在見鄭仲盛（押）

2-1-119-2　清嘉慶二十五年二月許明陽立承稅山字

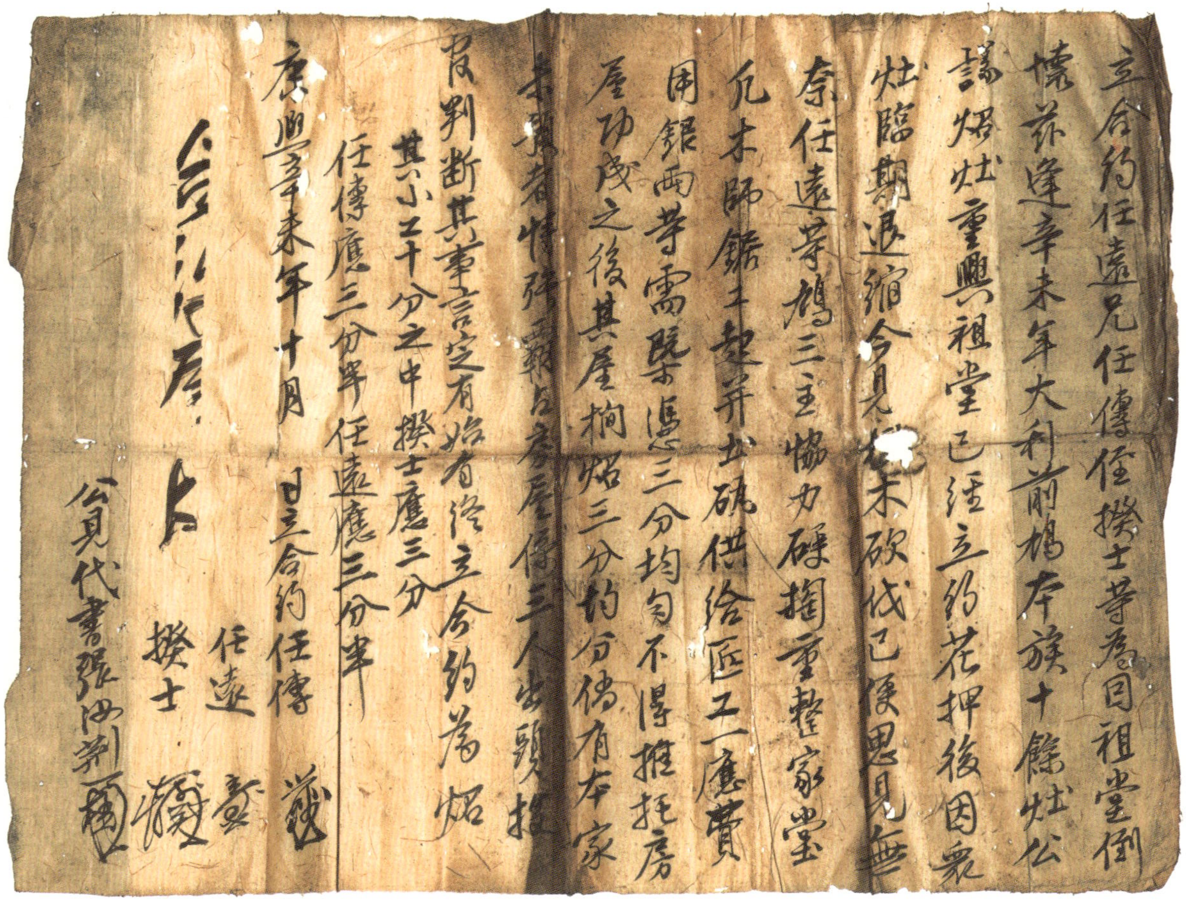

立合約任遠兄任傳侄掇士等爲因祖堂倒
壞於逢辛未年大科前椿本族十餘灶公
議炤灶重興祖堂已經立約花押後因衆
灶臨期退縮今見[illegible]木砍伐已便思見無
奈任遠等鳩三主協力磚掏重整家堂
凡木師鋸土起并出硋供給匠工一應費
用銀兩等需照三分均匀不得推托房
屋功成之後其屋構炤三分均分傳有本家
未預者情願出銀多寡參屋傳三人出頭接
食判斷其事言定有炤看給立合約爲炤
其小二十分之中掇士應三分
任傳應三分半任遠應三分半
康熙三十年十月　日立合約任傳
任遠
掇士
公見代書張汝剃
[illegible]

2–1–120–1　清康熙三十年十月柯任傳等立合約

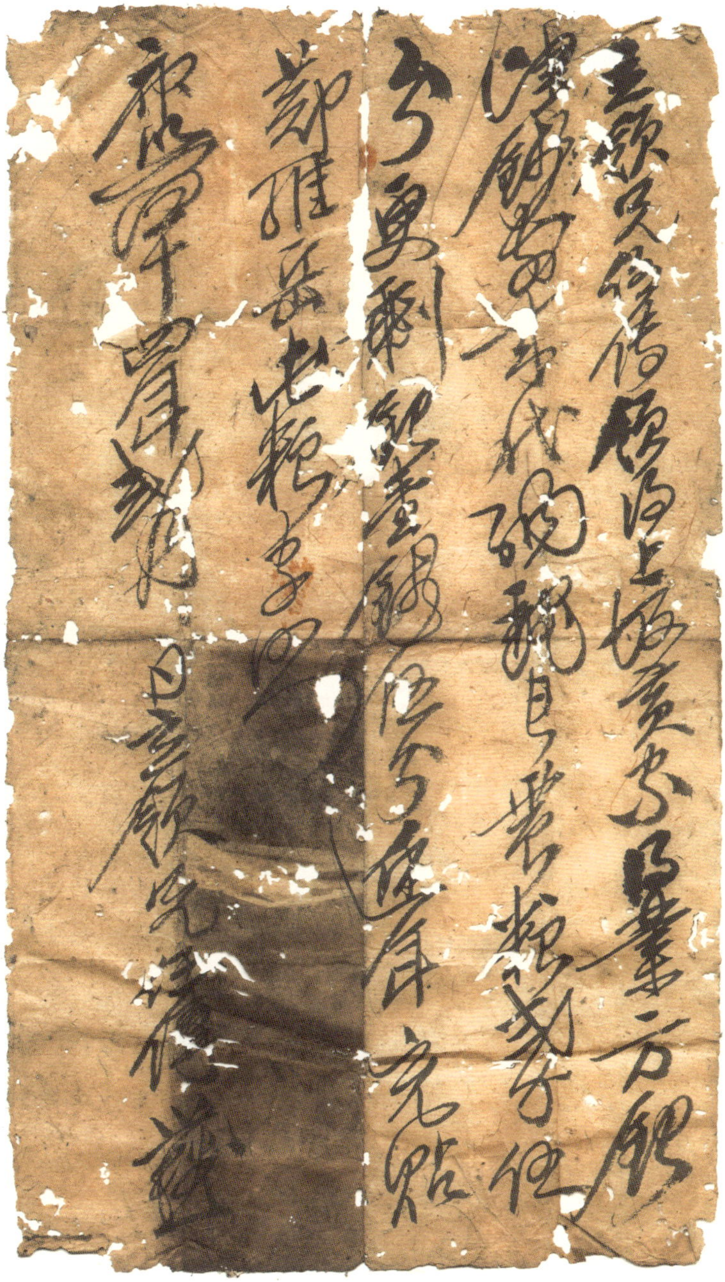

2-1-120-2　清康熙四十四年二月柯任傳立領糧錢字

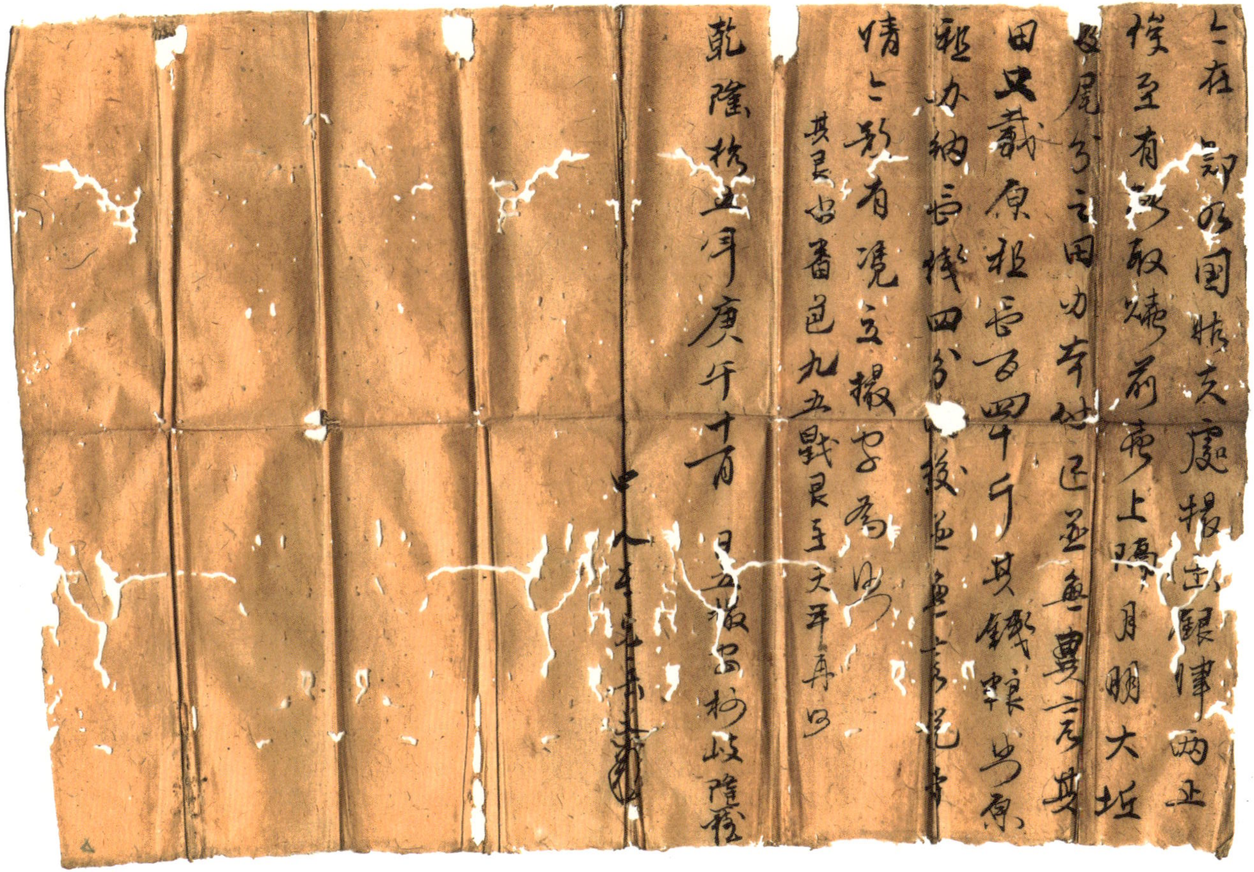

2-1-120-3　清乾隆十五年十一月柯岐隆立撮字

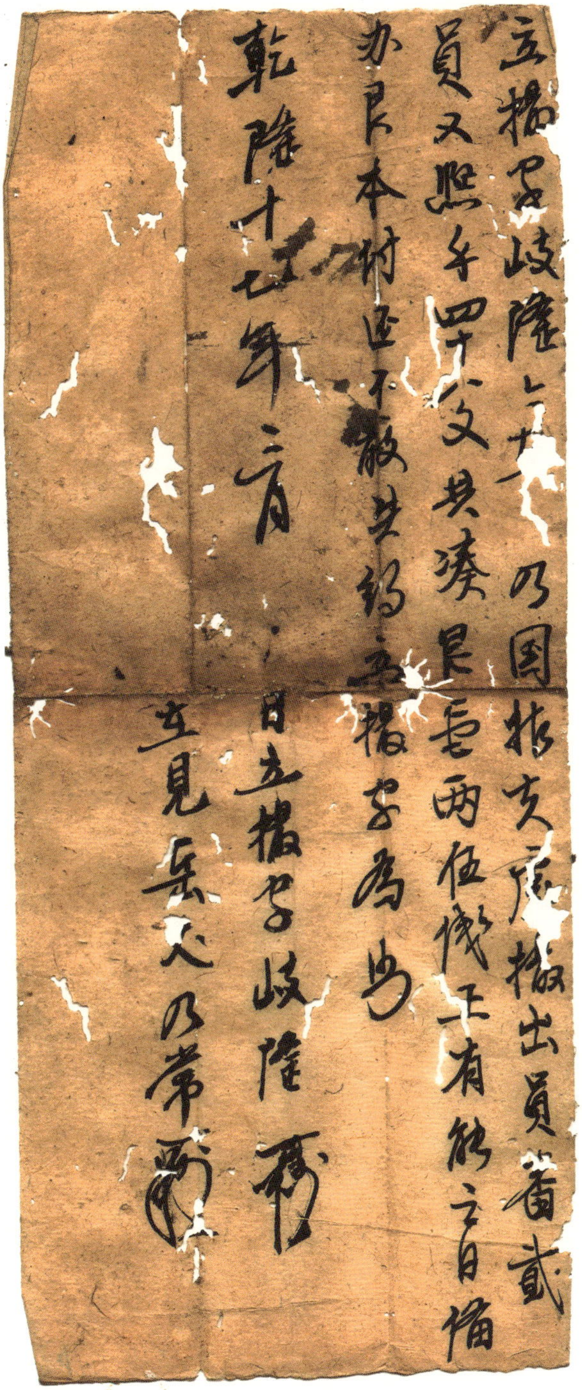
立撮字岐隆上大 乃因於支用撮出員番貳
員又與手四百文共湊艮壹兩伍錢正有約六月備
办艮本利還不敢其缺立撮字為照
乾隆十七年三月 日立撮字岐隆（押）
在見岳父乃帝（押）

2-1-120-4　清乾隆十七年三月柯岐隆立撮字

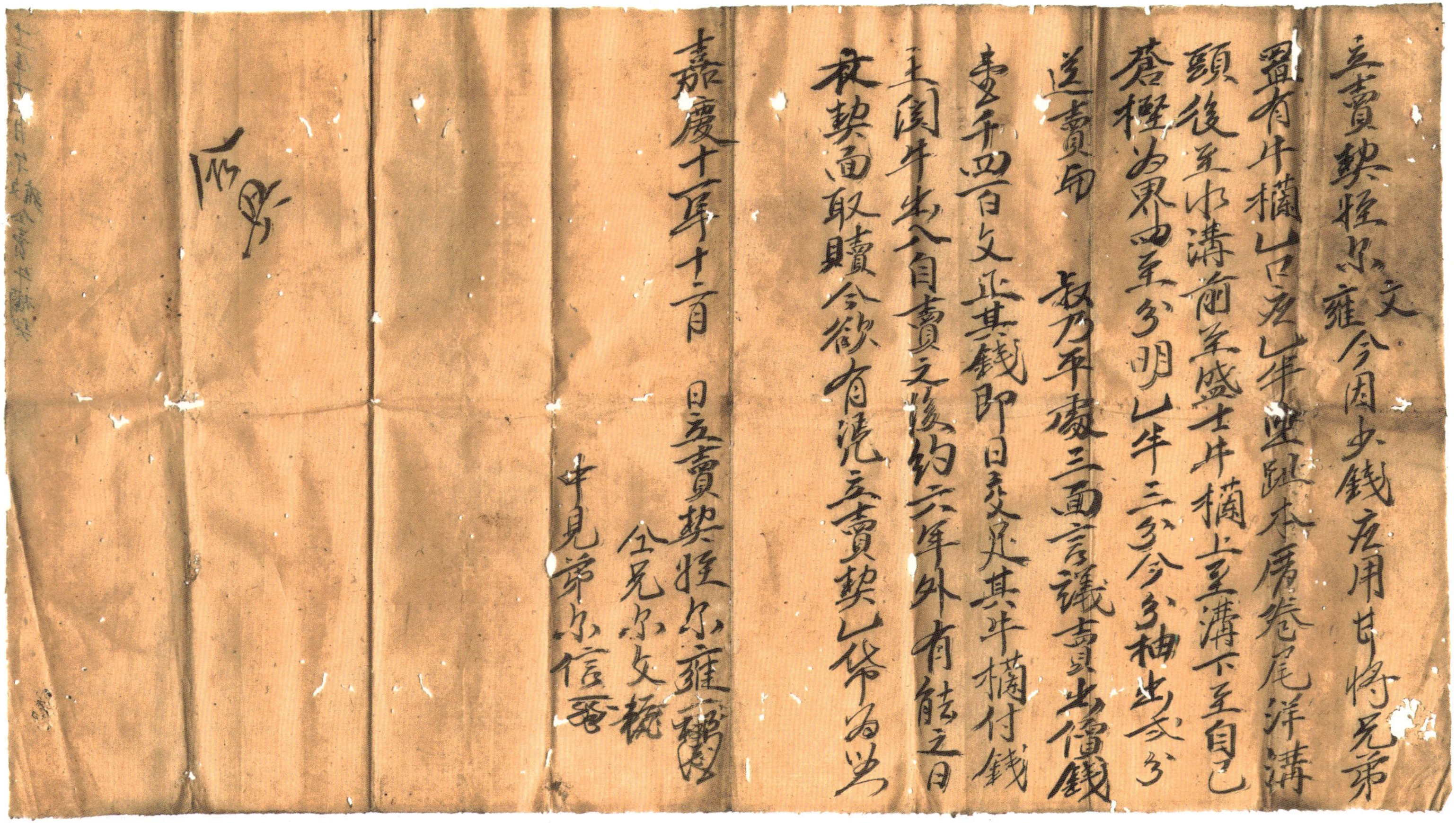
立賣契柯尔文、雍，今因乏錢應用，甘將兄弟
買有牛欄山一座，坐址本房卷尾洋溝
頭，後至小溝，前至盛士牛欄，上至溝，下至自己
蒼樫為界，四至分明。山牛三分，今將三分抽出，叁分
送賣予叔乃平處，三面言議，賣出價錢
壹千四百文，其錢即日交足，其牛欄付錢
主闗牛出入，自賣之後，約六年外有能之日
承契面取贖。今欲有憑，立賣契一紙為照。
嘉慶十一年十二月　日立賣契柯尔雍
仝兄尔文
中見弟尔信

2-1-120-5　清嘉慶十一年十二月柯尔雍等立賣牛欄契

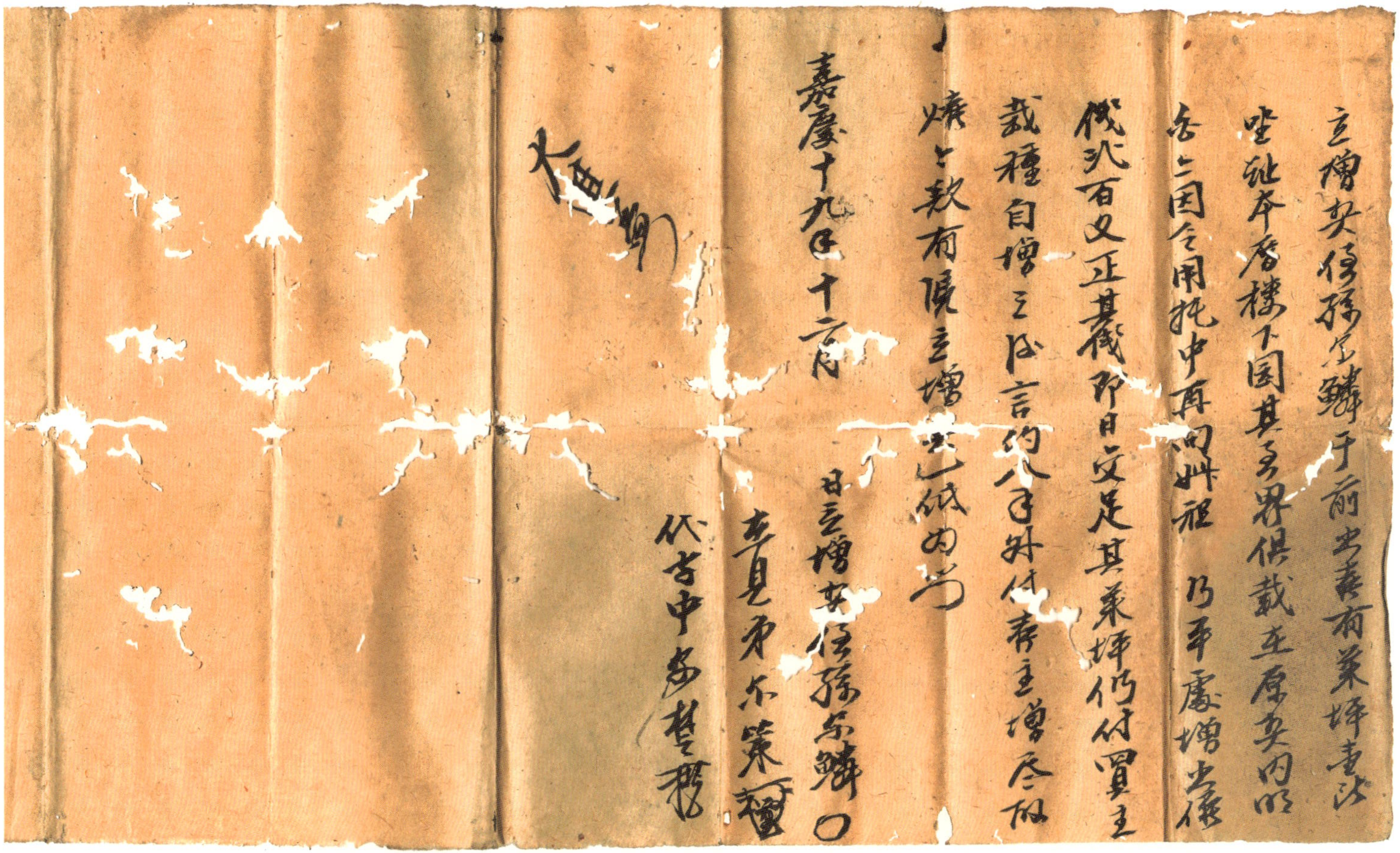

立增契侄孫尔鳞，于前出賣有菜坪壹所，
坐址本厝樓下園，其至界俱載在原契內明。
今因乏用，托中再向　叔祖　乃平處增出價
錢弍百文正，其錢即日交足，其菜坪仍付買主
栽種。自增之後，言約八字外付春主增盡根，
燒〃欵有憑，立增契一紙為照。
嘉慶十九年十二月　日立增契侄孫尔鳞（押）
在見叔尔策（押）
代書中吳楚（押）
大田

2-1-120-6　清嘉慶十九年十二月柯尔鳞立增菜坪契

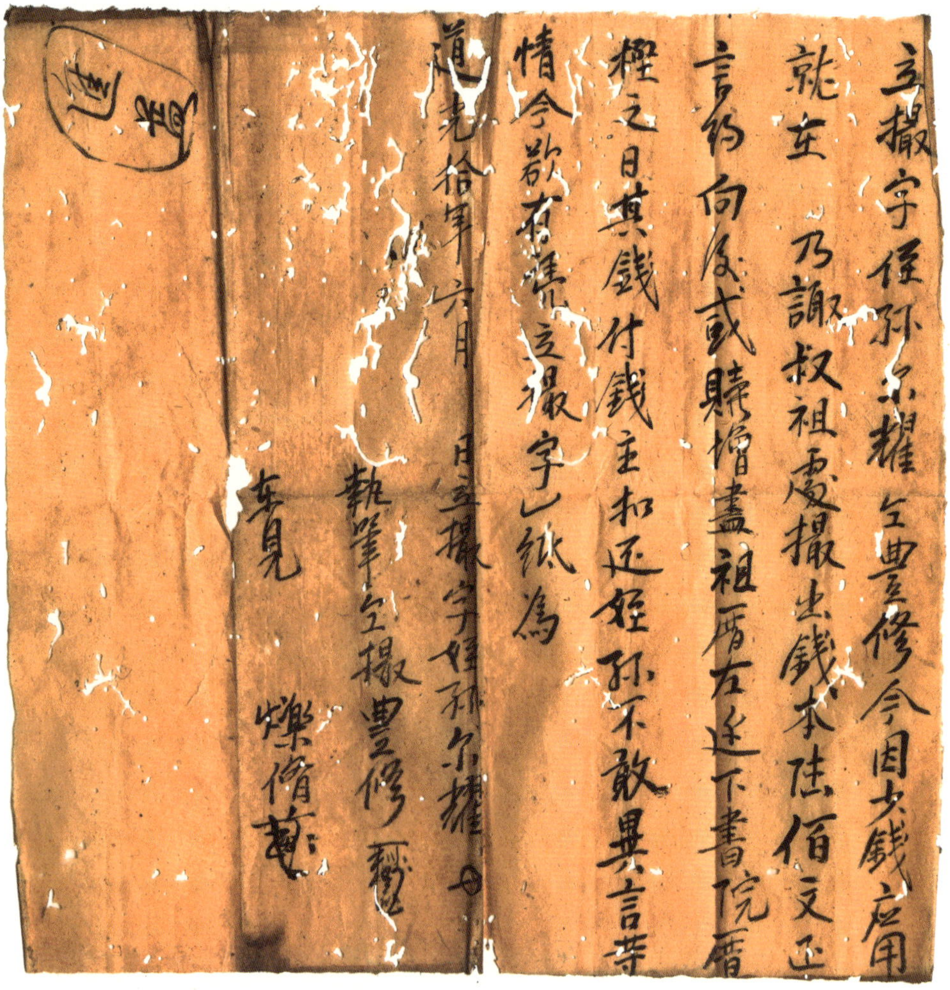

立撮字侄孫尔耀仝豐修今因乏錢應用
就在　乃諏叔祖處撮出錢本陆佰文正
言約向后貳贖增盡祖厝左边下書院厝
樫之日其錢付錢主和还侄孫不敢異言等
情今欲有憑立撮字乙紙為
道光拾年六月　日立撮字侄孫尔耀
執筆仝撮豐修
在見　爍脩

2-1-120-7　清道光十年六月柯尔耀立撮字

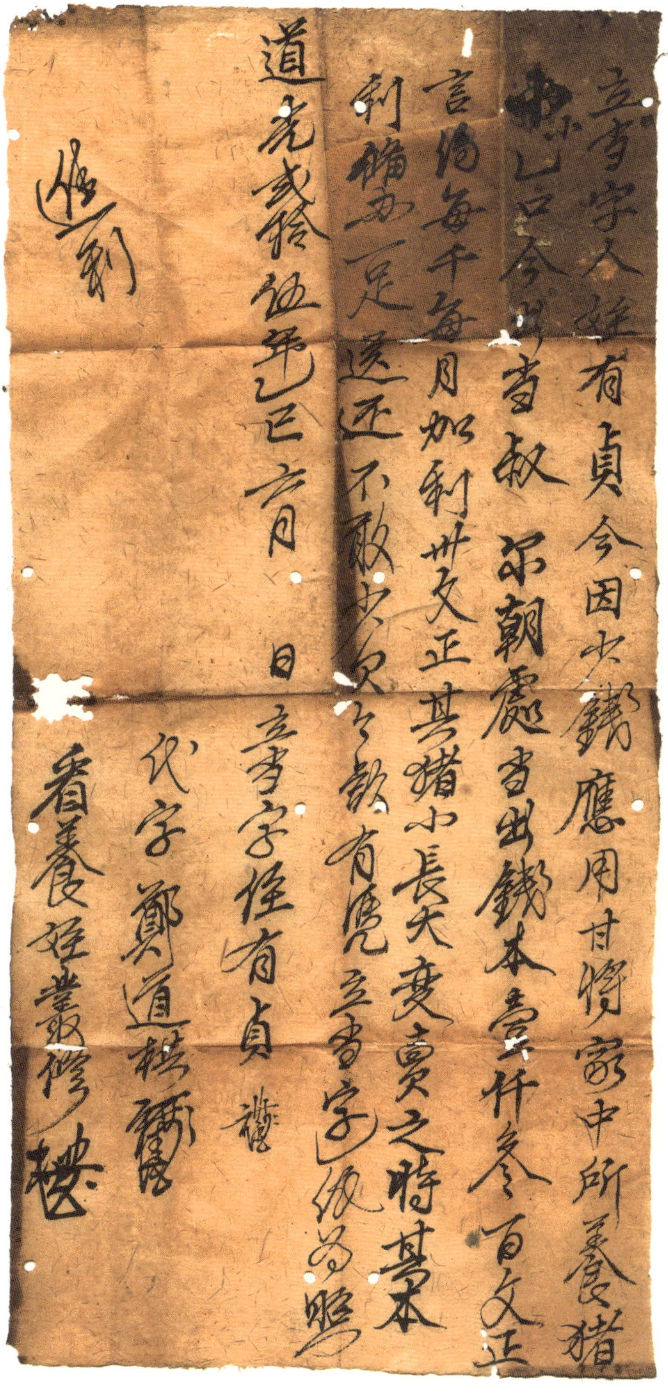
立當字人侄有貞，今因乏錢應用，甘將家中所養猪
□□口，今到當叔宗朝處當出錢本壹仟叁百文正。
言約每千每月加利廿文正，其猪小長大變賣之時，其本
利備辦一足送還，不敢少欠分文。今欲有憑，立當字一紙為照。
道光貳拾伍年乙巳六月　日　立當字侄有貞（押）
代字鄭□道（押）
看養侄□修（押）
進利

2-1-120-8　清道光二十五年六月柯有貞立當猪字

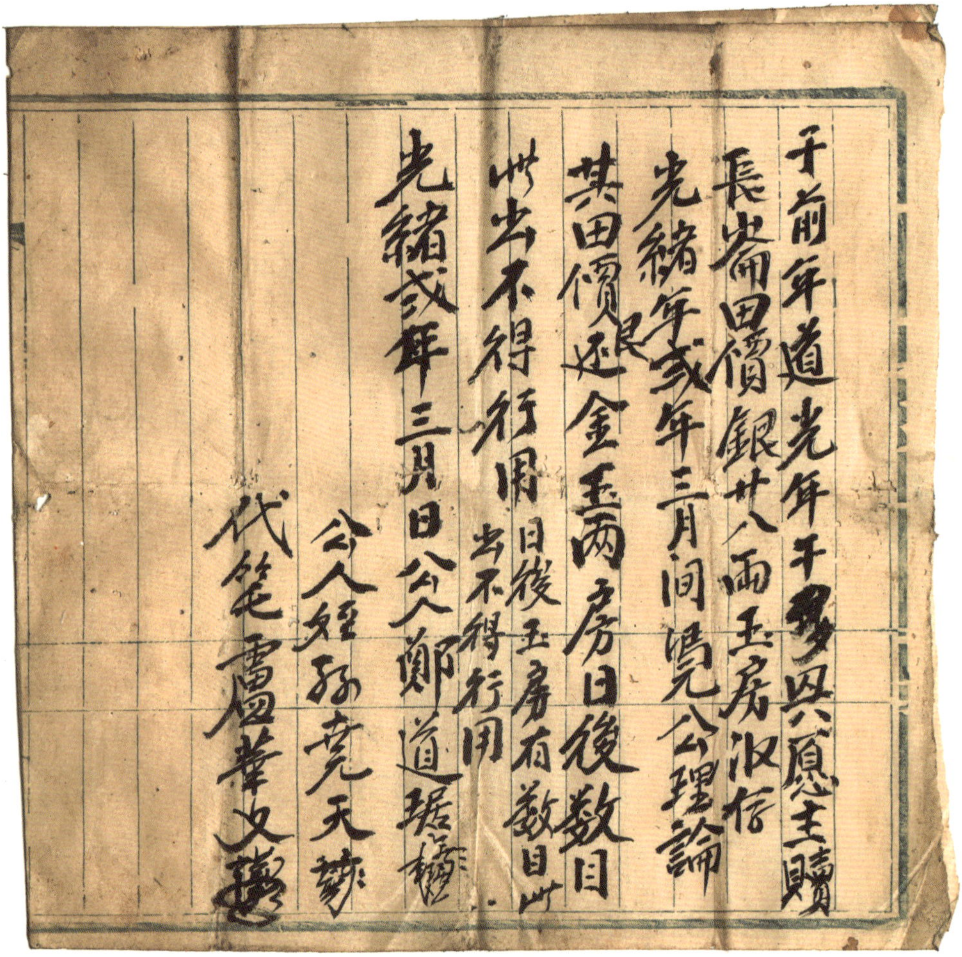
于前年道光年千多因與人愿主贖
長崙田價銀廿八兩五房收訖
光緒年弍年三月間憑兄公理論
其田價银还金五兩五房日後數目
此出不得行用 日後五房有數目此出不得行用
光緒弍年三月日公人鄭道琚
公人姪孫竞天
代筆雷儒華文

2-1-120-9　清光緒二年三月德化鄭道琚立贖田收字

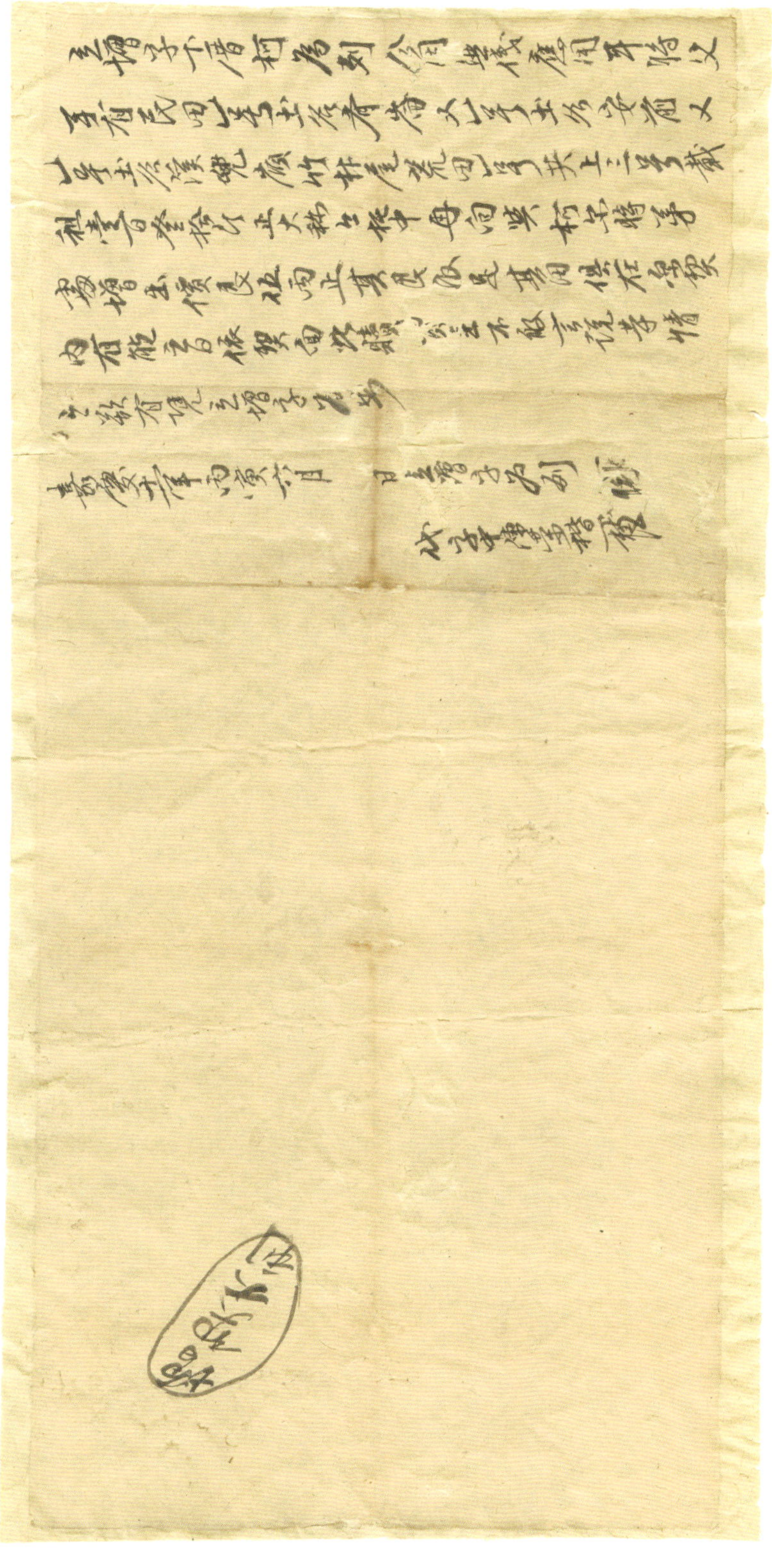

2-1-121-1　清嘉慶十一年六月柯爲列立增民田字

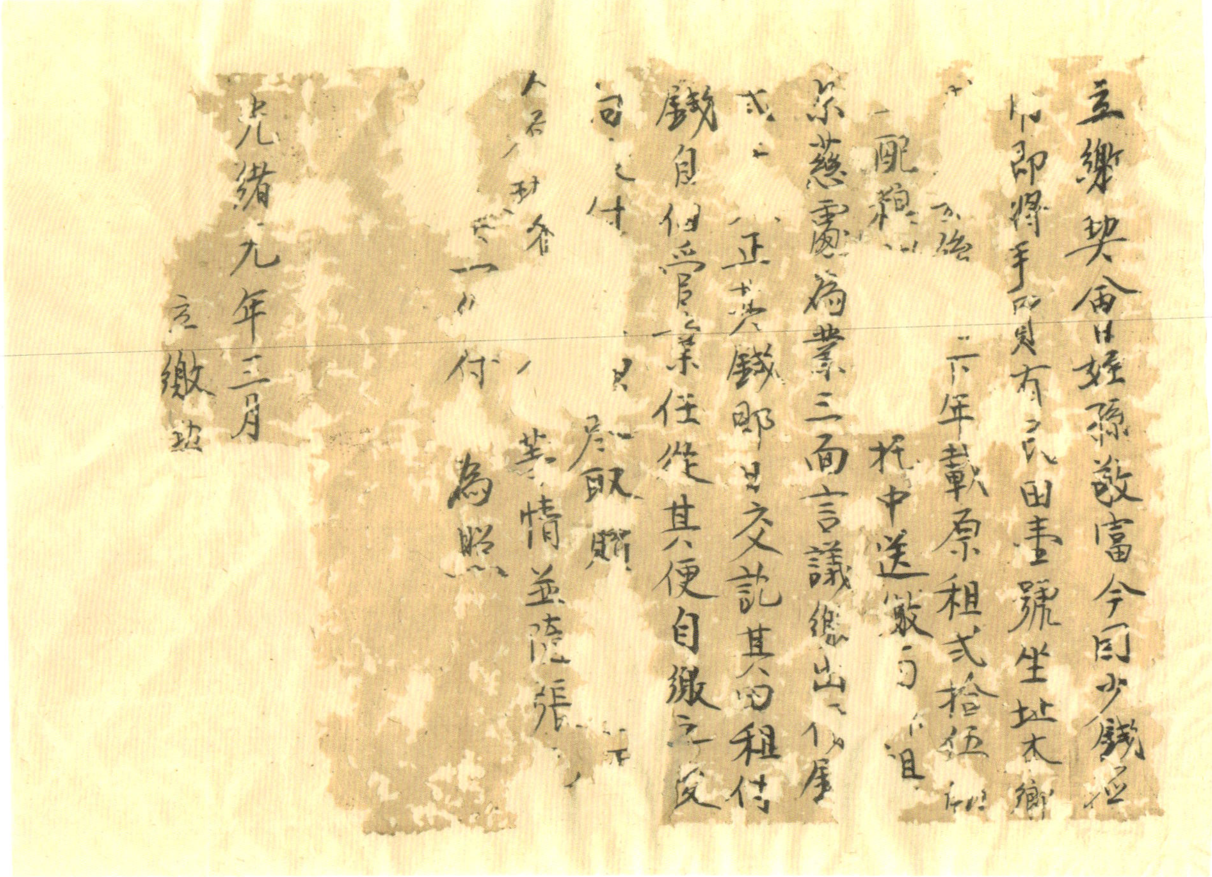

2-1-121-2　清光緒九年三月柯敬富立繳民田契

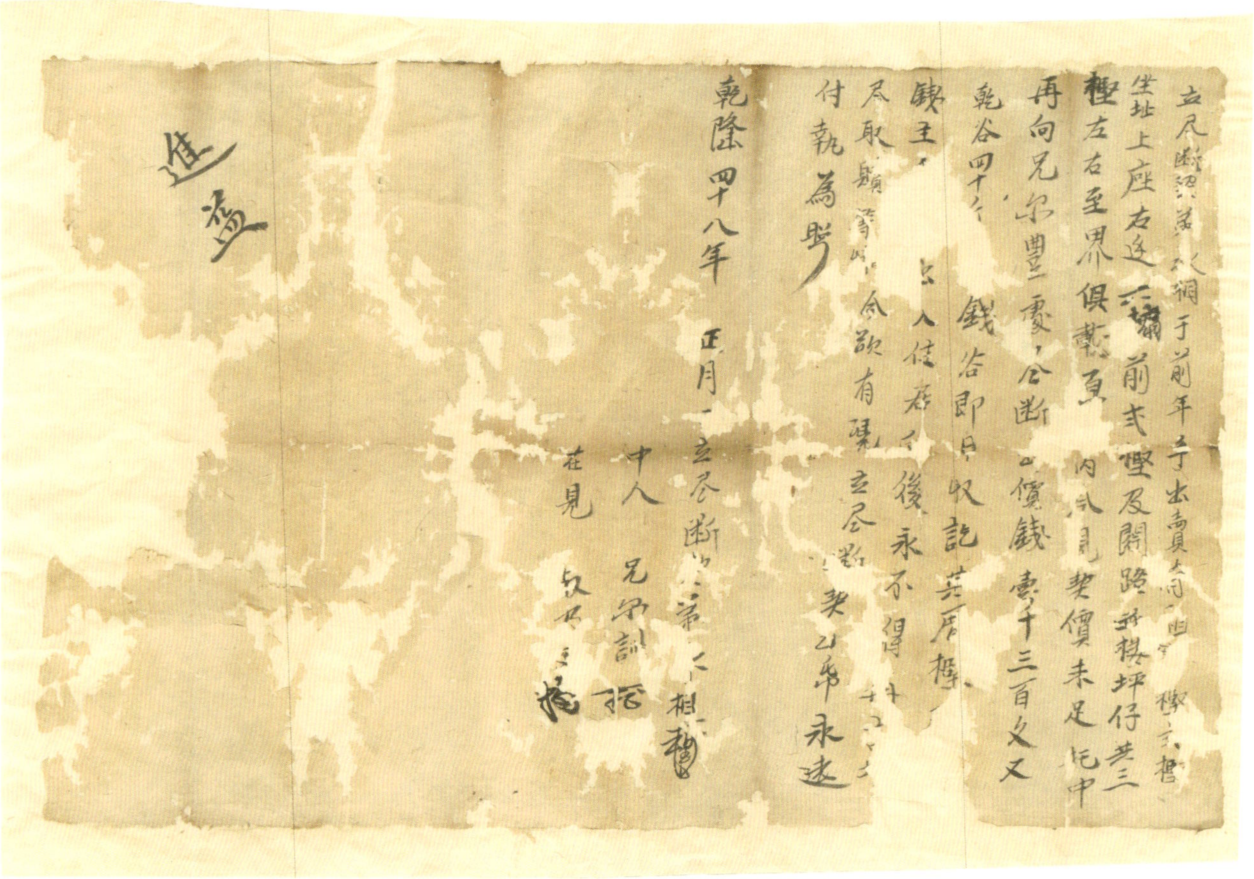

2-1-122-1　清乾隆四十八年正月柯尔相立盡斷厝樫契

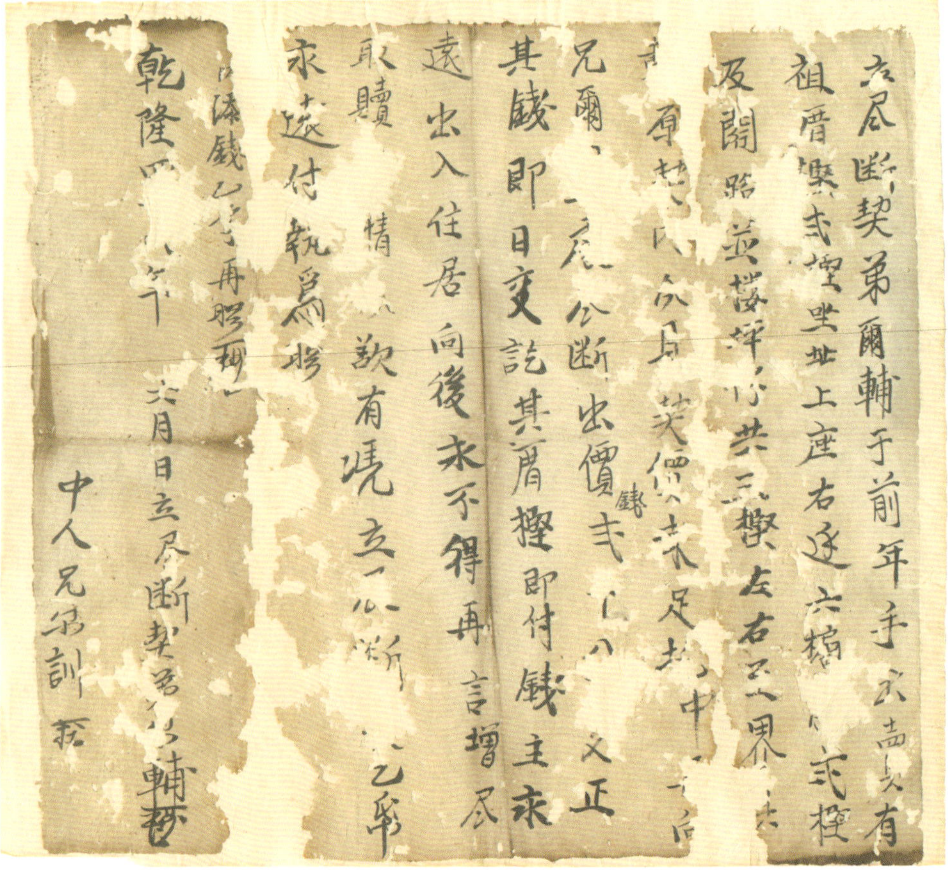

立盡斷契弟爾輔于前年手置有
祖厝□式埕坐址上座右邊六植□□式樫
及開路並埕坪□□共三樫左右四至界□□
原契內□□契價□□足□中□□□
兄爾□□□公斷出價錢式□□文正
其錢即日交訖其厝樫即付錢主永
遠出入住居向後永不得再言增盡
取贖 情□歎有憑立盡斷□乙紙
永遠付執為炤
□漆錢□□再照□□
乾隆四□□年 六月日立盡斷契弟爾輔（押）
中人兄爾訓（押）

2-1-122-2　清乾隆四十□年六月柯爾輔立盡斷厝樫契

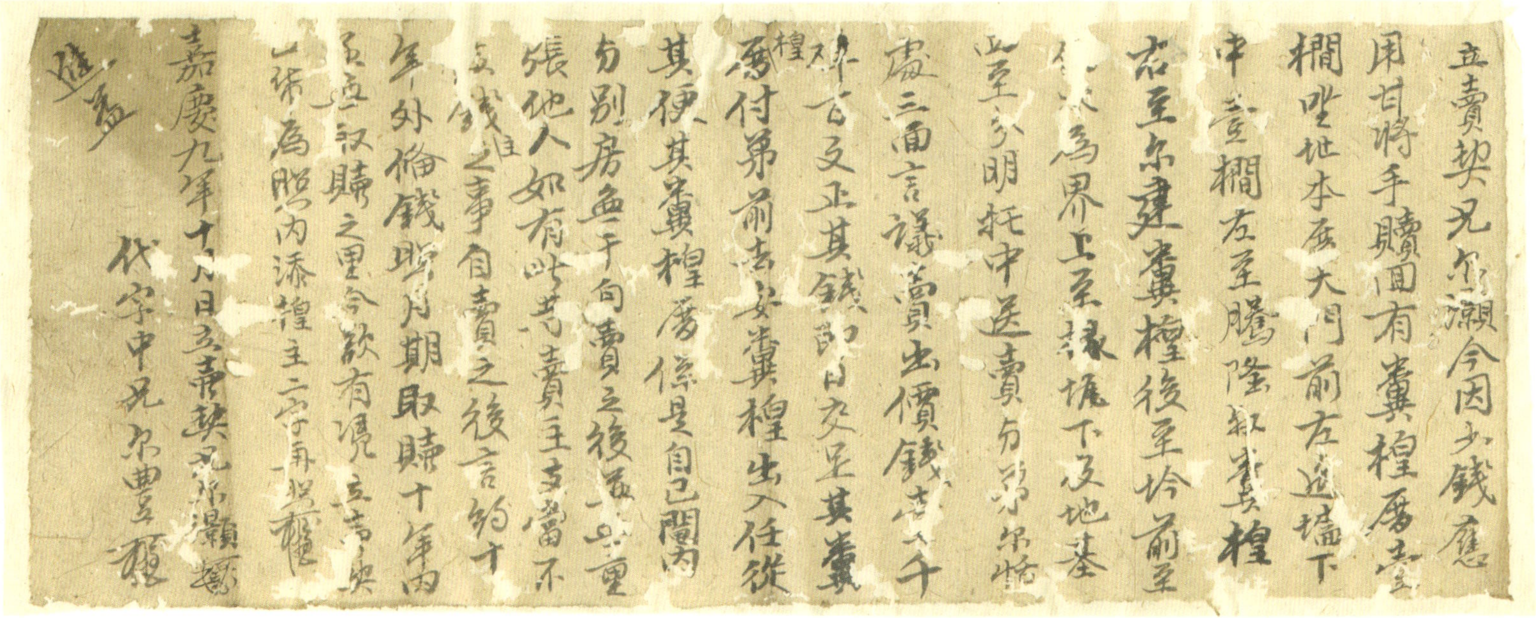
立賣契兄尔灝今因乏錢應
用甘將手贖置有糞楻厝壹
間坐址本底大門前左邊墻下
中壹間左至騰隆叔糞楻
右至尔建糞楻後至[illegible]前至
[illegible]為界上至椽桷下及地基
四至分明托中送賣與弟尔[illegible]
處三面言議賣出價錢壹千
[illegible]百文正其錢即日交足其糞楻
厝付弟前去安糞楻出入任從
其便其糞楻厝係是自己鬮內
分別房無干向賣之後無[illegible]重
張他人如有此等賣主支當不
[illegible]錢主之事自賣之後言約十
年外備錢照月期取贖十年內
不得取贖之理今欲有憑立賣契
一紙為照內添楻主二字再照
嘉慶九年十月　日立賣契兄尔灝
代字中兄尔豐
進益

2-1-122-3　清嘉慶九年十月柯尔灝立賣糞楻厝契

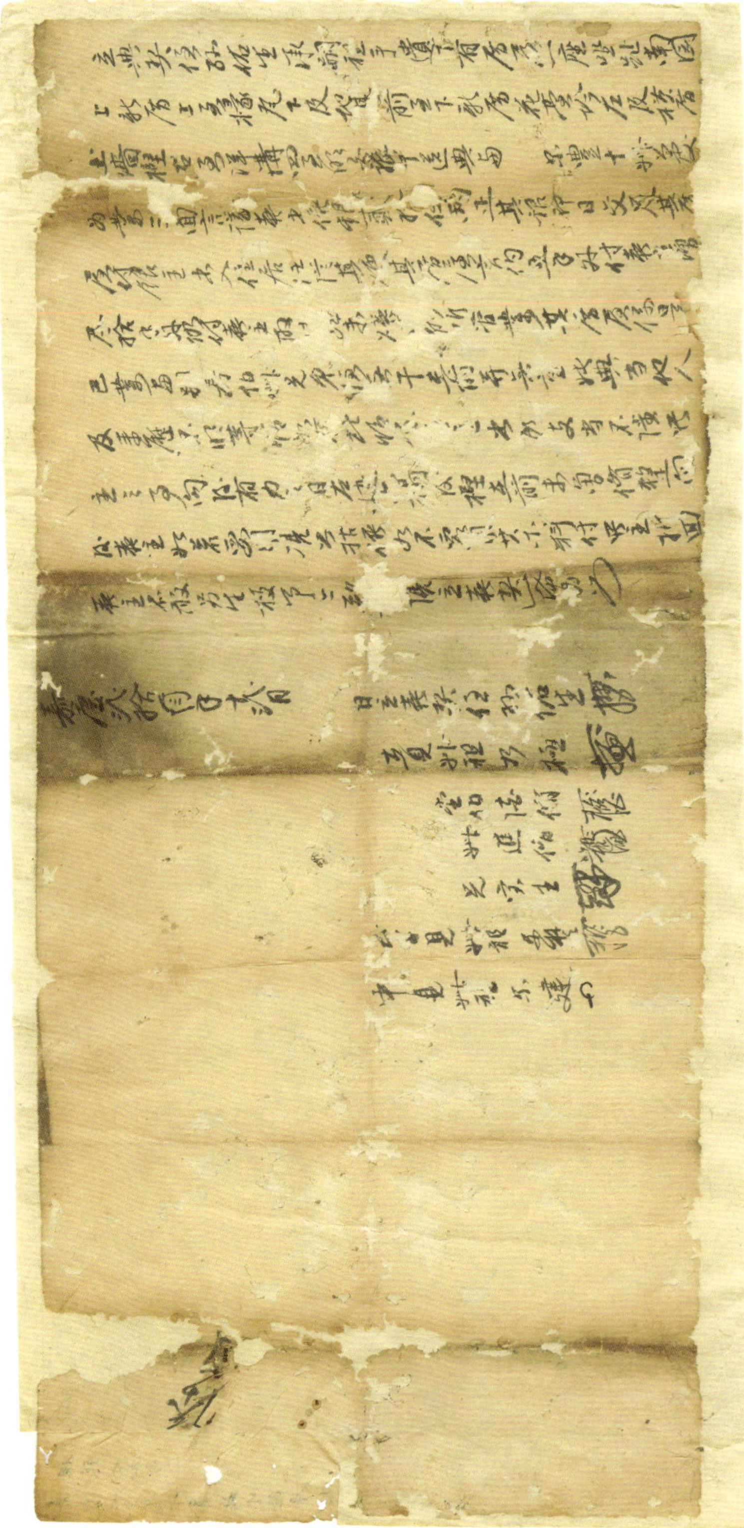

2-1-122-4　清嘉慶二十三年十二月柯佑生立典厝屋契

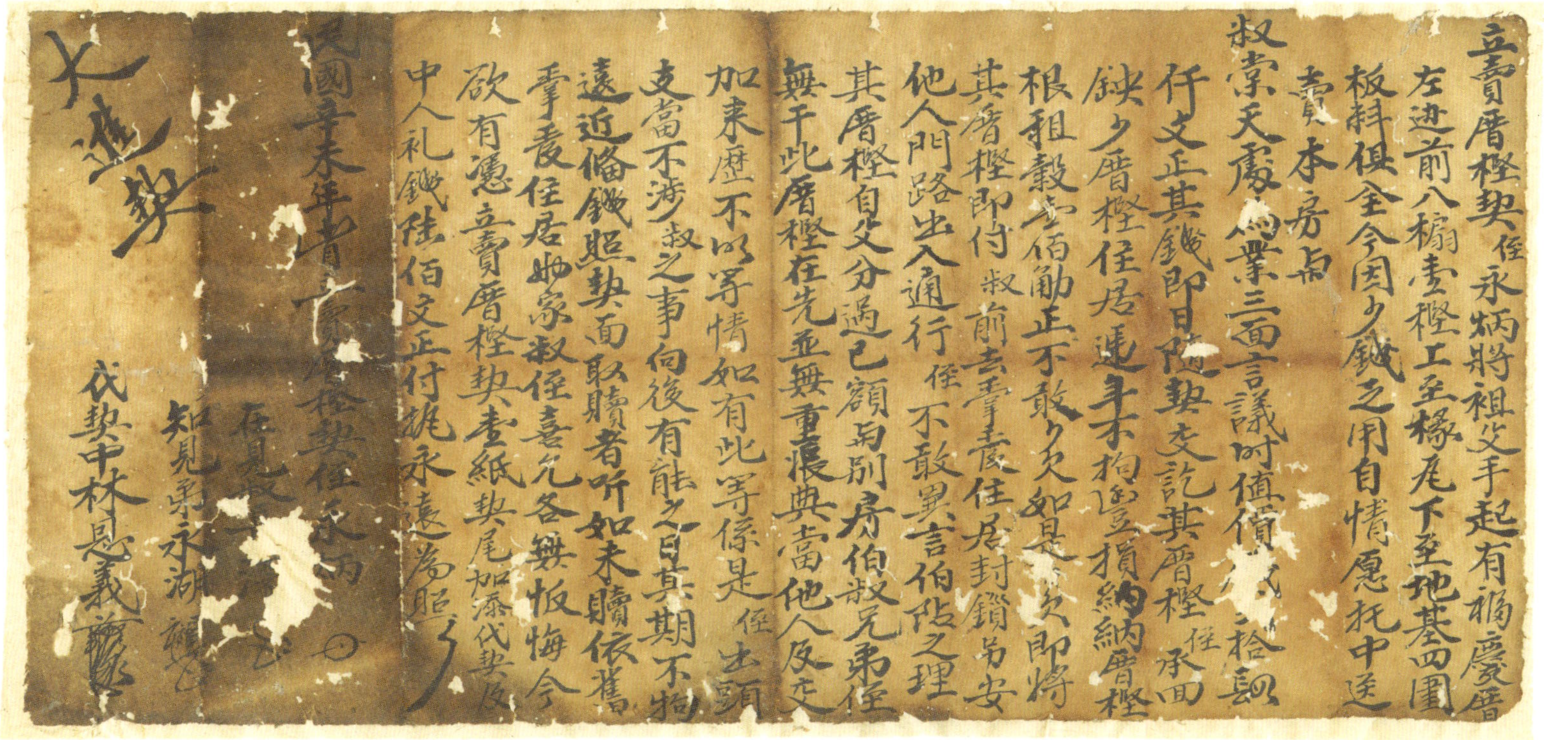

2-1-122-5　民國二十年十一月柯永炳立賣厝樫契

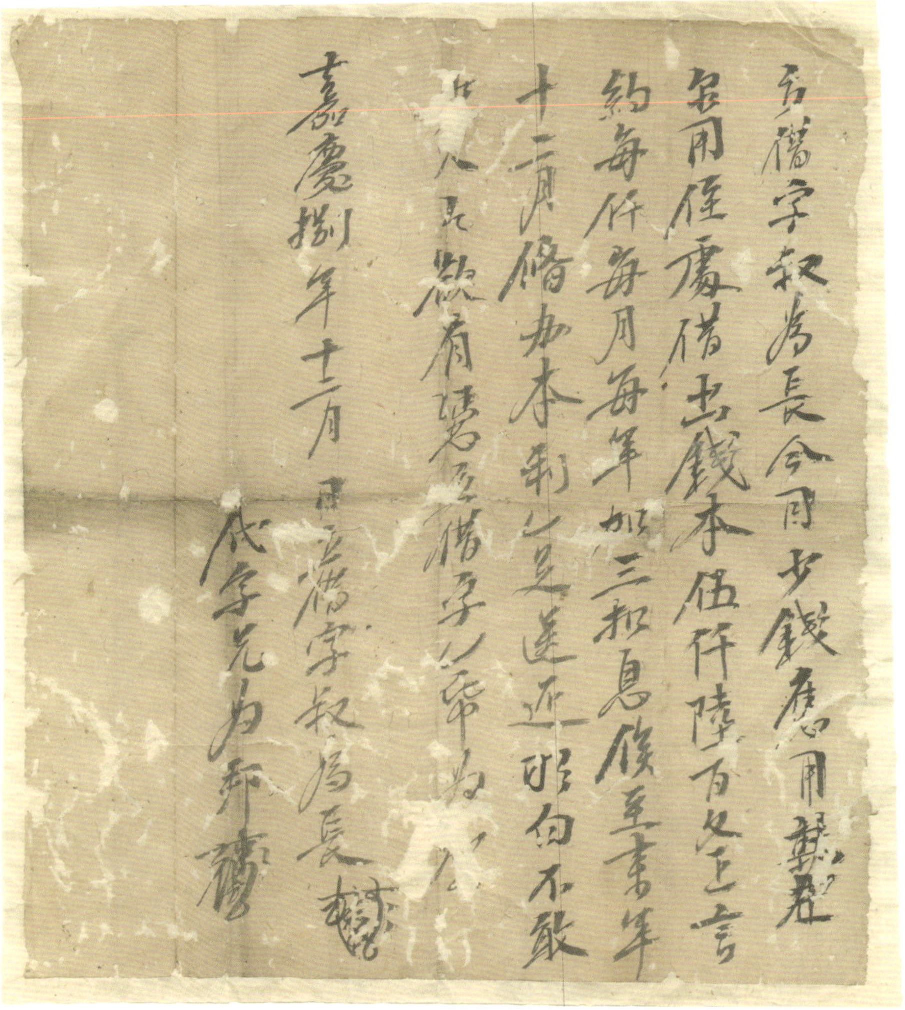
立借字叔爲長今因少錢應用，[illegible]
宗侄處借出錢本伍仟陸百文正，言
約每仟每月每年加三利息，候至本年
十二月備办本利一足送还，明白不敢
少欠。恐口無憑，立借字一帋爲照。
嘉慶捌年十二月　日立借字叔爲長（押）
代字兄爲邦筆

2-1-123-1　清嘉慶八年十二月柯爲長立借錢字

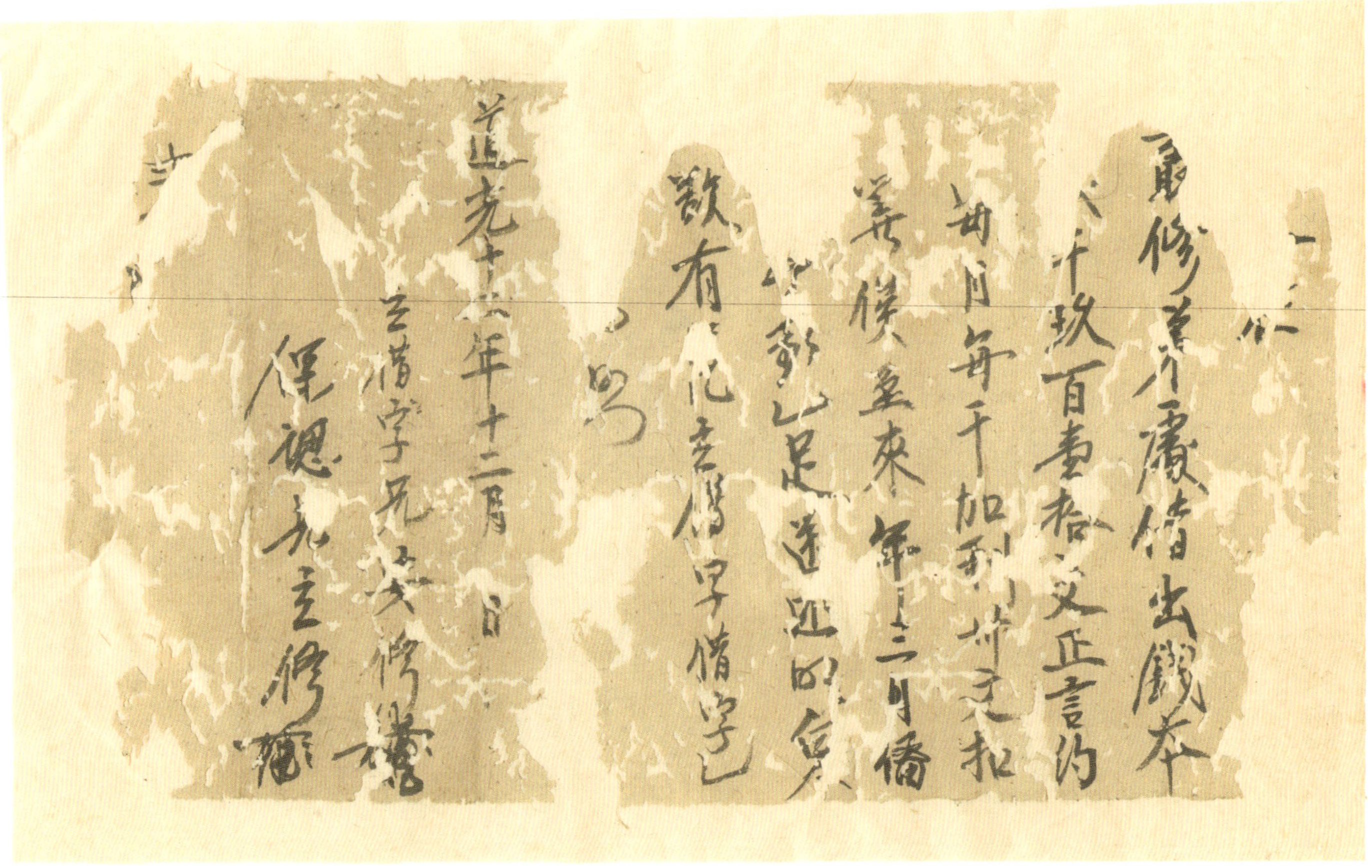
[illegible]安修兹向[illegible]處借出錢本
[illegible]十玖百壹拾文正，言約
每月每千加利[illegible]，并其利
若候至來年十二月備
[illegible]錢足送還，不敢
欠有。[illegible]立借字[illegible]
[illegible]
道光十二年十二月　日
立借字兄安修
保視兄主修
[illegible]

2-1-123-2　清道光十二年十二月柯安修立借錢字

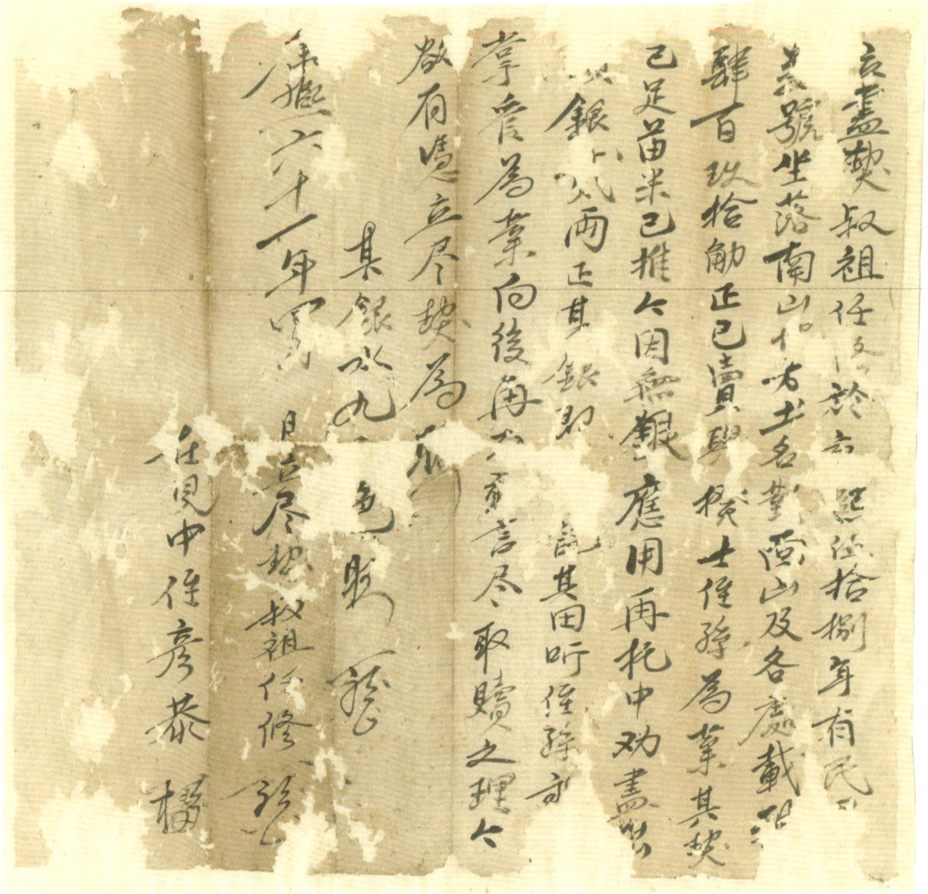
立盡契叔祖任修，於六〔〕拾捌年有民田
壹號，坐落南山口下方土名葉厝山及各處，載租〔〕
肆百玖拾觔正，已賣與姪士任孫爲業。其契
已足，苗米已推。今因無銀應用，再托中劝盡出
銀〔〕兩正。其銀即〔〕，其田听姪孫前
去管爲業，向後再不敢有言盡取贖之理。今
欲有憑，立盡契爲照。
其銀〔〕九〔〕色收訖。
康熙六十一年四月　日立盡契叔祖任修（押）
在見中姪彥恭（押）

2-1-124-1　清康熙六十一年四月柯任修立盡民田契

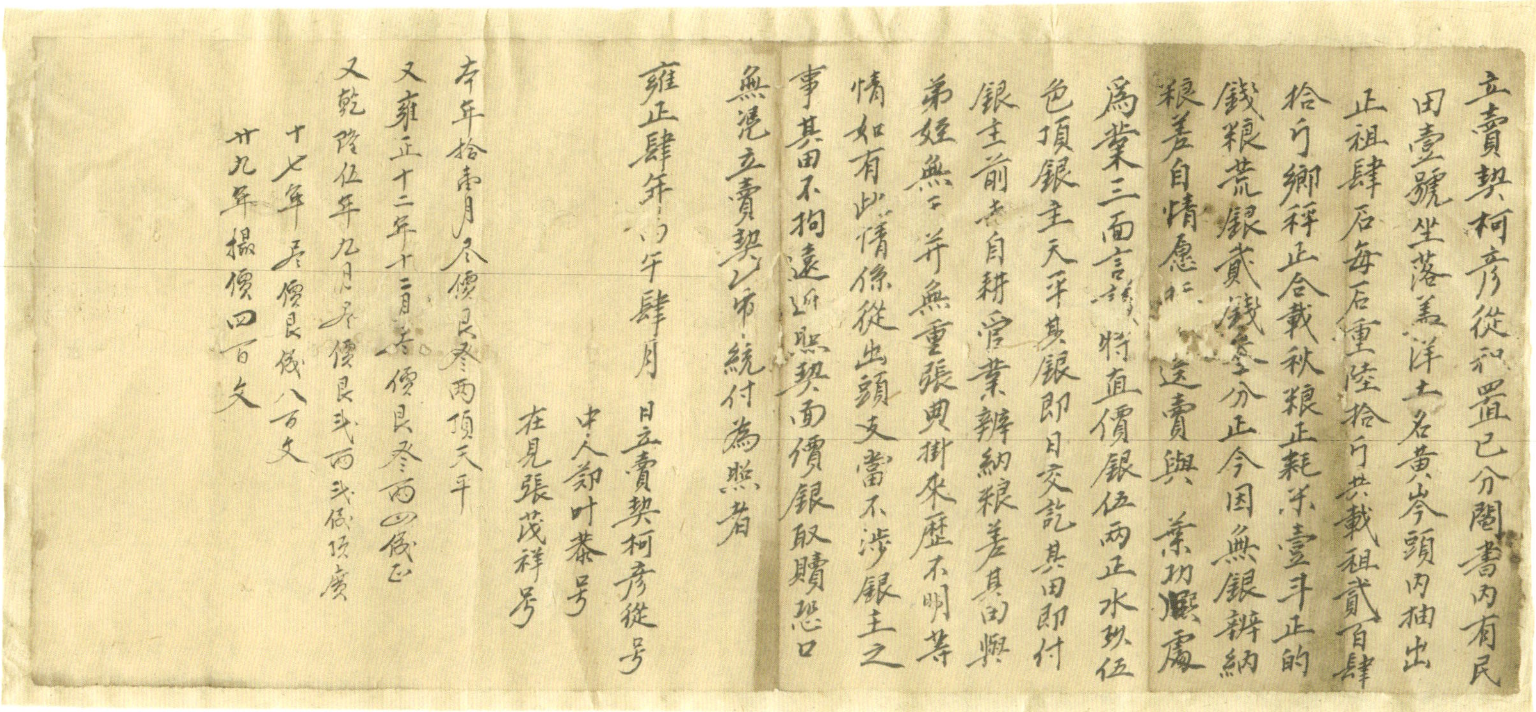

立賣契柯彦從承祖置已分鬮書內有民
田壹號坐落蓋洋土名黃岑頭內抽出
正租肆石每石重陸拾斤共載租貳百肆
拾斤鄉秤正合載秋粮正耗米壹斗正的
錢粮荒銀貳錢零分正今因無銀辦納
粮差自情愿將 送賣與 叶功嚴處
爲業三面言議時值價銀伍兩正水外伍
色頂銀主天平其銀即日交訖其田即付
銀主前去自耕管業辦納粮差其田與
弟侄無干并無重張典掛來歷不明等
情如有此情係從出頭支當不涉銀主之
事其田不拘遠近照契面價銀取贖恐口
無憑立賣契一帋統付爲照者

雍正肆年丙午肆月　日立賣契柯彦從号
中人鄧叶恭号
在見張茂祥号

本年拾壹月又價艮叁兩頂天平
又雍正十二年十二月又價艮叁兩四錢正
又乾隆伍年九月又價艮弍兩弍錢頂廣
十七年又價艮錢八百文
廿九年撮價四百文

2-1-124-2　清雍正四年四月柯彦從立賣民田契

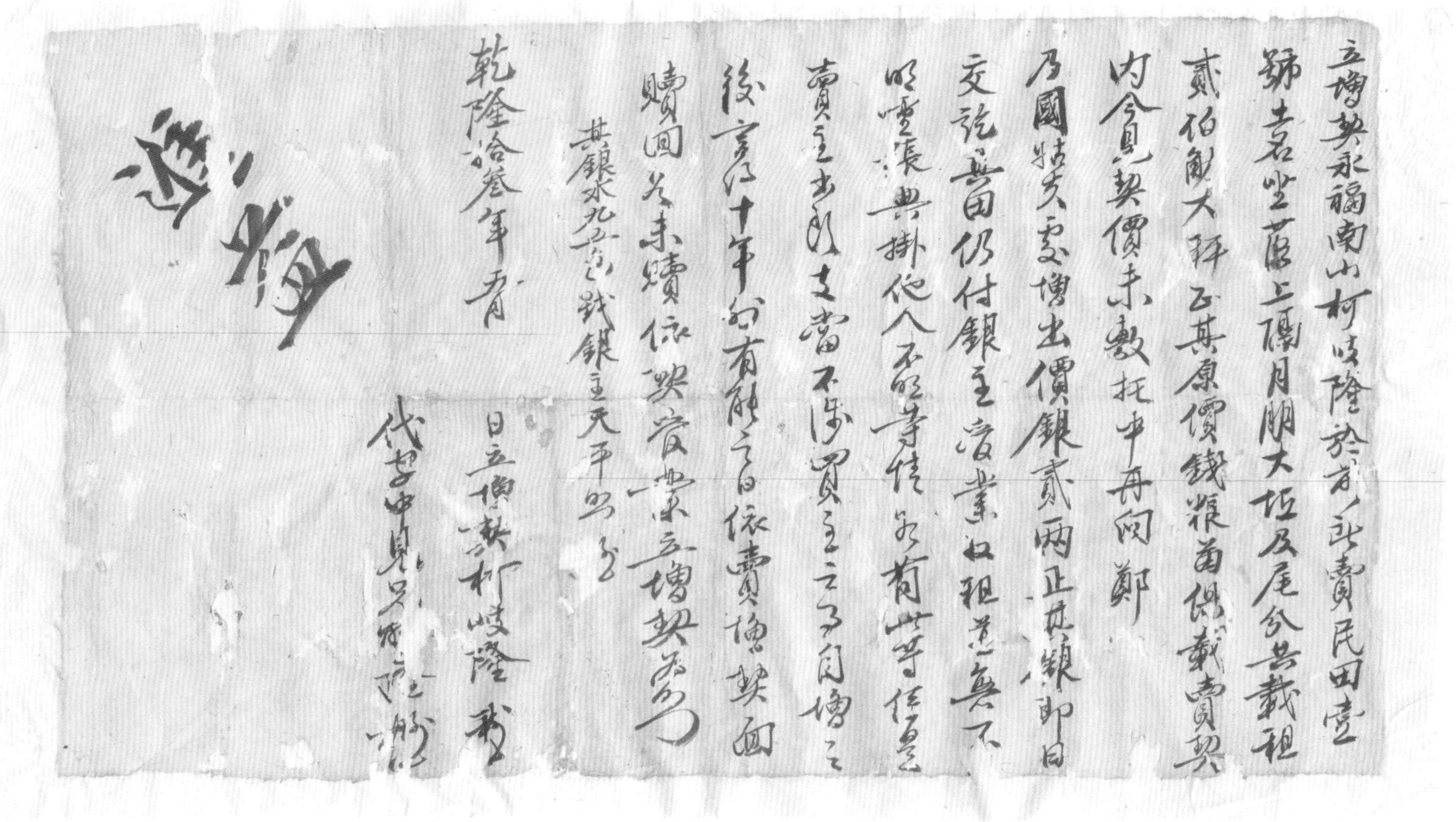

立增契永福南山柯岐隆，於前年〔已〕賣民田壹
號，土名坐落上隔月洲大坵，及尾分共載租
貳伯觔大秤，已與原價錢粮苗供載賣契
內。今見契價未敷，托中再向鄭
乃國處增出價銀貳兩正，其銀即日
交訖，其田仍付銀主管業收租，並無不
明、重張典掛他人及爭競等情，如有此等，係隆
賣主出頭支當，不涉買主之事。自增之
後，言約十年後有能之日，依賣、增契面
贖回。如未贖，依契管業。立增契為照。
共銀水九五色，戥銀五天平，照。
乾隆拾叁年五月　日立增契柯岐隆（押）
代字中見兄[illegible]

2-1-124-3　清乾隆十三年五月柯岐隆立增民田契

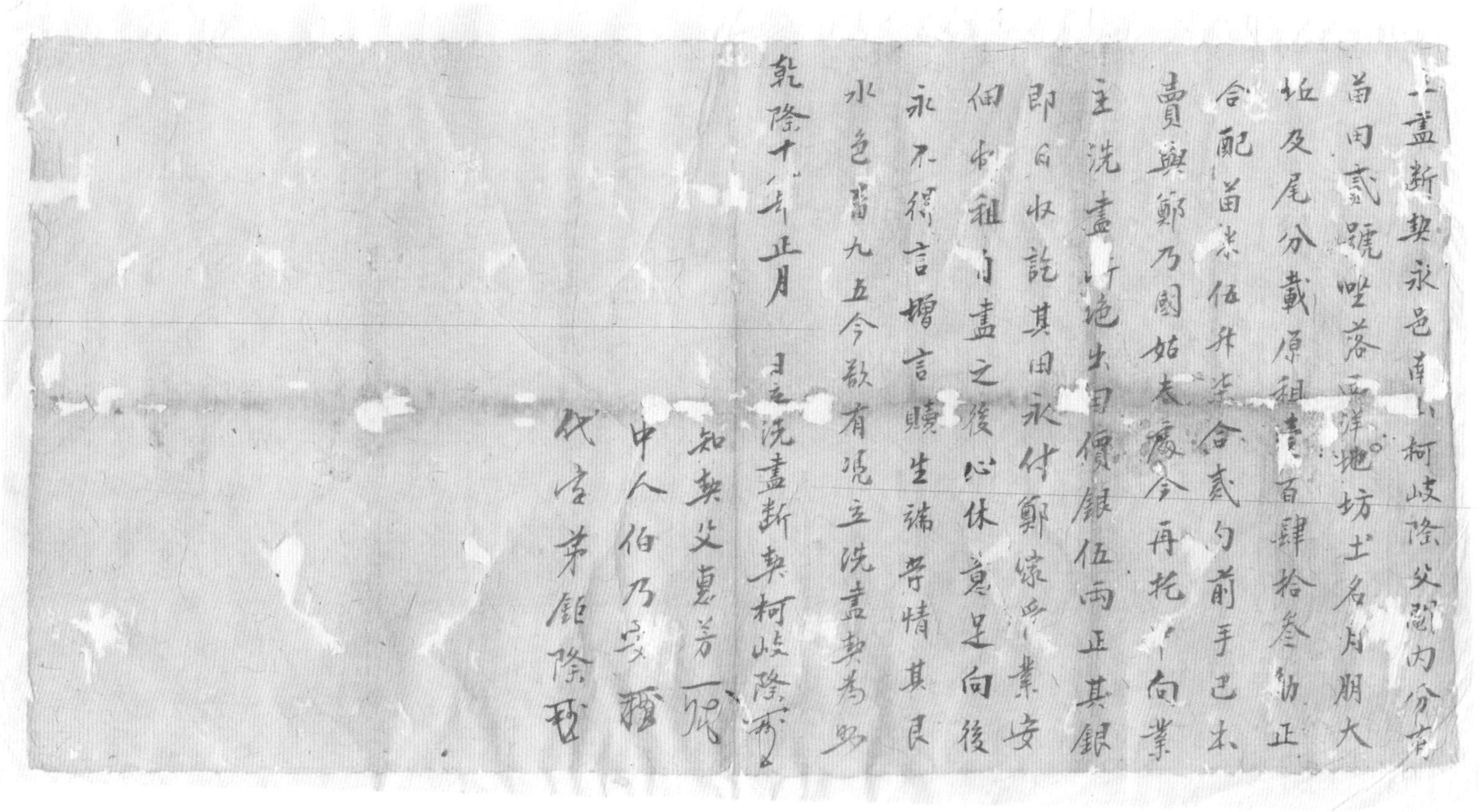

2-1-124-4　清乾隆十八年正月柯岐隆立盡斷苗田契

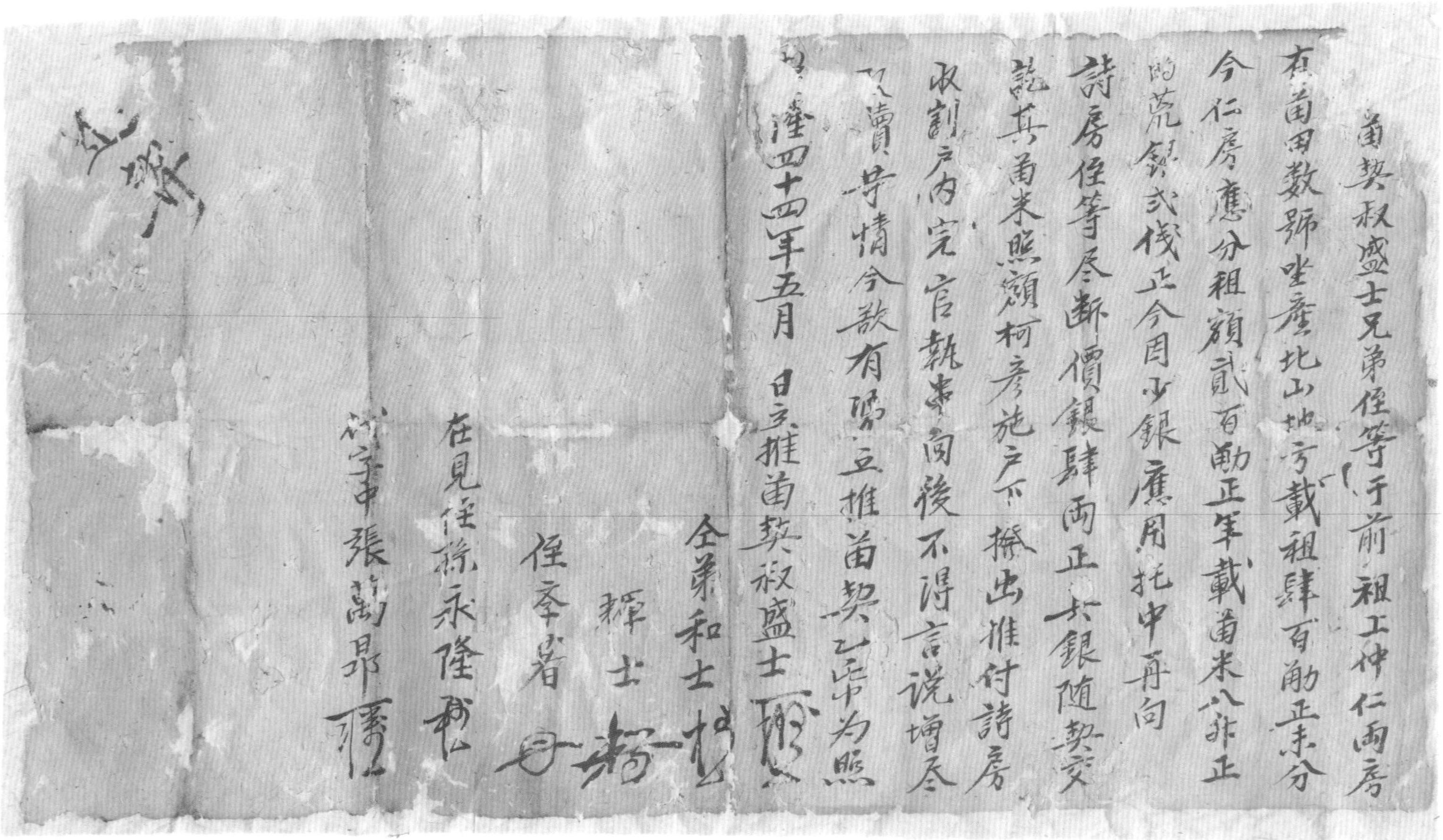

苗契叔盛士兄弟侄等于前祖工仲仁兩房
有苗田數號坐産北山地方載租肆百觔正未分
今仁房應分租額貳百觔正年載苗米八升正
的荒銀弍錢正今因少銀應用托中再向
詩房侄等尽断價銀肆兩正其銀随契交
訖其苗米照額柯彦施户下撥出推付詩房
收割户内完官執業向後不得言説增尽
及讀異情今欲有憑立推苗契一紙為照
乾隆四十四年五月　日立推苗契叔盛士
全弟和士
輝士
侄奎甞
在見侄孫永隆
代字中張萬昴

2-1-124-5　清乾隆四十四年五月柯盛士等立賣苗田契

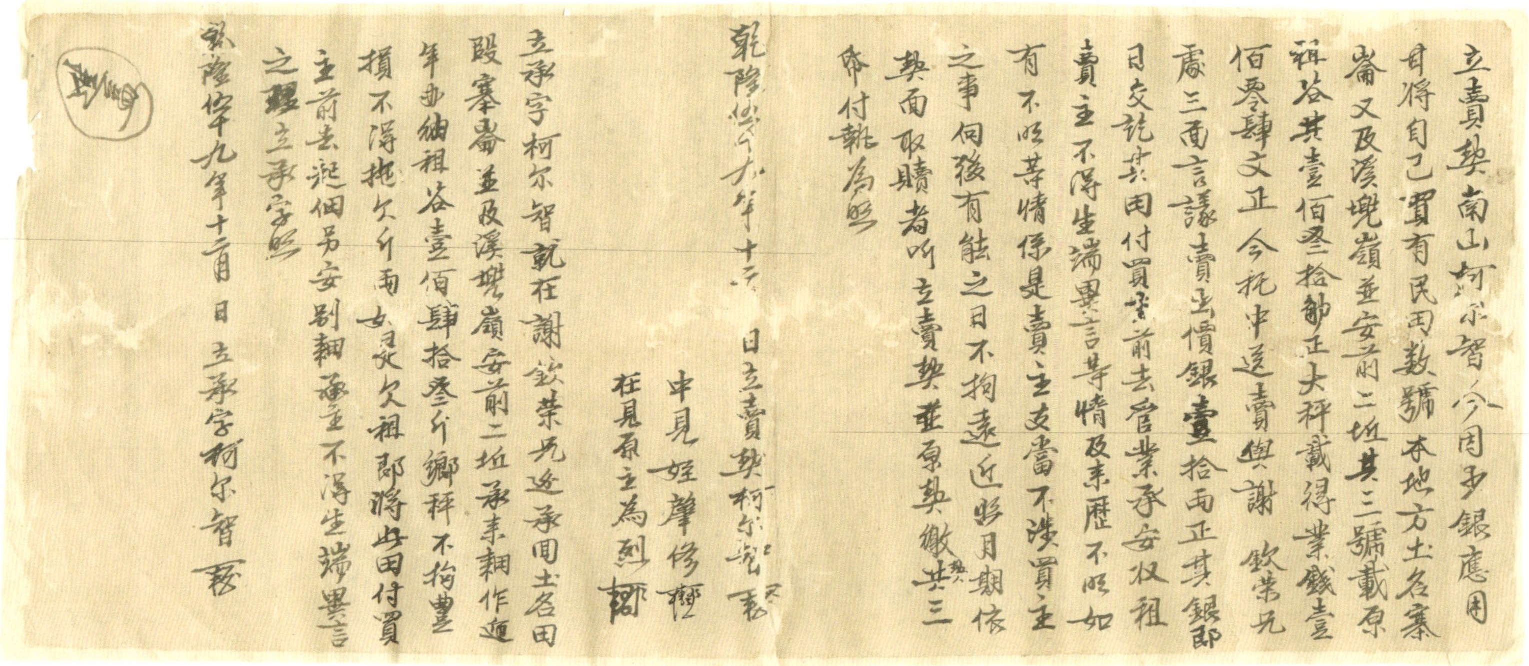
立賣契南山柯尔智，今因乏銀應用，甘將自己買有民田數號，本地方土名寨崙又及溪坵嶺並安前二坵，共三號，載原租谷共壹佰叁拾觔正，大秤，議得業錢壹佰叁肆文正，今托中送賣與謝欽業兄處，三面言議，賣出價銀壹拾兩正，其銀即日交訖，其田付買主前去管業承安收租，賣主不得生端異言等情，及未歷不明，如有不明等情，係是賣主支當，不涉買主之事，伺後有能之日，不拘遠近，照月期依契面取贖者，聽立賣契並原契繳共三本付執為照。

乾隆伍十九年十二月 日立賣契柯尔智（押）

中見姪肇修（押）

在見原主為烈（押）

立承字柯尔智，就在謝欽業兄邊承田，土名田段寨崙並及溪坵嶺安前二坵，承來耕作，逓年必納租谷壹佰肆拾叁斤，鄉秤不拘豐損，不得拖欠斤兩。如有欠租，即將此田付買主前去另佃別耕，承主不得生端異言之理。立承字為照。

乾隆伍十九年十二月 日立承字柯尔智（押）

2-1-124-6　清乾隆五十九年十二月柯尔智立賣民田契

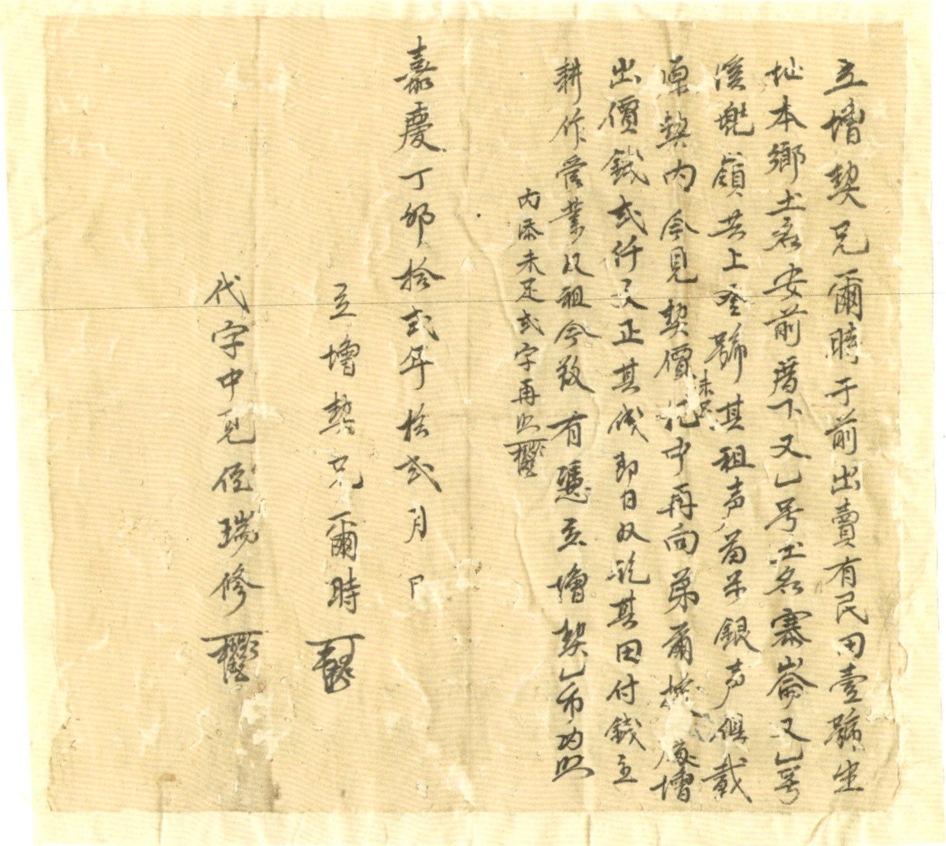

立增契兄爾時于前出賣有民田壹號坐
址本鄉土名安前厝下又山号土名寨嵛又山号
塆兜嶺共上叁號其租声苗米銀声俱載
單契内今見契價未足托中再向弟爾燃處增
出價錢貳仟文正其錢即日收訖其田付錢主
耕作管業收租今欲有憑立增契一紙為照
内添未足貳字再照[押]
嘉慶丁卯拾貳年拾貳月　日
立增契兄爾時[押]
代字中見侄瑞修[押]

2-1-124-7　清嘉慶十二年十二月柯爾時立增民田契

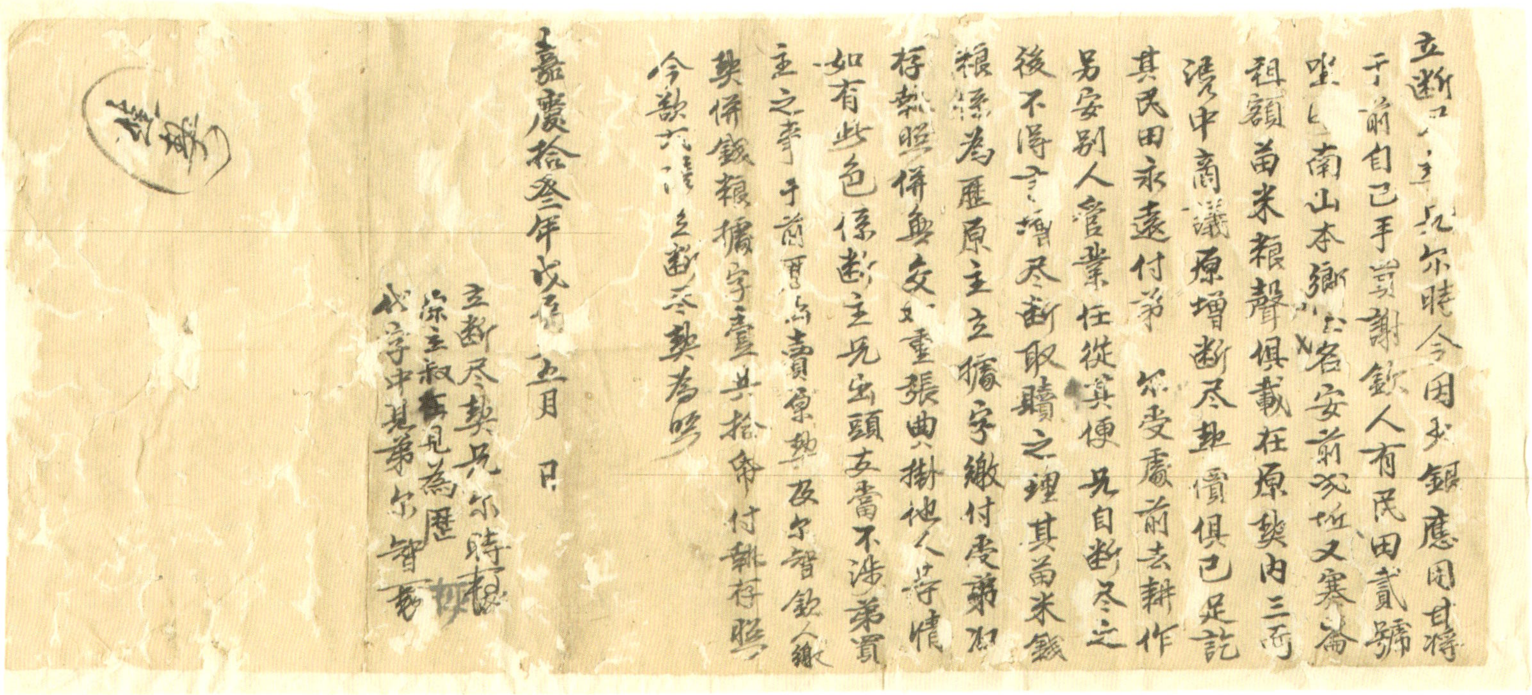

立斷〻〻〻尔時今因乏銀應用甘得
于前自己手置謝欽人有民田貳號
坐〻南山本鄉土名安前次坵又寒崙
租額苗米粮聲俱載在原契内三面
憑中商議原增斷盡契價俱已足訖
其民田永遠付弟　尔受處前去耕作
另安別人管業任從其便兄自斷盡之
後不得言增盡斷取贖之理其苗米錢
粮係爲歷原主立播字繳付受弟收
存執照併無交〻重張典掛他人等情
如有此色係斷主兄出頭支當不涉弟買
主之事于前買原契及尔智欽人繳
契併錢粮播字壹共拾帋付弟存照
今欲有憑立斷盡契爲照

嘉慶拾叁年戊辰五月　日

立斷盡契兄尔時（押）
依主叔　見爲歷
代字中見弟尔智（押）

2-1-124-8　清嘉慶十三年五月柯尔時立斷盡民田契

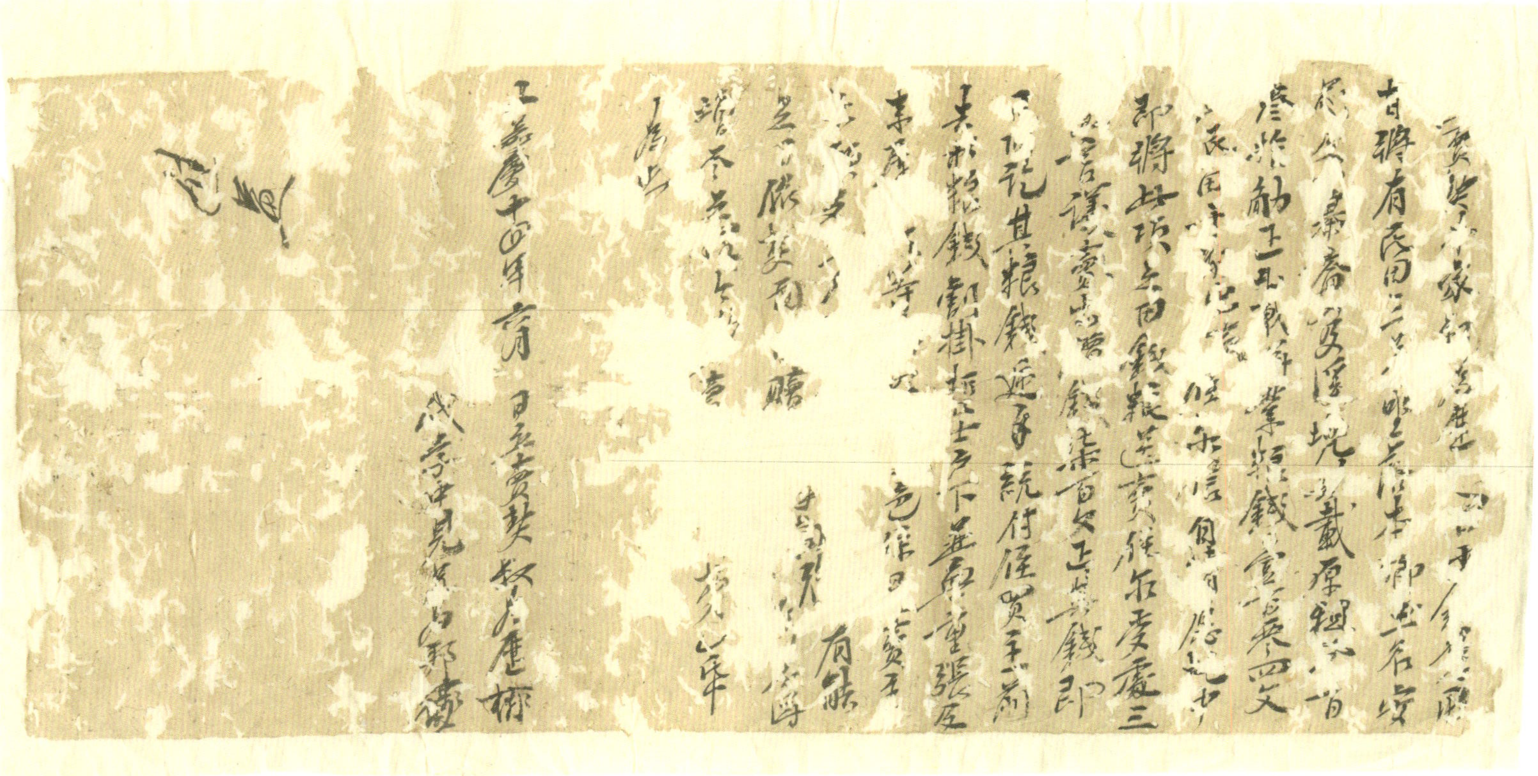

2-1-124-9　清嘉慶十四年六月柯爲歷立賣民田契

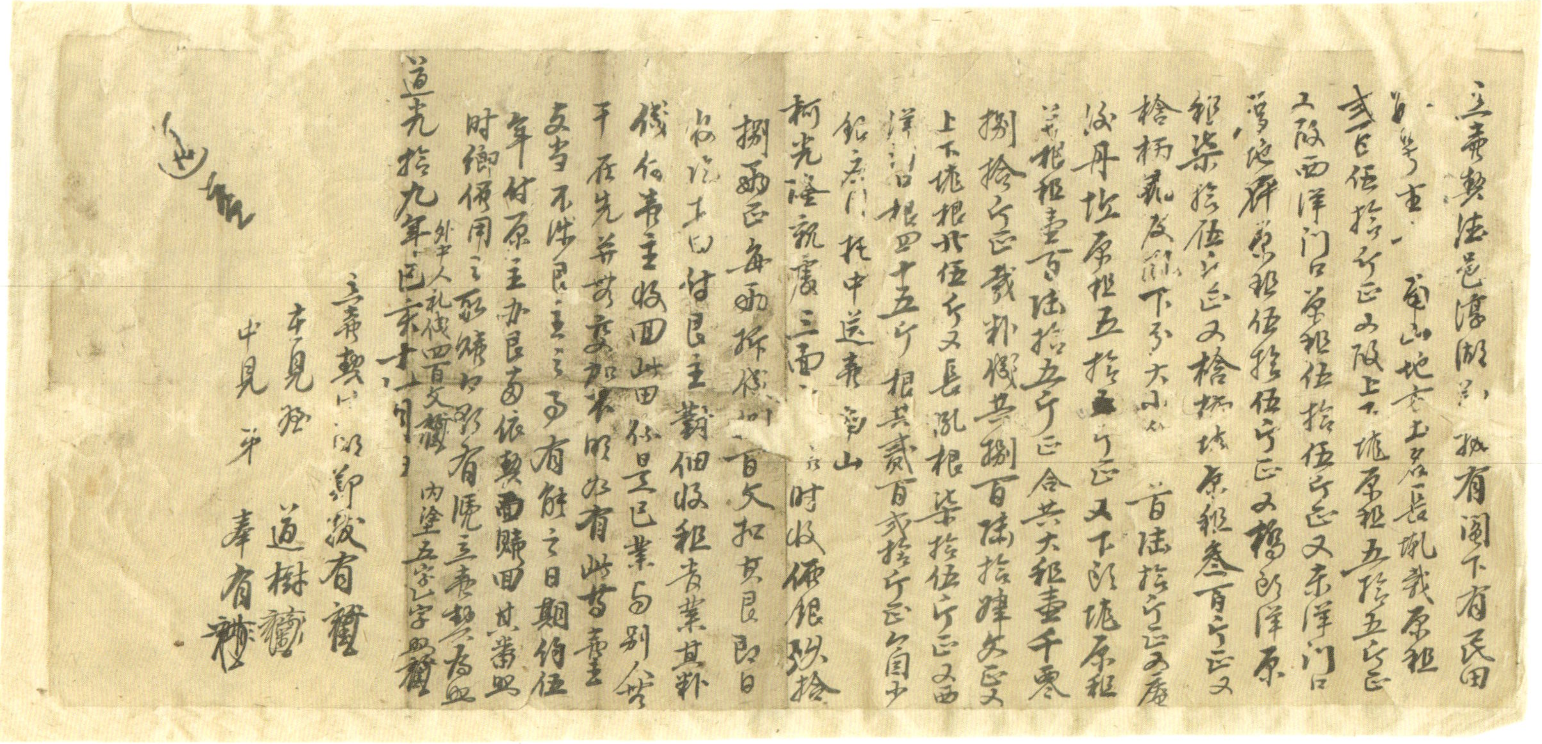
立賣契德邑[illegible]湖[illegible] 拔有 有[illegible]下有民田
壹號土[illegible]，坐落蓋山地方土名[illegible]長坑，載原租
貳百伍拾斤正，又段上下塊原租五拾五斤正
又段西洋門口原租伍拾伍斤正，又東洋門口
滿地坪原租伍拾伍斤正，又楊[illegible]洋原
租柒拾伍斤正，又[illegible]林坑原租叁百斤正，又
拾柄[illegible]下至大小[illegible]　首陸拾斤正，又庵
後丹坵原租五拾五斤正，又下[illegible]塊原租
[illegible]租壹百陸拾五斤正，合共大租壹千零
捌拾斤正，載米捌[illegible]共捌百陸拾肆文足
上下塊根租伍斤，又長坑根柒拾伍斤正，又西
洋[illegible]根四十五斤，根共貳百貳拾斤正，今因乏
銀應用，托中送賣與南山
柯光隆親處，三面[illegible]時收價銀玖拾
捌兩正，每兩拆[illegible]一百文，扣其銀即日
收訖，其田付銀主勤佃收租，管業耕作
錢[illegible]，系主收田，此田係是己業，與別[illegible]
干，在先並無重[illegible]加找，如有此等，系主
支當，不涉銀主之事，有約之日，限約伍
年付原主辦銀面依契面贖田，其業照
時銀價同之，恐[illegible]無憑，立賣契一紙為照
外中人礼錢四百文[illegible]　內塗五字乙字[illegible]
道光拾九年己亥十一月　日
立賣契人　鄭拔有
在見　叔　道樹
中見　弟　奉有

2-1-124-10　清道光十九年十一月德化鄭拔有立賣民田契

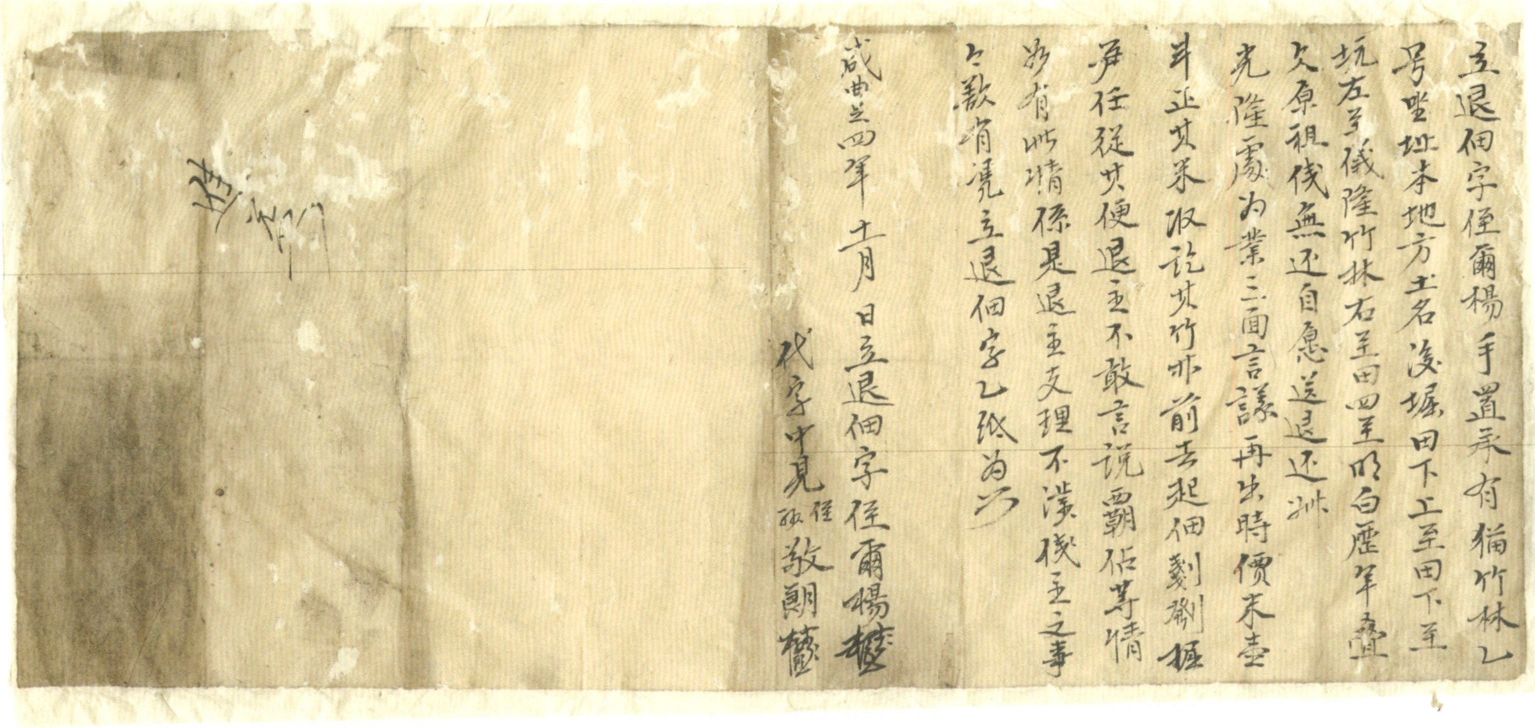
立退佃字侄爾楊手置承有貓竹林乙
号坐址本地方土名後壠田下上至田下至
坑左至儀隆竹林右至田四至明白歷年蓄
久原祖伐無还自愿送退还訓
光隆處爲業三面言議再出時價本壹
并正其錢收訖其竹林前去起佃剷𠝹摳
尹任從其便退主不敢言說覇佔等情
如有此情係是退主支理不涉侯主之事
亾歉有凴立退佃字乙紙爲照
咸豐四年十一月　日立退佃字侄爾楊
代字中見　侄敬朗

2-1-124-11　清咸豐四年十一月柯爾楊立退佃猫竹林字

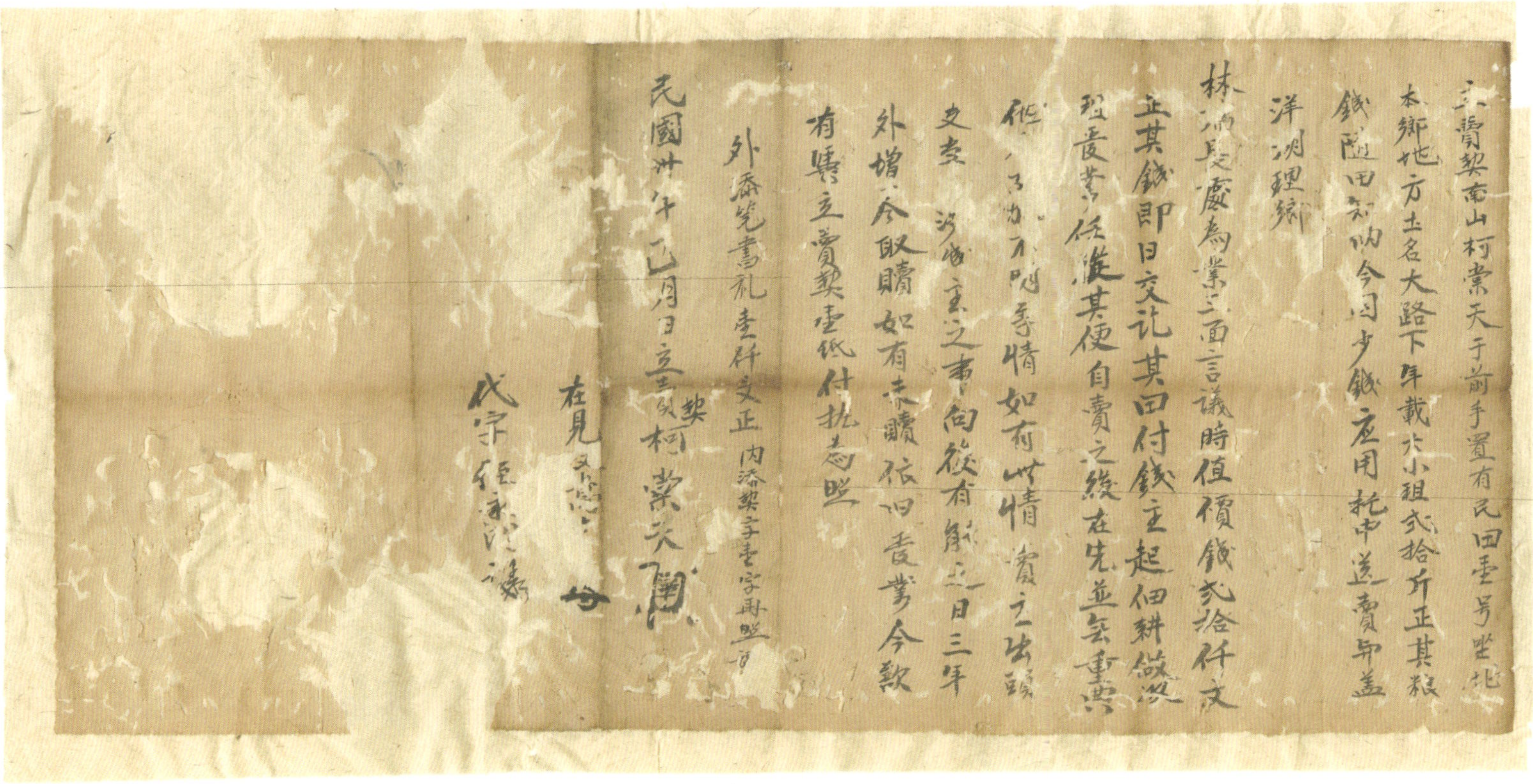

立賣契南山柯棠天，于前手置有民田壹号，坐址
本鄉地方土名大路下，年載大小租弍拾斤正，其粮
錢隨田交納。今因乏錢應用，托中送賣與蓋
洋洲理鄉
林[illegible]處為業，三面言議時值價錢弍拾仟文
正，其錢即日交訖，其田付錢主起佃耕做，從
[illegible]長業，任從其便。自賣之後，在先並無重典
他人，不明等情，如有此情，賣主出頭
支當，不干錢主之事。向後有能之日三年
外增，今取贖；如有未贖，依田賣業今款
有憑，立賣契壹紙付執為照。
外添筆書礼壹仟文正　内添契字壹字再照
民國卅年十一月日立賣契柯棠天
在見[illegible]
代字[illegible]

2-1-124-12　民國三十年十一月柯棠天立賣民田契

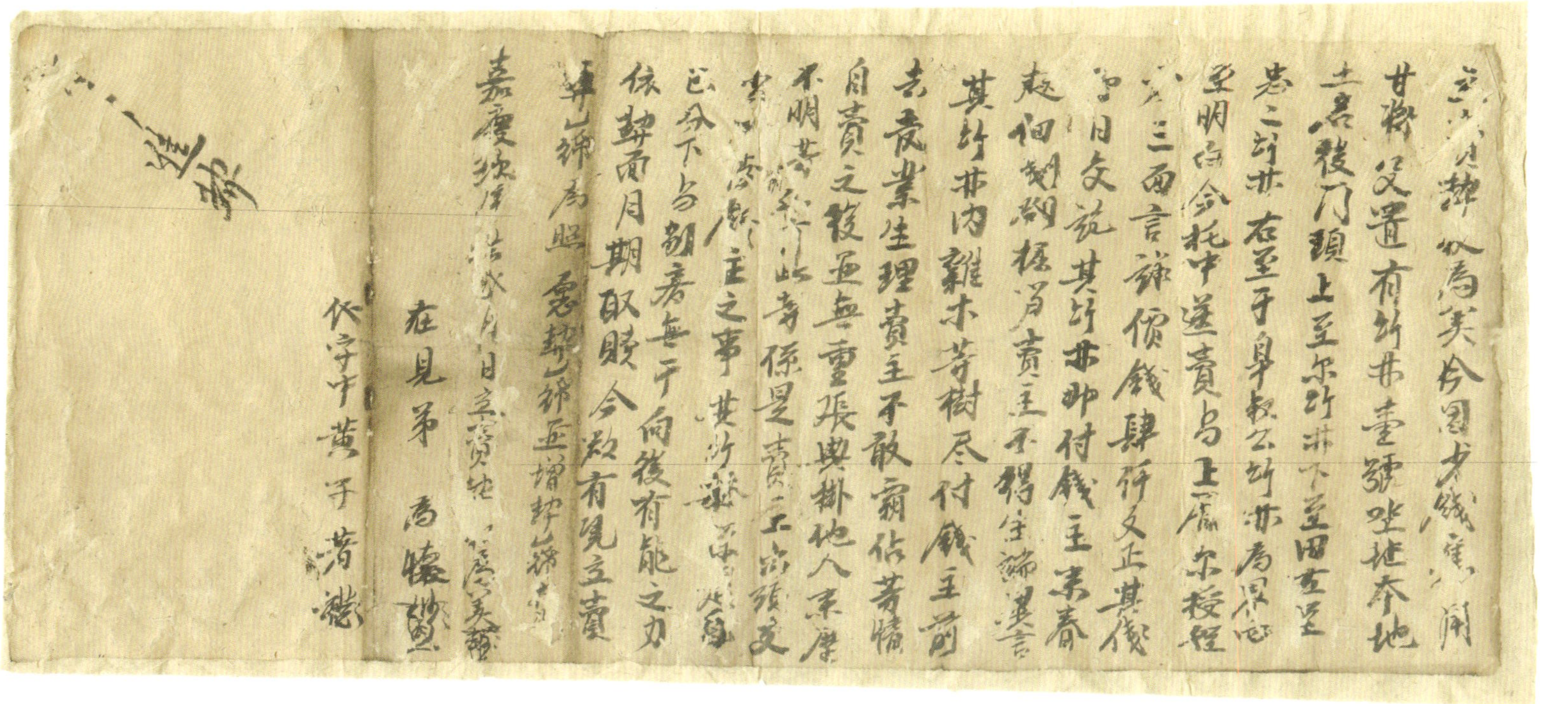

2-1-125-1　清嘉慶九年十二月柯爲美立賣竹林契

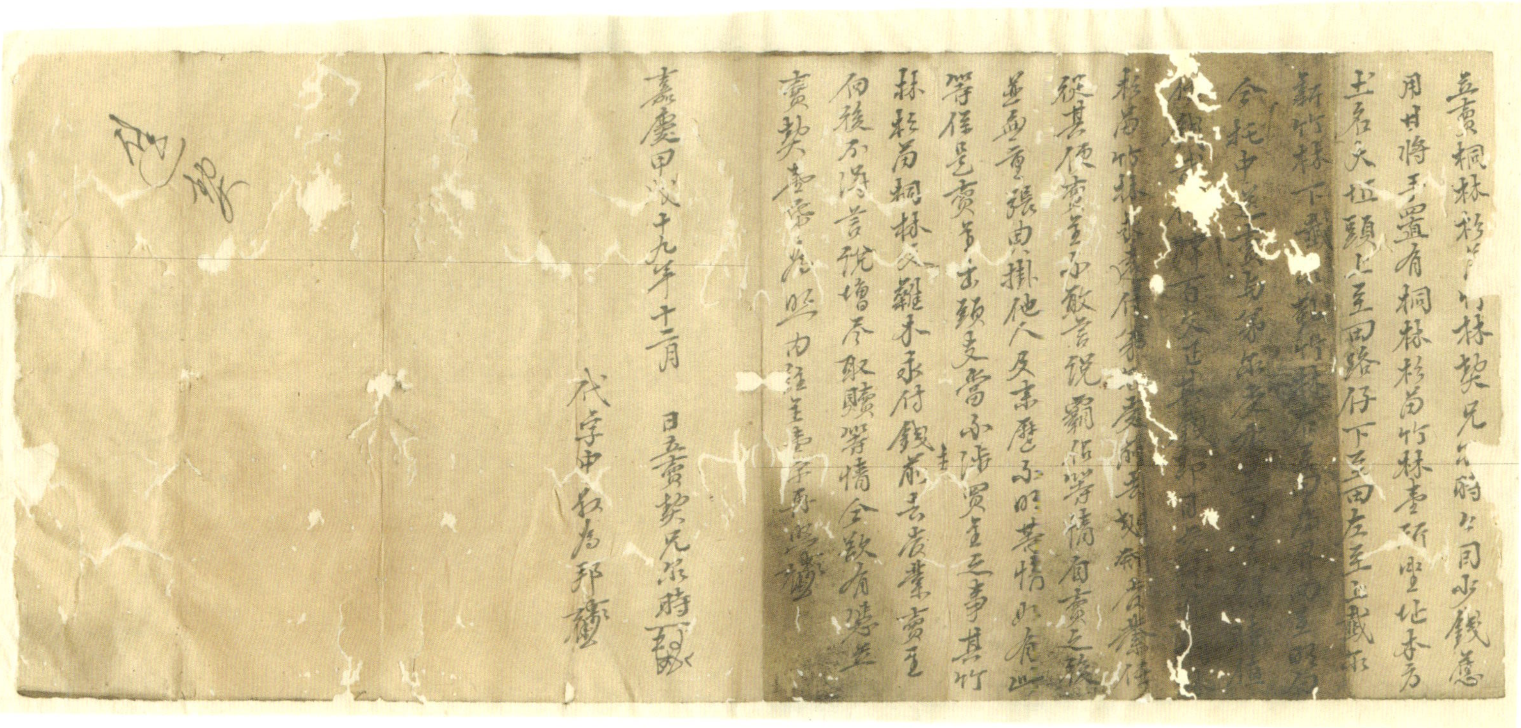

立賣桐林杉苗竹林契兄尔時仝同弟[illegible]錢應
用甘將手置有桐林杉苗竹林壹所，坐址本房
土名大垃頭，上至田路仔，下至田，左至立戳，右
新竹林下戳[illegible]
今托中[illegible]
[illegible]百文正[illegible]
杉苗竹林[illegible]
從其便，賣主不敢言說霸佔等情，自賣之後
並無重張典掛他人及來歷不明等情，如有此
等係是賣者出頭支當，不涉買主之事。其竹
林杉苗桐林又離未承付錢，前去管業，賣主
向後不得言說增添取贖等情，今欲有憑，立
賣契壹紙付照。内注壹字再照。

嘉慶甲戌十九年十二月　日立賣契兄尔時（押）
代字中叔為邦（押）

2-1-125-2　清嘉慶十九年十二月柯尔時立賣桐林等契

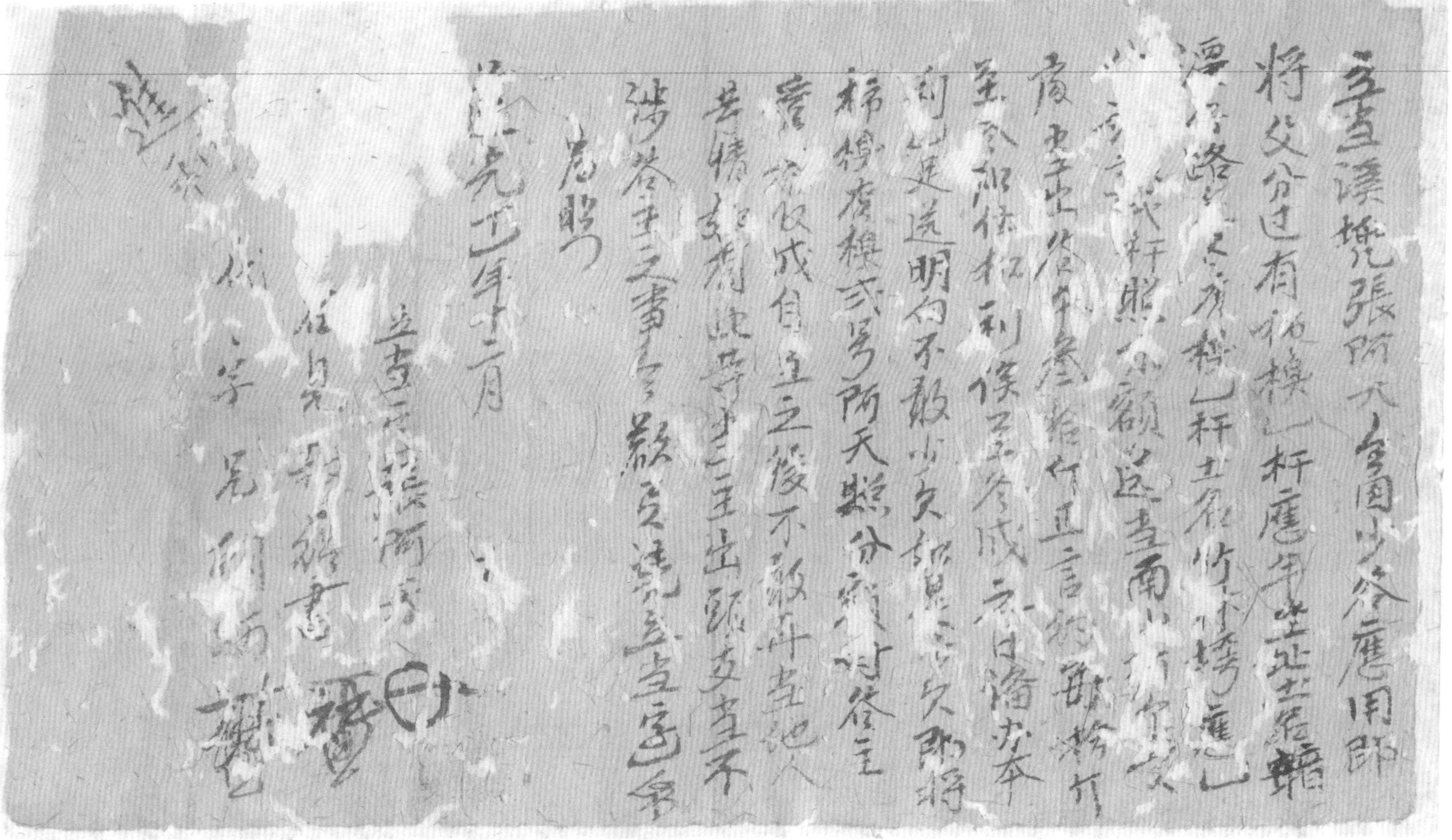

2-1-125-3　清道光十一年十二月張阿天立當柿樹等字

2-1-125-4　清道光十二年十二月柯尔庚等立斷竹林契

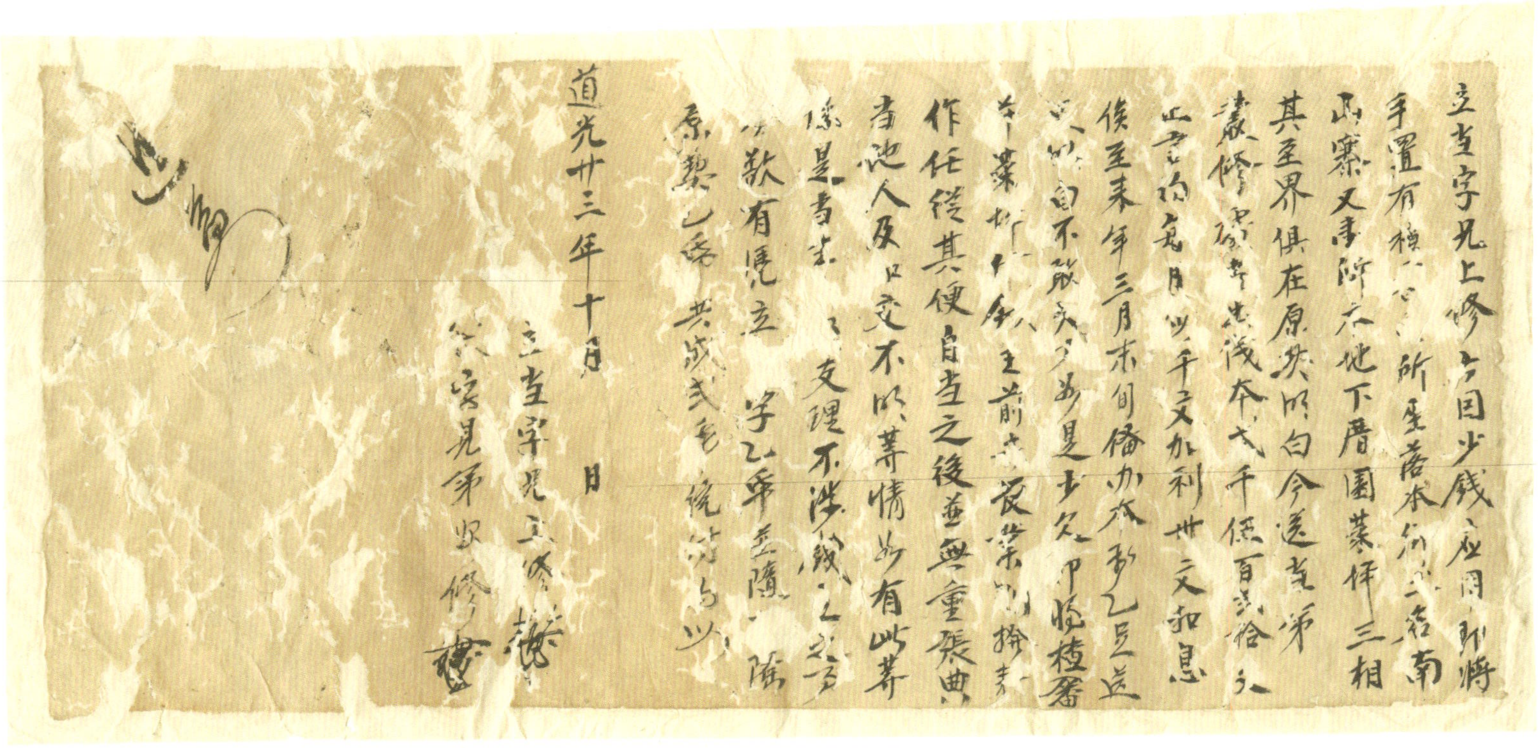

2-1-125-5　清道光二十三年十月柯上修立當楂畲等字

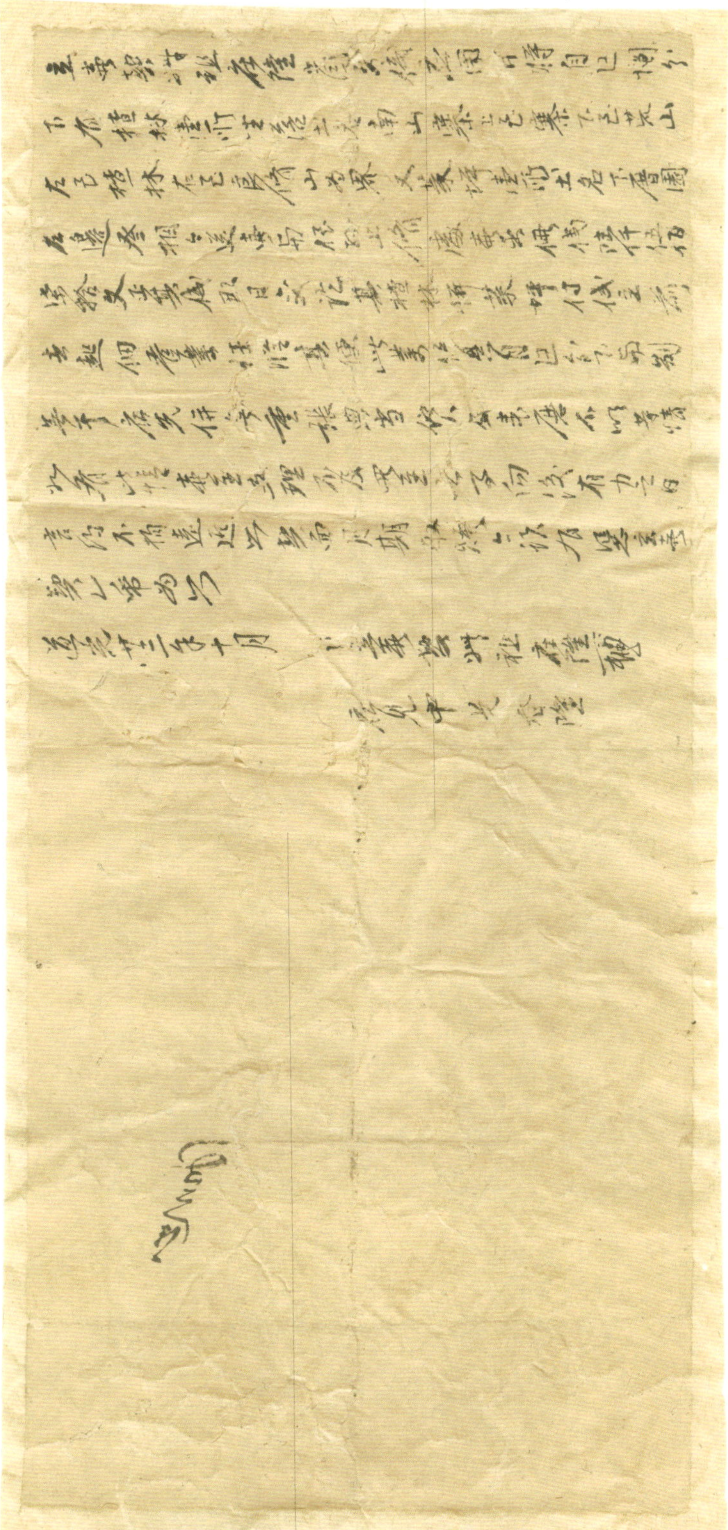

2-1-125-6 清道光二十三年十月柯在隆立賣楂林契

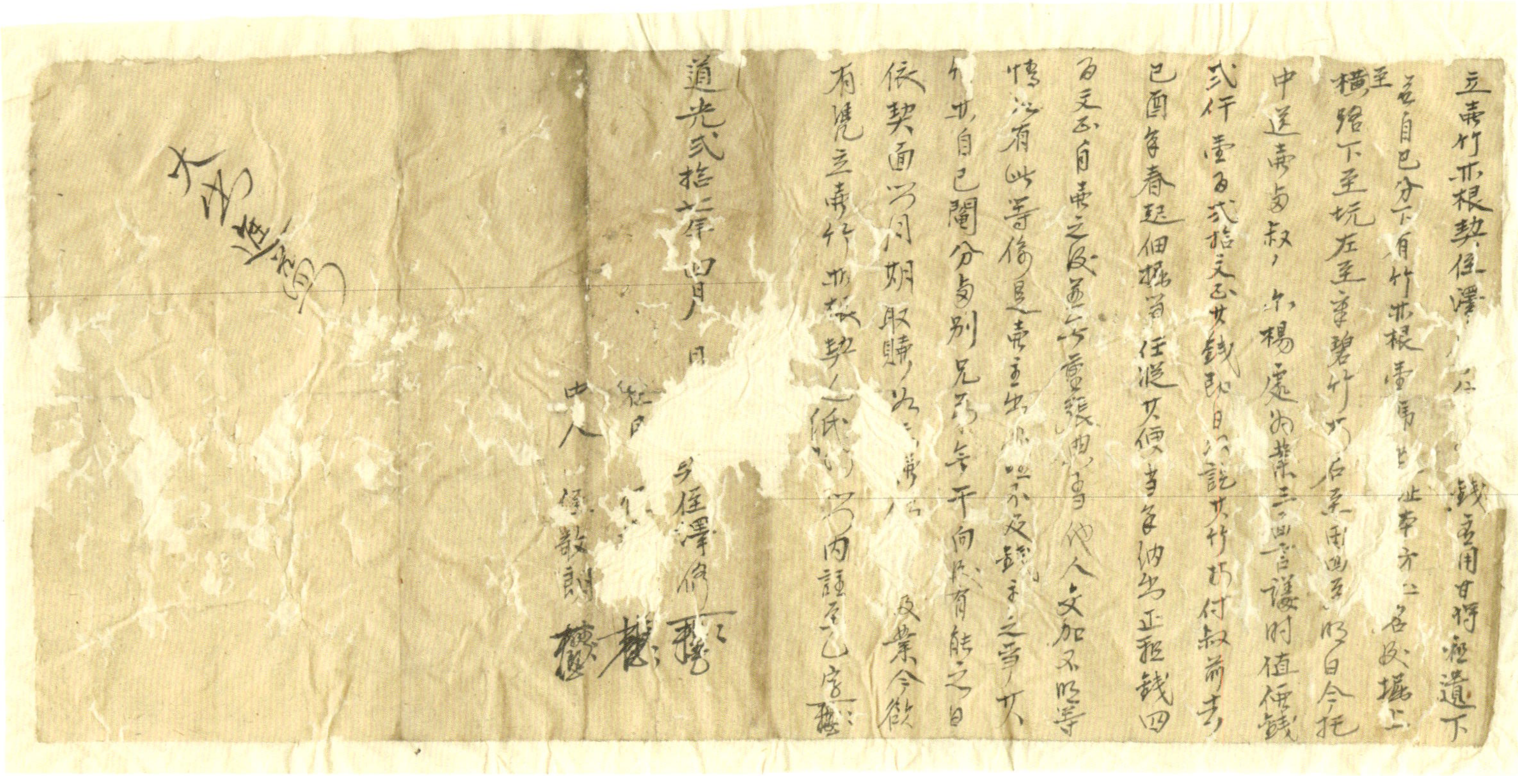

2-1-125-7　清道光二十七年四月柯澤修立賣竹林根等契

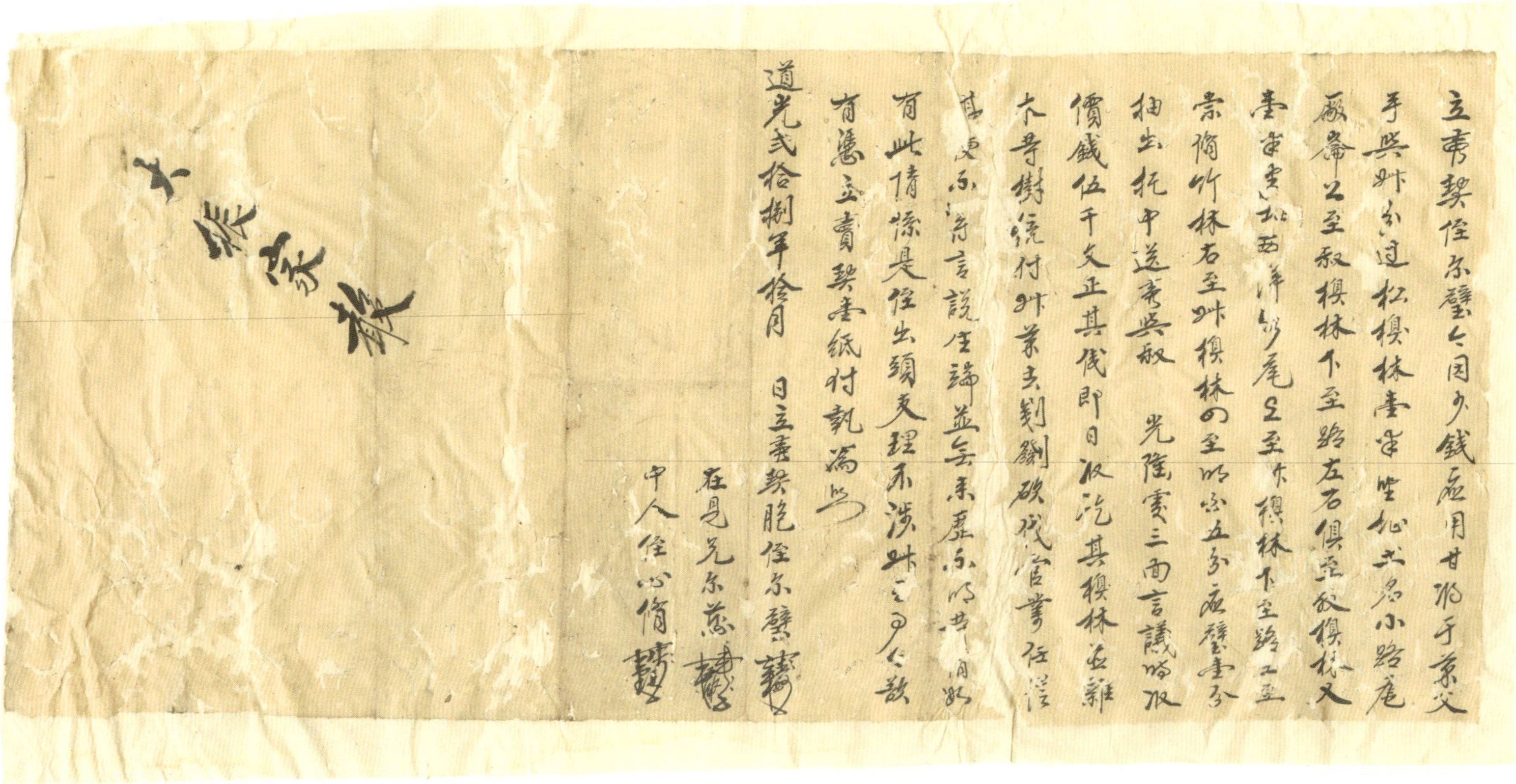

立賣契侄尔璧，今因乏錢應用，甘將手業父
手與叔分過松杉林壹片，坐址土名小路庵
厫崙，上至叔杉林，下至路，左右俱至叔杉林。又
壹片坐址西洋坪尾，上至大杉林，下至路，左至
崇脩竹林，右至叔杉林，四至明白。今立分應璧壹分
抽出托中送賣與叔　光陞、霽三兩言議，時值
價錢伍千文正。其錢即日收訖，其杉林並雜
木聽從叔去剗砍伐管業，任從
其便，不得言說生端，並無來歷不明，如有
此情，係是侄出頭支理，不涉叔之事。今欲
有憑，立賣契壹紙付執為照。
道光弍拾捌年拾月　日立賣契胞侄尔璧（押）
在見兄尔蕊（押）
中人侄心脩（押）

大張家契

2-1-125-8　清道光二十八年十月柯尔璧立賣松林契

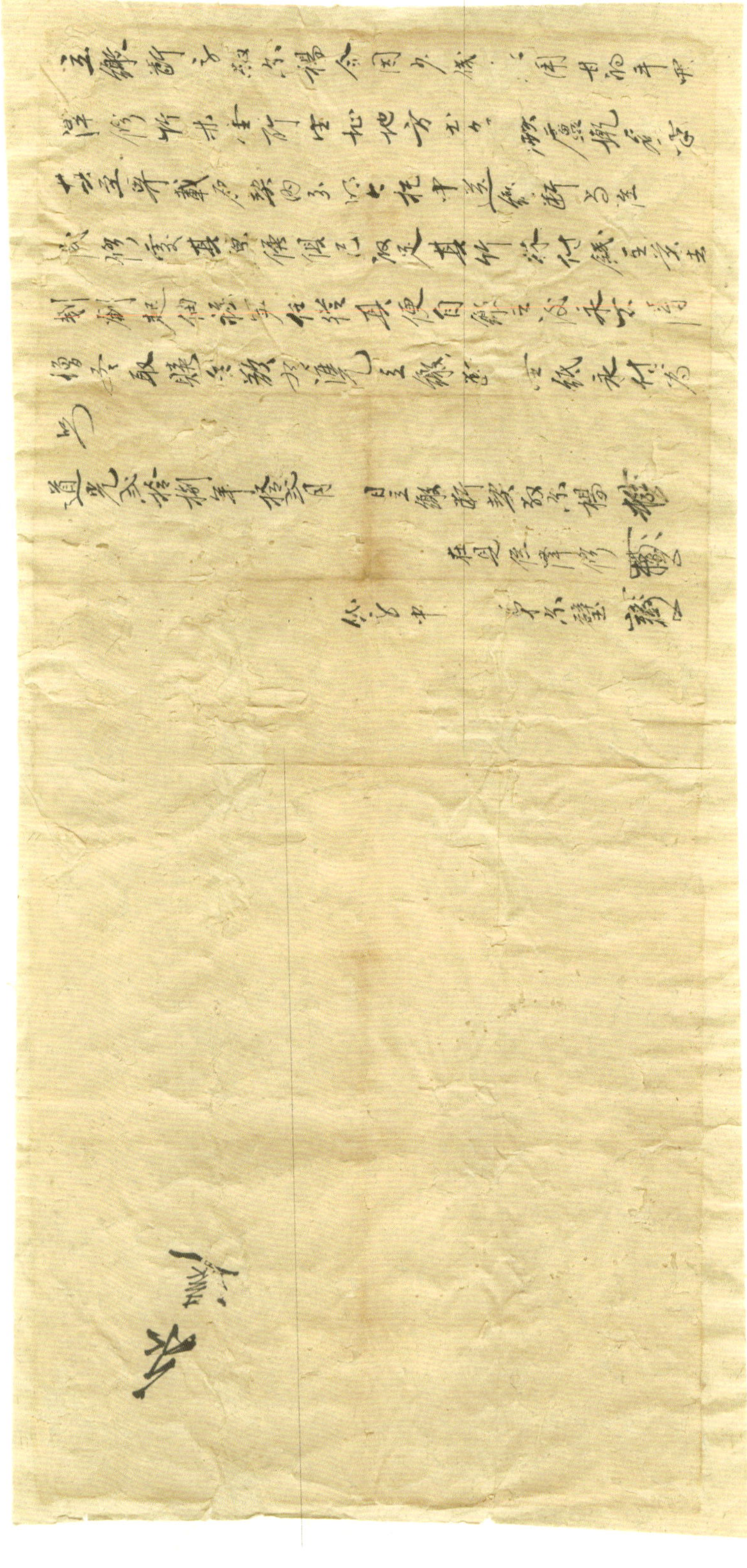

2-1-125-9　清道光二十八年十二月柯尔楊立繳斷竹林字

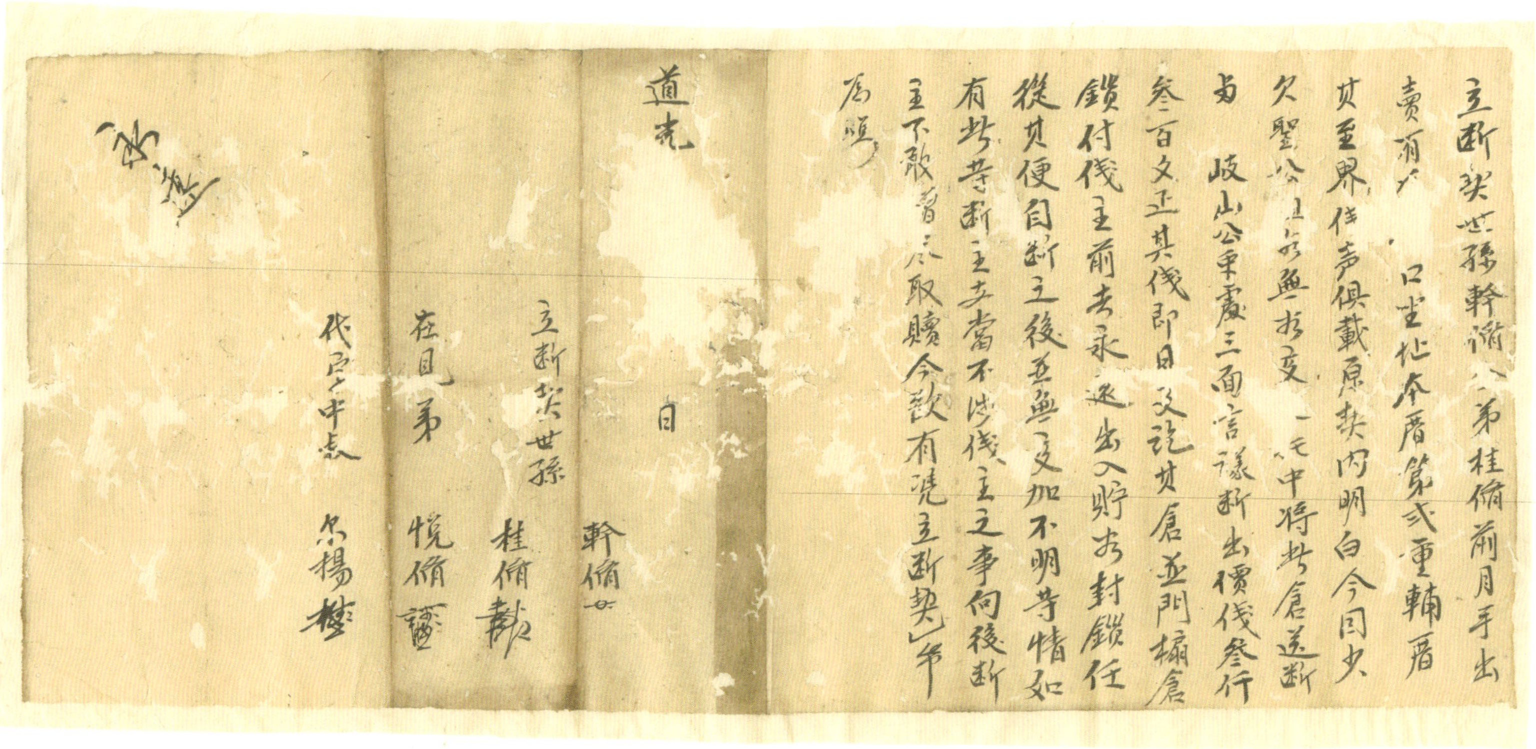
立断契世孫幹脩仝弟桂脩前月手出
賣有厶　口坐仕本厝第弍重輔厝
貝至界，仕声俱載原契内明白今因乏
欠聖公[illegible]無於交　一仝中將此倉送断
与　岐山公秉處三面言議断出價錢叁仟
叁百文正其錢即日交訖其倉並門扇倉
鎖付錢主前去永遠出入貯於封鎖任
從其便自断之後並無反加不明等情如
有此等断主支當不涉錢主之事向後断
主不敢言[illegible]取贖今欲有憑立断契一帋
為照。

道光　　日　　幹脩
立断契世孫　桂脩
在見弟　悅脩
代字中叔　爲揚

2-1-125-10　清道光年間柯幹脩等立斷倉契

立當字侄柯良修，今因乏少應用，即將
手置有松木並雜木等樹一号，坐落本
鄉土名小坑仔，上至荒山，下至坑，左至小坑
嶺，右至光隆大坑爲界，四至明白，今送當
與叔光隆處，當出時價壹伯五十兩正，
言約每月兩加三分，五年離滿後至下年備
办本利一足送還，明白不敢少欠，如是少
欠，即將原當並松木雜木一並付與叔
前去起佃[illegible]，管業，其樹長大砍伐
變賣，當主不敢生端異言，[illegible]今欲
有憑，立當字一紙為照。

咸豐元年十二月　日立當字侄柯良修
代筆兄柯[illegible]修

[illegible]

2-1-125-11　清咸豐元年十二月柯良修立當松木等字

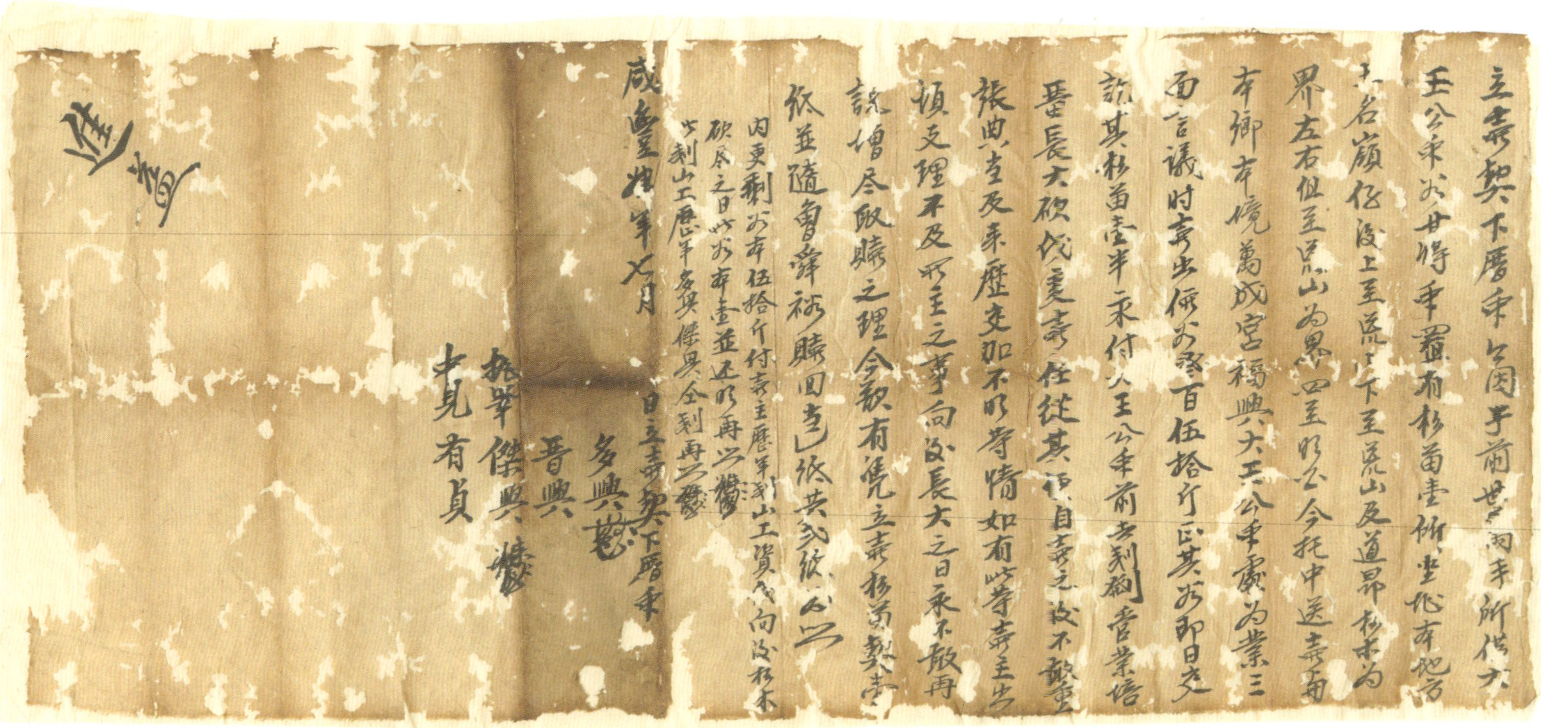

2-1-125-12 清咸豐四年七月柯氏下厝衆立賣杉苗契

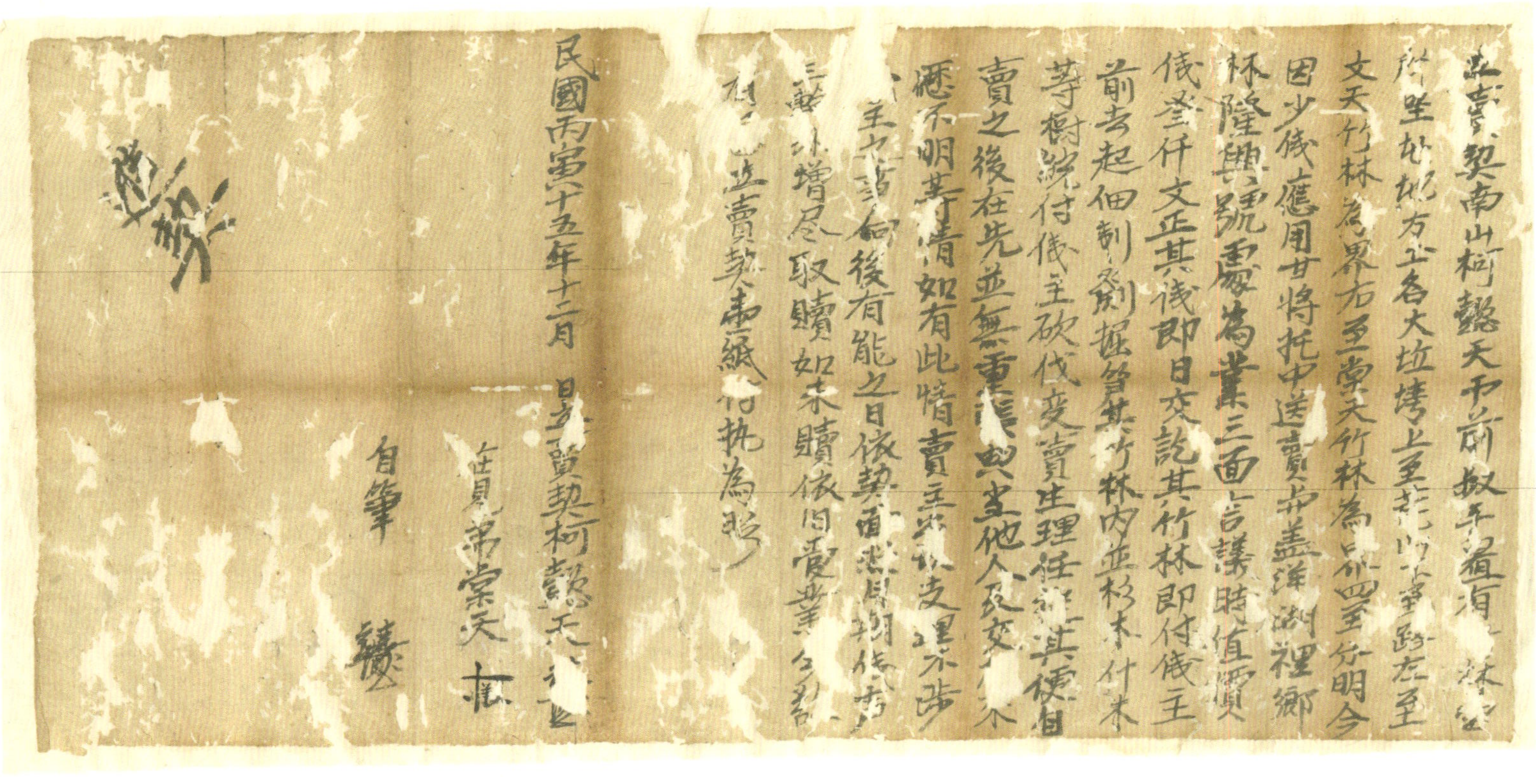
立賣契南山柯懿天，承前叔手置有竹林壹所，坐址地方土名大垃塝，上至[illegible]，下至路，左至文天竹林為界，右至崇天竹林為界，四至分明。今因少錢應用，甘將托中送賣與盖洋湖裡鄉林隆興號處為業，三面言議時值價錢叁仟文正，其錢即日交訖，其竹林即付錢主前去起佃制劄掘筍，其竹林內並杉木、什木等樹，概付錢主砍伐變賣，生理任從其便。自賣之後，在先並無重張典當他人，及交加不明等情，如有此情，賣主出頭支理，不涉買主之事。自今後有能之日，依契面價取贖，錢主不得[illegible]增取贖；如未贖，依舊管業。今欲有憑，立賣契壹紙，付執為照。

民國丙寅十五年十二月　日立賣契柯懿天（押）

在見弟崇天（押）

自筆（押）

契

2-1-125-13　民國十五年十二月柯懿天立賣竹林契

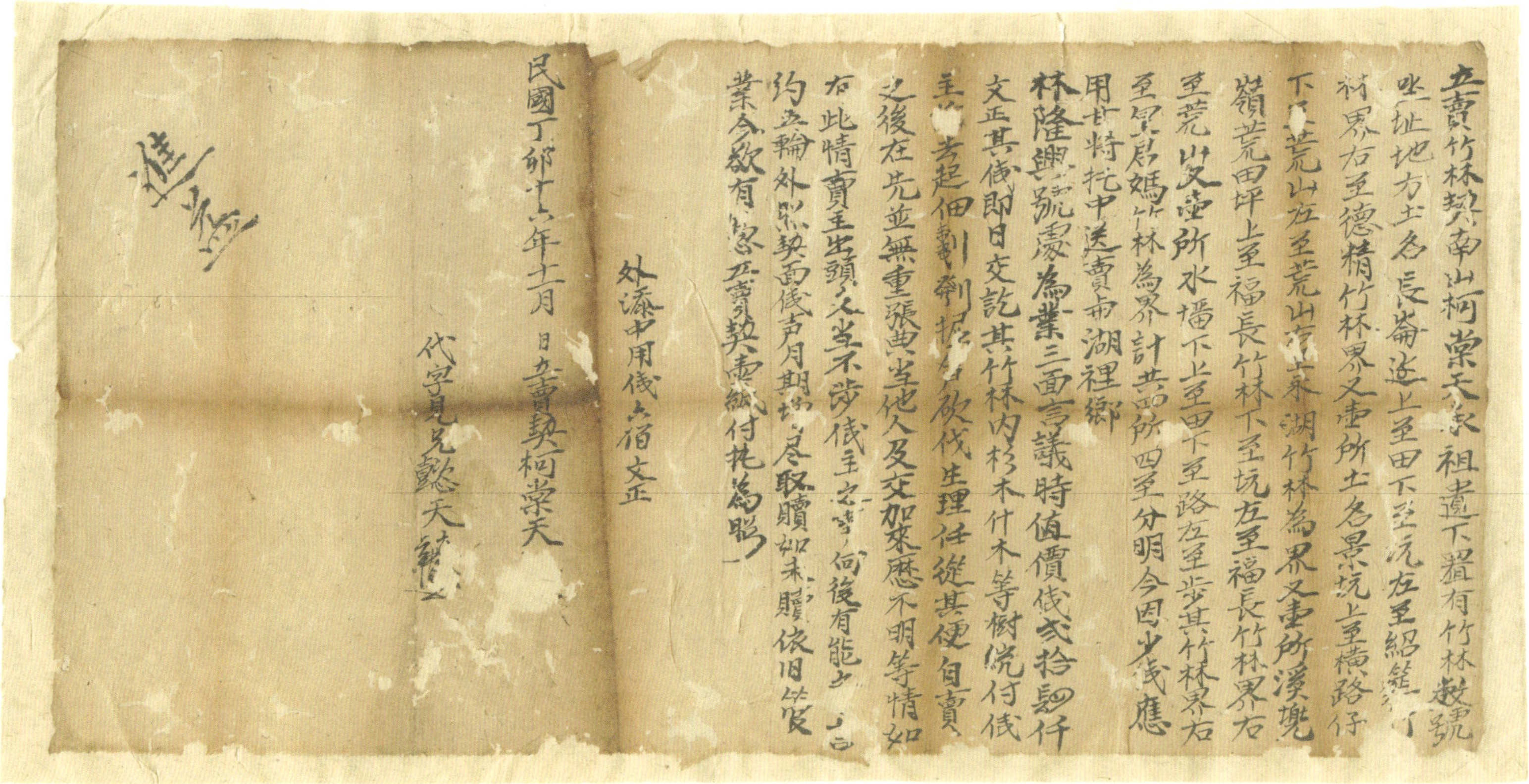
立賣竹林契人南山柯棠天，承祖遺下租有竹林數號，
坐址地方土名長崙，逆上至田，下至坑，左至絕岸[illegible]
村界，右至德精竹林界；又壹所土名景坑，上至橫路仔，
下[illegible]荒山，左至荒山，右至東湖竹林為界；又壹所溪墘
嶺，荒田坪上至福長竹林，下至坑，左至福長竹林界，右
至荒山；又壹所水墻下，上至田，下至路，左至步其竹林界，右
至[illegible]啟媽竹林為界，計共四所，四至分明。今因乏錢應
用，甘将托中送賣與湖裡鄉
林隆興號處為業，三面言議，時值價錢弍拾[illegible]仟
文正，其錢即日交訖，其竹林內杉木、竹木等樹，悉付錢
主[illegible]起佃剷剃[illegible]砍伐生理，任從其便，自賣
之後，在先並無重張典当他人及交加來歷不明等情，如
有此情，賣主出頭支当，不涉錢主之事。[illegible]向後有能[illegible]
約五輪外，照契面錢[illegible]月期[illegible]尽取贖，如未贖，依旧管
業。今欲有憑，立賣契壹紙付執為照。

外添中用錢六佰文正

民國丁卯十六年十一月　日立賣契柯棠天

代字見兄懿天（押）

2-1-125-14　民國十六年十一月柯棠天立賣竹林契

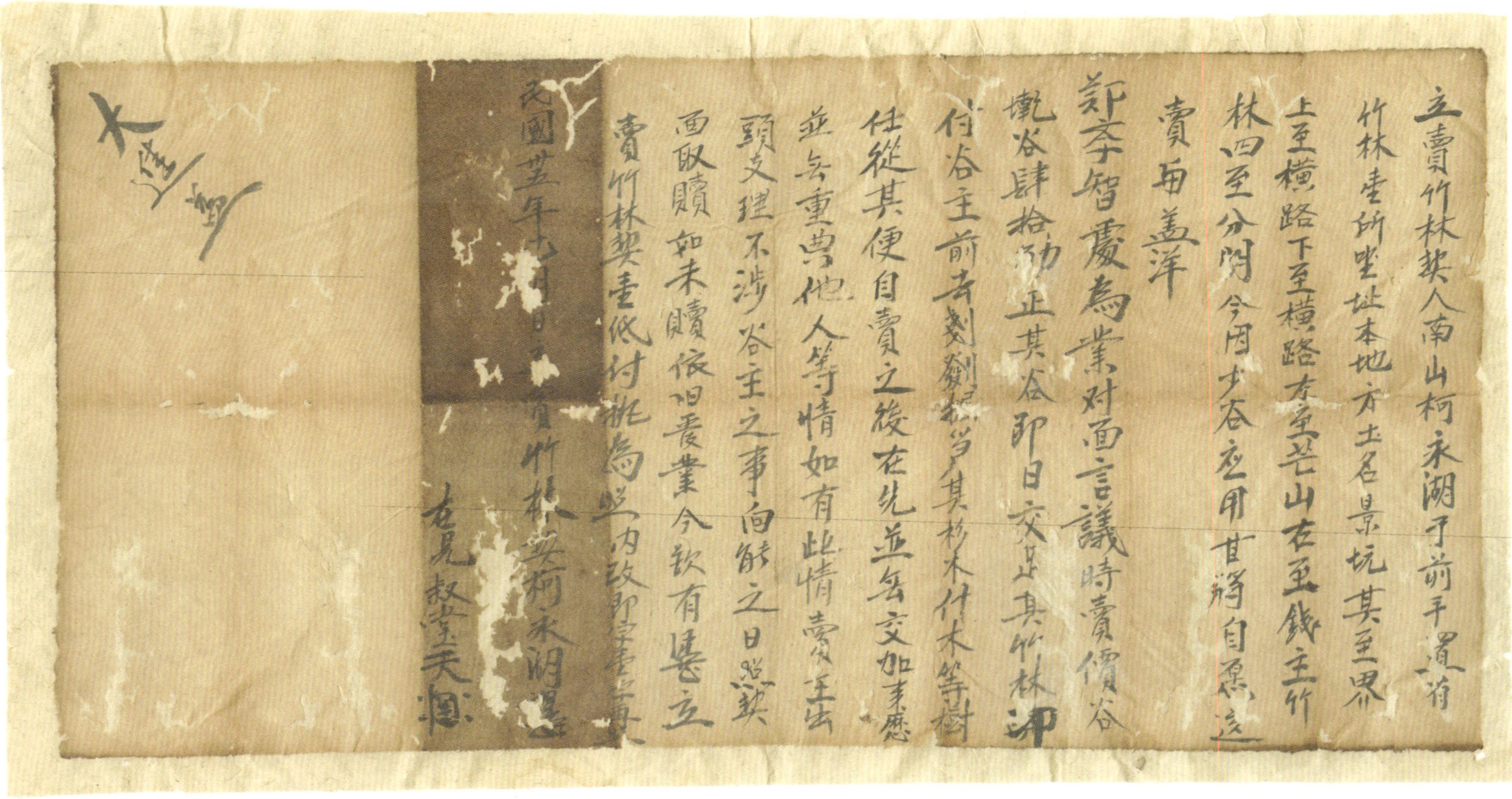
立賣竹林契人南山柯永湖，于前年置有
竹林壹所，坐址本地，方土名景坑，其至界
上至横路，下至横路，左至芒山，右至錢主竹
林，四至分明。今因乏谷應用，甘將自愿送
賣與蓋洋
鄭李智處為業，对面言議時賣價谷
玖谷肆拾陸斤正，其谷即日交足，其竹林即
付谷主前去劉[illegible]，其杉木竹木等樹
任從其便。自賣之後，在先並無交加來歷，
並無重典他人等情，如有此情，賣人出
頭支理，不涉谷主之事。向能之日照契
面取贖，如未贖，依旧管業。今欲有憑，立
賣竹林契壹紙付執為照。內改即字壹[illegible]
民國三十五年十一月 日 立賣竹林契柯永湖
在見 叔[illegible]天
[illegible]

2-1-125-15　民國三十五年十一月柯永湖立賣竹林契

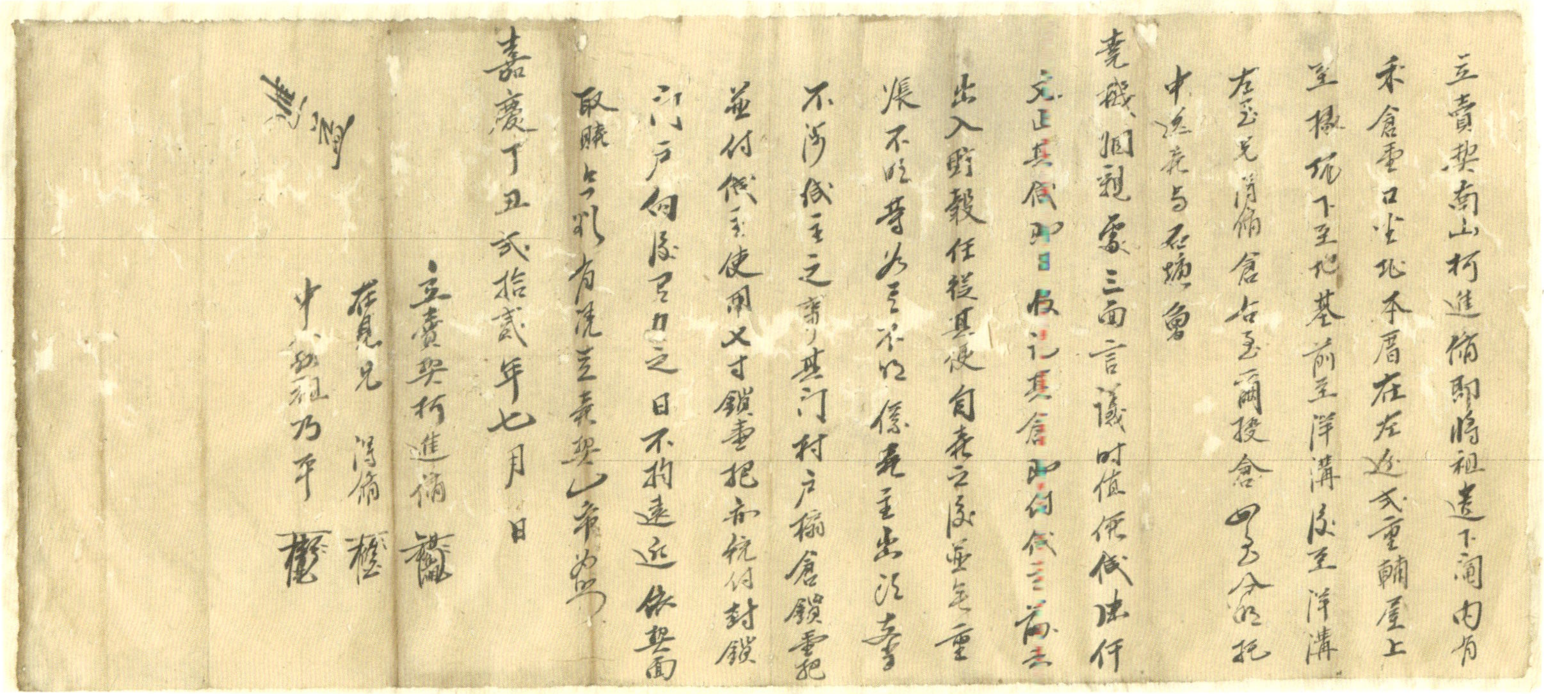
立賣契南山柯進脩，即將祖遺下閬內有
禾倉壹口，坐址本厝左邊，式重輔屋上
至樓坪，下至地基，前至洋溝，後至洋溝，
左至兄脩倉，右至兩接倉，四至分明。托
中送就與石塘曾
尭[illegible]姻親處三面言議，时值價錢肆仟
文正，其錢即日收訖，其倉即付錢主前去
出入貯穀，任從其便，自賣之後，並無重
張不明等情，如有不明，係是賣主出頭承當，
不涉錢主之事。其门村户稿倉鎖壹把
並付錢主使用，又寸鎖壹把亦統付封鎖
江門戶，向後日力之日，不拘遠近，依契面
取贖。今判有憑，立賣契一帋為照。
嘉慶丁丑貳拾貳年七月　日
立賣契柯進脩（押）
在見兄　得脩（押）
中[illegible]乃平（押）
[illegible]

2-1-126-1　清嘉慶二十二年七月柯進脩立賣禾倉契

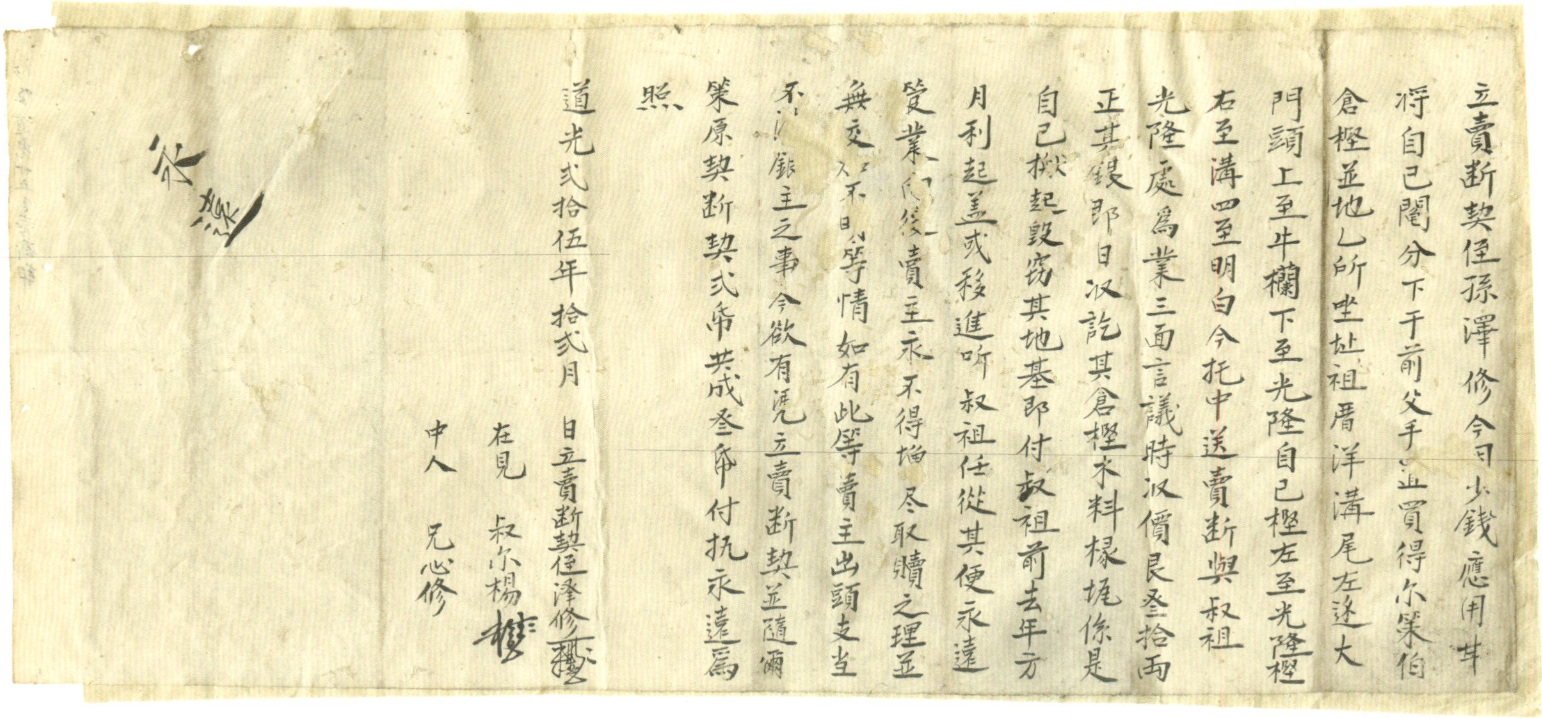
立賣斷契侄孫澤修今因乏錢應用，將自己鬮分下于前父手並買得尔榮伯倉樫並地乙所，坐址祖厝洋溝尾左边，大門頭上至牛欄，下至光隆自己樫，左至光隆樫，右至溝，四至明白，今托中送賣斷與叔祖光隆處爲業，三面言議時值價艮叁拾両正，其銀即日收訖，其倉樫木料椽桷係是自己擬起毀窃，其地基即付叔祖前去年方月利起盖或移進，听叔祖任從其便永遠管業，係賣主永不得增尽取贖之理，並無交加不明等情，如有此等，賣主出頭支当，不干銀主之事，今欲有憑，立賣斷契並隨尔榮原契斷契式帋，共成叁帋，付执永遠爲照。

道光式拾伍年拾式月　日立賣斷契侄澤修（押）

在見　叔尔楊（押）

中人　兄心修

永遠

2-1-126-2　清道光二十五年十二月柯澤修立賣斷倉樫契

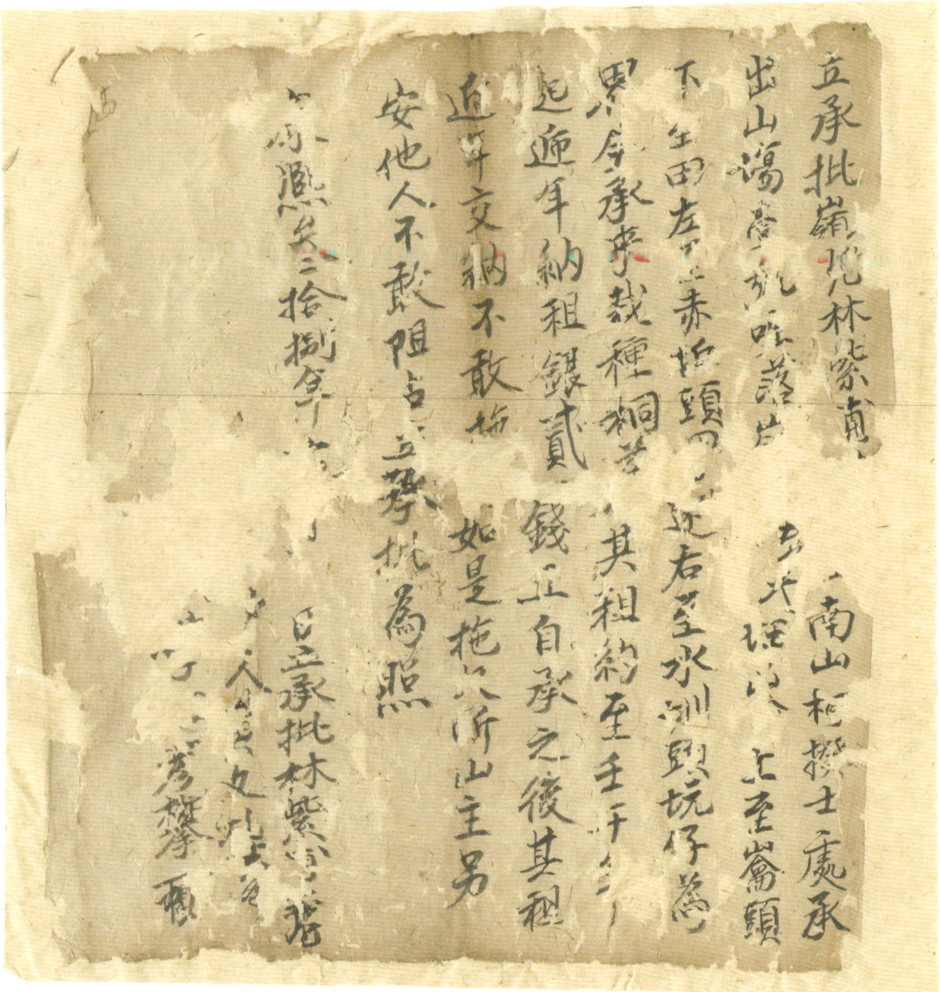

立承批嶺[illegible]林紫甫[illegible]南山柯擬士處承
出山場壹號坐落[illegible]上至嵛頭
下至田左至赤坑頭[illegible]右至水圳頭坑仔爲
界今承來栽種桐茶其租約至壬午年
起逐年納租銀貳錢正自承之後其租
逐年交納不敢拖欠如是拖欠所山主另
安他人不敢阻占立承批爲照
康熙叁拾捌年[illegible]
立承批林紫甫[illegible]
[illegible]代書人[illegible]
[illegible]

2-1-127-1　清康熙三十八年林紫甫立承批山場字

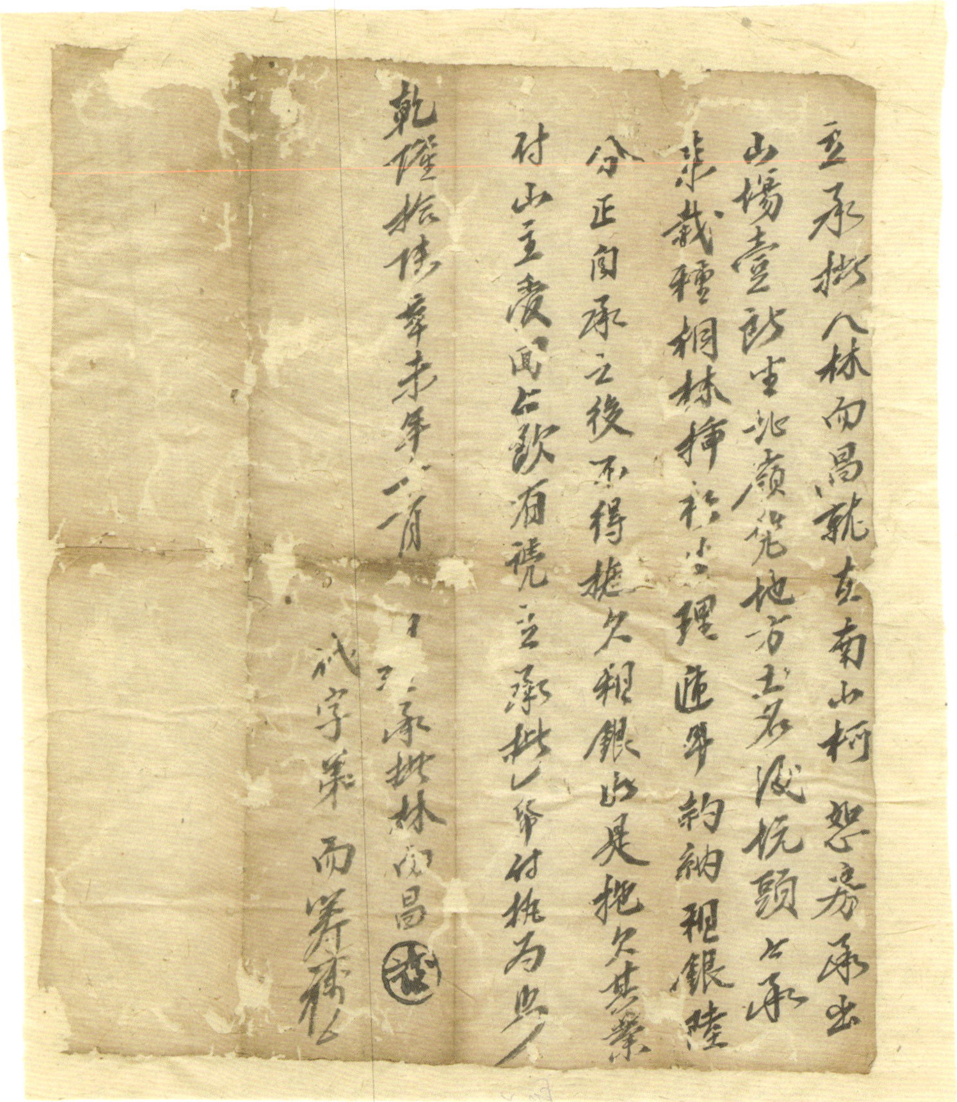

立承批人林而昌就在南山村契旁承出
山場壹號坐北嶺尾地方土名溪坑頭出承
來栽種桐林揷杉木理逐年約納租銀陸
分正自承之後不得拖欠租銀如是拖欠其業
付山主處另召欲有憑立承批山字付執為照

乾隆拾陸辛未年十一月　日立承批林而昌（印）

代字弟　而□押

2-1-127-2　清乾隆十六年十一月林而昌立承批山場字

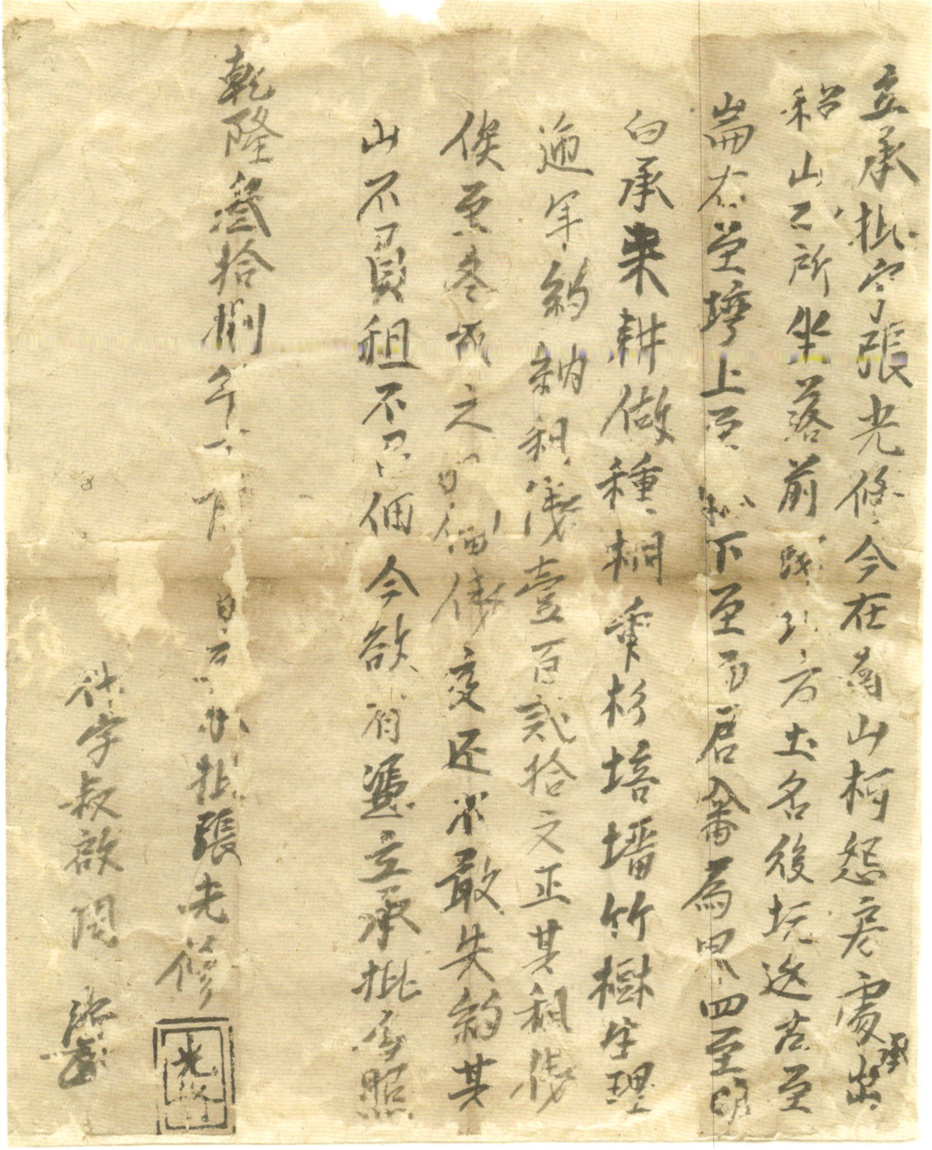
立承批字張光修今在南山柯[illegible][illegible]處承出
税山乙所坐落前路下方土名後坑[illegible]右至
崙左至垄坪上至[illegible]下至[illegible]居[illegible]爲界四至明
白承來耕做種桐杉培插竹樹管理
逓年約納租錢壹百貳拾文正其租錢
俟冬成之日備辦交还不敢失約其
山不賣租不取價今欲有憑立承批爲照
乾隆叁拾捌年十二月日立承批張光修
代字叔啟周

2-1-127-3　清乾隆三十八年十二月張光修立承批税山字

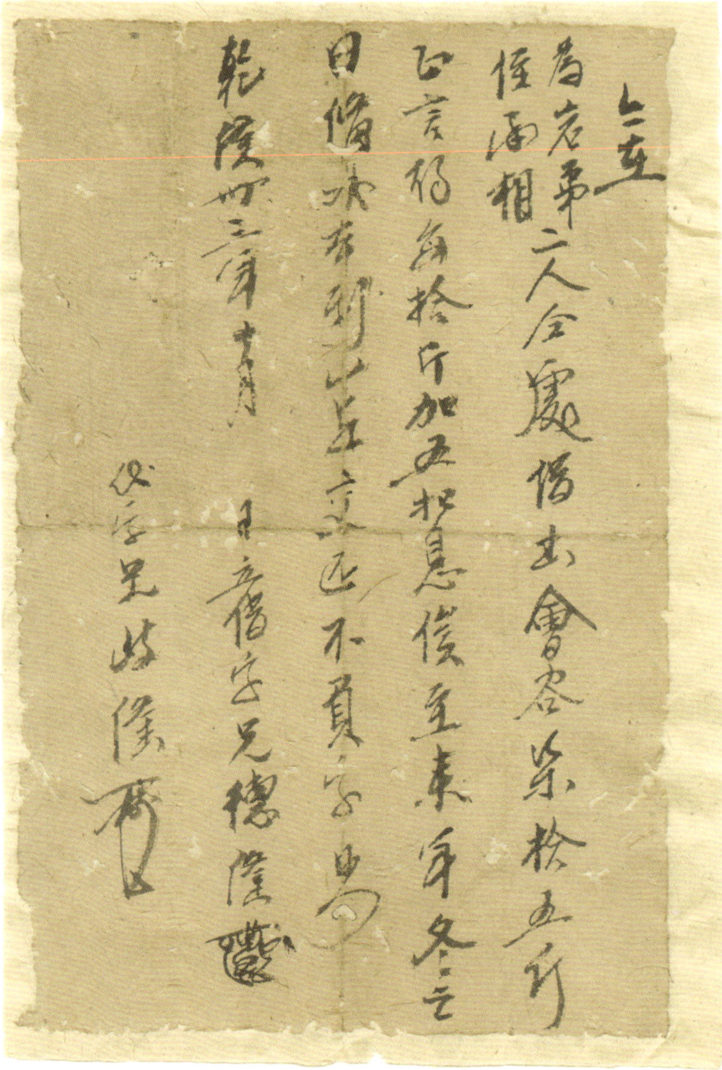

立

為岩弟二人仝處借出會谷柒拾五斤

侄兩相

面言[illegible][illegible]拾斤加五利息償至來年冬三

日備辦本利一足交還不負字照

乾隆卅三年十月

日立借字兄德隆

代字兄時[illegible]

2-1-128-1　清乾隆三十三年十月柯德隆立借穀字

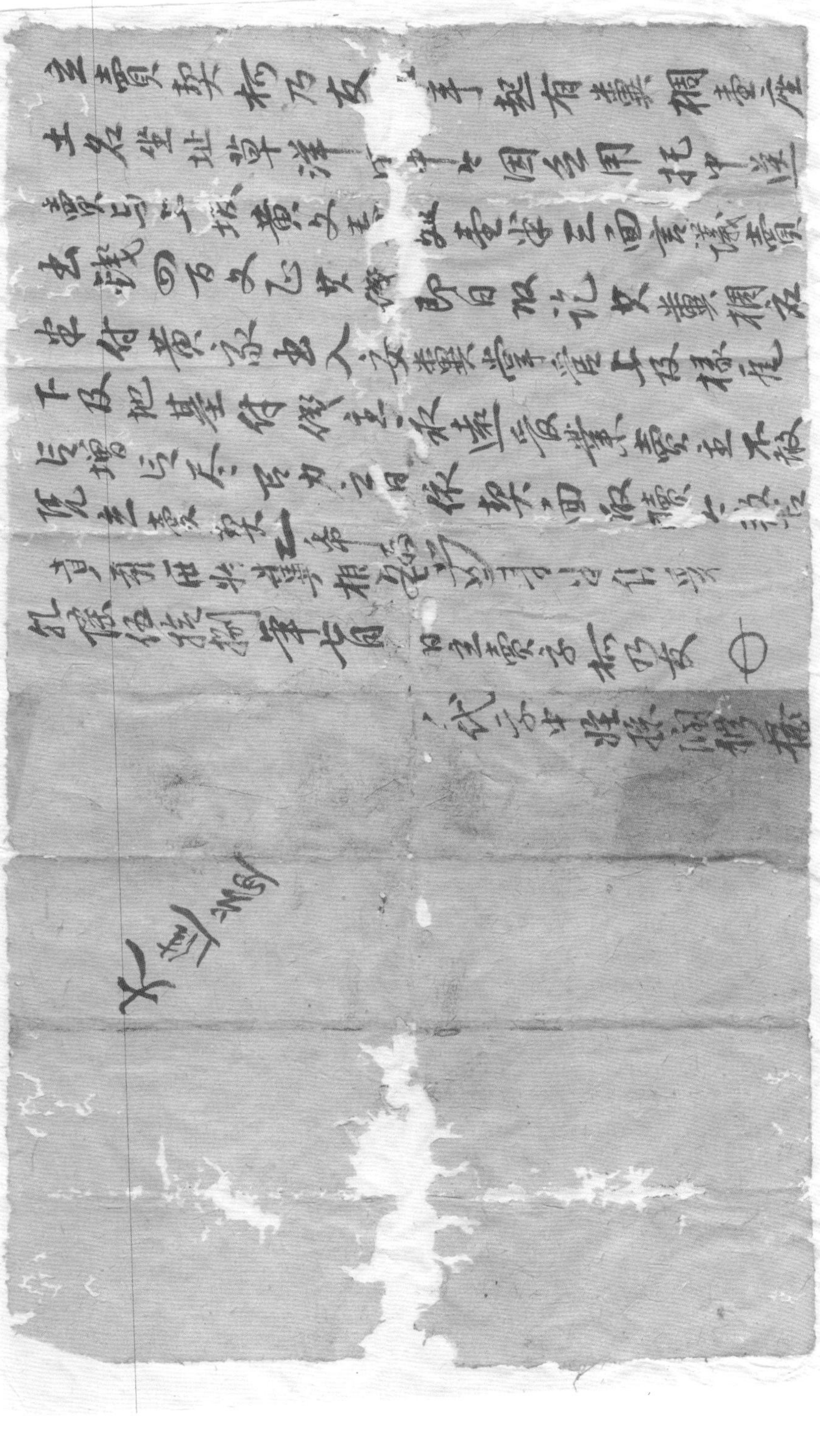

2-1-128-2　清乾隆五十八年七月柯乃友立賣䕶桐契

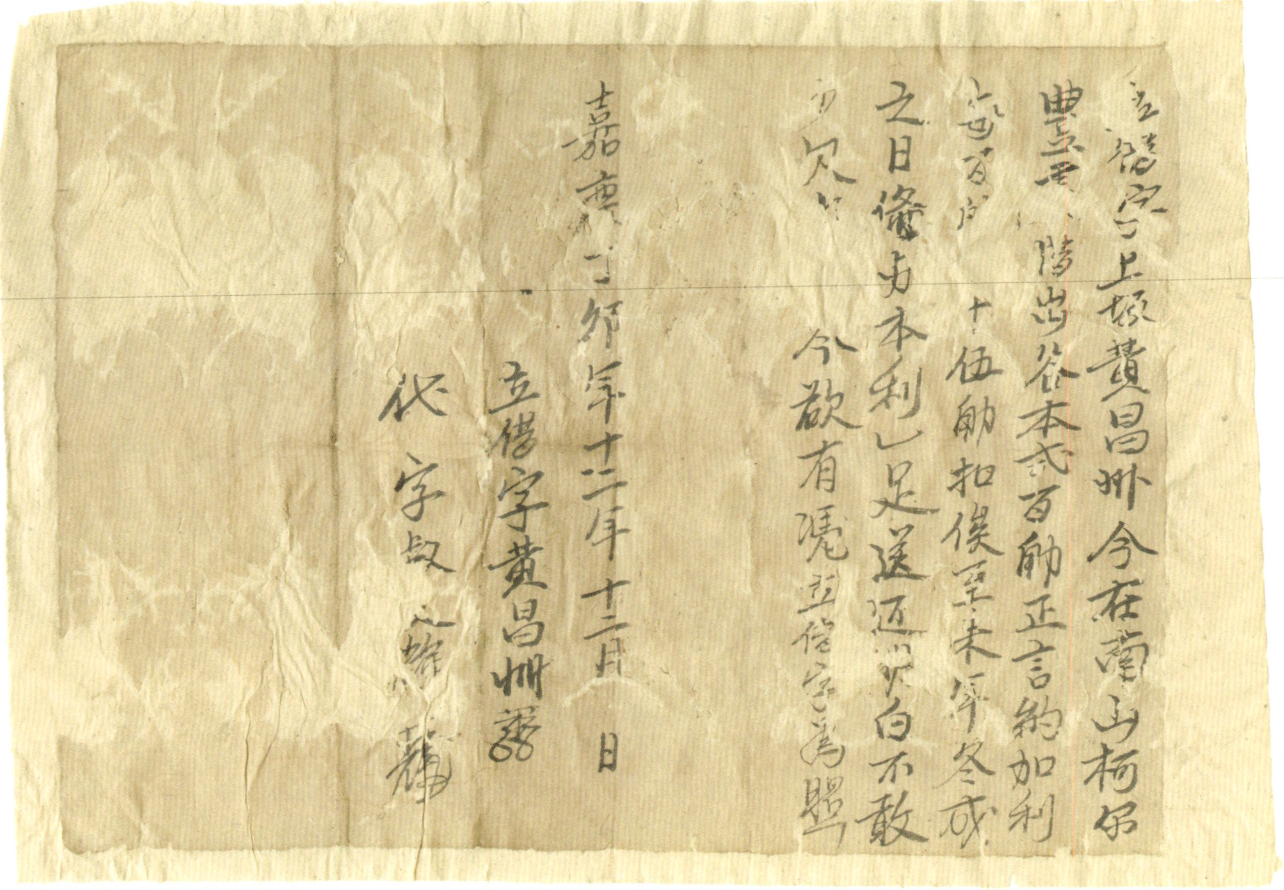
立借穀字上坂黃昌州今在蘭山柯邊
豐□、借出谷本弍百觔正言約加利
每百觔十伍觔扣候至來年冬成
之日備办本利一足送还不敢
少欠今欲有凭立借字為照
嘉慶十二年十二月　日　立借字黃昌州（押）
代字叔　□□（押）

2-1-128-3　清嘉慶十二年十二月黃昌州立借穀字

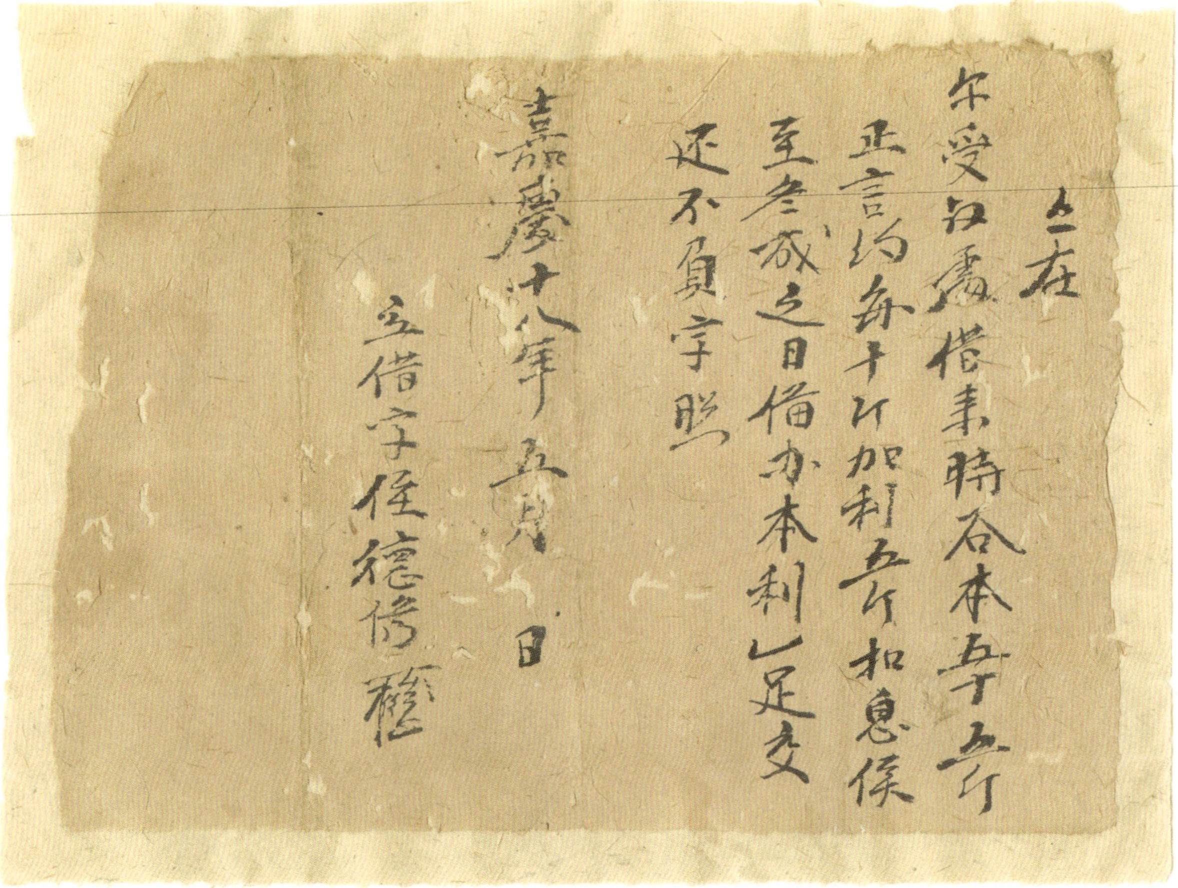
立在
仝受日處借來特谷本年五斤
正言约每十斤加利五斤扣息係
至冬成之日備办本利一足交
还不負字照
嘉慶十八年五月　日
立借字侄德修

2-1-128-4　清嘉慶十八年五月柯德修立借穀字

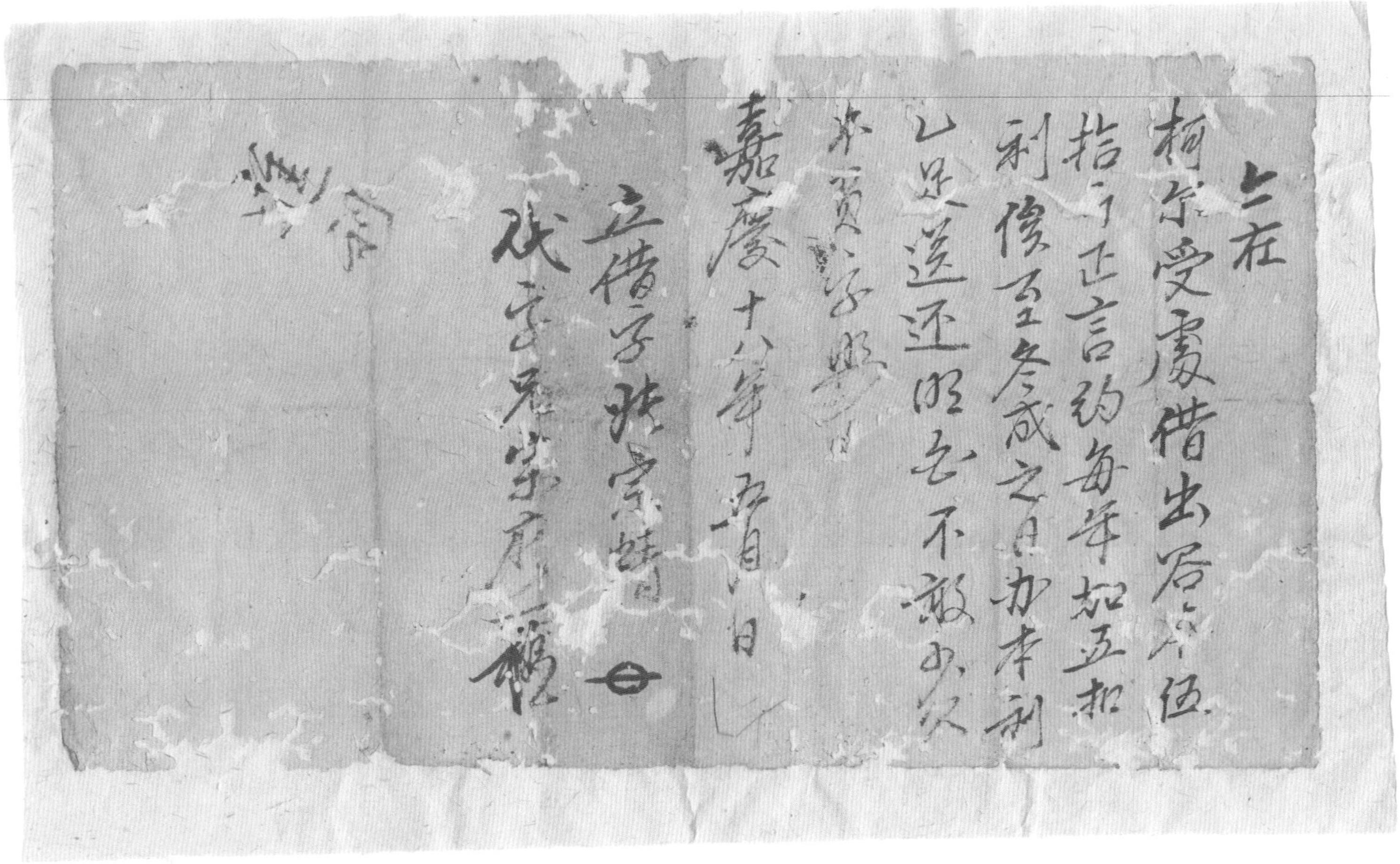

上在
柯宗受處借出谷六伍
指定正言約每年加五起
利償至冬成之日加本利
一足送還明白不敢少欠
[illegible]
嘉慶十八年五月　日
立借字張宗精（押）
代字兄崇存親

2-1-128-5　清嘉慶十八年五月張宗精立借穀字

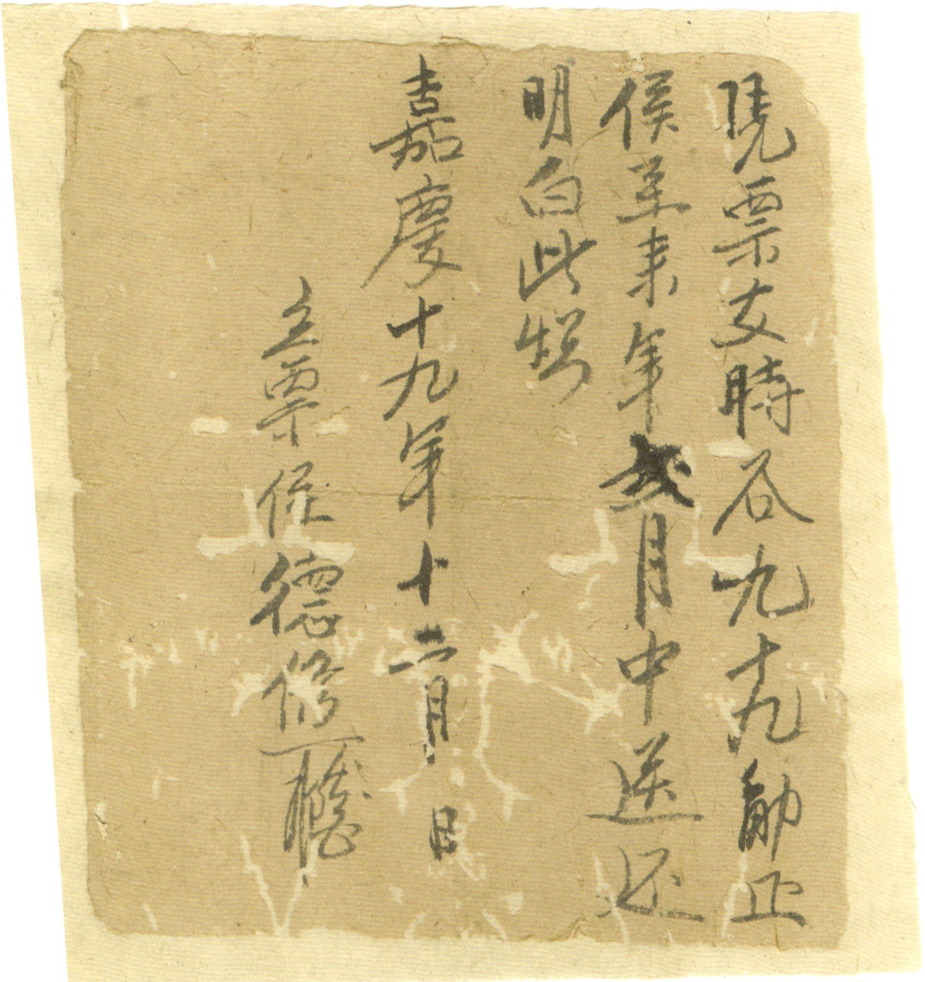
憑票支時谷九九觔正
候至來年冬月中送還
明白此照
嘉慶十九年十二月 日
立票侄德修

2-1-128-6　清嘉慶十九年十二月柯德修立支穀憑票

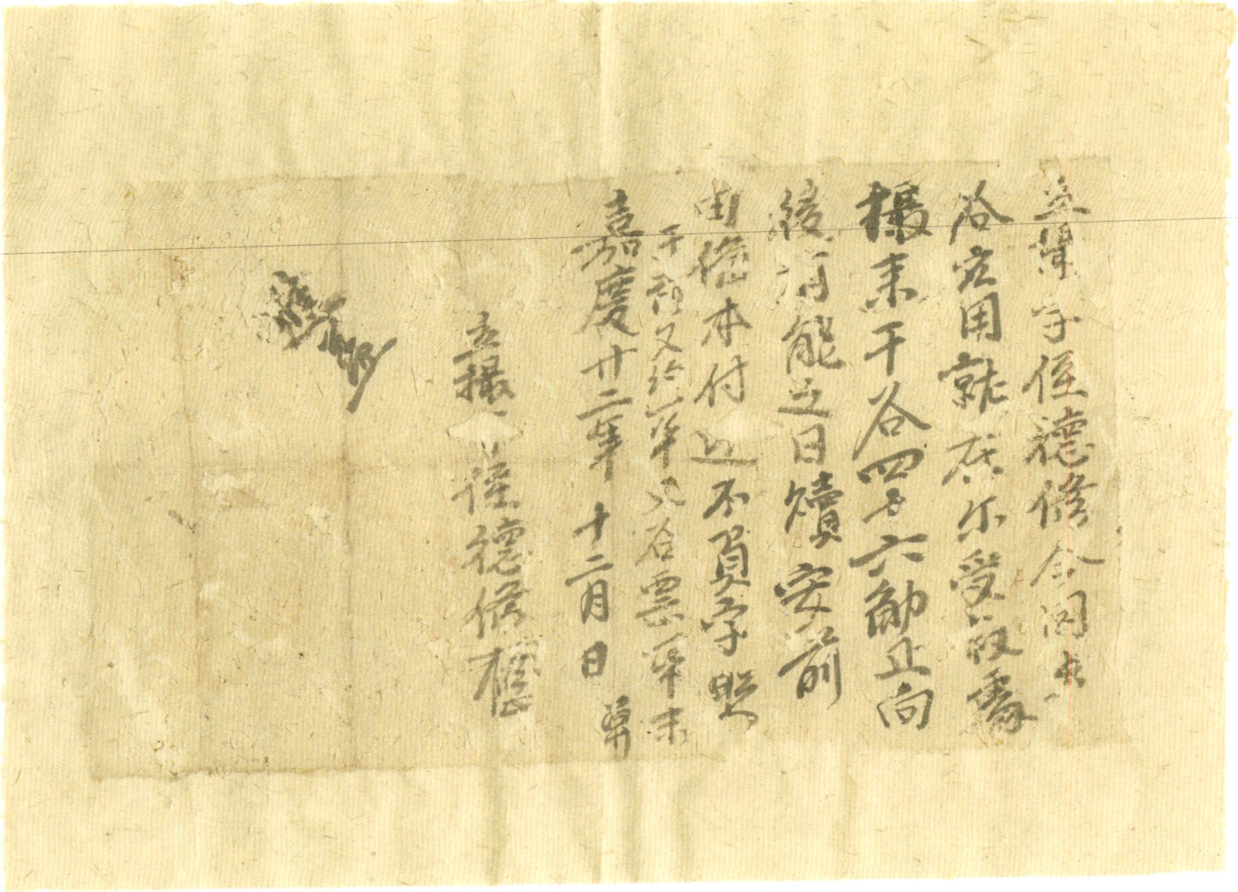

立撮字侄德修今因無
谷應用，就於叔愛敘壽
撮來干谷四斗六斛正，向
後有能之日贖安前
對德本付，立不負字照。
于谷又折半文谷票係未
嘉慶廿二年十二月日
立撮 侄德修

2-1-128-7　清嘉慶二十二年十二月柯德修立撮字

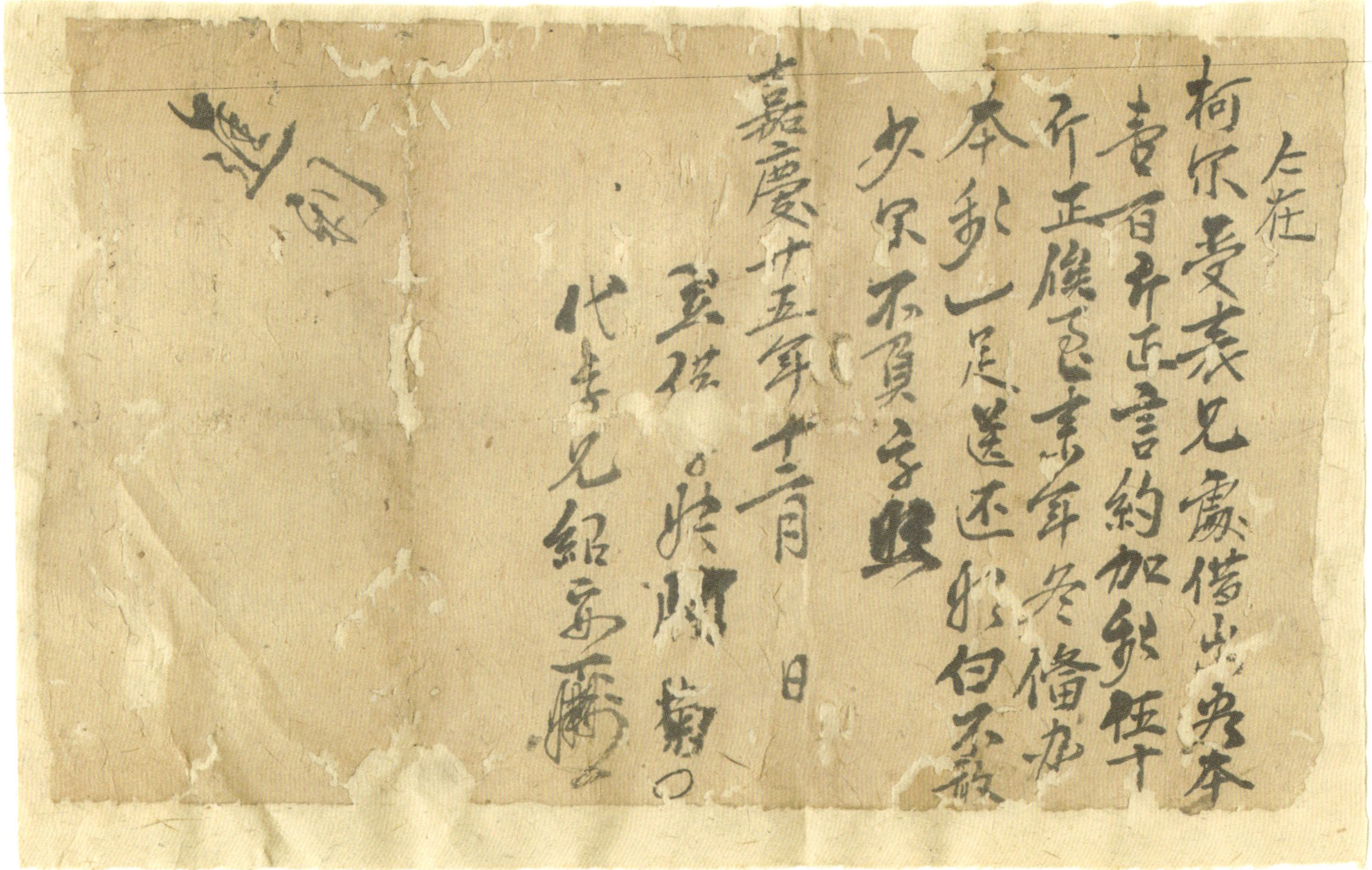
仝在
柯尔受表兄處借出本
壹百斤正言約加秋[illegible]十
斤正候至來年冬備办
本利一足送还[illegible]白不敢
少欠不負字照
嘉慶廿五年十二月　日
[illegible]張[illegible]菊〇
代字兄紹[illegible]

2-1-128-8　清嘉慶二十五年十二月張□菊立借穀字

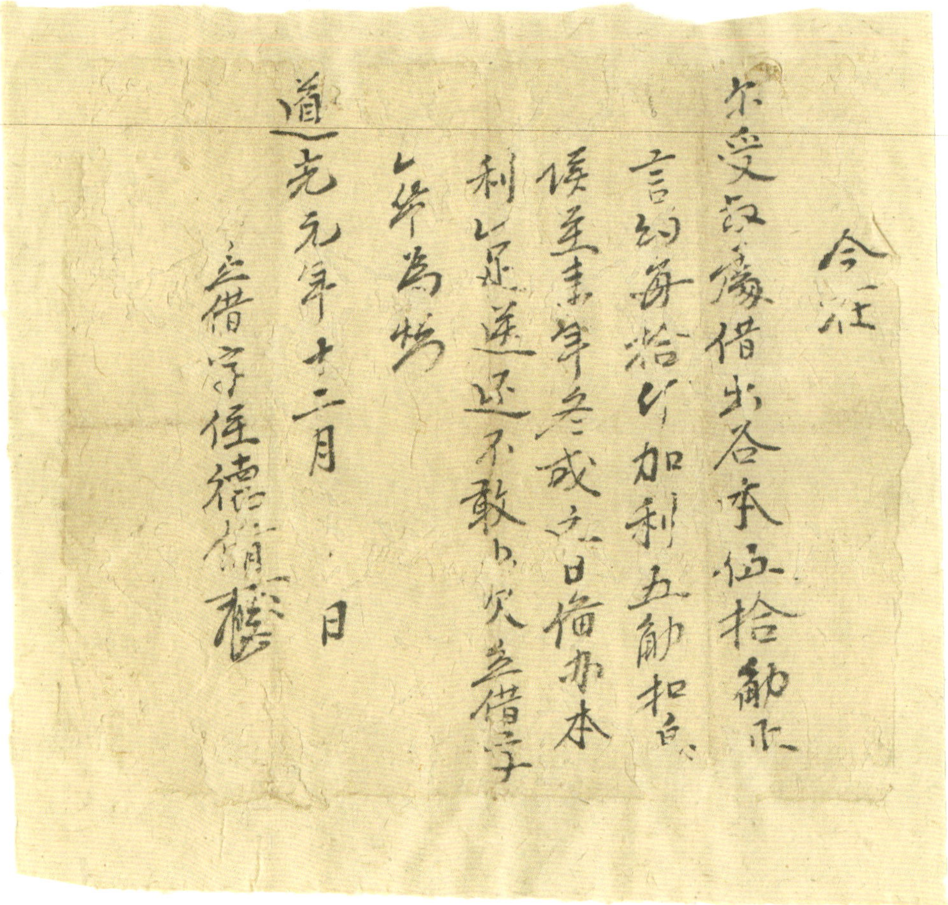
今在
宗受叔[illegible]借出谷本伍拾觔正，
言約每拾觔加利五觔，扣息，
候至來年冬成之日備办本
利一足送還，不敢少欠。立借字
一紙為照。
道光元年十二月　日
立借字侄德脩（押）

2-1-128-9　清道光元年十二月柯德脩立借穀字

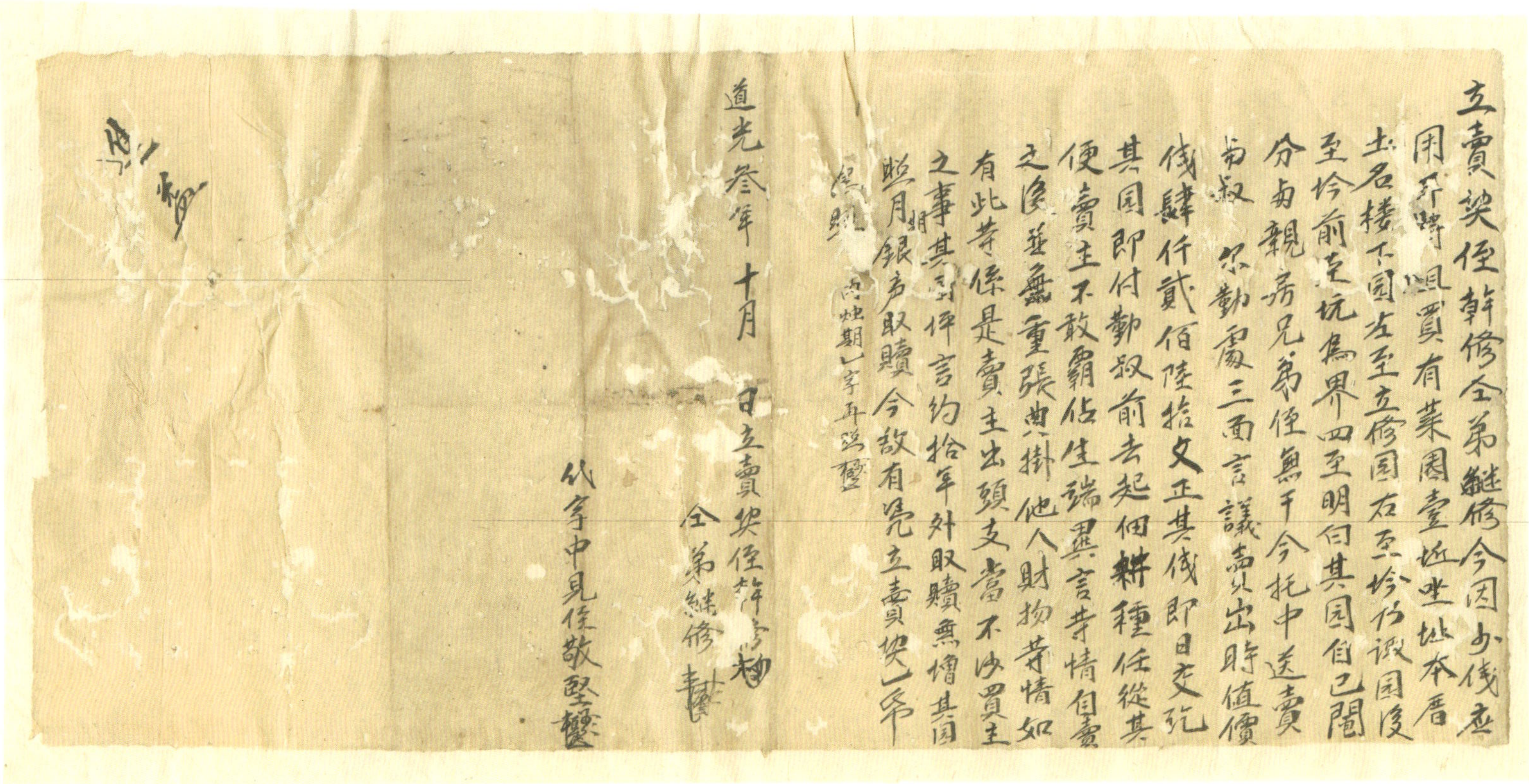
立賣契侄幹修全弟繼修，今因乏錢應
用，將父手明買有菜園壹坵，坐址本厝
土名樓下園，左至立修園，右至柃行識園，後
至柃前屯坑為界，四至明白。其園自己閹
分，與親房兄弟侄無干，今托中送賣
與叔 爾勤處，三面言議，出時值價
錢肆仟貳佰陸拾文正。其錢即日交訖，
其園即付勤叔前去起佃耕種，任從其
便。賣主不敢霸佔生端異言等情。自賣
之後，並無重張典掛他人財物等情。如
有此等，係是賣主出頭支當，不涉買主
之事。其園俾言約拾年外取贖，無增其園，
照月明銀多取贖。今欲有憑，立賣契一紙
為照。 內加期一字再照。

道光叁年 十月 日立賣契侄幹修（押）
全弟繼修（押）
代字中見侄敬堅（押）

2-1-128-10 清道光三年十月柯幹修等立賣菜園契

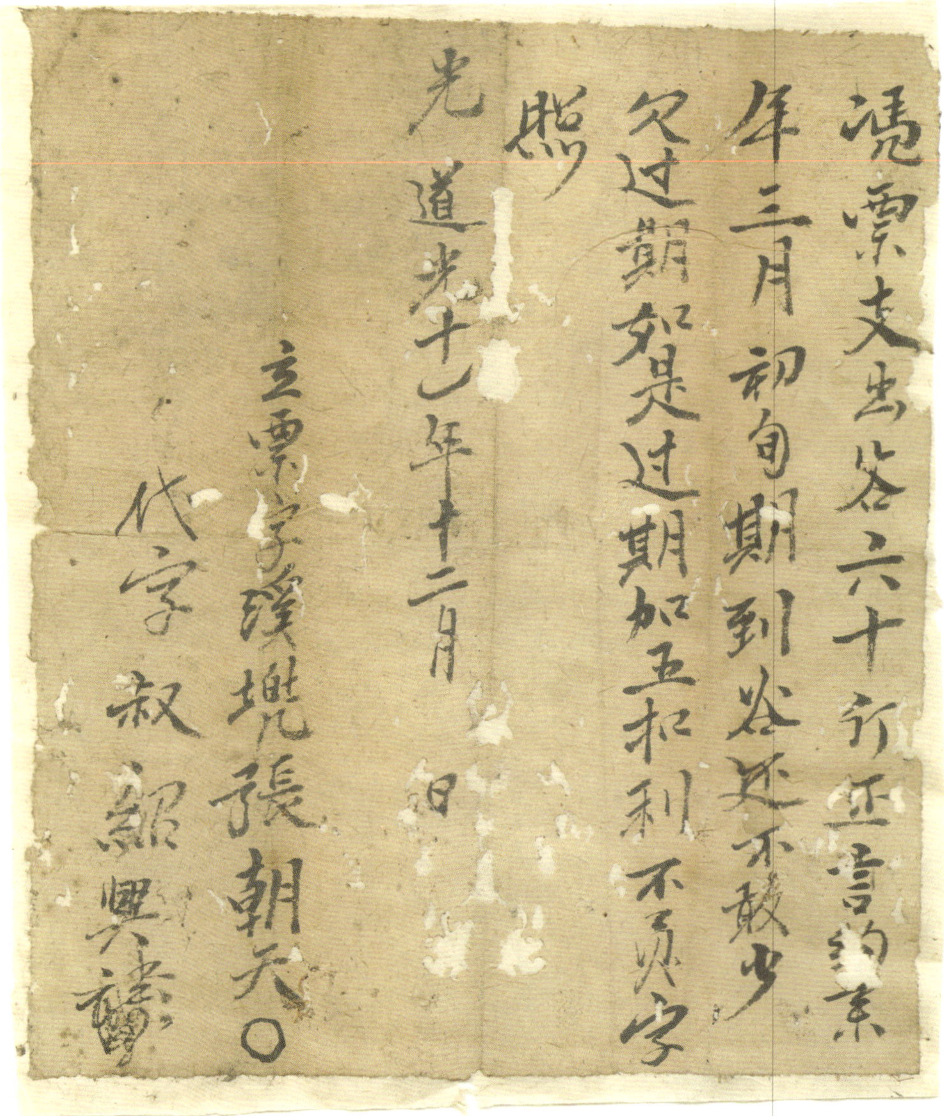

憑票支出谷六十觔正言約來
年三月初旬期到谷還不敢少
欠過期加是過期加五和利不負字
照
道光十一年十二月 日
立票字孫墘張朝天〇
代字叔紹興筆

2-1-128-11　清道光十一年十二月張朝天立支穀憑票

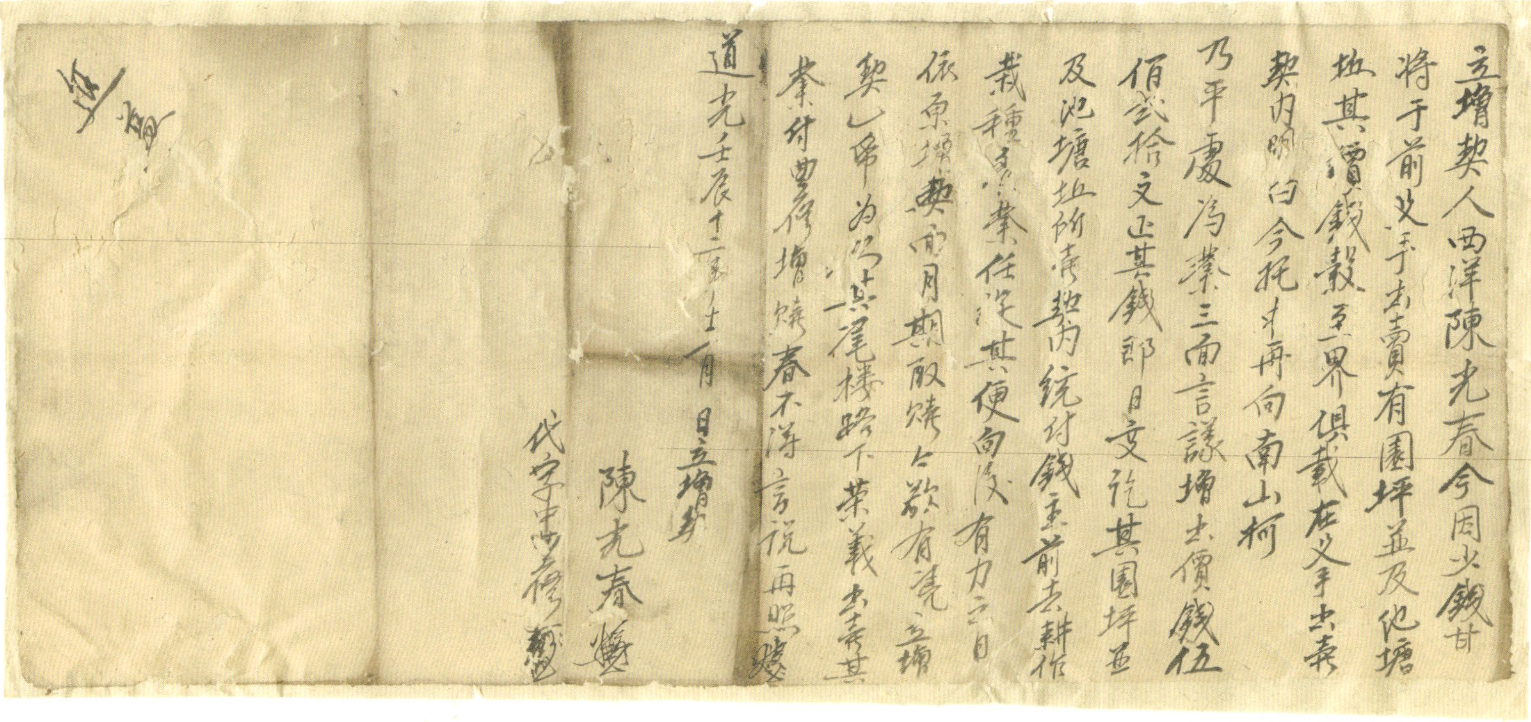

立增契人西洋陳光春今因乏錢甘
將于前父手出賣有園坪並及池塘
坵其價錢數至界俱載在父手出賣
契內明白今托中再向南山柯
乃平處為業三面言議增出價錢伍
佰貳拾文正其錢即日交訖其園坪並
及池塘坵所有埋內統付錢主前去耕作
栽種為業任從其便向後有力之日
依原增契面月期取贖不敢有先立增
契之帘為此其尾樓路不業義出壽其
業付田主得增贖春不得言說再照

道光壬辰十二年十二月　日立增契
陳光春（押）
代字中田得（押）

2-1-128-12　清道光十二年十二月陳光春立增園坪契

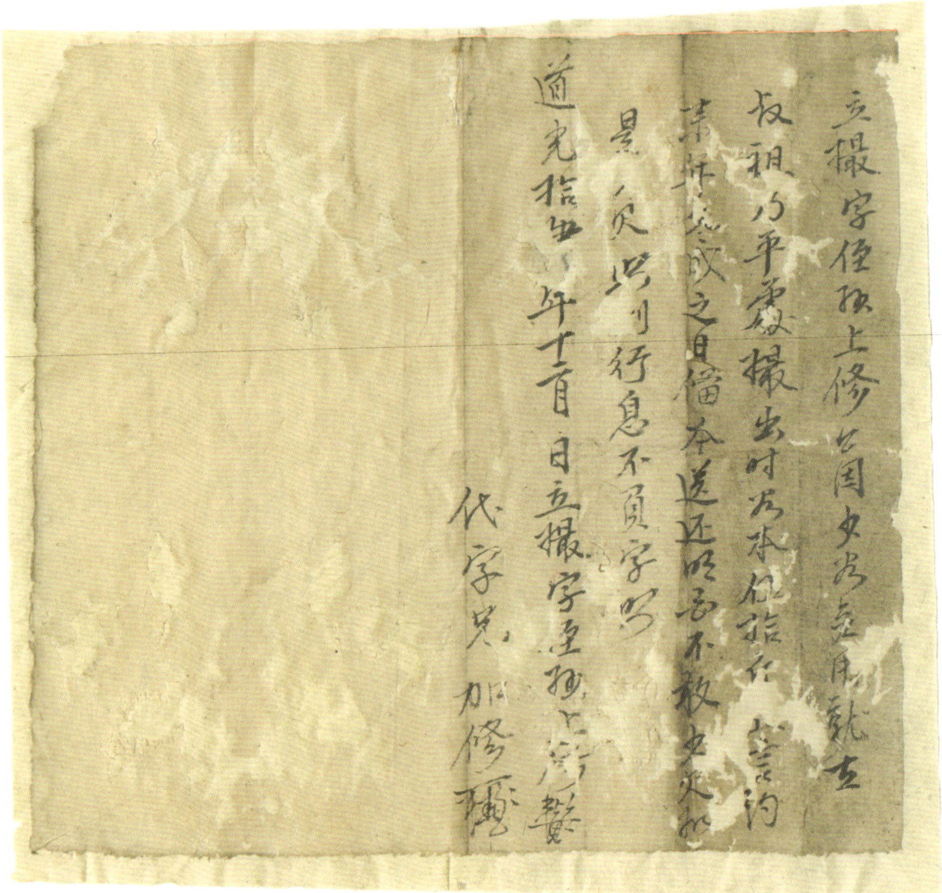

2-1-128-13　清道光十四年十二月柯上修立撮字

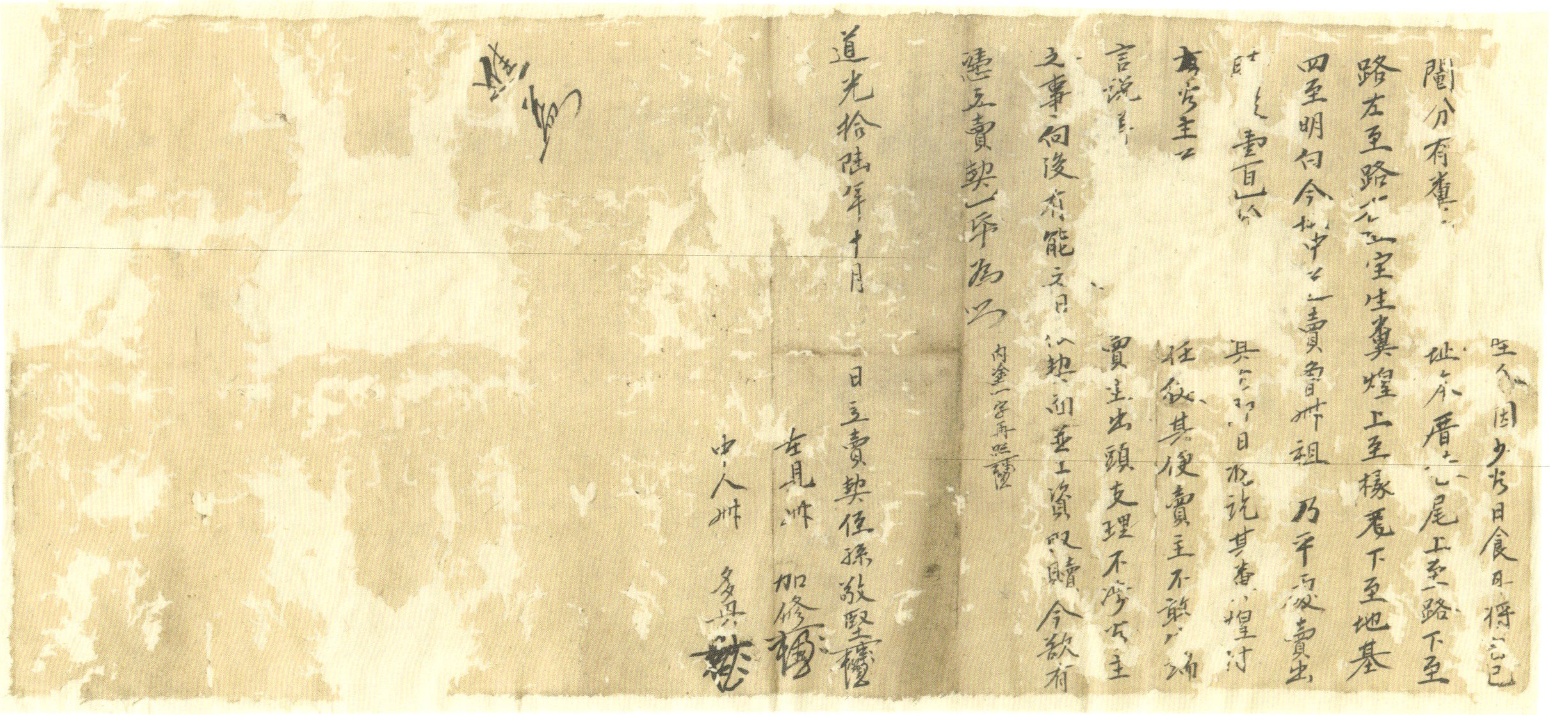

2-1-128-14　清道光十六年十月柯敬堅立賣糞楻契

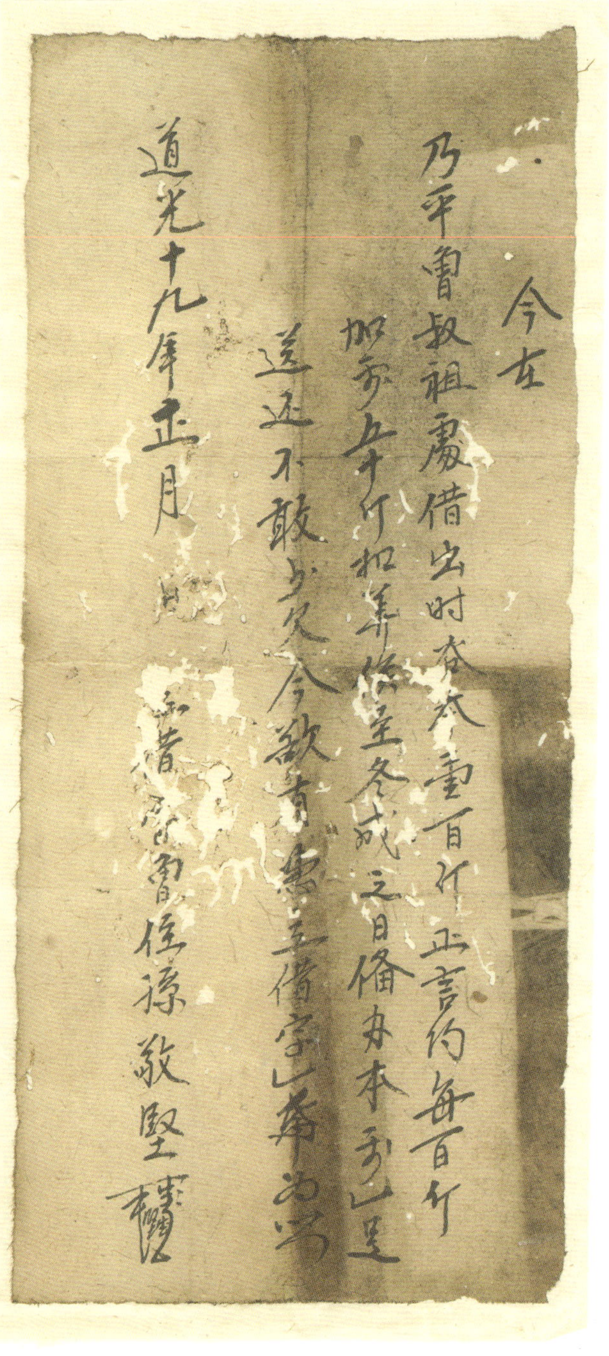

今在
乃平曾叔祖處借出时谷太重一百斤正言約每百斤
加多五十斤利算係至冬成之日備办本利一足
送还不敢少欠今欲有憑立借字一帋為照
道光十九年正月　日　知借曾侄孫敬堅

2-1-128-15　清道光十九年正月柯敬堅立借穀字

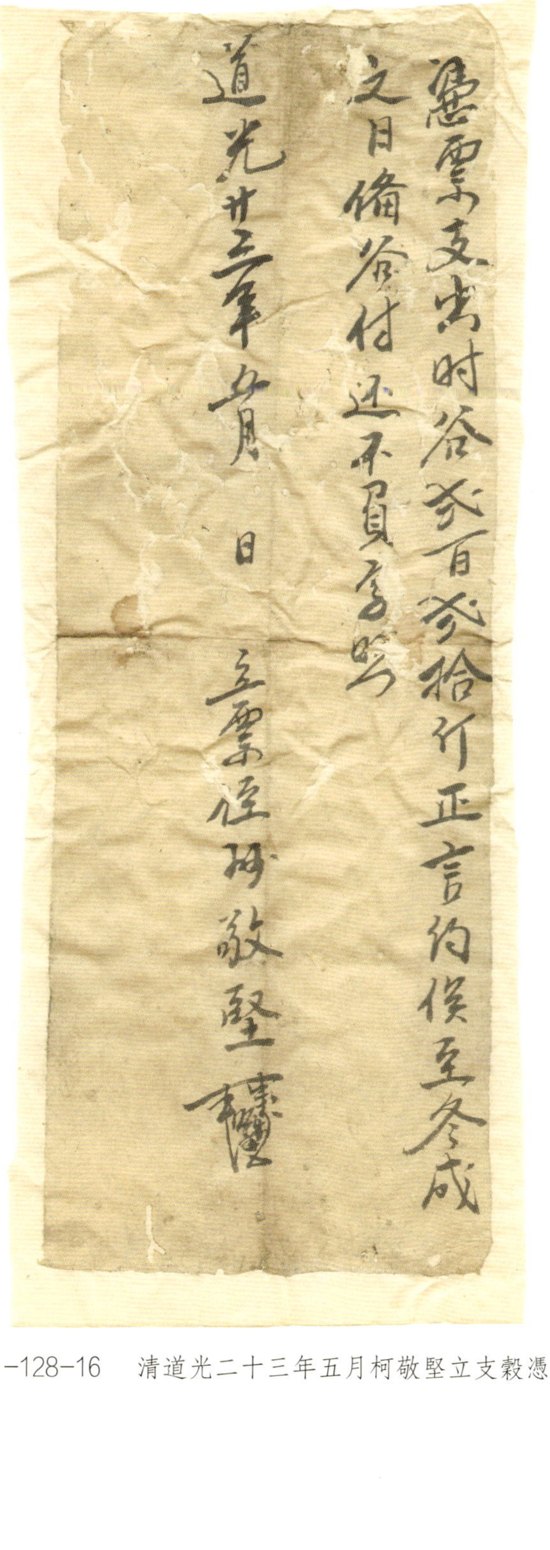
憑票支出时谷叁百叁拾斤正言约俟至冬成
之日備谷付还不負字照
道光廿三年五月　日　立票侄柯敬堅（押）

2-1-128-16　清道光二十三年五月柯敬堅立支穀憑票

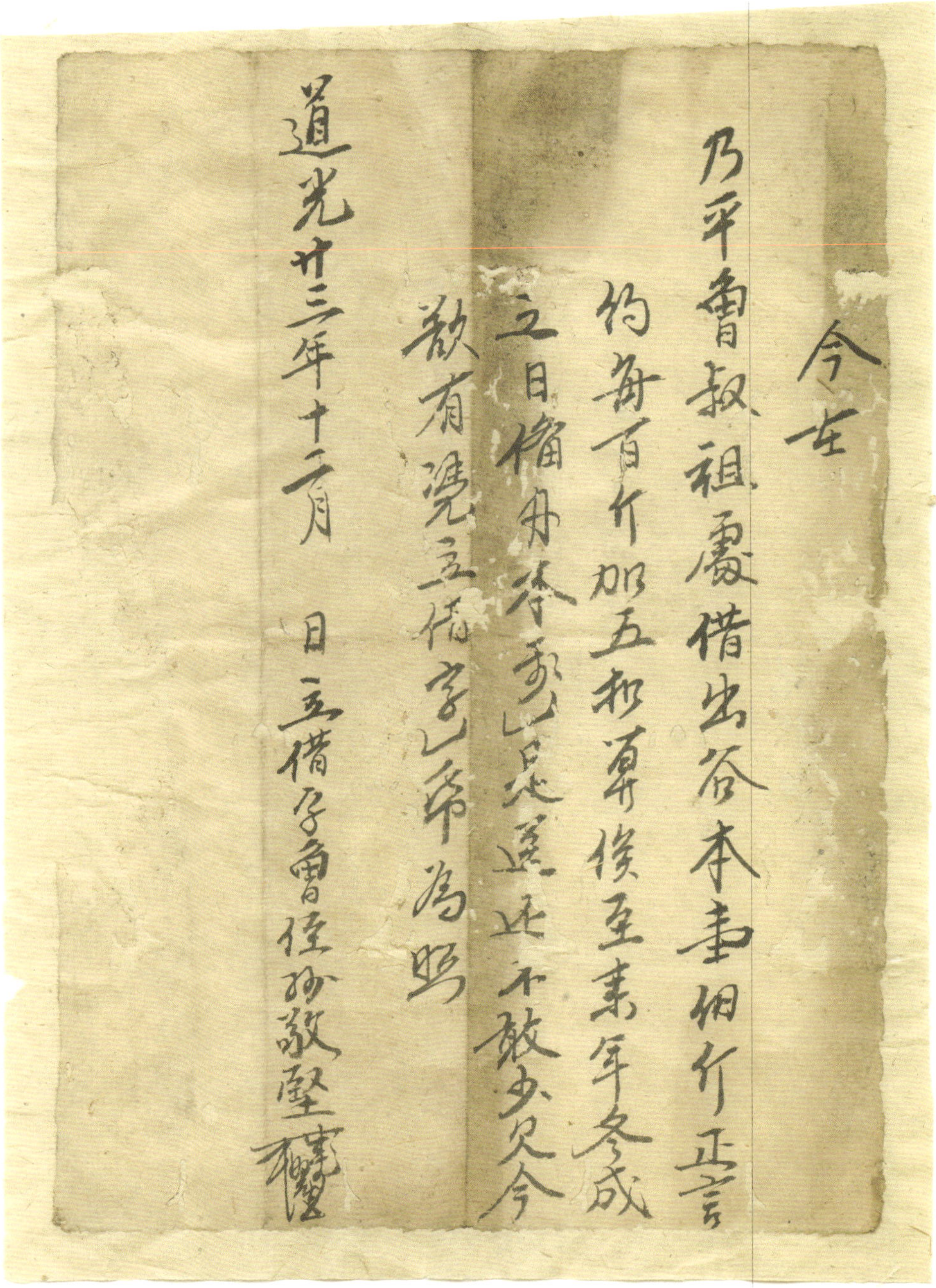
今在
乃平會叔祖處借出谷本壹佰斤正，言
約每百斤加五利算，俟至來年冬成
之日備辦本利一足送還，不敢少欠。今
欲有憑，立借字一帋爲照。
道光廿三年十二月　日立借字曾侄孫敬堅（押）

2-1-128-17　清道光二十三年十二月柯敬堅立借穀字

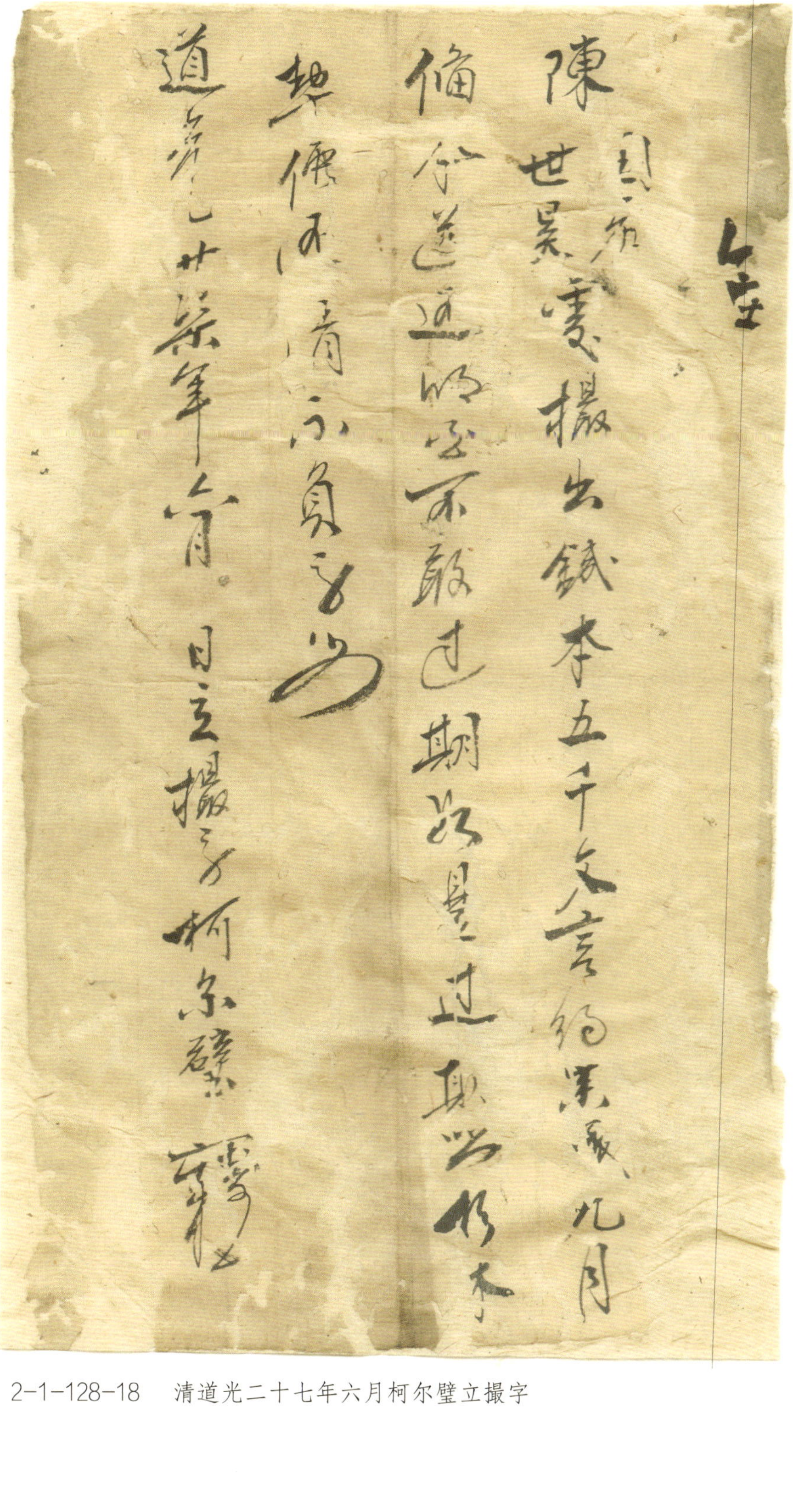

仝立

陳

國作世昊嫂撮出錢本五千文，言約某至九月

備錢送還收字，不敢過期，若是過期，照納本

契，便照清完，不負之約

道光二十柒年六月　日立撮字柯尔璧

親筆

2-1-128-18　清道光二十七年六月柯尔璧立撮字

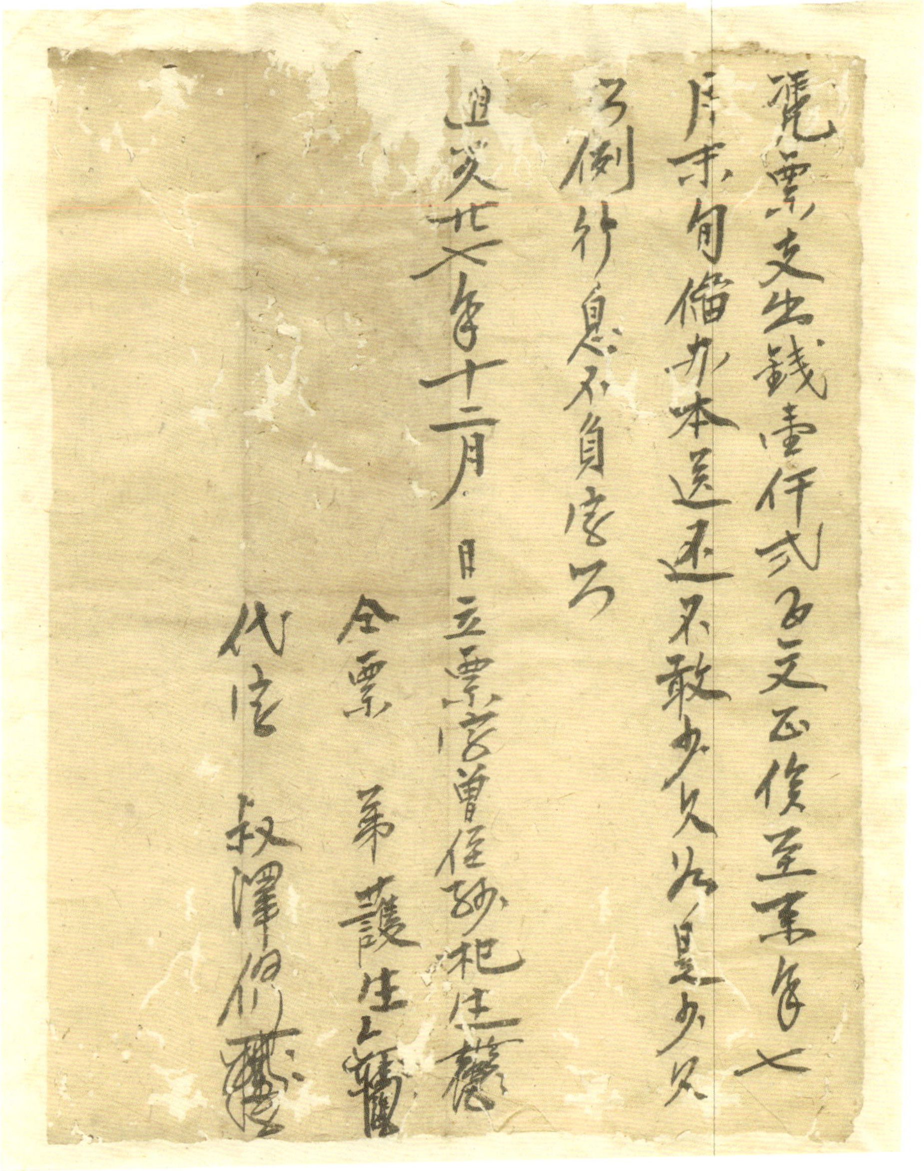

憑票支生錢壹仟弍百文正係至本年七
月末旬備办本送还不敢少欠文是少欠
照例行息不負字照
道光廿七年十二月　日立票字曾侄孙杞生（押）
仝票　弟　護生（押）
代字　叔澤仍（押）

2-1-128-19　清道光二十七年十二月柯杞生立支錢憑票

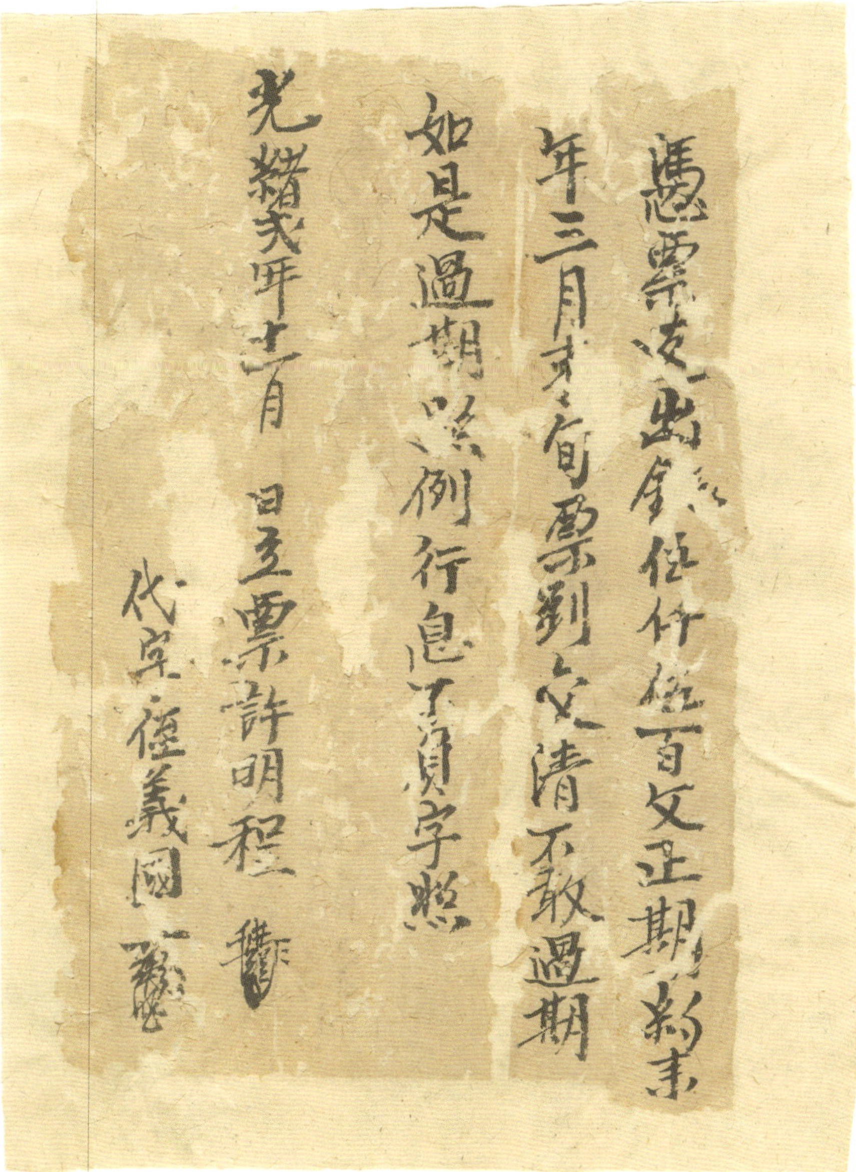

憑票支出錢伍仟伍百文正，期約來
年三月末旬，票到交清，不敢過期。
如是過期，照例行息，不得負字照。
光緒弍年十一月　日立票許明程（押）
代筆徐義國（押）

2-1-128-20　清光緒二年十一月許明程立支錢憑票

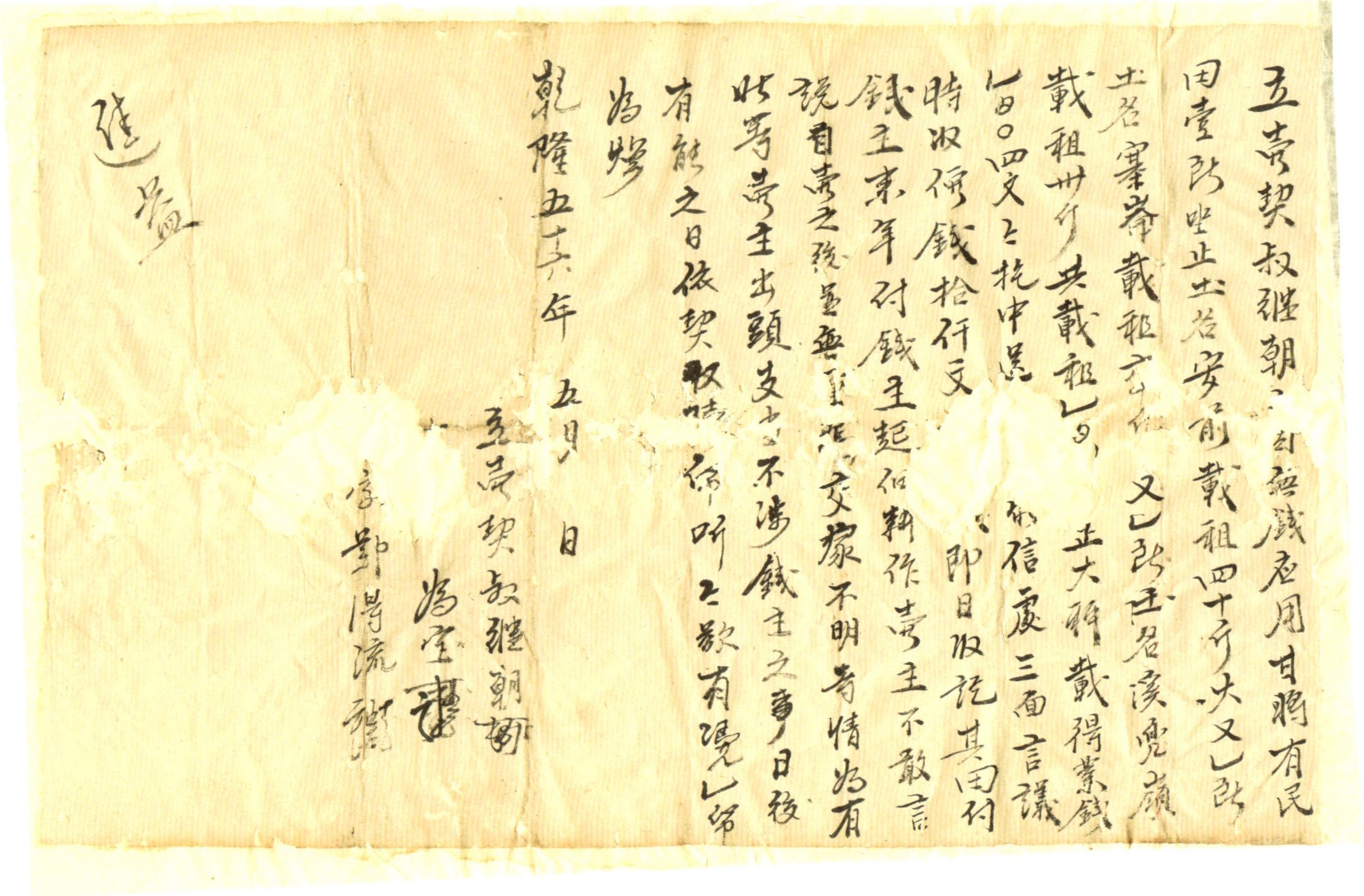

2-1-129-1　清乾隆五十六年五月柯繼朝立賣民田契

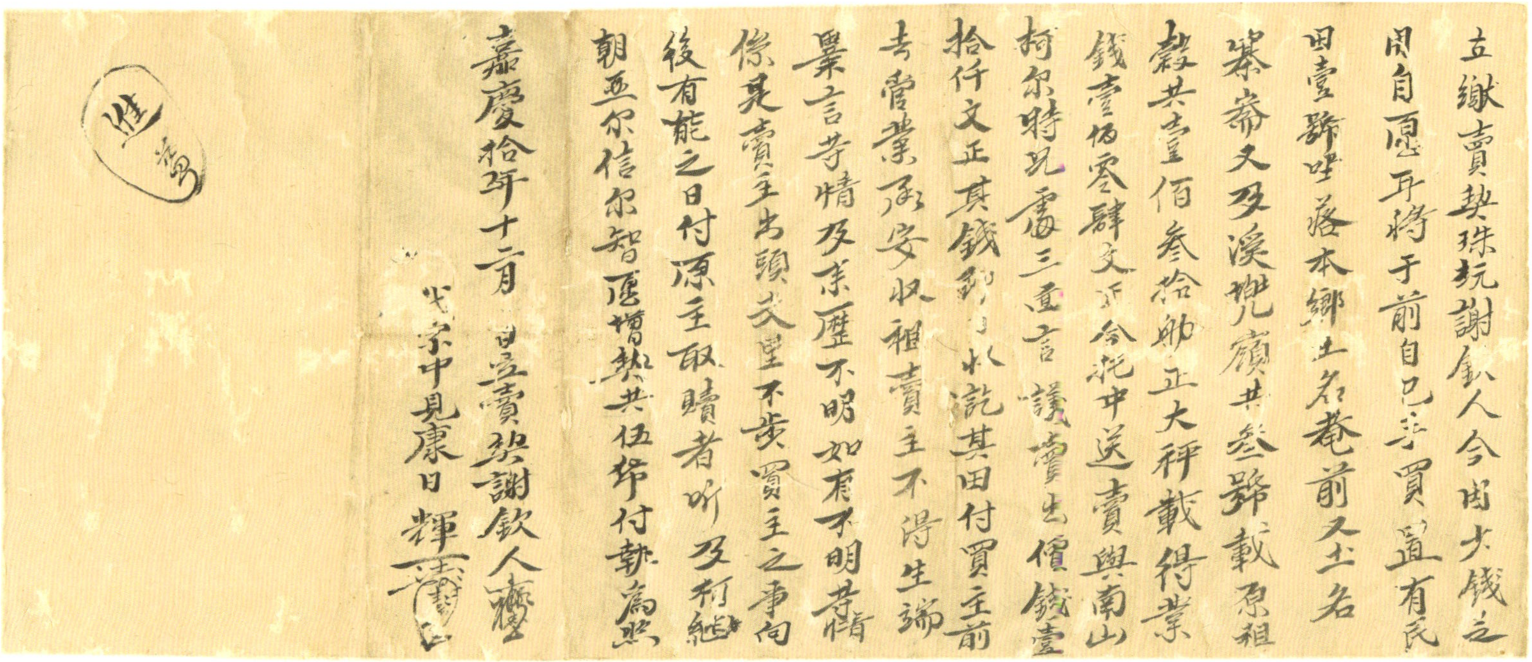
立繳賣契珠坑謝欽人，今因乏錢之
用，自愿將于前自己手買置有民
田壹號，坐落本鄉土名菴前大土名
寨爺又及溪墘兒嶺，共叁號，載原祖
穀共壹佰叁拾觔正，大秤載得業
錢壹佰零肆文，今托中送賣與南山
柯尔時兄處，三面言議，時出價錢壹
拾仟文正，其錢即日收訖，其田付買主前
去管業，取佃收租，賣主不得生端
異言，其情及來歷不明，如有不明，其情
係是賣主出頭支理，不涉買主之事，向
後有能之日，付原主取贖者聽，及有繼
朝無尔信尔智，遷增契共伍紙付執爲照。
嘉慶拾年十二月　日立賣契謝欽人
代字中見康日輝

2-1-129-2　清嘉慶十年十二月謝欽人立繳賣民田契

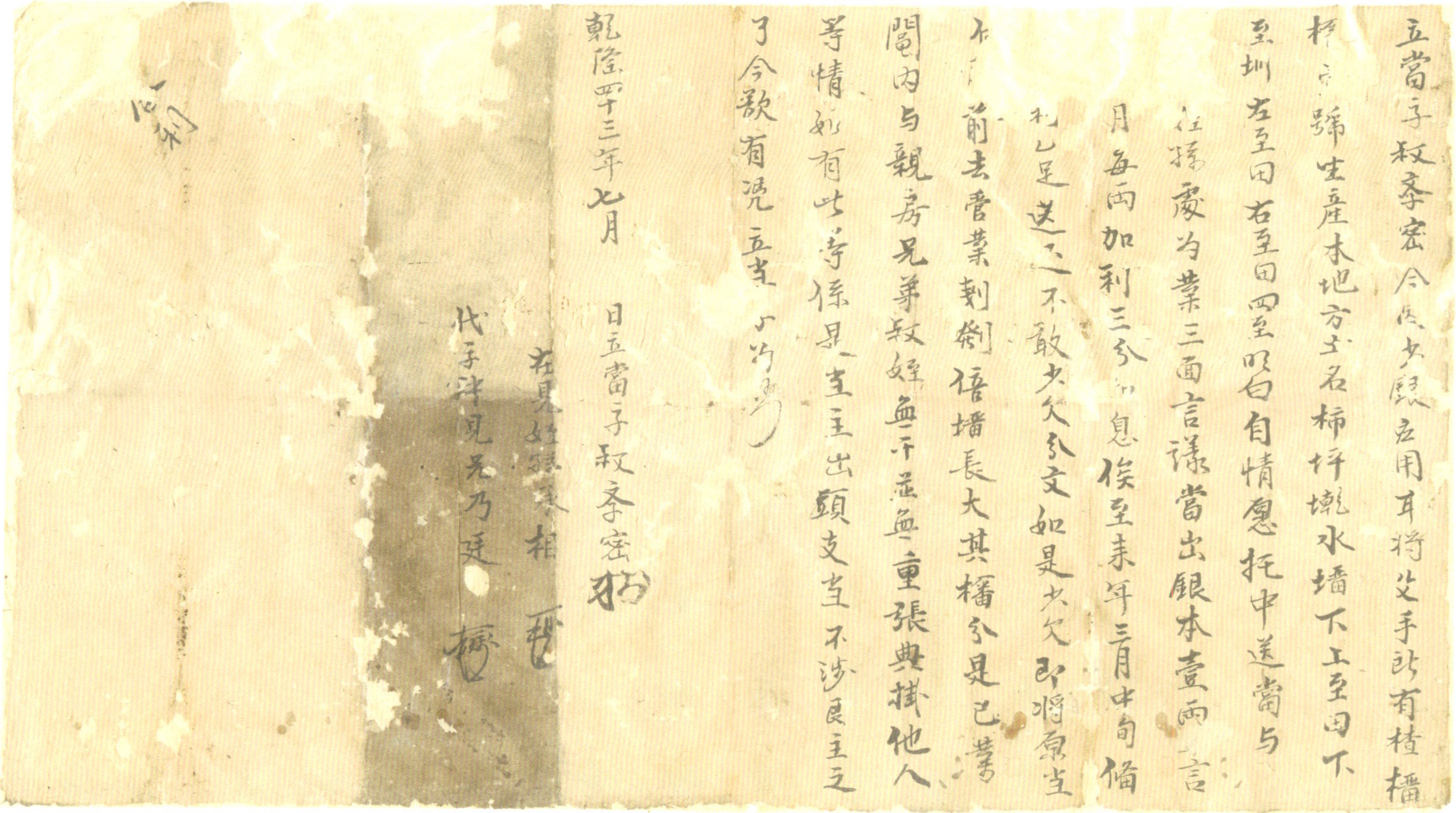

2-1-130-1　清乾隆四十三年七月柯孝密立當楂榴字

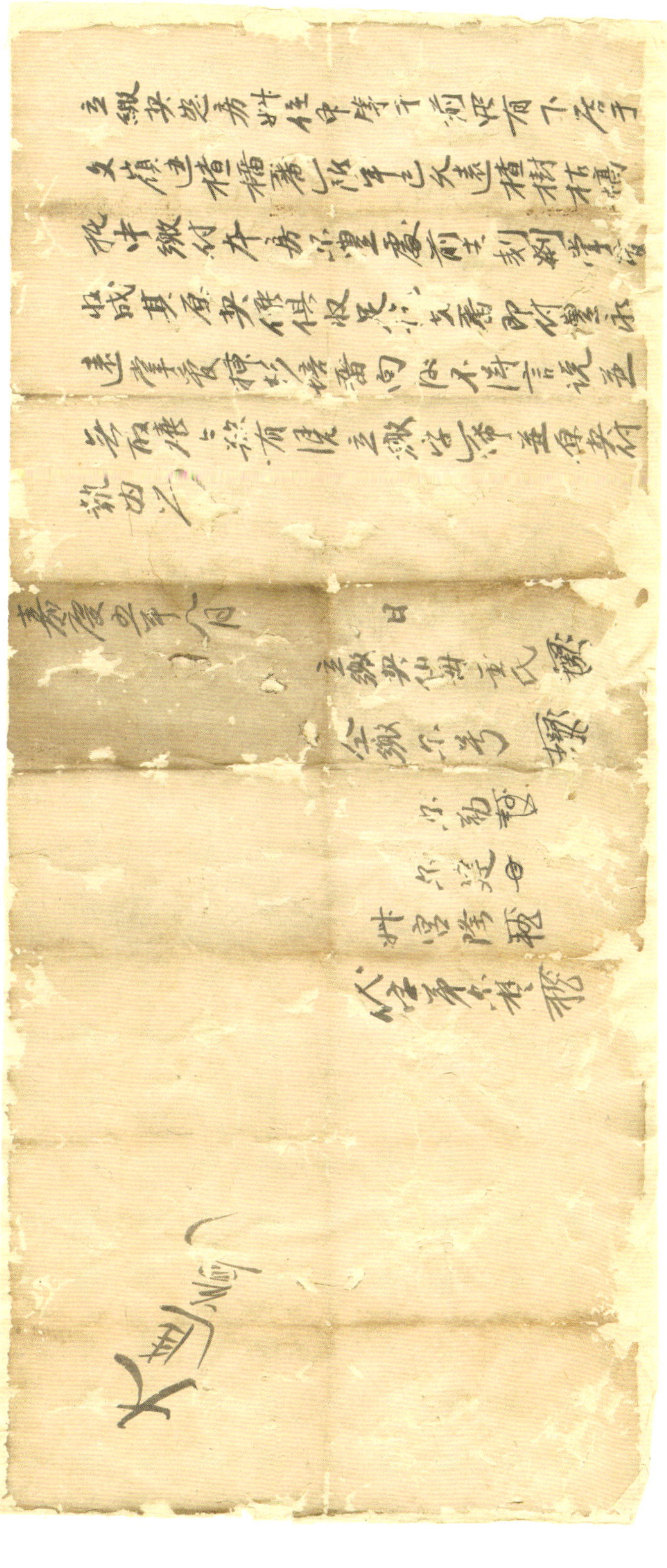

清嘉慶五年八月忠房衆立鐵楦榴會契
2-1-130-2

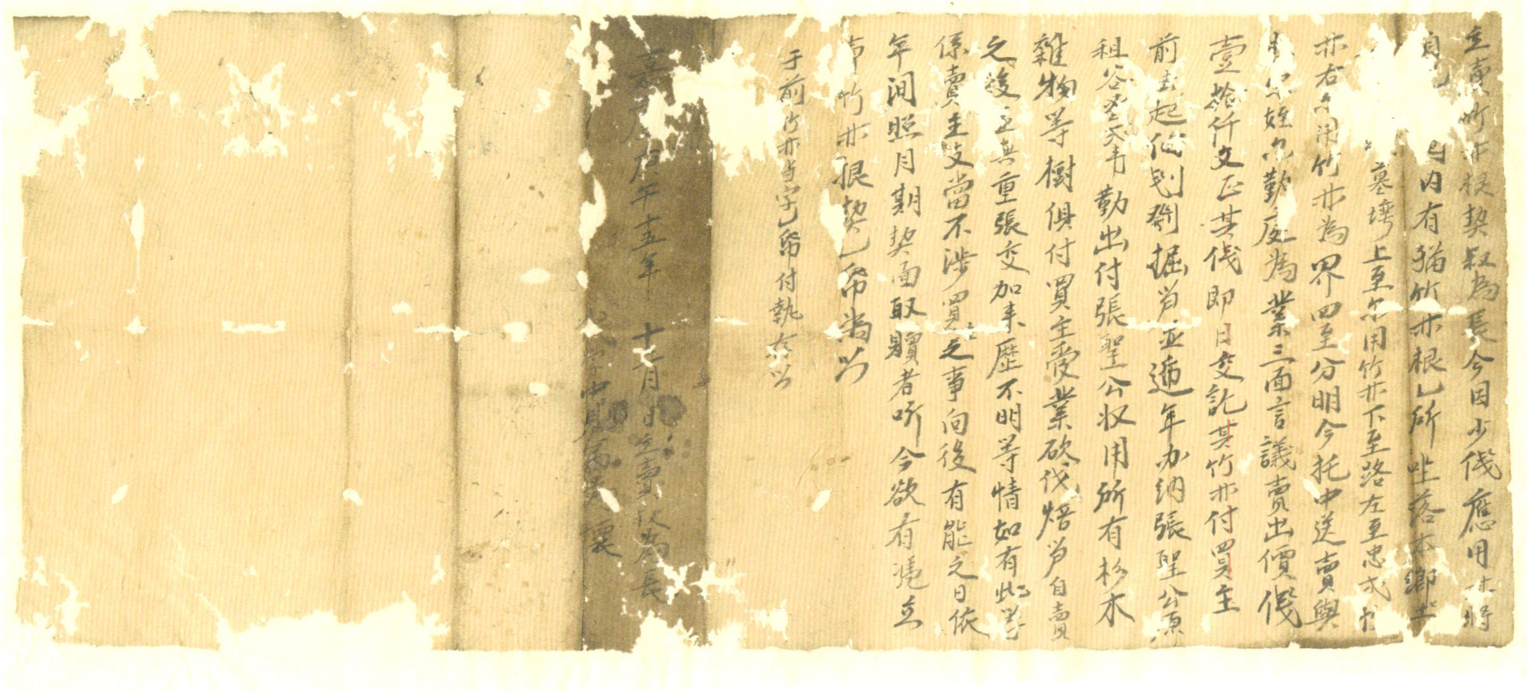

立賣竹林根契叔爲長，今因少錢應用，將自[illegible]内有猫竹林根山所，坐落本鄉土[illegible]
[illegible]墓壙，上至崇用竹林，下至路，左至忠式[illegible]
林，右[illegible]竹林爲界，四至分明。今托中送賣與
[illegible]姪[illegible]勤處爲業，三面言議，賣出價錢
壹拾仟文正，其錢即日交訖，其竹林付買主
前去起佃，劉掘筍，逐年加納張聖公禀
租谷[illegible]，勤出付張聖公收用。所有杉木
雜物等樹，俱付買主管業砍伐、焙筍，自賣
之後，並無重張交加、來歷不明等情，如有此等
係賣主支當，不涉買主之事。向後有能之日，依
年間照月期契面取贖，賣者不得阻擋。今欲有憑，立
賣竹林根契一紙爲照。
于前竹林當字一紙付執存照。

嘉慶庚午十五年十二月　日立賣契柯爲長
中見[illegible]

2-1-131-1　清嘉慶十五年十二月柯爲長立賣猫竹林根契

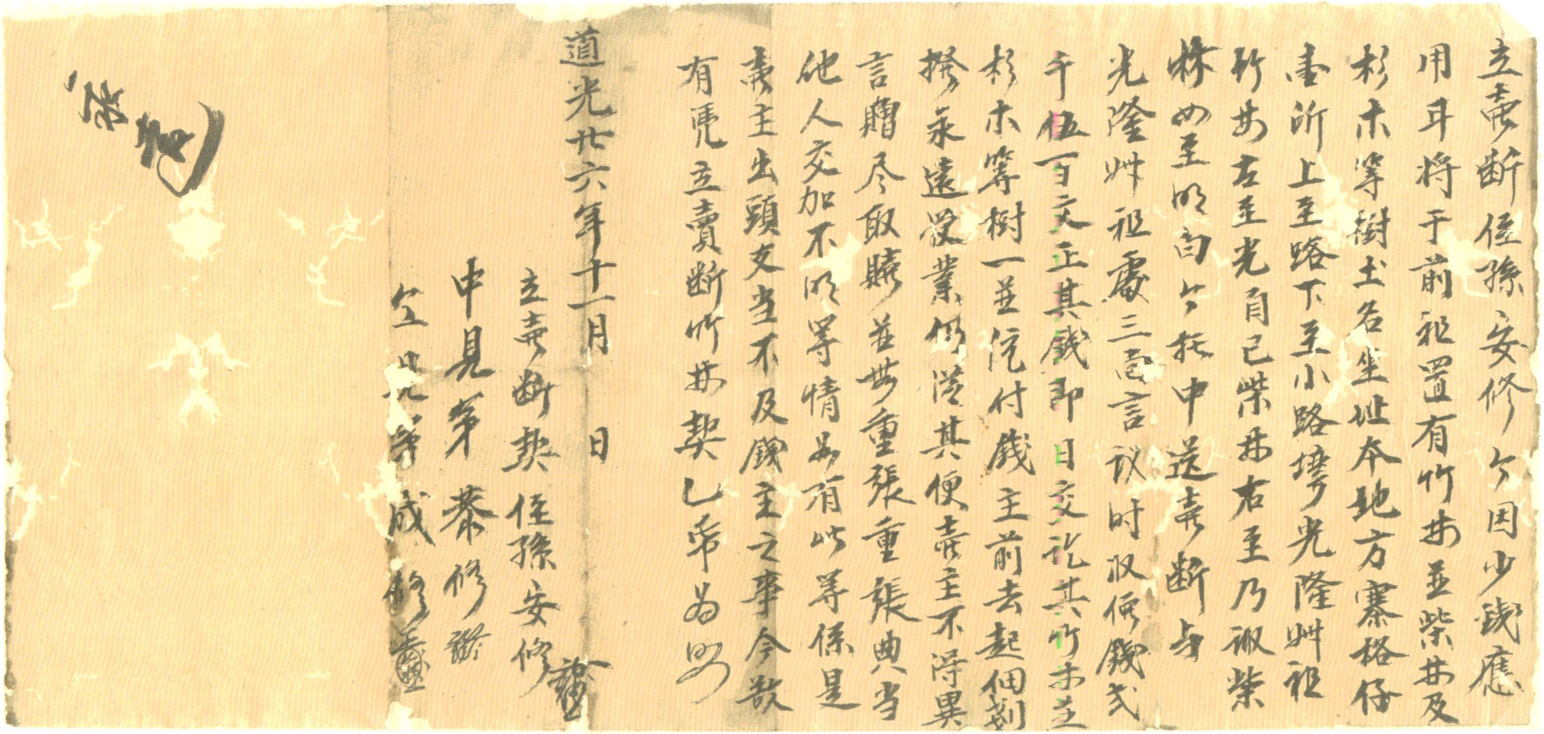

立賣斷侄孫安修，今因少錢應
用，耳將于前祖置有竹林並柴林及
杉木等樹，土名坐址本地方寨格仔
壹所，上至路，下至小路，[illegible]光隆叔祖
竹林，左至光自己柴林，右至乃淑柴
林為至，四至明白，今托中送賣斷與
光隆叔祖處，三面言議，時值價錢弍
千伍百文正，其錢即日交訖，其竹林並
杉木等樹一並付錢主前去起佃[illegible]
掺永遠管業，任從其便，賣主不得異
言增添取贖，並無重張典當
他人交加不明等情，如有此等係是
賣主出頭支當，不及錢主之事。今欲
有憑，立賣斷竹林契一紙為照。

道光廿六年十一月　日　立賣斷契侄孫安修（押）
中見叔　恭修（押）
代筆　成修（押）

2-1-131-2　清道光二十六年十一月柯安修立賣斷竹林等契

立賣斷契侄澤修，今因乏錢應用，其將手前父手置
有竹林壹所，坐落本地方，土名鉄爐𡺸，其至界俱載在
原契內明白，今托中送賣斷與叔 亦楊處為業，三面
言議賣斷出價錢叁仟文正，其錢即日收訖。其竹
林即付錢主前去剗劉掘筍，永遠管業，任從其便。
自斷之後，並無來歷不明等情，如有此等，係侄
支理，不及叔之事。今欲有憑，立賣斷契一紙，永遠為照。

內註契一字，再照。

道光廿八年四月　日立賣斷契侄澤修（押）

中見　叔[illegible]璧（押）

在見　兄[illegible]修（押）

2-1-131-3　清道光二十八年四月柯澤修立賣斷竹林契

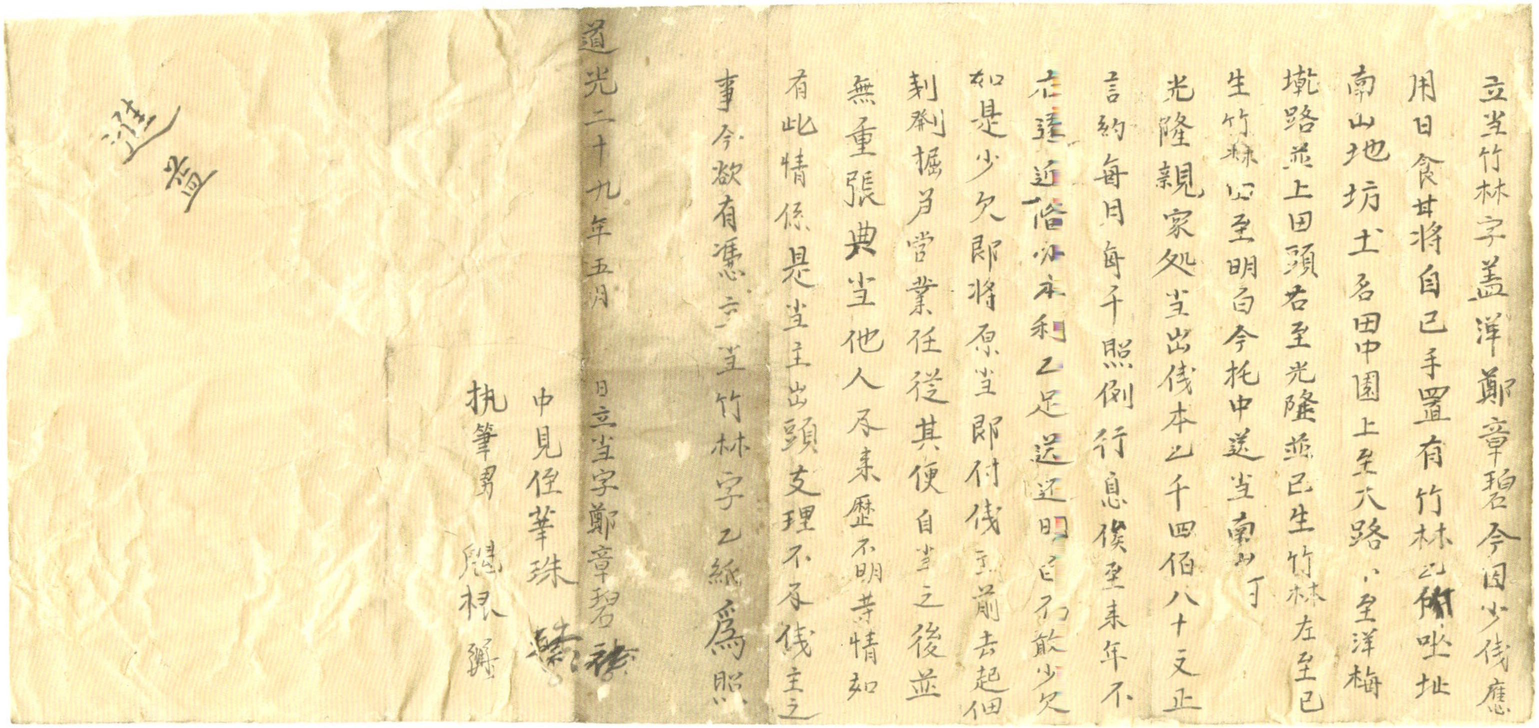

立当竹林字蓋洋鄭章碧，今因少錢應
用，自將自己手置有竹林一所，坐址
南山地坊土名田中園，上至大路，下至洋梅
墘路並上田頭，右至光隆並己生竹林，左至己
生竹林止，四至明白，今托中送当與□丁
光隆親家处，当出錢本一千四佰八十文正。
言約每月每千照例行息，候至来年不
□違近俗，本利一足送還明白，不敢少欠。
如是少欠，即將原当即付錢主前去起佃
剷掘為業，任從其便。自当之後，並
無重張典当他人，各來歷不明等情，如
有此情，係是当主出頭支理，不干錢主之
事。今欲有憑，立当竹林字乙紙為照。

道光二十九年五月　日立当字鄭章碧
中見侄　華珠
執筆男　魁根

2-1-131-4　清道光二十九年五月鄭章碧立當竹林字

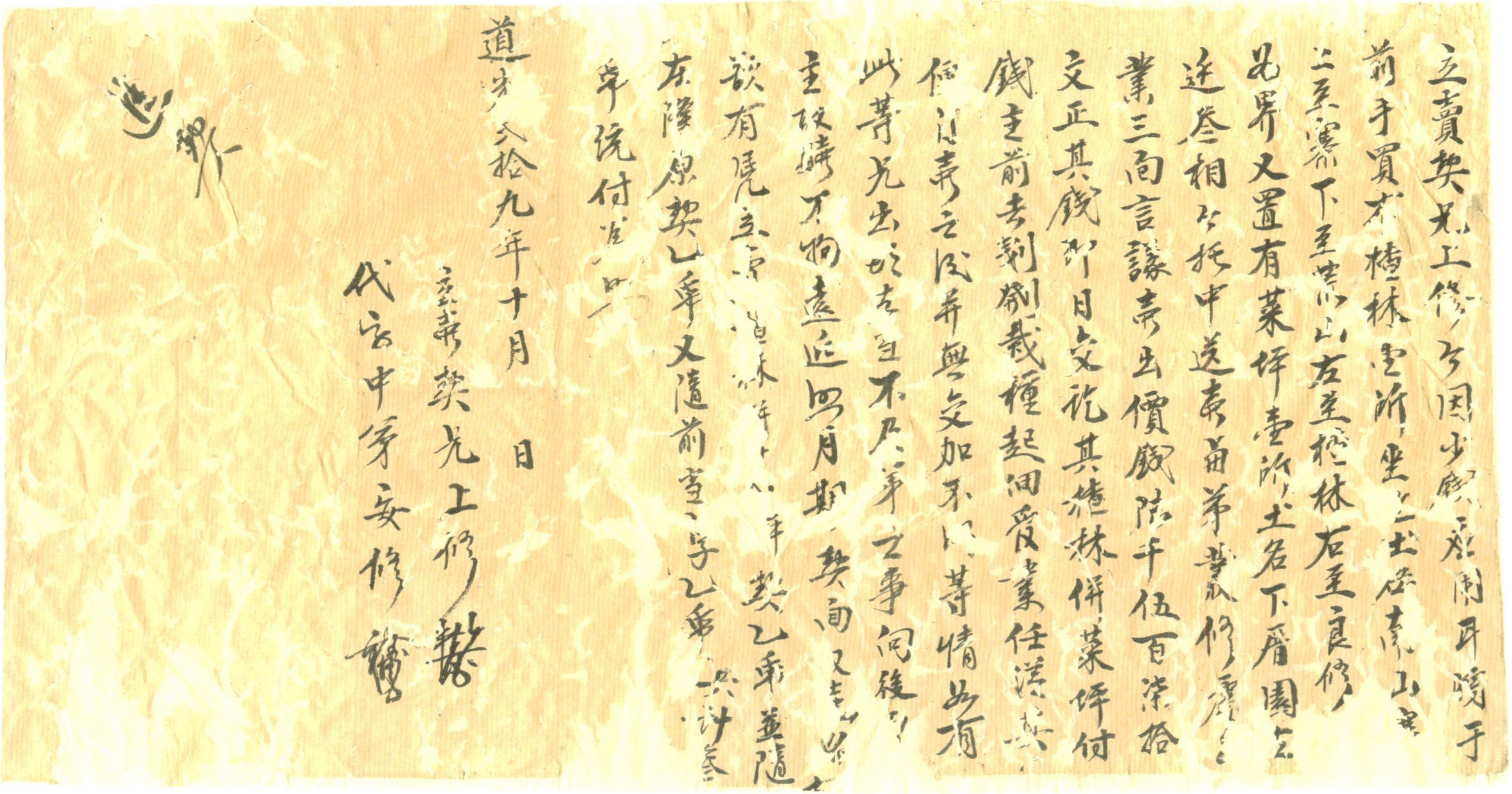

2-1-131-5　清道光二十九年十月柯上修立賣楂林契

立安竹湖洋鄭福荃[illegible]祖置有竹
林壹所，坐址地方土名南山[illegible]，自
林壹所，今安南山鄉
柯棠天親處，迫言約每大年亦納租谷
叁什捌佰文正，此是兩家甘允，各無反
悔。今欲有憑，立安竹字壹紙為炤。
中華民國丙寅拾伍年正月　日
親筆立安竹字[illegible]

2-1-131-6　民國十五年正月德化鄭福荃立安竹林字

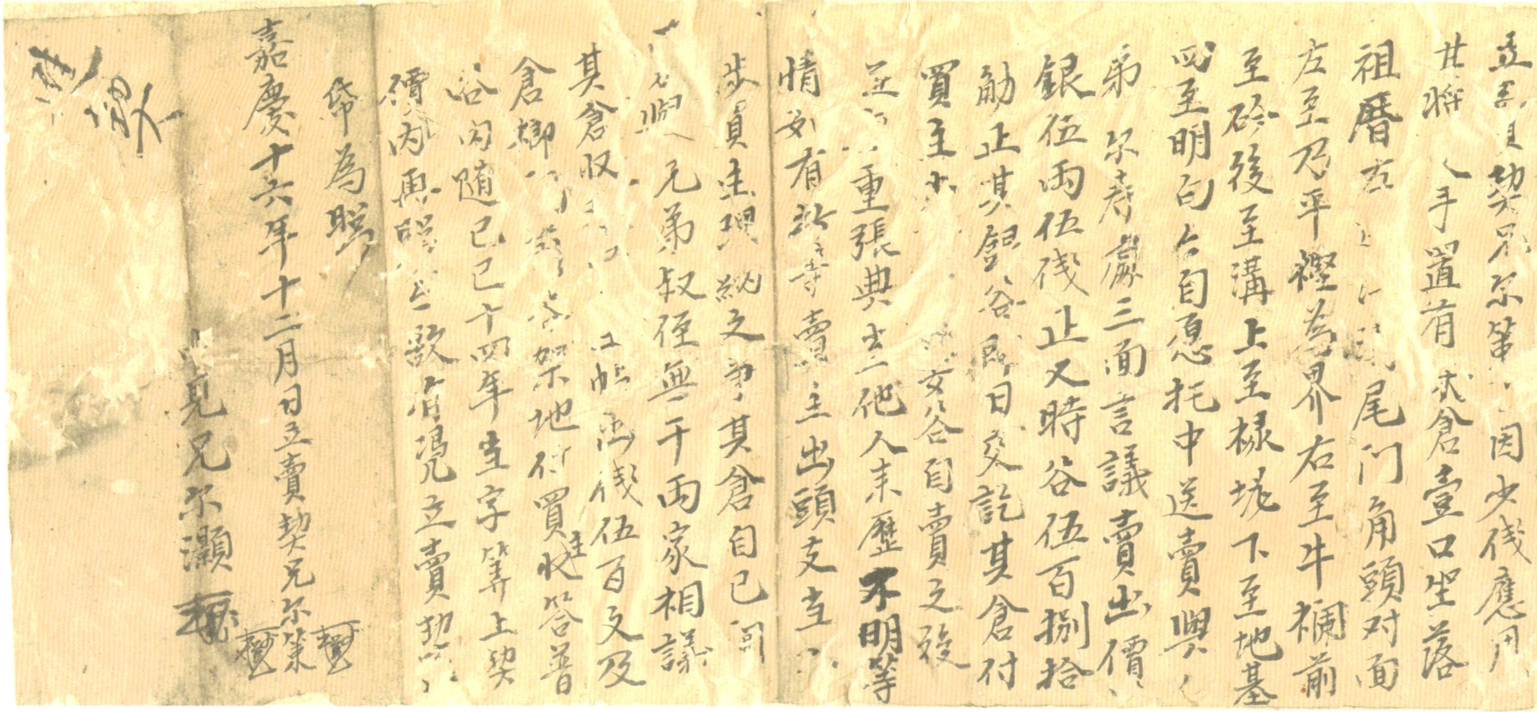
立賣契柯尔策，因少錢應用，
甘將自手置有禾倉壹口，坐落
祖厝右邊[illegible]尾门角頭对面，
左至尽平經為界，右至牛欄前，
至砼後至溝，上至椂坨，下至地基，
四至明白。今自愿托中送賣與
弟尔彦處，三面言議，賣出價
銀伍兩伍錢，止又時谷伍百捌拾
觔止。其銀谷即日交訖，其倉付
買主[illegible]谷自賣之後，
並[illegible]重張典他人，來歷不明等
情，如有此等，賣主出頭支当。
步貴生理紛之事，其倉自己[illegible]
[illegible]兄弟叔侄無干，兩家相議，
其倉收[illegible]兩錢伍百文及
倉鄉[illegible]架地付買主收管，若
谷內隨己己十四年生字等上契
價內再[illegible]歎有憑，兄立賣契，
永為照。
嘉慶十六年十二月日立賣契兄尔策（押）
見兄尔灝（押）
[illegible]

2-1-132-1　清嘉慶十六年十二月柯尔策立賣禾倉契

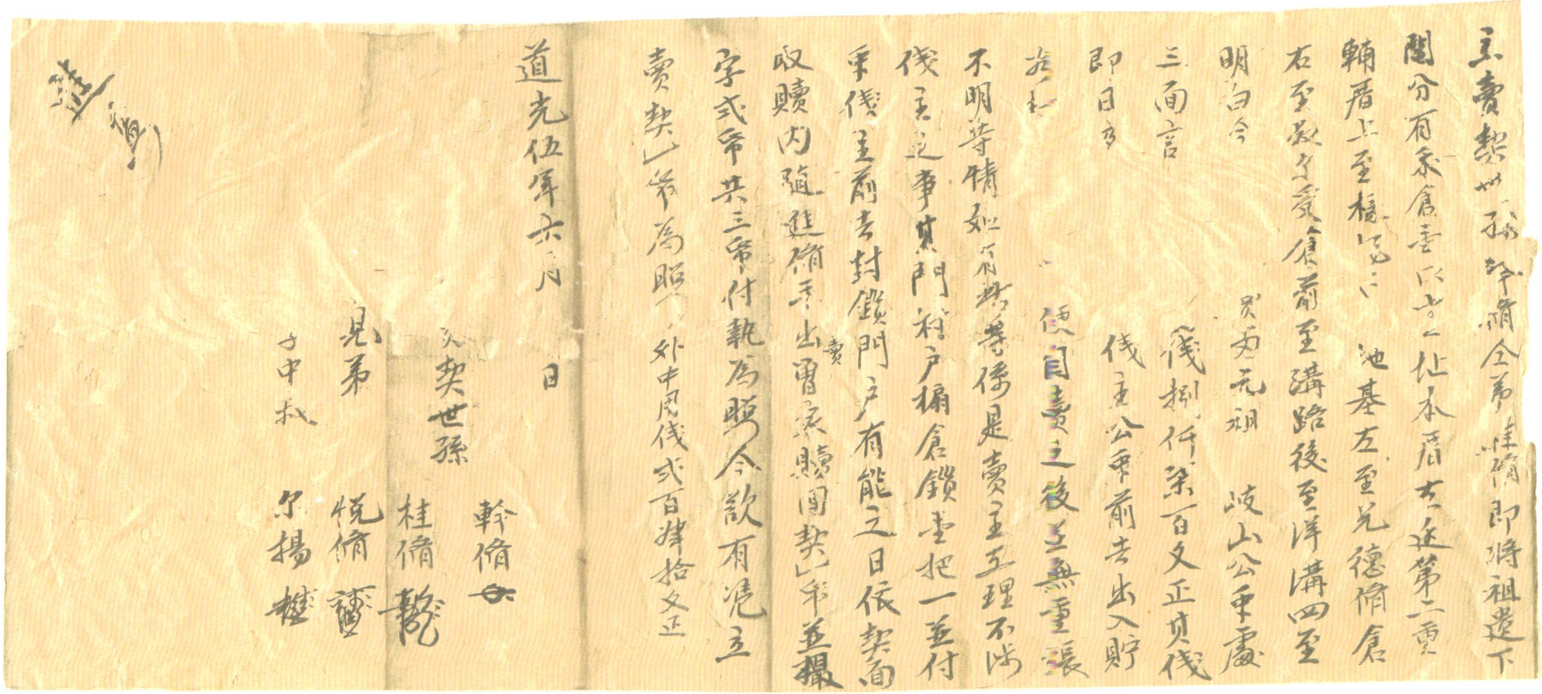

2-1-132-2　清道光五年六月柯幹倚等立賣禾倉契

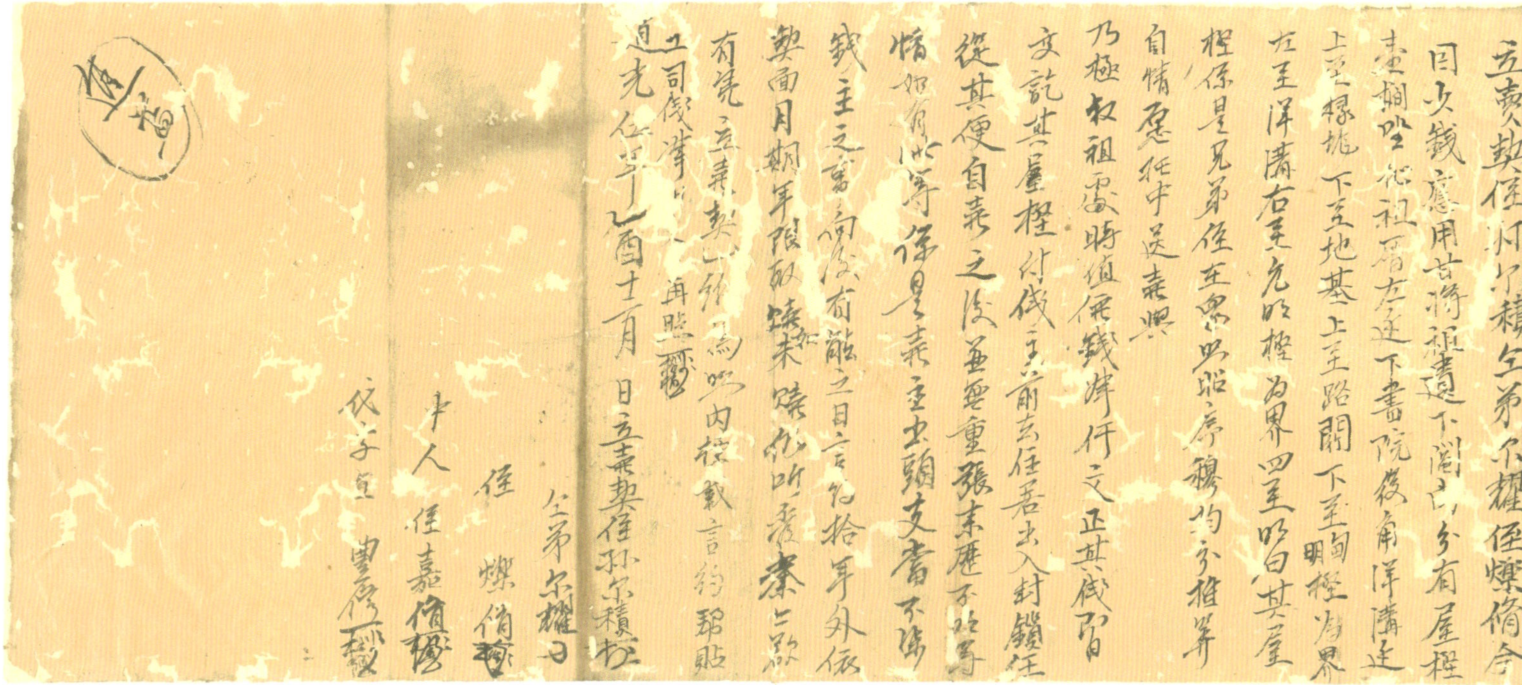
立賣契侄孙尔積仝弟尔櫂侄燦倘仝
因乏錢應用甘将祖遺下闔分有屋樫
上至楼梿下至地基上至路閗下至田明樫为界
左至洋墻右至允昕樫为界四至明白其屋
樫係是兄弟侄在衆照序鬮均分推算
自情愿托中送卖與
乃極叔祖处時值價錢洋仟文正其錢即日
交訖其屋樫付錢主前去住居出入封鎖任
從其便自賣之後並无重張未歷不明等
情如有此等係是賣主出頭支當不涉
錢主之事向後有能之日言约拾年外依
契面月期年限取赎未赎仍听管業二欸
有凭立賣契一紙為照内挖載言约聊貼
道光伍年乙酉十二月　日立賣契侄孙尔積押
仝弟尔櫂押
侄　燦倘押
中人　侄嘉倘押

2-1-132-3　清道光五年十二月柯尔積等立賣屋樫契

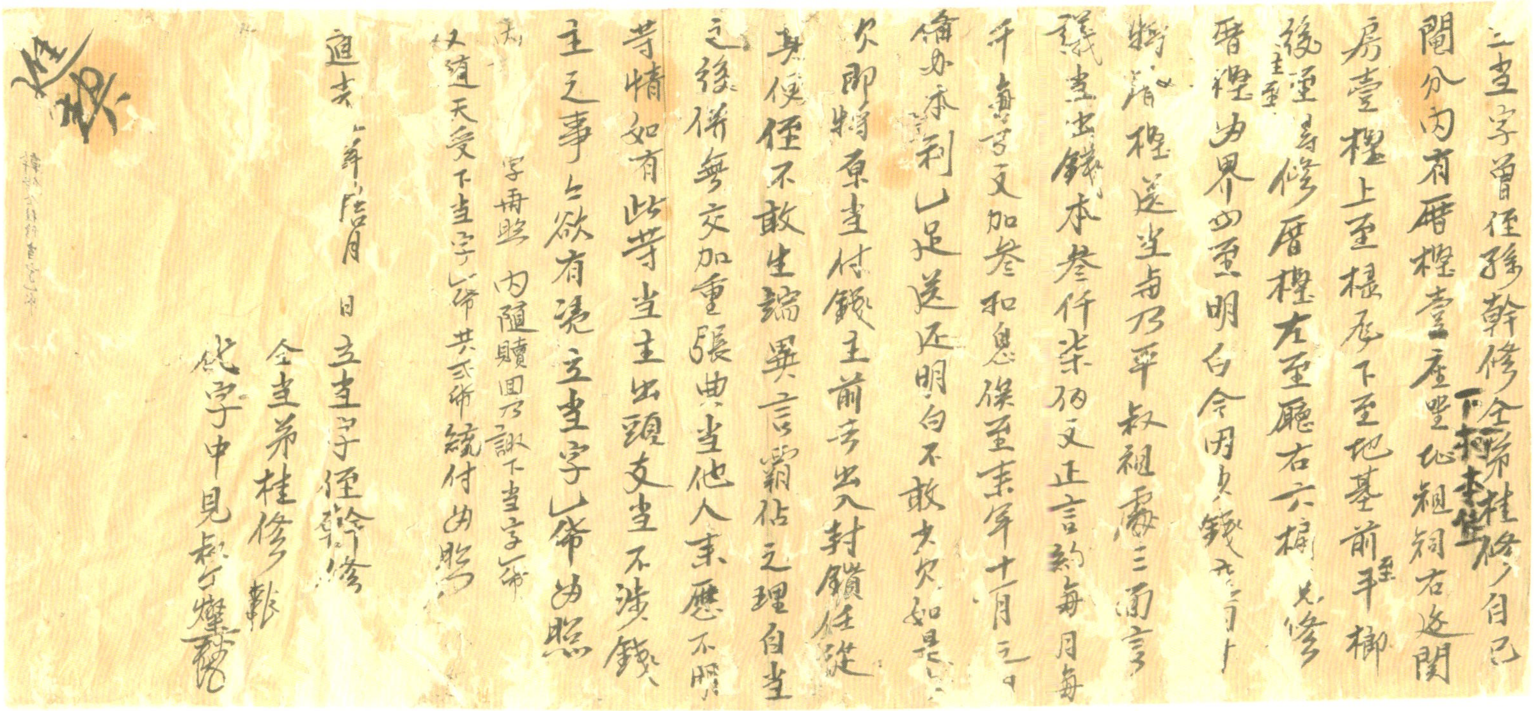

2-1-132-4　清道光年間柯幹修等立當厝㭊字

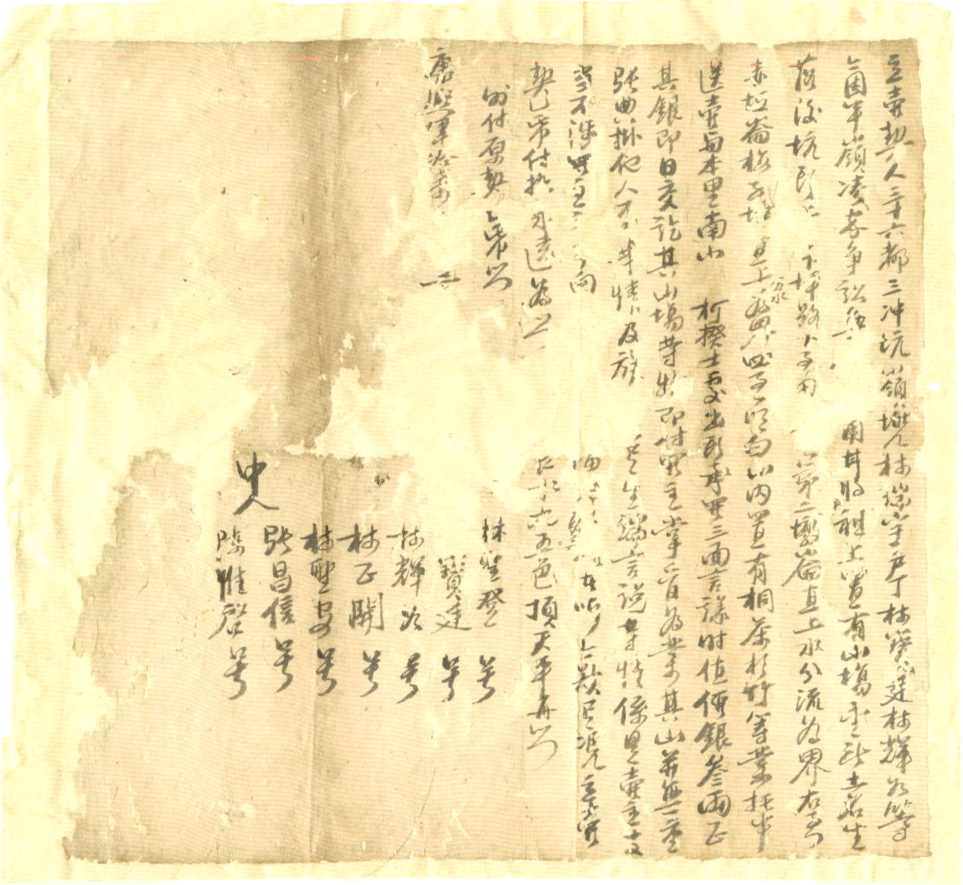

2-1-133-1　清康熙四十七年二月林寶廷等立賣山場契

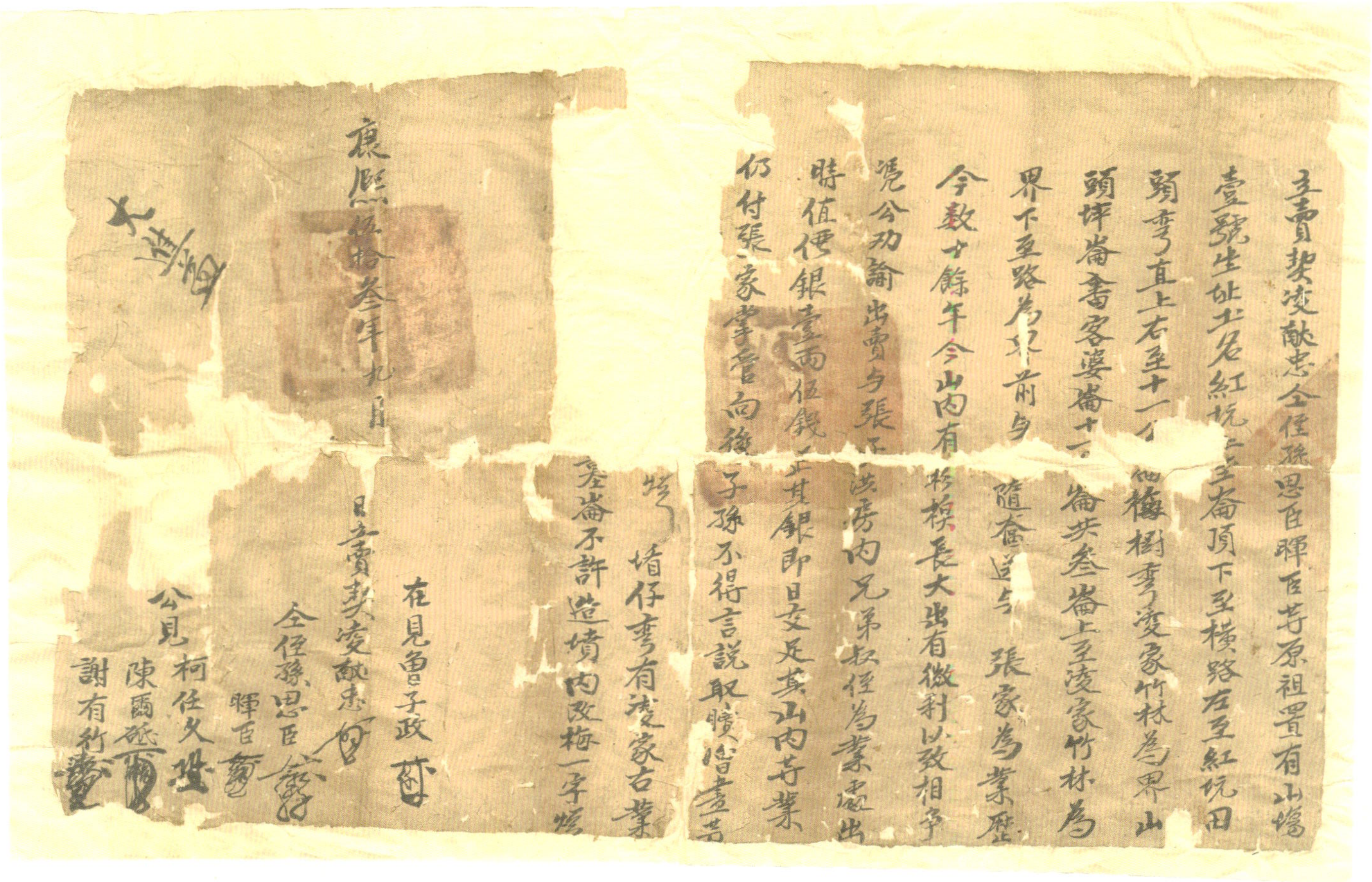
立賣契凌獻忠仝侄孫思臣、輝臣等原祖置有山場
壹號，坐址土名紅坑口，上至崙頂，下至橫路，左至紅坑田
頭彎直上，右至十一公伯梅樹彎凌家竹林為界，山
頭坪崙壽客婆崙十一公崙共叁崙，上至凌家竹林為
界，下至路為界，前與隨奮道與張家為業。歷
今數十餘年，今山內有杉樹長大，出有微利，以致相爭，
憑公劝諭，出賣與張洪秀內兄弟叔侄為業，憑出
時值價銀壹兩伍錢正，其銀即日交足，其山內苦業
仍付張家掌管，向後子孫不得言說取贖，皆壹苦
墳仔彎有凌家古業
叁崙不許造墳，內改梅一字。
在見曾子政（押）
立賣契凌獻忠（押）
仝侄孫思臣（押）
輝臣（押）
公見柯任父（押）
陳爾庭（押）
謝有行（押）
康熙伍拾叁年九月　日
大吉

2-1-133-2　清康熙五十三年九月凌獻忠等立賣山場契（紅契）

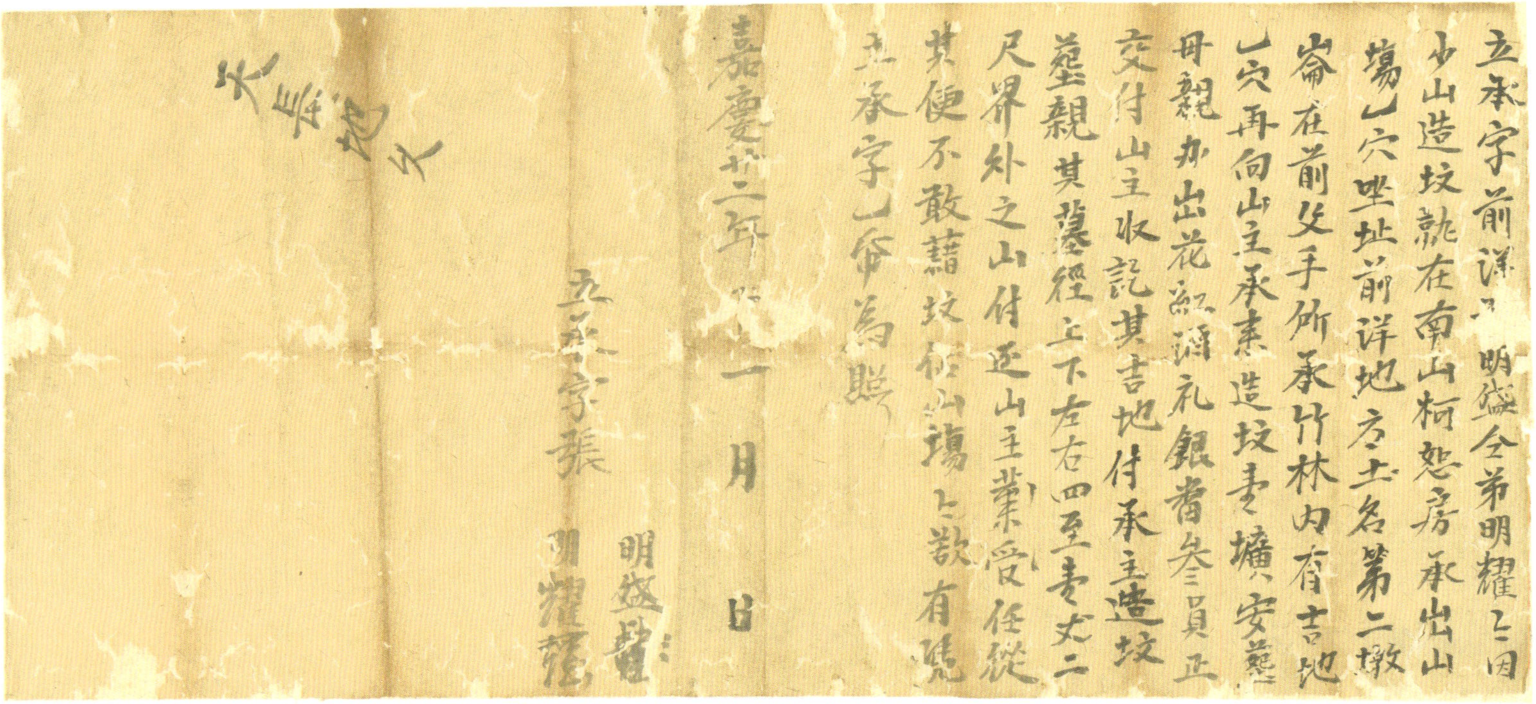
立承字前詳ヽ明盛仝弟明耀ヽ因
少山造坟就在南山柯恕房承出山
場一穴坐址前詳地方土名第二墩
崙在前父手所承竹林内有吉地
一穴再向山主承来造坟壹壙安葬
母親办出花紅酒礼銀耆叁員正
交付山主收訖其吉地付承主造坟
葬親其墓徑上下左右四至壹丈二
尺界外之山付还山主業管任從
其便不敢藉坟佔山場ヽ欵有憑
立承字一紙為照

嘉慶廿二年十一月　日　立承字張　明盛　明耀

天長地久

2-1-133-3　清嘉慶二十二年十一月張明盛等立承山場字

立賣契姪孫尔庚仝弟尔朝承祖遺下有菜
坪乙所坐址楼下園上墓葬坑及墻下下至
叔祖自己為界，左至坑，右至尔蕃[illegible]為界，四至
明白，托中送賣與
乃平叔祖為業，三面言議時值價錢壹千文正。
其價即日收訖，其菜付叔一併栽種，
從其便。自賣之後，並無交加不明等情，如有此
情，賣主出頭支當，不干買主之事。後有能之
言約五年外，擇[illegible]依書期取贖，如是未贖，
仍听管業。恐欲有憑，立賣契一紙為照。
内添塗賣後贰字再照。
嘉慶贰拾壹年七月　日立賣契姪孫爾庚（押）
爾朝（押）
兄爾材
弟爾揚
中[illegible]
代筆[illegible]

2-1-134-1　清嘉慶二十一年七月柯爾庚等立賣菜坪契

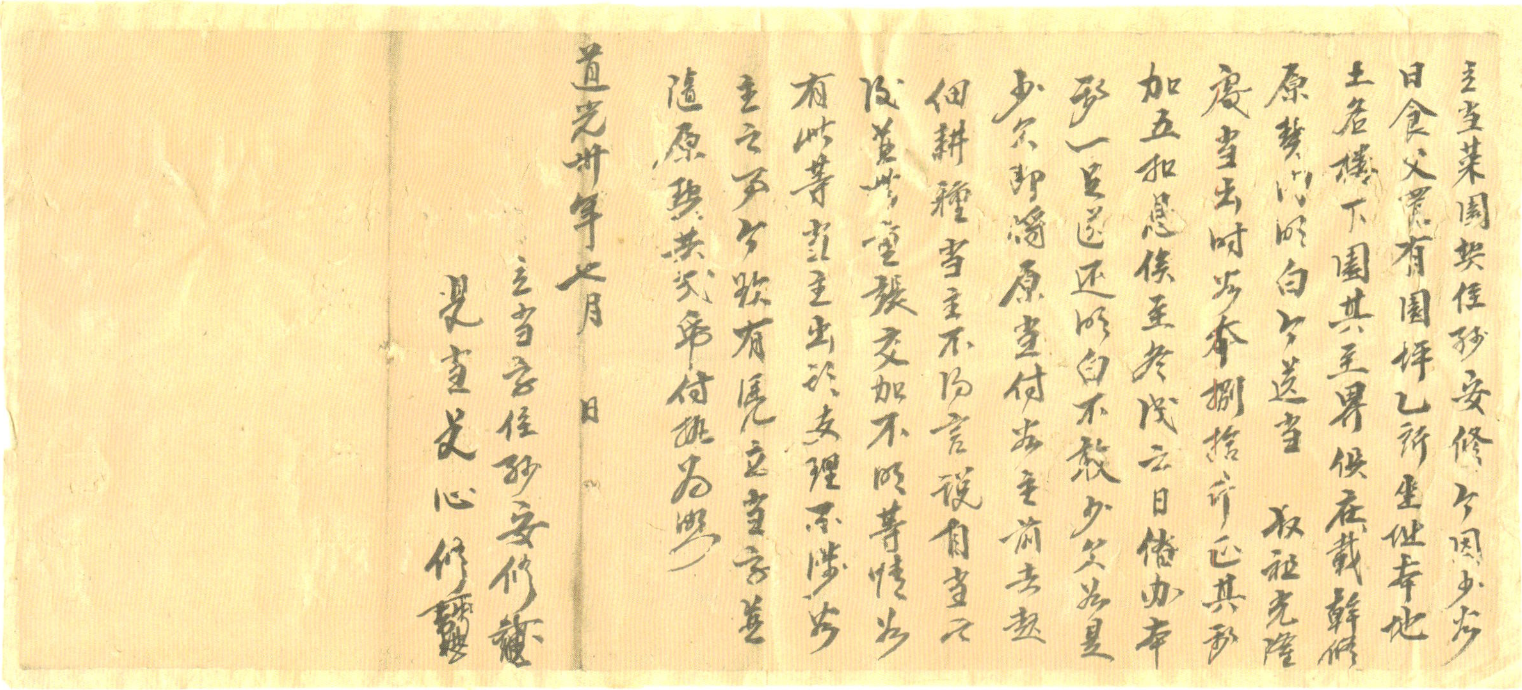

立當菜園契侄柯安修，今因乏少
日食，父置有園坪乙所，坐址本地
土名樓下，園其至界俱在，載韓併
原契内明白，今送當　叔祖光隆
處，當出時洋本捌拾元正，其銀
加五加息，候至冬成之日備辦本
銀一足送還明白，不敢少欠，如是
少欠，即將原當付與在前去起
佃耕種，當主不得言說。自當之
後，並無重張交加、不明等情，如
有此等，當主出頭支理，不涉銀
主之事。今欲有憑，立當字並
隨原契共式紙，付執為照。

道光卅年七月　　日

立當字侄柯安修（押）
見當叔心修（押）

2-1-134-2　清道光三十年七月柯安修立當園坪字

譜有規
第十二世君弘
議先

2-1-135-1　清乾隆五十年柯氏伯仲兩房公議家規（一）

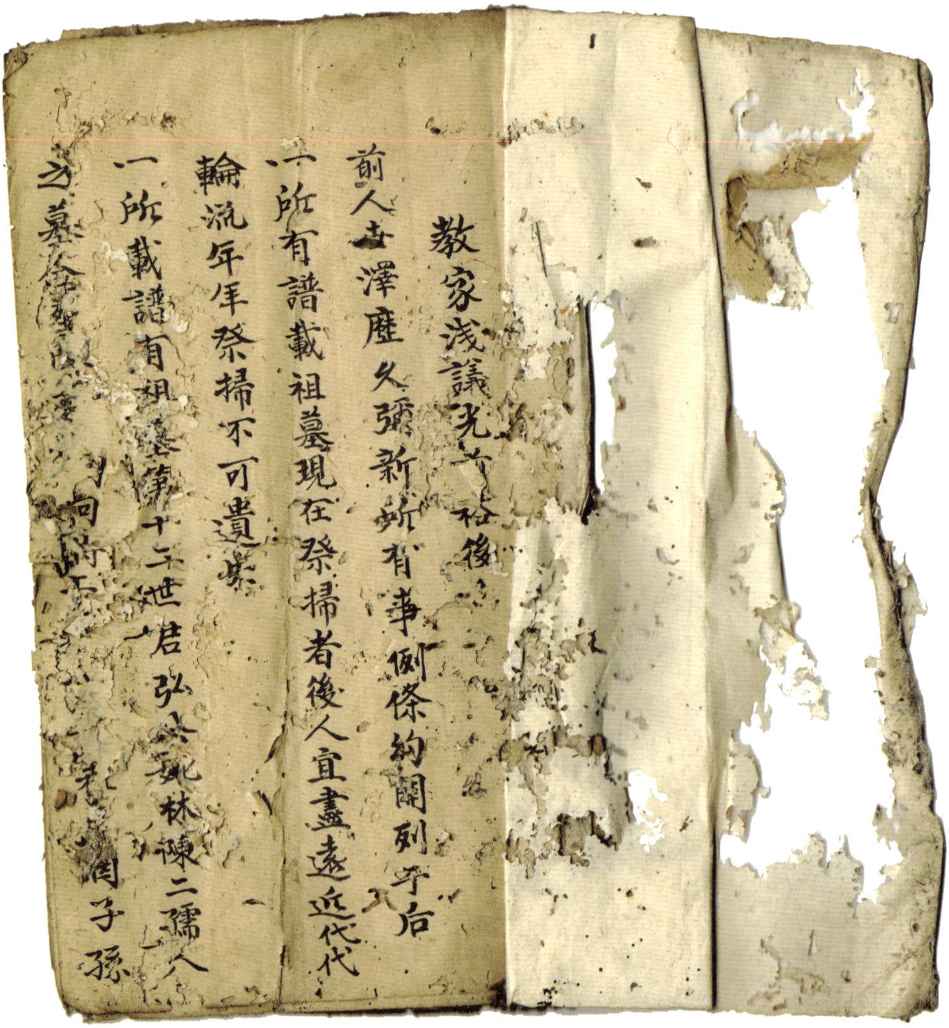

敎家淺議光前裕後
前人恩澤歷久彌新所有事例條約開列于后
一所有譜載祖墓現在祭掃者後人宜盡遠近代代
輪流年年祭掃不可遺棄
一所載譜有祖墓第十二世[illegible]君弘[illegible]妣林陳二孺人
之墓[illegible]向[illegible]子孫

2-1-135-2　清乾隆五十年柯氏伯仲兩房公議家規（二）

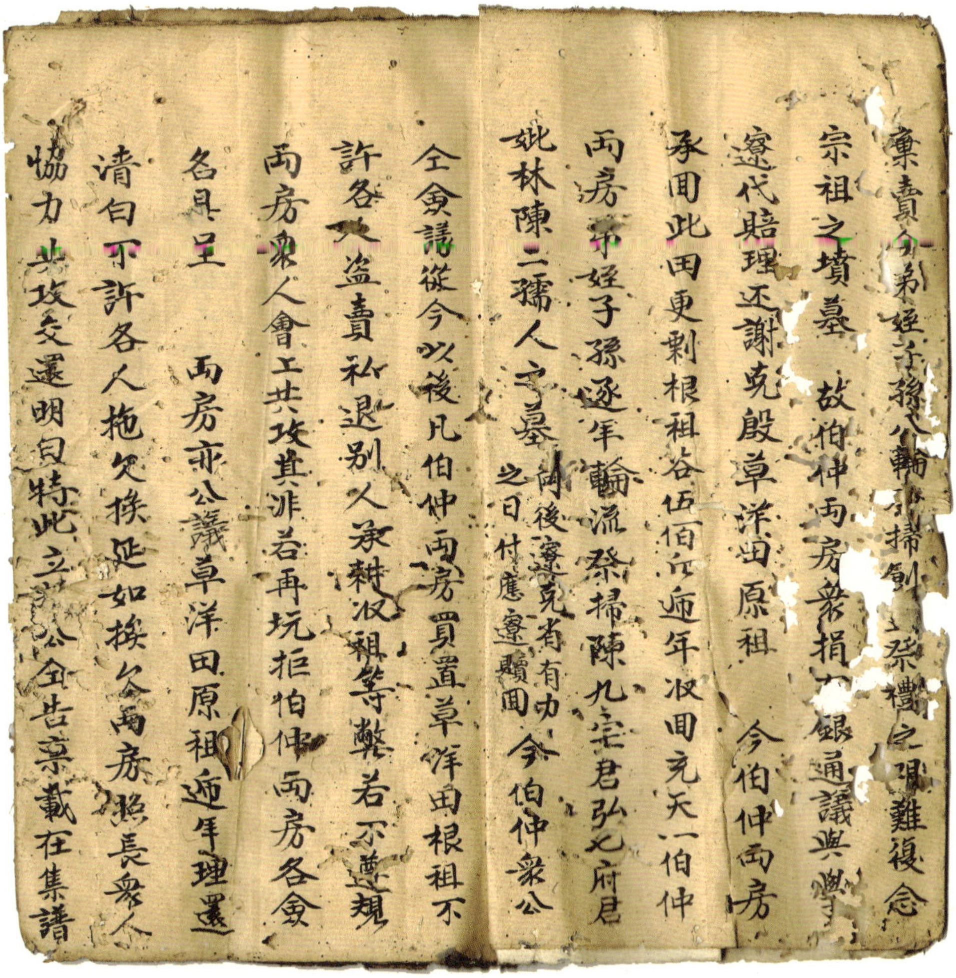
棄賣合弟姪子孫人輪□掃劄□祭禮之□難復念
宗祖之墳墓　故伯仲兩房衆捐□銀通議與學
遼代賠理还謝克殷草洋田原祖　今伯仲兩房
承佃此田更剩根租谷伍伯斤逓年收佃充天一伯仲
兩房亦姪子孫逐年輪流祭掃陳九宗君弘文府君
妣林陳二孺人之墓　向後遼克者有功之日付應遼贖佃　令伯仲衆公
全僉議從今以後凡伯仲兩房買置草洋田根租不
許各人盜賣私退別人承耕收租等弊若不遵規
兩房衆人會工共攻其非若再坑拒伯仲兩房各僉
名具呈　兩房亦公議草洋田原祖逓年理還
清白不許各人拖欠挨延如挨欠兩房照長衆人
協力共攻交還明白特此立□公全告票載在集譜

2-1-135-3　清乾隆五十年柯氏伯仲两房公議家規（三）

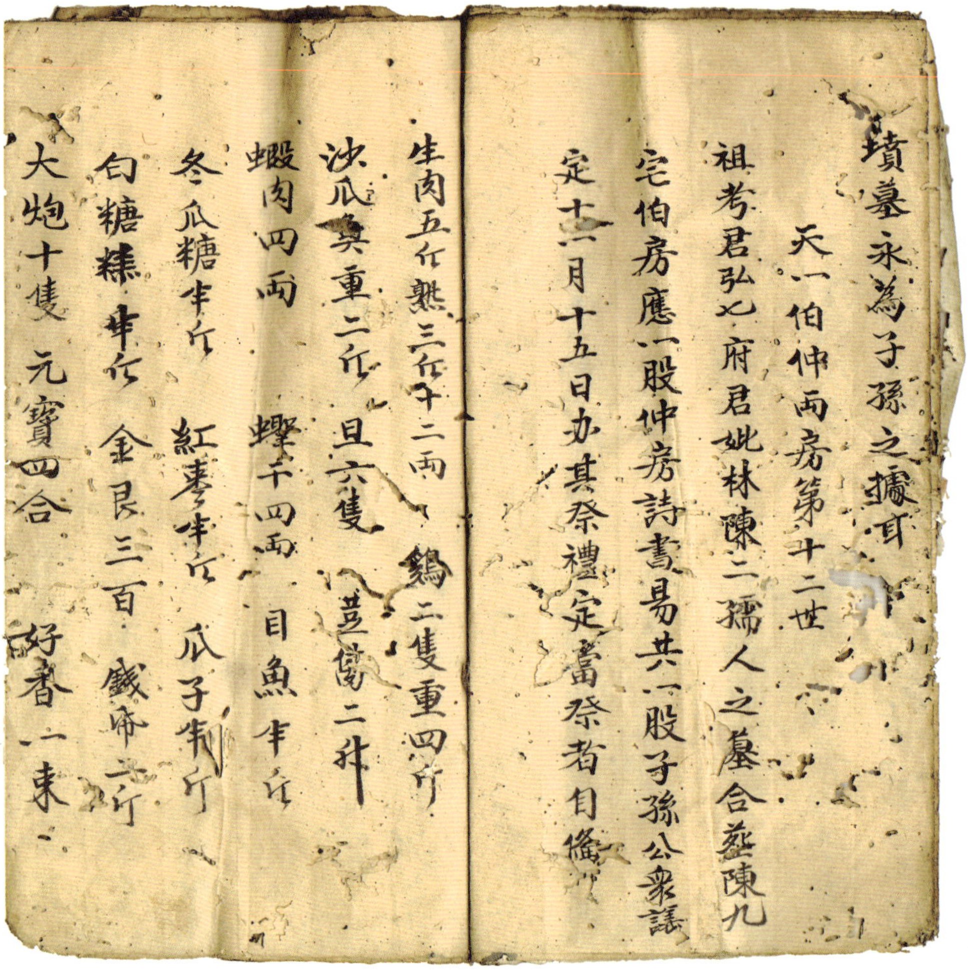
墳墓永為子孫之據耳
天一伯仲兩房第十二世
祖考君弘七府君妣林陳二孺人之墓合葬陳九
宅伯房應一股仲房詩書易共一股子孫公衆議
定十一月十五日办其祭禮定當祭者自備

生肉五斤熟三斤十二兩　鷄二隻重四斤
沙瓜魚重二斤　旦六隻　荳腐二升
蝦肉四兩　蟶干四兩　目魚半斤
冬瓜糖半斤　紅棗半斤　瓜子半斤
白糖糕半斤　金良三百　錢帋一斤
大炮十隻　元寶四合　好香一束

2-1-135-4　清乾隆五十年柯氏伯仲兩房公議家規（四）

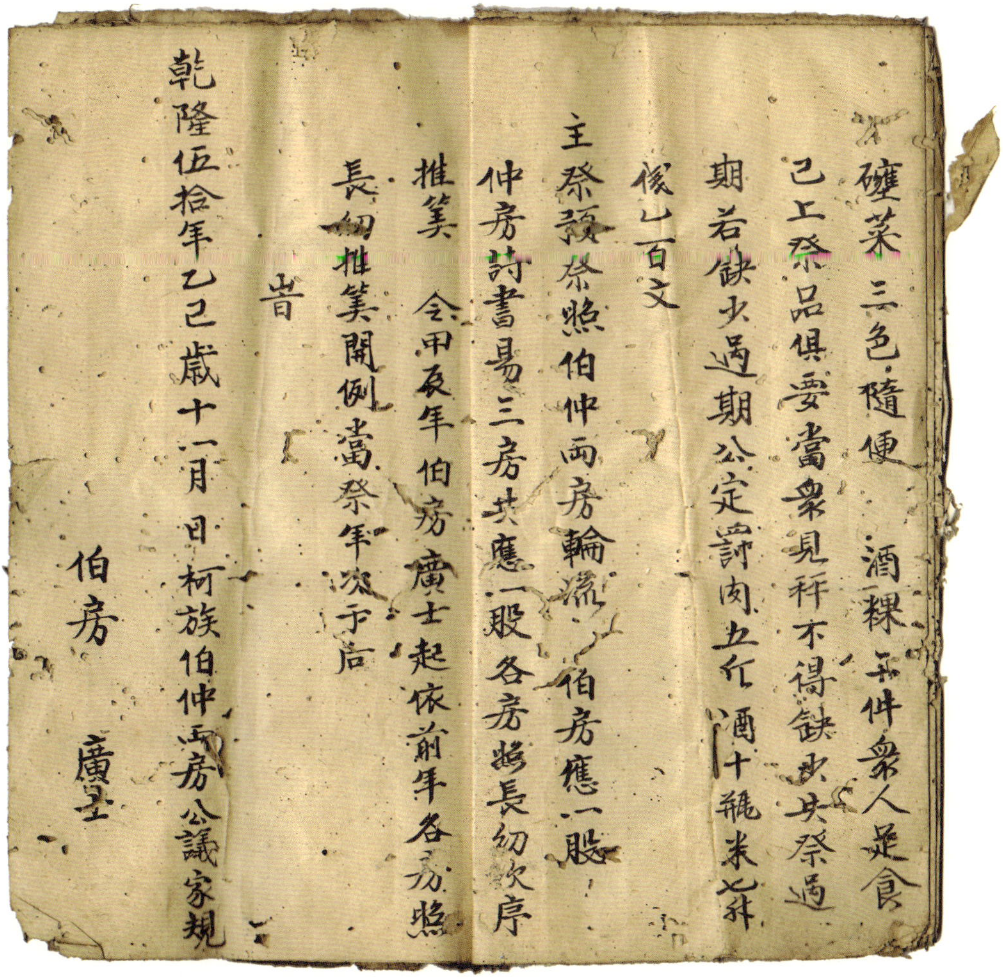
硾菜三色隨便　酒粿三件衆人是食
已上祭品俱要當衆見秤不得缺少共祭過
期若缺少過期公定罰肉五斤　酒十瓶米七斗
後山百文
主祭預祭照伯仲兩房輪流　伯房應一股
仲房詩書易三房共應一股各房照長幼次序
推筭　今甲辰年伯房廣士起依前年各房照
長幼推筭閱例當祭年次于后
晋
乾隆伍拾年乙巳歲十一月　日　柯族伯仲兩房公議家規
伯房　廣士

2-1-135-5　清乾隆五十年柯氏伯仲兩房公議家規（五）

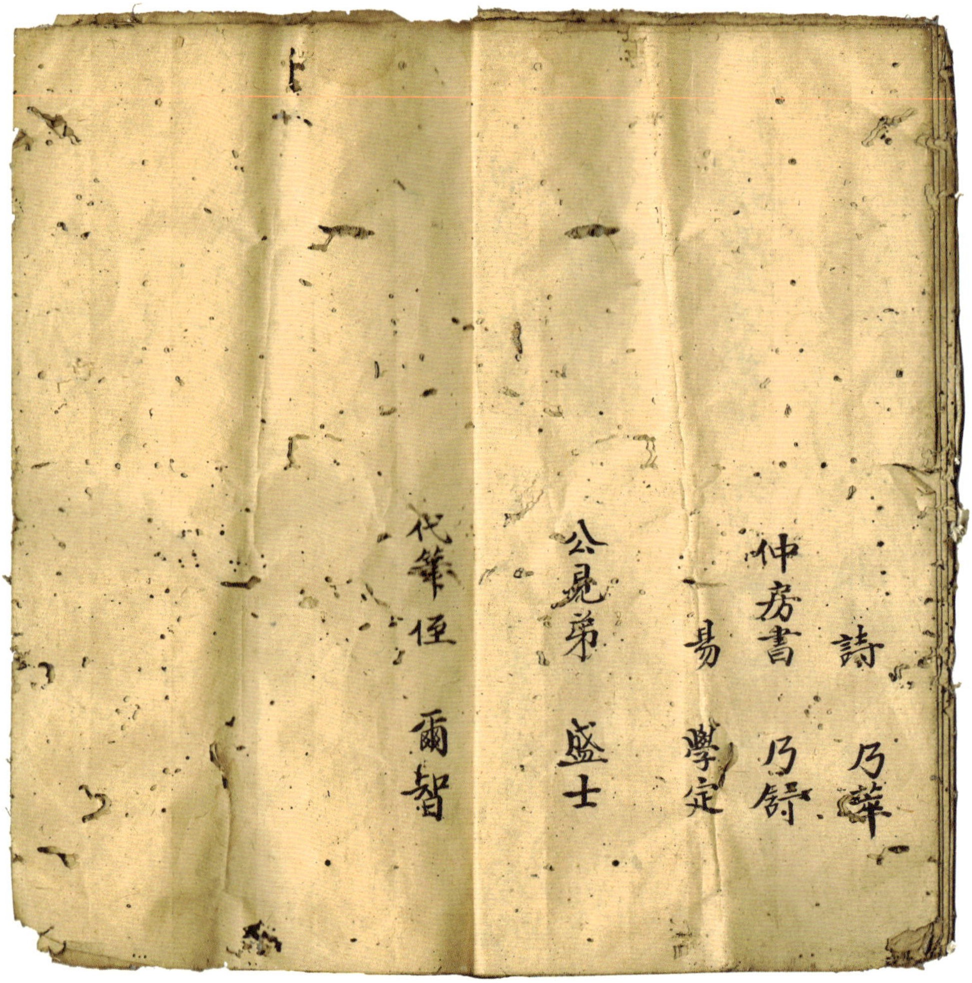

詩 乃華

仲房書 乃舒

易 學定

公見弟 盛士

代筆侄 爾智

2-1-135-6　清乾隆五十年柯氏伯仲兩房公議家規（六）

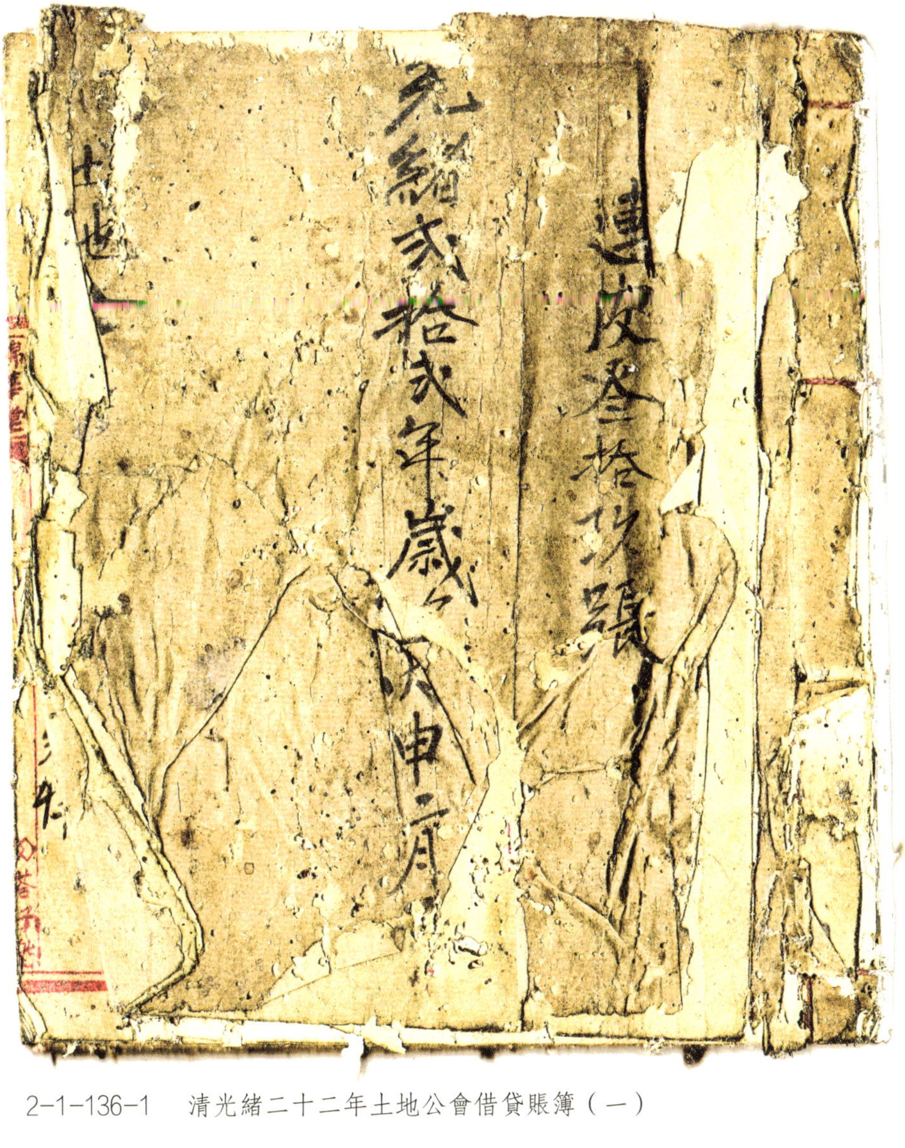

2-1-136-1　清光緒二十二年土地公會借貸賬簿（一）

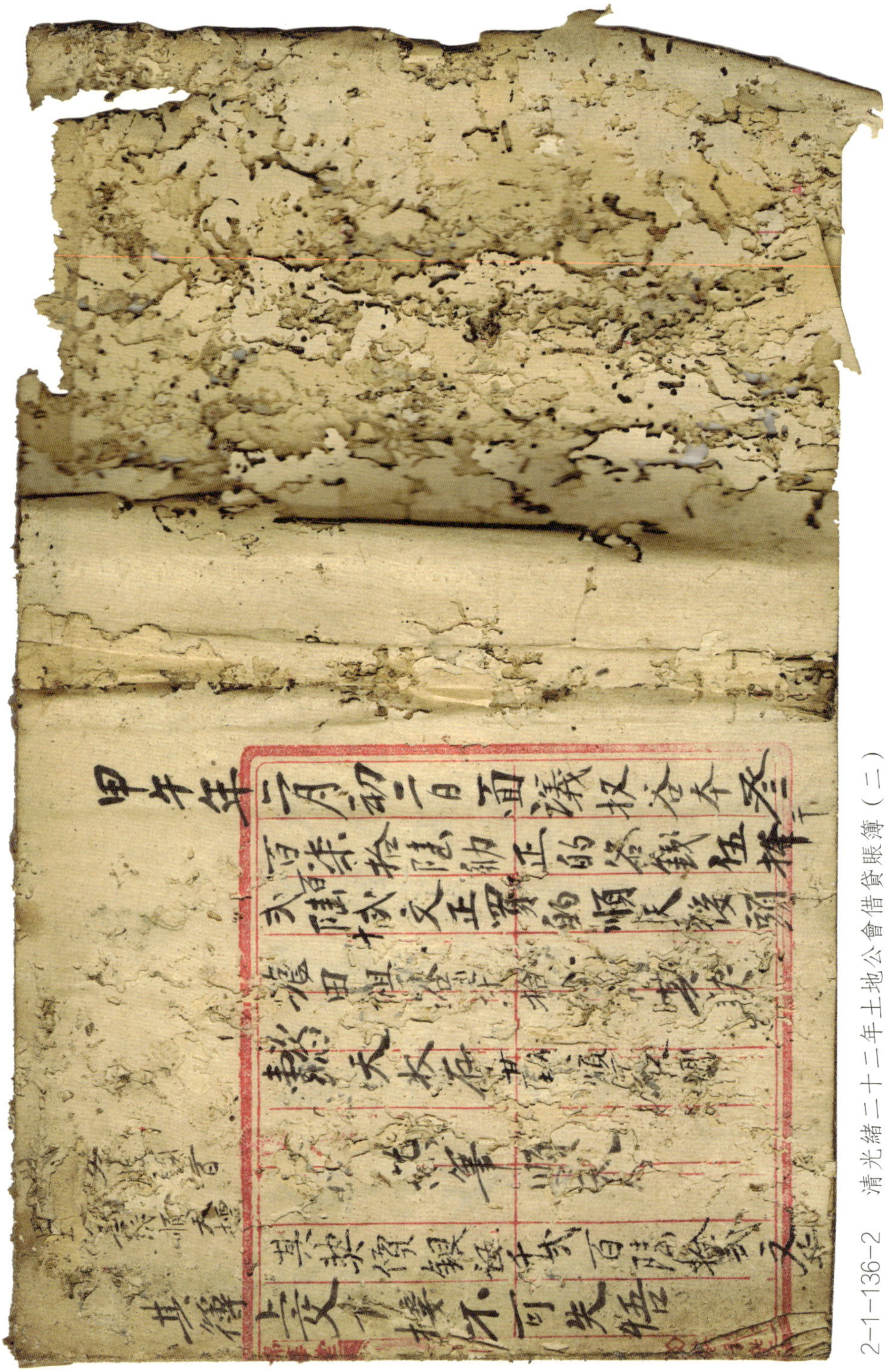

2–1–136–2　清光緒二十二年土地公會借貸賬簿（二）

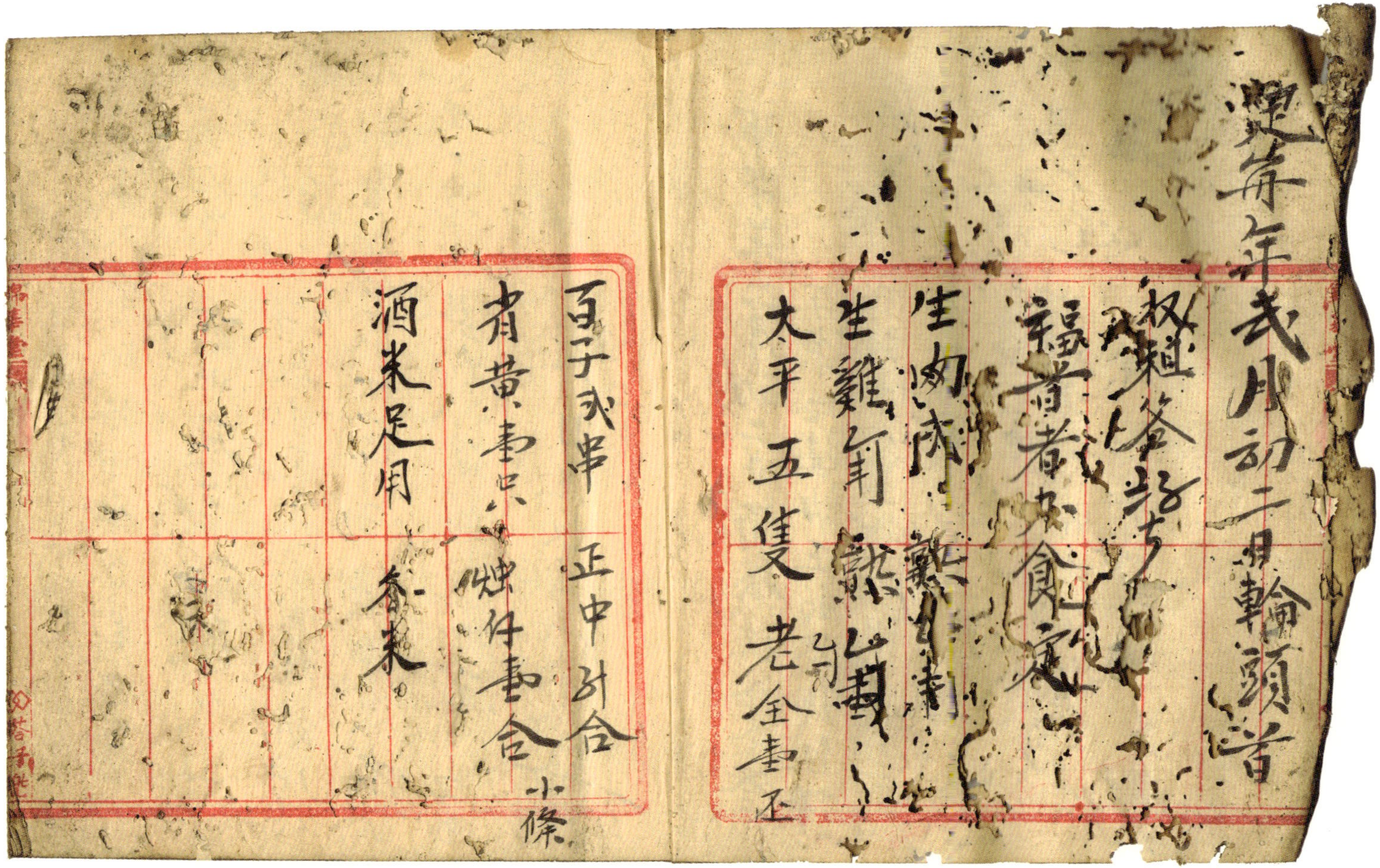

遞每年弍月初二日輪頭首

[illegible]谷[illegible]

福首者[illegible]食定

生肉成[illegible]　熟[illegible]

生雞乙[illegible]　熟[illegible]乙[illegible]

太平五隻　老[illegible]壺正

百子弍串　正中外合

[illegible]黄壹只　燭仔壹合　小條

酒米足用　香末

2-1-136-3　清光緒二十二年土地公會借貸賬簿（三）

2-1-136-4　清光緒二十二年土地公會借貸賬簿（四）

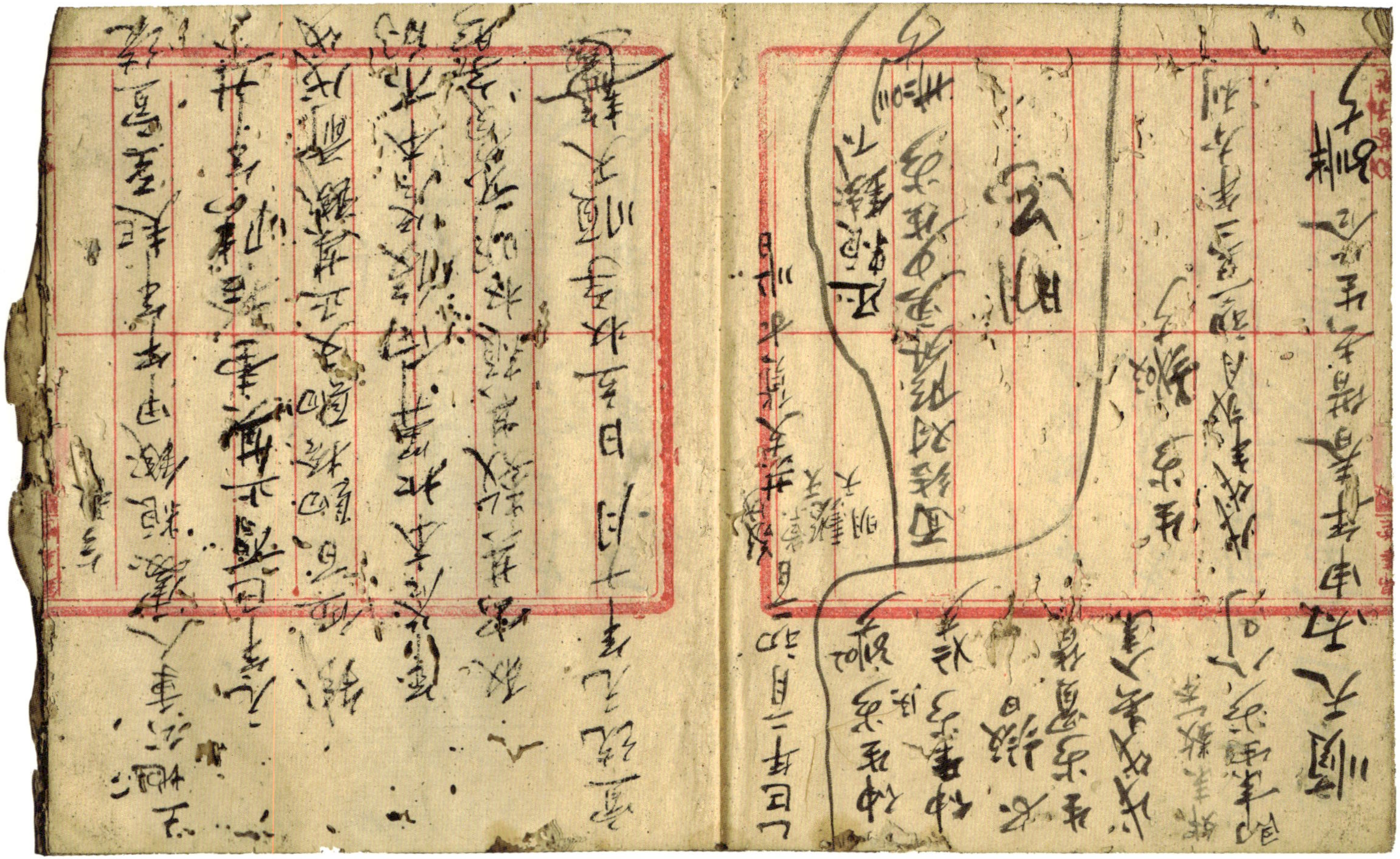

泓天山旧未年春借去生谷叁拾
丙申年冬伍觔正每觔加四行息
奎祖出字戊戌年弍月初十日全[illegible]三年[illegible]
本利出收[illegible]

2-1-136-5　清光緒二十二年土地公會借貸賬簿（五）

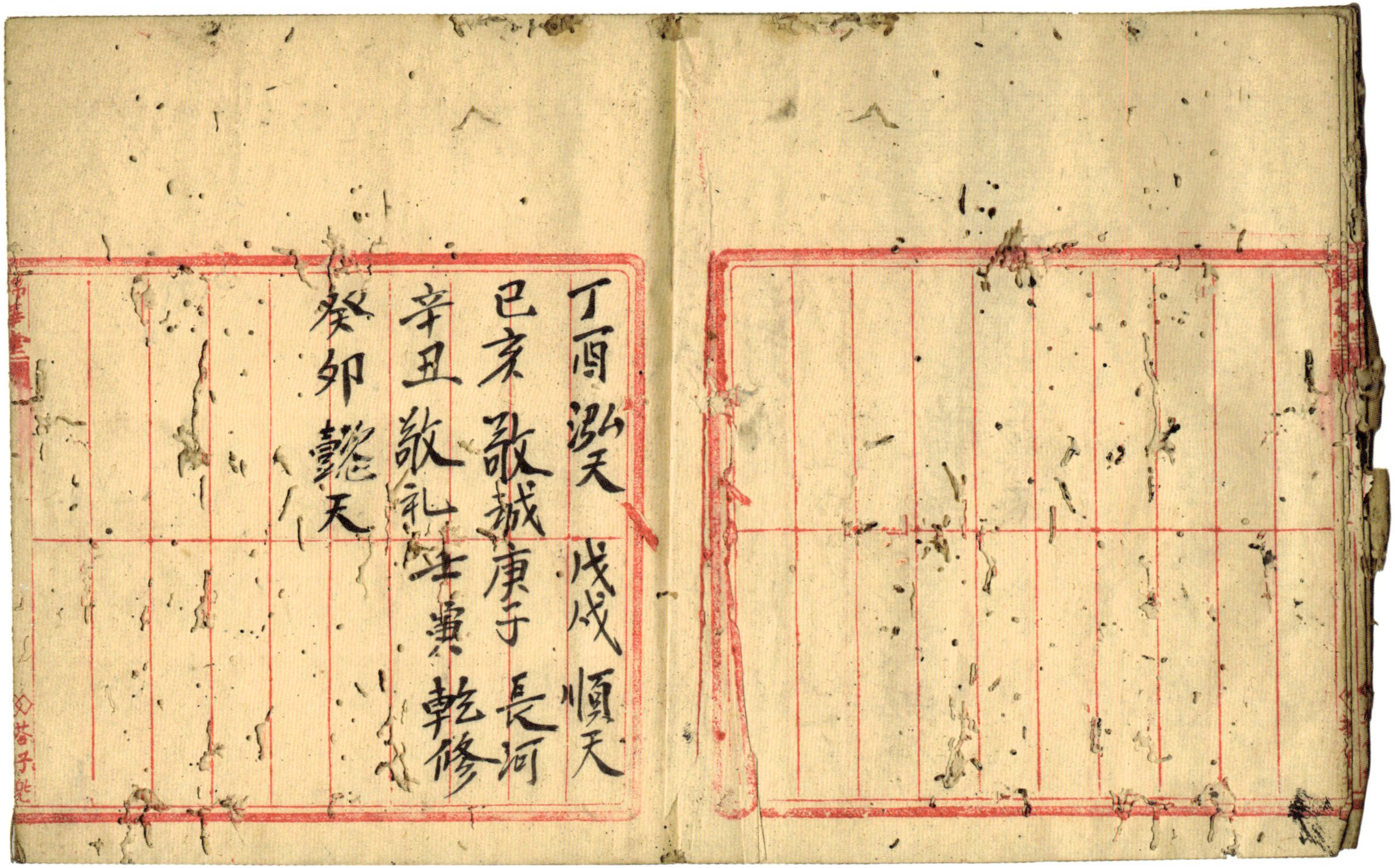

丁酉泓天	戊戌順天
己亥孤城	庚子長河
辛丑孤亂	壬寅乾修
癸卯彭天	

2-1-136-6　清光緒二十二年土地公會借貸賬簿（六）

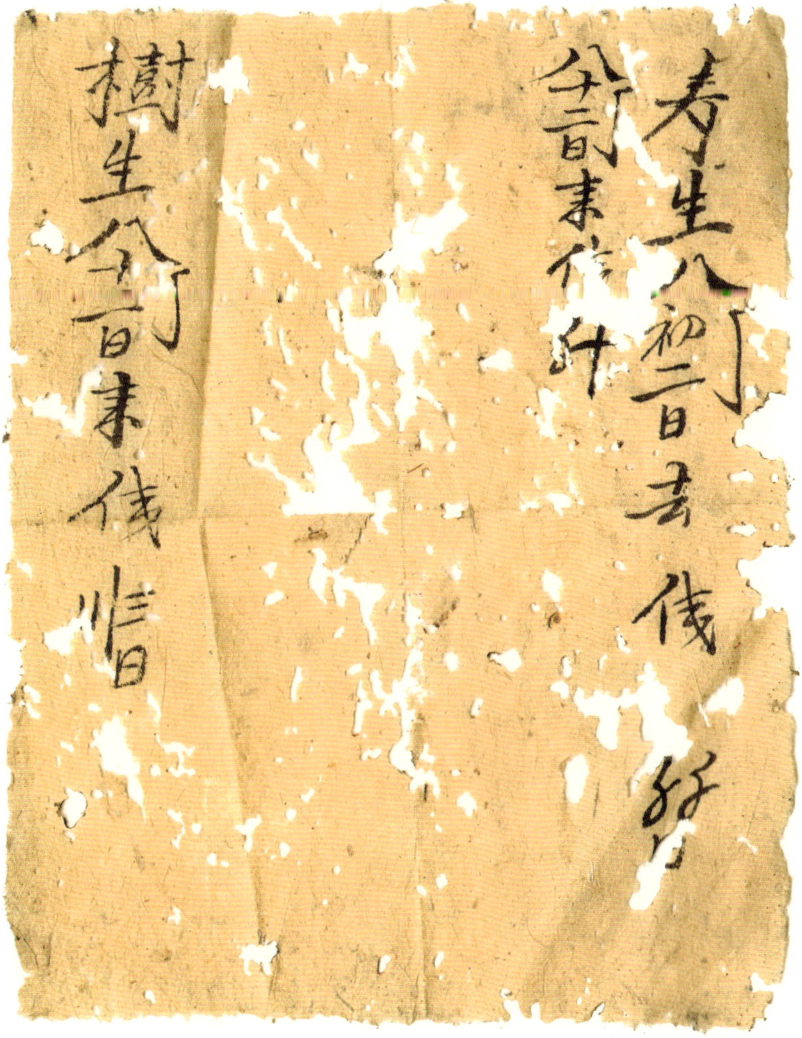
寿生八月初二日去钱
八月廿日来
树生八月廿日来钱 借

2-1-136-7　清光緒二十二年土地公會借貸賬簿（夾葉一）

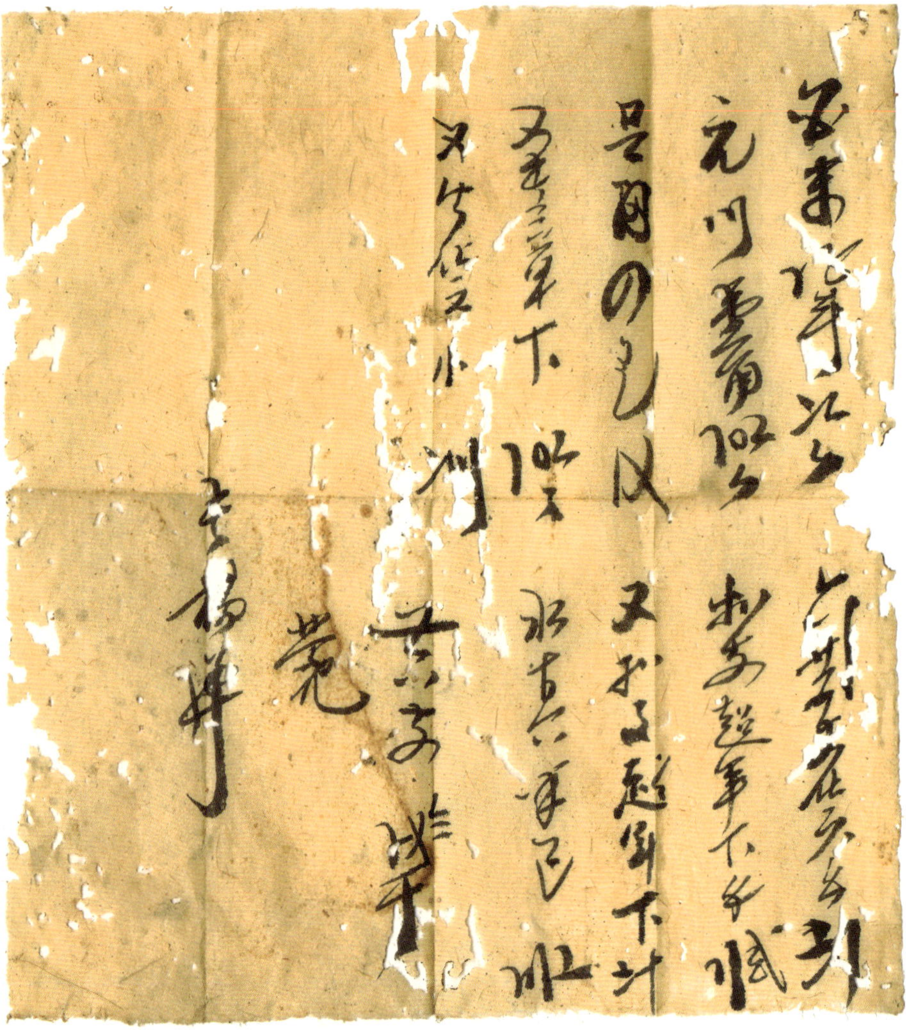

2-1-136-8　清光緒二十二年土地公會借貸賬簿（夾葉二）

第二帙　小洋村李觀留户

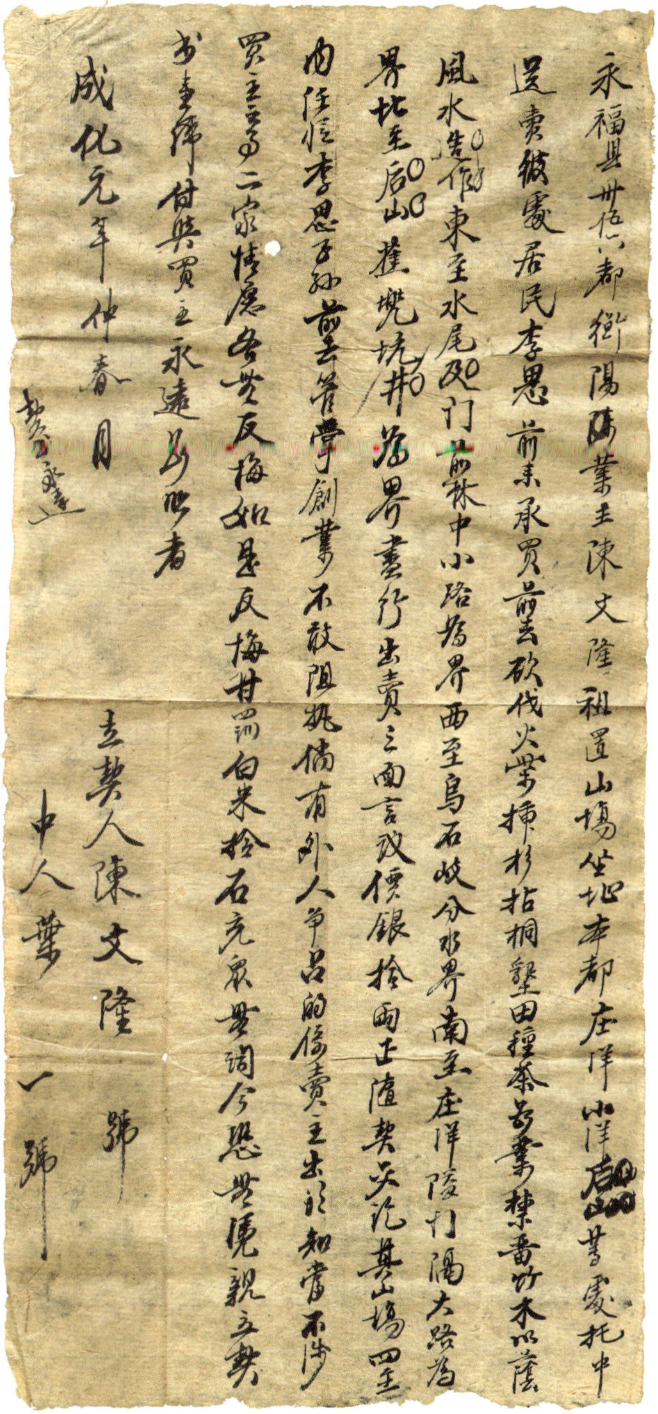
永福县卅伍六都衛陽𬀩業主陳文隆，祖置山場坐地本都庄洋小洋后山等處，托中
送賣彼處居民李恩前來承買，前去砍伐火[illegible]插杉栝桐，墾田種茶等業，禁畜竹木以蔭
風水造作。東至水尾路口门前林中小路為界，西至鳥石岐分水界，南至庄洋隆打隔大路為
界，北至后山崔坑大坑井路界。盡行出賣，三面言議價銀拾兩正，隨契交訖。其山場四至
內任從李恩子孫前去管業，創業不敢阻挑。倘有外人弟兄的係賣主出頭知當，不涉
買主之事。二家情愿，各無反悔，如是反悔，甘罰白米拾石充衆無詞。今恐無憑，親立契
書壹紙付與買主永遠為照者。
成化元年仲春月
立契人陳文隆
中人葉一

2-2-1-1　明成化元年二月陳文隆立賣山場契（抄契）

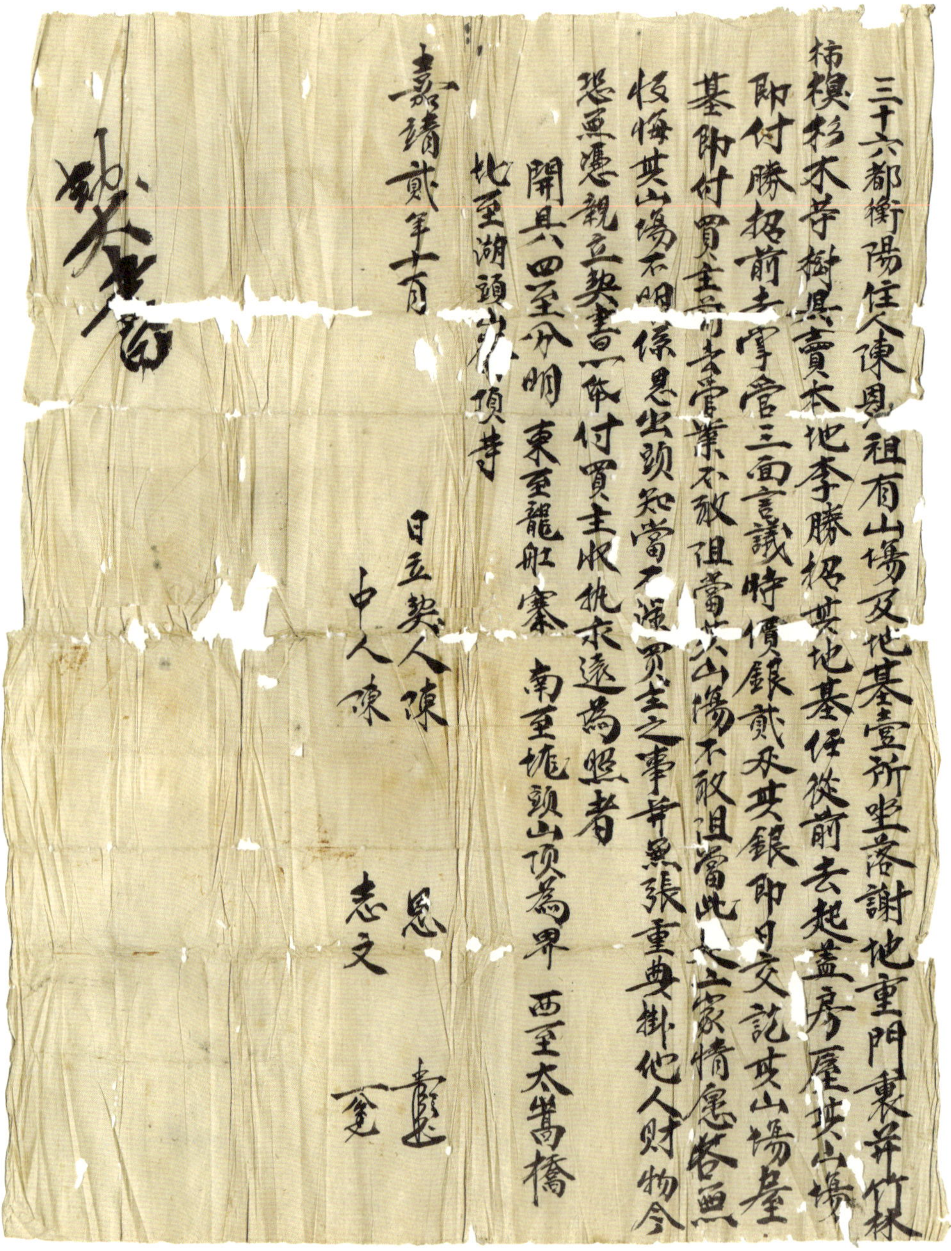
三十六都衛陽住人陳恩，祖有山場及地基壹所，坐落謝地重門東并竹林
柿模杉木等樹，具賣本地李勝招其地基，任從前去起蓋房屋，其山場
即付勝招前去掌管。三面言議，特價銀貳兩，其銀即日交訖，其山場屋
基即付買主前去掌管為業，不敢阻當。其山場不敢阻當，此是二家情愿，各無
反悔。其山場不明，係恩出頭知當，不涉買主之事，并無張重典掛他人財物。今
恐無憑，親立契書一紙付買主收執，永遠為照者。
開具四至分明：東至龍舡寨，南至塊頭山頂為界，西至太嵩橋，
北至湖頭山頂等。
嘉靖貳年十一月　日立契人陳恩
中人陳志文
[illegible]

2-2-1-2　明嘉靖二年十一月陳恩立賣山場契

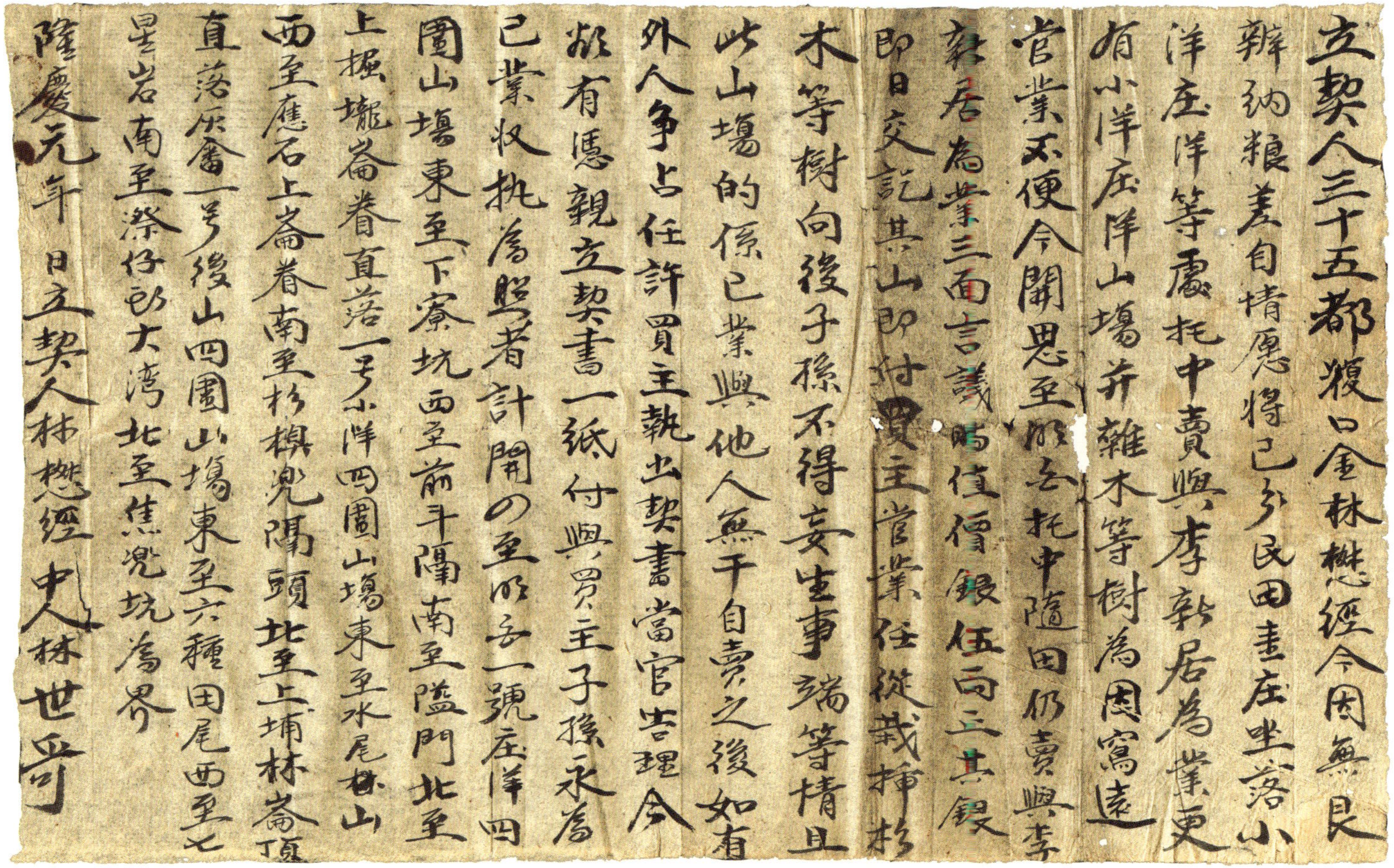
立契人三十五都渡口金林懋經今因無艮
辦納粮差自情愿將己分民田壹庄坐落小
洋庄洋等處托中賣與李新居為業更
有小洋庄洋山場并雜木等樹為因寫遠
管業不便今開思至所居托中隨田仍賣與李
新居為業三面言議時值價銀伍両三其錢
即日交訖其山即付買主管業任從栽插杉
木等樹向後子孫不得妄生事端等情且
此山場的係己業與他人無干自賣之後如有
外人爭占任許買主執出契書當官告理今
欲有憑親立契書一紙付與買主子孫永為
己業收執為照者計開四至所居一號庄洋四
圍山場東至下寮坑西至前斗隔南至隘門北至
上擴壠崙眷直落一號小洋四圍山場東至水尾林山
西至應石上崙眷南至杉槙兜隔頭北至上埔林崙頂
直落灰崙一號後山四圍山場東至六種田尾西至七
星岩南至滎仔邊大湾北至焦兜坑為界
隆慶元年 日立契人林懋經 中人林世哥

2-2-1-3 明隆慶元年林懋經立賣民田等契（抄契）

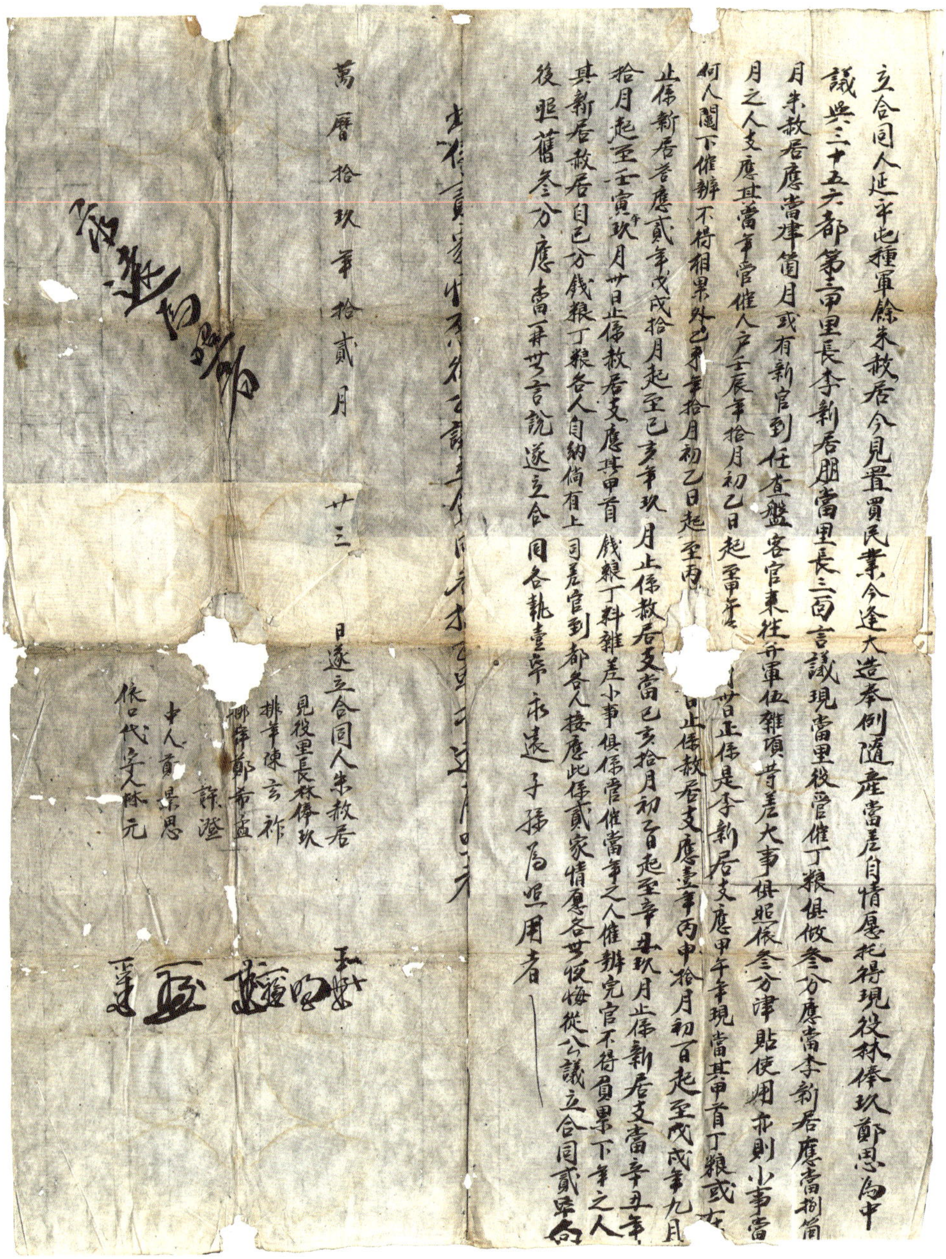

立合同人延平屯種軍餘朱赦居今見置買民業今逢大造奉例隨產當差自情愿托得現役林倖玖鄭恩爲中
議與二十五六都第二甲里長李新居朋當里長二面言議現當里役管催丁粮俱做叁分應當李新居應當捌箇
月朱赦居應當肆箇月或有新官到任査盤客官來往并軍伍雜項等差大事俱照依叁分津貼使用如則小事當
月之人支應其當年管催人戶壬辰年拾月初乙日起至甲午年昔止係是李新居支應甲午年現當其甲首丁粮或有
何人闔下催辦不得相累外乙未年拾月初乙日起至丙申日止係赦居支應壹年丙申拾月初一日起至戊戌年九月
止係新居管應貳年戊戌拾月起至己亥年玖月止係赦居支當己亥拾月初一日起至辛丑年玖月止係新居支當辛丑年
拾月起至壬寅年玖月廿日止係赦居支應其甲首錢粮丁料雜差小事俱係管催當年之人催辦完官不得負累下年之人
其新居赦居自己分錢粮丁粮各人自納倘有上司差官到都各人接應此係貳家情愿各無反悔從公議立合同貳帋
後照舊叁分應當毋言說遂立合同各執壹帋永遠子孫爲照用者

萬曆拾玖年拾貳月廿三日遂立合同人朱赦居

見役里長林倖玖

排年陳玄祚

排年鄭希孟

許澄

中人黃景恩

依口代字人陳元

2-2-1-4　明萬曆十九年十二月朱赦居立朋當里長合同

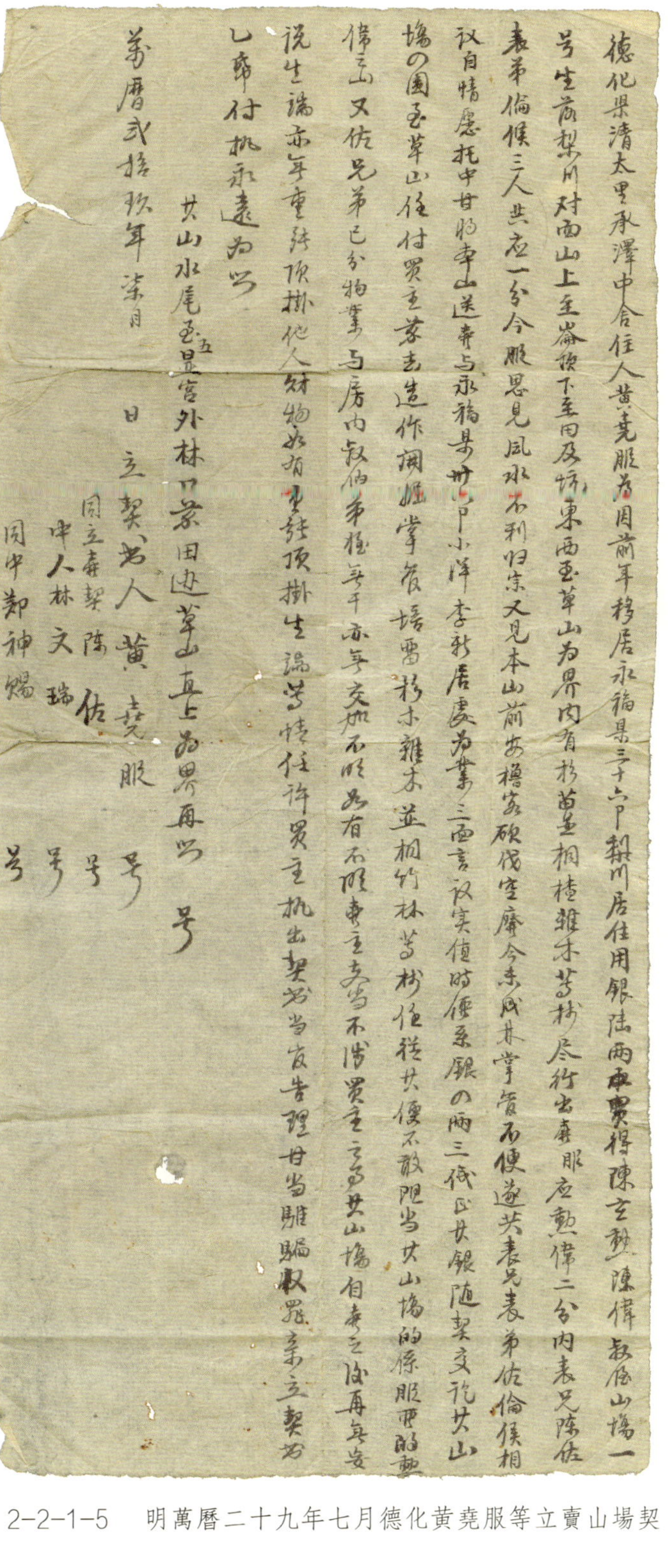

德化縣清太里承澤中合住人黃堯服爲因前年移居永福縣三十六户錦川居住用銀陸兩承買得陳玄孫陳偉叔底山場一
号土名梨川对面山上至嶺頂下至田及坑東西至草山為界內有杉苗並桐楂雜木等樹盡行出賣服應勲偉二分內表兄陳佐
表弟倫候三人共應一分今服思見風水不利归宗又見本山前安穩客破伐空磨今未成其掌管不便遂共表兄表弟佐倫候相
议自情愿托中甘將本山送賣与永福县卅六户小洋李豺居處爲業三面言议實值時價系銀四兩三錢正其銀隨契交訖其山
場四圍至草山任付買主家去造作開墾掌管培蓄杉木雜木並桐竹林等樹任從其便不敢阻当其山場的係服西的藝
偉三分又佐兄弟己分物業与房内叔伯弟侄無干亦無交加不明如有不明來歷賣主之當不涉買主之事其山場自賣之後再無安
說生端亦無重張項掛他人財物如有重張項掛生端等情任許買主執出契書當官告理甘當騙賺欺罔之罪今立契書
一紙付執永遠為照

其山水尾至五显宮外林口家田邊草山直上為界再照

萬曆貳拾玖年柒月 日立契書人黃堯服 号

同立賣契陳佐 号

中人林文瑞 号

同中鄭神賜 号

2-2-1-5　明萬曆二十九年七月德化黃堯服等立賣山場契（抄契）

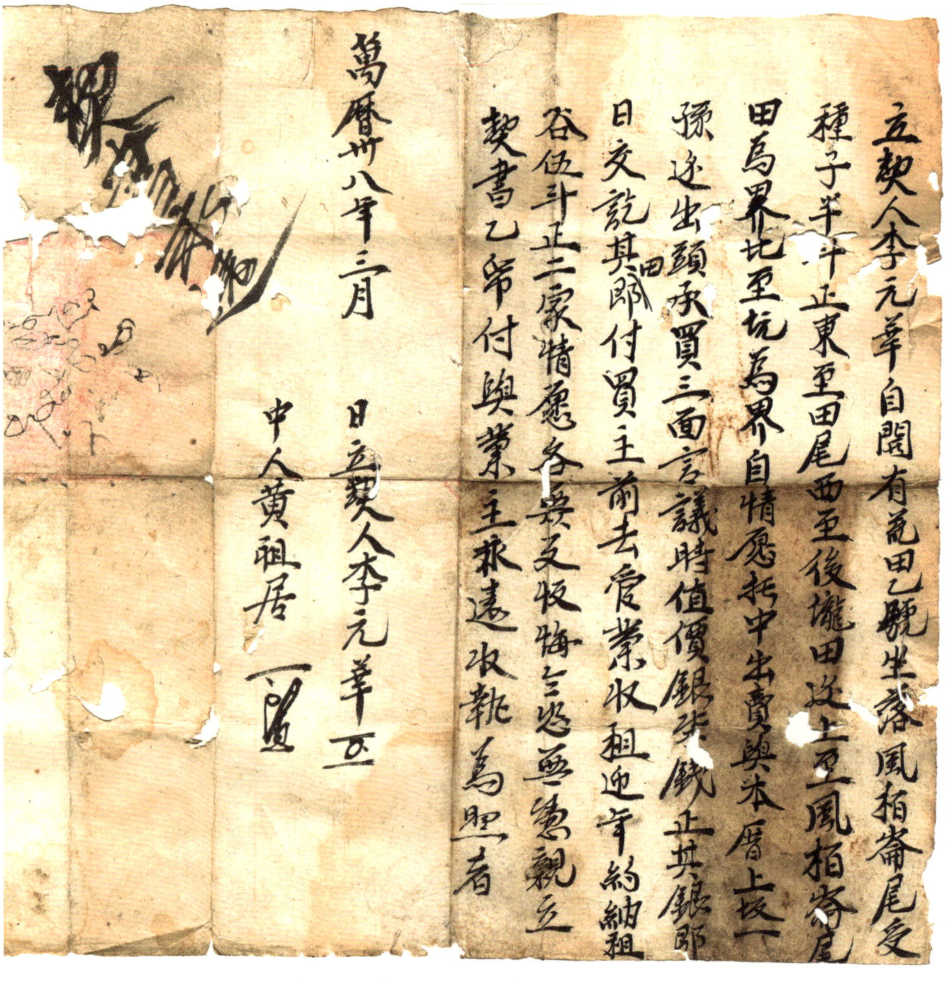

立契人李元華自闔有荒田乙號坐落鳳栢崙尾受
種子半斗正東至田尾西至後壠田並上至鳳栢崙尾
田爲界北至坑爲界自情愿托中出賣與本厝上坂一
孫邊出頭承買三面言議時值價銀柒錢正其銀即
日交訖其田聽付買主前去管業收租逐年約納租
谷伍斗正二家情愿各無反悔今恐無憑親立
契書乙帋付與業主永遠收執爲照者

萬曆卅八年三月 日立契人李元華（押）
中人黃祖居（押）

2-2-1-6　明萬曆三十八年三月李元華立賣荒田契

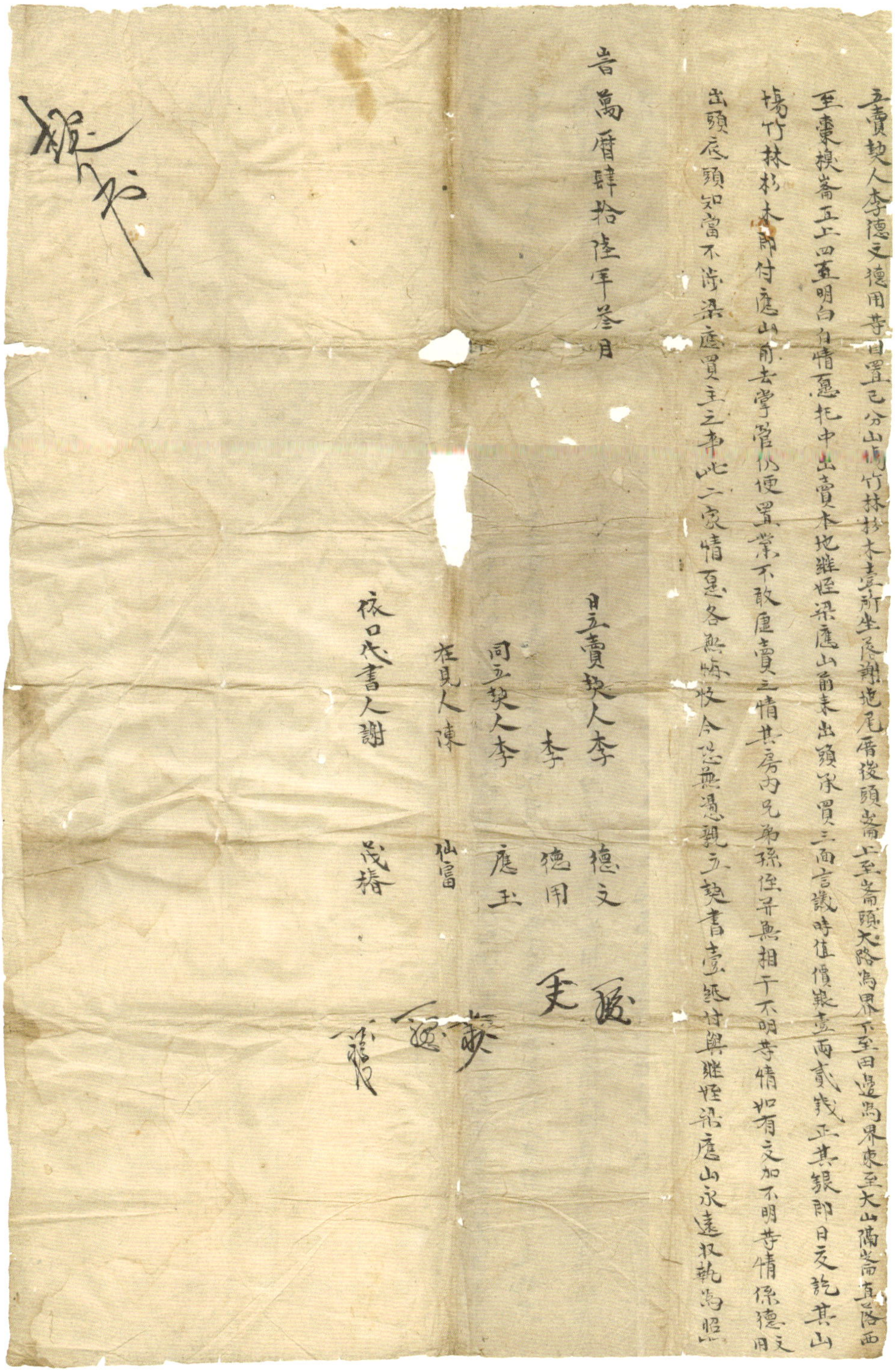

立賣契人李德文、德用等，自置己分山場竹林杉木壹所，坐落謝地尾厝後頭岀崙，上至崙頭大路為界，下至田邊為界，東至大山隔岀崙直落，西至東模崙直上，四至明白。自情愿托中出賣本地继侄梁應山前来出頭承買，三面言議，時值價銀壹兩貳錢正。其銀即日交訖，其山場竹林杉木即付應山前去掌管，仍便買業，不敢重賣之情。其房内兄弟孫侄并無相干不明等情，如有交加不明等情，係德文、德用出頭底頭知當，不涉梁應買主之事。此二家情愿，各無悔收。今恐無憑，親立契書壹紙付與继侄梁應山永遠收執為照。

萬曆肆拾陸年叁月　日立賣契人李德文（押）

李德用（押）

同立契人李應玉（押）

在見人陳仙富（押）

依口代書人謝茂椿（押）

2-2-1-7　明萬曆四十六年三月李德文等立賣山場等契

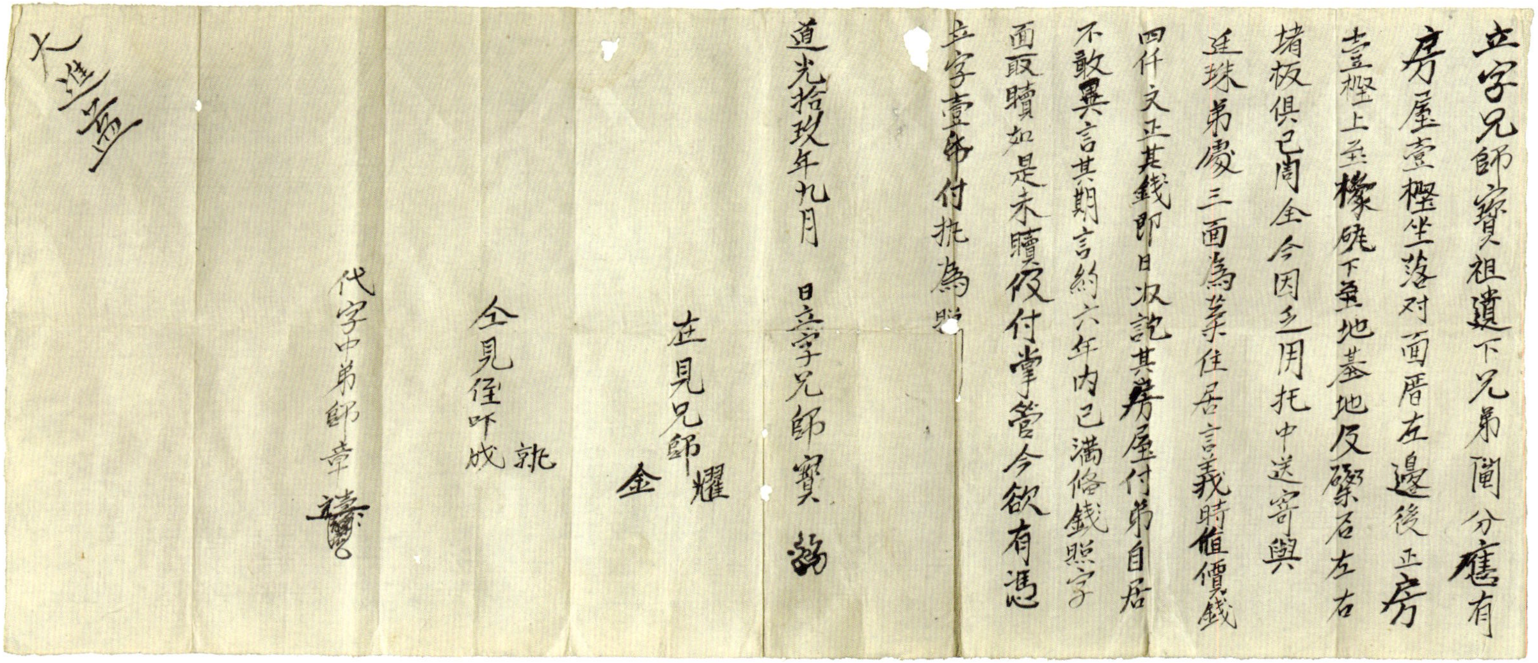
立字兄師寶祖遺下兄弟鬮分應有
房屋壹樫坐落对面厝左邊後正房
壹樫上至椽桷下至地基地及磉石左右
堵板俱已周全今因乏用托中送寄與
廷珠弟處三面為業住居言義時值價錢
四仟文正其錢即日收訖其房屋付弟自居
不敢異言其期言約六年内已滿備錢照字
面取贖如是未贖仍付掌管今欲有憑
立字壹紙付執為照
道光拾玖年九月　日立字兄師寶（押）
在見兄師耀 金
仝見侄吓妭 [illegible]
代字中弟師章（押）
大進益

2-2-2-1　清道光十九年九月李師寶立賣厝樫契

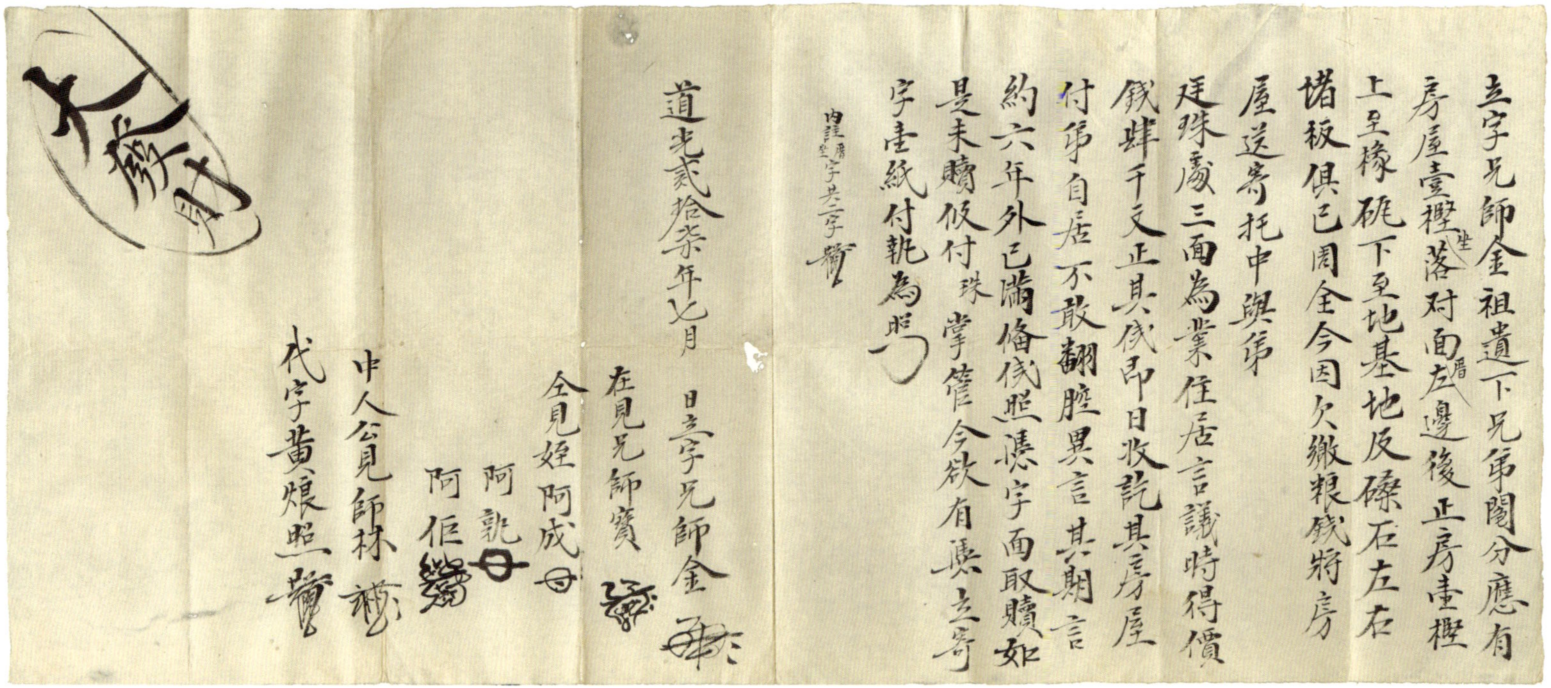

立字兄師金祖遺下兄弟閹分應有
房屋壹樫坐落对面厝邊後正房壹樫
上至椽硥下至地基地反磉石左右
堵板俱已周全今因欠繳粮銭將房
屋送寄托中與弟
廷珠處三面為業任居言議時得價
銭肆千文正其銭即日收訖其房屋
付弟自居不敢翻腔異言其期言
約六年外已満備銭照憑字面取贖如
是未贖仍付珠掌管今欲有憑立寄
字壹紙付執為照

内註厝字共二字

道光貳拾柒年七月　日立字兄師金
在見兄師賓
仝見侄阿成
阿執
阿佢
中人公見師林
代字黃烺照

2-2-2-2　清道光二十七年七月李師金立賣厝樫契

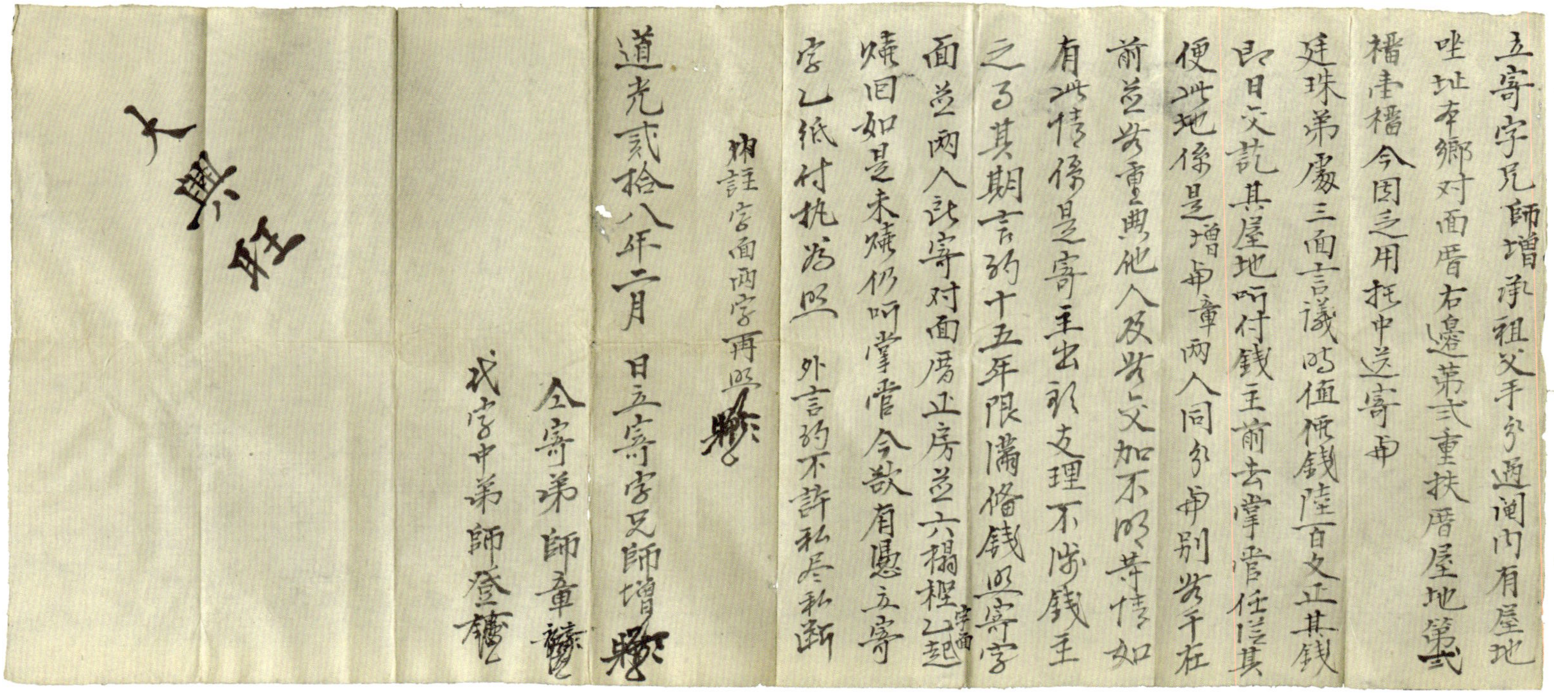

立寄字兄師增承祖父手分遺閩内有屋地
坐址本鄉对面厝右邊第弍重扶厝屋地第弍
播由播今因乏用托中送寄弟
廷珠弟處三面言議時值價錢陸百文正其錢
即日交訖其屋地听付錢主前去掌管任從其
便此地係是增弟章兩人同分弟別兴干在
前並無重典他人及無文加不明等情如
有此情係是寄主出頭支理不涉錢主
之事其期言約十五年限滿備錢照字
面並兩人訖寄对面厝正房並六扇樘乙起
燒回如是未燒仍听掌管今欲有憑立寄
字乙紙付執為照　外言約不許私兵私斷

内註字面兩字再照

道光貳拾八年二月　日立寄字兄師增

仝寄弟師章

代字中弟師登

大興旺

2-2-2-3　清道光二十八年二月李師增等立寄厝地契

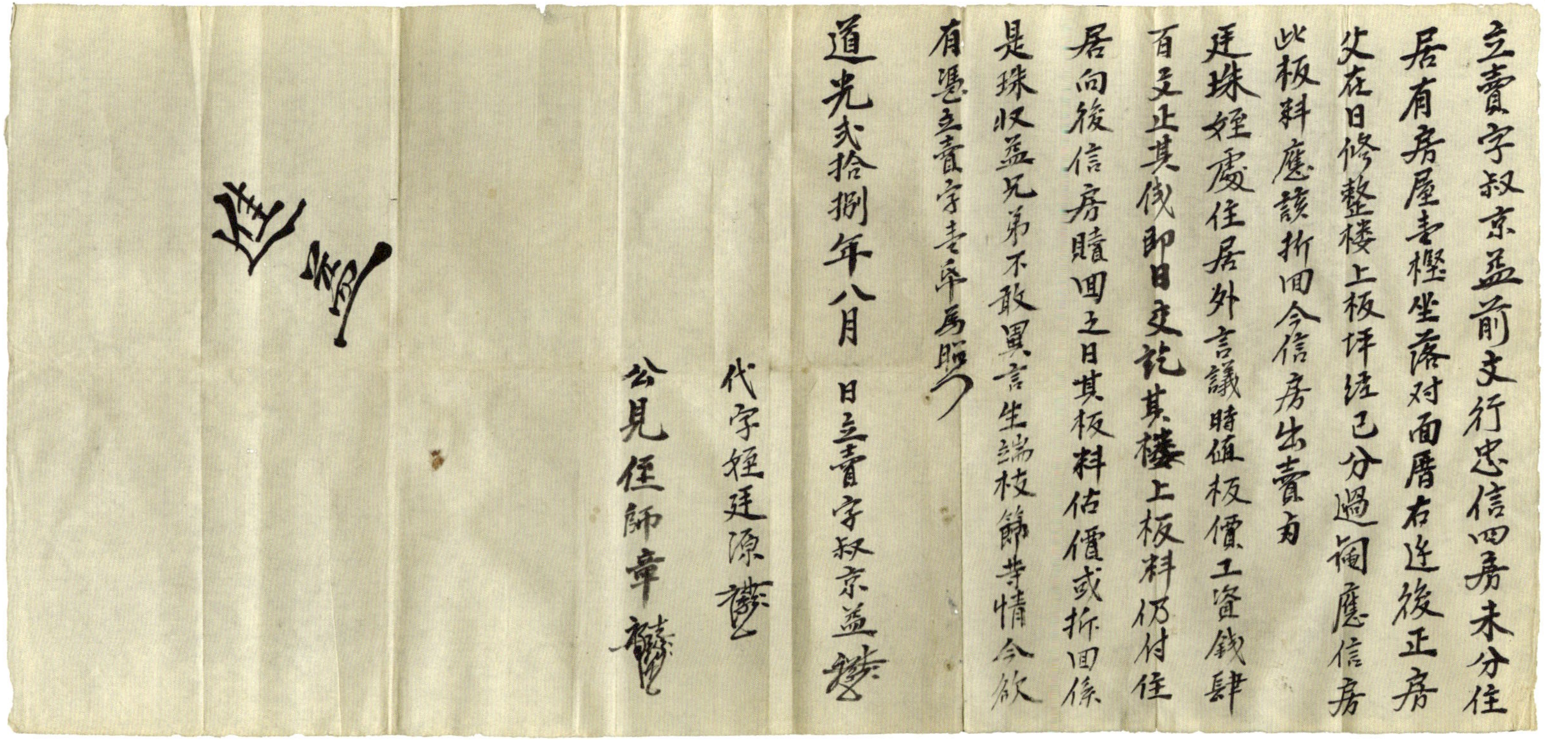
立賣字叔京益前支行忠信四房未分住
居有房屋壹樫坐落对面厝右边後正房
父在日修整樓上板坪绽已分過詞應信房
此板料應該拆回今信房出賣与
廷珠姪處住居外言議時值板價工資錢肆
百文正其錢即日交訖其樓上板料仍付住
居向後信房贖回之日其板料估價或拆回係
是珠收益兄弟不敢異言生端枝節等情今欲
有憑立賣字壹帋爲照
道光貳拾捌年八月 日立賣字叔京益
代字姪廷源
公見侄師章

2-2-2-4 清道光二十八年八月李京益立賣厝樫契

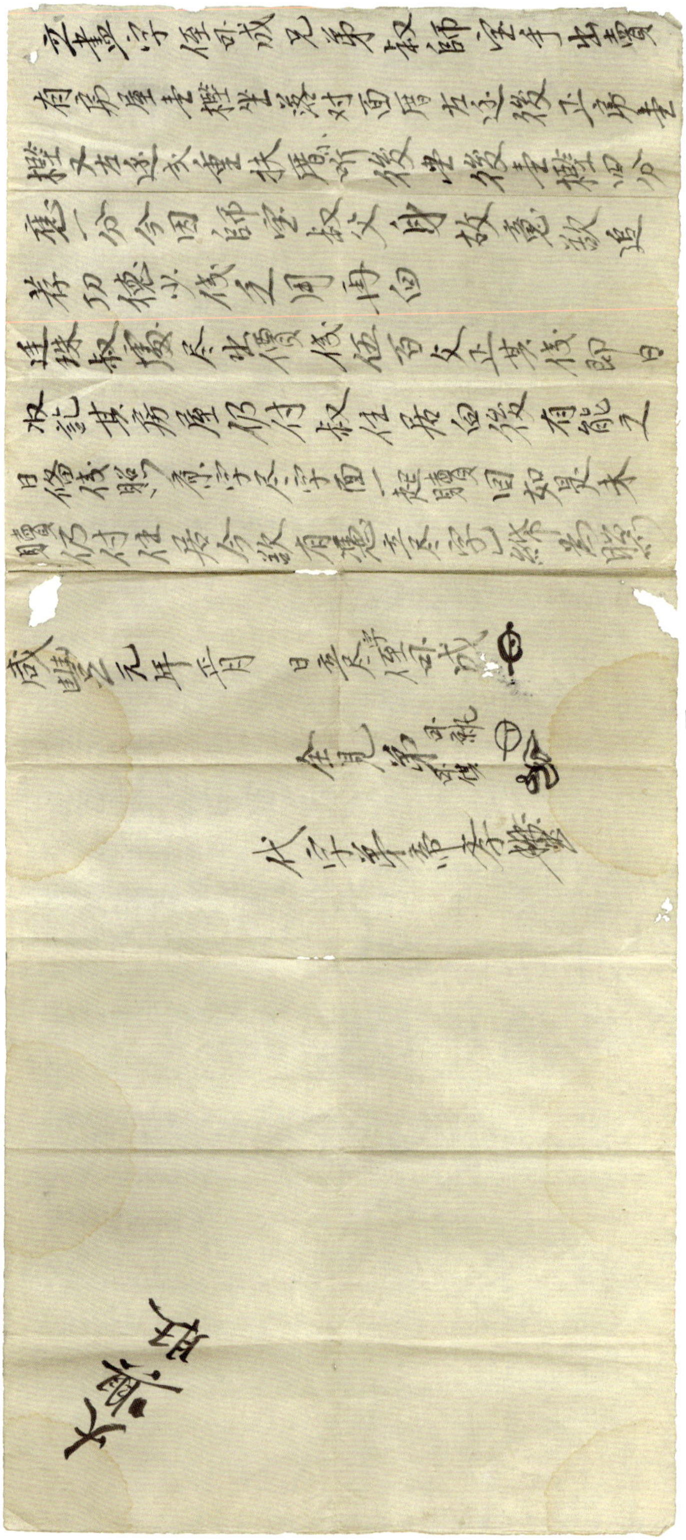

2-2-2-5　清咸豐元年正月李吓成等立盡居樫字

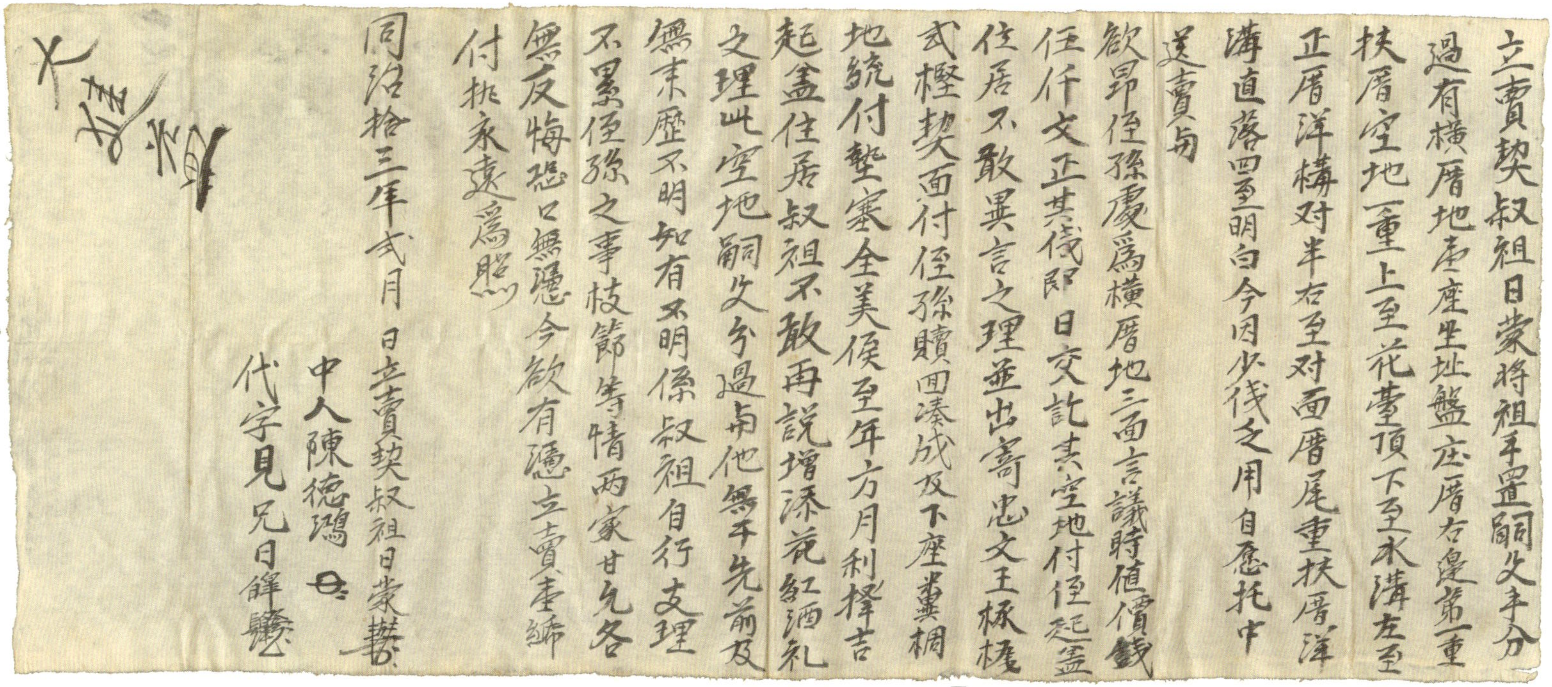

立賣契叔祖日蒙將祖手置嗣爻手分
過有横厝地壹座坐址盤庄厝右邊第一重
扶厝空地一重上至花臺頂下至水溝左至
正厝洋構对半右至对面厝尾重扶厝洋
溝直落四至明白今因少钱之用自愿托中
送賣与
欲昂侄孫處爲横厝地三面言議時值價錢
任仟文正其钱即日交訖其空地付侄起盖
住居不敢異言之理並出寄忠文王椓槤
式椪契面付侄孫贖回湊成及下座糞桶
地統付墊塞全美候至年方月利擇吉
起盖住居叔祖不敢再說增添花紅酒礼
之理此空地嗣爻分過与他無干先前及
無未歷不明如有不明係叔祖自行支理
不累侄孫之事枝節等情两家甘允各
無反悔恐口無憑今欲有憑立賣壹紙
付批永遠爲照

同治拾三年弍月　日立賣契叔祖日蒙
中人陳德鴻
代字見兄日鋒

2-2-2-6　清同治十三年二月李日蒙立賣厝地契

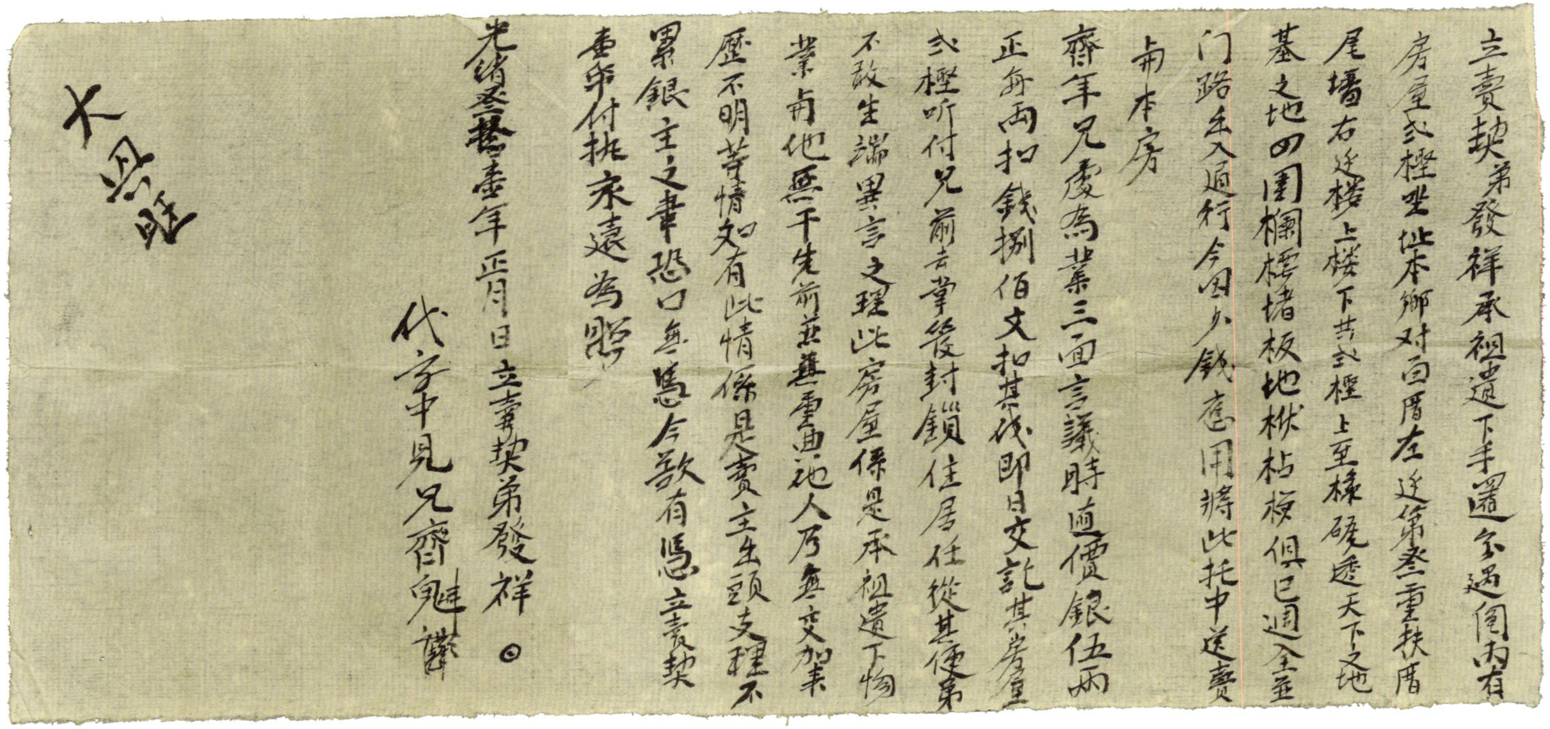

2-2-2-7　清光緒三十一年正月李發祥立賣厝樫契

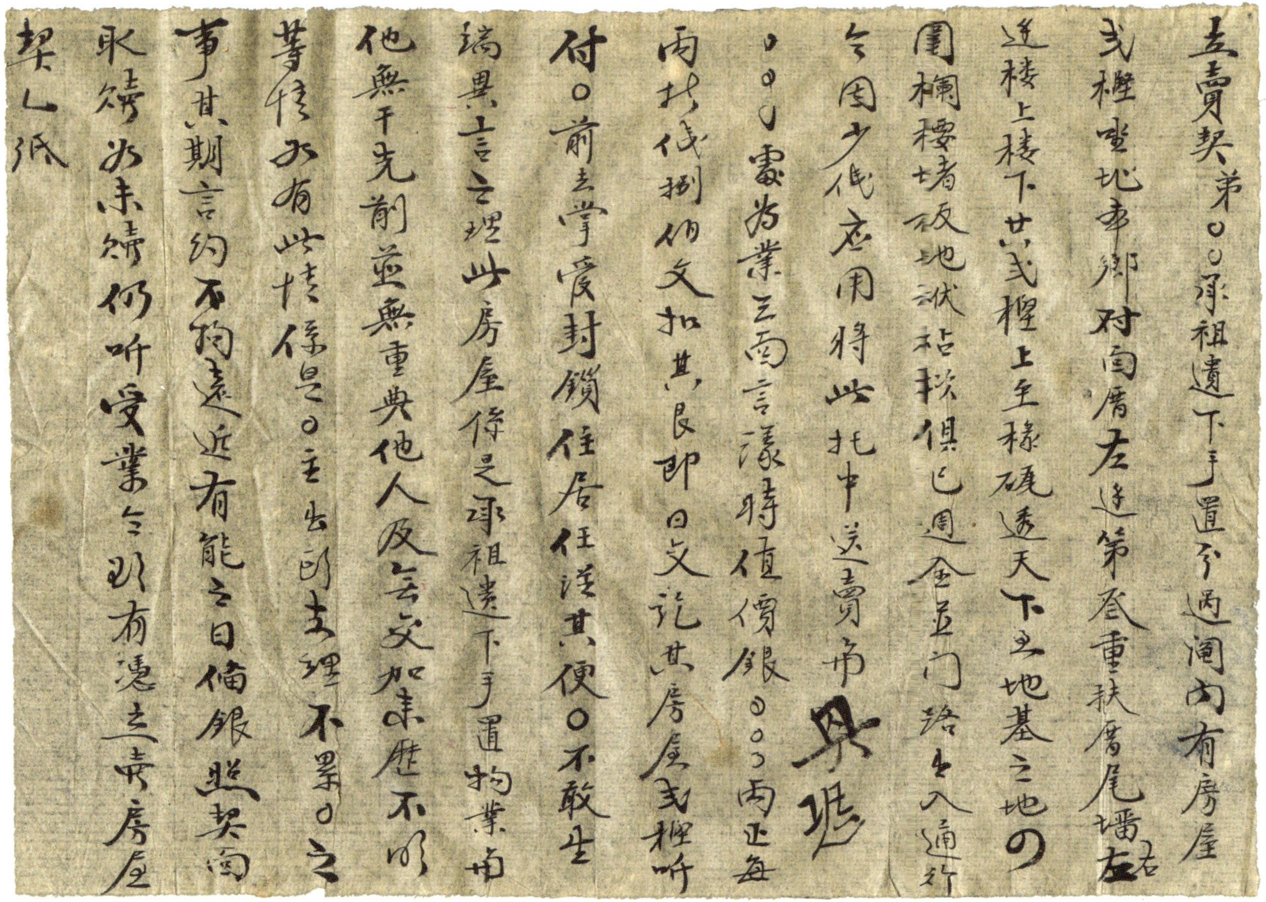
立賣契弟〇〇承祖遺下手置分過內有房屋
弍椏坐北本鄉村南厝左邊第叁重扶厝尾墻左
邊樓上樓下共弍椏上至椽碗透天下至地基之地の
圍欄樓墻板地杉枋俱已週全並門路出入通行
今因乏代應用將此托中送賣弟畀張
〇〇〇處為業三面言議時值價銀〇〇〇兩正每
兩折伐捌仍文扣其良即日交訖其房屋弍椏听
付〇前去掌管封鎖任居任住其便〇不敢生
端異言之理此房屋係是承祖遺下手置物業與
他無干先前並無重典他人及畫交加未歷不明
等情如有此情係是〇自出頭支理不累〇之
事其期言約不拘遠近有能之日備銀照契面
取續如未續仍听受業今欲有憑立賣房屋
契一紙

2-2-2-8　賣厝樫契（草契）

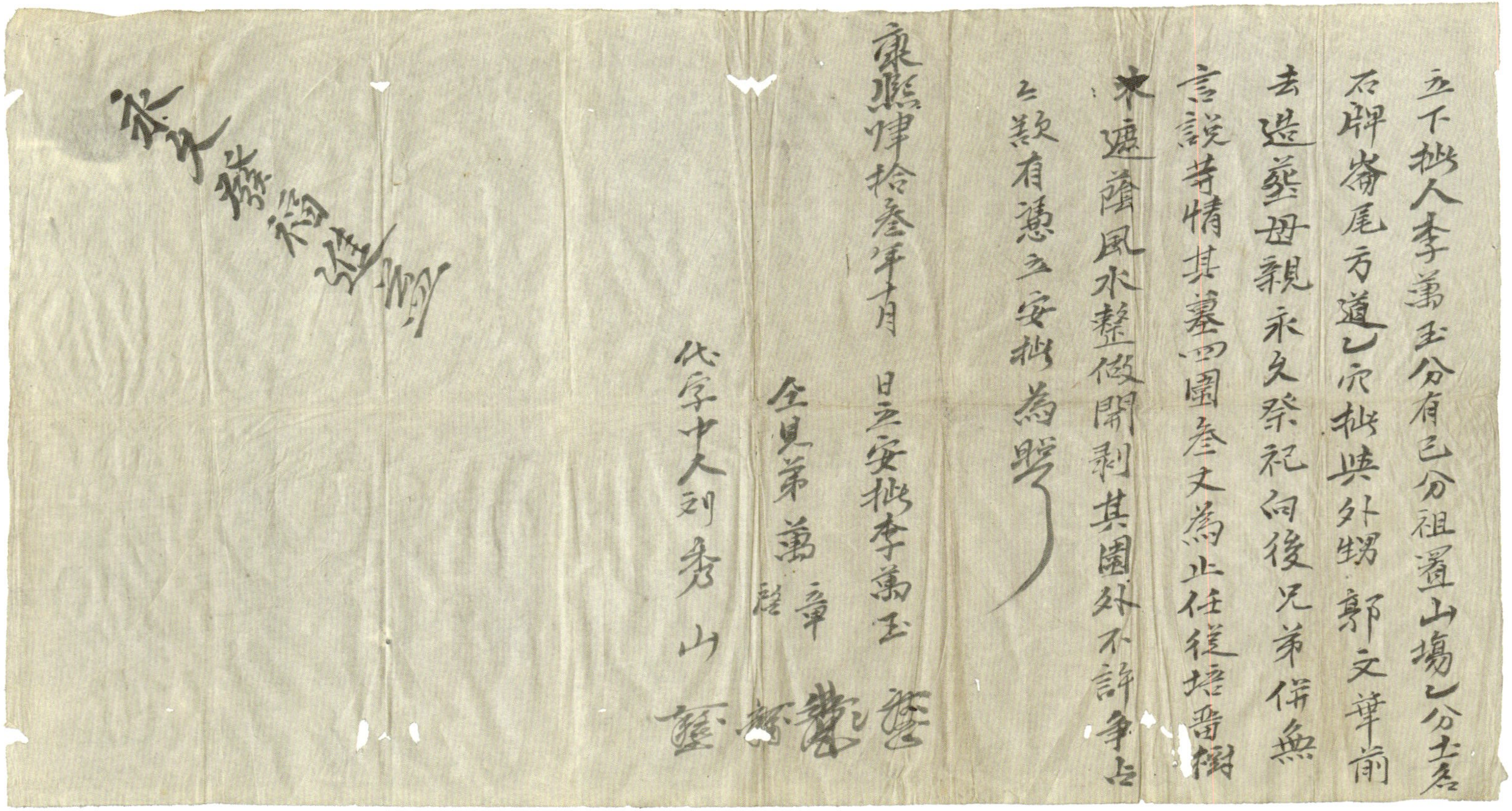

立下批人李萬玉今有己分祖置山場一所土名
石牌崙尾方道一穴批與外甥鄭文華前
去造葬毋親永久祭祀向後兄弟侄無
言說等情其墓四圍叁丈為止任從培蓄樹
木遮蔭風水整做開剝其圍外不許爭佔
今欲有憑立安批為照
康熙肆拾叁年十月　日立安批李萬玉
全見弟萬章
萬啟
代字中人劉秀山

2-2-3-1　清康熙四十三年十月李萬玉立安批墳地契

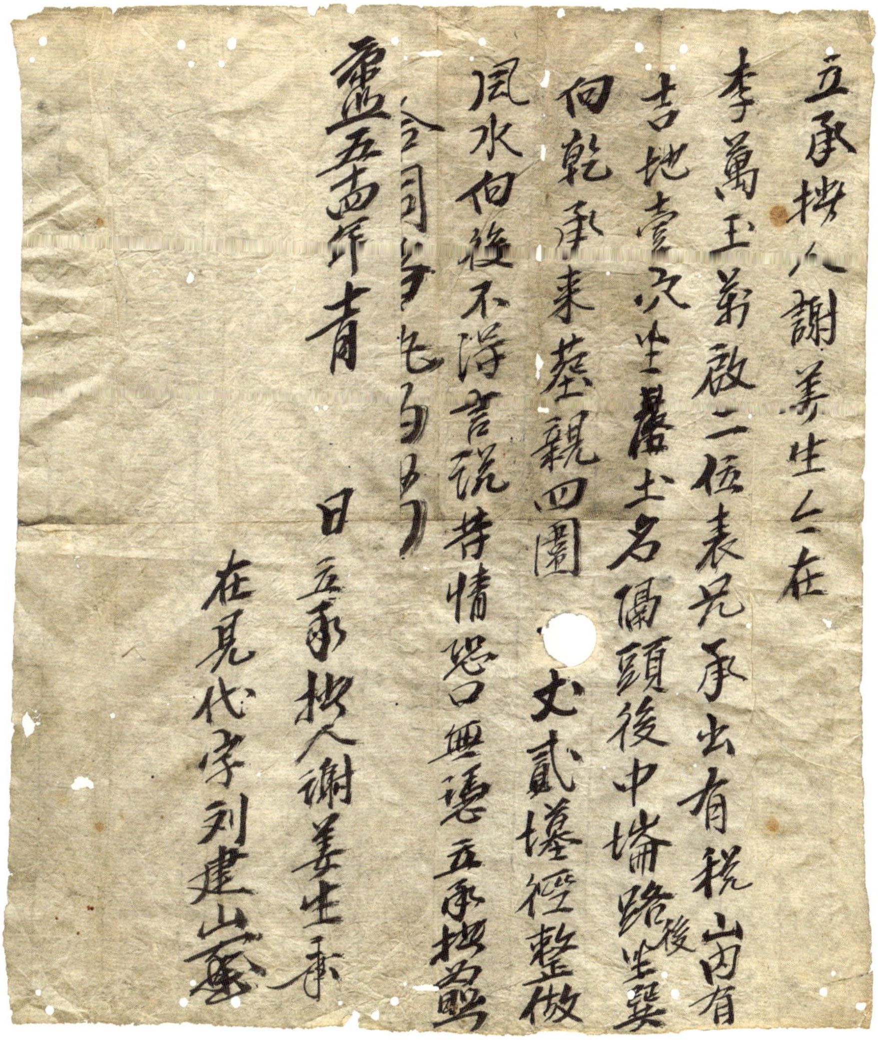
立承批人謝姜生今在
李萬玉、萬啟二位表兄承出有税山內有
吉地壹穴，坐落土名偏頭後中塅路後，坐巽
向乾，承來葬親，四圍丈貳，墳徑整做
風水，向後不得言説异情，恐口無憑，立承批爲照。
康熙五十四年十一月　日　立承批人謝姜生（押）
在見代字刘建山（押）

2-2-3-2　清康熙五十四年十一月謝姜生立承批吉地字

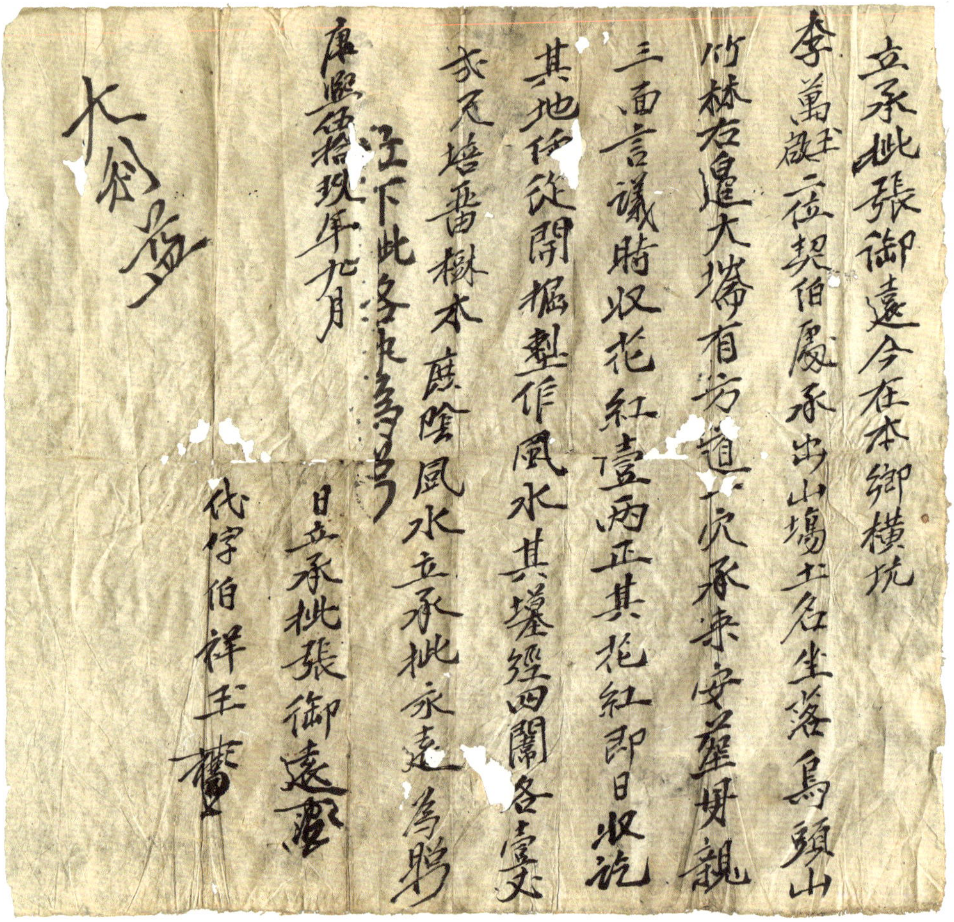
立承批張御遠今在本御横坑
李萬玉、敬二位契伯處承出山場土名坐落烏頭山
竹林右邊大墻有方寸地一穴承來安葬母親
三面言議贈收花紅壹兩正其花紅即日收訖
其地任從開掘塋作風水其墳塋四闈各壹丈
式尺培蓄樹木蔭陰風水立承批永遠為照
江下此各來為號
康熙伍拾玖年九月　日立承批張御遠（押）
代字伯祥玉（押）
大利益

2-2-3-3　清康熙五十九年九月張御遠立承批山場契

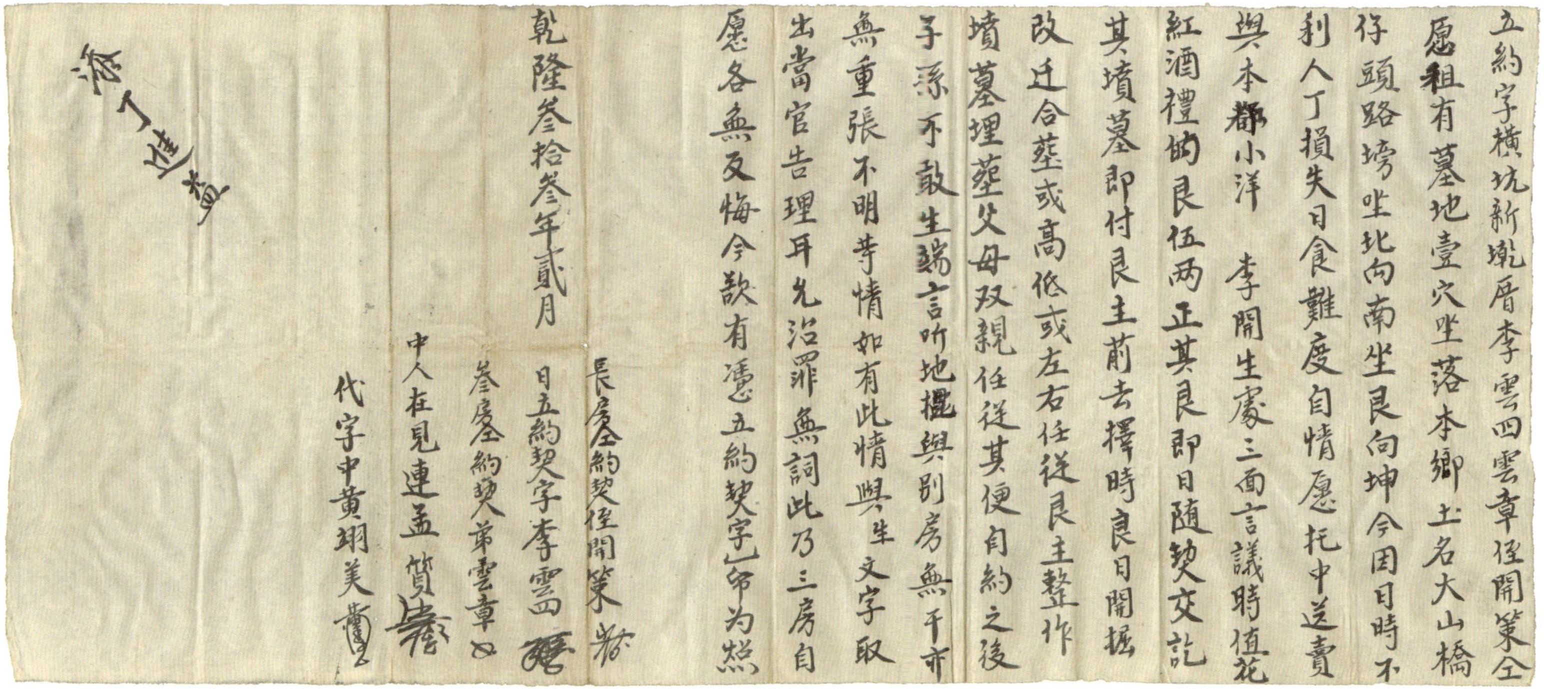

立約字橫坑新境厝李雲四、雲章、徑開、榮全
愿祖有墓地壹穴坐落本鄉土名大山橋
仔頭路塝坐北向南坐艮向坤今因日時不
利人丁損失日食難度自情愿托中送賣
與本都小洋　李開生處三面言議時值花
紅酒禮銅艮伍两正其艮即日隨契交訖
其墳墓即付艮主前去擇時良日開掘
改迁合葬或高低或左右任從艮主整作
墳墓埋葬父母双親任從其便自約之後
子孫不敢生端言吶地攔與別房無干亦
無重張不明等情如有此情與生文字取
出當官告理甘先治罪無詞此乃三房自
愿各無反悔今欲有憑立約契字一帋為照

長房仝約契侄開榮
日立約契字李雲四
叁房仝約契人弟雲章
中人在見連孟賀
代字中黄翊美

乾隆叁拾叁年貳月

添丁進相

2-2-3-4　清乾隆三十三年二月李雲四等立約字

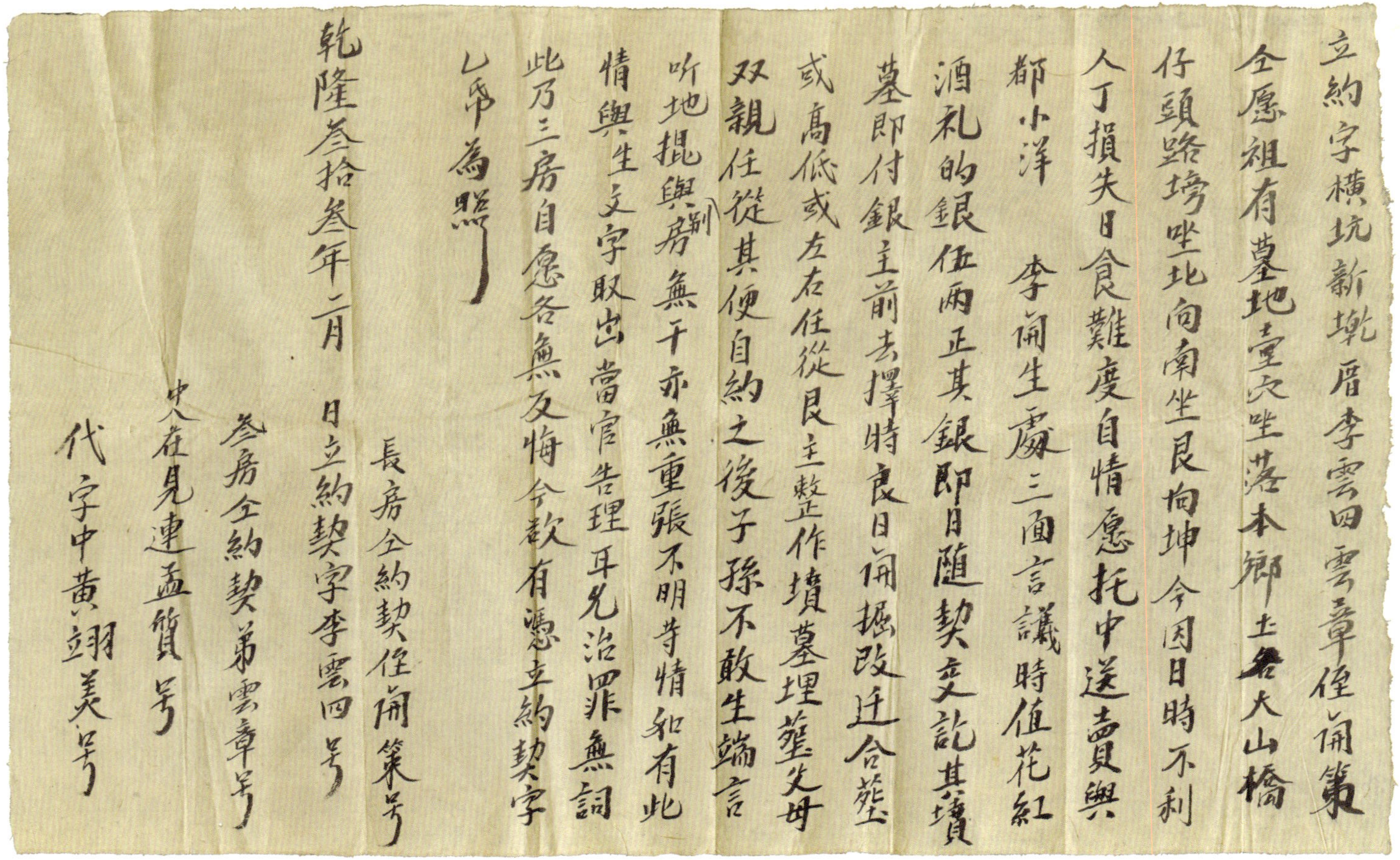
立約字橫坑新墘厝李雲四雲章侄㢊策
仝愿祖有墓地壹穴坐落本鄉土名大山橋
仔頭路坊坐北向南坐艮向坤今因日時不利
人丁損失日食難度自情愿托中送賣與
都小洋　李㢊生處三面言議時值花紅
酒礼的銀伍兩正其銀即日隨契交訖其墳
墓即付銀主前去擇時良日㢊掘改迁合塟
或高低或左右任從艮主整作墳墓埋塟父母
双親任從其便自約之後子孫不敢生端言
听地提與房剔無干亦無重張不明等情如有此
情與生支字取出當官告理耳允治罪無詞
此乃三房自愿各無反悔今欲有憑立約契字
乚帋爲照
長房仝約契侄㢊策号
乾隆叁拾叁年二月　日立約契字李雲四号
叁房仝約契弟雲章号
中人在見連孟賀号
代字中黃翊美号

2-2-3-5　清乾隆三十三年二月李雲四等立約字（抄契）

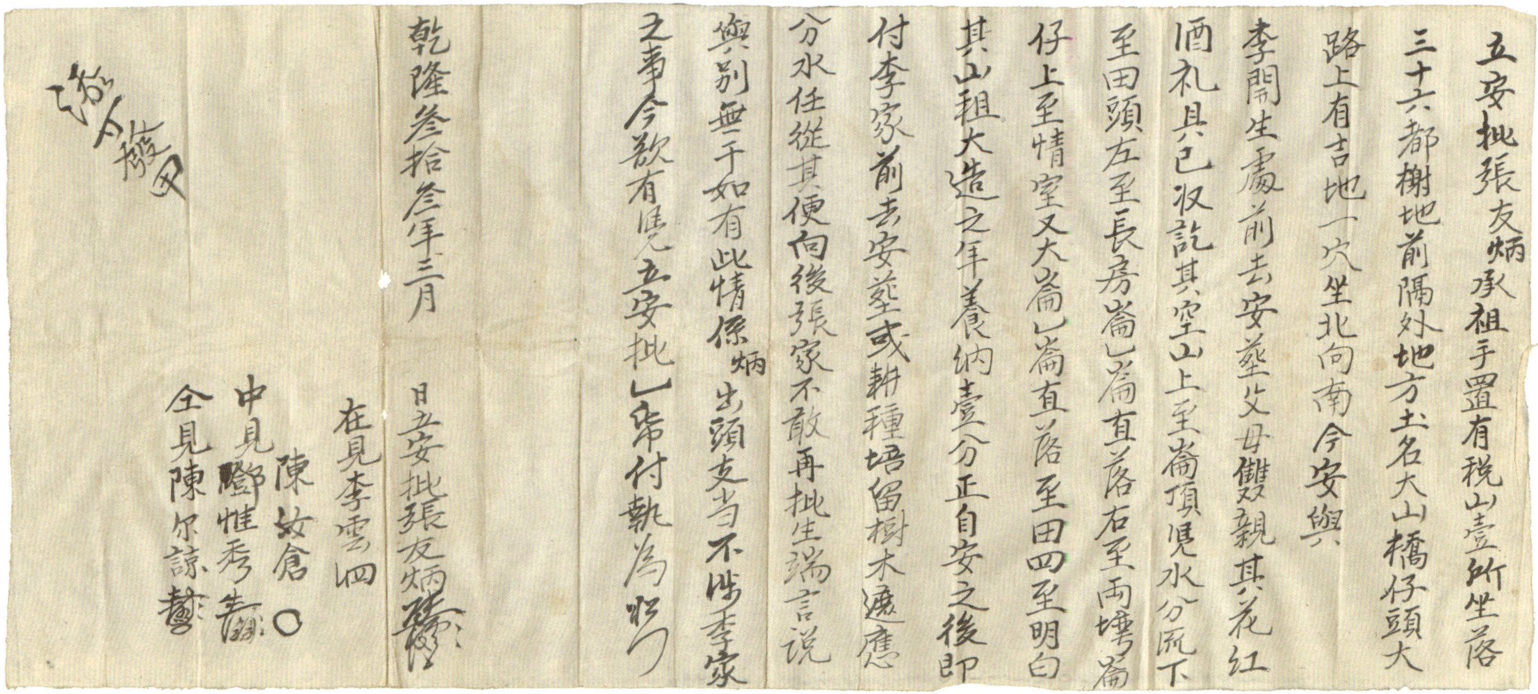

立安批張友炳承祖手置有稅山壹所坐落
三十六都樹地前隔外地方土名大山橋仔頭大
路上有吉地一穴坐北向南今安與
李開生處前去安葬父母雙親其花紅
酒礼具已收訖其穴坐山上至崙頂見水分流下
至田頭左至長房崙山崙直落右至兩塆崙
仔上至情室又大崙山崙直落至田四至明白
其山租大造之年養納壹分正自安之後即
付李家前去安葬或耕種培留樹木遮應
分水任從其便向後張家不敢再批生端言說
與別無干如有此情係炳出頭支当不涉李家
之事今欲有憑立安批一帋付執為照

乾隆叁拾叁年三月　日立安批張友炳（押）
在見李雲四
陳好倉 ○
中見鄭惟秀（押）
仝見陳尔諒（押）
[illegible]

2-2-3-6　清乾隆三十三年三月張友炳立安批稅山字

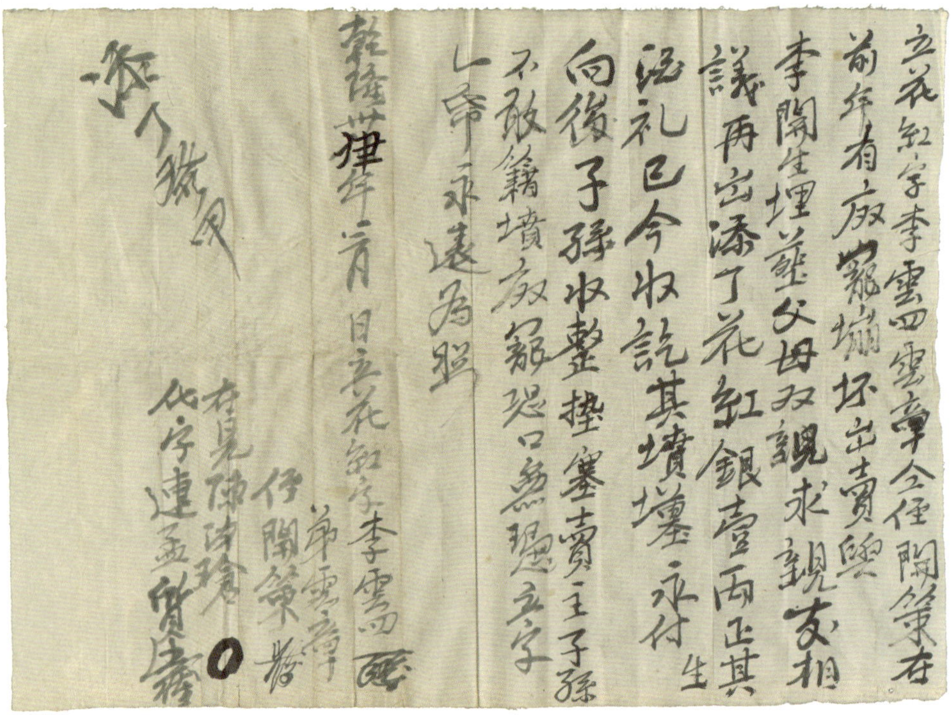
立花紅字李雲四、雲章仝侄陶策，在
前年有厝窆壙坏出賣與
李陶生埋葬父母双親，求親友相
議再出添了花紅銀壹両正，其
銀已今收訖，其墳墓永付　生
向後子孫收整掛塞，賣主子孫
不敢籍墳厝窆混口，無憑立字
山帝永遠為照。
乾隆卅肆年三月　日立花紅字李雲四（押）
弟雲章
侄陶策（押）
在見陳陳琦（押）
代字連孟質（押）
添丁發甲

2-2-3-7　清乾隆三十四年三月李雲四等立花紅字

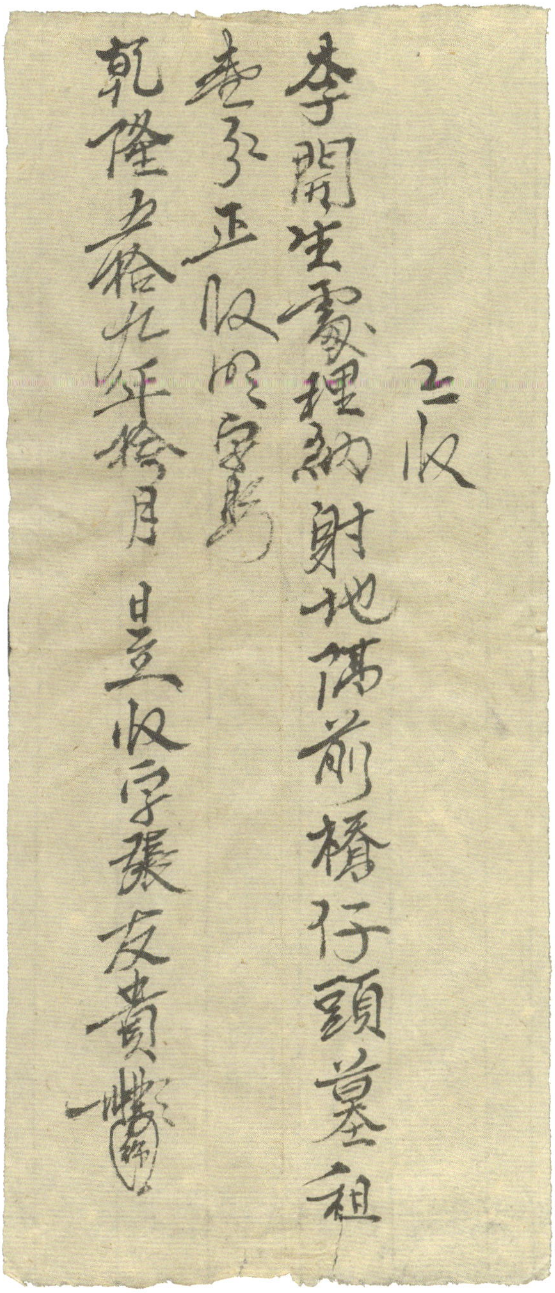

二收
李開生處理納財地隔前橋仔頭墓租
壹分正收明字照
乾隆五拾九年拾月　日立收字張友貴（押）

2-2-4-1　清乾隆五十九年十月張友貴立收墓租字

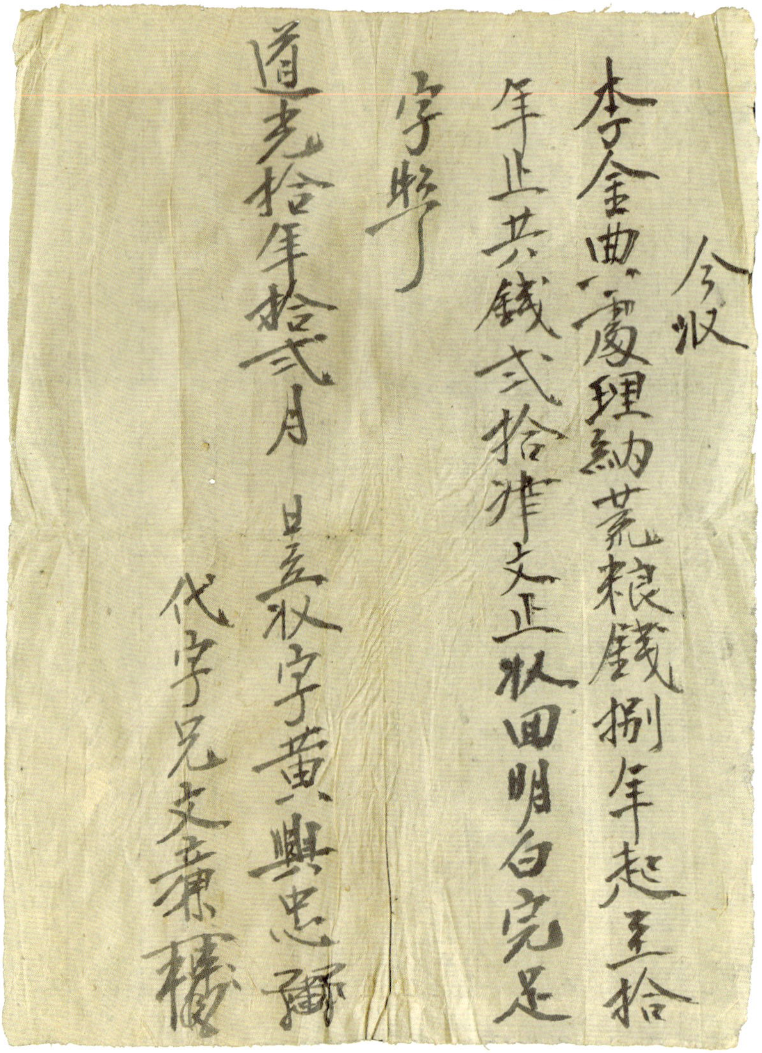
今收
李金曲處理納荒粮錢捌年起至拾
年止共錢弍拾肆文正收回明白完足
字照
道光拾年拾弍月　日立收字黄興忠（押）
代字兄文康（押）

2-2-4-2　清道光十年十二月黄興忠立收糧錢字

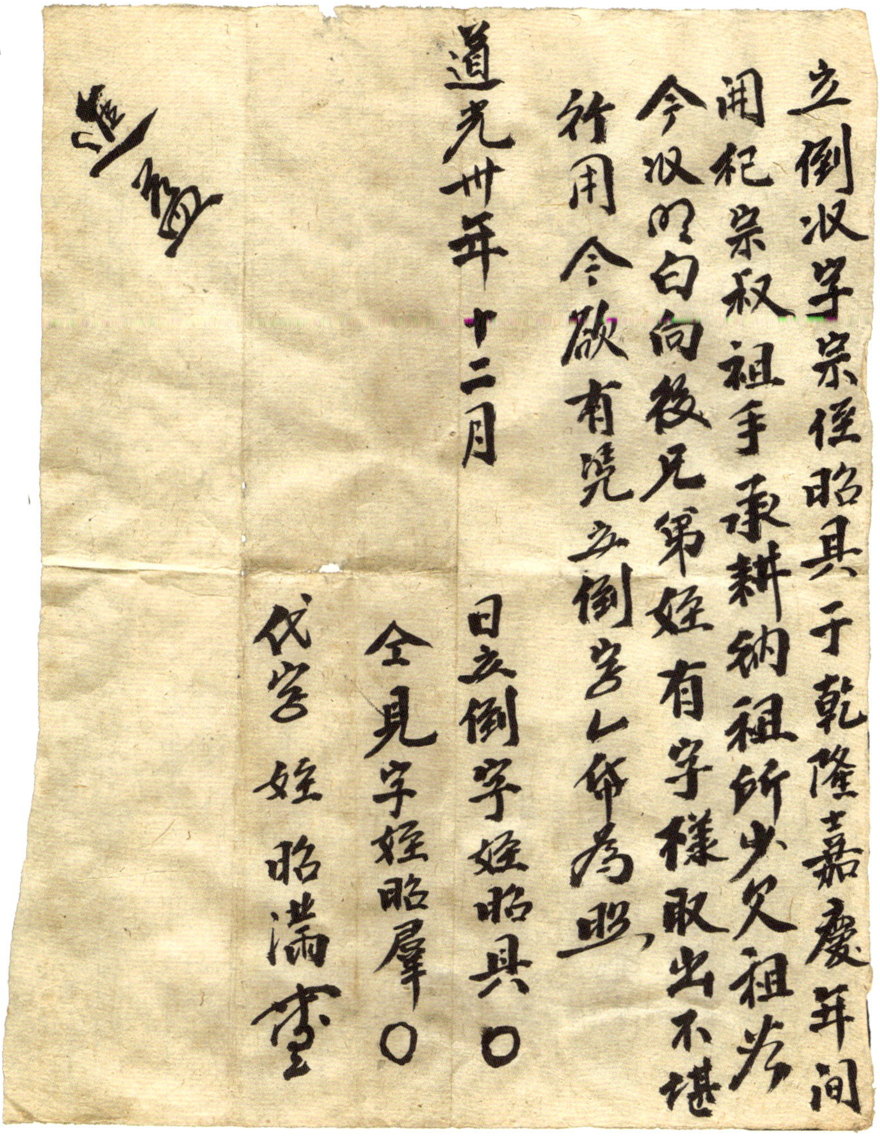
立倒收字宗侄昭具于乾隆嘉慶年间
用紀宗叔祖手承耕納祖所少欠租若
今收因白向後兄弟姪有字樣取出不堪
行用今欲有憑立倒字乙紙為照
道光卅年十二月
日立倒字姪昭具〇
全見字姪昭犀〇
代字姪昭滿

2-2-4-3　清道光三十年十二月李昭具立倒收字

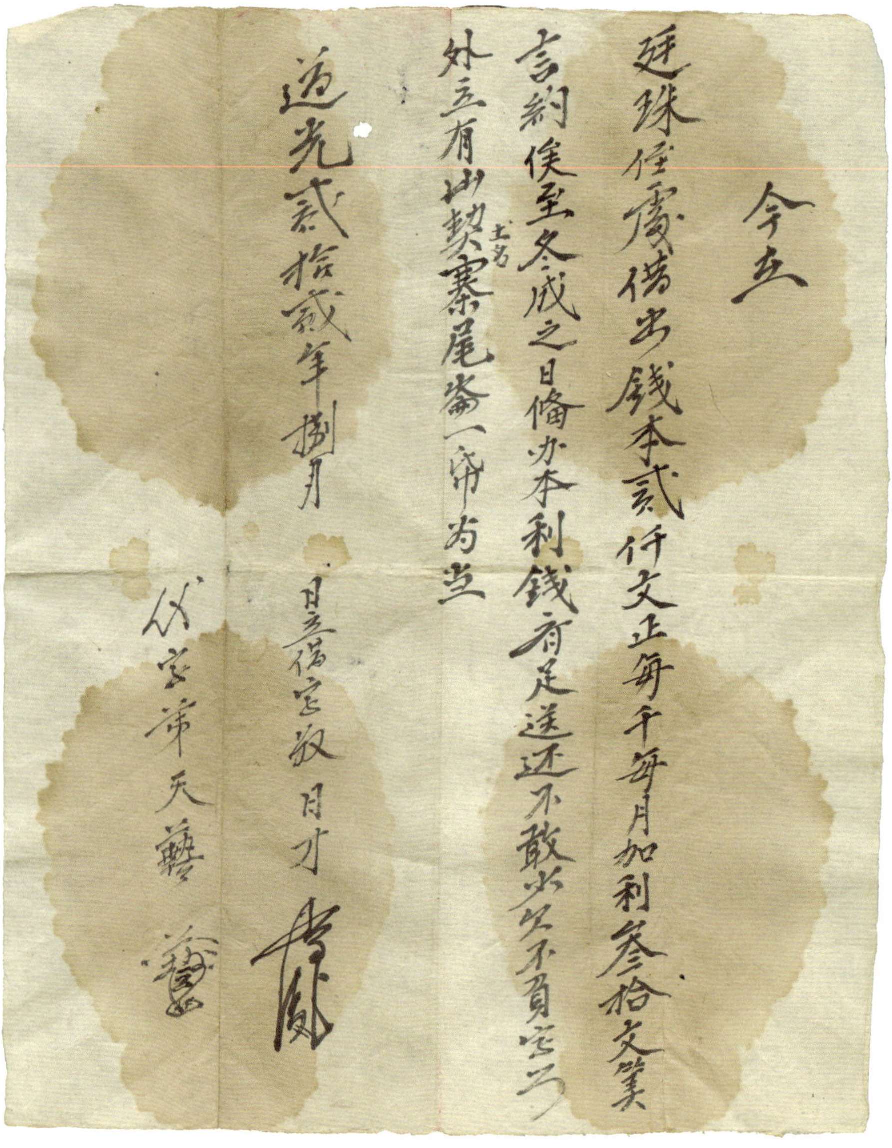

今立

廷珠侄處借出錢本貳仟文正每千每月加利叁拾文筭

言約俟至冬成之日備办本利錢清足送还不敢少欠不負言之

外立有山契土名寨尾崙一紙為照

道光貳拾貳年捌月　日立借字叔日才

代字弟天蘇

2-2-5-1　清道光二十二年八月李日才立借錢字

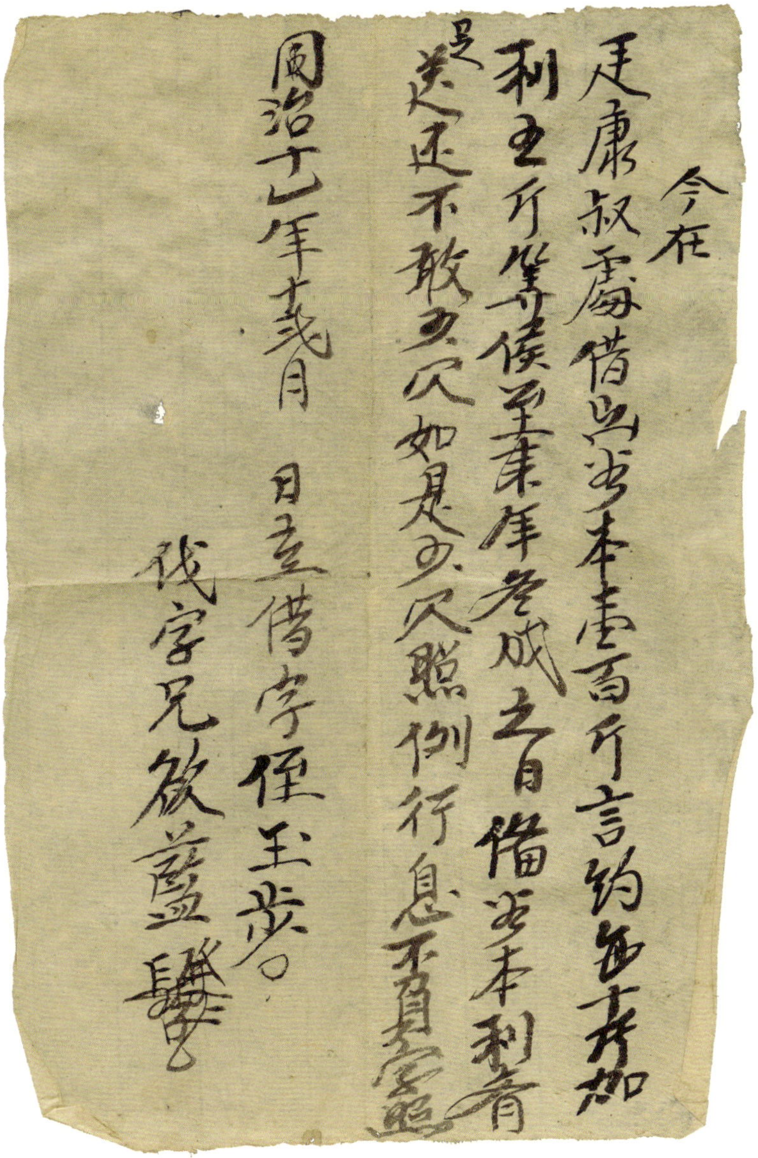

今在

廷康叔處借出谷本壹百斤，言約每年加

利五斤算，候至來年冬成之日備谷本利清

足送還，不敢少欠，如是少欠照例行息，不負其字照

同治十一年十二月　日立借字侄玉步

代字兄欽蓋筆

2-2-5-2　清同治十一年十二月李玉步立借穀字

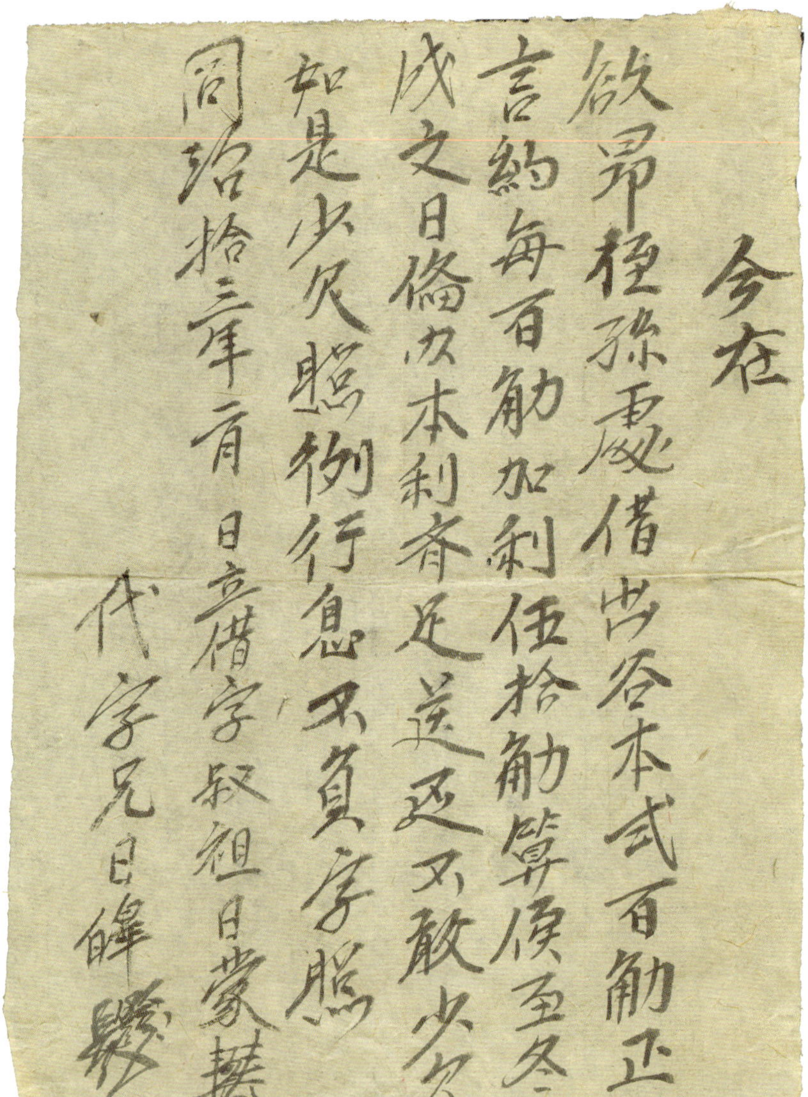

今在
欲昂種孫處借出谷本弍百觔正
言約每百觔加利伍拾觔算係至冬
成之日備办本利齊足送还不敢少欠
如是少欠照例行息不負字照
同治拾三年二月 日立借字叔祖日蒙
代字兄日偉

2-2-5-3　清同治十三年二月李日蒙立借穀字

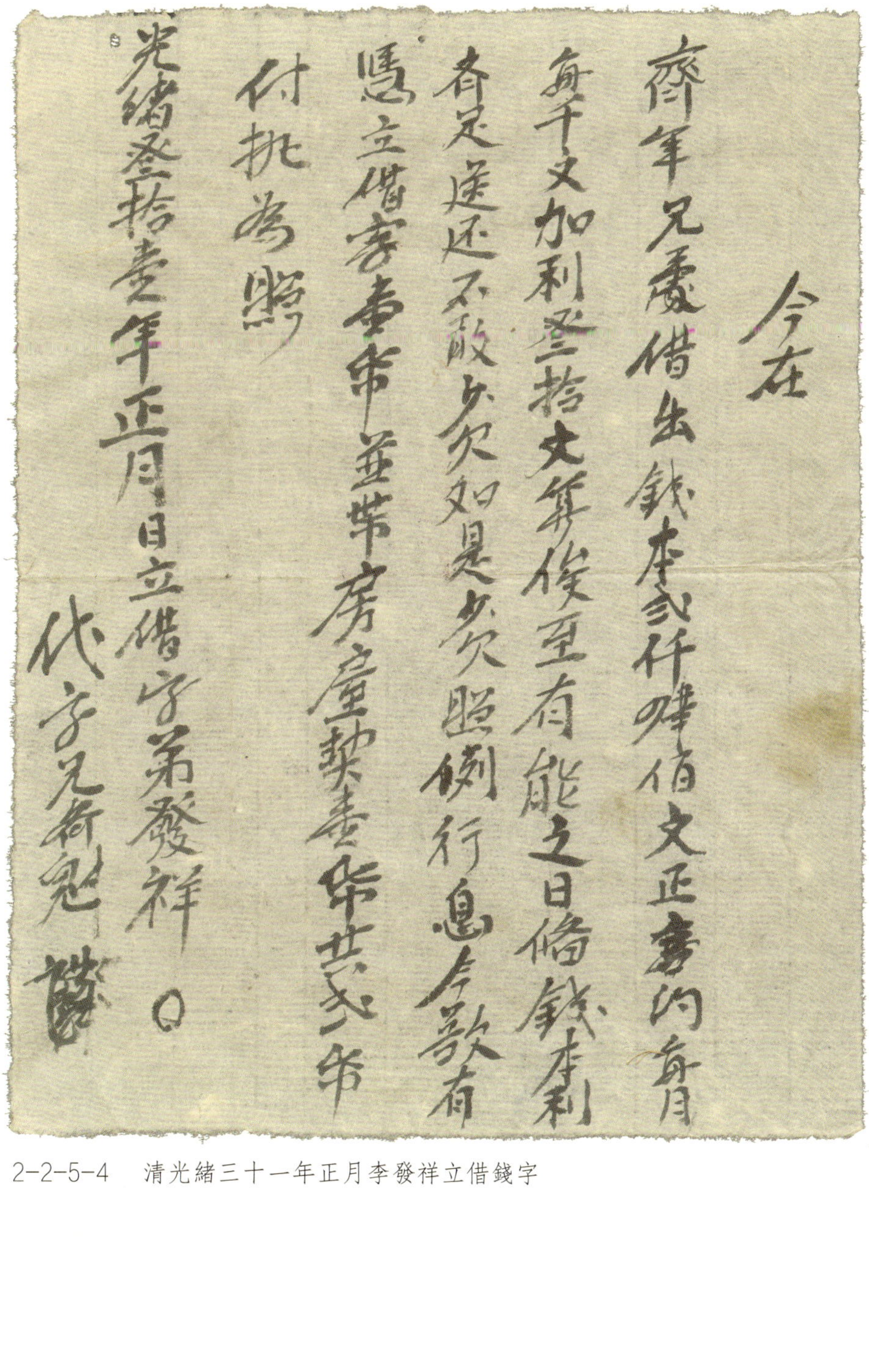
今在
齊年兄處借出錢本弍仟肆佰文正，家內每月
每千文加利叁拾文算，俟至有能之日備錢本利
齊足送還，不敢少欠；如是少欠，照例行息。今欲有
憑，立借字壹紙並帶房屋契壹紙共弍紙，
付批為照。
光緒叁拾壹年正月　日立借字弟發祥（押）
代字兄奇魁（押）

2-2-5-4　清光緒三十一年正月李發祥立借錢字

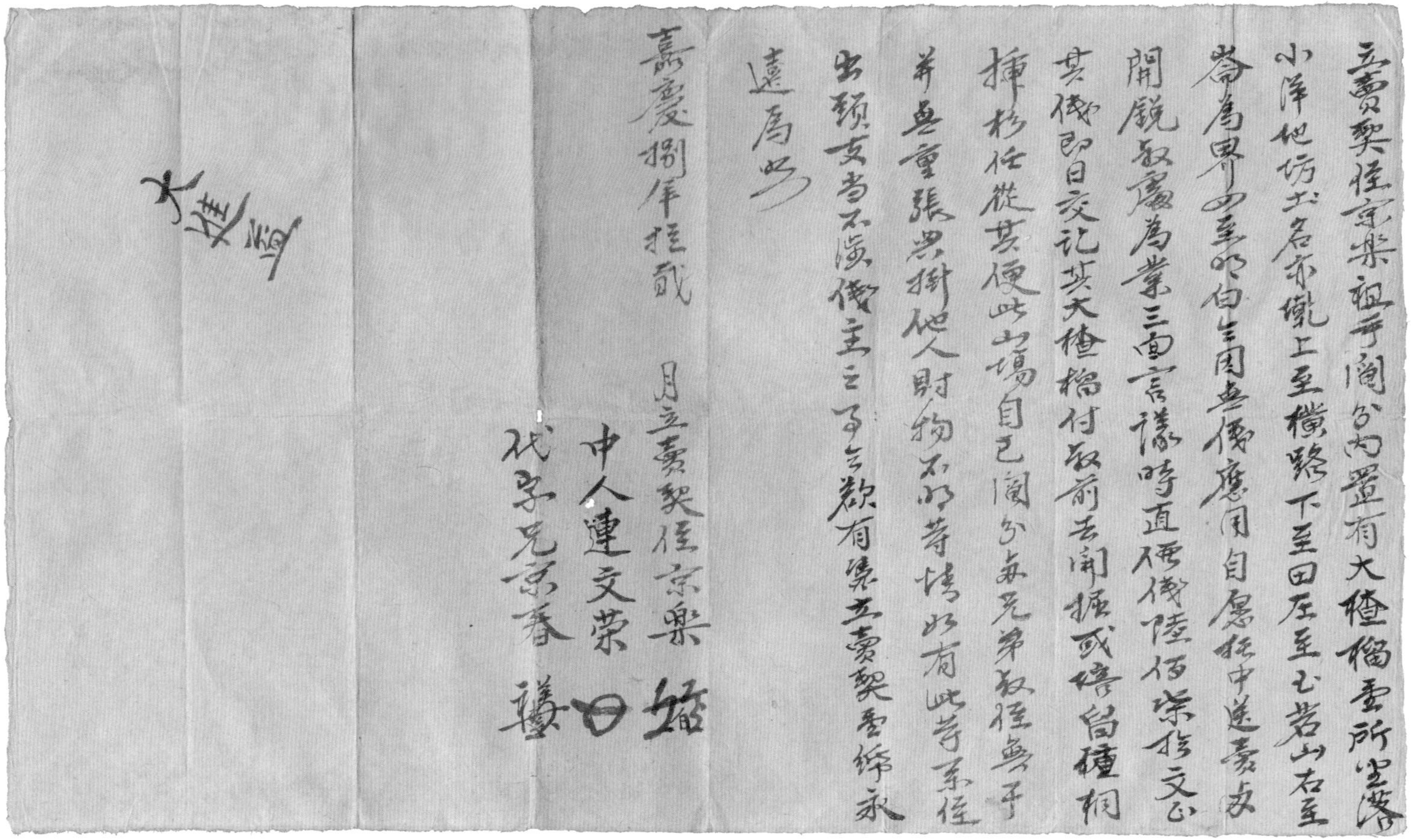

立賣契侄京樂祖手鬮分內置有大楂榴壹所坐落
小洋地坊土名赤嶺上至横路下至田左至山若山右至
岺爲界四至明白出用無借應用自愿托中送賣與
開銳叔處爲業三面言議時值價錢陸佰柒拾文正
其錢即日交訖其大楂榴付叔前去開掘或培留種桐
插杉任從其便此山場自己鬮分與兄弟叔侄無干
并無重張典掛他人財物不明等情如有此等系侄
出頭支當不涉錢主之事今欲有憑立賣契壹紙永
遠爲照

嘉慶捌年拾貳月立賣契侄京樂（押）
中人連文荣（押）
代字兄京春（押）

大進[illegible]

2-2-6-1　清嘉慶八年十二月李京樂立賣楂榴契

立賣契叔日才父手置有杉苗並雜木等樹
及山底壹所坐址本鄉祭仔頭土名坪路下上至路下
至田左至黃巢厝右至岩窩為界四至明白又一所
植林並雜木及山底坐址本鄉土名赤坑頭田頭上
至路下至田左至帥尊山右至上京樣山為界四至明
白今因乏錢應用自情愿托中送賣與
廷珠侄處為業三面言議時值價錢捌仟文正
其錢即日收訖其杉苗並植林及雜木等樹暨山底付
侄前去剗掇收成變賣叔不敢異言生端之理
此山系所在先並無重張典掛他人及交加不明等情
如有此情叔自支理不涉侄之事今欲有憑立
賣契壹紙付執存照 內註坪暨山底並植字再
照

道光拾柒年四月 日立賣契叔日才（押）
在見兄日和（押）
仝在見弟日尊（押）
中人叔開茂（押）
代字姪人黃（押）

大吉利

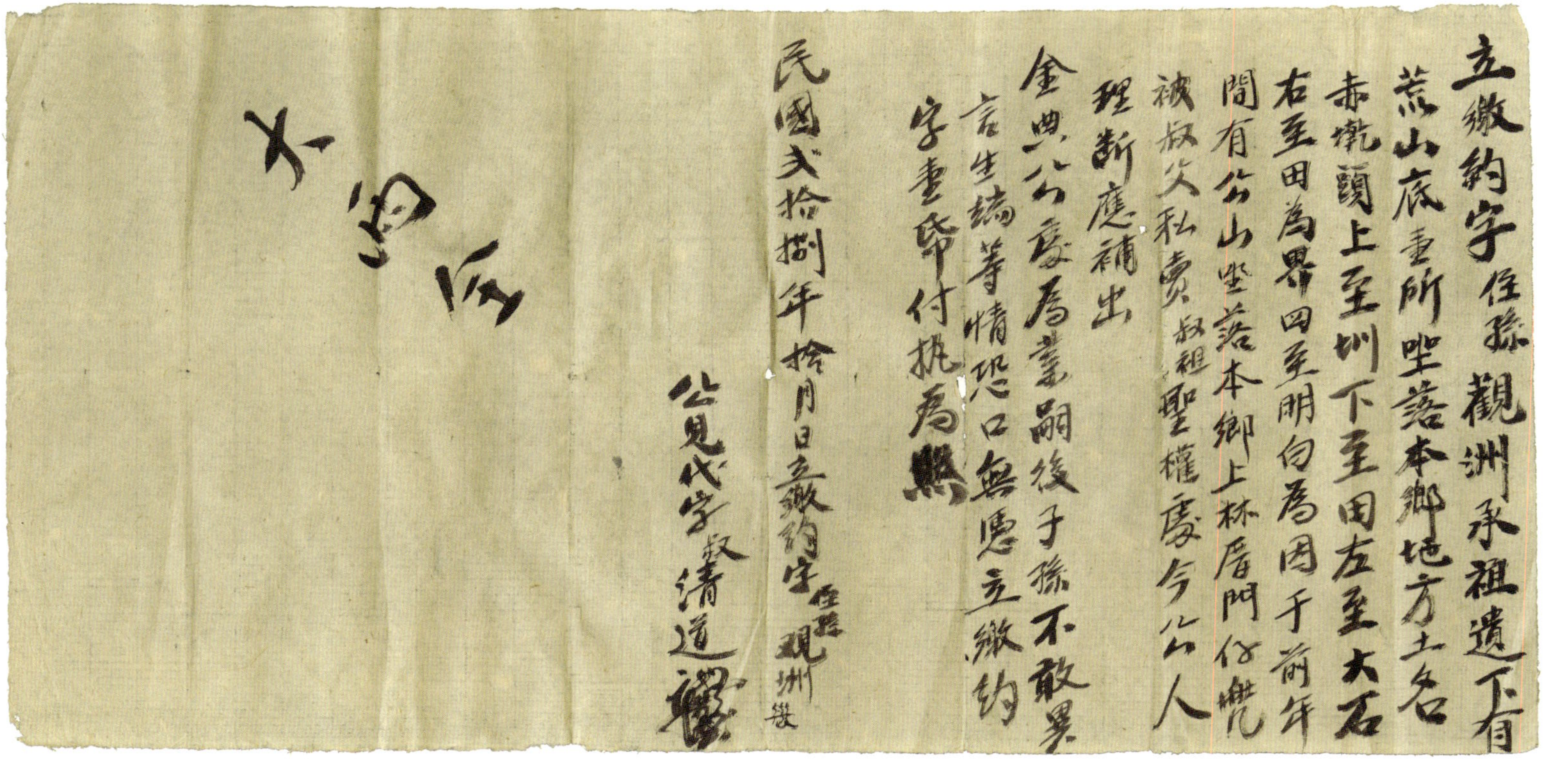
立繳約字侄孫觀洲承祖遺下有
荒山底壹所坐落本鄉地方土名
赤墘頭上至圳下至田左至大石
右至田為界四至明白為因于前年
間有公山坐落本鄉上林厝門仔墘
被叔父私賣叔祖聖權處今公人
理斷應補出
金典公處為業嗣後子孫不敢異
言生端等情恐口無憑立繳約
字壹紙付執為照
民國弍拾捌年拾月日立繳約字侄孫觀洲親
公見代字叔清道

2-2-6-3　民國二十八年十月李觀洲立繳荒山底約字

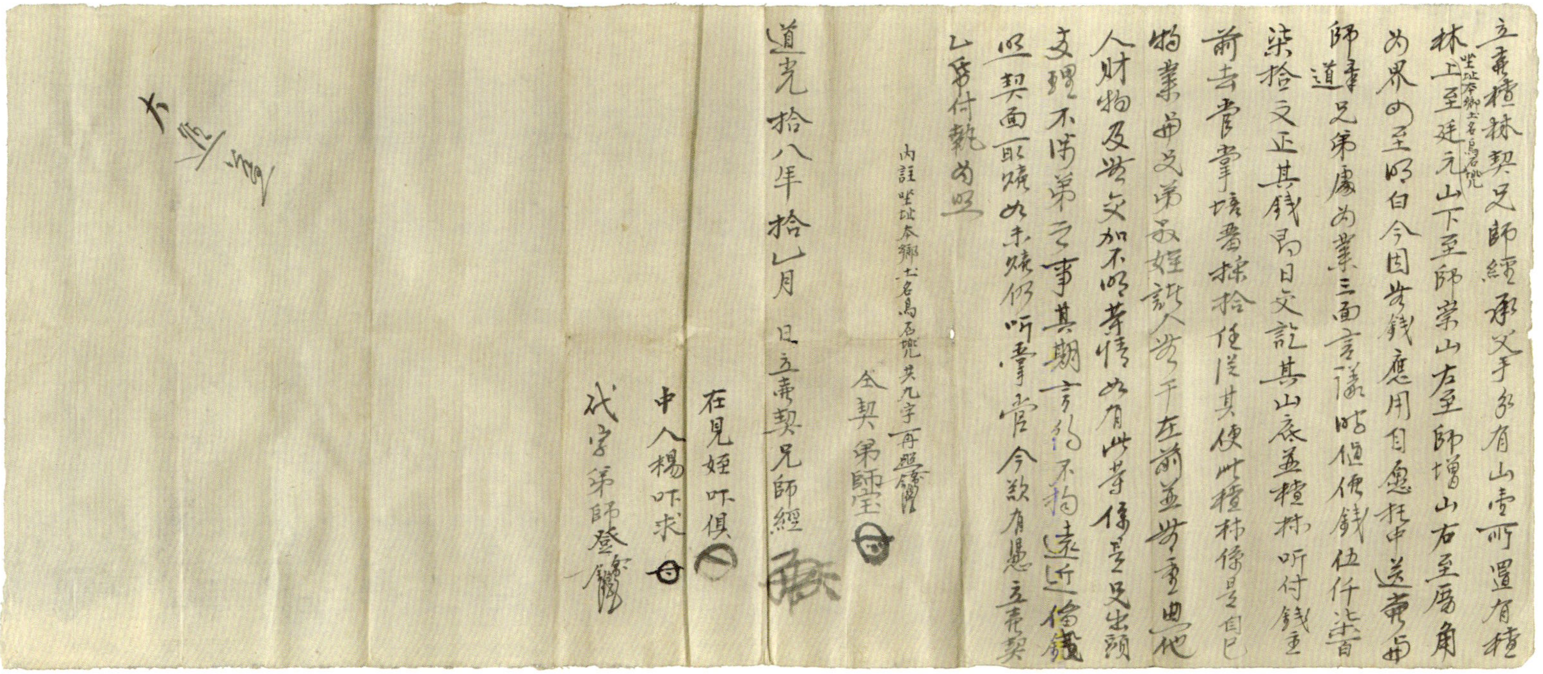

立賣檀林契兄師經承父手分有山壹所，置有檀
林，坐址本鄉土名烏石兜，上至廷元山，下至師崇山，左至師增山，右至磨角
為界，四至明白。今因無錢應用，自愿托中送賣與
師道兄弟處為業，三面言議，時值價錢伍仟柒百
柒拾文正，其錢即日交訖。其山底並檀林聽付錢主
前去管掌培養採拾，任從其便。此檀林係是自己
物業，與叔兄弟叔姪諸人無干，在前並無重典他
人財物，及無交加不明等情。如有此等，係是兄出頭
支理，不涉弟之事。其期言約不拘遠近備錢
照契面取贖，如未贖，仍聽管掌。今欲有憑，立賣契
山壹帋付執為照。

內註坐址本鄉土名烏石兜共九字再照

全契弟師璧（押）

道光拾八年拾壹月　日立賣契兄師經（押）

在見姪吓俱（押）

中人楊吓求（押）

代字弟師登

2-2-7-1　清道光十八年十一月李師經立賣山等契

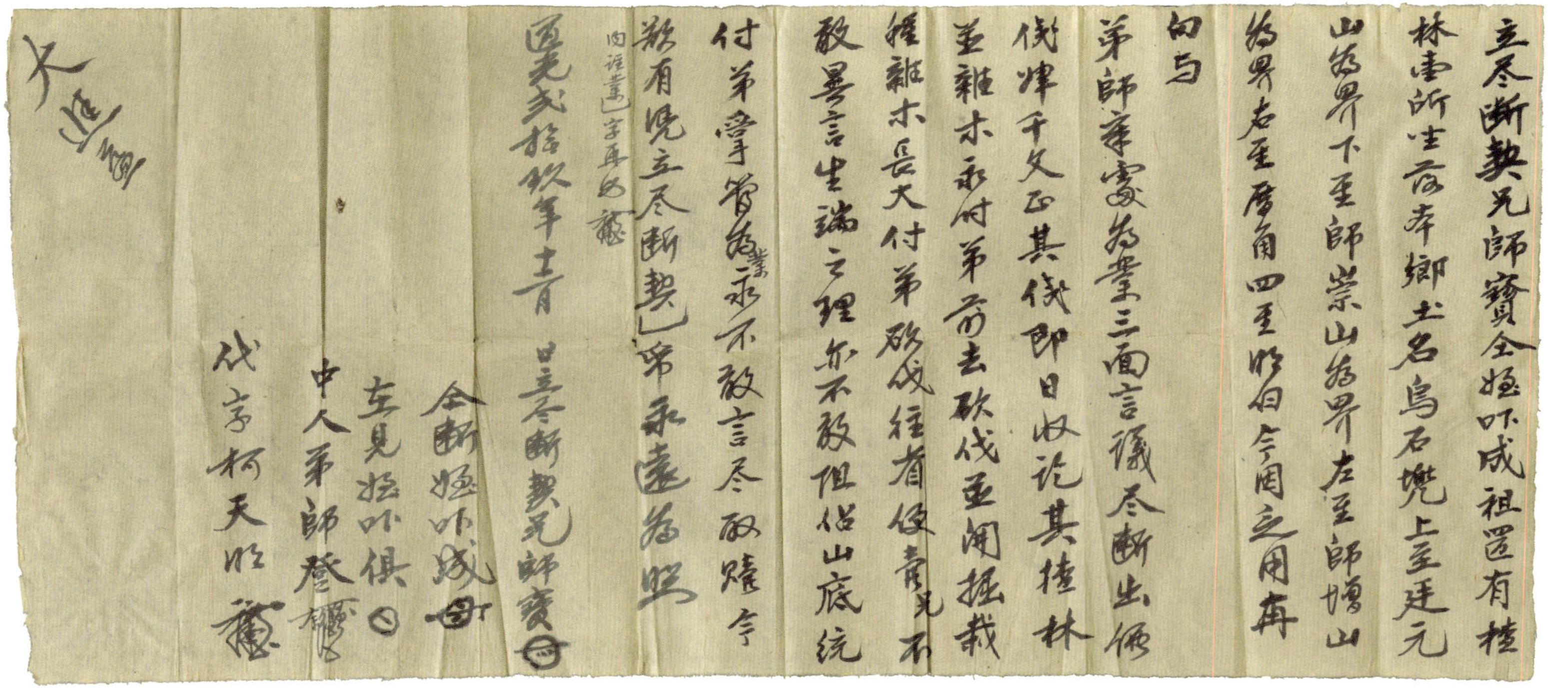

立尽断契兄師寶仝姪吓成祖置有楂

林壹所坐落本鄉土名烏石墈上至廷元

山爲界下至郎崇山爲界左至郎壙山

爲界右至厝角四至明白今因乏用再

向与

弟師寶爲業三面言議尽断出價

錢肆千文正其錢即日收訖其楂林

並雜木永付弟前去砍伐至開掘栽

種雜木長大付弟砍伐任有侄青兄不

敢異言生端之理亦不敢阻佔山底統

付弟掌管爲業永不敢言尽敢贖今

欲有憑立尽断契□帋永遠爲照

内註業□字再照

道光弍拾玖年十二月　日立尽断契兄師寶（押）

仝断姪吓成（押）

在見姪吓俱（押）

中人弟郎登（押）

代字柯天旺（押）

2-2-7-2　清道光二十九年十二月李師寶等立盡斷楂林契

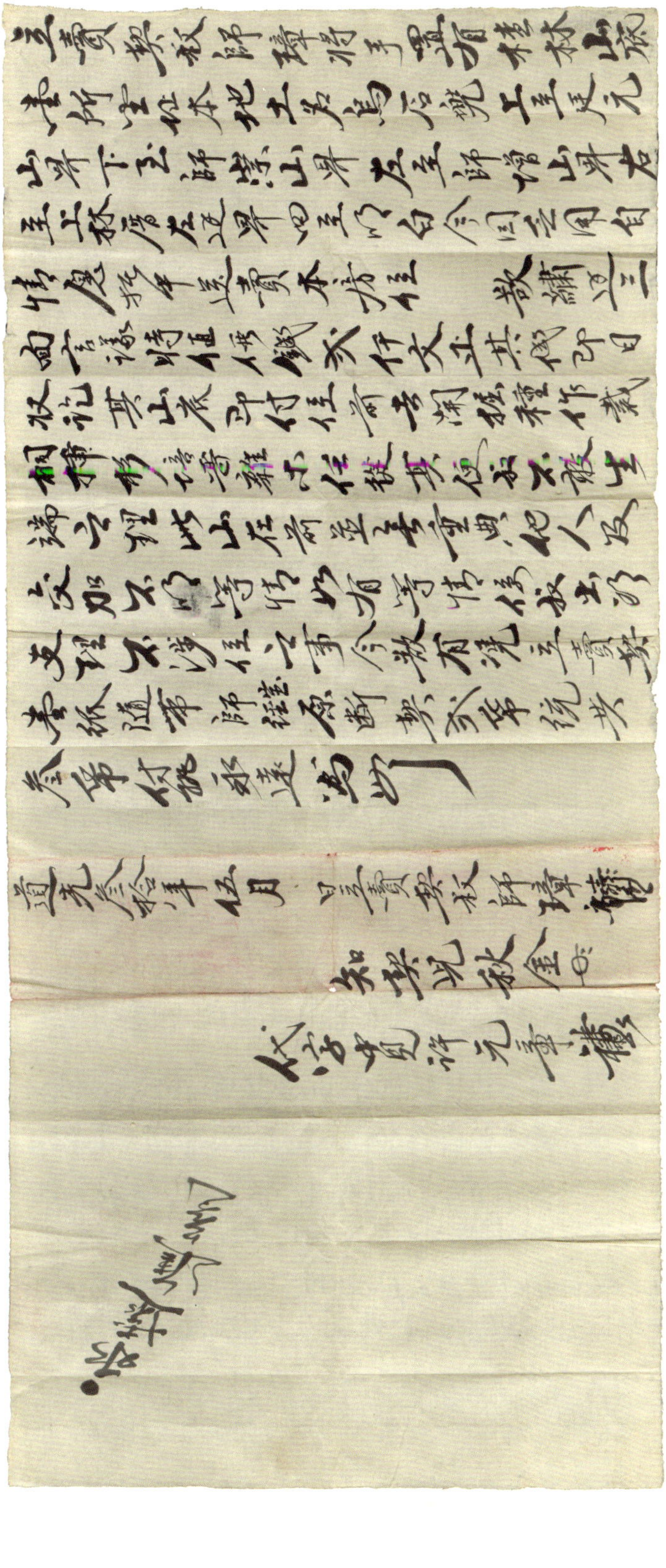

立賣契叔師璋將手置有楂林山底
壹所，坐落本地土名烏石兜，上至廷元
山界，下至師崇山界，左至師增山界，右
至上林厝左近界，四至明白。今因乏用，自
情愿托中送賣本房侄歆繡、迓三
面言議時值價錢弍仟文正。其錢即日
收訖，其山底即付侄前去開掘種作栽
桐插杉培蒔雜木，任從其便，叔不敢生
端言理。此山在前並無重典他人，及
交加不明等情，如有等情，係叔出頭
支理，不涉侄之事。今欲有憑，立賣契
壹紙，隨帶師璋原斷契弍紙，統共
叁紙付執，永遠為照。

道光叁拾年伍月　日立賣契叔師璋（押）
知契兄秋金（押）
代字中見許元章（押）

[illegible]

2-2-7-3　清道光三十年五月李師璋立賣楂林山底契

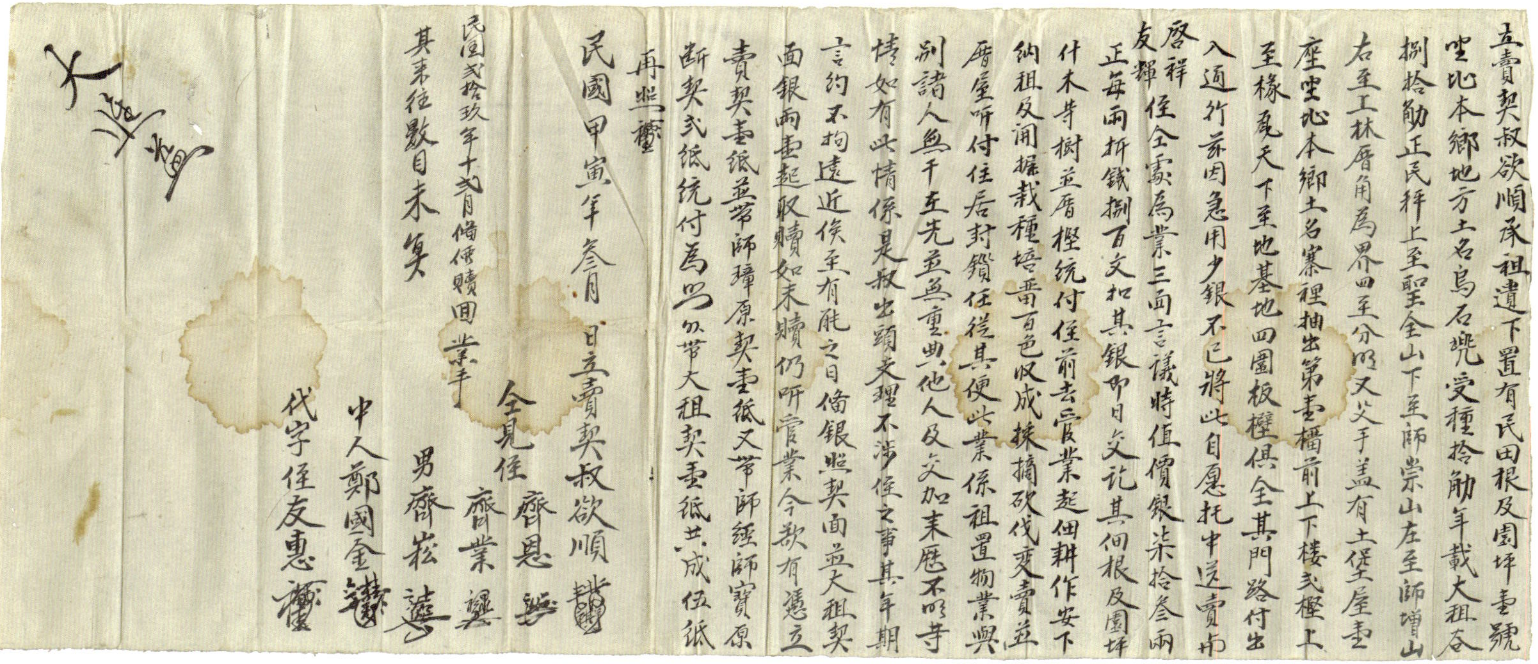

立賣契叔欲順承祖遺下置有民田根及園坪壹號
坐地本鄉地方土名烏石墘受種拾觔年載大租谷
捌拾觔正民秤上至墅仝山下至師崇山左至師增山
右至工林厝角為界四至分明又又手盖有土堡屋壹
座坐地本鄉土名寨裡抽出第壹榴前上下楼弍橙上
至椽瓦天下至地基地四圍板橙俱全其門路付出
入通行茲因急用少銀不已將此自愿托中送賣与
啓祥
友輝侄仝處為業三面言議時值價銀柒拾叁兩
正每兩折錢捌百文扣其銀即日交訖其佃根及園坪
什木并樹並厝橙統付侄前去管業起佃耕作安下
納租及開掘栽種培晋百色収成摘砍伐变賣並
厝屋所付任居封鎖任從其便此業係祖置物業與
别房諸人無干並先並無重典他人及交加未歷不明等
情如有此情係是叔出頭支理不涉侄之事其年期
言約不拘遠近侯至有麻之日備銀照契面並大租契
面銀兩壹起取贖如未贖仍听管業今欲有憑立
賣契壹紙並帶師瑋原契壹紙又帶師經師寶原
斷契弍紙統付為照 炊帶大租契壹紙共成伍紙
再照
民國甲寅年叁月　日立賣契叔欲順
仝見侄　齊恩
　　　　齊業
男齊崧
中人鄭國金
代字侄友惠
民國弍拾玖年十弍月備價贖回業手
其來往數目未算

2-2-7-4　民國三年三月李欲順立賣民田根及園坪契

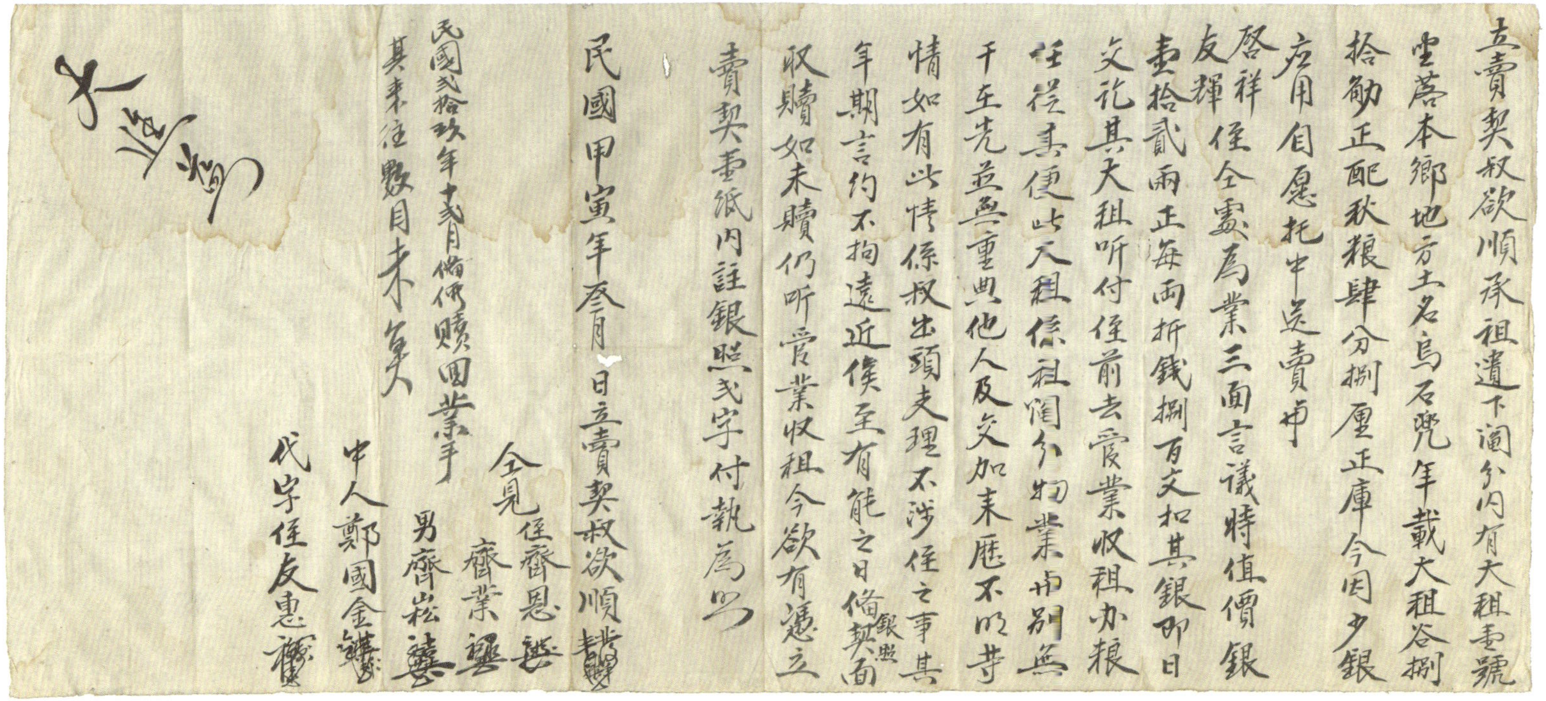

立賣契叔欲順承祖遺下閩分內有大租壹號
坐落本鄉地方土名烏石兜年載大租谷捌
拾觔正配秋粮肆分捌厘正庫今因乏銀
應用自愿托中送賣與
啓祥友輝侄仝處為業三面言議時值價銀
壹拾貳兩正每兩折錢捌百文扣其銀即日
交訖其大租听付侄前去管業收租办粮
任從其便此大租係祖閩分物業亦別無
干在先並無重典他人及交加未歷不明等
情如有此情係叔出頭支理不涉侄之事其
年期言約不拘遠近俟至有能之日備契面銀照
取贖如未贖仍听管業收租今欲有憑立
賣契壹紙內註銀照弍字付執為照

民國甲寅年叁月　日立賣契叔欲順（押）
仝見　侄齊恩（押）
　　　齊業（押）
　　男齊崧（押）
中人鄭國金（押）
代字侄友惠（押）

民國弍拾玖年十弍月備價贖回業主
其來往數目未算入

大租契

2-2-7-5　民國三年三月李欲順立賣大租契

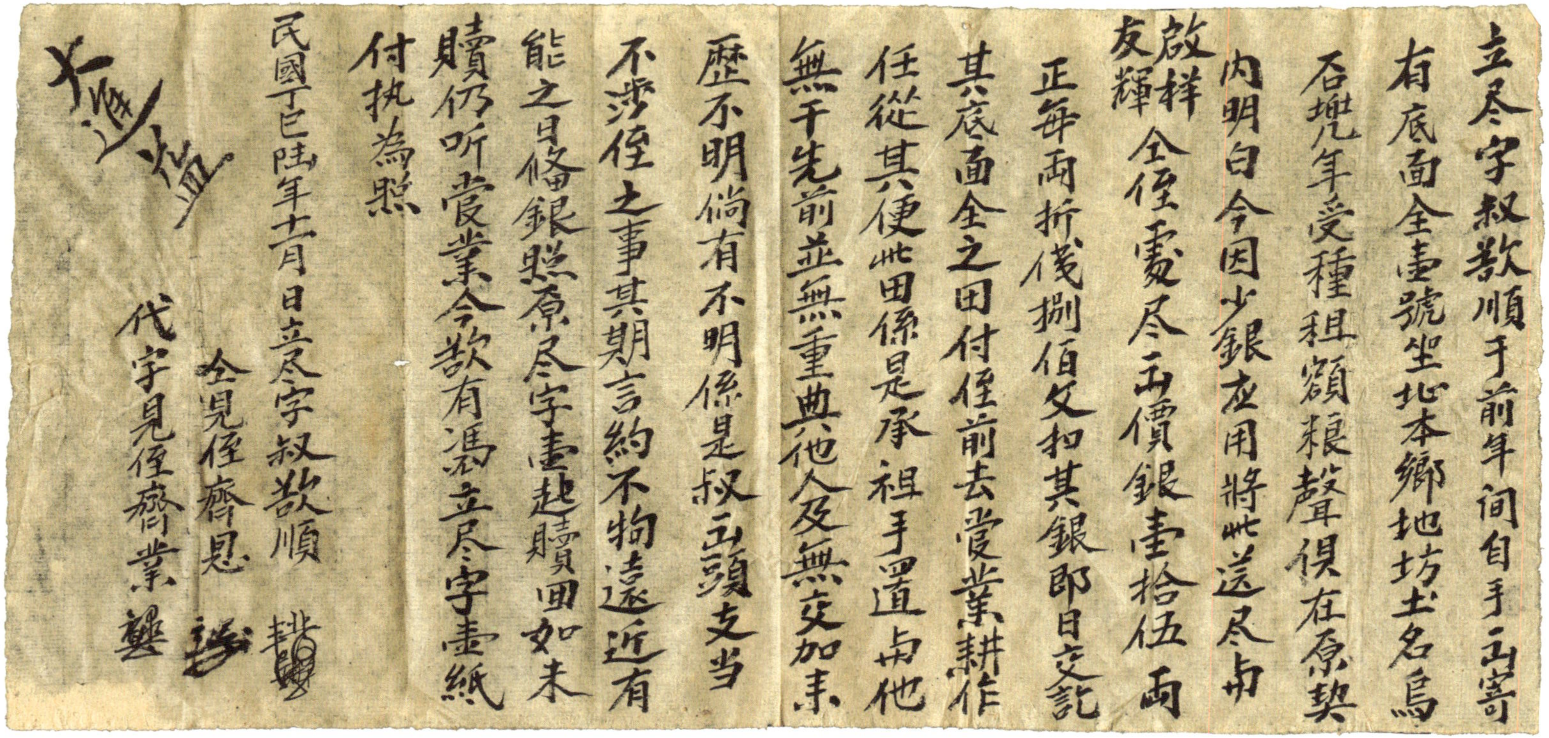
立盡字叔欲順于前年间自手承寄
有底面全壹號坐北本鄉地坊土名烏
石坵乙年受種租額粮聲俱在原契
內明白今因少銀应用將此送尽与
敀梓
友輝 仝侄處尽出價銀壹拾伍两
正每两折伐捌佰文扣其銀即日交訖
其底面全之田付侄前去掌業耕作
任從其便此田係是承祖手置与他
無干先前並無重典他人及無交加來
歷不明倘有不明係是叔出頭支当
不涉侄之事其期言約不拘遠近有
能之日備銀照原尽字壹紙贖田如未
贖仍听掌業今欲有憑立尽字壹紙
付执為照
民國丁巳陆年十一月 日立尽字叔欲順
仝見侄齊恩
代字見侄齊業

2-2-7-6　民國六年十一月李欲順立盡底面全田契

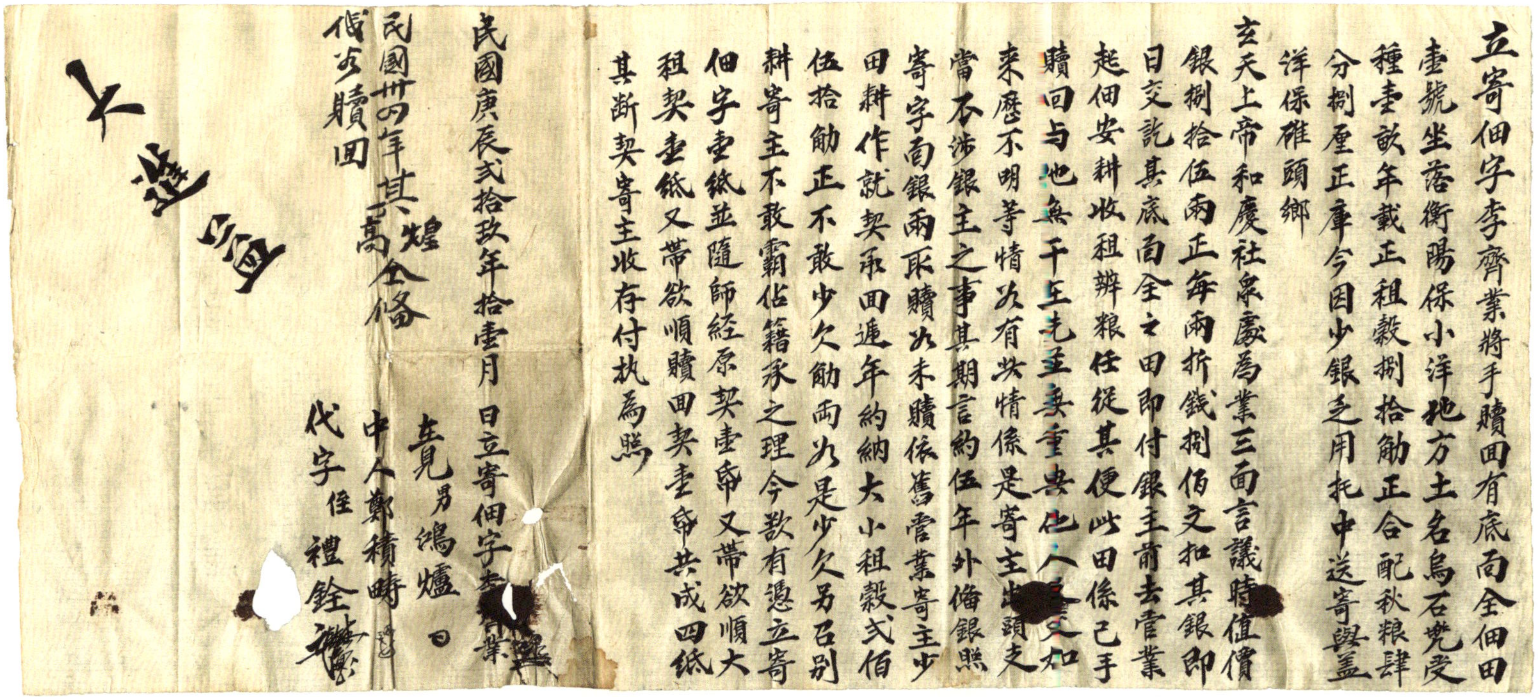

立寄佃字李齊業將手贖田有底面全佃田
壹號坐落衡陽保小洋地方土名烏石兜受
種壹畝年載正租穀捌拾觔正合配秋粮肆
分捌厘正庫今因少銀乏用托中送寄與蓋
洋保碓頭鄉
玄天上帝和慶社衆處爲業三面言議時值價
銀捌拾伍兩正每兩折錢捌佰文扣其銀即
日交訖其底面全〻田即付銀主前去管業
起佃安耕收租辦粮任從其便此田係己手
贖回与他無干上手老契重要他人交加
来歷不明等情及有此情係是寄主出頭支
當不涉銀主之事其期言約伍年外備銀照
寄字面銀兩取贖如未贖依舊管業寄主步
田耕作就契承田遞年約納大小租穀弍佰
伍拾觔正不敢少欠觔兩如是少欠另召別
耕寄主不敢霸佔籍承之理今欲有憑立寄
佃字壹紙並隨師経原契壹帋又帶欲順大
租契壹紙又帶欲順贖田契壹帋共成四紙
其斷契寄主收存付执爲照

民國庚辰弍拾玖年拾壹月 日立寄佃字李齊業

在見男 鴻爐

中人 鄭積疇

代字侄 禮銓

民國卅四年其煌高全備

代出贖回

大進回

2-2-7-7　民國二十九年十一月李齊業立寄底面全佃田字

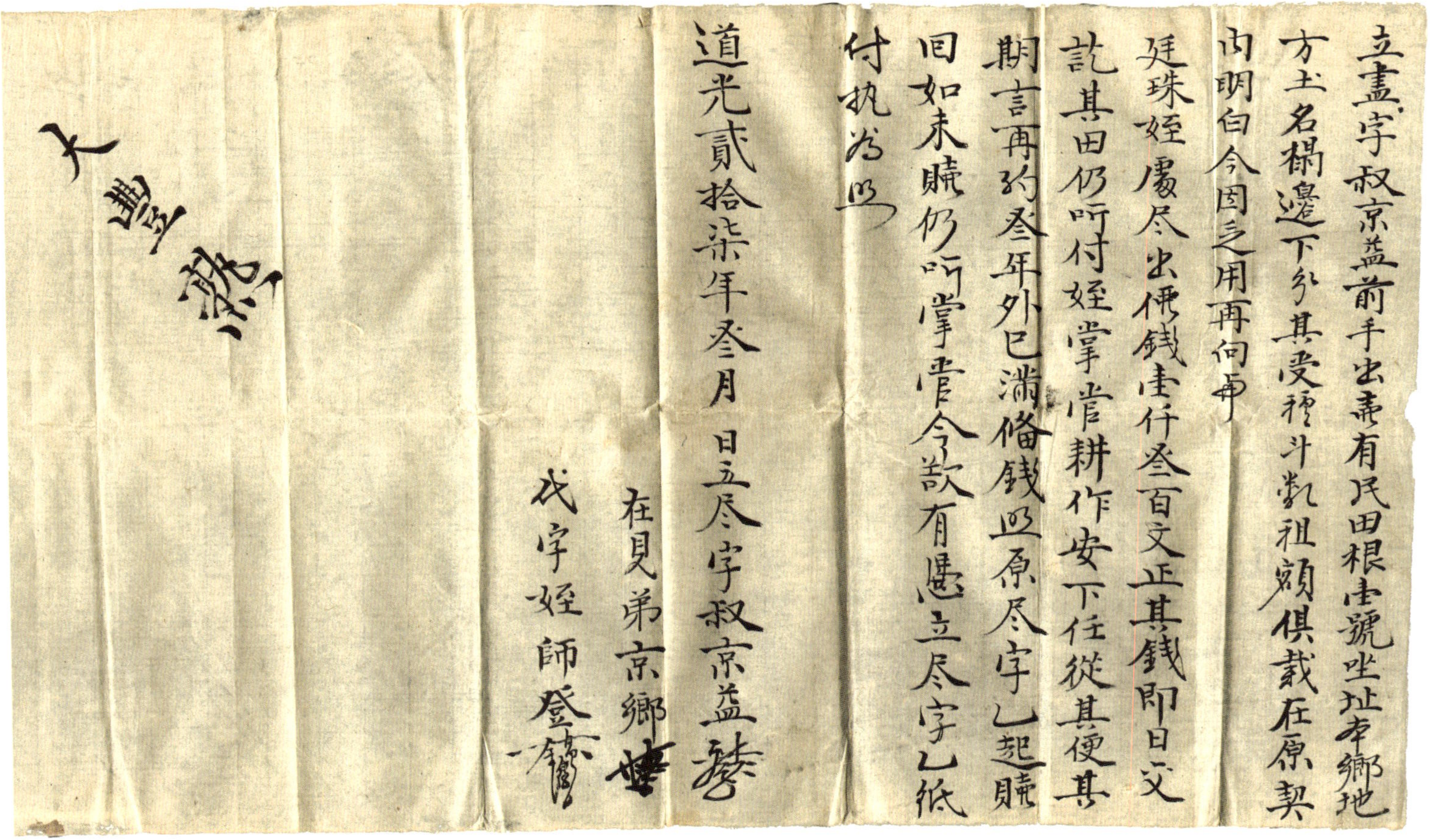
立盡字叔京益前手出來有民田根壹號坐址本鄉地
方土名枳邊下分其受種斗数祖額俱載在原契
內明白今因乏用再向再
廷珠姪處盡出價錢壹仟叁百文正其錢即日交
訖其田仍听付姪掌管耕作安下任從其便其
期言再約叁年外已滿備錢照原盡字乙紙贖
回如未贖仍听掌管今欲有憑立盡字乙紙
付执為照

道光貳拾柒年叁月　日立盡字叔京益（押）
在見弟京鄉（押）
代字姪師登（押）

大豐

2-2-8-1　清道光二十七年三月李京益立盡民田根契

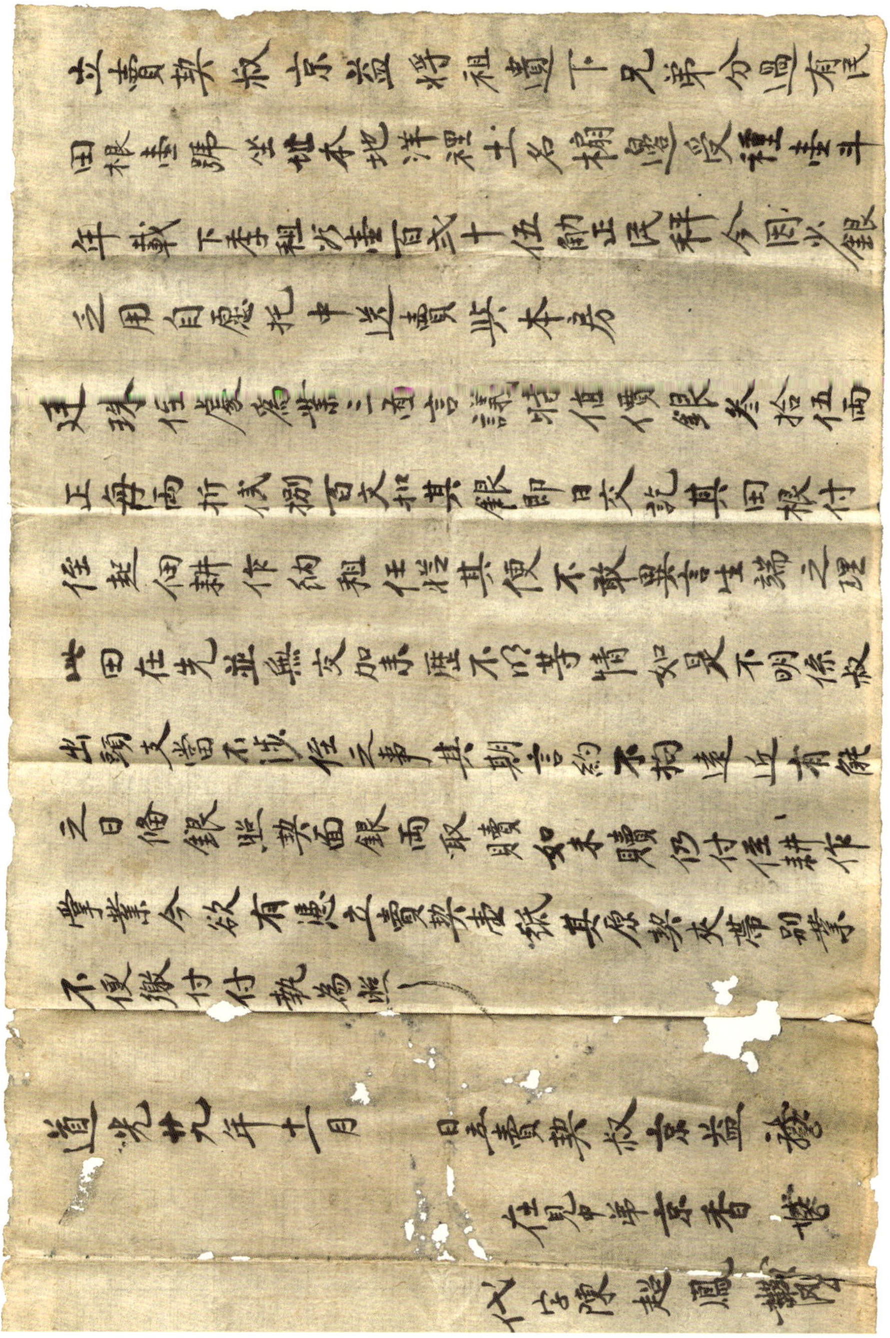

立賣契叔京益將祖遺下兄弟分過有民
田根壹號坐址本地洋裡土名㮚邊段種壹斗
年載下租谷壹百弍十伍觔正民耕今因乏銀
之用自愿托中送賣與本房
廷球侄處為業三面言議時值價銀叁拾伍兩
正其兩折弍捌百文水其銀即日交訖其田根付
侄起佃耕作納租任從其便不敢異言生端之理
此田在先並無交加未曾不明等情如是不明係叔
出頭支當不涉侄之事其則言約不拘遠近有銀
之日備銀照契面銀兩取贖如未贖仍付侄耕作
掌業今欲有憑立賣契壹紙其原契交清別字
不便繳付付執為照

道光廿九年十一月　　日立賣契叔京益（押）
在見中弟京香（押）
代字陳起鳳（押）

2-2-8-2　清道光二十九年十一月李京益立賣民田根契

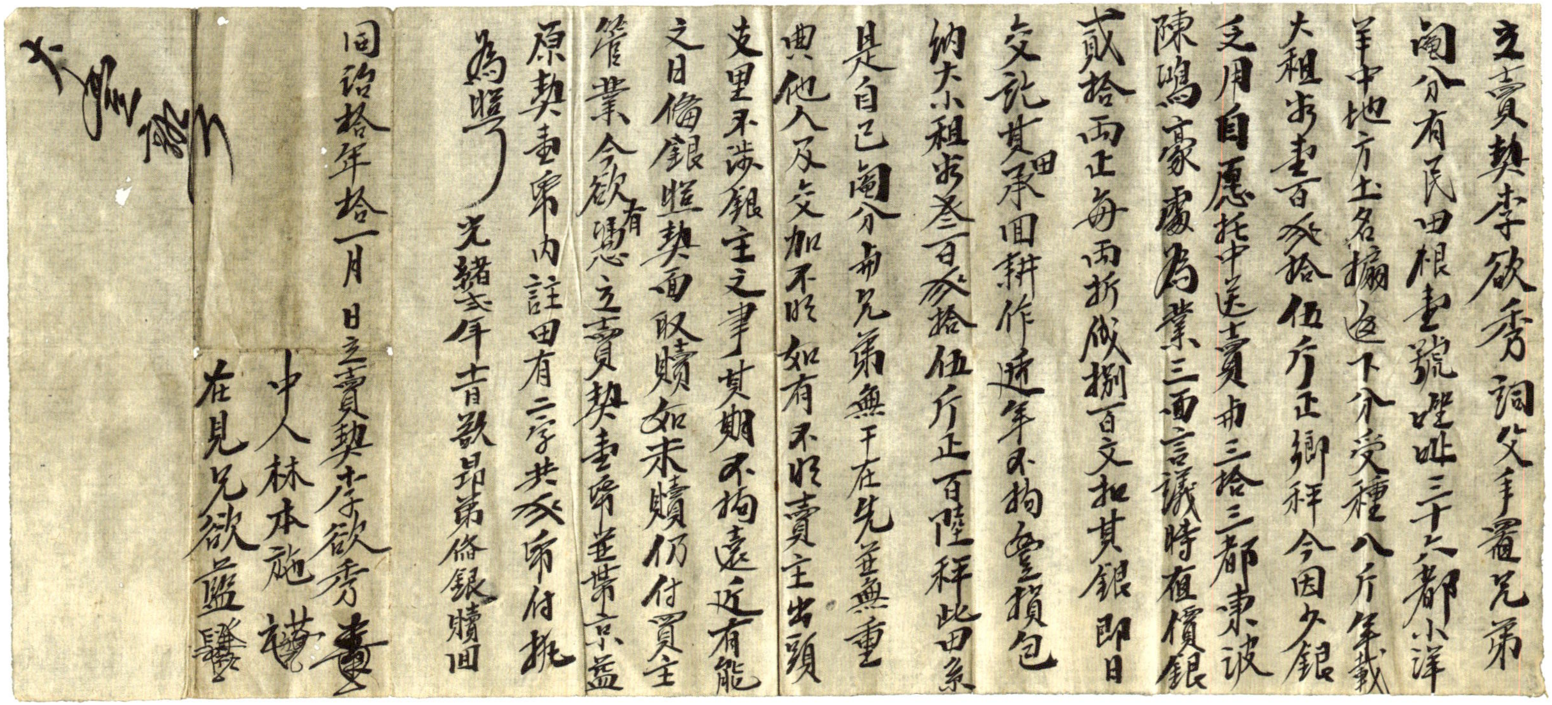
立賣契李欲秀詞父手置兄弟
鬮分有民田根壹號，坐址三十六都小洋
洋中地方，土名搧边，下分受種八斤，年載
大租谷壹百叁拾伍斤正，鄉秤。今因乏銀
乏用，自愿托中送賣與三拾三都東坡
陳鳴豪處為業，三面言議時值價銀
貳拾兩正，每兩折成捌百文，其銀即日
交訖，其田承田耕作，逐年不拘豐歉，包
納大小租谷叁百叁拾伍斤正，百陸秤。此田系
是自己鬮分，與兄弟無干，在先並無重
典他人及交加不明。如有不明，賣主出頭
支理，不涉銀主之事。其期不拘遠近，有能
之日備銀照契面取贖，如未贖，仍付買主
管業。今欲有憑，立賣契壹帋，並帶上手京盖
原契壹帋，內註田有二字，共叁帋付執
為照。 光緒卅年十一月歐昂弟備銀贖回
同治拾年拾一月 日立賣契李欲秀（押）
中人 林本施（押）
在見兄 欲盛（押）

2-2-8-3 清同治十年十一月李欲秀立賣民田根契

立賣契李齊業，將祖遺下分過有民田根
壹號，坐址本保小洋地坊，土名楓丘，受種壹斗
載，下手李細弟壹佰貳拾伍斤正，民秤，又李弟厝坵尾
起，又下手過大租谷柒拾斤正，民秤，合配秋粮貳分捌
厘正。今因少銀乏用，自愿托中送賣與
張書榮處為業。三面言議，時值價銀肆拾陸兩
捌錢正，每兩折錢捌佰文，加其銀即日交訖。其
田而聽付銀主起佃耕作，納租不根任從其
便，不敢異言之理。此田祖並根在先並無文契重
張不明等情，如有此情，係是賣主一應支當，
不涉銀主之事。其期言約不拘遠近，有能之
日，備銀照契面取贖，如未贖，仍付管業。今
欲有憑，立賣契壹紙，並帶京兹原契壹紙，共
成貳紙，付執為照。內註兩並賣貳字再照。（押）
此田于民國三十二年十二月贖回，梅村寨頭坑田租未貿，特此
撑載為憑。

宣統貳年十二月　日立賣契李齊業（押）
民國三十二年十二月　在見弟齊年（押）
其煌培全贖　中人兄齊達
自筆

大吉

2-2-8-4　清宣統二年十二月李齊業立賣民田根契

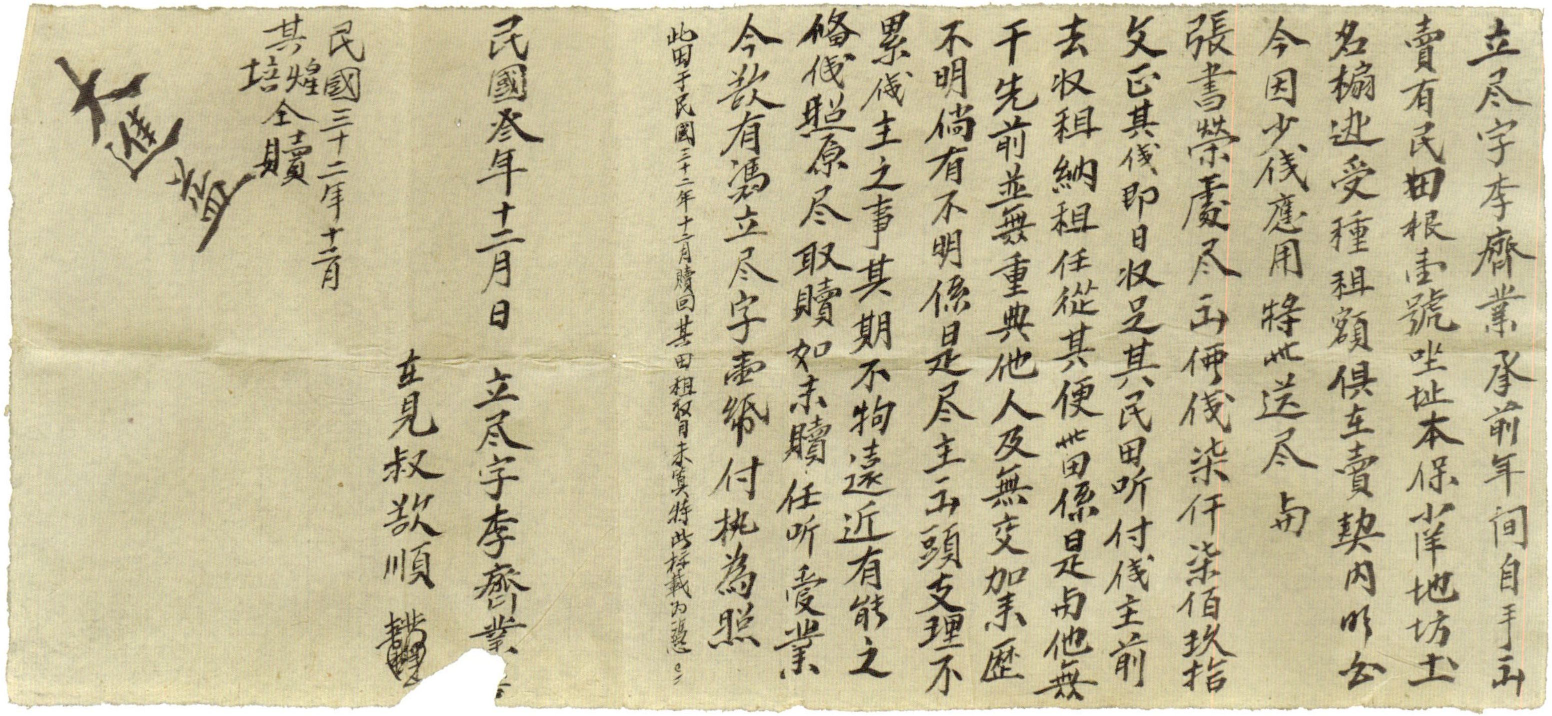
立尽字李齊業承前年间自手出
賣有民田根壹號坐址本保小洋地坊土
名楡迸受種租額俱在賣契內明白
今因少錢應用特此送尽与
張書榮處尽出佃錢柒仟柒佰玖拾
文正其錢即日收足其民田听付錢主前
去收租納租任從其便此田係是与他無
干先前並無重典他人及無交加来歷
不明倘有不明係是尽主出頭支理不
累錢主之事其期不拘遠近有能之
備錢照原尽取贖如未贖任听管業
今欲有憑立尽字壹紙付執為照
此田于民國三十二年十二月贖回其田租奴目未寫特此标載为憑
民國叁年十二月日　立尽字李齊業
在見叔欽順
民國三十二年十二月　其煌　其培　仝贖
大進喜

2-2-8-5　民國三年十二月李齊業立盡民田根契

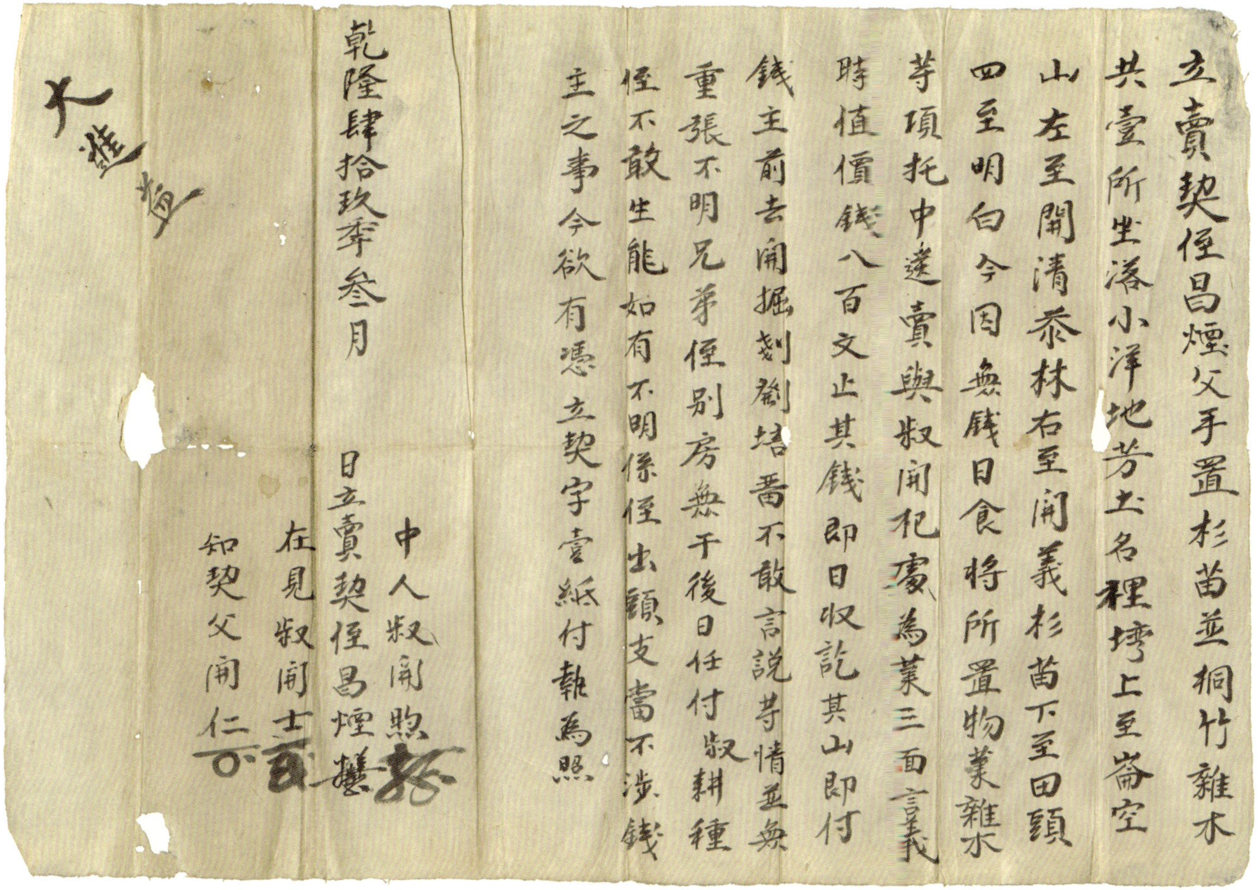
立賣契侄昌煙父手置杉苗並桐竹雜木
共壹所坐落小洋地方土名裡墇上至崙空
山左至開清忝林右至開義杉苗下至田頭
四至明白今因無錢日食將所置物業雜木
等項托中送賣與叔開杞處為業三面言議
時值價錢八百文止其錢即日收訖其山即付
錢主前去開掘劄劄培蓄不敢言說等情並無
重張不明兄弟侄別房無干後日任付叔耕種
侄不敢生能如有不明係侄出頭支當不涉錢
主之事今欲有憑立契字壹紙付執為照
乾隆肆拾玖年叁月　日立賣契侄昌煙
中人叔開照
在見叔開士
知契父開仁
大進

2-2-9-1　清乾隆四十九年三月李昌煙立賣杉苗等契

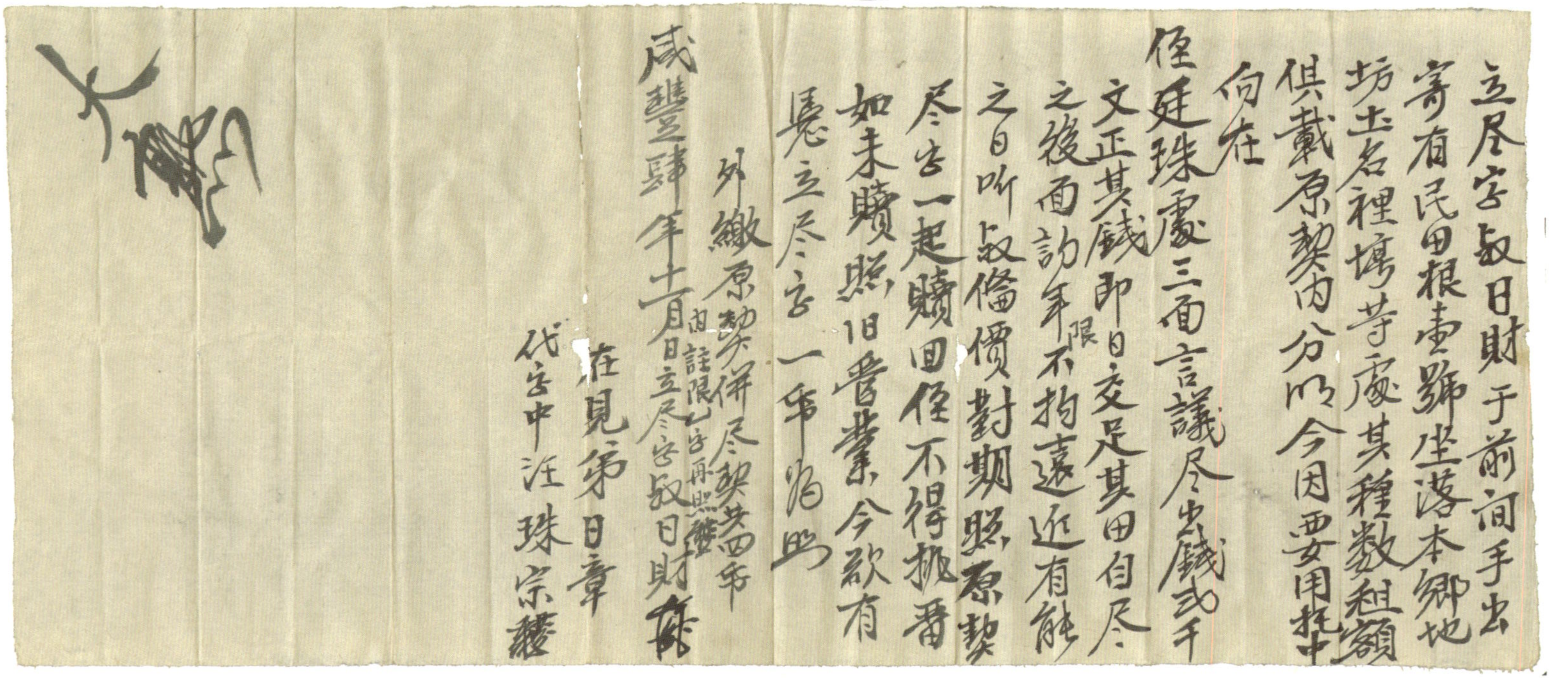

立盡字叔日財于前間手出
寄有民田根壹號坐落本鄉地
坊土名裡塘等處其種數租額
俱載原契內分明今因要用托中
向在
侄廷珠處三面言議盡出錢弍千
文正其錢即日交足其田自盡
之後面訂年限不拘遠近有能
之日聽叔備價對期照原契
盡出一起贖回侄不得執番
如未贖照旧管業今欲有
憑立盡字一紙為照
外繳原契併盡契共四紙
內註限山字再照
咸豐肆年十一月日立盡字叔日財（押）
在見弟日章
代字中汪珠宗（押）

2-2-9-2　清咸豐四年十一月李日財立盡民田根字

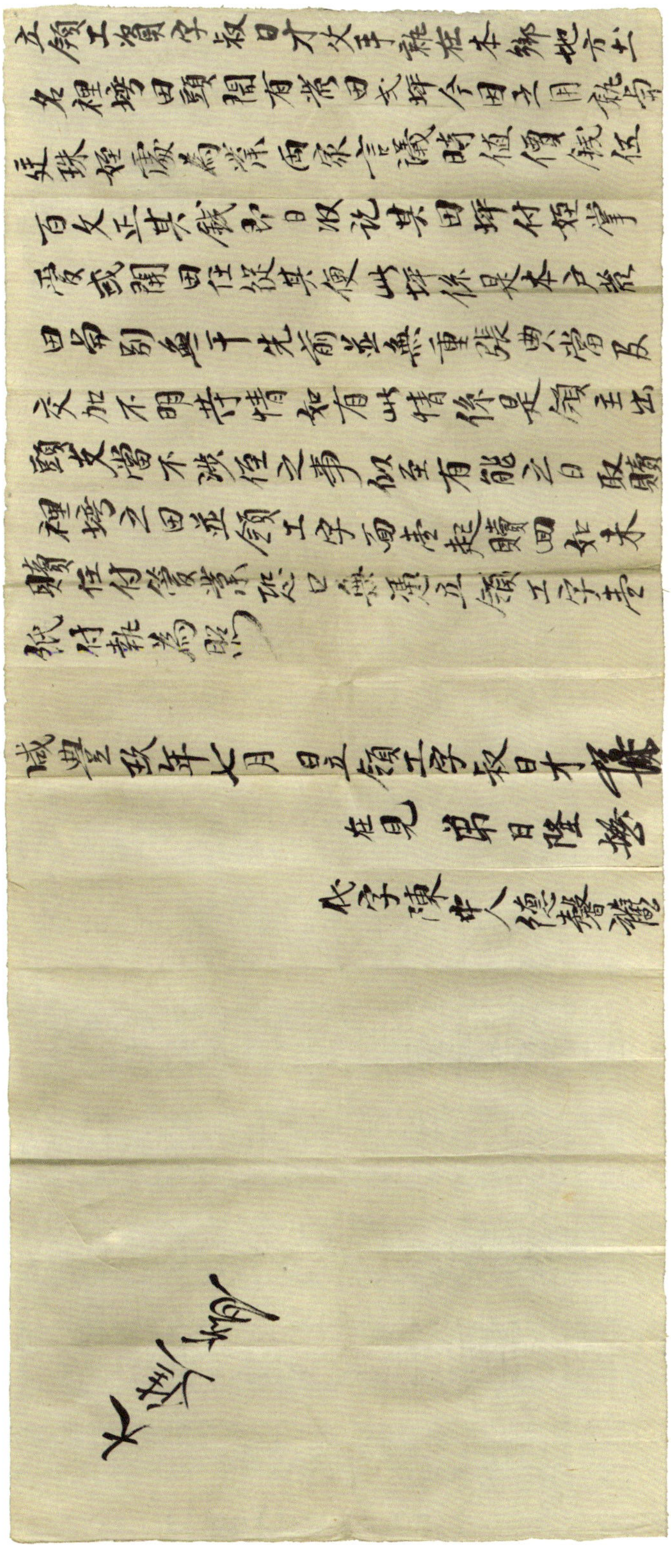

立領工資字叔日才父手創在本鄉地方土
名理塆田頭陽有峇田弍坪今因乏用無處
延孫經處爲滑兩家三言議時值價錢伍
百文正其錢即日收訖其田坪付姪掌
管或開田種從其便此坪係是本戶叔
田與別無干先前並無重張典當及
交加不明等情如有此情係是領主出
頭支當不涉侄之事日後至有能之日取贖
理塆之田並領工字兩家甘愿贖回如未
贖任從管業恐口無憑立領工字一
紙付執爲照

咸豐玖年七月　日立領工字叔日才（押）
在見　胞弟日陞（押）
代字　陳中人德（押）

2-2-9-3　清咸豐九年李日才立領工資字

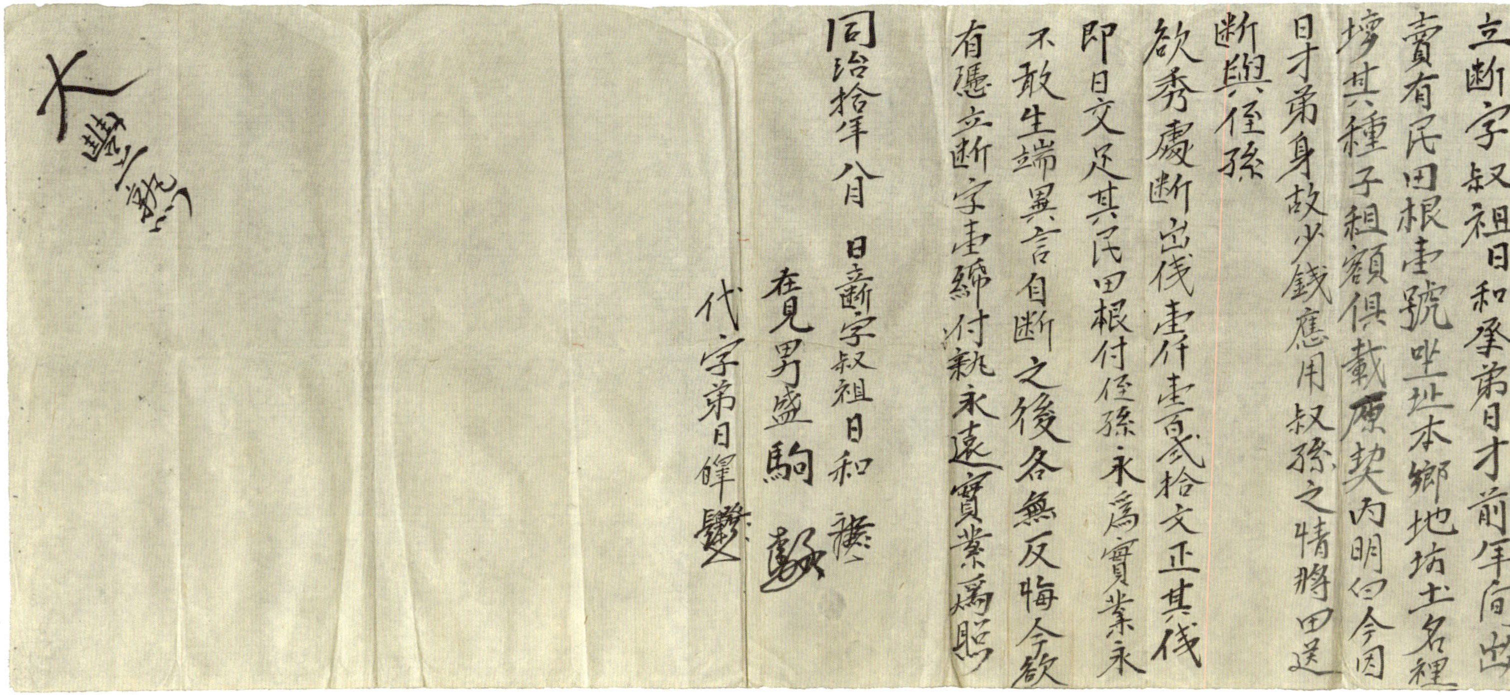

立斷字叔祖日和承弟日才前年向出
賣有民田根壹號坐址本鄉地坊土名裡
墈其種子租額俱載原契內明白今因
日才弟身故少錢應用叔孫之情將田送
斷與侄孫
欽秀處斷出價壹仟壹百貳拾文正其價
即日文足其民田根付侄孫永為實業永
不敢生端異言自斷之後各無反悔今欲
有憑立斷字壹紙付執永遠實業為照

同治拾年八月　日立斷字叔祖日和(押)
在見男盛駒(押)
代字弟日瑋(押)

2-2-9-4　清同治十年八月李日和立斷民田根契

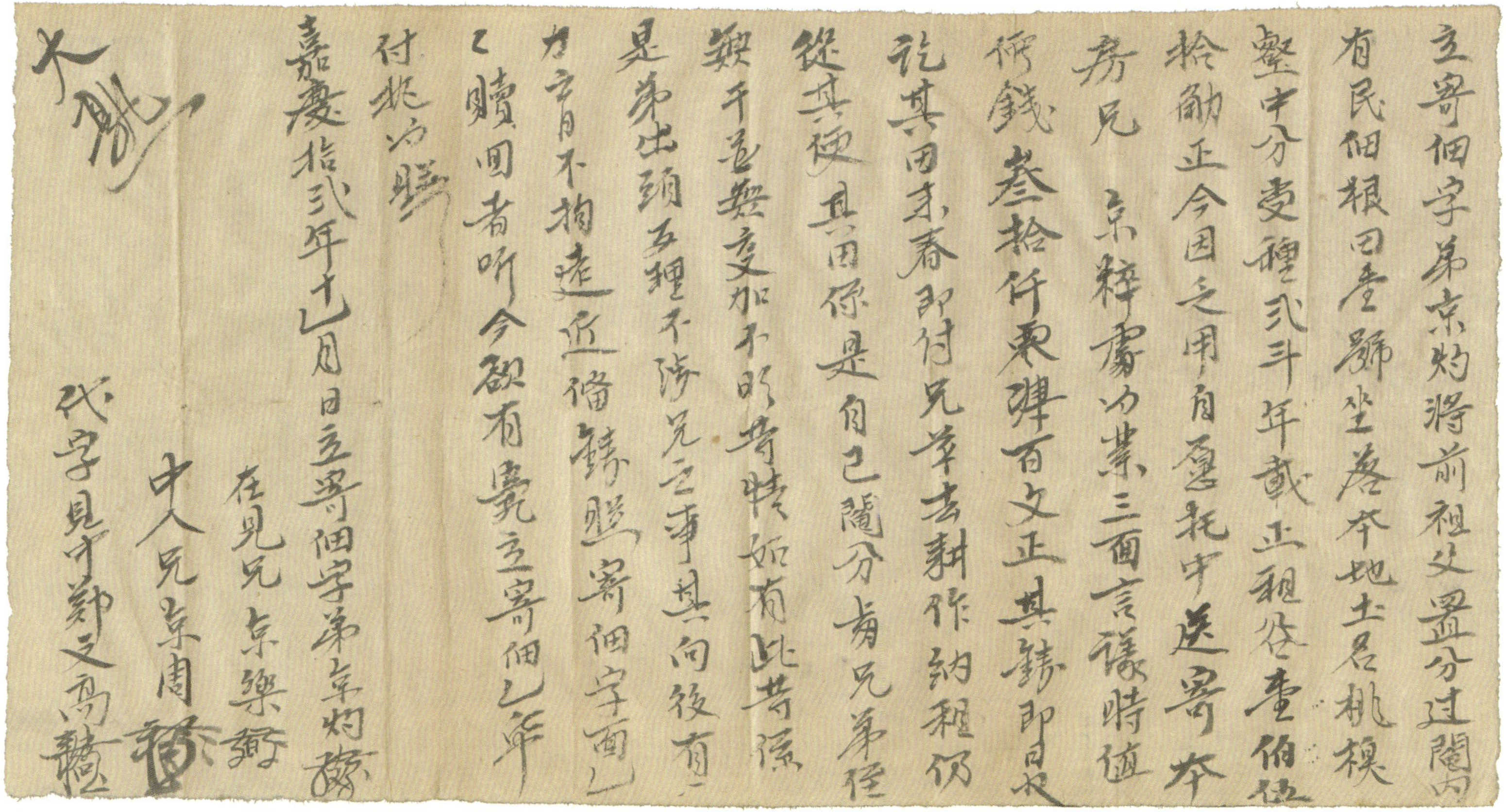

立寄佃字弟京灼將前祖父置分过闔内
有民佃根田壹號坐落本地土名桃模
墘中分受種弍斗年載正租谷壹伯伍
拾觔正今因乏用自愿托中送寄本
房兄　京梓處为業三面言議時值
價錢叁拾仟柒伯文正其錢即日收
訖其田未春即付兄芋去耕作納租仍
從其便　其田係是自己闔分身兄弟侄
無干亦無交加不明等情如有此等係
是弟出頭支理不涉兄之事其向後有
力之日不拘遠近備銹照寄佃字面
乙贖回者听今欲有憑立寄佃乙纸
付兆为照

嘉慶拾弍年十一月日立寄佃字弟京灼（押）
在見兄京樂（押）
中人兄京周（押）
代字見中鄭文高（押）

2-2-10-1　清嘉慶十二年十一月李京灼立寄民佃根田字

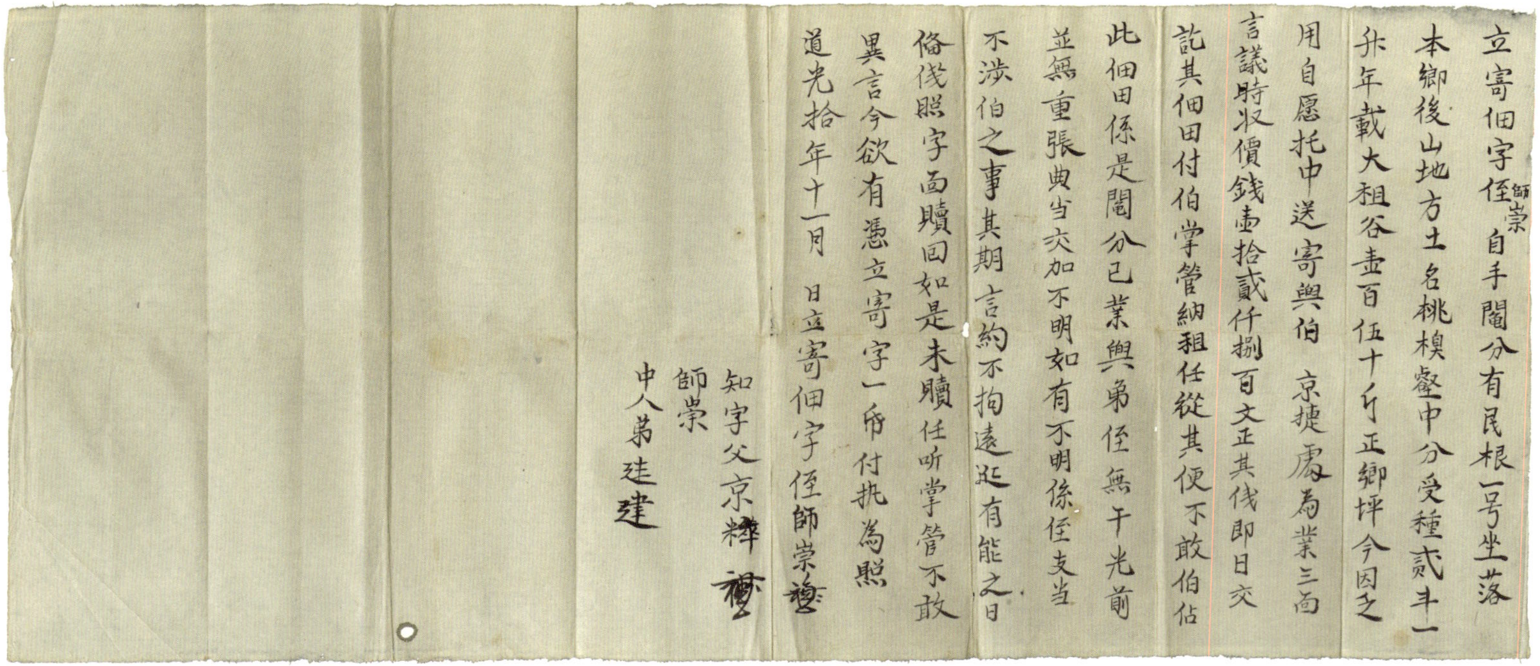

立寄佃字侄師崇自手閹分有民根一号坐落
本鄉後山地方土名桃模墘中分受種貳斗一
升年載大租谷壹百伍十斤正鄉坪今因乏
用自愿托中送寄與伯　京捷處為業三面
言議時收價錢壹拾貳仟捌百文正其伐即日交
訖其佃田付伯掌管納租任從其便不敢伯佔
此佃田係是閹分己業與弟侄無干先前
並無重張典当交加不明如有不明係侄支当
不涉伯之事其期言約不拘遠近有能之日
備伐照字面贖回如是未贖任听掌管不敢
異言今欲有憑立寄字一帋付执為照
道光拾年十一月　日立寄佃字侄師崇
知字父京粹
師崇
中人弟廷建

2-2-10-2　清道光十年十一月李師崇立寄民佃田根字

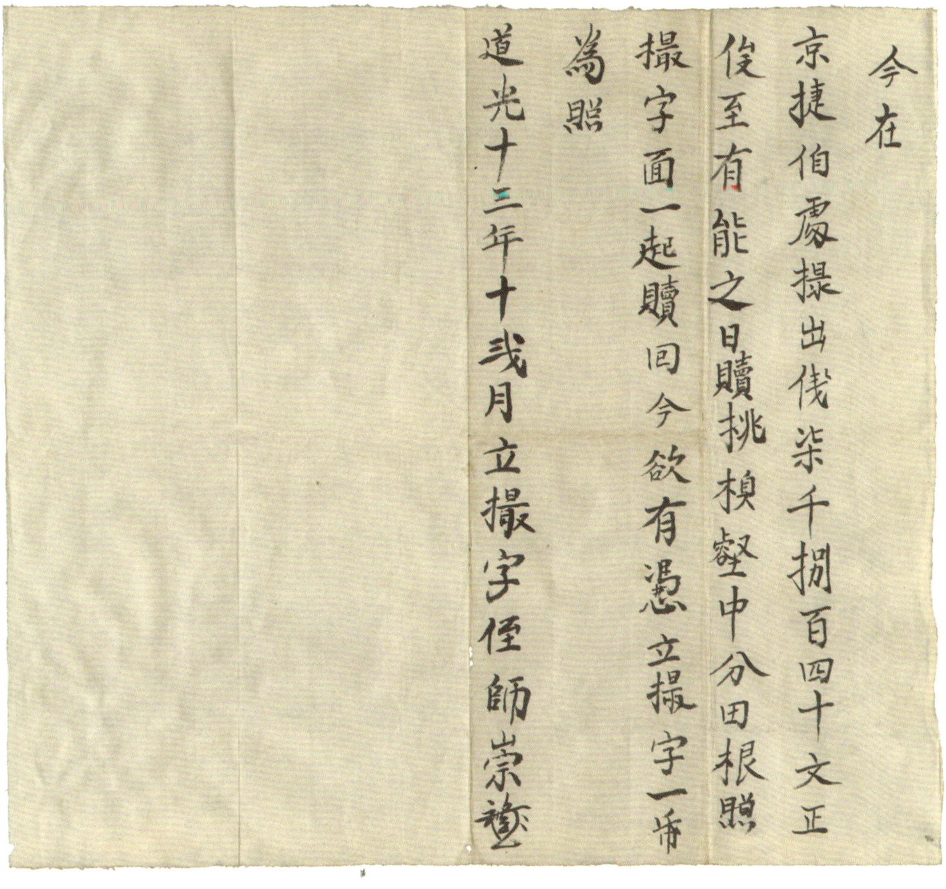
今在
京捷伯處撮出伐柒千捌百四十文正
俟至有能之日贖挑椣墾中分田根照
撮字面一起贖回今欲有憑立撮字一帋
為照
道光十三年十弍月立撮字侄師崇筆

2-2-10-3　清道光十三年十二月李師崇立撮字

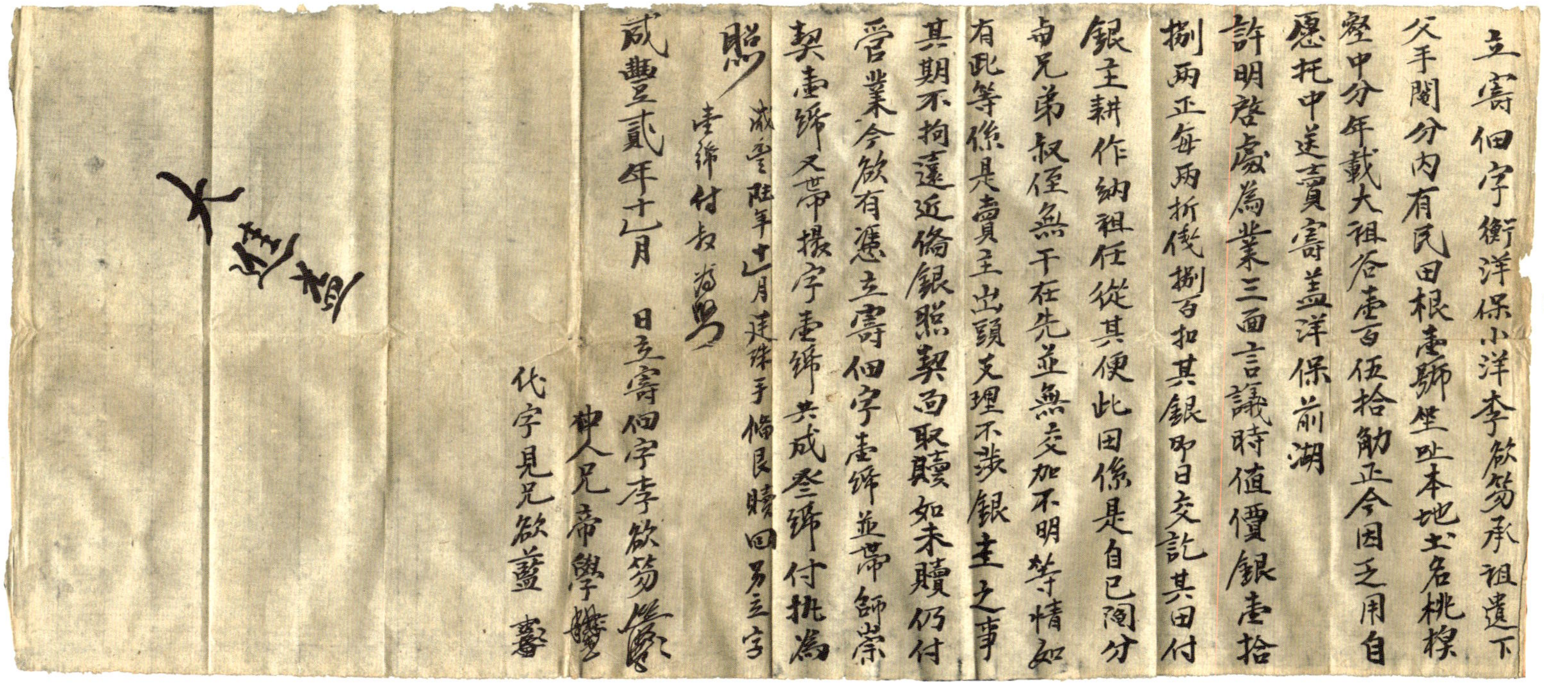

立寄佃字衡洋保小洋李欲笏承祖遺下
父手閹分內有民田根壹號坐址本地土名桃樑
墘中分年載大租谷壹百伍拾觔正今因乏用自
愿托中送賣寄盖洋保前湖
許明啟處為業三面言議時值價銀壹拾
捌兩正每兩折伐捌百扣其銀即日交訖其田付
銀主耕作納租任從其便此田係是自己閹分
與兄弟叔侄無干在先並無交加不明等情如
有此等係與賣主出頭支理不涉銀主之事
其期不拘遠近備銀照契面取贖如未贖仍付
管業今欲有憑立寄佃字壹紙並帶師崇
契壹紙又帶撥字壹紙共成叁紙付執為
照
咸豐陸年十一月建徠手備艮贖回另立字
壹紙付叔為照
咸豐貳年十一月　日立寄佃字李欲笏（押）
中人兄帝學（押）
代字見兄欲蘆（押）

2-2-10-4　清咸豐二年十一月李欲笏立寄佃民田根字

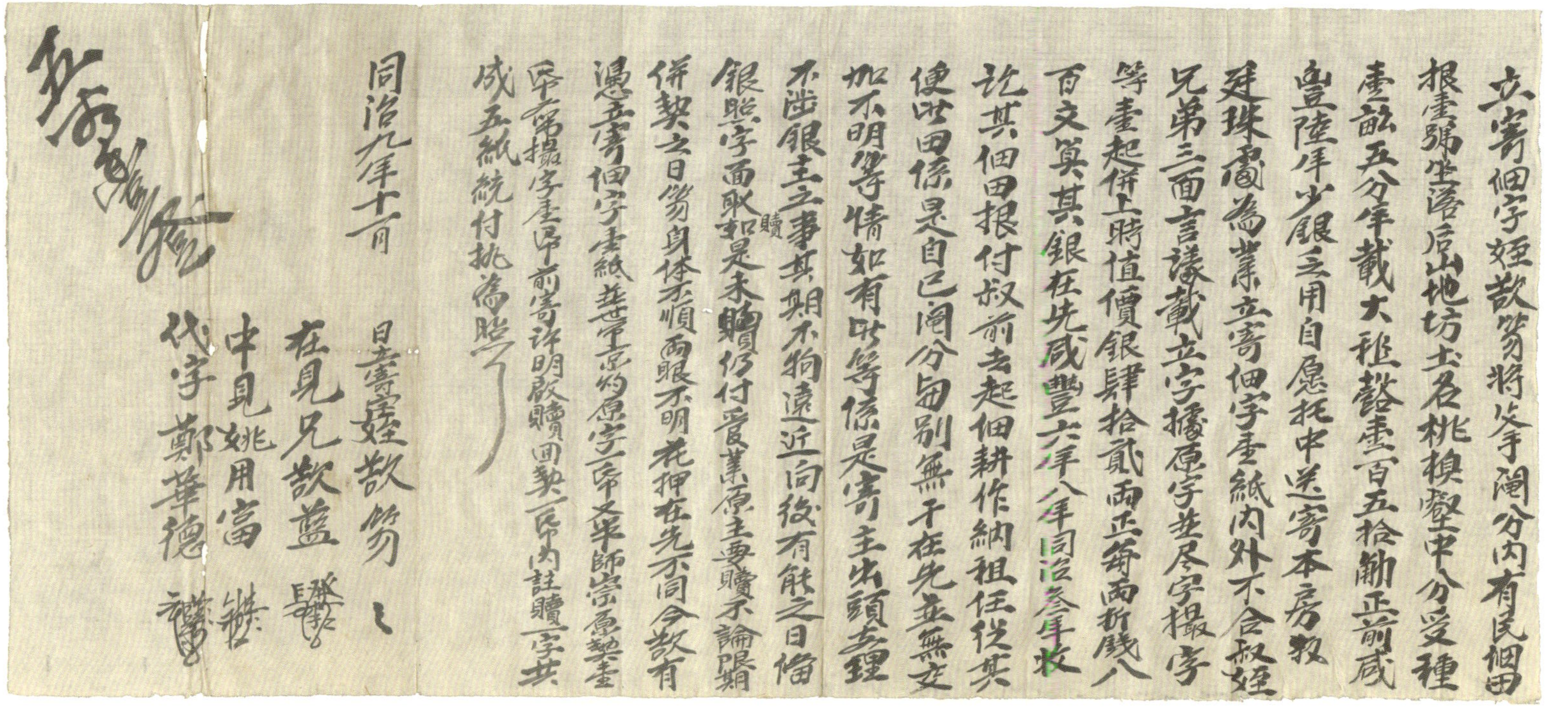

立寄佃字姪欲笏將父手鬮分內有民佃田
根壹號坐落后山地坊土名桃樹壟中分受種
壹畝五分年載大租穀壹百五拾觔正前咸
豐陸年少銀乏用自愿托中送寄本房叔
廷珠處爲業立寄佃字壹紙內外不合叔姪
兄弟三面言議載立字據原字并尽字撮字
等壹起併上時值價銀肆拾貳兩正每兩折錢八
百文算其銀在先咸豐六年八年同治叁年收
訖其佃田根付叔前去起佃耕作納租任從其
便此田係是自己鬮分田別無干在先並無文
加不明等情如有此等係是寄主出頭支理
不涉銀主之事其期不拘遠近向後有能之日備
銀照字面取贖如是未贖仍付管業原主要贖不論限期
併契之日笏身体不順兩眼不明花押在先不同今欲有
憑立寄佃字壹紙并上手原約原字一帋又單師崇原契壹
帋又帋撮字壹帋前寄許明啟贖回契一帋內註贖一字共
成五紙統付執爲照。

同治九年十一月　日立寄佃字姪欲笏（押）
在見兄欽藍（押）
中見姚用富（押）
代字鄭華德（押）

立寄佃田根

2-2-10-5　清同治九年十一月李欲笏立寄民佃田根字

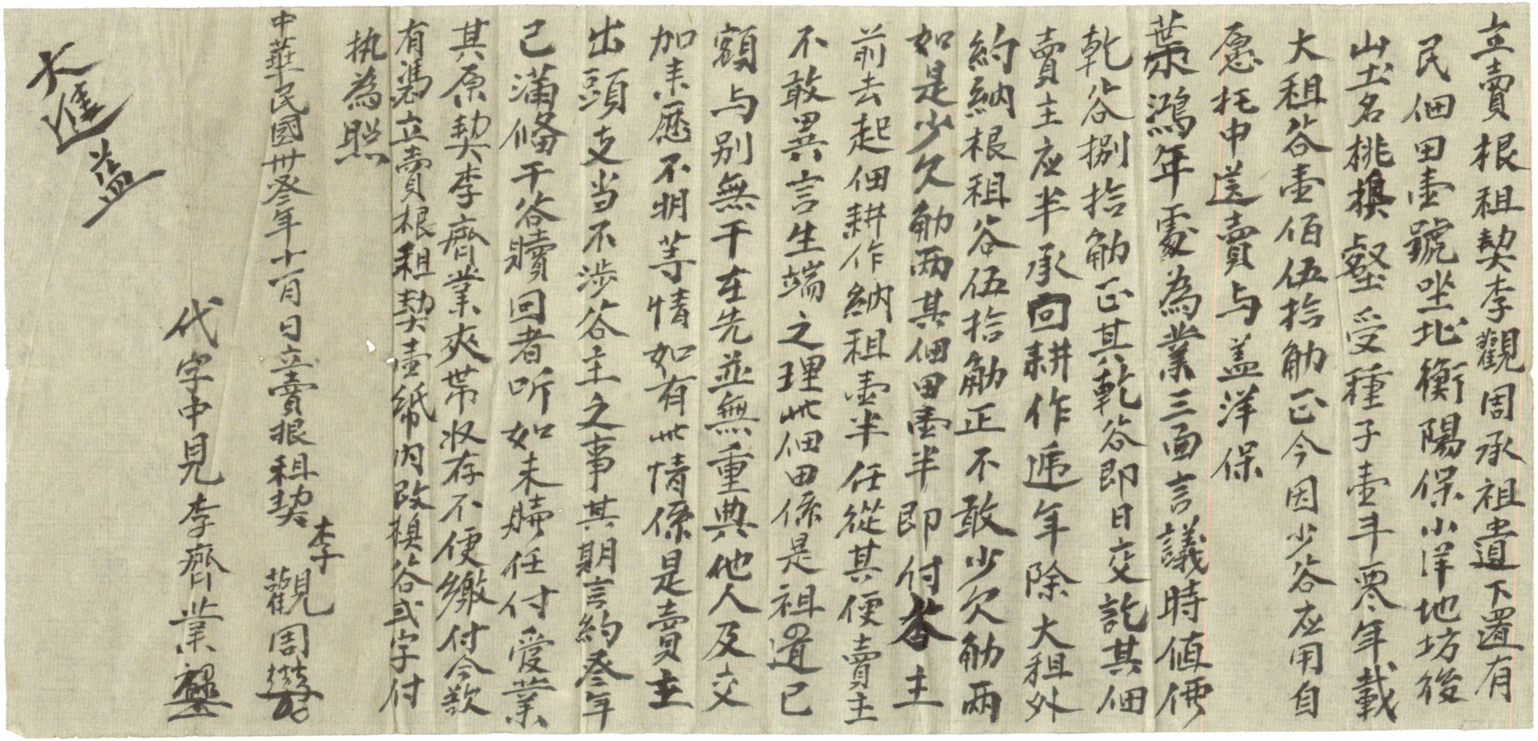

立賣根租契李觀周承祖遺下置有
民佃田壹號坐北衡陽保小洋地坊後
山土名桃槙墘受種子壹斗零年載
大租谷壹佰伍拾觔正今因少谷應用自
願托中送賣與葢洋保
葉鴻年處為業三面言議時值價
乾谷捌拾觔正其乾谷即日交訖其佃
賣主應半承回耕作逐年除大租外
約納根租谷伍拾觔正不敢少欠觔兩
如是少欠觔兩其佃田壹半即付谷主
前去起佃耕作納租壹半任從其便賣主
不敢異言生端之理此佃田係是祖遺已
額與別無干在先並無重典他人及交
加未歷不明等情如有此情係是賣主
出頭支當不涉谷主之事其期言約叁年
已滿備干谷贖回者听如未贖任付受業
其原契李齋業夾帶收存不便繳付今欲
有憑立賣根租契壹紙內改槙谷弍字付
執為照
中華民國卅叁年十一月 日立賣根租契 李觀周(押)
代字中見李齋業(押)
大進益

2-2-10-6　民國三十三年十一月李觀周立賣根租契

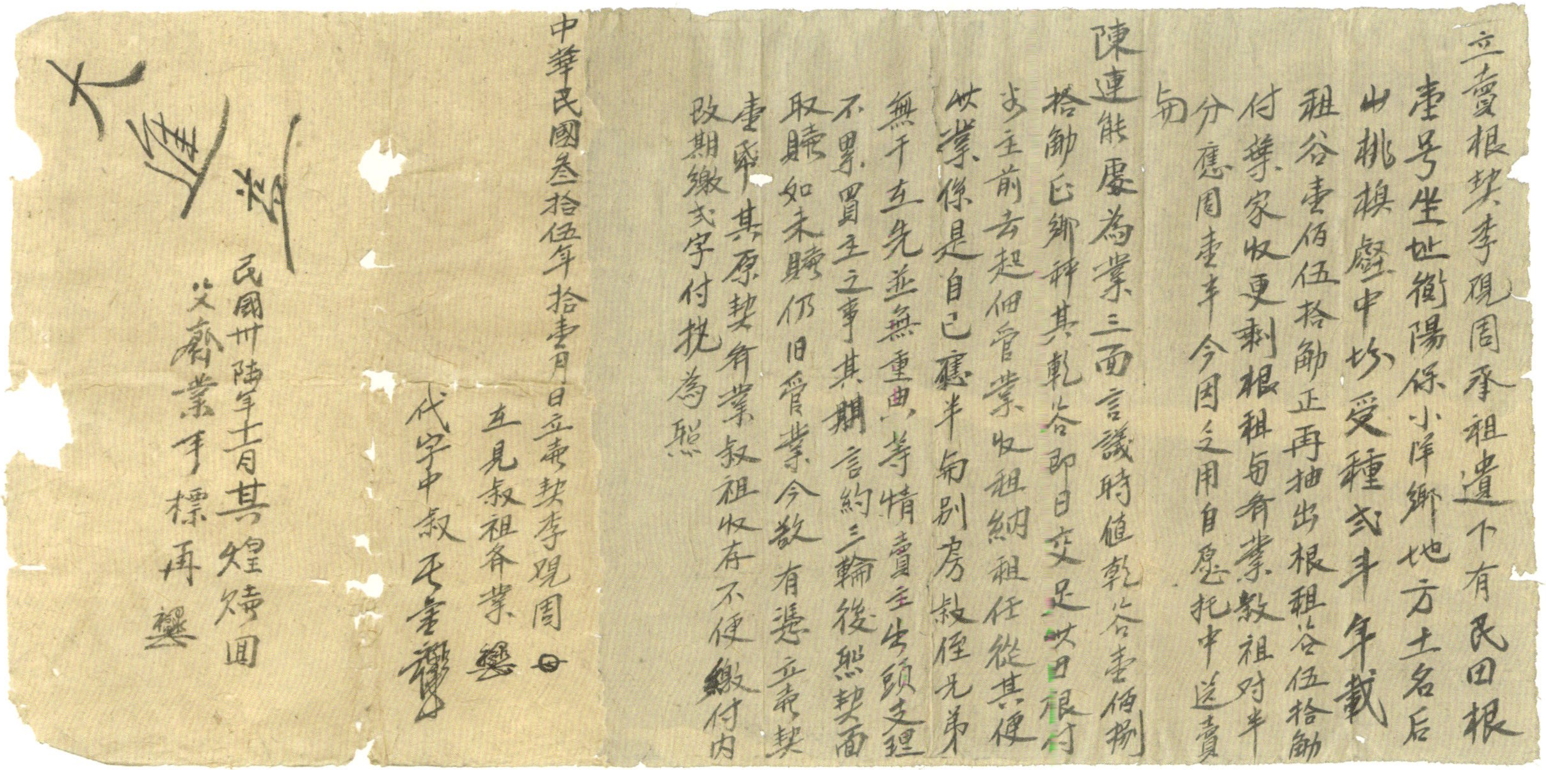
立賣根契李觀周承祖遺下有民田根壹号坐址衛陽係小洋鄉地方土名后山桃模壟中坵受種弍斗年載租谷壹佰伍拾觔正再抽出根租谷伍拾觔付葉家收吏剩根租每年業穀祖对半分應周壹半今因乏用自愿托中送賣與
陳連能慶為業三面言議時値乾谷壹佰捌拾觔正鄉秤其乾谷即日交足其田根付与主前去起佃管業收租納租任從其便此業係是自己應半與別房叔侄兄弟無干亦先並無重典等情賣主出頭支理不累買主之事其期言約三輪後照契面取贖如未贖仍旧管業今欲有憑立賣契壹紙其原契有業叔祖收存不便繳付內限期繳弍字付執為照

中華民國叁拾伍年拾壹月　日立賣契李觀周（押）
在見叔祖　利業（押）
代字中叔　元金（押）

大[illegible]
民國卅陸年十二月其煌贖回
父齋業手標再（押）

2-2-10-7　民國三十五年十一月李觀周立賣民田根契

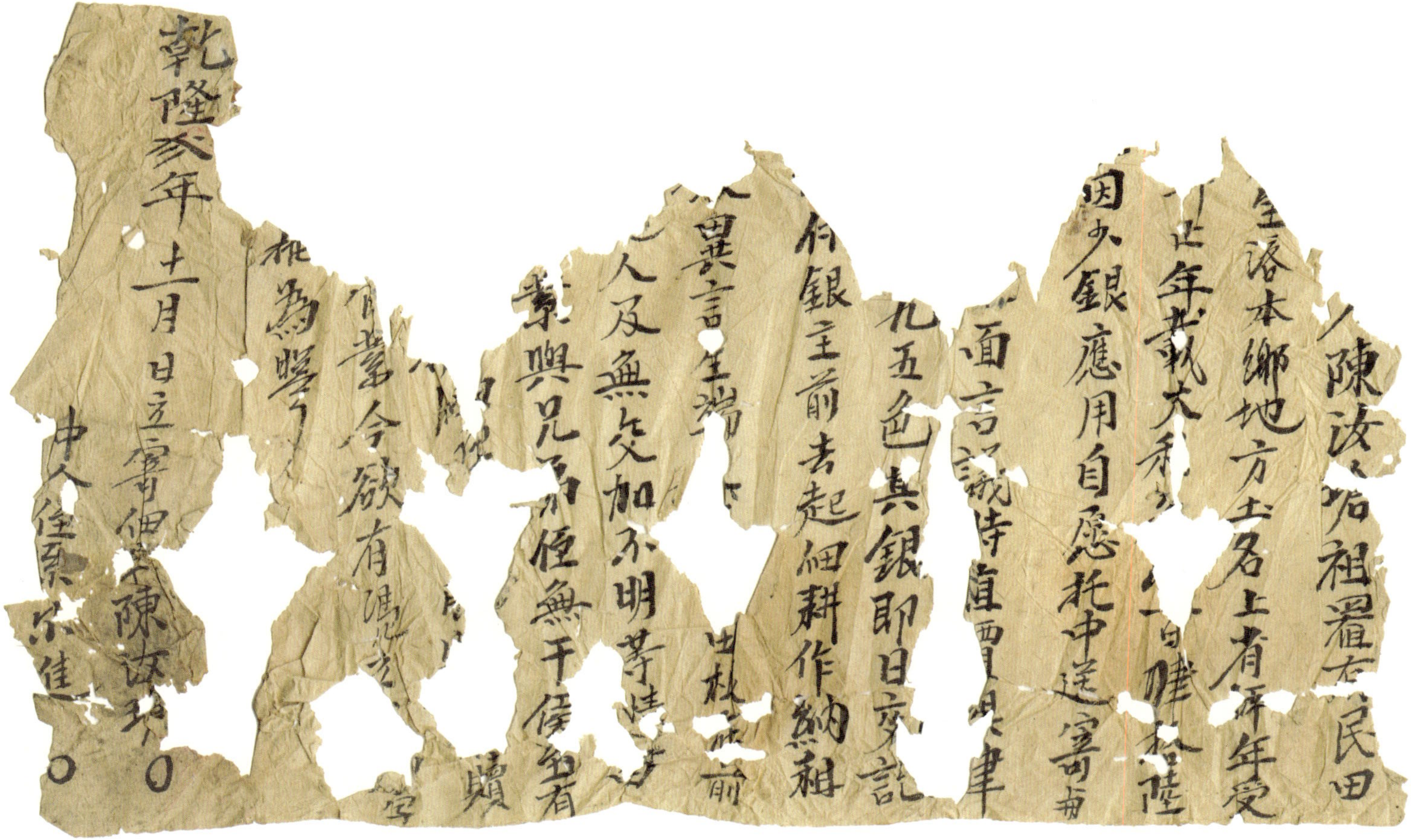

2-2-11-1　清乾隆二年十一月陳汝琣立寄佃民田字

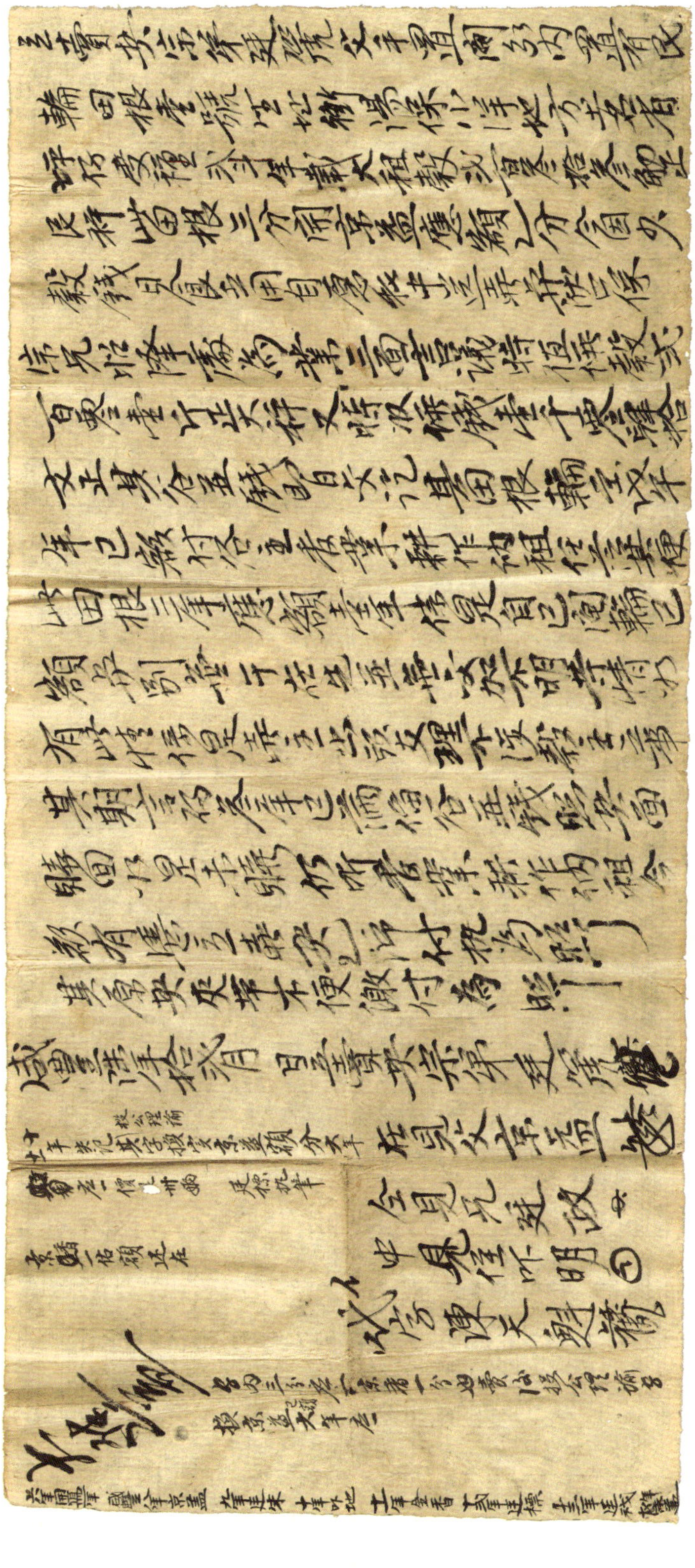

2-2-11-2　清咸豐六年十二月李廷旒立賣民輸田根契

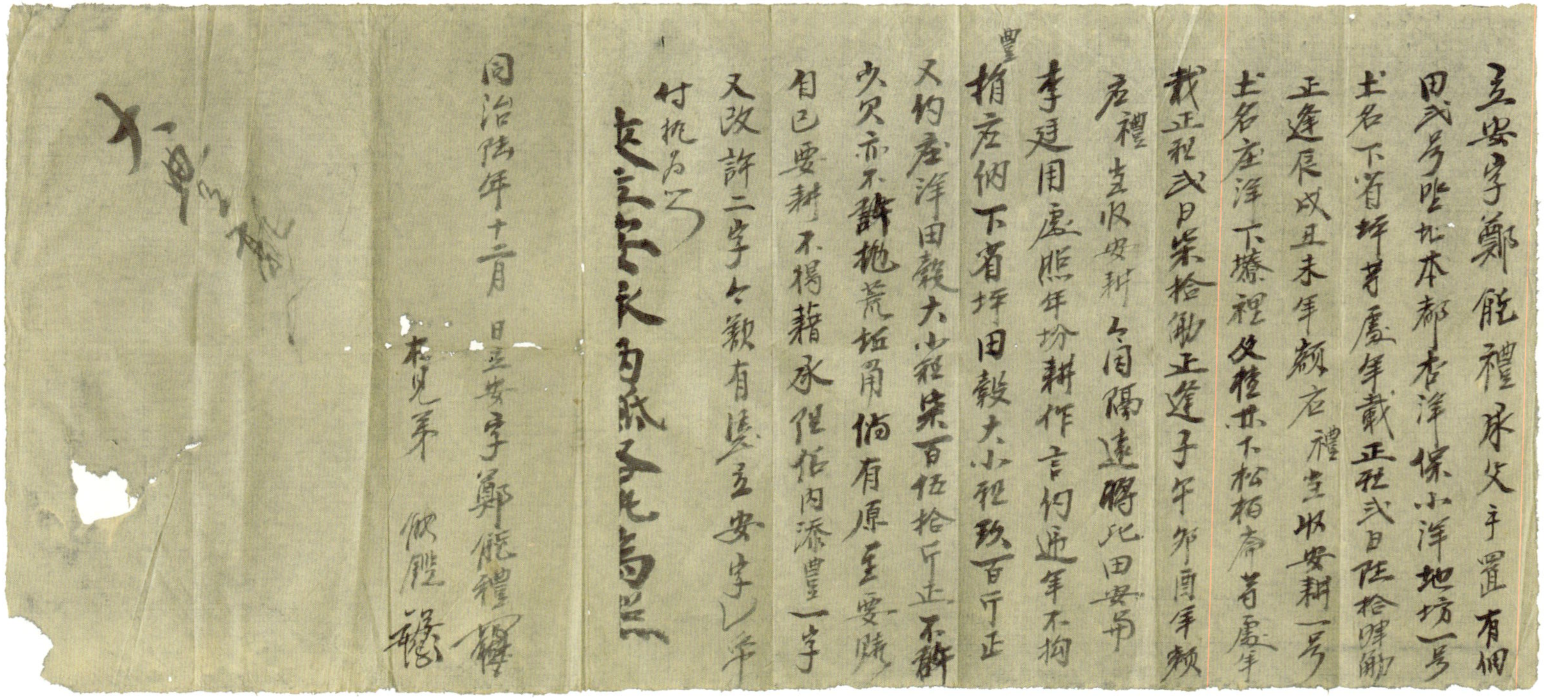

立安字鄭能禮承父手置有佃
田弍号，坐址本都杏洋保小洋地坊，一号
土名下省坪等處，年載正租弍百陆拾肆觔；
正逢辰戌丑未年，额庄禮当收安耕。一号
土名庄洋下壙，禮及桂共下松柏庯等處，年
載正租弍百柒拾觔；正逢子午卯酉年，额
庄禮当收安耕。今因隔遠，將此田安佃
季廷用處，照年分耕作，言约逐年不拘
豐歉，庄納下省坪田穀大小租玖百斤正，
又約庄洋田穀大小租柒百伍拾斤正，不許
少欠，亦不許拋荒坵角。倘有原主要贖
自己要耕，不得藉承佃推。内添豐一字，
又改許二字。今欲有憑，立安字乙紙
付執為照。
[illegible]

同治陆年十二月　日立安字鄭能禮（押）
在見弟　能[illegible]（押）

2-2-11-3　清同治六年十二月鄭能禮立安佃田字

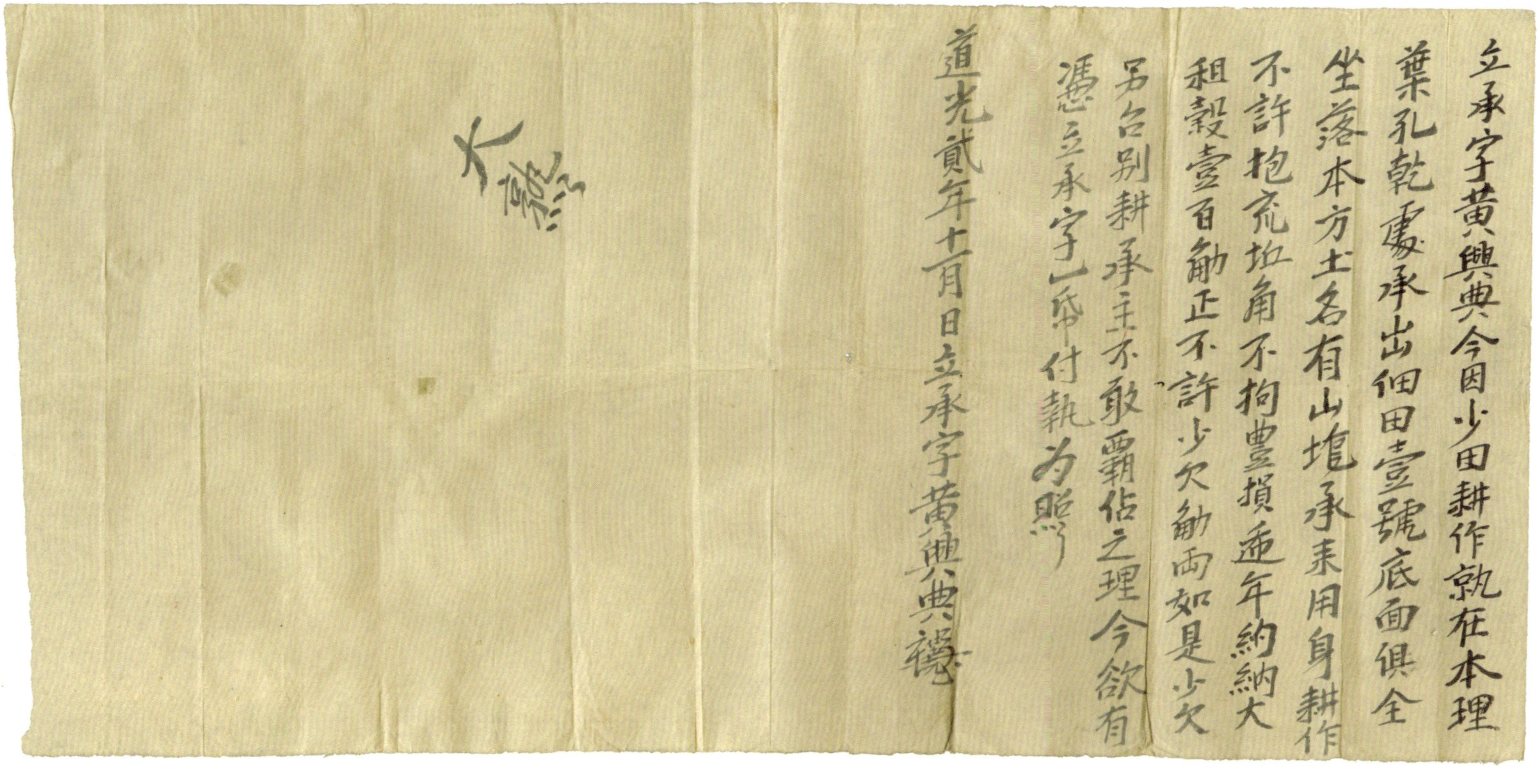
立承字黃興典今因少田耕作就在本理
葉孔乾處承出佃田壹號底面俱全
坐落本方土名有山墘承耒用身耕作
不許抛荒坵角不拘豐損逐年約納大
租穀壹百觔正不許少欠觔兩如是少欠
另召別耕承主不敢覇佔之理今欲有
憑立承字一紙付執為照
道光貳年十一月日立承字黃興典

2-2-12-1　清道光二年十一月黃興典立承佃田字

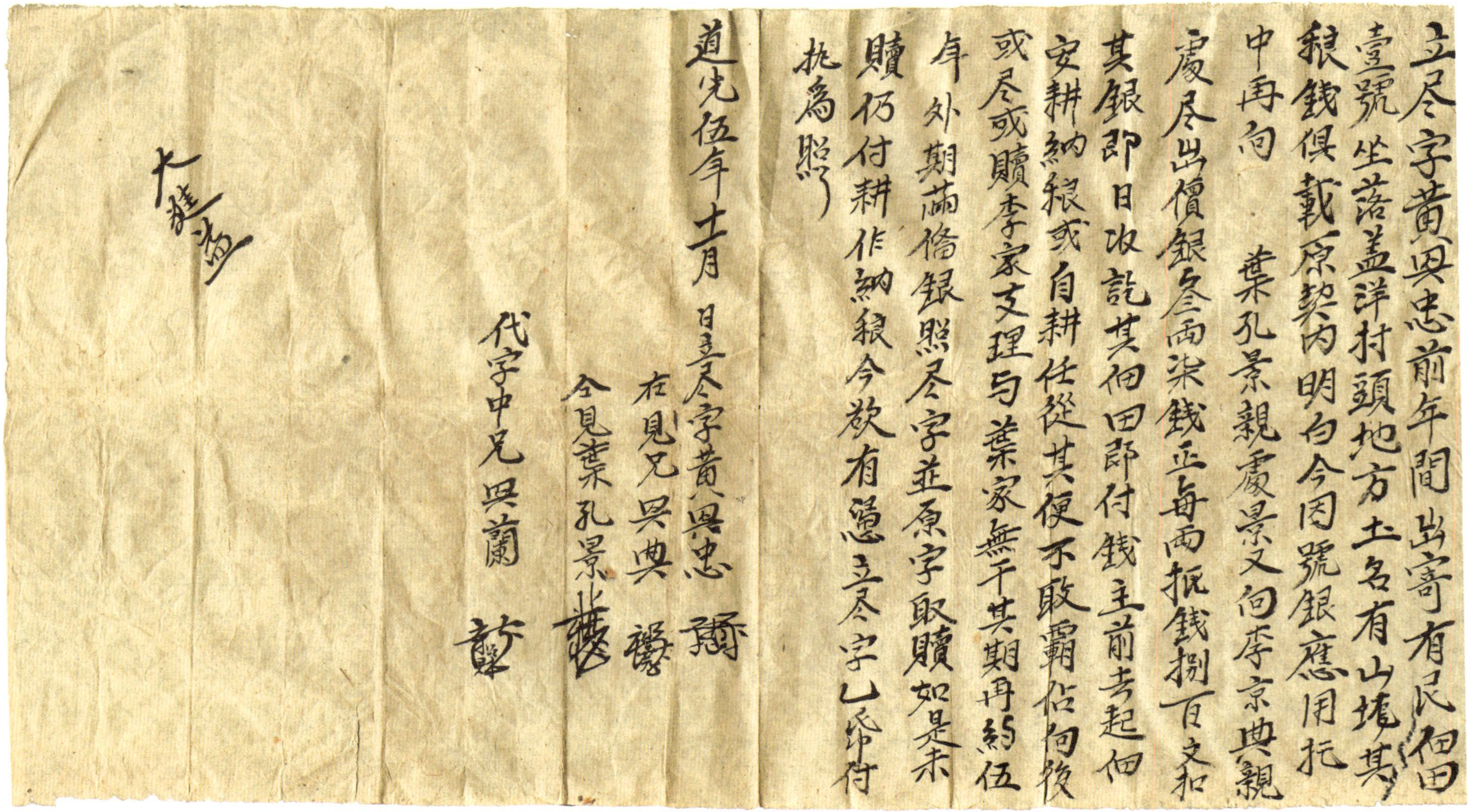

立盡字黄與忠前年間出寄有民佃田
壹號坐落盖洋村頭地方土名有山塆其
粮钱俱載原契内明白今因號银應用托
中再向　葉孔景親處景文向李京典親
處盡出價銀叁兩柒钱正每兩抵钱捌百文扣
其銀即日收訖其佃田即付钱主前去起佃
安耕納粮或自耕任從其便不敢霸佔向後
或盡或贖李家支理与葉家無干其期冉約伍
年外期滿備銀照盡字並原字取贖如是未
贖仍付耕作納粮今欲有憑立盡字乙紙付
執爲照

道光伍年十一月　日立盡字黄與忠（押）
在見兄與典（押）
仝見葉孔景（押）
代字中兄與蘭（押）

2-2-12-2　清道光五年十一月黄與忠立盡民佃田字

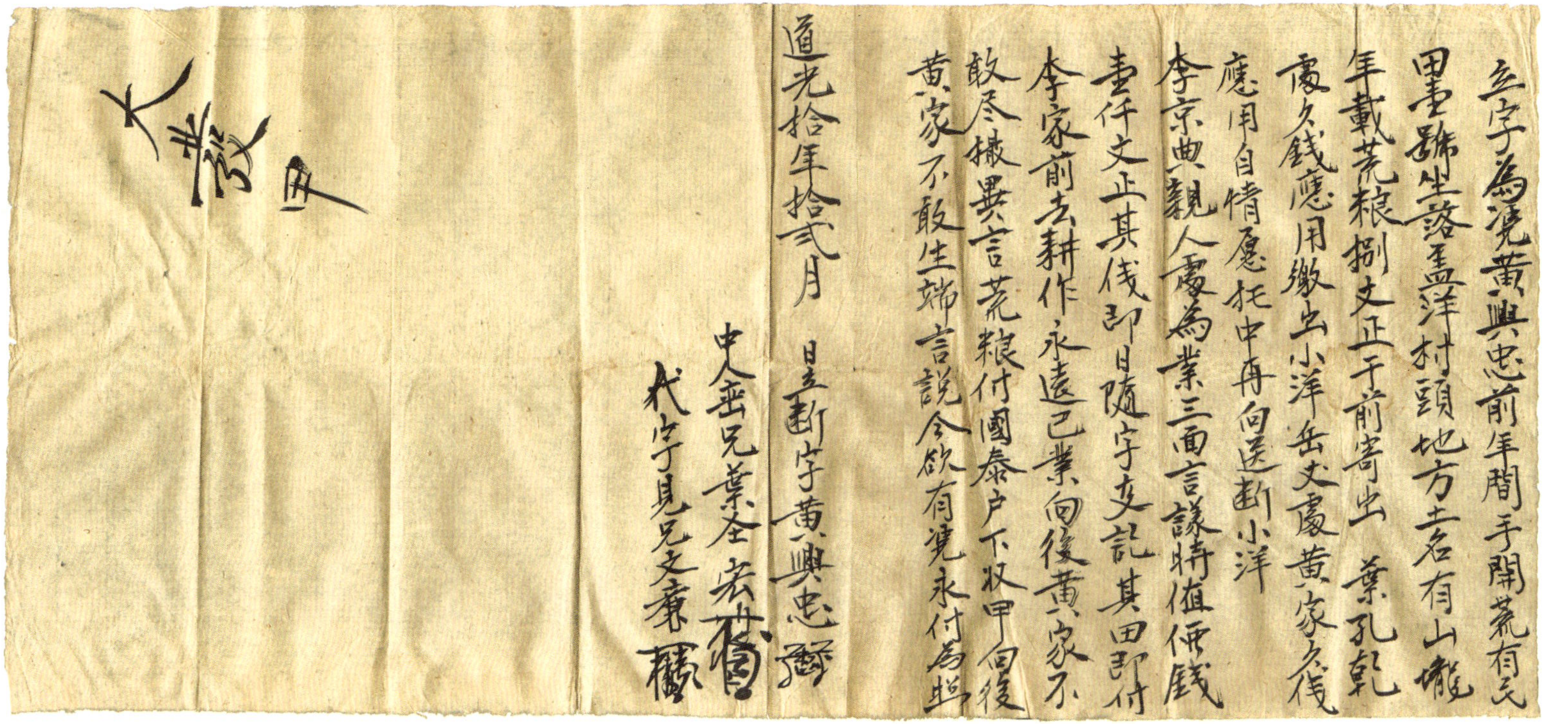

立字爲憑黄興忠前年間手開荒有民
田壹號坐落蓋洋村頭地方土名有山壠
年載荒粮捌文正于前寄出　葉孔乾
處久錢應用繳出小洋岳丈處黄家久代
應用自情愿托中再向送斷小洋
李宗典親人處爲業三面言議特值價錢
壹仟文正其錢即日隨字交訖其田即付
李家前去耕作永遠己業向後黄家不
敢尽據異言荒粮付國泰户下收甲[illegible]役
黄家不敢生端言說今欲有憑永付爲照

道光拾年拾弍月　日立斷字黄興忠（押）
中人岳兄葉全宏（押）
代字見兄文章（押）

2-2-12-3　清道光十年二月黄興忠立斷民田契

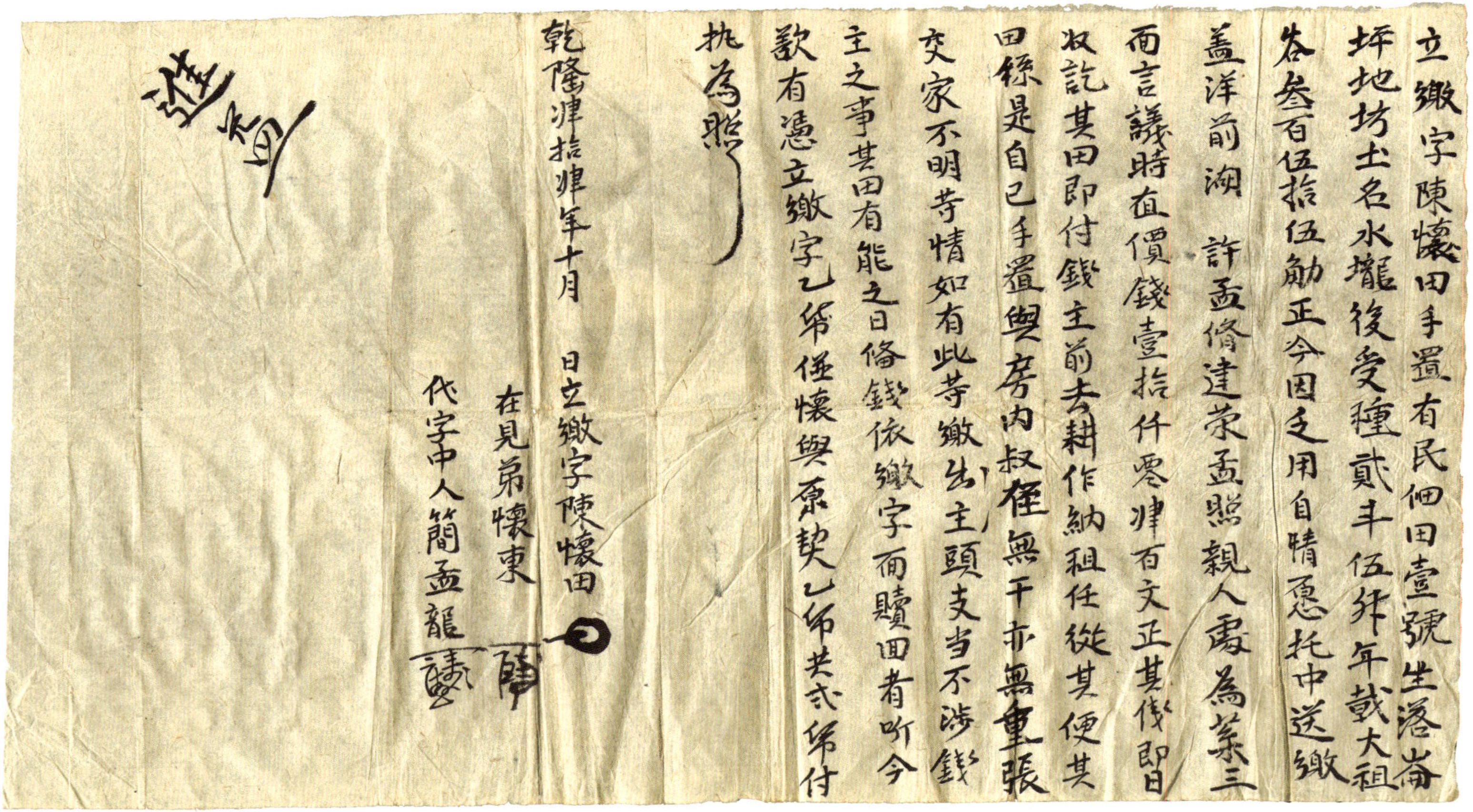
立繳字陳懷田手置有民佃田壹號生落崙
坪地坊土名水壠後受種貳斗伍升年載大租
谷叁百伍拾伍觔正今因乏用自情愿托中送繳
蓋洋簡洶　許孟脩建茶孟聰親人處為業三
面言議時值價錢壹拾仟零肆百文正其價即日
收訖其田即付錢主前去耕作納租任從其便其
田係是自己手置與房内叔侄無干亦無重張
交家不明等情如有此等繳出主頭支当不涉錢
主之事其田有能之日備錢依繳字而贖田者听今
欲有憑立繳字乙帋併懷與原契乙帋共弍帋付
執為照

乾隆肆拾肆年十月　日立繳字陳懷田
在見弟懷東
代字中人簡孟龍

2-2-13-1　清乾隆四十四年十月陳懷田立繳民佃田字

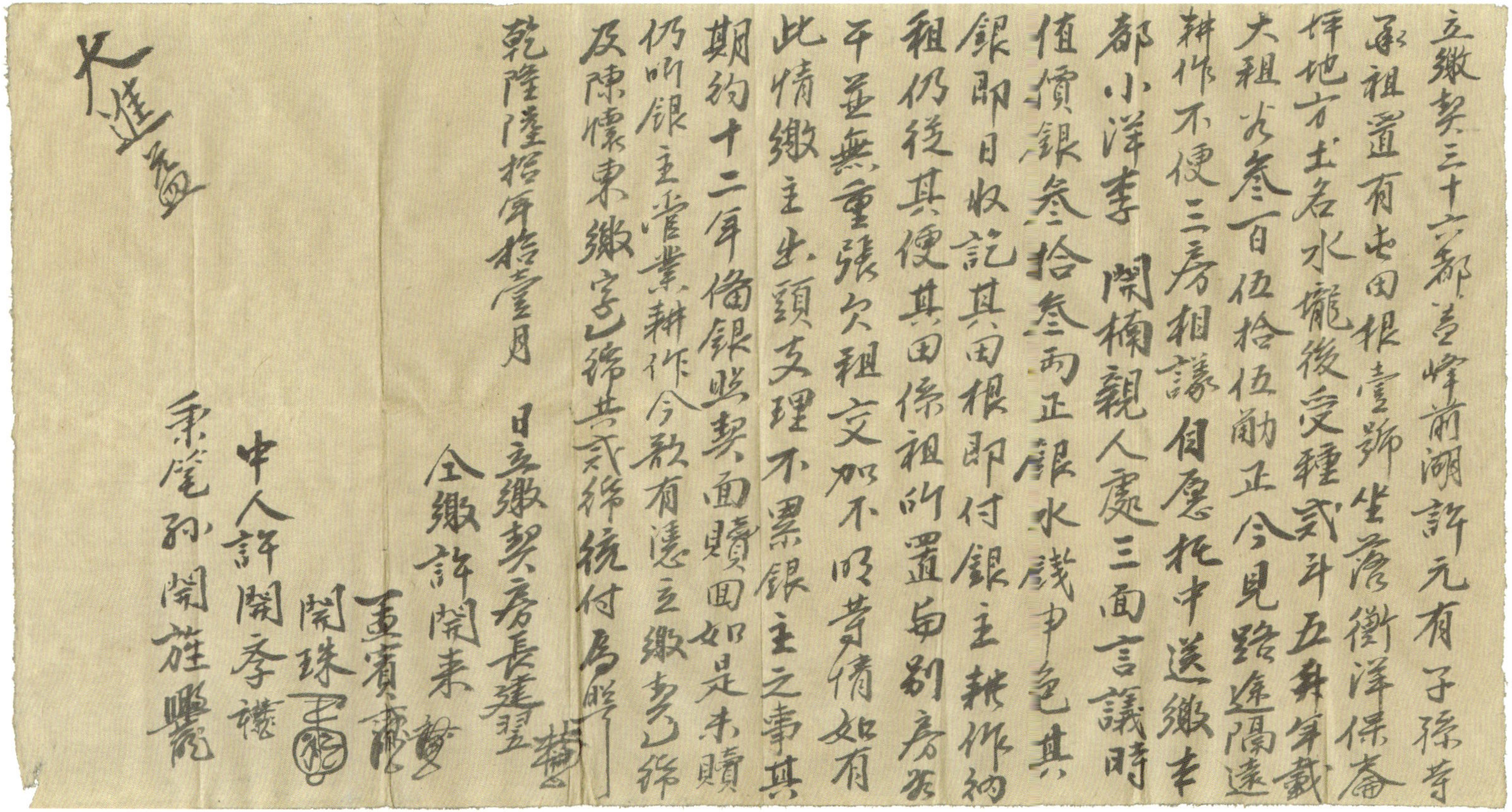
立繳契三十六都蓋峰前湖許元有子孫等
承祖置有屯田根壹號，坐落衡洋保畬
坪地方，土名水壠後，受種貳斗五升，年載
大租谷叁百伍拾伍觔正。今見路途隔遠，
耕作不便，三房相議，自愿托中送繳本
都小洋李　開楠親人處，三面言議，時
值價銀叁拾叁兩正，銀水戥申色。其
銀即日收訖，其田根即付銀主耕作納
租，仍從其便。其田係祖所置，與别房不
干，並無重張欠租交加不明等情。如有
此情，繳主出頭支理，不累銀主之事。其
期約十二年備銀照契面贖回，如是未贖，
仍听銀主管業耕作。今欲有憑，立繳契乙紙，
及陳懷東繳字乙紙，共貳紙，統付爲照。
乾隆陸拾年拾壹月　日立繳契房長建翌
仝繳許開來
蓮賓
開珠
中人許開孝
秉筆孫開旌
大進壹

2-2-13-2　清乾隆六十年十一月許建翌等立繳屯田根契

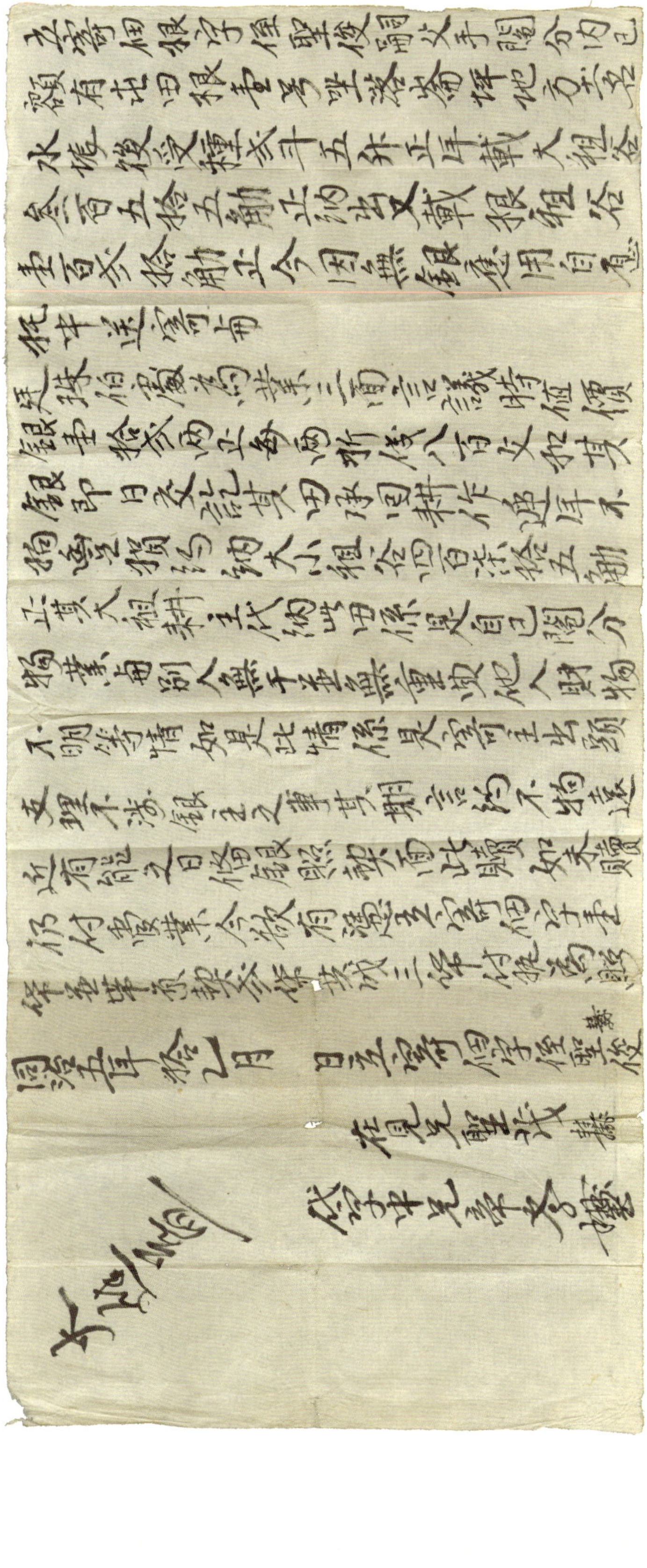

2-2-13-3　清同治五年十一月李聖俊立寄佃屯田根字

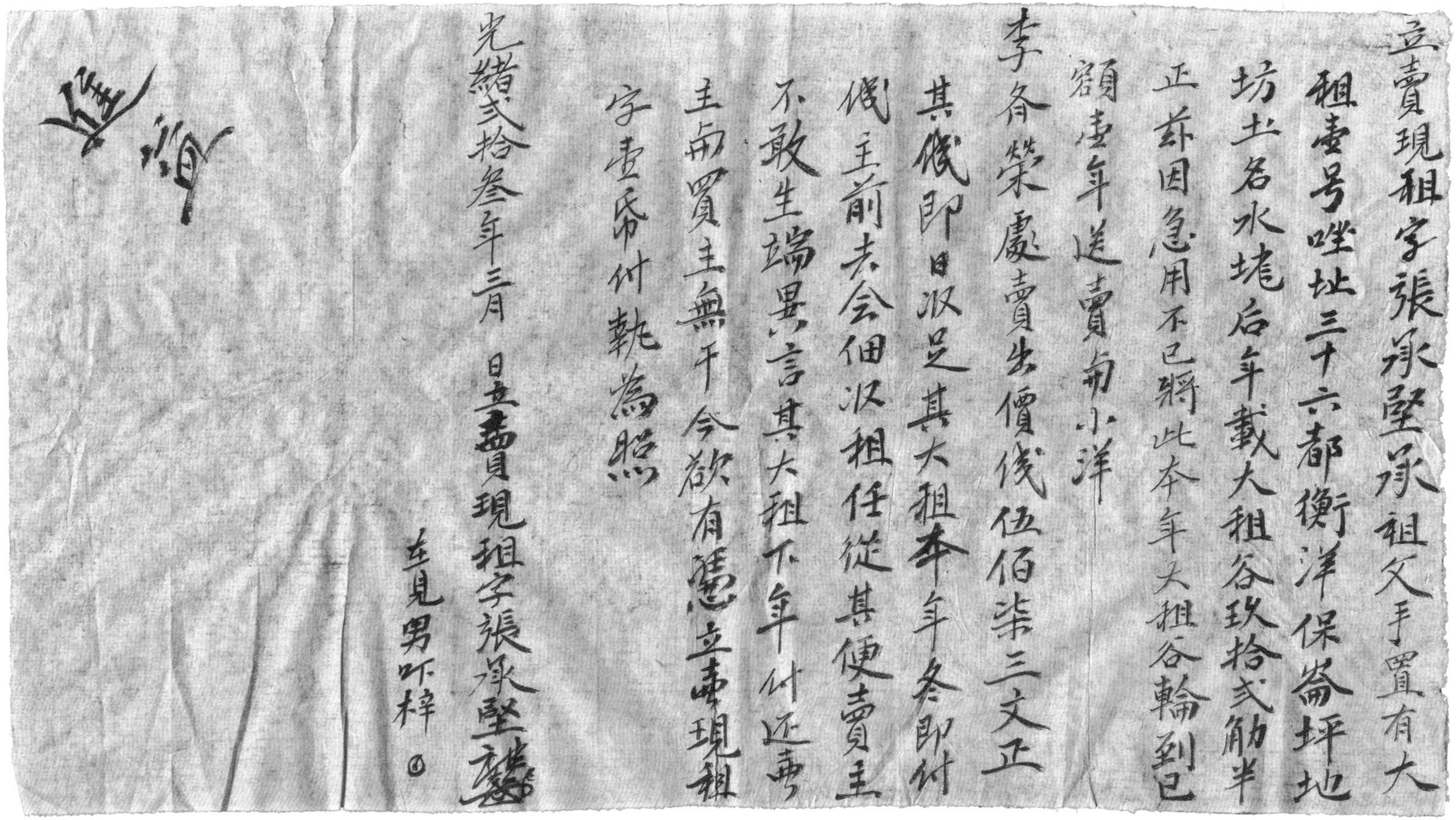
立賣現租字張承堅，承祖父手置有大
租壹号，坐址三十六都衡洋保崙坪地
坊土名水垱后，年載大租谷玖拾弍觔半
正。茲因急用不已，將此本年大租谷輪到己
額壹年，送賣與小洋
李各榮處，賣出價錢伍佰柒三文正。
其錢即日收足，其大租本年冬即付
錢主前去会佃收租，任從其便，賣主
不敢生端異言。其大租下年付還賣
主，與買主無干。今欲有憑，立賣現租
字壹紙，付執為照。
光緒弍拾叁年三月　日立賣現租字張承堅（押）
在見男　吓梓（押）

2-2-13-4　清光緒二十三年三月張承堅立賣大租字

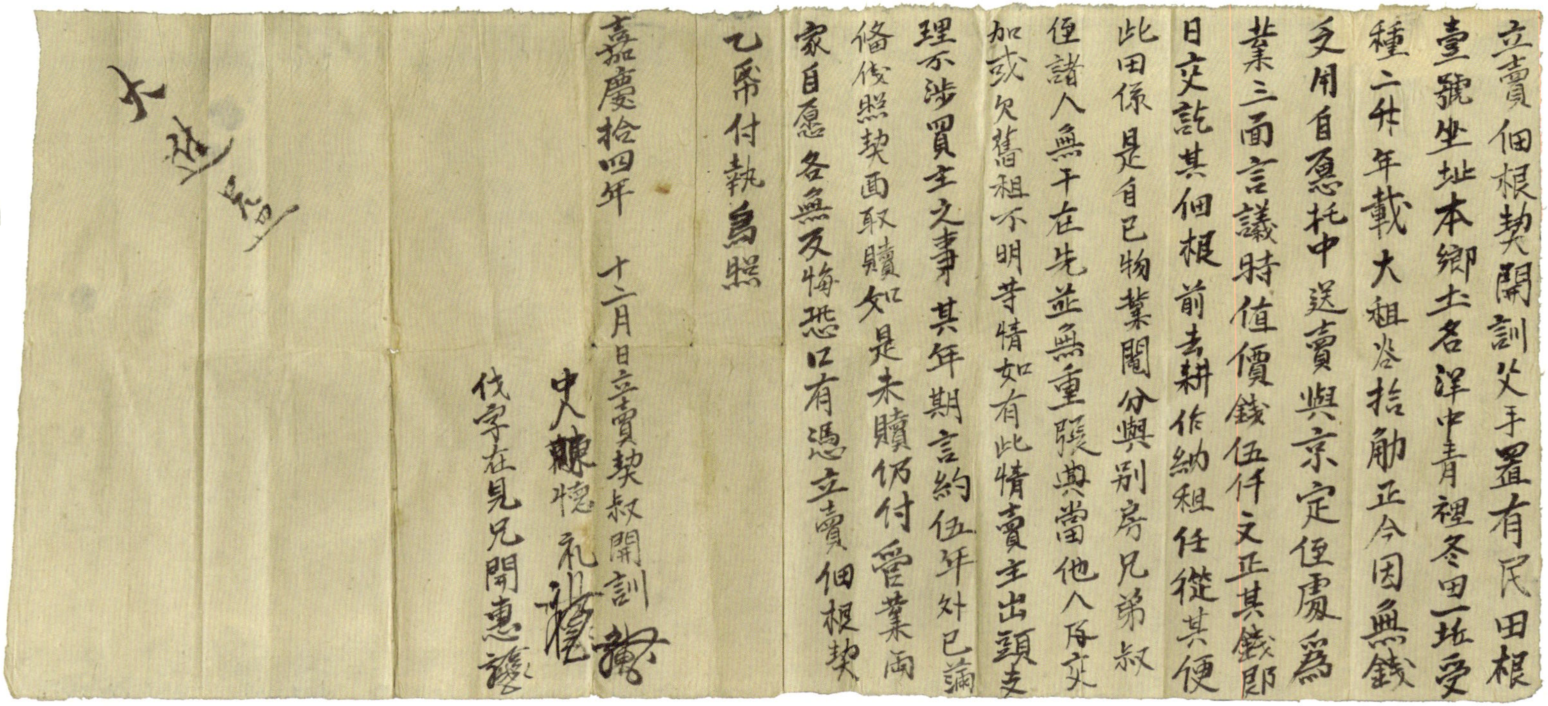
立賣佃根契開訓父手置有民田根
壹號坐址本鄉土名洋中青裡冬田一坵受
種二升年載大租谷拾觔正今因無錢
乏用自愿托中送賣與京定侄處爲
業三面言議時值價錢伍仟文正其錢即
日交訖其佃根前去耕作納租任從其便
此田係是自己物業閹分與别房兄弟叔
侄諸人無干在先並無重張典當他人除交
加或欠舊租不明等情如有此情賣主出頭支
理不涉買主之事其年期言約伍年外已滿
備價照契面取贖如是未贖仍付管業兩
家自愿各無反悔恐口有憑立賣佃根契
乙帋付執爲照
嘉慶拾四年　十二月　日立賣契叔開訓（押）
中人　賴懷礼（押）
代字在見兄開惠（押）

2-2-14-1　清嘉慶十四年十二月李開訓立賣民田根契

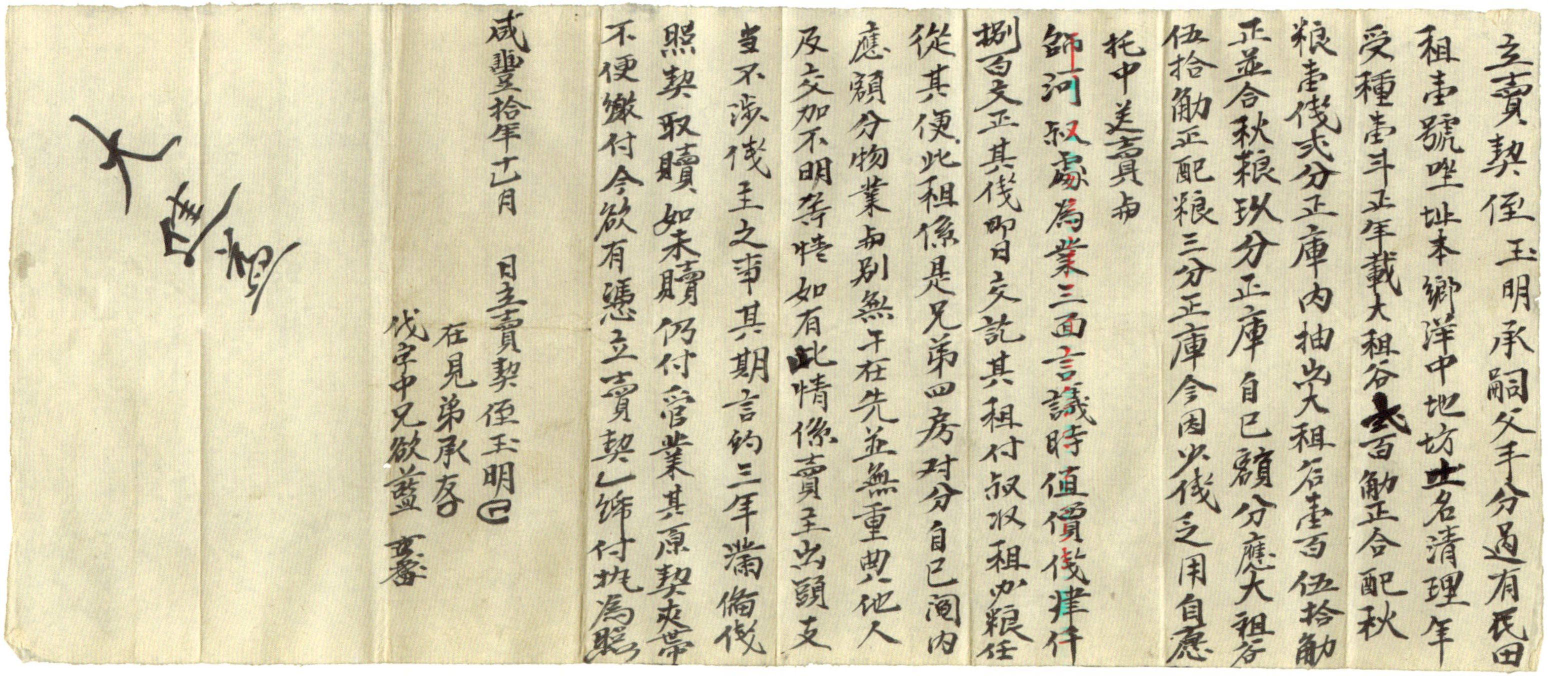
立賣契侄玉明承嗣父手分過有民田
租壹號坐址本鄉洋中地坊土名清理年
受種壹斗五年載大租谷貳百觔正合配秋
粮壹錢弍分正庫内抽出大租谷壹百伍拾觔
正並合秋粮玖分正庫自己顮分應大租谷
伍拾觔正配粮三分正庫今因乏錢之用自愿
托中送賣與叔
師河叔處爲業三面言議時值價錢肆仟
捌百文正其錢即日交訖其租付叔收租納粮任
從其便此租係是兄弟四房對分自己閹内
應顮分物業與别無干在先並無重典他人
反交加不明等情如有此情係賣主出頭支
当不涉錢主之事其期言約三年滿備錢
照契取贖如未贖仍付管業其原契夾帶
不便繳付今欲有憑立賣契一紙付執爲照
咸豐拾年十一月　日立賣契侄玉明（押）
在見弟承存
代字中兄欽蓋（押）
大吉

2-2-14-2　清咸豐十年十一月李玉明立賣民田租契

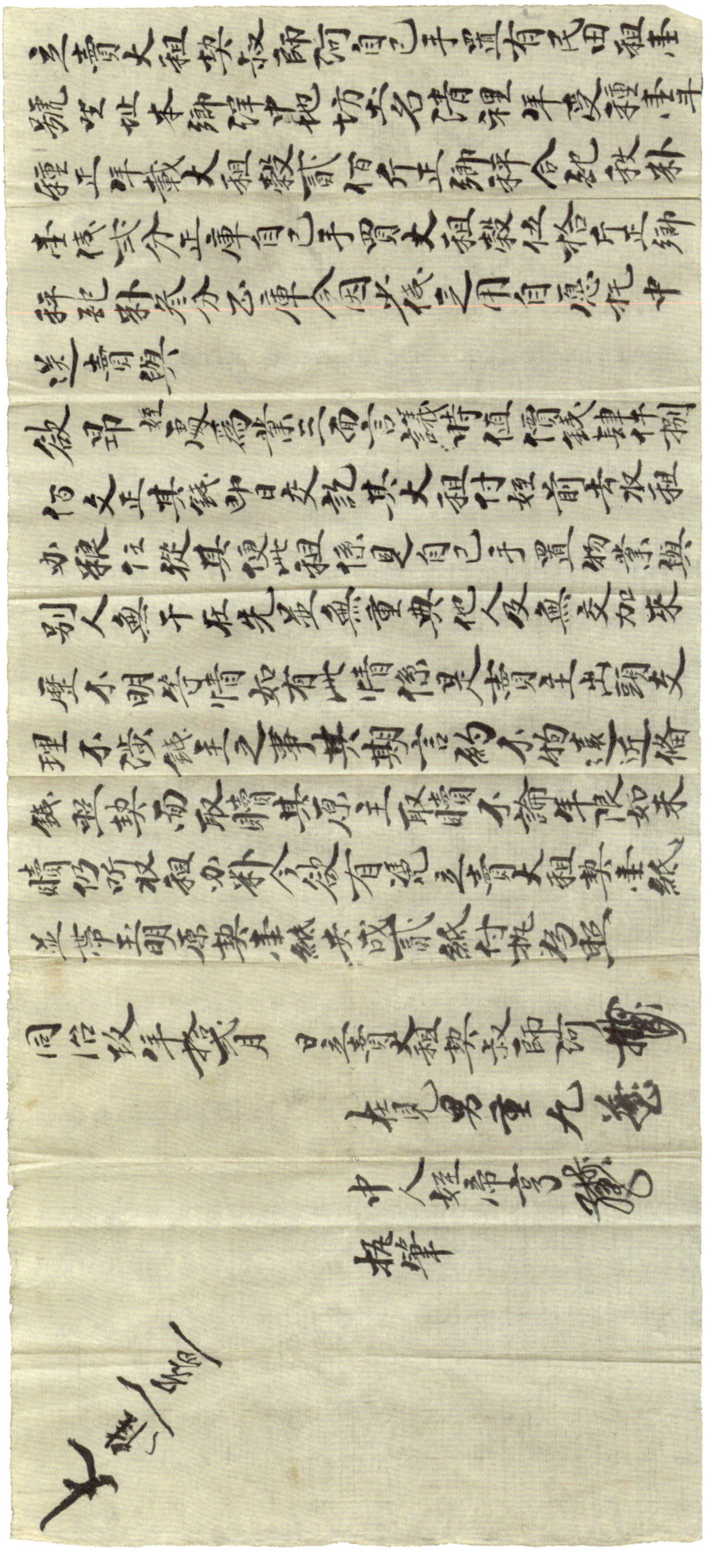

立賣大租契李師河，自己手置有民田租壹
號，坐址本鄉洋尾地方，土名清裡洋，受種壹斗
種正，年載大租穀貳佰斤正，鄉秤，今配收納
[illegible]三分正，今原自己手買大租穀伍拾斤正，鄉
秤配納，[illegible]分正，今因乏銀之用，自願托中
送賣與
叔[illegible]姪[illegible]為業，三面言議時值價銀肆仟捌
佰文正，其銀即日交訖，其大租付姪前去收租
辦納，任從其便，此租係是自己手置物業，與
別人無干，亦無先立重典他人及無交加來
歷不明等情，如有此情，係是賣主出頭支
理，不涉銀主之事。其期言約不拘遠近，備
錢照契面取贖，其買主取贖不論年限，如未
贖，仍前收租[illegible]，今欲有憑，立賣大租契壹紙，
並帶上手明原契壹紙，共成貳紙，付執為照。

同治玖年拾貳月　日立賣大租契李師河（押）
在見男重九（押）
中人姪[illegible]（押）
執筆[illegible]

2-2-14-3　清同治九年十二月李師河立賣民田租契

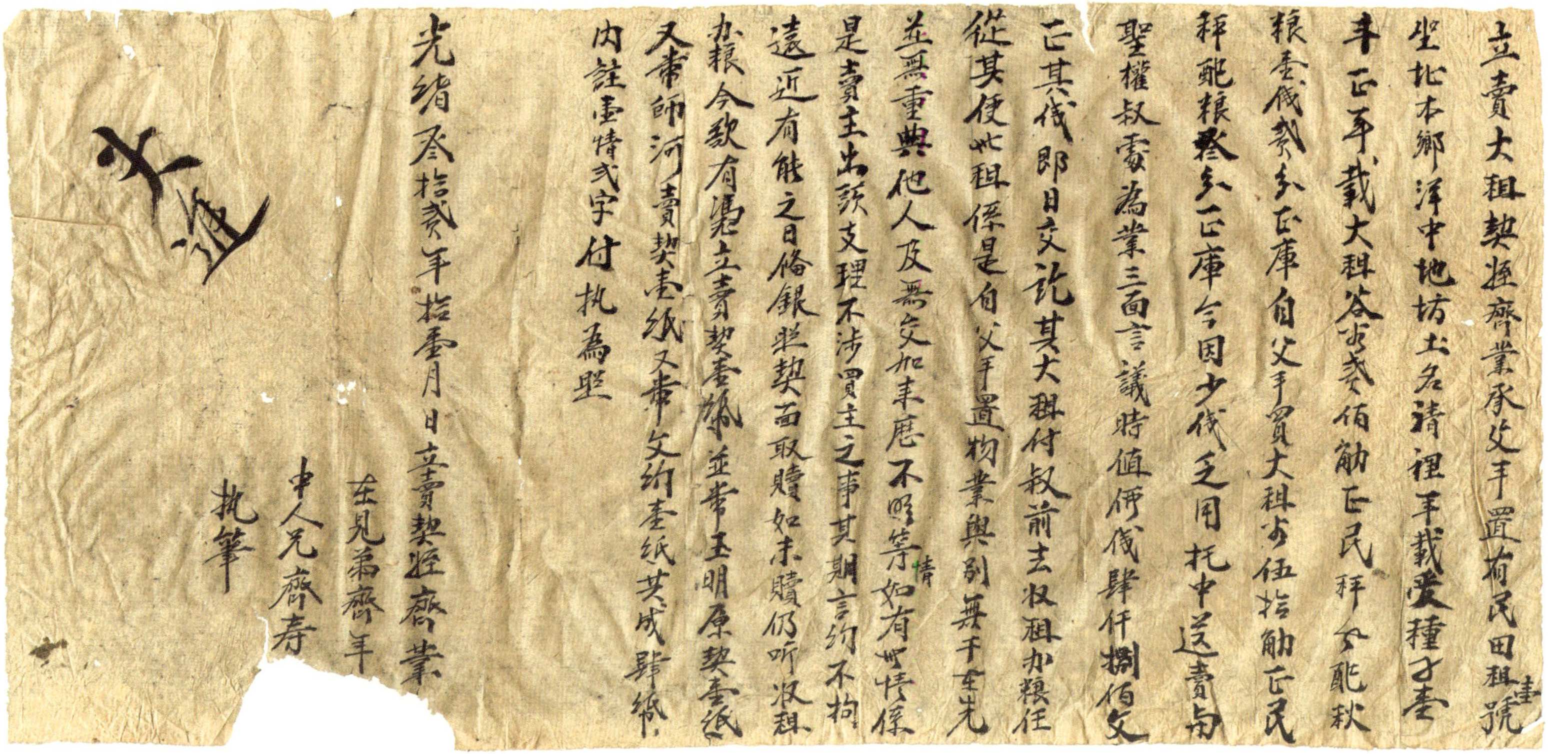
立賣大租契姪齊業承父手置有民田租號圭
坐北本鄉洋中地坊土名清徑手載受種子壹
斗正年載大租谷参佰觔正民秤仝配秋
粮壹錢貳分正庫自父手買大租谷伍拾觔正民
秤配粮叁分正庫今因少錢乏用托中送賣與
聖權叔處為業三面言議時值價錢肆仟捌佰文
正其錢即日交訖其大租付叔前去收租办粮任
從其便此租係是自父手置物業與别無干尚先
並無重典他人及無交加未歷不明等情如有此情係
是賣主出頭支理不涉買主之事其期言約不拘
遠近有能之日備銀照契面取贖如未贖仍听收租
办粮今欲有憑立賣契壹紙並帶主明原契壹紙
又帶師河賣契壹紙又帶文約壹紙共成肆紙
内註壹情式字付執為照
光緒叁拾貳年拾壹月　日　立賣契姪齊業
在見弟齊年
中人兄齊寿
執筆
大進

2-2-14-4　清光緒三十二年十一月李齊業立賣民田租契

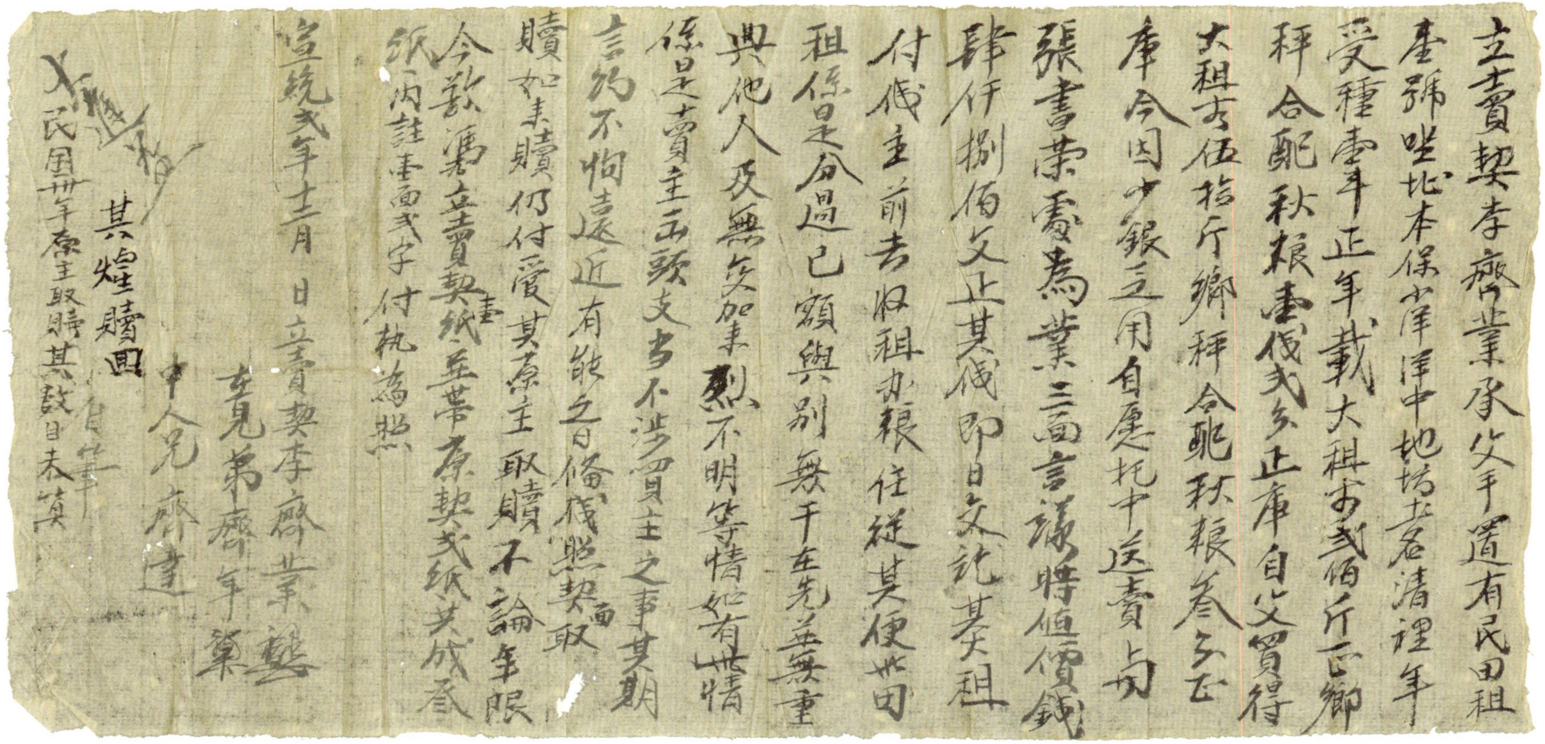
立賣契李齊業承父手置有民田租
壹號坐址本保岸洋中地坊土名清理年
受種壹斗正年載大租谷貳佰斤正鄉
秤合砣秋粮壹錢貳分正庫自父買得
大租谷伍拾斤鄉秤合砣秋粮叁分正
庫今因少銀乏用自愿托中送賣與功
張書崇處爲業三面言議時值價錢
肆仟捌佰文正其錢即日交訖其租
付錢主前去收租办粮任從其便此田
租係是分過己額與别無干在先並無重
典他人及無交加來歷不明等情如有此情
係是賣主一力支当不涉買主之事其期
言約不拘遠近有能乏日備錢照契面取
贖如未贖仍付買主取贖不論年限
今欲有憑立賣契壹紙並帶原契貳紙共成叁
紙内註塗面貳字付執爲照

宣統貳年十二月　日立賣契李齊業
在見弟齊年
中人兄齊達
其煌贖回
民国卅年原主取贖其數目未算
自筆

2-2-14-5　清宣統二年十二月李齊業立賣民田租契

立賣契李尔凝承祖遺有自己閹分民田坐
落小洋地方土名祖厝門前壟底面全年受
種伍斗正，年載大租穀陸拾陸觔正，合配秋粮
叁分九厘陸毛庫。今因少錢應用，托中送賣與
宗弟　京定處，三面言議時直價錢拾伍仟
貳佰文正，其錢即日收訖，其田即付錢主前去耕
作办納粮差。其田自閹分與別房兄弟侄無干，
在先並無重曲他人及無交加不明等情，如有此
情，賣主出頭支当，不涉錢主之事。其田言約
不拘遠近，倚錢照契面贖回，如是未贖，仍听
管業。今欲有憑，立賣契壹紙付执為照。

嘉慶拾伍年拾貳月　日立賣契李尔凝（押）

在見侄孫利（押）

中人宗叔開訓（押）

[illegible]

2-2-15-1　清嘉慶十五年十二月李尔凝立賣民田契

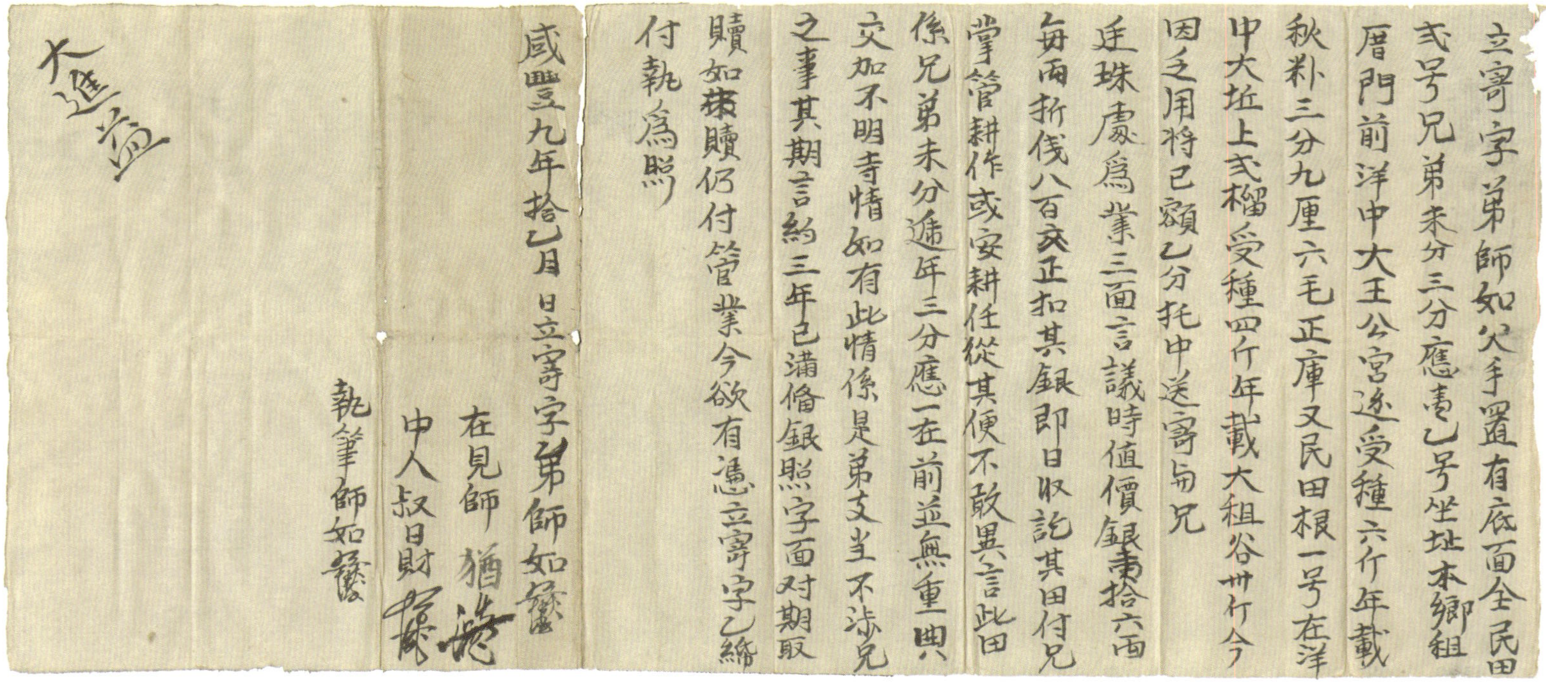
立寄字弟師如父手置有底面全民田
弍号兄弟未分三分應壹乙号坐址本鄉祖
厝門前洋中大王公宫邊受種六斤年載
秋粅三分九厘六毛正庫又民田根一号在洋
中大垅上弍榴受種四斤年載大租谷卅斤今
因乏用将己額乙分托中送寄与兄
廷珠處爲業三面言議時值價銀壹拾六両
每両折伐八百文正扣其銀即日收訖其田付兄
掌管耕作或安耕任從其便不敢異言此田
係兄弟未分逓年三分應一在前並無重典
交加不明寺情如有此情係是弟支当不涉兄
之事其期言約三年已滿備銀照字面对期取
贖如株贖仍付管業今欲有憑立寄字乙紙
付執爲照

咸豐九年拾乙月　日立寄字弟師如（押）
在見師　猶（押）
中人叔日財（押）
執筆師如（押）

大進益

2-2-15-2　清咸豐九年十一月李師如立寄底面全民田字

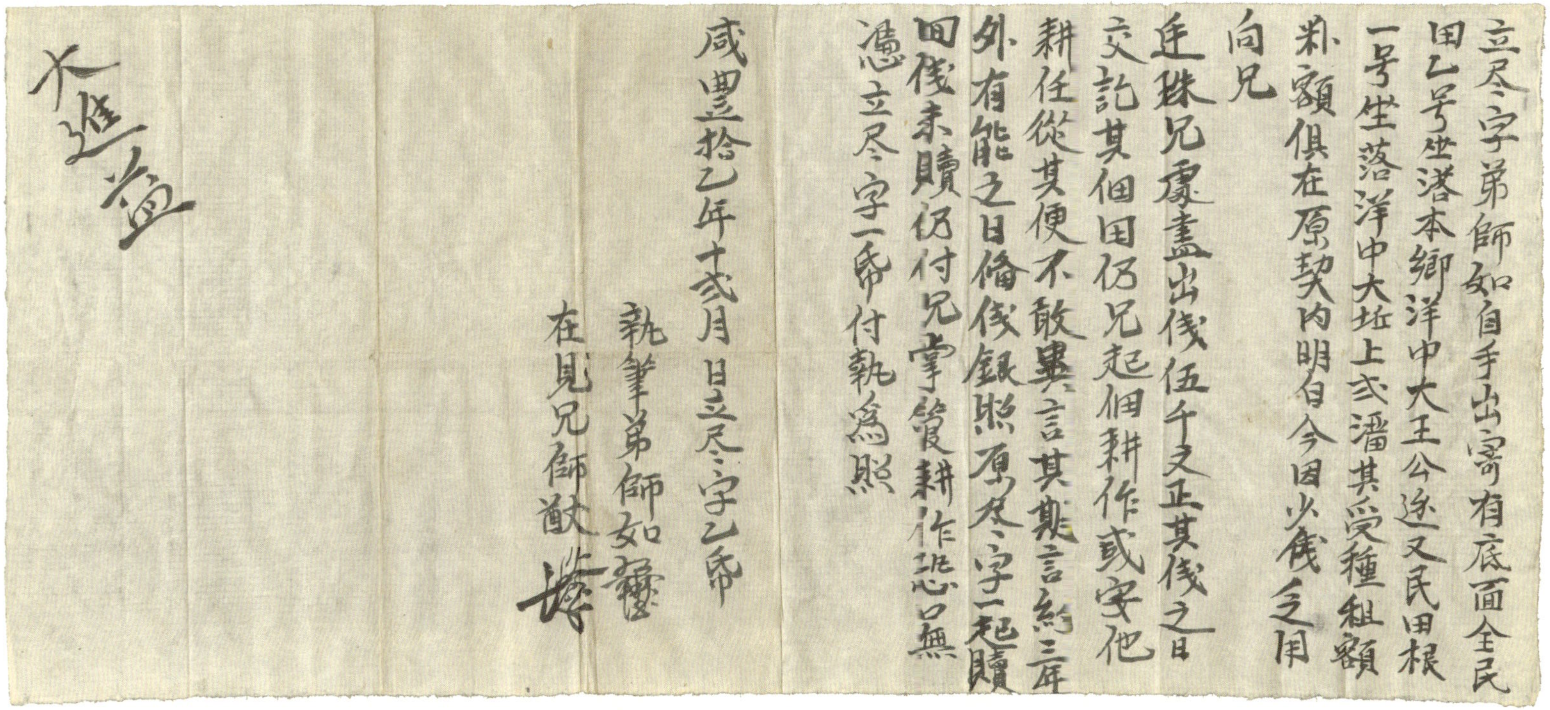
立尽字弟師如，自手出寄有底面全民
田乙号，坐落本鄉洋中大王公逆叉民田根
一号，坐落洋中大坵上，弍潘其受種租額
粎額俱在原契内明白。今因乏錢乏用，
向兄
廷珠兄處盡出錢伍千文正，其錢之日
交訖，其佃田仍兄起佃耕作，或安他
耕，任從其便，不敢異言。其期言約三年
外有能之日備錢取照原尽字一起贖
回，錢未贖仍付兄掌管耕作。恐口無
憑，立尽字一帋付執為照。

咸豐拾乙年十弍月　日立尽字乙帋
執筆弟師如（押）
在見兄師猷（押）

不進光

2-2-15-3　清咸豐十一年十二月李師如立盡底面全民田字

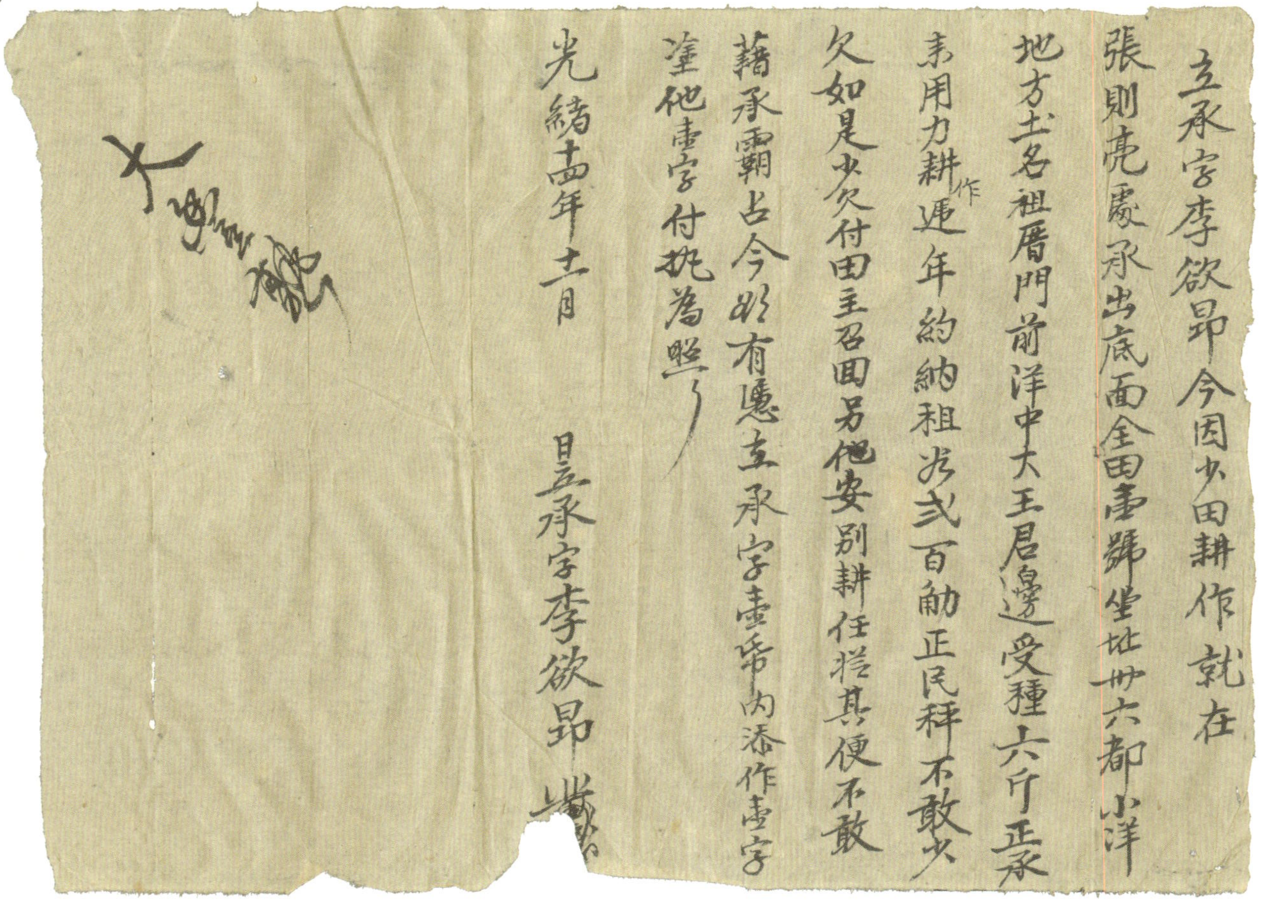
立承字李欲昂今因少田耕作就在
張則亮處承出底面全田壹號坐址卅六都小洋
地方土名祖厝門前洋中大王居邊受種六斤正承
来用力耕作逓年約納租谷弍百觔正民秤不敢少
欠如是少欠付田主召田另佃安別耕任聽其便不敢
藉承霸占今欲有憑立承字壹帋内添作壹字
塗他壹字付執為照
光緒十四年十一月　日　立承字李欲昂

2-2-15-4　清光緒十四年十一月李欽昂立承底面全田字

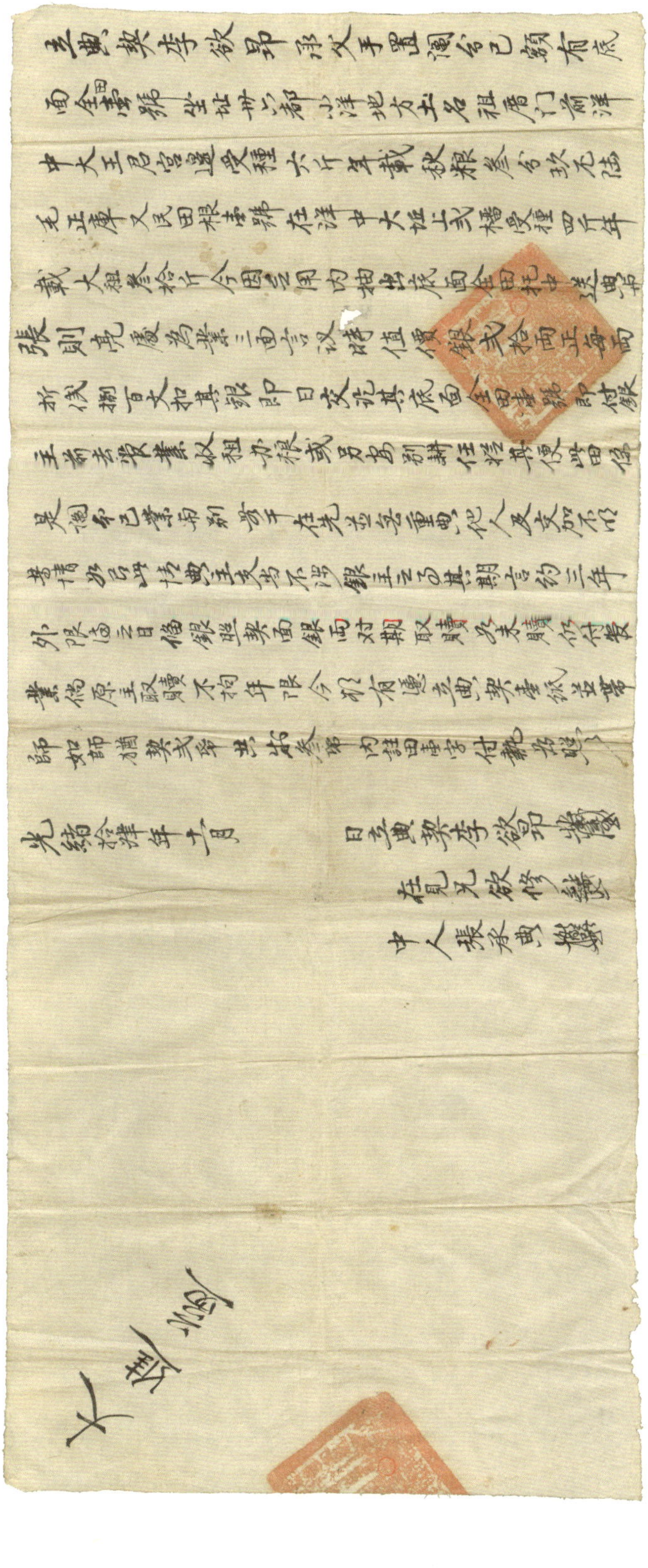
立典契李欽昂承父手置闔[illegible]己額有底
面全田壹號坐址卅一都小洋地方土名祖厝門前洋
中大王君宮邊受種六斤年載秋粮叁合玖勺陸
毛正，又民田根壹號在洋中大址上式播受種四斤年
載大租叁拾斤。今因乏用，向抽出底面全田托中送典與
張則惠處為業，三面言議時值價銀貳拾兩正，每兩
折錢捌百文，其銀即日交訖。其底面全田隨即付銀
主前去掌管收租办粮，或另召別耕，任從其便。此田係
是闔分己業，與別房兄弟叔侄無干，並無重典他人及交加不明
等情。如有此情，典主支当，不涉銀主之事。其期言約三年
外，限每年[illegible]日備銀照契面銀兩對期取贖。如未贖，仍付典
業儲原主取贖，不拘年限。今欲有憑，立典契壹紙，並上手
[illegible]契式紙，共拾叁號，內挂田壹字付執為照。

光緒拾肆年十一月　日立典契李欽昂（押）
在見兄欽修（押）
中人張承惠（押）

大[illegible][illegible]

2-2-15-5　清光緒十四年十一月李欽昂立典底面全田契（紅契）

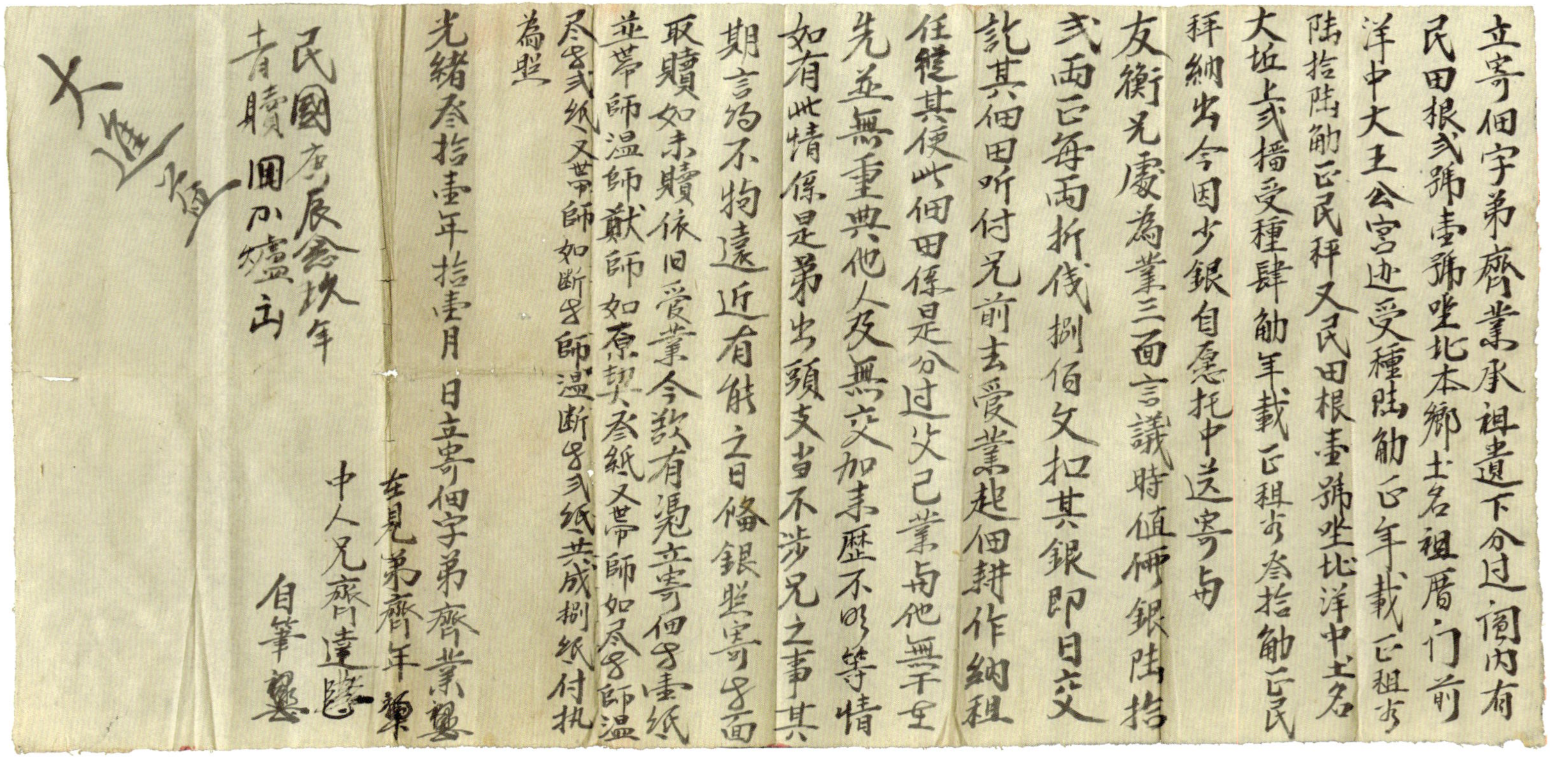

2-2-15-6　清光緒三十一年十一月李齊業立寄佃民田根字

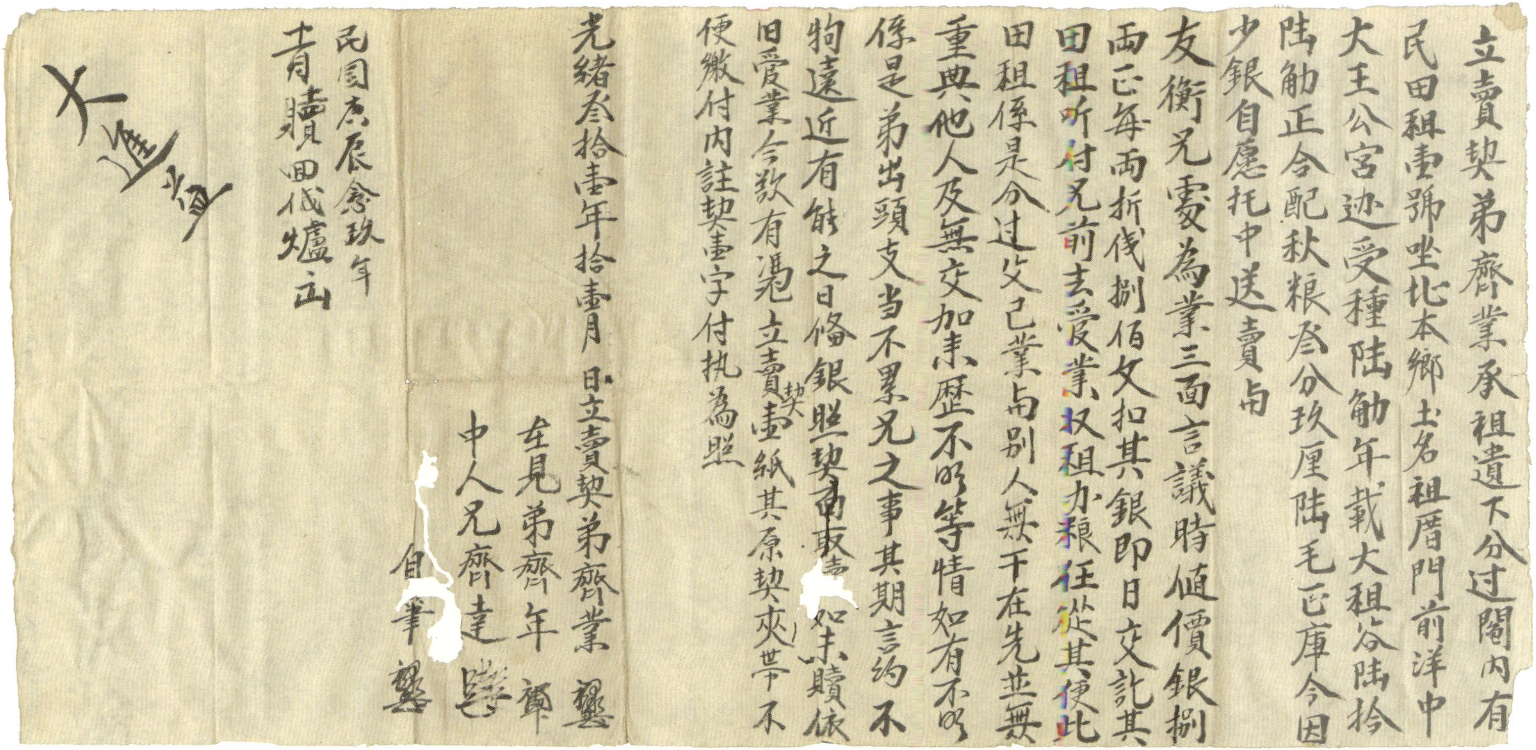

立賣契弟齊業承祖遺下分过阄内有
民田租壹號坐址本鄉土名祖厝門前洋中
大王公宮迹受種陆觔年載大租谷陆拾
陆觔正今配秋粮叁分玖厘陆毛正庫今因
少銀自愿托中送賣与
友衡兄處為業三面言議時値價銀捌
两正每两折伐捌佰文扣其銀即日交訖其
田租听付兄前去管業收租办粮任從其便此
田租係是分过己業与别人無干在先並無
重典他人及無交加未歷不明等情如有不明
係是弟出頭支当不累兄之事其期言約不
拘遠近有能之日備銀照契面收贖如未贖依
旧管業合欵有憑立賣契壹紙其原契夾帶不
便繳付内註契壹字付执為照

光緒叁拾壹年拾壹月 日立賣契弟齊業

在見弟齊年

中人兄齊達

自筆

民国戊辰念玖年
青贖田伐爐山

大進寶

2-2-15-7 清光緒三十一年十一月李齊業立賣民田租契

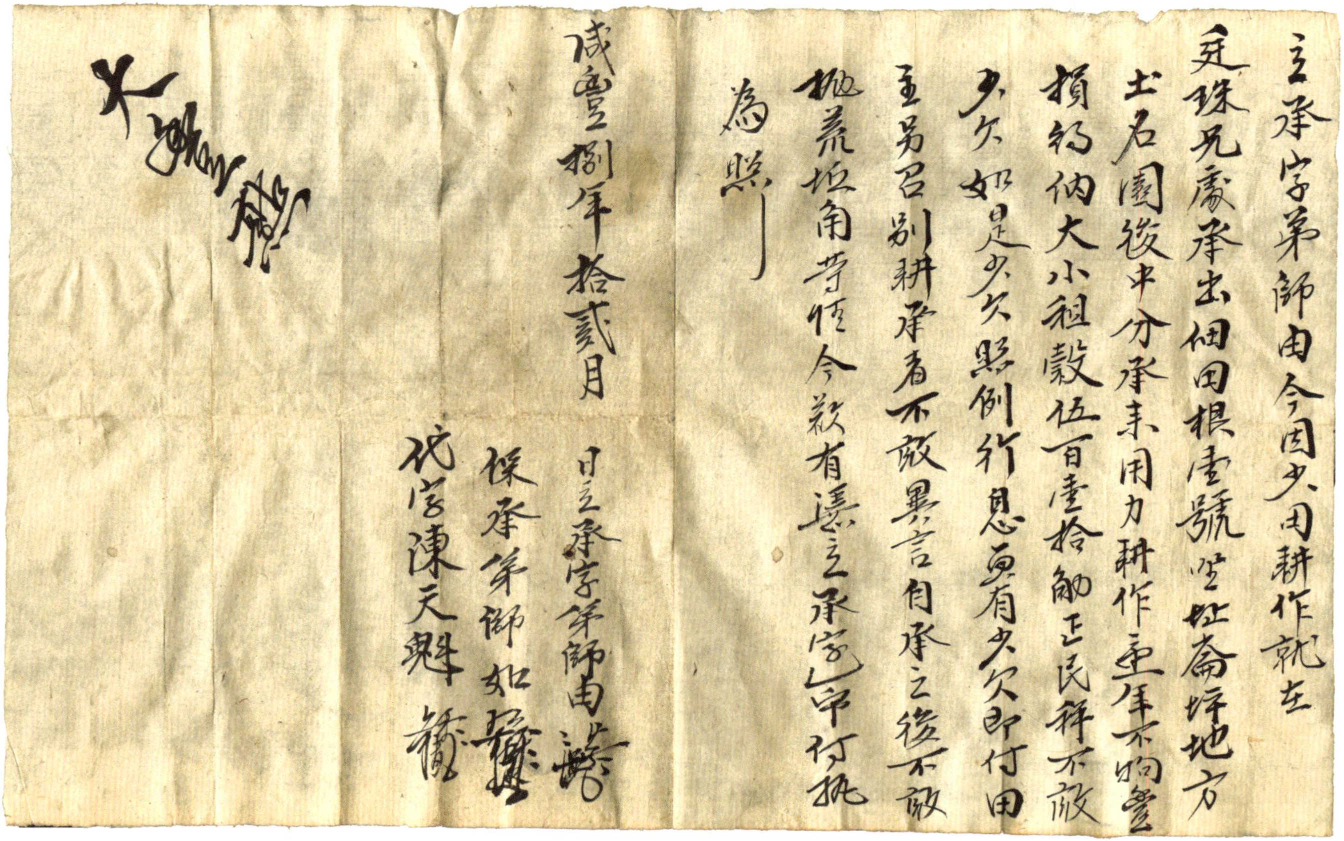

立承字弟師由今因少田耕作就在
廷珠兄處承出佃田根壹號坐址崙坪地方
土名園後中分承來用力耕作每年不論豐
歉納大小租穀伍百壹拾觔正民秤不敢
少欠如是少欠照例行息無有少欠即付田
主另召別耕承者不敢異言自承之後不敢
拋荒坵角等情今欲有憑立承字一紙付執
為照

咸豐捌年拾貳月　日立承字弟師由（押）
保承弟卿如（押）
代字陳天魁（押）

2-2-16-1　清咸豐八年十二月李師由立承佃田根字

立盡民字弟師如自手出寄有民佃田壹号
坐落梨庄地方土名園後安種租額俱在原
契內明白今因乏用再向
廷珠兄處盡出錢三千文正又代賠租谷
式百乙十斤正又撥谷乙百乙十斤正其錢谷交
訖其佃田仍兄起佃耕作或安他耕任從
其便不敢異言其期言約三年外有能充之
日備價錢照原字一起贖回谷未贖仍
付兄掌管耕作恐口無憑立盡字一紙
付執爲照

同治元年三月　日立盡字一紙弟師如（押）
在見兄師猷（押）
執筆師如（押）

大進益

2-2-16-2　清同治元年三月李師如立盡民佃田字

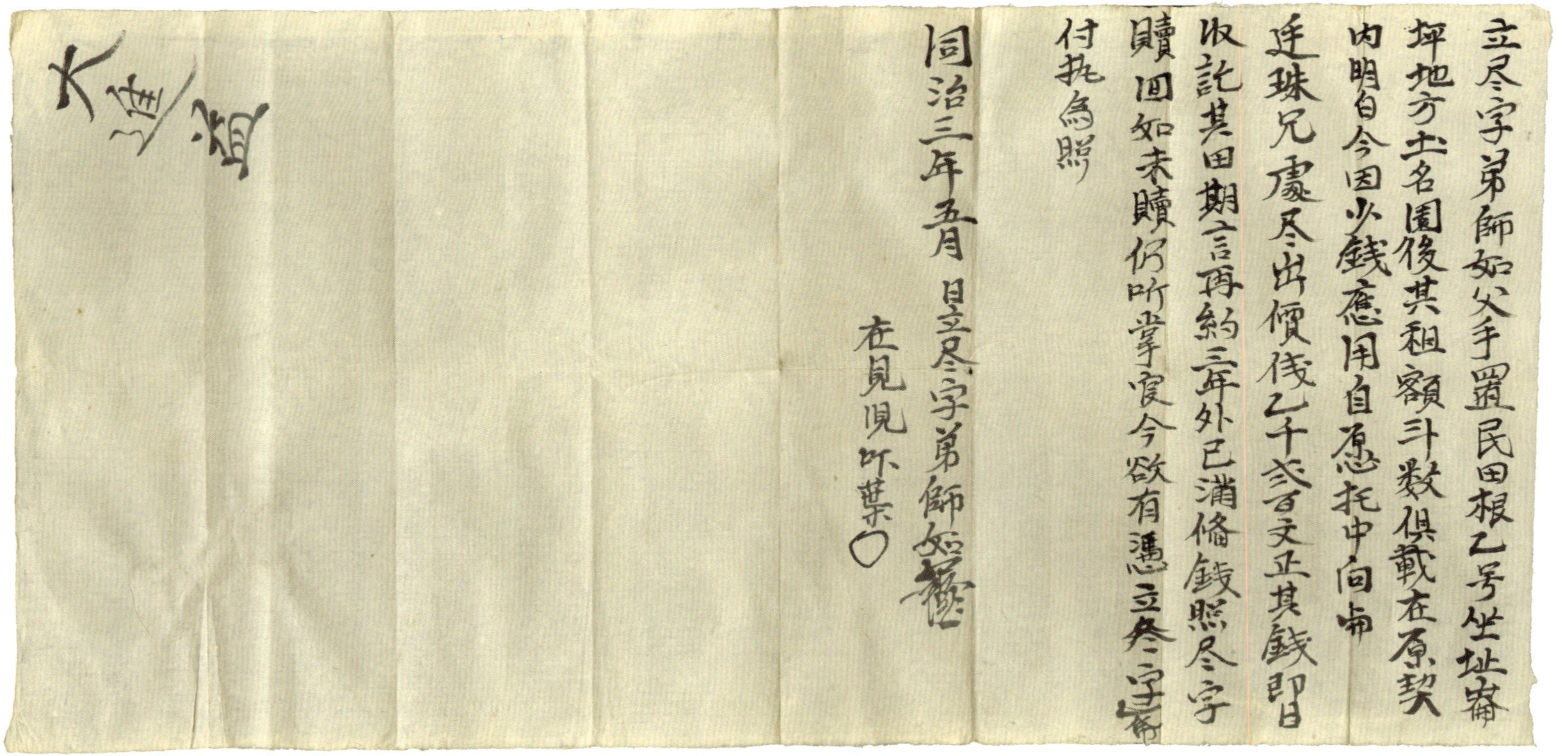

立盡字弟師如父手置民田根乙号坐址寄
坪地方土名園後其租額斗數俱載在原契
内明白今因少錢應用自愿托中向本
廷珠兄處盡出價錢乙千叁百文正其錢即日
收訖其田期言再約三年外已消備錢照盡字
贖回如未贖仍聽掌管今欲有憑立盡字
付執為照

同治三年五月　日立盡字弟師如（押）
在見侃吓葉〇

大建/道

2-2-16-3　清同治三年五月李師如立盡民田根契

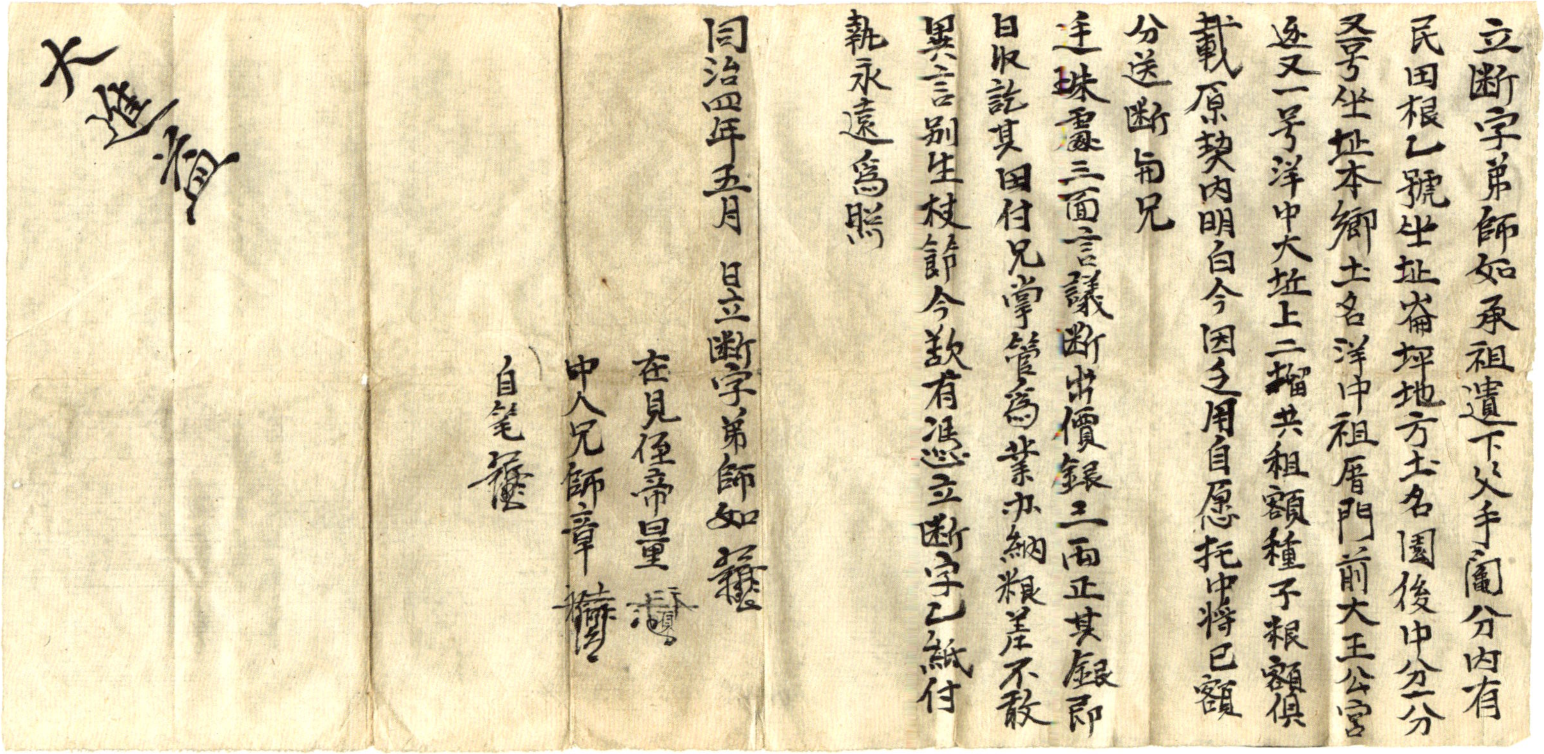

2-2-16-4　清同治四年五月李師如立斷民田根字

立斷字李師如承祖遺下父手鬮分內有
民田根乙號，坐址蓋洋地方，土名園後中分二分；
又一號坐址本鄉，土名洋中祖厝門口前大王公宮
邊；又一號洋中大址上二號。共租額穀種子根額係
載原契內明白。今因乏用，自愿托中將己額
分送斷與兄
李師愛，三面言議斷出價錢三兩正，其錢即
日收訖，其田付兄掌管爲業，亦納糧差，不敢
異言、別生枝節。今欲有憑，立斷字乙紙付
執，永遠爲照。

同治四年五月　日立斷字李師如（押）

在見侄李日呈（押）

中人兄師章（押）

自筆（押）

不遺根

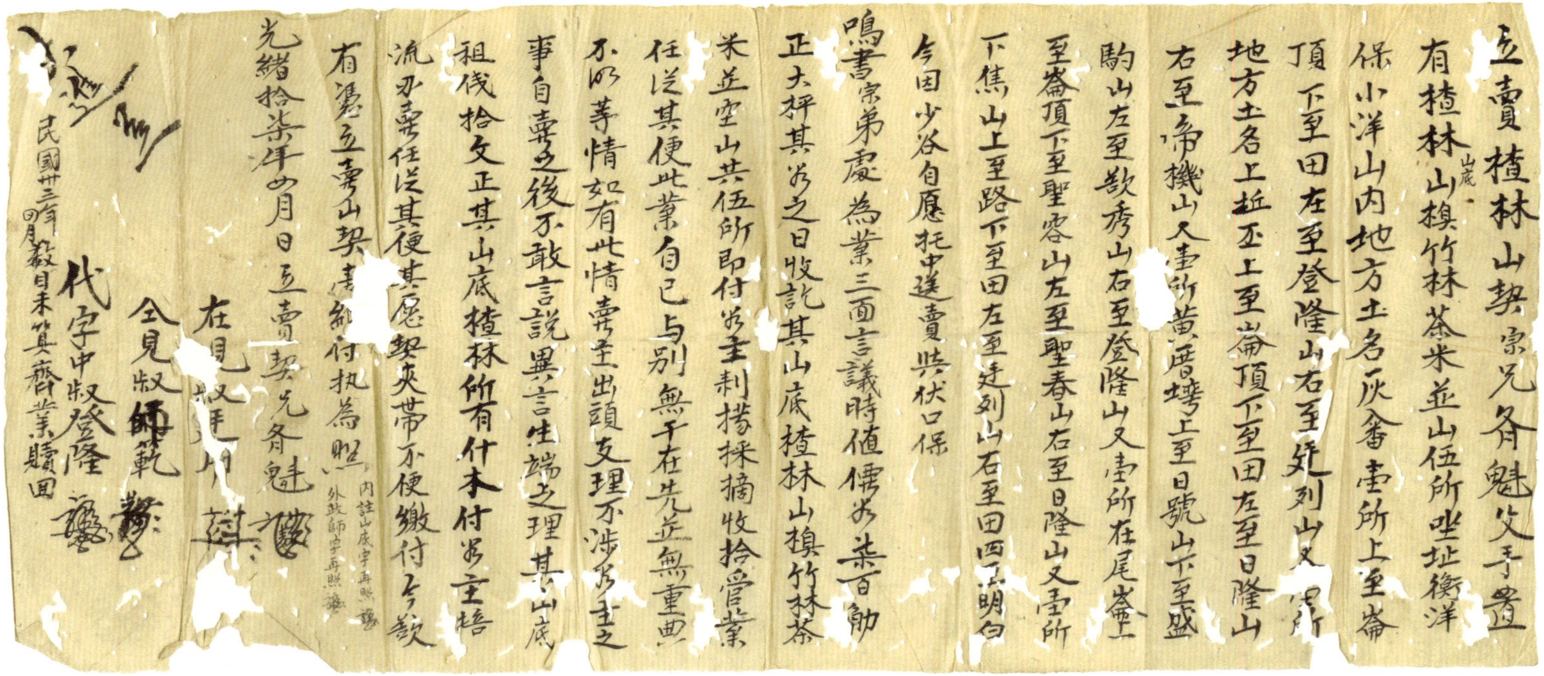

立賣楂林山契宗兄斉魁父子等置
有楂林山底山塆竹林茶米並山伍所坐址衡洋
係小洋山內地方土名灰畲壹所上至畲
頂下至田左至登隆山右至廷列山又一所
地方土名上坵丕上至崙頂下至田左至日隆山
右至啟鑑山又壹所黃厝塆上至日號山下至盛
駒山左至歆秀山右至登隆山又壹所在尾崙上
至崙頂下至聖容山左至聖春山右至日隆山又壹所
下焦山上至路下至田左至廷列山右至田四至明白
今因少谷自愿托中送賣與伏口保
鳴書宗弟慶為業三面言議時值價銀柒百肋
正大秤其銀之日收訖其山底楂林山塆竹林茶
米並空山共伍所即付銀主剚插採摘收拾管業
任從其便此業自己與別無干在先並無重典
不明等情如有此情賣主出頭支理不涉銀主之
事自賣之後不敢言說異言生端之理其山底
祖伐拾文正其山底楂林所有什木付銀主培
流永賣任從其便其屋契夾帶不便繳付今欲
有憑立賣山契壹紙付執為照
內註山底字再照
外改師字再照
光緒拾柒年四月日立賣契兄斉魁
在見叔
全見叔師乾
代字中叔登隆
民國卅三年四月穀日來莫齊業贖回

2-2-17-1　清光緒十七年四月李齊魁立賣楂林等契

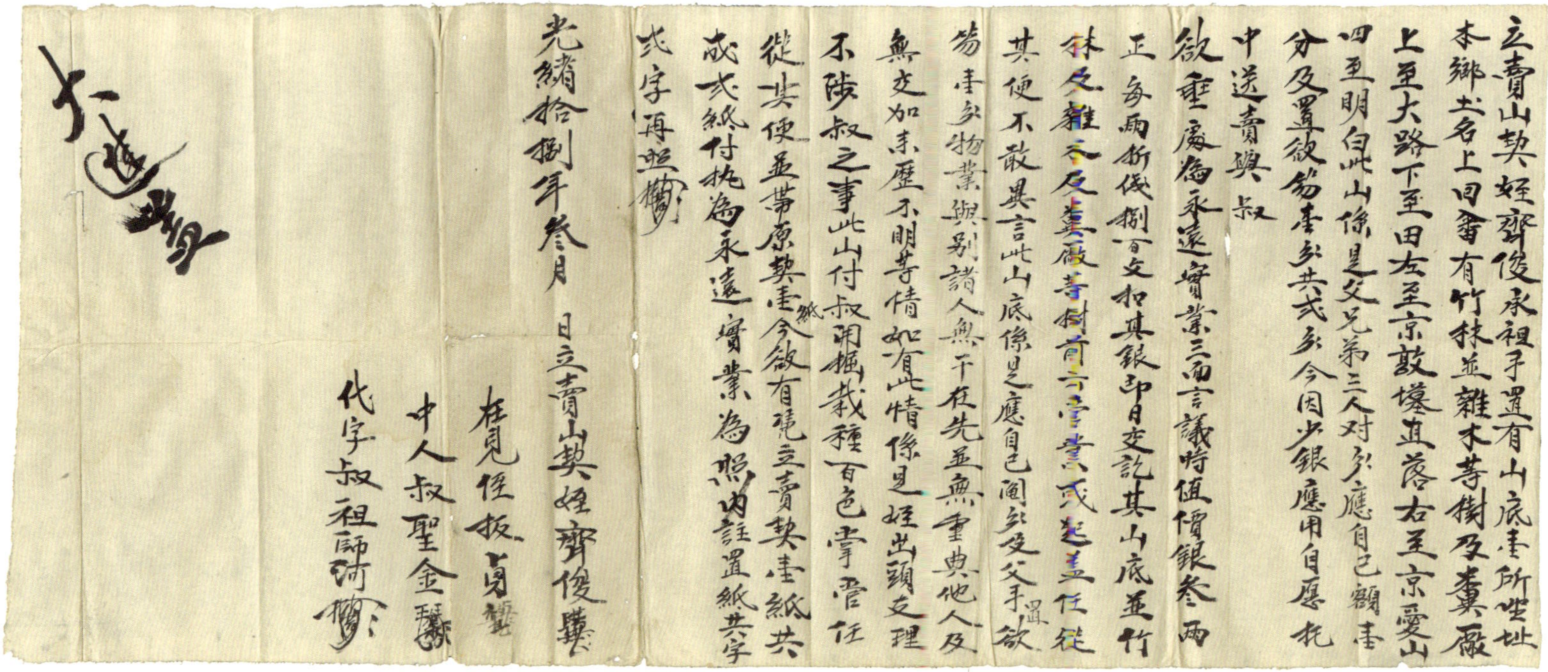
立賣山契姪齊俊承祖手置有山底壹所坐址
本鄉土名上回畬有竹林並雜木等樹及糞廠
上至大路下至田左至京鼓壠直落右至京愛山
四至明白此山係是父兄弟三人对分應自己額壹
分及買叔爷壹分共弍分今因乏銀應用自愿托
中送賣與叔
欲垂處為永遠實業三面言議時值價銀叁兩
正每兩折伐捌百文扣其銀即日交訖其山底並竹
林及雜木及糞廠等樹前去掌業或起盖任從
其便不敢異言此山底係是應自己閹分受父手置欲
另壹分物業與別諸人無干在先並無重典他人及
無交加來歷不明等情如有此情係是姪出頭支理
不涉叔之事此山付叔開掘栽種百色掌管任
從其便並帶原契壹紙今欲有憑立賣契壹紙共
成弍紙付執為永遠實業為照内註置紙共字
弍字再照
光緒拾捌年叁月　日立賣山契姪齊俊
在見侄振貞
中人叔聖金
代字叔祖師河

2-2-17-2　清光緒十八年三月李齊俊立賣山底契

立典契李觀良承祖遺下閩夕內有民
田底面全壹号坐落本村地方土名山尺
畬墘種伍升正仝記秋糧叁分叁厘正庫
今因少錢乏用託中送典与
李鴻亨處為業三面言議時值價錢伍拾
圓正每圓折錢捌佰文算其錢即日交訖其田
即付錢主前去管業起佃安耕收租完糧任從
其便此田係是祖遺閩分己業與別無干在
先並無重典他人以及交加來歷不明等情如
有此情係是典主出頭支理不涉錢主之事
其期言約不拘遠近有能之日備錢照典
契面錢付對取贖決未贖仍舊管業
今欲有憑立典契壹紙其原契交帶不
便繳付內改歷字壹字付執為照

中華民國叁拾貳年拾壹月 日立典契李觀良（押）
在見李齊瑤（押）
代字中李文斌（押）

益衍縱
前烟僑

大生號

2-2-17-3　民國三十二年十一月李觀良立典底面全民田契

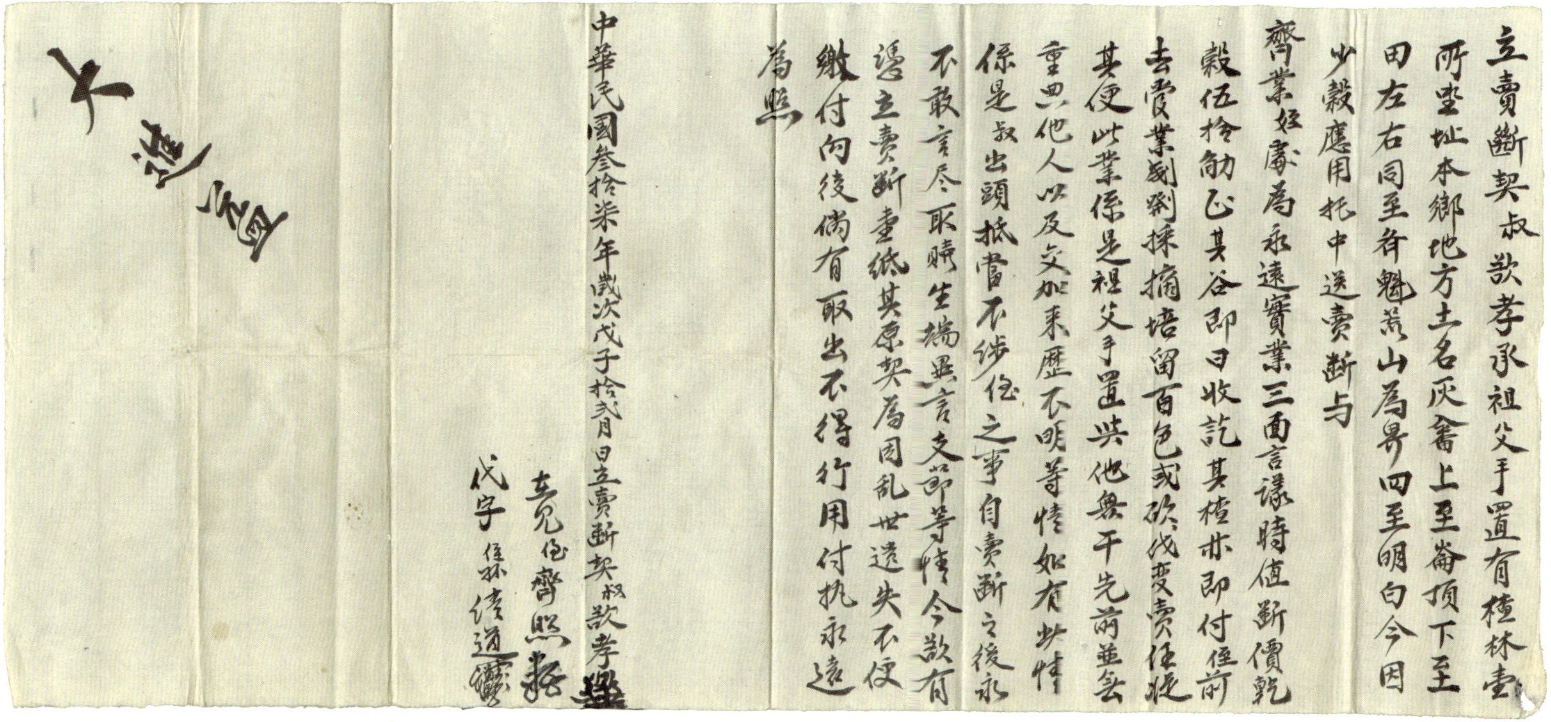
立賣斷契叔欽孝承祖父手置有植林壹
所，坐址本鄉地方土名灰畲上，至崙頂，下至
田，左右同至弁魁荒山為界，四至明白。今因
少穀應用，托中送賣斷與
齊業姪康為永遠實業。三面言議時值斷價乾
穀伍拾觔乙，其谷即日收訖，其植木即付侄前
去管業砍劉採摘培留，百色或砍伐變賣，任從
其便。此業係是祖父手置，與他無干，先前並無
重典他人以及交加來歷不明等情，如有此情，
係是叔出頭抵當，不涉侄之事。自賣斷之後，永
不敢言及取贖生端異言及節等情。今欲有
憑，立賣斷契壹紙，其原契為因亂世遺失不便
繳付，向後倘有取出不得行用，付執永遠
為照。

中華民國叁拾柒年歲次戊子拾弍月　日立賣斷契叔欽孝（押）
在見伯齊照（押）
代字　侄孫倩滔（押）

大進小回

2-2-17-4　民國三十七年十二月李欲孝立賣斷楂林契

立賣契叔祖日蒙將嗣父手置有山底
竹林壹所坐址本鄉地方土名寨仔頭上至
崙頂下至田左至京定山右至廷標山四至明白
今因少錢乏用自愿托中送賣與
欽昂侄孫處爲業三面言議時值價谷
貳百叁拾捌觔正其谷即日交足其山底
竹林樑木等樹植子清明茶永付侄孫前
去掌管剟劃·開掘掊擂任從其便不敢異
言阻佔之理此山自己物業與他無干及無
來歷不明等情如有不明係叔祖出頭支理
不涉侄孫之事枝節等情恐口無憑今欲有
憑立賣契壹紙付執永遠爲照

同治拾貳年玖月　日立賣契叔祖日蒙（押）
中人陳德鴻（押）
代字見兄日偉（押）

大吉

2-2-18-1　清同治十二年九月李日蒙立賣山底等契

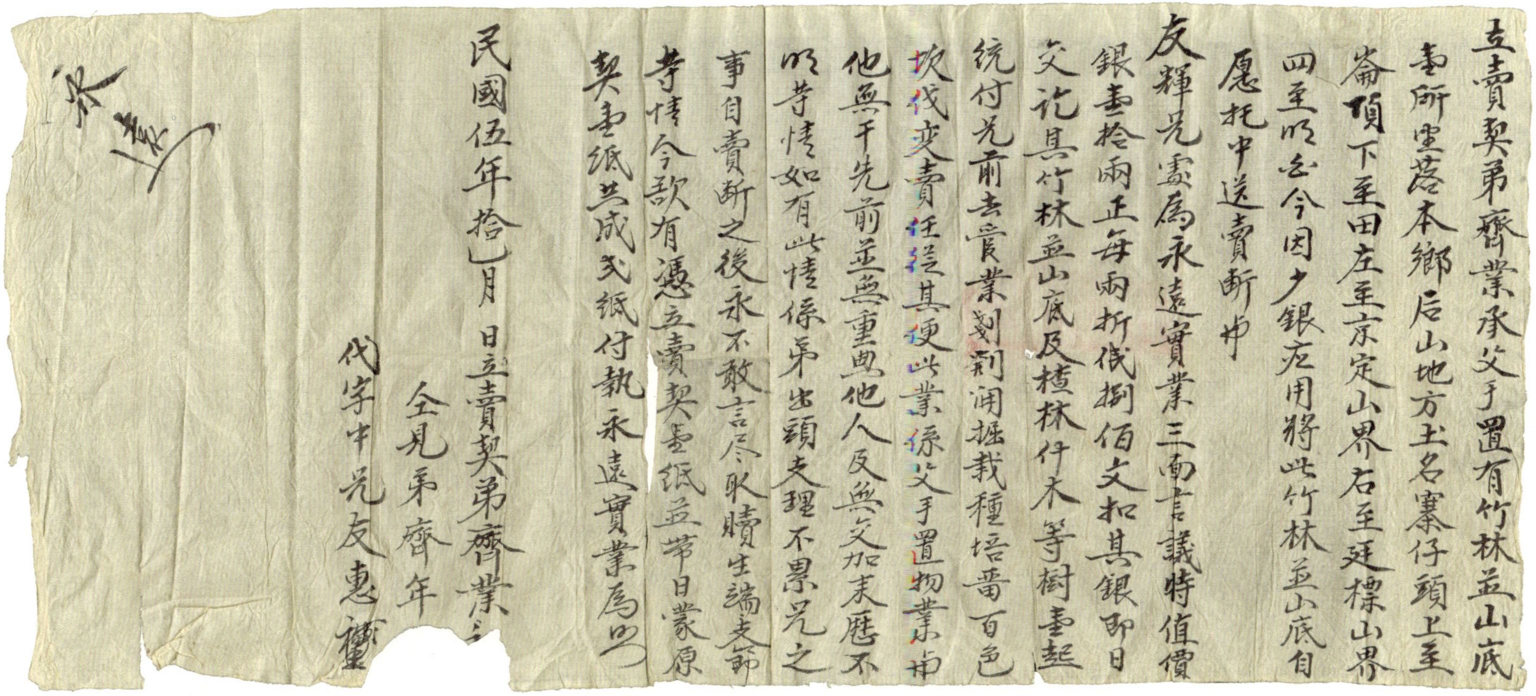

立賣契弟齊業承父手置有竹林並山底
壹所坐落本鄉后山地方土名寨仔頭上至
崙頂下至田左至京定山界右至廷標山界
四至明白今因乏銀應用將此竹林並山底自
愿托中送賣斷與
友輝兄處爲永遠實業三面言議特值價
銀壹拾兩正每兩折伐捌佰文扣其銀即日
交訖其竹林並山底及植林什木等樹壹起
統付兄前去管業剗剃開掘栽種培番百色
坎伐變賣任從其便此業係父手置物業與
他無干先前並無重典他人反無交加未歷不
明等情如有此情係弟出頭支理不累兄之
事自賣斷之後永不敢言及取贖生端支節
等情今欲有憑立賣契壹紙並帶日蒙原
契壹紙共成弍紙付執永遠實業爲照
民國伍年拾一月　日立賣契弟齊業
仝見弟齊年
代字中兄友惠
永遠

2-2-18-2　民國五年十一月李齊業立賣山底等契

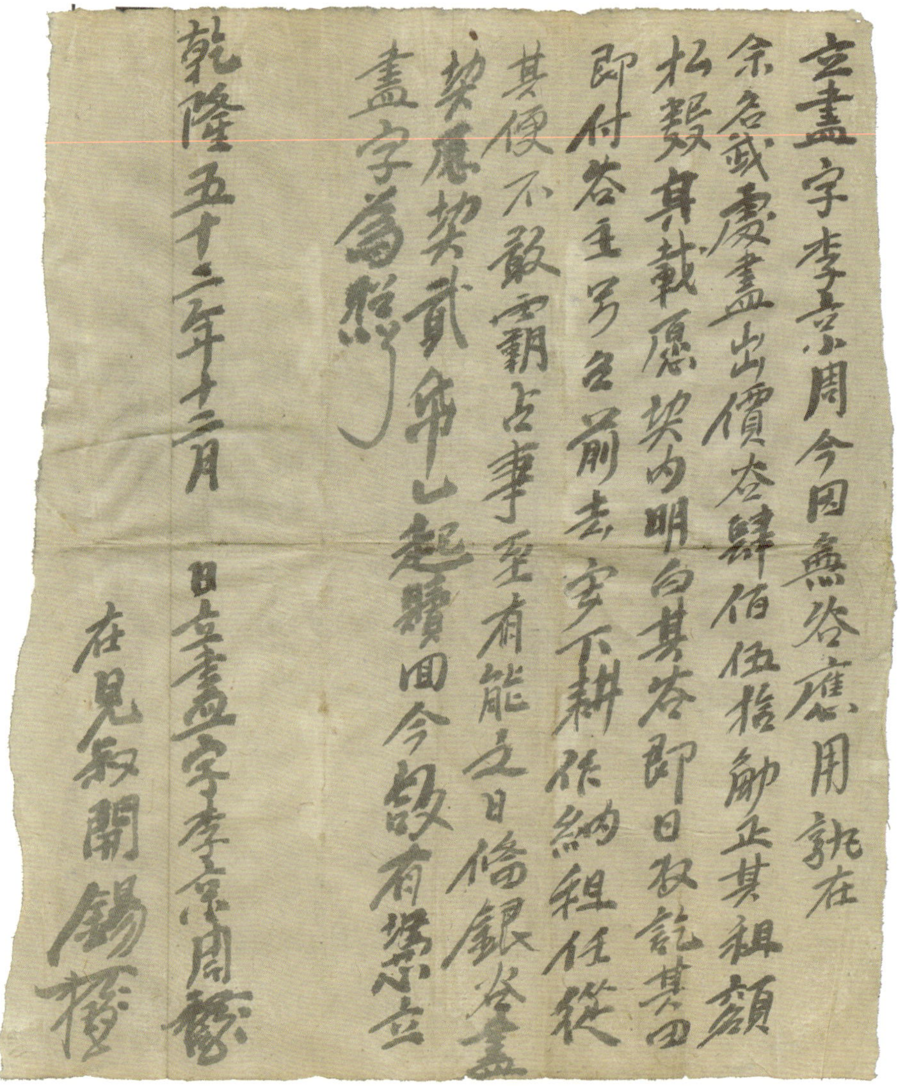
立盡字李京周今因無谷應用，就在
余名武處盡出價谷肆佰伍拾觔正，其租額
松穀，其載原契內明白，其谷即日收訖，其田
即付谷主另召前去另下耕作納租，任從
其便，不敢霸占。事至有能之日，備銀谷盡
契、原契贰帋山起贖回。今欲有憑，立
盡字爲照。

乾隆五十二年十二月　日立盡字李京周（押）

在見叔聞錫（押）

2-2-19-1　清乾隆五十二年十二月李京周立盡田契

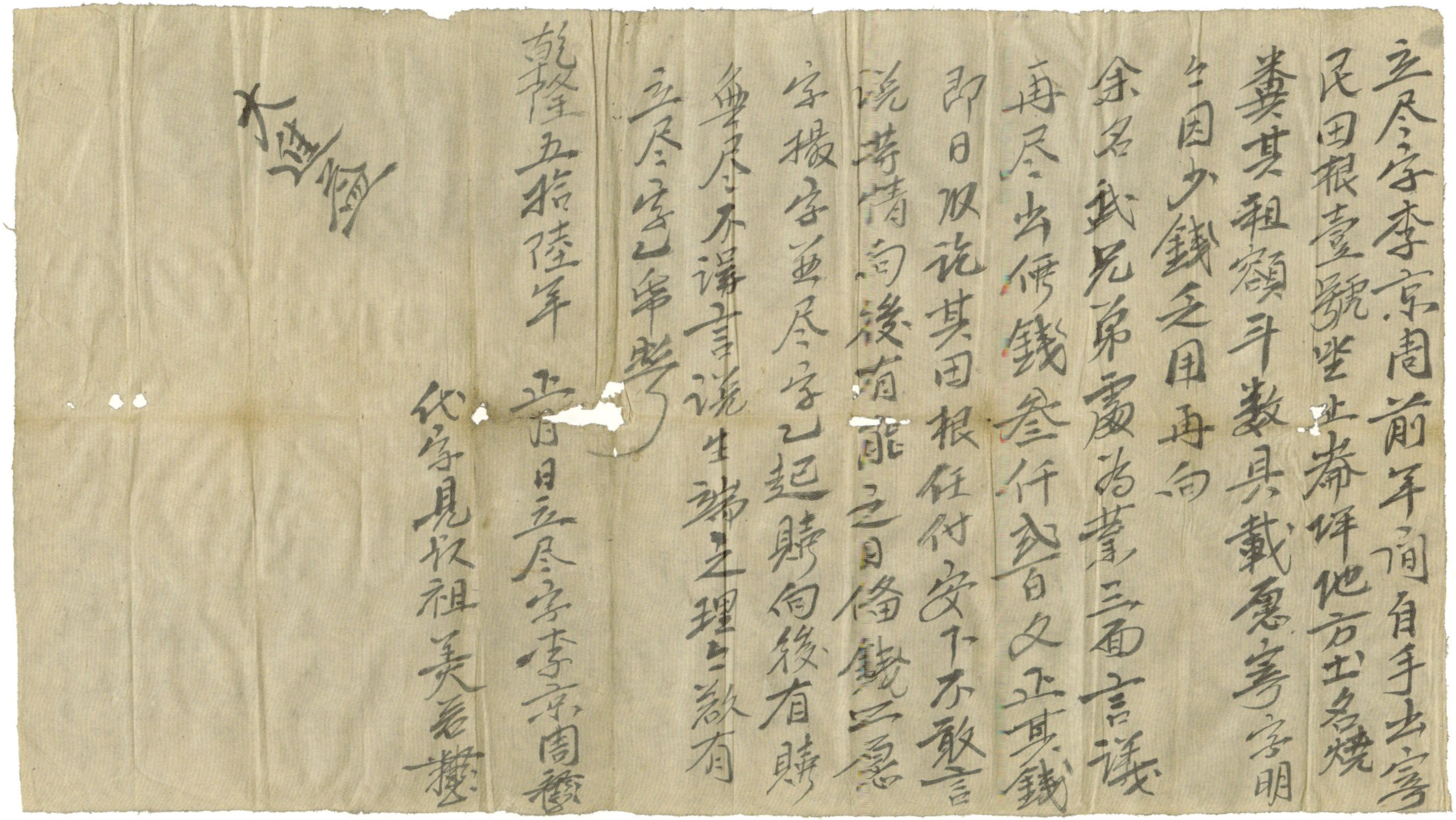

立尽字李京周前年間自手出售
民田根壹號坐址崙坪地方土名燒
糞其租額斗數具載憑單字明
今因少錢乏用再向
余名武兄弟處爲業三面言議
再尽出價錢叁仟貳百文正其錢
即日收訖其田根任付安下不敢言
說等情向後苟能之日備錢照
字撥字並尽字一起贖向後有贖
無尽不謂言說生端之理云欲有
立尽字一帋爲照
乾隆五拾陸年　正月　日立尽字李京周
代字見叔祖美岩

2-2-19-2　清乾隆五十六年正月李京周立盡民田根契

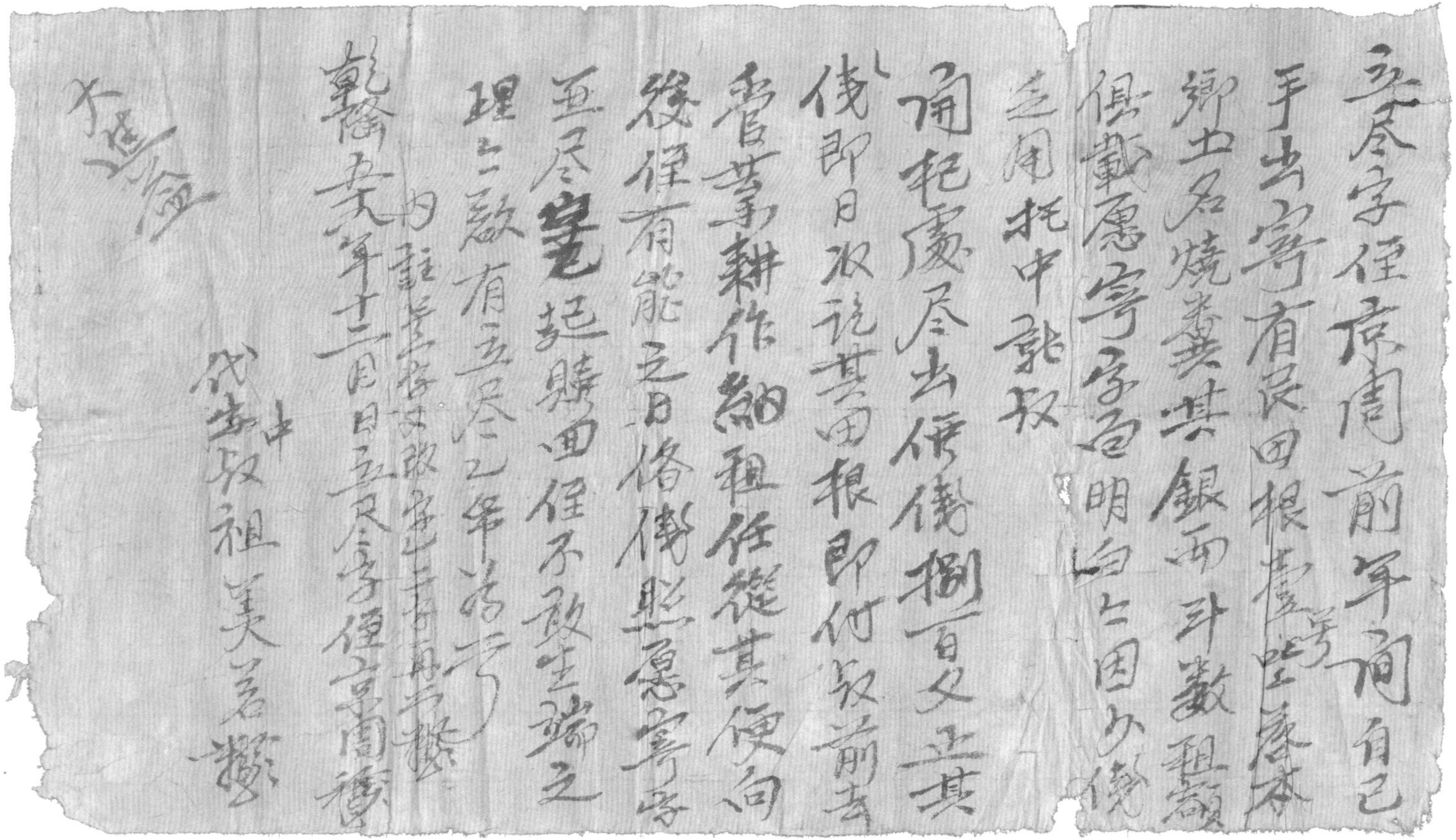

2-2-19-3　清乾隆五十九年十二月李京周立盡民田根字

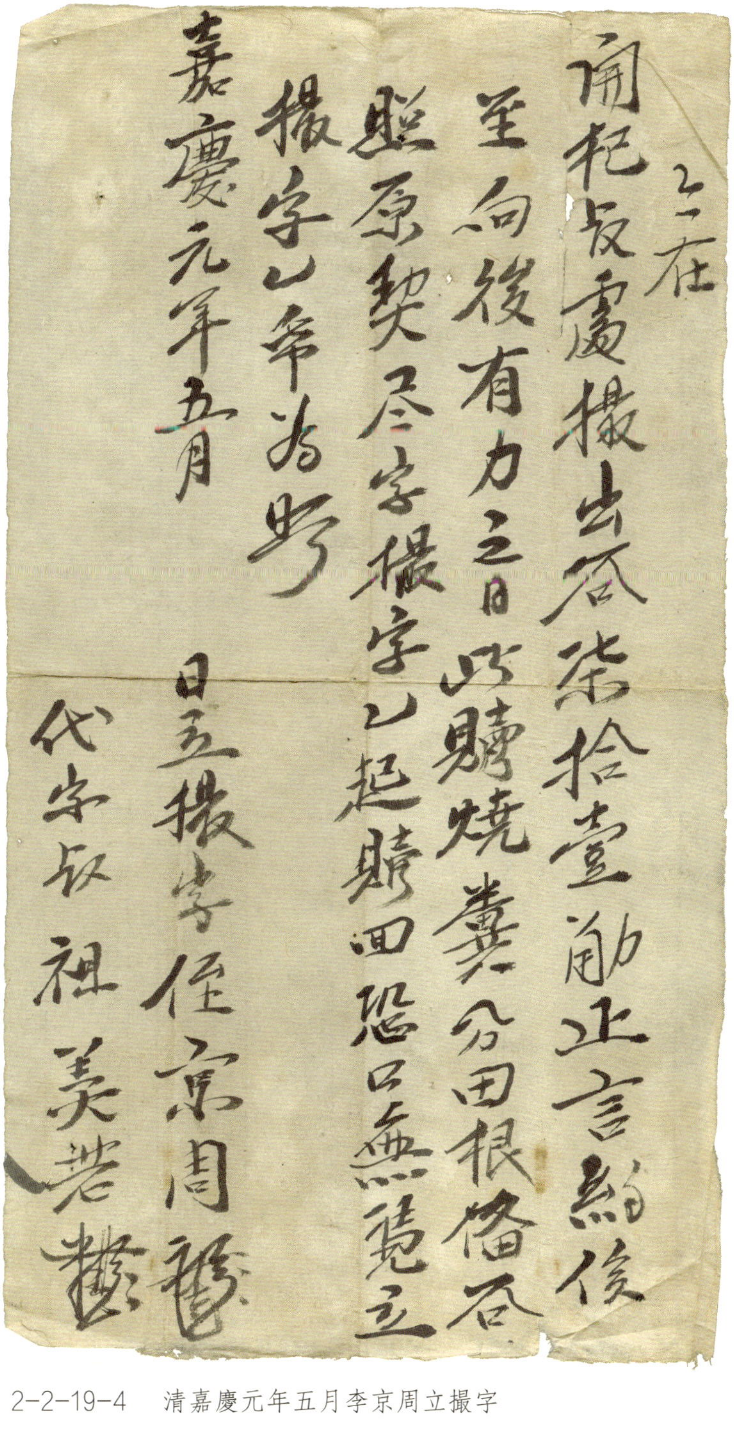
2二在
甬杞坂處撮出谷柒拾壹斤正，言約後
至向後有力之日，收贖燒糞分田根備谷
照原契、足字、撮字乙起贖回，恐口無憑，立
撮字乙帋為照。
嘉慶元年五月　日立撮字侄京周
代字叔祖　美若

2-2-19-4　清嘉慶元年五月李京周立撮字

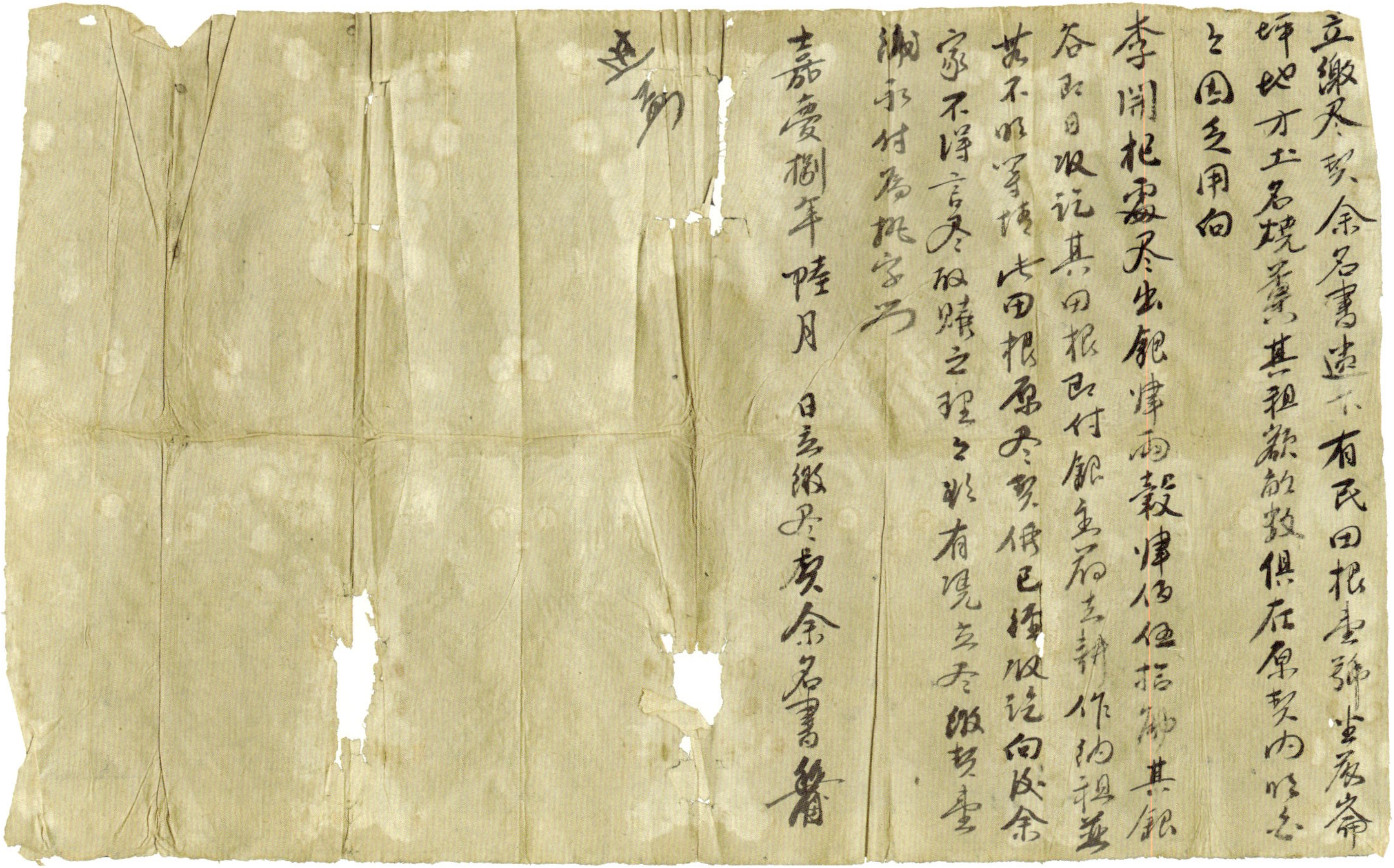
立繳盡契人余名書，今有民田根壹號，坐落
坪地方土名境葉，其租穀額數俱在原契內明
之因乏用，向
李開根處盡出銀肆兩，穀肆伍拾觔，其銀
谷即日收訖，其田根已付銀主前去耕作納租，並
其不明等情，此田根原盡契係已收訖，向後余
家不得言盡取贖之理，今欲有憑，立盡繳契壹
紙永付為照字為
嘉慶捌年陸月　日立繳盡契余名書（押）

2-2-19-5　清嘉慶八年六月余名書立繳盡民田根契

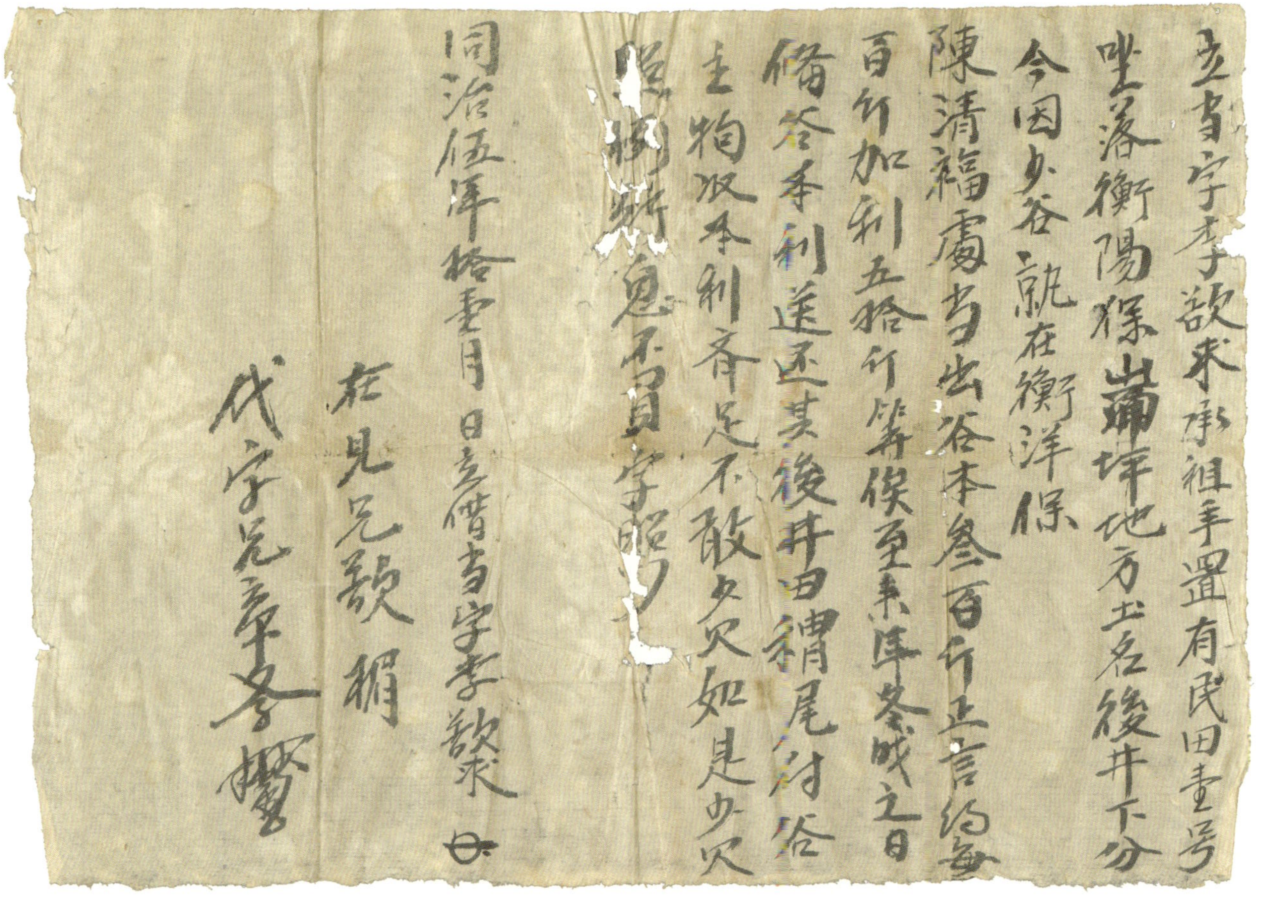
立当字李欲求承祖手置有民田壹号
坐落衡陽猴崙坪地方土名後井下分
今因少谷就在衡洋保
陳清福處当出谷本叁百斤正言約每
百斤加利五拾斤，算俟至来年冬成之日
備谷本利送还其後井田禮尾付谷
主掏收本利齐足，不敢少欠，如是少欠
照[illegible]不[illegible]字照
同治伍年拾壹月 日立借当字李欲求 中
在見兄 穎 稠
代字兄 章[illegible]

2-2-19-6　清同治五年十一月李欲求立當民田字

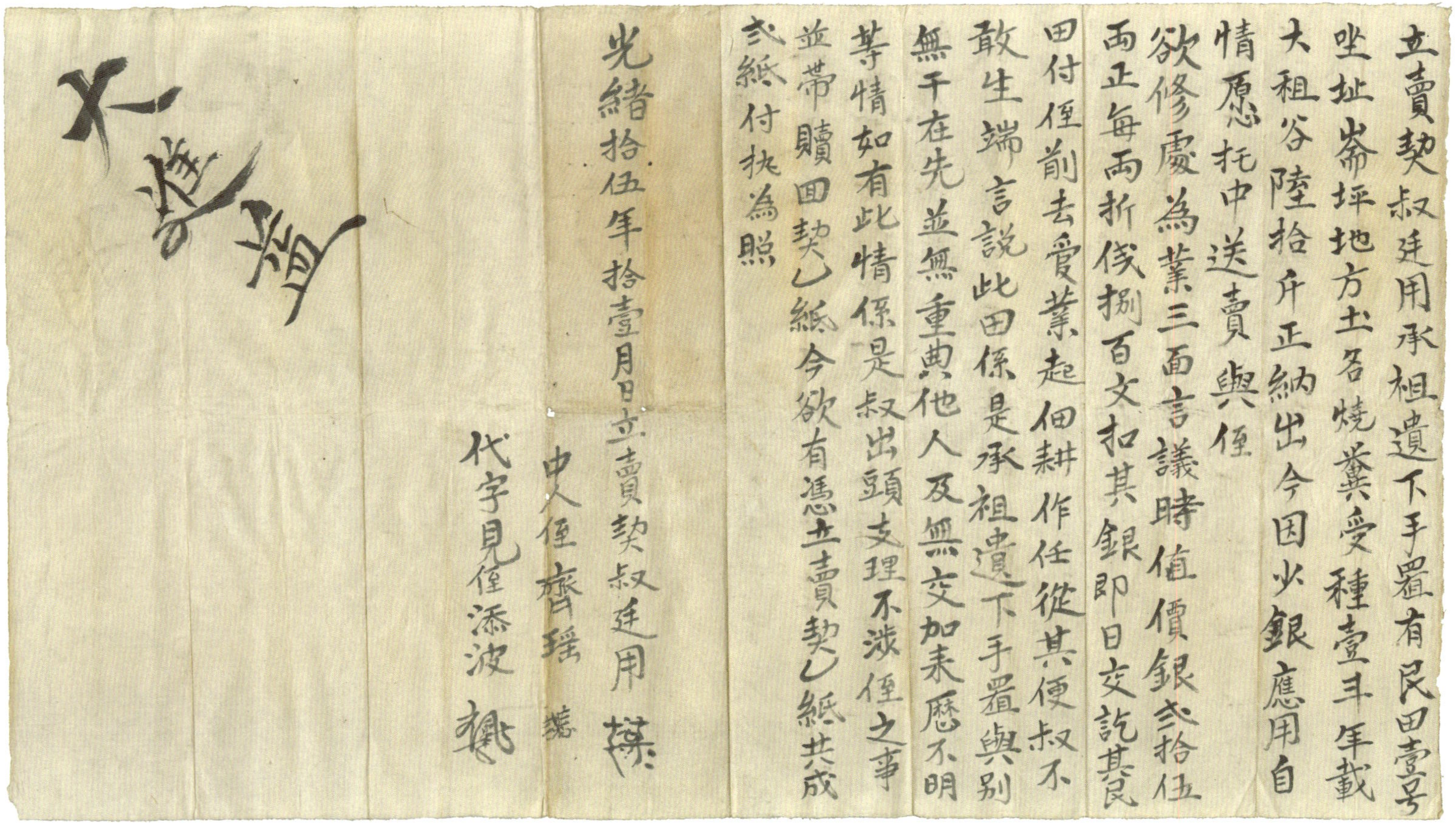

立賣契叔廷用承祖遺下手置有民田壹号
坐址崙坪地方土名燒糞受種壹斗年載
大租谷陸拾斤正納出今因少銀應用自
情愿托中送賣與侄
欲修處為業三面言議時值價銀叁拾伍
兩正每兩折伐捌百文扣其銀即日交訖其民
田付侄前去受業起佃耕作任從其便叔不
敢生端言說此田係是承祖遺下手置與別
無干在先並無重典他人及無交加未歷不明
等情如有此情係是叔出頭支理不涉侄之事
並帶贖田契乙紙今欲有憑立賣契乙紙共成
叁紙付執為照

光緒拾伍年拾壹月日立賣契叔廷用（押）
中人侄齊瑶（押）
代字見侄添波（押）

大發財

2-2-19-7　清光緒十五年十一月李廷用立賣民田契

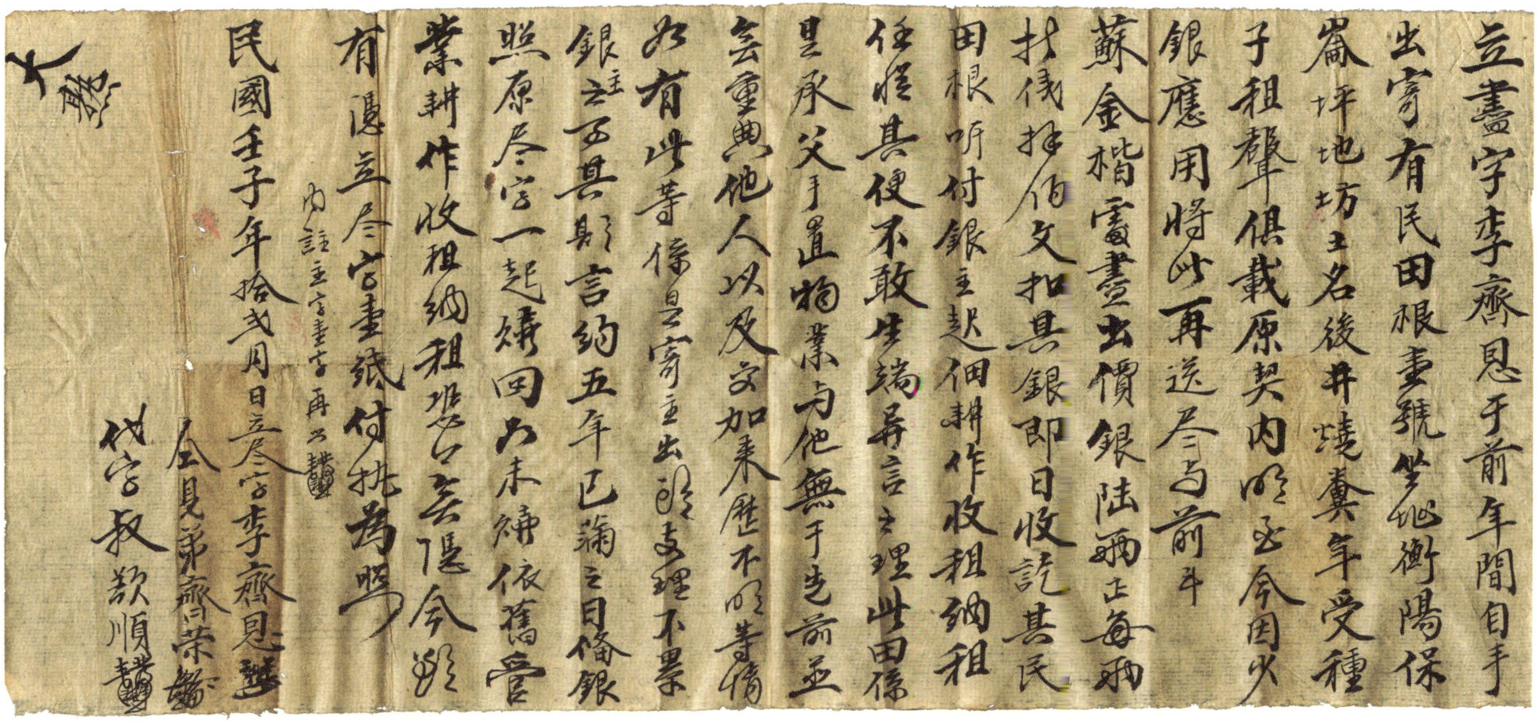

立盡字李齊恩，于前年間自手
出寄有民田根壹號，坐址衛陽保
嵩坪地方，土名後井墘，年受種
子租肆斗，俱載原契內明。今因欠
銀應用，將此再送與前手
蘇金楷處盡出價銀陸兩正，每兩
扑錢柒伯文，扣其銀即日收訖。其民
田根聽付銀主起佃耕作，收租納租，
任從其便，不敢生端异言之理。此田係
是承父手置物業，與他無干，並前並
無重典他人以及交加來歷不明等情，
如有此等，係是寄主出頭支理，不累
銀主之事。其言約五年已滿之日，備銀
照原盡字一起歸回，不得依舊管
業耕作收租納租，此係二比甘愿，今欲
有憑，立盡字壹紙，付執為照。
內註主字壹字　再照
民國壬子年拾弍月　日立盡字李齊恩
全見弟　齊榮
代字叔　歆順

2-2-19-8　民國元年十二月李齊恩立盡民田根契

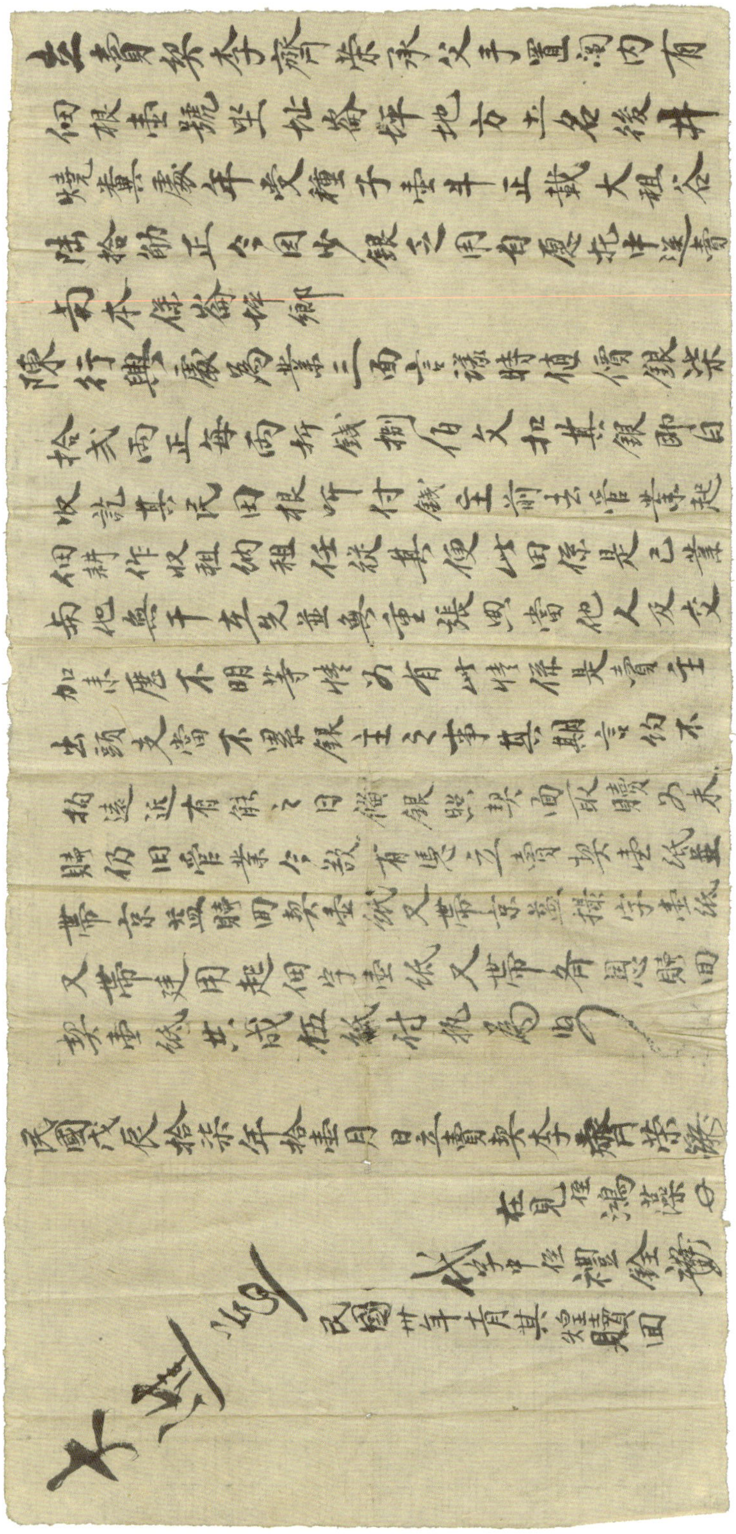
立賣契李齊棨承父手置園內有
佃根壹號坐址崙坪地方土名後村
燒產壹處年載種子壹斗正載大租谷
陸拾觔正今因少銀乏用自願托中送賣
與本族崙梓卿
隊行出頭承買為業三面言議時值價銀洋
拾貳兩正每兩折錢捌佰文批其銀即日
收訖其民田根所付錢主前去管業起
佃耕作收租納租任從其便此田係是己業
與他無干未曾重張典當他人及交
加未曾有不明等情如有此情係是賣主
出頭支當不累銀主之事其田言約不
拘遠近有錢之日備價銀照契面取贖如未
贖仍舊管業今欲有憑立賣契壹紙並
帶完納糧明契壹紙又帶上手老契壹紙
又帶建用起佃字壹紙又帶舊田契壹紙
契壹紙共成伍紙付執為照
民國戊辰拾柒年拾壹月　日立賣契李齊棨
在見侄鴻湛
代筆侄禮銓
民國卅年十二月其經贖回
大退

2-2-19-9　民國十七年十一月李齊棨立賣佃根契

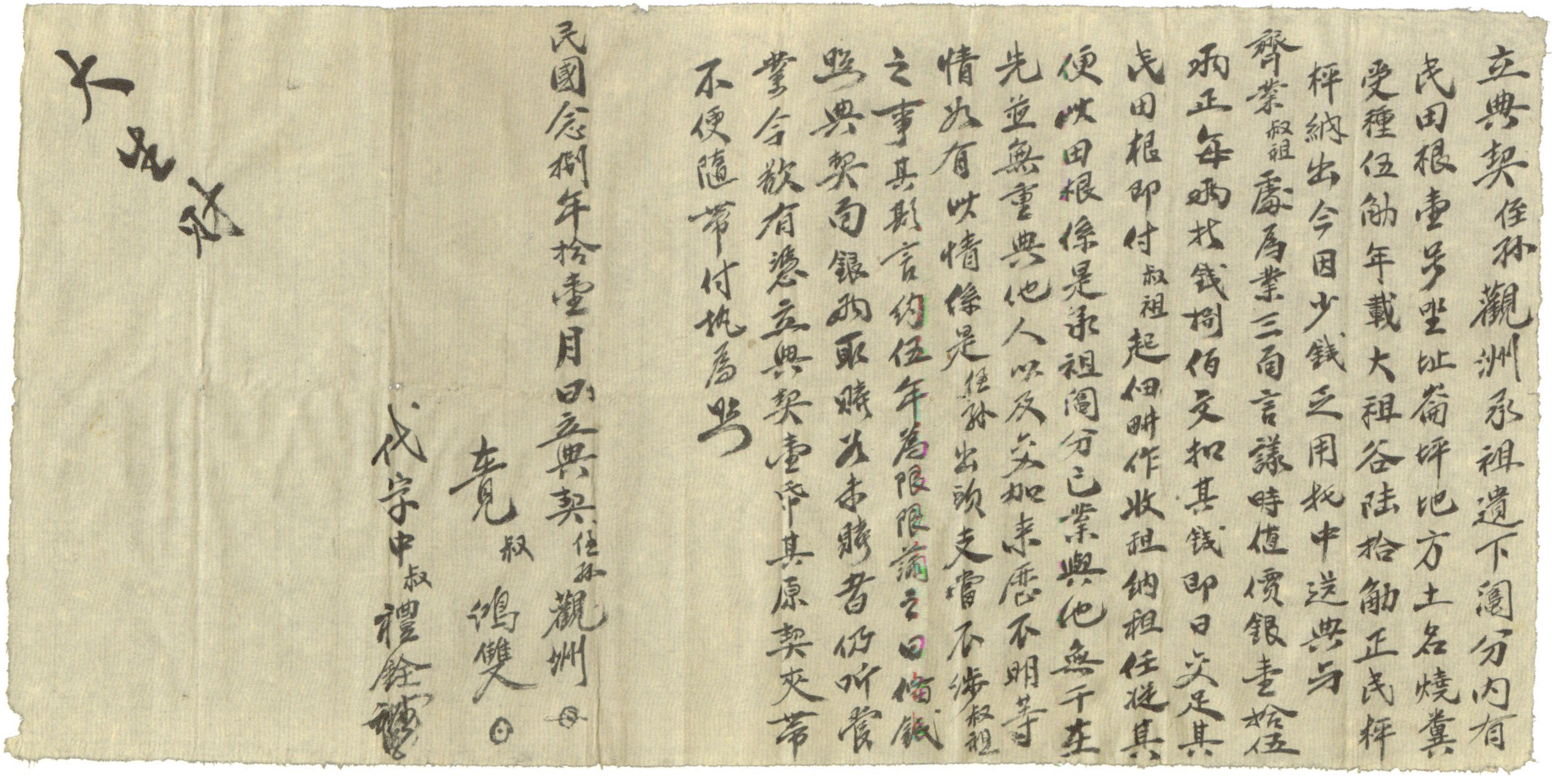
立典契侄孫觀洲承祖遺下閫分內有
民田根壹号坐址箭坪地方土名燒糞
受種伍觔年載大租谷陸拾觔正民秤
秤納出今因少錢乏用托中送典与
齊業叔祖處為業三面言議時值價銀壹拾伍
兩正每兩扗錢捌佰文扣其錢即日交足其
民田根即付叔祖起佃耕作收租納粮任從其
便此田根係是承祖閫分已業與他無干在
先並無重典他人以及交加未歷不明等
情如有此情係是侄孫出頭支當不涉叔祖
之事其斷言約伍年為限限滿之日備錢
照典契面銀兩取贖若未贖者仍所管
業今欲有憑立典契壹帋其原契交帯
不便隨帯付执為照
民國念捌年拾壹月　日立典契侄孫觀洲 ㊞
見叔 鴻雙 ㊞
代字中叔 禮銓 ㊞
大吉昌

2-2-19-10　民國二十八年十一月李觀洲立典民田根契

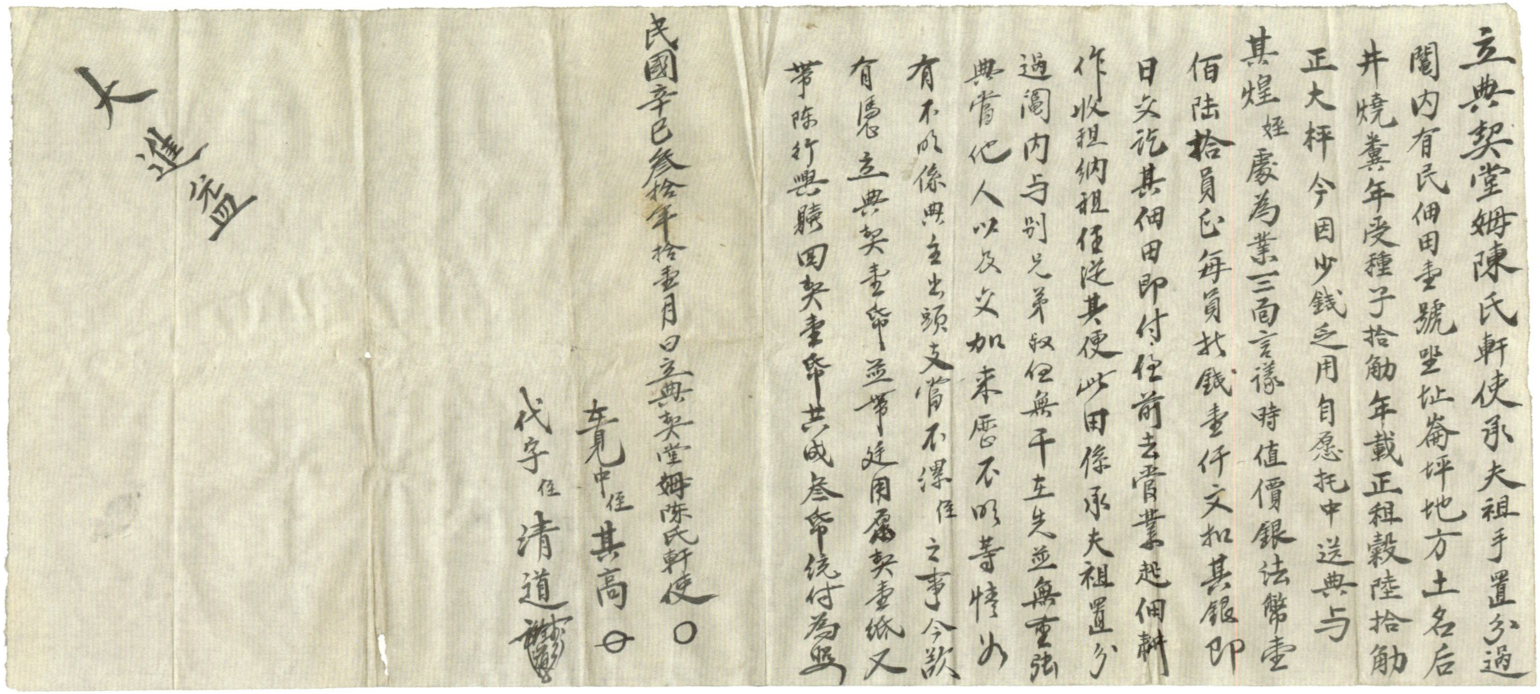

大進宜

立典契堂姆陳氏軒使承夫祖手置分過
鬮內有民佃田壹號坐址崙坪地方土名后
井燒糞年受種子拾觔年載正租穀陸拾觔
正大秤今因少錢乏用自愿托中送典与
其煌姪處為業三面言議時值價銀法幣壹
佰陸拾員正每員扣錢壹仟文扣其銀即
日交訖其佃田即付任前去管業起佃耕
作收租納租任從其便此田係承夫祖置分
過鬮內与別兄弟叔侄無干左先並無重張
典當他人以及文加來歷不明等情如
有不明係典主出頭支當不累任之事今欲
有憑立典契壹紙並帶廷用屬契壹紙又
帶陳行興贖田契壹紙共成叁紙付為照

民國辛巳叁拾年拾壹月日立典契堂姆陳氏軒使〇
在見中侄 其高 〇
代字侄 清道

2-2-19-11　民國三十年十一月陳氏軒使立典民佃田契

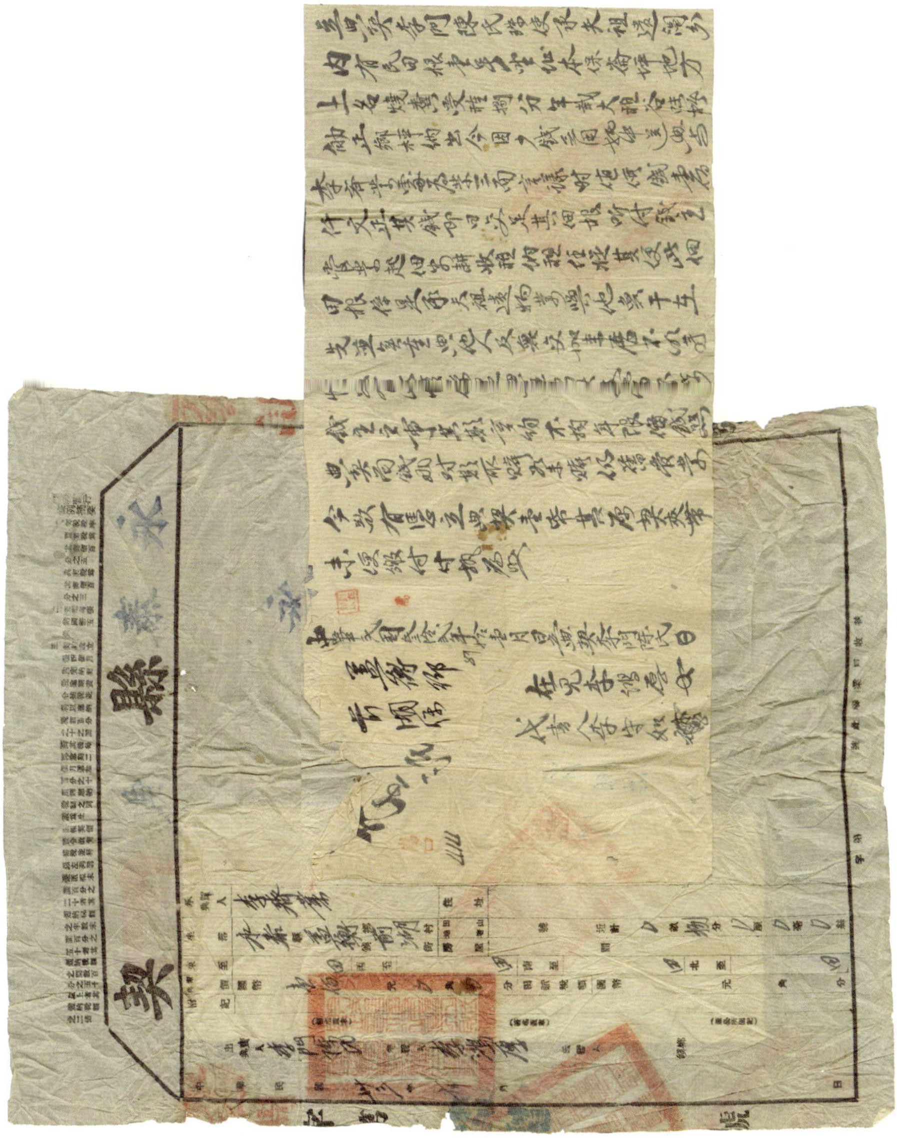

2-2-19-12　民國三十二年十一月李門陳氏立典民田根契（紅契）

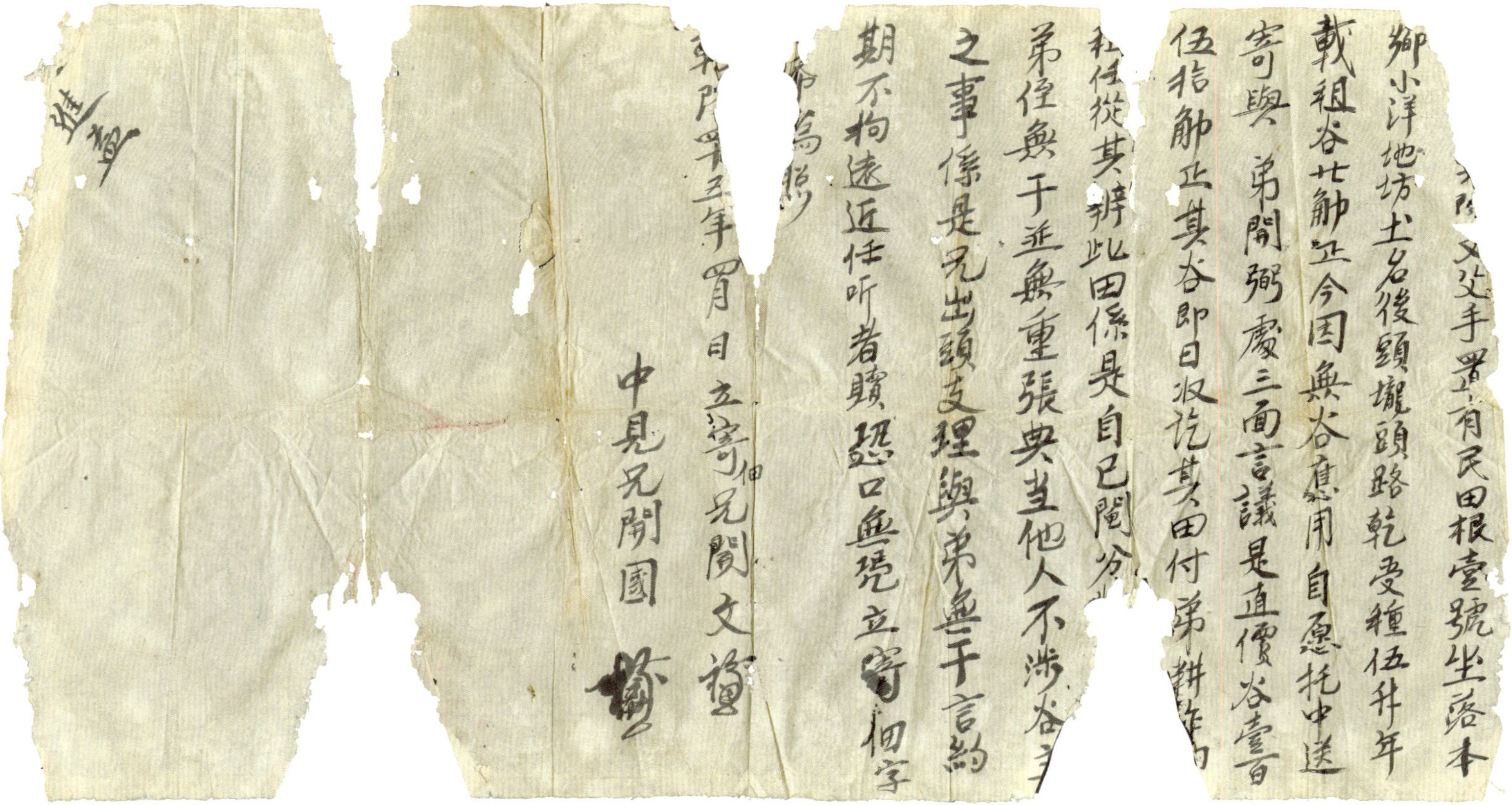

…文父手置有民田根壹號坐落本
鄉小洋地坊土名後頭壠頭路乾受種伍升年
載租谷廿觔正今因無谷應用自愿托中送
寄與　弟開弼處三面言議是直價谷壹百
伍拾觔正其谷即日收訖其田付弟耕作
私任從其辨此田係是自己閬分…
弟侄無干並無重張典当他人不涉谷主
之事係是兄出頭支理與弟無干言約
期不拘遠近任听者贖愍口無憑立寄佃字
為照
乾隆四十五年四月　日　立寄佃兄開文（押）
中見兄開國（押）

2-2-20-1　清乾隆四十五年四月李開文立寄佃民田根字

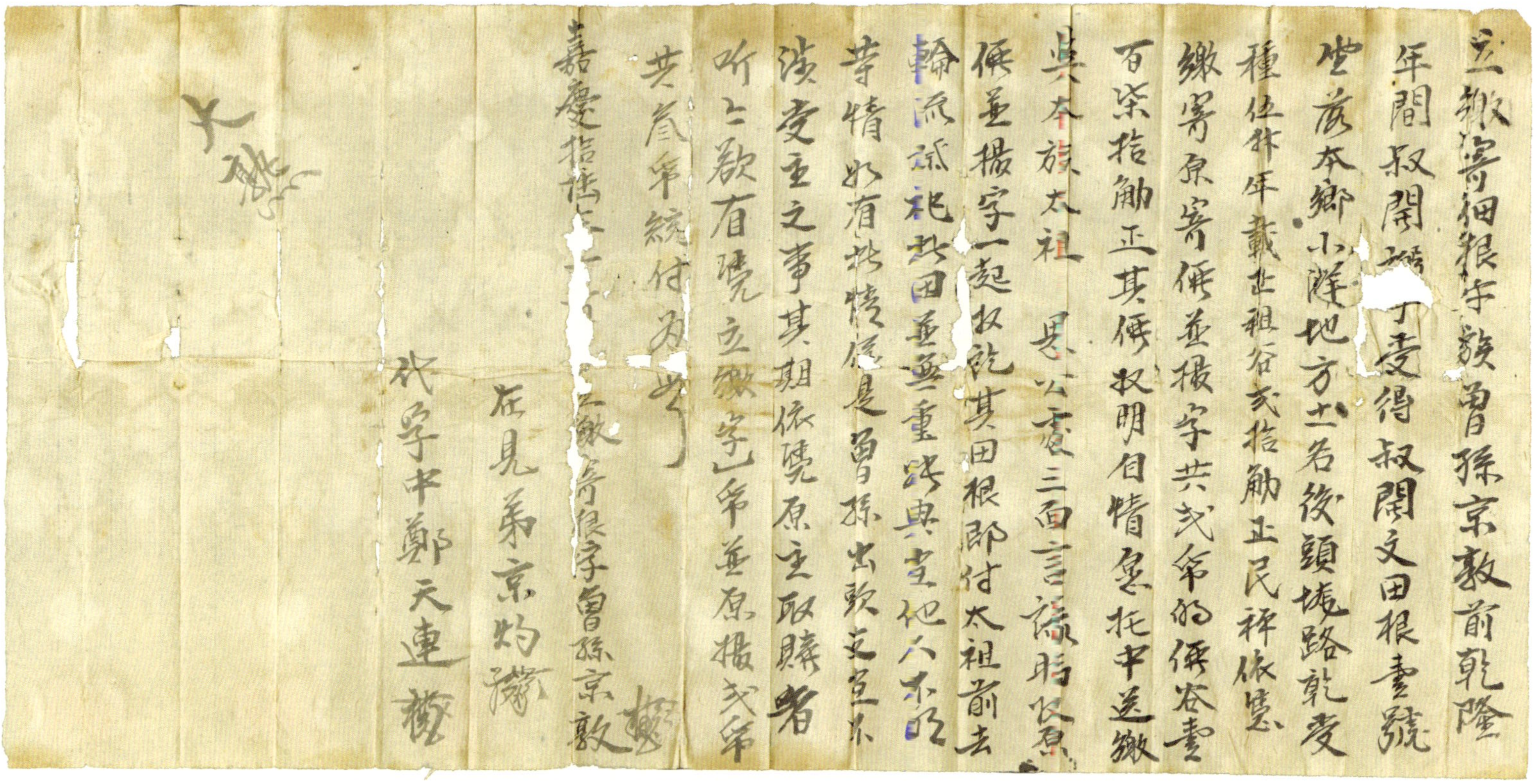

立繳寄佃根字族曾孫京敦，前乾隆
年間叔閑□丁受得叔閑文田根壹號，
坐落本鄉小洋地方，土名後頭壠路乾夌，
種仕拾年載，正租谷弍拾觔正，民秤依照。
繳寄京寄係並根字共弍帋，的係谷壹
百柒拾觔正。其係叔明白，憑托中送繳
與本族太祖　思公處，三面言議，時值原
係并根字一起收訖，其田根即付太祖前去
輪流祀收。其田並無重張典掛他人不明
等情，如有此情，係是曾孫出頭支當，不
涉受主之事。其期依憑原主取贖者
聽之。欲有憑，立繳字一帋，並原根弍帋，
共叁帋，繳付為照。

嘉慶拾陸年十□月　日立繳寄佃根字曾孫京敦（押）
在見弟京灼（押）
代字中鄭天連（押）

大發

2-2-20-2　清嘉慶十六年十□月李京敦立繳寄佃根字

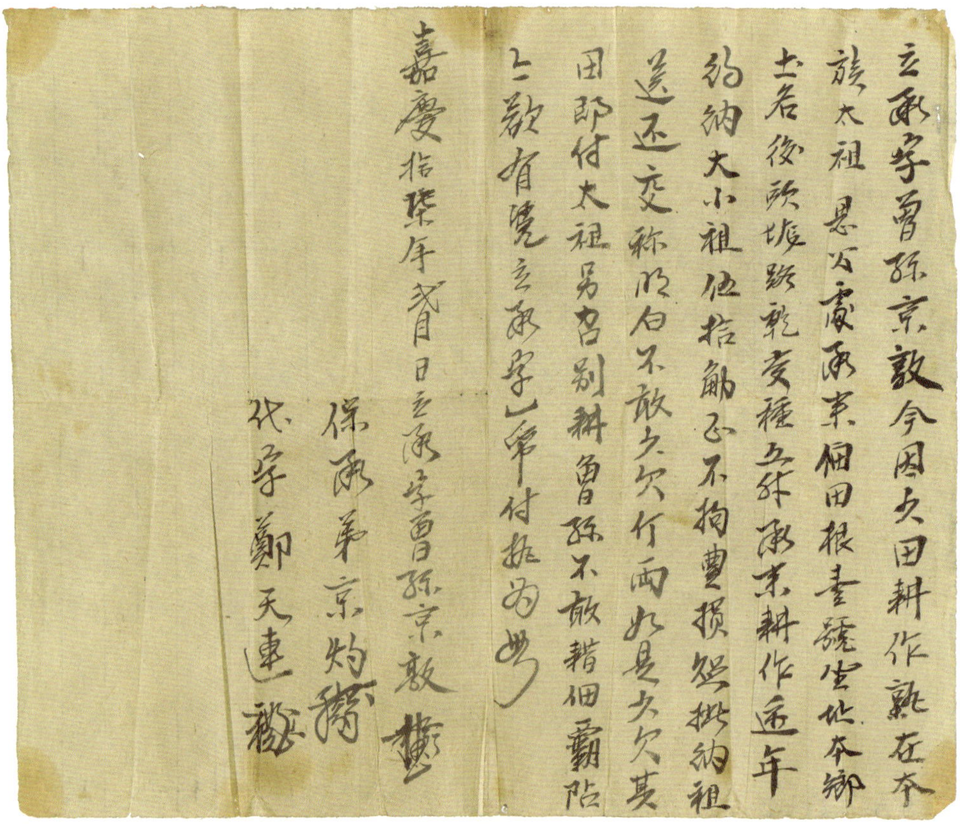

立承字曾孫京敦今因欠田耕作就在本
族太祖 思公處承來佃田根壹號坐址本鄉
土名後頭垅路乾麥種五斤承來耕作逐年
約納大小租佃指節不拘豐損照批納租
送還交秤明白不敢少欠升兩如是少欠其
田即付太祖另召別耕曾孫不敢藉佃霸占
二款有憑立承字一帋付執爲照
嘉慶拾柒年貳月日立承字曾孫京敦（押）
保承弟京灼（押）
代字鄭天速（押）

2-2-20-3　清嘉慶十七年二月李京敦立承佃田根字

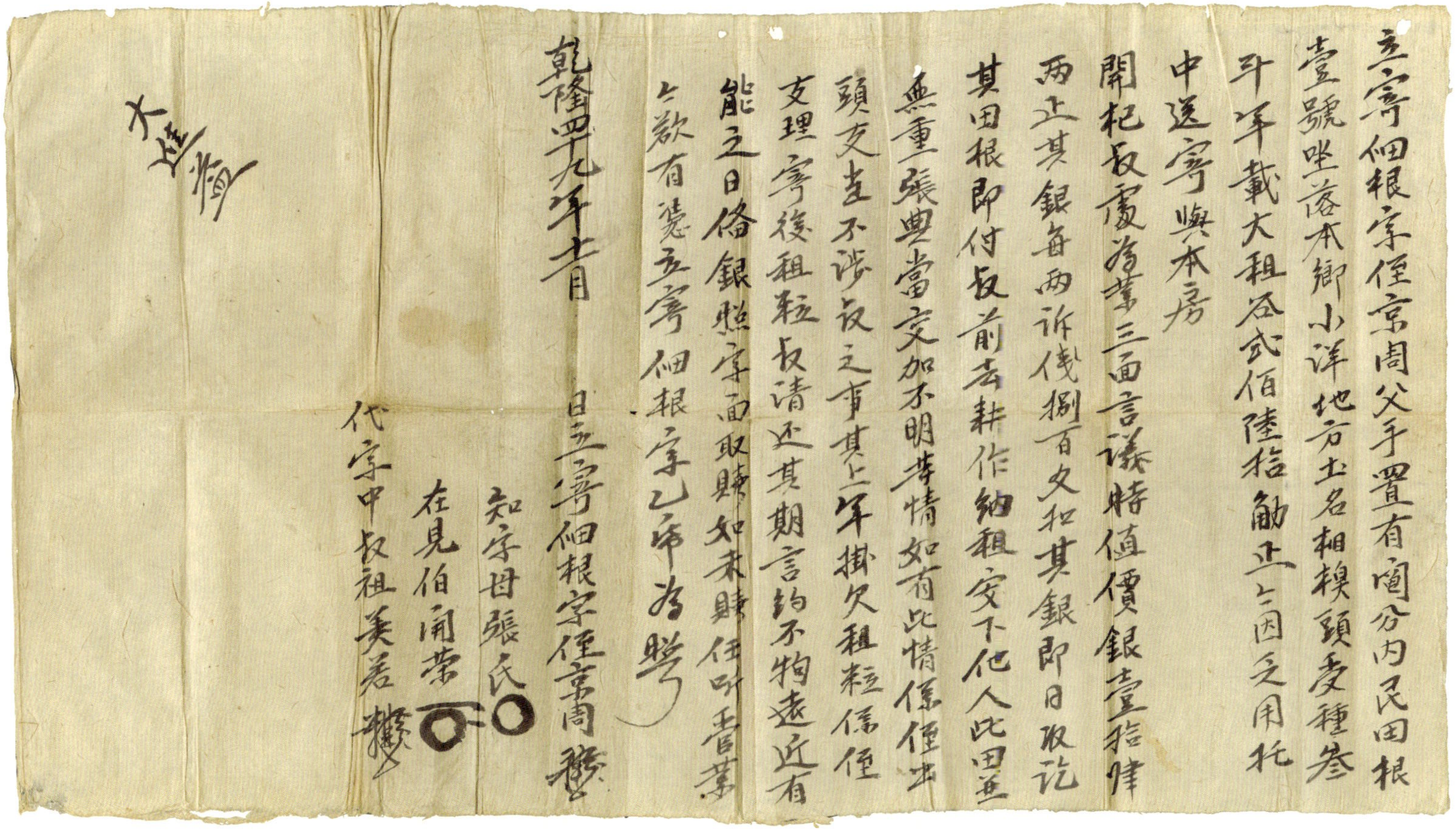

立寄佃根字侄京周父手置有阄分内民田根
壹號坐落本鄉小洋地方土名柏模頭受種叁
斗年載大租谷弍佰陸拾觔正，今因乏用托
中送寄與本房
開杞叔處為業，三面言議時值價銀壹拾肆
兩正，其銀每兩計戥捌百文，和其銀即日收訖，
其田根即付叔前去耕作納租，安下他人。此田並
無重張典當交加不明等情，如有此情係侄出
頭支當，不涉叔之事。其上年掛欠租粒係侄
支理，寄後租粒叔請還其期，言約不拘遠近有
能之日備銀照字面取贖，如未贖任叔管業，
今欲有憑，立寄佃根字一紙為照。

乾隆四十九年十一月 日立寄佃根字侄京周（押）
知字母張氏（押）
在見伯闻茶（押）
代字中叔祖美若（押）

2-2-21-1 清乾隆四十九年十一月李京周立寄佃民田根字

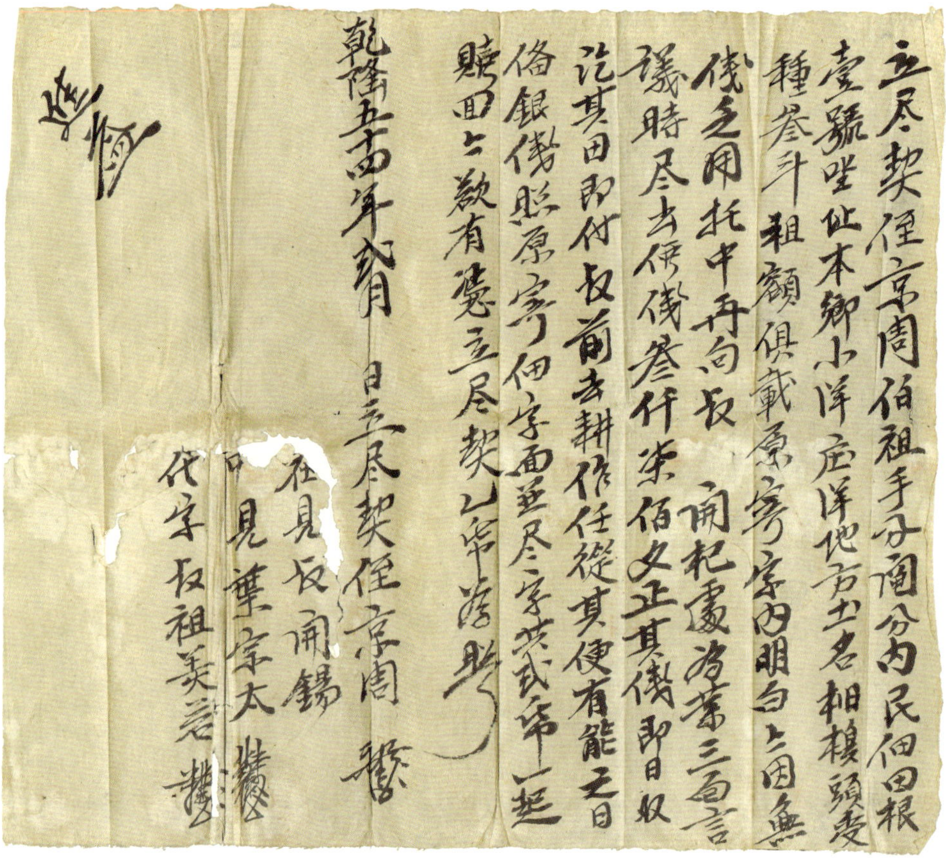

立尽契侄京周伯祖手分阄分内民佃田根
壹號坐址本鄉小洋庄洋地方土名柏樹頭受
種叁斗租額俱載原寄佃字內明白今因無
錢之用托中再向叔 爾杞處盡出三面言
議時尽出佛錢叁仟柒佰文正其錢即日收
訖其田即付叔前去耕作任從其便有能立日
備銀錢照原寄佃字面並尽字共貳仟一廷
贖田二欵有憑立尽契字為照
乾隆五十四年貳月 日立尽契侄京周
在見叔爾錫
見葉宗太
代字叔祖美瑤

2-2-21-2　清乾隆五十四年二月李京周立盡民佃田根契

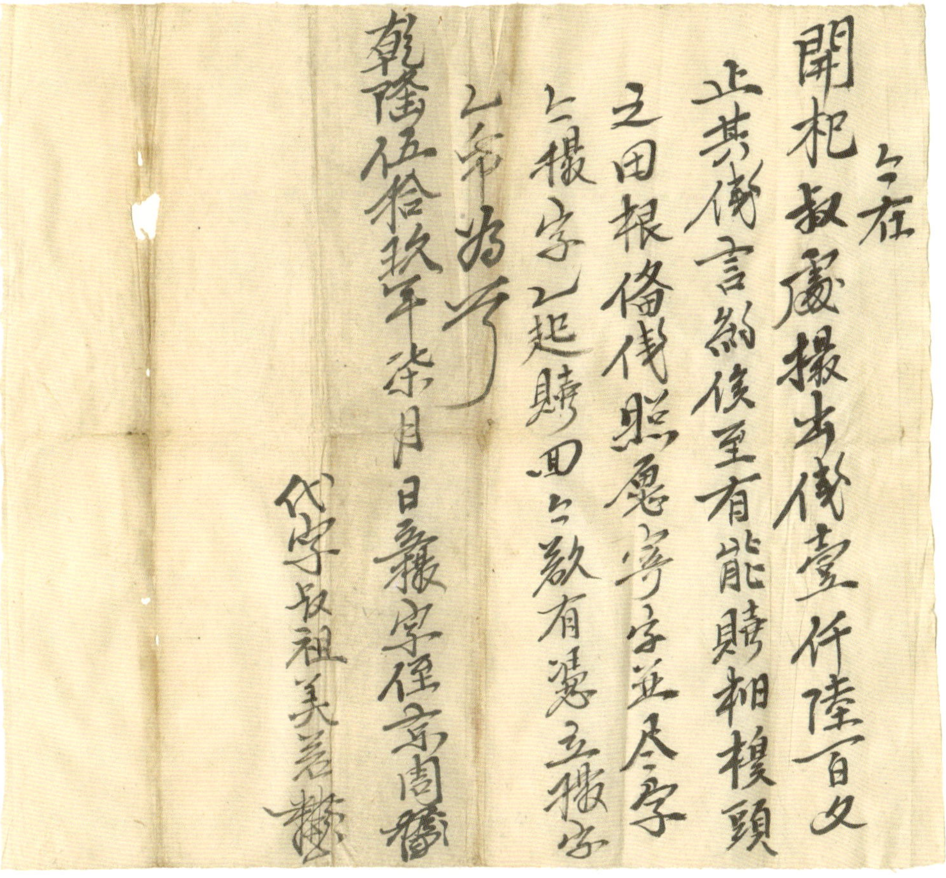
〻在
開杷叔處撮出伐壹仟陸百文
止其伐言約後至有能贖相模頭
之田根備伐照愿寫字並及今字
〻撮字〻起贖田〻欵有憑立撮字
〻存為照
乾隆伍拾玖年柒月　日立撮字侄京周（押）
代字叔祖美蓋（押）

2-2-21-3　清乾隆五十九年七月李京周立撮字

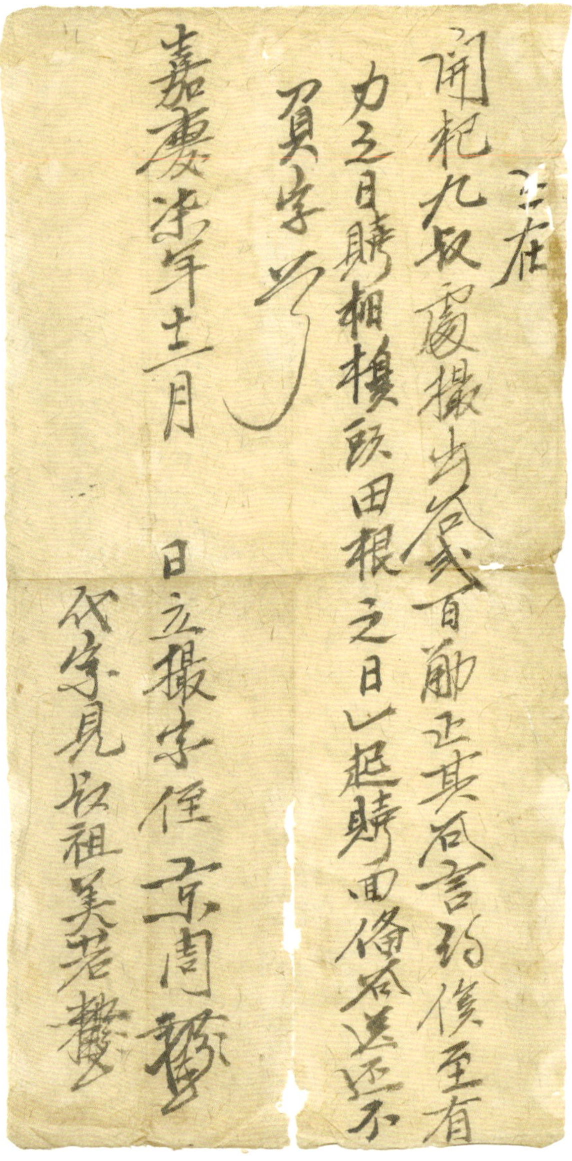

今在
開杞九叔處撮出谷弍百觔正其谷言約俟至有
力之日贖相模既田根之日以起贖回備谷送還不
負字照
嘉慶柒年十二月　日立撮字侄京周
代字見叔祖美若

2-2-21-4　清嘉慶七年十二月李京周立撮字

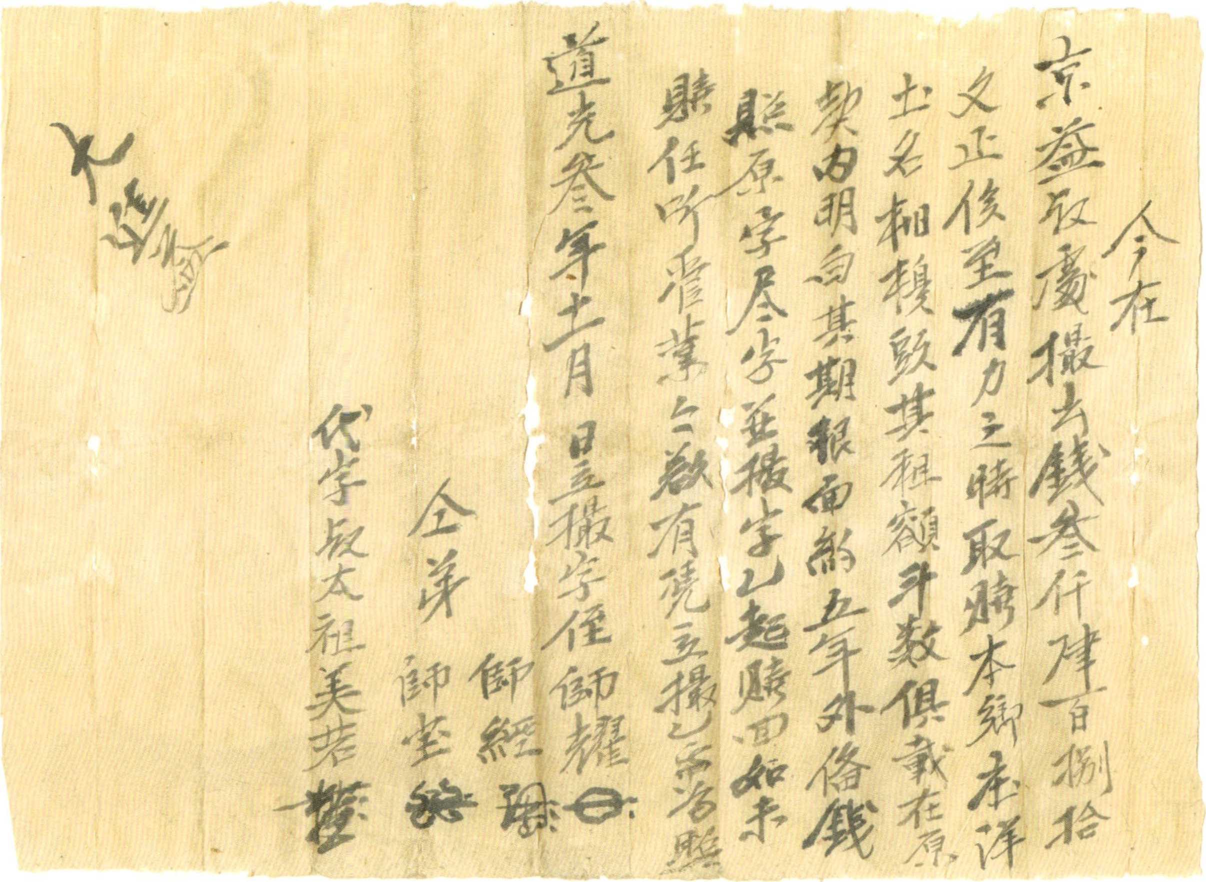
今在
京益叔處撮出錢叁仟肆百捌拾
文正，係至有力之時取贖本鄉本洋
土名相模段其租額并數俱載在原
契內明白。其期限面約五年外備錢
照原字叁字並撮字山起贖，如未
贖任從管業。今欲有憑，立撮字為照。
道光叁年十一月　日立撮字侄師耀
仝弟　師經
師堂
代字叔太祖美若
大吉

2-2-21-5　清道光三年十一月李師耀等立撮字

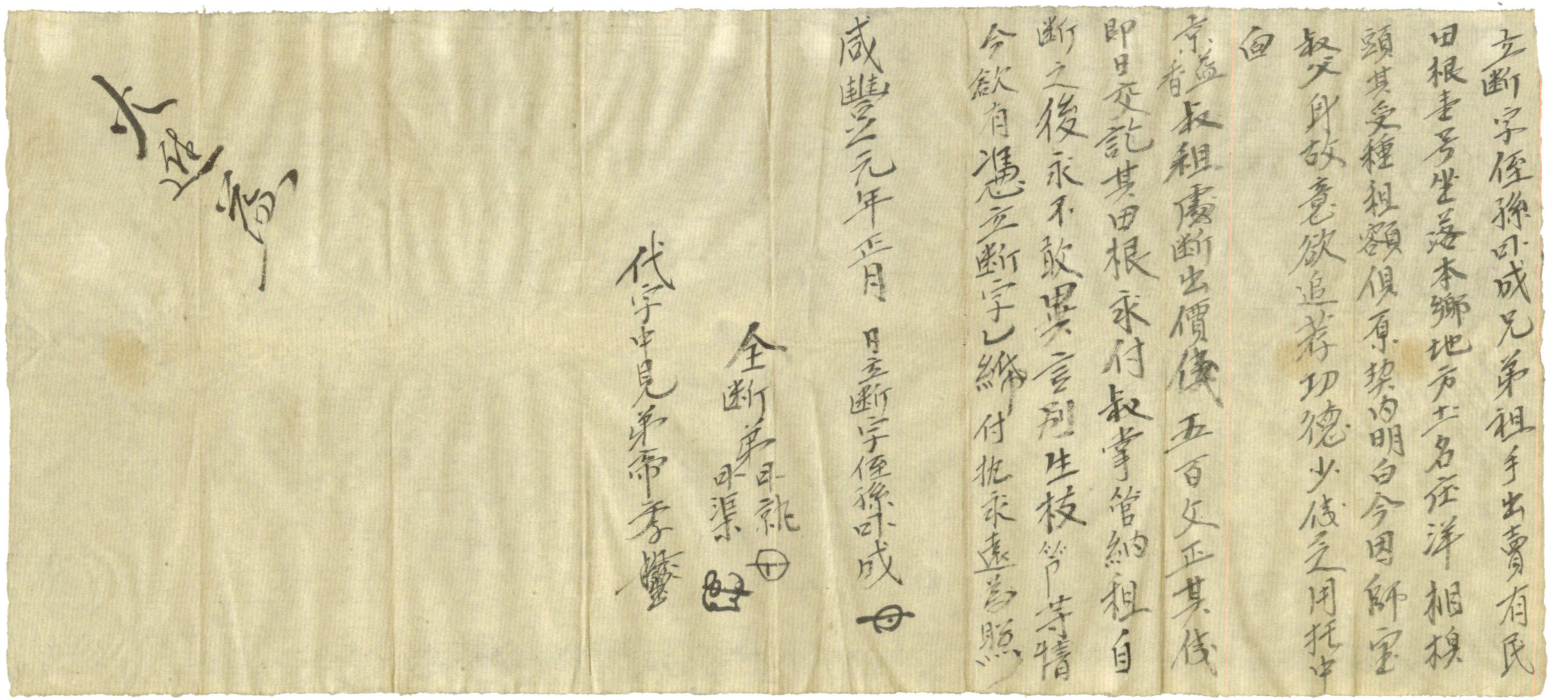

立斷字侄孫吓成兄弟祖手出賣有民
田根壹号坐落本鄉地方土名庄洋相模
頭其受種租額俱原契內明白今因歸室
叔父身故意欲追薦功德少錢之用托中
向
宗益香叔祖處斷出價錢五百文正其錢
即日交訖其田根永付叔掌管納租自
斷之後永不敢異言翻生枝節等情
今欲有憑立斷字一紙付执永遠爲照
咸豐元年正月　日立斷字侄孫吓成
全斷弟吓就　吓渠
代字中見弟帝季鑾

2-2-21-6　清咸豐元年正月李吓成等立斷民田根字

今在
日隆叔處借出錢本壹仟肆百柒六文正言
約每月每仟文加利叁拾文算候至來年冬
成之日備錢本利齊足送還不敢欠
如是欠欠即將雲[illegible]分輪典壹號坐止
本鄉庄洋地坊土名楷模頭上分甲子
輪到父己年分付錢主耕作壹年掏收本利
明白如是便少多寡照依行息不輪載
算明白利有谷付田主收田錢主不敢異
言今欲有憑立現耕字一紙付執為照
同治元年六月　日立現耕字侄廷用
在見母鄭氏
全見弟廷康
代字見侄啟蓋
大[illegible]

2-2-21-7　清同治元年六月李廷用立借錢字

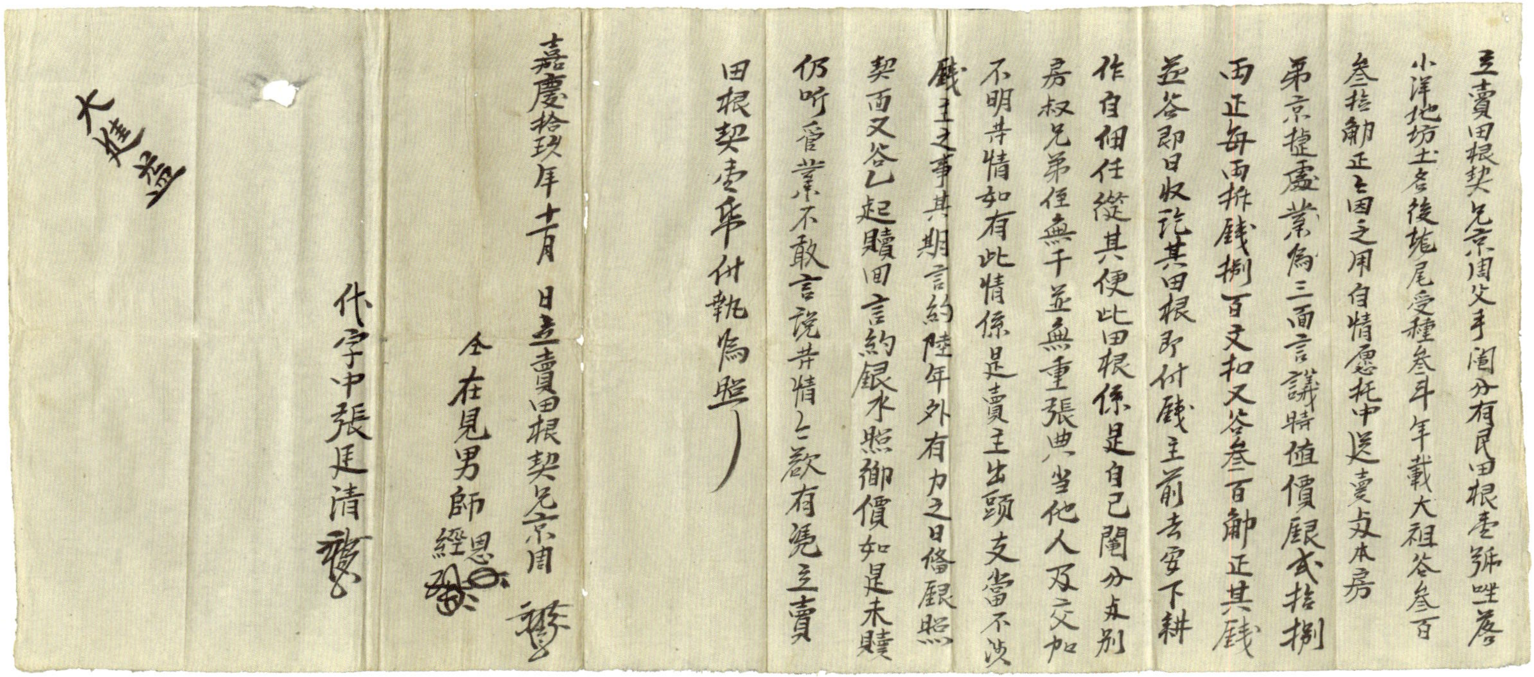
立賣田根契兄京周父手鬮分有民田根壹號坐落
小洋地坊土名後垅尾受種叁斗年載大租谷叁百
叁拾觔正今因乏用自情愿托中送賣與本房
弟京捷處業爲三面言議時值價銀弍拾捌
两正每两折錢捌百文和又谷叁百觔正其錢
並谷即日收訖其田根即付錢主前去安下耕
作自佃任從其便此田根係是自己鬮分與別
房叔兄弟侄無干並無重張典當他人及交加
不明并情如有此情係是賣主出頭支當不涉
錢主之事其期言約陸年外有力之日備銀照
契面又谷一起贖回言約銀水照御價如是未贖
仍聽管業不敢言說并情今欲有憑立賣
田根契壹紙付執爲照
嘉慶拾玖年十一月 日立賣田根契兄京周（押）
仝在見男師恩（押）
經（押）
代字中張廷清（押）
大進叁

2-2-22-1　清嘉慶十九年十一月李京周立賣民田根契

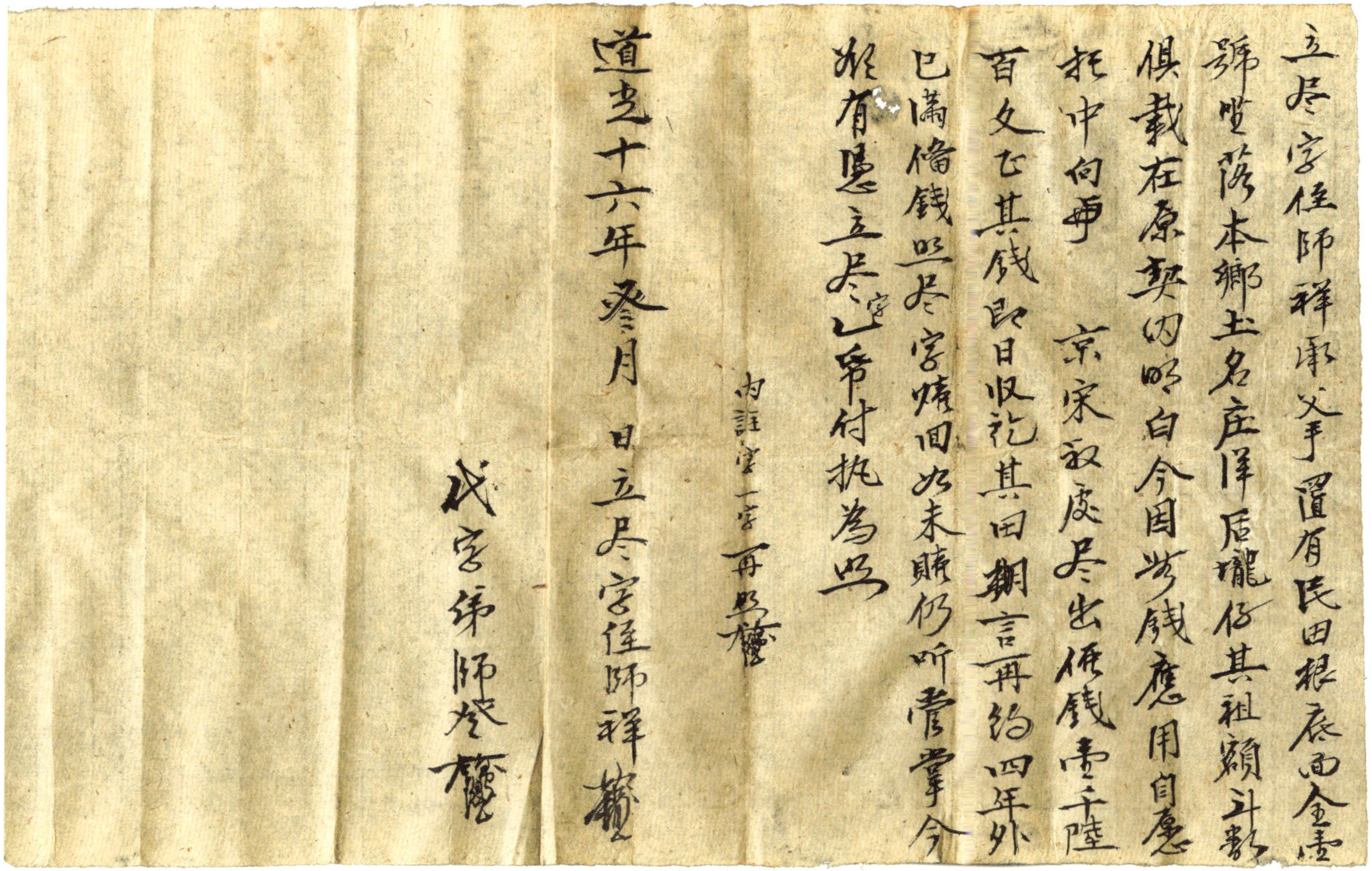
立盡字侄師祥承父手置有民田根底面全壹
號坐落本鄉土名庄洋后壠仔其租額斗數
俱載在原契內明白今因乏錢應用自愿
托中向再 京家叔處盡出價錢壹千陸
百文正其錢即日收訖其田期言再約四年外
已滿備錢照盡字贖回如未贖仍听嘗掌今
欲有憑立盡字乙帋付執為照
内註字一字　再照
道光十六年叁月　日立盡字侄師祥（押）
代字弟師[illegible]（押）

2-2-22-2　清道光十六年三月李師祥立盡底面全民田根字

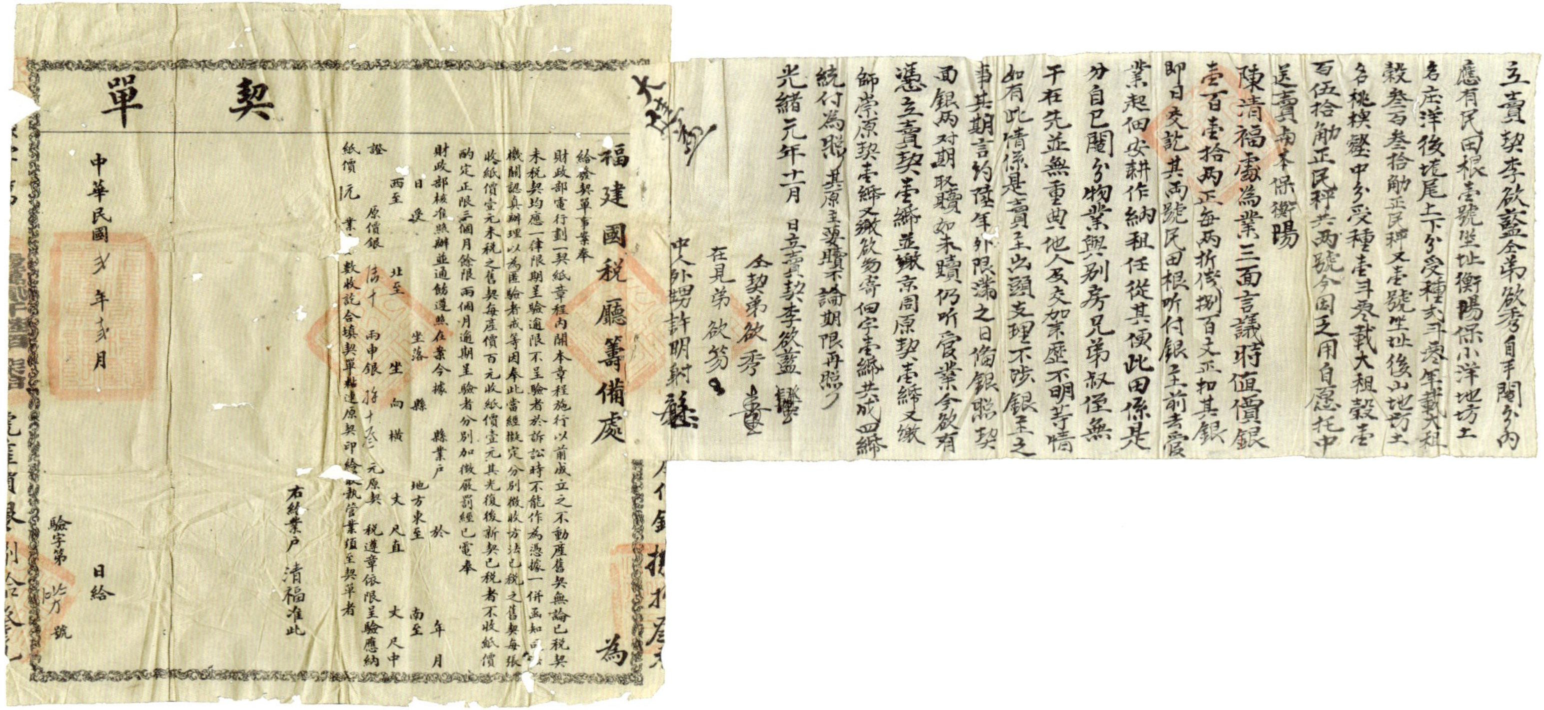

2-2-22-3　清光緒元年十一月李欲藍等立賣民田根契（紅契）

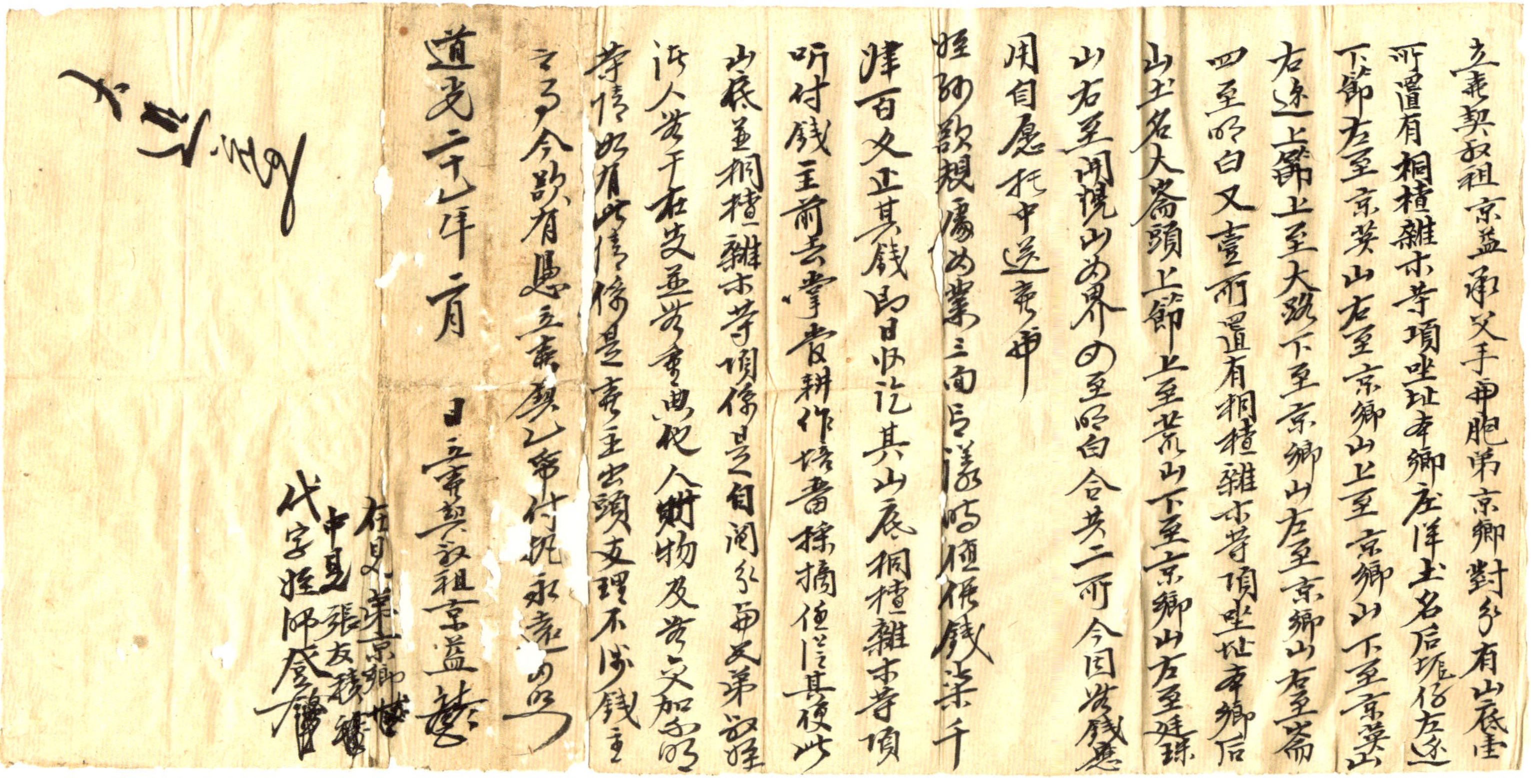

立賣契叔祖京益承父手與胞弟京卿對分有山底坐
所置有桐植雜木等項坐址本鄉庄洋土名后垅仔左边
下節左至京英山右至京卿山上至京卿山下至京英山
右边上節上至大路下至京卿山左至京卿山右至崙
四至明白又壹所置有桐植雜木等項坐址本鄉后
山土名大崙頭上節上至荒山下至京卿山左至姪琛
山右至[illegible]山為界四至明白合共二所今因要錢應
用自愿托中送賣與
姪孫[illegible]觀處為業三面言議時值價錢柒千
肆百文正其錢即日收訖其山底桐植雜木等項
听付錢主前去掌管耕作培畜採摘任從其便此
山底並桐植雜木等項係是自閬分與叔弟無[illegible]
涉人等干在先並無重典他人財物及無交加不明
等情如有此情係是賣主出頭支理不涉錢主
之事今欲有憑立賣契山帋付執永遠為照
道光二十一年二月　日立賣契叔祖京益（押）
在見叔京卿（押）
中見張友[illegible]（押）
代字姪師[illegible]（押）

2-2-23-1　清道光二十一年二月李京益立賣山底等契

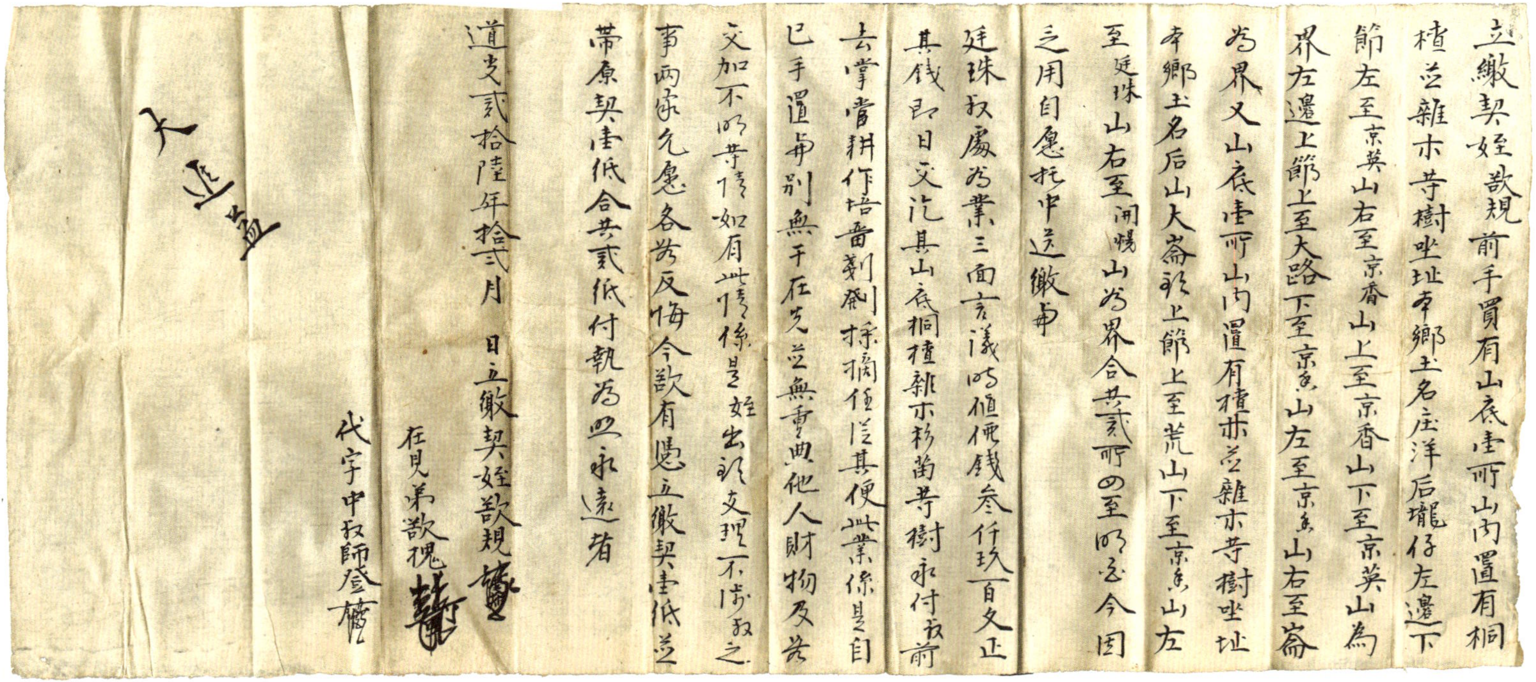

立繳契姪欲規前手買有山底壹所山內置有桐
植並雜木等樹坐址本鄉土名庄洋后壠仔左邊下
節左至京英山右至京香山上至京香山下至京英山為
界左邊上節上至大路下至京茂山左至京茂山右至崙
為界又山底壹所山內置有桂木並雜木等樹坐址
本鄉土名后山大崙頂上節上至荒山下至京茂山左
至廷珠山右至涧頭山為界合共貳所四至明白今因
之用自愿托中送繳與
廷珠叔處為業三面言議時值價錢叁仟玖百文正
其錢即日交訖其山底桐植雜木杉苗等樹永付叔前
去掌管耕作培當剷劉採摘任從其便此業係是自
己手置與別無干在先並無重典他人財物及並
文加不明等情如有此情係是姪出頭支理不涉叔之
事兩家允愿各無反悔今欲有憑立繳契壹紙並
帶原契壹紙合共貳紙付執為照永遠者
道光貳拾陸年拾貳月　日立繳契姪欲規
在見弟欲槐
代字中叔師登

2-2-23-2　清道光二十六年十二月李欲規立繳山底等契

立賣契弟齊業承祖手置父手兄弟分過
閫內有楂林山底並什木等樹壹所坐址本鄉
庄洋地方土名后墘仔左边下節上至聖全山下
京英左至京英山右至京香山為界又壹所右
边上節上至大路下至京香山左至聖全山右至
崙為界四至明白今因乏銀用將此托中送賣
断節
友輝兄處為永遠實業三面言議時值價銀
壹拾陸兩正每兩折伐捌佰文和其銀即日交訖其
山底並楂林什木等樹永付兄前去掌管到剏培畨
採摘砍伐變賣任從其便此業係祖置道分父閫
內已額步別無干在先並無重典他人及無上下文加來
歷不明等情如有此情係弟出頭支理不累兄
之事自賣斷之後永不敢言盡取贖生端支節
等情兩家喜允若無反悔今欲有憑立賣契
壹紙內註山之銀樹四字並立賣契壹紙又
帶欽規繳契壹紙共成叁紙繳付永遠實業
為照

民國陸年伍月　日立賣契弟齊業
立見弟齊年
代字中兄友惠

民國卅年二月其[illegible]
行

2-2-23-3　民國六年五月李齊業立賣山底等契（廢契）

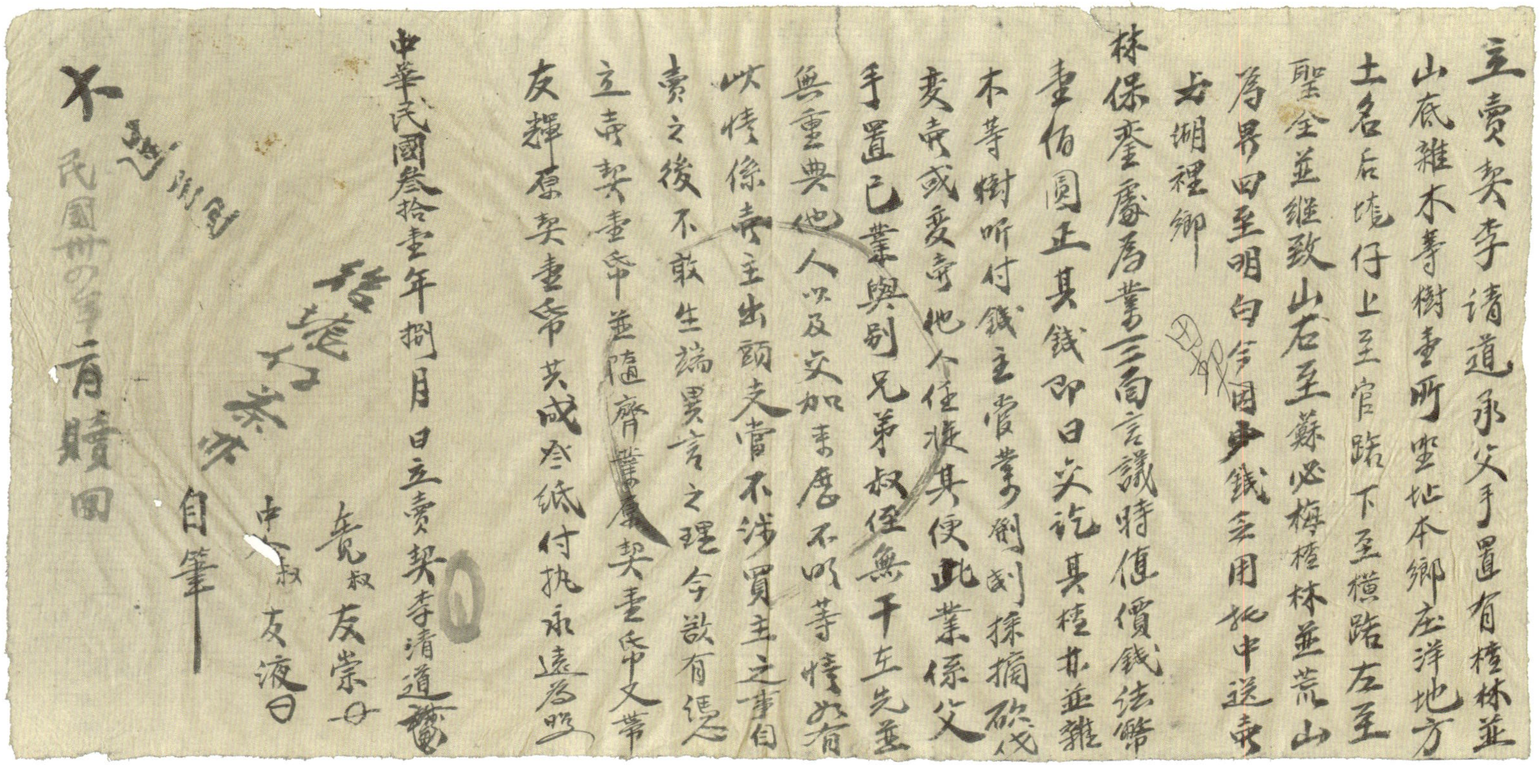

立賣契李清道承父手置有楂林並
山底雜木等樹壹所，坐址本鄉庄洋地方，
土名后垅仔，上至官路，下至横路，左至
聖全並継致山，右至蘇必梅楂林並荒山
爲界，四至明白。今因乏錢應用，托中送與
古湖裡鄉
林保銮處爲業。三面言議時値價錢法幣
壹佰圓正，其錢即日交訖。其楂林並雜
木等樹，听付錢主管業，剉剷採摘砍伐
變賣，或受寄他人，任從其便。此業係父
手置已業，與别兄弟叔侄無干，在先並
無重典他人，以及交加來歷不明等情。如有
此情，係賣主出頭支當，不涉買主之事。自
賣之後，不敢生端異言之理。今欲有憑，
立賣契壹紙，並隨齊業上手契壹紙，中文帶
友輝原契壹紙，共成叁紙，付執永遠爲照。

中華民國叁拾壹年捌月　日立賣契李清道（押）
賣叔　友崇（押）
中人叔　友液（押）
自筆

2-2-23-4　民國三十一年八月李清道立賣楂林等契（廢契）

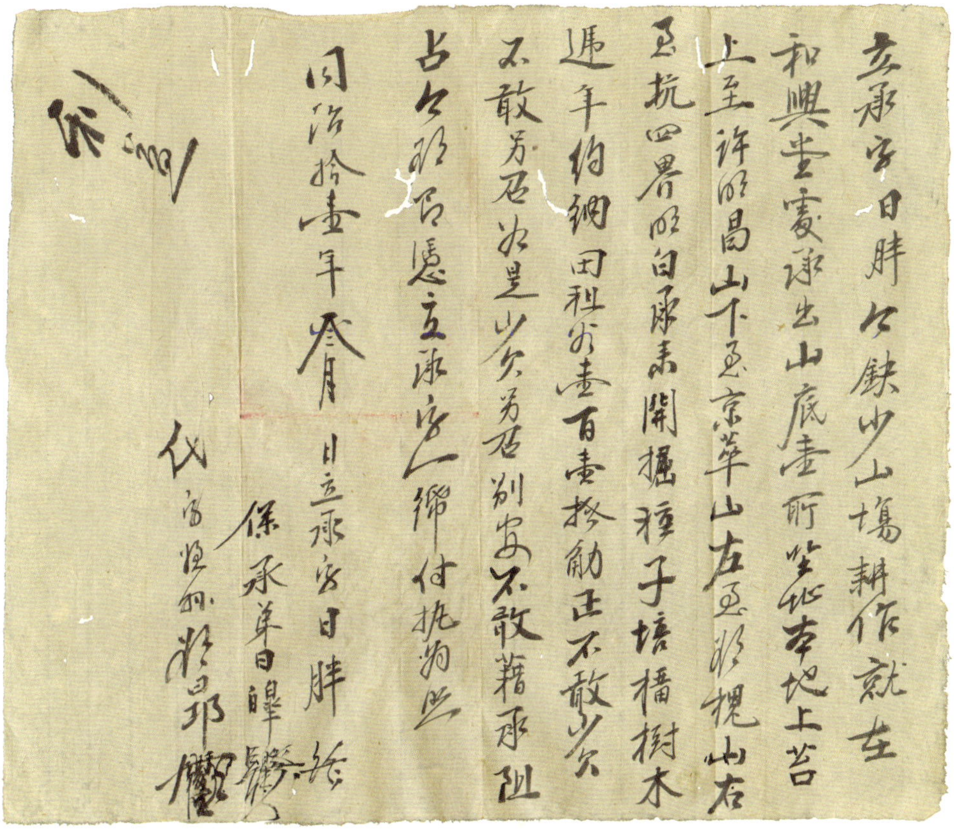

立承字日胖今缺少山塲耕作就在
和興堂處承出山底壹所坐北本地上苫
上至許明昌山下至京華山左至明槐山右
至抗四界明白承来開搵種子培播樹木
逓年約納田租錢壹百壹拾觔正不敢少欠
不敢另召并是少欠另召别安不敢藉承阻
占今欲有憑立承字一紙付執為照
同治拾壹年叁月　日立承字日胖（押）
保承華日皋（押）
代字恒和杨鼎鸞
行

2-2-24-1　清同治十一年三月李日胖立承山場字

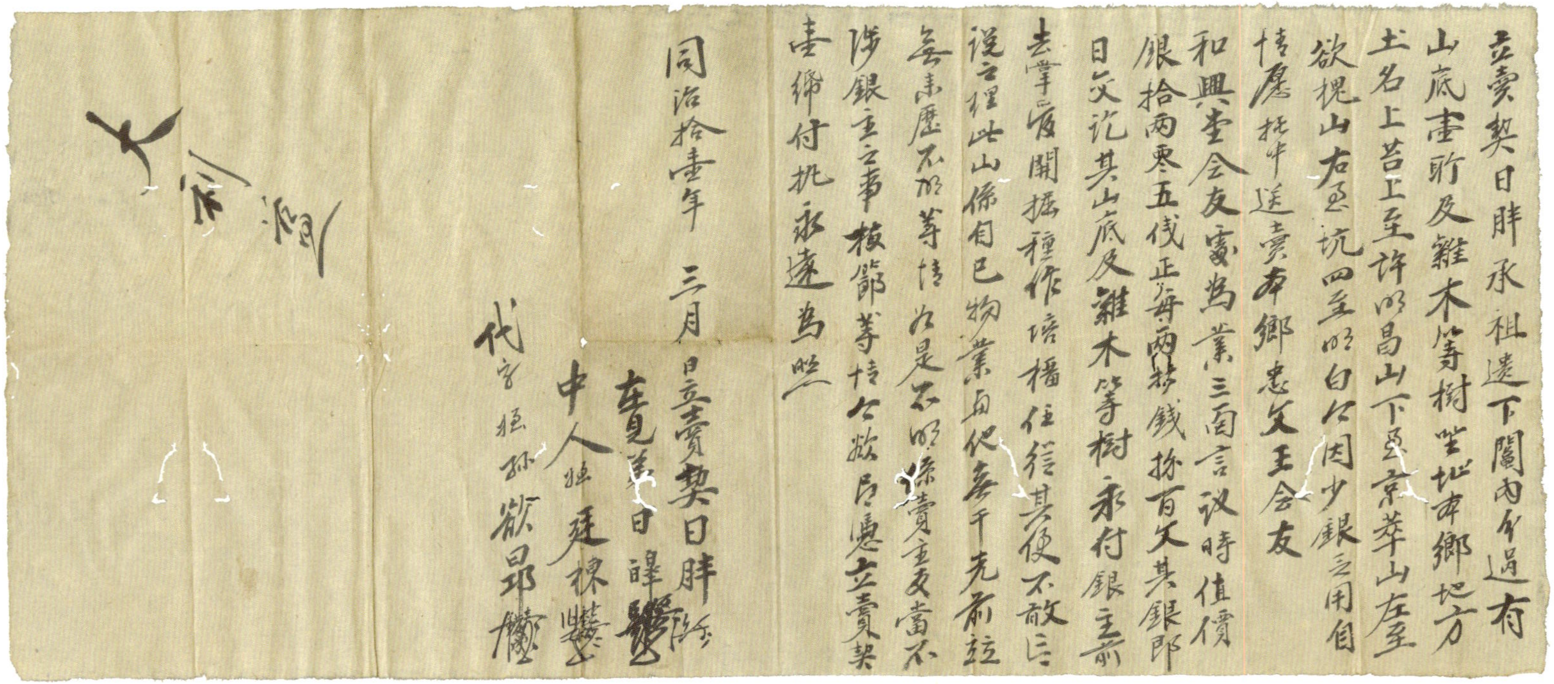

立賣契日胖承祖遺下闔内分過有
山底壹所及雜木等樹坐址本鄉地方
土名上苔上至許明昌山下至京華山左至
欲槐山右至坑四至明白今因少銀乏用自
情愿托中送賣本鄉忠文王会友
和興堂会友處為業三面言议時值價
銀拾兩零五伐正每兩折錢捌百文其銀即
日交訖其山底及雜木等樹永付銀主前
去掌管開掘種作培播任從其便不敢阻
擋云理此山係自己物業与他無干先前並
無來歷不明等情如是不明係賣主支當不
涉銀主之事枝節等情今欲有憑立賣契
壹紙付執永遠為照

同治拾壹年　三月　日立賣契日胖
在見弟日韓
中人姪廷祿
代字姪孫欲昂

2-2-24-2　清同治十一年三月李日胖立賣山底等契

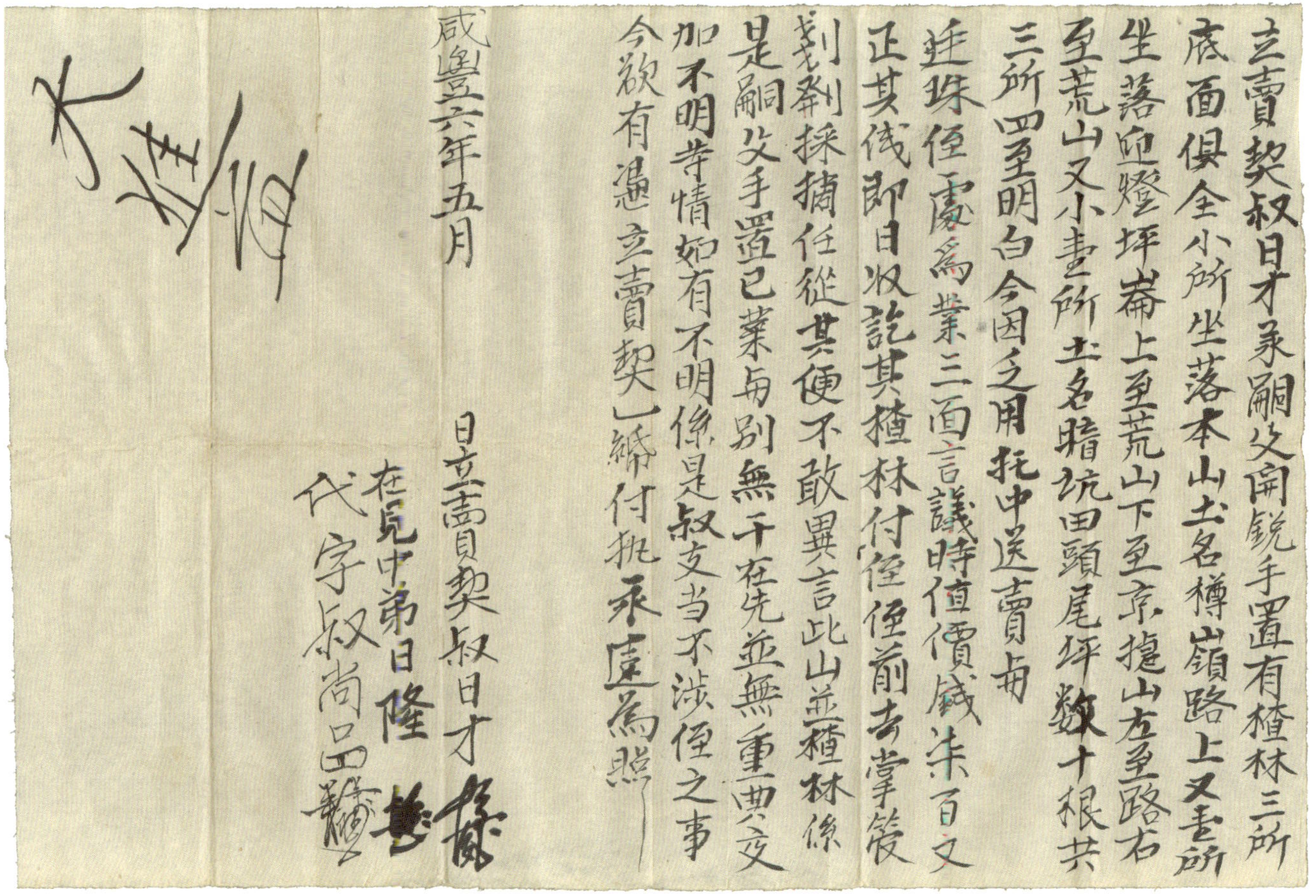

立賣契叔日才承嗣父鬮鋭手置有楂林三所
底面俱全小所坐落本山土名樽嶺路上又壹所
坐落迎燈坪崙上至荒山下至亭捏山左至路右
至荒山又小壹所土名猪坑田頭尾坪數十根共
三所四至明白今因乏用托中送賣与
廷珠侄處爲業三面言議時值價錢柒百文
正其錢即日收訖其楂林付侄侄前去掌管
剗剃採摘任從其便不敢異言此山並楂林係
是嗣父手置已業与别無干在先並無重典交
加不明等情如有不明係是叔支当不涉侄之事
今欲有憑立賣契一紙付批永遠爲照
咸豐六年五月　日立賣契叔日才
在見中弟日隆
代字叔尚品

2-2-25-1　清咸豐六年五月李日才立賣楂林契

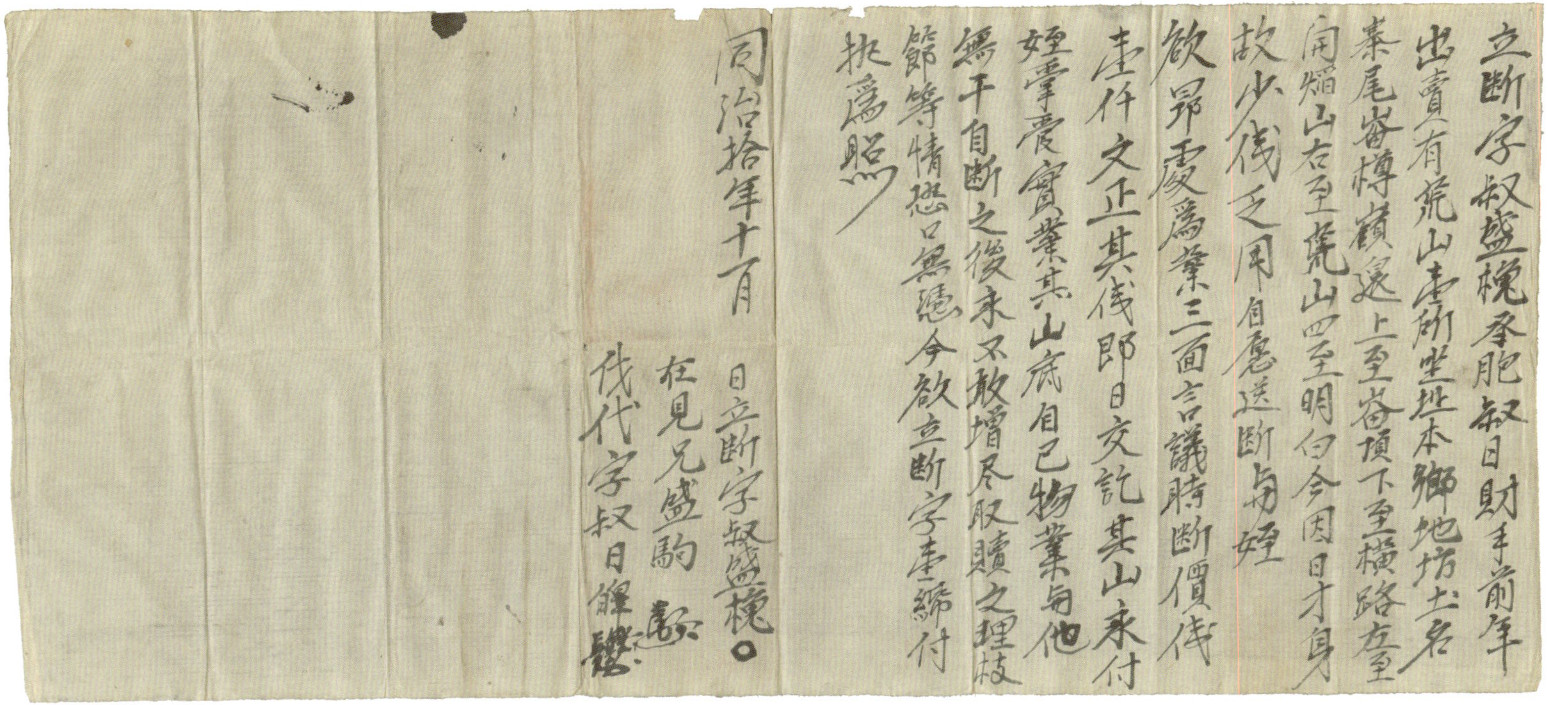
立断字叔盛槐承胞叔日財手前年
出賣有荒山壹所坐址本鄉地方土名
秦尾崙樽嶺邊上至崙頂下至橫路左至
開熘山右至荒山四至明白今因日才身
故少錢乏用自愿送斷與姪
欽昂處爲業三面言議時斷價錢
壹仟文正其錢即日交訖其山來付
姪掌管爲實業其山底自己物業與他
無干自斷之後永不敢增找取贖之理枝
節等情恐口無憑今欲立斷字壹紙付
執爲照

同治拾年十一月　日立断字叔盛槐○
在見兄盛駒（押）
代字叔日鏶（押）

2-2-25-2　清同治十年十一月李盛槐立斷荒山字

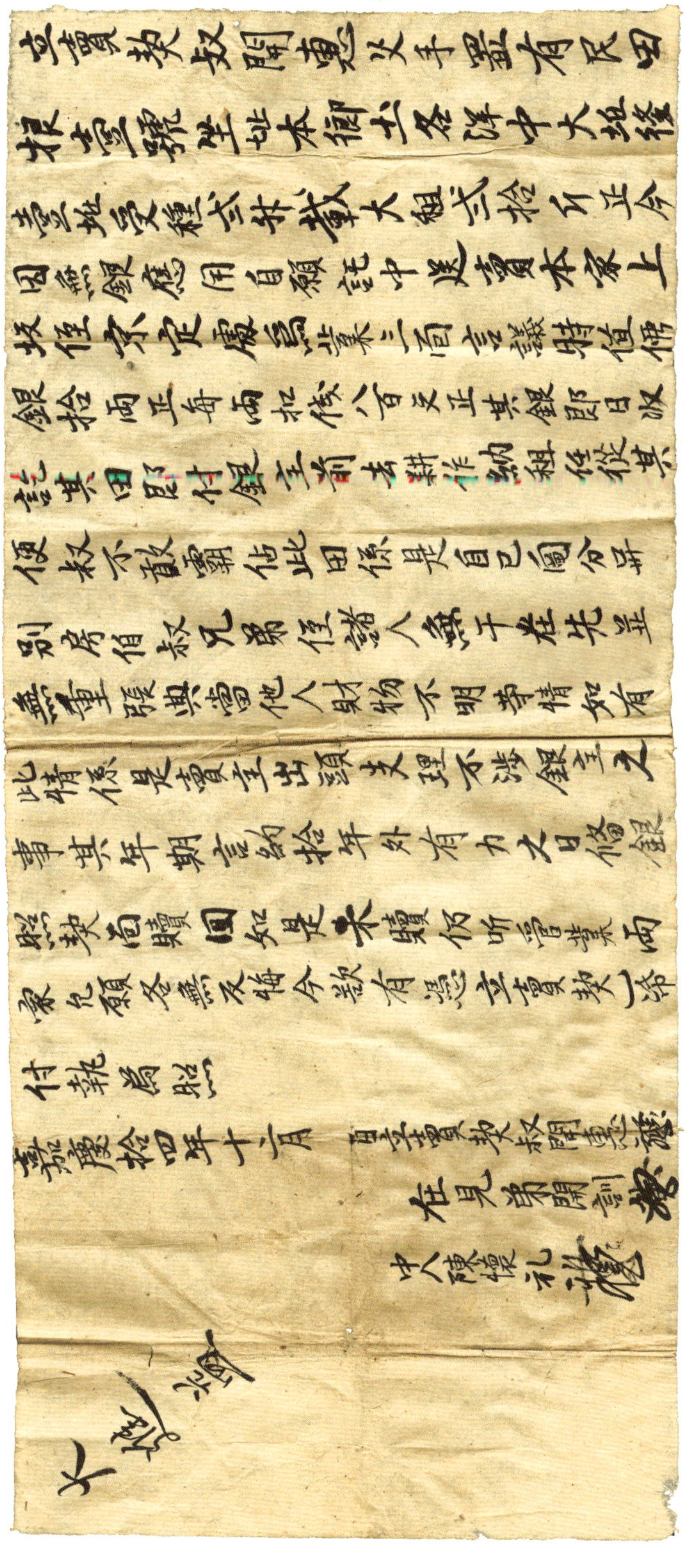
立賣契叔開惠，父手置有民田
根壹號，坐址本鄉土名洋中大坵後
壹坵，受種弍斗，計載大糧弍拾斤正，今
因無銀應用，自願託中送賣本家上
坎侄家，定價[illegible]時值佛
銀拾兩正，每兩扣錢八百文正，其銀即日收
訖，其田即付銀主前去耕作納租，任從其
便，叔不敢霸佔。此田係是自己鬮分[illegible]
別房伯叔兄弟侄諸人無干，并無先立
無重張典當他人財物不明等情，如有
此情，係是賣主出頭支理，不涉銀主之
事。其年期言約拾年外，有力之日備銀
照契面贖回，如是未贖，仍聽管業。兩
家允願，各無反悔。今欲有憑，立賣契一紙
付執爲照。
嘉慶拾四年十二月　日立賣契叔開惠（押）
在見弟開訓（押）
中人陳懷礼（押）
大[illegible]

2-2-26-1　清嘉慶十四年十二月李開惠立賣民田根契

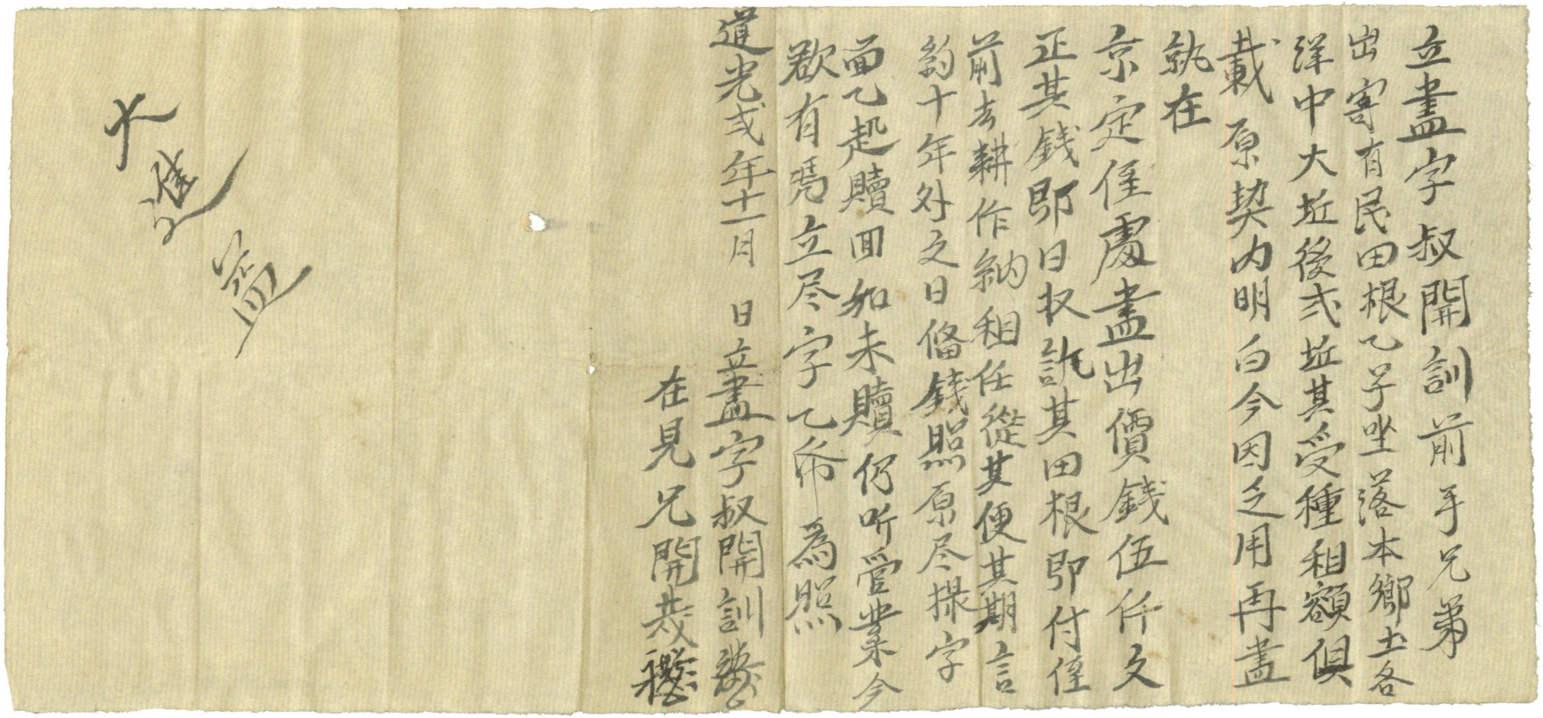

2-2-26-2　清道光二年十一月李開訓立盡民田根契

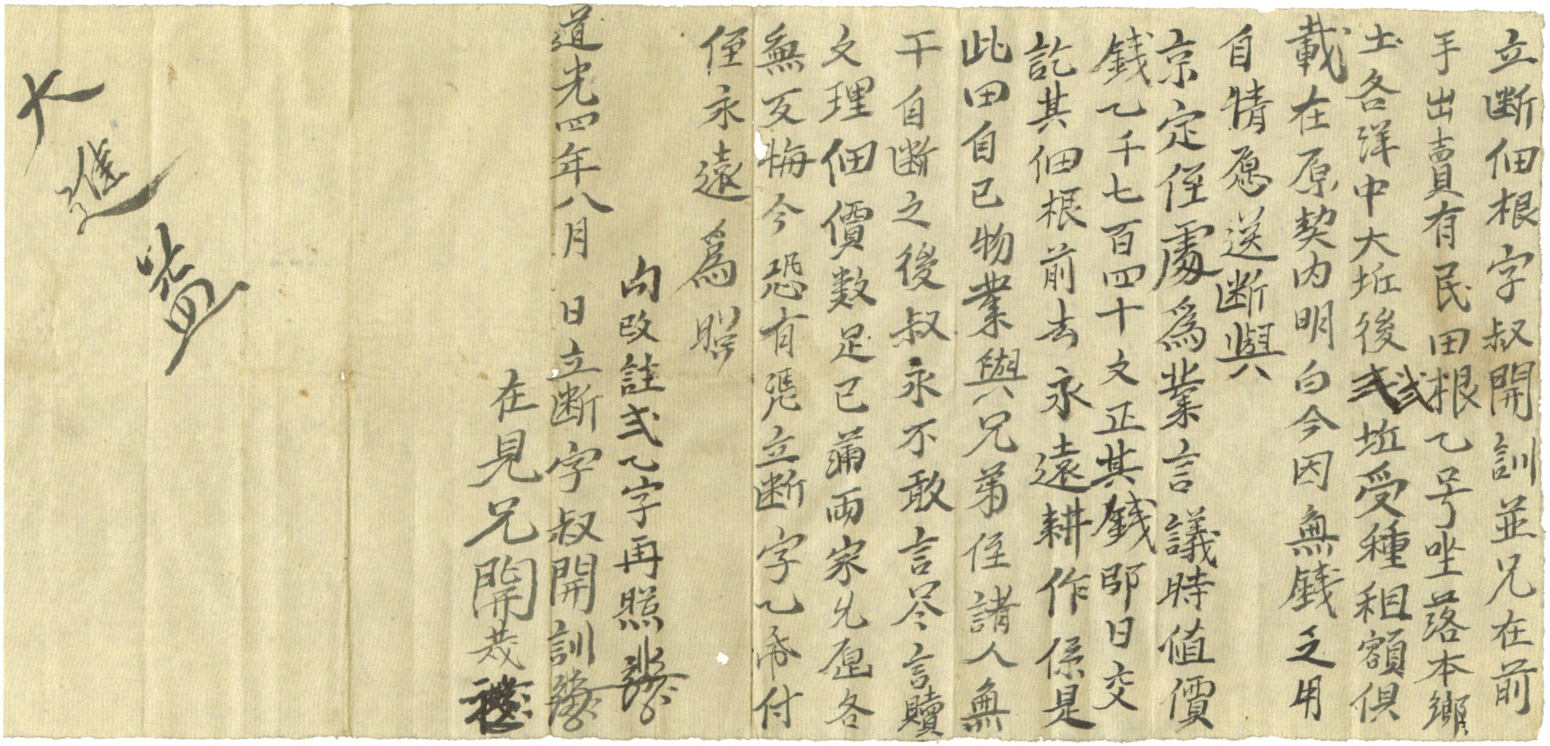

立斷佃根字叔開訓並兄在前
手出賣有民田根乙号坐落本鄉
土名洋中大垅後弍坵受種租額俱
載在原契內明白今因無錢乏用
自情愿送斷與
京定侄處為業言議時值價
錢乙千七百四十文正其錢即日交
訖其佃根前去永遠耕作係是
此田自己物業與兄弟侄諸人無
干自斷之後叔永不敢言找言贖
文理佃價數足已滿兩家允愿各
無反悔今恐有憑立斷字乙帋付
侄永遠為照
內改註弍乙字再照（押）
道光四年八月　日立斷字叔開訓（押）
在見兄開裁（押）
大進益

2-2-26-3　清道光四年八月李開訓立斷佃根字

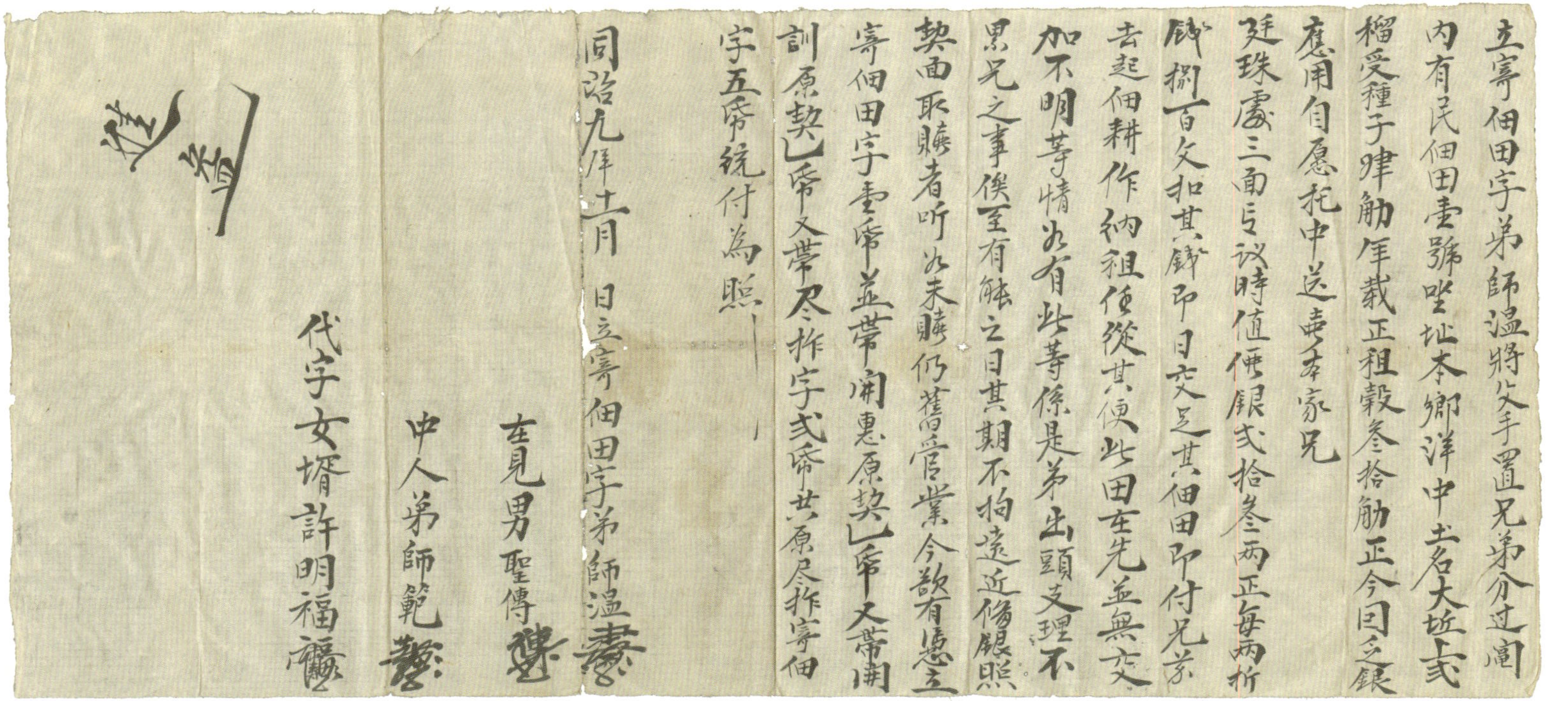
立寄佃田字弟師温將父手置兄弟分过阄
内有民佃田壹號坐址本鄉洋中土名大垅式
稲受種子肆觔年載正租穀叁拾觔正今因乏銀
應用自愿托中送與本家兄
廷珠處三面言議時值價銀式拾叁兩正每兩折
錢捌百文扣其錢即日交足其佃田即付兄家
去起佃耕作納租任從其便此田在先並無交
加不明等情如有此等係是弟出頭支理不
累兄之事俟至有銀之日其期不拘遠近備艮照
契面取贖者听如未贖仍舊管業今欲有憑立
寄佃田字壹帋並帶阄惠原契一帋又帶阄
訓原契一帋又帶尽拆字式帋共原尽拆寄佃
字五帋繳付為照。
同治九年十一月　日立寄佃田字弟師温（押）
在見男聖傳（押）
中人弟師範（押）
代字女婿許明福（押）
進益

2-2-26-4　清同治九年十一月李師温立寄民佃田字

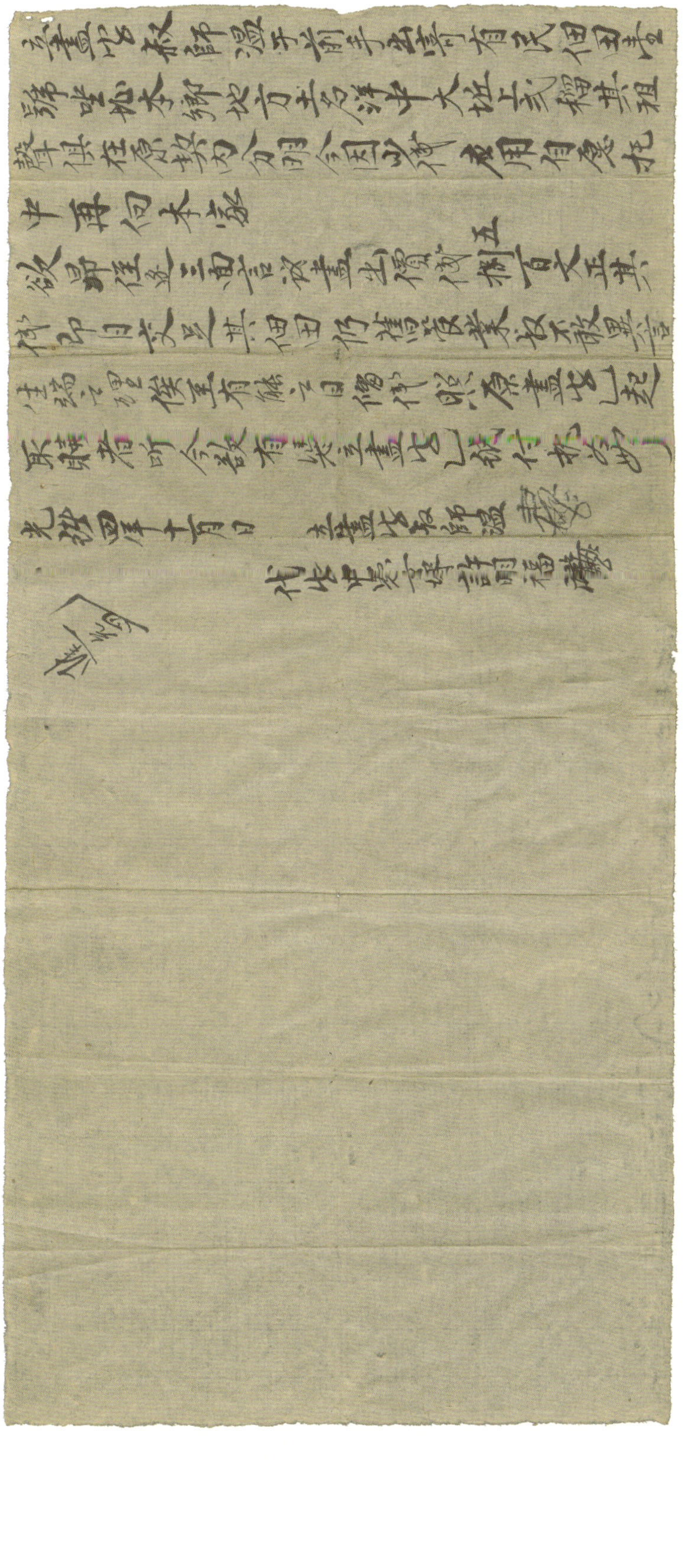
立盡出字叔師温，于光前手出賣有民佃田壹
號，坐址本鄉地方，土名洋中大坵上，貳[illegible]，其租
穀[illegible]俱在原契內分明。今因少錢應用，[illegible]托
中再向本家
叔[illegible]侄邊三面言議，盡出價錢五百文正，其
錢即日交足無滯，田仍聽[illegible]管業，叔不敢異言。
[illegible]後至有贖之日，備價照原盡出[illegible]
[illegible]今欲有憑，立盡出字付[illegible]為照。
光緒四年十一月　日　立盡出字叔師温（押）
代字侄[illegible]福（押）

2-2-26-5　清光緒四年十一月李師温立盡民佃田字

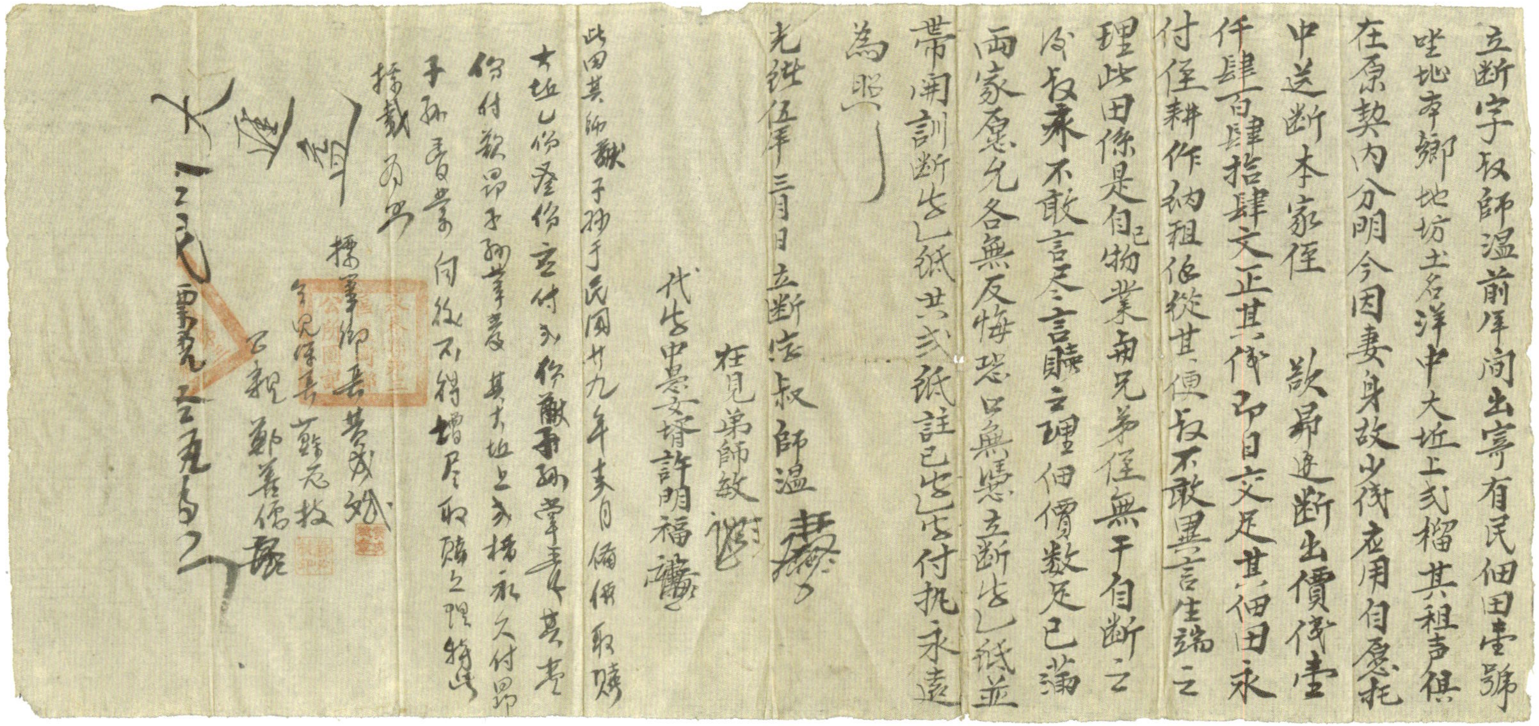

立斷字叔師温前年間出賣有民佃田壹號
坐址本鄉地坊土名洋中大垣上弍榴其租声俱
在原契內分明今因妻身故乏銭应用自愿托
中送斷本家侄　歆昴送斷出價銭壹
仟肆百肆拾肆文正其銭即日交足其佃田永
付侄耕作納租任從其便叔不敢異言生端之
理此田係是自己物業與兄弟侄無干自斷之
後叔永不敢言盡言贖之理佃價數足已滿
兩家愿允各無反悔恐口無憑立斷字乙紙並
帶開訓斷字乙紙共弍紙註已字付执永遠
為照。

光緒伍年三月日立斷字叔師温
在見弟師敏
代字中表姪許明福

2-2-26-6　清光緒五年三月李師温立斷民佃田字（紅契）

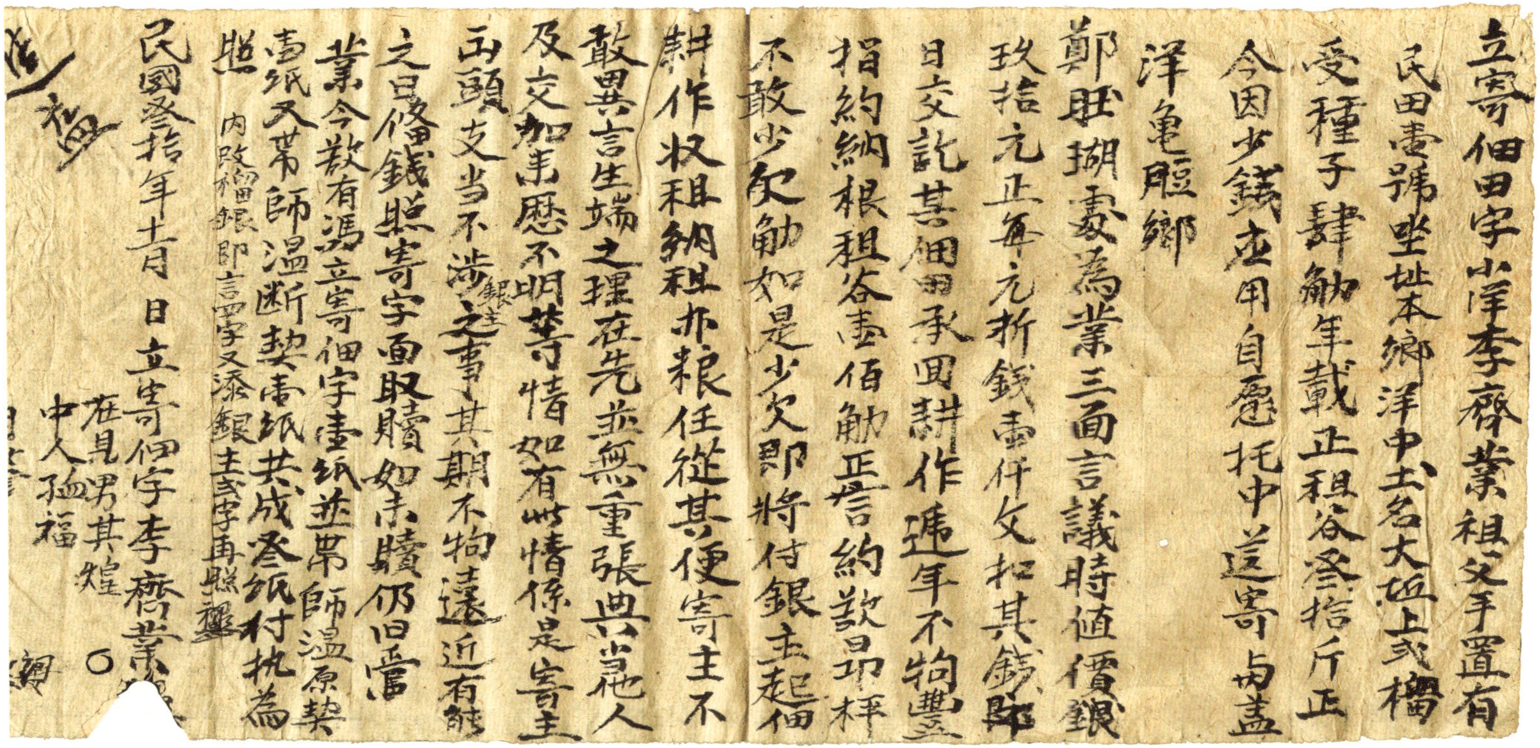

立寄佃田字小洋李齊業，祖父手置有
民田壹號，坐址本鄉洋中，土名大坵上弍欄，
受種子肆斛，年載正租谷叁拾斤正。
今因乏錢應用，自愿托中送寄与盖
洋亀賜鄉
鄭耿瑚處為業，三面言議時值價銀
玖拾元正，每元折錢壹仟文扣，其錢即
日交訖。其佃田承佃耕作，遞年不拘豐
歉，約納根租谷壹佰觔正，言約歲早秤，
不敢少欠觔。如是少欠，即將付銀主起佃
耕作，收租納粮，亦粮任從其便，寄主不
敢異言生端之理。在先並無重張典當他人
及交加未歷不明等情，如有此情，係是寄主
而頭支当，不涉銀主之事。其期不拘遠近，有能
之日，備錢照寄字面取贖，如未贖，仍旧管
業。今欲有憑，立寄佃字壹紙，並帶師温原契
壹紙，又帶師温断契壹紙，共成叁紙，付执為
照。 内改佃銀即言四字，又添銀主弍字，再照。
民國叁拾年十一月 日 立寄佃字 李齊業
在見男 其煌 ○
中人 孫福

2-2-26-7 民國三十年十一月李齊業立寄佃民田字

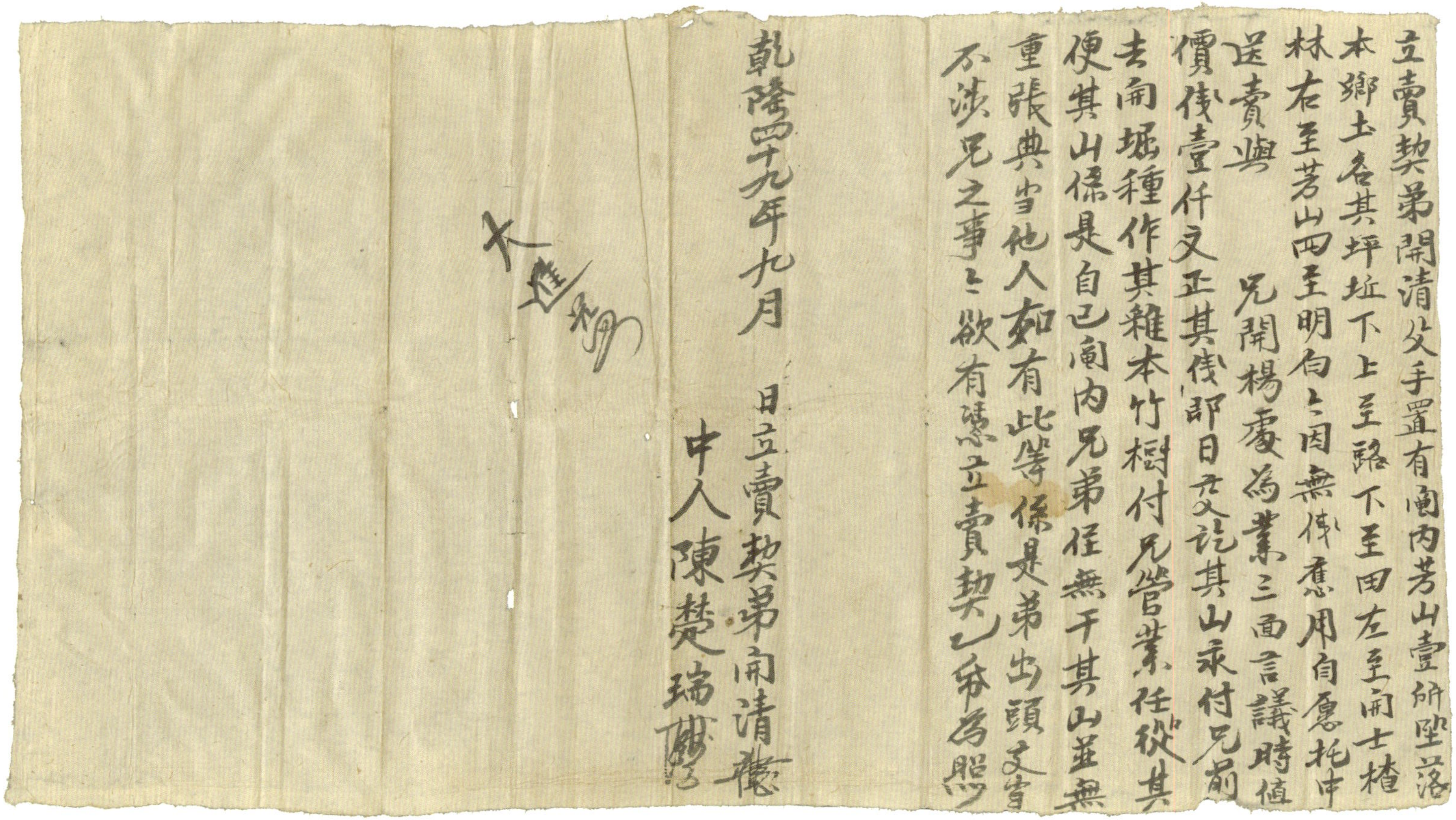
立賣契弟開清父手置有南內芳山壹所坐落
本鄉土名其坪址下上至路下至田左至開士楂
林右至芳山四至明白今因無錢應用自愿托中
送賣與
兄開楊處為業三面言議時值
價錢壹仟文正其錢即日交訖其山永付兄前
去開掘種作其雜木竹樹付兄管業任從其
便其山係是自己南內兄弟侄無干其山並無
重張典當他人如有此等係是弟出頭支當
不涉兄之事今欲有憑立賣契山爲照
乾隆四十九年九月　日立賣契弟開清（押）
中人陳楚瑞（押）

2-2-27-1　清乾隆四十九年九月李開清立賣荒山契

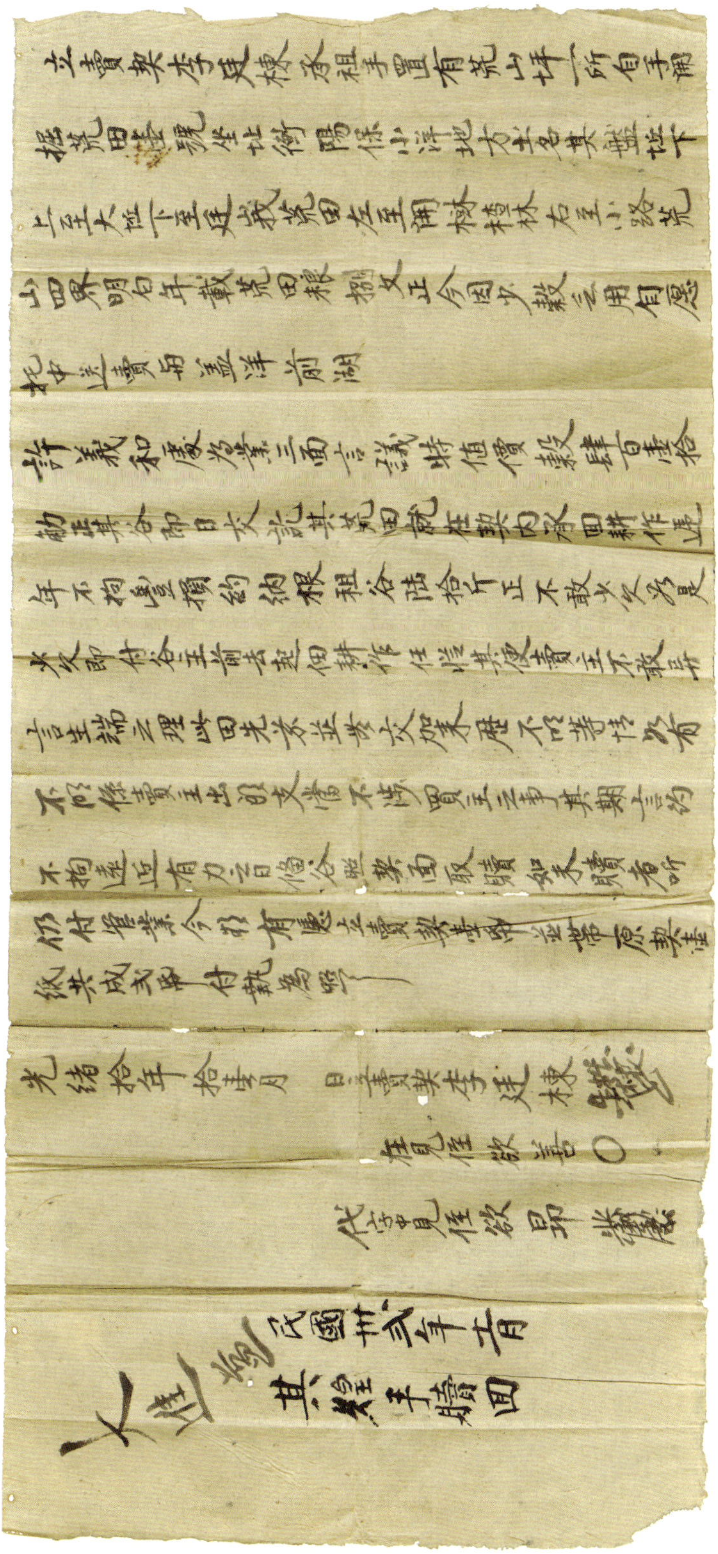
立賣契李廷棟承祖手置有荒山坪一所自手開
掘荒田壹號坐址荷陽係小洋地方土名其盤址下
上至大址下至廷棟荒田左至閩樹林右至小路荒
山四界明白年載荒田粮捌文正今因少錢乏用自愿
托中送賣與蓋洋前湖
許義和處為業三面言議時值價錢肆百叁拾
動正其錢即日交訖其荒田就在契內承田耕作逐
年不拘豐歉約納根租谷陸拾斤正不敢少欠如是
少欠即付谷主前去起佃耕作任從其便賣主不敢言
言生端之理此田先前並無文加未歷不明若有
不明係賣主出頭支當不涉買主之事其期言約
不拘遠近有力之日備價照契面取贖如未贖者仍
仍付佃業今欲有憑立賣契李廷棟并帶原契壹
紙共成貳紙付執為照
光緒拾年拾壹月　日立賣契李廷棟（押）
在見侄欽善○
代筆見侄欽昂（押）
民國卅貳年十一月
其契主手贖回
大進

清光緒十年十一月李廷棟立賣荒田契

2-2-27-2

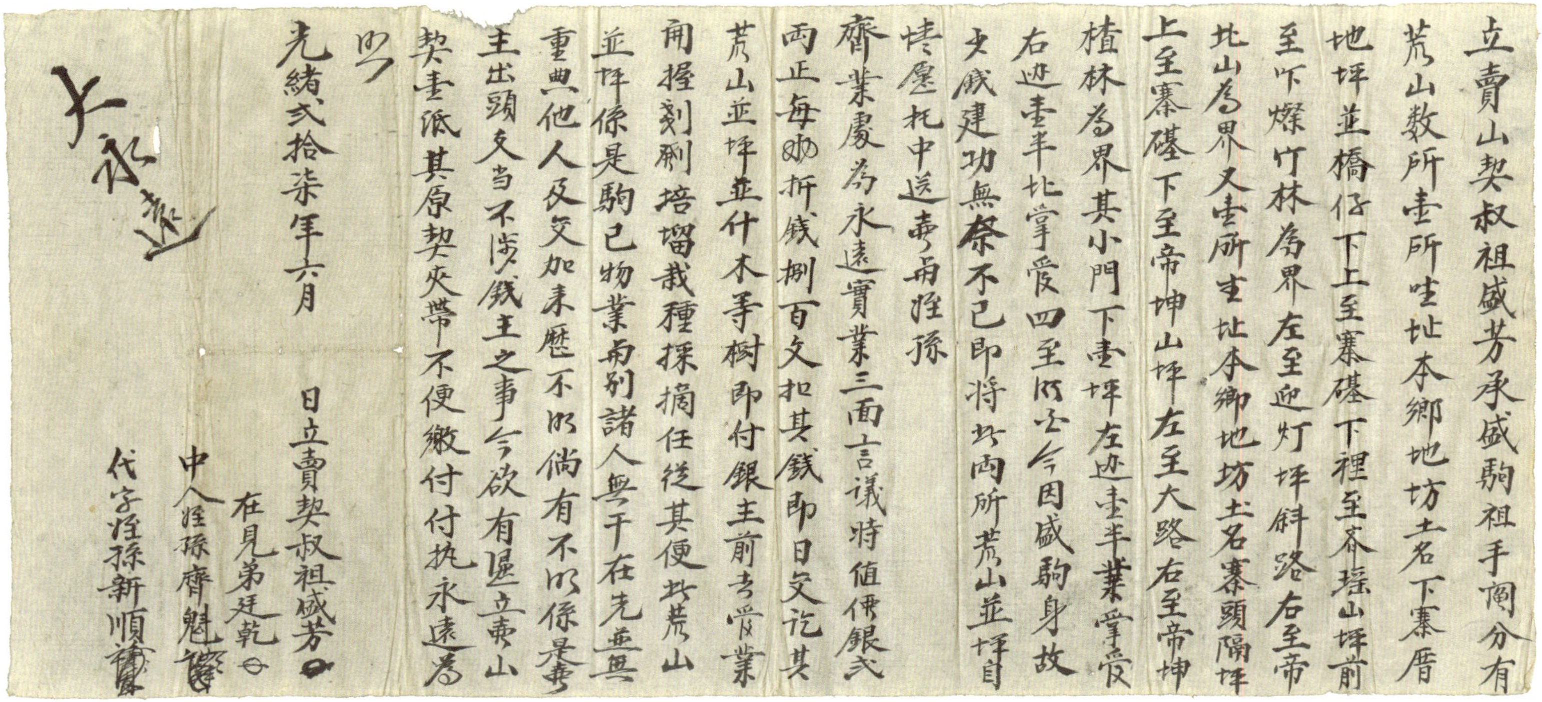
立賣山契叔祖盛芳承盛駒祖手鬮分有
荒山數所壹所坐址本鄉地坊土名下寨厝
地坪並橋仔下上至寨磜下裡至各垵山坪前
至下燦竹林為界左至迎灯坪斜路右至帝
北山為界又壹所坐址本鄉地坊土名寨頭隔坪
上至寨磜下至帝坤山坪左至大路右至帝坤
植林為界其小門下壹坪左邊壹半業掌受
右邊壹半北掌受四至明白今因盛駒身故
乏嗣建功無奈不已即將此兩所荒山並坪自
情愿托中送賣與侄孫
齊業處為永遠實業三面言議特值佛銀弍
兩正每兩折錢捌百文扣其錢即日交訖其
荒山並坪並什木手樹即付銀主前去管業
開掘劖剷培塯栽種採摘任從其便此荒山
並坪係是駒己物業與别諸人無干在先並無
重典他人及交加未歷不明倘有不明係是賣
主出頭支当不涉錢主之事今欲有憑立賣山
契壹紙其原契夾帶不便繳付付執永遠為
照
光緒弍拾柒年六月 日立賣契叔祖盛芳（押）
在見弟廷乾（押）
中人侄孫齊魁（押）
代字侄孫新順（押）

2-2-28-1　清光緒二十七年六月李盛芳立賣荒山契

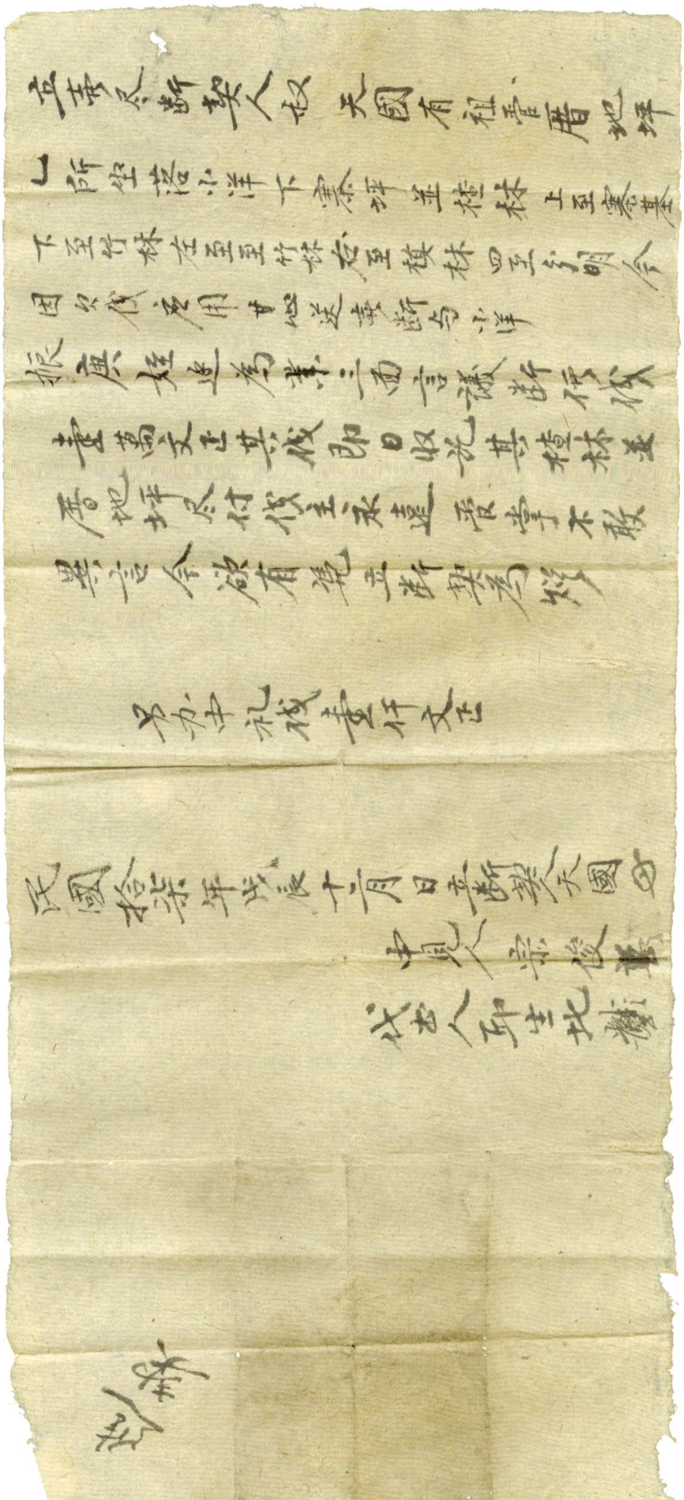

立賣盡斷契人李天國有祖置厝地坪
乙所坐落小洋下寨坪至橫林上至寨墓
下至竹林左至竹林右至橫林四至分明今
因欠銀應用甘心送賣斷與小洋
李觀留邊為業三面言議斷價
壹萬文正其銀即日收訖其橫林並
厝地坪盡付銀主永遠管業不敢
異言今欲有憑立斷契為照

另有小禮銀壹仟文正

民國拾柒年戊辰十二月日立斷契人天國（押）
中見人李宗俊
代書人鄭生地

2-2-28-2　民國十七年十二月李天國立賣盡斷厝地坪等契

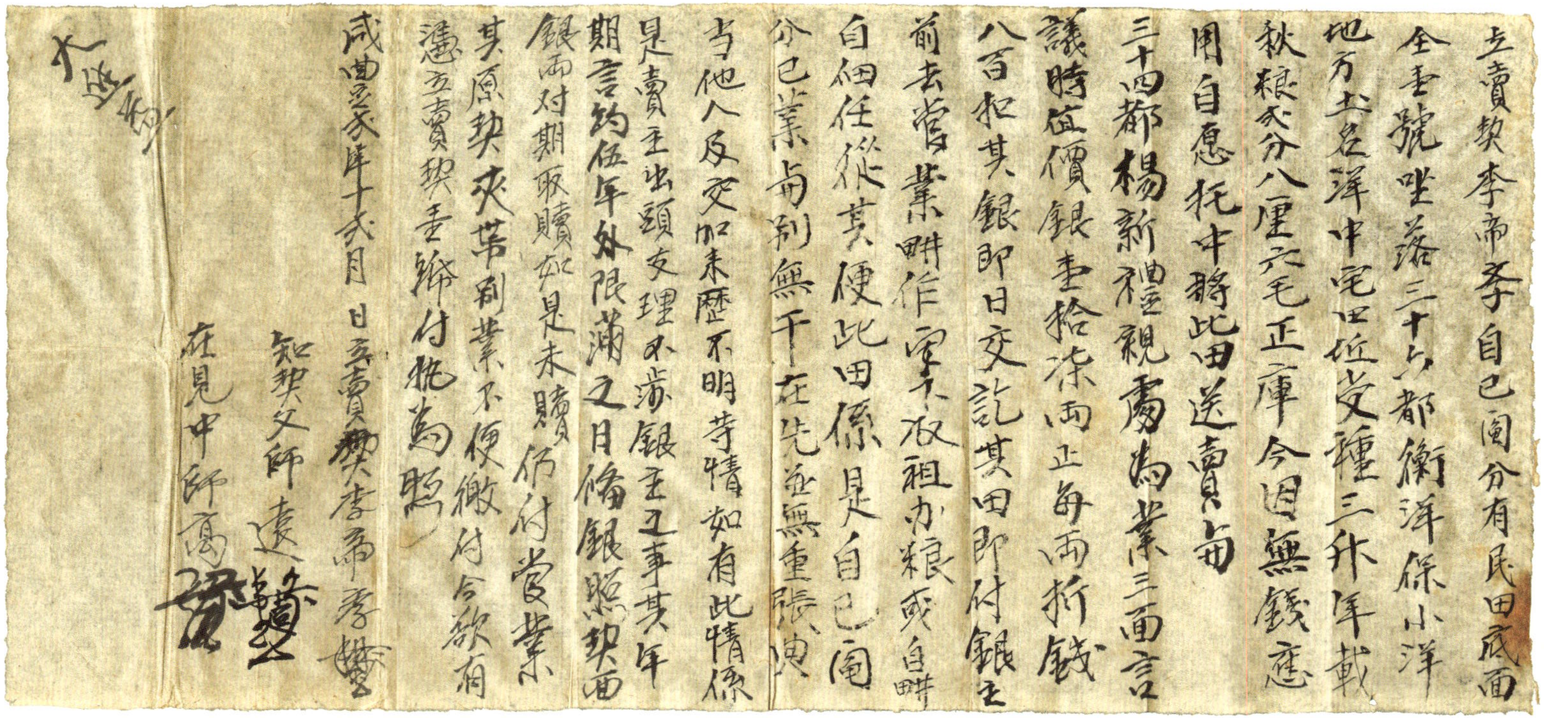

立賣契李帝李自己阄分有民田底面
全壹號坐落三十六都衛洋保小洋
地方土名洋中宅田位受種三升年載
秋粮弍分八厘六毛正庫今因無錢應
用自愿托中將此田送賣與
三十四都楊新禮親處為業三面言
議時值價銀壹拾柒両正每両折錢
八百扣其銀即日交訖其田即付銀主
前去管業耕作寔不敢阻办粮或自耕
自佃任從其便此田係是自己阄
分己業與叔兄弟無干在先並無重張典
當他人及交加未歷不明等情如有此情係
是賣主出頭支理不涉銀主之事其年
期言約伍年外限满之日備銀照契面
銀両對期取贖如是未贖仍付管業
其原契夾帶別業不便繳付今欲有
憑立賣契壹紙付執為照
咸豐弍年十弍月　日立賣契李帝李
知契父師　遠
在見中師　高
大發利

2-2-29-1　清咸豐二年十二月李帝李立賣底面全民田契

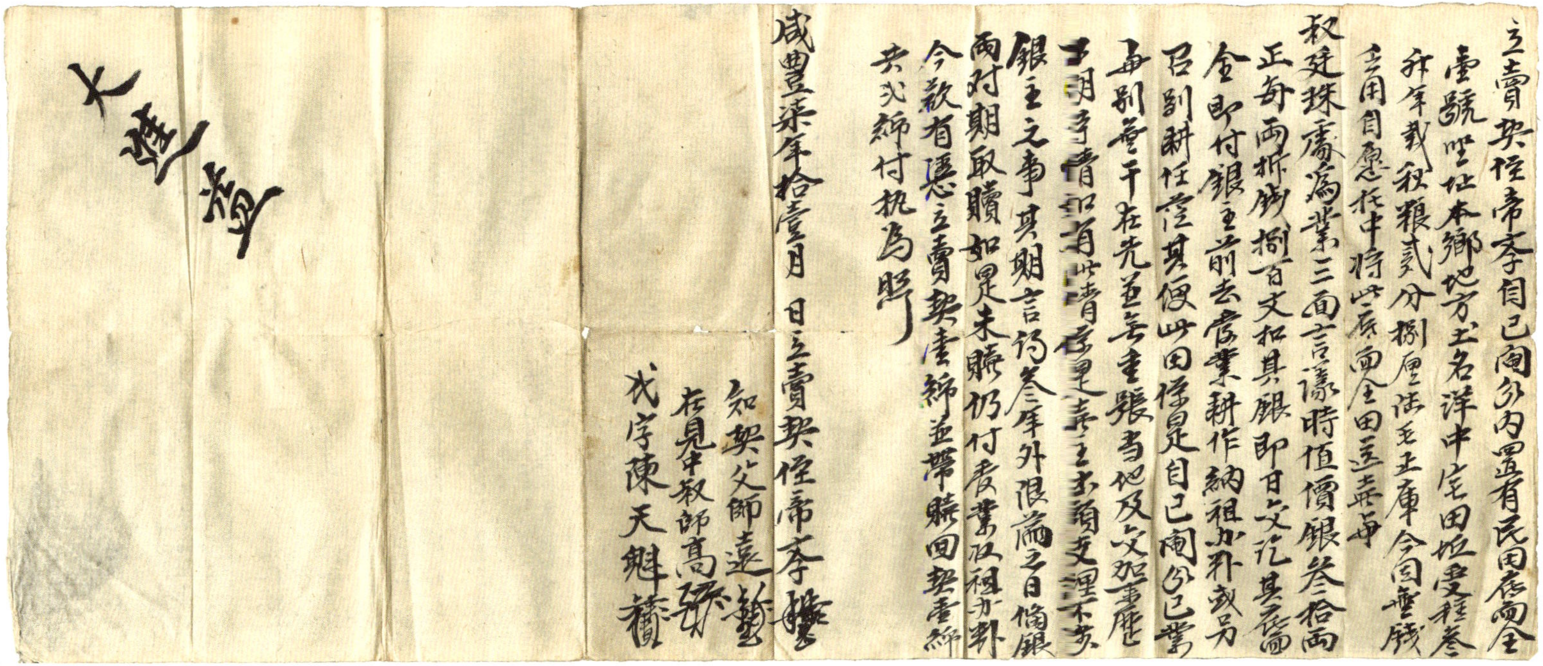

立賣契侄帝李自己向分内置有民田底面全
壹號，坐址本鄉地方土名洋中宅田坵，受種叁
秤，年載秋粮貳分捌厘，法丢正庫。今因無錢
應用，自愿托中將此底面全田送與本
叔廷珠處為業。三面言議，時值價銀叁拾兩
正，每兩折錢捌百文，和其銀即日交訖。其底面
全即付銀主前去管業耕作，納租加升，或另
召別耕，任從其便。此田係是自己向分己業，
與別房無干，在先並無重張典他及文加重疊
[illegible]明等情，如有此情，係是賣主自當支理，不干
銀主之事。其田言約叁年外限滿之日，備銀
兩對期取贖，如是未贖，仍付管業收租加[illegible]。
今欲有憑，立賣契壹紙，並帶贖回契壹紙，
共貳紙，付執為照。

咸豐柒年拾壹月　日立賣契侄帝李（押）
知契父師遠（押）
在見中叔師高（押）
代字陳天觀（押）

大[illegible]壹

2-2-29-2　清咸豐七年十一月李帝李立賣底面全民田契

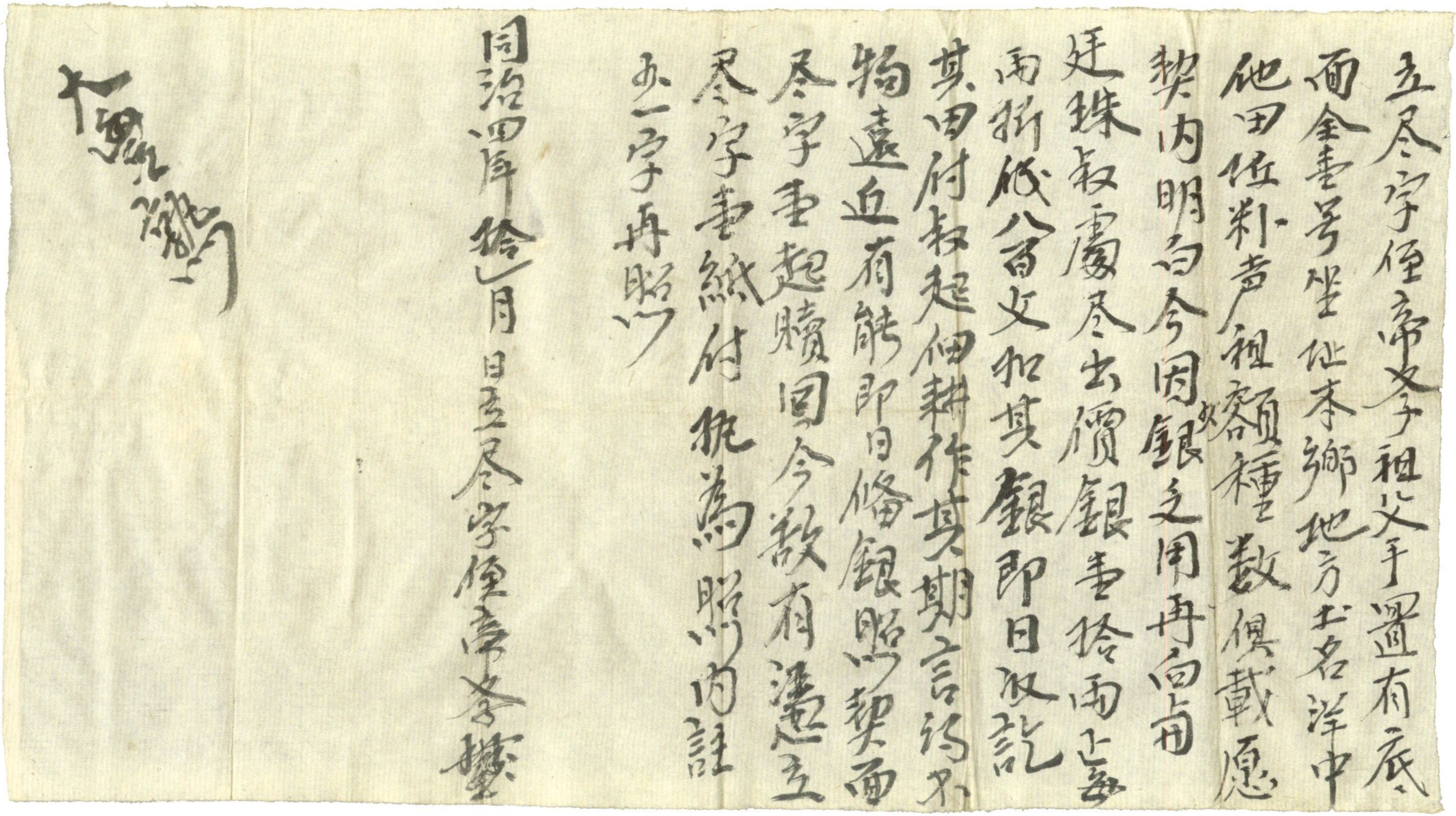

立盡字侄帝文承祖父手置有底
面全壹号坐址本鄉地方土名洋中
佃田伍斛小声户祖額種數俱載應
契內明白今因銀少之用再向甫
廷珠叔處盡出價銀壹拾兩正其
兩折低八分文和其銀即日收訖
其田付叔起佃耕作其期言約不
拘遠近有能即日備銀照契面
盡字壹起贖回今欲有憑立
盡字壹紙付執為照內註
改一字再照
同治四年拾壹月　日立盡字侄帝文李（押）
[illegible]

2-2-29-3　清同治四年十一月李帝李立盡底面全民田字

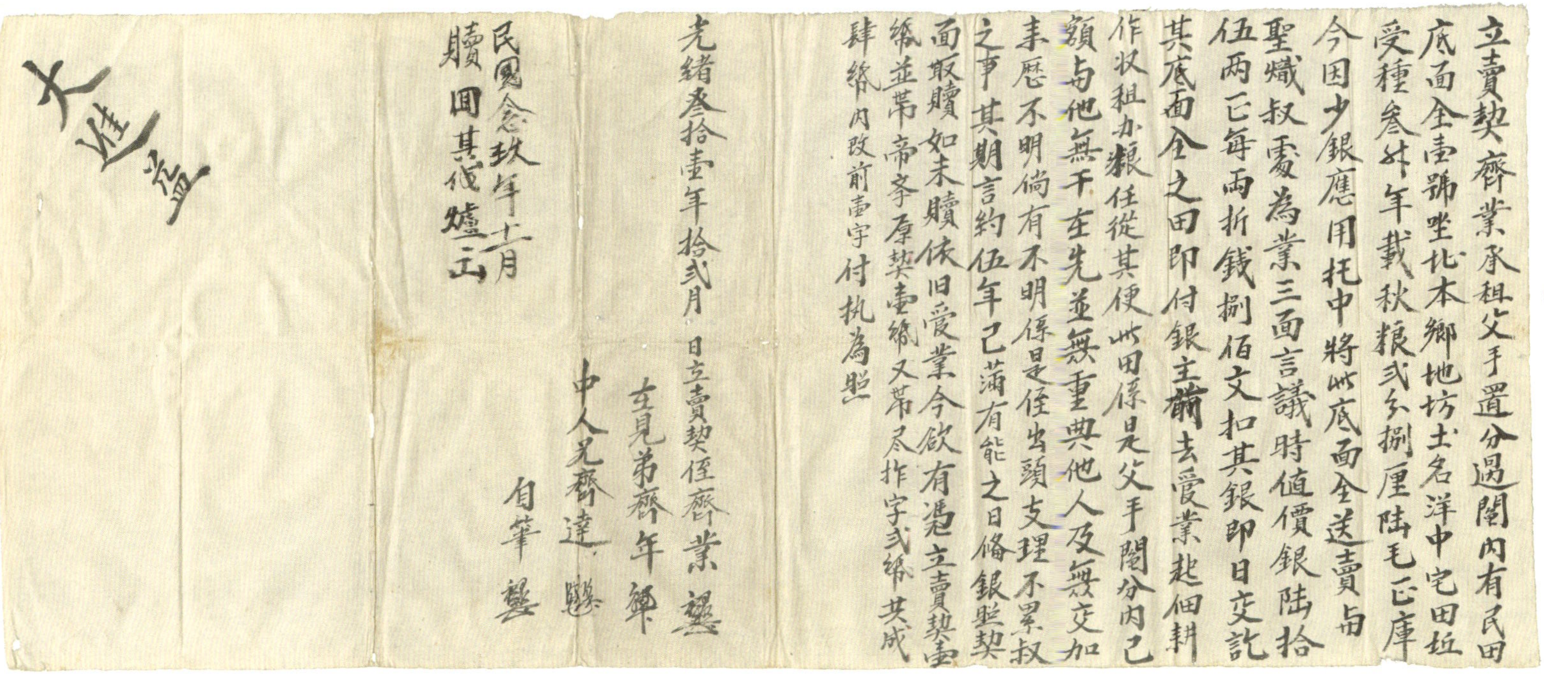
立賣契齊業承祖父手置分遺閹內有民田
底面全壹號坐北本鄉地坊土名洋中宅田坵
受種叁廿年載秋粮弍分捌厘陆毛正庫
今因少銀應用托中將此底面全送賣与
聖熾叔處為業三面言議時值價銀陆拾
伍兩正每兩折錢捌佰文扣其銀即日交訖
其底面全之田即付銀主前去管業起佃耕
作收租办粮任從其便此田係是父手閹分內己
額与他無干在先並無重典他人及無交加
來歷不明倘有不明係是侄出頭支理不累叔
之事其期言約伍年已滿有能之日備銀照契
面取贖如未贖依旧管業今欲有憑立賣契壹
紙並帯帝李厚契壹紙又帯盡作字弍紙 共成
肆紙內政前壹字付执為照

光緒叁拾壹年拾弍月 日立賣契侄齊業 押
在見弟齊年 押
中人兄齊達 押
自筆 押

民國念玖年十二月
贖回其價爐山

2-2-29-4 清光緒三十一年十二月李齊業立賣底面全民田契

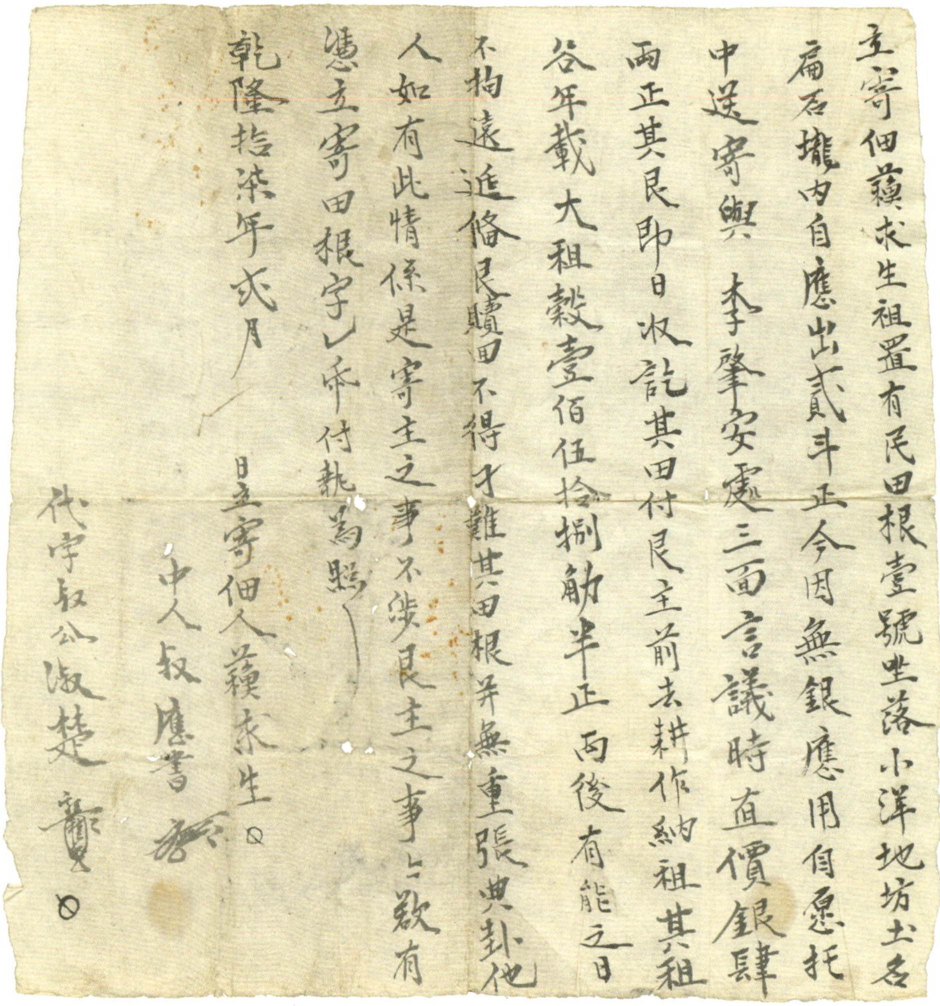
立寄佃蘇求生祖置有民田根壹號坐落小洋地坊土名
扁石壠内自應出貳斗正今因無銀應用自愿托
中送寄與 李肇安處三面言議時直價銀肆
兩正其艮即日收訖其田付艮主前去耕作納租其租
谷年載大租穀壹佰伍拾捌觔半正 而後有能之日
不拘遠近備艮贖回不得刁難其田根并無重張典卦他
人如有此情係是寄主之事不涉艮主之事〻欲有
憑立寄田根字〻一紙付執爲照
乾隆拾柒年弍月 日立寄佃人蘇求生 ○
中人叔應書 ○
代字叔公淑楚 ○

2-2-30-1 清乾隆十七年二月蘇求生立寄佃民田根字

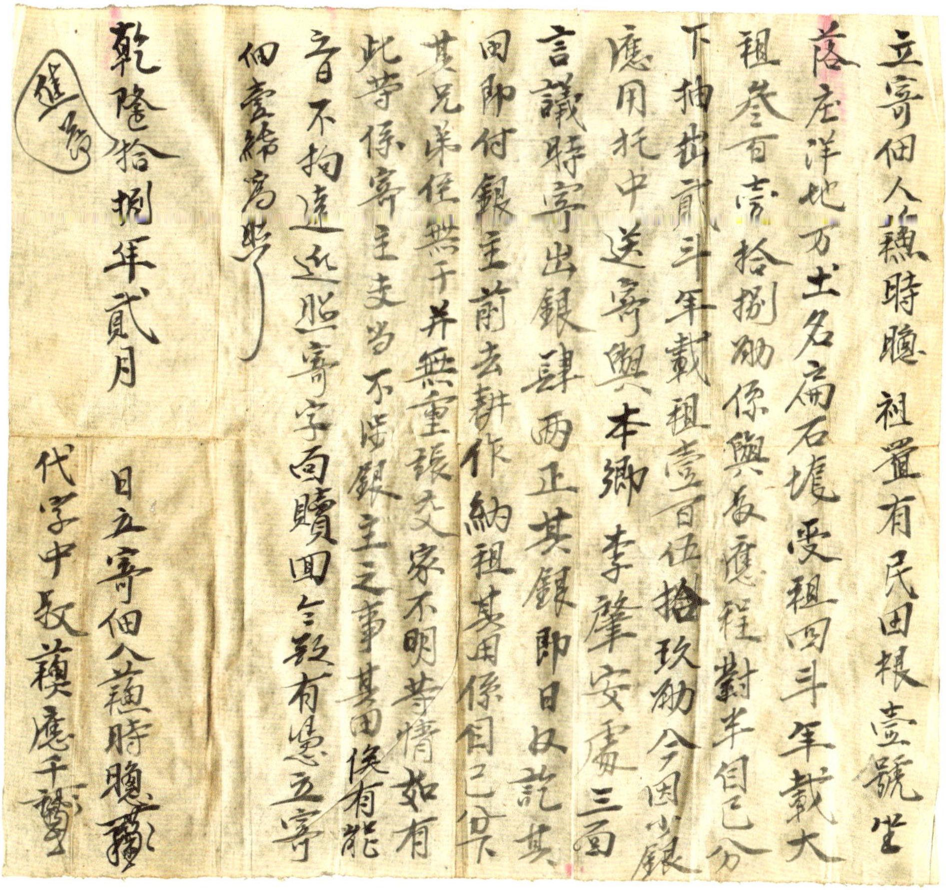
立寄佃人蘇時聰祖置有民田根壹號坐
落本洋地方土名扁石堤受租四斗年載大
租叁百壹拾捌觔係與叔應程對半自己分
下抽出貳斗年載租壹百伍拾玖觔今因乏銀
應用托中送寄與本鄉李肇安處三面
言議時寄出銀肆兩正其銀即日收訖其
田即付銀主前去耕作納租其田係自己份下
其兄弟侄無干并無重張交家不明等情如有
此等係寄主支當不涉銀主之事其田候有能
备不拘遠近照寄字面贖回今欲有憑立寄
佃壹紙爲照

乾隆拾捌年貳月　日立寄佃人蘇時聰（押）

代字中叔蘇應千（押）

2-2-30-2　清乾隆十八年二月蘇時聰立寄佃民田根字

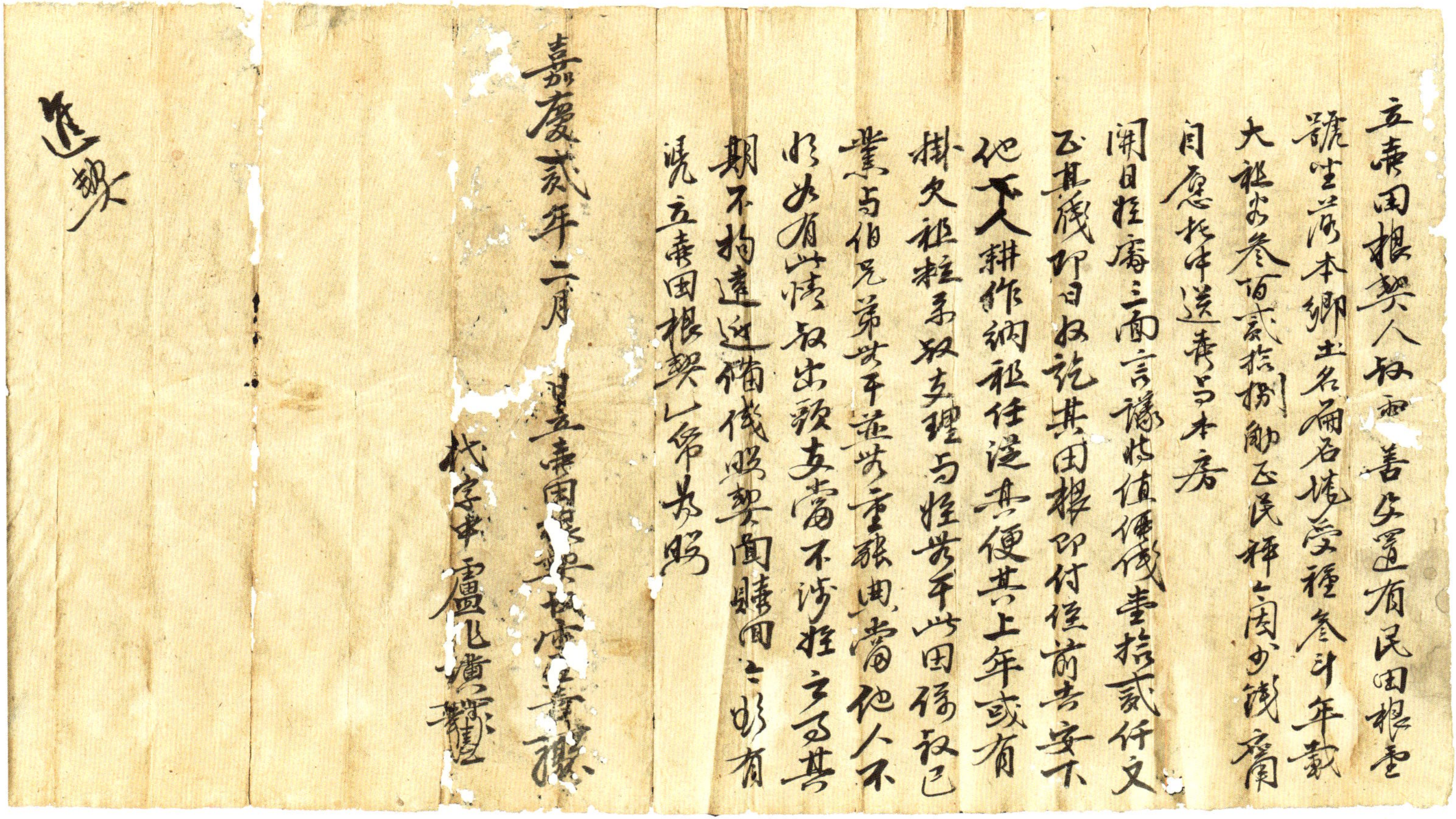

立賣田根契人李雲善先置有民田根壹
號坐落本鄉土名扁石塊受種叁斗年載
大租谷叁佰貳拾捌觔正民糧六分五錢廣
自愿托中送賣與本房
開日姪處三面言議時值價錢壹拾貳仟文
正其錢即日收訖其田根即付姪前去安下
他人耕作納租任從其便其上年或有
掛欠租粒系叔支理與姪無干此田係叔己
業與伯兄弟姪無涉重張典當他人不
明如有此情叔出頭支當不涉姪之事其
期不拘遠近備價照契面贖回之時有
憑立賣田根契一紙為照

嘉慶貳年二月　日立賣田根契人李雲善（押）
代字中盧飛濤（押）

進契

2-2-30-3　清嘉慶二年二月李雲善立賣民田根契

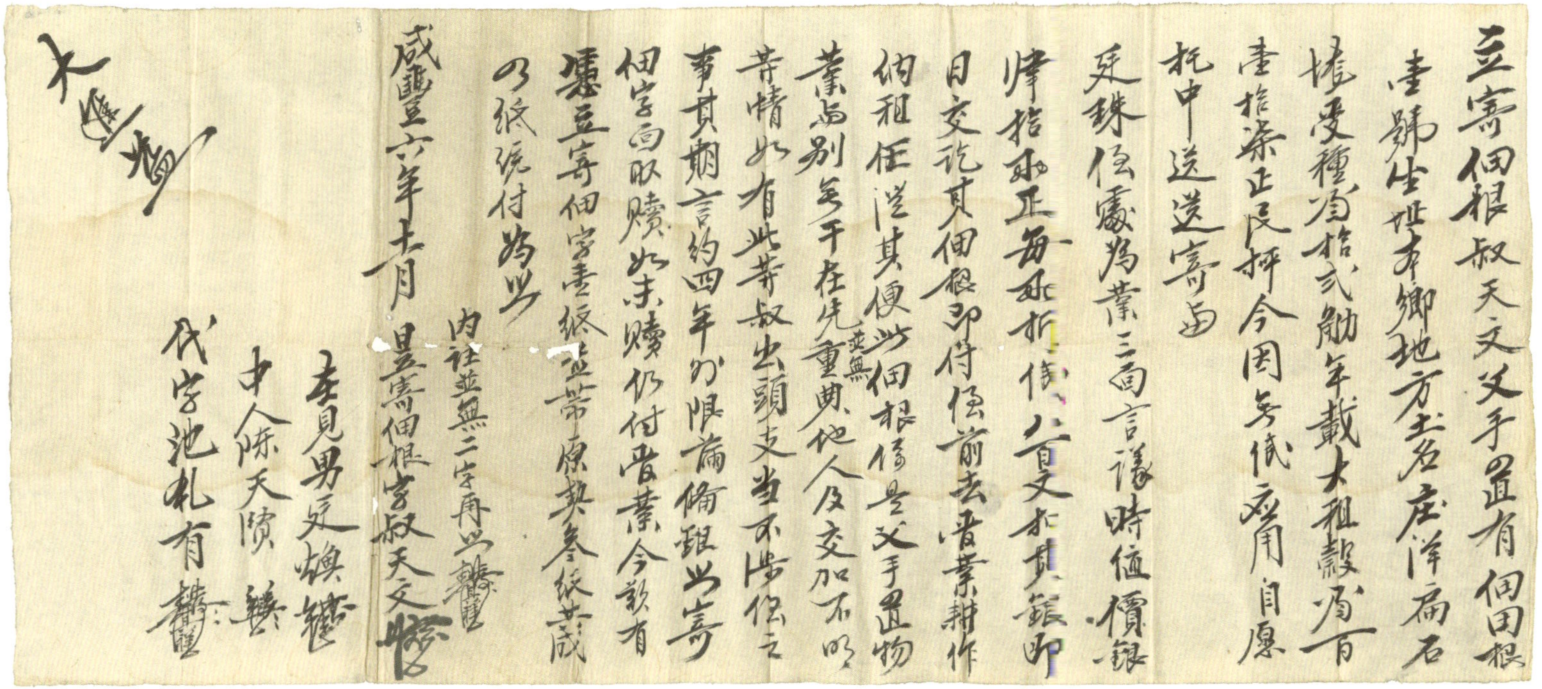
立寄佃根叔天文，父手置有佃田根
壹號，坐址本鄉地方，土名庄洋扁石
垱，受種穀四拾弍觔，年載大租穀四百
壹拾柒正，另抨今因無錢應用，自愿
托中送寄与
廷珠侄處爲業，三面言議，時值價銀
肆拾兩正，每兩折錢八百文，其銀即
日交訖，其佃根即付侄前去晉業耕作
納租，任從其便。此佃根係是父手置物
業，與別房無干，在先並無重典他人及交加不明
等情，如有此等，叔出頭支當，不涉侄之
事。其期言約四年，以限滿備銀照寄
佃字面取贖，如未贖，仍付侄管業。今欲有
憑，立寄佃字壹紙，並帶原契叁紙，共成
四紙，付爲照。
內註並無二字再照
咸豐六年十一月　日　立寄佃根字叔天文
在見男廷焕
中人陈天賚
代字池札有
大吉

2-2-30-4　清咸豐六年十一月李天文立寄佃田根字

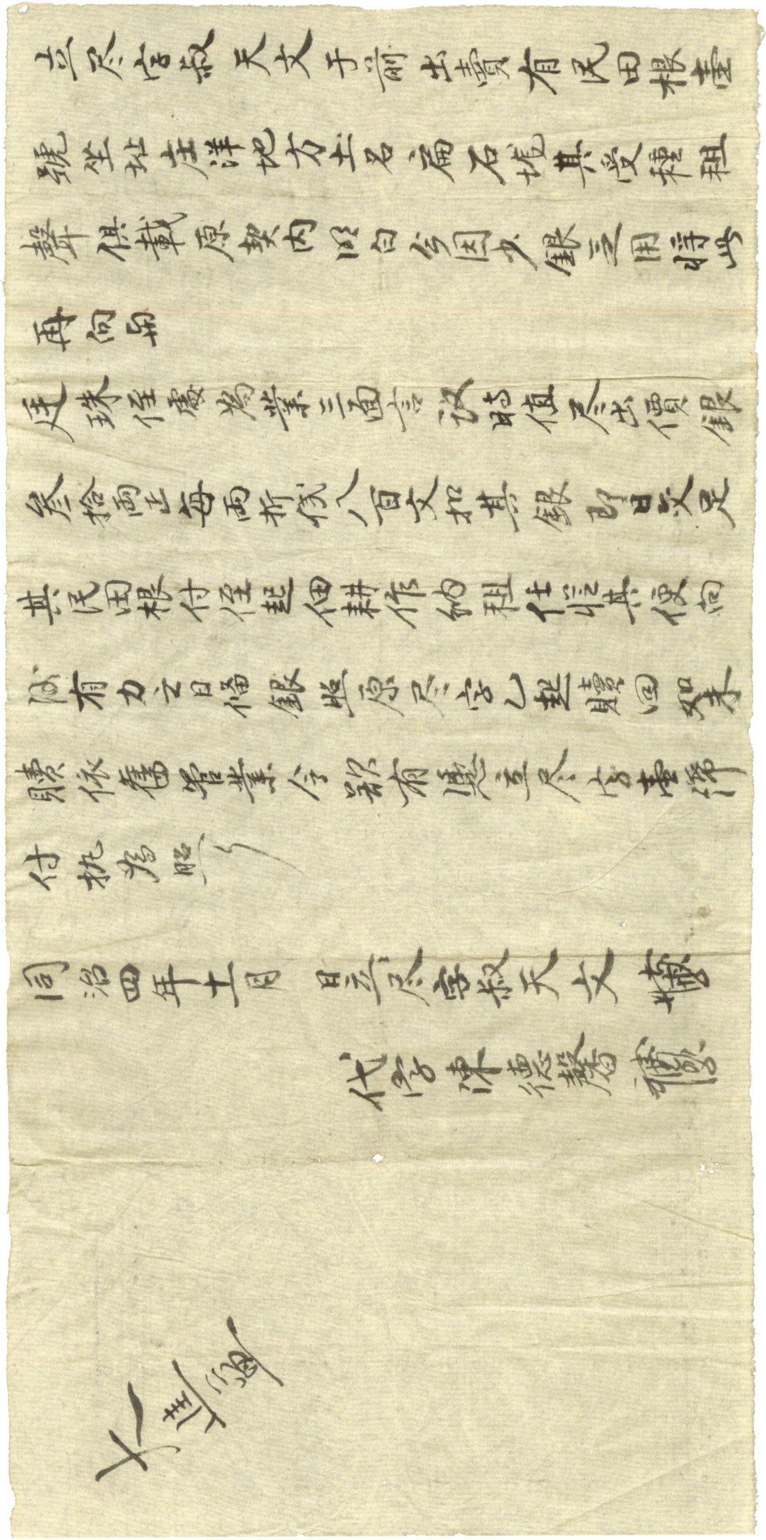
立盡字叔天文于前出賣有民田根壹
號坐址土名洋地方土名扁石坵其受種租
壹斗供載原契內明白今因乏銀應用將此
再向與
廷珠侄處為業三面言議時值盡出價銀
叁拾兩正每兩折錢八百文扣其銀即日收足
其民田根付侄起佃耕作納租任從其便向
後有力之日備銀照原盡字乙紙贖回契字
聽依舊管業今欲有憑立盡字壹紙付
付執為照
同治四年十一月　日立盡字叔天文（押）
代字侄德馨（押）

2-2-30-5　清同治四年十一月李天文立盡民田根契

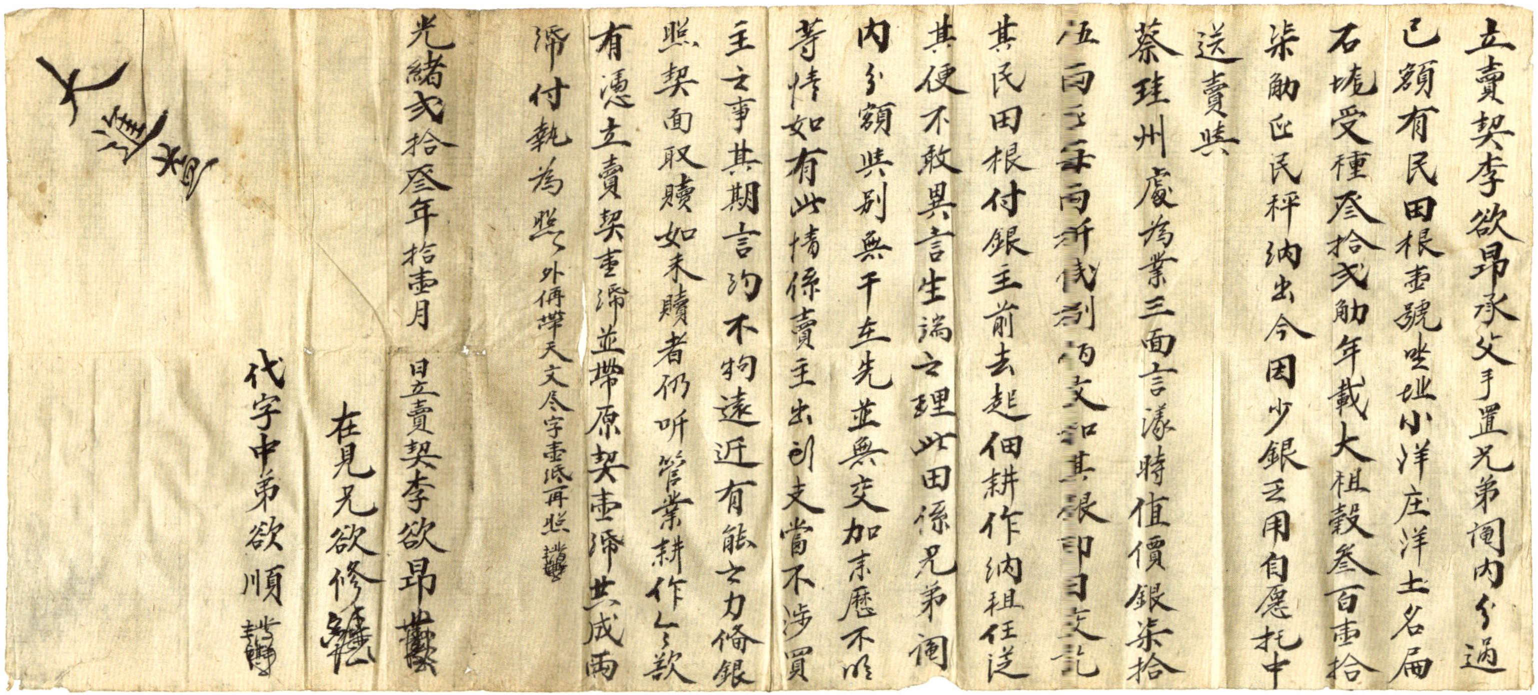

立賣契李欲昂承父手置兄弟閫內分過
己額有民田根壹號坐址小洋庄洋土名届
石墘受種叁拾弍觔年載大租穀叁百壹拾
柒觔正民秤納出今因少銀乏用自愿托中
送賣與
蔡珪州處爲業三面言議時值價銀柒拾
伍両正平両折錢剋內文扣其銀即日交訖
其民田根付銀主前去起佃耕作納租任從
其便不敢異言生端之理此田係兄弟閫
內分額與別無干在先並無交加未歷不明
等情如有此情係賣主出頭支當不涉買
主之事其期言約不拘遠近有能之力備銀
照契面取贖如未贖者仍聽管業耕作今欲
有憑立賣契壹紙並帶原契壹紙共成兩
紙付執爲照外併撑天文今字壹紙再照
光緒弍拾叁年拾壹月　日立賣契李欲昂（押）
在見兄欲修（押）
代字中弟欲順（押）

2-2-30-6　清光緒二十三年十一月李欲昂立賣民田根契

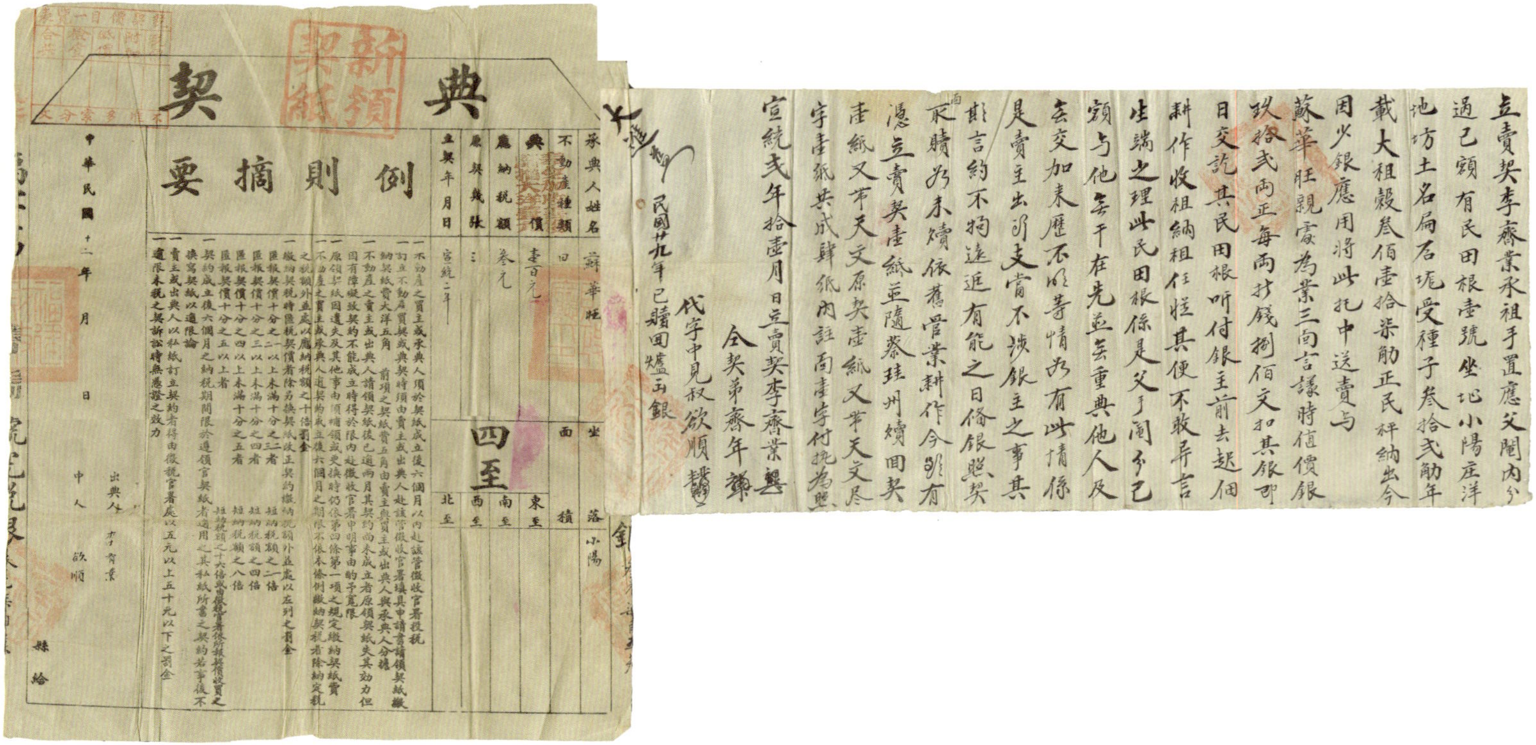

立賣契李齊業承祖手置應文闡內分
過己願有民田根壹號坐址小陽庄洋
地坊土名局石坵受種子叁拾弍觔年
載大租穀叁佰壹拾柒觔正民秤納出今
因乏銀應用將此托中送賣与
蘇華旺親處為業三面言議時值價銀
玖拾弍兩正每兩折錢捌佰文扣其銀即
日交訖其民田根听付銀主前去起佃
耕作收租納租任從其便不敢异言
生端之理此民田根係是父子闡分己
額与他房干在先並無重典他人及
去交加未歷不明等情如有此情係
是賣主出頭支當不涉銀主之事其
此言約不拘遠近有能之日備銀照契
取贖如未贖依舊管業耕作今欲有
憑立賣契壹紙並隨䝉珪州續田契
壹紙又苐天文原契壹紙又苐天文盡
字壹紙共貳紙內註両壹字付执為照
宣統弍年拾壹月　日立賣契李齊業
仝契弟齊年
代字中見叔欲順
民國廿九年已贖回爐玉銀

2-2-30-7　清宣統二年十一月李齊業立賣民田根契（紅契）

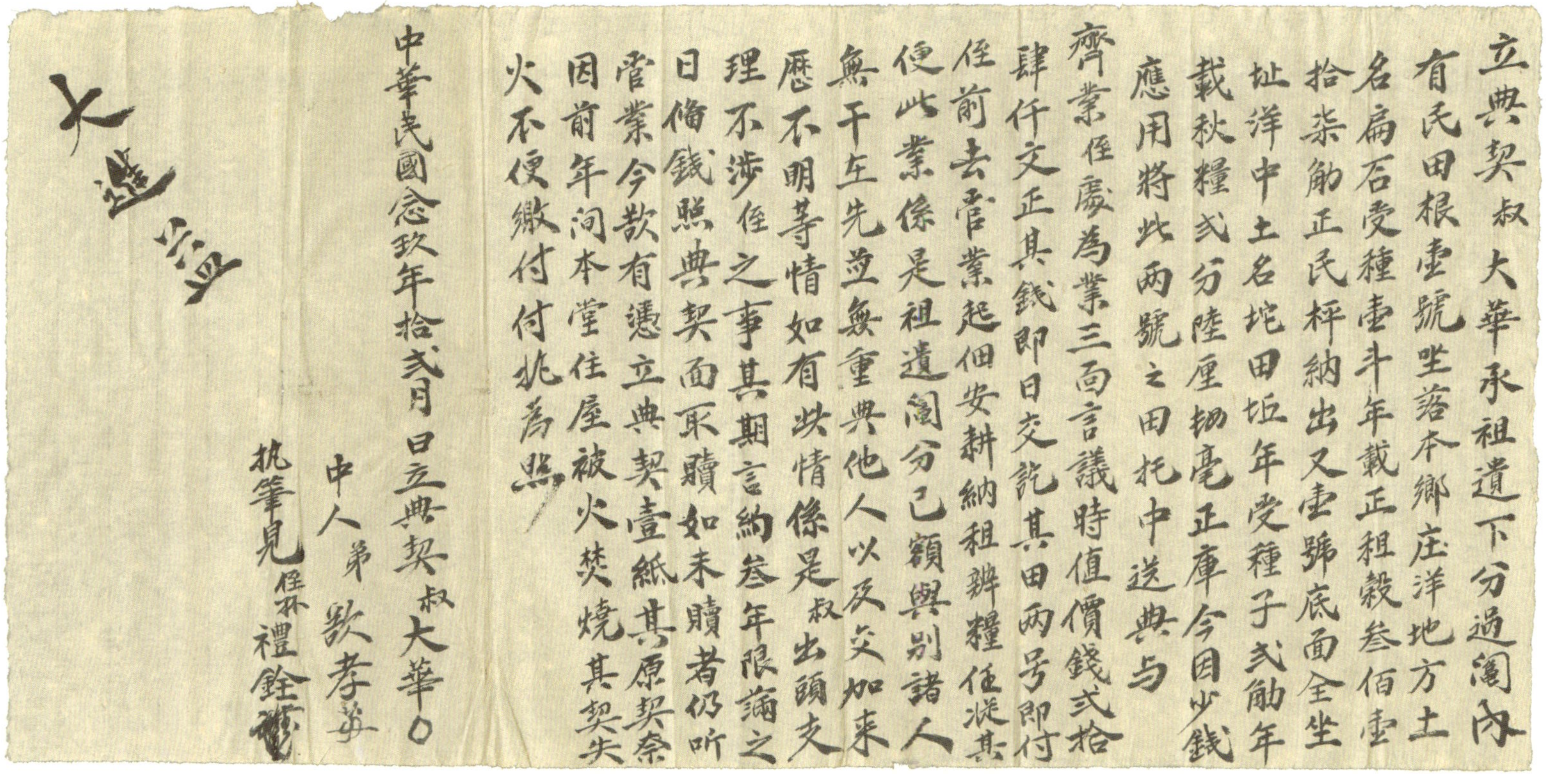
立典契叔大華承祖遺下分過鬮内
有民田根壹號坐落本鄉庄洋地方土
名扁石受種壹斗年載正租穀叁佰壹
拾柒觔正民秤納出又壹號底面全坐
址洋中土名垞田坵年受種子弍觔年
載秋糧弍分陸厘捌毫正庫今因少錢
應用將此兩號之田托中送典与
齊業侄慶為業三面言議時值價錢弍拾
肆仟文正其錢即日交訖其田兩号即付
侄前去管業起佃安耕納租辦糧任從其
便此業係是祖遺鬮分己額與別房諸人
無干在先並無重典他人以及交加來
歷不明等情如有此情係是叔出頭支
理不涉侄之事其期言約叁年限滿之
日備錢照典契面取贖如未贖者仍听
管業今欲有憑立典契壹紙其原契奈
因前年间本堂住屋被火焚燒其契失
火不便繳付付執為照

中華民國念玖年拾弍月　日立典契叔大華〇
中人弟　欽孝押
執筆見侄孫禮銓押

大遂以昌

2-2-30-8　民國二十九年十二月李大華立典民田根契

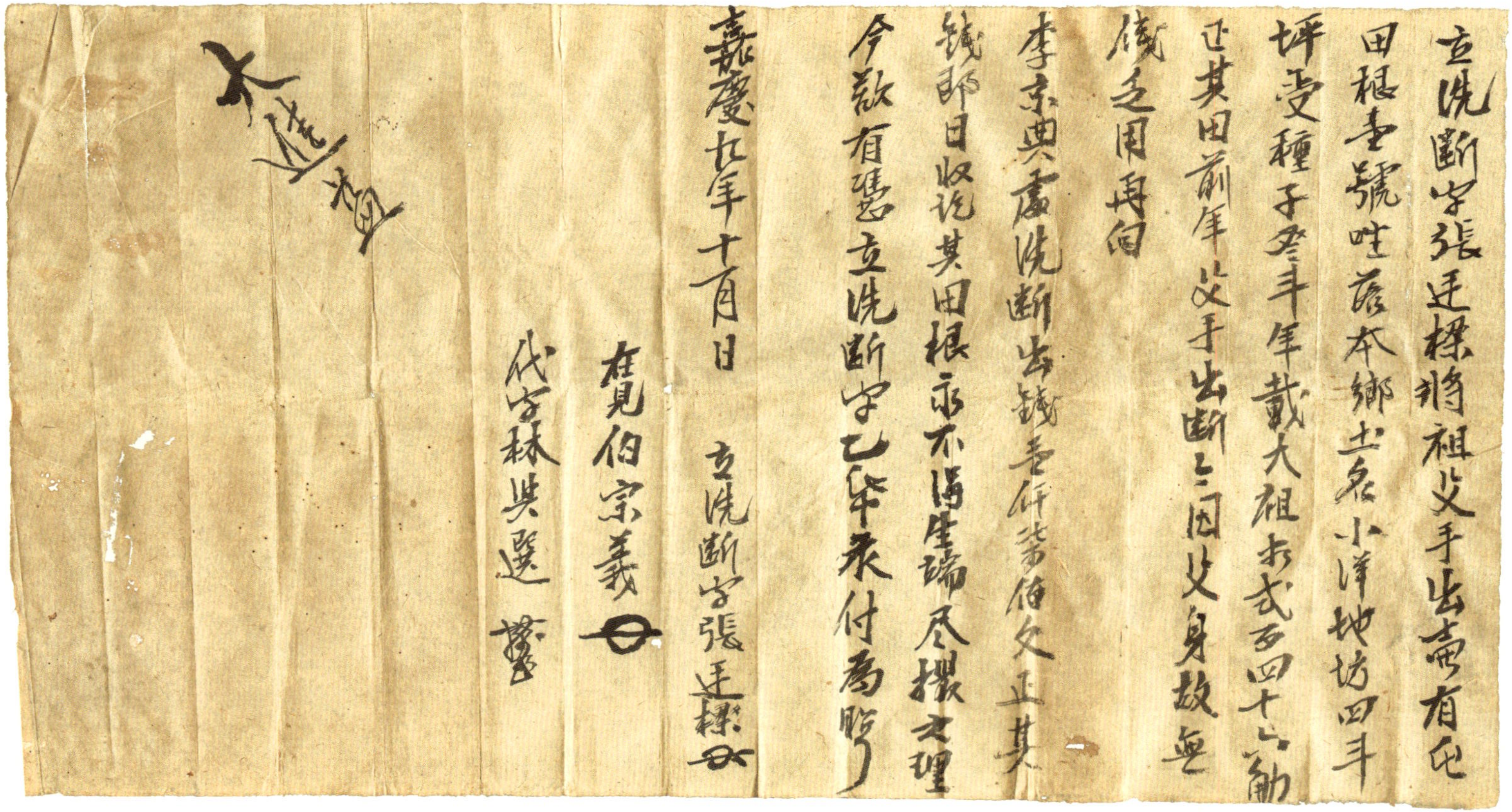
立洗斷字張廷樑將祖父手出賣有屯
田根壹號坐落本鄉土名小洋地坊四手
坪受種子叁斗年載大租谷弍石四斗六勺
正其田前年父手出斷之同父身故無
錢生用再向
李宗典處洗斷出錢壹仟叁佰文正其
錢即日收訖其田根永不得生端尽摫之理
今欲有憑立洗斷字乙紙永付爲照
嘉慶九年十一月日　立洗斷字張廷樑（押）
在見伯宗義（押）
代字林典選（押）

2-2-31-1　清嘉慶九年十一月張廷樑立洗斷屯田根契

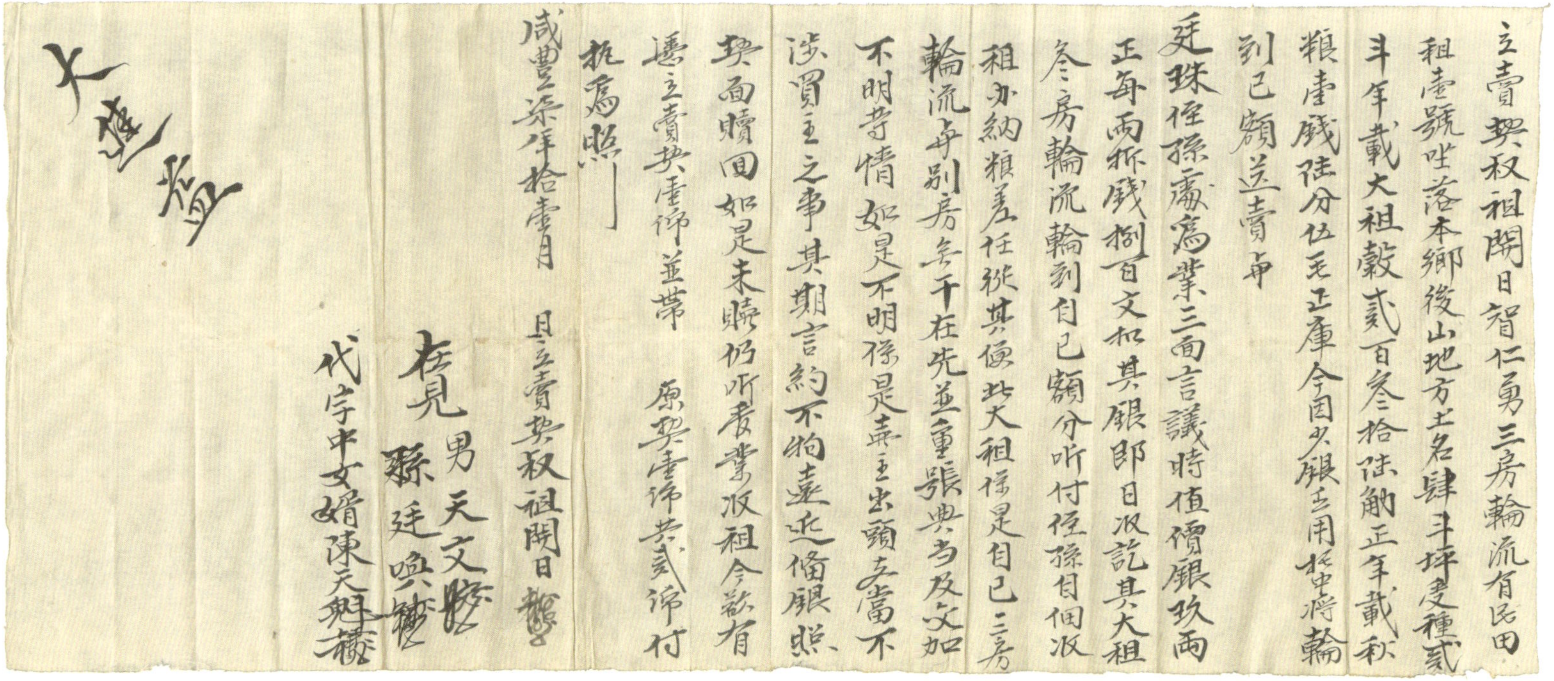

立賣契叔祖開日智仁勇三房輪流有民田
租壹號坐落本鄉後山地方土名肆斗坪受種貳
斗年載大祖穀貳百叁拾陆觔正年載秋
粮庫錢陆分伍毛正庫今因乏銀应用托中將輪
到已額並賣與
廷珠侄孫處為業三面言議時值價銀玖両
正每両折錢捌百文扣其銀即日收訖其大祖
叁房輪流輪到自己額分听付侄孫自佃收
租办納粮差任從其便此大祖係是自己三房
輪流并別房無干在先並重張典当及文加
不明等情如是不明係是本主出頭支當不
涉買主之事其期言約不拘遠近備銀照
契面贖回如是未贖仍听我業收租今欲有
憑立賣契壹紙并帶　原契壹紙共貳紙付
執為照——
咸豐柒年拾壹月　日立賣契叔祖開日（押）
在見　男天文（押）
孫廷煥（押）
代字中女婿陳天□（押）

2-2-31-2　清咸豐七年十一月李開日立賣輪流民田租契

2-2-31-3　民國元年十二月李欲順等立寄佃民田根字（紅契）

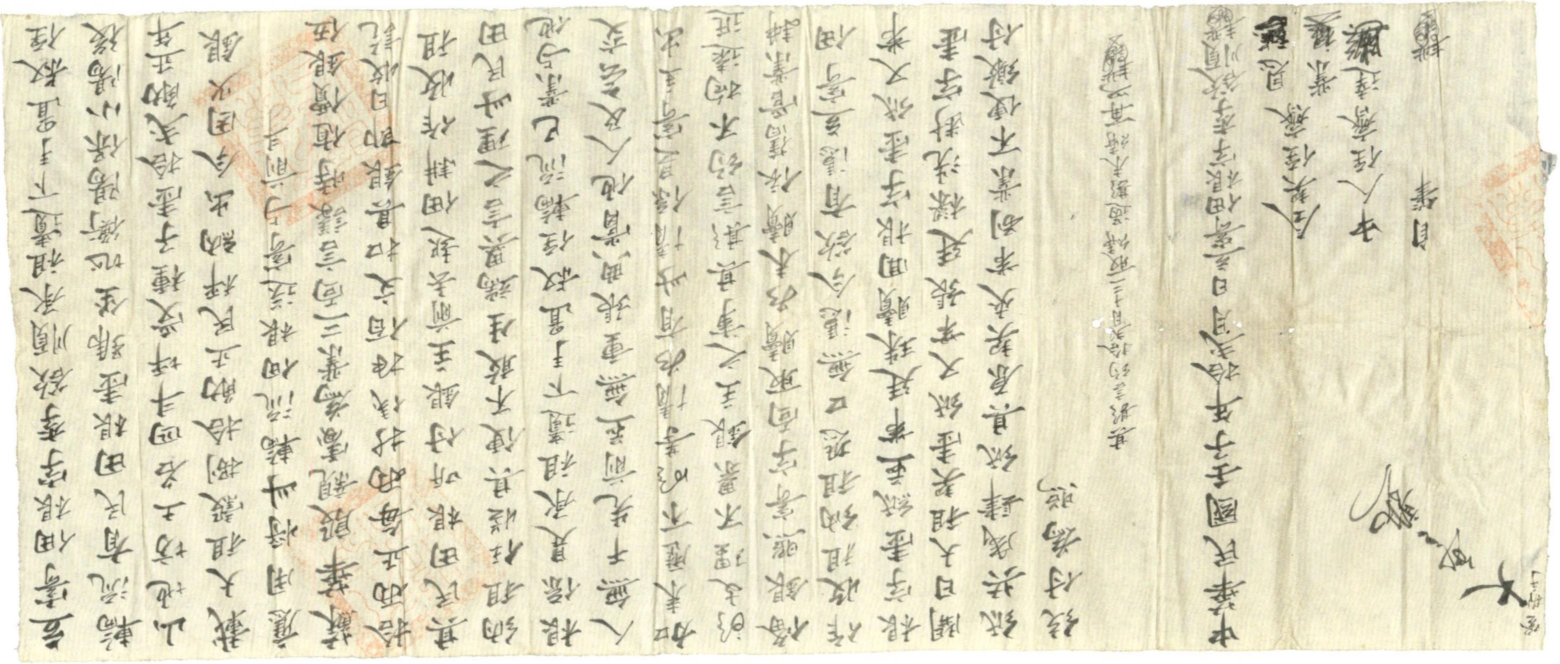

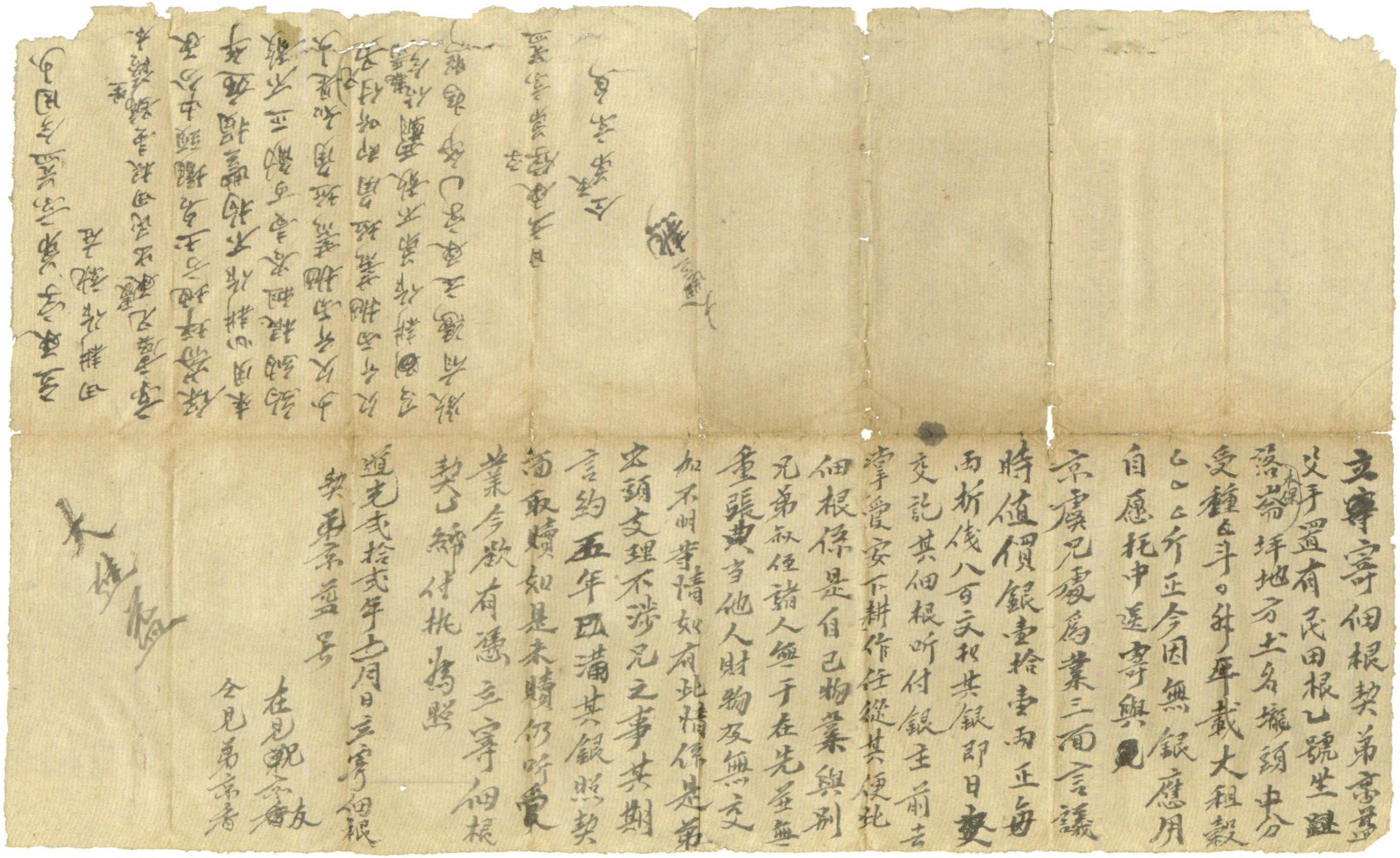
立寄佃根契弟京益
父手置有民田根乙號坐址
落嶺坪地方土名爐頭中分
受種五斗○升年載大租穀
乙乙乙斤正今因無銀應用
自愿托中送寄與兄
京虞兄處為業三面言議
時值價銀壹拾壹兩正每
兩折錢八百文紀其銀即日交
交訖其佃根听付銀主前去
掌管安下耕作任從其便此
佃根係是自己物業與別
兄弟叔侄諸人無干在先並無
重張典當他人財物及無交
加不明等情如有此情係是弟
出頭支理不涉兄之事其期
言約五年迅滿其銀照契
備取贖如是未贖仍听兄
業今欲有憑立寄佃根
契乙紙付執為照
道光弍拾弍年十一月日立寄佃根
契弟京益号
在見觀[illegible]友
仝見弟京香

2-2-32-1　清道光二十二年十一月李京益立寄佃民田根字

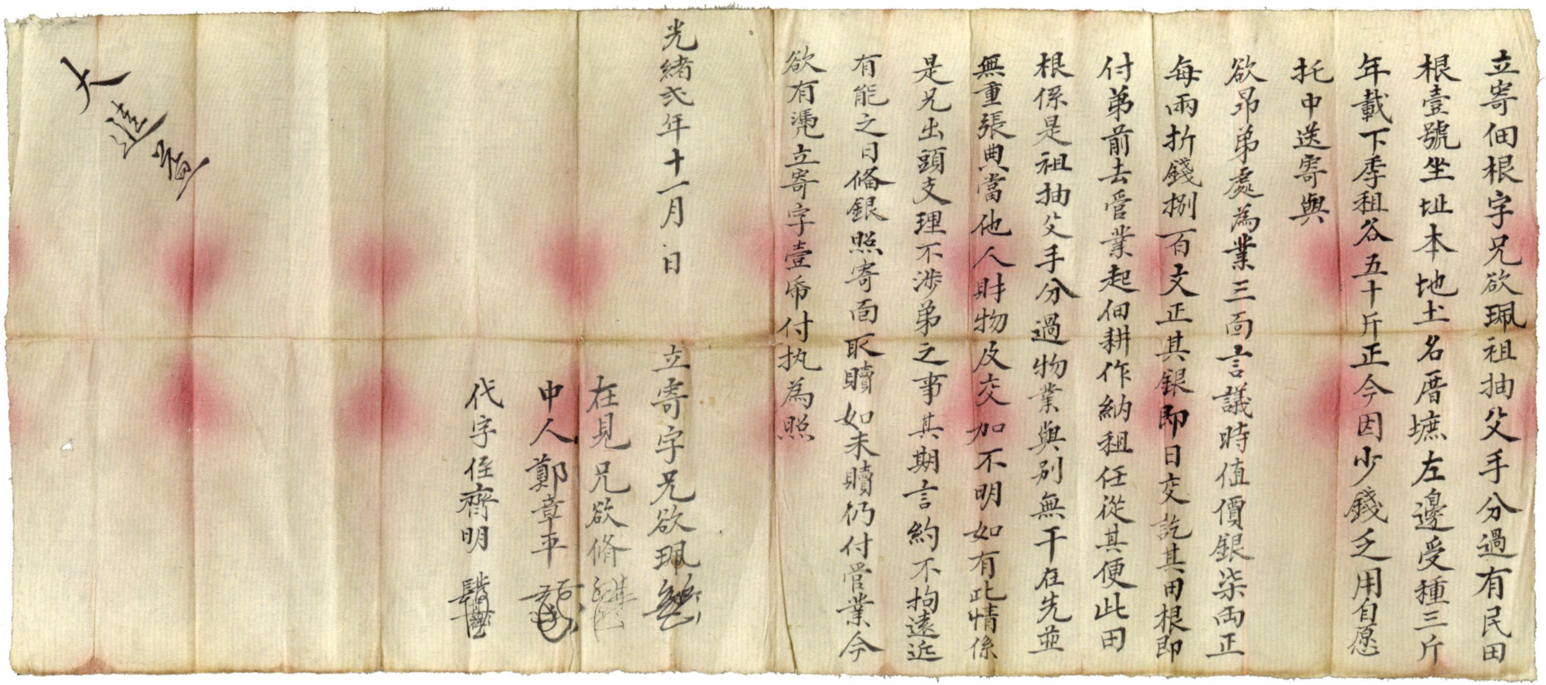

2-2-33-1 清光緒二年十一月李欲珮立寄佃民田根字

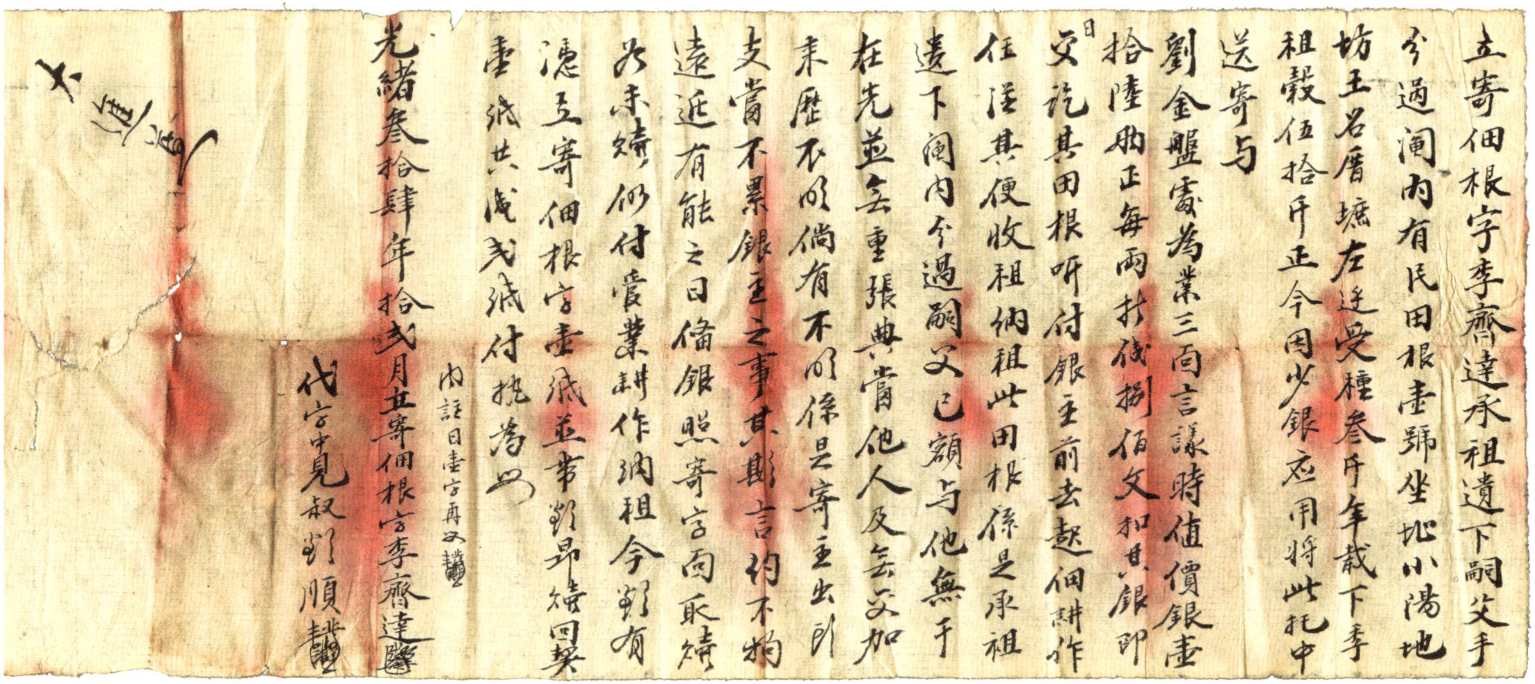

立寄佃根字李齊達承祖遺下嗣艾手
分過閬內有民田根壹號坐址小湯地
坊王名厝墟左逕受種叁斤年載下季
租穀伍拾斤正今因乏銀應用將此托中
送寄与
劉金盤處爲業三面言議時值價銀壹
拾陸員正每兩扣錢捌佰文扣其銀即
日交訖其田根听付銀主前去起佃耕作
任從其便收租納租此田根係是承祖
遺下閬內分過嗣艾已額與他無干
在先並無重張典當他人及無交加
来歷不明倘有不明係是寄主出頭
支當不累銀主之事其斯言約不拘
遠近有能之日備銀照寄字面取續
如未續仍付銀主耕作納租今欲有
憑立寄佃根字壹紙並帯鄧昂續回契
壹紙共成貳紙付執爲照
內註日壹字再又（押）
光緒叁拾肆年拾貳月 日 立寄佃根字李齊達（押）
代字中見叔 鄧順（押）
大吉

2-2-33-2 清光緒三十四年十二月李齊達立寄佃民田根字

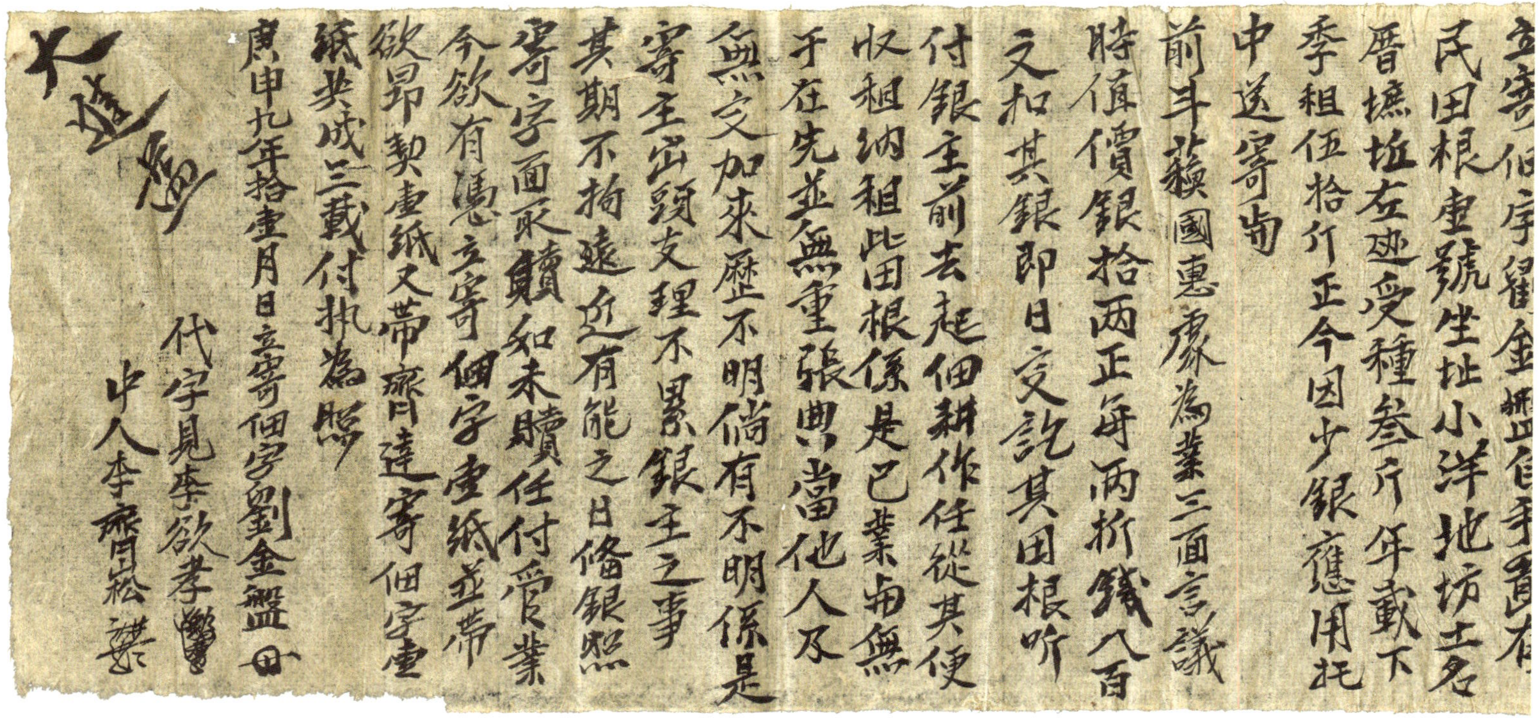
立寄佃字劉金盤自手置有
民田根壹號坐址小洋地坊土名
曆壢垅左迹受種叁斤年載下
季租伍拾斤正今因少銀應用托
中送寄向
前斗蘓國惠處爲業三面言議
時值價銀拾兩正每兩折錢八百
文和其銀即日交訖其田根听
付銀主前去起佃耕作任從其便
收租納租此田根係是已業與無
于在先並無重張典當他人及
無交加來歷不明倘有不明係是
寄主出頭支理不累銀主之事
其期不拘遠近有能之日備銀照
寄字面取贖如未贖任付管業
今欲有憑立寄佃字壹紙並帶
欲昂契壹紙又帶齊達寄佃字壹
紙共成三載付执爲照
庚申九年拾壹月日立寄佃字劉金盤（押）
代字見李欲孝（押）
中人李齊松（押）
大進遠

2-2-33-3　民國九年十一月劉金盤立寄佃民田根字

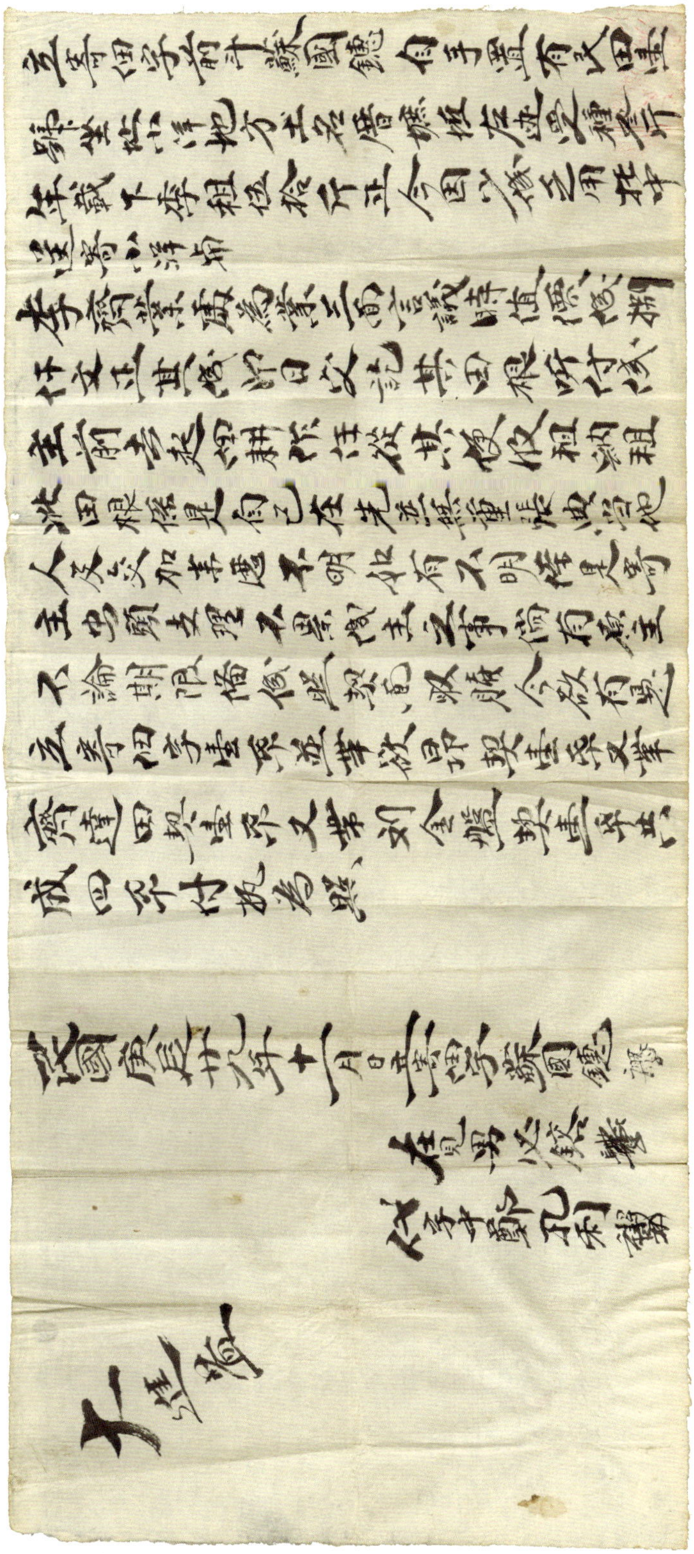

立寄佃字前斗蘇國鑢，自手置有民田壹
號，坐址小洋地方，土名厝墘坂左邊，受種叁斤，
年載下李租伍拾斤正。今因乏錢乏用，託中
送寄小洋本
李齊業處為業，三面言議，時值價錢捌
仟文正。其錢即日交訖，其田根听付錢
主前去起佃耕作，任從其便收租納租。
此田根係是自己在先，並無重張典當他
人及交加來歷不明，如有不明，係是寄
主出頭支理，不累錢主之事。倘有原主
不論期限備價照契面取贖。今欲有憑，
立寄佃字壹帋，並帯欲昂契壹帋，又帯
齊達田契壹帋，又帯刘金盤契壹帋，共凢
成四帋，付執為照。

民國庚辰廿九年十一月　日　立寄田字蘇國鑢（押）
在見男必銘（押）
代字中鄭孔利（押）

大進益

2-2-33-4　民國二十九年十一月蘇國鑢立寄佃民田字

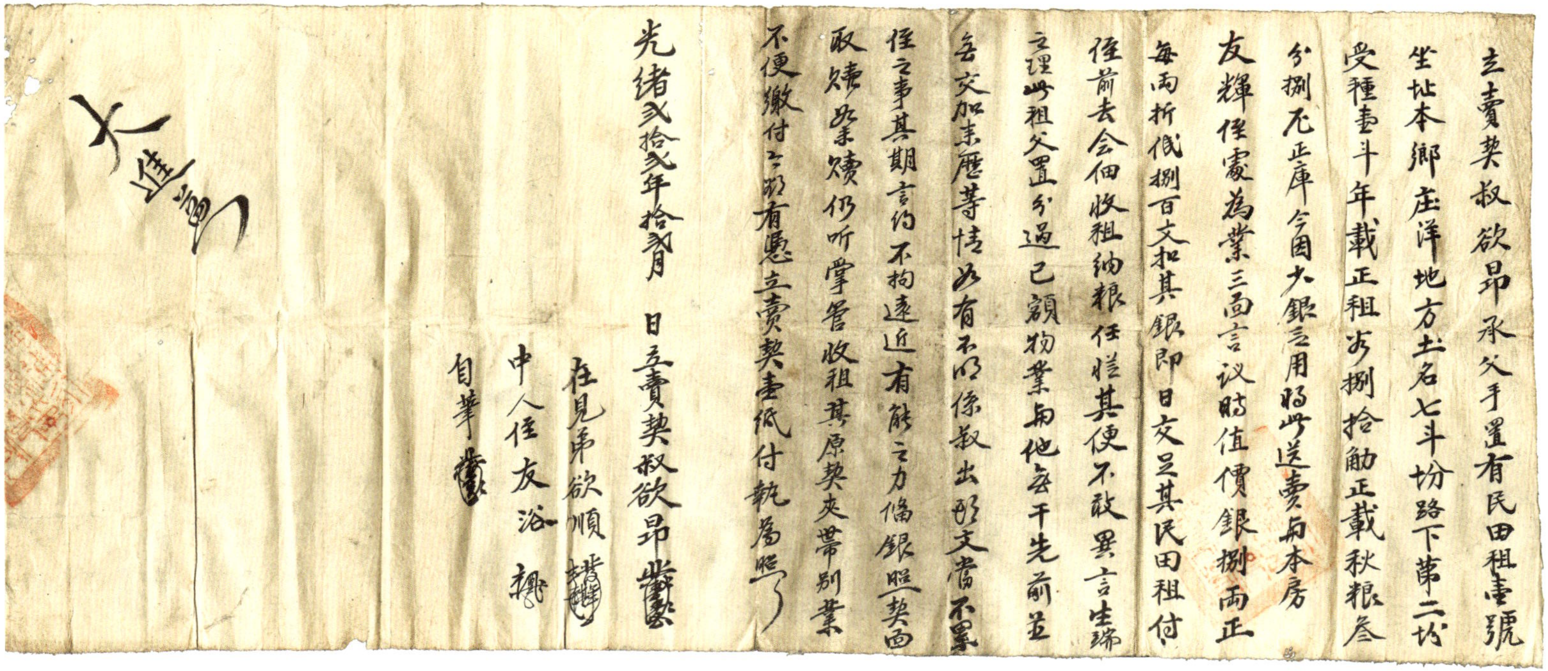
立賣契叔欽昂承父手置有民田租壹號
坐址本鄉庄洋地方土名七斗坵路下第二坵
受種壹斗年載正租谷捌拾觔正載秋粮叁
分捌厘正庫今因乏銀應用將此送賣與本房
友輝侄處為業三面言議時值價銀捌兩正
每兩折伐捌百文扣其銀即日交足其民田租付
侄前去会佃收租納粮任憑其便不敢異言生端
之理此租父置分過已額物業與他無干先前並
無交加未歷等情如有不明係叔出頭支當不累
侄之事其期言約不拘遠近有能之力備銀照契面
取贖照契贖仍听掌管收租其原契夾帶別業
不便繳付今欲有憑立賣契壹紙付執為照
光緒貳拾貳年拾貳月　日立賣契叔欽昂（押）
在見弟欽順（押）
中人侄友浴（押）
自筆（押）

2-2-34-1　清光緒二十二年十二月李欽昂立賣民田租契（紅契）

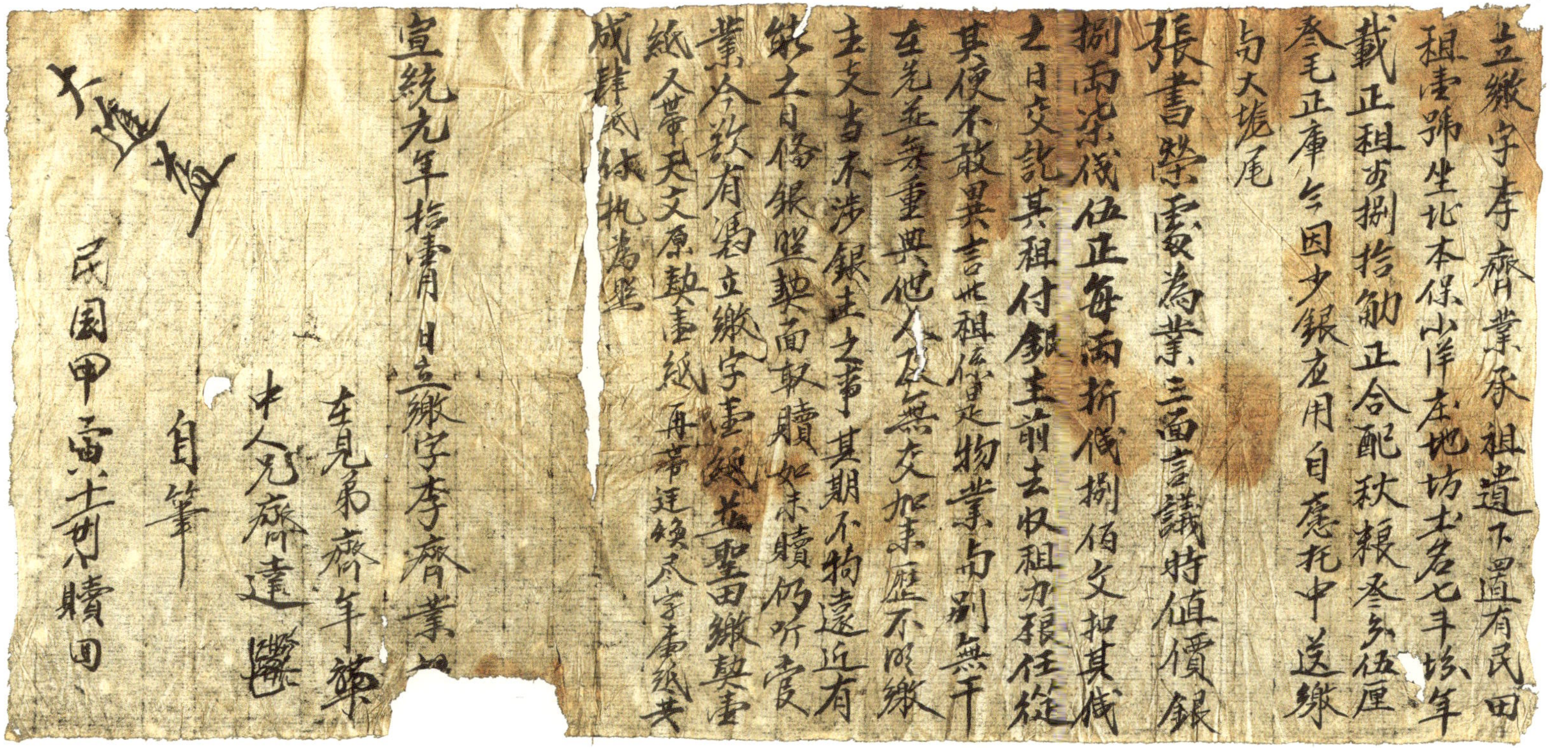

立繳字李齊業承祖遺下置有民田
租壹號坐北本保小洋庄地方土名七斗垅年
載正租弍捌擔勿正合配秋粮叁分伍厘
叁毛正庫今因乏銀应用自愿托中送繳
与大垅尾
張書榮處為業三面言議時值價銀
捌两柒钱伍正每两折钱捌佰文扣其钱
即日交訖其租付銀主前去收租办粮任從
其便不敢異言此租係是物業与别無干
在先並無重典他人及無交加未歷不明繳
主支当不涉銀主之事其期不拘遠近有
銀之日備銀照契面取贖如未贖仍听管
業今欲有憑立繳字壹紙并聖田繳契壹
紙又帶天文原契壹紙再帶廷煥民字庫紙共
成肆紙付執為照

宣統元年拾壹月　日立繳字李齊業
在見弟齊年
中人兄齊達
自筆

大進吉
民国甲寅十一月八贖回

2-2-34-2　清宣統元年十一月李齊業立繳民田租契

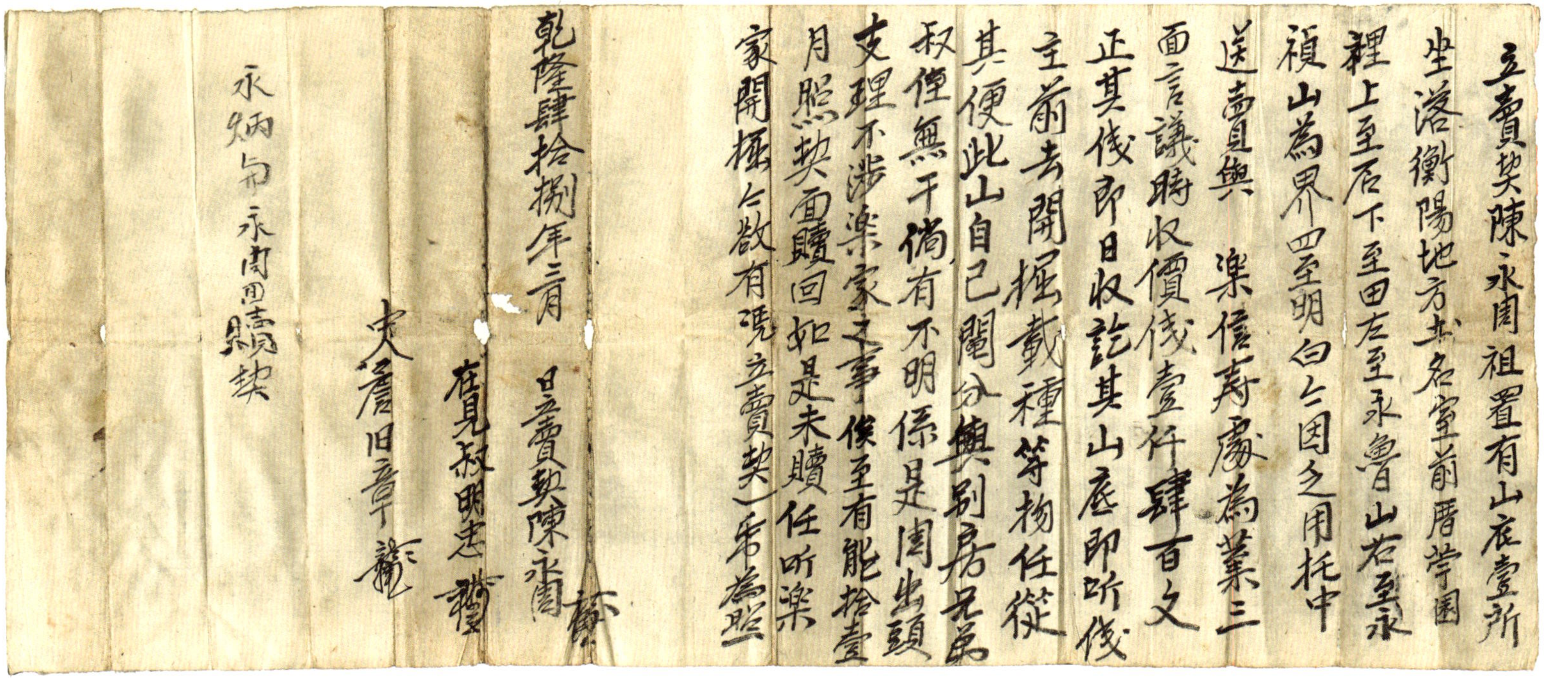

立賣契陳永周祖置有山底壹所
坐落衡陽地方土名室前厝学園
裡上至厝下至田左至永魯山右至永
馥山為界四至明白今因乏用托中
送賣與 樂信壽處為業三
面言議時收價錢壹仟肆百文
正其錢即日收訖其山底即听錢
主前去開掘栽種等物任從
其便此山自己鬮分與別房兄弟
叔侄無干倘有不明係是周出頭
支理不涉樂家之事俟至有能拾壹
月照契面贖回如是未贖任听樂
家開掘今欲有憑立賣契一帋為照

乾隆肆拾捌年三月 日立賣契陳永周
在見叔明忠
代詹旧章

永炳与永周回贖契

2-2-35-1 清乾隆四十八年三月陳永周立賣山底契

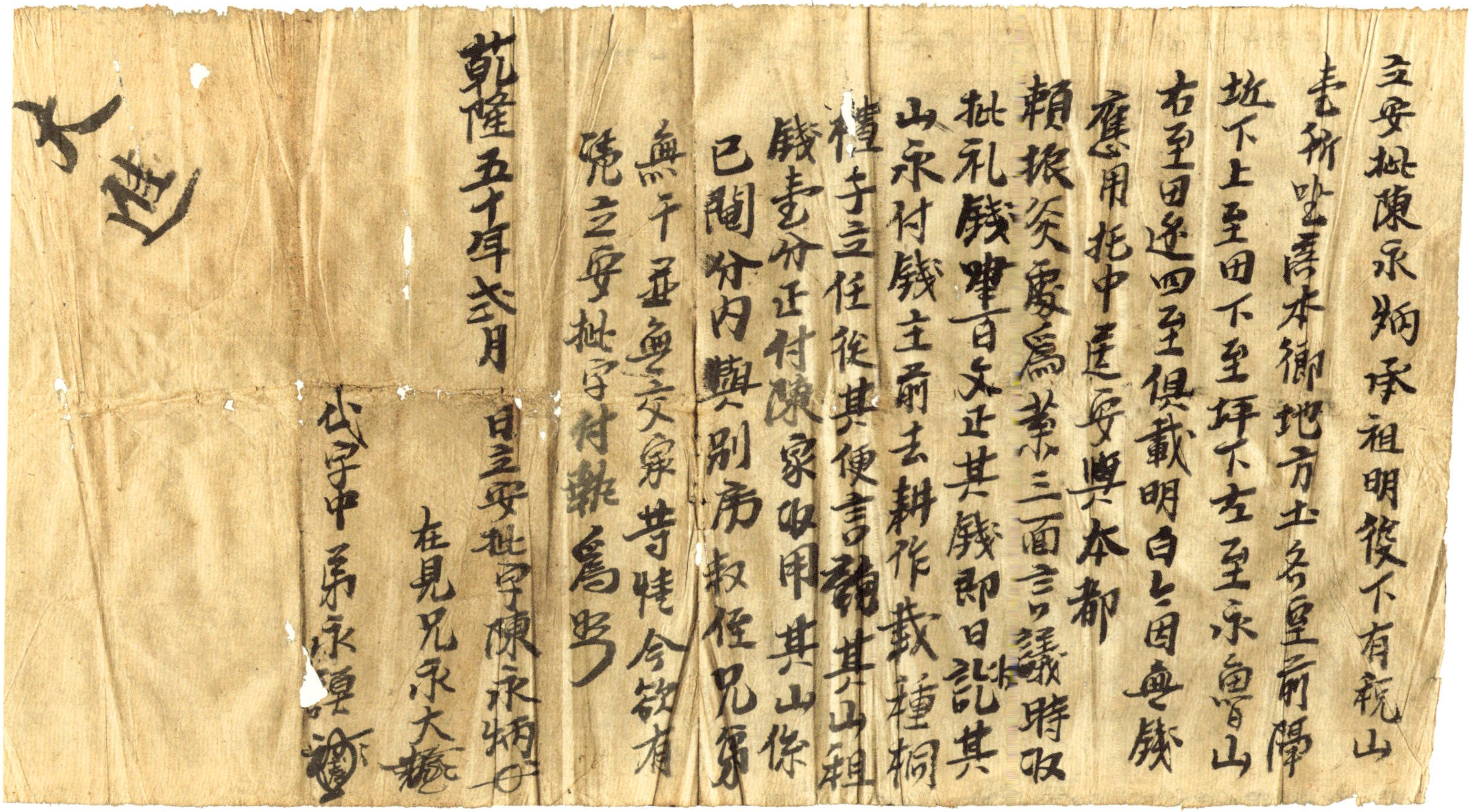

立安批陳永炳承祖明買下有稅山
壹所坐落本御地方土名呈前陽
坑下上至田下至坪下左至永魯山
右至田逕四至俱載明白今因無錢
應用托中送安與本都
賴旅姿處為業三面言議時收
批礼錢肆百文正其錢即日訖其
山永付錢主前去耕作栽種桐
檀手立任從其便言約其山租
錢壹分正付陳家收用其山係
已閣分內與別房叔侄兄弟
無干並無交宗昔恃今欲有
憑立安批字付執為照
乾隆五十年二月　日立安批字陳永炳
在見兄永大
代字中　弟永瓊

2-2-35-2　清乾隆五十年二月陳永炳立安批稅山契

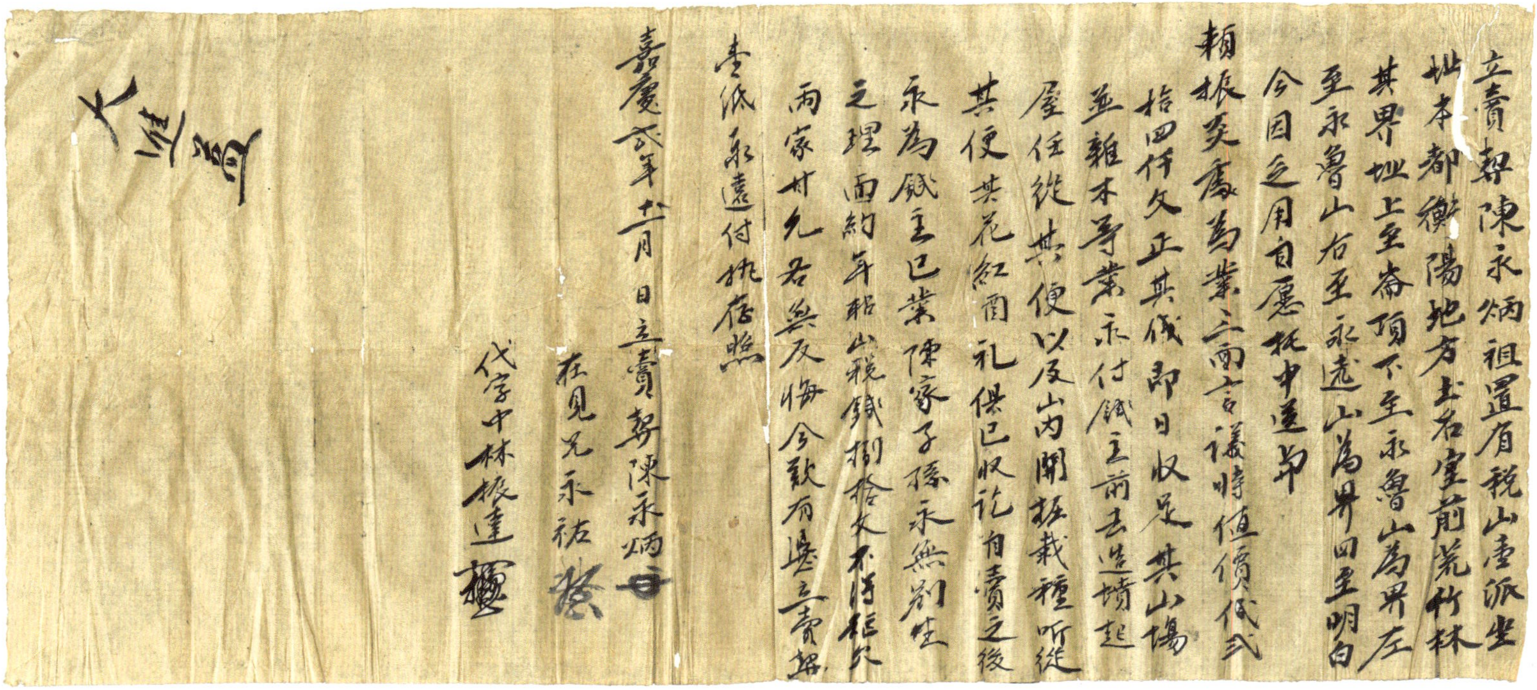

立賣契陳永炳祖置有稅山壹派坐
址本都衡陽地方土名室前荒竹林
其界址上至崙頂下至永魯山為界左
至永魯山右至永遠山為界四至明白
今因乏用自愿托中送與
賴根發處為業三面言議時值價錢弍
拾四仟文正其錢即日收足其山場
並雜木等業永付錢主前去造墳起
屋任從其便以及山內開插栽種聽從
其便其花紅酒礼俱已收訖自賣之後
永為錢主己業陳家子孫永無別生
之理而約年輸山稅錢捌拾文不得推欠
兩家甘允各無反悔今欲有憑立賣契
壹紙永遠付執存照

嘉慶弍年十一月　日立賣契陳永炳
在見兄永祐
代字中林根達

大利買

2-2-35-3　清嘉慶二年十一月陳永炳立賣稅山契

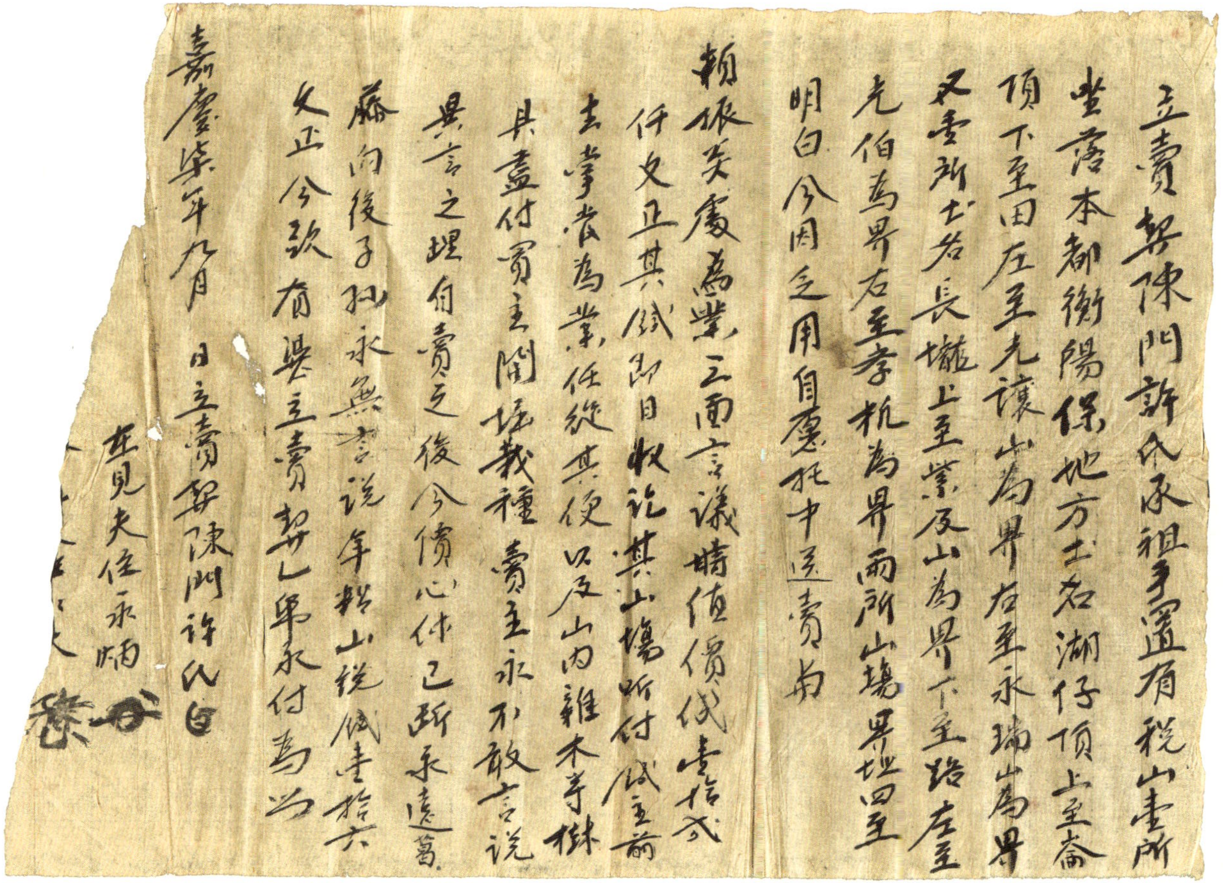

立賣契陳門許氏承祖手置有稅山壹所
坐落本都衙陽保地方土名湖仔頂上至崙
頂下至田左至光讓山為界右至永瑞山為界
又壹所土名長壠上至業及山為界下至路左至
光伯為界右至孝耽為界兩所山場界址四至
明白今因乏用自愿托中送賣與
賴依英處為業三面言議時值價錢壹拾弍
仟文正其錢即日收訖其山場所付錢主前
去掌管為業任從其便以及山內雜木等樹
具盡付買主開墾栽種賣主永不敢言說
異言之理自賣之後今憑心仟已斷永遠葛
藤內後子孫永無言說年耕山從錢壹拾六
文正今欲有憑立賣契乙帋永付為照
嘉慶柒年九月　日立賣契陳門許氏
在見夫侄承炳

2-2-35-4　清嘉慶七年九月陳門許氏立賣稅山契

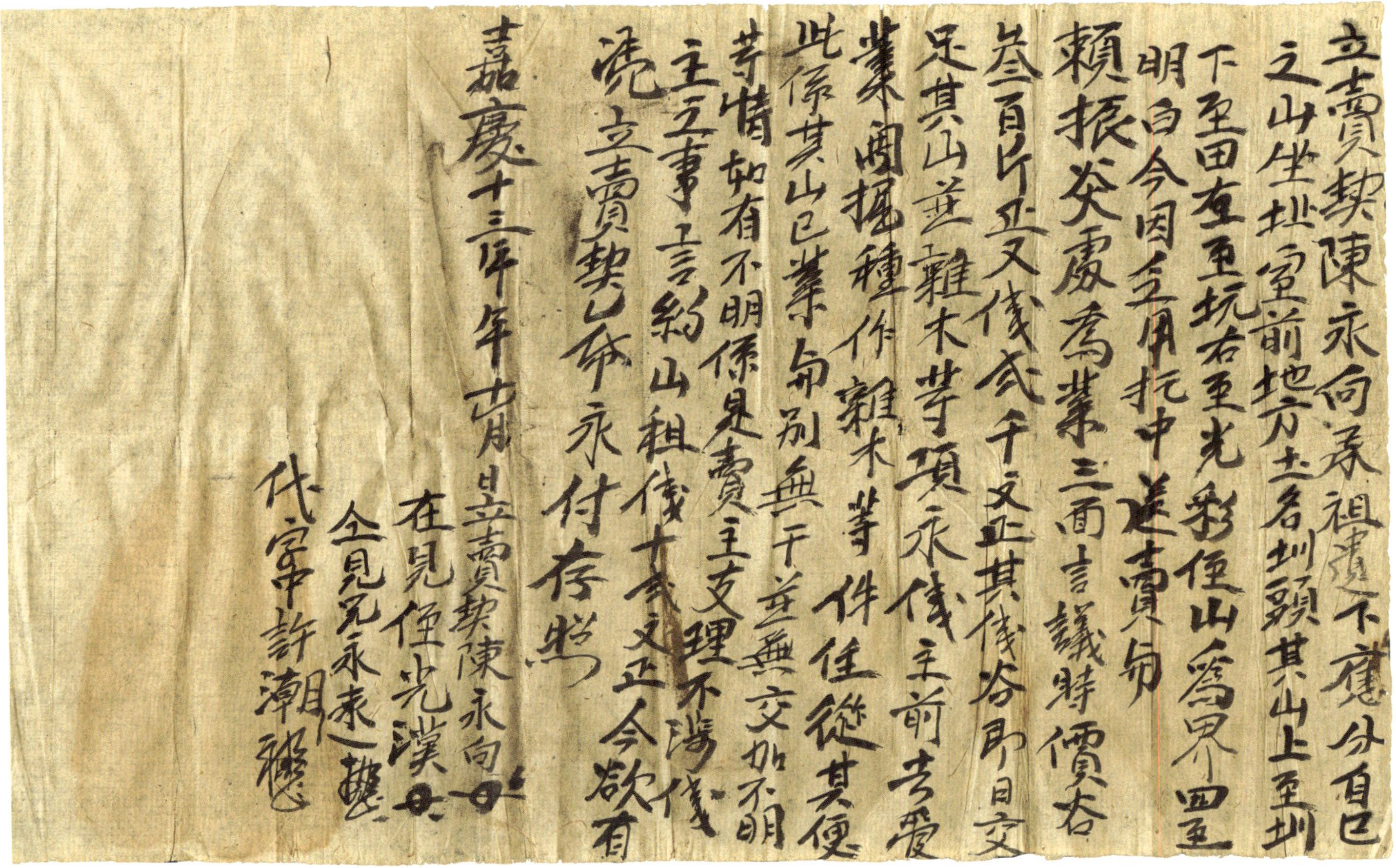

立賣契陳永向承祖遺下應分自己
之山坐址室前地方土名圳頭其山上至圳
下至田左至坑右至光彩侄山為界四至
明白今因乏用托中送賣與
賴振癸處為業三面言議時價大
叁百片足文錢貳千文正其錢即日交
足其山並雜木等項永錢主前去受
業開掘種作雜木等件任從其便
此係其山已業命別無干並無交加不明
等情如有不明係是賣主支理不涉錢
主之事 言約山租錢十貳文正今欲有
憑立賣契一紙永付存照

嘉慶十三年十一月 日立賣契陳永向（押）
在見侄光漢（押）
仝見兄永來（押）
代字中許潮（押）

2-2-35-5　清嘉慶十三年十一月陳永向立賣祖遺山場契

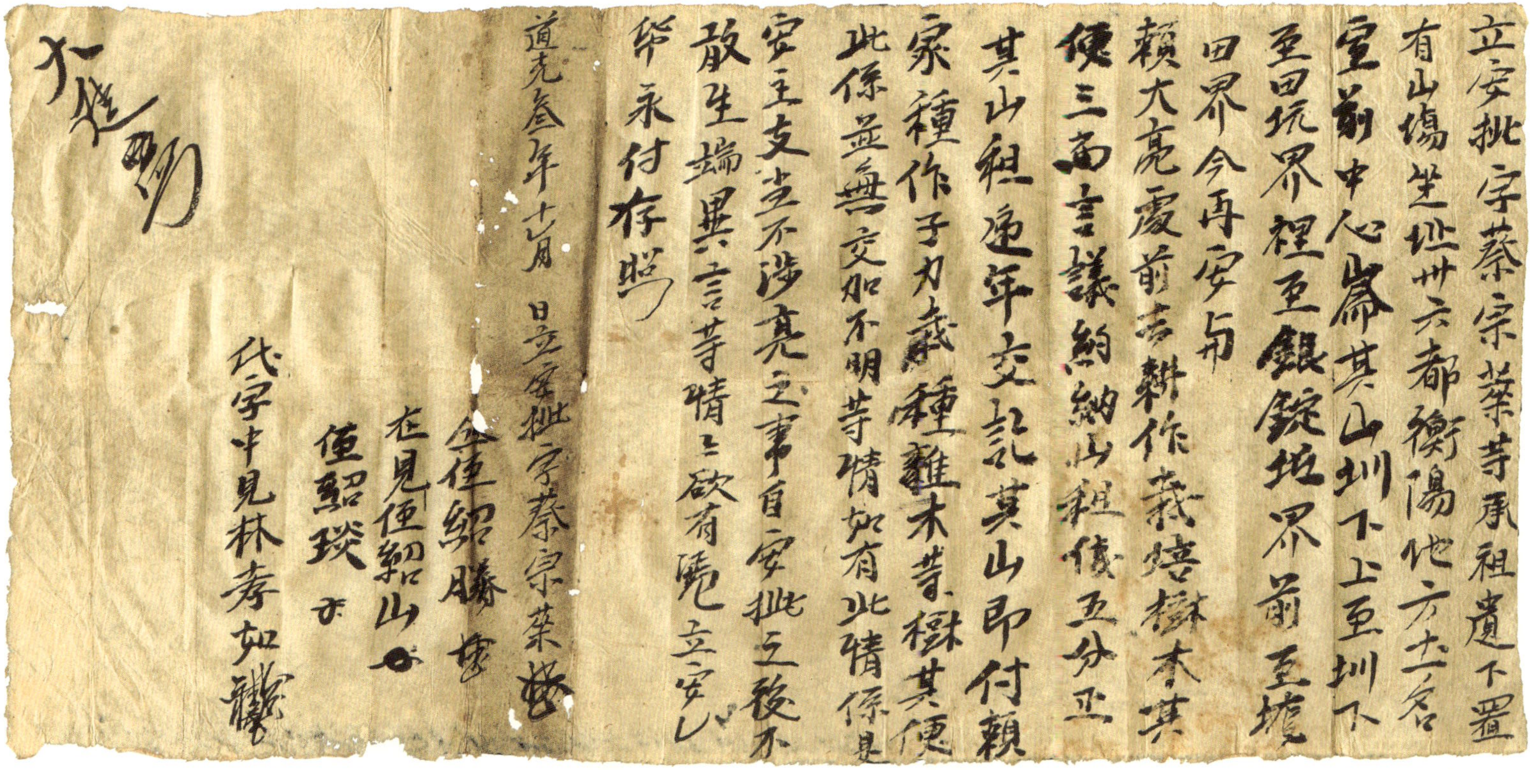

立安批字蔡宗萃等承祖遺下置
有山場坐址卅六都衡陽地方土名
宣前中心崙其山圳下上至圳下
至田坑界程至銀錠坵界前至塘
田界今再安与
賴大亮處前去耕作栽種樹木其
價三面言議約納山租價五分正
其山租逐年交訖其山即付賴
家種作子孫栽種雜木等樹其價
此係並無交加不明等情如有此情係是
安主支当不涉亮之事自安批之後不
敢生端異言等情二欲有憑立安
字永付存照

道光叁年十一月 日立安批字蔡宗萃
仝侄紹勝
在見侄紹山
侄紹琰
代字中見林孝如

2-2-35-6 清道光三年十一月蔡宗萃等立安批山場字

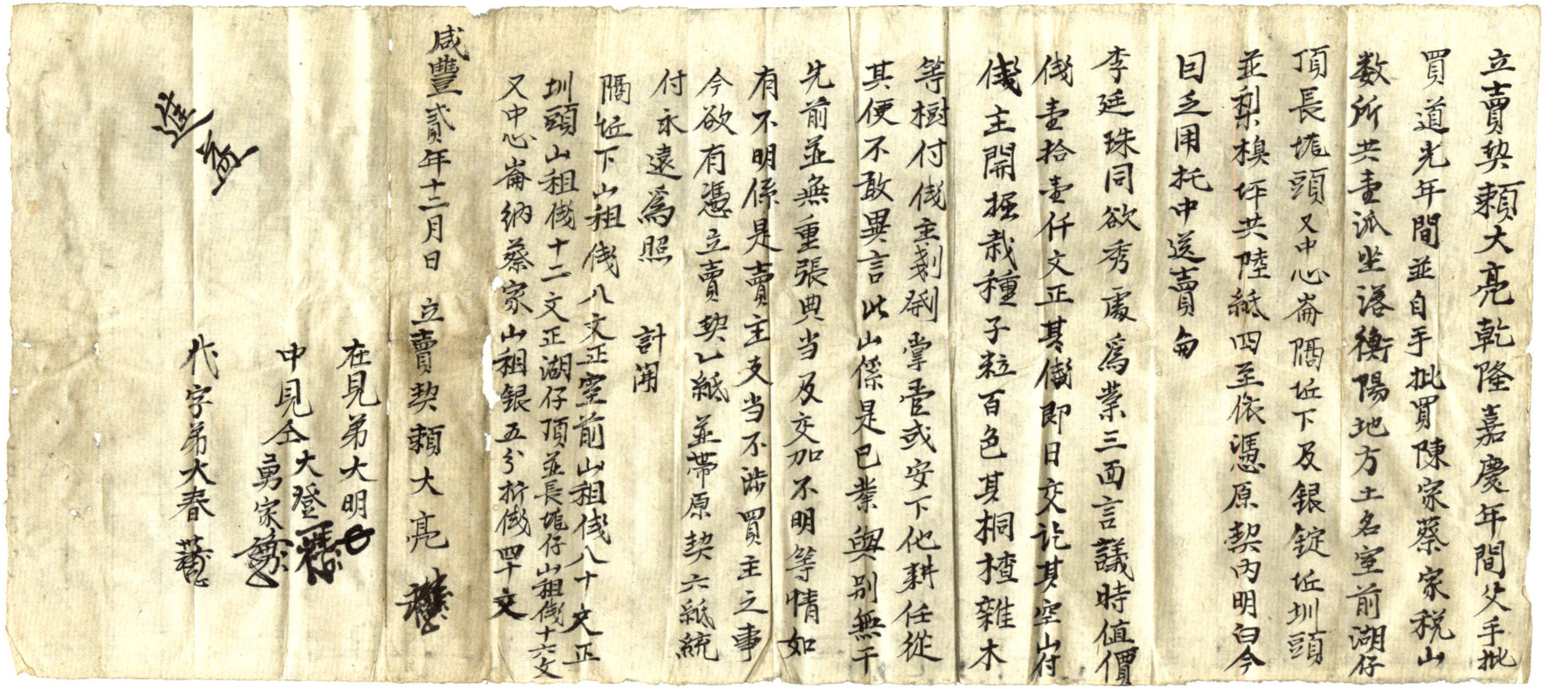
立賣契賴大亮乾隆嘉慶年間父手批
買道光年間並自手批買陳家蔡家稅山
數所共壹泒坐落衡陽地方土名室前湖仔
頂長梔頭又中心崙隔竝下及銀錠竝圳頭
並梨模坪共陸紙四至依憑原契內明白今
因乏用托中送賣與
李廷珠同欲秀處爲業三面言議時値價
錢壹拾壹仟文正其錢即日交訖其空山付
錢主開掘栽種子粒百色其桐楂雜木
等樹付錢主剗劉掌管或安下佃耕任從
其便不敢異言此山係是己業與別無干
先前並無重張典当及交加不明等情如
有不明係是賣主支当不涉買主之事
今欲有憑立賣契山紙並帶原契六紙統
付永遠爲照　計開
隔竝下山祖錢八文正室前山祖錢八十文正
圳頭山祖錢十二文正湖仔頂並長梔仔山祖錢十六文
又中心崙納蔡家山祖銀五分折錢四十文
咸豐貳年十二月日　立賣契賴大亮
在見弟大明
中見仝大登　勇家
代字弟大春
進賣

2-2-35-7　清咸豐二年十二月賴大亮立賣稅山契

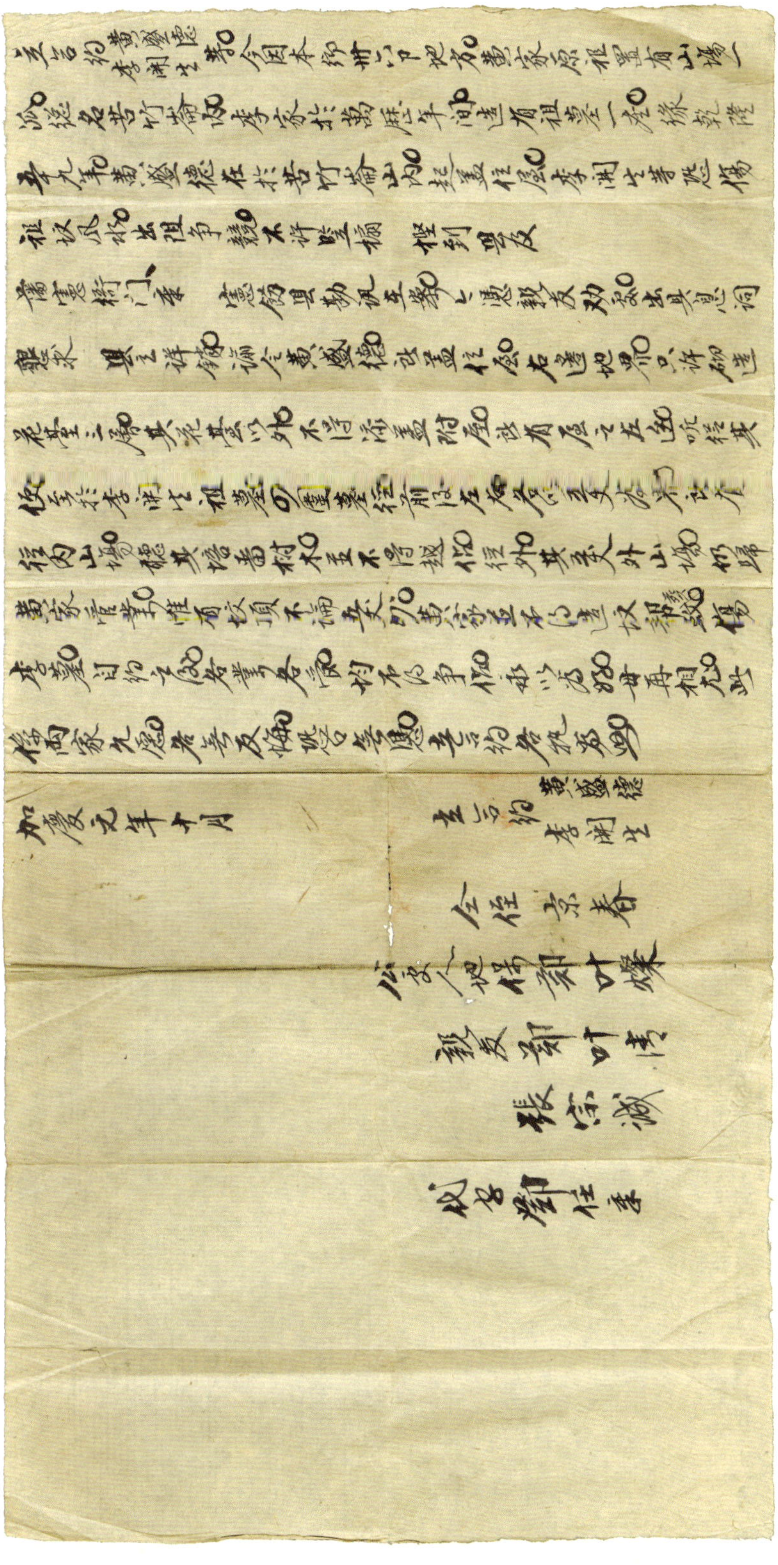

立合約黃盛德、李觀生等，今因本鄉卅六户地方黃家有祖墓山場一
所，從前黃竹崙，李家於乾隆年間造有祖墓一座，係乾隆
五十九年黃盛德在於黃竹崙山內起蓋住屋，李觀生等恐傷
祖墳風水，出阻爭競，不許起蓋。經列憑眾
[illegible]。遂憑鄉里勸諭，二比息爭，憑親友勸和，出具息詞
甘結。[illegible]黃盛德所蓋住屋，右邊地界只許砌造
厝屋三間，其厝基以外不得添蓋附屋。並有厝之左邊所種其
[illegible]
[illegible]
[illegible]
[illegible]
[illegible]

嘉慶元年十月　　立合約　黃盛德　李觀生
　　　　　　　　　　在場　李[illegible]
　　　　　　　　　　[illegible]　郭叶[illegible]
　　　　　　　　　　親友　郭叶[illegible]
　　　　　　　　　　　　　張[illegible]
　　　　　　　　　　代書　劉[illegible]

2-2-36-1　清嘉慶元年十月黃盛德等立合約

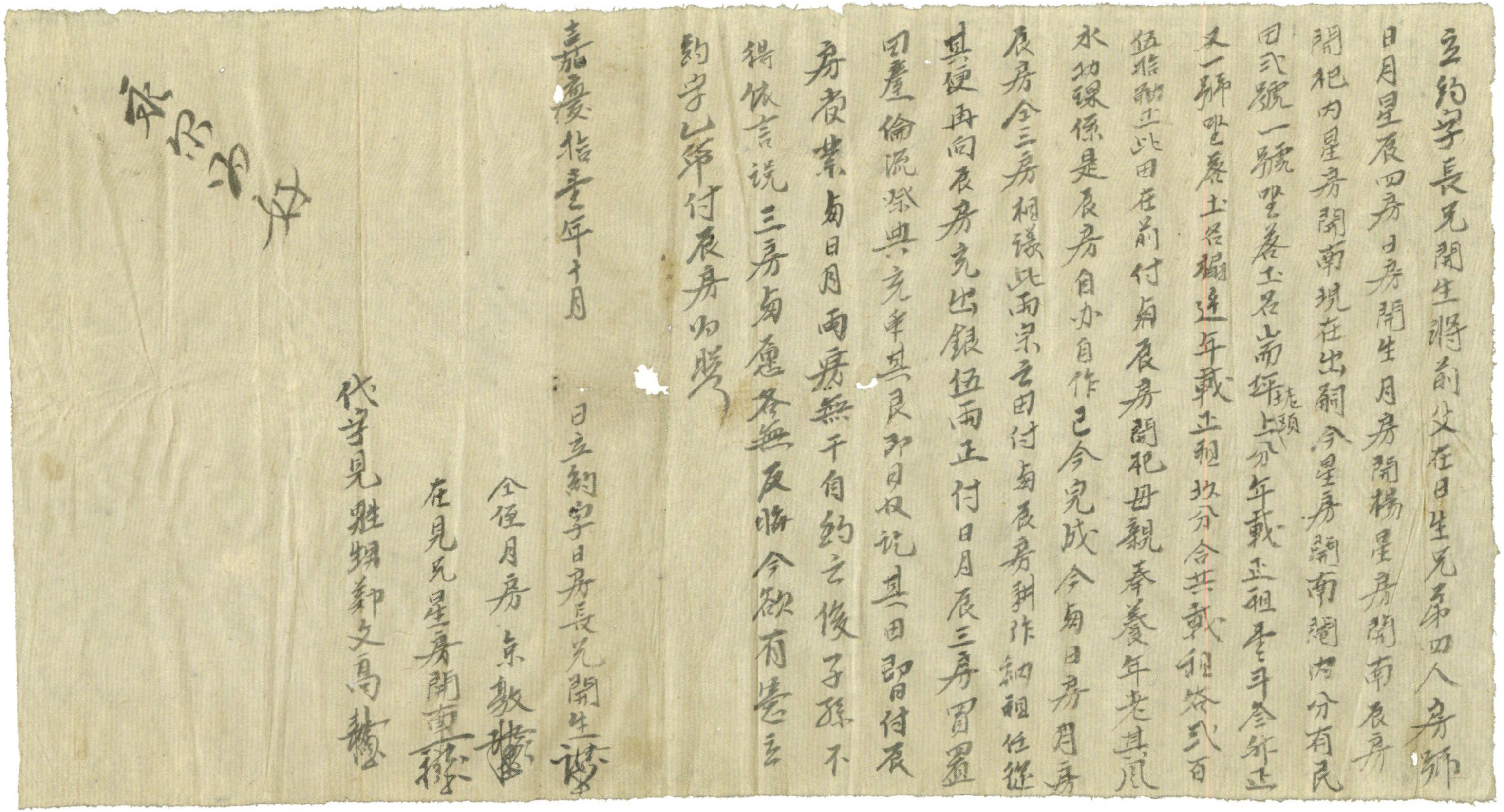

立約字長兄開生將前父在日生兄弟四人房號
日月星辰四房日房開生月房開楊星房開南辰房
開杞内星房開南現在出嗣今星房開南闔内分有民
田弍號一號坐落土名岇坪姥頭上分年載正租壹斗叁升正
又一號坐落土名欄逕年載正租玖分合共載租谷弍百
伍拾觔正此田在前付身辰房開杞母親奉養年老其風
水功課係是辰房自办自作已今完成今身日房月房
辰房仝三房相議此兩宗之田付身辰房耕作納租任從
其便再向辰房充出銀伍兩正付日月辰三房置買
田產倫流祭典充半其艮即日收訖其田即付辰
房管業身日月兩房無干自約之後子孫不
得信言說三房身應各無反悔今欲有憑立
約字山帋付辰房収照

嘉慶拾壹年十月　日立約字日房長兄開生（押）
仝侄月房京敎（押）
在見兄星房開南（押）
代字見姪錦鄭文高（押）

永遠平安

2-2-36-2　清嘉慶十一年十月李開生等立約字

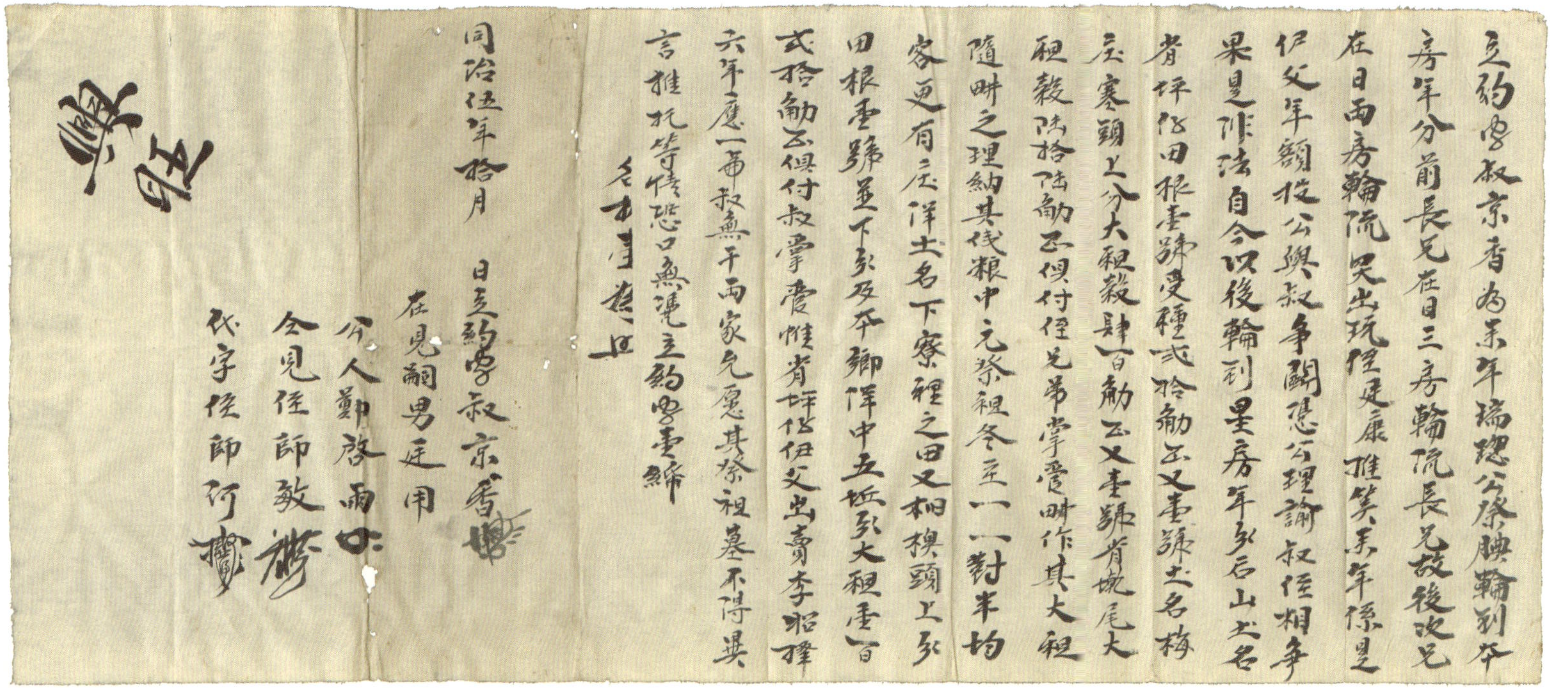
立約字叔京香為本年瑞璁公祭醮輪到本
房年分前長兄在日三房輪流長兄故後次兄
在日兩房輪流只出坑侄廷康推笑本年係是
伊父年額投公與叔争鬧憑公理諭叔侄相争
果是非法自今以後輪到星房年分石山土名
肖坪伍田根壹號受種弍拾觔正又壹號土名梅
庄寨頭上分大租穀肆佰觔正又壹號肖坵尾大
租穀陸拾陸觔正俱付侄兄弟掌管時作其大租
隨時之理納其錢粮中元祭祖冬至一一對半均
客更有庄洋土名下寮裡之田又相換頭上分
田根壹號並下分及本鄉洋中五坵分大租壹百
弍拾觔正俱付叔掌管惟肖坪伍伊父出賣李昭權
六年應一半叔無干兩家免虑其祭祖墓不得異
言推托等情恐口無憑立約字壹紙
各執為照
同治伍年拾月　日立約字叔京香
在見嗣男廷用
公人鄭啓雨
全見侄師敦
代字侄師河

2-2-36-3　清同治五年十月李京香立約字

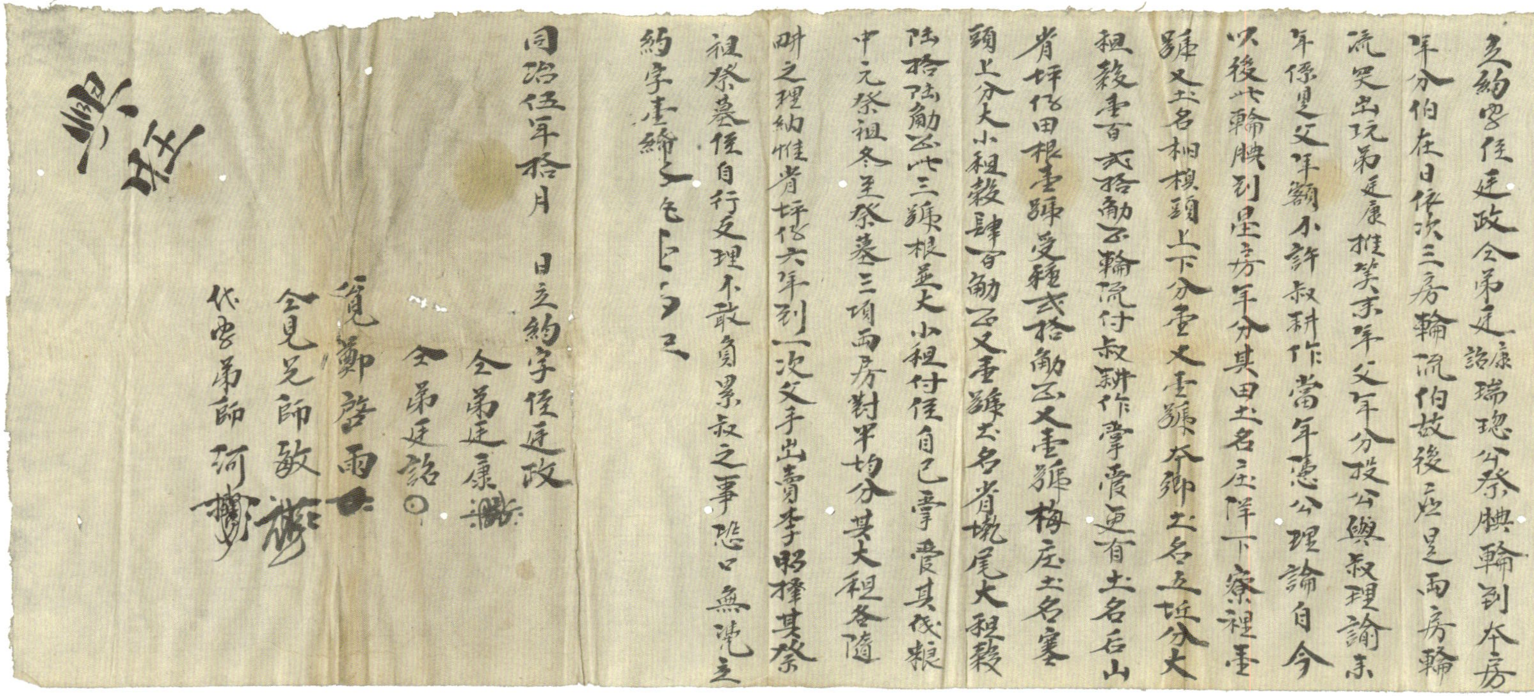
立約字侄廷政仝弟廷康、諮瑞璁公祭典輪到本房
年分伯在日依次三房輪流伯故後亦是兩房輪
流哭出坑弟廷康推笑來年父年分拨公與叔理諭來
年係是父年額小許叔耕作當年憑公理諭自今
以後此輪典到是房年分其田土名庄洋下寮裡壹
號又土名相模頭上下分壹叉壹號本鄉土名立坵分大
租穀壹百贰拾觔正輪流付叔耕作掌管更有土名石山
背坪仔田根壹號受種贰拾觔正又壹號梅庄土名塞
頭上分大小租穀肆百觔正又壹號土名背墘尾大租穀
陆拾陆觔正此三號根並大小租付侄自己掌管其伐粮
中元祭祖冬至祭墓三項兩房對半均分其大租各随
册之理納惟背坪仔六年到一次父手出賣李昭樺其祭
祖祭墓侄自行支理不敢負累叔之事恐口無憑立
約字壹紙

同治伍年拾月　日立約字侄廷政
仝弟廷康
仝弟廷諮
見鄭啓雨
仝見兄師敬
代字弟師河

2-2-36-4　清同治五年十月李廷政等立約字

立退股字欽求，承于前年鳩集忠
文尊王會友拾伍人，此前分作兩卓，應
分得七人重卓，其數目等項俱置產
業，每股應分得租谷伍拾斤正，今因
無錢之用，自愿將此會股退與
忠文尊王七人重卓慶業，付值價
谷伍百伍拾斤正，其谷即日交訖，其
會之股應得壹股退付與六股會
友管業，不敢異言之理，此會自應
已額有退之後，永不敢上食再不
敢異言，此等增添教節之理，兩家
甘允，各無悔退，口恐無憑，立退股字壹紙
付執，永遠為照。

光緒弍年三月　日立退字欽求

代字見　許明射

大進

2-2-36-5　清光緒二年三月李欽求立退忠文尊王會股字

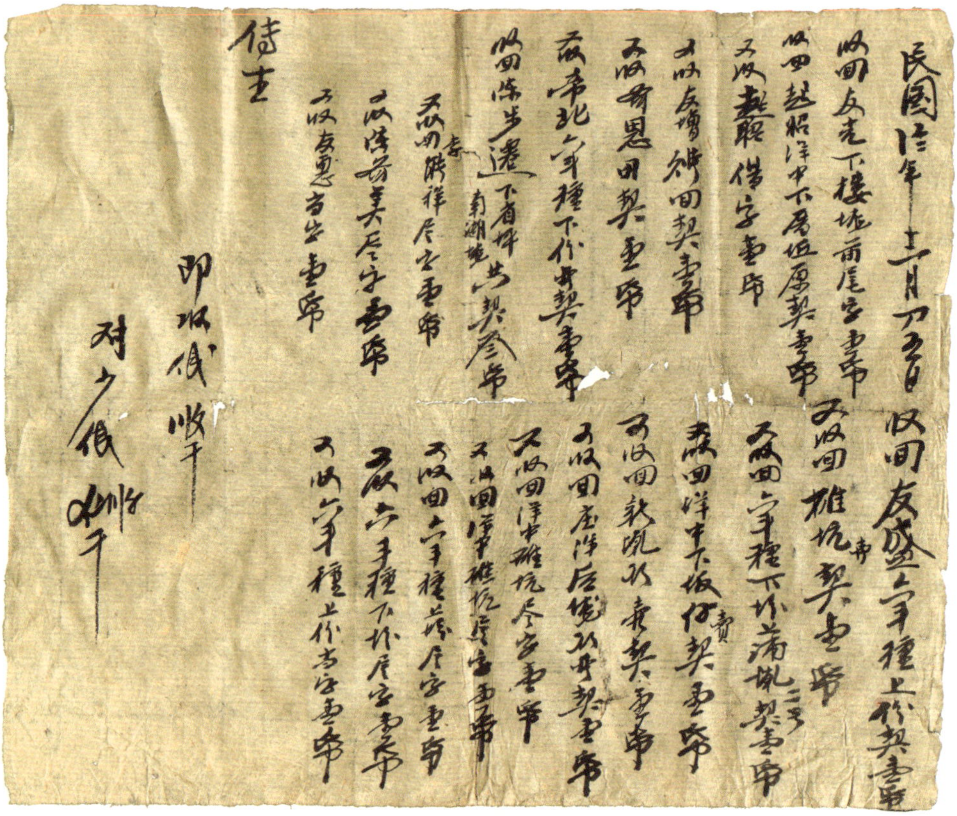

民國十八年十二月初五日收田友盛六年種上作契壹吊
收田友光下樓墘前尾字壹吊
收田赵炤洋中下厝坵原契壹吊
又收赵聪借字壹吊
又收友增钟田契壹吊
又收有恩田契壹吊
收帝北六年種下作典契壹吊
收田陈步遠下省坪 南湖墘 共契叁吊
又收田洪祥尾字壹吊
又收陈有美尾字壹吊
又收友惠当字壹吊
侍圭
又收田雄坑契壹吊
又收田六年種下作蒲垅二子契壹吊
又收田洋中下坂何賣契壹吊
又收田秋凯叔賣契壹吊
又收田店洋后垅叔母契壹吊
又收田洋中雄坑尾字壹吊
又收田洋中雄坑尾字壹吊
又收田六年種蒋尾字壹吊
又收六年種下作尾字壹吊
又收六年種上作当字壹吊
即收伐收干
对人很收干

2-2-36-6　民國十八年十二月記賬單

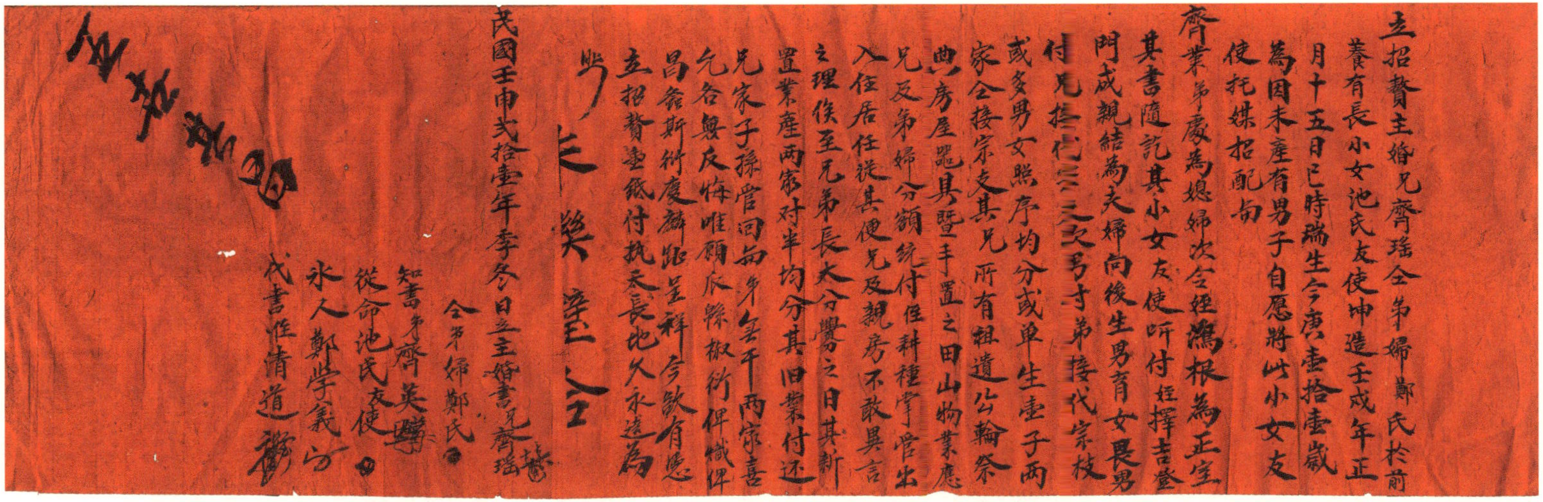
立招贅主婚兄齊瑶仝弟婦鄭氏於前
養有長小女池氏友使坤造壬戌年正
月十五日巳時瑞生，今庚壹拾壹歲。
為因未產有男子，自愿將此小女友
使托媒招配與
齊業弟慶為媳婦，次仝姪鴻根為正室。
其書隨訖，其小女友使听付姪擇吉登
門成親，結為夫婦，向後生男育女，長男
付兄接代[illegible]次男寸弟接代宗枝，
或多男女照序均分，或单生壹子，兩
家仝接宗支。其兄所有祖遺公輪祭
典、房屋、罷其暨手置之田山物業，應
兄及弟婦分額統付姪耕種掌管，出
入任居任從其便，兄及親房不敢異言
之理。俟至兄弟長大分鬮之日，其新
置業產兩家对半均分，其旧業付还
兄家子孫管回，而弟無干。兩家喜
允，各無反悔。唯願瓜緜椒衍，俾熾俾
昌，瓮斯衍慶，麟趾呈祥。今欲有憑，
立招贅壹紙付執，天長地久，永遠為
照。
長樂[illegible]全
民國壬申式拾壹年季冬日立主婚書兄齊瑶（押）
仝弟婦鄭氏（押）
知書弟齊英（押）
從命池氏友使（押）
冰人鄭学義（押）
代書侄清道（押）

2-2-36-7 民國二十一年十二月李齊瑶夫婦立招贅主婚書

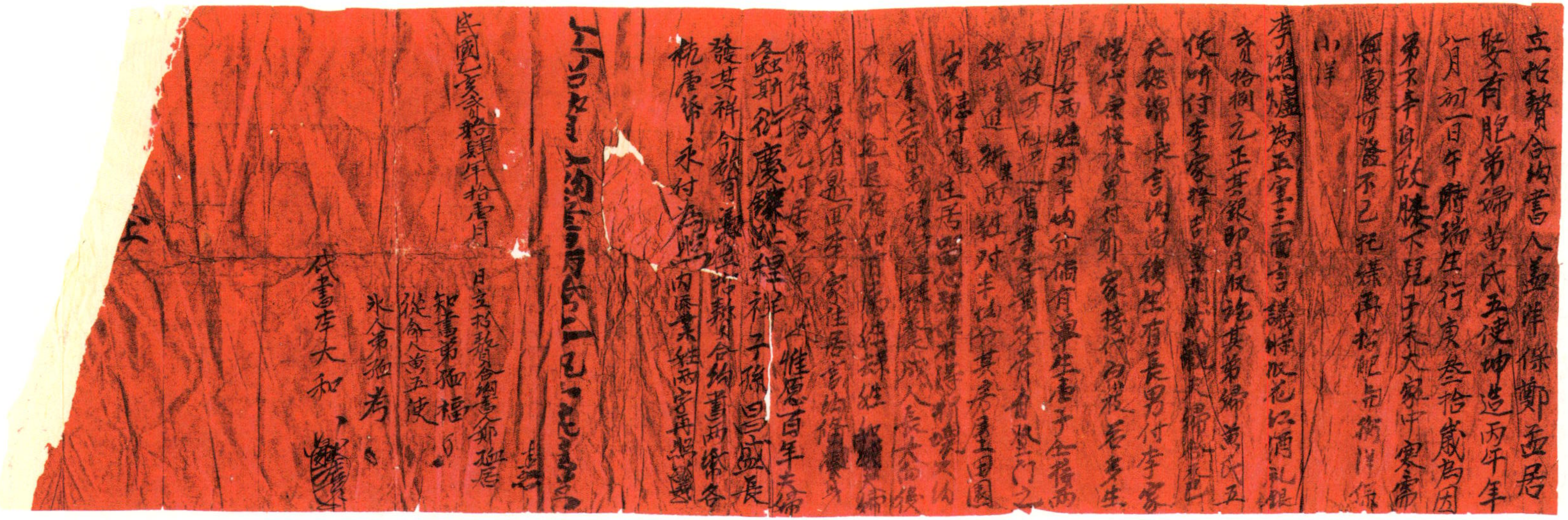

立招贅合約書人盖洋保鄭孟居
娶育胞弟婦黄氏五使坤造丙午年
六月初一日午時瑞生行庚叁拾歲爲因
弟不幸身故膝下兒子未大家中寒需
無靠可發不已托媒再招配与衛洋保
小洋
李鴻爐爲正室三面言議特收花紅酒礼銀
貳拾捌元正其銀即月收訖其弟婦黄氏五
使听付李家擇吉[illegible]
[illegible]長言约向後生有長男付李家
[illegible]代宗枝次男付鄭家接代向後若多生
男女兩姓对半均分倘有[illegible]
[illegible]
[illegible]

民國乙亥年貳拾肆年拾壹月　日立招贅合約書人鄭孟居
知書弟鄭孟樞
從命人黄五使
氷人弟鄭孟考
代書李大和

2-2-36-8　民國二十四年十一月鄭孟居立招贅合約書

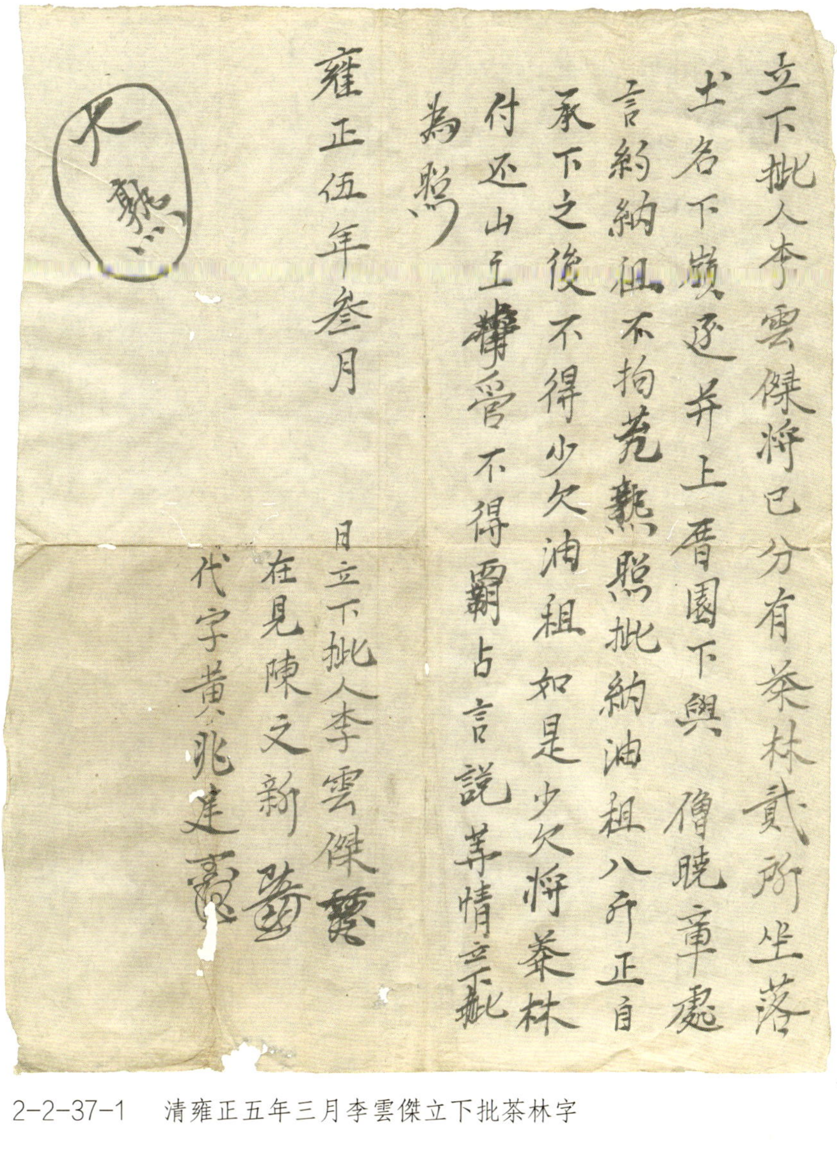

立下批人李雲傑將已分有茶林貳所坐落
土名下嶺逕并上厝園下與　傳曉章處
言約納租不拘荒熟照批納油租八斤正自
承下之後不得少欠油租如是少欠將茶林
付还山主掌管不得霸占言説等情立下批
為照

雍正伍年叁月　日立下批人李雲傑（押）
在見陳文新（押）
代字黄兆廷（押）

2-2-37-1　清雍正五年三月李雲傑立下批茶林字

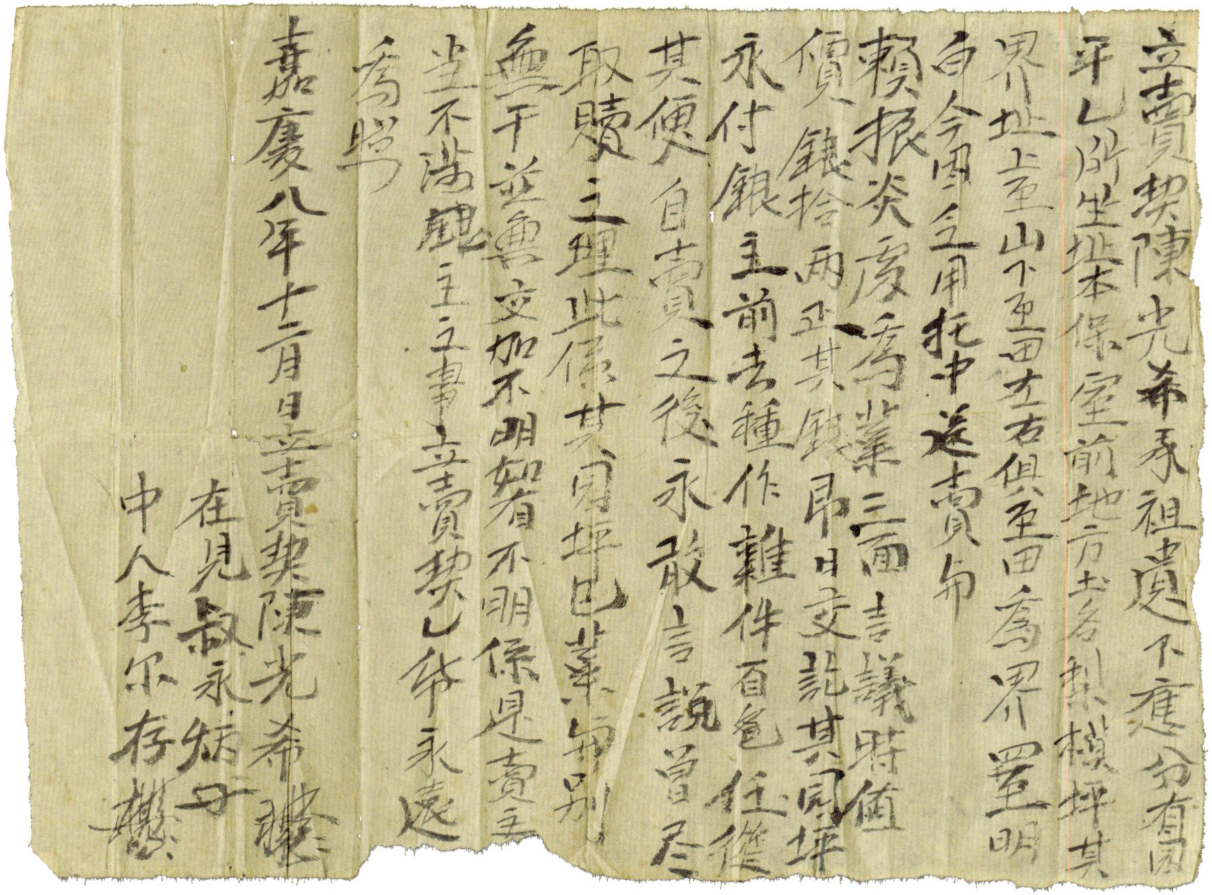

立賣契陳光希承祖遺下應分有園
坪乙所坐址本保室前地方土名私樹坪其
界址上至山下至田左右俱至田為界四至明
白今因乏用托中送賣與
賴根炎處為業三面言議時值
價銀拾兩正其銀即日交訖其園坪
永付銀主前去種作雜件百色任從
其便自賣之後永敢言說曾尽
取贖之理此係其園坪己業與別
無干並無交加不明如有不明係是賣主
出不涉銀主之事立賣契乙紙永遠
為照
嘉慶八年十二月　日立賣契陳光希（押）
在見叔永焙（押）
中人李尔存（押）

2-2-37-2　清嘉慶八年十二月陳光希立賣園坪契

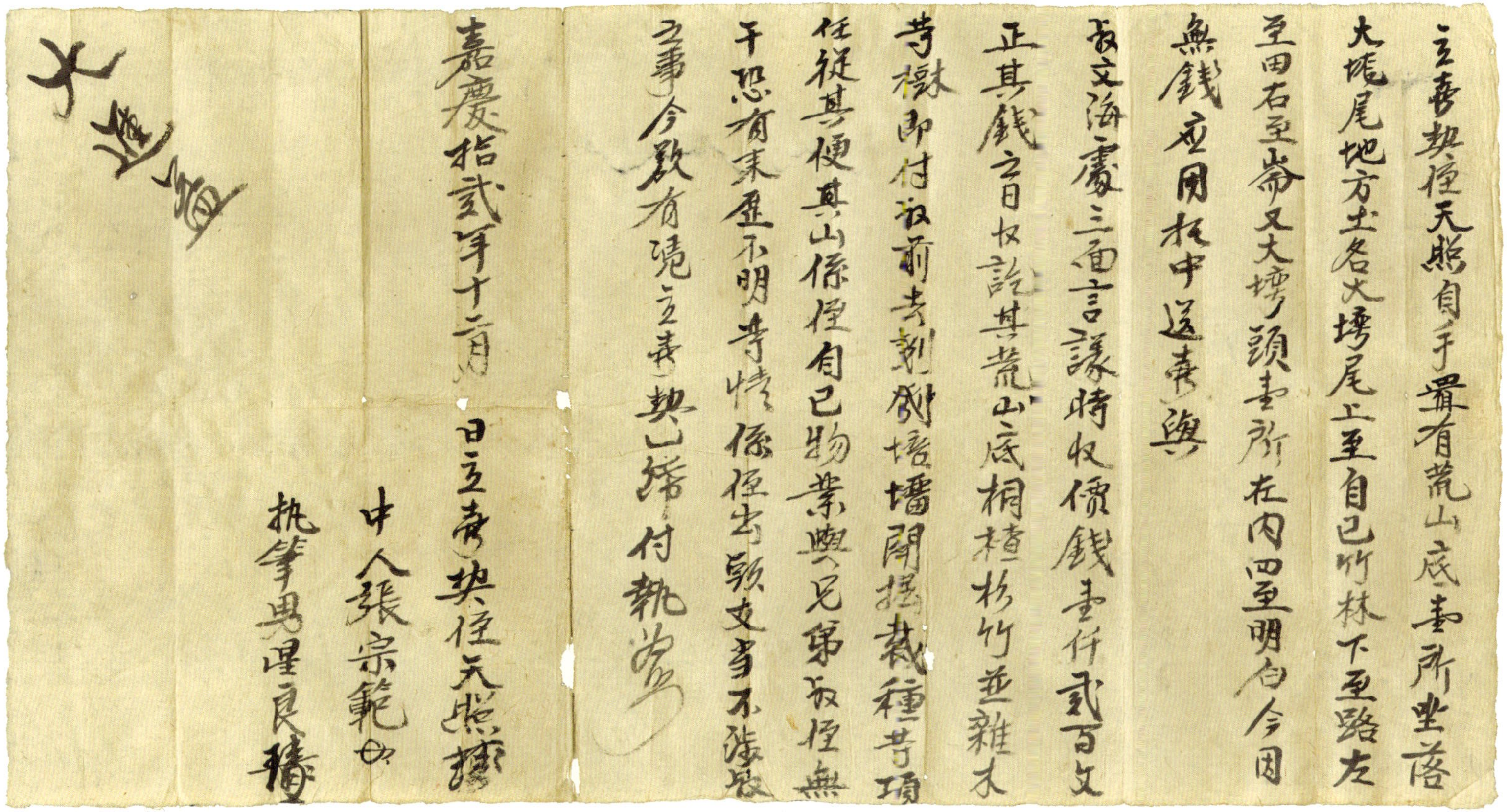

立賣契侄天照自手置有荒山底壹所坐落
大坭尾地方土名大墘尾上至自己竹林下至路左
至田右至崙又大墘頭壹所在内四至明白今因
無錢應用托中送賣與
叔文海處三面言議時收價錢壹仟貳百文
正其錢立日收訖其荒山底桐樹杉竹并雜木
等樹即付叔前去剗掘播開掘栽種等項
任從其便其山係侄自己物業與兄弟叔侄無
干恐有來歷不明等情係侄出頭支當不涉叔
之事今欲有憑立賣契山據付執為照
嘉慶拾貳年十二月　日立賣契侄天照（押）
中人張宗範（押）
執筆吳呈良（押）

2-2-37-3　清嘉慶十二年十二月李天照立賣荒山底契

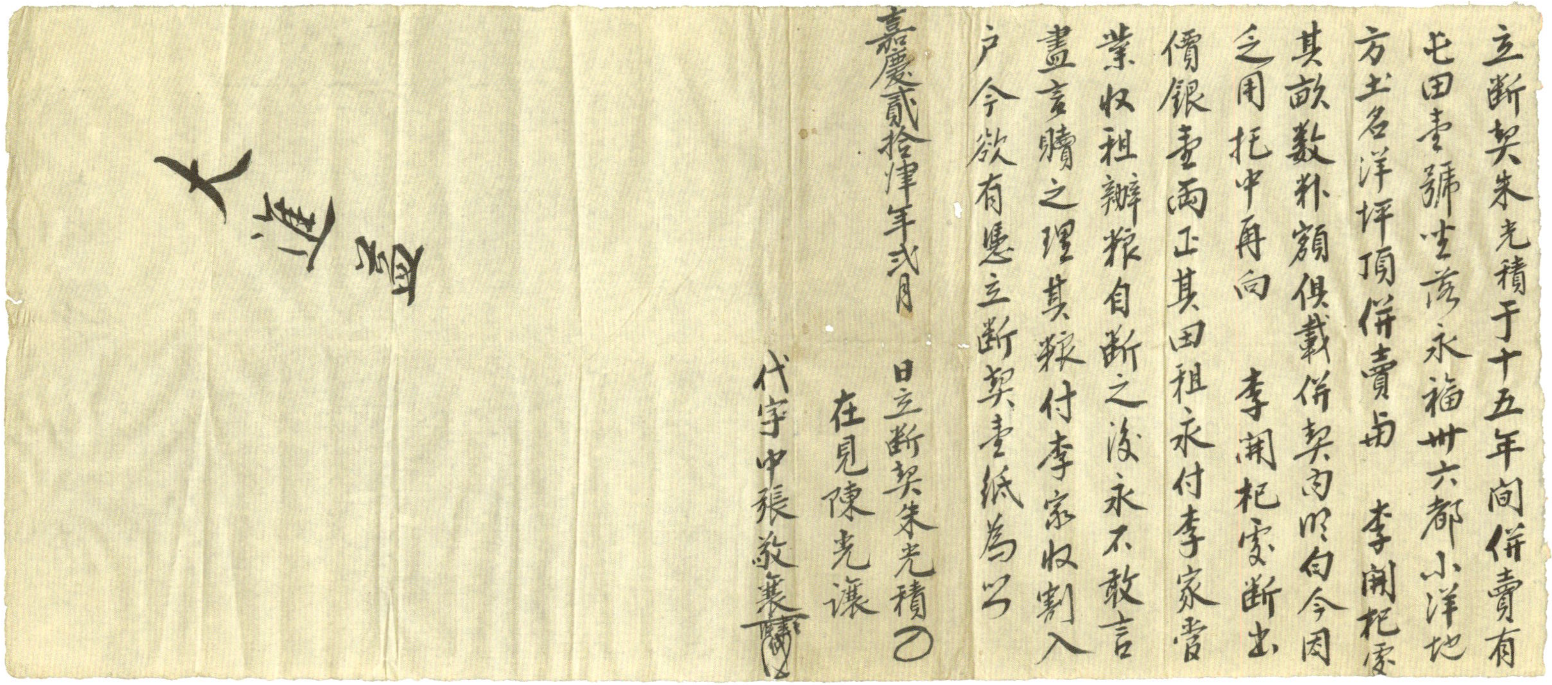

立斷契朱光積于十五年向偖買有
屯田壹號坐落永福卅六都小洋地
方土名洋坪頂偖賣出　李開杞家
其畝數斗額俱載偖契內明白今因
乏用托中再向　李開杞家斷出
價銀壹兩正其田租永付李家管
業收租辦粮自斷之後永不敢言
盡言贖之理其粮付李家收割入
户今欲有憑立斷契壹紙為照
嘉慶貳拾肆年弍月　日立斷契朱光積（押）
在見陳光謙
代字中張敘襄（押）
大吉利

2-2-37-4　清嘉慶二十四年二月朱光積立斷屯田契

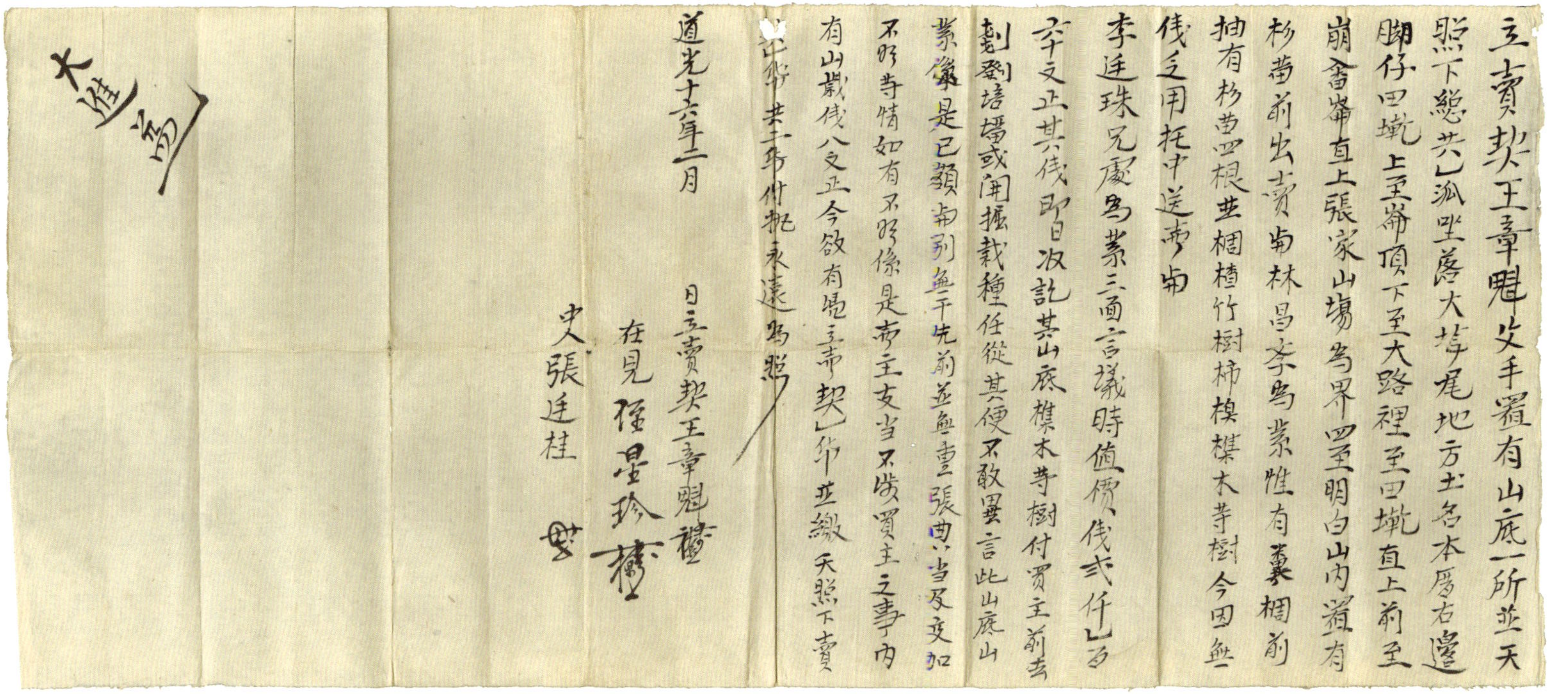

立賣契王章魁父手置有山底一所坐天
照下總土名大洋尾地方土名本厝右邊
脚仔田墘上至崙頂下至大路裡至田墘直上前至
崩窗崙直上張家山場為界四至明白山内頭有
杉苗前出賣與林昌榮為業惟有雜柴前
抽有杉苗四根并棡樹竹樹柿楳楳木等樹今因無
錢乏用托中送與
李廷珠兄處為業三面言議時值價錢弍仟文
本年文正其錢即日收訖其山底楳木等樹付買主前去
劃劉培塿或開掘栽種任從其便不敢異言此山底山
業係是已額與別無干先前並無重張典當及交加
不明等情如有不明係是本主支当不涉買主之事内
有山戴錢八文正今欲有憑立賣契一紙并繳 天照下賣
山契共二本付執永遠為照

道光十六年二月　日立賣契王章魁（押）
在見　程星珍（押）
代人　張廷桂（押）

大進益

2-2-37-5　清道光十六年二月王章魁立賣山底契

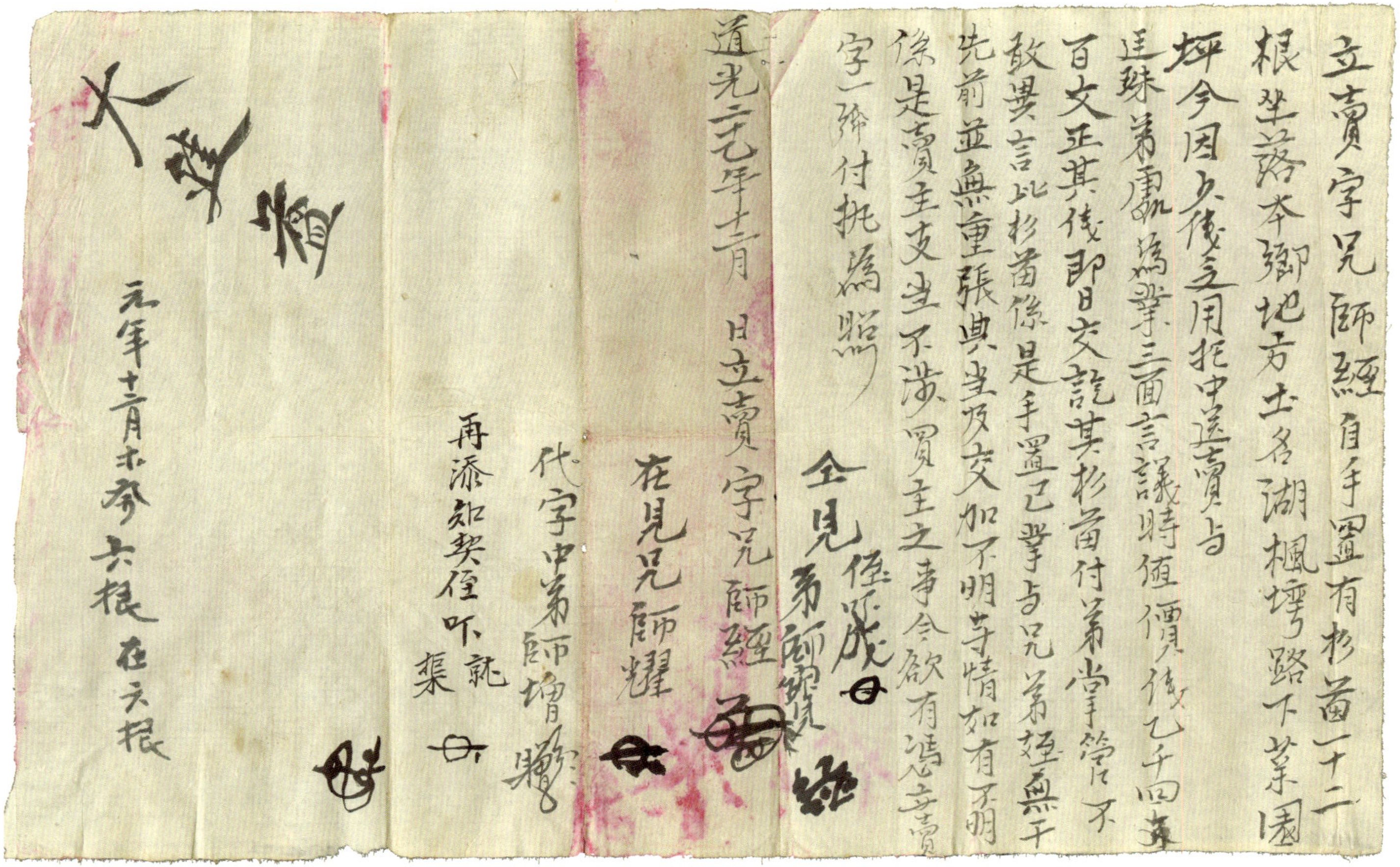
立賣字兄師經自手置有杉苗一十二
根坐落本鄉地方土名湖楓墿路下菜園
坪今因乏錢乏用托中送賣與
廷珠弟處為業三面言議時值價錢乙千四[illegible]
百文正其錢即日交訖其杉苗付弟掌管不
敢異言此杉苗係是手置己業與兄弟姪無干
先前並無重張典當交加不明等情如有不明
係是賣主支當不涉買主之事今欲有憑立賣
字一紙付執為照
仝見姪成
弟師鑽
道光二十一年十二月 日立賣字兄師經
在見兄師耀
代字中弟師增
再添知契侄吓就
大發
元年十二月出賣 六根 在六根

2-2-37-6　清道光二十一年十二月李師經立賣杉苗字

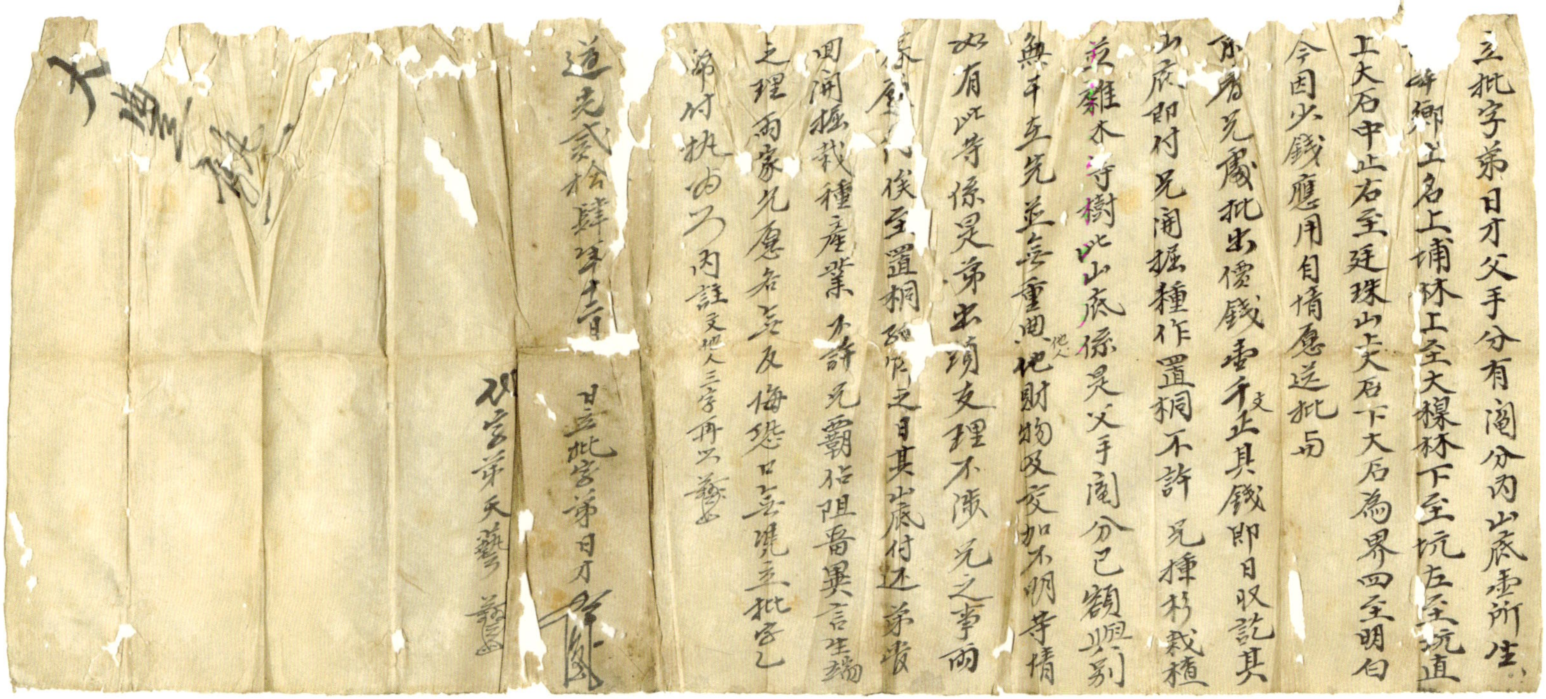
立批字弟日才，父手分有閹分內山底壹所，坐
[illegible]鄉土名上埔林，上至大樑林，下至坑，左至坑直
上大石中止，右至廷珠山上大石下大石為界，四至明白。
今因乏錢應用，自情愿送批與
胞兄觀批出價錢壹千文正，其錢即日收訖，其
山底即付兄閹掘種作，置桐不許，兄揮杉栽植
並雜木等樹。此山底係是父手閹分已額，與別
無干。至兄並無重典他人財物及交加不明等情，
如有此等，係是弟出頭支理，不涉兄之事。兩
家[illegible]侯至置桐砍伐之日，其山底付還弟管
用，開掘栽種產業，不許兄霸佔阻留異言生端
之理。兩家允愿，各無反悔，恐口無憑，立批字乙
紙付執為照。內註文他人三字再照。
道光貳拾肆年十二月　日
立批字弟日才（押）
代字弟天藝（押）
大吉[illegible]

2-2-37-7　清道光二十四年十二月李日才立批山底字

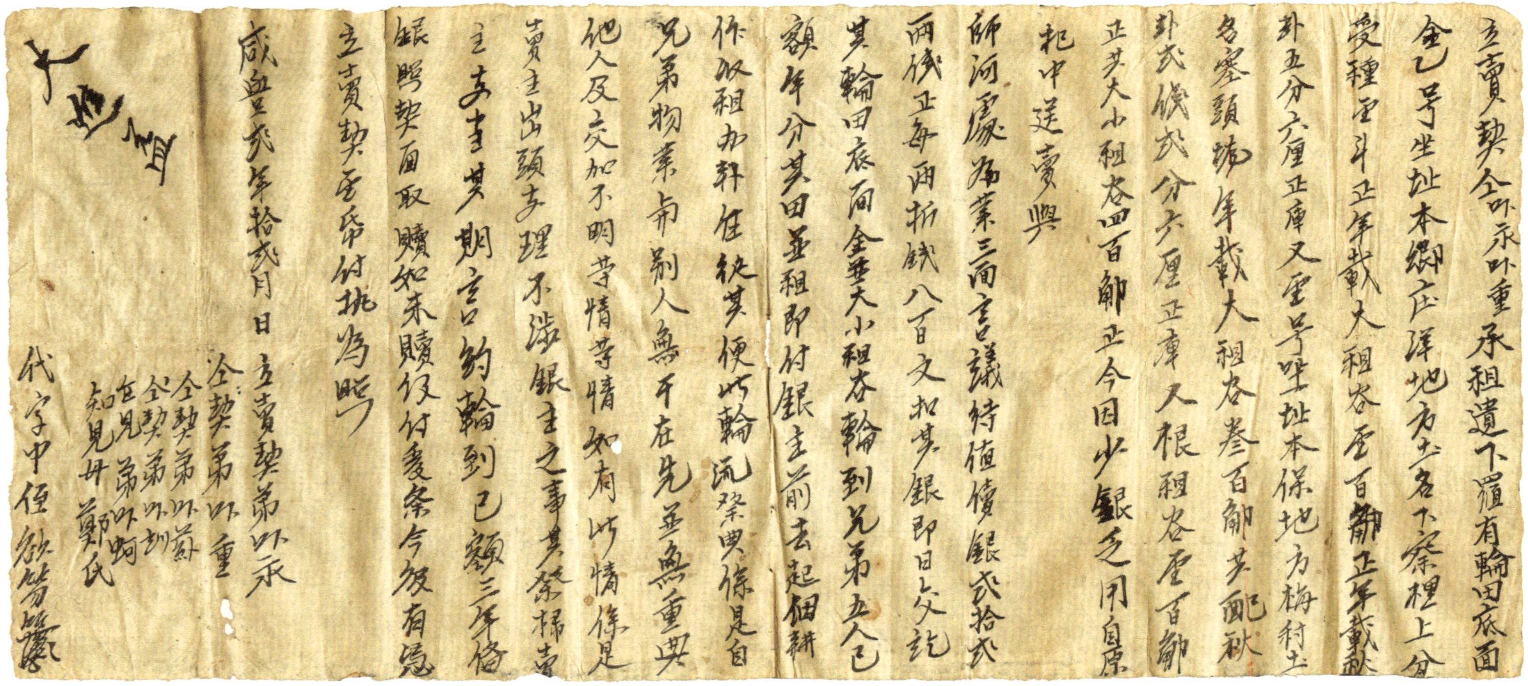

立賣契仝吓永吓重承祖遺下買有輪田底面
全乙号坐址本鄉庄洋地方土名下察樫上分
受種壹斗正年載大租谷壹百觔正年載秋
卦五分六厘正庫又壹号坐址本保地方梅村土
名塞頭坵年載大租谷叁百觔共配秋
卦弍錢弍分六厘正庫又根租谷壹百觔
正共大小租谷四百觔正今因少銀乏用自原
托中送賣與
師河處為業三面言議時值價銀弍拾弍
兩錢正每兩折錢八百文扣共銀即日交訖
其輪田底面全並大小租谷輪到兄弟五人己
額年分其田並租即付銀主前去起佃耕
作收租办糧任從其便此輪流祭典係是自
兄弟物業旁人無干在先並無重典
他人及交加不明等情等情如有此情係是
賣主出頭支理不涉銀主之事其祭掃賣
主其期言約輪到己額三年倍
銀照契面取贖如未贖仍付爰祭今欲有憑
立賣契壹紙付執為照
咸豐弍年拾弍月　日　立賣契弟吓永
仝契弟吓重
仝契弟吓蘇
仝契弟吓圳
在見弟吓蚼
知見母鄭氏
代字中侄欽篤

2-2-37-8　清咸豐二年十二月李吓永等立賣底面全輪田契

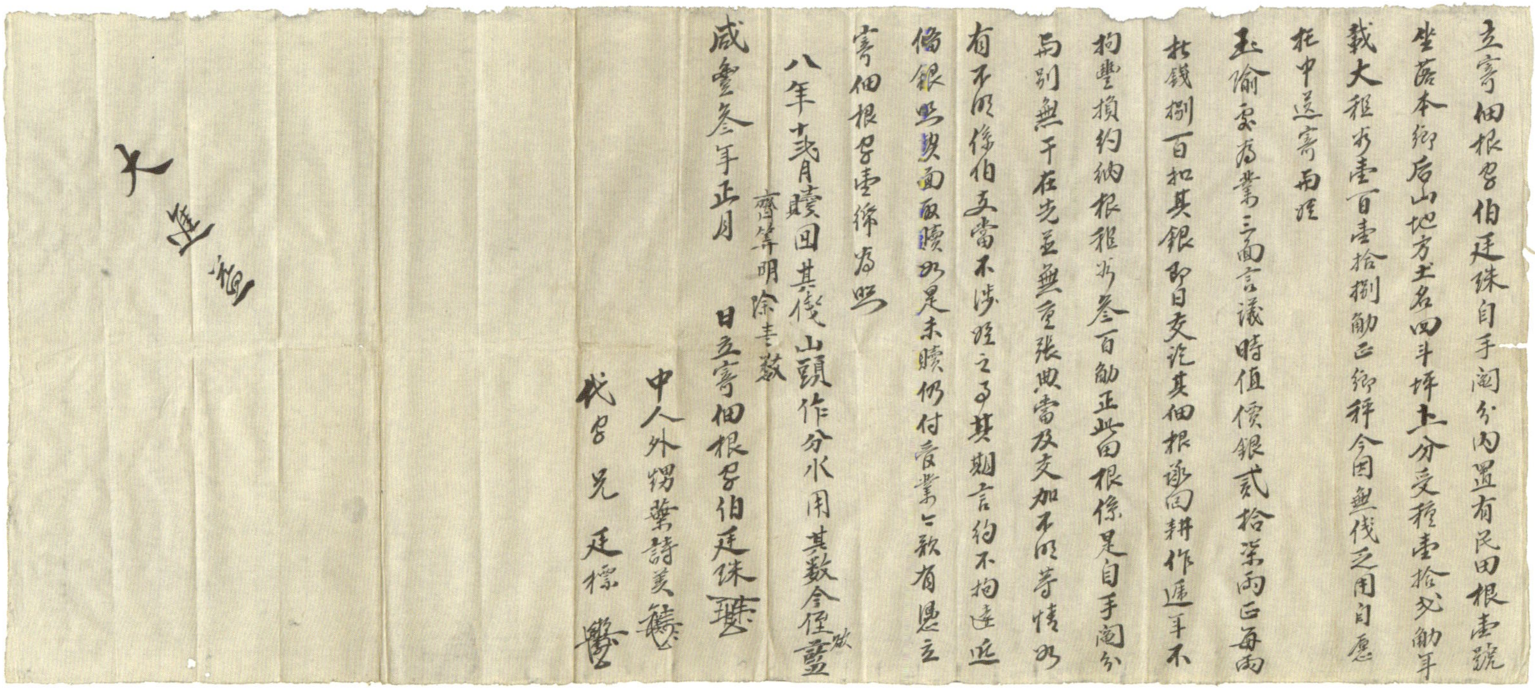
立寄佃根字伯廷珠自手阄分內置有民田根壹號
坐落本鄉后山地方土名四斗坪上分受種壹拾弍觔年
載大租谷壹百壹拾捌觔正鄉秤今因無錢乏用自愿
托中送寄與侄
玉瑜處為業三面言議時值價銀貳拾柒兩正每兩
扣錢捌百扣其銀即日交訖其佃根隨即耕作遞年不
拘豐歉納根租谷叁百觔正其田根係是自手阄分
與別無干在先並無重張典當及交加不明等情如
有不明係伯支當不涉侄之事其訂言約不拘遠近
備銀照契面取贖如是未贖仍付侄為業今欲有凴立
寄佃根字壹紙為照
八年十二月贖回其從山頭作分水用其數全侄收壹
齊等明除去叚
咸豐叁年正月　日立寄佃根字伯廷珠（押）
中人外甥葉詩美（押）
代字兄廷標（押）
大廷憲

2-2-37-9　清咸豐三年正月李廷珠立寄佃民田根字

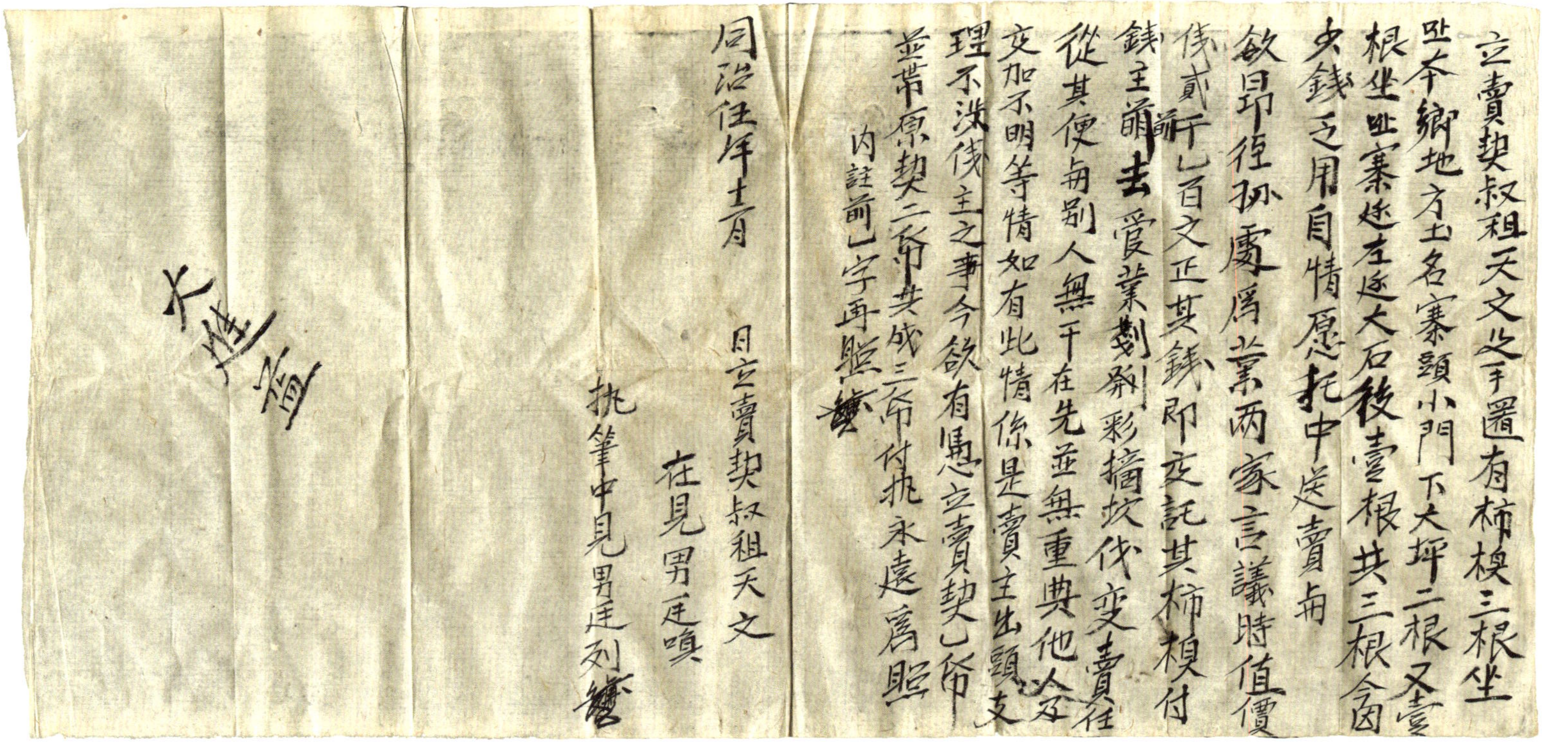

立賣契叔祖天文，父手置有柿橪三根，坐
址本鄉地方土名寨頭小門下大坪二根，又壹
根坐址寨迹左迹大石後壹根，共三根，今因
乏錢乏用，自情愿托中送賣与
欽昂侄孫處為業。兩家言議，時值價
錢貳千○百文正，其錢即交訖，其柿橪付
与錢主前去管業，割剁彩摘砍伐，变賣任
從其便，与別人無干。在先并無重典他人，交
加不明等情，如有此情，係是賣主出頭支
理，不涉錢主之事。今欲有憑，立賣契一紙，
并帶原契二紙，共成三紙，付執永遠為照。
內註一字再照。

同治伍年十一月　日立賣契叔祖天文

在見男廷嗔

執筆中見男廷列

大進寶

2-2-37-10　清同治五年十一月李天文立賣柿橪契

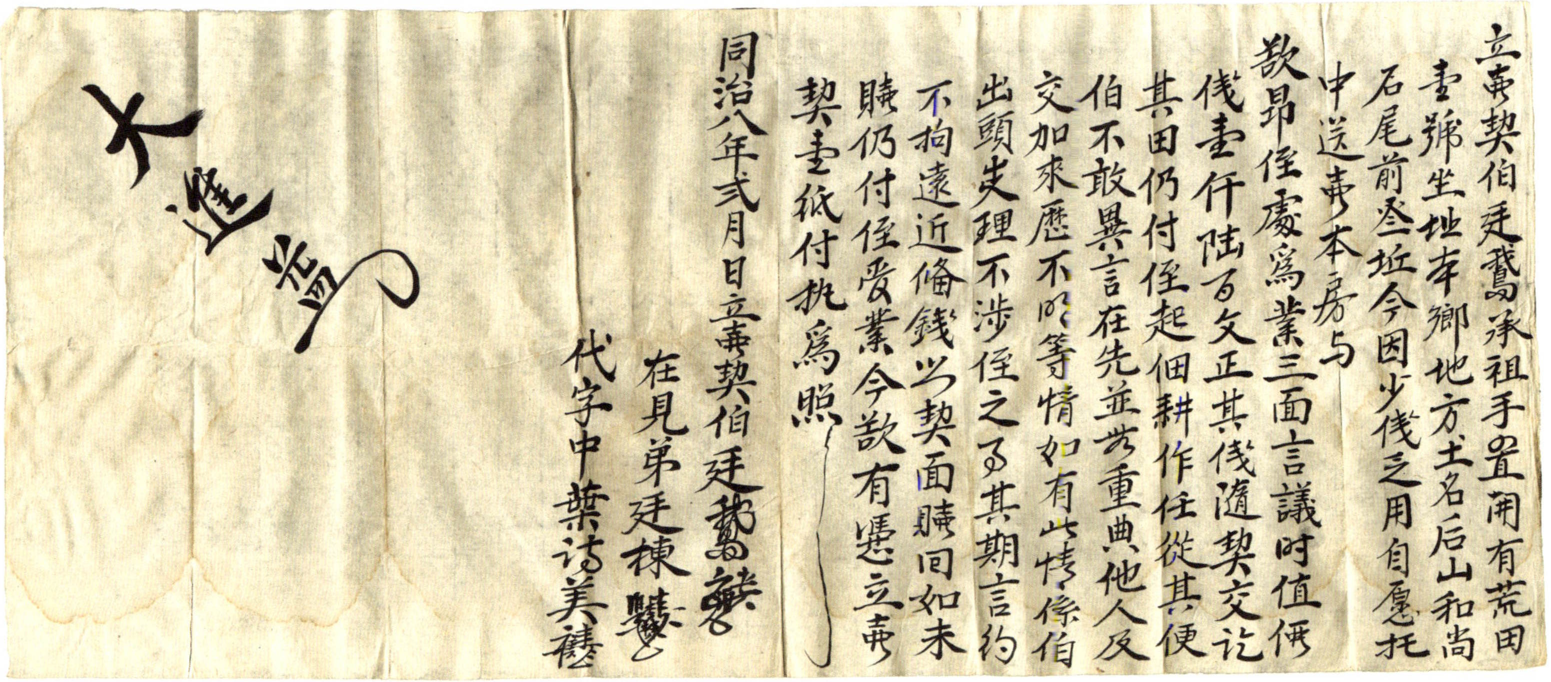
立賣契伯廷鸞承祖手置開有荒田
壹號坐址本鄉地方土名后山和尚
石尾前叁坵今因乏錢之用自愿托
中送賣本房与
歆昂侄處爲業三面言議時值價
錢壹仟陸百文正其錢隨契交訖
其田仍付侄起佃耕作任從其便
伯不敢異言在先並無重典他人及
交加來歷不明等情如有此情係伯
出頭支理不涉侄之事其期言約
不拘遠近備錢照契面贖回如未
贖仍付侄管業今欲有憑立賣
契壹紙付執爲照
同治八年弍月日立賣契伯廷鸞
在見弟廷棟
代字中葉詩美
大進寶

2-2-37-11　清同治八年二月李廷鸞立賣荒田契

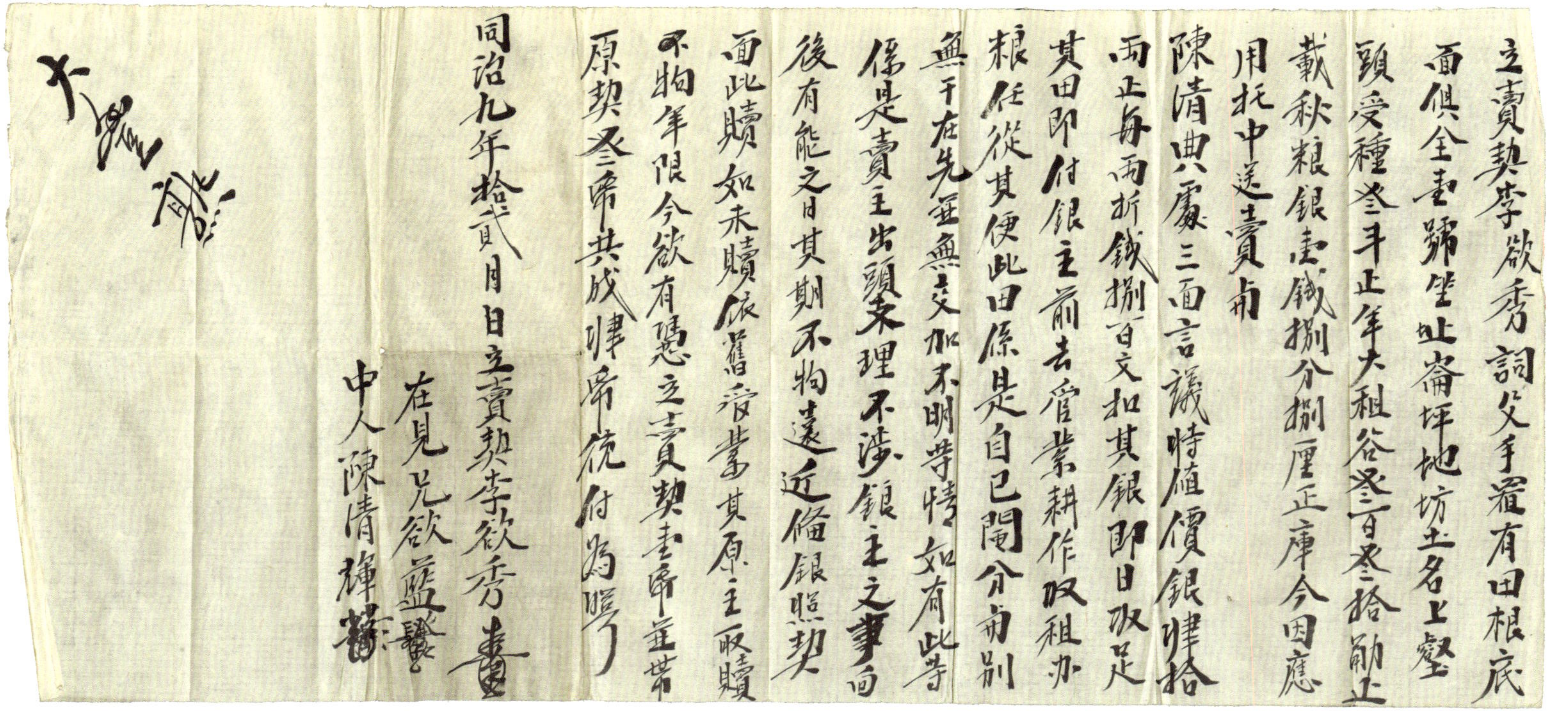
立賣契李欽秀，詞父手置有田根底
面俱全，坐址斎坪地坊，土名上壟
頭，受種叁斗正，年大租谷叁百叁拾觔正，
載秋粮銀壹錢捌分捌厘正庫。今因應
用，托中送賣與
陳清典處，三面言議時值價銀肆拾
兩正，每兩折錢捌百文扣。其銀即日收足，
其田即付銀主前去管業耕作，收租办
粮，任從其便。此田係是自己閹分甫別，
無干在先並無交加不明等情。如有此等，
係是賣主出頭支理，不涉銀主之事。日
後有能之日，其期不拘遠近，備銀照契
面此贖；如未贖，依舊管業。其原主取贖
不拘年限。今欲有憑，立賣契壹紙，並帶
原契叁紙，共成肆紙，付為照。
同治九年拾貳月　日立賣契李欽秀（押）
在見兄欽盛（押）
中人陳清樟（押）

2-2-37-12　清同治九年十二月李欲秀立賣底面全田根契

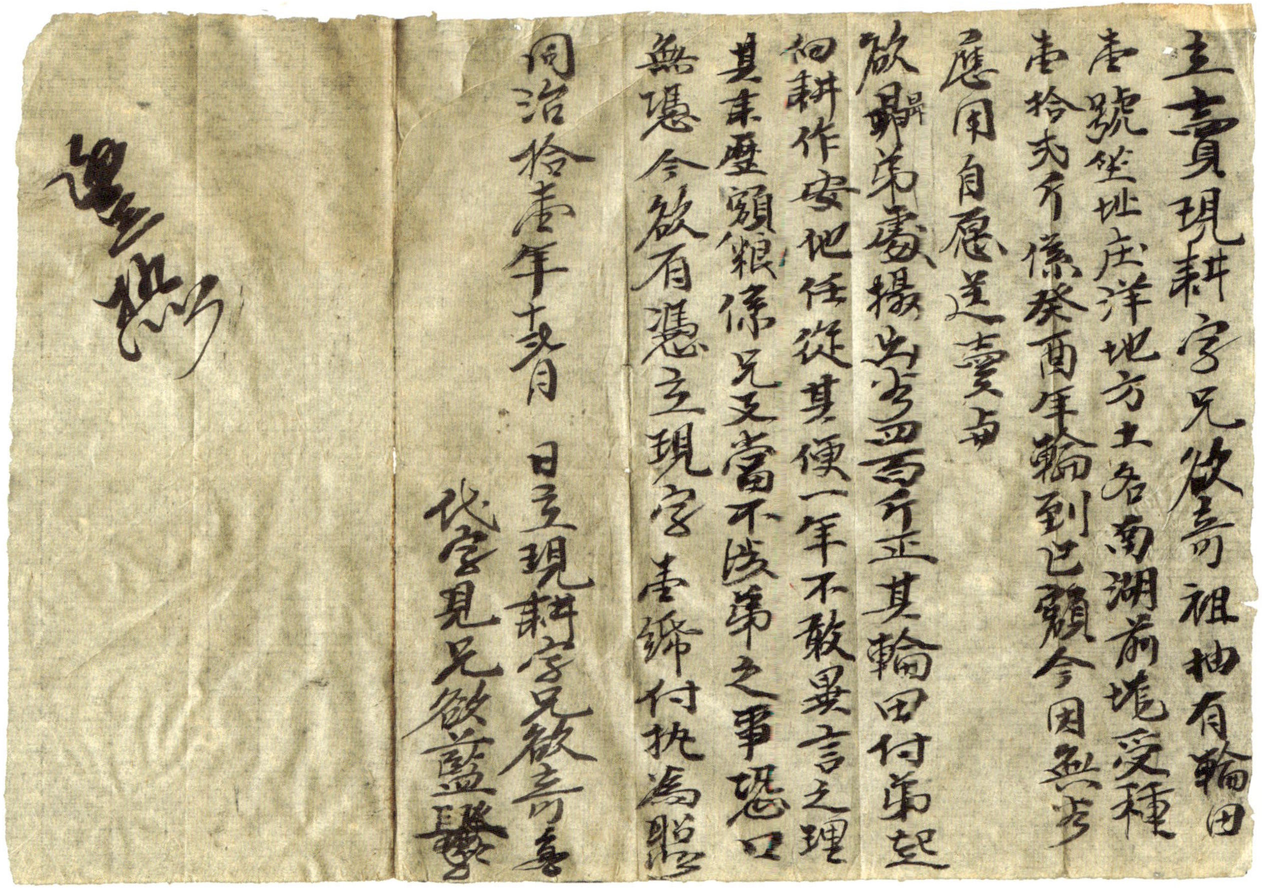
立賣現耕字人欽奇，祖抽有輪田壹號，坐址庄洋地方，土名南湖前坵，受種壹拾式秀，係癸酉年輪到己額，今因無錢應用，自愿送賣與
欽聯弟處，揚出錢五百文正，其輪田付弟起佃耕作，安他任從其便，一年不敢異言之理。其未歷額粮係兄支當，不涉弟之事。恐口無憑，今欲有憑，立現耕字壹紙付執爲照。
同治拾壹年十二月　日立現耕字人欽奇
代字見兄欽鑾

2-2-37-13　清同治十一年十二月李欽奇立賣現耕字

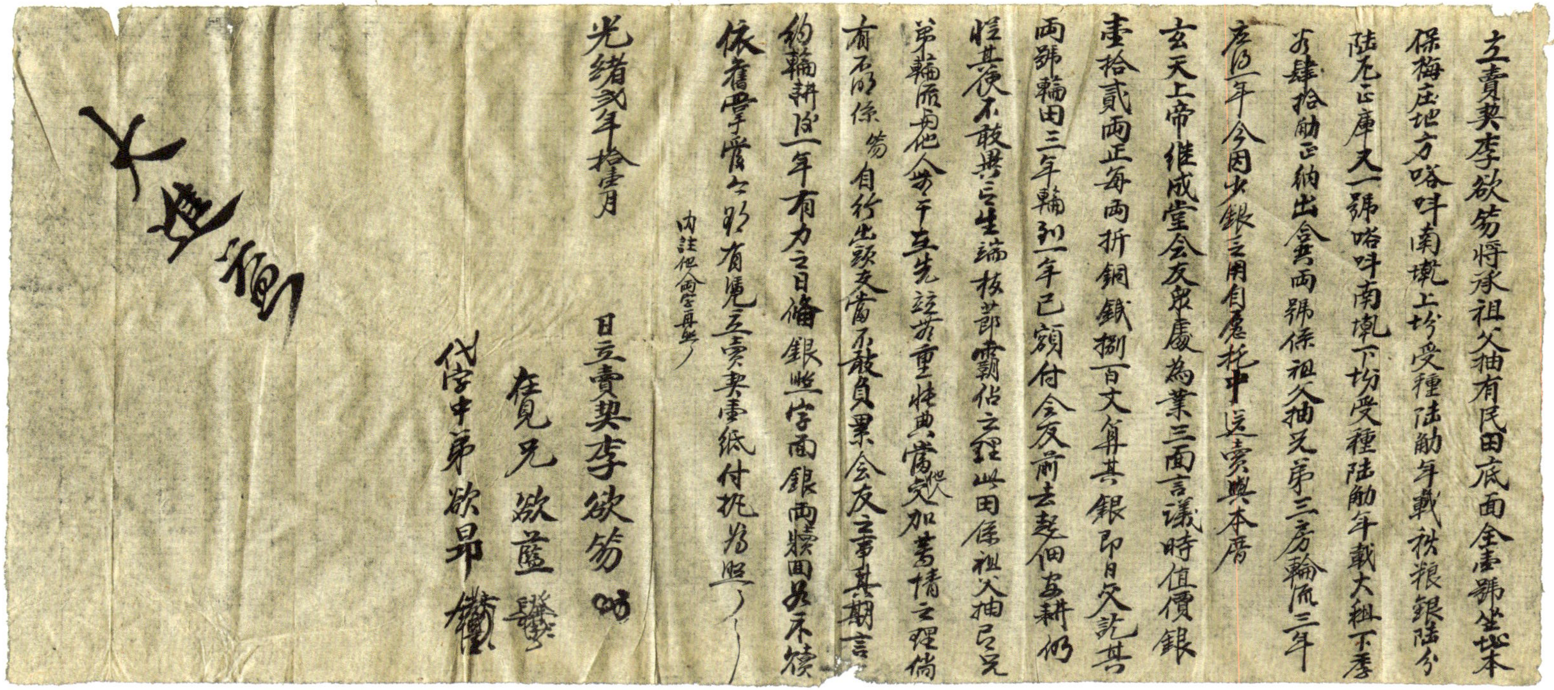

立賣契李欲笏將承祖父抽有民田底面全壹號坐本
保梅庄地方嗒吽南墘上圵受種陸觔年載秋粮銀陸分
陸厘正庫文一號嗒吽南墘下圵受種陸觔年載大租下季
谷肆拾觔正納出[illegible]兩號係祖父抽兄弟三房輪流三年
應得一年今因乏銀乏用自愿托中送賣與本房
玄天上帝繼成堂會友衆處為業三面言議時值價銀
壹拾貳兩正每兩折銅錢捌百文算其銀即日交訖其
兩號輪田三年輪到一年已領付會友前去起佃告耕仍
慳其佃不敢異言生端枝節霸佔之理此田係祖父抽已兄
弟輪流與他人無干在先並無重張典當加書情之理倘
有不明係笏自行出頭支當不敢負累會友之事其期言
約輪耕臨一年有力之日備銀照字面銀兩贖回此不[illegible]
依舊管業恐口無憑立賣契壹紙付執為照

内註[illegible]兩字再照

光緒貳年拾壹月 日立賣契李欲笏（押）
在見兄欲藍（押）
代字中弟欲昂（押）

2-2-37-14　清光緒二年十一月李欲笏立賣底面全民田契

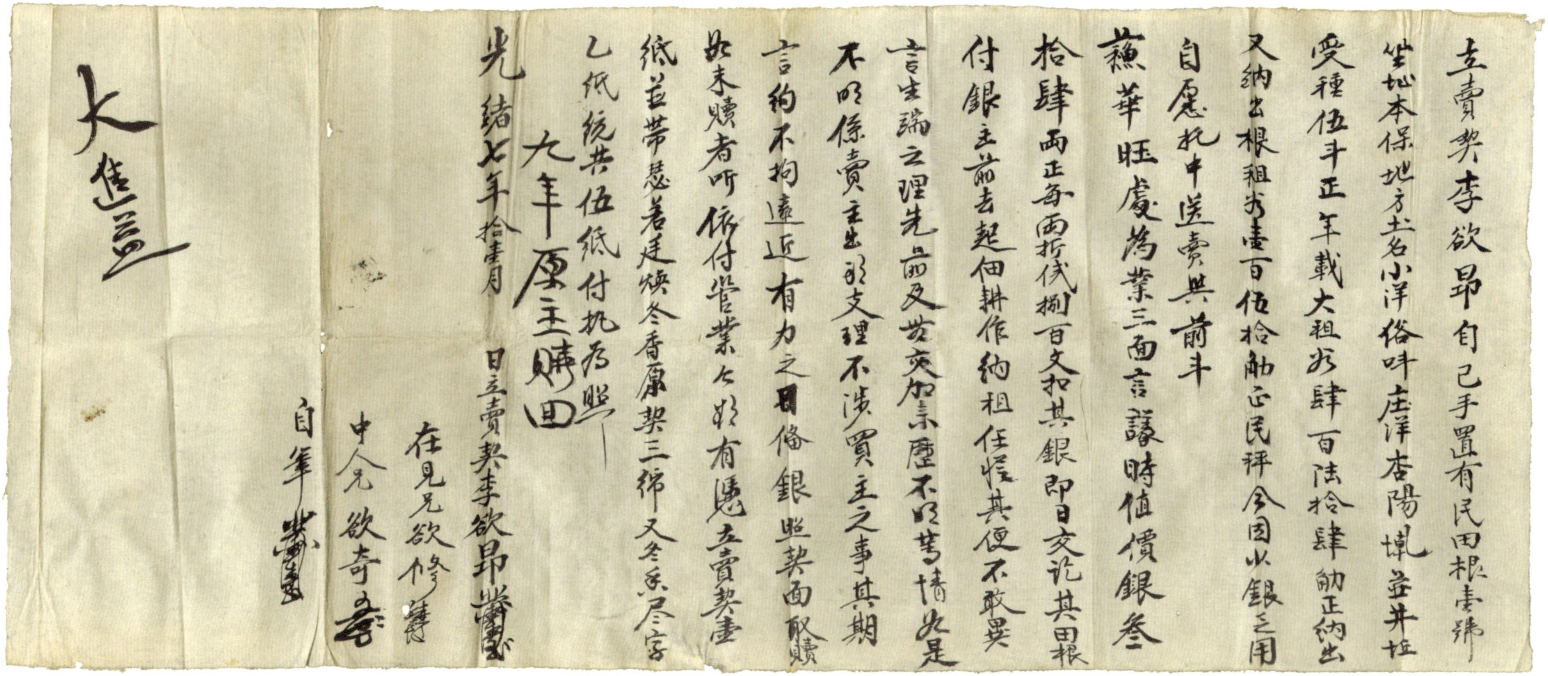
立賣契李欽昂自己手置有民田根壹號，
坐址本保地方土名小洋俗叫庄洋杏陽墘並井垃
受種伍斗正，年載大租米肆百陸拾肆觔正，納出
又納出根租米壹百伍拾觔正，民秤，今因乏銀之用，
自愿托中送賣與前斗
蕉華旺處為業，三面言議時值價銀叁
拾肆兩正，每兩折伐捌百文扣，其銀即日交訖，其田根
付銀主前去起佃耕作納租，任從其便，不敢異
言生端之理。先前及若交加，來歷不明等情，必是
不明係賣主出頭支理，不涉買主之事。其期
言約不拘遠近，有力之日備銀照契面取贖，
如未贖者，听從管業。今欲有憑，立賣契壹
紙，並帶慈善廷煥冬香原契三紙，又冬乐尽字
乙紙，統共伍紙，付執存照。
九年原主贖回
光緒七年拾壹月　日立賣契李欽昂（押）
在見兄欽修（押）
中人兄欽奇（押）
自筆（押）
大進三

2-2-37-15　清光緒七年十一月李欽昂立賣民田根契

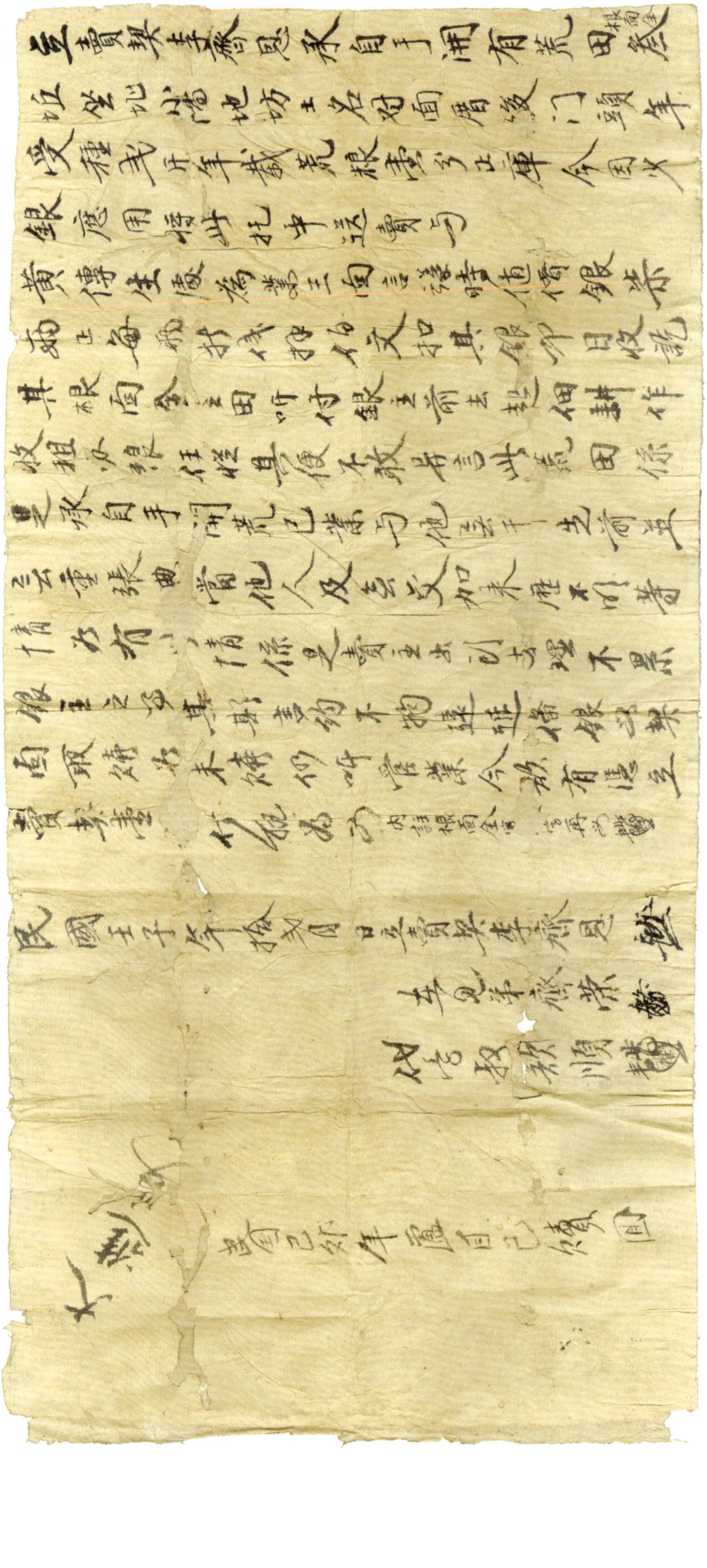

2-2-37-16　民國元年十二月李齊恩立賣荒田契

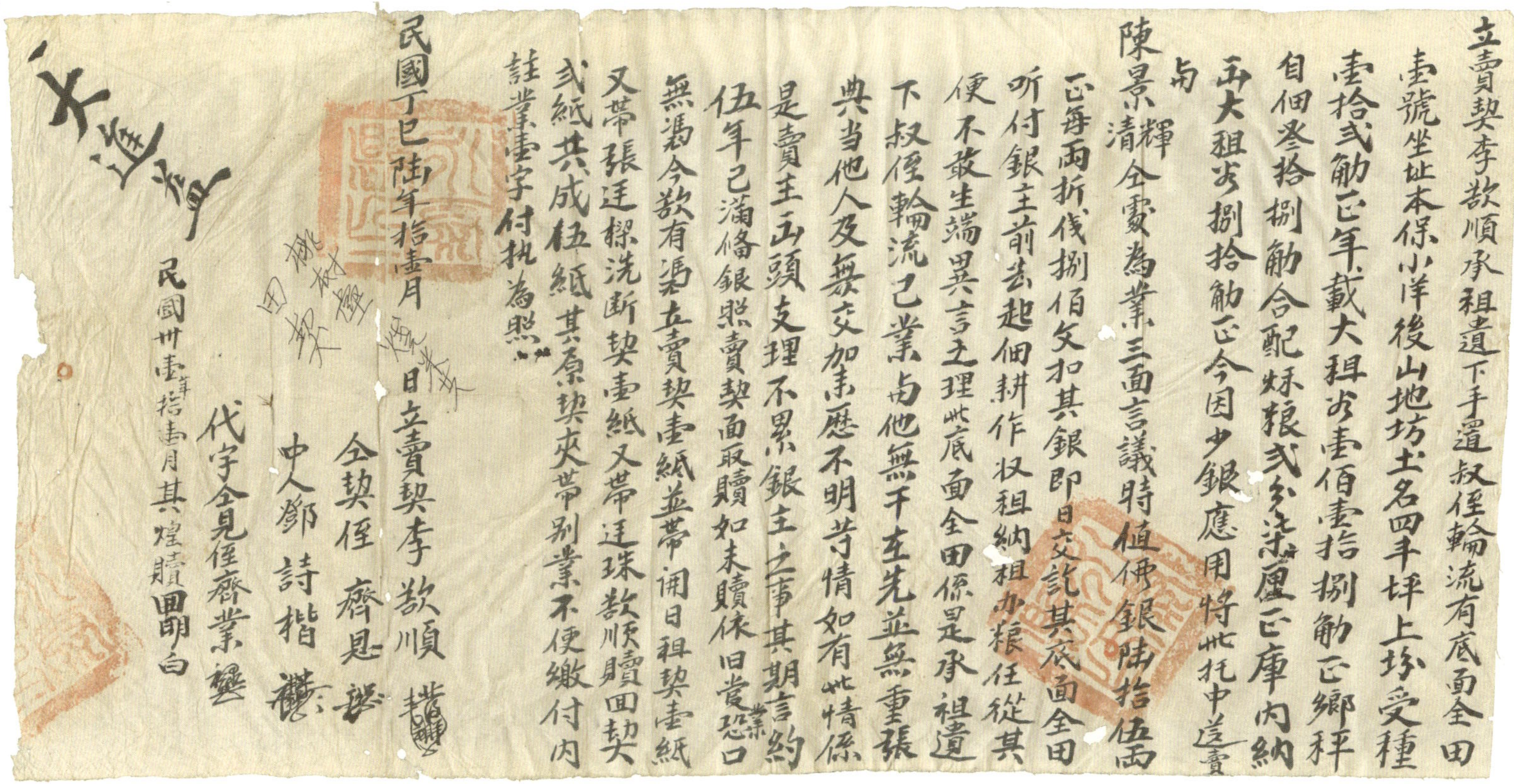
立賣契李欽順承祖遺下手置叔侄輪流有底面全田
壹號坐址本保小洋後山地坊土名四手坪上珍受種
壹拾弍觔正年載大租谷壹佰壹拾捌觔正鄉秤
自佃叁拾捌觔合配糧弍分柒厘正庫内納
五大租谷捌拾觔正今因乏銀應用將此托中送賣
與
陳景清輝仝處爲業三面言議時值價銀陸拾伍兩
正每兩折錢捌佰文扣其銀即日交訖其底面全田
听付銀主前去起佃耕作收租納糧任從其
便不敢生端異言之理此底面全田係是承祖遺
下叔侄輪流己業與他無干在先並無重張
典当他人及無交加未歷不明等情如有此情係
是賣主出頭支理不累銀主之事其期言約
伍年已滿備銀照賣契面取贖如未贖依旧管業恐口
無憑今欲有憑立賣契壹紙並帶拥日租契壹紙
又帶張廷樑洗斷契壹紙又帶廷珠欽順贖田契
弍紙共成伍紙其原契夾帶別業不便繳付内
註掌壹字付執爲照
民國丁巳陸年拾壹月　日立賣契李欽順
仝契侄　齊恩
中人鄭　詩楷
代字仝見侄齊業
民國卅壹年拾壹月其煌贖回明白

2-2-37-17　民國六年十一月李欽順等立賣底面全輪田契（紅契）

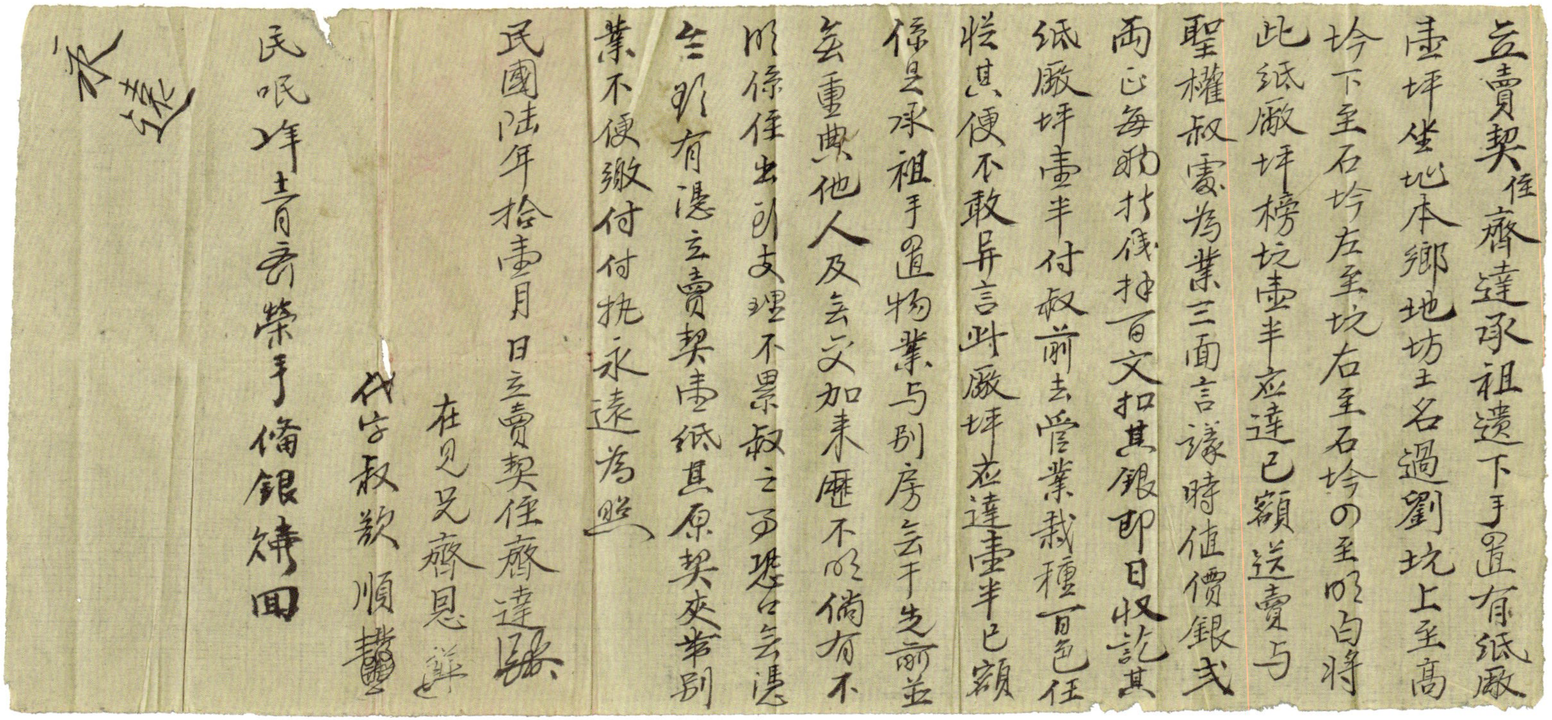
立賣契侄齊達承祖遺下手置有紙廠
壹坪坐址本鄉地坊土名過劉坑上至高
岭下至石岭左至坑右至石岭四至明白將
此紙廠坪榜坑壹半並達已額送賣与
聖權叔處為業三面言議時值價銀弍
兩正每兩扣錢捌百文扣其銀即日收訖其
紙廠坪壹半付叔前去管業栽種百色任
從其便不敢异言此廠坪並達壹半已額
係是承祖手置物業与別房無干涉前並
無重典他人及無交加來歷不明倘有不
明係侄出頭支理不累叔之事恐口無憑
今欲有憑立賣契壹紙并原契夾帶別
業不便繳付付執永遠為照
民國陸年拾壹月日立賣契侄齊達
在見兄齊恩
代字叔歆順
民[illegible]年十二月齊榮手備銀續回
承續

2-2-37-18　民國六年十一月李齊達立賣紙廠契

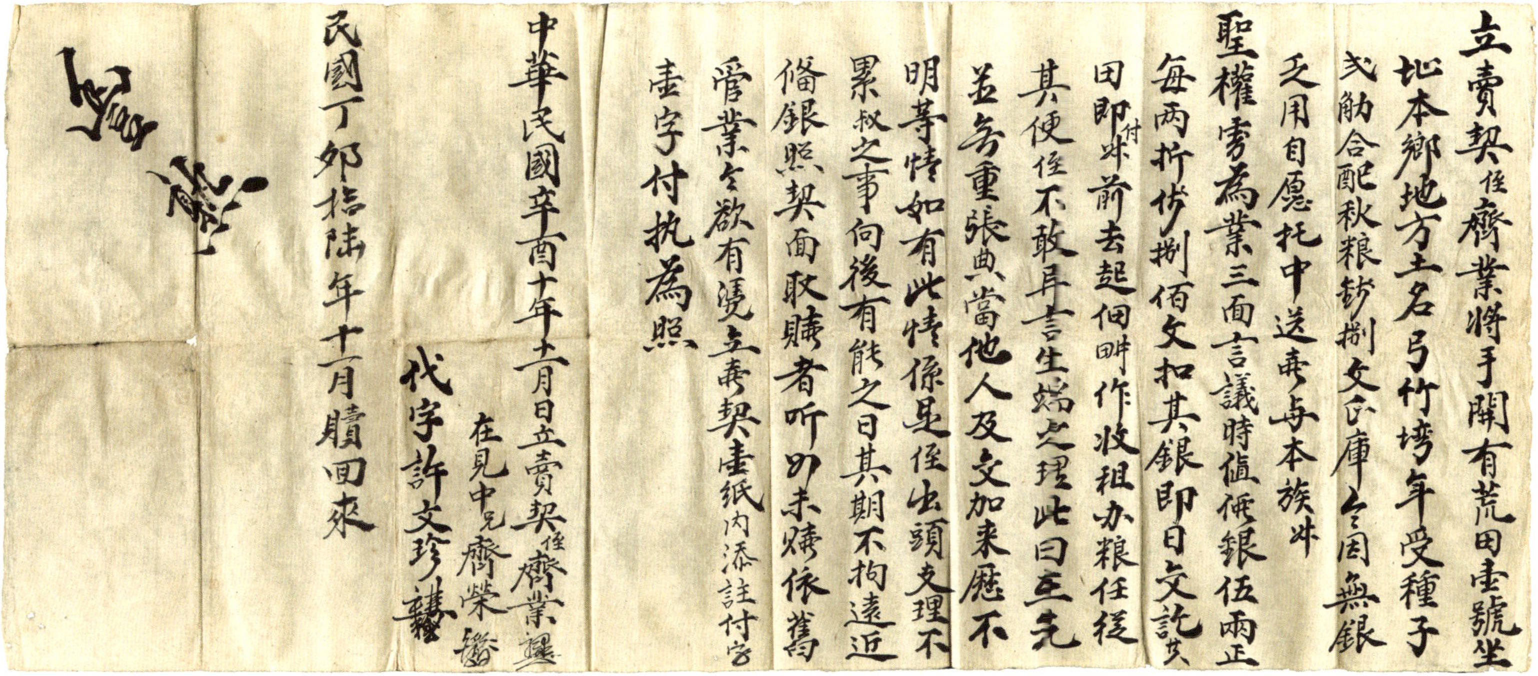
立賣契侄齊業，將手闢有荒田壹號，坐
址本鄉地方，土名弓竹垮，年受種子
弍觔，合配秋粮鈔捌文正。今因無銀
乏用，自愿托中送賣與本族叔
聖權弟爲業，三面言議時值價銀伍兩正，
每兩折侈捌佰文扣，其銀即日交訖。其
田即付叔前去起佃耕作，收租办粮，任從
其便，侄不敢异言生端之理。此田乃先
並無重張典當他人及文加來歷不
明等情，如有此情，係是侄出頭支理，不
累叔之事。向後有能之日，其期不拘遠近，
備銀照契面取贖，者听叔未贖，依舊
管業。今欲有憑，立賣契壹紙，内添註付字
壹字，付执爲照。
中華民國辛酉十年十一月日立賣契侄齊業（押）
在見中兄齊榮（押）
代字許文珍（押）
民國丁卯拾陆年十一月贖回來

2-2-37-19　民國十年十一月李齊業立賣荒田契

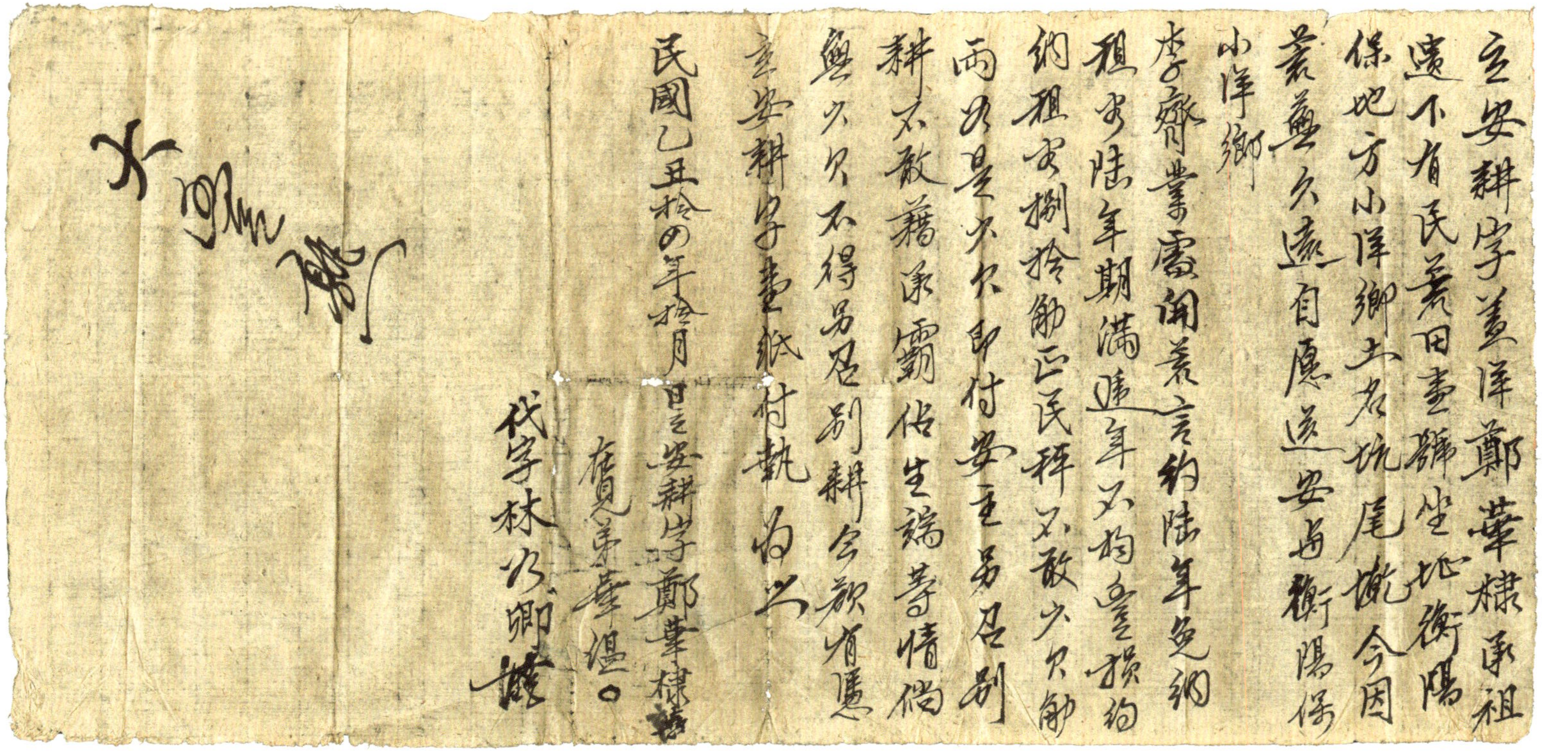

立安耕字叢洋鄭華棣承祖
遺下有民荒田壹號，坐址衙陽
保地方小洋鄉，土名坑尾坵。今因
叢無人，遠自願送安岳衙陽保
小洋鄉
李齊業處開荒，言約陸年免納
租，定陸年期滿，逐年只納壹擔，納
租定捌拾觔正。民拜不敢少欠觔
兩。如是欠少，即付安主另召別
耕，不敢藉係霸佔生端等情。倘
無欠少，不得另召別耕。今欲有憑，
立安耕字壹紙付執為照。

民國乙丑拾四年拾月　日立安耕字鄭華棣（押）
在見弟華煜〇
代字林次卿（押）

2-2-37-20　民國十四年十月鄭華棣立安耕民荒田字

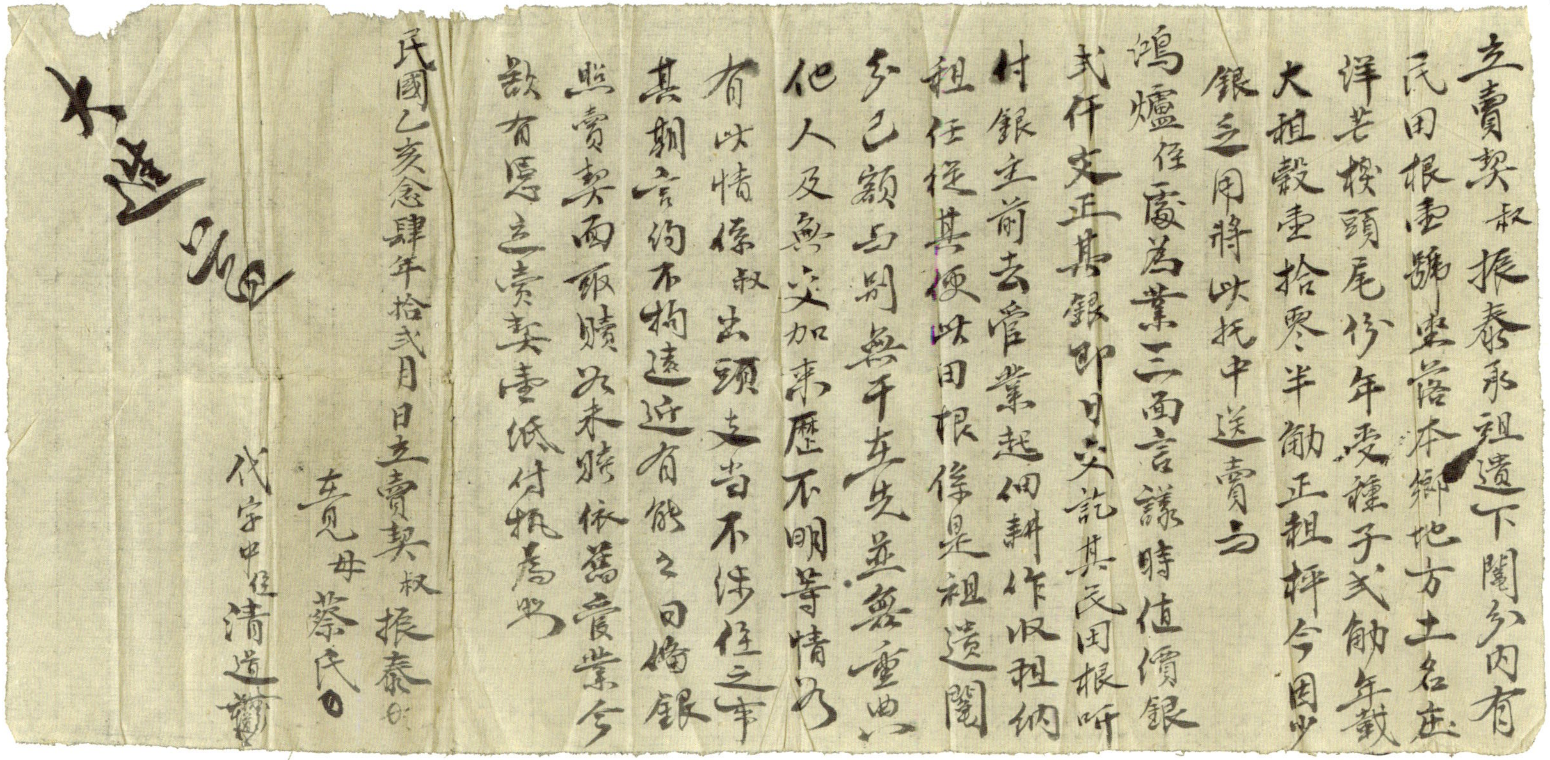

立賣契叔振泰承祖遺下闗乡内有
民田根壹號坐落本鄉地方土名莊
洋芒樸頭尾份年受種子弍觔年載
大租穀壹拾零半觔正租秤今因乏
銀乏用將此托中送賣与
鴻爐侄處爲業三面言議時値價銀
弍仟文正其銀即日交訖其民田根听
付銀主前去管業起佃耕作收租納
租任從其便此田根係是祖遺闗
分己額与別無干在先並無重典
他人及無交加來歷不明等情乃
有此情係叔出頭支当不涉侄之事
其刱言約不拘遠近有能之日備銀
照賣契面取贖照依舊賣業今
欲有憑立賣契壹紙付執爲照
民國乙亥念肆年拾弍月 日立賣契叔振泰
在見母蔡氏
代字中侄清造
大造

2-2-37-21 民國二十四年十二月李振泰立賣民田根契

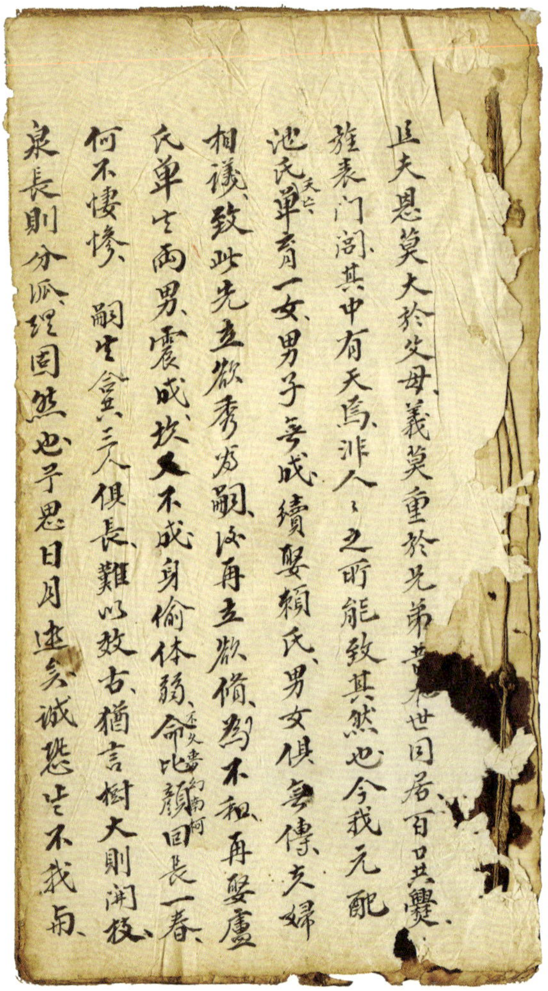

且夫恩莫大於父母、義莫重於兄弟、昔□世同居、百口共爨、
旌表門閭、其中有天焉、非人人之所能致其然也、今我元配
池氏（天六）單育一女、男子無成、續娶賴氏、男女俱無傳、夫婦
相議、致此先立欲秀爲嗣、後再立欲備、爲不和、再娶盧
氏單生兩男、震成、坎、又不成身、偷体弱、命比顏回長一春、
何不悽慘、　嗣生金、三人俱長、難以效古、猶言樹大則開枝、
泉長則分派、理固然也、予思日月逝矣、誠恐些不我與、

2-2-38-1　清同治五至九年李廷珠等立鬮書（一）

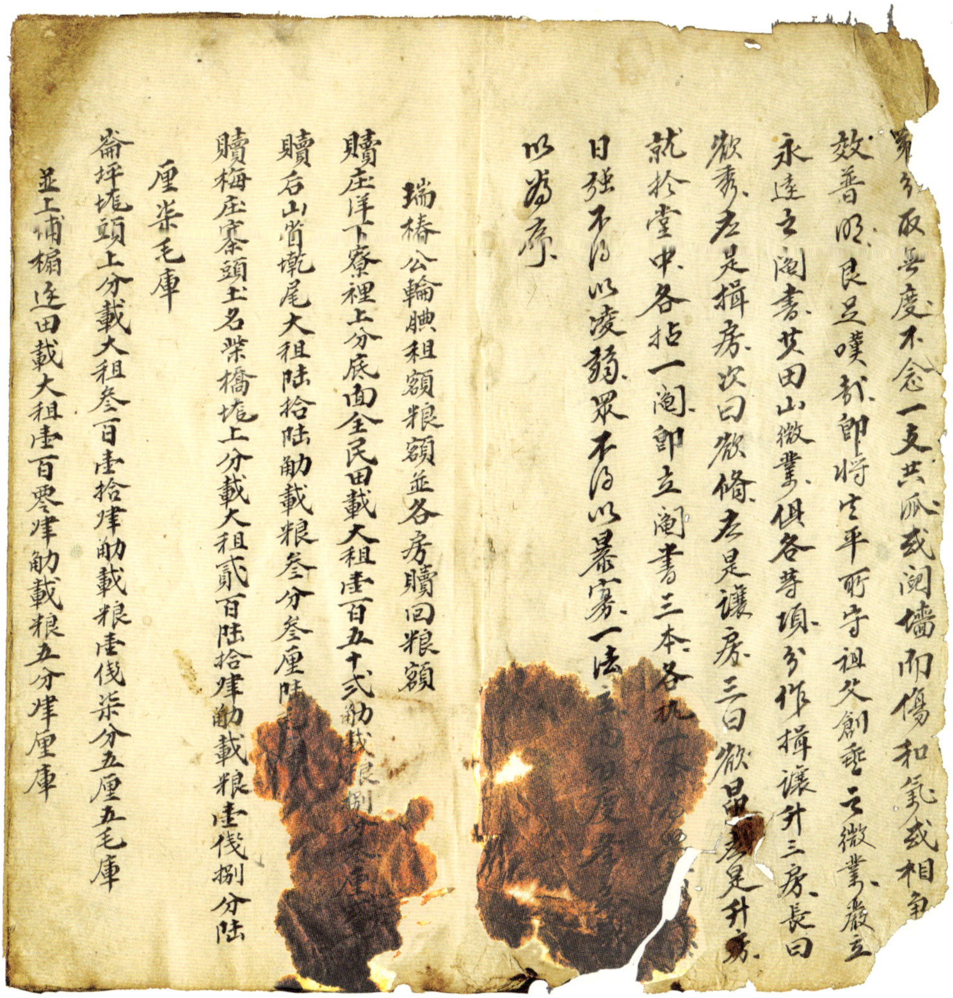

[illegible]分反無慶不念一支共派或鬩墻而傷和氣或相[illegible]
效普照、良足嘆哉。郎將生平所守祖父創垂之微業，義立
永遠之鬮書。其田山微業，俱各品搭項，分作捐讓升三房。長曰
徽秀，名是捐房；次曰徽倫，名是讓房；三曰徽昌，名是升房。
就於堂中各拈一鬮，即立鬮書三本，各執[illegible]
日強不得以凌弱，衆不得以暴寡，一法[illegible]
以爲序。

瑞椿公輪典租額粮額並各房贖回粮額
贖庄洋下寮裡上分底面全民田載大租壹百五十弍觔載粮[illegible]
贖后山背墘尾大租陆拾陆觔載粮叁分叁厘陆[illegible]
贖梅庄寨頭土名紫橋墘上分載大租貳百陆拾肆觔載粮壹伐捌分陆
厘柒毛庫
崙坪墘頭上分載大租叁百壹拾肆觔載粮壹伐柒分五厘五毛庫
並上埔墻逐田載大租壹百零肆觔載粮五分肆厘庫

2-2-38-2　清同治五至九年李廷珠等立鬮書（二）

此兩項底面全之田闔分開楠杞公
崙坪墘頭下分及鄧家厝地載大租叁百壹拾肆觔載粮壹伐柒分
五厘五毛庫
並上埔厝墘下尾埕載大租陸拾陸觔載粮叁分叁厘陸毛庫
此兩項底面全之面闔應開生楊公
以上粮額共卅木

因日月星三房分爨後俱已出賣將粮收回納官後贖回其粭三房逓
年各應理納貳伐零壹厘　合共陸伐零叁厘庫
更有壹伐叁分玖厘壹毛　歸各房開荒理納
星房租額田項各應半因韓氏繼妣無抽養膳闔楠公出嗣一分產業
永付星房掌管以爲繼妣養膳之資並暮年喪葬費用俱是
星房支理　立有約字一紙宗直公收存
本房是日房與月房逓年各應納國泰公戶下民粮貳伐零壹厘

2-2-38-3　清同治五至九年李廷珠等立鬮書（三）

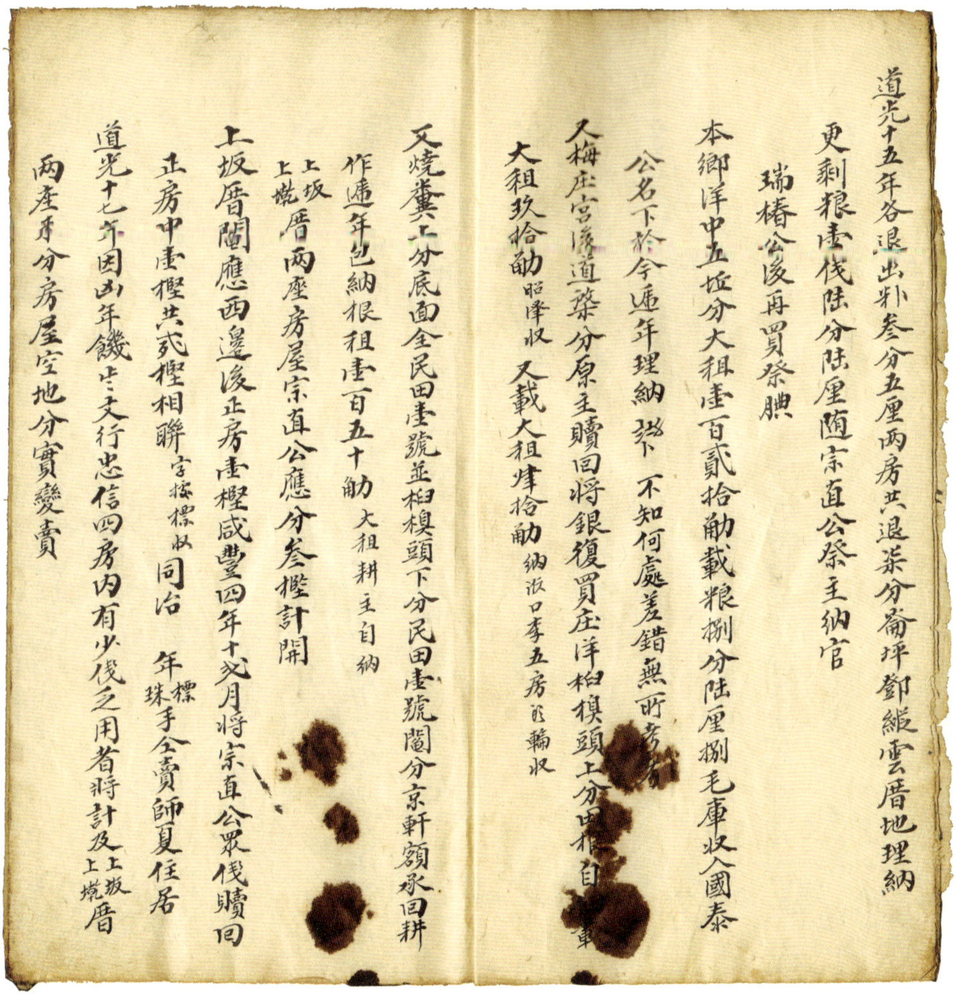

道光十五年各退出外叁分五厘兩房共退柒分喬坪鄧維雲厝地理納
更剩粮壹伐陸分陸厘隨宗直公祭主納官
瑞椿公後再買祭腆
本鄉洋中五坵分大租壹百貳拾觔載粮捌分陸厘捌毛庫收入國泰
公名下於今逓年理納 粢 不知何處差錯無所考[illegible]
又梅庄宮後道桊分原主贖回將銀復買庄洋柏模頭上分田根自[illegible]
大租玖拾觔 昭澤收 又載大租肆拾觔 納沠口李五房廷輪收
又燒糞上分底面全民田壹號並柏模頭下分民田壹號闔分京軒領承回耕
作逓年包納根租壹百五十觔 大祖耕主自納
上坂上墘厝兩座房屋宗直公應分叁樫計開
上坂厝閣應西邊後正房壹樫咸豐四年十弍月將宗直公衆伐贖回
正房中壹樫共弍樫相聯 字按標收 同治 年標珠手仝賣師夏任居
道光十七年因凶年饑荒支行忠信四房内有少伐之用者將計及上坂上墘厝
兩座厝分房屋空地分實變賣

2-2-38-4　清同治五至九年李廷珠等立鬮書（四）

本房應分上坂厝左邊書院前榴後壹欅 前年尚廷建仝賣京定叔

又應上墘厝右边首重扶厝第一榴壹欅

此弍欅便屋俱付久房掌管與長房無干嘉慶弍拾五年昌科伯

與宗梓公仝蓋上墘厝左边第叁重扶厝與空地基三榴與久房無干

日房阄應牛欄壹隻坐落上坂厝門前埄下一隻 刻下僅有地坪

乾隆五十一年十二月宗直公手自己備谷贖回下坂祖厝左边八㮾前榭榭壹欅地基

五十五年宗直公同宗益公仝買下坂祖厝左边八㮾中榭榭壹欅地基 兩紙字據俱是標收

文忠兩房阄應

上坂厝空地左邊首重扶厝頭弍榴 即是京慶叔蓋了花臺二楹 直 丈 横 丈

又應二重扶厝上叁榴空地 直 丈 横 丈

又左三重扶厝下截 直 丈 横 丈

又應首重扶厝尾榴 直 丈 横 丈

又應上墘厝左邊二重扶厝小廳埄下空地二榴

又圍牆前埄下右边弍榴

2-2-38-5　清同治五至九年李廷珠等立鬮書（五）

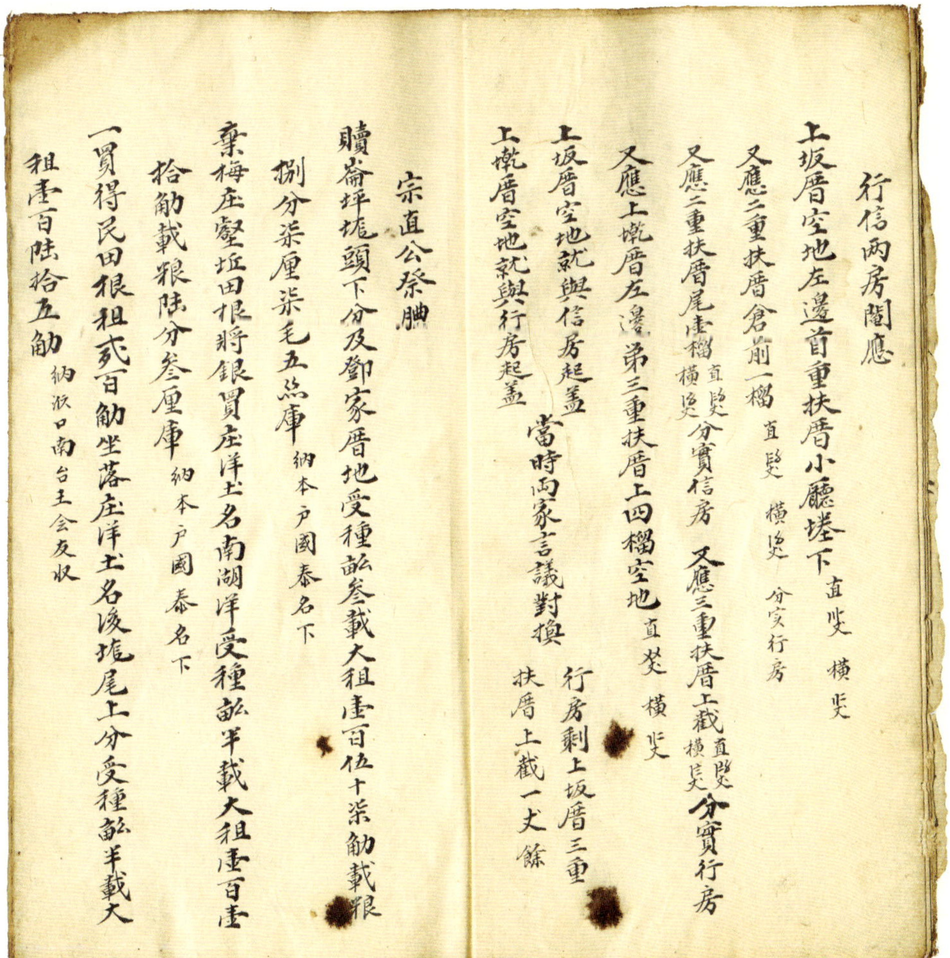
行信两房阄應

上坂厝空地左邊首重扶厝小廳埕下 直丈 横丈

又應二重扶厝倉前一榴 直丈 横丈 分安行房

又應二重扶厝尾壹榴 直丈 横丈 分實信房 又應三重扶厝上截 直丈 横丈 分實行房

又應上墘厝左邊弟三重扶厝上四榴空地 直丈 横丈

上坂厝空地就與信房起蓋

上墘厝空地就與行房起蓋

當時两家言議對換 行房剩上坂厝三重扶厝上截一丈餘

宗直公祭胐

贖崙坪墘頭下分及鄧家厝地受種畝叁載大租壹百伍十柒觔載粮捌分柒厘柒毛五絲庫 納本户國泰名下

棄梅庄壑垢田根將銀買庄洋土名南湖洋受種畝半載大租壹百壹拾觔載粮陸分叁厘庫 納本户國泰名下

一買得民田根租弍百觔坐落庄洋土名後墘尾上分受種畝半載大租壹百陸拾五觔 納淑口南台王会友收

2-2-38-6　清同治五至九年李廷珠等立鬮書（六）

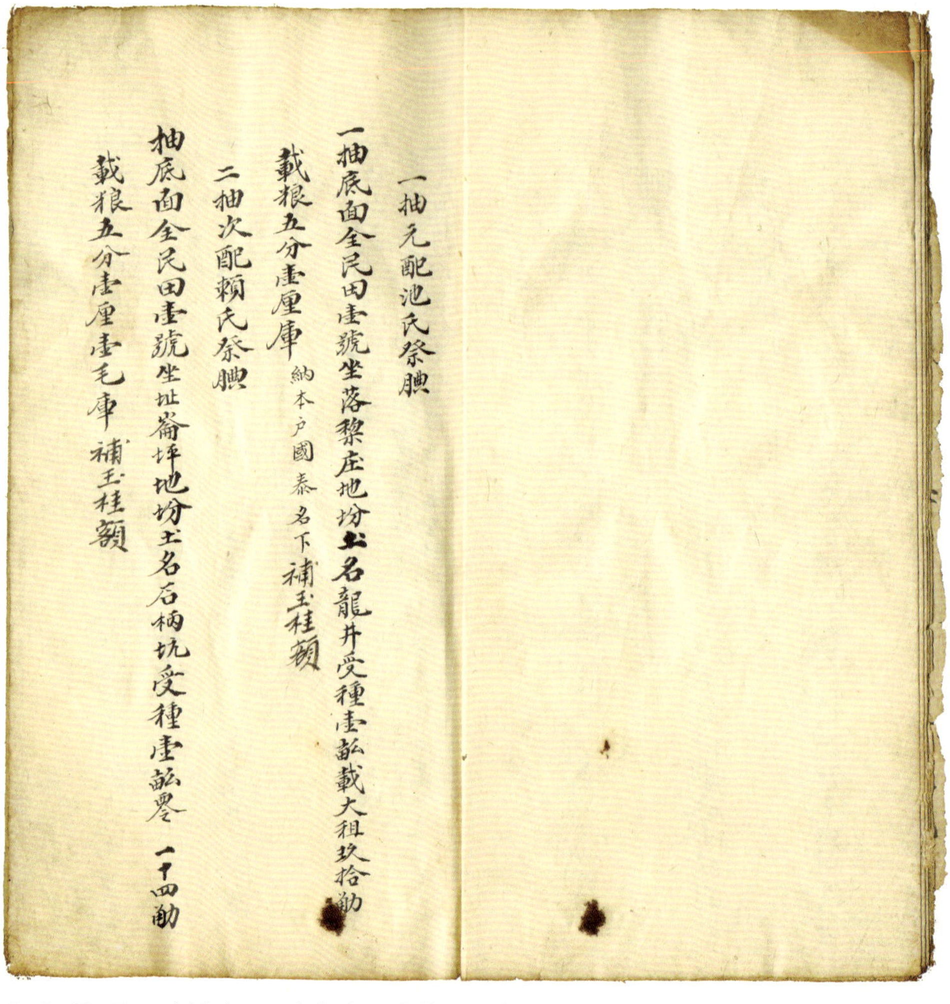
一抽元配池氏祭腴
一抽底面全民田壹號坐落黎庄地坋土名龍井受種壹畝載大租玖拾觔
載粮五分壹厘庫 納本户國泰名下補玉桂額
二抽次配賴氏祭腴
抽底面全民田壹號坐址崙坪地坋土名石柄坑受種壹畝零 一十四觔
載粮五分壹厘壹毛庫 補玉桂額

2-2-38-7　清同治五至九年李廷珠等立鬮書（七）

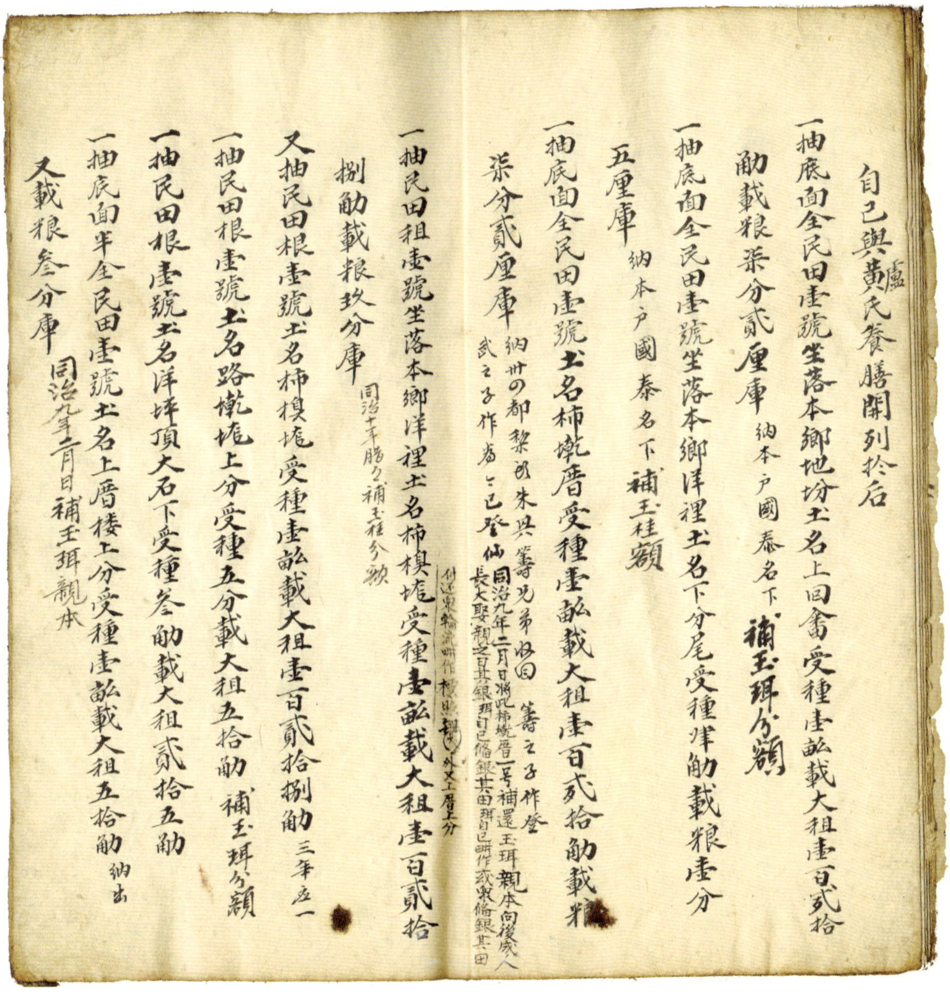

自己與黄盧氏養膳鬮列於后

一抽底面全民田壹號坐落本鄉地坊土名上回畬受種壹畝載大租壹百弍拾

觔載粮柒分貳厘庫 納本户國泰名下 補玉珥分額

一抽底面全民田壹號坐落本鄉洋裡土名下分尾受種肆觔載粮壹分

五厘庫 納本户國泰名下 補玉桂額

一抽底面全民田壹號土名柿墘厝受種壹畝載大租壹百弍拾觔載粮

柒分貳厘庫 納卅の都黎凤朱呉箐壽兄弟收回 箐之子作登 武之子作為亡已登仙 同治九年二月日將此柿墘厝一号補還玉珥親本向後成人長大娶親之日其銀珥自已備銀其田珥自已明作 或衆備銀其田

付這東輪流明作樣照 外又上厝上分

一抽民田租壹號坐落本鄉洋裡土名柿模堀受種壹畝載大租壹百貳拾

捌觔載粮玖分庫 同治十年勝之補玉桂分数

又抽民田根壹號土名柿模堀受種壹畝載大租壹百貳拾捌觔 三年應一

一抽民田根壹號土名路墘堀上分受種五分載大租五拾觔 補玉珥分額

一抽民田根壹號土名洋坪頂大石下受種叁觔載大租貳拾五觔

一抽底面半全民田壹號土名上厝樓上分受種壹畝載大租五拾觔 納出

又載粮叁分庫 同治九年二月日補玉珥親本

2-2-38-8　清同治五至九年李廷珠等立鬮書（八）

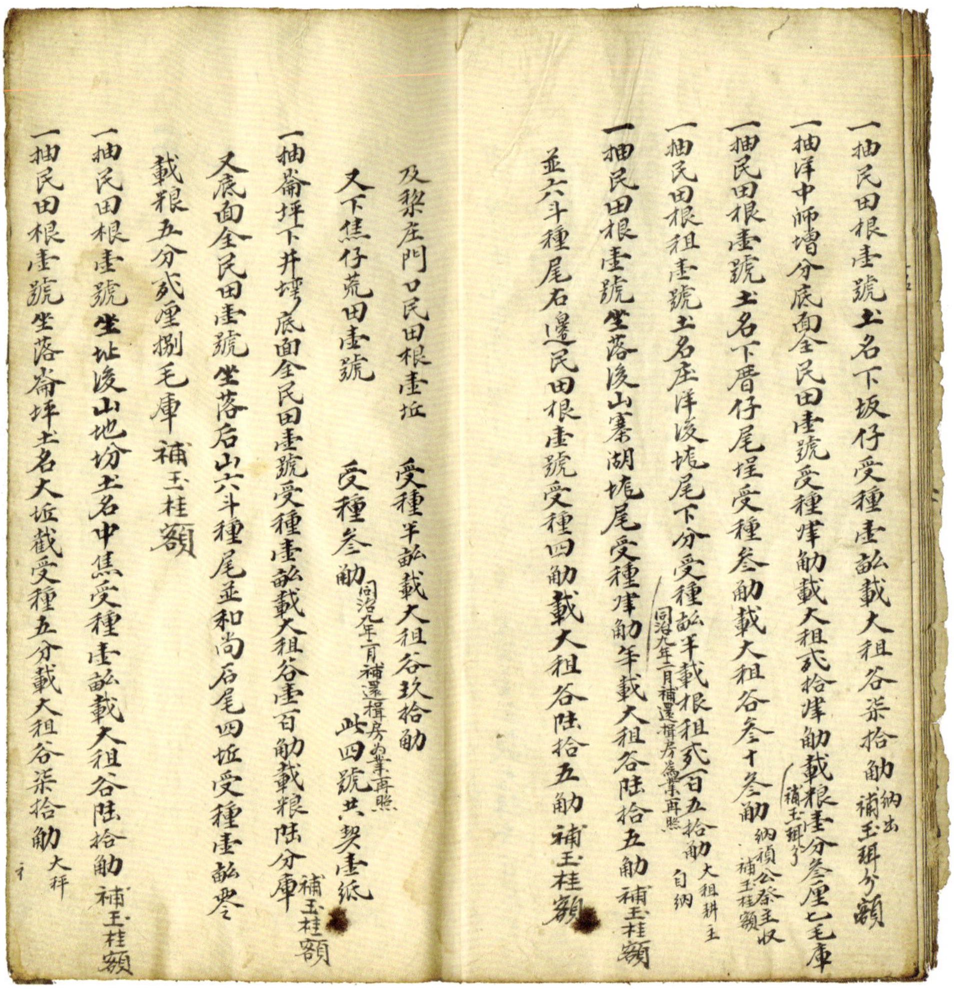

一抽民田根壹號土名下坂仔受種壹畝載大祖谷柒拾觔 補玉琪分額 納出
一抽洋中師壋分底面全民田壹號受種肆觔載大祖貳拾肆觔載粮壹分叁厘七毛庫 補玉琪了
一抽民田根壹號土名下厝仔尾埕受種叁觔載大祖谷叁十叁觔 納贌公谷主收 補玉桂額
一抽民田根祖壹號土名庄洋後坉尾下分受種畝半載根祖貳百五拾觔 大祖耕主自納 同治九年二月補還揖房爲業再照
一抽民田根壹號坐落後山寨湖坉尾受種肆觔半載大祖谷陸拾五觔 補玉桂額
並六斗種尾右邊民田根壹號受種四觔載大祖谷陸拾五觔 補玉桂額
及黎庄門口民田根壹坵 受種半畝載大祖谷玖拾觔
又下焦仔荒田壹號 受種叁觔 同治九年二月補還揖房爲業再照 此四號共契壹紙
一抽崙坪下井墘底面全民田壹號受種壹畝載大祖谷壹百觔載粮陸分庫 補玉桂額
又底面全民田壹號坐落后山六斗種尾並和尚后尾四坵受種壹畝零
載粮五分貳厘捌毛庫 補玉桂額
一抽民田根壹號坐址後山地坋土名中焦受種壹畝載大祖谷陸拾觔 補玉桂額
一抽民田根壹號坐落崙坪土名大坵截受種五分載大祖谷柒拾觔 大秤

2-2-38-9　清同治五至九年李廷珠等立鬮書（九）

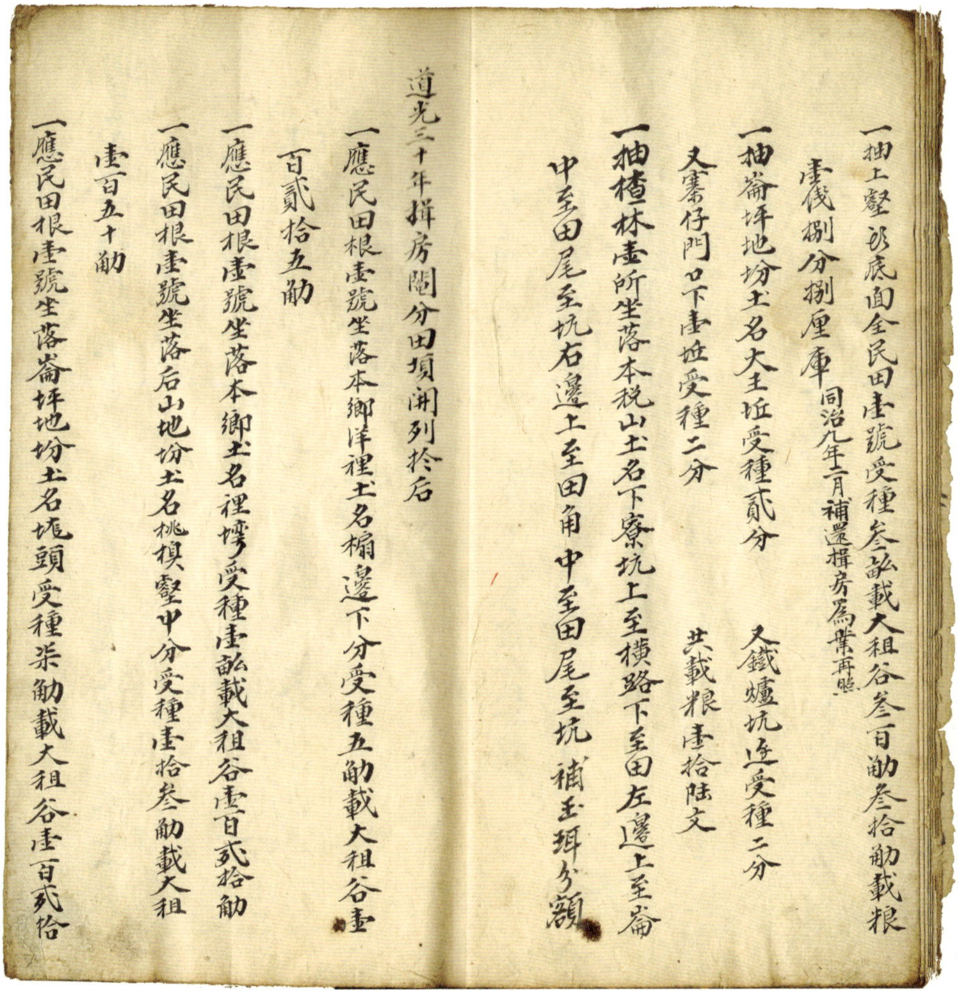

一抽上壟頭底面全民田壹號受種叁畝載大祖谷叁百觔叁拾觔載粮
壹錢捌分捌厘庫 同治九年十一月補還揖房爲業再照
一抽崙坪地坋土名大丘坧受種貳分　又鐵爐坑趾受種二分
又寨仔門口下壹坧受種二分　共載粮壹拾陸文
一抽楂林壹所坐落本稅山土名下寮坑上至横路下至田左邊上至崙
中至田尾至坑右邊上至田角　中至田尾至坑　補玉珥分額

道光三十年揖房鬮分田項開列於后
一應民田根壹號坐落本鄉洋裡土名楄邊下分受種五觔載大祖谷壹
百貳拾五觔
一應民田根壹號坐落本鄉土名裡墘受種壹畝載大祖谷壹百弍拾觔
一應民田根壹號坐落后山地坋土名桃樹壟中分受種壹拾叁觔載大祖
壹百五十觔
一應民田根壹號坐落崙坪地坋土名墘頭受種柒觔載大祖谷壹百弍拾

2-2-38-10　清同治五至九年李廷珠等立鬮書（一〇）

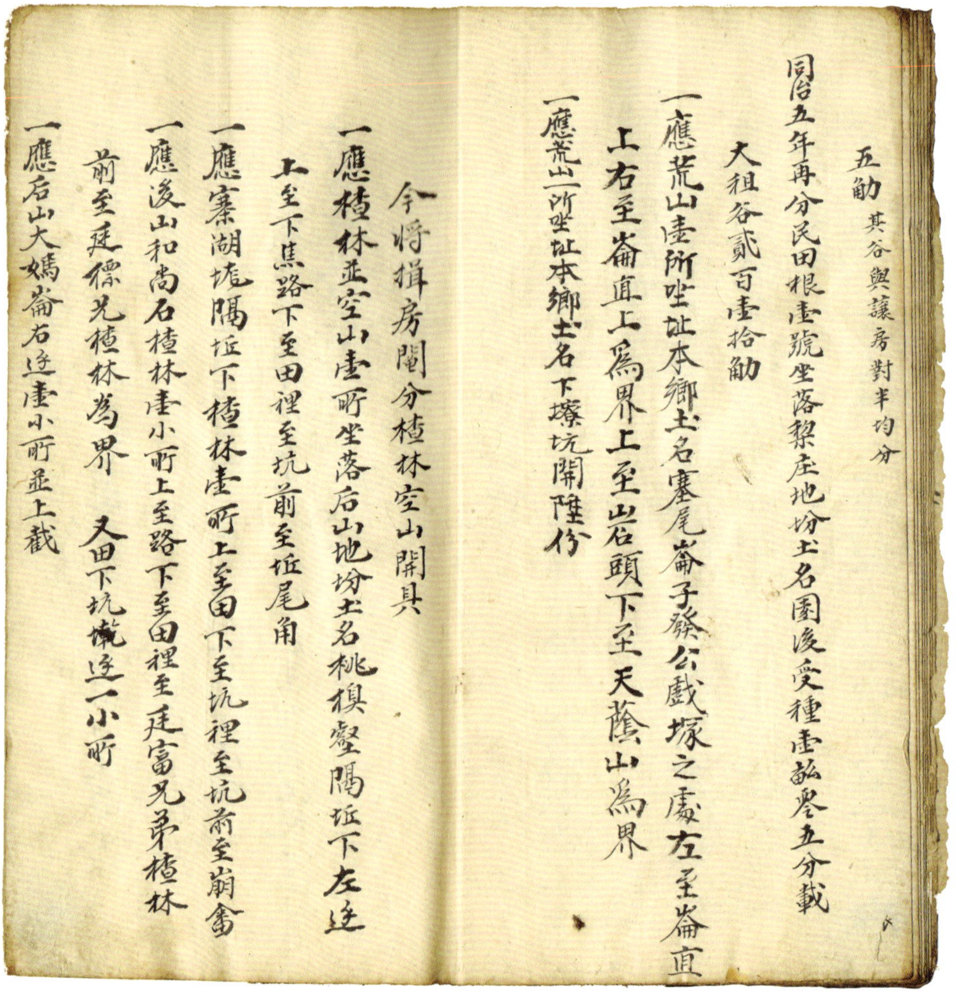

五勛　其谷與讓房對半均分
同治五年再分民田根壹號坐落黎庄地坋土名園後受種壹畝零五分載
大租谷貳百壹拾勛
一應荒山壹所坐址本鄉土名塞尾崙子蔡公戲塚之處左至崙直
上右至崙直上為界上至岩頭下至天蔭山為界
一應荒山一所坐址本鄉土名下壕坑開陞份

仝將拈房鬮分植林空山開具
一應植林並空山壹所坐落后山地坋土名桃模壑隅坵下左邊
上至下崽路下至田裡至坑前至坵尾角
一應寨湖坵隅坵下植林壹所上至田下至坑裡至坑前至崩崙
一應後山和尚石植林壹小所上至路下至田裡至廷富兄弟植林
前至廷傑兄植林為界　又田下坑塆邊一小所
一應后山大嫣崙右邊壹小所並上截

2-2-38-11　清同治五至九年李廷珠等立鬮書（一一）

又將揖房閹應房屋三椪

一應房屋壹榴貳椪坐址上墈厝東邊第貳重扶厝小廳後壹

壹榴二椪

又應分壹椪坐址盤座厝東邊正座五榀前楼下壹椪

咸豐年間將盤座厝楼下壹椪出賣師增兄爲業即將上墈厝左邊

第貳重扶厝所付前櫊樹楼上壹椪補還揖房爲業再照

今將讓房閹分田項開具

一應底面全民田壹號坐落本鄉土名坑頭裡受種五分載大租叁十叁

觔配粮貳分庫

一應民田根壹號坐落洋中深裡受種九觔載大租谷柒拾觔

一應民田根壹號坐落洋中楼仔下受種半畝載大租谷陆拾陆觔

一應民田根壹號坐址崙坪地坋土名埯頭上分受種柒觔載大租谷

壹百貳拾五觔 其谷與揖房對半均分

2-2-38-12　清同治五至九年李廷珠等立鬮書（一二）

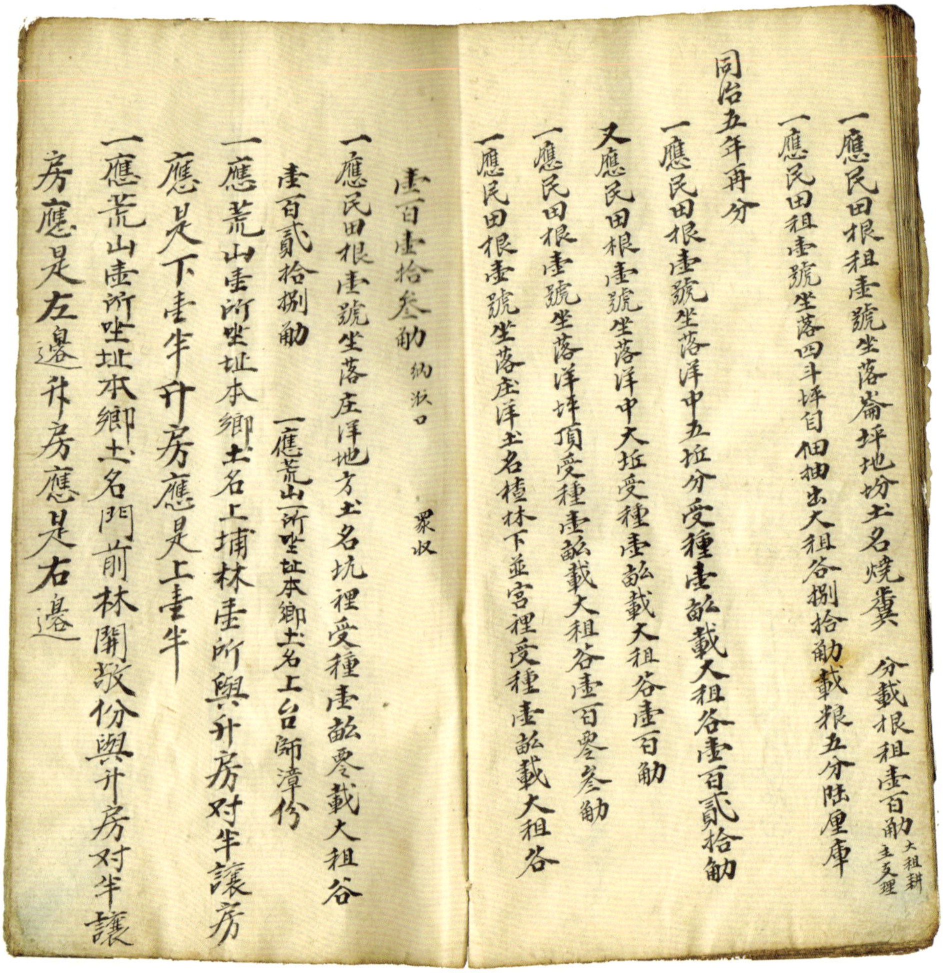

一應民田根租壹號坐落崙坪地坊土名燒囊　分載根租壹百觔 大祖耕 主叉理

一應民田租壹號坐落四斗坪旮佃抽出大祖谷捌拾觔載粮五分陆厘庫

同治五年再分

一應民田根壹號坐落洋中五坵分受種壹畆載大祖谷壹百貳拾觔

又應民田根壹號坐落洋中大坵受種壹畆載大祖谷壹百觔

一應民田根壹號坐落洋坪頂受種壹畆載大祖谷壹百零叁觔

一應民田根壹號坐落庄洋土名槿林下並宮裡受種壹畆載大祖谷

壹百壹拾叁觔 納淑口　衆收

一應民田根壹號坐落庄洋地方土名坑裡受種壹畆零載大祖谷

壹百貳拾捌觔

一應荒山一所坐址本鄉土名上台脚漳份

一應荒山壹所坐址本鄉土名上埔林壹所與廾房对半讓房

應是下壹半廾房應是上壹半

一應荒山壹所坐址本鄉土名門前林閑敦份與廾房对半讓

房應是左邊廾房應是右邊

2-2-38-13　清同治五至九年李廷珠等立鬮書（一三）

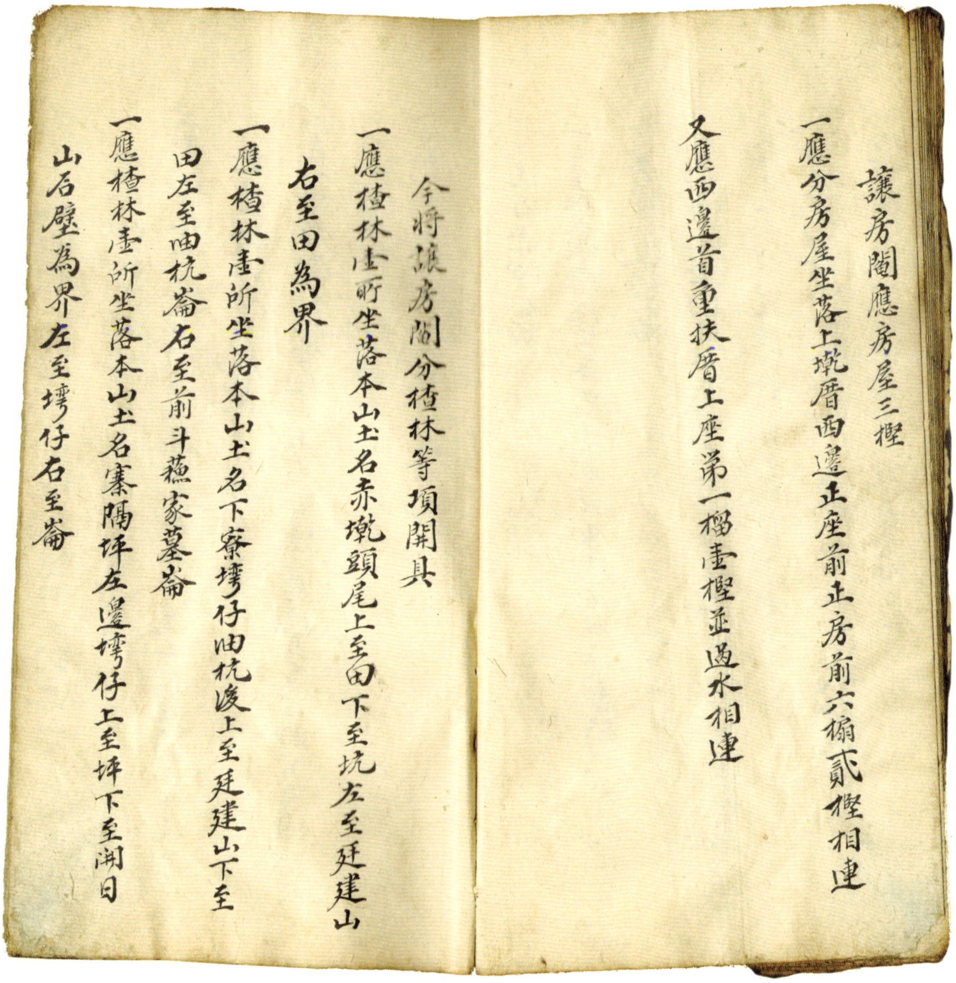

讓房鬮應房屋三㮷
一應分房屋坐落上墘厝西邊正座前正房前六榻貳㮷相連
又應西邊首重扶厝上座第一榴壹㮷並過水相連

今將讓房鬮分楂林等項開具
一應楂林壹所坐落本山土名赤墘頭尾上至田下至坑左至廷建山
右至田為界
一應楂林壹所坐落本山土名下寮墘仔田杭後上至廷建山下至
田左至田杭崙右至前斗蘊家墓崙
一應楂林壹所坐落本山土名寨隔坪左邊墘仔上至坪下至開日
山石壁為界左至墘仔右至崙

2-2-38-14　清同治五至九年李廷珠等立鬮書（一四）

一應楂林壹所坐落本山土名樽嶺邊上至瑚若山下至石壁左至
王星接枇耕山右至京宋叔楂林為界
一應楂林壹所坐落大垅尾地方土名潭後上至廷清山下至田左至
王星接山右至磜廠下坑仔為界
一應楂林壹小所坐落本山土名傍邊垅上至墓路下至浦溝左
至模林右至墓角
又應后山大媽墓崙右邊下截一小所

今將弟房鬮分田項開列於后
一應底面全民田壹號坐落本鄉洋中土名佗田坵受種五觔載粮貳
分陸厘肆毛庫
一應底面平全民田壹號坐落后山土名龍擺崩受種弍拾弍觔載租
壹百壹拾斤載粮叁分五厘庫
一應底面全民田壹號坐落洋中土名大王坵公邊受種六觔載粮叁分
九厘陸毛庫

2-2-38-15　清同治五至九年李廷珠等立鬮書（一五）

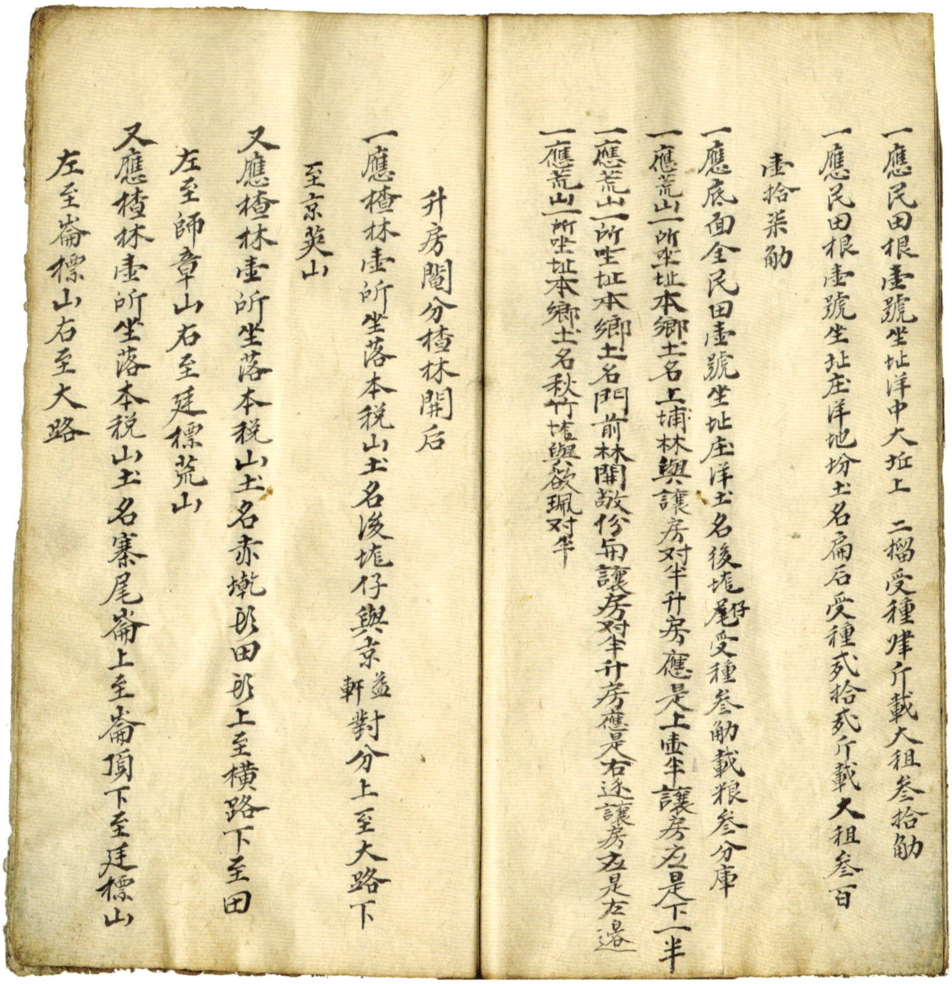
一應民田根壹號坐址洋中大垃上　二楹受種肆斤載大租叁拾觔
一應民田根壹號坐址庄洋地坋土名扁石受種貳拾伍斤載大租叁百
壹拾柒觔
一應底面全民田壹號坐址庄洋土名後垅尾仔受種叁觔載粮叁分庫
一應荒山一所坐址本鄉土名上埔林與讓房对半升房應是上畫半讓房應是下一半
一應荒山一所坐址本鄉土名門前林開啟份內讓房对半升房應是右邊讓房應是左邊
一應荒山一所坐址本鄉土名秋竹垅與欽珮对半

升房鬮分楂林開后
一應楂林壹所坐落本税山土名後垅仔與京益軒對分上至大路下
至京莢山
又應楂林壹所坐落本税山土名赤墘邨田邨上至横路下至田
左至師章山右至廷標荒山
又應楂林壹所坐落本税山土名寨尾崙上至崙頂下至廷標山
左至崙標山右至大路

2-2-38-16　清同治五至九年李廷珠等立鬮書（一六）

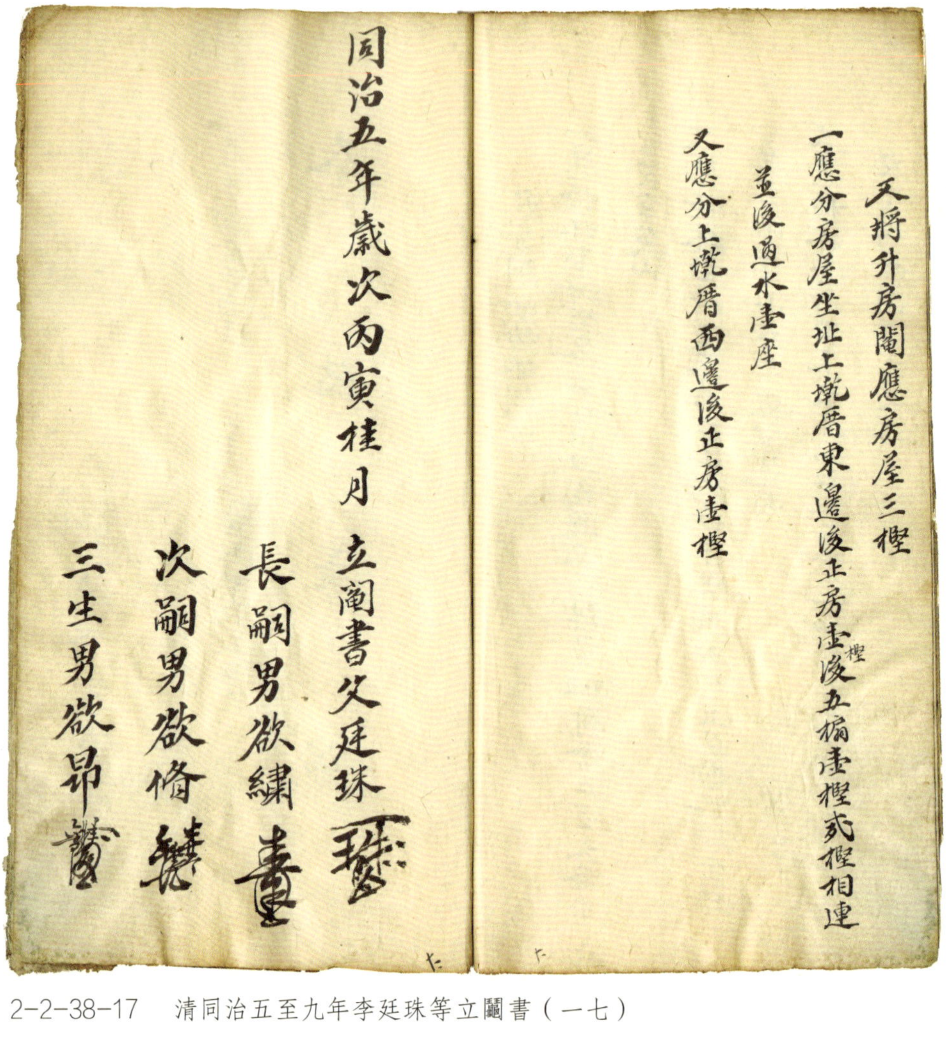

又將升房闔應房屋三㮣
一應分房屋坐址上墘厝東邊後正房壹㮣後五桷壹㮣弍㮣相連
並後通水壹座
又應分上墘厝西邊後正房壹㮣

同治五年歲次丙寅桂月　立鬮書父廷珠
長嗣男欲繡
次嗣男欲脩
三生男欲昂

2-2-38-17　清同治五至九年李廷珠等立鬮書（一七）

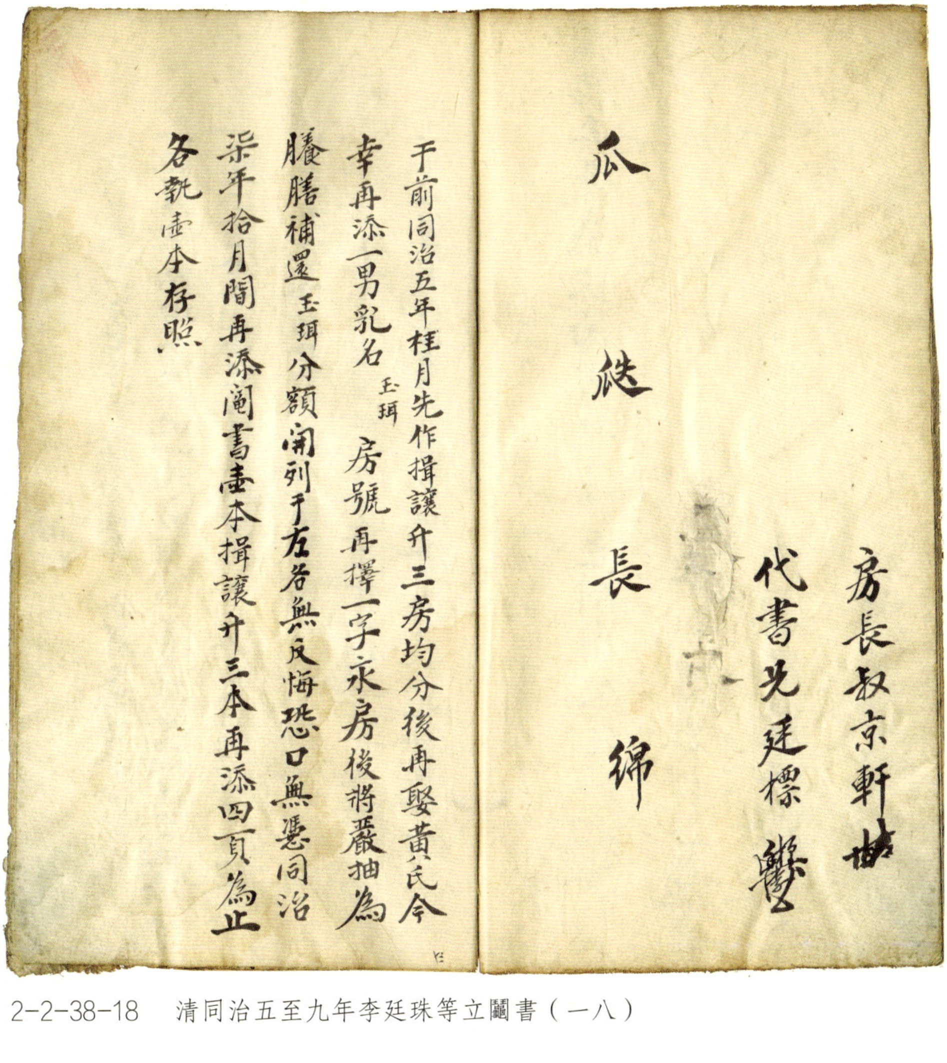
房長叔京軒
代書兄廷標
瓜瓞長綿
于前同治五年桂月先作揖讓弁三房均分後再娶黄氏今
幸再添一男乳名玉珥 房號再擇一字永房後將蒸抽為
養膳補還玉珥分額開列于左各無反悔恐口無憑同治
柒年拾月間再添阄書壹本揖讓弁三本再添四頁為止
各執壹本存照

2-2-38-18　清同治五至九年李廷珠等立鬮書（一八）

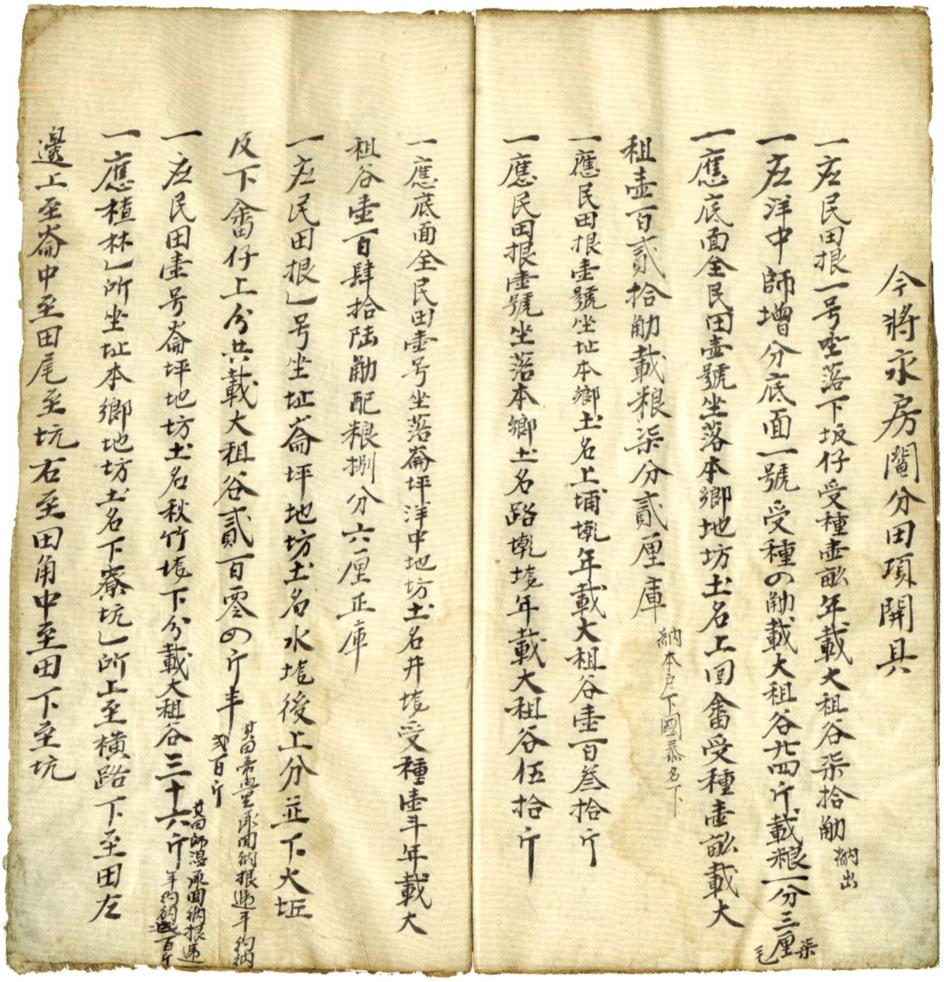
今將永房鬮分田項開具
一應民田根一号坐落下坂仔受種壹畝年載大租谷柒拾觔 納出
一應洋中師增分底面一號受種四觔載大租谷廿四斤載粮一分三厘柒毛
一應底面全民田壹號坐落本鄉地坊土名上回畬受種壹畝載大
租壹百貳拾觔載粮柒分貳厘庫 納本戶下國泰名下
一應民田根壹號坐址本鄉土名上墉墘年載大租谷壹百叁拾斤
一應民田根壹號坐落本鄉土名路墘墘年載大租谷伍拾斤
一應底面全民田壹号坐落畬坪洋中地坊土名井墘受種壹斗年載大
租谷壹百肆拾陆觔配粮捌分六厘正庫
一應民田根一号坐址畬坪地坊土名水墘後上分並下大坵
及下畬仔上分共載大租谷貳百零四斤半 其田帝高坐承回納根送年約納貳百斤
一應民田壹号畬坪地坊土名秋竹墘下分載大租谷三十六斤 其田帥溫承回納根送年約納送百斤
一應植林一所坐址本鄉地坊土名下寮坑一所上至橫路下至田左
邊上至畬中至田尾至坑右至田角中至田下至坑

2-2-38-19　清同治五至九年李廷珠等立鬮書（一九）

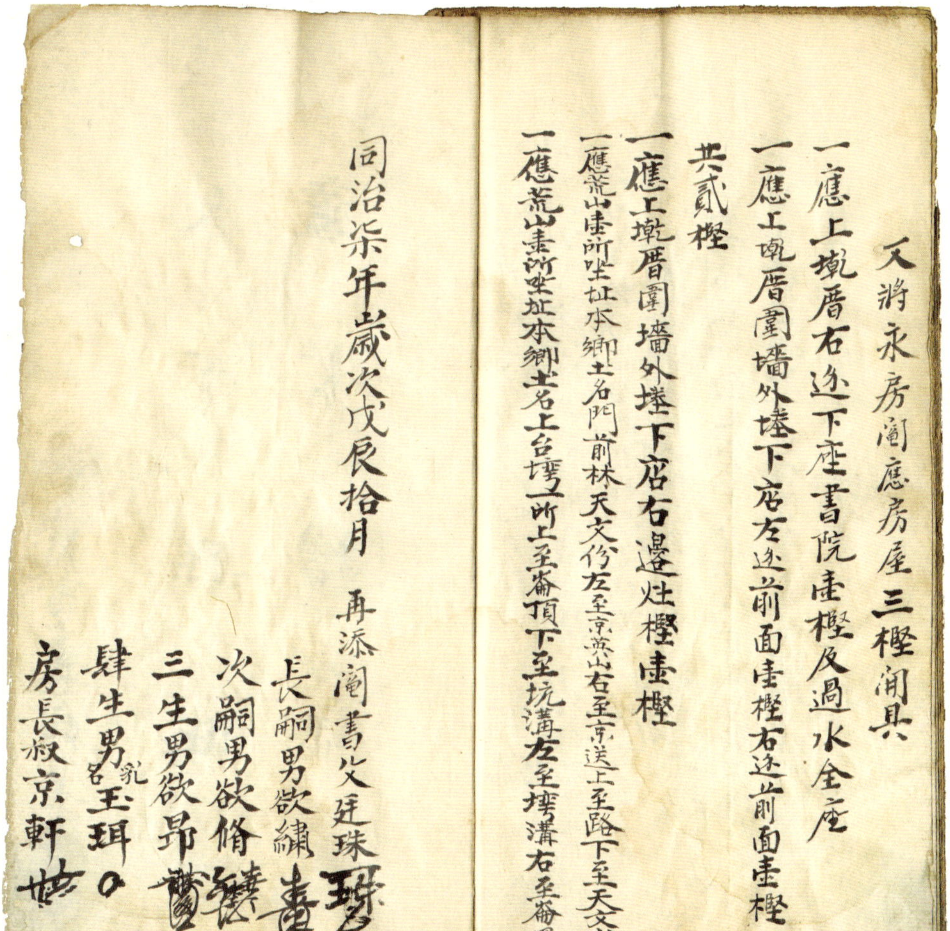

又將永房鬮應房屋三樘開具

一應上墘厝右边下座書院壹樘及過水全座

一應上墘厝圍墻外墘下厝右边前面壹樘右边前面壹樘

共貳樘

一應上墘厝圍墻外墘下厝右邊灶樘壹樘

一應荒山壹所坐址本鄉土名門前林天文份左至京峩山右至京送上至路下至天文界

一應荒山壹所坐址本鄉土名上台墘一所上至崙頂下至坑溝左至墘溝右至崙界

同治柒年歲次戊辰拾月　再添鬮書父廷珠（押）

長嗣男欲繡（押）

次嗣男欲脩（押）

三生男欲昂（押）

肆生男乳名玉珥（押）

房長叔京軒（押）

2-2-38-20　清同治五至九年李廷珠等立鬮書（二〇）

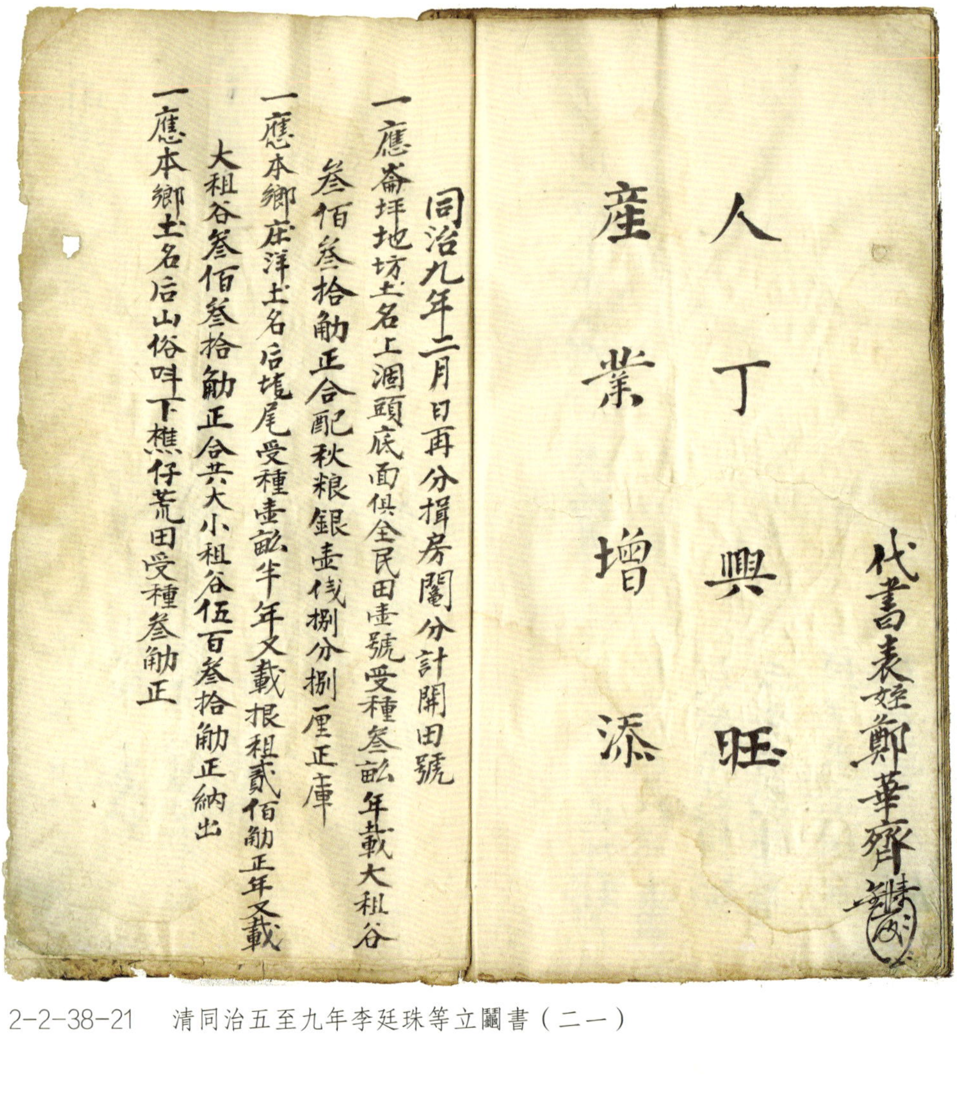
人丁興旺
產業增添
代書表姪鄭華齊（押）

同治九年二月日再分撂房鬮分計開田號
一應斋坪地坊土名上洄頭底面俱全民田壹號受種叁畝年載大租谷
叁佰叁拾觔正合配秋粮銀壹伐捌分捌厘正庫
一應本鄉庄洋土名后墘尾受種壹畝半年又載根租貳佰觔正年又載
大租谷叁佰叁拾觔正合共大小租谷伍佰叁拾觔正納出
一應本鄉土名后山俗吽下樵仔荒田受種叁畝正

2-2-38-21　清同治五至九年李廷珠等立鬮書（二一）

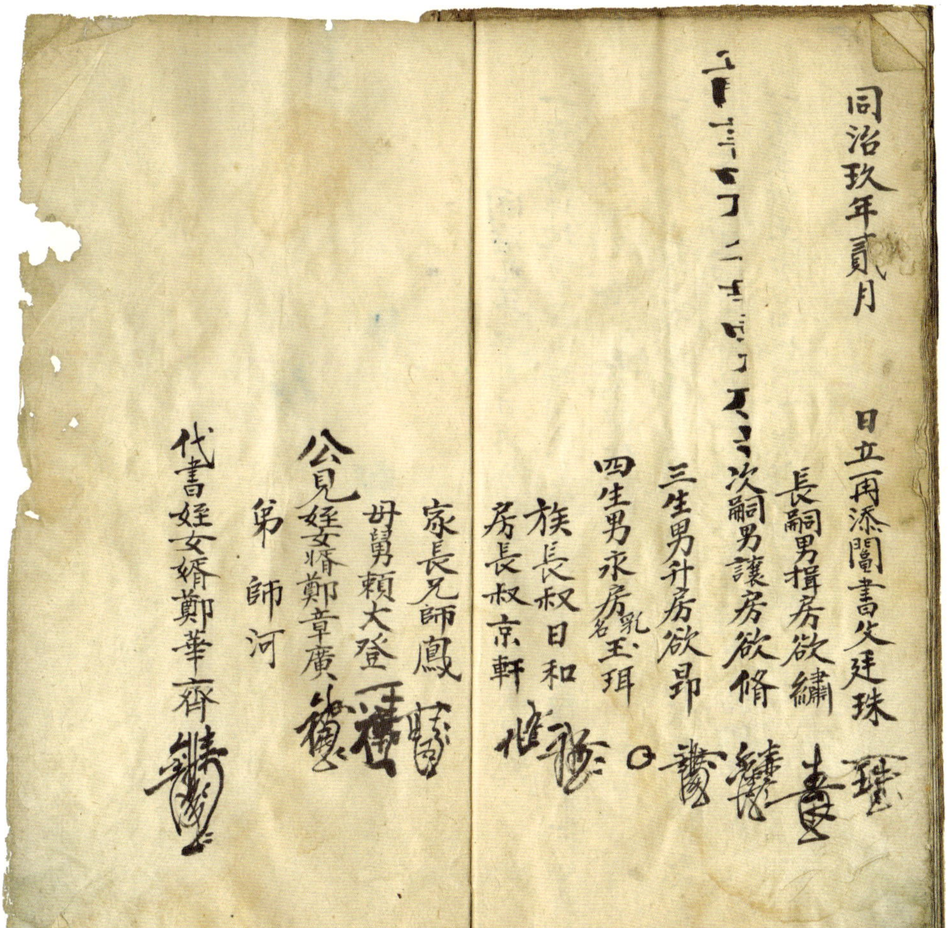

同治玖年貳月　　日立再添鬮書父廷珠
長嗣男揖房欲繡
次嗣男讓房欲脩
三生男升房欲昂
四生男永房乳名玉珥
族長叔日和
房長叔京軒
家長兄師鳳
母舅賴大登
公見姪女婿鄭章廣
弟　師河
代書姪女婿鄭華齊

2-2-38-22　清同治五至九年李廷珠等立鬮書（二二）

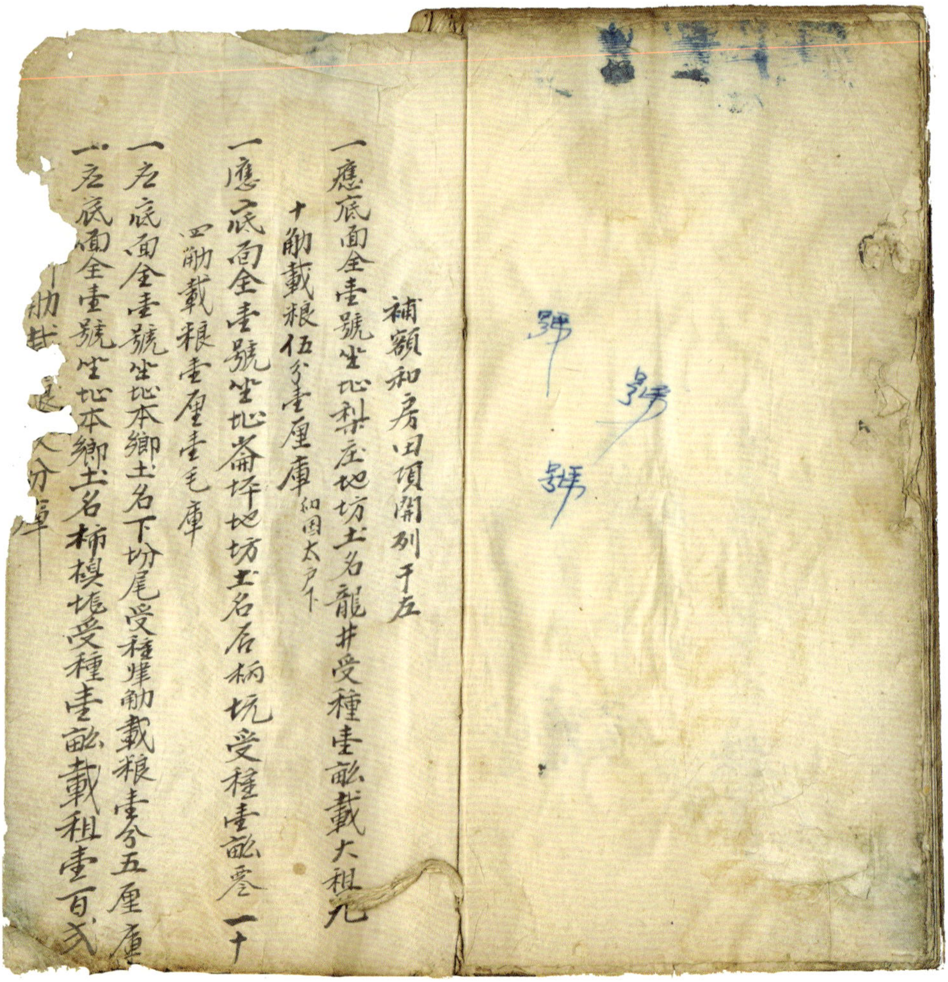
補額和房田項開列于左
一應底面全壹號坐𡉏梨庄地坊土名龍井受種壹畝載大租九
十觔載粮伍分壹厘庫 细图太户下
一應底面全壹號坐𡉏崙坪地坊土名后柄坑受種壹畝叁
四觔載粮壹厘壹毛庫
一十
一后底面全壹號坐𡉏本鄉土名下坋尾受種肆觔載粮壹分五厘庫
一后底面全壹號坐𡉏本鄉土名柿模塘受種壹畝載租壹百弍
□觔廿□送□分厘

2-2-38-23　清同治五至九年李廷珠等立鬮書（二三）

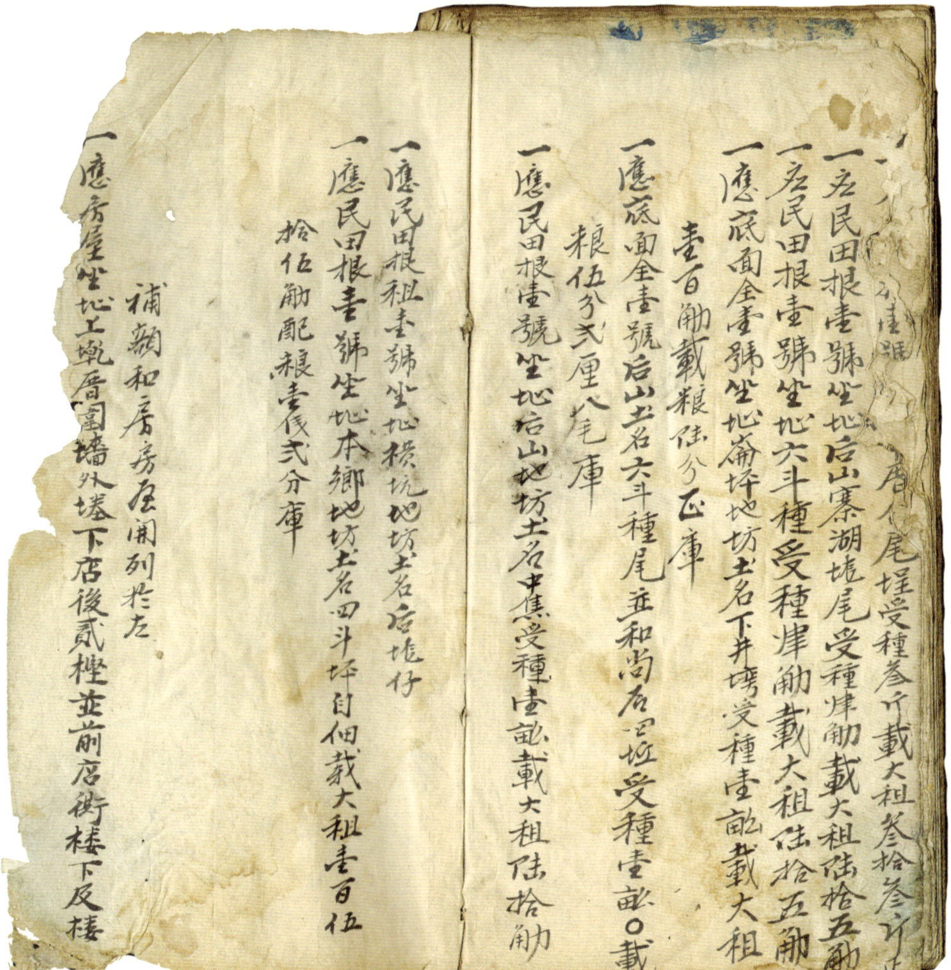

一…厝仔尾埕受種叁斤載大祖叁拾叁斤正
一應民田根壹號坐址后山寨湖墘尾受種肆斤載大祖陆拾五斤
一應民田根壹號坐址六斗種受種肆斤載大祖陆拾五斤
一應底面全壹號坐址崙坪地坊土名下井墘受種壹畝載大祖
壹百斤載粮陆分正庫
一應底面全壹號后山土名六斗種尾並和尚厝四坵受種壹畝〇載
粮伍分弍厘八毫庫
一應民田根壹號坐址后山地坊土名中集受種壹畝載大祖陆拾斤
一應民田根租壹號坐址横坑地坊土名后墘仔
一應民田根壹號坐址本鄉地坊土名四斗坪自佃載大祖壹百伍
拾伍斤配粮壹錢弍分庫
補鬮和房房屋開列於左
一應房屋坐址土碗厝園墻外塆下店後貳樫並前店街樓下反樓

2-2-38-24　清同治五至九年李廷珠等立鬮書（二四）

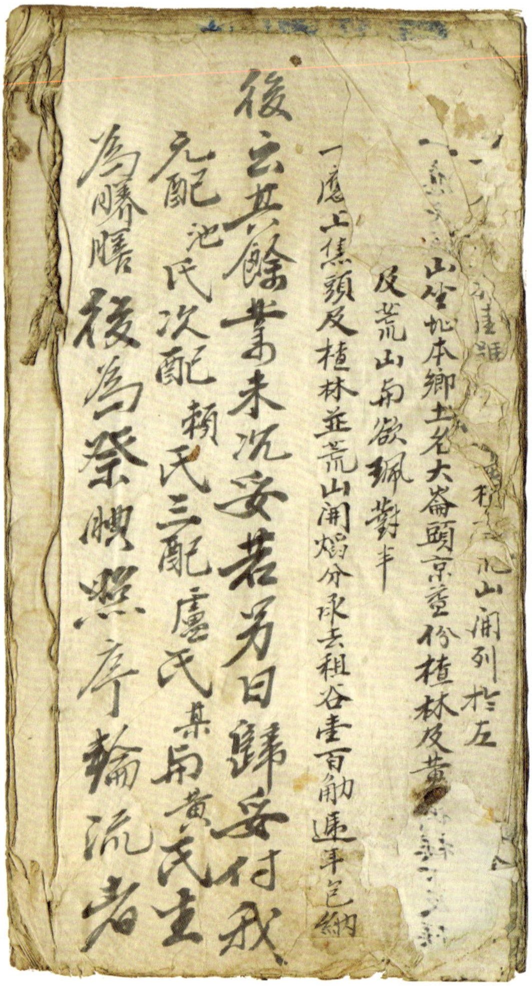

……山湖列於左

一……山坐址本鄉土名大崙頭京壹份植林及黄……

及荒山南欲珮對半

一處土名集頭及植林並荒山湖爛分承去租谷壹百觔逐年已納

後云其餘業未沉安若另日歸安付我

元配池氏次配賴氏三配盧氏其南黄氏生

爲勝膳後爲祭掃照序輪流者

2-2-38-25　清同治五至九年李廷珠等立鬮書（二五）

據李玉和供年三十五歲李欲昂是胞伯年老患
病不能到案小的列案頂審主日意那總
土名小洋后山四圍内小土名下蕉蕉的坑后
井各安處山坊小的上祖于前明隆慶年間向
林姓價買掌管至今約有三百餘年坟墓幾
十座乾隆年間小的上祖李雲琴与陳佳仕
上祖陳璧俊控爭該山經 姚前主訊斷以
凴大坑直落為界東屬陳管西屬李掌
兩造各管各業有墓識可考這陳佳仕于
舊年八月間胆將伊母棺柩強葬小的坑
西后井地方并將小的上祖前批坑東陳家

2-2-39-1　清光緒十五年李陳山場爭端訴訟卷（一）

界内造葬故墓其水尾蔭樹被他强砍
去以致互相控争蒙断令仕之母柩已
葬坑西小的李家界内着令小的写立送
字除墓面外四圍一丈八丈為限听其祭掃
至小的祖坟一座在坑東陳家界内亦不得
索取墓租伐蔭及两造照憑舊断并諭
立諭式張给和与仕各执一張為据不許陳
姓再行侵佔滋事小的当堂具遵完案就
沿息了
据李升即有俊供与李玉和仝
据陳德仕供小的山場名崙坪洋至寨湖崙止于前明

2-2-39-2　清光緒十五年李陳山場爭端訴訟卷（二）

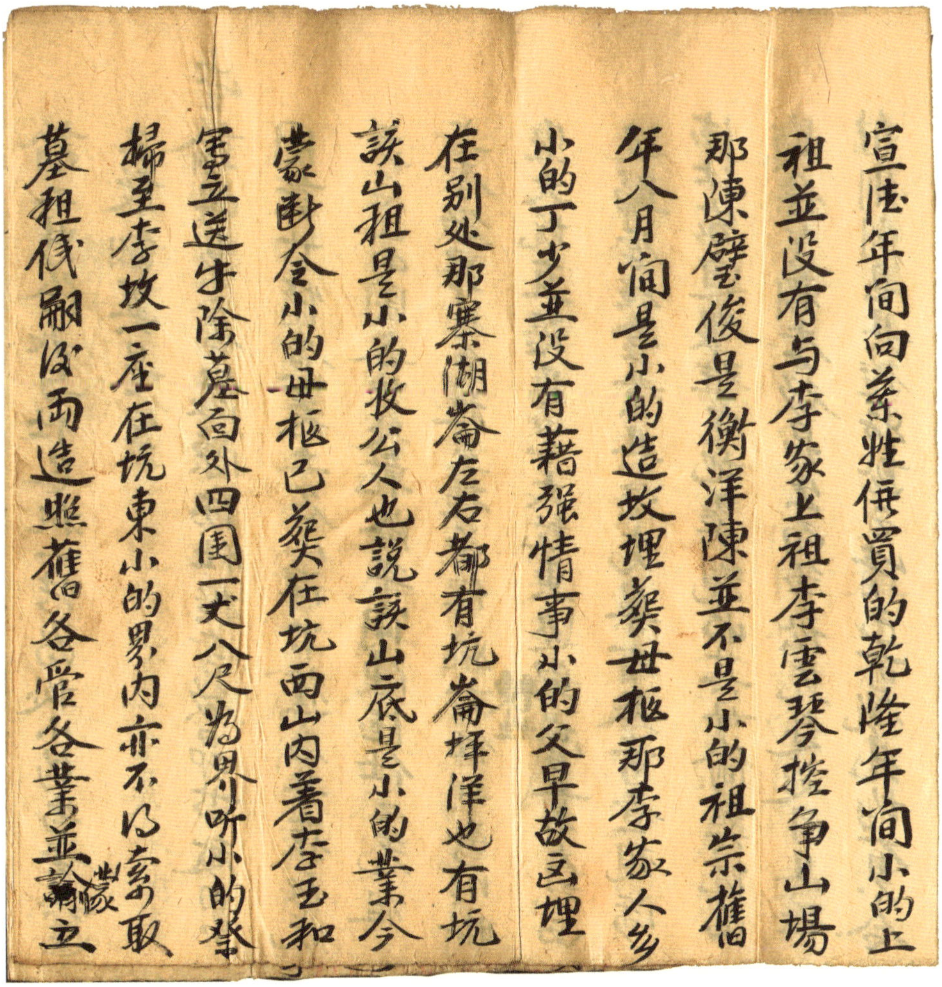

宣佳年間向蔡姓佃買的乾隆年間小的上
祖並没有与李家上祖李雲琴控爭山場
那陳璧俊是衡洋陳並不是小的祖宗舊
年八月間是小的造坟埋葬母柩那李家人多
小的丁少並没有藉强情事小的父早故亦埋
在別处那寨湖崙左右都有坑崙坪洋也有坑
該山祖是小的收公人也說該山底是小的業今
蒙斷令小的母柩已葬在坑西山內着李玉和
写立送字除墓向外四围一丈八尺為界听小的祭
掃至李坟一座在坑東小的界內亦不得毫取
墓祖代嗣後兩造照舊各管各業並諭立

2-2-39-3　清光緒十五年李陳山場爭端訴訟卷（三）

諭二姓合和与仕各执一姓為拠小的當堂具遵
不敢翻異是実
堂諭此案審緣陳佳仕控李欽昂等越界
圖詐等情查悉土名小洋下蕉后井蕉頭坑
並后山四圍各等処乾隆年間陳佳仕之先祖
与李欽昂之先祖互控單任　姚前任判斷明晰
照大坑直落為界大坑東边歸陳姓管業大坑西
边歸李姓管業具結完案有卷可查現陳
佳仕家道艰难無地葬親將其母偷葬大坑西
顯係無賴李欽昂出而爭訟先赴巡司具控
継則到县具控好訟之情已可概見均有不合

2-2-39-4　清光緒十五年李陳山場爭端訴訟卷（四）